Geschichte der deutschen Literatur
von den Anfängen bis zum Beginn der Neuzeit

Herausgegeben von Joachim Heinzle

Band III/1

Geschichte der deutschen Literatur
von den Anfängen bis zum Beginn der Neuzeit

Herausgegeben von Joachim Heinzle
unter Mitwirkung von Wolfgang Haubrichs, Johannes Janota, L. Peter Johnson,
Gisela Vollmann-Profe, Werner Williams-Krapp

Plan des Gesamtwerks:

Band I: Von den Anfängen zum hohen Mittelalter
Teilband I/1: Die Anfänge: Versuche volkssprachiger Schriftlichkeit im frühen Mittelalter
Von Wolfgang Haubrichs
Teilband I/2: Wiederbeginn volkssprachiger Schriftlichkeit im hohen Mittelalter
Von Gisela Vollmann-Profe

Band II: Vom hohen zum späten Mittelalter
Teilband II/1: Die höfische Literatur der Blütezeit
Von L. Peter Johnson
Teilband II/2: Wandlungen und Neuansätze im 13. Jahrhundert
Von Joachim Heinzle

Band III: Vom späten Mittelalter zum Beginn der Neuzeit
Teilband III/1: Orientierung durch volkssprachige Schriftlichkeit
Von Johannes Janota
Teilband III/2: 15. Jahrhundert / Perspektiven des 16. Jahrhunderts
Von Werner Williams-Krapp

Geschichte der deutschen Literatur von den Anfängen bis zum Beginn der Neuzeit

Herausgegeben von Joachim Heinzle

Band III:
Vom späten Mittelalter zum Beginn der Neuzeit

Teil 1:
Orientierung durch
volkssprachige Schriftlichkeit
(1280/90 – 1380/90)

von Johannes Janota

Max Niemeyer Verlag Tübingen
2004

Quellenverzeichnis der Abbildungen

Umschlag: Staatsbibliothek zu Berlin – Stiftung Preußischer Kulturbesitz
Abb. 1, 13: Bayerische Staatsbibliothek München
Abb. 2: Temple Neuf de Strasbourg
Abb. 3: Bibliothèque Nationale et Universitaire de Strasbourg
Abb. 4: Zentralbibliothek Zürich
Abb. 5: Universitätsbibliothek Heidelberg
Abb. 6, 10: Österreichische Nationalbibliothek Wien
Abb. 7: Universitäts- und Landesbibliothek Jena
Abb. 8: Alle Rechte vorbehalten © Stadt Bozen
Abb. 9: Universitäts- und Landesbibliothek Darmstadt
Abb. 11: Bildarchiv Foto Marburg
Abb. 12: Stiftsbibliothek Lilienfeld (Österreich)
Abb. 14: Universitätsbibliothek Innsbruck
Abb. 15: Stadt- und Universitätsbibliothek Frankfurt
Abb. 16: Collectiebeleid: Bart Huysmans

Umschlagbild: Heinrich der Teichner am Lesepult, Staatsbibliothek zu Berlin – Stiftung Preußischer Kulturbesitz, Ms. germ. fol. 564, Bl. 7^v

Bibliografische Information der Deutschen Bibliothek

Die Deutsche Bibliothek verzeichnet diese Publikation in der Deutschen Nationalbibliografie; detaillierte bibliografische Daten sind im Internet über *http://dnb.ddb.de* abrufbar.

ISBN 3-484-10700-6 Gesamtwerk
ISBN 978-3-11-163316-9 Band III/1

© Max Niemeyer Verlag GmbH, Tübingen 2024
Dieser Band ist text- und seitenidentisch mit der 2004 er-
schienenen gebundenen Ausgabe.
http://www.niemeyer.de
Das Werk einschließlich aller seiner Teile ist urheberrechtlich geschützt. Jede Verwertung außerhalb der engen Grenzen des Urheberrechtsgesetzes ist ohne Zustimmung des Verlages unzulässig und strafbar. Das gilt insbesondere für Vervielfältigungen, Übersetzungen, Mikroverfilmungen und die Einspeicherung und Verarbeitung in elektronischen Systemen. Printed in Germany.
Gedruckt auf alterungsbeständigem Papier.
Satz: Anne Fischer, Renningen
Einband: Industriebuchbinderei Nädele, Nehren

Vorwort

Jedes wissenschaftliche Werk hat viele Mütter und Väter. Dies gilt in ganz besonderer Weise für das vorliegende Buch. Der Versuch, erstmals einen zusammenhängenden und halbwegs differenzierten Überblick über die deutsche Literatur des 14. Jahrhunderts zu geben, hätte ohne die zahllosen Beiträger zum ‚Verfasserlexikon' unweigerlich scheitern müssen. Ihnen bin ich aus wissenschaftlicher Sicht zu größtem Dank verbunden. Herzlich danke ich Horst Brunner, Freimut Löser und Burghart Wachinger, daß sie die Entstehung des Werks freundschaftlich ermunternd begleitet und es insgesamt oder zumindest in Teilen gegengelesen haben. Frau Waltraud Mayerhauser ließ es sich nicht verdrießen, immer neue Korrekturen vorzunehmen, Ergänzungen einzufügen und mit immer neuen Suchdurchläufen eine inhaltliche Vernetzung innerhalb der Materialfülle zu sichern. Durch unermüdliche Literaturrecherchen und einen ständigen Pendeldienst zwischen der Universitätsbibliothek und meinem Dienstzimmer hielten mir die Hilfskräfte meines Lehrstuhls zeitlich den Rücken für das Schreiben frei. Die nötige Muße zur kontinuierlichen Arbeit verdanke ich dem Freistaat Bayern und der Deutschen Forschungsgemeinschaft, die mir jeweils ein Forschungssemester gewährten, in denen der Hauptteil der Darstellung zu Papier gebracht werden konnte. Joachim Heinzle ehrte mich durch seine unerschöpfliche Langmut und durch sein unerschütterliches Vertrauen in das Gelingen der versprochenen Darstellung. Tatsächlich lag bei dem Unterfangen der Abschluß zuweilen ferner als der Abbruch, doch ließ mich freundschaftliche Zuwendung schließlich das Ziel erreichen. Die Hauptlast hatte aber meine Frau zu tragen, der ich ihre wachsende Eifersucht auf den anwachsenden Papierstapel nicht verargen kann. Nun haben wir es jedoch geschafft: Danke.

Hanns Fischer hat mich zum Spätmittelalter geführt. Ihm, der zum Abschluß des Werks 75 Jahre alt geworden wäre, sei meine nachfolgende Darstellung gewidmet.

Augsburg, im Mai 2003   J. J.

Inhaltsverzeichnis

Vorwort V

Orientierung durch volkssprachige Schriftlichkeit 1

    Das historische Umfeld 2
    Der geistige Horizont 21

Modelle literarischer Interessenbildung 32

Deutsche Literatur in einer fürstlichen Residenzstadt: Wien 32

    Rudolf von Habsburg: *Des riches houptstat in Osterreich* 33
    Albrecht I.: Wien wird endgültig landesfürstliche Residenzstadt 35
    Friedrich der Schöne und Albrecht II.: Wien als internationaler
    Handelsplatz 39
    Rudolf IV.: Reformer und Stifter 49
    Albrecht III.: Deutsche Literatur am Wiener Hof 53

Erkennen und Erfahren Gottes als Lebenssinn:
Die deutsche Mystik 59

    Meister Eckhart 62
    Johannes Tauler 87
    Heinrich Seuse 96
    Gnadenviten, Offenbarungsschriften und Schwesternbücher 106
    Straßburger Gottesfreunde 129
    Franziskanisch orientierte Mystik 140

Die literarischen Formen 144

Formen der Versliteratur 144

    Formen der Lyrik 145
    Lied 145
    Sangspruch 171
    Leich 190

    Großepische Formen 194
    Artusepik 195

Liebes- und Abenteuerromane	198
Alexander- und Troja-Epik	214
Epik der Chanson de geste-Tradition	217
Heldenepik	220
Geistliche Epik	221
Geschichtsepik	237
Kleinepische Formen	246
Geistliche Erzählungen	247
Weltliche Erzählungen	253
Schwänke, aber kein Schwankbuch	268
Formen der Rede	269
Geistliche Lehre und Ermahnung	269
Gebet, Marienlob, Marienklage	283
Sittenlehre	288
Minnelehre	321
Zeitkritik und Herrenlob	344
Formen des Spiels	356
Das geistliche Spiel	356
Das weltliche Spiel	375

Formen der Prosa ... 378

Prosa des Rechts	379
Prosa der Geschichtsschreibung	391
Prosa der Sachliteratur	405
Geistliche Prosa	417
Predigtliteratur	418
Traktate	425
Deutsche Scholastik	438
Gebetsliteratur und Legenden	444
Bibelübersetzungen	449
Kein Prosaroman	462

Abbildungen ... nach 464

Literaturhinweise ... 465

Register ... 517

Orientierung durch volkssprachige Schriftlichkeit

Die Suche nach verläßlicher Orientierung auf dem Lebensweg und zur Sicherung des ewigen Heils charakterisiert die deutsche Literatur im 14. Jahrhundert. Diese Orientierungssuche ist die Folge einer tiefreichenden Orientierungslosigkeit, wie sie mit solcher Intensität weder in der deutschen Literatur des 13. noch in der des 12. Jahrhunderts zum Ausdruck kommt. Als literarhistorisch wegweisend bekundet sich das 14. Jahrhundert durch die Massivität, mit der – unter Hintanstellung literarischer Spitzenwerke – praktisch in allen Lebensbereichen auf die Leistungsfähigkeit volkssprachiger Schriftlichkeit zum Gewinn und zur Vermittlung von Orientierung gebaut wird.

Erstmals in der Geschichte der deutschen Literatur kann man von einer umfassenden Verschriftlichung der Welt sprechen. Die Welt wird durch ihre Verschriftlichung les- und verstehbar gemacht. Individuelle Lebens- und Welterfahrung, persönliches Wissen muß sich dem Anspruch der Schriftlichkeit stellen, um aus der Evidenz des Dargelegten verläßliche Orientierung für sich und andere zu gewinnen. Der Status der Schriftlichkeit wird fortan zum Garanten von Glaubwürdigkeit, von verbindlicher Wirklichkeit, ja von Wahrheit: Sogar das Unsagbare der wortlosen mystischen *unio* verlangt zur nachvollziehbaren Vergewisserung die schriftliche Darstellung. Die Mündlichkeit allein, auch die Predigt als ihre nach wie vor publikumswirksamste literarische Ausprägung, vermag diesen Anspruch nicht mehr hinlänglich einzulösen; auch sie erfährt einen nachhaltigen Verschriftlichungsprozeß.

Mit dem Vertrauen auf die schriftliche Literatur zur wegweisenden Orientierung unlösbar verknüpft ist eine forcierte Intellektualisierung, der man nunmehr allein die Kraft zutraut, Sinn und Ordnung in die mit Bestürzung erkannten und erfahrenen Zufälligkeit der Welt zu bringen. Selbst die Glaubenswahrheiten werden für die literarisch gebildeten Laien erst nach einer intellektuellen Durchdringung glaubwürdig. Sie antwortet einem nicht mehr überdeckbaren Zweifeln und den allenthalben in der geistlichen Literatur erkennbaren Zweifelsängsten, das ewige Heil zu verfehlen. Die verheerenden Folgen des Schwarzen Todes und die Massierung von Naturkatastrophen (Hochwasser, Erdbeben, Mißernten), die Labilität der weltlichen Herrschaft vom Doppelkönigtum bis zu den Zunftkämpfen in den Städten und tiefgreifende gesellschaftliche Veränderungen – bedingt durch die Agrarkrisen des 14. Jahrhunderts, die damit einhergehende Landflucht, und die Verarmung des Landadels mit gleichzeitigem Erstarken der Städte als neuen Orten des Wohlstands, aber auch von dichtem, konflikthaften Zusammenleben der Menschen –, die Konzentration der Macht auf wenige Adlige und ihre politischen Spannungen mit den Städten, die Gefährdungen durch das Raubrittertum und durch den Mißbrauch des Fehderechts, nicht zu vergessen die Verlegung des Papstsitzes von Rom nach Avignon und das daraus folgende Schisma – all dies trug zu einer beängstigenden Verunsicherung im kirchlichen wie im weltlichen Bereich bei. Überall zeigten sich Wandel und widersprüchliche Veränderungen, denen die tradierten Deutungsmuster in ihrer geschlossenen Überschaubarkeit nicht mehr gewachsen waren. Die kollektive Einbindung des Einzelnen erwies sich als brüchig und nicht mehr tragfähig, an ihre Stelle tritt die Suche nach verläßlicher persönlicher Orientierung, die im Medium der Schriftlichkeit auf Überprüfbarkeit und überindividuelle Verbindlichkeit zielt. Die alle Lebensbereiche umfassende Verschriftlichung ist daher nicht nur Ausdruck der geistigen Emanzipation bei den Laien, sondern eine Lebensnotwendigkeit, um das Heil im Diesseits und für das Jenseits nach menschlichem Ermessen zuverlässig zu sichern.

Das historische Umfeld

Die tiefgreifende Verunsicherung im 14. Jahrhundert führt sich auf der Ebene des Reiches in paradoxer Weise auf das fast zwanzigjährige Königtum (1273–1291) Rudolfs I. von Habsburg zurück (vgl. Bd. II/2, S. 42 bis 49). Mit seiner Wahl schien dem Verfall der königlichen Herrschaft nach der Absetzung (1245) des Staufers Friedrich II. durch Papst Innozenz IV. endlich Einhalt geboten zu sein: Die Wirrnisse des Doppelkönigtums (Konrad IV., Heinrich Raspe und Wilhelm von Holland) und der Wahl zweier ausländischer Könige (Alfons von Kastilien, Richard von Cornwall), denen die allgemeine Anerkennung versagt blieb, schienen mit Rudolf und seiner gezielten Sicherung von Recht und Frieden der Vergangenheit anzugehören. Der Sieg (1278) über König Ottokar II. von Böhmen und die Begründung der habsburgischen Dynastie in Österreich (einschließlich der Herzogtümer Steiermark und Kärnten) ließen den Makel Rudolfs verblassen, nicht aus einem Königsgeschlecht (*stirps regia*) zu stammen und die Geblütsheiligkeit durch das Charisma einer einmütigen Wahl (abgesehen vom Protest Ottokars) ersetzen zu müssen. Zwar konnte auch Rudolf die kaiserlose Zeit nicht beenden, aber der Griff zur Kaiserkrone, mit der die Nachfolge eines seiner Söhne, wenn nicht gar die Errichtung eines Erbreiches anvisiert wurde, zeigt eindrucksvoll, welche Machtfülle dem deutschen Königtum unter dem Habsburger wieder zugewachsen war.

Um so bedrückender entwickelte sich die Reichspolitik nach dem Tod König Rudolfs, als das mühsam Erreichte wieder unter den Händen

Das historische Umfeld

zerrann, weil den Reichsfürsten gerade die habsburgische Machtfülle als Grundlage eines Erbkönigtums suspekt war. Mit der Wahl des gebildeten, aber politisch bedeutungslosen Grafen Adolf von Nassau zum deutschen König (1292–1298) entschied man sich dezidiert für einen Herrscher ohne Hausmacht, dem die umfassende Wahlkapitulation nur eine eng begrenzte politische Gestaltungsmöglichkeit einräumte. Lediglich in der mittelrheinischen Ritterschaft verankert, die ihm auch in der Schlacht bei Göllheim die Treue hielt (vgl. S. 254), war Adolf von Nassau gleichsam ein König auf Widerruf, an dem die finstersten Seiten des Wahlkönigtums in aller Deutlichkeit sichtbar wurden. Der Gedanke an die Kaiserkrone verbot sich angesichts dieser desaströsen Abhängigkeit von den Kurfürsten, die jeweils ihre eigenen Interessen verfolgten, ganz von selbst. Als sich der König mit Thüringen und Sachsen schließlich eine Hausmacht als Grundlage für eine selbständige Politik schaffen wollte, setzten ihn die Kurfürsten am 23. Juni 1298 kurzerhand ab, ohne ihr Handeln – wie bislang üblich – mit einer vorhergehenden Bannung des Königs durch den Papst zu legitimieren. Nach der machtbewußten, auf Rechts- und Friedenssicherung zielenden Herrschaft Rudolfs I. von Habsburg verkam das Königtum binnen weniger Jahre zu einer bloßen Spielfigur kur- und reichsfürstlicher Willkür. Zu deren Durchsetzung war allerdings aufgrund seiner Hausmacht nur Rudolfs Sohn Albrecht I. in der Lage, der sofort nach Adolfs Absetzung zum neuen König gewählt wurde. Die unmittelbar darauf folgende Entscheidungsschlacht bei Göllheim (2. Juli 1298), bei der Adolf von Nassau den Tod fand, verhinderte nicht nur die unheilvollen Wirren eines Doppelkönigtums, sondern ließ nach dem sechsjährigen Intermezzo ein kraftvolles Königtum unter dem Habsburger Albrecht I. (1298–1308) auf der politischen Grundlage erhoffen, die sein Vater Rudolf I. gelegt hatte. Doch diese zunächst berechtigte Hoffnung fand nicht nur durch die unvorstellbare Tat eines Königsmordes ein jähes Ende.

Die weitgesteckten politischen Pläne Albrechts I. zielten auf ein habsburgisches Imperium, das von den Herzogtümern Österreich und Steiermark sowie dem habsburgischen Hausbesitz in der Schweiz und am Oberrhein bis zu den Grafschaften Holland und Seeland reichen, das vor allem auch das Königreich Böhmen einschließlich dessen Ansprüche auf Polen umfassen sollte, um so ein solides Fundament für ein habsburgisches Erbkönigtum als Garant politischer Stabilität zu bilden. Dieses ehrgeizige Vorhaben war an keiner einzigen Stelle vom Erfolg gekrönt: Die Macht der rheinischen Kurfürsten, die Albrecht zunächst eindrucksvoll gebrochen hatte, schlug zu einer gefährlichen Gegnerschaft für den König um, nachdem die Kurfürsten zu Parteigängern des französischen Königs Philipp IV. des Schönen (1285–1314) wurden; Albrecht gelang es nicht, die Niederlande in ein habsburgisches Territorium zu integrieren;

Thüringen und Meißen vereinigte Markgraf Friedrich der Freidige unter sich und wurde dadurch zu einem machtvollen Gegenspieler für Albrecht und seine ehrgeizigen Pläne; mit der Wahl des Herzogs Heinrich VI. von Kärnten zum böhmischen König (1307–1310) ging auch das Königreich Böhmen mitsamt dessen Kurstimme verloren. Darüber hinaus scheiterte Albrecht mit der Absicht, sich zum Kaiser krönen zu lassen, da Papst Bonifaz VIII. dessen Wahl zunächst nicht anerkannte und ihm vorwarf, seinen Vorgänger Adolf von Nassau getötet zu haben. Zwar kam es im April 1303 schließlich doch zu einer Einigung, diese wurde jedoch durch den Tod des Papstes im Oktober 1303 hinfällig; sie fand unter Papst Clemens V. (1305–1314), der nicht mehr in Rom, sondern seit 1309 in Avignon residierte, auch keine Erneuerung mehr. Als Albrecht I. am 1. Mai 1308 durch die Hand seines Neffen Johann (Parricida) einem Meuchelmord zum Opfer fiel, war der König mit seinen Plänen eines habsburgischen Imperiums an einem Tiefpunkt angelangt: Statt der erstrebten Einheit als Grundlage für Frieden und Sicherheit hinterließ Albrecht I. eine Vielzahl widerstrebender Kräfte, die nicht zuletzt den Einfluß des französischen Königs Philipp des Schönen auf die Politik in den deutschen Ländern stärkte.

Tatsächlich sprach nach dem unerwarteten Tod Albrechts I. und nach der inzwischen weitgehenden Abhängigkeit des Papstes von der französischen Krone alles dafür, daß unter König Philipp dem Schönen von Frankreich als dem eigentlichen Herrscher im christlichen Abendland der bereits lange gehegte Plan in Erfüllung gehen werde, den Kapetingern diesmal die deutsche Königs- und damit endlich auch die Kaiserkrone zu sichern. Inzwischen hatte nämlich Papst Clemens V. die drei rheinischen Erzbistümer Köln, Mainz und Trier mit Bischöfen besetzt, die als Anhänger Frankreichs gelten durften. Damit schienen nicht nur die Stimmen dieser drei rheinischen Kurfürsten für die Wahl Karls von Valois (Philipps Bruder) gesichert, sondern über den Mainzer Erzbischof Peter von Aspelt auch die böhmische Kurstimme, da Peter von Aspelt (vgl. S. 182) als entschiedener Gegner der Habsburger bereits als Kanzler des böhmischen Königs Wenzel II. ein Bündnis mit der französischen Krone gegen Albrecht I. geschlossen hatte. Doch die Rechnung ging nicht auf: Wieder entschied man sich gegen einen Kandidaten mit starker Hausmacht und für einen kleinen Grafen mit unzulänglichen Kenntnissen der deutschen Sprache – Heinrich von Luxemburg, den Bruder des Trierer Erzbischofs; und wiederum sollte man sich in dem scheinbar unbedeutenden, französisch gebildeten Grafensohn täuschen, der es als König Heinrich VII. (1308–1313) sogar – freilich mit Mühe und Not – erstmals wieder nach 92jähriger Unterbrechung bis zur Kaiserkrönung brachte (1312) – auch wenn Heinrichs Italienzug in einem politischen Desaster endete und dabei jene Kräfte band, die zur Stärkung der Königsmacht in

Das historische Umfeld

den deutschen Territorien dringend notwendig gewesen wären. Zwar gelang Heinrich VII. eine Verständigung mit den Habsburgern und durch Verheiratung seines Sohnes Johann mit einer Tochter Wenzels II. gegen Herzog Heinrich VI. von Kärnten sogar der Erwerb Böhmens für die Luxemburger, aber bereits ab 1310 befand sich Heinrich VII. auf seinem Romzug, bei dem er sich in seiner Absicht als Friedensstifter heillos in Kämpfe zwischen den Ghibellinen und Guelfen und zunehmend mit König Robert von Neapel verstrickte, bis er nicht einmal 40jährig bei Siena an Malaria starb.

Der Tod Heinrichs VII. im fernen Italien räumte – da im Jahr darauf (1314) auch Papst Clemens V. und König Philipp der Schöne von Frankreich starben – den Kurfürsten einen größeren Spielraum bei der Entscheidungsfindung ein, den sie nach über einjährigen Verhandlungen aber prompt zu einer Doppelwahl nutzten: L u d w i g d e m B a y e r n (1314 bis 1347) stand der Habsburger F r i e d r i c h d e r S c h ö n e (1314 bis 1330) gegenüber, bis Ludwig mit der Schlacht bei Mühldorf 1322 (vgl. S. 403f.) den Kampf um den Thron für sich entscheiden konnte, wodurch er aber zugleich Papst J o h a n n e s X X I I. (1316–1334), dem sein Lavieren in diesem Thronstreit jetzt nicht mehr weiterhalf, als erbitterten Gegner erhielt. In bewährter Methode drohte der Papst dem König den Bann an (1323), wenn er nicht innerhalb von drei Monaten auf seine Herrschaftsansprüche im Regnum und im Imperium verzichte. Ludwigs Appellation an ein Konzil, da der Papst nicht Kläger und Richter in einer Person sein dürfe, blieb erwartungsgemäß fruchtlos: Am 11. Juli 1324 erfolgten Bann und I n t e r d i k t über Ludwig und alle seine Anhänger, für die über zwei Jahrzehnte die Gottesdienste und die Sakramente (außer dem Sterbesakrament) verboten waren.

Die Erschütterung des religiösen Lebens, die aus diesem gnadenlosen Verbot erwuchs, scheint sich unmittelbar auf die Flut religiöser Literatur ausgewirkt zu haben, mit der die Laien – von der kirchlichen Seelsorge verlassen – eigenverantwortlich Orientierung für die bedrängenden Fragen nach dem Heil jenseits des Todes suchen mußten. Zwar wurde das Interdikt – gestützt durch Städte, Adlige und Fürsten – vom Klerus, insbesondere durch die Franziskaner (wegen ihrer radikalen Armutsforderung vom Papst Johannes XXII. der Häresie bezichtigt, fanden sie bei Ludwig dem Bayern Unterstützung) vielfach durchbrochen, aber dies waren stets Akte des Widerstands, die Angst vor den Zugriffen der päpstlichen Kurie wie ein schlechtes Gewissen über den offenkundigen Ungehorsam dem kirchlichen Oberhaupt gegenüber einschlossen. Auch mußte es die Gläubigen zutiefst verstören, wenn in ein und derselben Stadt die beiden großen Bettelorden in der Regel völlig konträr handelten: die Franziskaner meist in Opposition zum päpstlichen Interdikt, die Dominikaner hingegen weitgehend als dessen gehorsame Exekutoren.

Diese mochten durch ihre intensive Predigttätigkeit die Gläubigen zwar an die kirchliche Doktrin rückbinden, aber gerade in der dominikanischen Mystik (vgl. S. 59ff.) mit ihrer Lehre der unmittelbaren Gotteserfahrung zeigt sich andererseits eine Lockerung gegenüber der Kirche als Institution, die für sich beanspruchte, allein über die authentische Lehre und das göttliche Heil zu verfügen. Es wäre völlig verfehlt, in der Mystik eine antikirchliche Bewegung sehen zu wollen, aber gerade deswegen darf sie als unverdächtiger Zeuge für grundlegende geistliche Um- und Neuorientierungen als Folge des Interdikts gelten, die hinter der auffälligen Massierung geistlichen Schrifttums in deutscher Sprache ab dieser Zeit stehen.

Zur religiösen Verunsicherung trat bei dem erbitterten Kampf zwischen den beiden Spitzen der abendländischen Christenheit eine tiefreichende politische Unsicherheit. Der Papst stellte mit der Bannung König Ludwigs dessen Übertragung der Mark Brandenburg (1323) an seinen minderjährigen Sohn Ludwig den Älteren in Frage, mit der die wittelsbachische Stellung über Bayern und die Pfalz hinaus im Nordosten – einschließlich der Kurstimme der Mark Brandenburg – ausgebaut werden sollte. Die politischen Gegner Ludwigs des Bayern sahen sich durch die Rechtsauffassung des Papstes in ihrer antiwittelsbachischen Opposition bestätigt und dazu ermuntert, aus Gründen des eigenen Vorteils dem französischen König mit Unterstützung des Papstes auch zur deutschen Königskrone zu verhelfen. Dieses Ränkespiel des Luxemburgers Johann von Böhmen und des Habsburgers, Herzog Leopolds I. von Österreich, der damit sogar das Königtum seines seit der Niederlage bei Mühldorf in Gefangenschaft lebenden Bruders Friedrich des Schönen negierte, bewog Ludwig den Bayern zu einer Annäherung an seinen Rivalen Friedrich, den er – in einem bislang unbekannten Vorgang – als Mitkönig anerkannte. Damit war zwar die Gefahr eines Kapetingers auf dem deutschen Königsthron gebannt, aber in Deutschland mußte man nunmehr mit dem irritierenden Novum zweier gewählter und sich gegenseitig anerkennender Könige leben, von denen keiner die Zustimmung des Papstes Johannes XXII. fand. Angesichts dieser verzwickten Lage versuchte sich Ludwig durch einen Italienzug (1327–1330) und durch seine Kaiserkrönung in Rom (1328) einen entscheidenden Vorteil zu schaffen. Ludwigs Vorstellung einer papstlosen, auf dem Volkswillen gegründeten Kaiserkrönung war von der staatstheoretischen Schrift ‚Defensor pacis' (1324) des Pariser Magisters Marsilius von Padua inspiriert, in der die Kirche allein auf ihren geistlichen Auftrag zurückverwiesen und die kirchliche Suprematie über die weltliche Gewalt abgelehnt wird (vgl. S. 346). In einem Ketzerprozeß sprach der Papst (1327) Ludwig das bayerische Herzogtum und jeglichen Titel ab: Er war für Johannes XXII. und die Kurie nur mehr (und bis heute im Sprachgebrauch) „Ludwig der Bayer".

Das historische Umfeld

Ludwig konterte mit „Jakob von Cahors, der sich fälschlich Papst nennt", er setzte Johannes XXII. am 18. April 1328 vor der Peterskirche als Papst ab, weil er nicht in Rom residiere, und er ließ vom römischen Volk Nikolaus V. zum Gegenpapst wählen. An Johannes XXII. und der Kurie in Avignon prallte dieses Spektakel ab, für Ludwig den Bayern endete der Italienzug 1330 ohne den ersehnten Erfolg: Der eigenmächtig erworbene Kaisertitel war für die Zeitgenossen fragwürdig, Ludwigs politische Stellung in Deutschland nach dem dreijährigen Italien-Abenteuer weiterhin problematisch. Einen Gewinn im Kampf gegen die päpstliche Kurie bildete lediglich die intellektuelle Elite der Minoriten (neben Marsilius von Padua u.a. auch der Pariser Magister Wilhelm von Ockham als ein führender Kopf in der nominalistischen Philosophie), die nach deren Bannung Zuflucht bei Ludwig dem Bayern in München fand.

Wider Erwarten sah sich Ludwig nach der Rückkehr von seiner Romfahrt in einer überraschend komfortablen Lage: Der Versuch des Papstes, den französischen König Philipp VI. von den Kurfürsten auch zum deutschen König wählen zu lassen, trieb die Luxemburger wie die Habsburger auf die Seite des Wittelsbachers. Auch stellten sich die Domkapitel weitgehend zu Ludwig, indem sie die von ihnen gewählten Bischöfe gegen die vom Papst eingesetzten hartnäckig verteidigten. Für die Gläubigen bestätigten sich damit auf institutioneller Ebene die Unsicherheit und der zerstörerische Unfriede als Folgen des heillosen Interdikts; trotz der bestürzenden geistlichen Friedlosigkeit hielten die Stadtbürger nahezu geschlossen zu Ludwig dem Bayern. Diese Gesamtkonstellation erlaubte und drängte ihn zu einem Ausgleich mit Johannes XXII., ein von beiden Seiten fintenreich geführtes Vorhaben, das zwischenzeitlich sogar mit einem Abdankungsplan Ludwigs operierte, das aber bis zum Tode (1334) seines großen Gegenspielers in Avignon wie auch unter dessen Nachfolgern Benedikt XII. (1334–1342) und Clemens VI. (1342–1352) erfolglos blieb. Sicherlich spielte dabei eine Rolle, daß sich Ludwig im Vorfeld zum Hundertjährigen Krieg (1339–1453), der fortan einen bestimmenden Einfluß auf die Politik in Europa ausübte, gegen Frankreich und für England unter Eduard III. (1327–1377) entschied, aber ausschlaggebend war doch die unversöhnliche Haltung der Frankreich hörigen Kurie in Avignon, die sich die Reichsstände endlich nicht länger bieten lassen wollten.

Die antikuriale Stimmung in Deutschland, die sich auch im ‚Planctus ecclesiae in Germaniam' (1337/38) Konrads von Megenberg (vgl. S. 415) ablesen läßt, griff Ludwig entschlossen auf, um den ausweglosen Konflikt mit dem Papst durchaus unter nationalen Anklängen (Vorwurf der Bevorzugung Frankreichs und Italiens gegenüber Deutschland durch die Kurie) für sich und zugunsten der von ihm unbeirrbar verfochtenen

Wahrung des Reichsrechts zu entscheiden. Vom Mai bis September 1338 ließ Ludwig auf verschiedenen Tagungen die Reichsstände ihre Voten gegen die Kurie zu den reichsrechtlichen Streitfragen formulieren. Im Anschluß an den Frankfurter Ständetag (Mai 1338), zu dem Vertreter der Domkapitel, des Adels und der Städte ins Deutschordenshaus geladen waren, gingen gleichlautende Briefe von 36 Reichsstädten nach Avignon, in denen nachhaltig die Rechtspositionen des Kaisers vertreten wurden. Der Rhenser Kurfürstentag (Juli 1338), dessen Zustandekommen wesentlich dem Trierer Erzbischof und seinem Notar Rudolf Losse (vgl. S. 146f.) zu verdanken ist, reklamierte für die Kurfürsten das Recht zur Wahl des Königs, der auch bei umstrittenen Mehrheitsbeschlüssen keiner päpstlichen Approbation bedarf. In verschärfter Form bestätigten diese Auffassung die Reichstage in Frankfurt (August 1338) und – durch die Teilnahme des englischen Königs besonders hervorgehoben – in Koblenz (September 1338), die beide das quälende Interdikt für ungültig erklärten und dessen Beachtung verboten. Das Reich erschien geeint und in der Verteidigung des Reichsrechts gegenüber dem päpstlichen Suprematsanspruch geschlossen wie seit langer Zeit nicht mehr. Eine Phase der inneren Befriedung schien in greifbarer Nähe zu sein, doch Ludwig enttäuschte diese Hoffnung und minderte damit sein Ansehen unter den Enttäuschten grundlegend: Als Kaiser kam er seiner Bündnispflicht nicht nach, König Eduard III. im Kampf gegen Frankreich zu unterstützen (in diesem Zusammenhang steht Rudolf Losses politische Reimpaarrede ‚Carmen Smunzil'), sondern schloß einen Freundschaftsvertrag mit König Philipp VI. von Frankreich, weil er sich durch dessen Vermittlung am ehesten die Aussöhnung mit Papst und Kurie versprach. Dieser natürlich fruchtlose Versuch mag aus dem Blickwinkel des Gebannten, durch den das Interdikt über dem Reich lastete, als ehrenwert erscheinen, aber für den inneren Frieden im Reich, dessen Rechte Ludwig so energisch verteidigt hatte, erwies sich dieser Schritt als fatal: Er leitete den politischen Niedergang des Wittelsbachers und – gezielt gefördert durch Papst Clemens VI. – den Aufstieg der Luxemburger mit dem künftigen Karl IV. ein.

Nicht zuletzt ließ Ludwigs rücksichtslose Hausmachtpolitik den begeisterten Aufbruch von 1338 in eine bittere Enttäuschung über den gegenüber dem Papst doch so unbeirrbaren Verfechter des Reichsrechts umschlagen, sie trieb die Luxemburger in Böhmen, die von Ludwigs skrupellosem, auch andere Reichsfürsten empörendem Vorgehen besonders betroffen waren, nach 1340 völlig in die Arme der päpstlichen Kurie. Ein erster empfindlicher Schlag erfolgte durch die schnelle Vereinigung des bayerischen Herzogtums in der Hand Ludwigs des Bayern, nachdem die niederbayerische Linie der Wittelsbacher – unter Herzog Heinrich von Niederbayern, Schwiegersohn König Johanns von

Das historische Umfeld

Böhmen, ein unentwegter Gegner Ludwigs auf seiten der Luxemburger – Ende 1340 ausgestorben war. Zu einem auch moralisch anrüchigen Eklat und endgültigen Bruch zwischen den Luxemburgern und dem Wittelsbacher kam es schließlich, als Ludwig den Tiroler Eheskandal um die berühmt-berüchtigte Margarete Maultasch kurzerhand so entschied, daß er die Grafschaft Tirol als wichtiges Bindeglied zwischen Bayern und Oberitalien (Lombardei) an sich band. Dabei hatte Ludwig noch 1339 dem König Johann von Böhmen Tirol als Reichslehen bestätigt; als aber Margarete Maultasch (Erbtochter Herzog Heinrichs VI. von Kärnten, das nach dessen Tod 1335 an die Habsburger fiel) ihren Gatten Johann Heinrich von Böhmen, einen Sohn König Johanns, wegen angeblicher Zeugungsunfähigkeit 1341 vor die Tür setzte und ihre Hand Markgraf Ludwig von Brandenburg, dem Sohn Ludwigs des Bayern, anbot, kam der Kaiser sofort nach Tirol, erklärte die vorausgegangene Ehe für ungültig, vermählte Margarete mit seinem Sohn und belehnte das Paar mit der Grafschaft Tirol (1342). Eine weitere Erbfallregelung nach dem Tode (1345) seines Schwagers, des Grafen Wilhelm IV. von Holland-Hennegau, nutzte Ludwig sogleich dazu, die Machtsphäre im Nordwesten und in der Nähe des französischen Machtzentrums durch Belehnung der erledigten Grafschaften an seine Gemahlin Margarete als alleiniger Erbin zu sichern. Ludwig brüskierte damit erneut König Eduard III., einen Schwager Margaretes, der sich von diesem Gebiet auf dem Festland eine vorteilhafte Ausgangslage für seine Unternehmungen gegen Frankreich versprochen hatte. Ludwigs Nimbus als unbeugsamer Wahrer des Reichsrechts war durch die unerbittlich durchgesetzte Mehrung der eigenen Hausmacht bei den Reichsfürsten (aber kaum bei den Reichsstädten) kräftig in Mitleidenschaft gezogen worden; dies bot dem Luxemburger Karl IV. die Möglichkeit, seine Wahl (1346) als Gegenkönig mit Unterstützung der päpstlichen Kurie erfolgreich vorzubereiten. Andererseits wäre es Karl IV. angesichts der gezielt von Ludwig ausgebauten Hausmacht schwergefallen, seinen Gegner militärisch zu erledigen; nicht seine Widersacher, sondern ein Schlaganfall bei einer Bärenjagd am 11. Oktober 1347 brachte Ludwig den Bayern zu Fall. Er fand – bis heute von der Kirche gebannt – gegen den Willen des Papstes in der Münchner Frauenkirche seinen letzten Ruheplatz.

Die politischen Anfänge des intellektuellen, 1323–1330 am französischen Königshof als Zögling des späteren Papstes Clemens VI. gebildeten K a r l I V. (1346–1378), waren keinesfalls rühmlich; sie ließen einen schwachen, dem Papst ebenso wie dem französischen König gefügigen Herrscher befürchten, der sich im Kampf um das Reichsrecht keinesfalls wie Ludwig der Bayer aufzehren würde. Nicht zuletzt trug er bereits als Markgraf von Mähren (seit 1333) mit seiner ungeschickt agierenden Beamtenschaft erheblich dazu bei, daß Tirol für die Luxemburger verlorenging, besonders fatal war jedoch eine aufsehenerregende Niederlage

Karls unmittelbar nach seiner Wahl zum König (11. Juli 1346): Um sich durch Schlachtenglück in seiner schwachen Position gegenüber Ludwig zu legitimieren, griff Karl auf der Seite Philipps VI. in den englisch-französischen Krieg ein und erfuhr in der Schlacht bei Crécy (südlich von Calais) – sein erblindeter Vater Johann von Böhmen ließ sich dabei zur Erfüllung seines Ritterideals in die Schlacht führen und fand den Tod – eine herbe Niederlage (26. August 1346); verkleidet mußte er sich im Anschluß an seine Krönung in Bonn (26. November 1346) – die Krönungsstadt Aachen versagte Karl den Zugang – nach Prag zurückziehen.

Erst nach Ludwigs Tod wendete sich Karls Blatt auf der Grundlage seiner diplomatischen Fähigkeiten zum Guten. Schnell vermochte er die Reichsstädte für sich zu gewinnen, die zuvor die verläßlichste Machtstütze des Wittelsbachers waren. Dahinter stand zum einen die erwartbare Aufhebung des Interdikts, das Deutschland über 20 Jahre in eine gottesdienstliche Grabruhe („die Geistlichen dürfen nicht singen") versetzt und in furchtbare Zweifel darüber gestürzt hatte, ob ein gegen das Interdikt gespendetes Sakrament (etwa das der Taufe) nicht ebenso sicher zur ewigen Verdammnis führte wie eine unterlassene Sakramentenspendung; zum anderen verstand es Karl, die Städte durch großzügige Privilegien geschickt an sich zu binden. Mit diesem Rückhalt war es ihm dann auch ein leichtes, die eher hilflosen Versuche des wittelsbachischen Markgrafen Ludwig von Brandenburg zu parieren, Gegenkönige in der Nachfolge seines verstorbenen Vaters Ludwig des Bayern zu finden: Eduard III. schlug die Wahl aus und verbündete sich sogar mit Karl IV. (1348); der thüringische Graf Günther von Schwarzburg gab sich zwar zur Wahl als Gegenkönig (1349) her, hatte aber keine Machtbasis, die dem Luxemburger gefährlich werden konnte. Mit seiner nunmehr unangefochtenen Krönung in Aachen (15. Juli 1349) vermochte Karl IV. – auch von den Habsburgern anerkannt – über seine Gegner aus dem Hause Wittelsbach zu triumphieren. Zuvor schon gelang Karl ein empfindlicher Schlag gegen den Markgrafen von Brandenburg: Als 1348 ein alter Pilger auftauchte, der behauptete, er sei der seit 1319 als verstorben geltende Markgraf Woldemar von Brandenburg, zögerte König Karl keinen Augenblick, den „falschen Woldemar" (vgl. S. 353f.) feierlich mit der Mark Brandenburg zu belehnen (1348); erst nachdem Markgraf Ludwig seinen Widerstand gegen Karl IV. aufgab und ihm huldigte, ließ dieser den falschen Woldemar fallen und belehnte den Wittelsbacher mit der Kurmark (1350). Ein weiterer Coup gelang Karl schließlich, als er 1349 in zweiter Ehe Anna, die einzige Tochter des wittelsbachischen Pfalzgrafen Rudolf heiratete und damit nicht nur die Machtbasis der Wittelsbacher empfindlich unterminierte, sondern seine eigene Position am Mittelrhein deutlich stärkte.

In den knapp zwei Jahren seit dem Tode Ludwigs des Bayern hatte es Karl IV. bis zu seiner Aachener Krönung mit staatsmännischem

Das historische Umfeld

Geschick wie diplomatischem Raffinement geschafft, erstmals seit der Doppelwahl von 1314 (vgl. S. 5) in Deutschland wieder einen allseits anerkannten König zu etablieren, der endlich den ersehnten inneren Frieden im Reich zu garantieren schien. Statt dessen erschütterte um die Jahrhundertmitte die Menschen eine gewaltige wirtschaftliche und gesellschaftliche Krise jenseits der bisherigen politischen Querelen. In ihr bündeln sich eine Reihe von zunächst selbständigen Phänomenen, die sich beim Zusammentreffen aber wechselseitig aufschaukelten. Der bekannteste Schicksalsschlag war das Auftreten der großen P e s t w e l l e, die zwischen 1348 und 1352 nahezu ganz Europa überflutete und die Bevölkerung in einem unfaßbaren Umfang dezimierte, weil man ihrer mit dem damaligen medizinischen Wissen (vgl. S. 410f.) nicht Herr werden konnte: Insbesondere in den dichtbesiedelten Städten raffte der Schwarze Tod bis zur Hälfte der Einwohner hinweg. Dennoch waren die wirtschaftlichen Folgen auf dem Land viel verheerender, weil die Produktion der erforderlichen Nahrungsmittel erheblich eingeschränkt wurde. Hatte die A g r a r k r i s e des 14. Jahrhunderts mit verminderten Ernteerträgen und rückläufigem Viehbestand bereits zu einer gravierenden Landflucht geführt, so förderte die Pest diese Entwicklung, weil die Städte durch eine gezielte Erhöhung der Löhne für Tagelöhner und Handwerker die entstandenen Lücken in der Stadtbevölkerung ausglichen. Auf dem Land kam es zu zahlreichen Wüstungen (aufgelassene Dörfer) oder zur Zusammenlegung von Dörfern, der Landadel und die kleinadligen Grundherren verarmten, die Fürsten hingegen mit ihren Zollrechten und mit ihren städtischen Einkommensquellen profitierten vom wirtschaftlichen Aufschwung der Städte nach der ersten großen Pestwelle. Aber auch in der S t a d t vollzog sich eine tiefreichende ökonomisch-soziale Umschichtung, da bei Überlebenden vermögender Familien unerwartet eine Konzentration von Vermögen und Erbgütern eintrat, während die Handwerker und Tagelöhner trotz verbesserter Löhne oft nur das Existenzminimum erreichten. Außerdem trug der im Vergleich zum Handwerk lukrativere Handel („fingerlang Handel bringt mehr als armlang Handwerk") erheblich dazu bei, daß sich die Schere zwischen wenigen Reichen und vielen Armen ohne feste soziale Sicherung insbesonders bei Krankheit und im Alter immer breiter öffnete; karitative Werke und Einrichtungen konnten als Einzelaktionen dieser Entwicklung nicht entgegensteuern. In den sogenannten Zunftkämpfen des 14. Jahrhunderts, bei denen es um Teilhabe der Handwerke an der Führung der Stadt und um eine angemessene Vertretung im Rat der Stadt ging, erwuchs aus dieser breiten mittellosen Unterschicht ein explosives Kräftereservoir, das von der städtischen Obrigkeit nur schwer unter Kontrolle zu halten war.

Die sozialen Spannungen und ökonomischen Konflikte entluden sich in den Pogromen gegen die J u d e n, bei denen viele Stadtbürger mit Wucherzinsen in Schuld standen. Mit Mord, Vertreibung und Aneignung des Vermögens ließ sich immer wieder eine entsetzlich leichte Entschuldung der Christen herbeiführen. An dieser Blutspur beteiligt war auch Karl IV. Besonders deutlich zeigt sich dies am Judenmord in Nürnberg (1349), der mit über 550 Opfern mehr als ein Drittel der Judengemeinde in dieser Stadt auslöschte. Der entscheidende Antrieb ging dabei vom patrizischen Rat aus, der von den Handwerkern gestürzt, aber durch Karl unter Herstellung der ehemaligen Rechts- und Verfassungsverhältnisse wieder eingesetzt worden war. Zusammen mit dieser Klärung der politischen Verhältnisse in der aufstrebenden Gewerbe- und Handelsstadt sollte auch gleich die Judengemeinde Nürnbergs als ernsthafter Konkurrent für die städtische Oberschicht im lukrativen Kreditgeschäft mit den Fürsten vernichtet und zur Sanierung der Stadt mit Karls Erlaubnis die Frauenkirche neben zwei Marktplätzen anstelle der abgerissenen Synagoge und der Judenhäuser errichtet werden. Eine grausige Steigerung erfuhren die Judenpogrome dadurch, daß man das Auftreten der Pest mit einer Vergiftung der Brunnen durch die Juden in Verbindung brachte (vgl. S. 416) und sich dadurch in ganz besonderer Weise zu den gnadenlosen Exzessen legitimiert glaubte. Andererseits faßte man den Schwarzen Tod durchaus auch als eine Geißel Gottes gegen die völlig in Sünde verstrickte Christenheit auf, welcher die Geißlerbewegung zur Umkehr verhelfen wollte (vgl. S. 169).

Ungeachtet dieser aufgewühlten und in vielfacher Hinsicht krisenhaften Zeit zog sich Karl IV. zwischen Herbst 1349 und Herbst 1353 nahezu ganz auf Böhmen zurück und ließ seine Präsenz im Reich vermissen. Neben der Bewältigung einer schweren Erkrankung dienten diese Jahre Karl dazu, das Königreich Böhmen als Zentrum für seine Königsherrschaft und für sein künftiges Kaisertum auszubauen. In diese Richtung zielte bereits die 1348 nach dem Vorbild von Paris und Bologna gegründete Prager Universität, eine vielfache Privilegierung Böhmens einschließlich einer Aufwertung der tschechischen Sprache. Dieser auffällige Bohemozentrismus in Karls erster Regierungszeit darf jedoch nicht als Chauvinismus verstanden werden, vielmehr steht hinter dieser Ausrichtung Karls Vorstellung, das römisch-deutsche Königtum nicht mehr wie bislang auf militärische Basis und Hausmachtpolitik zu gründen, sondern im überragenden Ansehen des eigenen Hauses zu verankern, das immerhin selbst bereits ein Königreich war. Auf dieser Grundlage unternahm Karl IV. dann seinen ersten Romzug (1354–1355), der in der Kaiserkrönung des römisch-deutschen und böhmischen Königs gipfelte.

Dem Unternehmen, das Karl ein weiteres Jahr von seinen Herrschaftspflichten in Deutschland abhielt, fehlte freilich jeglicher Glanz.

Das historische Umfeld

Zwar herrschte in Italien, nicht zuletzt berauscht von den Phantasien des römischen Gastwirtssohns, Notars und Volkstribuns Cola di Rienzo (vgl. S. 429), der in ihm den geeigneten Herrscher sah, Rom in seiner alten Macht wiedererstehen zu lassen, eine Karl IV. gewogene Stimmung, und Francesco Petrarca ermunterte ihn, er möge als Kaiser wieder die antike Herrlichkeit eines Caesar und Augustus erstrahlen lassen (1347), aber der so Geschmeichelte bewahrte einen kühlen Kopf. Er ließ sich zwar durchaus von dieser Stimmung tragen, nachdem er sich mit dem neuen Papst Innozenz VI. (1352–1362) über seine Pläne verständigt hatte, er ließ sich in Mailand zum König von Italien krönen, doch den Weg nach Rom bahnte sich Karl – von nur 300 Rittern begleitet – mit diplomatischem Geschick. Am Ostersonntag (5. April 1355) vom Kardinallegaten zum Kaiser gekrönt, verließ Karl bereits am Abend wieder die Stadt, um möglichst rasch zurück nach Prag zu kommen. Petrarca war tief enttäuscht, man schmähte Karl als eine Krämerseele, aber *de facto* wußte sich der neue Kaiser geschickt aus den zermürbenden Machtkämpfen in Italien herauszuhalten, die seinem Großvater Heinrich VII. alle Kräfte gekostet hatten (vgl. S. 4f.); statt dessen gelang es Karl IV., nach den Jahrzehnten erbitterter Kämpfe zwischen Ludwig dem Bayern und Johannes XXII. (vgl. S. 5ff.) endlich eine Kaiserkrönung im Einvernehmen mit dem Papst ohne Preisgabe der von Ludwig nachhaltig verteidigten Reichsrechte zu erreichen (vgl. S. 8) – eine erstaunliche staatsmännische Leistung, die sich dem neuen, intellektuell ausgerichteten Herrschertyp verdankte, den Karl IV. verkörperte. In diesem Zusammenhang verwundert es dann auch nicht, Heinrich von Mügeln als Sangspruchdichter mit ausgesprochen intellektuellem Habitus im Umfeld Karls zu finden (vgl. S. 188ff.).

Nach seiner Rückkehr hatte Karl nunmehr die Hände frei für eine gesetzgeberische, wirtschaftliche und territoriale Ordnung des Reiches. Als Höhepunkt seiner Gesetzgebung darf die ‚Goldene Bulle' von 1356 (vgl. S. 384) angesehen werden, die im Einvernehmen mit den Kurfürsten und diesen weit entgegenkommend die einvernehmliche Königswahl regelt und dabei das strittige Approbationsrecht des Papstes zur Bestätigung des gewählten Königs geschickt umgeht. Karls scheinbar schwaches Zugehen auf die Kurfürsten als den „Grundfesten des Reichs" führte zwischen den konkurrierenden Möglichkeiten von Wahl- und Erbkönigtum eine klare Entscheidung zugunsten der freien Königswahl herbei, bei der jedoch die dynastische Thronfolge nicht ausgeschlossen war, wenn sich dafür eine Mehrheit bei den Kurfürsten fand. Über die ‚Goldene Bulle' als wegweisendes Reichsgesetz hinaus blieb Karl in seiner gesetzgeberischen Tätigkeit – sieht man von Böhmen ab – auffällig zurückhaltend. Dies erstaunt im Blick auf die Welle von Rechtskodifikationen während des 14. Jahrhunderts (vgl. S. 379ff.); dahinter könnte jedoch ebenso wie im Ausbleiben eines allgemeinen Landfriedens im Reich die pragmatische Einsicht gestanden haben, daß Rechtskodifikationen vor Ort erfolgen sollten, wo das Recht dann auch durch die Obrigkeit in Stadt und Land durchgesetzt und gewahrt werden mußte. Pragmatik zeichnete ebenso die Verwaltung des Reiches wie der eigenen Länder des Luxemburgers aus: Ein Netz von etwa 180 Räten als Sachkenner wirkte an der Politik und an der Regierung Karls mit, eine effiziente, aber keinesfalls aufgeblähte – von der Forschung früher erheblich überschätzte – Kanzlei, unter deren Leitern stilbildend Johann von Neumarkt hervorragt (vgl. S. 429f.), die sich auf Grundsätzliches und Bedeutendes konzentrieren konnte, weil vieles den Kurfürsten, den Landesherren und in Streitfällen dem Reichshofgericht überantwortet war. Die Präsenz des Herrschers im Reich erscheint auch auf diese Weise merklich zurückgenommen.

Einen vergleichbaren Eindruck vermitteln Karls geradezu rückhaltlosen Verpfändungen städtischen Reichsguts (Steuern, Ämter, aber auch ganzer Städte) und der Reichslandvogteien im oberdeutschen Raum ab dem Beginn der 60er Jahre, wodurch der Luxemburger gegenüber allen anderen Fürsten finanziell ungemein gestärkt, potentielle Konkurrenten zum böhmischen König beim Griff nach der Reichskrone hingegen geschwächt wurden, weil ihnen die entsprechenden materiellen Ressourcen fehlten. Komplementär dazu baute Karl IV. systematisch durch eine geradezu rastlose Territorialpolitik ein zusammenhängendes Herrschaftsgebiet der Luxemburger aus, wobei auf die Einbindung der Habsburger durch Erbeinung ebenso geachtet wurde wie auf die schrittweise Zerschlagung des wittelsbachischen Besitzes; ihren Höhepunkt erreichte diese Politik mit dem Erwerb der Mark Brandenburg, die Karl eine zweite Kurstimme einbrachte. Darüber hinaus zielte Karls Hausmachtpolitik – wenn auch erfolglos – einem alten Wunsch der böhmischen Könige folgend darauf, auch die Königskronen von Polen und Ungarn, dazu Litauen für die Luxemburger zu gewinnen.

Diese offenkundige Zentrierung Karls IV. auf Böhmen und auf Prag als Herrschaftszentrum minderte in keiner Weise seine unumstrittene Stellung im Reich, das sich in der Sicherheit wiegen konnte, erstmals seit Friedrich II. wieder von einem unangefochtenen, auch vom Papst akzeptierten Kaiser geführt zu werden, der auf friedlichem Weg und dennoch wirksam die Grenze des Reiches im Westen sicherte; dennoch war Karl IV. im Vergleich zu seinen großen politischen Leistungen als orientierende und prägende Kraft unterhalb der Reichsebene bis hin zu den Städten keineswegs in der Nachhaltigkeit spür- und erkennbar, die man bei einem Herrscher seines Formats in dieser Zeit als selbstverständlich voraussetzen möchte. Dagegen sprechen nicht Karls forcierte Ausformung eines Herrschaftskultes mit den Reichskleinodien im Mittelpunkt, sein Ahnen- und Heiligenkult, bei dem die Verehrung des heiligen Wenzel – von Karl selbst in einer lateinischen ‚Wenzelslegende' gefeiert – eine zentrale Rolle spielte, und der auf Burg Karlstein in ihrer aufs kostbarste ausgeschmückten Kapelle mit der programmatischen Komposition von genealogischer Verankerung, persönlicher Reliquienverehrung und apokalyptischer Perspektivierung des kaiserlichen Herrschers aus dem Hause Böhmen als einer der ältesten europäischen Dynastien einen religiös entrückten Ort fand; dagegen spricht auch nicht Karls ambitionierte Förderung einer spezifischen Ausprägung von Architektur und Skulptur, die in Prag mit dem Veitsdom und seinem Skulpturenprogramm, mit der Karlsbrücke über die Moldau oder mit dem Torturm in der Prager Altstadt (mit dem Baumeister und Bildhauer Peter Parler aus Schwäbisch Gmünd als führendem Kopf) einen bis heute bewunderten Ausdruck fand und die spätmittelalterliche Stadtarchitektur von den Hallenkirchen bis zu den steinernen Rat- und Patrizierhäusern bestimmte – denn dies alles war zwar zweifellos ein wirkungsvoller und vielgestaltiger Reflex herrschaftlicher Programmatik, nicht jedoch Ausdruck eines unmittelbaren politischen Wirkens, aus dem sich verläßliche Orientierung in der Welt und auf dem Weg zum Jenseits gewinnen ließ. Das Fehlen allgemein verbindlicher Orientierungsmuster vor Karl als Folge der politischen Wirrnisse und der Auseinandersetzungen mit dem Papst und seiner Kurie bis hin zum über 20jährigen Interdikt unter Ludwig dem Bayern setzt sich bei Karl mit seiner abgehobenen Herrschaftsauffassung fort: In diesem Sachverhalt mag die erstaunliche, bis dahin völlig unbekannte Vielgestaltigkeit der deutschen Literatur im 14. Jahrhundert zu einem Gutteil begründet sein. Trotz aller Vorbehalte (vgl. Bd. II/1, S. 22–27) ist es im Blick auf Thematik und Konzept nicht völlig abwegig, von staufischer Literatur zu sprechen, für die durchaus glanzvolle Herrschaft Karls IV. muß die Suche nach einer vergleichbaren Programmatik scheitern.

Die tradierten höfischen Werte waren Karl fremd und erschienen ihm als untauglich zur lebensweltlichen Orientierung. Der Ritt seines blinden Vaters in den Schlachtentod als Verwirklichung seines Ritterideals (vgl. S. 10) hatte für Karl keine Vorbildfunktion mehr, das höfische Wertekonzept von Rittertum und Minne, das Wechselverhältnis von *milte* und *êre* als Dokumentation legitimer Herrschaft, herkömmliche Formen der höfischen Repräsentation wie etwa Turniere und Festlichkeiten in artusseliger Rückwärtsgewandtheit waren für den Intellektuellen Karl, den man als den gebildetsten Herrscher des Mittelalters bezeichnet hat, bedeutungslos. Die Gründung von Ritterorden nach den Vorbildern Eduards III. von England (Hosenbandorden; 1348) und Johanns II. von Frankreich (Sternenorden; 1351) stieß bei Karl IV. auf Desinteresse. Statt dessen wußte er sich den Wissenschaften und einer reflektierten Form von Religiosität als tragfähigen Formen der Orientierung verpflichtet. Einzelne Kapitel in seiner Selbstdarstellung ‚Vita Caroli Quarti' (um 1350) und damit verbundene ‚Moralitates' zeigen eine Herrscherpersönlichkeit, die sich zur Versicherung ihrer politischen Leitlinien neben philosophischen auch religiösen Meditationen widmet. Als allseits gerühmter Förderer der Wissenschaften hat Karl IV. als seine bedeutendste kulturelle Leistung 1348 die Universität Prag als erste Hohe Schule im Regnum Teutonicum gegründet und ihr schnell zu großem Ansehen verholfen, während die Wiener Gründung (1365) seines Schwiegersohnes Rudolf IV. von Österreich nicht zu florieren vermochte. Karl greift damit *intellectus* und *ratio* als bestimmende Prinzipien (vgl. S. 28) im geistigen Leben des 14. Jahrhunderts auf und etabliert sie als zentrale Kräfte des Orientierungswissens, bei dem – nach Heinrich von Mügeln (vgl. S. 188) – dem Urteil des Kaisers entsprechend die Theologie den obersten Rang einnimmt. Dieser Einstellung entspricht Karls Reserve gegenüber religiösen Bewegungen aus spirituellem oder mystischem Antrieb; dies gilt selbst für die Ansätze, die – wie etwa bei Tauler (vgl. S. 87ff.) – in der spekulativen Tradition der Dominikaner stehen. Sieht man von dieser Einschränkung ab, dann bekennt sich Karl IV. mit seiner persönlich durchformten Religiosität und einer rational bestimmten Intellektualität ziemlich genau zu den Grundlagen menschlicher Orientierung, welche die Spezifik des 14. Jahrhunderts und dessen Modernität gegenüber dem 13. Jahrhundert kennzeichnen (vgl. S. 21ff.).

Für sein Jahrhundert signifikant ist schließlich auch Karls Auffassung, daß Orientierungswissen auf Praxis zielen muß. Besonders deutlich wird dies, wenn in Heinrichs von Mügeln ‚Der Meide Kranz' (vgl. S. 188) die Arithmetik im Rangstreit der Wissenschaften vor dem Kaiser nicht nur auf Zahlentheorie (*series numerorum*) abhebt, sondern ihre Bedeutung auch im Handel herausstellt: *welch fürste, koufman min enpirt, des nutz in schaden ist verirt: ab im unkundik ist min ban, sin kouf, verkouf muß schaden han* (V. 355–358). Diese Konkretisierung trifft sich mit Karls außerordentlichem wirtschaftlichen Interesse, das bereits seinen Zeitgenossen auffiel und das ihm die Bezeichnung „kaiserlicher Kaufmann" eintrug. Er projektierte eine Fernhandelsroute, die von Venedig über Prag nach Brügge führen sollte, er suchte Anschluß an die bedeutsame Handelsmacht der Hanse, deren Zentrum Lübeck er sogar mit einem Besuch (1375) ehrte, er förderte den Handel durch vielfache Begünstigungen der Kaufleute, deren Wege freilich möglichst immer über Böhmen gehen sollten. Auch wenn Karl gerade mit seinen ambitioniertesten Plänen scheiterte, mußte die Ausmünzung von Politik zu Wirtschaftspolitik ausgerechnet durch den Kaiser die Hinwendung zur lebensweltlichen Praxis als Handlungsmaxime auch über den ökonomischen Bereich hinaus nachhaltig fördern.

Das historische Umfeld

Die forcierte Orientierung an der erfahrbaren sozialen Wirklichkeit führte im 14. Jahrhundert und insbesondere unter Karl IV. zu tiefgreifenden, in die Neuzeit weisenden Veränderungen beim Verfassungsgefüge, die man als einen Wandel vom hochmittelalterlichen, auf dem Lehnssystem aufruhenden Personenstaatsverband hin zum institutionellen Flächenstaat bezeichnet. Der Abbau der feudalen Herrschaftsstrukturen beraubte den größten Teil des Adels seiner lehnsrechtlichen Funktionen (militärische und administrative Aufgaben); diesen Vorgang ergänzte eine dramatische Verarmung des Landadels, dessen Einkommen aufgrund der weitgreifenden Landflucht und sinkender Renten aus ihrer Grundherrschaft wegbrachen und hohe Verschuldungen zur Folge hatten. Nutznießer dieses Prozesses waren neben kirchlichen Institutionen (vor allem den Domkapiteln) und den Städten eine kleine Zahl von Fürsten, in deren Händen sich nunmehr Macht und Herrschaft konzentrierte. Diese setzten sie von ihren landesherrlichen Residenzen aus politisch um, sie lehnten sich dabei – etwa Rudolf IV. von Österreich in Wien mit Ausbau der Stephanskirche zu einer Art von Bischofskirche und Stiftung einer Universität – teilweise an Prag als Karls Residenz an, und sie stützten sich bei der Herrschaftsausübung nach Karls Vorbild auf Räte und auf eine zunehmend effiziente Administration. Fürstliche Herrschaft erscheint auf diese Weise nicht mehr personal, sondern institutionell und territorial verankert und über die Dynastie legitimiert. Der funktionslos gewordene Adel hingegen suchte fortan seine Legitimation über die Genealogie. Wenn die epische Literatur des 14. Jahrhunderts mehrfach dynastische und genealogische Themen aufgreift, dann dürfen sie als Reflexe dieser grundlegenden Veränderungen und als literarische Beiträge zu einem damit verbundenen Verfassungsdiskurs angesehen werden.

Zur veränderten Verfassungswirklichkeit trug auch die wachsende politische Bedeutung der S t ä d t e bei, deren Existenz sich ja zunächst nicht in die Ständestruktur und in das Rechtssystem des Mittelalters integrieren ließ. Die veränderte Stellung der Stadt findet literarisch in der zunehmenden Kodifikation der Stadtrechte (vgl. S. 384ff.), aber auch in der Ausformung von Traditionen durch die städtische Historiographie (vgl. S. 395ff.) ihren bezeichnenden Ausdruck. Vielfach von Königen und Fürsten begünstigt, wuchsen die ökonomisch prosperierenden Städte mehr und mehr auch in die Rolle geistiger, kultureller und religiöser Zentren, die früher vornehmlich an den Adelshöfen und bei den monastischen Orden angesiedelt waren. Mit realistischer Einsicht in die veränderten politischen Verhältnisse tolerierte Karl IV. trotz des Verbots von Städteallianzen in der ‚Goldenen Bulle' Städtebündnisse, die sich mit wachsendem Selbstbewußtsein dann aber auch gegen ihn richteten: Als Karl die süddeutschen Städte für den Kauf der Mark Brandenburg und für die Wahl seines Sohnes Wenzel zum deutschen König (1378–1400) hoch besteuerte, schlossen sich 14 schwäbische Städte unter der Führung Ulms 1376 zusammen und bildeten damit den Kern des Schwäbischen Städtebundes, der schließlich 89 Städte umfaßte. Sie machten die Bestätigung der städtischen Freiheiten zur Voraussetzung dafür, Wenzel als neuem König zu huldigen. Karls Verhängung der Acht und seine Erklärung eines Reichskriegs (mit der fruchtlosen Belagerung Ulms und der Niederlage des Grafen Eberhard II. von Württemberg vor der Stadt Reutlingen) blieben vergeblich; König Wenzel bestätigte schließlich die städtischen Privilegien und erklärte die Verpfändungen seines Vaters für nichtig, dennoch hielten die Städte zur Bestätigung und Sicherung ihres politischen Anspruchs das Bündnis bei.

Der Erwerb der Mark Brandenburg samt ihrer Kurstimme stieß nicht nur wegen des immensen Kaufpreises auf Widerstand, die Deklassierung des Fürstentums zu einem Kaufobjekt hinterließ auch einen mehr als schalen Nachgeschmack. Dies galt nicht minder für die bedeutenden finanziellen, rechtlichen und politischen Zugeständnisse Karls IV., um die Kurfürsten 1376 dazu zu bewegen, seinen Sohn Wenzel zu seinem Nachfolger zu wählen. Trotz ihrer Anrüchigkeit war diese Wahl eine diplomatische Meisterleistung, bei der es Karl IV. als Kaiser gelungen war, die Thronfolge noch zu seinen Lebzeiten zusammen mit den Kurfürsten und ohne Zustimmung des Papstes zu regeln. Gleichwohl bemühte sich Karl beim Papst um eine einvernehmliche Akzeptanz der Wahl, er geriet damit jedoch in seinem letzten Lebensjahr in den Beginn des großen **abendländischen Schismas** (1378–1417), das erst durch das Konstanzer Konzil beendet werden konnte (vgl. Bd. III/2). Diese Spaltung der Christenheit, bei der sich nunmehr nicht Gegenkönige, sondern Gegenpäpste gegenüberstanden, und die zu noch größeren religiösen Verunsicherungen führen mußte als das Interdikt, steht im Zusammenhang mit Bestrebungen, den Papstsitz von Avignon wieder nach Rom zurückzuverlegen. Die Vorarbeiten dazu reichen bis Papst Innozenz VI. zurück, und sie führten unter Urban V. (1362–1370) zu einem zwischenzeitlichen Erfolg (1367), so daß Karl IV. bei seinem zweiten Italienzug (1368/69) sogar zwei Monate lang gemeinsam mit dem Papst in Rom residieren konnte – zum erstenmal wieder seit der Kaiserkrönung Friedrichs II. (1220). Urban mußte jedoch der französisch dominierten Kurie nachgeben und wieder Avignon als päpstlichen Sitz wählen. Sein Nachfolger Gregor XI. (1370–1378) zögerte lange, eine erneute Rückkehr zu wagen, obwohl er damit die Gefahr eines römischen Gegenpapstes heraufbeschwor. Bedrängt von Birgitta von Schweden (vgl. S. 140) und der Dominikanerin Katharina von Siena (gest. 1380 in Rom), die den Papst persönlich in Avignon aufsuchte, entschied er sich schließlich, doch nach Rom aufzubrechen (1376), wo er nach nur 15 Monaten starb. Zwar wählte man sofort mit Urban VI. (1378–1386) einen Nachfolger, dem die unzufriedenen nicht-italienischen Kardinäle jedoch bald Clemens VII. (1378–1394) als Gegenpapst entgegensetzten. Karl IV. votierte zwar für Urban VI., aber eine Bereinigung der Krise blieb ihm diesmal versagt: Der Kaiser starb am 29.11.1378 in Prag. Karls Sohn W e n z e l (1378 bis 1400) scheiterte nicht nur an der Beseitigung des Schismas. Obwohl vom Vater planvoll für seine künftigen Aufgaben vorbereitet, stand Wenzel zu sehr unter dem Einfluß seines labilen Charakters; der Hang zum Müßiggang, zu ausschweifenden Jagdvergnügungen und später zur Trunksucht verhinderte eine gezielte Fortsetzung von Karls Politik, die er zunächst – etwa durch die Parteinahme für Urban VI. im sogenannten Urbanbund (gemeinsam mit den vier rheinischen Kurfürsten) – energisch aufgriff. Dazu zählte auch der allgemeine Landfriede von Eger (1389), der dem wilden Fehdewesen und der Plage umherziehender räuberischer Haufen steuern sollte. Wenzels Unfähigkeit, den Frieden des Reiches im Innern wie nach Außen zu sichern, seine moralische Haltlosigkeit – bis heute mit dem Justizmord (1393) am heiligen Johannes Nepomuk verknüpft – und seine politische Untätigkeit führten nach langem Zögern schließlich 1400 zu seiner Absetzung. Mit der Wahl Ruprechts von der Pfalz (1400 bis 1410) ging die Königskrone an einen der Kurfürsten, deren weiter gefestigte Macht auf diese Weise erneut unter Beweis gestellt wurde.

Neben den skizzierten historischen Grundlinien verdienen noch die Komplexe erwähnt zu werden, an denen sich besonders deutlich politische Veränderungen im 14. Jahrhundert festmachen lassen: die Schweizer Eidgenossenschaft, der Ordensstaat und die Hanse. Davon schien das nach dem Tode Rudolfs I. von Habsburg 1291 von den Waldstätten Uri, Schwyz und Unterwalden geschlossene „ewige Bündnis" auf den ersten Blick das unscheinbarste Ereignis gewesen zu sein, aber verfassungsrechtlich hatte diese Keimzelle der S c h w e i z e r E i d g e n o s s e n s c h a f t, die dann seit 1495 Freiheit vom Reichsgericht und von der Reichssteuer forderte, weitreichende Folgen. Das Bemerkenswerte an dem Bund war nicht das Faktum des Schwurverbandes (*coniuratio*), der von den Landfriedenseinigungen, von Beistandsbünden zwischen Städten und als konstitutives Element der Stadtgemeinde in ihrer Abgrenzung zum Stadtherren bekannt war; bemerkenswert war vielmehr, daß sich bei der Schweizer Eidgenossenschaft Bauerngemeinden, Adlige und dann auch Städte (Luzern, Zürich, Bern) miteinander zeitlich unbefristet gegen Herrschaftsansprüche der (habsburgischen) Landesherren bei ihrer Territorienbildung verbündeten. Der Weg zur Unabhängigkeit wurde durch den unentwegten dynastischen Wechsel im Reich sicherlich begünstigt, aber sie mußte auch blutig erkämpft werden: 1315 schlug ein bäuerliches Aufgebot bei Morgarten das Ritterheer Herzog Leopolds I. von Österreich (Bruder des Königs Friedrich des Schönen) vernichtend, 1386 verlor Herzog Leopold III. in der Schlacht von Sempach, bei der die Ritter in ihrer Panzerrüstung bereits durch die Julisonne ihre Kampffähigkeit erheblich einbüßten, sein Leben – eine veraltete Wehrtechnik, ein Sieg der Eidgenossen über den Herzog als symbolhaft verdichtetes Zeichen für den Wandel vom Alten zum Neuen im 14. Jahrhundert.

Auf eine andere Art weist der Staat des DEUTSCHEN ORDENS in Preußen und Livland in die Neuzeit. Vom Herzog Konrad von Masowien zum Glaubenskampf gegen die heidnischen Preußen ins Land gerufen und dafür mit dem Kulmer Land beschenkt (1226), nahm der Deutsche Orden – bestätigt von Friedrich II. – durch den Hochmeister die landesfürstlichen Herrschaftsrechte wie ein Reichsfürst wahr, ohne durch lehensrechtliche Bindungen dem Reich, den Königen und Kaisern verpflichtet zu sein. Diese in der ‚Goldbulle von Rimini' (1226) erfolgte Privilegierung erlaubte erstmals die geschlossene Ausbildung eines Territorialstaates mit beamtenähnlichen Verwaltungsstrukturen; dabei wurden insbesondere während der politischen und wirtschaftlichen Blüte des Ordens im 14. Jahrhundert als Grundlage seiner hervorstechenden kulturellen und literarischen Leistungen (vgl. S. 222ff.) auch die Voraussetzungen für die Entstehung des späteren preußischen Staates geschaffen. Die staatsrechtliche Singularität des Ordensstaates war in der kriegerischen Unterwerfung und in der Missionierung der letzten heidnischen Völker Europas (und damit Ziel adliger Gäste für die jährlichen „Preußenfahrten" zur Bestätigung ritterlicher Lebensweise) begründet; als diese Aufgaben wegfielen, setzte auch der Niedergang des Ordensstaates ein, der zur Sicherung des territorialen Bestands seine staatsrechtliche Sonderstellung im 16. Jahrhundert zugunsten der tradierten Staatsform eines Fürstenstaates aufgeben mußte. Die Modernität des Ordensstaates, der gerade im 14. Jahrhundert seine Effizienz auch wirtschaftlich unter Beweis stellte, griff offenkundig der Zeit zu weit voraus; umso bemerkenswerter erscheint das Gewicht seiner herausgehobenen Stimme in der vielstimmigen Diskussion um Landesherrschaft und Territorialstaat während des 14. Jahrhunderts.

Im allgemeinen Bewußtsein und in der konkreten Erfahrung führten jedoch die wirtschaftlichen mehr als die verfassungsrechtlichen Veränderungen im 14. Jahrhundert zu einer tiefgreifenden Verunsicherung der Menschen. Damit ist zum einen die weitere Ablösung der Natural- durch die Geldwirtschaft gemeint, die erheblich zur Verarmung der adligen Grundherren beitrug, die aber – wie die Reimpaarreden über die Macht des Pfennigs vielfach bekunden (vgl. S. 293) – auch in der Stadt als Ort der Geldakkumulation durchaus verstörend wirkte. Zum andern ist an den Fernhandel zu denken, der im 14. Jahrhundert einen bedeutenden Aufschwung erlebte und entscheidend zur Geldakkumulation beitrug. Mit den Fernhandelskaufleuten entstand eine ökonomisch grundgelegte

Der geistige Horizont

Oligarchie, die – von den Patriziern bis zu den Königen – quer zur Herrschaft in Stadt, Land und Reich stand und die sich grenzüberschreitend ein eigenes Nachrichtennetz und eine eigene Verwaltung schuf; sie setzte zur Abwicklung der Geschäfts-, Geld- und Rechtsgeschäfte auf die Effizienz von Schriftlichkeit, die auch das Medium orientierender Erfahrungs- und Reiseberichte darstellte (vgl. S. 412ff.). Dabei kam es immer wieder zu genossenschaftlichen Zusammenschlüssen, die allerdings unterschiedliche Ziele verfolgten: Während die süddeutschen Handelsgesellschaften gegen Ende des 14. Jahrhunderts einen spezialisierten Handel (Metall- und Textilwaren) in der Form von Kapitalgesellschaften betrieben, schlossen sich in West-, Nord- und Ostdeutschland Kaufleute zusammen, um einander im Ausland bei der Wahrung des Rechtsschutzes und der Handelsfreiheit zu unterstützen. Im 14. Jahrhundert wurde daraus unter der Führung Lübecks ein Städtebund: die H a n s e, die den Handel von Rußland über Skandinavien bis Flandern und England beherrschte. Ihre wirtschaftliche Vormachtstellung im Ost- und Nordseeraum verband eine zunehmend politische Führungsrolle, die sonst Landesfürsten zustand. Besonders deutlich wird dies nach dem erfolgreichen Kampf der Hanse gegen Dänemark (1367–1370), dessen König Waldemar IV. Atterdag (1340–1375) im Stralsunder Frieden der Hanse die Handelsvorrechte in Dänemark und Schonen und sogar das Recht der Zustimmung bei der Regelung der dänischen Thronfolge zugestehen mußte. Solche Vorgänge verliehen der Hanse eine ganz andere politische Qualität als dies bei den meist nur kurzzeitigen Städtebünden in Süd- und Westdeutschland der Fall war. Innerhalb der mittelalterlichen Verfassungsstruktur war die Hanse damit ebenso ein Fremdkörper wie die Schweizer Eidgenossenschaft und der Ordensstaat; in allen drei Fällen ist die Fremdheit in ihrer zukunftsgerichteten Modernität begründet, die im 14. Jahrhundert einen Vorschein der Neuzeit ankündigt, ohne als solcher erkannt und geschätzt werden zu können.

Der geistige Horizont

Die bewegte politische Geschichte und die tiefreichenden gesellschaftlichen Umbrüche des 14. Jahrhunderts haben selbst zur Zeit des literarisch gebildeten Karl IV. auf den ersten Blick kaum einen unmittelbaren Niederschlag in der Literatur dieser Zeit gefunden. Ein solcher an allen Kapiteln und Abschnitten des literarhistorischen Buchteils ablesbarer Befund erscheint zunächst deswegen überraschend, weil die Literatur des 14. Jahrhunderts viel weniger als im 12./13. Jahrhundert (vgl. Bd. II) der Idealität verpflichtet ist und sich in einem bislang nicht bekannten Umfang an konkreten lebensweltlichen Erfahrungen orientiert. Hinter dieser Um- und Neuorientierung allerdings steht ein umfassender und grundlegender Mentalitätswandel, der schärfer als gelegentliche realhistorische Reflexe in den literarischen Zeugnissen signifikante Zusammenhänge zwischen den Texten und ihrem historischem Umfeld erkennen läßt. Dabei erweist sich die volkssprachige Literatur des 14. Jahrhunderts als Ausdruck einer geradezu rastlosen Suche nach Orientierung angesichts der gesellschaftlichen und politischen Erschütterungen im kirchlichen wie im weltlichen Bereich, die das zeitliche und das ewige Heil in Frage stellten.

Kennzeichnend für diese allgemeine Erschütterung, die bis in die zweite Hälfte des 13. Jahrhunderts zurückreicht (Tod Friedrichs II. und Interregnum), ist die etymologische Erklärung, die Hugo von Trimberg in seinem ‚Renner' (vgl. S. 318ff.) gibt, wenn er *werelt* (‚Welt') von *werren* (‚verwirren') ableitet (V. 2250f.). Die tradierten Institutionen und bislang fest gefügten gesellschaftlichen Strukturen, in welche die Menschen eingebunden waren, verloren ihre orientierende Funktion in den Wirrnissen der Zeit, weil an ihnen selbst Wandel und Veränderungen sichtbar wurden. Das Ringen um Erb- oder Wahlkönigtum, der Vorrang der Dynastie vor der Genealogie im Zusammenhang mit dem Territorialisierungsprozeß bleiben für den Einzelnen zwar zunächst völlig abstrakte Vorgänge, aber ein konkreter dynastischer Wechsel im Reich oder in der Landesherrschaft – etwa der von den Babenbergern zu den Habsburgern (vgl. S. 33ff.) – warf massive Probleme bei der persönlichen Identifikation mit Haus und Krone auf, wenn etwa ein bislang unbedeutender Graf gleichsam aus dem Nichts durch Wahl zum König befördert und damit zum höchsten Wahrer des gesellschaftlichen Heils bestellt wurde. Wie sollte man mit den herkömmlichen Ordnungsvorstellungen das Absinken des Landadels in die Bedeutungslosigkeit und in die Verarmung bis hin zum Verlust der Grundherrschaft beurteilen? Wie das Aufbrechen der – wie es hieß – gottgesetzten Ordnung von Lehr-, Wehr- und Nährstand durch den unfaßbaren ökonomischen Aufschwung der handeltreibenden Städte verstehen, die Landflucht einsichtig erklären, die Bevölkerungsverdichtung in den Städten mit ihren ungeahnten Chancen, aber auch mit ihren erschreckenden Risiken richtig einschätzen? Noch beängstigender mußten die Zweifel an der kirchlichen Amtsautorität empfunden werden, die doch einen verläßlichen Weg zum ewigen Heil sichern sollte. Zwar war seit Walther von der Vogelweide Kritik der Laien am politischen Ränkespiel von Papst und Kurie vorgebracht worden (vgl. Bd. II/1, S. 205), hatte Ottokar von Steiermark in seiner ‚Österreichischen Reimchronik' (vgl. S. 239ff.) für den Fall von Akkon (1291) als der letzten Bastion der Kreuzfahrer im Kampf um das Heilige Land mit schonungsloser Offenheit die Macht- und Geldgier der Kurie verantwortlich gemacht, aber was war dies alles gegen den Wechsel der Päpste vom Grab des Apostelfürsten Petrus in Rom nach Avignon (vgl. S. 4), aus dem schließlich das

Schisma mit Gegenpäpsten erwuchs (vgl. S. 18f.), was gegen das furchtbare Interdikt (vgl. S. 5f.), das über 20 Jahre die Gläubigen offiziell von den kirchlichen Heilsmitteln ausschloß? Am schlimmsten dürfte jedoch gewesen sein, daß mit dem Brüchigwerden bislang verläßlicher Orientierungsinstanzen für das weltliche und ewige Heil eine selbstverantwortete Deutungskompetenz an die Stelle einer kollektiven, institutionell gegründeten Deutungsleistung treten mußte. Rückblickend mag man darin einen entschiedenen Schritt hin zur persönlichen Freiheit erkennen, aber die unmittelbar Betroffenen scheinen die fortschreitende Lösung des Einzelnen aus seiner hergebrachten kollektiven Verankerung mit allen daraus resultierenden Verunsicherungen vorwiegend als erdrückende Last empfunden zu haben, die nur mit einem neuen und verläßlichen Orientierungsangebot für die Zeit und die Ewigkeit ertragbar war.

In den Dienst dieser Orientierungsaufgabe stellt sich mit einer zuvor unbekannten Intensität, mit überbordender Fülle und Vielfalt die volkssprachige Literatur des 14. Jahrhunderts. Ihr Medium ist die S c h r i f t l i c h k e i t, die buchstäblich alles zwischen Himmel und Erde erfaßt und zu begreifen sucht; selbst die Predigt als genuin mündliche Gattung nimmt bei der Schriftlichkeit ihren Ausgang, steuert auf sie zu (vgl. S. 418ff.). Erstmals in der deutschen Literatur erfolgt während des 14. Jahrhunderts eine umfassende Verschriftlichung von Welt, da die Laien in ihrer Suche nach lebensweltlicher Orientierung der nachprüfbaren Autorität des Geschriebenen jetzt mehr vertrauen als einer jeweils nur *ad hoc* situierten Verbindlichkeit des Mündlichen. Mit dieser Einschätzung der Schriftlichkeit als Garant für Wirklichkeit und Wahrheit schließt man sich der klerikalen Tradition und ihrem Verbindlichkeitsanspruch des schriftlich Aufgezeichneten an. Auch aus diesem Grunde verwundert es nicht, daß im 14. Jahrhundert wie nie zuvor vom Lateinischen ins Deutsche übertragen und auf lateinische Vorlagen zurückgegriffen wurde. Das gilt für die versifizierte Literatur genauso wie für die vielgestaltige Ausformung des Prosaschrifttums, doch belegt der ungeahnte Aufschwung der Prosaliteratur (vgl. S. 378ff.) als eines der signifikantesten formalen Merkmale für die deutschsprachige Literatur des 14. Jahrhunderts in besonderer Deutlichkeit den Anschluß an die klerikale Literaturtradition, die ganz eindeutig von Formen der Prosa bestimmt ist. (Im Blick auf diese Zusammenhänge gerade im 14. Jahrhundert ist es besonders bedauerlich, daß nach dem Konzept der vorliegenden Literaturgeschichte die lateinische Literatur weitgehend ausgespart bleiben muß.) Der damit verknüpfte Wahrheitsanspruch darf jedoch nicht kurzschlüssig zur Abqualifikation der versifizierten Literatur als weniger wahrheitshaltig oder gar lügenhaft führen, denn die Wahl der Versform kann funktional durch die leichtere Memorierbarkeit bedingt, der gesteigerte Formanspruch kann aber ebenso eine Art Gütesiegel für einen Wahrheitsanspruch sein, der dem eines Prosatextes nicht nachsteht. Daneben spielen beim Griff nach dem Reimvers natürlich auch literarische Traditionen eine Rolle, die in der deutschen Literatur des 12./13. Jahrhunderts entwickelt wurden (vgl. Bd. II).

Die umfassende Verschriftlichung von Welt zeigt sich jedoch nicht nur in einer Erweiterung der Formenpalette um die Prosa, die im 14. Jahrhundert – mit Ausnahme des Romans – nunmehr gleichberechtigt neben die bislang bestimmende Form des Reimverses tritt, sie dokumentiert sich auch in der schieren Quantität der deutschen Schriftliteratur in dieser Zeit. Diese Quantitäten, mit denen die „Literaturexplosion" (Kuhn) des 15. Jahrhunderts grundgelegt wird (vgl. Bd. III/2), führen im 14. Jahrhundert zur schrittweisen Ablösung des teuren Beschreibstoffs Pergament durch das preiswertere, leichter herstellbare Papier seit dem zweiten Viertel des Jahrhunderts. Das zunächst aus Italien und Frankreich importierte Papier – die erste deutsche Papiermühle gründete 1390 der Nürnberger Großhändler Ulman Stromer (vgl. S. 398) – war die Voraussetzung für die Entstehung von Gebrauchshandschriften literarischer wie pragmatischer Art neben den bislang vorherrschenden Repräsentationskodizes aus Pergament. Erst der Beschreibstoff Papier eröffnete auch dem Laien den Zugang zur Handschrift als notwendigem Wissensreservoir zur Orientierung im Diesseits und Jenseits. Die älteste deutschsprachige datierbare Papierhandschrift liegt uns im wohl ehemals Augsburger Kodex Cgm 717 aus dem Jahre 1348 vor (vgl. S. 330), der geistliche und weltliche Texte in Vers und Prosa umfaßt. An die Stelle einer Buchschrift ist dabei eine Kanzleischrift getreten (Abb. 1), die nicht nur auf einen Kanzlisten als Sammler und Schreiber hinweist, sondern die Ablösung der Repräsentations- durch die Gebrauchshandschrift bis in die Schriftform vor Augen führt. Auch sie ist eine Folge der stetig anwachsenden Verschriftlichung im literarischen Bereich, denn im 14. Jahrhundert löst die auf ein schnelles Schreibtempo zielende Kursive die Textualis als Buchschrift ab, wobei zwischen den Kanzlei- und den Buchkursiven bald keine wesentlichen Unterschiede mehr bestehen.

Im Strom der Verschriftlichung wird im nennenswerten Umfang Literatur des 12./13. Jahrhunderts transportiert, sie erscheint jedoch innerhalb der Gesamtüberlieferung nur als eine Begleiterscheinung zur eigenen literarischen Produktion dieser Zeit. Der tradierten Literatur kommt dabei weitgehend eine repräsentative Funktion zu, die bestenfalls mit dem Rückgriff auf Bewährtes dem alles umfassenden Wandel zu trotzen versucht, verläßliche Orientierung in den verstörenden Wirrnissen dieser Zeit aber traute man dieser Form von Literatur hingegen nicht mehr zu. Das auf Minne und Rittertum gegründete Konzept verlor seine Faszination wohl vor allem deswegen, weil es für die Bewältigung der allge-

Der geistige Horizont

meinen Verunsicherung als untauglich erschien; jedenfalls finden der höfische Roman (vgl. S. 195ff.), die Minnelyrik (vgl. S. 145ff.), aber auch die Heldenepik (vgl. S. 220f.) in ihren herkömmlichen Ausformungen keine Fortsetzung mehr. Während im lyrischen Bereich um die Jahrhundertmitte immerhin ein Wandel vom Minne- zum Liebeslied, vom Modell der ungelohnten Werbung hin zum Konzept der wechselseitigen Liebe als tragfähiger Lebensgrundlage erfolgt, gelten die epischen Leitgattungen des 12./13. Jahrhunderts für literarische Entwürfe mit lebensweltlicher Relevanz augenscheinlich als obsolet. Diese Funktion übernimmt im weltlichen Bereich nunmehr die Geschichtsepik (vgl. S. 237ff.), teilweise ergänzt um die Alexander- und Troja-Epik (vgl. S. 214ff.). Mit dieser Umorientierung dürfte zusammenhängen, daß – ganz im Gegensatz zur herausgehobenen Rolle Frankreichs auch in der Reichspolitik – die französische Epik konzeptionell wie als Quellenreservoir nahezu völlig ihre Bedeutung verliert. Soweit man nicht – und nunmehr deutlich vermehrt – auf eigene volkssprachige Traditionen zurückgriff, orientierte man sich fast ausschließlich an den Vorgaben der lateinischen Literatur.

Insgesamt verliert auf der geradezu fieberhaften Suche nach verläßlicher Orientierung für Zeit und Ewigkeit in den völlig unübersichtlich gewordenen Verhältnissen des 14. Jahrhunderts die weltliche gegenüber der geistlichen Literatur erheblich an Boden. Hier liegt nicht nur die auffälligste, sondern auch die tiefgreifendste thematische Umorientierung innerhalb des literarischen Gattungsspektrums vor: Epik heißt im 14. Jahrhundert zunächst und vor allem geistliche Groß- und Kleinepik (vgl. S. 221ff. und 247ff.), Prosa meint – sieht man vom pragmatischen Schrifttum ab – in dieser Zeit geistliche Prosa (vgl. S. 417ff.). Diesen eindeutigen Befund stützen der hohe Anteil geistlicher Themen im Bereich der Lyrik wie die kräftige Zunahme geistlicher Spiele, mit denen man neben der Predigt auch die nach wie vor weitgehend analphabete Bevölkerung erreichen konnte. Die Masse und die unerhörte Vielfalt religiöser Literatur, die sich ab jetzt ungebrochen ins 15. Jahrhundert fortsetzt (vgl. Bd. III/2), lassen nicht nur die Ernsthaftigkeit erkennen, mit der man nach Orientierung in einer völlig ungewiß gewordenen Zeit suchte, sie bezeugen zugleich, daß man diese Orientierung im zeitlichen wie für das ewige Leben vorwiegend aus dem Deutungsangebot der geistlichen Literatur zu gewinnen hoffte. Bezeichnend dafür ist auch der wachsende Anteil von L a i e n, die nunmehr neben Klerikern zum geistlichen Orientierungsschrifttum beitragen. Wenn dabei die Förderung der Laienfrömmigkeit zu einem zentralen Anliegen wird, dann hängt dies unübersehbar mit einem Autoritätsverlust der Amtskirche zusammen: Ihr weltliches Machtstreben, ihre abstoßenden politischen Händel, ihre Geldgier, ihr Stellenschacher mit bestens dotierten Amtsinhabern auf der einen und mit Seelsorgern an der Armutsgrenze auf der anderen Seite, die erbitterten Kämpfe zwischen Welt- und Ordensgeistlichen um die auch finanziell lukrativen Anteile an der Seelsorge in den Städten, die konträre Haltung der beiden großen Bettelorden beim Befolgen des Interdikts, die Gnadenlosigkeit des Interdikts selbst, das die Gläubigen in ihren seelischen Nöten allein ließ, das unselige Treiben der Kurie von der Verlegung des Papstsitzes nach Avignon bis hin zur Unfaßlichkeit des Schismas – dies und mehr zwang die Laien dazu, selbst nach geistlicher Orientierung in dieser heillosen Zeit zu suchen. Nichts vermag das Versagen der Kirche in ihrer seelsorgerlichen Aufgabe deutlicher offenzulegen als das im 14. Jahrhundert unübersehbare Bemühen der Laien um Eigenpastoration. Diese Suche der Gläubigen nach selbstverantworteter, wenn auch kirchlich verwurzelter Heilsvergewisserung findet ihr bestätigendes Gegenstück in der Mystik (vgl. S. 59ff.) mit ihrem anspruchsvollen Ziel der Gottesbegegnung innerhalb der Orthodoxie, aber ohne die Kirche als heilsnotwendige Mittlerinstanz.

Insbesondere im Blick auf diese dezidierte Hinwendung zur geistlichen, aber auch historisch verorteten Literatur, die zunächst an die Zeit des Wiederbeginns volkssprachiger Schriftlichkeit im hohen Mittelalter erinnert (vgl. Bd. I/2), glaubte man der Literatur des 14. Jahrhunderts einen grundsätzlich konservativen Zug zuschreiben zu müssen (Cramer). Dieses Urteil mag bei einer Fokussierung auf die Traditionsverbundenheit dieser Literatur und auf ihre offenkundig skeptische Haltung zu ästhetisch begründeten Konzepten seine Berechtigung haben, für die Gesamtheit der volkssprachigen Literatur im 14. Jahrhundert trifft das Gegenteil zu: Nie zuvor in der Geschichte der deutschen Literatur hat es im Abschneiden und im Umformen von Traditionen, vor allem aber im Entwickeln eigener literarischer Gestaltungsmöglichkeiten so viele zukunftsweisende Innovationen gegeben. So ist etwa nach der ungeheuren Aufwertung der Prosa als dem hervorstechendsten literarischen Kennzeichen dieser Zeit der Lebensnerv der bislang vorherrschenden versifizierten Literatur – sieht man von Teilbereichen wie etwa der Lyrik oder dem Drama ab – getroffen, auch wenn sich ihr Auf- und Ablösungsprozeß einschließlich der Etablierung des Prosaromans bis ins 16. Jahrhundert hinzieht. Nie zuvor wurde so nachhaltig auf die Diskursivität von Literatur gesetzt, die sich ab dem 14. Jahrhundert mit der literarischen Rede (vgl. S. 269ff.) als genuiner Leitgattung dieser Zeit im weltlichen wie im geistlichen Bereich in einem ungewöhnlichen Reichtum dokumentiert. Noch nie zuvor hat man Literatur so exzessiv als Medium der Lebenshilfe und der Orientierung genutzt und dabei im breiten Umfang – von den Rechtskodifikationen (vgl. S. 379ff.) bis zur Fachprosa (vgl. S. 405ff.) – gerade auch pragmatische Literatur einbezogen. Neu ist aber ebenso die Konsequenz, mit der – gleichfalls in die Zukunft weisend – Historizität und Rationalität als Evidenzkriterien von literarischen Orientierungsangeboten zu Grundprinzipien der Literatur im 14. Jahrhundert gemacht werden.

Die Historizität als Moment der Wahrheitsfindung durchzieht nicht nur die geistliche Groß- und Kleinepik und die Geschichtsepik wie die Geschichtsprosa (vgl. S. 391ff.), sie ist auch kennzeichnend für die drei Romane, die noch im ersten Drittel des 14. Jahrhunderts entstehen (vgl. S. 199ff.). Hinter der Historisierung von Geschehnissen steht natürlich letztlich das herkömmliche Verständnis von Geschichte als Heilsgeschichte, aus der sich verläßliche und verbindliche Erkenntnisse gewinnen lassen und erzielt werden sollen. Daneben steht aber jetzt ein differenziertes Erfassen von Geschichtlichkeit, das vom beunruhigten oder neugierigen Erkennen des zeitlichen Wandels bis zum legitimierenden Absichern solcher Veränderungen und von Neuem reicht: Dies kann auf Probleme der dynastischen Herrschaftssicherung (vgl. S. 204f.) ebenso zielen wie auf die Bestätigung genealogisch problematischer Befunde oder auf die Klärung der Frage nach dem eigenen Herkommen (vgl. S. 209), die im Zusammenhang mit den vielfältigen politischen und gesellschaftlichen Umbrüchen zunehmend an Bedeutung gewinnt. Der Wechsel vom Personenverbandsstaat zum institutionellen Flächenstaat im Zuge des Territorialisierungsprozesses (vgl. S. 17) und der Aufschwung der Stadt als neuer Rechtsraum verlangt von den Menschen neue Identitätsfindungen und -bindungen, die auf dem Weg der historischen Herleitung gesucht und einsichtig gemacht werden. Diesen unmittelbaren Anspruch des Einzelnen auf Orientierung in seinem gesellschaftlichen Lebensraum kann die höfische Epik vom Typ des Artusromans mit seinem geschichtsfernen Irgendwann und Irgendwo nicht einlösen. Für diese vordringliche Aufgabe ist Historiographie im umfassendsten Verständnis, nicht jedoch die programmatische Deklaration von Idealität im ausgewogenen Zusammenspiel von Minne und Rittertum gefordert. Der Zug zur Historisierung wird im 14. Jahrhundert aber auch innerhalb der geistlichen Epik (vgl. S. 226ff.) zu einem der bestimmenden Merkmale. Dabei geht es nicht mehr nur um das herkömmliche Erkennen von Geschichte als Heilsgeschichte, sondern – besonders deutlich erkennbar bei den geistlichen Erzählungen (vgl. S. 248ff.) – um die narrative Einbindung des heilwirkenden Geschehens in nachvollziehbare und damit auch auf die Rezipienten selbst beziehbare lebensweltliche Erfahrungsräume. Die imaginierte Geschichtlichkeit des heilbringenden Ereignisses wird so zum Garanten für seine Wirklichkeit, die auch hier und jetzt wirksam ist und für jeden einen historisch beglaubigten Weg zum eigenen ewigen Heil beschreibt. Das zunächst abstrakte heilsgeschichtliche Konzept erhält durch diese Historisierung eine – im Verständnis der damaligen Zeit – empirische Unterfütterung, aus deren Realitätsanspruch die Verpflichtung zum nachahmenden Handeln und die verläßliche Hoffnung für das eigene Seelenheil erwachsen.

Das historisierende Moment als eine charakteristische Form der Orientierung in der volkssprachigen Literatur des 14. Jahrhunderts ist letztlich Ausfluß einer forcierten R a t i o n a l i t ä t. In ihr greifen wir das vorrangige mentale Kennzeichen dieses Jahrhunderts und seiner Literatur. Diesen Vorrang kann auch eine gesteigerte Emotionalität nicht relativieren, die in der Compassio-Frömmigkeit etwa der Marienklagen (vgl. S. 287f.) oder in der Leidensmystik (vgl. S. 90ff.) besonders deutlich zum Ausdruck kommt und die über das Mitleiden zu evidenten Heilsgewißheiten vordringen möchte. Hinter dem Rationalitätsprinzip steht ein Erkenntnisoptimismus, der sich im theologischen Bereich – angeführt von der Theologie des Dominikanerordens – in einer programmatischen Verknüpfung von Glaube (*fides*) und Vernunft (*intelligentia*) bekundet (vgl. S. 61). Das Vertrauen in die Kraft des Verstandes (*ratio*), der bis in die tiefsten Heilsgeheimnisse vorzudringen vermag, spricht aus der Flut der geistlichen Traktat- und Predigtliteratur (vgl. S. 418ff.) ebenso wie aus den mystagogischen Texten, die zur mystischen Gotteserkenntnis führen sollen (vgl. S. 62ff.). Intellektualität und Rationalität bestimmt aber gleichfalls – teilweise Ansätze des 13. Jahrhunderts weiterführend – in denkbar weitem Umfang die weltliche Literatur von der Sangspruchdichtung (vgl. S. 171ff.) über die Kleinepik (vgl. S. 255ff.) bis hin zum pragmatischen Schrifttum (vgl. S. 405ff.) einschließlich der Rechtsprosa (vgl. S. 379ff.). In allen Bereichen der Schriftlichkeit verspricht man sich sichere Orientierung für Zeit und Ewigkeit durch Einsichten, deren uneingeschränkte Evidenz auf Vernunft und Verstand beruhen. Zu ihrem pointierten literarischen Ausdruck findet diese ambitionierte Diskursivität in einem eigenen Gattungsbereich: in der Rede (vgl. S. 269ff.), die in ihrer Vielzahl wie in ihrer Vielfalt wie kein anderes literarisches Phänomen neben dem entschiedenen Vorstoß zur Prosa die Literatur des 14. Jahrhundert prägt. Die Leistungsfähigkeit der weltlichen Rede und die Faszination, die von diesem neuen literarischen Typ ausgeht, zeigt sich daran, daß Werte- und Normendiskussionen der höfischen Lyrik (Minnesang) und Epik nunmehr in der Form der Minnerede (vgl. S. 321ff.) geführt werden. Zusammen mit den Preisreden und Totenklagen bildet sie – vergleichbar mit der Bedeutung des geistlichen Spiels für die Stadtgemeinde (vgl. S. 356ff.) – die genuine Form der höfischen Literatur im 14. Jahrhundert. In besonderer Weise gilt dies von ihrer allegorischen Ausprägung, die nunmehr auch die Dimension von Großformen annimmt (vgl. S. 232ff.). Die Beliebtheit der A l l e g o r i e im weltlichen wie im geistlichen, im adligen wie im städtischen Bereich ist zu dieser Zeit so groß, daß man mit guten Gründen von einem „Jahrhundert der Allegorie" (Glier) gesprochen hat. Dafür spricht über den quantitativen Befund hinaus vor allem der geradezu provokative Anspruch an Deutungskompetenz, die notwendig ist, um die allegorische Verschlüsselung zu dechiffrieren und sie in ihrer Mehrdeutigkeit für sich evident zu machen. Damit bestätigt die Verdichtung zur Allegorie besonders augenfällig den diskursiven Grundzug innerhalb der volkssprachigen Literatur des 14. Jahrhunderts. Sie vertraut nicht mehr dem institutionell ausgewiesenen Werteappell, sondern setzt ihr ganzes Vertrauen auf die diskursiv erzielte Einsicht in die Notwendigkeit und Richtigkeit von Werten und Normen. Das selbst intellektuell als richtig Erkannte gewinnt durch die diskursive Eigenleistung die Tragfähigkeit verläßlicher Orientierung im religiösen wie im weltlichen Leben, ohne dabei in den Verdacht der Subjektivität zu geraten.

Der skizzierte Weg zur Gewinnung sicheren Orientierungswissens läßt keine geschlossenen Weltentwürfe mehr zu, denen offenkundig schon Der Stricker mit seiner Kleindichtung Skepsis entgegenbrachte (vgl. Bd. II/2, S. 15f.). Noch konsequenter als bei ihm dient das literarische Arrangement in den Erzählungen und Reden jetzt dazu, die Leistungsfähigkeit von Intelligenz herauszustellen und sie in immer neuen Konstellationen und Konflikten zu erproben. Damit hängt das Situative, ja Kasuistische dieser Form von Literatur zusammen, die sich dem Ziel erschöpfender Erkenntnis nurmehr additiv nähern, aber diese grundsätzlich auch nicht ansatzweise erreichen kann. Man bemüht sich zwar – wie übrigens auch in der lateinischen Klerikerliteratur – in allen literarischen Bereichen um die Anlage von Kompendien und Summen, aber sie sind – wie etwa das Œuvre Heinrich des Teichners (vgl. S. 310ff.) – jederzeit für Erweiterungen, aber auch Veränderungen offen. Der Titel ‚Renner' für die didaktische „Summe" Hugos von Trimberg (vgl. S. 318ff.) mag auch in diesem Sinne für programmatisch gelten. Will man diesen literarischen Befund philosophiegeschichtlich einordnen, dann bestätigt er die zunehmende Kontingenzerfahrung, die sich aus den politischen und gesellschaftlichen Wirrnissen und Umbrüchen der Zeit ebenso speist wie aus der Unberechenbarkeit der Naturkatastrophen, Mißernten und aus dem plötzlichen Auftreten der Pest. All dies trug dazu bei, Welt nurmehr aus der Zufälligkeit einzelner Phänomene zu erfahren.

Die Fixierung auf das k o n k r e t e   E i n z e l n e statt auf ein abstraktes Ganzes und die Fixierung auf die Rationalität als sicheres Erkenntnisprinzip in einer als kontingent erfahrenen Welt trifft sich mit dem philosophischen Nominalismus, der während des 14. Jahrhunderts in dem Franziskaner Wilhelm von Ockham – er war 1328 an den Hof Ludwigs des Bayern geflohen, wo ihn 1349 wohl die Pest hinwegraffte (vgl. S. 7) – seinen Wortführer fand. Offenkundig führen die *via moderna* des Ockhamschen Nominalismus und die Modernität eines bezeichnenden Teils innerhalb der deutschen Literatur des 14. Jahrhunderts trotz aller Unterschiede auf einen gemeinsamen geistigen Horizont zurück. Auf ihn sei auch deswegen hingewiesen, weil er die Reserve gegenüber idealistischen Entwürfen in der Literatur dieser Zeit ebenso einsichtig machen kann wie deren bereitwillige Öffnung für die Sachliteratur (vgl. S. 405ff.), hinter der die entschlossene Wendung zum konkreten Einzelnen und zur Empirie steht – ein Denken also, daß ansatzweise auf die Neuzeit vorausweist. Aus der Vereinzelung als Eigenerfahrung erwachsen (Glaubens-)Zweifel und (Glaubens-)Ängste, gegen welche die Literatur des 14. Jahrhunderts auf der Suche nach sicherer Orientierung geradezu verbissen anschreibt; zugleich führt aber der Erkenntnisoptimismus, der sich aus dem Rationalitätsprinzip speist, zu einem Erziehungsoptimismus. Wenn die Literatur des 14. Jahrhunderts zum überwiegenden Teil der Didaktik im weitesten Sinn verpflichtet ist, dann hat dies nicht nur in der Suche nach Orientierung seinen Grund, sondern zugleich im Vertrauen auf sichere Erkenntnis und auf die noch ungebrochene Zuversicht, Besserung durch Erkenntnis mittels Literatur erzielen zu können.

Im Blick auf die skizzierten Prinzipien, die hinter der deutschen Literatur des 14. Jahrhunderts stehen, wird man nurmehr bedingt von einer „offenen Literatursituation" (Kuhn) sprechen wollen. Die Offenheit im literarischen Typen-, Formen- und Funktionsinventar dieser Zeit ist nicht zu bestreiten, aber sie gründet in einigen wenigen Grundprinzipien, die sich selbst wiederum auf ein bedrohlich empfundenes Kontingenzbewußtsein zurückführen. Auf diese Bedrohung antwortet eine in diesem Umfang bislang unbekannte Verschriftlichung von Welt, deren Zufälligkeit zugleich eine literarische Offenheit in einem gleichfalls zuvor unbekannten Umfang verlangt. Sie mit einer willkürlichen Disparatheit gleichzusetzen verbietet sich aber, weil die unentwegte Suche nach tragfähigem Orientierungswissen für Zeit und Ewigkeit die literarische Offenheit sehr wohl funktional eingrenzt: Dafür ungeeignete Traditionen werden nicht weitergeführt (höfische Epik und Lyrik), und es werden neue literarische Gattungen und Formen (Rede, Prosa) etabliert. Zum konzeptionellen Ansatz der Literatur im 14. Jahrhundert gehört aber auch die Bevorzugung eines Autortyps, der – bis hin zum Anspruch des Elitären – auf Gelehrsamkeit ausgerichtet ist. Frauenlob (vgl. S. 182ff.) und als Prototyp des *poeta doctus* Heinrich von Mügeln (vgl. S. 188ff.), Heinrich der Teichner (vgl. S. 310ff.), Hugo von Trimberg (vgl. S. 316ff.) und Boner (vgl. S. 300ff.) seien nur beispielhaft genannt, um die ganz unterschiedlichen Bildungstraditionen dieses Autortyps zu verdeutlichen, aber auch um zu zeigen, daß der Typ des gelehrten Autors völlig unterschiedliche Ausprägungen zuläßt.

Neu gegenüber dem 12./13. Jahrhundert ist schließlich auch, daß nunmehr literarische Kommunikationsnetze in größerer Dichte faßbar werden. Für die geistliche Literatur sei auf die Mystik (vgl. S. 62ff.) oder auf die Überlieferung aus dem Umkreis des Dominikanerstudium in Erfurt (vgl. S. 420) hingewiesen, für den Minnesang auf einen Kreis ostmitteldeutscher Autoren (vgl. S. 150), für die höfisch situierte

Rede auf eine zeitweise Massierung am Mittelrhein (vgl. S. 325). Für die Darstellung hat dies zur Folge, daß öfters als in den vorausliegenden Bänden gesellschaftliche Kreise der literarischen Interessenbildung im literarhistorischen Teil genauer benannt werden können. Neben dem außerordentlichen Verschriftlichungsschub stellt diese Bildung von literarischen Netzwerken die gesteigerte Bedeutung von volkssprachiger Literatur (auch) für Laien besonders deutlich heraus. Dazu gehört weiterhin die Anlage von literarischen Sammelhandschriften, unter denen das ‚Hausbuch' des Michael de Leone (vgl. S. 308) ein besonders prominentes Beispiel darstellt. Dennoch bildeten sich im 14. Jahrhundert keine festen Zentren für volkssprachige Literatur. In den (Reichs-)Städten war dazu der verfassungsrechtliche Konsolidierungsprozeß noch zu virulent, der Ausbau einer königlichen Residenz zu einem kulturellen Zentrum, wie es unter Karl IV. mit Prag am ehesten in den Blick kommt, scheiterte im Zuge des Wahlkönigtums am mehrfachen dynastischen Wechsel; unter den fürstlichen Residenzstädten ragt lediglich Wien hervor, weil diese Stadt bereits unter den Babenbergern kulturell und literarisch eine herausgehobene Rolle gespielt hat (vgl. Bd. II). Aus diesem Grunde wurde Wien im folgenden als eines der beiden Modelle literarischer Interessenbildung gewählt. Diese Wahl bietet zugleich die Möglichkeit, im Vergleich zum 13. Jahrhundert (vgl. Bd. II/2, S. 8–19 und 42–59) die Veränderungen beim Register der literarischen Formen deutlicher zu erkennen.

Modelle literarischer Interessenbildung

Deutsche Literatur in einer fürstlichen Residenzstadt: Wien

Die Verwandlung Wiens von *des riches houptstat in Osterreich* (1281) zur *obrist wonung der fursten daselbs* (1360), also zur habsburgischen Residenzstadt, erfolgte im 14. Jahrhundert. Sie dokumentiert sich in der urkundlichen Überlieferung und bezeugt sich in den städtebaulichen Veränderungen; im Rahmen der deutschsprachigen Literatur dagegen findet sie kaum einen unmittelbaren Niederschlag. Dennoch schafft die Ausbildung der Stadt zur festen Residenz der Habsburger die materiellen und kulturellen Grundlagen für ein literarisches Leben, das sich deutlich von der Zeit der Babenberger und der ersten Habsburger unterscheidet (vgl. Bd. II). Zum Hof treten nunmehr Klöster, Schule, Universität und ein Stadtbürgertum mit je eigenen literarischen Interessenschwerpunkten, die sich wiederum auf unterschiedliche Bildungsansprüche zurückführen. Sie alle treffen sich jedoch im Medium der Schriftlichkeit als der nunmehr verbindlichen Norm für literarische Bildung: Während Rudolf von Habsburg (1273–1291) als Begründer der habsburgischen Dynastie offenkundig noch Analphabet war, erhielten seine Söhne Albrecht I. und Rudolf II. eine Ausbildung durch einen geistlichen Erzieher (Magister Petrus von Freiberg). Ab diesem Zeitpunkt gehörten zumindest Grundkenntnisse im Latein und die Schreibfähigkeit zum Bildungsprogramm der angehenden Herrscher im Hause Habsburg. Es waren jedoch nicht nur die mangelnden Lateinkenntnisse Rudolfs I., die ab seiner Regierungszeit in der Herzogs- wie in der Reichskanzlei (hier besonders unter Ludwig dem Bayern) zu einem stetig anwachsenden deutschen Urkundenwesen bei weltlichen Adressaten führte, sondern mehr noch „ein gesteigertes Selbstbewußtsein des Laienadels" (Knapp). Die Sprache der Kirche wie der Wissenschaft blieb zwar weiterhin das Latein, doch wurden jetzt auch hier über die traditionelle Form der Predigtaufzeichnungen in deutscher Sprache hinaus erste breitere Breschen geschlagen, bis dann mit der Übersetzungstätigkeit und dem Schrifttum der „Wiener Schule" ein dauerhafter Durchbruch erzielt werden konnte (vgl. Bd. III/2).

Um die Bedeutung dieser energischen Vorstöße richtig ermessen zu können, muß allerdings das nach wie vor bestehende Übergewicht der (nicht behandelten) lateinischen Literatur stets bewußt bleiben. Aber auch unter dem eingeengten Blickwinkel einer Geschichte von Literatur in deutscher Sprache leidet die gesamte Darstellung unter einem bedeutenden Defizit: Sie beschränkt sich weitestgehend auf die Produktionsebene, die Rezeption älterer, aber auch zeitgenössischer Werke, die auf unbekannten Wegen nach Wien gelangt sind, fehlt dagegen wegen der desolaten Forschungslage auf diesem Gebiet ganz. Zufällige, vom heterogenen Stand der bereits geleisteten Heuristik bestimmte Nennungen hätten das Bild ebenso in unberechenbarer Weise verzerrt wie die großzügige Vereinnahmung aller literarischen Texte, deren Dialektmerkmale allgemein als „bairisch-österreichisch" angegeben werden. Trotz dieser mehrfachen Einschränkungen lassen die nachfolgend genannten Werke gleichwohl ziemlich deutlich neue Richtungen erkennen, welche die deutschsprachige Literatur im 14. Jahrhundert auch in der Residenzstadt der Habsburger einschlägt. Um die zeitliche Schichtung in diesem literarischen Erneuerungsprozeß sichtbar zu machen, folgt die Übersicht weitgehend dem Wirken der österreichischen Herzöge als Stadtherren von Wien.

Rudolf von Habsburg: *Des riches houptstat in Osterreich*

Der Ausbau Wiens zur Residenzstadt reicht bis zu den Babenbergern zurück. Ein wichtiger Schritt auf diesem Weg war die Errichtung einer Stadtmauer, für die Herzog Leopold V. (1177–1194) Teile des Lösegeldes verwenden konnte, das Richard Löwenherz für seine Freilassung zahlen mußte (vgl. Bd. II/1, S. 94). Leopold V. ist auch die Errichtung der Münzstätte zu verdanken, durch die der Wiener Pfennig zur Hauptwährung in Österreich aufstieg. Zunehmend residierten die Herzöge nunmehr in der Pfalz (*domus ducis*) Am Hof, die sich bereits Heinrich II. Jasomirgott als Herzog von Österreich (1156–1177) hatte errichten lassen. Hier war der Ort vielfältiger Festlichkeiten, den Walther von der Vogelweide zur Zeit Leopolds VI. (1198–1230) sehnsüchtig als *der wunnekliche hof ze Wiene* (84,10) pries (vgl. Bd. II/1, S. 198) und der unter Herzog Friedrich II. dem Streitbaren (1230–1246) nochmals zu einem Zentrum der höfischen Lyrik wurde (vgl. Bd. II/2, S. 9). Bereits auf Leopold VI. geht der später wieder von den Habsburgern (vgl. S. 49) aufgegriffene Plan zurück, Wien als herzogliche Residenz durch einen Bischofssitz im Ansehen zu erhöhen (was wegen des massiven Widerstands durch das zuständige Bistum Passau erst 1469 möglich wurde). Leopold VI. erließ 1221 auch das erste Wiener Stadtrechtsprivileg, das den verfassungsrechtlichen Rang der Stadt durch die Bildung eines Ratsgremiums von 24 Stadtbürgern aufbesserte und der Stadt den wirtschaftlichen Vorteil des Zwischenhandels (Stapel- und Niederlagsrecht) im Fernhandel einräumte. Dem aufstrebenden Handelsplatz mit seinem inzwischen differenziert entwickelten Gewerbewesen gelang dadurch der Aufstieg zum wirtschaftlichen Zentrum im Handel entlang der Donau von Oberdeutschland bis weit in den Osten ebenso wie im Handel auf dem Landweg nach Venedig.

Diese entschiedene Förderung Wiens als herzoglicher Residenzstadt erfuhr durch Leopolds Sohn Friedrich II. den Streitbaren einen jähen Bruch. Überzogene Steuerlasten verprellten die Stadtbürger, und als es zwischen dem österreichischen Herzog Friedrich II. und dem Stauferkaiser Friedrich II. 1236 zum Bruch mit Ächtung des Babenbergers und Einzug von Österreich-Steier als Reichslehen kam, schlug sich die Residenzstadt des Herzogs selbstbewußt auf die Seite des Kaisers. Dieser unterstellte 1237, als er sich mehrere Monate in der Pfalz Am Hof aufhielt, Wien seiner unmittelbaren Herrschaft; doch nach der Abreise des Kaisers wendete sich das Blatt wieder rasch: Der Herzog ging militärisch gegen die Stadt vor, er scheiterte zwar bei der Belagerung ab Sommer 1239 an der Stadtmauer, konnte jedoch den Widerstand Wiens nach einem halbjährigen Aushungern brechen. Überraschend kam es zwischen dem herzoglichen Stadtherren und seiner Residenzstadt zu einer nachhaltigen Aussöhnung, die jedoch durch den Tod des Herzogs im Kampf gegen die Ungarn bei der Schlacht an der Leitha (1246) ihr jähes Ende fand. Wien hatte seinen Stadtherren und Österreich seinen Landesherren verloren: ein Verlust, der dreifach schlimm wog, weil mit Herzog Friedrich II. auch die männliche Linie der Babenberger ausstarb.

Die krisenhafte Unsicherheit in Stadt und Land fand erst ein Ende, als sich die österreichischen Landherren hilfesuchend an den böhmischen König Wenzel I. (1230–1253) wandten und dieser seinen jüngeren Sohn Ottokar, zu dieser Zeit Markgraf von Mähren, zum Landesherren von Österreich vorschlug. Zwar stimmte auch Wien dem 1251 vollzogenen Herrschaftswechsel zu, doch gab es in der Stadt durchaus eine Opposition, die aber nach einem harten Durchgreifen Ottokars 1253 schnell zusammenbrach. Als Handelszentrum am ökonomischen Nutzen orientiert, arrangierte man sich in pragmatischer Nüchternheit. Erst mit der Wahl Rudolfs von Habsburg (1273) zum deutschen König spitzte sich die politische Situation wieder zu, weil Ottokar II., seit 1253 König von Böhmen, die Königswahl nicht anerkennen wollte. Nachdem Rudolf daraufhin Österreich als Reichslehen zurückforderte, regte sich in der Stadt Wien – deren Oberschicht um diese Zeit Ziel des Spotts in ‚Der Wiener Meerfahrt' ist (vgl. Bd. II/2, S. 143) – wiederum Widerstand gegen den böhmischen Stadtherren. Zu seiner Sicherheit nahm Ottokar angesehene Stadtbürger Wiens als Geiseln (1275) und begann gleichzeitig mit dem Bau von zwei Befestigungsanlagen an besonders gefährdeten Stadttoren. Da ihm die Pfalz Am Hof zu wenig Schutz gewährte, baute er die eine Anlage als kastellartige Burg diesseits der Stadtmauer aus; auf dieser Grundlage entwickelte sich dann die Wiener Hofburg. Nach kurzem Widerstand gegen den Habsburger zog Rudolf 1276 in die Stadt ein und residierte drei Jahre lang in der neuerbauten Burg (Neue Burg).

Um die Stadt Wien an sich zu binden, stellte Rudolf von Habsburg 1278 zwei Stadtrechtsprivilegien aus: Das Rudolfinum I schloß sich an das Privileg der Babenberger von 1221 (vgl. S. 33) an und bemühte sich diplomatisch geschickt um die Fortsetzung der babenbergischen Tradition; das Rudolfinum II hingegen knüpfte an die Entscheidung Kaiser Friedrichs II. von 1237 an (vgl. S. 34) und unterstellte Wien wiederum unmittelbar dem Reich. Als Rudolf am 26. August 1278 in der Schlacht auf dem Marchfeld über Ottokar II. siegte und damit die Herrschaft über Österreich an den Habsburger fiel, wurde Wien *des riches houptstat in Osterreich* und ihr Stadtherr der König selbst.

Der Herrschaftswechsel hat in der Literatur aus dem Umkreis der österreichischen Landherren ein vielfältiges Echo hervorgerufen (vgl. Bd. II/2, S. 42–59), der Wiener Hof hingegen scheint zur Zeit Rudolfs von Habsburg literarisch stumm geblieben zu sein, obwohl es während seines Aufenthalts in Wien durchaus große Festlichkeiten und herausgehobene Zeremonialitäten gab: im Dezember 1278 den feierlichen Einzug Rudolfs in Wien bei der Rückkehr von seinem erfolgreichen Zug gegen Böhmen und Mähren und dem ersten Turnier mit Schwertleite unter dem habsburgischen Stadtherren, 1279 die festliche Vermählung von Rudolfs Tochter Hedwig mit dem Markgrafen Otto IV. von Brandenburg als erste habsburgische Fürstenhochzeit in Wien, 1281 die feierlichen Exequien anläßlich des Todes von Königin Gertrud-Anna, der Gemahlin Rudolfs. Auch für die einsetzende „Babenberger-Renaissance" zur Beschwörung der dynastischen Kontinuität nach dem Herrschaftswechsel (vgl. Bd. II/2, S. 56) nimmt der Wiener Hof Rudolfs nach Lage der Überlieferung die propagandistischen Möglichkeiten der Literatur nicht wahr. Lediglich die Aufzeichnung des ‚Österreichischen Landrechts' (wohl 1278) als Einigung zwischen dem neuen Landesherren und den Landherren (vgl. Bd. II/2, S. 56) liefert einen Beitrag zum pragmatischen Schrifttum.

Albrecht I.: Wien wird endgültig landesfürstliche Residenzstadt

Als Rudolf von Habsburg zu Pfingsten 1281 Wien verließ, bestellte er seinen Sohn Albrecht, den späteren König Albrecht I. (1298–1308), *zum verweser uber Osterreich und uber Steyr*, und 1282 belehnte Rudolf als König seine Söhne Albrecht und Rudolf II. gemeinsam mit den österreichischen Ländern. Damit war das habsburgische Landesfürstentum endgültig begründet; mit der Benennung Albrechts als alleinigen Stadtherren entließ Rudolf Wien aus der im Rudolfinum II erfolgten Unterstellung unter die direkte Reichsherrschaft (vgl. S. 34) und verlieh der Stadt endgültig den Rang der landesfürstlichen Residenzstadt.

Die Beziehungen zwischen der Stadt und dem neuen Stadtherren entwickelten sich freilich zunächst nicht gedeihlich. Es gab nicht nur teilweise handgreifliche Spannungen mit den Schwaben, die Rudolf von Habsburg in Wien zurückließ, die Reichen der Stadt forderten 1287/88 von Albrecht auch ultimativ die Bestätigung der früher gewährten Privilegien. Da die Aufrührer auch die kleineren Handwerker und die Unterschicht der Stadt auf ihre Seite ziehen konnten, zog sich Albrecht auf die Burg auf den Kahlenberg (heute: Leopoldsberg) zurück und sperrte alle Zufahrten zur Stadt. Die rasch einsetzende Teuerung ließ den Aufruhr aber schnell zusammenbrechen: Die Stadt mußte ihre Stadtrechtsprivilegien dem Stadtherrn ausliefern, der alle Stellen herausschneiden ließ, die seinen Interessen zuwiderliefen; im Februar 1288 mußten die Vertreter der Stadt auf alle rudolfinischen Privilegien verzichten. Als täglich sichtbares Zeichen der Niederlage wurden zudem Teile der Stadtmauer bei der herzoglichen Burg niedergerissen: Der Landesfürst demonstrierte seiner Residenzstadt augenfällig, wer ihr Herr war.

Das gespannte Verhältnis zwischen der Stadt und ihrem Stadtherren gestaltete sich in den folgenden Jahren vor allem deswegen erträglich, weil Albrecht nach dem Tod seines Vaters Rudolf (1291) zunächst mit dem erfolglosen Vorhaben beschäftigt war, dessen Nachfolger im Reich zu werden (vgl. S. 3); außerdem hatte er sich mit gefährlichen Vorgängen in den habsburgischen Stammlanden herumzuschlagen, die in der weiteren Folge zur Schweizer Eidgenossenschaft führten (vgl. S. 19f.), und schließlich mußte Albrecht eine von Bayern unterstützte Erhebung in der Steiermark niederschlagen. Die Stadt Wien selbst litt 1291 unter der mehrwöchigen Belagerung durch König Andreas III. von Ungarn, der nach dem Tod Rudolfs von Habsburg in Österreich einfiel, um von Herzog Albrecht die Rückstellung ungarischer Städte und Burgen zu erzwingen, die dieser besetzt hielt. Wegen eines Ministerialenaufstands konnte sich Albrecht nicht wehren und mußte in Wien mit dem Gegner Frieden schließen, dem er die Hand seiner Tochter Agnes versprach. Unheilvoll gestaltete sich für Wien und Albrecht das Jahr 1295 mit einem Hochwasser, welches im Mai das von prominenten Familien der Stadt zwischen 1253 und 1257 gegründete Bürgerspital überschwemmte; im September zog ein orkanartiger Sturm über Wien hinweg. Im November löste dann das Gerücht vom Tod Albrechts eine Revolte österreichischer und steirischer Adliger und Ministerialer aus, die von den Wienern verlangten, sich gegen ihren Stadtherren zu stellen. In Wirklichkeit war Albrecht durch eine Vergiftung schwer erkrankt und büßte ein Auge ein, als ihn die Ärzte kopfüber aufhängten, um das Gift aus dem Körper fließen zu lassen. Für die Stadt zahlte es sich allerdings aus, daß sie bei der Adelsrevolte zu ihrem Stadtherren hielt: Wien erhielt im Februar 1296 endlich wieder ein – in deutscher Sprache abgefaßtes – Stadtpriviles, das weitgehend auf dem Rudolfinum II (vgl. S. 35) fußte; die damalige Zuordnung der Stadt zum Reich wurde durch die Einbindung ins Landesfürstentum ersetzt, womit der Rang Wiens als landesfürstlicher Residenzstadt nochmals eine Bestätigung erfuhr.

In dieser unruhigen Zeit erlebte Wien aber immer wieder auch bedeutende Festlichkeiten: Im Jahr 1285, für das zudem die Massenpredigten eines Augustinermönchs Eberhard belegt sind, findet die Fürstenhochzeit zwischen dem Landgrafen Friedrich von Thüringen und Agnes, Schwester der österreichischen Herzogin Elisabeth von Görz-Tirol, statt. Um die Jahreswende 1291/92 empfängt Herzog Albrecht mit zahlreichen österreichischen Adligen feierlich die Schwertleite. Im Herbst 1293 halten sich auf Einladung Albrechts für zwölf Tage seine Schwester Guta und ihr Gatte, König Wenzel II. von Böhmen, in Wien auf und vertiefen bei Festen atmosphärisch die Allianz zwischen Österreich und Böhmen gegen Adolf von Nassau, dessen Wahl zum König Herzog Albrecht daran gehindert hatte, die Nachfolge seines Vaters Rudolf I. im Reich anzutreten (vgl. S. 3). Zur Verschwörung gegen Adolf von Nassau beruft Albrecht dann im Februar 1298 eine so große Fürstenversammlung nach Wien, daß es zu ernsthaften Schwierigkeiten bei der Einquartierung innerhalb der Ringmauer kommt. An der Spitze der Geladenen stehen König Andreas III. von Ungarn, der bereits 1296 seine Hochzeit mit Albrechts Tochter Agnes gefeiert hatte, und König Wenzel II. von Böhmen, dessen Sohn Konrad bei der Fürstenversammlung und zur Bestätigung ihres Bündnisses von König Andreas dessen Tochter Elisabeth zur Frau erhält.

Ab der Fürstenversammlung von 1298 und der Schlacht bei Göllheim mit dem Sieg über Adolf von Nassau am 2. Juli 1298 wurde der nunmehrige König Albrecht I. (1298–1308) bis zu seiner Ermordung (1308) ganz von der Reichspolitik in Anspruch genommen (vgl. S. 3f.). Er belehnte daher nach der Wahl zum König alle seine Söhne – darunter Friedrich der Schöne und Leopold I. als Träger babenbergischer Traditionsnamen – gemeinsam mit den österreichischen Ländern, die Herrschaft sollte allerdings Albrechts ältester Sohn Rudolf III. ausüben, der damit auch neuer Stadtherr von Wien wurde. Im Dezember 1300 zog er nach der Hochzeit in Paris mit seiner Gemahlin Blanche, Halbschwester König Philipps des Schönen von Frankreich, in Begleitung seiner Mutter Elisabeth feierlich in Wien ein. Da es Rudolf nach dem Tod König Wenzels II. von Böhmen (1305) gelang, dessen Nachfolge als König von Böhmen (1306–1307) anzutreten, blieb seine gestalterische Kraft in Wien insgesamt gering. Immerhin wurde mit seiner Gemahlin Blanche nach ihrem frühen Tod (1305) die erste Angehörige des Hauses Habsburg in Wien beigesetzt – im Minoritenkloster, das von Blanche besondere Förderung erhielt. Anstelle Rudolfs übernahm Albrechts I. zweitältester Sohn Friedrich der Schöne die Herrschaft im Lande und in der Stadt Wien.

Unter Albrecht I. scheint der Wiener Hof ebenso wenig wie unter seinem Vater Rudolf von Habsburg (vgl. S. 35) ein literarisches Leben entfaltet zu haben. Dies erstaunt angesichts der bewegten Geschichte Wiens in dieser Zeit und der vielfältigen Festlichkeiten in der landesfürstlichen Residenzstadt. Selbst die ungeheuerliche Tat des Königsmordes an Albrecht I. blieb hier ohne literarisches Echo. Das literarische Interesse seiner Tochter Agnes (gest. 1364), seit 1296 Gemahlin des ungarischen Königs Andreas III., läßt sich wohl erst in der Zeit ihres Bruders Albrecht II. konkretisieren (vgl. S. 45ff.).

Gerne würde man die ‚Österreichische Reimchronik' Ottokars von Steiermark (vgl. S. 239ff.) mit ihren unzähligen historischen Details zur Landesgeschichte mit dem Wiener Hof in Verbindung bringen, doch ist dieses Werk im Umkreis Ottos II. von Liechtenstein (gest. 1311) entstanden, den Ottokar seinen Dienstherren nennt. Auch die Teilnahme Ottokars an einer Gesandtschaft Herzog Friedrichs des Schönen (1313), bis zu dem die ‚Österreichische Reimchronik' reicht, erlaubt keine Zuordnung zum Wiener Hof, vielmehr wird in diesem Werk Reichs- und österreichische Landesgeschichte aus steirischer Perspektive geschrieben. Dennoch vertritt Ottokar mit allem Nachdruck die Seite Habsburgs, weil er – ähnlich wie in romanhafter Form Johann von Würzburg mit seinem ‚Wilhelm von Österreich' (vgl. S. 202ff.) – auf die dynastische Kontinuität zwischen der Babenberger und der Habsburger Herrschaft zielt. Verstöße gegen diese Herrschaft und die von ihr garantierte Rechtstradition werden daher uneingeschränkt verurteilt: die Revolten in Wien (vgl. S. 34ff.) ebenso wie die der Landherren; entsprechend erfährt die Ermordung Albrechts I. eine religiöse Stilisierung zum Judasverrat (vgl. S. 241). Rechtsverstöße geißelt auch der ‚Seifried Helbling'-Autor (vgl. Bd. II/2, S. 49–52) – in der Tonlage damit verwandt Wernher dem Gartenaere in seinem ‚Helmbrecht' (vgl. Bd. II/2, S. 57–59) –, der trotz seiner kritischen Haltung zum Haus Habsburg in einem seiner Reimpaargedichte (VI) die Landesherren auffordert, Herzog Albrecht im Kampf gegen Ungarn zu unterstützen (vgl. S. 36).

Natürlich fand Albrecht I. in historiographischen Werken – wie etwa in der ‚Kölner Prosa-Kaiserchronik' aus der zweiten Hälfte des 14. Jahrhunderts (vgl. S. 392) – immer wieder Erwähnung. Insbesondere galt das Interesse dem Kampf um die Königskrone zwischen Adolf von Nassau und Albrecht I. In Lübeck lieferte Albrecht von Bardewik als Zeitgenosse entsprechende Nachrichten, ein Fahrender Hirzelin schilderte in einem Reimpaargedicht die Göllheimer Schlacht aus habsburgischer Sicht, das Gedicht ‚Schlacht bei Göllheim' behandelte sie aus dem Blickwinkel nassauischer Parteigänger (vgl. S. 253f.), zu denen – wie Christian Kuchimeister in seiner Prosachronik berichtet – der St. Galler Abt Wilhelm von Montfort als erbitterter Gegner der Habsburger seit den Zeiten

König Rudolfs gehörte (vgl. S. 402). Auch die strophische ‚Sibyllenweissagung' im Hofton Des Marners (vgl. S. 355) nennt den Sieg Albrechts I. über Adolf von Nassau.

Nicht am Wiener Hof, sondern im Kreis der Stadtbürger tritt uns in dem studierten Arzt Heinrich von Neustadt mit seinem ‚Apollonius von Tyrland' erstmals in dieser Zeit ein genuin Wiener Autor entgegen (vgl. S. 211ff.). Er versagt sich in seinem Roman der traditionellen Herrschafts- und Liebesthematik ebenso wie der Wissensvermittlung als zentraler Aufgabe, sondern setzt mit der Phantastik der Orientabenteuer auf Unterhaltung für ein städtisches Publikum, zu dem wohl auch der Wiener Münzmeister Bernhard von Chrannest gehört haben dürfte. Den Wiener Fernhandelskaufleuten wird diese neue Ausrichtung des romanhaften Erzählens entgegengekommen sein, zumal es aus der Feder eines Mitbürgers stammte, der über eine akademische Ausbildung verfügte. Mit dieser festen Situierung in der Stadt kommt ebenso wie mit Peter Suchenwirt (vgl. S. 56ff.) und Heinrich dem Teichner (vgl. S. 310ff.) ein neuer, stadtbürgerlicher Typ von Autor in den Blick, der ins 15. Jahrhundert vorausweist (vgl. Bd. III/2). Die Modernität eines in der Unterhaltung begründeten Erzählziels darf jedoch nicht vergessen lassen, daß Heinrich mit seiner Erwartung vom baldigen Auftreten des Antichrist, das er in seiner Dichtung ‚Von Gottes Zukunft' gestaltete (vgl. S. 228f.), und mit dem *Memento mori* in seiner ‚Visio Philiberti' (vgl. S. 229) tief in der geistlichen Literatur dieser Zeit verankert ist. Die Vollendung des ‚Apollonius'-Romans erfolgte nicht vor 1312 und reicht damit bis in die Zeit Friedrichs des Schönen, der Umfang des Werks (über 20 600 Verse) legt es jedoch nahe, Heinrichs literarische Schaffenszeit bereits früher beginnen zu lassen.

Friedrich der Schöne und Albrecht II.: Wien als internationaler Handelsplatz

Nach der Ermordung Albrechts I. (1308) blieb auch seinem Sohn Friedrich dem Schönen die Königskrone zunächst versagt. Die Wahl fiel auf den Luxemburger Heinrich VII. (vgl. S. 4f.), von dem sich Friedrich 1309 die Belehnung mit den österreichischen Ländern gemeinsam mit seinen Brüdern Leopold I. (gest. 1326), Albrecht II. (gest. 1358), Otto dem Fröhlichen (gest. 1339) und Heinrich dem Freundlichen (gest. 1327) erbitten mußte. Während Leopold I. die Verfolgung des Königsmörders und seiner Anhänger übernahm, sah sich Friedrich der Schöne 1309 mit einer antihabsburgischen Revolte österreichischer Landherren konfrontiert, denen sich auch Mitglieder der Wiener Oberschicht und stadtbürgerliche Aufsteiger anschlossen. Ulrich I. von Wallsee, der Landeshauptmann von Steiermark, konnte den Aufstand, den Herzog Otto III. von Niederbayern geschürt hatte, niederschlagen, die beteiligten Wiener Stadtbürger traf nach Friedrichs Rückkehr (1310) ein grausames Strafgericht. Da sich die Mehrzahl der Wiener, vor allem die Gewerbetreibenden und die Unterschicht, gegen die Revolte stellten, konnte sich die Stadt im weiteren Verlauf des Wohlwollens ihres Stadtherren erfreuen. 1312 nahm Friedrich in einem Privileg eine Verfügung (1281) seines Vaters zurück, welche die städtischen Kaufleute gegenüber fremden Händlern benachteiligt hatte. 1320 gestattete Friedrich den Wienern die Führung eines Stadtbuchs ('Eisenbuch'), in das bis zu Beginn des 19. Jahrhunderts alle wichtigen Rechtstexte der Stadt aufgenommen wurden.

Das Fridericianum von 1312, das den zeitgenössischen Vermerk *des brieffs sol man hüttn als des golcz* [‚wie Gold'] trägt, förderte nachhaltig den Ausbau Wiens zum internationalen Handelsplatz, dessen Wurzeln allerdings bis in die Zeit der Babenberger zurückreichten. Wien konnte wieder eine uneingeschränkte Rolle im internationalen Donauhandel übernehmen. Gleichzeitig baute man die Handelsbeziehung nach Venedig aus und bemühte sich mit dem Patriarchen von Aquileja um eine Absicherung der Handelsstraßen gegen räuberische Übergriffe. Andererseits litt der Wiener Donauhandel unter den Auseinandersetzungen Friedrichs des Schönen mit Ludwig dem Bayern um die Königskrone (vgl. S. 5), da die oberdeutschen Fernhändler im dominanten Ludwig einen mächtigen Rückhalt fanden; so kam es 1319 zu Übergriffen auf Regensburger Niederlassungen in Wien. Dennoch verfügte die Stadt nunmehr über eine so immense Wirtschaftskraft, daß sie 1326 und 1327 zwei verheerende Feuersbrünste, die bis zu zwei Drittel ihres Gebietes verwüsteten (ähnliche Katastrophen sind auch aus der Zeit von Ottokars Herrschaft in der Stadt belegt), zu bewältigen vermochte. Für die städtische Finanzkraft Wiens spricht aber auch die rege Bautätigkeit (etwa mit Erweiterung des Chors von St. Stephan), die zur Gotisierung des Stadtbildes führte.

Das für beide Seiten förderliche Einvernehmen zwischen der Stadt und ihrem Stadtherren dürfte nicht zuletzt auch darin begründet gewesen sein, daß die politischen Kräfte Friedrichs des Schönen von seinen Ambitionen auf die Reichskrone absorbiert wurden. Wien war dabei der Ausgangs- und der Endpunkt seines letztlich glücklosen reichspolitischen Unternehmens: Im Frühjahr/Sommer 1314 lud Friedrich mit seiner Gemahlin Elisabeth (Isabella) von Aragon seine Verwandten, darunter König Karl Robert von Ungarn und Herzog Heinrich VI. von Kärnten, nach Wien ein, um sich ihrer Unterstützung bei der Königswahl zuversichern, die freilich zu einer Doppelwahl führte (vgl. S. 5). Und nach Wien kehrte Friedrich kränklich nach dreijähriger Haft auf der Burg Trausnitz zurück, wohin er nach seiner Niederlage gegen Ludwig den Bayern in der Schlacht bei Mühldorf (vgl. S. 403f.) verbracht worden war. Nach seinem Tod (1330) ging die Herrschaft auf seine Brüder Albrecht II.

und Otto den Fröhlichen, nach dessen Tod (1339) auf Albrecht allein über. Da die Reichskrone erst wieder unter Herzog Albrecht V. (als König Albrecht II.) ab 1438 von den Habsburgern übernommen wurde, konnten sich die österreichischen Herzöge ganz auf ihre Länder und auf ihre landesfürstliche Residenzstadt Wien konzentrieren.

Während seiner Herrschaft hatte Herzog Albrecht II. unter zahlreichen Schicksalsschlägen zu leiden. Er war nicht nur seit 1330 weitgehend gelähmt, sondern mußte viele Jahre befürchten, daß seine Ehe kinderlos blieb, bis 1339 endlich ein Sohn, der spätere Rudolf IV. zur Welt kam. Albrecht und seinem Bruder Otto den Fröhlichen gelang es zwar, 1335 das Herzogtum Kärnten gegen die Luxemburger an das Haus Habsburg zu binden (vgl. S. 9), aber diese rächten sich, indem sie den lukrativen Handel zwischen Ungarn und Prag zum Schaden Wiens direkt durch Mähren und Böhmen führten. Wirtschaftliche Probleme hatten 1338 Judenpogrome zur Folge, gegen die jedoch die Herzöge (ähnlich wie 1305/06 Rudolf III. anläßlich der Berichte von Hostienschändungen) zur Schonung ihrer jüdischen Finanziers einschritten. Nutznießer waren auch die Wiener, da die Juden in der Stadt ihre Darlehenszinsen senken mußten. Wirtschaftliche Auswirkungen hatten die verheerende Heuschreckenplage im Wiener Umland (1340), die Zerstörung der Weinberge durch Überschwemmung (1342), eine besonders schlechte Weinernte (1347) und zwei katastrophale Feuersbrünste (1350 und 1354), wobei 1350 – ein Jahr nach dem großen Peststerben – die Stadt völlig verwüstet wurde. Mit nichts zu vergleichen war jedoch die furchtbare Pestseuche, der die Menschen schutz- und hilflos ausgeliefert waren. Man hielt den Bergsturz der Villacher Alpe von 1348 für ein bedrohliches Unheilszeichen, als der Schwarze Tod im selben Jahr aus dem Mittelmeergebiet bis nach Tirol, Kärnten und in die Steiermark vordrang. Im Frühjahr 1349 erreichte die Pest auch Wien, wo sie im baulich verdichteten Stadtgebiet besonders schrecklich wütete. Nach den Quellen sollen täglich zwischen 500 und 700 Menschen dahingerafft worden sein; unter den Toten befanden sich auch 54 Geistliche der städtischen Pfarrkirche St. Stephan. Gottesdienste mußten ausfallen, die Friedhöfe innerhalb der Stadt konnten die vielen Leichen nicht mehr aufnehmen. Es kam zu schweren Ausschreitungen gegen die Juden, denen man die Vergiftung der Brunnen vorwarf. Wer die Mittel dazu hatte, floh wie Albrecht II. aus der Stadt, um der Seuche zu entgehen. Im entvölkerten Wien fanden sich kaum noch Dienstpersonal und Arbeiter. Durch das Dahinsterben ganzer Familien kam es zu großen Kapitalakkumulationen, die zum Gutteil in kirchliche Stiftungen und in Spenden für das Bürgerspital und die Siechenhäuser flossen, um den Zorn Gottes (ebenso wie mit Wallfahrten) abzuwenden. Die Häufung von Vermögen und Besitz bei geistlichen Institutionen nutzte Albrecht II. in den 50er Jahren, um sein militärisches Vorgehen gegen die Unabhängigkeitsbestrebungen der Eidgenossen (vgl. S. 19f.) zu finanzieren.

Albrecht II. setzte sich aber auch tatkräftig dafür ein, die katastrophale Lage nach der Pestseuche in seiner Residenzstadt zu beheben. Dabei erwies sich eine breitere Einbindung der Stadtbürger in die Gremien der Stadt als förderlich. Bereits 1340 – im selben Jahr hatte Albrecht ein Stadtrechtsprivileg als Kodifikation der älteren Privilegien ausgestellt – konnte ein reicher Handwerker das Amt des Bürgermeisters übernehmen und die Stadtpolitik über den engen Kreis der alten Geschlechter hinaus für Aufsteiger öffnen. Zum Inneren Rat, der noch auf die Babenberger zurückging (vgl. S. 33), trat dann 1356 auch ein Äußerer Rat mit 40 Vertretern aller Stadtbürger. Für den dringend notwendigen wirtschaftlichen Aufschwung förderte Albrecht ab 1351 insbesondere den Fernhandel, dem er zusätzliche Rechte einräumte. Mit ihnen wurde vor allem der Italienhandel (Venedig) ausgebaut, der die böhmischen Händler – als Ausgleich zur Konkurrenz im Donauhandel (vgl. S. 16) – dazu zwingen sollte, ihren Handelsverkehr über Wien zu lenken. Tatsächlich gelang es, die Stadt mit Geschäftsbeziehungen bis Flandern, Polen, Ungarn, Siebenbürgen und Venedig zu einem bedeutenden internationalen Handelsplatz innerhalb des Reichsgebietes zu etablieren, der auf einen wirtschaftlichen Aufschwung der Stadt hoffen ließ; er sollte sich freilich erst als Folge grundlegender Reformwerke von Albrechts II. Sohn Rudolf IV. nach und nach einstellen.

Trotz der wirtschaftlichen Rückschläge gab es unter Albrecht II. immer wieder auch festliche Höhepunkte. 1340 wurde der von Albrecht I. 1304 begonnene Chor von St. Stephan („Albertinischer Chor") von mehreren Bischöfen feierlich geweiht. Bereits 1335 sah man Kaiser Ludwig den Bayern in Wien, wo er mit den österreichischen Herzögen Frieden schloß. Noch im selben Jahr feierte Anna, Tochter Friedrichs des Schönen, mit dem Grafen Johann Heinrich von Görz Hochzeit. Ludwig der Bayer begab sich 1336 nochmals nach Wien, um den Habsburgern Hilfe gegen König Johann von Böhmen zuzusichern, da dieser – enttäuscht über die Belehnung Herzog Ottos des Fröhlichen mit dem Herzogtum Kärnten (vgl. S. 41) – einen Kriegszug vorbereitete. Als es schließlich zum Friedensschluß kommt, besucht Johann von Böhmen 1336 seine Tochter Anna, Gemahlin Ottos des Fröhlichen, in Wien. 1342 läßt Albrecht II. für seine Schwägerin Elisabeth von Virneburg, Witwe des bereits 1327 verstorbenen Herzogs Heinrich des Freundlichen, feierliche Exequien abhalten. 1347 erlebt Wien eine Fürstenversammlung mit Kaiser Ludwig dem Bayern, König Karl von Böhmen und dessen Schwiegersohn, König Ludwig I. von Ungarn, die in der Residenzstadt Albrechts II. Friedensgespräche führen. Nach Pfingsten kommt Ludwig I. von Ungarn nochmals nach Wien, um bei den Augustinern ein großes Fest zu geben, bei dem der

Friedhof mit Laub abgedeckt und zu einer großen Tanzfläche umgestaltet wird, auf der man eine Woche lang bei Tag und Nacht tanzt. Der ungarische König nimmt 1353 in Wien auch an einer Fürstenversammlung mit König Karl IV., dem Markgrafen Ludwig V. von Brandenburg und Herzog Albrecht II. teil, bei der die Erneuerung der Freundschaftsbündnisse durch den Beschluß der Heirat zwischen Albrechts Sohn Rudolf IV. und Karls IV. Tochter Katharina besiegelt wird. In weiteren Fürstenversammlungen stellt Albrecht II. unentwegt sein Verhandlungsgeschick unter Beweis, das ihm den ehrenden Beinamen „der Weise" eingebracht hat: 1357 söhnt sich der Markgraf Johann Heinrich von Mähren mit Albrecht bei einem Treffen in Wien aus, an dem auch König Ludwig I. von Ungarn mit seiner Gemahlin teilnimmt; im selben Jahr gelingt es dem habsburgischen Herzog zudem, Karl IV. von einem Kriegszug gegen das Herzogtum Bayern abzuhalten, zu dem der Kaiser mit 1500 Berittenen nach Wien gekommen ist. Alle diese Fürstenversammlungen zeigen, daß die habsburgische Residenzstadt inzwischen nicht nur ein bedeutender internationaler Handelsplatz, sondern auch ein wichtiger Verhandlungsort der internationalen Politik geworden ist.

Zwischen Friedrich dem Schönen und seinem Bruder Albrecht II. läßt sich erstmals eine Veränderung im Verhältnis des Habsburger Hofs zur deutschen Literatur erkennen. Charakteristisch für die Haltung Friedrichs des Schönen und seines Bruders Leopold I. ist die Klage Johanns von Würzburg, daß er für seinen ‚Wilhelm von Österreich' von dem herzoglichen Brüderpaar nicht entlohnt worden sei, obwohl er beim Abfassen der Habsburger Redaktion zum *ingesind* Leopolds I. gehört habe, der sogar als Literaturliebhaber apostrophiert wird (vgl. S. 203). Diese ablehnende Haltung der beiden Herzöge verwundert, weil sich Johann von Würzburg – ähnlich wie Ottokar von Steiermark in seiner ‚Österreichischen Reimchronik' (vgl. S. 240f.) – mit den Mitteln des Romans um eine Verklammerung der Babenberger und der Habsburger Dynastie bemühte, was doch ganz im Interesse der österreichischen Herzöge sein mußte.

Sieht man von der ‚Österreichischen Reimchronik' Ottokars von Steiermark ab, die bis zur Adelsrevolte (1309) gegen Friedrich den Schönen reicht (vgl. S. 240), dann findet dieser Habsburger in der zeitgenössischen deutschen Literatur außerhalb von Wien als Gegner Ludwigs des Bayern im Kampf um die Königskrone Beachtung. Ein Anhänger Friedrichs des Schönen prophezeit in zwei Fassungen der ‚Sibyllenweissagung', gedichtet um 1320/21 im Hofton Des Marners, den Sieg des Habsburgers über Ludwig den Bayern, eine andere Fassung hingegen vermeldet historisch korrekt den Bayern als Sieger (vgl. S. 355). Offenkundig steht hinter den habsburgfreundlichen Redaktionen die Absicht politischer Propaganda. Leider nicht sicher für den Wiener Hof zu sichern ist der historisch verläßliche Bericht ‚Der Streit zu Mühldorf' (vgl. S. 403f.), der aus habsburgischer Sicht die empfindliche Niederlage Friedrichs des Schönen im Kampf gegen

Ludwig den Bayern in der Schlacht bei Mühldorf am Inn (1322; vgl. S. 5) darstellt und der in zwei Fassungen mit insgesamt 15 Handschriften auffällig breit überliefert ist. Da Friedrichs Niederlage vor allem dadurch erklärt wird, daß er auf die Unterstützung der österreichischen Landherren verzichtet habe, könnte in deren Umfeld der ‚Streit zu Mühldorf' entstanden sein. Sollte die vorgeschlagene Frühdatierung (1327/29) für die kürzere Fassung stimmen, dann läge für den Schlachtenbericht ein frühes Zeugnis der Prosachronistik vor, das sich zudem durch seine „modernen" Kriterien beim Beurteilen von Friedrichs unheilvollen Entschlüssen auszeichnet: Sie seien nicht vom strategischen Kalkül, sondern von einem antiquierten, den höfischen Wertemustern verpflichteten Denken bestimmt gewesen. Für Politik und Kriegsführung werden in diesem erstaunlichen Bericht nunmehr rationale Prinzipien gefordert, die der Anonymus bei Friedrich dem Schönen ganz offensichtlich vermißt. Darin unterscheidet er sich von seinem Bruder Albrecht II. dem Weisen, der – auch von Lupold Hornburg (vgl. S. 353f.) gerühmt – in Konflikten immer wieder auf Diplomatie setzte. (Einen Sonderfall stellt der Kampf der Habsburger gegen die Eidgenossen dar, in den auch Albrecht eingriff; gegen sie erlitt 1315 sein Bruder Leopold I. eine schwere Niederlage in der Schlacht bei Morgarten; bei der Schlacht von Sempach sollte Albrechts Sohn Leopold III. 1386 sein Leben verlieren; vgl. S. 19f.).

Erste Indizien für eine Beziehung zwischen den Habsburger Herzögen und der deutschen Literatur zeigen sich im 14. Jahrhundert spurenhaft bei Otto dem Fröhlichen (1301–1339), an dessen Hof die Bauern- und Hofschwänke des ‚Neithart Fuchs' und des ‚Pfarrers von Kahlenberg' angesiedelt werden (vgl. S. 268f.). Beide Schwankbücher gehören zwar dem 15. Jahrhundert an (vgl. Bd. III/2), aber die Rückbindung an den Wiener Hof Ottos scheint keinesfalls nur – eine für die dynastische Kontinuität allerdings aufschlußreiche – Umdeutung des Babenberger Herzogs Friedrich II. des Streitbaren in Neidharts Winterliedern (vgl. Bd. II/2, S. 9–13) auf die Zeit des Habsburger Herzogs Friedrichs des Schönen und hier speziell auf seinen Bruder Otto den Fröhlichen gewesen zu sein, bei der Otto mit seiner Gemahlin Elisabeth schließlich in beiden Schwankbüchern zu einer literarischen Figur avancierte. Vielmehr zeichnet sich in Wien eine lebendige Neidhart-Tradition ab, die um 1350 zur Errichtung eines Hochgrabs für den Dichter an der Südseite von St. Stephan führt; ein Relief zeigt eine Szene aus den Neithart-Schwänken. Etwa zu dieser Zeit beruft sich Heinrich der Teichner (vgl. S. 310ff.) auf *her Nithartz ziten voran* (Nr. 595, 10) und bekundet damit ein Wissen von diesem Sänger, der etwa 100 Jahre früher im Umkreis des Wiener Hofs gewirkt hatte. In der zweiten Hälfte des 14. Jahrhunderts wird sogar von einer Umbettung (*translacio*) der Gebeine Neidharts in das Hochgrab bei der Wiener Pfarrkirche berichtet. Eine solche Traditionspflege erscheint zumindest ohne Billigung des Wiener Hofes schwer vorstellbar, und da die beiden Schwankbücher die Geschehnisse in die Zeit Ottos des Fröhlichen verlegen, in dessen Umkreis ein *hovegumpelman* und ein *Härtlinus nar* belegt sind, wird man diesen Herzog als Liebhaber der Neithart-Schwänke und vielleicht von Neidhart-Liedern nicht ausschließen dürfen. Dafür könnte auch sprechen, daß man um 1330 in Diessenhofen (Aargau) das Fresko mit dem Veilchenschwank in der Herrentrinkstube des Hauses „Zur Zinne" vielleicht deswegen anbrachte, um Otto den Fröhlichen, der 1330 die Verwaltung der Vorlande übernahm, geneigt zu stimmen. Soweit diese Indizien tragfähig sind, scheint Otto der Fröhliche an der Figur des Neidhart/Neithart als Bauernfeind Gefallen gefunden zu haben, der die alte ständische Ordnung aus der Sicht des Adels und – wie der ‚Neithart Fuchs' später zeigt – auch des Stadtbürgertums verteidigt. Von Ottos in der Tradition wurzelndem Denken zeugt gleichfalls seine Gründung (1337) einer *Societas Templois*, die in der Namengebung an die *templeise* im ‚Parzival' Wolframs von Eschenbach (u.a. 468,28) erinnert und die offenkundig im Kreuzzug gegen die heidnischen Preußen ihre Aufgabe sah. Aus der Benennung dieser Rittergesellschaft mit Otto an der Spitze wird man jedoch schwerlich eine genauere Kenntnis von Wolframs Werk ableiten dürfen. Auch bleibt ungewiß – wie Meistersinger des 15. Jahrhunderts (u.a. Hans Folz; vgl. Bd. III/2) in Dichterkatalogen vermerken –, ob Otto der Fröhliche tatsächlich Lieder gedichtet hat oder ob auch dies bereits ein Reflex auf die Rolle des Herzogs in den Neithart-Schwänken ist. Bei allen Unsicherheiten der genannten Indizien bleibt dennoch festzuhalten, daß ab Otto dem Fröhlichen in einem begrenzten Umfang ein deutschsprachiges literarisches Leben am Wiener Hof denkbar ist.

Festeres literarisches Terrain betreten wir am Wiener Hof allerdings erst während der Regierungszeit Albrechts II. Wie wir aus der ‚Österreichischen Chronik der 95 Herrschaften' des Leopold von Wien (vgl. S. 393f.) erfahren, widmete sich Albrechts Schwester Agnes der Lektüre geistlicher Werke in deutscher Sprache: *si het ein bibel, die was ze deutsche gemachet. Darinn las si mit fleizz, und het auch ain ander puoch, an dem der heiligen leben ordenleich was schriben.* Hinter der *bibel* verbirgt sich vielleicht das bedeutende ‚Klosterneuburger Evangelienwerk' des Österreichischen Bibelübersetzers (vgl. S. 457f.), das vor 1330 entstanden ist. Ob an Agnes auch als Förderin dieser für jene Zeit erstaunlichen Bibelprosa gedacht werden darf, muß beim gegenwärtigen Forschungsstand zumindest offenbleiben. Gleiches gilt für *der heiligen leben*, bei dem man am ehesten an die um 1350 entstandene ‚Elsässische Legenda aurea' (vgl. S. 447) denken möchte. Zu fragen wäre, ob der heute in München aufbewahrte, *ordenleich geschribene* Prachtkodex der Legendensammlung mit 178 hochwertigen Miniaturen, der 1362 angelegt wurde, nicht im Zusammenhang mit der Königswitwe Agnes (gest. 1364) steht. Immerhin fällt auf, daß auch für das ‚Klosterneuburger Evangelienwerk' eine mit zahlreichen Federzeichnungen illustrierte Handschrift existiert, bei der ebenfalls Agnes als Besitzerin erwogen werden kann (vgl. S. 457).

Sollten diese Vermutungen zutreffen, dann steht das literarische Interesse von Agnes allerdings nur mittelbar in Beziehung zum Wiener Hof. Denn nach dem Tod (1301) ihres Gatten, des ungarischen Königs Andreas III., kehrte die Witwe zwar nach Wien zurück, sie siedelte aber 1316 nach Königsfelden im Aargau um. Dort ließ sie sich nach dem Tod (1313) ihrer Mutter Elisabeth von Görz-Tirol, der Witwe König Albrechts I., ein Haus zwischen dem Doppelkloster der Minoriten und Klarissen bauen und leitete von hier aus das Kloster Königsfelden, das ihre Mutter am Ort des Königsmordes gestiftet hatte (die Königinnenvita bildet den zweiten Teil der ‚Königsfeldener Chronik'; vgl. S. 401). Zur geistlichen Lebensführung war Agnes durch den Eichstätter Bischof Philipp von Rathsamhausen (1306–1322), Zisterzienser und geistlicher Ratgeber Albrechts I., mit einer ihr gewidmeten lateinischen ‚Vita S. Walburgis' angeregt worden. Identifiziert man die *bibel* und *der heiligen leben* im Besitz von Agnes mit dem ‚Klosterneuburger Evangelienwerk' (vor 1330) des Österreichischen Bibelübersetzers und mit der ‚Elsässischen Legenda aurea' (um 1350), dann wäre deren Lektüre durch Agnes für Königsfelden und nicht für Wien anzusetzen, zu dessen herzoglichem Hof sie freilich eine rege Verbindung pflegte. Für das geistliche Leben in Königsfelden scheint auch der ‚Liber benedictus' mit dem ‚Buch der Tröstung' bestimmt gewesen zu sein, den Meister Eckhart der verwitweten Agnes vielleicht sogar selbst zugeschickt hat (vgl. S. 67). Ob deren mystisches Interesse auch der Grund war, warum sich Heinrich von Nördlingen nach dem Weggang aus seiner Vaterstadt bei Agnes Hilfe erwartete, muß Spekulation bleiben (vgl. S. 125). Mystische Strömungen gab es in Wien allerdings bereits zu Beginn des 14. Jahrhunderts: Ein sicheres Zeugnis dafür sind die Offenbarungen der Franziskanerterziarin Agnes Blannbekin (gest. 1315), die ein Wiener Minorit als ‚Vita et Revelationes' in lateinischer Sprache aufgezeichnet hat. Auch mag der Eintritt von Agnes' Stieftochter Elisabeth in das Dominikanerinnenkloster Töss (vgl. S. 112f.) nach dem Tod (1305) ihres Gemahls König Wenzel II. von Böhmen auf ein mystisches Interesse im Umfeld von Agnes deuten. Jedenfalls führen die Versuche, ihre literarische Orientierung zu konkretisieren, thematisch (Mystik) und formal (Prosa) zu einer bemerkenswerten Aufgeschlossenheit dieser zeit ihres Lebens auch politisch ungemein aktiven Frau.

In einer anderen Weise modern ist die Literatur, die im Umkreis Albrechts II. mit den neuen Redetypen der Preisrede und der Totenklage Peter Suchenwirts breit belegt ist (vgl. S. 349ff.). Suchenwirt hat zwar erst nach seinem Seßhaftwerden in Wien (ab 1377) in Albrecht III. seinen Gönner gefunden (vgl. S. 56ff.), aber eine Reihe von Panegyrica stehen im Zusammenhang mit der Regierungszeit Albrechts II. (gest. 1358), den er mit einer Preisrede (Friess III) und einer Totenklage (III) rühmt. Der ehrende Nachruf gilt dem Wahrer des Friedens (V. 43: *maechtig fride schilt*), dessen *weiser rat* (66) Krieg zu vermeiden wußte (76–79):

> *Man sach, daz chunige, chayser*
> *durch weisheit zu im chomen;*
> *getrewen rat si nomen*
> *uber all ir sach und umb ir not.*

Obwohl *mit chranchem leib* (91) behaftet, scheute er zur Durchsetzung seiner Politik *in fremdem lant* weder *hitze noch den regen, chelt, wazzer, eys noch chainen sne* (92f.). In zwei anderen Reden werden die beiden Kriegszüge genannt, die Albrecht 1351 und 1354 gemeinsam mit Ulrich II. von Wallsee, Landeshauptmann der Steiermark (XIII, 156–162) unternommen hat (XV, 150–157; XVIII, 393–397). Diese Konkreta, die sich von den texttypischen Berufungen auf die tradierten Wertemuster (etwa III, 116: guter Richter, Schutz der Witwen und Waisen) abheben, tragen gemeinsam mit dem neuen Typ der panegyrischen Rede in Reimpaarversen zur Modernität dieser genuin zeitgenössischen Hofdichtung bei. Totenklagen auf bedeutende Personen der Landesgeschichte untermauern diesen Eindruck; sie zeigen aber zugleich, wie sich diese Herren geschlossen in die Politik des Landesfürsten einordneten.

Der überwiegende Teil der Totenklagen aus der Zeit Albrechts II. würdigt bedeutende österreichische Herren, an der Spitze Ulrich von Pfannberg (gest. 1354; XI), Landeshauptmann von Kärnten und Landesmarschall von Österreich. Weitere Totenklagen gelten: Moritz von Haunfeld (gest. 1353/57; Friess I), Johann von Kapellen (gest. 1354/68; Friess II), Albrecht von Rauhenstein (gest. um 1354; Friess IV) und Burkhard von Ellerbach d. J. (gest. 1357; X. Eine Preisrede auf ihn: IX; eine Totenklage auf seinen Vater Burkhard, gest. um 1369: VIII). Einem Salzburger Ministerialengeschlecht entstammte Herdegen von Pettau (gest. 1354), der es zum Landesmarschall von Steiermark und später zum Landeshauptmann von Krain brachte.

Ob Konrad von Megenberg (vgl. S. 415f.) während seines Wiener Wirkens (1342–1348) mit dem Herzogshof in Verbindung stand, muß offenbleiben; zumindest jedoch fällt der Beginn seines ‚Buchs von den natürlichen Dingen', dessen Neufassung er Rudolf IV. widmete (vgl. S. 52), in diese Zeit. Als Rektor der Stephansschule, der das gesamte Schulwesen in Wien beaufsichtigte, kam Konrad eine Vermittlungsfunktion zwischen Kirche, Stadt und vielleicht auch dem Hof zu. Die Widmung des ‚Speculum felicitatis humanae' an den jungen Rudolf IV. (vgl. S. 53) anläßlich von Konrads Abschied aus Wien (1348) zeigt zumindest für dieses lateinische Werk eine Verbindung zum Herzogshof.

Offenkundig allein auf das stadtbürgerliche Publikum zielte H e i n r i c h   d e r   T e i c h n e r (vgl. S. 310ff.), den Peter Suchenwirt um 1372/77 mit einem Nachruf (XIX) geehrt hat. Jedenfalls finden sich in seinem umfangreichen, zu einem Gutteil wohl in Wien entstandenen Œuvre, für dessen Entstehung die Zeit zwischen etwa 1350 und 1365 vermutet wird, keine Anspielungen, die den Hof als unmittelbaren Adressaten in den Blick rücken. Gleichwohl ist es interessant, daß sich der Teichner bei seiner geistlich eingefärbten Didaxe ebenfalls der literarischen Rede als einer der Leitgattungen des 14. Jahrhunderts bedient. Er steht damit freilich in der Tradition Des Strickers, von dem der Teichner mehrfach Partien übernimmt; und wie beim Stricker, der seinerzeit gleichfalls in Österreich literarisch tätig war, zeichnet sich beim Teichner – wie auch beim Österreichischen Bibelübersetzer angesprochen (vgl. S. 456) – ein franziskanischer Hintergrund ab. Ob wegen dieser Indizien bei den Wiener Minoriten eine spezifische Form der Laienunterweisung anhand deutschsprachiger literarischer Reden im 13. und 14. Jahrhundert vermutet werden darf, muß (vorerst) offenbleiben, scheint aber nahezuliegen. Beim Teichner spricht sein Eintreten für die franziskanische Lehrmeinung von der unbefleckten Empfängnis Marias und seine Bestattung bei der St. Koloman-Kapelle mit deren „Bruderschaft der Unbefleckten Empfängnis Mariae" für diese These (vgl. S. 313f.). Dennoch bestehen zwischen beiden Autoren tiefgreifende Unterschiede: Dem (Wiener) Hof beim Stricker (vgl. Bd. II/2, S. 14–16) steht beim Teichner das (Wiener) Stadtbürgertum als Adressatenkreis gegenüber. Und statt der Demonstration von *kluogheit* zielt der Teichner auf eine lebenspraktische Unterweisung in einer Vielzahl von Alltagsthemen und -problemen, derer sich auch die Kanzelpredigt insbesondere der Bettelorden in dieser Zeit annahm. Die Komprimierung auf die Kleinform der Rede (unter 300 Verse), der anspruchslose Stil und die pragmatische Orientierung am jeweiligen Nutzen dürfte der Mentalität des Wiener Stadtpublikums entsprochen haben, das sich im alltäglichen Leben einer internationalen Handelsstadt, zu der Wien inzwischen aufgestiegen war, unentwegt mit der Lösung konkreter Einzelfragen konfrontiert sah. Teichners Lob und Tadel für das Verhalten der Handwerker und Kaufleute macht dies besonders deutlich. Dennoch geht es dem Teichner nicht nur um kasuistische Problemlösungen, vielmehr stehen bei ihm das gesellschaftliche Wohl und die herkömmliche Ordnung im geistlich gegründeten Zentrum seiner Wertevorstellungen. Daher werden von diesem Didaktiker in der Rolle eines Laienpredigers ebenso der Klerus, der Adel und die Bauernschaft angesprochen. Die Begegnung mit diesen Ständen entsprach der Alltagserfahrung der Wiener Stadtbürger; sie ist deswegen kein Beleg für eine Tätigkeit des Teichners als fahrender Berufsdichter vor seinem Seßhaftwerden in Wien. – Eine reine Ordensdichtung liegt dagegen in der Kommentierung der Passionsgeschichte (‚Der Kreuziger') vor, die der Johanniter Johannes von Frankenstein in der Wiener Niederlassung seines Ordens für deren *schaffer* verfaßt hat (vgl. S. 226). Die Überlieferung lediglich in einer Handschrift läßt bezweifeln, ob das umfangreiche Werk über das Ordenshaus hinaus gewirkt hat.

Rudolf IV.: Reformer und Stifter

Trotz Jugend und kurzer Regierungszeit (1358–1365) vermochte Rudolf IV. als Stadtherr durch Reformen und Stiftungen bleibende Spuren in der Geschichte Wiens zu hinterlassen. Diese Leistung ist umso beachtlicher, weil der 19jährige (geb. 1339) bei der Übernahme der Herrschaft nach dem Tod (1358) seines Vaters Albrecht II. eine Stadt vorfand, die sich zwar als internationale Handelsstadt etabliert hatte, die aber gerade deswegen immer noch besonders schwer unter den wirtschaftlichen Rückschlägen der Pestkatastrophe mit ihren großen Verlusten in der Bevölkerung zu leiden hatte. Diese Lage mußte dem ehrgeizigen Rudolf vor allem deswegen als mißlich erscheinen, weil er sich in ständiger Konkurrenz zu seinem Schwiegervater Kaiser Karl IV. (Rudolf hatte 1353 dessen Tochter Katharina geheiratet) und seiner glanzvollen Residenzstadt Prag sah. Rudolfs Ehrgeiz wurzelte nicht zuletzt in der herben Enttäuschung, daß die Habsburger 1356 in der ‚Goldenen Bulle‘ (vgl. S. 384) keine Aufnahme in den erlauchten Kreis der Kurfürsten fanden. Rudolf antwortete unmittelbar nach seinem Regierungsantritt mit der Fälschung des ‚Privilegium maius‘ (1358/59), das durch ein Umschreiben des ‚Privilegium minus‘ (in dem Friedrich I. Barbarossa 1156 Österreich zum Herzogtum erhoben hatte) einen den Kurfürsten vergleichbaren Rang der Habsburger als „Erzherzöge" von Österreich behauptete, denen königsgleiche Insignien zustanden. Vor den Augen Karls IV. fand das Elaborat zwar keine Gnade, aber Rudolf IV. setzte nunmehr alles daran, Wien als königsgleiche Residenzstadt auszubauen.

Als weithin sichtbares Gegenstück zum Veitsdom in Prag (Beginn des Neubaus 1344) verfügte Rudolf 1359 den Ausbau von St. Stephan in der Form eines bischöflichen Domes; mit dieser Zentrierung auf St. Stephan unterschied sich Rudolf von einen Vorgängern, deren geistliche Stiftungsaktivitäten auf die Ausbildung einer vielfältigen Kloster- und Kirchenlandschaft in Wien gerichtet waren. Die Gründung einer Propstei mit 24 Chorherren und 26 Kaplänen, die nach längerem Bemühen 1364/65 geglückte Verlegung des Kollegiatkapitels von der Wiener Burg nach St. Stephan, die Befreiung dieses Kapitels von der Zuständigkeit des Passauer Bischofs und des Salzburger Metropoliten, die Ausstattung von St. Stephan mit zahlreichen Reliquien, die jährlich zu Allerheiligen dem Volk gezeigt wurden, sollten den Eindruck eines Bischofssitzes erwecken (der Wien aber erst 1469 wurde), an dem das kirchliche Leben der landesfürstlichen Residenzstadt sein unübersehbares Zentrum fand.

Dieses kirchliche Zentrum sollte aber zugleich in einer besonderen Beziehung zum Herzogshaus stehen, daher bestimmte Rudolf St. Stephan zur habsburgischen Grablege, in der als erster Habsburger in Wien sein Bruder Herzog Friedrich (gest. 1362) nach einem Jagdunfall und später (1365) auch Rudolf selbst bestattet wurden. Zur Bestätigung der dynastischen, bis zu den Babenbergern zurückreichende Tradition versuchte Rudolf IV., den Markgrafen Leopold III. (1095–1136) heiligzusprechen, mit dem zugleich die Salier und die Staufer in den Blick kommen: Der staufertreue Markgraf war mit Agnes, der Tochter des Saliers Heinrich IV., diese wiederum zuvor mit dem Herzog Friedrich I. von Schwaben verheiratet. Die Heiligsprechung Leopolds glückte zwar erst 1485, aber das Bemühen Rudolfs, die Habsburger Dynastie auratisch zu überhöhen, bleibt gleichwohl bemerkenswert. Schließlich diente auch die Erhebung des heiligen Koloman zum Landespatron von Österreich dazu, den Rang des Herzogtums zu erhöhen.

Zur Verwirklichung seiner ehrgeizigen Pläne wie für seine politischen Aktivitäten als „Erzherzog" benötigte Rudolf IV. finanzielle Ressourcen, über die er nicht verfügte und die er sich vornehmlich in den Städten, vor allem in Wien erschloß. Bereits 1359 erhob Rudolf eine Weinsteuer (Ungeld) in Höhe von 10%, die bei den Betroffenen natürlich auf keine Gegenliebe stieß: Nach Rudolfs Tod (1365) mahnt Peter Suchenwirt (vgl. S. 352) dessen Brüder Albrecht III. und Leopold III., dieses *ungelt* wieder abzuschaffen (XXVII, 52–63), um nicht im Jenseits dafür büßen zu müssen: *Der gemeine* [‚allgemeine'] *fluch pringt lützel frucht* (60). Andererseits profitierten Stadt und Land auf Dauer davon, daß Rudolf gleichzeitig auf den sogenannten Münzverruf verzichtete, bei dem gültige Münzen durch Neuprägungen mit geringerem Edelmetallgehalt ersetzt wurden, um von Zeit zu Zeit die Finanzen des Landesfürsten (mit inflationärer Tendenz) aufzubessern. Für den Handelsplatz Wien war diese neue Gewährleistung der Währung natürlich von großem Nutzen.

Dies gilt auch für eine Reihe anderer Maßnahmen Rudolfs, die in Wien zunächst für erhebliche Spannungen sorgten, die sich aber später als zukunftsweisende Reformen zum Wohle der Stadt erweisen sollten. In einem ersten Schritt beseitigte der Stadtherr 1360 das „Burgrecht" aus dem hohen Mittelalter (ein unkündbares Hypothekendarlehen mit „ewigen" Zinsen), das um den achtfachen Satz des Jahreszinses abzulösen war. Mit dem Erlös sollte einerseits den zahlreichen Hausbesitzern geholfen werden, ihre Häuser, die sie in den Brandkatastrophen der zurückliegenden Jahre verloren hatten, wieder aufzubauen. Zum andern dienten die Einnahmen dazu, bislang freie Flächen zu bebauen, um die großen Bevölkerungsverluste in der Stadt als Folge der Pestkatastrophe von 1349 nicht nur auszugleichen, sondern die ursprüngliche Einwohnerzahl Wiens durch Zuzug von außen sogar noch zu steigern. Noch tiefgreifender war die Abschaffung von Grundherrschaften in den Händen kirchlicher Institutionen, von Adligen und Erbbürgern, die Rudolf gleichfalls 1360 zur zielgerichteten Entwicklung der Stadt verfügte. Das Liegenschaftswesen wurde damit bei den städtischen Gremien zentralisiert, die nunmehr eigene Grundbücher führten (ab 1368 überliefert). Da die Stadt weiterhin mit den Folgen der Pest, zudem mit einer neuerlichen Feuersbrunst (1361) und unter der Mißernte von Getreide und Wein zu leiden hatte, griff Rudolf 1361 ein weiteres Mal einschneidend in die städtische Ordnung zur Hebung des Gemeinwohls ein: Fortan mußten sich geistliche Institutionen Zuwendungen in Form von Vermächtnissen, die erheblich zum Reichtum dieser Einrichtungen beitrugen, vom Rat der Stadt bestätigen lassen, womit der Gütererwerb des Klerus nunmehr der öffentlichen Kontrolle unterlag und zudem spürbar erschwert wurde. Auch übertrug Rudolf die Vogteirechte der kirchlichen Einrichtungen (ausgenommen St. Stephan und das Klarissenkloster, die herzoglichem Vogteirecht unterstanden) an den städtischen Rat, die Immunitäten (außer der Burg, St. Stephan und dem Schottenkloster) wurden ebenso wie fremde Gerichte in der Stadt aufgehoben; die Zentralisierung des Gerichtswesens in Wien kannte fortan nurmehr das Hof-, das Stadt-, das Münz- und das Judengericht. Den Zuzug nach Wien förderten eine dreijährige Befreiung von Steuern und vor allem die Aufhebung der Handwerkerverbände („Zechen"), die sich zur Wahrung ihrer monopolartigen Stellung gegen die Zuwanderer abschotteten. Der Widerstand gerade gegen diese Verordnung war bei den Handwerkern so groß, daß Rudolf 1364 sogar ein förmliches Verbot gegen die Zechen aussprechen mußte und den Erlaß der Gewerbeordnungen allein der Stadt übertrug. Das Zechenverbot ließ sich zwar nicht ganz durchsetzen, aber die Begründung der städtischen Gewerbehoheit trug in der Folgezeit erheblich zum Aufschwung Wiens als Wirtschaftszentrum bei, das zunehmend von stadtbürgerlichen Leistungseliten und weniger von den Erbbürgern bestimmt wurde.

Rudolfs Reformen, die er gegen die Widerstände der betroffenen Interessengruppen energisch durchsetzte, dienten dem Ausbau Wiens zur landesfürstlichen Residenzstadt, *zur obrist wonung der fursten daselbs* (wie er im Zusammenhang mit der Ablösung der Burgrechte formulierte), die den Vergleich zum Prag seines Schwiegervaters nicht scheuen mußte. Daran mußte Rudolf umso mehr gelegen sein, als er sich 1364 die Belehnung mit der Grafschaft Tirol bei Karl IV. sichern konnte (vgl. S. 351). Gleichwohl sah Wien unter Rudolf IV. keine festlichen Fürstenversammlungen wie unter seinem Vater Albrecht II., obwohl der Herzog sein diplomatisches Geschick – etwa im Erbvertrag zwischen den Luxemburgern und den Habsburgern (1364) – mehrfach glänzend unter Beweis gestellt hatte. Seiner Verhandlungskunst gelang es auch, bei Papst Urban V. die Gründung einer U n i v e r s i t ä t (mit der Schule bei St. Stephan als

Keimzelle) in Wien durchzusetzen, für die Rudolf am 12. März 1365 – in seinem Todesjahr also und gleichsam als sein letztes Vermächtnis für Wien – die Stiftungsurkunde ausstellte. Konzipiert nach dem großen Vorbild der Sorbonne in Paris und orientiert an der Krakauer Neugründung (1364), sollte die Alma Mater Rudolphina wiederum ein Gegenstück zur Gründung der Prager Universität (1348) durch Karl IV. sein. Der vorgesehene Standort des ehrgeizigen Projekts *pey unserm herczoglichen palas* unterstrich dabei die unmittelbare Nähe zum landesfürstlichen Stifter, der sich und seine Residenzstadt mit dem Glanz der Internationalität umgeben wollte. Diese Aura sollte sich freilich erst unter seinem Bruder Albrecht III. einstellen (vgl. S. 57), da die Stiftung durch das Fehlen einer theologischen Fakultät als unverzichtbarer Teil einer Universität im Mittelalter und durch den frühen Tod des Stifters (27. Juli 1365) zunächst nicht richtig in Schwung kam. Rudolfs hochfliegende Stiftungen – insbesondere der Ausbau von St. Stephan – verschlangen mehr Geld als seine grundlegenden Reformen und Abgabeverordnungen einbrachten, aber seiner Stadt Wien wie seinen Brüdern Albrecht III. und Leopold III. (vgl. S. 53f.) überließ der erst 26jährige Herrscher ein eindrucksvolles Erbe, dessen Nutznießer allerdings erst die folgenden Generationen sein sollten.

Angesichts seines intellektuellen Zuschnitts blieb Rudolf IV. die herkömmliche Art der deutschen Literatur offenkundig fremd. Selbst die Preisreden Peter Suchenwirts (vgl. S. 349ff.), die als panegyrisches Genre zur literarischen Begleitung für Rudolfs ehrgeiziges Bemühen nach Rangerhöhung und öffentlicher Anerkennung wie geschaffen waren, fanden bei ihm – anders als bei seinem Vater – keine Anerkennung; Suchenwirt scheint während der Regierungszeit Rudolfs sogar außerhalb von Wien gewirkt zu haben (vgl. S. 350). Auch bei Heinrich dem Teichner lassen sich keine Bezüge zu Rudolf IV. feststellen, aber bei der Abstinenz gegenüber historisch-politischen Anspielungen im Werk des Teichners ist dies nicht weiter verwunderlich (vgl. S. 315). Bezeichnenderweise treten nur gelehrte Autoren in Rudolfs Umfeld auf, und ebenso auffällig ist, daß die deutschsprachigen Werke die moderne Form der Prosa wählten. Ganz zu Rudolfs Denkweise paßte Konrad von Megenberg (vgl. S. 414ff.), Magister artium der Sorbonne und 1342–1348 Rektor der Stephansschule in Wien, aus der 1365 die Universität hervorging. Konrads astronomisches Werk ‚Die deutsche Sphaera' (vgl. S. 406f.), entstanden Mitte des 14. Jahrhunderts, polemisiert gegen das Interesse an Riesen- und Heldengeschichten, an deren Stelle der Autor seine gelehrte Abhandlung setzt. Ob er sich damit an den Wiener Hof Rudolfs wandte, ist allerdings nicht zu sichern. Dem Herzog widmete Konrad dagegen eine Neufassung des ‚Buchs von den natürlichen Dingen' (vgl. S. 416f.), das auf größte Resonanz bis hin zum Buchdruck stieß und das als Grundlage für eine deutsche Wissenschaftssprache gelten darf. Konrads Plan eines dreiteiligen Fürstenspiegels (vgl. S. 415) gedieh nur bis zum ‚Speculum felicitatis humanae', mit dem er bei seinem Weggang von Wien (1348) den damals neunjährigen Rudolf bedachte. Erst unter Albrecht III. kam es zu einer Übersetzung des Fürstenspiegels von Aegidius Romanus (vgl. S. 417). Der zweite deutschsprachige Autor, der mit Rudolf IV. in Verbindung gebracht werden kann, ist Heinrich von Mügeln, der seine ‚Ungarnchronik' (vgl. S. 394f.) dem Herzog in Wien dedizierte. An der Dignität lateinischer Historiographie orientiert, bediente sich auch dieses Werk der Prosa, während die lateinische Fassung für König Ludwig I. von Ungarn (1342–1382) in einer Mischung von Prosa, rhythmischen Reimversen und Sangspruchtönen brillierte. Von der Sangspruchdichtung mit ihrer Möglichkeit zum Fürstenpreis scheint Rudolf im Gegensatz zu seinem Schwiegervater Karl IV. (vgl. S. 16) nichts gehalten zu haben. – Eher an ein städtisches Publikum wird man bei der Prosaübersetzung vom Bericht über die Chinareise des Odorico da Pordenone denken, die Konrad Steckel als Leutpriester in Wien 1359 anfertigte (vgl. S. 413f.).

Die geringe Zahl deutschsprachiger Werke im unmittelbaren Umkreis Rudolfs IV. führt sich sicherlich auf die kurze Regierungszeit dieses jung verstorbenen Herrschers zurück. Dennoch fällt die Orientierung auf Sachliteratur in Prosa, fällt das Fehlen sowohl geistlicher wie poetischer Werke auf; auch für die moderne Gattung der Rede, wie sie Peter Suchenwirt mit seinen Minnereden pflegte (vgl. S. 341ff.), scheint bei Rudolf kein Interesse vorhanden gewesen zu sein. Sein pragmatisch ausgerichtetes Denken schlägt sich dagegen in den wenigen deutschsprachigen literarischen Zeugnissen nieder, die mit ihm in Verbindung gebracht werden können; ob er sich bei einer längeren Lebens- und Regierungszeit intensiver der deutschen Literatur zur Förderung seines politischen Programms bedient hätte, muß Spekulation bleiben. In der Stadt hingegen, die weiterhin die Teichner-Rede schätzte, wird man als Folge von Rudolfs Reformen mit der Anlage von Grundbüchern und mit dem Abfassen von Gewerbeordnungen begonnen haben.

Albrecht III.: Deutsche Literatur am Wiener Hof

Nach dem Tode Rudolfs IV. sah sich die Stadt Wien mit Rudolfs jüngeren Brüdern Albrecht III. (1365–1395) und Leopold III. (1365–1386) mit zwei Stadtherren konfrontiert, zwischen denen es zunehmend zu Spannungen und Konflikten kam. Sie führten schließlich 1379 zu einem Teilungsvertrag, bei dem Albrecht Österreich ob und unter der Enns und damit die Stadtherrschaft über Wien, Leopold die südlichen und westlichen Teile der Habsburger Gebiete (insbesondere Steiermark, Kärnten, Tirol und die Vorlande) erhielt. Der Teilungsvertrag behielt bis Mitte des

15. Jahrhunderts seine Wirksamkeit, erfuhr jedoch durch den Tod Leopolds in der Schlacht bei Sempach (vgl. S. 19f.) eine Unterbrechung, so daß Albrecht III. von 1386 bis 1395 wieder allein herrschte. Die Handelswege nach Venedig, die zuvor über leopoldinisches Gebiet liefen und dadurch behindert wurden, waren zum Nutzen Wiens wieder frei befahrbar.

Durch die ehrgeizigen Projekte Rudolfs IV. bedingt, hatten seine beiden Brüder einen stattlichen Schuldenberg übernommen. Um ihn abzubauen, wurden die Juden auf Anordnung der Herzöge zwischen 1370 und 1377 ihrer Güter beraubt; der Versuch der Zwangstaufe schlug jedoch fehl. Noch 1383 setzte man den reichen Wiener Juden David Steuss gefangen und ließ ihn erst nach Zahlung einer hohen Summe wieder frei. Einen weiteren Weg zur Tilgung der Schulden beschritt Albrecht III. ab 1374 mit einer schärferen Eintreibung der Stadtsteuer. Diese Bemühungen um Sanierung der herzoglichen Finanzen erfuhren jedoch 1381 mit dem neuerlichen Ausbrechen der Pest in Wien einen empfindlichen Rückschlag. Auch wenn die Zahl von 15 000 Toten vielleicht zu hoch gegriffen ist, waren die verheerenden wirtschaftlichen Folgen in der Residenzstadt unübersehbar. Herzog Albrecht sah sich zu Maßnahmen gezwungen, mit denen die städtische Wirtschaftskraft angehoben werden konnte. Dazu diente 1382 die Neuregelung der Jahrmärkte in Wien, die er durch das Spektakel von Scharlachrennen (Pferdewettrennen mit einem scharlachroten Tuch als Siegestrophäe) und die zeitlichen Verlängerung der beiden Markttermine auf vier Wochen auch für auswärtige Händler und Käufer attraktiv machte. 1382 gewährte Albrecht der Stadt das Recht, eine eigene Weinsteuer zu erheben, die 1391 mit gewissen Korrekturen bestätigt wurde. Zur Förderung der internationalen Reputation Wiens trug die 1384 von Papst Urban VI. erwirkte Genehmigung bei, an der Universität endlich eine theologische Fakultät einrichten zu dürfen. Die Hohe Schule wurde damit ein Anziehungspunkt nicht zuletzt von renommierten Professoren der Sorbonne, die als Folge des Schismas Paris verließen. Von ihnen ging der programmatische Reformansatz der „Wiener Schule" aus, gelehrtes Wissen in deutscher Sprache auch an Laien zu vermitteln (vgl. Bd. III/2).

Unter Albrecht III. gab es während der 80er Jahre in Wien zwar wiederum Verfassungsunruhen, die nach dem Tod des Herzogs schließlich zum zukunftsweisenden Ratswahlprivileg (1396) führten, aber insgesamt gelang es dem Stadtherren trotz aller Schwierigkeiten, die angespannte Lage in seiner Residenzstadt wieder zu konsolidieren. 1375 erlebte Wien die glanzvolle Hochzeit Albrechts mit Beatrix von Zollern, Tochter des Burggrafen Friedrich V. von Nürnberg. Im Oktober 1386 stand die Stadt unter dem Eindruck der Leichenfeier für Herzog Leopold III. 1394 forderten mit Billigung Albrechts fünf Polen Ritter und Knechte des Herzogs in Wien zu einem Wettrennen heraus. Daß Wien schon früher zu einem

Anziehungspunkt geworden war, zeigte sich etwa bei König Hugo IV. von Zypern, der sich auf seiner Reise *durch abentheuer willen* 1358 ebenso wie sein Sohn 1364 in der Stadt aufhielt und dabei ein Leben voller Prunk führte. Welchen Verlust der Tod Albrechts III. für die Stadt bedeutete, bekundete sich im allgemeinen Wehklagen, das die Überführung des Leichnams nach St. Stephan begleitete.

Wenn sich insbesondere unter Albrecht III. erstmals während des 14. Jahrhunderts am Wiener Hof ein regeres literarisches Leben in deutscher Sprache feststellen läßt, dann mag dies mit der vergleichsweise langen Regierungszeit (1365–1395) des Herzogs zusammenhängen (die allerdings hinter der 50jährigen Herrschaft seines Vaters Albrecht II. weit zurücksteht), es scheint aber bei ihm wie bei seinem Bruder Leopold III. auch von persönlichem Interesse getragen worden zu sein. Von Leopold berichtet der Konstanzer Geschichtsschreiber Johannes Stetter in seiner bis 1397 reichenden Stadtchronik sogar: *Er macht newe gedicht, reden und lieder, wort und wis, und sang und pfiffet man sine lieder in allen landen, mer dan andere lieder anderer dichter.* Niklas von Wyle (vgl. Bd. III/2) zitiert in der Widmung seiner 12. Translatze an Pfalzgräfin Mechthild von Rottenburg sogar ein Verspaar, das sich laut Wyle auf Viridis Visconti bezieht, mit der Leopold durch Vermittlung seines Bruders Rudolf IV. 1365 vermählt wurde:

> *Kum glück vnd tu din hilff darzu,*
> *sid ich nit ruw hab spat noch fru.*

Es handelt sich dabei um den Refrainteil eines dreistrophigen Liebesliedes, das trotz aller Formelhaftigkeit den Anschluß an die neue Form des Liebesliedes erkennen läßt, was zur Aufnahme in Liederhandschriften des 15. Jahrhunderts führte. Die poetische Reputation von Leopold war so groß, daß ihn Meistersinger wie Hans Folz (vgl. Bd. III/2) in Dichterkatalogen nennen. In Schondochs ‚Königin von Frankreich' (vgl. S. 257) tritt Leopold sogar als literarische Gestalt auf, deren Vermittlerrolle besonders hervorgehoben wird.

Eine breitere Differenzierung läßt die literarische Überlieferung im Umkreis Albrechts III. erkennen. Wenn Johann von Neumarkt dem Herzog eine illuminierte Handschrift seiner ‚Hieronymus-Briefe' (vgl. S. 449) schenkte, dann bezeugt dies nicht nur die Kunstsinnigkeit Albrechts, die sich in der „Wiener Hofminiatorenwerkstatt" wie im forcierten Ausbau von St. Stephan dokumentiert, sondern läßt zugleich ein Interesse an einer neuen Frömmigkeitsform erkennen. Sie zeigt auch das mystisch und an der franziskanischen Gnadenlehre orientierte ‚Büchlein von der geistlichen Gemahelschaft', das wohl von dem Wiener Minoriten Konrad Spitzer, Beichtvater am Wiener Hof Albrechts III., stammt (vgl. S. 142f.). Wählt dieses Werk noch die traditionelle Form des Reimpaarverses, so greift Albrechts Hofkaplan Leopold von Wien bei seinen drei Pilgerschriften und für seine Übersetzung der ‚Historia ecclesiastica' Cassiodors zur Prosa. Dies mag beim übersetzenden Schrifttum naheliegen, doch wählt Leopold – falls er für deren Autor gelten darf – auch für die ‚Österreichische Chronik von den 95 Herrschaften' die moderne Prosaform.

Als Autor ist der Augustiner-Eremit Leopold von Wien deswegen so interessant, weil er nach dem Besuch des Generalstudiums seines Ordens in Paris die Studien an der 1384 neu gegründeten theologischen Fakultät in Wien fortsetzte, wo er dann auch lehrte. Bei seiner Ernennung zum päpstlichen Ehrenkaplan (1385) trägt er den Titel eines Licentiatus theologiae. Ab diesem Jahr wirkte Leopold auch als *lector* am Wiener Generalstudium des Ordens. Zuvor hatte der Herzog für ihn bei Papst Urban VI. um ein Benefizium ohne Verpflichtung zur Seelsorge ersucht, um Leopold für seine Lehrtätigkeit an der theologischen Fakultät, aber auch für die Übersetzungen zu danken, die er dem Herzog geliefert hatte. Es wird hier ein Übersetzerkreis im Umfeld Albrechts III. sichtbar, aus dem der Fürstenspiegel ‚Puech von ordnung der fürsten' (vgl. S. 417) nach dem grundlegenden Werk des Aegidius Romanus wie auch die Übersetzung (1384) des liturgischen Handbuchs ‚Rationale divinorum officiorum' von Wilhelm Durandus (gest. 1296) hervorgegangen sind; beide Übersetzungsarbeiten führen in die Anfangsphase der „Wiener Schule" (vgl. Bd. III/2). Während die Übersetzung der drei Pilgerschriften wohl für den herzoglichen Hofmeister Hans von Liechtenstein bzw. seinen Bruder Hertel bestimmt waren (vgl. S. 412), fassen wir in der 1385 beendeten Übertragung der verbreiteten ‚Historia ecclesiastica' Cassiodors wahrscheinlich eine der Übersetzungen, die Leopold für Albrecht III. anfertigte. Jedenfalls ist dem Werk eine gereimte *lobrede* auf diesen Herzog vorangestellt. Das Gegenstück dazu findet sich in der bewegenden Klage auf den Tod Albrechts in der Fortsetzung zu Leopolds ‚Österreichischen Chronik von den 95 Herrschaften', die im Hauptteil 1394 fertiggestellt wurde (vgl. S. 393f.). Wie bei anderen Werken aus dem Umfeld der Habsburger wird auch hier der Versuch unternommen, deren Dynastie mit den Babenbergern zu verknüpfen, denen sogar 81 Herrschaften fabulöser Fürsten vorausgehen – ein Konzept, das Rudolf IV. mit seinem unentwegten Streben nach Rangerhöhung (vgl. S. 49f.) sicherlich gefallen hätte, wenn es nicht gar auf ihn zurückgeht. Für die Zeit vom Tod König Albrechts I. (1308) bis Herzog Rudolf IV. (1358–1365) greift Leopold dabei auf die 1388 für das habsburgische Grabkloster verfaßte ‚Königsfeldener Chronik' eines Anonymus zurück, die ganz auf die habsburgische Hausgeschichte ausgerichtet ist (vgl. S. 401).

Zielten die genannten Werke aus dem Umkreis Albrechts III. auf Frömmigkeit, auf übersetzende Erschließung lateinischer Werke und auf Historiographie, so orientierten sich Peter Suchenwirts (vgl.

S. 351f.) historisch-politische Reden an Gegenwartsereignissen. Dieser Dichter scheint in Herzog Albrecht einen persönlichen Gönner gefunden zu haben, denn die Lage seines Hauses (ab 1377 belegt) deutet auf Zugehörigkeit zur herzoglichen Dienerschaft hin. Eine besondere Nähe zu Albrecht dürfte auch Suchenwirts Teilnahme an Albrechts Preußenfahrt (1377) bezeugen, deren Verlauf der Dichter in einer umfangreichen Rede (IV; etwa 570 Verse) dokumentierte. Der Herzog und seine Begleiter werden dabei als vorbildliche Ritter vorgestellt, die *vraw Ere tzu gesell* hatten und die dem Leitbild des *miles christianus* folgten. Diese Preußenfahrt ist eine der beiden konkret benannten und besonders herausgestellten Ruhmestaten Albrechts III. in Suchenwirts Totenklage (V) auf den Herrscher, die mehrfach auch auf dessen Frömmigkeit hinweist. Als zweites bedeutendes Werk Albrechts wird – ohne Rudolfs IV. zu gedenken – die eigentliche Begründung der Wiener Hohen Schule als Volluniversität mit einem international besetzten Lehrkörper benannt (V. 33–48):

> *In frompde lant und gen Pareis*
> *er zw den maistern sande,*
> 35 *die in der chunst warn weis,*
> *die pracht man im zw lande;*
> *den gab er miltichleich sein gut*
> *durich christen gelaubens stewre.*
> *sein edel hertz und auch sein mut*
> 40 *pran in der chunste fewre.*
> *daz nye chain fürst hat vor bedacht,*
> *daz hat er wol verstanden:*
> *daz er di hohen schul her pracht*
> *hat zw dewtschen landen*
> 45 *gen Wienn in di werden stat.*
> *der man hab lob und ere,*
> *daz manig grozzer maister hat*
> *pewärt mit weiser lere.*

Unbesehen der panegyrischen Tonlage zeigt diese Textstelle, welchen Eindruck der Aufschwung der Wiener Universität unter Albrecht III. auf die Bewohner der Residenzstadt machte. Dennoch gibt es für Suchenwirt ein politisch übergeordnetes Gut, von dem der Segen für Stadt und Land abhängt: die Eintracht in der Ausübung der Herrschaft. Daher ruft er am Schluß der Totenklage den Sohn Albrechts und die vier Söhne Leopolds zu *rechter ainung* (V. 109) auf – freilich erfolglos, denn bereits 1396 erfolgte wiederum eine Aufteilung der Landesherrschaft zwischen der albertinischen (österreichischen) und leopoldinischen (steirischen) Linie des

Hauses Habsburg. Zur *ainung* hatte Suchenwirt – ebenfalls erfolglos – bereits die Väter Albrecht III. und Leopold III. mit religiösen (XXXIII) Argumenten und mit dem Beispiel vom Holzstück, das sich ungespalten nicht zerbrechen läßt (XXXIV), nachhaltig gemahnt. Selbst der Rat, die 1359 von ihrem Bruder Rudolf IV. eingeführte Weinsteuer (vgl. S. 352) wieder abzuschaffen, arbeitet mit dem genealogischen Bild vom gemeinsamen Stamm (Albrecht II.), dessen lebende Äste Albrecht III. und Leopold III. seien (XXVII). Und auch die Totenklagen auf die Herren, die im Dienst der Habsburger standen, heben immer wieder auf die Treue zum Fürsten als Zeichen der geforderten Einheit ab. Aus der Regierungszeit Albrechts III. sind dies: Leuthold von Stadeck (gest. 1367), Landeshauptmann von Krain und Österreich (XV), Burkhard von Ellerbach (gest. um 1369; VIII), Vater des gleichfalls gerühmten Sohnes (vgl. S. 47), Ulrich II. von Cilli (gest. 1368), Landeshauptmann von Krain (XVI), und Hans von Traun (gest. 1378/79), der 1362/63 Hauptmann in Österreich ob der Enns war (XVIII). Dabei blieben Vorkommnisse, welche die Loyalität zum Landesfürsten tangierten, durchweg unberücksichtigt. Besonders deutlich zeigt sich dies in der Totenklage auf den bereits 1335 verstorbenen Herzog Heinrich VI. von Kärnten mit der völligen Ausklammerung aller politischen Spannungen gegenüber den Habsburgern (vgl. S. 351).

Im Gegensatz zur erstaunlichen Vielfalt deutschsprachiger Literatur im Umkreis Albrechts III. fehlen aus dieser Zeit eindeutige Zeugnisse für die Stadt selbst. Dies ist sicherlich auch eine Folge von Überlieferungslücken und unzureichenden Lokalisierungsindizien, dennoch bleibt der Befund selbst für das gesamte 14. Jahrhundert, in dem der systematische Ausbau Wiens zur habsburgischen Residenzstadt erfolgte, trotz Heinrich von Neustadt und Heinrich dem Teichner ernüchternd. Gleiches gilt für die Wiener Hofliteratur, was deren Aufschwung innerhalb eines überschaubaren Rahmens erst unter Albrecht III. nur bestätigt. Der Anteil der Literatur in deutscher Sprache bei der weiteren Etablierung der neuen Staatlichkeit (Bd. II/2) gerade unter den Habsburgern war im 14. Jahrhundert offenkundig gering. Gleiches gilt für die stadtbürgerliche Literatur in Wien als aufstrebender Residenzstadt, doch sind die Verhältnisse in Prag, geschweige denn in München in dieser Zeit nicht anders. Dabei hätte es – dies sollte der detaillierte Abriß der Wiener Stadtgeschichte verdeutlichen – große und kleine Anlässe genug gegeben, die einer literarischen Würdigung oder Kommentierung wert gewesen wären. Völlig anders stellt sich dagegen die Lage bei der Mystik als einer neuen Form der Frömmigkeit dar: Hier entfaltet sich ein literarischer Reichtum, der in einzelnen Filiationen nur schwer zu überblicken ist. Nicht das Wechselverhältnis von Hof und Residenzstadt, sondern von Kloster und Stadt scheint (neben den Landherren) die literarische Produktion in herausragender Weise gefördert zu haben.

Erkennen und Erfahren Gottes als Lebenssinn: Die deutsche Mystik

Die Vielfalt und die Vielzahl der geistlichen Literatur im Spätmittelalter ist der beredteste Ausdruck für die existentiell bedrängende Suche nach einem rettenden Weg, der aus den heillosen Wirren des Diesseits verläßlich zum ewigen Heil führt. Diese geistlich gerichtete Orientierungssuche kulminiert in der Mystik mit ihrem hochgespannten Anspruch, bereits im irdischen Leben die Schau Gottes, ja die Vereinigung der Seele mit Gott in einer gnadenhaften *unio mystica* zu ermöglichen. Sie gründet als *cognitio Dei experimentalis* in der persönlichen Erfahrung der Gotteserkenntnis, zu der neben asketischen und meditativen Frömmigkeitsformen ein mystologisches und ein mystagogisches Schrifttum hinführen sollte und deren Erleben zur Dokumentation des real Erfahrenen und Wahrgenommenen auf Verschriftlichung in mystographischen Texten drängte. In beiden Fällen stellt sich das letztlich unlösbare Problem, die Unsagbarkeit der Gotteserfahrung, bei der sich der Mystiker seiner Sprache als letzter Bindung an sein Menschsein entäußern muß, zu versprachlichen. Um dieses Unmögliche nach Möglichkeit doch zu ermöglichen, greift das mystische Sprechen auf die Traditionen neuplatonischer, augustinischer, patristischer und scholastischer Begrifflichkeiten und Beschreibungsmuster zurück, sie entwickelt aber mit Negationen, Antithesen, Oxymora, Tautologien, Allegorien, Metaphern und Neologismen eine Sondersprache, die nicht nur sprachhistorisch bedeutsam ist, sondern die bis hin zu einer neuen Flexibilität der Syntax einen gewichtigen Beitrag zur Entwicklung einer poetischen Prosa geleistet hat. Aus diesem Grunde verlangt das mystische Schrifttum neben seiner mentalitätsgeschichtlichen Aussagekraft im Prozeß der Individualisierung auch ein literarhistorisches Interesse. Dies gilt gleicherweise für die gewählten literarischen Formen, deren Spannbreite vom Traktat, der Predigt und dem Sendbrief bis zu autobiographischen Aufzeichnungen und Werken reicht und auch die lyrische Formensprache einbezieht.

Der Durchbruch zu einer eigenen, ambitionierten Form der mystischen Sprache und zur angemessenen literarischen Darstellung des visionär Geschauten erfolgte im Deutschen durch das epochale Offenbarungswerk ‚Das fließende Licht der Gottheit' Mechthilds von Magdeburg, bei dessen Aufzeichnung sie ab etwa 1250 ihr Beichtvater, der Dominikaner Heinrich von Halle, unterstützte (vgl. Bd. II/2, S. 78–84). Seinen Höhepunkt erreichte das mystische Schrifttum in deutscher Sprache zwischen dem späten 13. und dem ausgehenden 14. Jahrhundert; innerhalb dieses Zeitrahmens verleihen die Dominikaner Meister Eckhart, Johannes Tauler und Heinrich Seuse der ersten Hälfte des 14. Jahrhunderts einen besonderen Glanz. Diese Kulmination läßt sich vorerst nur ansatzweise erklären. Die Anfänge deutschsprachiger mystischer Literatur bleiben mit dem ‚Hoheliedkommentar' des Benediktiners Williram von Ebersberg (gest. 1085) und mit dem anonymen ‚St. Trudperter Hohelied' (um 1160) während des 11. und 12. Jahrhunderts – wenig erstaunlich – ganz im monastischen Bereich verankert (vgl. Bd. I/1, S. 226–228 und Bd. I/2, S. 143–145). Im Vergleich dazu zeichnet sich im 13. Jahrhundert ein entscheidender Wandel ab: Der brautmystische Reimtraktat ‚Tochter Sion' (um 1250) des Franziskaners Lamprecht von Regensburg und die mystagogischen Prosaschriften des Franziskanertheologen David von Augsburg (gest. 1272) wurzeln zwar in der Zisterziensermystik (vgl. Bd. II/2, S. 66–68 und 73–75), sie sind jedoch Werke eines der beiden großen Bettelorden, die ihr Tätigkeitsfeld programmatisch auf die städtische Seelsorge konzentrierten. Den Franziskanern und den Dominikanern (vgl. S. 421) auferlegte der Papst im 13. Jahrhundert die *cura monialium*, die nicht nur auf die seelsorgerliche Betreuung der Ordensfrauen gerichtet war, sondern auch auf die Einbindung der Beginen als einer breiten religiösen Frauenbewegung in den Rahmen und in die Formen kirchlicher Religiosität zielte (vgl. Bd. II/2, S. 65). Bei der Bewältigung dieser zunächst widerwillig übernommenen Aufgabe erwiesen sich die D o m i n i k a n e r besonders erfolgreich: Um 1300 betreute der Predigerorden an die 80 Frauenkonvente mit je etwa 80–100 Angehörigen, während es die Franziskaner lediglich auf ca. 40 wesentlich kleinere Klarissenklöster brachten. Die tiefreligiöse, dem biblischen Armutsideal verpflichtete Frauenbewegung des 13. und 14. Jahrhunderts zog die dominikanische Spiritualität offenkundig besonders an, da sie in Studium und Kontemplation gründete und sie sich – darauf gestützt – in der Predigt (vgl. S. 73) und in der geistlichen Unterweisung der *mulieres religiosae* verwirklichte. Durch die gelehrten Dominikaner erhielt die religiöse Begeisterung der frommen Frauen eine intellektuelle Vertiefung, die für diese Frauen deswegen als attraktiv wirken mußte, weil sie ihnen ansonsten weitestgehend vorenthalten blieb. Ihre religiöse Wißbegierde und ihr Streben nach geistlicher Erfahrung bis hin zum mystischen Erleben setzte die *fratres docti* als Seelenführer andererseits unter einen Erwartungsdruck, der zu einem spezifisch mystologisch und mystagogisch ausgerichteten Schrifttum führte.

Die mystisch orientierte Spiritualität dokumentiert ein Ungenügen an der herkömmlichen kirchlichen Frömmigkeit gegenüber einer Religiosität, die auf kompromißlose Verwirklichung der biblischen Botschaft und der göttlichen Verheißung hier auf Erden drängte. Dabei verschränkte sich das pointiert gegen den Reichtum der kirchlichen Institutionen gerichtete äußere Leben in biblischer Armut mit einer inneren Armutshaltung, die sich von allem zu befreien trachtete, um dem Reichtum Gottes bereits im Hier und Jetzt ganz und ungehindert Einlaß in die Seele zu gewähren. Daraus erwuchsen ein Lebenssinn und eine tragfähige Lebensorientierung, die Kirche und Welt mit ihren unüberschaubaren politischen und religiösen Wirrnissen (vgl. S. 2ff.) nicht mehr vermitteln konnten. Daher ist der atemberaubende mystische Aufschwung insbesondere im 14. Jahrhundert der offenkundigste Beleg für die geradezu aussichtslose Orientierungslosigkeit in dieser Zeit. Sie war in den wirtschaftlichen und gesellschaftlichen Umbrüchen, später auch im massenhaften Peststerben, das als Geißel Gottes für die sündhafte Menschheit gesehen wurde, gerade in den Städten mit ihrer Bevölkerungsverdichtung hautnah zu erleben. Die Heillosigkeit im Äußeren ließ das Heil im Innern suchen, und dafür bot die theologisch fundierte Dominikanermystik einen lehr- und erlernbaren Weg an, den man in den Frauenkonventen, aber auch in religiösen Laienkreisen begierig angenommen und auch gegen die kritische oder ablehnende Haltung des Weltklerus eifrig verfolgt hat.

Die dominikanische Form der Mystik galt als verläßlich, weil dahinter eine vertrauenswürdige scholastische Schulung stand, die ekstatischen Auswüchsen insbesondere in der Braut- und Passionsmystik zu steuern vermochte. Entsprechend tritt die Dominikanermystik in ihren Anfängen nicht als Erlebnis-, sondern als spekulative, an die Philosophie angenäherte Mystik auf. Sie erwächst aus der dominikanischen Theologie mit ihrer programmatischen Verknüpfung von Glaube (*fides*) und Vernunft (*intelligentia*), von der die Lehrgebäude des Albertus Magnus (gest. 1280) und des Thomas von Aquin (gest. 1274) bestimmt sind. Beide haben in ihrem umfangreichen Werk Beiträge zur **spekulativen Mystik** geliefert: Albertus Magnus mit seiner Kommentierung des neuplatonischen ‚Corpus Dionysiacum' (in dem man die Schriften des Paulus-Schülers Dionysius Areopagita sah), insbesondere mit dem Kommentar zur ‚Mystica Theologia' (um 1250) und dessen Einsicht, daß der *intellectus* durch die Gnade der göttlichen Erleuchtung alles Sinnliche überwinden und zur Schau Gottes kommen könne. Im Vergleich dazu ist Thomas von Aquin reservierter: Er verneint die Realisierbarkeit einer Wesensschau Gottes auf Erden, er schließt sie jedoch – gestützt auf die Entrückung (*raptus*) des Moses und Paulus – der Möglichkeit nach (*potentialiter*) nicht aus. Dagegen steht der Dominikaner **Dietrich von Freiberg** (gest. um 1318/20) in seinen philosophischen Schriften näher bei Albertus. Für Dietrich ist der Mensch durch seinen tätigen Intellekt über alle Engel erhoben. Da Dietrich Gott als Intellekt begreift, aus dem der tätige Intellekt als vollkommenes Ebenbild Gottes hervorgegangen ist, hält er die Schau Gottes durch den tätigen Intellekt für möglich: Indem das Wesen des Intellekts auf die Erkenntnis seines Prinzips gerichtet ist, erkennt der tätige Intellekt im göttlichen Prinzip seinen Ursprung, wobei Erkennen und Erkanntes zusammenfallen. Zwar hat Dietrich seine

Einsicht nicht zu einem mystischen Konzept ausgeformt, aber Meister Eckhart griff dessen Intellektlehre auf und gewann daraus einen eigenen mystischen Ansatz.

Gleichwohl scheint Dietrich von Freiberg über Predigten auch einem deutschsprachigen Publikum bekanntgeworden zu sein: Hartwig von Erfurt nennt ihn in seiner ‚Postille' (vgl. S. 424f.). In dem Nonnengedicht (Lied) ‚Ich wil vch sagen mere' (14. Jahrhundert) wird neben Meister Eckhart auch *der hohe meister diderich* als mystischer Prediger gerühmt: *dy sele wil er versencken in den grunt ane grunt*. Die ‚Sprüche der zwölf Meister' (um 1320/30) beschreiben Dietrichs Intellektlehre in trefflicher Kürze:

> *Maister Dietreich sprichet von sinnekait* [‚Intelligenz'],
> *er seczt* [‚versteht'] *das bild der sele in seines selbeshait* [‚eigener Natur'];
> *da bechennet es got in seiner istichait* [‚absolutem Dasein'].

Am aufschlußreichsten aber ist der ‚Traktat von der Seligkeit' (zwischen 1303 und 1323), in dem ein geschulter Autor die Intellegenzlehre Dietrichs von Freiberg im Vergleich mit Thomas von Aquin und Meister Eckhart argumentativ vertritt (vgl. S. 77f.). Schließlich bezeugen Reminiszenzen in der deutschsprachigen Predigt- und Traktatliteratur die Rezeption von Dietrichs Lehre auch außerhalb seiner lateinischen Schriften.

Meister Eckhart

In Meister Eckhart begegnet uns der bedeutendste deutschsprachige Denker des Mittelalters. Seine überragende Größe als Philosoph, Theologe, mystographischer Schriftsteller, als Prediger und Seelsorger in der *cura monialium* auch nur halbwegs angemessen darzustellen, verbietet bereits der knappe Raum innerhalb des vorliegenden Kapitels. Dazu kommen aber noch weitere Schwierigkeiten: Nicht nur müssen die lateinischen Schriften Meister Eckharts aus konzeptionellen Gründen in dieser Literaturgeschichte ausgespart bleiben, auch das deutschsprachige Werk kann nicht vollständig präsentiert werden. Dies hängt zum geringeren Teil damit zusammen, daß von den 115 derzeit Eckhart zugeschriebenen Predigten die Stücke 105–115 erst der kritischen Edition harren; schwerer wiegt die Fokussierung auf den mystisch orientierten Werkteil, bei der die Predigten zur einfachen geistlichen Unterweisung ganz in den Schatten treten. Die Konzentration auf den Aspekt der Mystik in Eckharts Werk erweist sich deswegen als problematisch, weil dies ebenso unangemessen ist wie der neuerliche Versuch, Meister Eckhart auch mit seinen mystographischen Texten ganz in die Philosophiegeschichte zu integrieren. Notwendig wäre es vielmehr, „den Gelehrten und den Spiritualen nicht im Gegensatz, sondern als personale Einheit zu verstehen" (Ruh). Für die vorgenommene Auswahl darf immerhin in Anschlag gebracht werden, daß Meister Eckhart sich ab seiner Straßburger Zeit (1313–1323/24) nicht als Gelehrter exponierte, sondern vornehmlich in der *cura monialium* tätig war, aus der die meisten deutschen Predigten hervorgegangen sind.

Eckhart (geb. um 1260) entstammte einer Ministerialenfamilie (*miles*) von Hochheim, die südlich von Gotha (Thüringen) angesiedelt war. Wohl als junger Mann trat er ins Dominikanerkloster Erfurt, neben Köln die angesehenste Ordensniederlassung der Predigermönche in der Teutonia, ein und erhielt hier eine akademische Grundausbildung, die er im Kölner Studium generale der Dominikaner vertiefte; hier könnte er noch Albertus Magnus (gest. 1280) begegnet sein. Auf das Studium der Artes liberales baute ein Theologiestudium auf, das Eckhart vielleicht 1286 erstmals nach Paris führte. Sicher ist, daß er 1293/94 an der Sorbonne als Baccalaureus der Theologie die ‚Sentenzen' des Petrus Lombardus, also ein grundlegendes Lehrbuch im mittelalterlichen Theologiestudium, kommentierte. Zwischen 1294 und 1298 wirkte Eckhart als Prior im Erfurter Konvent, ab 1296 auch als Stellvertreter (Vikar) des Provinzials – zu dieser Zeit Dietrich von Freiberg (vgl. S. 61f.) – in Thüringen, wo er das geistliche Leben in den Ordensniederlassungen zu betreuen hatte. Bei einem neuerlichen Aufenthalt in Paris erwarb Eckhart 1302 den theologischen Magistergrad und übernahm im Studienjahr 1302/03 den Lehrstuhl für Theologie, den Thomas von Aquin 30 Jahre zuvor innehatte. 1303 wurde Eckhart erster Provinzial der neugegründeten Ordensprovinz Saxonia, die von Thüringen bis Friesland reichte und die an die 50 Männerkonvente umfaßte. Zu dieser aufreibenden, von unentwegten Reisen bestimmten Tätigkeit kam 1307 noch das Generalvikariat der böhmischen Provinz hinzu. Vielleicht bewog dieses außergewöhnliche Engagement die Provinz Teutonia 1310 dazu, Eckhart als Provinzial für sich zu gewinnen. Das Generalkapitel des Ordens bestätigte diese Wahl jedoch nicht, sondern schickte Eckhart erneut nach Paris, wo er in den Studienjahren 1311/12 und 1312/13 erneut den theologischen Lehrstuhl wahrzunehmen hatte – eine außergewöhnliche Ehrung, die vor ihm nur Thomas von Aquin zuteil wurde. Danach wechselte Eckhart nach Straßburg, von wo aus er zwischen 1313 und 1323/24 im Auftrag des Ordensgenerals die Betreuung und Aufsicht über die süddeutschen Schwesternkonvente des Ordens übernahm, die um 1300 bereits die erstaunliche Zahl von 65 Niederlassungen erreicht hatte. Seit 1323/24 scheint Eckhart wieder am Kölner Studium generale gelehrt zu haben; zumindest ist er zu dieser Zeit als Prediger in Köln bezeugt. Von zwei Ordensbrüdern denunziert, eröffnete der Kölner Erzbischof Heinrich von Virneburg 1326 ein Inquisitionsver-fahren gegen ihn, bei dem insbesondere auf Aussagen in den deutschen Schriften aus der Straßburger Zeit zurückgegriffen wurde. Dieses Verfahren muß – einzigartig für einen renommierten Theologen in dieser Zeit – als ein Ketzerprozeß verstanden werden, den Eckhart erst durch seine Appellation (1327) an den Papst in Avignon zu einem geläufigen Theologenprozeß herabzustufen vermochte. In Avignon, wo er sich vor einer päpstlichen Kommission zu verteidigen hatte, starb Eckhart wohl Anfang 1328. In der Bulle *In agro dominico* (27. März 1329) verurteilte Papst Johannes XXII. schließlich 28 Sätze (davon 17 als häretisch, die übrigen als „übel klingend"). Diese Verurteilung hat Eckharts Wirkung über seinen Tod hinaus keinesfalls zum Erliegen gebracht, doch fällt auf, daß es keine feste Sammlung seiner Schriften gab und daß diese – von wenigen Fällen abgesehen – auffallend schmal überliefert sind. Diese Überlieferungslage trägt nicht unwesentlich zu den Schwierigkeiten in der Echtheitsbestimmung überlieferter Texte bei.

Meister Eckharts lateinisches Werk ist eng mit seinem akademischen Beruf verbunden. Es wird mit einer Festpredigt zu Ostern 1294 in Paris eröffnet. Der Sentenzenkommentar aus dieser Zeit ist zwar nicht erhalten, wohl aber seine Antrittsvorlesung (*Collatio in libros sententiarum*) als Sentenzenmeister. Aus dem Pariser Aufenthalt von 1302/03 stammen die ‚Quaestiones' I und II, deren erste die Intelligenzlehre in der Nachfolge des Albertus Magnus und Dietrichs von Freiberg (vgl. S. 61f.) zum Thema hat: Gott erkennt nicht, weil er ist, sondern er ist, weil er erkennt. Aus der Tätigkeit auf dem theologischen Lehrstuhl 1302/03 und 1311–1313 mit der Verpflichtung zur Erläuterung der Heiligen Schrift werden die Kommentare zu einzelnen biblischen Büchern hervorgegangen sein, die Eckhart in den Mittelpunkt seiner theologischen Lehre stellt und nicht die scholastische Dogmatik. Der wichtigste Ertrag des ersten Pariser Magisteriums aber ist Eckharts Entwurf eines ‚Opus tripartitum', das als neue literarische Form nicht mehr der Tradition einer umfassenden Summe folgt. Dem ‚Prologus generalis' ist zu entnehmen, daß Eckhart mit seinem großangelegten Werk auf neue und ungewöhnliche Probleme zielt, die mit der Verstandeskraft (*naturali ratione*) gelöst werden sollen. Dafür waren im ersten Teil (‚Opus propositionum') über 1000 Thesen vorgesehen, denen im zweiten Teil (‚Opus quaestionum') kritische Fragen entgegengestellt werden sollten. Für biblisch begründete Antworten war dann der dritte Teil (‚Opus expositionum') mit Bibelkommentaren und einem Predigtwerk (‚Opus sermonum') vorgesehen. Wieviel von diesem Plan ausgeführt, wieviel davon verlorengegangen ist, läßt sich nicht mehr sagen. Einiges – etwa die lateinischen Predigtentwürfe – bedurfte offenkundig noch der Ausarbeitung. Andererseits war die Struktur des ‚Opus tripartitum' so angelegt, daß es Eckharts lateinisches Schrifttum weitgehend in sich hätte aufnehmen können und zugleich für Neuerungen stets offenblieb – ein aufschlußreicher Beleg für die intellektuelle Organisationskraft und das konzeptionelle Vermögen Meister Eckharts.

Der chronologische Zusammenhang zwischen dem lateinischen Werk und den einzelnen Etappen in Eckharts akademischer Laufbahn findet bei den deutschen Schriften und Predigten eine Entsprechung in den drei Lebensphasen, in denen – mit Erfurt, Straßburg und Köln als Stützpunkten – bei Eckhart die Tätigkeit als Seelsorger und Prediger im Mittelpunkt stand. Wie ernst er die seelsorgerliche Betreuung der ihm Anempfohlenen nahm, zeigen ‚Die Reden der Unterweisung', Eckharts erster Traktat in deutscher Sprache, den er zwischen 1294 und 1298 als Prior in Erfurt zur religiösen Unterweisung der Novizen und Ordensbrüder verfaßte. Die 23 Kapitel gehen auf Lehrgespräche zurück, für die der Prior nicht – wie üblich – die lateinische, sondern die deutsche Sprache wählte, um seine spezifische Spiritualität in persönlicher Diktion zu vermitteln. Eckhart predigt nicht harte Askese, er droht nicht mit

Teufel und Höllenstrafe, sondern zeigt, daß nur die Aufgabe des Eigenwillens einschließlich der Äußerlichkeit religiöser Lebensformen Gott Einlaß in den Menschen gewährt. Wer das Seine verläßt, findet sein Sein in Gott. Das Loslassen von allem (*alliu dinc gelâzen*) führt zum Haben Gottes. Heiligkeit gründet nicht im Tun, sondern im Sein. Diese auf das Sein gegründete Ethik ist das Neue in Eckharts asketischem Programm, in dem bereits zentrale Gedanken seines späteren, mystisch orientierten Denkens formuliert werden. Die ‚Reden der Unterweisung' sind kein mystographischer Text, sondern eine christliche Lebenslehre, die auch für die Laien Gültigkeit besitzt: lehrte doch das 6. Kapitel (‚Von der abgeschiedenheit und vom habenne gotes'), daß es weder des Rückzugs in eine Einöde oder in eine Klosterzelle bedarf, um Gott wahrhaft bei sich zu haben. Hier ist ein ethischer Standpunkt gewonnen, der fern aller äußeren Werkfrömmigkeit und der Normativität von Verboten und Vorschriften den Weg zu einem gottgefälligen Leben weist. Die hohe Zahl von 51 Textzeugen (damit sind die ‚Reden' das am breitesten überlieferte Werk Eckharts), von denen einige auch im Besitz von Laien waren, bezeugen die Resonanz, die diese asketische Schrift hervorrief; ihre Abfassung in deutscher Sprache trug zu diesem Erfolg sicherlich entschieden bei.

Eckharts Zeit als Provinzial der Saxonia (1303–1311) begleiten zahlreiche deutsche Predigten, von denen 32 (31 namentlich zugeschrieben) in die Sammlung ‚Paradisus anime intelligentis' (vgl. S. 419ff.) aufgenommen wurden, wohl um die Glanzzeit des Erfurter Konvents zu dokumentieren – obwohl sich in der ‚Paradisus'-Sammlung auch Predigten aus Eckharts Straßburger Tätigkeit finden. Bereits der Titel der Sammlung deutet darauf hin, daß hier der thematische Schwerpunkt auf der dominikanischen *intellectus*-Präferenz liegt. Eckhart selbst knüpft dabei an die Intelligenzlehre an, wie er sie zuvor während seines ersten Pariser Magisteriums vor allem in der ‚Quaestio' I entwickelt hat (vgl. S. 64). Entsprechend folgen diese Predigten eher einem akademischen Duktus, obwohl auch sie an die Ordensbrüder in den Konventen und bei den Kapiteln der Provinz gerichtet sind. Um so auffälliger ist, daß Eckhart auch hier die deutsche Sprache verwendet, in der es ihm gelingt, theologische Gelehrsamkeit differenziert und zugleich anschaulich in der Volkssprache vermitteln zu können. Hierin gründet jenseits ihrer Thematik die sprach- und literaturwissenschaftliche Bedeutung dieser Predigten.

Nicht zuletzt die vielfachen, auf das ‚Corpus Dionysiacum' (vgl. S. 61) gestützten neuplatonischen Bezüge in den Eckhart-Predigten des ‚Paradisus anime intelligentis' ließen ohne hinreichende Begründung an Eckhart als den Verfasser des mystischen Liedes in Sequenzform ‚G r a n u m   s i n a p i s' aus dem frühen

14. Jahrhundert denken (vgl. S. 169). Der in thüringischer Mundart geschriebene Text, den schon früh ein lateinischer, nicht von Eckhart stammender Kommentar begleitete, ist ganz von dionysischer Theologie durchdrungen und mündet mit Strophe VIII in der Aufforderung an die Seele:

> *Ô sêle mîn*
> *genk ûz, got în!*
> *sink al mîn icht* [‚Etwas']
> *in gotis nicht,*
> *sink in dî grundelôze vlût!*
> *vlî ich von dir,*
> *du kumst zu mir.*
> *vorlîs* [‚verliere'] *ich mich,*
> *sô vind ich dich,*
> *ô uberweselîches gût!*

In Abgrenzung zur dionysischen Theologie wird jedoch wie in Eckharts Einheitsmystik die Lehre vom dreigeteilten Aufstieg der Seele zu Gott (*triplex via* mit Reinigung, Erleuchtung und Vollendung) nicht aufgegriffen; denn nach Eckharts Verständnis läßt sich die Einigung mit Gott weder durch Willensakte, noch durch asketische Übungen erreichen, sondern allein im Durchbrechen des Eigenwillens und im Loslassen von allem, auch von der Askese als angeblicher Hinführung zu Gott. Heinrich Seuse und Johannes Tauler werden sich dieser radikalen Position ihres Ordensbruders nicht anschließen, sondern wieder die *triplex via* als erfolgversprechendes mystisches Modell propagieren, das sich im Gegensatz zu Eckhart auf eine lange Tradition berufen kann.

Die Straßburger Zeit (1313–1323/24) und die damit verbundene Aufgabe der *cura monialium* bedeutete eine tiefe Zäsur in Eckharts Leben. Nicht nur ist in dieser Lebensphase der größte Teil der überlieferten Predigten in deutscher Sprache entstanden, es wandelt sich im Blick auf das weibliche Publikum auch der Predigtstil. Vor allem aber tritt uns der seinerzeit berühmteste Gelehrte in Deutschland nunmehr in aller Deutlichkeit als ein Mystiker entgegen, bei dem sich exzellente Gelehrsamkeit, spekulative Mystik und eine daraus fließende Spiritualität in einzigartiger Weise verbinden. Zu dieser spezifischen Ausformung wird die seelsorgerliche Betreuung der Ordensschwestern wie der Beginen nicht unerheblich beigetragen haben, indem sie den *frater doctus* zu immer weitreichenderen Spekulationen anreizten, um die hochgespannte Spiritualität dieser Frauen theologisch und philosophisch zu untermauern. Dabei setzte Eckhart zu spekulativen Höhenflügen an, die ihn bis an die Grenzen der Orthodoxie führten und die Voraussetzungen für das Kölner Häresieverfahren schufen. Entsprechend sind die ersten inkriminierten Sätze dem ‚Liber benedictus' entnommen, der in Eckharts Straßburger Zeit entstand.

Eckhart scheint während seiner Straßburger Tätigkeit vor allem wegen des Beginenwesens, das in dieser Stadt mit damals 85 Beginenhäusern besonders ausgeprägt war, zunehmend in Schwierigkeiten gekommen zu sein. Da sich bei den Beginen vor allem in der sektenhaften Ausprägung der „Brüder und Schwestern vom freien Geist und freiwilliger Armut" vermehrt Tendenzen zur Häresie zeigten, schritt der Straßburger Bischof, Johann I. von Zürich (1306–1328), 1317 sowohl gegen die Sekte wie insgesamt gegen die Beginen ein; 1319 verbot er sie in seiner Diözese schließlich ganz und schrieb ihnen die Erfüllung der religiösen Pflichten in den Stadtkirchen vor. Eckhart, dem auch die geistliche Betreuung der Beginen oblag, scheint gegen dieses Vorgehen des Bischofs opponiert zu haben, bis die Beginen schließlich als Terziaren (Dritter Orden) dem Orden inkorporiert wurden. In diesem Zusammenhang spricht viel für Ruhs Vermutung, der Straßburger Bischof habe den ‚Liber benedictus' seinem Kölner Amtskollegen zugeleitet, um diesem Material für das Häresieverfahren gegen Eckhart zu liefern. Dazu paßt der Hinweis an die Kölner Inquisitoren, Meister Eckhart habe das Büchlein der Königin von Ungarn zugeschickt, also an Agnes von Ungarn, die seit 1318 ein halbgeistliches Leben beim habsburgischen Doppelkloster Königsfelden führte (vgl. S. 46). Diese Notiz konnte nichts anderes bedeuten als eine Warnung, bis zu welchen Kreisen Eckhart mit seinen mystischen Spekulationen bereits vorgedrungen sei. Wenn Eckhart wirklich selbst die Schrift an Königin Agnes geschickt hat, dann mag er sich von dieser Fürstin, die sich ähnlich wie die Beginen einem halbgeistlichen Leben widmete, Unterstützung in seiner bedrängten Lage (immerhin war Agnes mit dem Straßburger Bischof befreundet) versprochen haben. Nicht im Widerspruch dazu muß die Vermutung stehen, Agnes habe von sich aus eine Schrift bei Eckhart angefordert, um von diesem berühmten Gelehrten und angesehenen Prediger einen eigenen Text zu besitzen. Auch ist ihr Interesse an der Mystik durch ihre Verbindung mit Heinrich von Nördlingen bezeugt (vgl. S. 125).

Agnes dürfte allerdings nicht die ursprüngliche Adressatin des ‚Liber benedictus', der ‚Das Buch der göttlichen Tröstung' und die Lesepredigt ‚Von dem edeln Menschen' enthält, gewesen sein, sondern trostsuchende Hörer des Predigers Eckhart. Zum einen fehlen spezifische Hinweise auf das Lebensschicksal der Königin, auch lag um 1318 (zum vermuteten Zeitpunkt der Übersendung) der Tod ihres Gatten, König Andreas III. von Ungarn (gest. 1301), und die Ermordung ihres Vaters Albrecht I. (1308) zu weit zurück, um dem ‚Trostbuch' eine unmittelbare Aktualität zu sichern. Zudem steht das ‚Buch der göttlichen Tröstung' nur mittelbar in der Tradition der *consolatio*-Literatur. Vielmehr geht es Eckhart darum, den Ursprung des menschlichen Leids zu bestimmen und aus dieser Erkenntnis die wahre Quelle verläßlichen Trosts abzuleiten. Dazu erläutert der erste, philosophische Teil des dreigegliederten Traktats die grundlegende Einheit zwischen den Transzendentalien und ihrer Verwirklichung im Menschen: So ist das Gutsein ungeschaffen, es gebiert jedoch den Guten und teilt ihm dabei sein ganzes Sein mit. Das Gutsein und der Gute sind in ihrem Sein identisch, weil der Gute nur im Gutsein existiert. Dennoch gibt es eine Differenz: Das Gutsein ist das Gebärende, der Gute hingegen der aus dem Gutsein Geborene, das jedoch im Vorgang der Geburt eine Einheit mit dem Gebärenden bildet, da Gebären und Geboren-Werden einen untrennbaren Vorgang darstellen, bei dem das Gutsein im Guten Leben erhält und das Leben des Guten sich dem Gutsein verdankt. Diese ontologische, auf Vernunftgründen basierende Spekulation konkretisiert sich theologisch in der Geburt des Gottessohnes, bei welcher der ungeschaffene Gott in seinem Sohn Mensch, das Gutsein zum Guten wird. Wie der Gottessohn wird auch der Mensch zum Sohn Gottes, denn als Guter ist er Sohn des Gutseins, als Gerechter Sohn der Gerechtigkeit. Daraus nun lassen sich Leid und Trost grundlegend bestimmen: Leid erweist sich als Abwendung von Gott, Trost hingegen folgt aus der Hinwendung zu ihm; Leid bedeutet Verhaftetsein im Kreatürlichen und in der Liebe zu äußerlichen Dingen, Trost findet der Mensch daher nur, wenn es ihm gelingt, *daz er sich entbilde sîn selbes und aller créatûren*, um *in got aleine überbildet* zu werden. Hinter dieser Forderung des ‚Entbildens' steht die Vorstellung der Gottesgeburt im Menschen, die in Eckharts Formulierungen von den Kölner Inquisitoren als häretisch beurteilt wurden. Die Vielzahl an Trostgründen, die im zweiten Teil des Traktats aufgeführt sind, belegen nur Eckharts mystische Lebenslehre, die allein in Gott die Überwindung des Leids und eine vollständige Tröstung finden läßt. Die Vielzahl der Trostgründe bestätigt aber zugleich die Leiderfahrung des Menschen. Daraus erwächst Eckharts biblisch begründete Leidensspiritualität: Leid soll nicht verdrängt, sondern in der Nachfolge Jesu bejaht werden, um es in der vollen Hinwendung zu Gott zu überwinden.

Eckhart ist sich bewußt, daß seine komplexen spekulativen Ausführungen trotz ihrer theologischen und biblischen Untermauerung zu Mißverständnissen führen können (wobei der Dreischritt von vernunftgeleiteter Spekulation, theologischer und schließlich biblischer Konkretion kennzeichnend für Eckharts Verfahrensweise ist). Er verteidigt daher am Schluß des ‚Trostbuchs' in einer Art von Apologie die Wahrheit seiner Darlegungen, die nur für die mißverständlich sein können, die selbst noch nicht in der Wahrheit leben. Und er verteidigt selbstbewußt sein Unterfangen, schwierige theologische Probleme auch Laien vorzutragen: „Soll man nicht ungelehrte Leute lehren, so wird niemals wer gelehrt." Hier scheinen jene Widerstände durch, deren sich Eckhart als Prediger in Straßburg zu erwehren hatte und die ihm schließlich ein Inquisitionsver-fahren eintrugen. Es wäre ganz sicher von den Kölner Richtern nicht zum Ketzerprozeß zugespitzt worden, wenn Eckharts Lehre durch seine Predigten nicht eine nachhaltige öffentliche Resonanz hervorgerufen hätte. Noch die päpstliche Bulle, die in ihrer Verurteilung moderater ist als die Kölner Inquisitoren, wirft Eckhart vor, daß er „hauptsächlich vor dem einfachen Volk in seinen Predigten lehrte." Diese stehen daher nicht nur im Blick auf die Überlieferung im Zentrum von Eckharts Tätigkeit, so bedeutend sein Ruf als Gelehrter auch war. Nicht als Professor, sondern als Prediger hat Eckhart Anstoß bei der Amtskirche erregt, zumal der überwiegende Teil der erhaltenen Predigten nicht in abgeschlossenen Zirkeln, sondern öffentlich als Meßpredigten gehalten wurde.

Darauf deuten die Predigtthemen, die sich auf liturgische Texte aus dem Verlauf des Kirchenjahres beziehen. Die Form der P r e d i g t entspricht dem scholastisch angelegten *sermo*. Bei ihm ist das Bibelwort (*thema*) zwar der Ausgangspunkt der gewöhnlich dreiteiligen Predigt, aber sie zielt nicht auf eine umfassende Auslegung des Bibeltextes, sondern konzentriert sich auf zentrale Textstellen und einzelne Wörter, die durch Segmentierung (*divisio*) des Bibeltextes gewonnen werden. Dabei bestimmt die Deutungsperspektive Eckharts, nicht der Bibeltext die Abfolge der ausgewählten Stellen. Die zu Beginn entworfene Deutungsperspektive wird im zweiten Teil der Predigt argumentativ ausgefaltet, durch *auctoritates* und *exempla* abgestützt und vor allem spekulativ zugespitzt. Grundlegend ist dabei das Prinzip, die biblische begründete Heilswahrheit durch die Kraft der natürlichen Vernunft (*naturali ratione clare*) zu erfassen. Dieser Methode liegt Eckharts Überzeugung zugrunde, daß es eine Übereinstimmung zwischen der göttlichen Wahrheit (*divina*), der Natur (*naturalia*), dem Hervorgebrachten (*artificialia*) und dem sittlichen Handen (*moralia*) gibt. Damit kann das in den Bildreden der Bibel Verborgene und Angedeutete durch die natürliche Vernunft ans Licht geholt werden (*exponere per rationes naturales philosophorum*). Die Philosophie als Weisheit ordnet sich daher nicht der Theologie unter, sondern ist einer Spiritualität verpflichtet, der auch die Theologie zu dienen hat. Diese Spiritualität ist mystisch bestimmt, weil sie auf die Präsenz Gottes im Menschen zielt, die intellektuell zwar einsichtig zu machen ist, die aber erst in der Reflexionslosigkeit zur Erfahrung Gottes im Menschen wird. Eckhart ist deswegen in seinen Predigten stets bemüht, vom Literalsinn des Bibelworts möglichst rasch zu dessen geistlichem Sinn im Rahmen der mystischen Spiritualität vorzustoßen, so daß die gewonnenen Einsichten unmittelbar zum Beginn eines Handelns werden, das von den neuen Erkenntnissen geleitet ist. Die Hinwendung an den Einzelnen oder an die Gemeinde im Schlußteil der Predigt, die meist eine Gebetsformel abschließt, hat diesen Handlungsaspekt im Blick. Vor allem als Prediger versteht sich Eckhart nicht als *lesemeister*, sondern als *meister* der Spiritualität.

Sein Predigtprogramm hat Eckhart zu Beginn der Predigt 53 selbst benannt: „Wenn ich predige, so pflege ich zu sprechen von Abgeschiedenheit und daß der Mensch ledig werden soll seiner selbst und aller Dinge. Zum zweiten, daß man wieder eingebildet werden soll in das einfaltige Gut, das Gott ist. Zum dritten, daß man des großen Adels gedenken soll, den Gott in die Seele gelegt hat, auf daß der Mensch damit auf wunderbare Weise zu Gott komme. Zum vierten von der Lauterkeit göttlicher Natur – welcher Glanz in göttlicher Natur sei, das ist unaussprechlich." Anhand dieser vier Punkte lassen sich die wichtigsten Ziele beschreiben, die Eckhart in seinen Predigten verfolgt.

Die *abegescheidenheit* meint das L o s l a s s e n (*geläzenheit*) von allem als Voraussetzung des mystischen Einswerdens mit Gott. Dieses Leer-Sein, um ganz von Gott ausgefüllt zu werden, darf nicht als eine asketische Technik in der Form des traditionellen Stufenmodells zur schrittweisen Annäherung an Gott mißverstanden werden, vielmehr fordert Eckhart von Anfang an ein radikales Loslassen aufgrund der Einsicht, daß *alle creatûren sint ein lûter niht* („ein vollkommenes Nichts' sind), weil Gott allein das Sein zukommt. Da das Kreatürliche kein eigenes Sein besitzt, ist die mystische Bereitschaft der *geläzenheit* ein Hungern und Dürsten nach der Seinsfülle Gottes, in welcher der Mensch *die groeste glîcheit mit gote* erreicht. Doch fordert das völlige Loslassen, selbst dies nicht zu wünschen oder zu wollen, sondern sogar, *daz wir gotes ledic werden*, daß man *got durch got lâze*. Die berühmte (Kölner) Armuts-Predigt (Nr. 52) Eckharts, die nicht nur vielfach überliefert ist, sondern in der Rezeption auch Widerspruch erfahren hat (vgl. S. 95), widmet sich – ausgehend von der Seligpreisung *beati pauperes in spiritu, quoniam ipsorum est regnum caelorum* (Mt 5,3) – ganz dieser inneren Armut des Menschen, der nichts will, nichts weiß und nichts hat. Allein auf diese Weise wird dem Menschen ein Durchbruch (*durchbrechen*) zuteil, so daß ich und Gott eins sind (*daz ich und got einz sîn*). Dieses *durchbrechen* steht über dem *ûzvliezen* des Menschen aus Gott, da dies den Eintritt des Menschen in seine Kreatürlichkeit bezeichnet, während im *durchbrechen* seine Rückkehr in das Einssein mit Gott erfolgt, seine Trennung von Gott aufgehoben wird.

Unter dem W i e d e r e i n b i l d e n des Menschen in Gott versteht Eckhart das Gleichwerden des Menschen mit dem Göttlichen durch die Geburt Gottes in der menschlichen Seele. Dieses Geschehnis ereignet sich jenseits von Zeit und Raum als kreatürlichen Kategorien. Die Heilsgeschichte ist damit ihrer zeitlichen Dimension entbunden, Schöpfung (*creatio*) und Menschwerdung (*incarnatio*) sind stets präsentische Vorgänge, in der Aufhebung der Zeit in die Ewigkeit ist die Ewigkeit jetzt, ist das Jetzt die Ewigkeit. Mit dem Wiedereinbilden ist kein fallweises ekstatisches Geschehen gemeint, sondern ein immerwährender Vorgang. Eckhart radikalisierte damit das ethisch verstandene Theologumenon der

Patristik von der Gottesgeburt in der Seele ontologisch und sah die Einheit von Gott und Mensch als ein zeitlos dynamisches Geschehen. Seine Vorstellung von der Geburt Gottes in der menschlichen Seele führt Eckhart prägnant in seiner Kölner Predigt 22 über die Empfängnisworte *Ave, gratia plena* (Lk 1,28) aus, die er provozierend mit der Feststellung beginnt, es sei für Gott wertvoller, daß er von jeder guten Seele geistig geboren werde, als daß er von Maria leiblich geboren wurde. Dadurch soll jedoch nicht die historische Geburt Jesu im Wert gemindert werden, aber auch für Maria gilt, daß sie Gott zuerst geistig gebären mußte, bevor sie ihn leiblich gebären konnte. Die geistige Geburt Gottes in der Seele hat ihre Voraussetzung darin, daß jeder Mensch ein Sohn ist, den der Vater ewiglich geboren hat als „Ebenbild seiner ewigen Vaterschaft, auf daß ich Vater sei und den gebäre, von dem ich geboren bin". Ebenso ist es mit Gottes eingeborenem Sohn (Jesus), den Gott in den Menschen gebiert, damit ihn der Mensch zurück in den Vater gebiert. Gebären und Wiedergebären werden damit zu einem einzigen Geburtsvorgang, der sich immerfort und zugleich ereignet. Im Blick auf den Menschen begann dieser Geburtsvorgang mit der Schöpfung und kommt mit deren Ende zum Abschluß: Die Seele kehrt zu ihrem Ausgang zurück: „Es ist das verborgene Dunkel der ewigen Gottheit und ist unerkannt und ward nie erkannt und wird nie erkannt werden." Damit sind Ewigkeit, Schöpfung, Menschwerdung und Eschatologie in der Gottesgeburt unlösbar miteinander verknüpft.

Der A d e l d e r S e e l e als dritter Punkt in Eckharts Predigtprogramm gründet in der Lehre vom Seelenfünklein (*vünkelîn*), die wiederum gegenüber der Tradition zugespitzt wird und daher dem Verdikt der Inquisitoren verfiel. Dieses von Eckhart immer wieder aufgegriffene Thema erscheint in der Predigt 2 besonders prägnant herausgearbeitet, die auf die Straßburger Zeit zurückgeht. Darin wird das Seelenfünklein als eine *kraft in der sêle* benannt, „die weder Zeit noch Fleisch berührt; sie fließt aus dem Geiste und bleibt im Geiste und ist ganz und gar geistig. In dieser Kraft ist Gott ganz so grünend und blühend in aller Freude und in aller der Ehre, wie er in sich selbst ist. [...] Denn der ewige Vater gebiert seinen ewigen Sohn in dieser Kraft ohne Unterlaß so, daß diese Kraft den Sohn des Vaters und sich selbst als denselben Sohn in der einigen Kraft des Vaters mitgebiert." Diese Kraft, die Eckhart in seinen Predigten mit vielerlei Namen zu bezeichnen versucht, ist letztlich unnennbar: „Es ist von allen Namen frei und aller Formen bloß, ganz ledig und frei, wie Gott ledig und frei ist in sich selbst." Diese Kraft begründet den Adel der Seele, weil sie ihr Innerstes darstellt, in dem die Seele mit Gott gleich (*glîch*) ist. Der damit postulierte ontologische Bezug zwischen Gott und Seele hat jedoch zwei Aspekte: Der Seelenfunke ist *ungeschaffen und ungeschepfelich*, indem er bei der Geburt Gottes in der Seele aus Gott hervorgeht; als oberste Vernunft ist das *vünkelîn der vernünfticheit* eins mit der Intellektualität Gottes (*intellectus inquantum intellectus divinus*). Vom Menschen aus betrachtet stellt sich der Seelenfunken hingegen als die Empfänglichkeit, die Möglichkeit der Seele (*potentia animae*) dar, mit Gott eins zu werden; insofern ist das *vünkelîn* geschaffen. Mit *glîch* ist also eine Analogie, keine Identität gemeint, ein „Analogon des ungeschaffenen Intellekts im geschaffenen Intellekt" (Ruh).

Eckharts Predigtprogramm kulminiert in der L a u t e r k e i t (*lûterkeit*) der göttlichen Natur. Diese Lauterkeit (*puritas*) ist letztlich unaussprechlich, weil die Herrlichkeit Gottes nicht in kreatürlichen Bildern erfaßt werden kann. Gott ist zugleich absolute Identität und absolute Differenz. Aus der Fülle Gottes fließt alles, und dennoch ist Gott frei von aller Kreatürlichkeit. Davor versagt die Sprache und kann sich nur in Verneinungen der Verneinungen flüchten (*negatio negationis*). Gleichzeitig ist Eckhart unentwegt bemüht, die Teilhabe des *lûteren* Menschen an der *lûterkeit* Gottes und das Einssein im Seelenfunken herauszustellen. Für dieses unbegreifliche Geschehen bringt Eckhart immer neue Bilder, die aber nur zu einem schweigenden bilderlosen Schauen der reinen *lûterkeit* Gottes in der *abegescheidenheit* hinführen sollen. Wohl am eindrucksvollsten ins Bild gesetzt hat dies Eckhart mit der Formulierung: „Das Auge, in dem ich Gott sehe, das ist dasselbe Auge, darin mich Gott sieht; mein Auge und Gottes Auge, das ist *ein* Auge und *ein* Sehen und *ein* Erkennen und *ein* Lieben" (Predigt 12).

Trotz seines hohen thematischen Anspruchs zeichnen sich Eckharts Predigten durch ihre sprachliche Klarheit aus. Dennoch ist zu fragen, wieviel die Hörerschaft (anders als die Leserschaft nach der Verschriftlichung der Predigten) vom Vorgetragenen mitbekam. Dazu muß man sich verdeutlichen, daß sich Eckhart bei seinen Predigten auf mehreren Verständnisebenen bewegte. Die eine Ebene diente der Unterweisung in der christlichen Heilslehre und stand allen hörwilligen Gläubigen offen. Auf einer zweiten, mystagogischen Ebene wurden diejenigen angesprochen, die zu einer mystischen Spiritualität hingeführt werden wollten. Die dritte Ebene schließlich galt den im mystischen Denken Erfahrenen. Ihnen gilt Eckharts Feststellung: „Wenn ihr dieser Wahrheit, von der wir nun sprechen wollen, nicht gleicht, so könnt ihr mich nicht verstehen" (Predigt 52). Eckhart tritt dabei mit einem Wahrheitsanspruch auf, der in einer eigenen Wahrheitserfahrung gründet und der den Hörenden in diese Wahrheit hineingeleitet. So wird im mystischen Sprechen und Hören das Einssein des Menschen mit Gott zu einer gegenwärtigen Erfahrung, deren Nachhall bis zu den Schwesternbüchern (vgl. S. 106ff.) zu erkennen ist.

Die Faszination, die von Meister Eckharts Form der mystischen Predigt ausging, bezeugt die große Zahl (nicht nur) dominikanischer Prediger, die sich von Eckhart inspirieren ließen. Das auffällige Anschwellen namentlich bekannter Prediger vor allem aus dem Dominikanerorden in der ersten Hälfte des 14. Jahrhunderts – besonders gut greifbar im ‚Paradisus anime intelligentis' (vgl. S. 419ff.), in den ‚Kölner Klosterpredigten' (vgl. S. 422), in der ‚Postille' Hartwigs von Erfurt (vgl. S. 424f.) oder in dem mystischen Lied ‚Sprüche der zwölf Meister' (wohl um 1320/30) – geht sicherlich auf die Predigttätigkeit als zentrale Aufgabe der *cura monialium* zurück, zu der die Ordensbrüder durch den Provinzial der Teutonia, Hermann von Minden, 1286 und 1290 förmlich verpflichtet wurden. In ihrer gelehrten Ausprägung schlossen sich diese Predigten insbesondere Thomas von Aquin (vgl. S. 438f.) an, es scheint aber vor allem der Einfluß Eckharts gewesen zu sein, daß daneben viele dieser Predigten eine eindeutig mystische Ausrichtung erfuhren. Gerade der ‚Paradisus anime intelligentis' zeigt das Nebeneinander beider Predigtweisen.

Eckharts Wirkung reicht sogar bis in die freigeistig-häretische Bewegung, von der wir praktisch keine literarischen Zeugnisse besitzen. Eine Ausnahme bildet die ‚Schwester Katrei', ein mystischer Dialogtraktat, der nach der Straßburger Beginenverfolgung (vgl. S. 67) um 1320 in diesem Umfeld entstanden sein dürfte. In den Gesprächen zwischen einem (franziskanischen?) Ordensgeistlichen und einer beichtenden *Tochter*, die von ihrem mystischen Erlebnis sagt, *ich bin gott worden*, geht es um den schnellsten Weg, der zur Vervollkommenheit führt. Dabei übernimmt ab dem zweiten Drittel des Traktats die *Tochter* die Belehrung des Geistlichen und zeigt ihm mit Rückgriff auf Eckhart und seine Terminologie wie auf Aspekte der Intellektlehre Dietrichs von Freiberg (vgl. S. 61f.), daß die Vervollkommnung einen seelischen Prozeß darstellt. Wenn in diesem Zusammenhang auch Himmel und Hölle, Jüngstes Gericht und Auferstehung als immanente seelische Geschehnisse verstanden werden, dann liegt die Häresie offen zutage. Zum Teil gilt dies auch für die ‚Reimverse eines Begarden', ein neunstrophiges Gedicht aus der zweiten Hälfte des 14. Jahrhunderts, das behauptet, man könne die Vollkommenheit bereits im Leben erreichen.

Doch nicht nur in einer Vielzahl mystischer Predigten, auch in einer wahren Flut mystischer T r a k t a t e bekundet sich die W i r k u n g E c k h a r t s auch über den Dominikanerorden hinaus. Teilweise ist die Nähe zu ihm so groß, daß man diese Schriften, die durchwegs eine erstaunliche sprachliche Gewandtheit auszeichnet, früher Eckhart selbst zugeschrieben hat. Bis heute in seiner Authentizität umstritten ist vor allem der Traktat ‚V o n a b e g e s c h e i d e n h e i t', der sogar in die Quintsche Eckhart-Ausgabe aufgenommen wurde. Die Schrift greift tatsächlich Eckharts Lehre von der Abgeschiedenheit auf (vgl. S. 70), das völlige Leerwerden des Menschen für Gott. Über Eckhart hinaus lehrt der Traktat jedoch, daß Gott durch die Abgeschiedenheit des Menschen dazu gezwungen wird, sich mit dem Menschen zu vereinen. Aus diesem Grund muß Gott die oberste Abgeschiedenheit sein (ein Eckhart fremder Gedanke), die sich mit der Abgeschiedenheit des Menschen gleichsam zwanghaft vereint. Diese Annahme verkennt, daß die mystische Einheit mit Gott allein aus der Gnade Gottes erfolgt, was Eckhart stets bewußt blieb. Seine weitreichenden Spekulationen fanden hier ihre Grenze, die dieser Traktat durch seine gedankliche Forcierung eindeutig überschreitet.

In den Bahnen der Abgeschiedenheitslehre Eckharts bewegt sich dagegen der mystische Traktat ‚S c h u l e d e s G e i s t e s‘ aus dem 14. Jahrhundert, der einen kurzen Abriß über die mystische Seelenlehre bietet. Sie zielt auf eine *schul der abgeschaidenhait*, die dazu führen soll, für das *pildlose wesen gocz* alle *naturlichen pilde* zu vergessen: *do hot si nichtz vnd waiz auch nichts, si wil auch nichts, won si ist da an ir selber nichts* – eine Erkenntnis, die auf Eckharts Armutspredigt (Nr. 52) basiert (vgl. S. 70). Auch der Kurztraktat ‚Diu reissunge und die bewisunge zuo dem beschouwende lebende‘ greift mit der Geburt Gottes in der *lidigen sele* Eckharts Lehre von der Abgeschiedenheit auf, sie ist aber hier in Anweisungen zu einem kontemplativen Leben eingelagert, das zu den ewigen Freuden führen soll. Die unverkennbare Eckhart-Nachfolge wird damit von wirkmächtigen älteren Traditionen der Aszese überlagert, denen der spekulative Ansatz Eckharts fernstand. Als organischer zeigt sich dagegen die Verknüpfung von spekulativer Mystik in der Nachfolge Eckharts (der explizit zitiert wird) und asketischer Anleitung im Gefolge Bernhards von Clairvaux im mystischen Traktat ‚Von Vollkommenheit‘ aus der zweiten Hälfte des 14. Jahrhunderts, der in sechs Übungen den Menschen zur Vollkommenheit, zu seiner Erleuchtung durch das göttliche Licht führen will. (Dabei ergibt sich mit der Nennung von vier Lichtern ein Bezug zum Traktat ‚Diu glôse über das êwangelium S. Johannis‘, der gleichfalls in der Nachbarschaft Eckharts steht.) Beide Texte zeigen unverkennbar das Bemühen, Eckharts spekulative Mystik auch für eine traditionsgebundene, der Kontemplation und Aszese verpflichteten Spiritualität fruchtbar zu machen.

Insgesamt läßt sich bei den kleineren Traktaten eine unterschiedliche Nähe zur spekulativen Mystik Meister Eckharts feststellen. So greift die kurze Abhandlung ‚Von dem adel der sêle‘ nicht nur ein zentrales Thema Eckharts auf (vgl. S. 71 f.), sondern zeigt eine besondere Nähe zu seiner Armutspredigt (Nr. 52). Der knappe, wohl fragmentarische Text ‚Von dem zorne der sêle‘ hingegen erscheint zwar im Überlieferungsverbund zweier Schriften in Eckhart-Nachfolge – ‚Von der übervart der gotheit‘ und ‚Von dem anefluzze des vaters‘ (vgl. S. 78) –, und er handelt wie die Eckhart-Predigt Nr. 14 vom Anteil der Seelenkräfte bei der Gotteserkenntnis, aber insgesamt bemüht sich der überlieferte Ausschnitt um eine eigene Ausformung der Lehre von den Seelenkräften (hier beschränkt auf die *vis irascibilis*, durch welche die Seele erkennt, *daz si allez niht enist, daz got ist von nâtúre*).

Sprach- und literarhistorisch am bemerkenswertesten an der Traktatliteratur in der Nachfolge, der Fortführung und in der Auseinandersetzung mit Meister Eckharts spekulativer Mystik und Theologie ist die Gewandtheit, mit der sich die fast durchweg anonymen Autoren der deutschen Sprache bedienen. Man hat in diesem Zusammenhang von einer mündig gewordenen deutschen Scholastik gesprochen (Ruh/Steer), die neben der spekulativen und spirituellen Thematik dieser Schriften am deutlichsten Eckharts Wirkung bei seinen Zeitgenossen und darüber hinaus bezeugt. Eckharts Sprachkompetenz hat ihnen allen gezeigt, daß sich auch *subtilia* differenziert in der Muttersprache behandeln ließen, daß sie sich für die anspruchsvollsten Spekulationen nicht minder eignete als das Latein der Schultheologie. Besonders eindrucksvolle Zeugnisse hierfür sind die sogenannten K o m p o s i t t r a k t a t e (Ruh), die in einer Addition von Textblöcken einzelne Themen abhandeln und einer übergeordneten Fragestellung – wenn überhaupt – nur assoziativ folgen. Eine beachtliche Reihe der Komposittraktate aus dem frühen 14. Jahrhundert steht in der scholastischen Nachfolge Eckharts. Diese Texte belegen eine rege Auseinandersetzung mit den Spekulationen des großen Meisters, sie zeigen aber auch, wie dabei die spekulative Mystik Eckharts zunehmend in die Bahnen einer spekulativen Theologie scholastischen Zuschnitts gelenkt wird.

Ein anschauliches Beispiel dafür ist der Traktat ‚V o n d e r M i n n e‘ II (‚Traktat von der Minne‘), der die Form einer scholastischen Quaestio hat und dessen Autor Argumente des als *heilig* bezeichneten Thomas von Aquin aufgreift. Da am Schluß auch eine These Eckharts verteidigt wird, dürfte die Entstehungszeit des Traktats zwischen der Heiligsprechung des Aquinaten (1323) und dem Beginn des Inquisitionsverfahrens gegen Eckhart (1326) liegen. Vielleicht stammt die Schrift sogar aus der Feder eines seiner Kölner Schüler, der sich auf die Seite seines Lehrers stellte. Andererseits wird neuerdings erwogen, im Autor den Meister des Lehrgesprächs zu sehen (vgl. S. 80ff.); dies würde allerdings eine Umdatierung in die zweite Jahrhunderthälfte bedeuten. Sicher ist vorerst nur, daß in diesem Traktat versucht wird, Eckharts Lehre mit Rückgriff auf den inzwischen kanonisierten Thomas von Aquin im Boden der Orthodoxie zu verankern. Verhandelt wird die scheinbar simple Frage, ob Gott die Liebe sei (*Utrum deus caritas est*). Dahinter steht freilich das umstrittene Problem der Gelehrten, ob die Seligkeit im ewigen Leben eher in der Erkenntnis (wie es dominikanischer Doktrin entspricht) oder in der Liebe bestehe. Der Verfasser versucht eine Harmonisierung beider strittiger Positionen auf der Grundlage des Gleichheitsaxioms: „Wer Gott nur zu erkennen vermag mit der Erkenntnis, die Gott ist, der kann auch Gott nicht lieben außer mit der Liebe, die Gott ist. Denn Liebe ist eine Neigung des Willens, die der Vernunfterkenntnis entspringt." Gezeigt wird dies in

Anlehnung an Dietrich von Freiberg (vgl. S. 61f.) mit der Unterscheidung zwischen *intellectus agens* und *intellectus possibilis*. Vor diesem Erkenntnishorizont formuliert der Verfasser nunmehr sein Verständnis von Eckharts Lehre: „Die Liebe ist Gott selber. Dies ist das Ungeschaffene in der Seele, von dem Meister Eckhart spricht, daß es jeder Kreatur in allen vernünftigen Werken vermittelt wird. Deshalb erkennen alle Vernunftbegabten [...] Wahrheit in einer Erkenntnis, in der Gott sich erkennt, und ein jeglicher gebiert in jeder vernunftgemäßen Erkenntnis das ewige Wort und ist ein Ursprung des Heiligen Geistes und ein Ausfließen, und dies ist die größte Vollkommenheit, die Gott vernünftigen Kreaturen zu geben vermag." Diese Vereinigung erfolge jedoch nicht im Sein Gottes, sondern „förmlich": Gott sei das „förmliche Sein der Kreaturen"; die ihre Existenz (*istikeit*) nicht aus sich schöpfen könnten. Entsprechend werde Gott mit der Seele „vereint als Erkenntnis und als Liebe und nicht in seinem Sein." Mit dieser Feststellung ist die orthodoxe Differenz im Verhältnis zwischen Gott und dem Menschen gewahrt und zugleich in der Ungleichheit eine Gleichheit postuliert, die Eckharts Thesen gerechtzuwerden versucht. Merkwürdig an dieser scholastischen Abhandlung bleibt freilich, daß der Autor um eine Harmonisierung von Erkenntnis und Liebe bemüht ist, aber eher mit Erkenntnisargumenten zu operieren scheint: eine Verfahrensweise, die an Eckharts Position angenähert sein dürfte.

Vom vorliegenden Text ist der geistliche Traktat ‚Von der Minne' I aus dem 14. Jahrhundert zu unterscheiden, bei dem die Fallhöhe gegenüber den Texten in der Eckhart-Nachfolge nicht übersehen werden kann: Für jeden, der *got von hertzen mynnen wil*, wird auf die hohe in Abgrenzung zur niederen Minne verwiesen. Die hohe Liebe werde von Gott geschenkt und führe zur Vereinigung mit ihm, da sie niemanden außer Gott alleine liebe.

Auch der Komposittraktat ‚**Vorsmak des êwigen lebennes**' greift die Frage auf, ob die ewige Seligkeit eher Erkenntnis oder Liebe sei. Man hat wegen dieser Gemeinsamkeiten auch schon an einen gemeinsamen Verfasser gedacht. Zugleich wurde ein Augustiner-Eremit als ‚Vorsmak'-Autor in Erwägung gezogen; d.h. beide Traktate könnten auf ein scholastisch-mystisches Schrifttum bei den Augustiner-Eremiten in der zweiten Hälfte des 14. Jahrhunderts deuten (vgl. S. 84). Der Komposittraktat mit einer Sequenz von etwa sechs Textteilen, hinter der sich die Tradition der scholastischen Vorlesungspraxis andeutet, wählt für die Traktatteile wiederum die Form der Quaestio. Mit dem Ziel, einen Vorgeschmack auf die ewige Seligkeit zu liefern, ergibt sich unweigerlich die Frage, worin denn diese Seligkeit bestehe. Hier nun nimmt der Autor eindeutig Stellung und votiert erstaunlicherweise klar für die Liebe: Sie folge dem Verstehen, sei dessen letztes Ziel und damit das Vollkommenste. Diese Auffassung steht näher der franziskanischen als der dominikanischen Position. Dennoch wird man in diesem Autor keinen Franziskaner sehen dürfen; dafür folgt er in seiner Argumentation zu sehr Thomas von Aquin. Eine solche Sonderstellung mag tatsächlich für einen Augustiner-Eremiten als Verfasser sprechen, der mit den Schriften Eckharts bestens vertraut war. Der umfangreiche, wohl kurz nach Eckharts Tod entstandene Traktat wäre damit ein Beleg dafür, daß die Verurteilung Eckharts keinesfalls eine intensive Auseinandersetzung mit ihm und damit eine intensive Lektüre seines deutschen Werks auch außerhalb des Dominikanerordens unterbunden hat. Die Intensität dieser Auseinandersetzung bezeugt ebenfalls der ‚Paradisus anime intelligentis' (vgl. S. 419), in dem der Dominikaner Giselher von Slatheim – freilich gegen die Franziskaner – die Auffassung des ‚Vorsmak'-Autors widerlegt. Der Rückgriff des Zisterziensers Nikolaus von Landau (vgl. S. 424) auf die ‚Paradisus'-Sammlung und die Eckhart-Rezeption bei den Benediktinern (Löser) unterstreicht die Breitenwirkung, die Eckharts Lehre erfahren hat. Sie behält durchaus auch seelsorgerliche Ziele im Auge: Der ‚Vorsmak'-Autor läßt seine spekulativen Ausführungen in pastorale Betrachtungen (etwa über den Sinn des Leidens) einmünden.

Im Gegensatz zum ‚Vorsmak des êwigen lebennes' steht der ‚Traktat von der Seligkeit' (‚Von der wirkenden und möglichen Vernunft') fest auf dominikanischem Boden. In einer sekundären Fassung wird ein urkundlich nicht faßbarer Eckhart von Gründig (bei Stade) als Autor genannt; diese Zuweisung bleibt ebenso unsicher wie der zwischenzeitliche Versuch, diesen Komposittraktat, der ebenfalls die Form der scholastischen Quaestio kennt, Eckhart dem Jungen (vgl. S. 94) zuzuschreiben. In den Jahren zwischen 1303 und 1323 entstanden, greift der Traktat zur Klärung der Frage, wie der Mensch Gott in der *visio beatifica* erkennen könne, pointiert auf die Intellektlehre Dietrichs von Freiberg (vgl. S. 61f.) zurück, die er gegenüber den Seligkeitslehren des Thomas von Aquin und des Meister Eckhart argumentativ herausarbeitet. Während Eckhart von der Passivität der Seele bei der Gottesschau ausgeht und die Seligkeit als eine Einheit vom *lûter wirken* Gottes (*intellectus agens*) und dem *lûter lîden* der vernünftigen Seele (*intellectus possibilis*) ansieht, insistiert der Verfasser des Traktats darauf, daß *etwaz sî in der sêle, daz sô edel sî, daz sîn wesen sîn vernünftec würken sî*. Seligkeit beruhe daher nicht in der Passivität, sondern in einer stetigen und immerwährenden Aktivität des Menschen, die sein Wesen begründe. Daher ist jeder *saelic von natûren*, doch muß der Mensch kraft seiner Vernunft seine Würde erkennen und bejahen: „Dann hebt Gott die mögliche Vernunft über sie hinaus und überformt sie mit der wirkenden Vernunft, sie ist mithin frei von aller Möglichkeit und ihres Leidens und Tuns entbunden", der Mensch findet auf diese Weise zur ewigen Seligkeit. Mit seiner Auffassung, daß sie die Frucht beidseitiger Aktivitäten sei, korrigiert der Autor dieses Traktats nicht unerheblich die passiv orientierte Seligkeitslehre Eckharts.

Ein anderes, mehrfach in der Eckhart-Nachfolge aufgegriffenes Thema der spekulativen Theologie konzentriert sich auf Gott und die Trinität als Ziel des Menschen, denn *sêlig ist diu sêle, diu den übersprunc* („transitus") *getuot*. Die Gottes- und Trinitätslehre steht im Mittelpunkt etwa des neun Textblöcke umfassenden Komposittraktats ‚D i e B l u m e d e r S c h a u u n g', der früher als Auftragsarbeit Hermanns von Fritzlar (vgl. S. 447f.) angesehen wurde. Der Anonymus wohl aus der ersten Jahrhunderthälfte schöpfte nicht nur kräftig aus lateinischen Quellen, auch hinter seiner Sprache ist das Latein spürbar. Wie andere bediente er sich der Formgebung in der Tradition der scholastischen Quaestio. Die Heterogenität des Textes, der im dritten Textblock auch Fragen des kontemplativen Lebens behandelt, hat bislang zu keiner durchgehenden Deutung geführt. Wenn die Frage Ruhs, ob der Autor auch aus Eckharts lateinischem Werk geschöpft habe, zutreffen sollte, dann verdient die Schrift eine größere Aufmerksamkeit, als ihr bislang zuteil wurde.

Unbefriedigend (bis hin zur Überlieferungsheuristik) ist – wie übrigens bei einem Gutteil der hier genannten Texte – auch die Forschungslage zum Doppeltraktat in Kompositform ‚Sant Johannes sprichet', in dem sich wiederum die scholastische Vorlesungsstruktur andeutet. Die trinitarischen Spekulationen mit der Geburt des Gottessohnes haben erneut den Menschen im Blick: „Gott ist Mensch geworden, auf daß wir Gott würden", wobei die gemeinsame Wohnung Gottes und der Seele als das *nihtesniht* bezeichnet wird.

Die Form des Komposittraktats könnte das Muster für Überlieferungszusammenhänge von Kurztraktaten in der Nachfolge Eckharts geliefert haben. Ein solcher Verbund zeigt sich zwischen den Traktaten ‚Von der übervart der gotheit', ‚Von dem anefluzze des vaters' und ‚Von dem zorne der sêle'. Ein wichtiges Thema ist dabei die Lehre von den Seelenkräften, die im Text ‚Von dem zorne der sêle' offenkundig nur ausschnitthaft abgehandelt werden (vgl. S. 74). Der ‚Überfahrt'-Traktat setzt sie – wie der Traktat ‚Der înslac' – in Parallele mit der Dreifaltigkeit Gottes und unterstreicht damit die Bedeutung der spekulativen Trinitätslehre innerhalb des skizzierten diskursiven Rahmens. Auffällig ist, daß im ‚înslac' wie im ‚anefluzze' der Wille über der Vernunft (*verstentnisse*) steht. Welche Konsequenzen dies für den Entstehungshintergrund dieser Schriften hat, bedarf der Klärung.

Neben dem Komposittraktat tritt spekulative Theologie und Mystik in der Form des M o s a i k t r a k t a t s (Spamer) auf, der sich aus kleinen und kleinsten Textstücken zusammensetzt. Eine Art von Zwischenstufe bilden Kurztraktate wie der Text ‚Von armuot des geistes', der zu einem

Gutteil aus Zitaten besteht, wobei das leitende Thema zwischenzeitlich sogar verlorengeht. Mystische Mosaiktraktate sind seit der Mitte des 14. Jahrhunderts überliefert und scheinen im dominikanischen Umfeld entstanden zu sein. Sie erscheinen auf den ersten Blick als ein Trümmerhaufen von Auszügen aus mystischem Schrifttum, darunter immer wieder auch Eckhart-Texten. Eine genaue Analyse (soweit bereits geleistet) zeigt jedoch, daß hierbei eine Art von Florilegien mit wichtigen Textausschnitten zu zentralen Themen der spekulativen Mystik und Theologie angelegt wurde: zur Gottes- und Trinitätslehre, zur Lehre von den Seelenkräften, zum Wirken Gottes in der Seele, zum Weg der Seele zu Gott. Eine systematische Gliederung ist dabei allerdings nur ausnahmsweise zu erkennen. Insgesamt könnten die Mosaiktraktate im Rahmen der *cura monialium* dazu gedient haben, Ordensangehörige und geistlich lebende Frauen in wichtige Themenkreise der spekulativen Mystik einzuführen.

Am deutlichsten erkennbar ist dieser Zusammenhang beim ‚L e h r s y s t e m d e r d e u t s c h e n M y s t i k‘, einem Mosaiktraktat aus dem späten 14. Jahrhundert, dessen Überlieferung sich auf alemannische Dominikanerinnenkonvente konzentriert. In ihm sind zum Teil größere Textstücke aus Schriften Eckharts, Taulers (vgl. S. 87ff.), Seuses (vgl. S. 96ff.) und anderen aufgenommen worden. Der dreiteilige Traktat geht von den Seelenkräften und ihren trinitarischen Entsprechungen aus, er bietet danach mit Blick auf das Wirken Gottes in der Seele eine Trinitätslehre und handelt schließlich von der Aszese, die zur Vereinigung mit Gott führt. Ganz im Sinne Eckharts wird in diesem Schlußteil vor einer Überbewertung asketischer Übungen in der Mystik, aber auch vor trügerischen Visionen gewarnt. Hier deuten sich Verflachungen des mystischen Lebens an, gegen die sich dieser Traktat mit seinem spekulativen Anspruch – nicht zuletzt mit Rückgriff auf Eckhart – stellt.

Auf andere Mosaiktraktate kann nur allgemein hingewiesen werden. Die älteste Überlieferung (Mitte 14. Jahrhundert) scheinen ‚Spamers Mosaiktraktate‘ zu repräsentieren, die gleichfalls in dominikanischen Kreisen entstanden sein dürften und wiederum auch Eckhart-Texte aufnehmen. Der Mosaiktraktat ‚Büchlein vom schauenden und vom wirkenden Leben‘ hat im Traktat ‚Von der Wirkung der Seele‘ (zu den Seelenkräften, insbesondere zur Bedeutung von Intellekt und Wille für die Vereinigung der Seele mit Gott) eine Teilüberlieferung erfahren. Aus der Wende vom 14. zum 15. Jahrhundert stammt der mystische Mosaiktraktat ‚Spiegel der Seele‘, der ebenfalls unter Beiziehung von Eckhart-Texten der Lehre von den Seelenkräften gewidmet ist.

Der Autoritätsanspruch, der hinter den Textauszügen der Mosaiktraktate steht, zeigt sich auch im Typ der S p r u c h s a m m l u n g e n. Sie sind durchweg anonym überliefert, lediglich ein Engelhart von Ebrach ist aus dem 14. Jahrhundert als Verfasser einer solchen Sammlung bekannt, die noch im 15. Jahrhundert beliebt war. Der hier vorgenommenen Popularisierung von Mystikerlehren (einschließlich Eckhart) steht das anspruchsvolle mystische Lied ‚Sprüche der zwölf Meister' aus dem 14. Jahrhundert gegenüber, das die mystische Gottesschau (*visio beatifica*) im Anschluß an Dietrich von Freiberg (vgl. S. 61 f.), Eckhart, Tauler (vgl. S. 87 ff.) und anderen in zwölf Strophen darlegt, die je einem Meister gewidmet sind. Insgesamt eignet diesen Spruchsammlungen eine Tendenz zu einer allgemeinen geistlichen Lebenslehre ohne nachhaltigen mystischen Anspruch. Eine Art Zwischenstellung nehmen die in mehreren Fassungen überlieferten ‚Sprüche der zwölf Meister zu Paris' ein, in denen Eckhart wenigstens noch vertreten ist. Auf den Wert des *lidens durch got* zielen dagegen die ‚Sprüche der fünf Lesemeister', deren breite Überlieferung bereits im ausgehenden 13. Jahrhundert einsetzt und die gelegentliche Beziehungen zu den ‚Sprüchen der zwölf Meister zu Paris' erkennen läßt. Zusammen mit der gleichfalls verbreiteten Spruchsammlung ‚Von fünf Meistern' werden die beiden Texte auch zu einer ‚Zehn Meister'-Reihe zusammengefaßt. Hinter allen diesen Sammlungen steht das Verlangen nach geistlicher Orientierung, das durch den Anspruch auf Gelehrsamkeit und Autorität (*meister*) Verläßlichkeit verspricht.

Das erstaunlichste Beispiel der Eckhart-Nachfolge tritt uns im Meister des Lehrgesprächs entgegen, einem Autor, der in drei Traktaten systematisch und umfassend die zentralen Themen der spekulativen Theologie in Auseinandersetzung mit den Lehren Eckharts behandelt. Bemerkenswert an diesem herausragenden Werk ist aber auch, daß es (gegen Ruh) einen Augustiner-Eremiten zum Verfasser hat und damit als ein bedeutender Beleg für die Eckhart-Rezeption bei den Augustiner-Eremiten in der zweiten Hälfte des 14. Jahrhunderts angesehen werden darf (vgl. S. 84). Witte vermutet neuerdings in Johannes Hiltalingen von Basel den Meister des Lehrgesprächs wie des Traktats ‚Von der Minne' II (vgl. S. 75 f.).

Hiltalingen war als Augustiner-Eremit Magister, Provinzial und nach dem Schisma Ordensgeneral des Avignon-Flügels seines Ordens. Um 1322 geboren, studierte er in Avignon und wird 1357 als Lektor am Studium generale der Augustiner in Straßburg erwähnt. 1371 wurde er in Paris zum Magister promoviert, nachdem er zuvor von 1365 bis 1366 dort die ‚Sentenzen' des Petrus Lombardus gelesen hatte, 1371–1377 versah er das Amt des Provinzials in der rheinisch-schwäbischen Ordensprovinz, 1378 fungierte er als Prokurator, 1379 erreichte er die Stellung des Provinzials für den gesamten Augustinerorden. Sein Leben beschloß er als Bischof in Südfrankreich (1389–1392). Neben drei theologischen Werken in lateinischer Sprache sind von Hiltalingen mehrere gutachterliche Schriften zum Heiligsprechungsprozeß Birgittas von Schweden (vgl. Bd. III/2) erhalten. Seine Eckhart-Kenntnisse bezeugen Zitate aus einem Gutachten, das aus der avignonesischen Phase des Prozesses gegen Eckhart stammt. Dabei fällt auf, daß Hiltalingen Sätze Eckharts im orthodoxen Sinn zu verstehen sucht. Die

Identifizierung mit dem Meister des Lehrgesprächs beruht auf inhaltlichen Parallelen zu Hiltalingens lateinischen Quaestionen. Sollte dies zutreffen, dann müßten die drei deutschsprachigen Traktate des ‚Lehrgesprächs‘ von der bislang angenommenen Datierung in die erste Hälfte des 14. Jahrhunderts auf die zweite Jahrhunderthälfte verschoben werden; gleiches gälte für den Traktat ‚Von der Minne‘ II, wenn auch dessen Autor Hiltalingen sein sollte.

Die drei Traktate (I) ‚Gratia Dei‘, (II) ‚Audi filia‘ und (III) ‚In principio‘ (benannt nach den einleitenden Bibelzitaten) behandeln (I) die Gnadenlehre, (II) die Schöpfungs- und Erlösungslehre und (III) die Seins- und Gotteslehre. Der anspruchsvollen Thematik entspricht eine ungewöhnliche Sprachkompetenz, die diese drei Schriften auch sprachlich zum Höhepunkt der deutschen Scholastik promovieren. Trotz ihres hohen spekulativen Anspruchs zeichnen sich die drei Schriften durch einen eingängigen und lebendigen Sprachduktus aus, der sich freilich auch der Formgebung eines Meister-Schüler-Dialogs verdankt. Er knüpft dabei an ‚Cur Deus homo‘ des Anselm von Canterbury (gest. 1109) an, aber dem Verfasser gelingt es, durch eine affektiv-persönliche Beziehung der beiden Gesprächspartner zu einer erstaunlichen Beweglichkeit in der Gedankenführung vorzudringen, die auch komplexe Zusammenhänge einsichtig macht. Zur ausgeprägten Diskursivität trägt zudem bei, daß im Gespräch unvereinbare Widersprüche herausgearbeitet werden. Dabei erweisen sich Schüler wie Meister als Lernende bei der schwierigen Suche nach der Wahrheit, der sich beide verpflichtet wissen. Mehrfach bekennt der Meister seine Unzulänglichkeit bei der Wahrheitssuche und erfährt darin Trost durch seinen Schüler. Dennoch bleibt die Rolle des Meisters gewahrt, der den Schüler nach der Vorgabe *fides quaerens intellectum* Anselms von Canterbury dazu anhält, seinen Glauben zu einer rational begründeten Einsicht, zu einem vernünftigen Verstehen zu führen. Wenn dies gelingt, bestätigt der Schüler sein neues Verständnis der Wahrheit durch geradezu hymnische Bekenntnisse.

Thema des ‚Gratia Dei‘-Traktats ist das Wesen der göttlichen Gnade, ohne die der Mensch nicht zu Gott gelangen kann. Sie wird – wie auch von Eckhart – als von Gott geschaffen angesehen, doch hat der Mensch kein Bewußtsein von ihr. Mit der Gnade verhält es sich wie mit der Kunst zu lesen: Die Buchstaben werden unbewußt erfaßt, bewußt ist nur die Beschäftigung mit einer Lektüre. Gnade wirkt als die bewegende Kraft, die sich in der Liebe des Menschen zur Wahrheit wie in seinen Werken zeigt. Zwar ist der Mensch auch ohne Gnade zu guten Werken fähig, er folgt dabei jedoch seiner Neigung nach Lob und Anerkennung. Nur durch die Gnade kann der Mensch daher Gott mehr lieben als sich selbst in seinem Streben nach irdischer Ehre. Gnade wird als das *mittel* zur Vereinigung der Seele mit Gott erkannt: als Schein der ewigen Sonne, als Hitze der ewigen Liebe. Sie bewirkt die Wendung (*ker*) zu Gott. Diese

Notwendigkeit der Gnade für die Vereinigung mit Gott scheint Eckharts Relativierung der Gnade zurückzunehmen; mit der Bestimmung der Gnade als Antrieb des Willens wird vom Autor eine augustinische Position bezogen. Insgesamt ist der ‚Gratia Dei'-Traktat nicht nur der kürzeste der drei Werke, sondern auch der theologisch am wenigsten anspruchsvolle.

Den größten Umfang nimmt der ‚Audi filia'-Traktat ein, der sich in zwei Bücher teilt: in eine Lehre von der Schöpfung und vom Sündenfall (7 Kapitel) und – mit eigener Überschrift (‚Von der hymelschen Jherusalem') – eine Erlösungslehre (13 Kapitel). Der Autor stellt sich dabei zwei theologischen und religiösen Grundproblemen: zum einen, warum der alles vorauswissende Gott den Menschen geschaffen hat, der sich alsbald von ihm abwenden würde; zum andern, warum Gott selbst für den sündigen Menschen so schrecklich büßen wollte, obwohl er ihm doch auch ohne den Tod des Gottessohnes die Sünden hätte vergeben können. Die erste Frage wird damit beantwortet, daß Gott bereits vor der Erschaffung des Menschen den vorausgesehenen Sündenfall sühnen wollte. Es war der trinitarische Ratschluß, daß Gott Mensch werden solle, damit der Mensch Gott werde. Dies sei das Ziel der Schöpfung, das sich mit der Menschwerdung des Gottessohnes erfüllt habe. Der Adel des Menschen ist daher letztlich nicht nur darin begründet, daß er zum Schluß und als Krönung der Schöpfung geschaffen wurde, sondern in seiner Ebenbildlichkeit: Mit seinen drei Seelenkräften – Gedächtnis, Vernunft und Wille – sei er ein Spiegel der Dreifaltigkeit. Alle seine Verstandeskräfte sollen ihn in die Wahrheit ziehen, um in ihr ewig liebend zu bleiben; denn der Mensch ist geschaffen, um Gott zu lieben. Im Sündenfall dagegen habe der Mensch – wie auch die gefallenen Engel – nach seiner eigenen Seligkeit getrachtet, nicht nach der Wahrheit. Sünde erweist sich demnach als Mangel: Sie ist von der Begierde nach Seligkeit geleitet, statt von rechter Liebe. Das sei der Defekt, den Adam in der Erbsünde an die gesamte Menschheit weitergegeben habe. Entsprechend der Lehre des ‚Gratia Dei'-Traktats könne der Mensch jedoch durch die Gnade gute Werke vollbringen.

Die Gnade ist auch ein zentrales Thema des zweiten Buches: Sünde fordere Buße, weil Gnade ohne Buße die Gerechten gegenüber den Ungerechten ungerecht behandeln würde. Zu dieser Buße ist der Mensch jedoch nicht fähig, weil man durch gute Werke weder die Sünden büßen, noch Gnade erwerben kann – ein Gedanke, der auf Luthers Rechtfertigungslehre vorausweist. Gott selber muß in seiner Liebe vollenden, was er mit der Erschaffung des Menschen begonnen hat. Keine Antwort finden die Gesprächspartner, die strikt an der Prädestination festhalten, auf die Frage, warum dann nicht alle Menschen zur Erlösung bestimmt sind. Als sicher gilt dagegen, daß zur Tilgung der Sündenschuld Gott und Mensch zusammenwirken, ja eine Person bilden müssen: Gott mußte

Mensch werden. Durch seinen Tod hat der Gottessohn mehr gegeben als er schuldete; damit hat er die Liebe gemehrt und die Schuld der Menschen getilgt. Unentschieden bleibt die Frage, ob Maria zwar auch in Erbsünde empfangen, aber bereits vor ihrer Geburt geheiligt worden sei (dominikanische Lehre) oder ob sie ohne Erbsünde empfangen wurde (franziskanische Position). Daß die unbefleckte Empfängnis nicht abgelehnt wurde, entspricht der Einstellung der Augustiner zu dieser heftig diskutierten Streitfrage. Der Auffassung dieses Ordens folgt auch die Vorstellung, daß Gott zur Vollendung seiner Schöpfung auch ohne den Sündenfall Mensch geworden wäre. Die Notwendigkeit der Gnade in der Erlösung (vgl. auch den ‚Gratia Dei'-Traktat), die strikte Ablehnung der guten Werke als hinreichende Bußleistung und die uneingeschränkte Prädestinationslehre weisen gleichfalls auf einen Augustiner. Man glaubt Luther zu hören, wenn der Schüler über diese Einsichten erschreckt ausruft: *Wüst ich nüt die gnade Jhesu Christi, ich möhte von vorhten verzwifeln. Davon wil ich von miner gerechtigkeit lassen und wil fliehen in daz licht cristenliches glouben.* Der Verfasser ist sich durchaus bewußt, daß er mit seinen Ausführungen keinesfalls immer die *gemeyne lere* wiedergibt, aber er rechtfertigt sich am Schluß des Traktats selbstbewußt: „Wer ihn des Irrtums bezichtigen wolle, sollte zuvor Anselms von Canterbury ‚Cur Deus homo' und Augustins ‚Von dem fryen willen' lesen".

Die hochspekulative Seins- und Gotteslehre im ‚In principio'-Traktat zeigt mehr als die beiden anderen Dialoge bis hin zur Diktion eine besondere Nähe zu Eckharts Gedankenwelt. Den dreiteiligen Traktat eröffnet eine Seinslehre, die in herkömmlicher Weise, aber in der Begrifflichkeit Eckharts, Gott als das höchste Sein bestimmt: Er ist das Prinzip aller Dinge. Daraus ergibt sich das Problem, wie Gott als das reine Sein in das Sein eines jeden Geschöpfs eingeht. Um dies verständlich zu machen, verweist der Meister auf die Mathematik: Die Eins ist das Prinzip aller Zahlen, ohne Eins gibt es keine Zahl. Zugleich gilt, daß die Eins zwar in alle Zahlen eingeht und sie konstituiert, die Eins selbst sich jedoch von allen anderen Zahlen unterscheidet. Auf diese Weise verhalte sich das reine Sein (*wesen*) zum Seienden (*nature*). Wie bei den Zahlen ergibt sich aus der Einheit die Mannigfaltigkeit, in der jedes Einzelne durch das Sein als Prinzip aller Dinge wiederum seine Einheit für sich, sein eigenes Sein erhält. Mit der Einheit des reinen Seins und dem *luter wesen* im Geschöpf vertritt der Meister des Lehrgesprächs ebenso wie Eckhart zwei Seinsweisen. In der Trinitätslehre des zweiten Teils wird die Ausfaltung des einen Gottes in drei Personen durch den Überfluß an Liebe erklärt. Der gleichwertige Partner des liebenden Gottes ist sein Sohn, ihrer beider Liebe erfüllt sich im Heiligen Geist. Als Bild für diese dreifaltige göttliche Liebe dient die Liebe zwischen Vater, Mutter und Kind, ein Gleichnis, das seit Augustinus in der Schultheologie gemieden wird. Die Ideenlehre des dritten Teils schließlich erläutert in platonisch-augustinischer Tradition den Ausfluß aller Geschöpfe in ihrer vielzähligen Verschiedenheit aus Gott. Die Welt ist das Abbild des Urbildes, das sein Übermaß in die unendliche Vielfalt der Schöpfung verströmt. Selbstbewußt setzt der Verfasser seine Spekulationen in einem Epilog wiederum von der *gemeynenen lere* ab: *Ich wolt daz betuten, daz tieffe synne hat und nicht gemeincleichen gesprochen wirt.*

Die Identifizierung des Verfassers dieser drei anspruchsvollen Dialoge zu Themen der spekulativen Theologie mit einem vielleicht sogar namentlich faßbaren Augustiner-Eremiten korrigiert die verbreitete Forschungsmeinung, welche die scholastische Eckhart-Nachfolge weitgehend auf den Dominikanerorden beschränkt sah. Zunehmend zeigt sich inzwischen der bedeutende Anteil, der den Augustiner-Eremiten bei der produktiven Eckhart-Rezeption im 14. Jahrhundert zukommt. Falls der Traktat ‚Von der Minne' II (vgl. S. 75f.) ebenfalls dem Meister des Lehrgesprächs zuzurechnen ist, dann läge – obwohl die drei Dialoge nur unikal überliefert zu sein scheinen – bereits mit diesem Autor ein beachtliches Zeugnis für die Intensität der Diskussion vor, die an die spekulative Theologie in der Nachfolge Eckharts anknüpfte. Diese Zeugnisse lassen sich um den ‚Vorsmak des êwigen lebennes' erweitern, für den ebenfalls ein Augustiner-Eremit als Autor erwogen wird (vgl. S. 76f.); sie finden im sogenannten S t r a ß b u r g e r A u g u s t i n e r - E r e m i t e n eine weitere Bekräftigung, der gleichfalls in der zweiten Jahrhunderthälfte gewirkt hat. Von ihm stammt eine ‚Feigenbaumpredigt' als beachtliches Zeugnis der Passionsfrömmigkeit und -mystik und wahrscheinlich die ‚Lere, wie got eines luteren herczen eigen wil syn'. Dieser Dialog, zwischen einem *vatter* und einem *junger* steht in der Nachfolge des Meisters des Lehrgesprächs, greift Eckharts *lûterkeit* auf und postuliert, daß Gott zwar völlig frei sei, aber aufgrund seiner voraussehenden Weisheit gezwungen werde, sich dem lauteren Herzen zu geben, dem er sich auch nicht mehr entziehen kann – ein Gedanke, der zumindest nicht mehr orthodox klingt. Ob dem Verfasser auch der ‚Garten der Tugenden' zugeschrieben werden kann, bleibt ungewiß. Sicher aber ist, daß dieser erbauliche Traktat, der wiederum die Form des Meister-Schüler-Dialogs aufgreift, aus dem Kreis der Straßburger Augustiner-Eremiten stammt. Der Autor nennt den Augustiner-Eremiten T h o m a s v o n S t r a ß b u r g als General seines Ordens.

Thomas von Straßburg las 1335–1337 in Paris über die ‚Sentenzen' des Petrus Lombardus; 1337 wurde er zum Magister promoviert. 1343 trat er das Amt des Provinzials in der rheinisch-schwäbischen Ordensprovinz an, von 1345 bis 1357 das des Generaloberen des Gesamtordens. Als Theologe trat er für die Prädestination ein und sprach sich für den Vorrang der Liebe gegenüber der Erkenntnis aus. Sein Einfluß auf das scholastisch-mystische Schrifttum des 14. Jahrhunderts bedarf noch der Klärung. Dies gilt neben den eben behandelten Schriften auch für den Traktat ‚Lehre von einem göttlichen und geistlichen Leben', der gleichfalls dem Straßburger Kreis mystisch-scholastischer Schriften angehört und unter anderem die Prädestinationslehre aufgreift.

Beim ‚Garten der Tugenden' handelt es sich zwar eher um Anweisungen zu einem frommen Leben, die ein Beichtvater einem Jünger in Anknüpfung an Elemente der geistlichen Gartenallegorie gibt, doch rückt die abstrakte Begrifflichkeit den Text in den Bereich der deutschen Scholastik. Ob sich dazu auch der Traktat ‚Vom Grunde aller Bosheit' stellt, ist vorerst offen. In ihm wird der Grund der Bosheit in der Selbstliebe gesehen, derer sich der Mensch jedoch nicht bewußt ist; nur Gott kann diesen Grund aufdecken. Die Nähe zum mystisch-scholastischen Schrifttum ergibt sich bereits aus den Überlieferungskontexten, in denen dieser vielfach tradierte Text steht. In jedem Fall steht zu erwarten, daß sich die Zahl der einschlägigen Zeugnisse noch erweitern wird, nachdem die Bedeutung der Augustiner-Eremiten für die Eckhart-Rezeption im 14. Jahrhundert erkannt worden ist. Dabei wären auch lateinisch schreibende Autoren wie Hermann von Schildesche (gest. 1357) und Jordan von Quedlinburg (gest. 1370/80) zu berücksichtigen.

Die Lebendigkeit der Dialogform nutzen auch die fünf exempelartigen ‚Eckhart-Legenden', für deren Beliebtheit in Mystikerkreisen die breite Überlieferung spricht. In ihnen werden Aspekte der Lehre Eckharts (etwa die Armut des inneren Menschen) aufgegriffen; ihren Reiz erhalten sie durch die Eckhart-Figur als Dialogpartner. In diesem Zusammenhang sind die dialogisierten Exempla ‚Das Frauchen von 22 (21) Jahren' und ‚Die fromme (selige) Müllerin' mit ihrer reichen Überlieferung zu sehen. Im ‚Frauchen' (zwei Redaktionen) wendet sich eine junge Frau an einen Magister der Theologie, um ihn nach dem Weg zur höchsten Vollkommenheit zu fragen. Als sie ihre spirituelle Praxis erläutert, muß der *meister* gestehen, daß er in den 50 Jahren seiner Ordenszugehörigkeit diesen Grad der Vollkommenheit nicht erreicht habe. In der ‚Frommen Müllerin' zeigt die Frau, daß sie als Laiin in theologischen Fragen wie in der Frömmigkeit zwei Predigermönchen überlegen ist. Das Exempel, das auch Heinrich Kaufringer (vgl. Bd. III/2) verarbeitet hat, meldet mit Rückgriff auf Eckharts mystische Lebenslehre den Anspruch auf eine Laientheologie und -frömmigkeit an, die der kirchlichen Vermittlung nicht mehr bedarf. In dieser Weise wollte Eckhart sicherlich nicht verstanden werden; trotz der Naivität der Eckhart-Rezeption zeigt aber ‚Die Fromme Müllerin' augenfällig, welche Brisanz in Eckharts mystischer Lehre wie überhaupt in der Mystik für die kirchliche Hierarchie steckte und wie wenig diese mit den tradierten Formen die religiösen Bedürfnisse der Menschen zu befriedigen vermochte.

Laientheologie dokumentieren ebenfalls die mystisch orientierten Kurzdialoge ‚Traum eines Gottesfreundes' wohl aus dem ausgehenden Jahrhundert. In ihnen muß sich ein *maister der hailigen geschrifte von prediger orden*, also ein Dominikaner, von einem Laien darüber belehren lassen, daß äußere Werke ohne Selbstaufgabe des Menschen (*gelassenheit*) vor Gott nutzlos seien. Denn Frömmigkeitsübungen wie Fasten, Wachen und Beten führten – das erklärt der Laie im vorausgehenden Dialogteil auch einem Verzweifelten – von sich aus nicht zur Einung mit Gott: *die mügent dich nit hailig und ainig mit got gemachen* – eine Einschätzung, die in ihrer Radikalität Eckharts Auffassung nahesteht. Vielleicht diente die Verlegung der beiden Dialogszenen in den Schlaf des Ich-Sprechers dazu, die provozierenden Äußerungen ausgerechnet aus dem Mund eines Laien im Blick auf die Öffentlichkeit taktisch abzusichern.

Implizit findet sich eine antihierarchische Tendenz auch in dem mystischen Mirakel ‚Der Bruder mit den sieben Säckchen', das im ganzen deutschen Sprachgebiet verbreitet war. Hier begegnet ein armer Bruder Christus selbst und erläutert ihm den Inhalt der sieben Säckchen, die er bei sich trägt und die er für nichts in der Welt hergibt: Es sind die Elemente seiner Spiritualität, die von der freiwilligen Armut bis zur reinen Seele reichen. Sein Bekenntnis „lieber mit Gott in die Hölle als ohne ihn in den Himmel" erweist sich als Zitat aus einer lateinischen Eckhart-Predigt (Sermo 34).

Der Überblick läßt erkennen, daß die Eckhart-Rezeption im 14. Jahrhundert erheblich breiter und intensiver war als dies der hohe intellektuelle Anspruch von Eckharts spekulativer Erkenntnismystik, aber auch die päpstliche Verurteilung mehrerer seiner Thesen – in deren Bann bis vor kurzen auch die Eckhart-Forschung stand – zunächst vermuten lassen. Zugleich zeigt sich, daß dabei das intellektuelle Niveau dort gewahrt blieb, wo die Rezeption Eckharts von theologischer Kompetenz geleitet und begleitet wurde. Wo diese fehlte oder nicht im Vordergrund stand, lag die Gefahr nahe, Eckharts Lehre zum Nutzen antihierarchischer Bewegungen umzubiegen oder sie ins Erbauliche umzudeuten. Gerade die mehrfach zu beobachtende Ummünzung der spekulativen Erkenntnismystik zu erbaulich-asketischen Anweisungen weist auf ein offensichtliches Problem hin: Eckhart selbst scheint es gelungen zu sein, seine Lehre und Spiritualität über elitäre Kreise hinaus an ein größeres Publikum Interessierter durch seine spezifische Predigtweise (vgl. S. 72) angemessen zu vermitteln, wo aber seine Person und sein Charisma fehlten, erwachte in der mystisch orientierten Bewegung dieser Zeit rasch der Wunsch nach praktikablen Anleitungen zu einem mystischen Leben. Dieser Erwartung kamen die beiden Dominikaner Johannes Tauler und Heinrich Seuse nach. Keiner von beiden distanzierte sich vom Ordensbruder Eckhart und seiner Lehre, beide verfolgten jedoch ganz unterschiedliche Wege zu einer mystisch geprägten Spiritualität und lösten eine bis dahin völlig unbekannte Wirkung aus, die bei beiden bis weit in die Neuzeit reichte. Heinrich Seuse verteidigte Eckharts spekulative Lehre, aber er eröffnete daneben völlig neue Formen der Erlebnismystik, Tauler hingegen schloß sich in gemäßigter Weise der Erkenntnismystik Eckhartscher Prägung an, aber er bettet diese in eine allgemein nachvollziehbare Praxis religiösen Lebens ein. Der Erfolg, den er damit erzielte, läßt sich auf protestantischer (ausgehend von der Hochschätzung Taulers durch Martin Luther) wie auf katholischer Seite kontinuierlich bis ins 19. Jahrhundert verfolgen.

Johannes Tauler

Bereits der Werdegang und der Lebensweg bekunden, wie sehr Johannes Tauler der seelsorgerlichen Praxis, insbesondere der *cura monialium*, verbunden war.

Um 1300 als Sohn einer Straßburger Ratsherrenfamilie geboren, trat Tauler als Jugendlicher in den Dominikanerkonvent ein, wo er auch das Artes- und das Theologiestudium absolviert haben dürfte; sein theologischer Lehrer könnte der in der spekulativen Theologie bewanderte Dominikaner Johannes von Sterngassen, Verfasser eines lateinischen Sentenzenkommentars und beachtenswerter Prediger (vgl. S. 422). gewesen sein. Das Studium generale in Köln als Voraussetzung einer Tätigkeit als Lesemeister hat Tauler nicht besucht; offenkundig wurde er vom Orden gleich für die Predigt und die Seelsorge bestimmt. Nachhaltige Anregungen dazu dürfte er von Meister Eckhart erfahren haben, den er sicher persönlich kennenlernte, als dieser zwischen 1314 und 1323/24 von Straßburg aus die süddeutschen Dominikanerinnenkonvente betreute und beaufsichtigte. Jedenfalls war Tauler von Eckhart tief beeindruckt, denn er nennt ihn auch nach dessen Verurteilung *minneclich meister*. Taulers Predigttätigkeit scheint von den kirchlichen Auseinandersetzungen in Straßburg, vom päpstlichen Interdikt und von den politischen Wirren im Zusammenhang mit dem Machtkampf zwischen Ludwig dem Bayern und Papst Johannes XXII. (vgl. S. 5ff.) geprägt worden zu sein. Zu den Auseinandersetzungen zwischen der städtischen Gemeinde, den Bettelorden und dem Weltklerus kam das Interdikt, das der Papst über die Stadt verhängt hatte (1329–1353). Im Ordenskonvent selbst herrschten Zwist und Neid, nachdem die Sorge um den Lebensunterhalt – damit das Armutsgelübde unterlaufend – jedem Predigerbruder selbst übertragen wurde. 1339 mußte der Konvent Straßburg verlassen, weil er sich an das Interdikt hielt und den Gläubigen den Gottesdienst versagte; die Dominikaner fanden Aufnahme bei den Ordensbrüdern in Basel. Tauler selbst scheint sich bereits 1338 wohl auf Anregung des Weltgeistlichen Heinrich von Nördlingen (vgl. S. 124) in den Dominikanerinnenkonvent Maria Medingen (bei Dillingen) begeben zu haben, wo – geistlich betreut von Heinrich – die Mystikerin Margareta Ebner lebte (vgl. S. 126f.). Nach seinem Besuch in Medingen lebte Tauler, wie seine exilierten

Straßburger Ordensbrüder, bis 1342/43 im Basler Konvent, um hier – wie Heinrich von Nördlingen – die Gläubigen der Stadt als Prediger seelsorgerlich zu betreuen; insbesondere wirkte er – wie auch Heinrich – unter den Anhängern der Gottesfreundbewegung (vgl. S. 129) in Basel. 1339 (und nochmals 1343, 1346, vielleicht auch 1355/56) reiste Tauler nach Köln. Daß er dort für die Basler Gottesfreunde Schriften Eckharts suchte und kopierte, läßt sich nicht beweisen. Jedenfalls war Tauler an theologischen und geistlichen Schriften interessiert; in seinem Besitz befand sich etwa der ‚Liber specialis gratiae' Mechthilds von Hackeborn (vgl. Bd. II/2, S. 79). Eine Handschriftenreise nach Paris gemeinsam mit seinem Straßburger Mitbruder Johannes von Dambach, Verfasser der ‚Consolatio theologiae', bleibt Vermutung. Obwohl das Interdikt fortdauerte, konnten die Dominikaner 1342/43 wieder in ihren Heimatkonvent zurückkehren. In Straßburg traf Tauler auf eine geradezu apokalyptische Stimmung, die durch Naturkatastrophen, Mißernten und Feuersbrünste, durch die Geißlerzüge (vgl. S. 168f.), die Pest (1347/48) und in ihrem Gefolge die schrecklichen Judenpogrome geschürt wurde und die seine Predigten beeinflußte. Um 1350 scheint Tauler im brabantischen Groenendal Jan van Ruusbroec (vgl. S. 140) aufgesucht zu haben, der dann den Straßburger Gottesfreunden seine ‚Gheestelijcke Brulocht' (‚Hochzeit') zukommen ließ. Im Zentrum der Straßburger Gottesfreunde stand Rulman Merswin (vgl. S. 129f.); das in deren Umfeld entstandene ‚Meisterbuch' trug erheblich zur Ausbildung einer legendenhaften Tauler-Biographie bei (vgl. S. 138): Danach soll Tauler zwischen dem 40. und 50. Lebensjahr – ein Zeitpunkt den er selbst (ähnlich Seuse) in seinen Predigten mehrfach heraushebt – eine grundlegende Bekehrung erfahren haben. Offenkundig zeitlebens von schwacher Konstitution und kränkelnd, verbrachte Tauler seinen Lebensabend wohl im Gartenhaus der Straßburger Dominikanerinnen zu St. Nikolaus am Gießen (*in undis*); dort starb er am 16. Juni 1361. Jedenfalls vermeldet dieses Datum die erhaltene Grabplatte mit einer Umrißgravur seiner Gestalt (Abb. 2).

Da eine verläßliche Tauler-Ausgabe fehlt, können nur vorläufige Aussagen über den Umfang des Werks und seine Überlieferung gemacht werden. Es umfaßt 80 gegenwärtig als echt angesehene P r e d i g t e n; alles andere Tauler Zugeschriebene (vgl. S. 92f.) gilt heute nicht mehr als authentisch. Anders als bei Eckhart sind Taulers 80 deutsche Predigten in etwa 200 Handschriften, zwei davon sicher noch zu seinen Lebzeiten geschrieben, ungemein breit überliefert. 1498 kam es zu einer ersten Druckausgabe, weitere Ausgaben folgten – teils in neuhochdeutscher Übertragung – bis ins 20. Jahrhundert. Eine lateinische Übersetzung (1548) ermöglichte die Tauler-Rezeption über die deutsche Sprachgrenze hinweg. Die Tauler-Überlieferung unterscheidet sich – darin Heinrich Seuse vergleichbar (vgl. S. 99f.) – von Eckhart aber auch dadurch, daß bereits früh größere und kleinere Predigtsammlungen angelegt wurden. Dabei zeichnen sich zwei Überlieferungsschwerpunkte im 14. Jahrhundert ab: Der umfangreichere alemannische dürfte auf Taulers Basler und Straßburger Predigttätigkeit zurückgehen, beim ripuarischen Strang ist an Taulers Aufenthalte in Köln und an seine dortigen Predigten im Dominikanerinnenkonvent

St. Gertrud zu denken. In den 11 Korpushandschriften zeigt sich zudem eine ziemlich feste Reihung der Predigten in der Abfolge des Kirchenjahres; diesem Perikopenzyklus mit 60 Predigten folgen als Anhang Festtags- und Heiligenpredigten. Diese Anordnung könnte auf Tauler selbst zurückgehen, jedenfalls bekundet sich in ihr die seelsorgerliche Praxis, der sich dieser Prediger verpflichtet wußte. Während der weiteren Überlieferung erfolgten verschiedene Redaktionen, von denen hier nur der ‚Große Tauler' und als Ergänzung dazu der ‚Kleine Tauler' genannt seien. Alle diese Beobachtungen weisen auf eine intensive und lebendige Rezeption der Taulerschen Predigten, die im Blick auf ihren intellektuellen Anspruch offensichtlich einem größeren Kreis leichter zugänglich waren als Eckharts spirituelle Höhenflüge.

Allerdings scheinen in der Überlieferung die öffentlichen Kanzelpredigten zu fehlen; die Sammlungen dokumentieren allein die Predigttätigkeit Taulers aus der *cura monialium*. Dies hängt freilich mit dem Zweck der Korpusaufzeichnungen zusammen, die zur öffentlichen und privaten Lektüre in den Frauenkonventen angelegt wurden. Bei der Umformung zu Lesepredigten (in die vielleicht gelegentlich auch Kanzelpredigten Aufnahme fanden) überrascht deren Nähe zur Mündlichkeit, die zur Steigerung der Wirkung bewußt fingiert sein mag oder doch einen Reflex auf Taulers persönlichen Predigtstil darstellt, der offenkundig nicht nur – wie in Basel – bei der Kanzelpredigt beeindruckte. Tauler geht vom Bibeltext der Tagesliturgie aus, den er zunächst in der Tradition der Homilie auslegt; bei der Ausformung zur Themenpredigt nutzt er das Dispositionsschema des Sermo, das er freilich freizügig handhabt. Das affektive Moment mit Aufrufen zur Umkehr und zur *unio mystica* prägt die rhetorisch mit Fragen, Einwürfen, Entgegnungen, Interjektionen und Exklamationen durchsetzte Predigt. Eine reiche, teilweise drastisch gesteigerte Bildersprache und imperativische Formulierungen rufen zur mystischen Vereinigung mit Gott auf, die jedem Gläubigen möglich sei. Emphatisch wird das Beschreiten des mystischen Wegs bis zum Erreichen seines Ziels eingefordert. Tauler scheut dabei auch nicht die von Eckhart verpönte Allegorie. Eine gebethafte Formel schließt – wie herkömmlich – die Predigt ab.

Tauler versteht sich als *lebemeister*, der sich (nicht nur biographisch bedingt) pointiert von den *lesemeistern* abgrenzt. Nicht um deren Spekulationen etwa über den Vorrang der Vernunft oder der Liebe gehe es, sondern um die Verwirklichung der mystischen Lehre – die bei Tauler gleichwohl spekulative Züge aufweist – im Leben jedes einzelnen. Zu diesem Zweck holt der Prediger seine Hörer und Leser immer wieder bei ihren lebensweltlichen Alltagserfahrungen ab (Landwirtschaft, Handwerk, Essen und Trinken), um dann von ihnen Umkehr (*kêr*) und Einkehr *(inkêr)* zu fordern. Damit ist die innere Läuterung als Voraussetzung der *unio mystica*, aber ebenso eine grundlegende Wende im Umgang mit den Mitmenschen gemeint. Dieser nachhaltige soziale Bezug darf als ein Spezifikum Taulers gelten, das ihn von Eckharts wie Seuses Mystik unterscheidet. Dahinter steht Taulers Auffassung vom *corpus mysticum*, dessen Haupt Christus und dessen Glieder die Gläubigen sind. Die Liturgie, die Sakramente der Beichte und der Kommunion gehören ebenso wie das Gebet – vor allem das Vaterunser – zum mystischen Lebensweg, der vom einzelnen Menschen in der Gemeinschaft der Gläubigen gegangen werden muß. Im Verhältnis zu ihnen bestätigt sich die Wirklichkeit von *kêr* und *inkêr*. Wie bei Seuse (vgl. S. 97) stehen hinter diesem Ansatz Taulers Bemühungen um eine Reform des Ordenslebens.

Um diese entscheidende Wende herbeizuführen, predigt Tauler einen moralischen Rigorismus: Wie Unkraut muß alles ausgerottet werden, was nicht Gottes ist. Diese Läuterungsphase (*via purgativa*) im dreistufigen Modell, das Tauler abweichend von Eckhart vertritt, hat durchaus eine spirituelle Komponente, sie muß aber vor allem konkret durch die Erfüllung des moralisch Gebotenen vollzogen werden. Dazu gehört die demütige Akzeptanz der Selbsterkenntnis, daß man selbst ein Nichts ist. Wie Eckhart fordert Tauler eine geistige Armut, die sich von allem, auch von selbstsüchtigen Wünschen befreit (*gelassenheit*), um frei für Gott zu werden (*ledikeit*). Die Selbstlosigkeit hat soweit zu gehen, daß man sogar die ewige Höllenqual auf sich nähme, wenn Gott es denn wollte (Predigt 46 mit Berufung auf den Ordensbruder Wichmann von Arnstein, gest. 1270, einen Berater Mechthilds von Magdeburg). Vorbild dafür ist Christus, der in der Inkarnation und in der Passion den Willen seines Vaters erfüllte. Daher wird ein jeder Christ zur unbedingten Nachfolge Christi aufgerufen, um ihm gleichsam spiegelbildlich zu entsprechen, auch in der Beziehung zum Mitmenschen.

Hinter Taulers rigoristischen Forderungen steht das anthropologische Modell vom dreifachen Menschen. In neuplatonischer Tradition wird dabei zwischen *homo naturalis, rationalis und spiritualis* – vereint in ein und demselben Menschen – unterschieden. Den äußeren, von seiner Sinnlichkeit geleiteten Menschen (*homo naturalis*) gilt es rigoros zu bekämpfen, um zum inneren Menschen vorzustoßen, den die Vernunft lenkt (*homo rationalis*): Frei von Selbstsucht und in völliger Gelassenheit anerkennt er nur Gott als seinen Herren. Dies ist die Vorbedingung, um bilderlos zu seinem Ursprung vorzudringen, zum gottförmigen Menschen (*homo spiritualis*) zu werden, der er ungeschaffen in der Ewigkeit gewesen ist.

Mit der Anthropologie vom dreifachen Menschen ist ein dreistufiger Aufstiegsweg verbunden, der sich seit Dionysius Pseudo-Areopagita durch eine lange Tradition bewährt hat und den Tauler für sicherer hält als die weg- und stufenlose Mystik Eckharts. Taulers Rede vom anfangenden, zunehmenden und vollkommenen Menschen sieht das herkömmliche Stufenmodell als einen Prozeß, der erst im Stadium der Vollkommenheit zur Ruhe kommt. Dieser Zustand erfolgt in einem *durchbruch*, zuvor befindet sich der Mensch auf dem Weg zu seinem Seelenheil in einem stetigen Aufstieg. Diese Prozeßhaftigkeit, die den konkreten Gläubigen im Auge behält, mag der Grund dafür sein, daß Tauler das energetische Modell von Reinigung (*via purgativa*), Erleuchtung (*via illuminativa*) und Vereinigung mit Gott (*via unitiva*) nicht explizit als in sich abgeschlossene Stufen ausformuliert. Auch könnte die Überzeugung von der Prozeßhaftigkeit des Aufstiegs hinter der Ausfaltung des Wegs in mehrere Etappen gestanden haben: Die Anfangsphase mündet in einen Jubel, in dem Gott der Seele des Aufbrechenden zur Stärkung für die folgenden Wegstrecken einen Vorgeschmack von der Seligkeit gibt. Danach jedoch entzieht sich Gott und führt den Suchenden in eine tiefe Dunkelheit der Seele (Bedrängnis, Anfechtungen, Leid). Bis zur krisenhaften Auswegslosigkeit vorangetrieben, dient dieses *getrenge*, das ohne Wunsch nach Trost und Erleichterung ertragen werden muß, der Prüfung. Der *durchbruch* und die *übervart* zu Gott schließlich erfolgen als reines Geschenk. In der *unio mystica* ereignet sich entsprechend der neuplatonischen Vorstellung eine Rückkehr des Menschen in seinen göttlichen Ursprung, geschieht eine Überformung in Gott (*deificatio*), die möglich ist, weil die Seele *gottig* ist (Predigt 37). Dabei wird der Mensch durch die Gnade Gottes das, was Gott von Natur aus ist. Da die *unio mystica* im irdischen Leben immer nur von begrenzter Dauer sein kann, mahnt Tauler – auch hier ganz Seelsorger – zur ständigen Demut gegenüber dem Erfahrenen.

Tauler unterfüttert seine Wegebeschreibung zur mystischen Vereinigung mit Gott durchaus spekulativ. Mit Proklos (gest. 485), der ihm bei seinem Kölner Aufenthalt von seinem Ordensbruder Berthold von Moosburg (1335–1361 Lektor am Kölner Studium generale) vermittelt wurde, vertritt Tauler die Ansicht, daß kein Mensch zum göttlichen Grund gelange, solange er noch Bildern verhaftet ist. In diesem Punkt widerspricht Tauler der *imago*-Lehre des Thomas von Aquin, der das „Bild" Gottes auf die drei Seelenkräfte *memoria, intelligentia* und *voluntas/amor* zurückführte. Vielmehr sei es der *grunt* der Seele, in dem diese bilderlos Gott, aus dem sie hervorgegangen ist, erkennt. Der *grunt* ist für Tauler mit Hinweis auf Eckhart der Seelenfunke: „Die Seele hat einen Funken, einen Grund in ihr" (Predigt 36). In seiner Bildsprache kann Tauler aber auch sagen: „Dieser Funke fliegt so hoch wie er will, so daß ihm der Verstand nicht zu folgen vermag, denn er rastet nicht, bis er wieder in den Grund gelangt, aus dem er ausgeflossen ist, den Grund, in dem er war in seiner Ungeschaffenheit" (Predigt 64).

Von zentraler Bedeutung ist Taulers Spekulation über den Abgrund, in dem sich Mensch und Gott vereinen, in dem der Mensch in seine Ungeschaffenheit zurückkehrt. Ausgangspunkt für diese Spekulation ist der Selbsterkenntnisprozeß des Menschen, bei dem dieser im Erkennen seiner eigenen Nichtigkeit ins bodenlose Nichts sinkt. In diesem Abgrund trifft das menschliche Nichts auf die göttliche Seinsfülle, die wegen ihrer Unermeßlichkeit unfaßbar und damit gleichfalls als ein Nichts erscheint. In ihrem Nichts rufen sich menschlicher und göttlicher Abgrund gegenseitig herbei: „So wird ein einziges Ein, ein Nichts im andern Nichts" (Predigt 45). In diesem Abgrund, der eine Wendung (*kêr*) des Menschen voraussetzt, aber auch unüberbietbar auslöst, „versinkt der geläuterte, verklärte Geist in die göttliche Finsternis, in ein Stillschweigen und eine unfaßbare und unsagbare Vereinigung. In diesem Hineinsinken geht alles Gleiche und Ungleiche verloren, und in diesem Abgrund verliert der Geist sich selber und weiß nichts mehr von Gott und sich selber und nicht von gleich und ungleich noch von irgend etwas, denn er ist ja in Gottes Einheit gesunken und hat jedes Unterscheidungsvermögen verloren" (Predigt 28).

Taulers Kombination von seelsorgerlicher Praxisorientierung und – verglichen mit Eckhart – gemäßigter Spekulation hat ihre W i r k u n g nicht verfehlt. An der Überlieferung seiner Predigten lagerte sich ein Saum von Anonyma an, einiges – so das bekannte geistliche Lied ‚Es kommt ein Schiff geladen' – wurde ihm im Laufe der Zeit auch zugeschrieben, aber ein Kreis von Nachfolgern im engeren Sinn hat sich anders als bei Eckhart nicht ausgebildet; allerdings zeigen sich neben dem Engelberger Prediger (vgl. S. 425) deutliche Reflexe in den Schriften Rulman Merswins, dessen Beichtvater Tauler zeitweise war, und in der Literatur der Straßburger Gottesfreunde (vgl. S. 130ff.). Von besonderem Interesse für die Tauler-Rezeption sind natürlich jene Texte, die der kräftige Überlieferungssog der Taulerschen Predigten erfaßt hat. Dazu gehören in breitem Umfang anonyme Predigten, daneben Traktate, Briefe und Lieder. Davon können nachfolgend nur wenige, dem 14. Jahrhundert angehörende Texte angesprochen werden.

So überliefert der Kölner Tauler-Druck (1543) sechs kunstlos versifizierte Stücke in Liedform (‚Tauler-Cantilenen'). Sie sind wohl auf der Grundlage von Prosatexten im späten 14. Jahrhundert entstanden und dienten als „Nonnenpoesie" zur Erbauung der Ordensfrauen; die lyrische Formgebung dürfte sich aus dieser Funktion ableiten. Begriffe und Gedanken wie *bloß von bilden*, *min selbs ledig sten*, *armut des geistes*, *tiefer grunt* und *abgrunt* oder *ein in al und al in ein* lassen sich insbesondere aus Taulers Predigten belegen, zu denen die ‚Tauler-Cantilenen' ein aufschlußreiches Rezeptionszeugnis darstellen. Taulers Gedankengut könnte auch in dem dreistrophigen Weltabsage-Lied ‚Ich muoz die creaturen fliehen' vorliegen, das in Straßburger Handschriften überliefert ist und das der Schwenckfelder Daniel Sudermann Tauler zugeschrieben hat (Straßburg 1620).

Eine andere literarische Form, in die Taulersches Gedankengut eingeht, ist der Dialog. Dabei wird allerdings in keinem Fall das Niveau erreicht, das den Meister des Lehrgesprächs auszeichnet (vgl. S. 81ff.). Ein frühes, vielleicht noch in der ersten Jahrhunderthälfte entstandenes Beispiel dafür liegt in dem mystischen Passionstraktat ‚Goldene Muskate' vor. In dem vierteiligen Text (Prolog, Passionsgeschichte, Meditation, *compassio Mariae*) unterweist der innere Mensch (Seele) den äußeren (Leib) mit Anklängen an zwei Predigten in der Tauler-Nachfolge über das Geheimnis des Leidens Jesu. Die Entstehung des Textes im deutsch-niederländischen Grenzraum läßt damit recht früh eine (mittelbare) Wirkung Taulers erkennen. Bemerkenswert ist aber auch die Rechtfertigung, über Geschehnisse der Passion Jesu zu berichten, die nicht biblisch bezeugt sind; diese Begründung führt zur metaphorischen Titelgebung ‚Goldene Muskate': Wer ausschließlich den Evangelien folgt, der gleicht jenem, der eine Muskatnuß ganz verschlingt und auf diese Weise *den edelen smaec, die in der muschaten verborghen is*, nicht bemerkt.

Die Ausweitung der Passionsgeschichte über die Evangelien hinaus bedurfte offenkundig der Begründung. In raffinierter Form geschieht dies in dem alemannischen Passionstraktat ‚Christi Leiden in einer Vision geschaut' aus der zweiten Hälfte des 14. Jahrhunderts: Eine Nonne als Visionärin erklärt, sie sei von Christus selbst zur Schau seines Leidens ausgewählt worden. – In Dialogform gestaltet ist die ostfälische Reimprosa ‚Jesu Gespräch mit der treuen Seele' aus dem späten 14. Jahrhundert, in der die Seele vom Kreuzestod des Heiland so ergriffen wird, daß sie sich fortan nurmehr der Betrachtung des gesamten Lebens Jesu widmen will. Angestrebt wird hier also keine ausschließliche Leidensnachfolge, sondern eine Versenkung in alle Lebensstationen Jesu wie sie im Ablauf des Kirchenjahres präsent sind.

Bei den dialogisierten Texten finden sich (ebenso wie bei den Traktaten) mehrfach Überschneidungen zwischen Eckhart- und Tauler-Nachfolge. Auf der Überlieferungsebene gilt dies etwa bei den Kurzdialogen ‚Traum eines Gottesfreundes' (vgl. S. 86), die in ihrer Radikalität, mit der sie den Nutzen von Frömmigkeitsübungen für die Einung mit Gott ablehnen, die Position Eckharts vertreten, die aber gleichwohl in Handschriften des ‚Großen Tauler' überliefert sind. Auf thematischer Ebene zeigt der spekulative Dialogtraktat ‚Ein verstantlich beschouwunge', der vielleicht schon dem 15. Jahrhundert angehört, eine Mischung des Eckhartschen und des Taulerschen Gedankenguts. Bei diesen *reden in dem gaiste* zwischen einem begnadeten Menschen und Gott werden wenig systematisch, aber mit durchgängigem intellekttheoretischen Ansatz grundlegende theologische Fragen erörtert: etwa daß die himmlische Seligkeit des Menschen allein das Erkennen sei, daß Gott den Menschen in seinen Ursprung zurückführe, daß die *unio mystica* sich dann ereigne, wenn der Mensch sich im völligen Nichts befinde; dabei – so Gottes Aussage – wird „das Bild deiner Seele mit Gott so gänzlich vereint, daß es kein Vorher und Nachher mehr gibt." Es wird wie bei Tauler von der Bilderlosigkeit gesprochen, und in Annäherung an Eckhart heißt es: „Je mehr du aus dir herausgehst, desto mehr gehe ich in dich ein und in alle deine Werke."

Eine ähnliche Traditionsmischung zeigt sich auch bei den nicht dialogisierten Traktaten, die damit zu beredten Zeugnissen für die beträchtliche Nachwirkung Eckharts wie Taulers werden. Aus ihnen spricht das Bemühen, spekulative Theologie mit seelsorgerlicher Praxis zu verknüpfen. Beispielsweise führt der Traktat ‚Von den zwölf nutzen unsers herren lîchames' in Eckhartscher Diktion die zwölf Wirkungen des Eucharistieempfangs aus, die schließlich in der *einunge mit gote* münden. Es wird wohl die Kombination von mystischem Gnadenleben und konkreter Kommunion in der Messe gewesen sein, die zur Aufnahme des Traktats in den Kölner Tauler-Druck (1543) geführt hat.

Insgesamt ist freilich davor zu warnen, Traktate oder Predigten vorschnell in die Nachfolge Eckharts oder Taulers zu stellen. Das verbietet nicht nur die Forschungslage; die verständliche Fixierung auf diese beiden großen Persönlichkeiten verkennt auch, daß ähnliche Gedanken bereits in der ersten Hälfte des 14. Jahrhunderts ohne Rückgriff auf diese beiden Autoritäten präsent waren. Genannt sei nur der mystisch orientierte Dominikaner Heinrich von Ekkewint (vgl. S. 422), der – vergleichbar mit Tauler – *abezogene frömdekeit gegen allen créaturen* als Voraussetzung für die Rückkehr zum göttlichen Ursprung predigt, mit Eckhart von Gott als *lûter wesen* spricht, aber gleichzeitig dessen Lehre vom Seelenfünklein ablehnt: Es sei *in via* nicht in der Lage, *got lûterlich* zu schauen. Ein ähnlicher Sachverhalt mag bei neun Predigtentwürfen vorliegen, die bereits in der überliefernden Handschrift unter dem Verfassernamen Eckhart der Junge laufen. Ob er mit dem Definitor der Saxonia (gest. 1337) zu identifizieren ist, bleibt ungewiß und ist chronologisch im Blick auf die Tauler-Rezeption zweifelhaft. Vielleicht hat die gelegentliche Nähe zu Eckhart zur Namengebung geführt; viel stärker tritt aber die Anlehnung an Tauler mit Auffassungen wie die von der *waren ker* oder die Bestimmung Gottes als *unkreatürlichen grunt* in den Blick. Auffällig bei der Namensnennung ist allerdings, daß auch der Kölner Tauler-Druck zwei weitere Predigten und eine Epistel unter „Junger Eckhart" führt. Einen solchen doppelgesichtigen Befund bietet, um ein letztes – mit über 40 Handschriften breit überliefertes – Beispiel anzuführen, der alemannische Traktat ‚Von den drîn fragen', der auch von Rulman Merswin und in der Literatur der Straßburger Gottesfreunde beigezogen wurde (vgl. S. 137 und 138). Die Nähe zu Eckhart unterstreicht die viermalige Nennung seines Namens, die drei Fragen beziehen sich jedoch mit dem anfangenden, zunehmenden und vollkommenen Leben offenkundig auf den dreigestuften Weg Taulers zum *ewigen ein in dem einen*. Andererseits gibt es selbstverständlich mystische

Traktate, bei denen die Anlehnung an Tauler so groß ist, daß man seine Autorschaft ernsthaft erwogen hat. Ein besonders deutliches Beispiel liefert der Text ‚Vollkommenheit in der Stille', der die größte Vollkommenheit des Menschen *in innewendiger ledigen stillen* sieht, was man etwa am Ruhen von Johannes, dem Lieblingsjünger Jesu, an der Brust seines Herren beim Letzten Abendmahl erkennen könne. Diese Stille der Vollkommenheit bedeutet: „Sitze frei von äußeren Werken, ruhe frei von inneren Werken, empfange von Gott mit *mittel* und ohne *mittel.*"

Das bedeutendste Werk in der Nachfolge Taulers liegt sicherlich im ‚Buch von geistiger Armut' vor, das sein erster Herausgeber Daniel Sudermann (1621) auf der Grundlage einer heute verschollenen Handschrift sogar Tauler selbst zugeschrieben hatte. Diese Auffassung wird schon seit der Neuausgabe (1877) nicht mehr geteilt, aber die Autorfrage des Traktats, von dem noch etwa 20 Handschriften erhalten sind, zu denen sich wahrscheinlich noch eine lateinische Rezeption stellt, beschäftigt die Forschung bis heute. Da Marquard von Lindau (vgl. Bd. III/2) das Werk in seiner Dekalogerklärung wie in Predigten benutzt hat, denkt man an einen Franziskaner als Autor, aber auch ein Kartäuser wurde als Verfasser ins Spiel gebracht; selbst einen anonymen Freund Taulers, also einen Dominikaner, hat man als Autor vermutet. Immerhin konnte man sich halbwegs auf eine Entstehungszeit um die Jahrhundertmitte einigen.

Die Zielsetzung des zweiteiligen Traktats trifft der von Sudermann überlieferte Titel „Nachfolgung des armen Lebens Christi" recht genau. Seinen Ausgangspunkt nimmt das Werk bei Definitionen, die zusammen mit dem dabei verwendeten Syllogismus einen gelehrten Verfasser erkennen lassen: Da Armut die Gleichheit mit Gott sei und Gott das von allen Kreaturen abgeschiedene Sein, bestimme sich folglich Armut als abgeschiedenes Sein. Für den Menschen bedeutet diese Abgeschiedenheit von allen Kreaturen frei sein für Gott. Das *abgescheiden wesen* fordert vom Menschen wie bei Tauler in letzter Konsequenz auch das Freisein von Bildern. Damit zielt der Verfasser jedoch auf spekulative Mystik. Daher zitiert er aus der Armutspredigt Eckharts (vgl. S. 70) dessen Auffassung von der höchsten Armut des Menschen – „Da erkannte er nicht, da wollte er nicht, da war er Gott mit Gott" –, um korrigierend darauf hinzuweisen, daß der natürliche Mensch zur Tätigkeit bestimmt sei. Durch sein Handeln müsse der Mensch zur ewigen Seligkeit kommen, die darin bestehe, daß er Gott erkennt und liebt. Im zweiten Teil des Werkes werden daher insbesondere zwei Wege beschrieben, die zu diesem Ziel führen: die Nachfolge Jesu und die Kontemplation. Nachfolge Jesu bedeutet Überwindung der Sünden, Streben nach Tugend, Freiwerden von allen Begierden und jeglicher Selbstgefälligkeit, um in dieser völligen Armut frei zu sein für Gott und so die Vollkommenheit zu erreichen. Hier mündet dieser Weg in ein kontemplatives Leben, das zugleich als eine weitere Möglichkeit zur Erreichung der Vollkommenheit angesehen wird. Gefordert wird hierfür ein *arm innerlich erstorben leben*, um zur Vollkommenheit der Schau zu gelangen. Das Bemerkenswerte an diesem Konzept ist, daß die radikale Nachfolge Jesu in äußerer und innerer Armut – hier Tauler folgend und bereits auf das 15. Jahrhundert vorausweisend (vgl. Bd. III/2) – ebenso zur Vollkommenheit führt wie die auf Schau gerichtete Kontemplation. Auf beiden Wegen stellen die Menschen nämlich „alles Gott anheim, denn sie haben sich selbst und allen Dingen abgeschworen. Sie befassen sich mit keinen Dingen, und in diesem Ausgang aus sich selbst und allen Dingen kommt der Geist in sie, zieht sie ganz an sich und vereinigt sie mit ihm, so daß sie ein Geist mit ihm werden." Die Fronten im damals heftig geführten Armutsstreit werden auf diese Weise überzeugend überwunden.

Heinrich Seuse

Mit Taulers Breitenwirkung, die auf vielfacher Art bis in die Neuzeit reicht, läßt sich in der Dominikanermystik der ersten Jahrhunderthälfte nur Heinrich Seuse vergleichen. Dieser entwirft einen eigenen Weg zur Einung des Menschen mit Gott, ohne sich dabei gegen seine beiden wegweisenden Ordensbrüder zu stellen. Im Gegenteil: Seuse verteidigt Eckhart nach dessen Verurteilung (1329) in einer eigenen erkenntnismystischen Schrift, mit Tauler orientiert er sich aber zugleich stärker an der seelsorgerlichen Praxis. Von beiden hebt er sich jedoch signifikant dadurch ab, daß er sein eigenes Leben als Imitatio Jesu in rigoroser Askese zu einem illustrativen Exempel des Aufstiegs zu Gott darstellt, um in seiner Person allen ihm Nachfolgenden ein Zeugnis für die Richtigkeit des eingeschlagenen Weges abzulegen. Seine Schriften zeugen damit nicht nur von einem außerordentlichen Autorbewußtsein, sondern in aller Demut auch von einem ausgeprägten Selbstbewußtsein als Seelenführer. Damit verknüpft ist eine Emotionalität, die neben der Erkenntnismystik zu neuen Formen der Erlebnismystik führt. Dies mag auch damit zusammenhängen, daß Seuses dornenreicher Lebensweg in abgewandelter und weniger spektakulärer Weise manche Ähnlichkeiten mit den Karriereknicken seines von ihm verehrten Ordensbruders Eckhart aufweist. Seuses Lebensdaten müssen freilich weitgehend aus seiner ‚Vita' (vgl. S. 10f.) erschlossen werden, deren literarische Stilisierung dabei stets zu beachten ist; darüber hinaus hat sich biographisches „Wissen" über Seuse erst in der Überlieferung angelagert.

Am 21. März 1295/97 als Sohn des Patriziers Heinrich von Berg in Konstanz (oder Überlingen) geboren, nannte sich Seuse nach dem Mädchennamen (Süs) seiner Mutter Süse (erst ab dem Augsburger Druck von 1482 findet sich die diphthongierte Form Seuse, latinisiert Suso; daneben Amandus, vgl. dazu S. 104). Dahinter steht Seuses Verehrung seiner Mutter, die in gottergebener Duldsamkeit – wie es heißt – das Weltleben ihres Ehemanns ertrug, es aber ihm gegenüber durchsetzte, daß der Sohn mit 13 Jahren in den Konstanzer Dominikanerkonvent eintreten durfte (1308/10). Die frühe Aufnahme war mit einer reichen Schenkung der Eltern ermöglicht worden, was Seuse offenkundig über zehn Jahre lang bedrückte, bis ihn Meister Eckhart – wohl bei einer Begegnung in Straßburg (um 1319/22) – von dieser seelischen Last befreite. Im Straßburger *studium particulare* könnte Seuse um diese Zeit sein Theologiestudium absolviert haben, nachdem er die Ausbildung vom lateinischen Elementarunterricht bis zum Philosophiestudium wahrscheinlich vornehmlich in Konstanz durchlaufen hatte. Den erfolgreichen Studenten schickte man zur Ausbildung als Lektor ans renommierte *studium generale* nach Köln (1323/24–1327), wo er von Meister Eckhart nachhaltig beeindruckt wurde. Rückblickend beurteilte Seuse im ‚Horologium' diese etwa 17jährige Studienzeit zurückhaltend, weil sie seinen religiösen Durst nicht zu stillen vermochte. Seine lebenslange Verehrung der göttlichen Weisheit ist Seuses Antwort auf den empfundenen Mangel. Um 1327 kehrte Seuse für über 20 Jahre nach Konstanz zurück, um hier als Lektor seine Ordensbrüder wissenschaftlich fundiert zu unterrichten. Hier verfaßte er wohl 1327–1329 sein ‚Büchlein der Wahrheit' (vgl. S. 104f.) zur Verteidigung der Lehre Eckharts, was vielleicht zu seiner Enthebung als Lektor (1329–1334) und zum Vorwurf des Häresieverdachts führte, dem er sich vor einem Ordenskapitel (wohl 1300 in Maastricht) stellen mußte. Er blieb straffrei, aber eine wissenschaftliche Karriere war damit ausgeschlossen. Ob Seuse daran überhaupt noch dachte, scheint angesichts seiner inneren Bekehrung während der Zeit seiner Amtsenthebung fraglich: Etwa 40 Jahre alt und damit entsprechend der mystischen Lebenslehre in seiner Lebensmitte, deutet Seuse einen Hund, der mit einem Fußtuch spielt, für sich selbst so, daß er seinen Körper nicht mehr durch eigene asketische Übungen bis zum Tod peinigen, sondern die von außen an ihn herangetragenen Peinigungen in gottgefälliger Ergebenheit als heilbringende Askese ertragen solle. Diese Wendung nach außen verwirklichte Seuse fortan in einer forcierten Seelsorge- und Predigttätigkeit vor allem bei Dominikanerinnen und frommen Frauen außerhalb des Ordens. 1334 vom Ordensgeneral wieder als Lektor eingesetzt, hatte Seuse nunmehr zeit seines Lebens einiges zu ertragen. Der Machtkampf zwischen Ludwig dem Bayern und Papst Johannes XXII. und das Interdikt zwangen fast den ganzen Konstanzer Konvent 1338–1346 ins Exil. Seuse verbringt es bei den Dominikanerinnen in Katharinental bei Dießenhofen oder im Schottenkloster außerhalb von Konstanz. Die Stadt selbst erschütterte 1342 ein Zunftaufstand und danach wegen einer Mißernte eine Teuerung. Mit ihr mußte sich auch Seuse auseinandersetzen, nachdem man ihn in diesen Krisenjahren zum Prior gewählt hatte. Vor allem aber sah sich Seuse – wie auch Tauler (vgl. S. 90) – mit einer Aufweichung der Ordensdisziplin konfrontiert. Um eine Ordensreform bemüht, entfaltete er eine rege Reisetätigkeit im Umkreis von Konstanz, in der Schweiz, im Elsaß und im Rheinland. Ziele waren vor allem die Dominikanerinnenkonvente (so Töss bei Winterthur, wo er Elsbeth Stagel geistlich betreute; vgl. S. 112), seine seelsorgerliche Tätigkeit galt aber ebenso den Beginen und anderen frommen Frauen, die er zum Klostereintritt zu bewegen suchte. Daneben pflegte er Kontakt zu Gleichgesinnten und an der Mystik Interessierten: zu Johannes Tauler, zu seinem Jugendfreund Johannes Futerer dem Älteren in Straßburg (vgl. S. 105) und zu Heinrich von Nördlingen.

Heinrich von Nördlingen distanzierte sich jedoch in einem Brief (1347/48) an seine geistliche Freundin Margareta Ebner (vgl. S. 124ff.) von Seuse, als diesem 1347 von einer Frau, die er unterstützt hatte, die Vaterschaft für ihr uneheliches Kind unterschoben wurde. Eine Untersuchung durch den Ordensgeneral und den Provinzial der Teutonia ergab zwar die Unschuld Seuses (der wohl 1346 wieder nach Konstanz zurückgekehrt war), der Verleumdete hatte sich aber bereits 1347/48 in den Ulmer Konvent begeben. Von hier aus setzte er seine Predigt- und Missionstätigkeit fort und arbeitete an der Redaktion seiner Schriften, die er im ‚Exemplar' zusammenfaßte. Die hohe Wertschätzung, die Seuse dort genoß, zeigt die Beisetzung in der Ulmer Konventkirche nach seinem Tod am 25. Januar 1366. 1831 erfolgte sogar Seuses Seligsprechung.

In seinem missionarischen Eifer war Seuse nicht nur an einer weiten Verbreitung seiner Schriften interessiert, er sorgte sich auch – offenkundig durch Entstellungen in den Abschriften gewarnt – um eine authentische Überlieferung. Zu diesem Zweck stellte er 1362/63 in Ulm vier seiner Werke in einer Art Musterbuch zusammen, dem ‚E x e m p l a r' (1. ‚Vita', 2. ‚Büchlein der ewigen Weisheit', 3. ‚Büchlein der Wahrheit', 4. ‚Briefbüchlein'). Im Vorwort äußert sich Seuse besonders ausführlich über die ‚Vita' (vgl. S. 100ff.), sein jüngstes Werk, bei dem er ursprünglich an eine postume Veröffentlichung gedacht habe, das er aber dann doch schon zu seinen Lebzeiten vorlege, um sich gegen Mißdeutungen wehren zu können. Zur Absicherung legte er Auszüge seinem Provinzial Bartholomäus von Bolsenheim (gest. 1362) zur Überprüfung vor, der die erste Probe positiv beurteilte, der aber über der zweiten Sendung verstarb. In einer Vision habe ihn der Verstorbene jedoch aufgefordert, das Buch den „Menschen guten Herzens" zugänglich zu machen. Seuse ging es also um eine zweifache Autorisierung seiner Lehre: um die Approbation durch seinen Vorgesetzten und um die persönliche Autorisierung seiner Schriften, die er in authentischer Form im ‚Exemplar' zusammengestellt hat. Dieses ausgeprägte Autorbewußtsein steht ganz im Dienst der göttlichen Wahrheit und transzendiert damit ein bloß literarisches Selbstbewußtsein. In seinem ‚Exemplar' und an dessen Spitze in der ‚Vita' – ein Buch, *daz da haisset der süse* – macht Seuse seinen autorisierten Lebensweg zu einem Exempel, zu einem vorbildgebenden Weg zur Vollkommenheit. Die Verbindlichkeit des Dargestellten garantiert in der ‚Vita' jedoch nicht das biographische Ich, sondern die Sprecherrolle eines Dieners der ewigen Weisheit, der als „hagiographische Rolle" (Ruh) mit oberster Autorität sprechen kann.

Seuses autoritative Festlegung im ‚Exemplar' gebietet es, die dort enthaltenen Werke in der vorliegenden Reihenfolge zu besprechen, obwohl sie der Entstehungs-Chronologie widerspricht. Danach hätte das ‚Büchlein der Wahrheit' (1327–1329) an der Spitze zu stehen, gefolgt vom ‚Büchlein der ewigen Weisheit' (1328–1330) und von der ‚Vita' als dem letzten vor dem ‚Exemplar' abgeschlossenen Werk. Dessen Gesamtkomposition nimmt mit der ‚Vita' ihren Ausgang bei der geistlichen Autobiographie, sie wendet sich im thematischen Anschluß mit dem ‚Büchlein der ewigen Weisheit' der Leidens- und Passionsmystik zu, und sie schwingt sich im ‚Büchlein der Wahrheit' zur spekulativen Mystik auf. Zum Schluß kommt mit dem ‚Briefbüchlein' der Seelsorger im Dienst der *cura monialium* in den Blick, der auf die Verwirklichung des mystischen Wegs vom anfangenden Menschen bis zur Begegnung mit Gott drängt. Dieser Aufgabe dienen auch die 12 Bilder im ‚Exemplar' (Abb. 3), die den anfangenden Menschen bei seiner Weltbezogenheit abholen, um ihn visuell-sinnenhaft *wider uf zuo dem minneklichen got reizlich* zu ziehen. Im weiteren Fortschreiten gilt es dann freilich, *daz man bild mit bilden us tribe*, um zur völligen Bildlosigkeit zu kommen. All dies zeigt, wie sehr das ‚Exemplar' von einer festen Programmatik bestimmt wird.

Vom ‚Exemplar' sind noch 14 Handschriften überliefert, deren älteste (zwischen 1362 und 1370) sich im Besitz des Johanniterklosters Zum Grünen Wörth, also des 1367 von Rulman Merswin gegründeten Zentrums der Gottesfreunde in Straßburg (vgl. S. 129f.), befand. Mit wenigen Ausnahmen werden jedoch die überlieferten Einzelschriften aus dem ‚Exemplar' auf diese „Ausgabe letzter Hand" zurückgehen. Die Überlieferungshäufigkeit der einzelnen Titel ist allerdings sehr unterschiedlich. Von der ‚Vita' existieren (vor allem in Kurzfassung, also gegen Seuses erklärte Absicht) an die 50, vom ‚Büchlein der Wahrheit' dagegen nur 10 Handschriften. Der größte Erfolg unter den deutschen Schriften Seuses war dem ‚Büchlein der ewigen Weisheit' beschieden: Zu etwa 180 Textzeugen kommt eine etwa gleich große Anzahl von Auszügen (die ‚100 Betrachtungen', das ‚Sterbebüchlein', das Kommunion- und das Morgengebet), die auch im Niederländischen großen Anklang fanden. Aus dem ‚Briefbüchlein' wiederum sind nur einzelne Briefe separat überliefert. Insgesamt erstaunlich breit ist die Überlieferung von solchen Schriften Seuses, die keine Aufnahme ins ‚Exemplar' gefunden hatten: Von Briefen aus dem ‚Großen Briefbuch' (vgl. S. 105) sind etwa 50 Textzeugen bekannt; mit etwa der gleichen Überlieferungsdichte wartet die Predigt ‚Lectulus noster floridus' auf, eine der beiden als echt anerkannten Predigten Seuses (vgl. S. 105). Nichts von alledem kann sich freilich mit dem Erfolg des ‚Horologium sapientiae' vergleichen, dem einzigen bekannten lateinischen Werk Seuses, bei dem man von etwa 400 Textzeugen und 10 Drucken (1480 bis 1539) ausgeht. Übersetzungen in eine ganze Reihe von Nationalsprachen untermauern die Erfolgsgeschichte des wohl zwischen 1331 und 1334 entstandenen Werks (vgl. S. 104). – Die Datierungen wie die Überlieferung zeigen, daß Seuse im Vergleich zu Tauler als Autor früher als dieser präsent ist: Während eine Korpusbildung für Taulers Predigten erst Mitte des 14. Jahrhunderts einsetzt, entfaltet Seuse mit einigen seiner Werke bereits ab den 30er Jahren eine literarische Wirkung. Im Blick auf die anschließenden Abschnitte zur Viten- und Offenbarungsliteratur (vgl. S. 106ff.) und zum Schrifttum der Straßburger Gottesfreunde (vgl. S. 129ff.) erschien jedoch aus konzeptionellen Gründen die Abfolge Tauler-Seuse angebracht.

Die ‚Vita', mit der Seuse sein ‚Exemplar' eröffnet, stellt eine geistliche Autobiographie dar. In ihr dienen die biographischen Momente dazu, den mystischen Weg vom anfangenden, fortschreitenden und vollkommenen Menschen durch den geistlichen Lebensweg des Autors authentisch zu beschreiben. Das Biographische folgt also einem mystagogischen Zweck und darf daher lebensweltlich nicht für bare Münze genommen werden. Dies gilt auch für die Entstehungsgeschichte des Werks: Nach Seuses Bericht zeichnete Elsbeth Stagel (vgl. S. 112) die Auskünfte über sein geistliches Leben heimlich auf. Nach Entdeckung dieses geistlichen Diebstahls habe er einen Teil dieser Materialien verbrannt, bis ihm eine himmlische Botschaft Einhalt gebot. Das Verbliebene bilde den Hauptteil der ‚Vita'. Offenkundig bedurfte es der Legitimation, den eigenen geistlichen Werdegang als Paradigma des mystischen Weges der Öffentlichkeit vorzulegen. In diesem Zusammenhang steht auch die Verschlüsselung der Sprecherrolle zum Diener der ewigen Wahrheit, die gleicherweise eine Distanzierung vom biographischen Ich wie die Autorität der ewigen Wahrheit einschließt. Anders als die weitgehend privaten Aufzeichnungen der Schwesternviten bedeutete Seuses ‚Vita' mit ihrem öffentlichen Vorbildcharakter (*mit bildgebender wise*) einen ungeheuren Anspruch und ein riskantes Wagnis. Zur legitimierenden Objektivierung trägt auch die literarische Stilisierung bei. Als autobiographisches Muster standen die ‚Confessiones' des Augustinus im Hintergrund, zur Ausgestaltung der Episoden lieferten die ‚Vitaspatrum' (vgl. S. 447) und die Legende konzeptionelle Vorgaben. Die Episodenreihung zeigt Ähnlichkeiten mit dem höfischen Roman, an den auch Elemente des doppelten Kursus (vgl. Bd. II/1, S. 263f.) erinnern. Hierbei wie bei der romanhaften Inszenierung nach der Art einer Autobiographie, die an den ‚Frauendienst' Ulrichs von Lichtenstein denken läßt (vgl. Bd. II/2, S. 16 bis 18), handelt es sich jedoch nur um typologische Parallelen; eine Lektüre höfischer Romane wird man für Seuse ausschließen müssen, auch dort, wo er sich mit ritterlichen Lebensformen vertraut zeigt. Als begabter Erzähler schuf Seuse mit seiner ‚Vita' ein überragendes Prosawerk, das umso nachhaltiger an das Fehlen des Prosaromans im 14. Jahrhundert erinnert (vgl. S. 462f.).

Der erste Teil der ‚Vita' schildert Seuses radikale Nachfolge Jesu in der Passion nach einer plötzlichen Wendung (*geswinder ker*) im 18. Lebensjahr. Sie führt zu einer geistlichen Vermählung mit der ewigen Weisheit. Als Zeichen dieser Bindung ritzt sich der Liebende das Jesus-Monogramm IHS auf die Brust. Als wichtigste geistliche Übung empfehlen *der selig meister Eghart und der heilig bruder Johans der Futrer* (vgl. S. 105) in Visionen tiefe *gelassenheit*. In geistlicher Weise feiert der *jungling* Neujahr, Lichtmeß, die Fasnacht und den Mai, dann jedoch hat er die Nachfolge Jesu im Kreuzweg anzutreten. Da sich die Liebe nur im Leiden bewährt, auferlegt sich der Liebende grausame Bußübungen. Er kasteit sich mit einem härenen Nagelkleid, er fesselt sich nachts, um sich nicht gegen das Ungeziefer wehren zu können, er trägt ein Nagelkreuz auf dem Rücken, geißelt sich bis aufs Blut und reibt Essig und Salz in die Wunden, er setzt sich der winterlichen Kälte aus, er fastet in extremer Weise, verzichtet aufs Trinken, meidet das Bad und gibt sich zahllosen Frömmigkeitsübungen zur Verstärkung seiner Qualen hin, bis er fast zusammenbricht, *vil krank worden von dem überlaste der vordren übungen*. Nachdem er vom 18. bis zum 40. Lebensjahr auf solche Weise seine *natur verwüstet* hatte, läßt er von den Kasteiungen nach Art der Wüstenväter. In einer Vision wird ihm bedeutet, daß er nach erfolgreichem Besuch der *nidren schulen* zur obersten Schule *rechter gelassenheit* geführt werden soll. Diese Wendung zum neuen Status des fortschreitenden Menschen erfolgt wie bei Tauler (vgl. S. 88) in der Mitte des mystischen Lebensweges, auf dem er fortan Leiden von außen ertragen soll (vgl. S. 97). Dazu wird er als geistlicher Ritter eingekleidet (Kap. 1–20).

Danach muß der geistliche Ritter im Kloster, dessen Kirche er mit Bildern der Altväter schmücken ließ, zunächst innere Anfechtungen ertragen (Zweifel an der Menschwerdung Gottes, Traurigkeit, Angst vor der Verdammnis), bei denen er aus Visionen Trost schöpft. Darauf folgt eine geradezu novellistisch erzählte Episodenreihe, die ihn aus dem Kloster zur Seelsorge herausführt; er muß wie ein Ritter auf *aventiure* zahlreiche Begegnungen bestehen, die ihn mit vielfältigen Gefahren bis zur Bedrohung seines Lebens konfrontieren und ihn immer wieder der Verleumdung aussetzen. Als Lohn verheißt Gott ihm schließlich die völlige Vereinigung und ein liebendes Durchdringen (*inneklich durküssen*), so daß *wir zwei ein einiges ein iemer me eweklich süllin bliben* (Kap. 21–32).

Der zweite Teil der ‚Vita' behält bis Kap. 45 den erzählenden Duktus bei, nur erscheinen die Berichte jetzt als geistliche Unterweisungen für Elsbeth Stagel (vgl. S. 112), die ebenfalls den mystischen Weg bis zum vollkommenen Leben geführt werden soll. Als Seelenführer holt der Diener der ewigen Weisheit seine geistliche Tochter aus der Sphäre der angestrengten Spekulation in der Nachfolge Eckharts zunächst auf die Ebene ihr angemessener Fragen zurück, um sie als anfangenden Menschen vor *schaden* zu schützen, obwohl die spekulative Lehre selbst gut sei, aber Unterscheidungsvermögen voraussetze. Bei der brieflich geführten Unterweisung sind die übermittelten 36 Sprüche von 21 Altvätern (sie hatte sich der Diener früher an die Wände der Klosterkirche malen lassen) von besonderem Interesse, weil sie für den anfangenden Menschen die Spiritualität der Altväter empfehlen, der Seelenführer aber vor überharter Askese warnt, der er sich früher selbst unterworfen hatte. Besser als die eigene Kasteiung sei es, das von Gott auferlegte Kreuz geduldig zu tragen – worauf Elsbeth Stagel zur Bestätigung von einer schweren Erkrankung heimgesucht wird. Der Diener ergänzt diese Erfahrung durch Berichte von äußeren und inneren Leiden, die er zu ertragen hatte und die ihn zu einem Exempel für seine geistliche Tochter machen.

Ab Kap. 46 hat Elsbeth Stagel das Stadium des anfangenden Menschen hinter sich gelassen, die folgenden Kapitel sollen sie mit mystischen Spekulationen, nach denen sie bereits zu Beginn gedürstet hatte, zum fortschreitenden und vollkommenen Menschen geleiten. Sie solle nunmehr allen Trost der Bildlichkeit hinter sich lassen und sich wie ein junger Adler in die Höhe der Vollkommenheit erheben. Ausgangspunkt ist die wahre Vernünftigkeit, die sich in ihrer Urteilsfähigkeit von Gott und nicht von der Aufgeblasenheit der natürlichen Vernunft leiten läßt. Ebenso wird zwischen richtiger und falscher Gelassenheit unterschieden und mit einer Sentenzensammlung gezeigt, daß die wahre Gelassenheit, das Lassen von allem, den äußeren Menschen zu seiner Innerlichkeit führt, denn: *Der sinnen undergang ist der warheit ufgang.* Die Entbildung von der Kreatur ist die Voraussetzung dafür, um in der Gottheit überbildet zu werden. Damit stellt sich folgerichtig die Frage, was Gott sei. Über ihn ließen sich viele Aussagen machen (etwa Ewigkeit, Gegenwärtigkeit, Einfachheit, Körperlosigkeit, Seligkeit), aber letztlich bleibe er für die Vernunfterkenntnis unaussprechlich. Natur und Kosmos als Gottes Schöpfung vermittelten jedoch eine Kunde von Gott, die mit einem *jubilieren* antworten lasse. Freilich sei dies nur ein lockendes Vorspiel für die tatsächliche Vereinigung mit Gott. Zu höchster Spekulation stoßen die Überlegungen zum Wo und Wie Gottes vor. Überraschenderweise hält sich Seuse hier nicht an die Tradition der Ordenstheologie, sondern folgt weithin dem ‚Itinerarium mentis in deum' (1251) des großen Franziskanertheologen Bonaventura, aus dem er nach komplexen Reflexionen schließlich die Ortsbestimmung für Gott entnimmt: „Gott ist ein Kreis, dessen Mittelpunkt überall und dessen Umfang nirgendwo ist." Die Erörterungen über das Wie Gottes handeln über die Einheit Gottes in der Dreiheit der Personen (Trinitätslehre): Da das Einfachste zugleich das Mächtigste ist, will es aus sich ausströmen und entfaltet sich so zur Dreifaltigkeit. Abglanz dieser trinitarischen Bewegung ist die Schöpfung, die aus der *grundlosen götlichen gutheit* ausfließt und sich zugleich kreisförmig mit ihrem Ende in den Beginn zurückbiegt. Von der Überfülle dieser Einsicht hingerissen, ruft die geistliche Tochter: *ich swimm in der gotheit als ein adler in dem lufte!* Der Überschwang der Lehre nötigt freilich auch, zwischen falschen und richtigen Visionen zu unterscheiden, die von Seuse nicht abgelehnt werden.

Auf der Basis der spekulativen Gotteslehre kann nunmehr nach der mystischen Vereinigung mit Gott gefragt werden. Sie ist denen in Aussicht gestellt, die sich nicht gescheut haben, die Nachfolge des Gottessohnes bis zu seinem Tod am Kreuz auf sich zu nehmen. Die *unio* wird als ein Überflug beschrieben: Nachdem der Geist sich selbst verloren hat, schwebt er über der grundlosen Tiefe in das Wunder der göttlichen Dreifaltigkeit. Aus der göttlichen Einheit heraus scheint ein „ungebrochenes Licht, und dieses weiselose Licht wird von den drei Personen in die Lauterkeit des Geistes hineingestralt. Von diesem Einstrahl (*inblik*) entsinkt der Geist sich selber und aller Selbstheit; er entsinkt auch der Wirksamkeit seiner Seelenkräfte, wird vernichtet und des Geistes beraubt (*entgeistet*)". Diese Vergottung des Menschen aus göttlicher Gnade – nicht aus menschlicher Natur – ist höchste Seligkeit.

Seuses mystische Lehre hat in dem Gedicht ‚Von dem überschalle‘, das eine anschließende Glosse auslegt, ihren Niederschlag gefunden. Die Textparallelen in der Glosse zu Kap. 52 der ‚Vita‘ bezeugen die Wirkkraft, die von Seuses Mystologie ausging. Auch die Wortbildung *überschall* hat ihre Quelle in Seuses ‚Vita‘.

Das (53.) Schlußkapitel thematisiert im Blick auf die Bildlosigkeit der *unio* das Problem, als Mensch mit bildhafter Sprache über Bildloses sprechen zu müssen. Das bezieht sich nicht nur auf die sprachlichen Ausführungen, sondern auch auf die Bilder, die der ‚Vita‘ inseriert sind. Da Bild und bildhafte Sprache *der bildlosen warheit als verr* [‚entfernt‘] *und als ungelich* [sind], *als ein swarzer mor der schönen sunnen*, gelte es, *daz man bild mit bilden us tribe*. Das aber ist zugleich das Konzept der ‚Vita‘, die als mystagogisches Werk den anfangenden Menschen bis zur unaussprechlichen Einung mit Gott führen will.

Der gegen Ende der ‚Vita‘ geäußerten Einsicht, daß die Nachfolge des leidenden Gottessohnes zur Seligkeit führe, entspricht, daß der ‚Vita‘ im ‚Exemplar‘ zunächst das ‚**Büchlein der ewigen Weisheit**‘ folgt, das den Betrachtungen des Leidens Jesu gilt. In dieser Anordnung ist es Teil der mystagogischen Unterweisung, als Meditationshilfe zeugt das Werk aber zugleich von Seuses seelsorgerlicher Erfahrung, die zum Erfolg des Buches und seiner Teile in der Andachts- und Betrachtungsliteratur beigetragen hat. Auch im ‚Büchlein‘ tritt der Sprecher als Diener auf, der im ersten Teil (Kap. 1–20) im Zwiegespräch mit der ewigen Weisheit (sie tritt in weiblicher Figur und als Christus auf) die Leiden Jesu bis zu dessen Grablegung betrachtet. Dabei soll der meditierende Durchgang durch die Passion als schnellster Weg zur Seligkeit die Schau auf Christi *ungewordene gotheit* eröffnen. Der zweite Teil des ‚Büchleins‘ widmet sich – weiterhin in Dialogform – dem leiblichen und geistlichen Tod in der Art einer ‚Ars moriendi‘ (Kap. 21), der Frage wie man innerlich leben soll (Kap. 22), dem würdigen Kommunionempfang (Kap. 23) und dem Gebet (Kap. 24). Weite Verbreitung fand der dritte Teil mit 100 Betrachtungen zur Passion Jesu, die man an jedem Tag sprechen soll. Da die Texte laut Einleitung von Gott selbst eingegeben wurden, stellen sie einen authentischen Weg zu Gott dar.

Eine erweiternde Neuredaktion des ‚Büchleins der ewigen Weisheit' liegt im ungemein erfolgreichen ‚Horologium sapientiae' vor, in dem es Seuse auf Latein gelingt, die Emotionalität der Vermählung mit der ewigen Weisheit zu verstärken, die den Diener liebend mit *Amandus* anspricht. Dazu treten ergänzende autobiographische Angaben. Seuse zielt mit seiner Schrift explizit auf eine Reform des Ordenslebens und auf die seelsorgerliche Praxis, die ihr Fundament in der Nachfolge Jesu haben sollen. Sie und nicht das Schulwissen führt zur göttlichen Schau, aber auch dazu, die Mitmenschen in Gottes Liebe entflammen zu lassen. Seuse richtet damit den Blick auf den einzelnen Menschen und zugleich auf die Gemeinschaft der Gläubigen. Das ‚Horologium' steht so dezidiert im Dienst der Seelsorge, für die Seuse verstärkt auf die Spiritualität der ‚Vitaspatrum'-Tradition zurückgreift (vgl. S. 447).

Im Programm des ‚Exemplars' wendet sich Seuse nach der Praxis der Passionsbetrachtungen nunmehr mit dem ‚Büchlein der Wahrheit' ganz der Erkenntnismystik zu. Ursprünglich handelt es sich bei dieser Schrift um eine Verteidigung Eckharts und seiner inkriminierten Thesen. Unter diesem Gesichtspunkt gewinnt dieser Text ein eigenes, für die Eckhart-Forschung wichtiges Interesse, das sich aber von der Funktion des ‚Büchleins' mit seiner Anordnung an dritter Stelle des ‚Exemplars' deutlich unterscheidet. Diesem Zusammenhang verdankt das ‚Büchlein' auch seine Redaktion, bei der bis heute ungeklärt ist, wieviel Seuse von der ursprünglichen, nicht erhaltenen Fassung übernommen hat. Dies gilt auch für die dialogische Form, die als Gespräch zwischen einem *junger* und der ewigen Wahrheit durchaus dem ‚Büchlein der ewigen Weisheit' angeglichen worden sein kann. Zweifellos greift auch die redigierte Fassung weiterhin kritische Punkte der Eckhartschen Erkenntnismystik auf und begründet argumentativ deren Rechtgläubigkeit: die Gelassenheit in Gott, die trinitarische Bewegung, das Verhältnis von Schöpfer und Schöpfung, die Inkarnation, die mystische Vereinigung des Menschen mit Gott in der Selbstentäußerung, bei der das gelassene Ich ein *kristförmig ich* wird und doch Kreatur bleibt. In der ‚Exemplar'-Fassung wird aus diesen spekulativen Argumentationen aber eine Mystologie, die aus seelsorgerlichem Interesse auf Unterscheidung drängt und eine willkürliche Freiheit (*ungeordnete friheit*) abweist. Dem dient das Gespräch mit einem *namelose(n) wilde(n)* (eine Personifikation des Ungezügelten), das in seiner schrankenlosen Freiheit und Aussagen Eckharts mißverstehend, zunächst keine Unterscheidung zwischen Gott und Welt zulassen will, vom *junger* aber eines besseren belehrt wird. Innerhalb des ‚Exemplars' ist dies eine Warnung vor häretischer Freigeisterei als einer stets präsenten Gefährdung der spekulativen Mystik; neben diesem seelsorgerlichen Anliegen soll den mystisch Interessierten aber gleichzeitig gezeigt werden, daß richtige Unterscheidungsfähigkeit einen gelassenen Menschen durchaus dazu befähigt, auch in der Erkenntnismystik *ungehindert zu eime seligen lebenne* zu kommen.

Seelsorge und Mystagogie bestimmen ebenso die acht B r i e f e, die Seuse als redigierte Musterbriefe ans Ende des ‚Exemplars' gestellt hat. Dieses ‚Briefbüchlein' ist eine Auswahl aus einem größeren Korpus, das im ‚Großen Briefbuch' mit 28 Briefen vorliegt. Sie alle wollen als Teil der *cura monialium* zu einem *luterlichen* Leben führen und die Adressatinnen vor Verirrungen auf dem mystischen Weg bewahren, sie aber auch im Leid stärken: *ie betrübter hie umbe got, ie frölicher dort mit gotte*. Gegenüber diesem Briefkorpus fällt bei einem Angehörigen des Predigerordens auf, daß von ihm nur zwei als echt anerkannte Predigten überliefert sind, die zudem eher für Lesezwecke gedacht zu sein scheinen. Offenkundig konnte Seuse seine pastoralen Stärken am besten in schriftlicher Form verwirklichen – die außergewöhnlich reiche Überlieferung einiger seiner Schriften gäbe ihm Recht.

Tatsächlich nimmt Seuse unter den Prosaschriftstellern des 14. Jahrhunderts unangefochten eine Spitzenstellung ein. Er verfügt über ein breites Register literarischer Formen: er kann pointiert erzählen, er versteht es, Abstraktes luzide darzulegen, er kann hymnisch und emotional sprechen, er beherrscht die Führung eines lebendigen Dialogs. Seine Sprache ist melodisch, sie greift immer wieder zu eingängigen Bildern (die es freilich immer wieder zu überwinden gilt) und geizt nicht mit treffenden Wortschöpfungen, um schwer Faßbares dem Verstande nahezubringen. Seuse ist im Deutschen wie im Lateinischen rhetorisch versiert, er arbeitet mit stilistisch überschaubaren Einheiten. Seine sprachliche und literarische Gestaltungskraft folgt jedoch keinem Selbstzweck, sie will ebenso wie das Wagnis, das eigene geistliche Leben zum *exemplum* zu stilisieren, über die Ästhetik zur Fülle der religiösen und mystischen Erfahrung anlocken (*reizen*).

Inwieweit Seuse – sieht man von Eckhart ab – von anderen (mystischen) Predigern beeinflußt ist, bleibt vorerst undeutlich. In der ‚Vita' nennt er Johannes Futerer den Älteren, 1325 im Straßburger Dominikanerkonvent belegt, einen *heilig bruder*, der in einer Vision zur *gelassenheit* geraten habe (vgl. S. 101); von Futerer scheinen aber keine Predigten überliefert zu sein. Bei der mehrfach tradierten ‚Kölner Predigt' des Dominikaners Heinrich von Löwen (gest. 1302/03), die Maria in seiner Gestalt gehalten habe, als er erkrankte, soll einiges an Seuse erinnern.

Auch eine unmittelbare N a c h w i r k u n g S e u s e s läßt sich im 14. Jahrhundert vorerst nicht richtig konkretisieren, obwohl sein ‚Exemplar' in dieser Zeit nicht nur bei den Straßburger Gottesfreunden (vgl. S. 130) verbreitet war. Immerhin bietet der mystische Mosaiktraktat ‚Vom Leiden', der vielleicht noch aus dem 14. Jahrhundert stammt, einen Auszug aus dem ‚Büchlein der ewigen Weisheit'; beim ‚Minnebüchlein', einem anderen Mosaiktraktat, hat man sogar Seuse als Autor vermutet. Das Gespräch ‚Gabriel und die Seele' ahmt im Dialog und stilistisch offenkundig Seuse nach. Wenn sich die Entstehung des später auch gedruckten Bilderbogens ‚Christus und die minnende Seele' tatsächlich ins 14. Jahrhundert zurückführen läßt, dann könnte dafür die von Seuse empfohlene Meditationspraxis, die über die Betrachtung der einzelnen Leidensstationen Jesu zur *unio* führen soll, vielleicht Pate gestanden haben.

Gnadenviten, Offenbarungsschriften und Schwesternbücher

Die *cura monialium* als vornehmlicher Bestimmungsort des mystologischen und mystagogischen Schrifttums, auf die im vorliegenden Kapitel immer wieder hingewiesen wurde, hat bei den angesprochenen Schwestern selbst eine literarische Aktivität hervorgerufen, die – gemeinsam mit der Literatur der Gottesfreunde (vgl. S. 129ff.) – von der erstaunlichen Breitenwirkung der mystisch orientierten Frömmigkeitsbewegung im 14. Jahrhundert zeugt. Auffällig dabei ist die Konzentration der Gnadenviten, Offenbarungsschriften und Schwesternbücher in südwestdeutschen Dominikanerinnenkonventen, also im hauptsächlichen Tätigkeitsbereich Eckharts, Taulers und Seuses. Offenkundig ging von ihnen und anderen mystischen Predigern im Südwesten eine besondere Faszination aus, die das Ungenügen an den traditionellen klösterlichen Frömmigkeitsformen stillte; aber ebenso antwortet das frauenmystische Schrifttum auf das Bemühen um eine Reform des klösterlichen Lebens, der sich Eckhart, Tauler und Seuse in besonderer Weise verpflichtet wußten.

Natürlich gab es ein vergleichbares frauenmystisches Schrifttum auch außerhalb dieses Kreises. Hingewiesen sei hier nur auf die Wiener Mystikerin Agnes Blannbekin (gest. 1315), deren Offenbarungen ein Wiener Minorit in lateinischer Sprache aufgezeichnet hat (vgl. S. 46), und auf die preußische Mystikerin Dorothea von Montau aus der zweiten Jahrhunderthälfte (vgl. S. 140). Gleichwohl bleibt die auffällige Häufung frauenmystischer Schriften in den Dominikanerinnenklöstern des Südwestens unbestritten.

Bei der *cura monialium* waren die Prediger freilich nicht nur die Gebenden. Sie ließen sich offenkundig auch von den mystischen Ambitionen der Schwestern stimulieren und inspirieren. Das zeigt sich beispielhaft an Elsbeth Stagel (vgl. S. 112) als geistlicher Tochter Heinrich Seuses, mit dem sie in einem regen Briefkontakt stand. Ihre Mitwirkung an Seuses

,Vita' mag Fiktion sein (vgl. S. 100), seine darin enthaltene geistliche Unterweisung für die Stagel mag sich literarischer Stilisierung verdanken, ohne den Hintergrund lebensweltlicher Erfahrung und Erwartung wäre eine solche Inszenierung aber nicht verstehbar. Zudem führte sich die mystisch orientierte Spiritualität der Schwestern teilweise auf mystische Strömungen in den Beginenhäusern zurück, die auf dem Wege der *cura monialium* nach Möglichkeit in Dominikanerinnenkonvente umgewandelt werden sollten. Ein eindrucksvolles Bild von der Beginenmystik, die zu dieser Zeit im Südwesten sonst nur schwer greifbar ist, vermittelt die Lebensbeschreibung der Gertrud von Ortenberg. Ihr *heiliges leben* zeichnete postum eine Schreiberin auf, die vielleicht auf Unterlagen Heilkes von Staufenberg, einer Freundin Gertruds, zurückgreifen konnte.

Als Waise wuchs Gertrud, die dem Ortenburger Ministerialengeschlecht entstammte, bei Verwandten auf und wurde 1297/98 Heinrich von Rickeldey/ Rückeldegen zur Frau gegeben. Nach dem Tod ihres Mannes (1301/02), von dem sie vier Kinder empfangen hatte, zog Gertrud nach Offenburg, wo sie ein Gott geweihtes Leben führte. Die Franziskanerterziarin wurde auch vom Franziskanertheologen Heinrich von Talheim (1328/29 Kanzler Ludwigs des Bayern) geistlich betreut. Sie führte das Leben einer Begine, nachdem der Tod auch ihr letztes Kind hinweggerafft hatte. Öfters ging sie mit ihrer Freundin Heilke nach Straßburg, weil sie die dortigen Prediger – unter ihnen mit großer Gewißheit auch Eckhart – hören wollte. 1317/18 ließ sich Gertrud sogar ganz in Straßburg nieder; vielleicht ist sie jene Begine Gertrud, die 1318 den Straßburger Dominikanern ihr Haus übereignete. 1327 kehrte Gertrud nach Offenburg zurück, wo sie 1335 starb. Die Aufzeichnung ihres Gnadenlebens erfolgte zwischen 1335 und 1355/60.

Aus Gertruds Vita spricht dominikanische und franziskanische Spiritualität. Ihren Weg zur Vollkommenheit bestimmen die Armut des Geistes und die *abegescheidenheit*. Zwei mystische Predigten am Ende der Vita scheinen auf Eckhart (Nr. 2) und auf den Franziskaner Rudolf von Biberach (vgl. S. 141f.) zurückzugehen. In der Vita finden sich Gertruds Entrückung in Gott, die geistliche Vermählung mit ihm und Zeugnisse seiner Gnade. Daneben stehen aber aufschlußreiche biographische Elemente einer Frau, die ihr Leben selbständig gestaltet. Mit ihrer Freundin bespricht sie Fragen des weltlichen und geistlichen Lebens, sie läßt sich von Geistlichen beraten und bleibt dennoch unabhängig. Wirtschaftliche Fragen und Regelungen der Kleiderordnung bei den Beginen beschäftigen sie ebenso wie die Gestaltung ihres religiösen Lebens. Gerade weil diese Gnadenvita nicht auf die Stilisierung einer weltentrückten Heiligen angelegt ist, dokumentiert sie aufschlußreich die Schnittstelle zwischen Beginen- und Ordensmystik, die dann das frauenmystische Schrifttum der Dominikanerinnen bestimmt.

Die mystisch geprägten Aufzeichnungen der Ordensschwestern verfolgen vorrangig keine mystologischen oder mystagogischen Ziele, vielmehr wollen sie das gnadenhafte Wirken Gottes auf dem mystisch ausgerichteten Lebensweg einzelner Schwestern gleichsam unter Beweis stellen. Nicht die Verheißung mystischer Erfahrung ist ihr Thema, sondern der Nachweis ihrer Faktizität im Hier und Jetzt und für die Nachwelt zum Ansporn. Aus diesem Grund begnügt man sich auch nicht mit der Tradition des mündlichen Berichts, man greift vielmehr zur schriftlichen Dokumentation, die höhere Glaubwürdigkeit und größere Beständigkeit bei der Weitergabe verspricht. Damit unterliegt die Gestaltung des Berichteten allerdings dem schriftliterarischen Formeninventar und den Regularitäten der Historiographie wie der Hagiographie. Zum Historiographischen zählt die biographische Formgebung als Vita ebenso wie das Festmachen des Geschehen an einer konkreten Person (also nicht an einer zeitlich fernen Heiligen), deren Lebenslauf bis an die Gegenwart heranreicht. Auf diese Weise wird der Eindruck des Tatsächlichen vermittelt, aus dem sich wiederum der Anspruch auf Verbindlichkeit ableitet, die implizite zur Nachfolge aufruft. Die Akkumulation solcher Viten in Schwesternbüchern zeigt, daß diese Nachfolge möglich ist und mystische Frömmigkeit keinesfalls auf eine geistliche Elite beschränkt bleiben muß. Zugleich sind insbesondere die Schwesternbücher Dokumente der Klostergeschichte, deren Glanz auf den Konvent und seine Angehörigen fiel, aus der jedoch immer wieder auch reformerische Kraft beim Darniederliegen des Ordenslebens geschöpft werden konnte. Auf einem anderen Blatt steht allerdings, daß dadurch nachahmend Frömmigkeitshaltungen und -formen bis hin zum Bedenklichen entstanden, die bei den Kloster- und Ordensreformen wieder zurückgedrängt werden mußten (vgl. Bd. III/2).

Die literarische Gestaltung von Gnadenviten machte andererseits den Rückgriff auf hagiographische Gestaltungsmuster notwendig. Zur Darstellung außergewöhnlicher, ja wunderbarer Gnadenerweise bot sich das umfangreiche Repertoire der Mirakel- und Legendentradition an, aus dem man reichlich schöpfte. Die Viten dürfen also nicht als reale biographische Berichte gelesen werden, sie beanspruchen vielmehr die Wiedergabe einer geistlichen Wahrheit, die durch die hagiographische Tradition ihre literarische Legitimation erhielt: Gerade die Vergleichbarkeit mit Berichten von anerkannten Heiligen machte die Gnadenerweise in den Viten der Mystikerinnen besonders glaubhaft. Dieses Literarisierungsverfahren schließt keineswegs aus, daß daneben auch biographische Daten in die Berichte eingegangen sind, die von den Mitschwestern bezeugt werden konnten, so daß selbst auf der lebensweltlichen Ebene der Wahrheitsanspruch verankert war. Besonders die Schilderungen leiblicher Gebrechen und Krankheiten bis hin zum Tod oder die Belastungen durch ein aufgetragenes Amt im Konvent, das die *vita contemplativa* beeinträchtigte, lassen die beiden Wahrheitsebenen deutlich erkennen: im leiblichen Leben der Mystikerin waren diese Daten leicht überprüfbar, für ihr geistliches Leben waren sie Zeugnisse ihres mystischen Weges. Eine Zuspitzung erfuhr der Anspruch auf Authentizität noch, wenn für den Bericht die Ich-Rolle gewählt wurde, die Seuse in seiner ‚Vita' gemieden und durch eine autoritative Diener-Rolle ersetzt hatte. Der objektiven wie der subjektiven Sprechhaltung ist jedoch gemein, daß sie Exemplarität des Dargestellten einfordern.

Die Intensität des Wahrheitsanspruches in den frauenmystischen Schriften ist so stark, daß dieser bis heute nachwirkt und dabei zu teils massiven Irritationen führt. Um sie zu rationalisieren, versucht man die außergewöhnlichen Phänomene mit dem Verweis auf die Klausurierung der Ordensschwestern soziologisch zu deuten, oder man greift zu psychologischen Erklärungen und sieht etwa im innigen Austausch von Braut- und Hochzeitsküssen oder in den Erscheinungen Jesu gerade als Kind nur zu verständliche Sublimierungen jungfräulich lebender Ordensschwestern. Solche Sichtweisen greifen letztlich zu kurz. Man verkennt dabei, daß diese Mystikerinnen in der Regel zumindest mystologisch gebildet waren und sehr wohl zwischen leiblichen wie psychischen Nöten und deren geistlicher Bedeutung zu unterscheiden vermochten. Vor allem aber verkennen solche Erklärungsversuche die literarische Spezifik dieser Form von Literatur: Es geht dabei nicht um die Wiedergabe kruder Exzentritäten, sondern um die Dokumentation der Gewißheit, daß der mystische Lebensweg für den kreatürlichen Menschen voller Leid ist, dieses Leid jedoch durch die Wirklichkeit der göttlichen Gnadenfülle unermeßlich überboten wird. Die Demonstration dieses Sachverhalts in der Form der Gnadenvita stößt heute sicher auf Unverständnis; es sollte jedoch nicht daran hindern, die unterschiedlichen literarischen Ausformungen der Schwesternviten und deren historische Bedeutung unvoreingenommen in den Blick zu nehmen.

Einen ersten aufschlußreichen Einblick in die mystisch orientierte Frömmigkeit der Dominikanerinnen zur damaligen Zeit, aber auch in die literarische Spezifik von Schwesternbuch und individueller Offenbarungsschrift, gewährt die einschlägige Überlieferung aus dem Dominikanerinnenkonvent Ötenbach in Zürich. Dessen Gründungsgeschichte eröffnet in historiographischer Manier das nach 1340 entstandene ‚Ötenbacher Schwesternbuch'.

Es findet sich in einer zweibändigen Sammlung mit Schwesternbüchern und -viten aus südwestdeutschen Dominikanerinnenkonventen. Sie überliefert das ‚Tösser Schwesternbuch' (vgl. S. 112f.), das ‚Dießenhofer Schwesternbuch' (vgl. S. 113), das ‚Ötenbacher Schwesternbuch' und die ‚Chronik des Inselklosters St. Michael in Bern'. Die Zusammenstellung geht auf den Dominikanerchronisten Johannes Meyer (gest. 1485) zurück, der damit, wie mit seinen anderen Schriften, die

Ordensreform fördern wollte. Dazu richtete er den Blick auf die Glanzzeiten des Ordens, durch die Redaktion der gesammelten Materialien war er aber zugleich bemüht, der Nachahmung früherer aszetisch-mystischer Praktiken deutliche Grenzen zu ziehen (vgl. Bd. III/2). Daraus folgt, daß die von ihm redigierten Schwesternbücher und -viten durchweg von Meyers reformerischer Absicht eingefärbt sind. Zum Glück vermitteln die autographen Aufzeichnungen der Ötenbacher Konventualin Elsbeth von Oye einmal auch einen unverstellten Blick in den Quellenbereich (vgl. S. 111). In der vorliegenden Form besteht das ‚Ötenbacher Schwesternbuch' aus einem alten Grundstock mit der Gründungsgeschichte und fünf kurzen Schwesternviten. Es folgen drei ausführlichere und ursprünglich selbständige Schwesternviten als Fortsetzungen: die der Elsbeth von Oye und die ihrer wohl etwas älteren Mitschwester Adelheit von Freiburg; die Vita der Margarethe Stülinger (gest. 1447) dagegen stammt erst aus dem 15. Jahrhundert. Solche Erweiterungen durch Fortsetzungen oder durch Textinserierungen in Anlehnung an historiographische Werke sind bei den Schwesternbüchern ein gängiges und charakteristisches Verfahren.

Wie an anderen Orten stand auch in Ötenbach am Anfang das Zusammenleben frommer Frauen, die sich der geistlichen Betreuung durch Dominikaner anvertrauten. In Zürich waren es zunächst nur drei Gleichgesinnte, die sich 1234 zu einem gottgefälligen Leben zusammenfanden, doch stieg ihre Zahl rasch, so daß es bereits 1239 zu einer Inkorporation der Kommunität in den Dominikanerorden kam; 1285 konnten die Schwestern dann endgültig einen neuen Konvent beziehen. An diesen Teil in der Tradition der Klosterchronistik (vgl. S. 245f.) schließen sich die Viten von fünf Ordensschwestern als Vorbild, zur Erbauung und geistlichen Tröstung der nachfolgenden Generationen im Konvent an. Dabei zeigt sich, daß von den begnadeten Schwestern offenkundig unterschiedliche Formen der mystischen Spiritualität gepflegt wurden. Am Beginn steht die Passionsfrömmigkeit mit härtesten Kasteiungen im Vordergrund, die teilweise an den ersten Teil in Seuses ‚Vita' erinnern (vgl. S. 100f.), dort aber nur dem Anfangsstadium auf dem mystischen Weg zugerechnet werden. In der dritten Vita, die vom strengen Bußleben der Subpriorin Elsbeth von Beggenhofen (gest. 1340) berichtet, erfährt diese radikale Leidensfrömmigkeit als ausschließliche Lebensform jedoch eine bemerkenswerte Absage. Meister Eckhart, an den sich Elsbeth ratsuchend wendet, weil Gott ihre Selbstpeinigungen nicht annehmen will, gibt ihr zu verstehen, daß Werke des menschlichen Willens nicht zur Einung mit Gott führten, sondern nur völlige *gelassenheit*, die nichts mehr will (vgl. S. 70). Diesen Weg der spekulativen Mystik verfolgt die ehemalige Begine Adelheit von Freiburg (um 1275–1325), die wohl vor 1310 Aufnahme als Konventualin in Ötenbach fand. Dominikaner vermitteln ihr in der *cura monialium* soviel an theologischem Wissen, daß sie sogar ihre Mitschwestern belehren kann. Ein Ausschnitt aus einer Predigt des Johannes von Sterngassen (vgl. S. 422), der zur Beschreibung ihrer mystischen Einung mit Gott (*got ein wesen mit ir*) beigezogen wird, zeugt von Adelheits theologischer Bildung ebenso wie ihre Ausführungen zur Inkarnation oder zur Trinität. Vor allem aber wird sie von Gott selbst in Visionen zu Fragen belehrt, die sie anderen nicht zu stellen wagte und denen sie die Antworten Gottes vorenthält, weil sie auf Unverständnis stoßen könnten. Eine Verbindung zwischen exzessiver, alle Grenzen sprengender Passionsmystik und gewagtester mystischer Spekulationen bietet schließlich Elsbeth von Oye, die ihre geradezu blutgetränkten ‚Offenbarungen' – ein rarer Glücksfall im frauenmystischen Schrifttum dieser Zeit – eigenhändig aufgezeichnet hat.

Zu Elsbeth von Oye finden sich kaum biographische Daten. Wohl 1289 geboren, entstammt sie der Züricher Familie von Ouw. Um 1294 kam sie nach Ötenbach, wo sie 1339 verstarb. Bereits kurz nach ihrem Tod verfertigte ein anonymer Dominikaner auf der Grundlage ihrer autographen Aufzeichnungen, von denen nurmehr ihre ‚Offenbarungen' erhalten sind, eine Vita Elsbeths (‚Leben und Offenbarungen'), wobei er Textteile umstellte, einiges wegließ und zuweilen auch in den Wortlaut redigierend eingriff. Auf diese Fassung führt sich die Elsbeth-Vita im ‚Ötenbacher Schwesternbuch' zurück, aber auch Teile eines bereits vor 1348 entstandenen Mosaiktraktats über williges Leiden und eine daraus geflossene ansehnliche Streuüberlieferung des 14. und 15. Jahrhunderts fußen auf dieser Redaktion. Der skizzierte Überlieferungsbefund belegt eine erstaunliche Wirkungsgeschichte der ‚Offenbarungen' Elsbeths, er zeigt jedoch zugleich paradigmatisch, wie sich Viten- und Offenbarungsliteratur über ihren Entstehungsort hinaus verbreiten konnte.

Elsbeths eigenhändige Aufzeichnung ihrer ‚Offenbarungen' scheinen selbst ein Teil ihrer Passion gewesen zu sein. Im mehrfachen Überarbeiten bis hin zu affektiven Rasuren, die sie mit neuem Text überschreibt (Abb. 4), vollzieht sie das in Leidensvisionen Gehörte und Erfahrene immer wieder neu. Offenkundig wird ihr nicht nur die Sprache „zum Medium des mystischen Vollzugs" (Haug), sondern auch der Akt des Schreibens und Wiederlesens dessen, was Gott selbst ihr zur Niederschrift aufgetragen hat. Die Aufzeichnung wird so selbst zu einem Teil des Leidensweges, der für Elsbeth allein zur *unio mystica* führt. Dazu hat sich diese Schwester unvorstellbaren Selbstkasteiungen unterzogen. Um zur *glichsten glichheit* mit dem gemarterten Gottessohn zu kommen, geißelt sie sich von Jugend an bis aufs Blut; sie fesselt sich, um das Ungeziefer auf ihren Wunden nicht abwehren zu können, sie bindet ein Kreuz mit Nägeln auf den Rücken, deren Spitzen in ihr Fleisch eindringen. Gott selbst, aber auch der Evangelist Johannes und Maria, die unter dem Kreuz den qualvollen Tod Jesu miterlebt hatten, fordern sie auf, in diesen entsetzlichen Peinigungen nicht nachzulassen. Sie gehen über eine Compassio weit hinaus, sie werden zu einem realen Nachvollzug des Leidens Jesu, zu einer Repassio, in deren Leiden Gott präsent ist und

Elsbeth zu einer Miterlöserin wird. Das Blut, das aus ihren Wunden fließt, wird zu Gottes Blut, sein Blut zu ihrem Blut. Gott saugt das Blut und Mark aus ihr, wie sie das Blut und Mark aus Gott saugt. Diese exzessive Blutmystik ist freilich spekulativ überformt: Durch den gegenseitigen Bluttausch, der ihren Seelengrund zur Geburtsstätte des Gottessohnes macht, wird Elsbeth Teil der trinitarischen Bewegung, die ein stetes Hin- und Herfließen zwischen Vater und Sohn darstellt. Die Vorstellung der trinitarischen Bewegung, die in Elsbeths Dialogen mit Gottvater und Sohn auch in abstrakter Begrifflichkeit zur Sprache kommt, knüpft an Gedanken der spekulativen Theologie an, die ihr sicherlich in der *cura monialium* vermittelt worden sind. Deren Schrifttum mag andererseits Elsbeth dazu angeregt haben, ihren mystischen Leidensweg zu verschriftlichen, um diesem im Festschreiben das Signum des Authentischen zu verleihen.

Eine Gegenposition zur geradezu grenzenlosen Blutmystik Elsbeths von Oye würde man gerne der Dominikanerin Elsbeth Stagel zuweisen, die durchaus mit strengen Formen der Leidensfrömmigkeit vertraut war, die aber von Heinrich Seuse als dessen geistliche Tochter in die höchsten Höhen der spekulativen Mystik geführt wird. Allerdings stützt sich diese Vorstellung, wie auch Stagels Beteiligung an Seuses ‚Vita' und an seinem ‚Briefbüchlein', auf Auskünfte aus Seuses Schriften, bei denen ihre literarisch stilisierte Rolle kaum einen Rückschluß auf biographische Daten zuläßt (vgl. S. 100). Immerhin scheinen die beiden in einem regen geistlichen Briefwechsel gestanden zu haben, und das Modell des Seelsorgers, der seine geistliche Tochter auf ihrem mystischen Weg führt, setzt zur Literarisierung außerliterarische Bezugspunkte voraus, da ja Elsbeth Stagel als historische Person faßbar ist.

Um 1300 in Zürich geboren, entstammt sie einer angesehenen Familie. Ihr Vater Rudolf Stagel war Ratsherr und erhielt 1323 die Fleischbank in Zürich von Herzog Leopold I. von Österreich zu Lehen. Seit jungen Jahren lebte Elsbeth bis zu ihrem Tod (um 1360) im Dominikanerinnenkonvent Töss bei Winterthur. Ein Eintrag in eine ehemals Tösser Handschrift von Seuses ‚Büchlein der ewigen Weisheit' stammt wohl von ihr. Mit Seuse scheint sie ab 1335/37 in Verbindung gestanden zu sein.

Zu Seuses Zuweisung einer Autorinnenrolle an Elsbeth Stagel wird auch sein Hinweis in der ‚Vita' gehören, sie habe das ‚Tösser Schwesternbuch' verfaßt, das wiederum nur in einer redaktionellen Überarbeitung durch Johannes Meyer vorliegt (vgl. S. 109f.). Sicherlich erhöhte die behauptete Verfasserschaft den Anspruch auf Authentizität vor allem für die Stagel-Teile in der ‚Vita', dennoch läßt sich ein Anteil Elsbeths an der Entstehung des ‚Schwesternbuchs' aufgrund einer solchen Fiktionalisierung nicht völlig ausschließen. Sie könnte an der Materialsammlung, aber ebenso bei der Anlage des Grundstocks der zuletzt 33 Gnadenviten von Tösser Konventualinnen, die zwischen 1250 und 1350 lebten, beteiligt gewesen sein. Bei der Vita der Elsbeth von Cellikon heißt es sogar, Stagel sei deren Vertraute gewesen, *die dis ales von ir schraib*. Das Faktum einer literarischen Schreibkompetenz in den Schwesternkonventen trug nicht nur zur Ausbildung der Viten- und Offenbarungsliteratur bei, sie war auch die Voraussetzung für Seuses Zuschreibung einer Autorinnenrolle an Elsbeth Stagel.

Das ‚Tösser Schwesternbuch' gab vielleicht die Anregung für das um die Jahrhundertmitte entstandene ‚Katharinentaler Schwesternbuch' aus dem gleichnamigen Dominikanerinnenkonvent bei Dießenhofen im Thurgau (daher der frühere Titel: ‚Dießenhofener Schwesternbuch'), der auf eine Beginensammlung zurückgeht. Im Grundbestand von 53 Schwesternviten, denen Johannes Meyer (vgl. S. 109f.) noch 6 Viten nebst Vorrede, Gründungsgeschichte des Konvents und Nachwort zu seiner Redaktion hinzufügte, läßt sich wiederum eine sukzessive Entstehung erkennen. Meist kurz gehalten, folgen die Viten in der Regel einem einfachen Aufbauschema (Eingangsformel, Name, Gnadenerlebnisse), nur wenige, wohl ehemals selbständige Viten nehmen einen größeren Umfang ein und sind differenzierter strukturiert. Dazu zählt das Gnadenleben (Nr. 41) der Anne von Ramschwag (gest. um 1343), in dem anläßlich eines Besuchs Eckharts – Seuses Aufenthalt in Dießenhofen (vgl. S. 97) bleibt im ‚Schwesternbuch' merkwürdigerweise unerwähnt – davon gesprochen wird, daß *allu ding uss got geflossen sind* – ein Beleg für die Rezeption von Eckhartschem Gedankengut (wie auch immer vermittelt) in den Frauenklöstern während der ersten Jahrhunderthälfte. Für heutige Leser mag die Stereotypie der meisten hier versammelten Viten ermüdend wirken, doch läßt gerade diese Uniformität wie die Massierung der Gnadenviten bis hin zu namentlich nicht genannten Schwestern den spirituellen Anspruch erkennen, dem sich der Konvent stellte. Er wird durch die Sammlung – in anderen Schwesternbüchern einleitend noch um die Gründungsgeschichte ergänzt – zu einem Ort der Gnade deklariert, der den nachfolgenden Schwesterngenerationen zur Bewahrung, Förderung und Orientierung anvertraut ist. Ihr geistliches Leben entscheidet, ob die Gnadengeschichte des Konvents fortgesetzt wird und die Schwesternbücher eine Fortsetzung finden.

Das Bemühen um eine Konkretisierung der Gnadengeschichte in der Geschichte der einzelnen Schwesternkonvente führt zu gehäuftem Auftreten der Schwesternbücher in der ersten Hälfte des 14. Jahrhundert. Man hat hinter dieser Häufung einen Auftrag der Ordensleitung zur Vitensammlung vermutet, der aber in dieser Zeit für die Ordensschwestern nicht nachweisbar ist. Ein solcher Auftrag ist zwar für die ‚Vitae fratrum' (um 1260) bezeugt, in denen Gerardus de Fracheto auf Weisung des

Ordensgenerals Humbertus de Romanis über die Gründung des Ordens und das heiligmäßige Leben der Brüder in der Frühzeit der Dominikaner als Vorbild für die Nachfolgenden berichtet, aber der Versuch, in den *vitae sororum* ein Gegenstück zu den ‚Vitae fratrum' zu sehen, hat nicht mehr als allgemeine historiographische und hagiographische Gemeinsamkeiten zutage gefördert, die sich auch sonst in der legendarischen Literatur finden. Es scheint vielmehr so zu sein, daß der Einfluß der Mystik mit ihrem Ausblenden der Heilsgeschichte zugunsten präsentischer Gnadenerweise zu deren Dokumentation in den Schwesternbüchern geführt hat. Die Benennung konkreter Orte und Personen und die Kumulation in den Schwesternbüchern verlieh den berichteten Gnadenerweisen jenen Authentizitätsgrad, der die lebenden Schwestern und die nachfolgenden Generationen zur Nachfolge verpflichten sollte. Durch ihren appellativen Charakter (*durch bessrung*) sind die Schwesternbücher Instrumente einer permanenten Ordensreform, der die mystisch geprägte Spiritualität in der Blüte der einzelnen Konvente als Vorbild galt. Die *cura monialium* wie die Bemühungen Taulers und Seuses um eine Beförderung des geistlichen Lebens in den Konventen bestätigen die Notwendigkeit einer stetigen spirituellen Erneuerung; daran knüpfte im 15. Jahrhundert auch Johannes Meyer an (vgl. Bd. III/2), als er im Dienste der Ordensreform Schwesternbücher und Schwesternviten aus dieser Zeit redigierte.

Den literarischen Zusammenhang zwischen den Schwesternbüchern und den ‚Vitae fratrum' glaubte man durch die ‚Vitae sororum' der K a t h a r i n a   v o n   G e b e r s w e i l e r bestätigt. Da diese Sammlung mit 42 Viten von Schwestern des Dominikanerinnenkonvents Unterlinden in Kolmar in lateinischer Sprache abgefaßt ist, setzte man die ‚Vitae sororum' an den Beginn der Schwesternbuchtradition und datierte diesen auf den Anfang des 14. Jahrhunderts. Diese Datierung wird jedoch hinfällig, wenn Katharina mit der gleichnamigen Priorin (gest. 1330/45) zu identifizieren ist; die Verfasserin erwähnt nämlich im Prolog, daß sie ihr Werk im fortgeschrittenen Alter geschrieben habe. Damit kommt man bei dieser Sammlung auf einen Zeitpunkt um 1330/40, ab dem frühestens auch die insgesamt nur schwer datierbaren Schwesternbücher in deutscher Sprache einsetzen. Neben der lateinischen Sprache schienen zudem Übereinstimmungen zwischen dem Prolog Katharinas und dem Prolog der ‚Dominikus-Vita' Dietrichs von Apolda (vgl. S. 400) die Ableitung der Schwesternbücher von der offiziellen Ordenshagiographie zu sichern; aber die Verwendung eines Zitats ist für eine solche weitreichende Schlußfolgerung nicht tragfähig genug. Bereits die einleitenden acht Kapitel über das geistliche Leben des Unterlindener Konvents entsprechen nicht dem Konzept der ‚Vitae fratrum'.

Eine lateinische Fassung aus dem Jahre 1318 wollte man auch für die ‚Chronik' der A n n a   v o n   M u n z i n g e n annehmen, die in diesem

Werk 34 Viten aus dem Dominikanerinnenkonvent Adelhausen (bei Freiburg/Breisgau) zusammengestellt hat. Die Sammlung ist nur aus deutschen Fassungen des 15. Jahrhunderts bekannt, doch wird dort 1318 als Abfassungszeit genannt. Sollte dieses Datum zutreffen, dann läge – wenn auch in späteren Bearbeitungen – in der ‚Chronik' von Adelhausen das älteste Schwesternbuch in deutscher Sprache vor. Die bekannten Lebensdaten Annas von Munzingen, die einer Freiburger Patrizierfamilie entstammte, könnten diese frühe Entstehungszeit stützen: Sie ist 1316, 1317 und 1327 als Priorin belegt; 1327 ließ sie ein Urbar des Konventsbesitzes anlegen. Insgesamt harrt die Textgeschichte der ‚Chronik' jedoch noch der genaueren Aufarbeitung; gleiches gilt für die interpretatorische Erschließung der mystisch geprägten Viten nach dem heutigen Wissensstand, zumal sie möglicherweise ins Anfangsstadium der deutschsprachigen Schwesternbücher zurückführen.

Ebenfalls noch nicht hinlänglich geklärt ist die Textgeschichte des ‚Kirchberger Schwesternbuchs', zumal sich eine der beiden Fassungen nur in einer Handschrift von 1691 fassen läßt. Man schreibt die beiden Redaktionen, die in die erste Hälfte des 14. Jahrhunderts datiert werden, einer Elisabeth von Kirchberg zu, Dominikanerin im Konvent Kirchheim (zwischen Sulz am Neckar und Haigerloch). Tatsächlich nennt sich Elisabeth jedoch nur als Verfasserin einer umfangreichen ‚Irmgard-Vita', die gleichfalls in zwei Fassungen überliefert ist. Danach soll sie, *die got von den juden nam*, mit viereinhalb Jahren in den Konvent gekommen sein. Mit der Schwester Irmgard, die damals schon 62 Jahre als Schwester in Kirchheim lebte, verbrachte sie 20 Jahre als Mitschwester; die Ordenszeit Elisabeths wird in einer der Redaktionen mit 42 Jahren angegeben. Solche Zahlenangaben können der Wirklichkeit entsprechen, sicherlich dienten sie aber auch zur Legitimation der Autorin für die Abfassung der Vita und als Nachweis für die Authentizität des Berichteten. Ähnlich könnte es sich mit der Erklärung verhalten, Elisabeth habe ihre Niederschrift zunächst auf einer *tafel* vorgenommen und sei dann bei der Übertragung aufs Pergament von Irmgard überrascht worden, die auf Änderungen bestand. Dies mag sich so zugetragen und sogar – wie vermutet wurde – zu den beiden überlieferten Fassungen geführt haben, aber ebenso läßt sich diese Erzählung als Nachweis der Glaubwürdigkeit für die Vita Irmgards lesen, der an die Stagel-Inszenierung in Seuses ‚Vita' erinnert (vgl. S. 100). Und Seuses Schema klingt auch an, wenn der mystische Weg Irmgards mit *jubilus, contemplativa* und *gotlicher einfluss* als den Stadien der Gnade bezeichnet wird. Ob die Übernahme einzelner Irmgard zugeschriebener Begebenheiten in die Viten anderer Schwestern im ‚Kirchberger Schwesternbuch' Elisabeths Verfasserschaft für diese Sammlung mit 15 Schwesterviten und einer Vita des Kaplans Walther (vgl. S. 117) sichern kann, bedarf noch der Klärung.

Das mit der einen Fassung des ‚Kirchberger Schwesternbuchs' gemeinsam überlieferte sogenannte ‚Ulmer Schwesternbuch' hielt man ursprünglich für einen Teil der Kirchberger Sammlung. Auch die Zuordnung nach Ulm erwies sich als falsch, vielmehr sprechen verschiedene Angaben für den Dominikanerinnenkonvent Gotteszell bei Schwäbisch Gmünd. Mehr als die Hälfte der Sammlung gilt der Gnadenvita der Schwester Adelheit von Hiltegartshausen, die zehn folgenden Viten heben dagegen vor allem auf die besondere Frömmigkeit der Schwestern ab; sie nehmen damit den Anspruch auf eine mystische Spiritualität zurück, der sonst bei den Schwesternbüchern im Zentrum steht und auch für das ‚Weiler Schwesternbuch' verbindlich bleibt, obwohl in ihm – vielleicht um die Jahrhundertmitte entstanden – wahrscheinlich das jüngste Schwesternbuch des 14. Jahrhunderts aus einem südwestdeutschen Dominikanerinnenkonvent (Weiler bei Esslingen/Württemberg) vorliegt. Die 27 Gnadenviten sind nur am Anfang etwas ausführlicher, dann gehen die Berichte mehr und mehr in kurze Mitteilungen über Visionen und wunderbare Gnadenerweise über, unter denen die Erscheinungen des Jesuskindes sich auffällig häufen. Das Repertoirehafte der mystischen Begebenheiten läßt geradezu an einen Erwartungs- und Konkurrenzdruck denken, unter dem die einzelnen Konvente standen, doch wird man darüber den Aspekt der Klosterreform nicht außer acht lassen dürfen. Die Sammlung richtet daher den Blick nicht nur zurück bis etwa 1280, sondern zeigt auch den gegenwärtigen Konvent als Ort mystischer Gnadenerweise.

Waren an den bislang genannten Orten die Schwesternbücher nach Lage der Überlieferung eher punktuelle Aktivitäten zur Ausbildung eines frauenmystischen Schrifttums, so wartet der Dominikanerinnenkonvent Engelthal bei Nürnberg mit einer verdichteten Tradition in diesem Bereich auf. Eröffnet wird sie überraschenderweise mit der Gnadenvita eines Mannes, nämlich des Kaplans Friedrich Sunder. Um diesen auf den ersten Blick merkwürdigen Sachverhalt zu verstehen, bedarf es einer Konkretisierung der *cura monialium*. Sie umfaßte hauptsächlich die Förderung des geistlichen Lebens durch ordensspezifische Predigten und die Beichte. Diese Aufgaben konnten die Dominikaner dort kontinuierlich verrichten, wo sie – etwa in Straßburg oder Köln – selbst mit einem Konvent vertreten waren. Ansonsten mußten sich die Schwestern mit dem zeitweiligen Aufenthalt eines Ordensbruders in ihrem Konvent begnügen; Engelthal etwa mit Konrad von Füssen (vgl. S. 117). Darüber hinaus sorgte die Ordensleitung durch eigens eingesetzte Vikare und deren Visitationen für ein angemessenes geistliches Leben in den Schwesternkonventen. In dieses verantwortungsreiche und – nicht nur im Blick auf die ständigen Reisen – mühevolle Amt wurde etwa Meister Eckhart zeitweise berufen; für Engelthal deutet sich ein solcher Visitationsaufenthalt für

Heinrich von Ekkewint an (er war 1317 Prior in Würzburg und mindestens 1318 auch in Regensburg; vgl. S. 422), für Berthold von Moosburg (1348 *vicarius per terram Bavariae*; vgl. S. 91) könnte er möglich sein. Für die tägliche Messe und die Sakramentenspendung (vor allem für die Beichte) waren die Schwestern jedoch dort, wo kein Ordenspriester kontinuierlich zur Verfügung stand, auf einen Kaplan, also einen Weltgeistlichen, angewiesen, der im Konvent abgetrennt von den Schwestern lebte. Um hier keine falschen Verdächtigungen aufkommen zu lassen, mußte der Konvent bemüht sein, das tugendhafte und fromme Leben seines geistlichen Betreuers herauszustellen. Dies zeigt sich etwa im ‚Kirchberger Schwesternbuch' (vgl. S. 115), das dem Kaplan Walther ein *recht heilig leben* in vorbildlicher Aszese bescheinigt; der anderen Fassung des ‚Schwesternbuchs' scheint dies nicht genügt zu haben, denn es macht aus dem Kaplan einen Pater des Predigerordens. Eine solche legitimatorische Funktion zeichnet sich auch im ‚G n a d e n - L e b e n d e s F r i e d r i c h S u n d e r' ab (Bürkle). Damit soll keinesfalls die außergewöhnliche Frömmigkeit dieses Geistlichen in Frage gestellt, sondern das Faktum der Literarisierung und die literarische Gestaltung seines Lebens zu einer Gnadenvita deutlicher ans Licht geholt werden.

Im Umkreis von Engelthal geboren, wirkte Friedrich Sunder (1254–1328) wohl ab 1287 bis zu seinem Tod als Kaplan im Konvent der Dominikanerinnen. Vielleicht auf Anregung Konrads von Füssen, der etwa zur selben Zeit auch Christine Ebner zur Aufzeichnung ihrer ‚Gnadenvita' animierte (vgl. S. 119f.), begann er wohl 1317/18 mit der Niederschrift seiner Gnadenerfahrungen. Daneben scheint Sunder auch Notizen über seine Seelenfreundin Gerdrut von Entenberg (Engelthal) angefertigt zu haben, die in deren ‚Vita' von den Kaplänen Heinrich von Engelthal und Konrad Friedrich wahrscheinlich berücksichtigt wurden (vgl. S. 118). Die Zusammenstellung der Sunderschen Gnadenerfahrungen zu einem ‚Gnaden-Leben' erfolgte erst nach Sunders Tod durch einen unbekannten Redaktor, der zudem Einblick in Christine Ebners Schriften hatte; vielleicht war sie sogar selbst die Bearbeiterin des ‚Gnaden-Lebens'. Obwohl an diesen Zusammenhängen einiges unscharf bleibt, die literarischen Aktivitäten, die gezielt auf die Niederschrift von Gnadenerfahrungen und auf den Nachweis des Gnadenortes Engelthal ausgerichtet waren, sind unbestreitbar und bemerkenswert.

Das ‚Gnaden-Leben' schildert Friedrich Sunder, der sich durch die Fürsprache Marias vom Leben in der Sünde abgewendet hat, als einen vorbildlichen Priester; er ist zwar kein Dominikaner, aber den Ordensgründer Dominikus verehrt der Kaplan als sein Vorbild. Entsprechend sind Sunders Gnadenerfahrungen und Gottesbegegnungen deutlich an seine priesterliche Tätigkeiten im Konvent gebunden: Sie ereignen sich bevorzugt im Umkreis der Messe und bei der Kommunion. Auch unterscheidet sich seine Spiritualität durch ihre Vergeistigung von den körperorientierten Gottesbegegnungen der Schwestern; deren Ausrichtung auf Christus entspricht bei Sunder die hervorgehobene Rolle Marias als Mittlerin zur *unio*. Diese Differenzierung hat wohl weniger mit Geschlechterspezifik zu tun, sie ist viel mehr von der Absicht geleitet, den Kaplan des Konvents bis hin zu den unterschiedlichen Formen der Spiritualität von den seelsorgerlich betreuten Schwestern literarisch zu separieren. Nur durch eine Gnadenvita ist er mit ihnen verbunden. Durch seine Begnadung wird er zu einem Vorbild für alle nachfolgenden Kapläne des Konvents. Darüber hinaus dokumentiert sogar die Begnadung des Kaplans jene außerordentliche Gnadenfülle, die auf Engelthal ruht und die durch die literarische Vernetzung der Begnadungen in Einzelviten und schließlich im ‚Engelthaler Schwesternbuch' geradezu als allumfassend erscheint.

Zu dieser literarischen Vernetzung gehört die nur fragmentarisch überlieferte ‚Vita' von Sunders Seelenfreundin Gerdrut, die zunächst in Entenberg ein geistliches Leben nach Art der Beginen führte, dann aber als Konventualin in Engelthal eintrat, wo sie vor 1328 starb. Sie bezeugte einerseits die Gnadenerweise, die Sunder vor allem bei der Messe erfahren hat, andererseits machte sich Sunder Aufzeichnungen ihrer Begnadungen, die neben mündlichen Äußerungen Gerdruts zur Grundlage der ‚Vita' (um 1330) wurden. Als deren Verfasser treten zwei weitere Kapläne des Konvents in den Blick: Heinrich von Engelthal (dort 1290 bis 1328 bezeugt), ein Mitbruder Friedrich Sunders, mit dem er 40 Jahre zusammenlebte, und Konrad Friedrich, der im Prolog der ‚Vita' gemeinsam mit Heinrich als Gerdruts Beichtvater bezeichnet wird. Der Prolog dürfte eine Gnadenvita ankündigen, die erhaltene Kindheitsgeschichte Gerdruts folgt jedoch dem Konzept der Legende. Ob daran leichte Kritik anklingt, wenn in Sunders ‚Gnaden-Leben' der Heilige Geist selbst beklagt, daß Sunder es versäumt habe, *von der Swester Gerdruden* zu schreiben, muß im Blick auf die fragmentarische Überlieferung des *büchlins* offenbleiben. Immerhin wäre er als langjähriger Seelenfreund Gerdruts am geeignetsten gewesen, ihr Gnadenleben aufzuzeichnen, über das sich die beiden in Gesprächen ausgetauscht hatten.

Das literarische Konzept einer solchen Gnadenvita folgte nicht dem biographisch ausgerichteten Muster der Legende, sondern der ereignisorientierten Reihung von gnadenhaften Gottesbegegnungen in Visionen, Offenbarungen und Träumen, wobei Reden, Dialoge, Betrachtungen, Gebete und Berichte abwechseln und externe Texte (Bibelzitate, gottesdienstliche Texte, Gebete oder Lieder) eingelagert sind. Dieses von Ringler – ausgehend von Sunders ‚Gnaden-Leben' – herausgearbeitete Kompositionsprinzip ist für die Viten- und Offenbarungsliteratur des 14. Jahrhunderts grundlegend, es gilt aber ebenso für das ‚Fließende Licht der Gottheit' Mechthilds von Magdeburg (vgl. Bd. II/2, S. 78–84).

Gnadenviten wollen auch dort, wo sie mit lebensweltlichen Daten aufwarten, kein *curriculum vitae* literarisch abbilden, sondern den mystischen Weg eines anfangenden und bis zur *unio* fortschreitenden Menschen in seinen vielfältigen Verzweigungen darstellen. Die Nennung von Jahreszahlen steht im Dienst dieser Wegbeschreibung; sie sollen dem äußeren Menschen Authentizität und Plausibilität vermitteln. In diesem Zusammenhang ist auch das Herausstellen des 40. Lebensjahres zu sehen, das mehrfach – so etwa bei Seuse (vgl. S. 101) – als markanter Einschnitt, als eine Lebenswende in der geistlichen Lebensmitte thematisiert wird. Nur auf den ersten Blick weichen die mystischen Schriften Christine Ebners und die ‚Offenbarungen‘ ihrer Namensschwester Margareta Ebner (vgl. S. 127f.) von diesem Literarisierungskonzept ab, weil ihre Berichte auffällig deutlich historisch situiert sind; die skizzierten Beobachtungen behalten aber grundsätzlich auch hier ihre Gültigkeit: Die biographischen Daten unterstreichen die Faktizität der Ereignisse auf dem mystischen Weg.

Durch die biographischen Daten in den Schriften der C h r i s t i n e   E b n e r sind wir über den äußeren Lebensweg dieser prominentesten Engelthaler Mystikerin außergewöhnlich gut informiert. Sie steht innerhalb des Konvents nicht nur im Zentrum des mystographischen Netzwerkes, in ihrem literarischen Werk begegnet eine der bemerkenswertesten Autorinnen aus der ersten Hälfte des 14. Jahrhunderts. Welches Ansehen sie schließlich genoß, zeigt die Bitte Kaiser Karls IV. und des Burggrafen von Nürnberg, Friedrichs V. von Zollern, um ihren Segen (1350).

Christine Ebner entstammte einer Nürnberger Patrizierfamilie. Ihre Eltern waren Seyfried Ebner und Elisabeth Kudorf, denen sie am Karfreitag 1277 als zehntes Kind geboren wurde; die Taufe erfolgte zu Ostern in der Sebalduskirche. Sie trat mit zwölf Jahren in Engelthal ein und führte dort ein Leben voller strenger Kasteiungen. Ihr Rigorismus stieß im Konvent und bei der Priorin auf Ablehnung, ihre Visionen und Gnadenerlebnisse (seit 1291) erregten bei ihren Mitschwestern Mißtrauen. Erst 1297 fand sie als Mystikerin Anerkennung, und dann auch über den Konvent hinaus: Heinrich von Nördlingen, der mit Margareta Ebner in Verbindung stand (vgl. S. 125), trat spätestens 1338 in Kontakt mit ihr; 1351 hielt er sich für drei Wochen in Engelthal auf. 1349 predigte sie Geißlern. Auch außerhalb des Konvents hat sie durch Gott *vil hertzen enzunt*. Am 27.12.1356, dem Festtag des Evangelisten Johannes und Lieblingsjüngers Jesu, starb Christine Ebner; bald wurde sie (bis zur Reformation) als heiligmäßig verehrt und erhielt in der Nürnberger Sebalduskirche eine Gedächtnistafel.

Mit den Aufzeichnungen ihrer ‚Gnadenvita‘ und ihrer ‚Offenbarungen‘ war Christine Ebner literarisch ungemein produktiv. Wie Friedrich Sunder (vgl. S. 117f.) hat auch sie der Dominikaner Konrad von Füssen etwa gleichzeitig zur Abfassung ihrer ‚G n a d e n v i t a‘ angeregt, bei der er zugleich als Mitautor auftritt. Offenkundig ging von ihm die Initiative zu den intensiven literarischen Aktivitäten in Engelthal aus, darüber hinaus ist dieser Geistliche aber urkundlich nicht greifbar. Als Beichtvater des Konvents begegnet er erstmals im ‚Engelthaler Schwesternbuch' bei der zuletzt 1313 bezeugten Elsbeth von Klingenberg, der Enkelin des Klosterstifters. Nach einer Notiz Christine Ebners verließ Konrad von Füssen 1324 den Konvent und zog nach Freiburg. Völlig ungewiß bleibt, ob er mit jenem Bruder Konrad gleichzusetzen ist, der als Prior des Nürnberger Dominikanerkonvents 1310 in Engelthal urkundete. Im Advent 1317, also in ihrem *viertzigesten iar*, eröffnete Christine Ebner ihrem Beichtvater Konrad von Füssen, daß *sie von got bezwungen* worden sei; daraufhin schrieben beide die Gnadenerlebnisse sieben Jahre lang, also bis zum Weggang Konrads (1324), in einem *büchlin* auf; sie selbst hat ihre literarische Tätigkeit zumindest bis Anfang der 50er Jahre fortgesetzt.

Da mit Ausnahme des ‚Engelthaler Schwesternbuchs' bislang eine kritische Ausgabe der Schriften Christine Ebners fehlt, läßt sich vorerst kein verläßlicher Überblick über die Textgenese und -geschichte ihres Werks und die nach ihrem Tod erfolgten Redaktionen gewinnen. Auch kann sich eine literarhistorische Würdigung des Œuvres allein auf die vorliegenden Forschungen stützen. Auf der Grundlage der Stuttgarter Handschrift, die zwar erst im 18. Jahrhundert entstanden ist, aber auf Vorlagen des 14. und 15. Jahrhunderts zurückgreifen konnte, muß zwischen einer ‚Gnadenvita', den ‚Offenbarungen' und einem legendarischen ‚Vitenfragment' unterschieden werden.

Die Arbeit an der ‚Gnadenvita' war mit dem Weggang Konrads von Füssen (1324) keineswegs abgeschlossen. Es wird der Tod Friedrich Sunders (1328) erwähnt, von einer Vision der 67jährigen Christine Ebner (1344) berichtet und auf das Doppelkönigtum (vgl. S. 9) Ludwigs des Bayern und Karls IV. (1346/47) angespielt. Dieser zeitlich weitgespannte Rahmen, der in der Rückerinnerung sogar bis zur Geburt Christines (1277) zurückreicht, wird durch Berichte in einem komplexen Wechsel von Erzählrollen in der ersten und dritten Person ausgefüllt, bei dem wohl zumindest ein Redaktor beteiligt gewesen sein dürfte. In der vorliegenden Gestalt lassen sich drei Teile unterscheiden. Eröffnet wird die ‚Gnadenvita' in historiographischer und hagiographischer Manier: mit der schmerzhaften Geburt am Karfreitag und der Taufe zu Ostern, womit Christine Ebners Leben von Anfang an unter der Nachfolge Jesu gestellt ist; bereits in jungen Jahren (*gar iunk*) bestätigt die Erscheinung der 24 Alten aus der ‚Apokalypse' ihre visionären Fähigkeiten. Im Anschluß an die Notiz über die Entstehung des *büchlins* mit Konrad von Füssen als Koautor wird Christine Ebner mit der Nennung einzelner Personen (u.a. Friedrich Sunder und sein Tod 1328) und verschiedener Ereignisse als Schwester fest im Engelthaler Konvent verankert, der sich als Gnadenort auszeichnet. Ein anschließender Katalog mit zehn ausgewählten Themen (*materien*), die im umfangreichen Hauptteil des Werks behandelt werden sollen, macht deutlich, daß es nachfolgend nicht um eine legendenhafte Biographie, sondern um ein Gnadenleben geht. Mit der Todesprophezeiung an die 67jährige endet dieser prologartige Teil, der die Vita Christine Ebners zwischen Geburt und Sterben lebensweltlich verortet.

Der Hauptteil der ‚Gnadenvita' kennt eine solche zeitliche Verortung nicht; auch die gelegentlich eingestreuten Altersangaben der Visionärin (sie reichen vom 7. bis zum 40. Lebensjahr) ergeben kein konsistentes Zeitgerüst. Selbst die angekündigten zehn Themenkreise führen zu keiner festen Abfolge von Stadien auf dem mystischen Weg, obwohl die Aufzählung dies zunächst vermuten läßt: Gottes unverdiente Gnade in der Jugend; Versuchungen durch den Teufel; Reue und Buße; Liebe zur Tugend, wenn man *gotlich* werden will; Verlangen und Suchen nach Gott; Erfahrung von Gottes Nähe und Ferne; das Erkennen Gottes soweit es dem Menschen möglich ist; die Offenbarungen Gottes; seine außergewöhnlichen Gnadenerweise und schließlich Gottes *susse rede*. Dies alles findet sich in der ‚Gnadenvita', jedoch nicht in einem linearen Voranschreiten. Formelhaft nach dem Muster *ze eynen zyten* eingeleitet, finden sich Themenblöcke etwa zu Himmelsvisionen oder zu Träumen (auch solche zur geistlichen Schwanger- und Mutterschaft), aber ebenso episodenhafte Berichte von Gnadenerweisen und Marienerscheinungen, vermischt mit Angaben über Christine Ebners aszetische Übungen, über ihre Krankheiten und über den klösterlichen Tagesablauf. Trotz der mystischen Hochzeit mit Christus muß die Mystikerin an die fünf Jahre der Gottesferne erleben. Reflexionen über Kasteiungen, körperliche Gebrechen und über Schwierigkeiten mit dem klösterlichen Gehorsam stehen Betrachtungen über die Leiden Jesu, Gespräche mit Christus oder ein Bericht von einer Offenbarung des Heiligen Geistes gegenüber; Gebete und Briefe sind inseriert. Erinnertes wechselt mit Gegenwärtigem, Authentizität des Berichteten wird durch die laufenden Berufungen auf mündliche und verschriftlichte Überlieferung gesichert. Auf diese Weise dokumentiert die ‚Gnadenvita' in ihrem Hauptteil nicht nur die außerordentliche Begnadung Christine Ebners, das Werk ist zugleich ein einziger Gnadendiskurs vor dem Horizont der einleitend angekündigten zehn Themenbereiche. Diese Diskursivität organisiert die Stoffülle eines geistlichen Lebens, das sich nicht in biographische Muster zwängen läßt. Im Blick auf den diskursiven Duktus bei der Präsentation der vielfältigen Gnadenerweise erscheint es nur als konsequent, wenn das letzte Drittel der ‚Gnadenvita' in einen Dialog zwischen der Mystikerin und Christus übergeht, der Christine Ebner die Fülle der göttlichen Gnade verheißt und ihre Auserwähltheit bestätigt. Das Abbrechen des Textes mitten in einer Christus-Rede und das nachgetragene Todesdatum Christine Ebners muten vor diesem Hintergrund – auch wenn es sich um einen Zufall der Überlieferung handelt – geradezu zeichenhaft an.

Die biographischen Daten in der ‚Gnadenvita' sind im ‚Vitenfragment' unter dem Titel *Dasz leben der seligen Cristina Ebnerin prediger orden, die zu Engeltal begraben ligt* nach Art eines Heiligenlebens kapitelweise in eine chronologische Abfolge gebracht worden, die von der Geburt bis zum 15. Lebensjahr reicht. Vielleicht handelt es sich dabei um eine späte Kompilation; nicht auszuschließen ist jedoch, daß dahinter jene Vita der Christine Ebner steht, die Hartmann Schedel (vgl. Bd. III/2) in einer heute verschollenen Pillenreuther Handschrift einsehen konnte und die vielleicht in seiner Schrift ‚De gestis Felicis Christinae Ebnerin' (1487) Berücksichtigung fand. Nach einer ansprechenden Vermutung zog sich Heinrich von Nördlingen (vgl. S. 125) im Alter zu den Augustiner-Eremitinnen nach Pillenreuth zurück und verfaßte hier eine Christine Ebner-Vita. Das muß (vorerst) Spekulation bleiben, aber Heinrichs Aufenthalt in Engelthal, seine persönlichen und brieflichen Kontakte mit Christine Ebner, die sie auch in ihren ‚Offenbarungen' erwähnt, verleihen diesen Überlegungen durchaus Plausibilität.

Chronologisch angeordnet sind auch die ‚Offenbarungen' Christine Ebners, die in der Abfolge des Kirchenjahres vom Vorabend des Osterfestes 1344 bis zum ersten Sonntag nach Pfingsten (Trinitatis) 1351/52 reichen. Ob der Beginn der Schrift mit der an sie gerichteten Todesprophezeiung (1344) zusammenhängt, muß offenbleiben. Im Gegensatz zur ‚Gnadenvita' erteilt Christus in den ‚Offenbarungen' selbst den Schreibbefehl an Christine Ebner. Aus den Aufzeichnungen der *grozzen minnzeichen*, die Gott an der Visionärin gewirkt hat, sollen die Leser Zuversicht schöpfen, soll ihre Liebe zu Gott gestärkt werden. Damit zielt die Niederschrift nicht nur auf Öffentlichkeit, sie beansprucht für sich die Verkündigung der göttlichen Wahrheit. Dies konkretisiert sich zeitgeschichtlich in Offenbarungen *künftiger dink und verporgner heimlicher ding*, die Christine Ebner geradezu die Rolle einer Prophetin zuweisen: Sie verkündet etwa 1347 ein großes Erdbeben und das Auftreten der Pest – Ereignisse, die 1348 eintreffen. Für Nürnberg prophezeit sie große *leiden* als Strafe für übertriebenen Luxus, für mangelnde Milde gegenüber den Armen und für Rechtsbeugungen, unter denen Witwen und Besitzlose zu leiden haben. Christine Ebner fragt Christus nach dem Interdikt, das unter Karl IV. aufgehoben wird, und nach dem Ende der Pest, sie erkundet sich aber auch nach ihren körperlichen Gebrechen und nach dem geistlichen Leben ihrer Mitschwestern. Daneben berichtet der Text von Entrückungen, Visionen und Gnadenerweisen, die unverkennbar Christine Ebner als *die heilge Person, die wol bekannt ist in himel und in ertrich* herausstellen. Als Heilige kann sie Regen bewirken und mit Gottes Hilfe Kranke heilen; der Burggraf von Nürnberg und Kaiser Karl IV. erbitten mit Herzögen und Grafen ihren Segen. Durch Christines Bitten werden viele Seelen aus dem Fegefeuer erlöst, sie predigt den Geißlern und beantwortet an der Klosterpforte schwierige theologische Fragen. Dahinter stehen deutlich erkennbare literarische Traditionen: Die ‚Offenbarungen' zeigen typologische Parallelen zu den lateinischen Visionsberichten Gertruds von Helfta und Mechthilds von Magdeburg (vgl. Bd. II/2, S. 79); Heinrich von Nördlingen hat ihr das ‚Fließende Licht der Gottheit' Mechthilds von Magdeburg (vgl. Bd. II/2, S. 78–84) zugänglich gemacht, dessen Übertragung ins Oberdeutsche von ihm angeregt worden war (vgl. S. 125). Bei den inserierten Liedern weist Christine Ebner auf die Lektüre der ‚Tochter Syon' (vgl. Bd. II/2, S. 66–69 und 145) hin; zu Johannes Tauler und Heinrich von Nördlingen verkündet ihr Gott, daß deren Namen im Himmel verzeichnet seien, denn sie hätten *daz ertrich an gezunt mit iren fewrein zungen.*

Da Heinrich von Nördlingen im Schlußteil der ‚Offenbarungen', der mehrfach mit der Schlußpartie der ‚Gnadenvita' wörtlich übereinstimmt, eine prominente Stelle einnimmt, liegt seine Mitarbeit an den ‚Offenbarungen' mit ihren Stilisierungen Christine Ebners zu einer Heiligen nahe. Während seines dreiwöchigen Aufenthalts in Engelthal ab dem 9. November 1351 tauscht sie sich nicht nur intensiv mit Heinrich über geistliche Themen aus, er verstärkt auch ihre Gnadenerlebnisse und nimmt in Christines Gesprächen mit Gott und dessen Verheißungen für diesen Weltpriester einen bevorzugten Platz ein. Eine (Mit-)Autorschaft Heinrichs an den ‚Offenbarungen' läßt sich daraus jedoch nicht ableiten; bestenfalls könnte man an einen Redaktor von Christine Ebners Visionsniederschriften denken, der insbesondere im Schlußteil Heinrich von Nördlingen an der Heiligkeit der Engelthaler Visionärin teilnehmen läßt.

Beim ‚E n g e l t h a l e r S c h w e s t e r n b u c h' aus den 40er Jahren des 14. Jahrhunderts wird man gegenüber früheren Annahmen für Christine Ebner bestenfalls nurmehr eine punktuelle Mitarbeit annehmen dürfen, auch wenn sich in ihren ‚Offenbarungen' Verweise auf das ‚Schwesternbuch' finden. Als ‚Büchlein von der genaden uberlast' berichtet es von den Tugenden und den Gnadenerweisen verstorbener Mitschwestern bis in die 30er Jahre; an Ergänzungen wie in anderen Schwesternbüchern wurde in Engelthal nicht gedacht; für Christine Ebner liegen sie freilich indirekt in ihrer ‚Gnadenvita' und in ihren ‚Offenbarungen' vor, auch wenn diese getrennt vom ‚Schwesternbuch' überliefert wurden.

Zum Korpus der Engelthaler frauenmystischen Schriften gehören schließlich noch die ‚Offenbarungen' der A d e l h e i d L a n g m a n n, die literarhistorisch und gattungstypologisch im Zusammenhang mit Christine Ebners Schriften zu sehen sind. Auch Adelheids ‚Offenbarungen' werden biographisch und ansatzweise historisch verortet: 1306 als Kind einer ratsfähigen Nürnberger Familie geboren, wird sie 13jährig verlobt. Als ihr Bräutigam bereits im ersten Jahr der Verbindung stirbt, folgt sie entgegen den Bemühungen der Verwandten um eine neue Verlobung und trotz der Versuchungen des Teufels dem Ruf Gottes und tritt in Engelthal ein, wo sie bis zu ihrem Tod (1375) ein besonders herausgehobenes Gnadenleben führt. Die datierten Ereignisse umspannen die Jahre 1330–1344 und sind aus der Perspektive des Konvents gesehen: die Kreuzprozession gegen das Interdikt, Mißernten und *hungerjor*, Nöte des Konvents, die so groß sind, daß Adelheid nur mit Gottes Hilfe ihre Mitschwestern vom Weggang abbringen kann. Die Gnadenmesse des Dominikaners Berthold von Moosburg (vgl. S. 117), die auch die ‚Gnadenvita' Christine Ebners und das ‚Engelthaler Schwesternbuch' erwähnen, löste bei Schwester Adelheid eine Christusvision aus, in der die Person Bertholds zu Christus wird, der den Konvent segnet. Man gewinnt dabei den Eindruck, daß es der Visionärin immer um eine Objektivierung ihrer Gnadenerlebnisse geht. Dies zeigt sich auch in dem Lesemeister der Dominikaner, der Adelheid nicht nur zur Niederschrift ihrer Begnadungen beauftragt, sondern sie zugleich begutachtet. Die zahlreichen Gnadenerfahrungen – unter ihnen die *unio* mit Christus auf dem Brautbett als Höhepunkt, zu dem *Spes* und *Caritas* die Schwester führen – sind dialogisch angelegt; diesen Gesprächen mit Christus als geistlichem Bräutigam und Gemahl folgen Lehrgespräche, die das persönlich Gehörte und Geschaute im Rahmen des Kirchenjahres authentisch auslegen. Zur Bestätigung der erfahrenen Gnade wird auf die Erlösung der armen Seelen aus dem Fegefeuer und auf die Bekehrung von Sündern hingewiesen. Der damit verbundene Öffentlichkeitsanspruch verwirklicht sich schließlich durch die Niederschrift der Auditionen und Visionen in der Form von Lehrdialogen. Im Zusammenhang mit diesem pointierten Außenbezug der ‚Offenbarungen' Adelheid Langmanns werden auch ihre Briefe an den Prior des Zisterzienserklosters Kaisheim (von 1340 bis 1360 war dies Ulrich III. Niblung, der mit Margareta Ebner korrespondierte; vgl. S. 127) zu sehen sein, die das Werk abschließen. Der Tendenz zur Objektivierung folgt dann auch die handschriftliche Überlieferung, in der sich eine Legendarisierung Adelheids abzeichnet.

Deutlicher als alle anderen Gnadenviten und Offenbarungsschriften stehen freilich die ‚Offenbarungen' M a r g a r e t a   E b n e r s in einem expliziten Bezug zur Öffentlichkeit. Er ist allerdings nicht am Werk selbst abzulesen, sondern an dem Interesse, das es – befördert durch den umtriebigen Weltgeistlichen H e i n r i c h   v o n   N ö r d l i n g e n – bei den oberrheinischen Gottesfreunden bis hin zu Johannes Tauler fand; dieser wurde wohl durch Heinrich 1338 sogar zu einem Besuch bei Margareta Ebner im Dominikanerinnenkonvent Maria Medingen (bei Dillingen/Donau) angeregt (vgl. S. 87). Aus den 56 erhaltenen, in einer Sammlung des 16. Jahrhunderts überlieferten Briefen Heinrichs an Margareta, läßt sich bei aller Selbststilisierung des Verfassers die Entstehungsgeschichte der ‚Offenbarungen' in Umrissen rekonstruieren. Abgesehen von seinen Briefen scheint Heinrich literarisch nicht produktiv gewesen zu sein.

Seine Fähigkeiten lagen in der praktischen Seelsorge, von der insbesondere mystisch orientierte Kreise profitierten. Auf seine Anregung hin erfolgte um 1345 wohl im Kreis der Basler Gottesfreunde die Übertragung des ‚Fließenden Lichts der Gottheit' Mechthilds von Magdeburg (vgl. Bd. II/2, S. 78–84) vom Nieder- ins Oberdeutsche, von der Heinrich noch im selben Jahr ein Exemplar an Margareta Ebner schickte.

Die biographischen Daten zu Heinrich von Nördlingen (geb. um 1300) basieren weitgehend auf Angaben in seinen Briefen. Als Weltpriester betreute er in seiner Vaterstadt Nördlingen einen Kreis frommer Frauen und besuchte am 29. Oktober 1332 erstmals den Konvent Maria Medingen, wo er Margareta Ebner kennenlernte. Aus dieser Begegnung erwuchs zwischen beiden eine tiefe Seelenfreundschaft. Im Kampf zwischen Ludwig dem Bayern und Johannes XXII. (vgl. S. 5ff.) stellte sich Heinrich entschieden auf die Seite des Papstes. Offenkundig begab er sich in diesem Zusammenhang Ende 1335 nach Avignon. Nach seiner Rückkehr (Frühjahr 1337) übertrug ihm der Kaisheimer Abt Ulrich II. Zoller im Sommer 1338 die Pfarrei Fessenheim (Ries), wogegen offenbar die Rieser Grafen von Oettingen protestierten. Noch vor einer Entscheidung des Rechtsstreits mußte Heinrich Ende 1338 aus Nördlingen fliehen, weil die Stadt den Erlaß Ludwigs des Bayern befolgte, der die Nichtbeachtung des päpstlichen Interdikts befahl. Heinrich ging zunächst nach Konstanz, bemühte sich vergeblich um die Hilfe der Königinnenwitwe Agnes von Ungarn in Königsfelden (vgl. S. 46) und fand schließlich – wie auch Tauler (vgl. S. 87) – Zuflucht im papsttreuen Basel. Hier wirkte er als erfolgreicher Prediger und gefragter Beichtvater, hier begründete er seine Freundschaft mit Johannes Tauler, den er im Kreis der mystisch gesinnten Gottesfreunde in Basel in ehrfurchtsvoller Bewunderung als *unsern lieben vatter den Tauller* bezeichnete. Er nahm Beziehungen zu den Schwestern in Klingental (Basel) und Unterlinden (Kolmar) auf. 1345 erhielt er, als er sich in Straßburg bei Rulman Merswin aufhielt (vgl. S. 129), den ersten Teil der ‚Offenbarungen' Margareta Ebners. Die geistliche Freundschaft mit ihr war von langen Zeiten der Entbehrung geprägt, die nur durch den Briefwechsel gemildert wurde: In der etwa 10jährigen Basler Zeit, während der er mehrere Reisen unternahm, konnte Heinrich nur viermal Margareta Ebner persönlich aufsuchen. 1350 kehrte er endlich aus seinem Exil zurück und sah Margareta noch einmal vor ihrem Tod (1351). Danach scheint er vereinsamt als wandernder Seelsorger gewirkt zu haben. 1351 hält er sich für drei Wochen bei Christine Ebner in Engelthal auf (vgl. S. 119). Nach ihrem Tod (1356) finden sich keine weiteren Lebenszeugnisse. Daß Heinrich seinen Lebensabend bei den Augustiner-Eremitinnen in Pillenreuth verbrachte, läßt sich nicht belegen (vgl. S. 122).

Heinrichs von Nördlingen Briefe an Margareta Ebner sind keine mystagogischen Lehrschreiben wie wir sie etwa von Heinrich Seuse kennen (vgl. S. 105); sie sind vielmehr intime Zeugnisse einer innigen Seelenfreundschaft, der nur wenige Möglichkeiten der persönlichen Begegnung gegönnt waren. Die sprachliche Intensität, die dieses Briefkorpus aus den

Anfängen des deutschsprachigen Privatbriefes auszeichnet, zeigt sich daran, daß Heinrich seine Seelenfreundin mit Wendungen der Marienhymnik anspricht und ihre gemeinsame Freundschaft mit sprachlichen Formeln feiert, die im mystischen Schrifttum der *unio mystica* zwischen Gott und der Seele vorbehalten waren. Heinrich ist vor allem durch Tauler und Seuse mit der Sprache der Mystik vertraut, aber er selbst war kein Mystiker; er bemühte sich um den Erwerb der ‚Summa theologiae' und der ‚Summa contra gentiles' des Thomas von Aquin, aber er ist kein Theoretiker. Heinrich war ein charismatischer Seelsorger, der offenkundig auch als Prediger durch seine affektive Sprache wirkte. Jedenfalls gilt dies für seine Briefe, in denen Heinrich durch sprachliche Metaphorik und Hyperbolik Margareta Ebners mystische Erlebnisfähigkeiten stimulieren und intensivieren wollte. Er drängt im Taulerschen Sinn auf Verinnerlichung (vgl. S. 89f.), dann werde sich Gott der Seele *in sich selben, in das abgrund seiner ewiger klarheit* offenbaren. Auch Heinrich ist von mystischer Sehnsucht ergriffen, die er durch Margareta Ebners ‚Offenbarungen' stillt, aber ebenso spricht aus seinen Briefen die Sehnsucht nach geistlicher Tröstung durch Margareta, von der sich der Heimatlose Heimat ersehnt. Sie ist ihm in seinen Leiden geradezu eine Gnadenmittlerin, die er zutiefst verehrt. Daneben aber gibt es eine Fülle lebensweltlicher Hinweise, unter denen die vielfachen Beziehungen zwischen den oberdeutschen Gottesfreunden, die dabei angesprochen werden, besonders aufschlußreich sind. Heinrich von Nördlingen erscheint hier im Zentrum eines religiös-mystischen Netzwerks, an dem er unentwegt weiterknüpft und das mit gegenseitigen Geschenken gefestigt wird. Die Klage, welche die Basler Begine Margareta zum Goldenen Ring in einem Brief an Margareta Ebner über den Weggang Heinrichs aus Basel äußert, läßt sich vor diesem Hintergrund durchaus verstehen. Es ist bedauerlich, daß von Margareta Ebners Briefen an Heinrich von Nördlingen nur ein einziger überliefert ist. Er bestätigt die tiefe Seelenfreundschaft der beiden, ansonsten deckt er sich mit der mystischen Gedankenwelt, von der die ‚Offenbarungen' Margareta Ebners geprägt sind.

Margareta Ebner entstammte einem Donauwörther Patriziergeschlecht; sie ist also mit ihrer Nürnberger Namensschwester Christine Ebner in Engelthal (vgl. S. 119) nicht verwandt. Um 1291 geboren, übergaben die Eltern ihre Tochter bereits in jungen Jahren den Dominikanerinnen in Maria Medingen bei Dillingen (Donau). Am 6. Februar 1312 wurde sie von einer schweren und langen Krankheit heimgesucht, die sie als ein Geschenk Gottes und als Beginn ihrer Läuterung begriff. Ab diesem Zeitpunkt war Margareta fast immer krank, was zu ihrer zunehmenden Vereinsamung im Konvent führte. Andererseits stand sie vor allem durch Briefe im Kontakt mit der Außenwelt. Heinrich von Nördlingen übermittelt ihr immer wieder Grüße aus dem Kreis der Basler Gottesfreunde; eine von ihnen, die Begine Margareta zum Goldenen Ring, die von Heinrich die (heute Einsiedelner) Handschrift des ‚Fließenden Lichts der Gottheit' Mechthilds von Magdeburg (vgl. Bd. II/2, S. 78–84) erhielt, schrieb ihr auch persönlich. Johannes Tauler richtet 1346 ein Schreiben an die Medinger Priorin Elsbeth Scheppach und Margareta Ebner, die – wohl durch Heinrich von Nördlingen vermittelt – auch mit dem Kaisheimer Zisterzienserabt Ulrich III. Niblung korrespondierte. Trotz ihres ständigen Siechtums wurde sie etwa 60 Jahre alt. Zwei Jahre nach ihrem Tod am 20. Juni 1351 wurde die älteste erhaltene Handschrift der ‚Offenbarungen', denen eine ‚Paternoster'-Paraphrase Margareta Ebners angefügt ist, geschrieben (vollendet am 25. Mai 1353).

Margareta Ebner faßte ihr Siechtum, das sie durch aszetische Übungen noch erhöhte, als eine Nachfolge in den Leiden Jesu auf; ihren Leidensweg begleitete unablässiges Beten, wovon die ‚Paternoster'-Paraphrase wenigstens ein kurzes Zeugnis gibt. Der Wunsch nach Stigmatisierung mit den Wundmalen Jesu blieb ihr jedoch bei ihrer Imitatio des Kreuzweges versagt. Erst Heinrich von Nördlingen, der sie erstmals am 29. Oktober 1332 besuchte, macht ihr einsichtig, daß es sich bei ihren religiösen Erlebnissen um mystische Erfahrungen handelt. Schließlich kann er sie dazu bewegen, mit Hilfe ihrer Mitschwester und späteren Priorin (seit 1345) Elsbeth Scheppach, ihre ‚Offenbarungen' aufzuzeichnen. In sie gehen neben dem stets präsenten Heinrich von Nördlingen durchaus auch historische Bezüge ein: Margareta Ebner weiß um die politischen Schwierigkeiten Ludwigs des Bayern, über den sie vor seinem Tod am 11. Oktober 1347 von Jesus erfährt, daß er *in nimer verlazen* werde; sie scheut aber davor zurück, dies Ludwig mitzuteilen. Im Gegensatz zu Heinrich von Nördlingen gehören Margareta Ebners Sympathien Ludwig dem Bayern, den sie in den ‚Offenbarungen' mehrfach erwähnt. Über den fränkischen Edelfreien Konrad von Schlüsselberg (gest. 1347), einem treuen Anhänger Ludwigs des Bayern, wird ihr geoffenbart, daß er die himmlische Seligkeit erlangen werde. Sie berichtet vom Diebstahl zweier ungeweihter Hostien, die eine Frau aus dem Dorf Medingen 1346 entwendete und an die Juden in Lauingen verkaufte; oder sie berichtet im Februar 1348 von der unrechtmäßigen, vom Augsburger Bischof verbotenen Bestattung einer weltlichen Dame in der Konventskirche und zum 1. November 1348 vom großen Peststerben. Der Konvent selbst ist nur durch Margareta Ebners Tagesablauf gegenwärtig; ihre geistlich gedeutete Leidensgeschichte und ihre Gnadenerfahrungen stehen im Mittelpunkt der Berichte.

Margareta Ebner eröffnet ihre Aufzeichnungen nicht mit einer biographischen Rückerinnerung, nur die Erkrankung am 6. Februar 1312 als Beginn ihrer Gnadenzeit ist ihr wichtig und steht programmatisch am Anfang der ‚Offenbarungen'. Von hier aus gibt sie zunächst rückerinnernd einen Überblick über ihre Leidensgeschichte und über die Fortschritte in ihrem geistlichen Leben bis zum Advent 1344, dem Zeitpunkt, zu dem sie ihre Niederschrift beginnt; danach setzt sie diese im Zeitrahmen des Kirchenjahres bis zum Advent 1348 fort. (Ob im Schlußteil die Lektüre des ‚Fließenden Lichts der Gottheit' Mechthilds von Magdeburg nachwirkt, das Heinrich von Nördlingen 1345 Margareta Ebner zugeschickt hatte, bedarf noch der Klärung.) Zusammen mit den genauen Datierungen nehmen sich diese vier Jahre wie eine genaue Protokollierung ihrer Krankengeschichte aus, doch die körperlichen Gebrechen erweisen sich nur als Symptome einer geistlichen Leidensgeschichte, aus der als Früchte die gewährten Gnadenerlebnisse hervorgehen. Dieser Zusammenhang zwischen Leiden und mystischer Begnadung entspricht Taulers Konzept der Leidensmystik (vgl. S. 90), und daher sind es auch Johannes Tauler und die von ihm inspirierten Mystikerkreise, die – über Heinrich von Nördlingen vermittelt – so nachhaltig an den leidgegründeten Gnadenerlebnissen Margareta Ebners interessiert sind: *es begert auch unszer lieber vatter der Tauler und ander gotzfrüind, das du uns in der gemein etwas schribest, was dir dein lieb Jhesus geb und sunderlichen von dem weszen der cristenhait und seiner fruind, die dar under vil lident* (Brief XXXII). Offenkundig hat Margareta Ebner ihre Aufzeichnungen in Teilen geliefert, an denen Heinrich von Nördlingen nichts ändern will. Die körperbetonten Beobachtungen ihrer Leiden und Krankheiten werden für Margareta Ebner zu einem Miterleben der Passion Jesu, körperorientiert sind aber auch ihre gnadenhaften Begegnungen mit Christus, *min minneklichez kint*. In den Gesprächen mit dem Christkind fragt sie ganz konkret über Ereignisse auf dem Lebensweg Jesu von der Verkündigung über die Geburt und Beschneidung bis zum Tod. Die Figur eines Christkindes in einer Wiege (ein Geschenk aus Wien) wird eines Nachts lebendig und will von ihr geherzt und geküßt werden. Die *begirde von im der hailigen besnidunge* wird allerdings nicht erfüllt, dafür darf sie aber das Christkind stillen. Man mag hierin wie in den unentwegten Krankengeschichten eine ergiebige Quelle für psychoanalytische Interpretationen sehen, damit würde jedoch der Skopos dieser Berichte verfehlt. Vielmehr handelt es sich um literarische Inszenierungen von Wirklichkeitserfahrung: Margareta Ebner will sich selbst, Heinrich von Nördlingen und den Gottesfreunden als Adressaten die Wirklichkeit der Gnadenerlebnisse bestätigen. Der gedanklichen Evidenz in der Erkenntnismystik entspricht hier der Authentizitätsanspruch in der Erfahrungsmystik, der durch die ‚Empirie' der Körperlichkeit eingelöst werden soll. Daß damit einer Mißdeutung der Erfahrungsmystik als eines pathologischen (Krankheit und Leiden) oder gemüthaft-naiven Phänomens (Christkind-Visionen) der Weg bereitet wurde, soll freilich nicht in Abrede gestellt werden.

Straßburger Gottesfreunde

Das Schreiben als Medium mystischer Praxis kennzeichnet das literarische Leben in den süddeutschen Dominikanerinnenkonventen während der ersten Jahrhunderthälfte; in der zweiten Hälfte des 14. Jahrhunderts erfährt diese mystische Schreibpraxis – nunmehr unter männlicher Führung – bei den Straßburger Gottesfreunden eine geradezu serielle Ausprägung. Die Straßburger Gottesfreunde waren Teil einer offenkundig von Basel ausgehenden oberrheinischen Frömmigkeitsbewegung, die in der Nachfolge Jesu eine Erneuerung des religiösen Lebens suchte und deren Frömmigkeitsformen auf eine mystische Vereinigung mit Gott zielten. Diesem Programm schlossen sich Laien und Geistliche, Beginen und Ordensschwestern an, aber anders als die dominikanische Frauenmystik war die Gottesfreundbewegung institutionell nicht verankert. Sie muß zwar im Zusammenhang mit der mystisch orientierten Seelsorge der Dominikaner in Südwestdeutschland gesehen werden, dennoch darf man die Gottesfreunde nur mittelbar der Dominikanermystik zurechnen. Obwohl die Spiritualität der Gottesfreunde vor allem durch Taulers Mystik geprägt war, ging der organisatorische Anstoß zu dieser Bewegung offenkundig von dem Weltgeistlichen Heinrich von Nördlingen aus. Mit Tauler freundschaftlich und spirituell verbunden, knüpfte Heinrich während seines rund 10jährigen Aufenthalts in Basel ein religiös-mystisches Netzwerk (*gar haillige erber gaistliche geselschaft, der vil in Basel ist*; vgl. S. 126), das sich in Straßburg zu einer festen Lebensgemeinschaft konkretisierte. Entscheidend dafür war wohl das Zusammentreffen Heinrichs von Nördlingen mit dem Straßburger Patrizier R u l m a n M e r s w i n (1307 bis 1382), das 1345 erfolgte und das anscheinend bei Merswin zu einer religiösen Wende führte, in deren Verlauf er 1347/48 Tauler zu seinem Beichtvater wählte.

Als Sohn einer reichen und angesehenen Patrizierfamilie erlernte Merswin den Beruf des Großkaufmanns und versah zeitweise das Amt eines Geschworenen der Münze in seiner Vaterstadt. Nach dem frühen Tod seiner ersten Frau, heiratete er in zweiter Ehe die verwitwete Gertrud von Bietenheim (gest. 1370). Nachdem die Ehe kinderlos geblieben war, entschloß sich Merswin 1347 – also im 40. Lebensjahr, dessen Bedeutung für die mystische Biographie Tauler wie Seuse herausgestellt hatten (vgl. S. 88 und 101) – gemeinsam mit seiner Frau, ein Leben in ehelicher Enthaltsamkeit zu führen. Vom Papst erwirkte Merswin für sich und seine Gattin einen Sterbeablaß. Zugleich richteten sich Merswins Aktivitäten auf den Erwerb des Straßburger Benediktinerklosters Zum Grünen Wörth, um für die männlichen Gottesfreunde – *pfaffen oder laien, ritter oder knechte* – ein festes Zentrum zu schaffen. 1367 konnte er für 500 Silbermark die Nutzungsrechte für das heruntergekommene Klostergebäude von den Altdorfer Benediktinern auf 100 Jahre erwerben; noch im selben Jahr glückte ihm der Kauf aller angrenzenden Güter. Zeigte sich hierbei wie beim vollständigen Umbau der

Anlage Merswins kaufmännisches Geschick, so bewies er bei der institutionellen Absicherung der Stiftung sein organisatorisches Talent. Um die Mitsprache des Bischofs bei der Wahl der Geistlichen zu umgehen, übereignete Merswin den Besitz 1371 nominell dem Johanniterorden, behielt jedoch die Verwaltung seiner Stiftung und ihrer Güter drei geeigneten Laienpflegern vor; er selbst übte das Amt bis zu seinem Tod am 18. Juni 1382 aus. Diese Konstruktion führte die geistliche Institution auch zu wirtschaftlichem Erfolg. Mit der Zeit konnten ebenfalls die Johanniterhäuser in Rheinau und in Schlettstadt dem Grünenwörth inkorporiert werden. Vor allem aber wurde eine Bibliothek aufgebaut, deren Bestand – darunter die älteste erhaltene Handschrift von Seuses ‚Exemplar' (vgl. S. 98f.) – an der Spiritualität der Gottesfreunde ausgerichtet war. Vielleicht erfolgte in diesem Umfeld auch die hochdeutsche Übertragung von Ruusbroecs ‚Brulocht', von der Tauler 1350 eine Handschrift anläßlich seines Besuchs in Groenendael nach Straßburg mitgebracht haben könnte (vgl. S. 88). Das Ansehen des Grünenwörth bezeugen vermögende Straßburger und Adlige, die sich hierher zu einem geistlichen Leben zurückzogen. Noch im 15. Jahrhundert wählten der Dichter Heinrich Laufenberg (zuvor Dekan des Freiburger Münsters) und der humanistisch orientierte Augsburger Patrizier Sigismund Gossembrot den Grünenwörth zum Alterssitz und zu einem Ort der geistlichen Muße (vgl. Bd. III/2).

Die Anleitung zur wahren Gottesfreundschaft, die sich in der *unio mystica* verwirklichte, erfolgte bei Meister Eckhart, bei Johannes Tauler und bei Heinrich von Nördlingen durch ihre Tätigkeit als Prediger und Seelsorger. Da dieser Weg Merswin als Laien versperrt war, entfalteten er und sein Straßburger Kreis eine außergewöhnliche literarische Betriebsamkeit, von der an die 25 Schriften zeugen. Dazu mögen ihn die literarischen Aktivitäten Heinrich Seuses und Jan Ruusbroecs angeregt haben. Wieviele dieser Werke allerdings von Merswin selbst stammen, ist bis heute umstritten. Dies hängt damit zusammen, daß die Überlieferung der Gottesfreundliteratur erst nach dem Tode Merswins (1382) einsetzt und daß sie vor ihrer Kodifikation durch den Geistlichen Nikolaus von Löwen (1339–1402) einer durchgängigen Redaktion unterworfen wurde. Dieser arbeitete seit 1366 als Merswins Sekretär und war sein engster Mitarbeiter; 1371 trat er in den Johanniterorden ein. Offenkundig wollte Nikolaus als Sammler und Redaktor der Gottesfreundliteratur wie mit ihrer Kodifizierung in mehreren Bänden eine Haustradition für den Grünenwörth schaffen, welche die *memoria* an den *gnodenreichen stifter* sichern, seine spezifische Spiritualität für die nachfolgenden Generationen fixieren, aber auch die institutionelle Absicherung der Stiftung in der Stadt und im Johanniterorden befördern sollte. Diese vielfachen Repräsentationsfunktionen nach innen und nach außen schlugen sich in einer Reihe von Textsammlungen nieder, die teilweise wohl nebeneinander entstanden sind. Durch Verweise in den Handschriften läßt sich in etwa die Entstehungsgeschichte des beachtlichen Gesamtkorpus rekonstruieren;

gleichwohl fällt ein verläßlicher Überblick schwer, weil die Überlieferung Lücken aufweist oder nur in späten Abschriften des 16. bis 18. Jahrhunderts vorliegt.

Am Anfang der Kodifikation standen drei „Urkundenbücher" *zu dütsch und zu latine*. Davon ist nur das ‚Große deutsche Memorial' (vollendet um 1391) als umfangreichste Sammlung Straßburger Gottesfreundtexte erhalten; das ‚Große lateinische Memorial' und dessen Übersetzung im ‚Kleinen deutschen Memorial' gingen dagegen verloren. Konzeptionell war das ‚Große deutsche Memorial' als Ergänzung, nicht als Übersetzung des ‚Großen lateinischen Memorials' für lateinunkundige Laien gedacht, von denen es im Grünenwörth mehr *denne pfaffen* gebe und denen *die tütschen bucher gar nütze und troestliche sint*; lediglich im zweiten Teil der deutschen Handschrift wurden drei Texte in deutscher Sprache aus dem lateinischen Kodex nachgetragen. Die Bedeutung der drei „Urkundenbücher" für den Grünenwörth bestätigt deren Beglaubigung durch Konrad von Braunsberg, Johannitermeister der deutschen Provinz. Neben dem ‚Großen lateinischen Memorial' existierte noch ein weiteres, zweiteiliges Memorial in lateinischer Sprache, von dem nur ein Teil – das ‚Erste lateinische Memorial' – erhalten ist. Auf der Grundlage der drei „Urkundenbücher" entstanden das ‚Pflegermemorial' zum Gebrauch für die drei weltlichen Pfleger, damit *ir ieglicher besunder eins het in siner gewalt*; dazu stellt sich noch ein ‚Erweitertes Pflegermemorial'. Dem ‚Pflegememorial' dürfte das verlorene ‚Meistermemorial' für den Ordensmeister der deutschen Johanniterprovinz entsprochen haben. Die 21 Briefe des ‚Briefbuchs' schließlich sind hauptsächlich an den Straßburger Johanniterkomtur Heinrich von Wolfach gerichtet; daneben enthält es auch Texte aus den anderen genannten Sammlungen (mit Ausnahme des ‚Erweiterten Pflegermemorials').

Die Komplexität dieser Überlieferungsfülle verkompliziert sich noch dadurch, daß die Schriften teils Rulman Merswin, teils seinem *heimelichen gesellen, dem lieben fründe in Oberlant* zugeschrieben werden. An dessen Existenz hat man noch zu Beginn des 15. Jahrhunderts geglaubt: Margareta von Kentzingen (gest. 1428), Mutter der Visionärin Magdalena von Freiburg (vgl. Bd. III/2), will von dem 99jährigen den Rat erhalten haben, in den Dominikanerinnenkonvent Unterlinden (Kolmar) einzutreten. Erfolglos suchten dagegen Kundschafter, angeführt von Nikolaus von Löwen, den Gottesfreund im Gebirge (etwa im Benediktinerkloster Engelberg/Schweiz), nachdem er mit dem Tode Merswins verstummt war. In der Forschung glaubte man den ominösen Gottesfreund zeitweise mit dem Häretiker Nikolaus von Basel (gest. vor 1409) identifizieren zu können; auch an Heinrich von Nördlingen wurde gedacht. Heute ist man von der Fiktion der Gottesfreundfigur überzeugt, die entweder Merswin selbst oder aber Nikolaus von Löwen geschaffen hat. Ziel dieser Fiktion könnte es gewesen sein, den Wahrheitsanspruch in Merswins Schriften zu untermauern, das Ansehen seiner Stiftung zu erhöhen und ihren Bestand ideologisch zu sichern. Vielleicht sollte mit der Figur des Gottesfreundes aber auch ein Modell für die spezifische Spiritualität der

Gottesfreunde geschaffen werden: Im Anschluß an Tauler (Predigt 49) solle man sich einem Gottesfreund, der den richtigen Weg zu Gott kennt, gehorsam anvertrauen, da er an der Stelle Gottes führe (Steer). In der literarischen Konstruktion würde Merswin auf diese Weise vorbildgebend für alle anderen Gottesfreunde.

Die Gottesfreund-Mystifikation reicht – auch in der Forschung – bis zu jenen drei Schriften zurück, die für autographe Aufzeichnungen Merswins und damit zweifelsfrei für dessen Werke gehalten werden: das ‚Neunfelsenbuch‘, das ‚Büchlein von den vier Jahren seines anfangenden Lebens‘ und das ‚Fünfmannenbuch‘. Diese drei Schriften, die als geistiges Testament Merswins im Grünenwörth wie ein Heiligtum (*heiltum*) verehrt werden sollten, will Nikolaus von Löwen nach dem Tod des Stifters in einem verborgenen Kästchen gefunden haben. Tatsächlich sind die drei Werke als Einzelschriften überliefert und wohl von der selben Hand geschrieben, auch wird die Handschrift des ‚Neunfelsenbuchs‘ auf 1352 – also in Merswins Lebenszeit – datiert, dennoch sind Zweifel erlaubt, ob es sich dabei um Merswin-Autographen handelt. Jedenfalls zeigen die Textvarianten der Grünenwörther Parallelüberlieferung aller drei Texte, daß diese Fassungen anscheinend nicht – wie zu erwarten – auf den ‚Originalen‘ basieren. Bereits diese Beobachtung verlangt eine unvoreingenommene neue Analyse des Überlieferungsbefundes. Sie wäre um eine paläographische Untersuchung zu ergänzen, da man angenommen hat, das ‚Fünfmannenbuch‘ sei von Merswin mit verstellter Schrift geschrieben worden, um auf diese Weise den Gottesfreund vom Oberland als dessen Autor zu sichern; dazu habe sogar eine bewußte Dialektfälschung gedient, die man bei diesem Werk glaubte feststellen zu können. Die Problematik dieser Thesen kann hier nur benannt, nicht gelöst werden; die nachfolgenden Ausführungen stehen daher unter dem Vorbehalt, daß sich weder zum Gottesfreund vom Oberland noch zu Rulman Merswin als Autor vorerst etwas Verläßliches sagen läßt. Diese Einsicht trifft sich freilich mit der Vermutung, daß die Gottesfreundliteratur als Gesamterscheinung ohnehin vornehmlich als Literarisierungsphänomenen zu betrachten ist und weniger als Autorleistungen bewertet werden sollte, da sie weithin eklektisch aus bereits vorhandener Literatur schöpfte.

Mit biographischem Anspruch, im literarischen Typus der Vita und in der Ich-Form tritt das ‚**Büchlein von den vier Jahren seines anfangenden Lebens**‘ auf, das 1347 einsetzt, als *ich Ruleman Merswin aller koufmanschaft und allen dem gewinne urlop gab*. Die religiöse Wende bestätigt nach 10 Wochen eine Ekstase, der dann harte Versuchungen folgen. Gegen diese kämpft Merswin mit so furchtbaren Kasteiungen an, daß ihm sein Beichtvater Tauler Einhalt gebieten muß, um sein Leben zu schonen. Zwischenzeitliche Tröstungen lassen Merswin in seiner neuen

Lebensform fortfahren, bis ihm Gott im vierten Jahr schließlich den Gottesfreund vom Oberland schickt. Ihm unterwirft sich Merswin in einem lebenslangen Bund stellvertretend für Gott; als Beweis dieses Gehorsams schreibt Merswin gegen seinen Willen die Geschichte der eigenen Bekehrung auf, die gegenüber den meisten Gottesfreundtexten – trotz des typischen Verlaufs bis zum Treffen mit dem Gottesfreund – einen durchaus selbständigen Charakter aufweist. Das hierarchische Verhältnis zwischen dem leitenden Gottesfreund und dem gehorsamen Merswin sollte offenkundig dem Kreis der Straßburger Gottesfreunde zum verpflichtenden Vorbild dienen. Daraus mag sich auch erklären, daß in der Gesamtüberlieferung mehr Schriften dem Gottesfreund vom Oberland (16) als Merswin (7) zugeschrieben werden.

Genauere Auskunft über die vom Gottesfreund propagierte geistliche Lebensform gibt das ‚Fünfmannenbuch‘, das im Überlieferungsverbund mit dem ‚Büchlein von den vier Jahren seines anfangenden Lebens‘ steht und das der Gottesfreund vom Oberland selbst geschrieben haben soll. Es berichtet vom frommen Leben, das vier Männer nach ihrer inneren Bekehrung unter der Leitung des Gottesfreundes (als fünftem der Gruppe) in der Bergeinsamkeit führen. Bei diesem gemeinsamen Leben in strenger Askese wechseln Versuchungen und Ekstasen einander ab, von denen auch der Koch Konrad am Herd nicht ausgeschlossen bleibt. Das Zusammenleben soll gleichfalls den Gottesfreunden im Grünenwörth zum Vorbild dienen, deren ständisch elitäre Zusammensetzung sich auch bei den Fünfmannen abbildet: Neben dem Gottesfreund vom Oberland gehören ein zuvor verheiratet gewesener Ritter, ein Rechtsgelehrter und ein Domherr zur Gruppe; an dem zum Christentum konvertierten Juden hingegen soll die Kraft der religiösen Bekehrung unter Beweis gestellt werden. Beide Momente greifen später weitere Bekehrungsgeschichten auf, die dem Gottesfreund vom Oberland zugeschrieben werden. Sie scheinen – wie auch das ‚Fünfmannenbuch‘ – auf keine bekannte Vorlage zurückzugreifen.

Bei den geistlichen Traktaten dagegen lassen sich Quellen sichern, zumindest deuten sie sich an. Dies gilt wohl auch für das Merswin zugeschriebene ‚Neunfelsenbuch‘, das im Hauptteil eine Vision von den neun Felsen als neunstufigem Aufstieg zur Vollkommenheit bietet. Vorgeschaltet ist eine ständekritische ‚Rügepredigt‘, die den Papst, die Kardinäle und Bischöfe ebenso umfaßt wie auf weltlicher Seite Herzöge, Ritter, Kaufleute, Handwerker und Bauern.

Die Entstehungs- und Überlieferungsgeschichte des ungemein breit überlieferten Werks (vgl. S. 139) harrt noch der Aufklärung. Möglicherweise bildete ein lateinischer Traktat ‚De novem rupibus‘ den Ausgangspunkt der Texttradition, auf den sich die deutschsprachigen Kurzfassungen der Schrift zurückführen könnten. In diesem Zusammenhang wäre auch zu klären, in welchem Umfang die lateinische Fassung – wie Nikolaus von Löwen mitteilt – tatsächlich eine Übersetzung der längeren, Merswin zugeschriebenen Fassung durch Johannes von Schaftholzheim darstellt. Dieser war Lesemeister der Augustiner-Eremiten in Straßburg und von 1356 bis 1381 auch Pönitentiar (*in poenitencialibus vicarius*) des Straßburger Bischofs. Die Augustiner-Eremiten betreuten als Beichtväter die Angehörigen des Grünenwörth; ein Brief im ‚Briefbuch' belegt für Johannes eine Beziehung zu diesem Haus.

Das ‚Neunfelsenbuch' hängt unmittelbar mit dem predigthaften Traktat ‚Von dreierlei geistlichem Sterben' zusammen, der zu Beginn vom Sterben gegenüber den Sünden, dem Nächsten und mit Jesus am Kreuz spricht, dann aber von den neun Gesellschaften der Gottesfreunde handelt, die mit den Bewohnern der neun Felsen übereinstimmen. In beiden Werken geht es darum, *von aller creatur ledig* zu werden, doch ist das ‚Neunfelsenbuch' als Dialog zwischen einem *mensche* und einer *entwurte* gestaltet. Das genetische Verhältnis der beiden Texte müßte neu untersucht werden, da neuerdings Zweifel an der These angemeldet wurden, sie würden auf eine gemeinsame Quelle zurückgehen.

Das spirituelle Programm, das die drei Einzelschriften in den literarischen Typen der Bekehrungsgeschichte und des mystisch ausgerichteten (dialogischen) Traktats formulieren, wird in der umfangreichen Textsammlung des ‚Großen deutschen Memorials' weiter entfaltet, ergänzt und vertieft. Dieser Thesaurus, der den Grünenwörth nie verlassen, sondern *an einre gemeinen stat zu ewigen memoriale* liegen sollte, wird dem nachfolgenden Überblick zugrundegelegt; er folgt also nicht der auch editorisch praktizierten Aufspaltung in Einzelschriften und deren herkömmlicher, aber problematischer Zusammenfassung in Werkgruppen, die einerseits Merswin, andererseits dem Gottesfreund vom Oberland zugeschrieben werden. Wie Seuses ‚Exemplar' soll auch das ‚Große deutsche Memorial' als eine strukturierte Einheit gesehen werden (vgl. S. 98f.). Dieses Verfahren empfiehlt sich nicht zuletzt deswegen, weil Seuses ‚Exemplar', dessen älteste überlieferte Handschrift (zwischen 1362 und 1370) aus dem Grünenwörth stammt, durchaus das Vorbild für die Anlage des ‚Großen deutschen Memorials' (abgeschlossen um 1391) gewesen sein kann.

Das ‚Memorial' leiten zwei Stiftungsberichte ein: die Stiftung einer täglichen Jakobsmesse im Grünenwörth durch Heinrich Blankhart von Löwen und seine Gattin Luitgart, gefolgt von der Stiftung des ehemaligen Benediktinerklosters zum Grünen Wörth durch Werner von Hüneburg (1150). Dieser historische Vorspann verortet die Stiftung Rulman Merswins in einer Stiftungstradition, die wohl auch für künftige Zeiten zum anregenden Vorbild dienen sollte. Zugleich dürfte mit der Nennung adliger Stifter – ebenso wie mit den nachfolgenden ritterlichen Bekehrungsgeschichten – das elitäre Selbstbewußtsein des Grünenwörth, der nur Patriziern offenstand, untermauert worden sein. Der Titel des Memorials selbst steht erst nach den beiden Stiftungsberichten: Die anschließenden Texte gelten nicht mehr dem Blick in die Vergangenheit, sondern dem ab der Stiftung Merswins nunmehr stets gegenwärtigen spirituellen Programm im Grünenwörth.

Dessen Wahrheitsanspruch dokumentiert die Beglaubigung der drei grundlegenden „Urkundenbücher" durch den Ordensmeister der Johanniter (vgl. S. 131) im unmittelbaren Anschluß an den Titel. Das darauffolgende Inhaltsverzeichnis erschließt den ersten Teil der Handschrift (Bl. 9–130), der zweite Teil (Bl. 130–262) wird dagegen nur summarisch genannt, der dritte (Nachtrags-)Teil bleibt hingegen unerwähnt (Bl. 262–280); dies läßt auf eine etappenweise Entstehung des Kodex schließen, an dem mehrere Hände beteiligt waren.

Eröffnet wird die Textreihe des ersten Teils mit zwei Bekehrungsgeschichten, in denen mit Ritter und reichem Kaufmann offenkundig das elitäre Herkommen der Angehörigen im Grünenwörth angesprochen werden soll. Nach dem Legendenmodell des Sünderheiligen schildert die Erzählung ‚**Buch von den zwei fünfzehnjährigen Knaben**' die religiöse Umkehr eines jungen Ritters und eines reichen Kaufmanns, die zunächst ein Weltleben in Sünde führten. Beide exemplifizieren zwei unterschiedliche Formen der Bekehrung, die den anfangenden Gottesfreunden als gangbare Möglichkeiten vor Augen gestellt werden: Den Kaufmann bringt eine gnadenhafte Erscheinung des Gekreuzigten zur Abkehr von seinem bisherigen Lebenswandel, den Ritter hingegen führen Enthüllungen (*guote wortzeichen*), mit denen der Kaufmann das heimliche Treiben des anderen aufdeckt, zur *conversio*. Beide Wege sind erfolgreich, denn Kaufmann wie Ritter leben nunmehr in der Gnade, die durch Visionen ihre Bestätigung erfährt. Die hier vorgeführten Bekehrungsmöglichkeiten ergänzt das ‚**Buch vom gefangen Ritter**' um zwei weitere Varianten: Einen Ritter bringt die Drangsal der Gefangenschaft zur Umkehr und zum Gnadenleben, das ihm dann die Kraft verleiht, den Burgherren durch *wortzeichen* und den ritterlichen Freund durch ein Lehrgespräch zur *conversio* zu bewegen.

Nach den zwei Bekehrungserzählungen wird das Gnadenleben und der Weg zur Vollkommenheit nach Art der Schwesternbücher durch frauenmystische Viten exemplifiziert. In den Berichten ‚**Von den beiden Klausnerinnen Ursula und Adelheid**' schlagen beide Frauen, die aus begüterten Familien stammen, die Verheiratung aus, Ursula wird Klausnerin, Adelheid Begine. Wiederum zeichnen sich in diesen Figuren unterschiedliche Wege zur neuen Lebensform ab: Ursula führt eine Vision zu ihrem Klausnerinnendasein, in dem sie schlimmste, mit harter Askese erwiderte Versuchungen peinigen, bis ihr ein Leben in Gnade geschenkt wird. Damit kann sie Adelheid beratend beistehen, die sich gleichfalls in ihren Versuchungen für ein Gnadenleben zu bewähren hat. Diese Versuchungen enden aber erst, als Ursula nach ihrem Tod Gott bittet, Adelheid von den auferlegten Prüfungen zu befreien. Wie in den Bekehrungsgeschichten, nimmt also auch in dieser gedoppelten Gnadenvita eine der beiden Figuren die Führungsrolle ein. Offenkundig wird damit eine hierarchische Struktur im spirituellen Leben der Gottesfreunde propagiert, die ebenso das Verhältnis zwischen Merswin und dem Gottesfreund vom Oberland bestimmt. Daneben beschreibt das ‚Buch von zwei heiligen Klosterfrauen in Bayern' aber auch einen gemeinsamen Weg, der Margarete und Katharina schemagerecht vom *grosseme jubele* über vielfache Versuchungen und Kasteiungen zu einer gemeinsamen Verzückung und einem langen Leben *in grosseme friden* führt.

Eine Reihe von Texten falten das spirituelle Programm der vier Eingangserzählungen weiter aus, wobei in den folgenden vier Schriften das Prinzip der Doppelung (zwei Visionen, zwei Traktate) zunächst beibehalten wird. Das ‚Buch von der göttlichen Stiege' zeigt in einer Vision den Aufstieg zur Vollkommenheit. Im ‚Buch von der geistlichen Leiter' erfahren fünf Gottesfreunde je eigene Entrückungen: die Neunfelsenvision, die Eingänge zur Hölle, zum Fegefeuer, zum Paradies und schließlich Aufschlüsse über das Jüngste Gericht. Die beiden anschließenden Traktate scheinen durch Vorlagen angeregt zu sein. Beim ‚Buch vom Fünklein in der Seele', in dem ein *heiliger altvatter* einen jungen *bruder* über die göttliche Liebe unterweist, ist der Taulersche Hintergrund unverkennbar. Zur Überwindung aller Untugenden leitet ‚Eine letze (lectio) an einen jungen Ordensbruder' an.

Dieser Gestus der Belehrung bestimmt auch die vier weiteren Texte. Im ‚Buch von eigenwilligen Weltweisen' unterrichtet ein ungelehrter Geistlicher, der sich in einen Wald zurückgezogen hat, einen selbstgefälligen Weltmenschen über die Gottesfreundschaft. Das Basler Erdbeben vom 18. Oktober 1356 nimmt das ‚Sendschreiben an die Christenheit' (‚Buch von einer Offenbarung') zum Anlaß, um im Rückgriff auf das ‚Neunfelsenbuch' die Sündhaftigkeit der Christen zu benennen. Ein nahezu 100jähriger Priester bewegt in der ‚Geschichte eines jungen Weltkindes' einen jungen Mann zur Weltentsagung. Zur Erinnerung an das Peststerben mahnt ‚Die Tafel' zum täglichen Morgen- und Abendgebet.

Alle diese Texte laufen unter dem Gottesfreund vom Oberland als Autor, die vier nachfolgenden Schriften werden dagegen Rulman Merswin zugeschrieben. Diese Abfolge spiegelt damit erneut das hierarchische Verhältnis der beiden wider. Merswin beteuert zwar im ‚Bannerbüchlein', daß Gott selbst ihn zur Aufzeichnung gezwungen habe, womit höchste Autorität für das Dargelegte beansprucht wird, tatsächlich jedoch beruhen alle vier Text auf Vorlagen. Das ‚Bannerbüchlein', das die

Gottesfreunde als Streiter gegen die Brüder vom freien Geist unter das blutfarbene Banner Christi stellt, hat eine niederländische ‚Passionscollatie' zur Quelle. Bemerkenswert an Merswins Schrift ist wiederum das elitäre Verständnis der Gottesfreunde als Gottesstreiter: Zwar stehen sie im Gehorsam zur Kirche, sie heben sich jedoch von den gewöhnlichen Christen ab und sehen sich als geistliche Speerspitze der Christenheit. Das ‚Buch von den drei Durchbrüchen' stellt sich als eine Redaktion des mystischen Traktats ‚Von den drîn fragen' dar (vgl. S. 94), der auch im ‚Meisterbuch' verwendet wurde (vgl. S. 138). Ein juristisches Buch und ein weiteres Buch *bewereter lerer* nennt Merswin selbst als Quellen seiner Schrift ‚Sieben Werke der Barmherzigkeit', die auch über die sieben Sakramente und über die sieben Gaben des Heiligen Geistes handelt. Das ‚Buch von den furkomenen gnoden' schließlich erweist sich als eine Sammlung von Exzerpten aus Ruusbroecs ‚Brulocht', von der bereits 1350 eine Handschrift in Straßburg verfügbar war (vgl. S. 130).

Dieses auf Vorlagen gestützte Schreiben bestätigt sich auch im ‚Leben Jesu' (‚Von der geistlichen Spur'), das nicht im ‚Großen deutschen Memorial', sondern nur außerhalb des Grünenwörth überliefert ist, aber gleichfalls Merswin zugeschrieben wird. In diesem Werk liegt nicht mehr als die Abschrift eines predigthaften Traktats vor, der auch unter dem Titel ‚Die geistliche Jagd' läuft. Anhand der Allegorie der Einhornjagd (Jesus als Einhorn, Gottvater als Jäger, der Heilige Geist als Jagdhorn, Gedächtnis, Vernunft und Wille als Jagdhunde) verfolgt diese Schrift das Leben Jesu in 22 Kapiteln von Weihnachten bis Pfingsten.

Offenkundig soll in den vier genannten Merswin-Texten, die den ersten Teil des ‚Großen deutschen Memorials' abschließen, die programmatische Bestimmung der Gottesfreunde zu Gottesstreitern im ‚Bannerbüchlein' geistlich untermauert werden. Dabei erscheint bemerkenswert, daß dazu neben den beiden mystischen Traktaten auch eine Schrift aus dem Umkreis der kirchlichen Pastoral tritt. Der zweite Teil der Handschrift, den das auch separat überlieferte ‚Neunfelsenbuch' (vgl. S. 133f.) eröffnet, rückt erneut zwei genuine Werke der Gottesfreund-Literatur in den Mittelpunkt. Das ‚Zweimannenbuch' liefert wiederum die Bekehrungsgeschichte zweier Gottesfreunde, die in einer älteren Fassung unbenannt bleiben, von denen aber im ‚Großen deutsche Memorial' der jüngere als der Gottesfreund vom Oberland und der ältere als Rulman Merswin identifiziert werden. Nach der wechselseitigen Erzählung ihrer Umkehr folgt ein Lehrgespräch mit 11 Fragen, die von der Verleumdung in der Welt bis zum *unterscheide eines vernünftigen menschen und eins gelossene menschen* voranschreiten und die einen gestuften Aufstiegsweg zur Vollkommenheit beschreiben.

Dialogisch angelegt ist auch das in 10 Kapiteln gegliederte ‚Meisterbuch', in dem ein Meister der Heiligen Schrift durch einen *leien* von seiner *kunst, wisheit und hoher vernunft* zu einem wahrhaft geistlichen Leben in Demut bekehrt wird. Der Geistliche gibt daraufhin seine bisherige Predigttätigkeit auf und zieht sich für zwei Jahre völlig von der Welt zurück. Nach der Begnadung durch Gott nimmt er mit großem Erfolg seine Predigttätigkeit wieder auf. Als er stirbt, erscheint er dem Laien, der ihm den rechten Weg gewiesen hat. Auch dieses Buch stützt sich auf Vorlagen. Bislang ermittelt wurden für das 1. Kapitel (‚Von 24 Stücken eines vollkommenen Lebens') der mystische Traktat ‚Diu zeichen eines wârhaften grundes', den man früher Meister Eckhart zuschreiben wollte; für den Schluß des zweiten Kapitels das ‚Goldene ABC', das in alphabetischer Reihenfolge Regeln für ein wahres christliches Leben formuliert (falls das ‚Goldene ABC' nicht aus dem ‚Meisterbuch' abgeleitet ist); für die ‚Klausnerinnenpredigt' des 9. Kapitels den Traktat ‚Von den drîn fragen' samt seiner Verwendung im ‚Buch von den drei Durchbrüchen' (vgl. S. 137). Beachtung in der Forschung hat das vielfach überlieferte ‚Meisterbuch' vor allem deswegen gefunden, weil im ‚Großen deutschen Memorial' der Laie mit dem Gottesfreund vom Oberland und im Leipziger Tauler-Druck von 1498 der Meister mit Johannes Tauler identifiziert wurde. Diese Gleichsetzungen haben zwischenzeitlich zu haltlosen Spekulationen darüber geführt, ob Taulers religiöse Wende (vgl. S. 88) nicht durch einen Aufenthalt beim Gottesfreund vom Oberland bewirkt worden sei; eine solche Annahme verbietet sich bereits im Blick auf Taulers Biographie.

Der Schlußteil des ‚Memorials' umfaßt Nachträge, unter denen der ‚**Dialog eines Klosterbruders mit einem jungen Priester namens Walther**' herausragt. Diese Bekehrungsgeschichte, in der bei einem Beichtgespräch während der Karfreitagsnacht zur inneren Umkehr geführt wird, zeigt sich vom ‚Meisterbuch' beeinflußt. Vor allem aber ist unter den Nachträgen bemerkenswert, daß sich zwei Texte auch an Frauen wenden: eine ‚Nützliche Lehre an eine Jungfrau' und das Textstück aus dem ‚**Schürebrand**', der im ‚Briefbuch' vollständig überliefert ist. Dieser Traktat, der von einem Straßburger Gottesfreund für Klarissen geschrieben wurde, belegt augenfällig, daß die literarischen Aktivitäten der Gottesfreunde in Straßburg durchaus über den Grünenwörth hinausreichten. Den Satznamen *Schürebrand* benützt der anonyme Autor für sich selbst, aber er bezeichnet auch sein Programm: Er will in den Klosterfrauen *das gnodenriche inbrünstige minnefür* zu Gott anschüren. Dazu wird jedoch weniger eine mystagogische Schrift vorgelegt (obschon die *abegescheidenheit* durchaus als Ziel genannt ist), vielmehr zielt der Verfasser nach der Art eines Nonnenspiegels auf die strenge Einhaltung der Klosterregel. Dies mag dazu geführt haben, daß der sonst unbekannte

Franziskaner Nikolaus von Blaufelden das Werk approbiert und um drei eigene Regeln ergänzt hat.

Im Blick auf die Adressatinnen verwundert es nicht, daß der ‚Schürebrand' mehrfach auch außerhalb des Grünenwörth überliefert ist. Die meisten Texte aus dem ‚Großen deutschen Memorial' blieben dagegen innerhalb der Stiftung Rulmans. Ausgenommen davon sind das ‚Neunfelsenbuch' (13 Handschriften der Langfassung, 25 Handschriften der Kurzfassung) und das ‚Meisterbuch', das neben einer dichten handschriftlichen Überlieferung zwischen 1498 und 1522 im Verbund mit Tauler-Predigten mehrfach zum Druck kam. Dagegen stehen das ‚Fünfmannenbuch', das ‚Zweimannenbuch', das ‚Buch von den furkomenen gnoden', ‚Die geistliche Leiter', das ‚Buch vom eigenwilligen Weltweisen' und die ‚Sieben Werke der Barmherzigkeit' deutlich zurück (teilweise nur 1 Handschrift außerhalb des Grünenwörth). Lediglich das ‚Leben Jesu' (‚Von der geistlichen Spur'), das vielleicht in einem jüngeren Bibliothekskatalog der Johanniter auf dem Grünenwörth genannt ist, kommt auf 11 Handschriften. Allerdings gilt es bei dieser Übersicht zu beachten, daß die Handschriftenheuristik für die Straßburger Gottesfreundliteratur noch keinesfalls abgeschlossen ist.

Obwohl die Literatur der Straßburger Gottesfreunde nach unserer derzeitigen Kenntnis weitgehend auf ihre Gemeinschaft innerhalb der Stiftung Merswins beschränkt blieb, darf sie doch als beredtes Zeugnis für die religiöse Notlage gläubiger Laien im 14. Jahrhundert angesehen werden. Mit dem großen abendländischen Schisma (1378–1417), das die Christenheit durch die unfaßbare Tatsache von Gegenpäpsten erschütterte, war diese zuvor schon durch das Interdikt verzweifelte Situation nahezu ausweglos geworden. Auf sie antwortete die Gottesfreundbewegung mit ihrem Insistieren auf innere Umkehr und mit ihren unentwegten Unterweisungen, die zur wahren Freundschaft mit Gott führen sollten. Das elitäre Selbstbewußtsein von Erwählten und die hierarchisch strukturierte, aber nicht institutionell gebundene religiöse Belehrung der anfangenden Gottesfreunde durch fortgeschrittene, wie sie allenthalben in der Literatur des Grünenwörth zu greifen ist, hat der Meinung Vorschub geleistet, hier sei mit einer Verherrlichung der Laienfrömmigkeit grundsätzliche Kritik an der klerikal bestimmten Kirche vorgebracht worden. Diese Einschätzung läßt sich aus der Straßburger Gottesfreundliteratur schwerlich belegen. Sie propagierte keine institutionelle *reformatio* der Kirche, sondern eine *renovatio* durch die Spiritualität radikaler innerer Umkehr und eines wirklich in der Freundschaft mit Gott gelebten Christentums. Rulman Merswins Straßburger Stiftung wies in diesem geistlichen Aufbruch den Laien einen besonderen Platz zu, aber die Idee der gelebten Gottesfreundschaft wie auch Tauler sie predigte, stand allen Christen offen, die zur notwendigen *kêr* bereit waren. Letztlich versuchten die Gottesfreunde, das in ihrem geistlichen Leben umzusetzen, wozu die mystisch orientierte Seelsorge vor allem der Dominikaner in dieser

Zeit nachdrücklich aufforderte. Dabei mögen die Mystifikationen um den Gottesfreund vom Oberland abstrus und zugleich einfältig anmuten, doch ließ sich über diese literarische Konstruktion die eigene Spiritualität unter einen Wahrheits- und Verbindlichkeitsanspruch stellen, der keiner institutionellen Absicherung bedurfte, der aber auch gegen keine Institution gerichtet war.

Die auffällige Massierung mystischen Schrifttums im südwestdeutschen Sprachgebiet darf nicht übersehen lassen, daß die Mystik auch anderwärts gepflegt wurde, ja daß sie – einzigartig innerhalb der spätmittelalterlich-frühneuzeitlichen Literatur – letztlich ein gesamteuropäisches Phänomen darstellt. Genannt seien nur der bedeutende flämische Mystiker Jan van Ruusbroec (gest. 1381), den Johannes Tauler kannte und dessen ‚Brulocht' bereits 1350 nach Straßburg kam, sowie Birgitta von Schweden (gest. 1373) mit ihren ‚Revelationes'; da ihre Wirkungsgeschichte in Deutschland erst im 15. Jahrhundert deutlicher greifbar ist, sollen sie in Bd. III/2 behandelt werden.

Zwei Mystikerinnenviten seien, da in lateinischer Sprache abgefaßt, nur am Rande erwähnt. Die Bauerntochter Christina von Stommeln (1242–1312) wurde von den Teufeln so schwer heimgesucht, daß sie die Kölner Beginen 1259 wieder zu den Eltern nach Stommeln (nördlich von Köln) zurückschickten. Ihre Passionsmystik führte zur Stigmatisierung; durch Visionen erlebte sie in ihrem Leiden himmlische Tröstungen. Die Vita und den Briefwechsel der Seliggesprochenen stellte der schwedische Dominikaner Petrus von Dacien als ihr Seelenführer zusammen. – Diese Aufgabe übernahm für Dorothea von Montau (1347 bis 1394) zum Zweck der Heiligsprechung der gelehrte Deutschordenspriester Johannes Marienwerder (1343–1417). Obwohl die Bauerntochter Dorothea sich seit Kindheit der Leidensfrömmigkeit widmete, wurde sie 1363 einem Danziger Schwertfeger zur Frau gegeben, dem sie neun Kinder gebar. Für ihr mystisches Leben war ihr Birgitta von Schweden ein Vorbild. Als Witwe ließ Dorothea sich 1393 bis zu ihrem Tod als Rekluse am Marienwerder Dom einmauern, um ganz ihren Visionen zu leben. Die lateinische Vita, die ihr Seelenführer Johannes Marienwerder verfaßte, war die Grundlage für seine deutsche Fassung ‚Leben der zeligen vrouwen Dorothea'.

Franziskanisch orientierte Mystik

Die auffällige Dominanz des Dominikanerordens bei der Fülle des mystischen Schrifttums vor allem in der ersten Hälfte des 14. Jahrhunderts ist nicht zu bestreiten, dennoch wäre der Eindruck falsch, als seien die anderen Orden auf diesem Gebiet stumm geblieben. Bereits die literarische Produktivität der Augustiner-Eremiten (vgl. S. 84f.), die sich in der Forschung zunehmend herauskristallisiert, belehrt eines besseren. Auch bei den Franziskanern bleibt es – etwa mit der Überlieferung der Schriften

Davids von Augsburg (vgl. Bd. II/2, S. 73–75) – bei keiner bloß rezeptiven Tätigkeit, das umfangreiche und einflußreiche Werk des Franziskaners Marquard von Lindau (gest. 1392), zeitweise Lektor am Studium generale in Straßburg, das wegen der Wirkungsgeschichte erst in Bd. III/2 vorgestellt wird, korrigiert das Bild für die zweite Jahrhunderthälfte nachhaltig. Für die erste Hälfte des 14. Jahrhunderts fällt diese Rolle vor allem dem Franziskaner R u d o l f   v o n   B i b e r a c h zu. Gerade bei der deutschsprachigen Rezeption seines Hauptwerkes zeigt sich die Problematik der – darstellungsbedingten – Trennung zwischen dominikanischer und franziskanischer Mystik.

Die wenigen urkundlichen Zeugnisse legen nahe, daß Rudolfs Tätigkeitsfeld vor allem auf Straßburg konzentriert war. Jedenfalls wirkte er dort von 1304 bis 1319 bei der vermögenden Familie Hauwart als Beichtvater und Testamentsvollstrecker. Handschriften nennen ihn *magister*. Er hielt sich wohl auch in Paris auf und lehrte offenkundig als Lektor am Straßburger Studium generale der Franziskaner. Aus seinen lateinischen Schriften spricht eine große Gelehrsamkeit, die sich auf patristische und hochmittelalterliche Autoren stützt. Als Seelsorger muß Rudolf einen besonderen Ruf genossen haben, da er aufgrund eines päpstlichen Privilegs als Beichtvater den österreichischen Herzog Leopold I. (gest. 1326) auf dem Sterbebett betreuen durfte.

Seinem mystisch-asketischen Hauptwerk ‚De septem itineribus aeternitatis' war ein ungewöhnlicher, bis ins 18. Jahrhundert reichender Erfolg beschieden. In über 100 Handschriften und seit 1495 auch gedruckt in ganz Mitteleuropa verbreitet, lief es vielfach sogar unter dem Namen des großen Franziskanertheologen Bonaventura. Der wohl um 1300 geschriebene Traktat handelt über die sieben Wege, die den Menschen stufenweise zur Wiederherstellung seiner zerstörten Gottesebenbildlichkeit (*imago dei*) und zum Eintritt „in die Dunkelheit des göttlichen Nichtwissens" führen sollen. Die Erkenntnis Gottes in der *unio* ist intellektgeleitet, muß jedoch – in der Tradition der franziskanischen Theologie – von der Liebe bestimmt sein. Rudolf stützt sich dabei auf Pseudo-Dionysius Areopagita (vgl. S. 61) und dessen Kommentatoren. Teilweise eigene Wege geht er dagegen bei der Verbindung der fünf geistlichen Sinne mit der Eucharistie, die den Menschen sakramental zu einem Erfassen Gottes führen. Im Zusammenhang mit der Kommunion erhält der Geschmackssinn (*gustus*) eine zentrale Rolle, da er alle anderen Sinne zu wecken vermag.

Rudolf von Biberach gelang mit diesem Werk eine Art von geistlichem Handbuch, das über den Franziskanerorden hinaus bei mystisch-asketisch orientierten Gläubigen auf Interesse stieß. Die älteste datierte Handschrift (1348) stammt vom Straßburger Dominikaner Hermann Wazzerburger. Bei den Basler Gottesfreunden kam es dann auch zu einer sprachlich bemerkenswerten Übersetzung unter dem Titel ‚Die siben strasse di in got wisent'. Erhalten ist sie in einer Eckhart-Handschrift aus dem Nachlaß der Basler Begine Margareta zum Goldenen Ring, die von Heinrich von Nördlingen die Übersetzung des ‚Fließenden Lichts der Gottheit' Mechthilds von Magdeburg erhalten hatte und die über ihn mit Margareta Ebner in Verbindung stand (vgl. S. 126f.). Diese Überlieferungsbefunde zeigen aufs deutlichste, wie sehr auf der Ebene der Rezeption ganz unterschiedliche mystische Traditionen ineinanderfließen, die aus ideen- und gattungsgeschichtlichen Gründen (denen sich auch die vorliegende Darstellung nicht entziehen konnte) herkömmlich getrennt behandelt werden.

In den Umkreis des Wiener Hofes weist das ‚Büchlein von der geistlichen Gemahelschaft', dessen Autor sich schlicht Konrad nennt. Mit guten Gründen vermutet man in ihm K o n r a d S p i t z e r, Ordenspriester im Wiener Minoritenkloster zum Hl. Kreuz. Der Franziskanerprovinz Austria stand er 1356–1365 als Landmeister vor; danach wirkte er als Beichtvater am Wiener Hof Albrechts III. (vgl. S. 55). Das Werk dürfte zwischen 1365 und 1380 (dem Todesjahr Spitzers) entstanden sein. Seine literarische Form als Reimpaardichtung (etwa 6500 Verse) scheint sich an der zeitgenössischen Wiener Literatur zu orientieren, die vor allem durch Heinrich den Teichner (vgl. S. 310ff.) geprägt war. Jedenfalls zeigt die Einleitung ins Werk Anklänge an die Teichner-Rede und an Peter Suchenwirt (vgl. S. 341ff.). In der Reimpaarform war dem ‚Büchlein' freilich kein Erfolg mehr beschieden (nur 1 Handschrift); erst die Prosaauflösung (um 1418/30) im Zuge der Melker Reform (vgl. Bd. III/2) führte zum Erfolg bis hin zu Druckauflagen (seit 1476), die unter dem Titel ‚Buch der Kunst' erschienen sind.

Konrad handelt die Vereinigung der Seele mit Gott unter der traditionellen Vorstellung der Brautschaft (*gemahelschaft*) ab. Diese Vereinigung ist in der Taufe begründet, und sie wird im Tod endgültig besiegelt. Auf der Grundlage der franziskanischen Gnadenlehre soll jedoch auch eine geistliche Gnadenhochzeit im irdischen Leben des Menschen möglich sein. Sie wird mit dem Werben des himmlischen Königs um sieben Jungfrauen durch Boten vorbereitet. Die Entscheidung fällt auf die siebte Jungfrau, weil sie sich in allen Anfechtungen bewährt hat. Sieben Tugendpersonifikationen, mit *sapientia* an der Spitze, bereiten sie durch Unterweisung auf die Hochzeit vor. Dabei werden die fünf Sakramente in ihrer Bedeutung für den Menschen herausgestellt, wobei Ehe und Priesterschaft besonders lehrhaft abgehandelt sind. Die Gnadenhochzeit bildet zwar den Höhepunkt des Werks, sie stellt aber nicht den Schlußpunkt dar: Der Mensch hat sich auch danach der Gefährdung durch die Welt und die teuflischen Versuchungen zu wehren, um schließlich nach dem Tod zur ewigen Hochzeit heimgeholt zu werden. Mit der *geistlichen gemahelschaft* ist das ‚Büchlein' zwar mystisch orientiert, doch treibt den

Verfasser unverkennbar ein seelsorgerlicher Impetus, dem die Möglichkeit einer *unio* im irdischen Dasein ein Vorspiel für die ewige Hochzeit bedeutet.

Der weite Bogen, der in diesem Kapitel zu ziehen war, umspannt ganz unterschiedliche Formen der mystischen Spiritualität: die Erkenntnis- und Erfahrungsmystik ebenso wie die praktizierte Mystik und mystisch orientierte Seelsorge. Und dieser Bogen ist hier keinesfalls an sein Ende gekommen: Mehrfach war zu erwähnen, daß die Überlieferungs- und Wirkungsgeschichte zahlreicher Texte bis in die Neuzeit reicht. Mit der vielleicht noch im 14. Jahrhundert entstandenen Schrift ‚Der Frankfurter' (vgl. Bd. III/2) wurden über Luther Gedanken Eckharts, Taulers und der spekulativen Mystik sogar bis in die Gegenwart transportiert. Der Reichtum mystischen Schrifttums in seiner teilweise dichten Vernetzung, vor allem in der ersten Hälfte des 14. Jahrhunderts, bleibt freilich eine singuläre Erscheinung. Die Mystik als intensivste Suche nach Orientierung und Lebenssinn ist eine radikal die Geschichte ausblendende und auf das eigene Leben konzentrierte Antwort auf tiefgreifende Erschütterungen und Krisen in der Kirche und im Reich (vgl. S. 2ff.); im über 20jährigen Interdikt (seit 1324) und seinen direkten Auswirkungen auf die Gläubigen kommt dies besonders erschreckend zum Ausdruck. Daß dabei auch Antworten gefunden wurden, die weit über diese Zeit hinaus überzeugten, erhebt die Mystik zur unbestritten wichtigsten Erscheinung in der deutschen Literatur des 14. Jahrhunderts.

Die literarischen Formen

Die Großgliederung des systematischen Überblicks kann sich weiterhin an die Unterscheidung zwischen Formen der Versliteratur und Formen der Prosaliteratur halten (vgl. Bd. II/2, S. 85), nur daß im 14. Jahrhundert die Prosaliteratur nach dem Durchbruch im 13. Jahrhundert erheblich an Gewicht gewinnt. Selbst in der Untergliederung ergeben sich keine Veränderungen, wohl aber erhebliche Umschichtungen im Gattungsspektrum und zum Teil so tiefgreifende Neuerungen, daß unter ein und dem selben Begriff ganz Unterschiedliches gemeint sein kann: So fällt das traditionelle Minnelied ebenso wie das ab der zweiten Hälfte des 14. Jahrhunderts völlig neu strukturierte Liebeslied unter die Bezeichnung Lied. Soweit unter dem Mantel der Gattungsbezeichnungen solche weitgehenden Um- und Neuorientierungen vor sich gehen, wird es notwendig sein, diese Bereiche genauer zu betrachten, um angesichts der Tradition das Entstehen des Neuen, aber auch das Ende von Traditionen richtig erfassen zu können.

Formen der Versliteratur

Das 14. Jahrhundert schließt auch dort an den bewährten Traditionen der Versliteratur an, wo es – wir vor allem im Bereich der literarischen Rede – ein Gattungsspektrum in einem bislang unbekannten Umfang und in einem erstaunlichen Reichtum ausfaltet. Dabei erscheint das Festhalten an Vers und Reim bei den literarischen Formen, die nach wie vor von der Mündlichkeit bestimmt sind (Lyrik, Spiel), als selbstverständlich, auf den ersten Blick verwunderlich bleibt das zunächst nahezu zähe Festhalten an den Formen der Versliteratur aber vor allem an jenen Gebieten, in denen die Prosa rasch einen Durchbruch erzielt und nach der Vorherrschaft greift: Dies ist insbesondere bei der geistlichen Literatur der Fall, zum Teil auch bei der Geschichtsschreibung. Und bemerkenswert bleibt auch, daß sich nach den Vorgaben der geistlichen Literatur sowohl die Groß- und Kleinepik wie die Klein- und Großdidaktik fast ausschließlich der Prosaform verschließen. Ein solcher Befund nährt die Vermutung, daß mit diesem Formentraditionalismus auch eine inhaltliche Aussage verknüpft ist: In den Wirrnissen und Verunsicherungen der Zeit soll die Beständigkeit der Form Vertrauen zum jeweils behandelten Thema schaffen und dessen Verbindlichkeitsanspruch untermauern. So betrachtet, leisteten also auch die Formen der Versliteratur einen spezifischen

Beitrag zur Orientierung in einer völlig unsicher gewordenen Welt, auf deren Komplexität im Rahmen des literarisch Möglichen dauerhaft freilich nur die Prosa formal adäquat antworten kann.

Formen der Lyrik

Mit der vorerst weiterhin gültigen höfischen Justierung der Lyrik bleibt auch deren Spektrum mit Lied, Sangspruchdichtung und Leich erhalten. Aber bei genauerem Zusehen zeigt sich der Wechsel vom Minnelied zum Liebeslied, das zunächst weiterhin höfisch gebunden ist, das sich aber mit seiner inhaltlichen Schematisierung im 15. Jahrhundert auch stadtbürgerlichen Kreisen öffnen wird. Mit dem Wandel von der Sangspruchdichtung zur meisterlichen Lieddichtung tritt gleichfalls die Stadt und der stadtbürgerliche Dilettant in den Blick, der während des 15. Jahrhunderts im Meistergesang zur zentralen Autorfigur wird. Die Leichdichtung hingegen verliert ihr thematisches Feld an die literarische Rede oder an andere lyrische Formmuster. Mit dem geistlichen Lied und dem historisch-politischen Ereignislied, die von Anfang an nicht der höfischen Lyrik zugehörten, vergrößert sich der Wirkungsbereich der außerhöfischen Lieddichtung. Bei allen diesen Veränderungen und Neuerungen tritt immer wieder die Mitte des 14. Jahrhunderts als eine Wendemarke zwischen Spätmittelalter und Früher Neuzeit in den Blick. Dieser epochale Wandel läßt sich wohl in keinem anderen Gattungsbereich so gut ablesen wie in der Lyrik.

Lied

Im Bereich der Liebeslyrik entsteht im 14. Jahrhundert auf der Grundlage des zunächst weiterhin gepflegten Minnesangs die zukunftsträchtige, auf einem neuen Liebeskonzept beruhende Form des Liebesliedes. Diese Wende zeichnet sich – zumindest rückblickend – in der Kodifizierung der Minnesangtradition von ihren faßbaren Anfängen bis zur Entstehungszeit der Sammelhandschriften ab (vgl. Bd. II/1, S. 63–65), die mit der ‚Kleinen Heidelberger Liederhandschrift' (A) bereits im letzten Viertel des 13. Jahrhunderts einsetzt und um 1350 mit der lokalpatriotisch bestimmten Walther-Reinmar-Sammlung Michaels de Leone in der ‚Würzburger Liederhandschrift' (E) weitgehend ihren Abschluß findet; dazu stellt sich auch die autororientierte, um 1300 angelegte Neidhart-Sammlung in der Riedegger Handschrift R. Spätere Aufzeichnungen des 14. und des 15. Jahrhunderts stehen situativ und funktional in anderen Zusammenhängen (vgl. Bd. III/2). Es handelt sich bei den älteren Sammlungen – als Ansatz zur Ausbildung von Leselyrik – ausschließlich um Textdokumentationen, die sich prinzipiell am Textautor und nicht – wie dann die ‚Jenaer Liederhandschrift' (J; vgl. S. 174f.) – an den Töneautoren orientieren. Mit ihren Autorbildern und ihrer kalligraphischen Aufmachung präsentieren sich die ‚Weingartner Liederhandschrift' (B) und die ‚Große Heidelberger Liederhandschrift' (C), diese außerdem noch durch ihr Folioformat, zu allererst als ‚Schaustücke', deren Rückführung in Vortrag und Aufführung zuvörderst der Ergänzung durch Melodien bedurfte.

Die Liebeslieder des 14. (wie des 15.) Jahrhunderts sind hingegen überwiegend mit Noten überliefert. Die neue Liedtradition steht also nunmehr jedem Sangeskundigen offen, der neben der Text- auch die Notenschrift beherrscht; man war nicht mehr allein auf Vortragskünstler angewiesen, die das notwendige Melodienrepertoire im Gedächtnis gespeichert hatten und es dort zur jeweiligen Lieddarbietung abriefen. Auch tritt das Liebeslied in der späteren Liederbuchüberlieferung und in den Meisterliederhandschriften, aber ebenso in der Streuüberlieferung weitgehend anonymisiert auf: Der Vollzug des Liedes, nicht die feiernde Erinnerung eines Liedautors steht im Mittelpunkt. Daneben findet sich gegen Ende des 14. Jahrhunderts vereinzelt auch der Typ der Autorhandschrift.

Dahinter kann eine vom Autor ausgehende Sammelintention stehen (Hugo von Montfort), wie sie in der Sangspruchdichtung schon für Reinmar von Zweter, also in der ersten Hälfte des 13. Jahrhunderts, vermutet werden darf (vgl. S. 176) und wie sie im 15. Jahrhundert – sogar mit Autorporträt – für Oswald von Wolkenstein (vgl. Bd. III/2) manifest wird. Dazu treten – wenn auch erst im 15. Jahrhundert faßbar – offenkundige Korpussammlungen (Mönch von Salzburg), die um 1300 in der Riedegger Neidhart-Handschrift ihren Vorläufer haben und deren Typ in der ersten Hälfte des 15. Jahrhunderts bei Muskatblut (vgl. Bd. III/2) begegnet. Die großen Minnesangsammlungen dagegen folgen zwar dem Autorprinzip, aber die Korpushandschrift für einen einzelnen Autor bleibt die Ausnahme: Die Walther- (und ‚biographisch' damit verbunden die Reinmar-)Sammlung in der ‚Würzburger Liederhandschrift' scheint der Verehrung Walthers von der Vogelweide an seinem damals gewußten Begräbnisort in Würzburg verdankt zu sein.

Wie traditionsorientiert die Liedpflege an den mittelrheinischen Höfen in der ersten Hälfte des 14. Jahrhunderts war, zeigt die literarische Textsammlung, die Rudolf Losse in einem der sieben von ihm veranlaßten Kopialbücher hat anlegen lassen. Ihre Traditionsgebundenheit erstaunt umso mehr, als Losse in seinem rührigen Diplomatenleben mit vielen Höfen bis hin nach Prag in Berührung gekommen sein und deren literarisches Leben kennengelernt haben muß.

Der früh verwaiste Sohn eines thüringischen Ministerialen aus der Nähe von Eisenach studierte etwa 1328–1332 in Montpellier und Trier, wurde 1332 Notar in der kurtrierischen Kanzlei und verdiente sich am Zustandekommen des Kurvereins von Rhens (1338) seine diplomatischen Sporen (vgl. S. 8). Nach den unteren geistlichen Weihen (1340) wirkte er im kirchlichen Gerichtswesen und von 1344 bis 1354 als oberster geistlicher Richter der Diözese Trier. Für die Wahl Karls IV. zum deutschen König (1346) zog er im Auftrag des Mainzer Erzbischofs Baldewin (gleichfalls aus dem Geschlecht der Luxemburger) im Hintergrund die Fäden. Als Mainzer Domdekan (1346 ernannt) und mit vielen Pfründen für seine Verdienste begabt, konnte er bis zu seinem Tod (1364) frei von finanziellen Sorgen leben.

Rudolf Losses Sammlung deutscher Gedichte (daneben gibt es auch eine kleine Sammlung von geistlichen und weltlichen Liedern in Latein, eines davon im Barantton des Peter von Sachs) umfaßt fünf Reimpaarreden, drei Sangspruchdichtungen und fünf Minnelieder. Sie vermitteln einen zwiespältigen Eindruck: Mit einem Vexiergedicht, das je nach Bezug der Negation als Frauenpreis- oder Frauenscheltlied verstanden werden kann, mit drei Rondeaux, einem im Minnesang kaum vertretenen Liedtyp (der sich auch unter den lateinischen Liedern findet und vielleicht auf Losses Aufenthalt in Frankreich zurückzuführen ist), mit dem Fehlen der großen Traditionsnamen vermittelt die kleine Liedsammlung einen modernen, auf Sprachartistik abhebenden Eindruck. Er scheint durch die Berücksichtigung von zwei weiteren Minneliedern bestätigt zu werden, deren Autoren – ein Schenk von Lißberg (Oberhessen) und Ulrich von Baumburg (Schwaben) – an der Wende vom 13. zum 14. Jahrhundert tätig waren. Ihre Lieder stehen aber in der Formtradition Ulrichs von Winterstetten, ein weiteres anonymes Minnelied stellt sich in die Nachfolge Heinrichs von Morungen: Traditionsbindung also trotz des Bemühens um Modernität. Dazu paßt, daß sich von Frauenlob, der Anfang des 14. Jahrhunderts den Mainzer Erzbischof zum Gönner hatte, kein Text findet.

Die Losse-Sammlung bestätigt, daß der traditionsgebundene Minnesang bis ins beginnende 14. Jahrhundert eine Kunstübung vornehmlich adliger Dilettanten war. Hinzu treten – jedenfalls nach Lage der Überlieferung – nur vereinzelt fahrende Berufsdichter, in deren vom Sangspruch bestimmten Repertoire der Minnesang an zweiter Stelle steht.

In Oberdeutschland sind dies Der Junge Meißner mit 25 Spruchstrophen und (nur in C) zwei dreistrophigen Minneliedern sowie Der Kanzler mit 42 sicher zuordenbaren Spruchstrophen und (nur in C) 12 dreistrophigen Minneliedern. Nur bei dem durch seine Traditionspflege zu Beginn des 14. Jahrhunderts hervorstechenden nord- und mitteldeutschen Raum findet sich im Falle von Wizlav (vgl. S. 173) ein umgekehrtes Verhältnis: Unter den 47 teils fragmentarisch überlieferten Strophen entfallen 31 oder 32 auf (fast ausnahmslos) dreistrophige Minnelieder.

Bei der Orientierung an der Tradition zeichnen sich Akzentuierungen ab, die allerdings auch durch das Sammelinteresse – insbesondere der ‚Großen Heidelberger Liederhandschrift' (C) als hauptsächlichen und oft unikalen

Überlieferungszeugen – bedingt sind. So fällt bei den adligen Dilettanten Oberdeutschlands (was mit wenigen Ausnahmen die Schweiz meint) vor allem eine Nachahmung Gottfrieds von Neifen auf (vgl. Bd. II/2, S. 21), während Der Junge Meißner und Der Kanzler als Berufsdichter auch Konrad von Würzburg (s. Bd. II/2, S. 95f.) und dessen Minnelieder ohne persönlichen Minnedienst zur Orientierung nehmen. Dem schwäbischen Ministerialen Ulrich von Baumburg (6 Lieder in C), der sich im Lied 6 selbstbewußt von den professionellen Sängern absetzt: *swer getragener kleider gert, der ist nit minnesanges wert* (III, S. 13f.), gelingt es durch überraschende Wendungen und Bilder, aber auch mit geschickt eingesetzten Steinmar-Reminiszenzen (vgl. Bd. II/2, S. 90f.), dem konventionellen Minnesang, an dem auch er sich orientiert, einen eigenen Stempel aufzudrücken. Dies gilt schließlich auch für Otto zum Turm (5 Lieder in C), der vielleicht einem zwischen 1275 und 1330 belegten Rapperswiler Ministerialengeschlecht (Zentralschweiz) entstammt: Er erinnert im Gebrauch des *ornatus difficilis* an Wolfram von Eschenbach (vgl. Bd. II/2, S. 93), auf den auch die Titurel-Strophe zurückgeht, die Otto zwei Liedern (eines davon elfstrophig!) zugrundelegt; damit lehnt er sich an den Tönegebrauch der Sangspruchdichter an (vgl. S. 177f.), denn in der Regel wartete jedes Minnelied mit einem eigenen Ton auf. Trotz alledem liefert vor allem Gottfried von Neifen für die oberdeutschen Minnesänger das vorbildgebende Muster, das auch den zuletzt genannten Dichtern durchaus bekannt war.

In Neifen-Nachfolge steht der südbadische, von 1273 bis 1303 bezeugte Ministeriale Brunwart von Augheim (5 Lieder in C) ebenso wie Der von Trostberg (6 Lieder in C), vielleicht einer der zwischen 1262 und 1303 belegten Tiroler Herren von Trostberg und Velthurns. Vor allem aber werden eine Reihe Schweizer Minnesänger im ausgehenden 13. Jahrhundert durch Neifen-Nachahmung charakterisiert: so Albrecht, Marschall der Grafen von Rapperswil, mit seinen 3 Liedern (nur in C), aus dem Thurgauer Freiherrengeschlecht Jakob von Warte (eventuell der 1272–1327 bezeugte Bruder Rudolfs von Warte, der 1308 an der Ermordung König Albrechts I. von Habsburg beteiligt war) mit seinen 6 Liedern (nur in C), der Freiherr Heinrich von Frauenberg (5 Lieder in C) und Konrad von Altstetten aus der St. Galler Ministerialität (3 Lieder in C). Vor allem aber ist mit einem beachtlichen Œuvre von 22 Liedern (nur in C) der Schenk Konrad von Landeck zu nennen.

Konrad von Landeck entstammte einem Thurgauer Ministerialengeschlecht der Grafen von Toggenburg und versah das Schenkenamt – bezeugt von 1271 bis 1306 – des Stifts St. Gallen. Ein Hinweis in Lied 5 läßt auf Konrads Beteiligung an der Belagerung von Wien (1276) durch Rudolf I. von Habsburg schließen (vgl. Bd. II/2, S. 46) – ein Realitätspartikel, das geschickt ins Minnemodell à la Neifen mit dem *mündel rôsenrôt* eingebracht wird (V, 4–10):

Lied

> *Der vil süezzen, der ich diene,*
> *singe ich disen sang vor Wiene,*
> *dâ der künig lît mit gewalt.*
> *Der bedenket des rîches nôt –,*
> *so gedenke ich nâch dem gruozze,*
> *den so minneklîchen suozze*
> *gît ir mündel rôsenrôt.*

Ebenso wird in Lied 13 ein Länderkatalog (*Hanegöwe, Brabant, Flandern, Frankrîch, Picardîe*) eingespielt, der eine Teilnahme Konrads an König Rudolfs Heerfahrt gegen Otto, den Pfalzgrafen von Hochburgund (1289) vermuten lassen, um die *vil süezze, reine, wandels vrîje* in *Swâben* über alle Damen der aufgelisteten Länder zu stellen. Doch mehr als mit diesen knappen Realitätsbezügen (einschließlich der kleinen Ornithologie in Lied 19) gelingt es Konrad mit einem überreichen *ornatus facilis* (teilweise geradezu exzessiv der Gebrauch von Annominatio, Polyptoton und Figura etymologica), seinen 10 Winter- und 12 Sommerlieder einen eigenen Glanz zu verleihen. Die Entfaltung eines persönlichen Stils gelingt Konrad also – und damit steht er stellvertretend für die genannten Minnesänger – nur durch eine Anbindung an eine Liedtradition, die mit der nachhaltigen Rhetorisierung und mit den schematisierten Natureingängen von Gottfried von Neifen über Ulrich von Winterstetten (vgl. Bd. II/2, S. 31f.) bis zu Konrad von Würzburg reicht. Eine grundlegende Erneuerung des Minnesangs tritt hier nirgends in den Blick.

Neifen-Einfluß ist auch bei den Minnesängern Thüringens erkennbar, aber er ist dort deutlicher mit anderen Stilrichtungen und -elementen durchsetzt. Dies zeigt sich anschaulich an dem kleinen Korpus dreier Sänger, das die ‚Große Heidelberger Liederhandschrift' in einem Nachtrag zusammenfaßt: Christan von Luppin (7 Lieder), Heinrich Hetzbold von Weißensee (8 Lieder) und Der Düring (7 Lieder).

Von ihnen schließt sich D e r D ü r i n g – vom Namenstyp wohl ein fahrender Berufsdichter – in seiner Sprach- und Formartistik über Neifen hinaus deutlich an Konrad von Würzburg an. Die beiden anderen Sänger bevorzugen dagegen eine affekthaltige Motivik, die an Heinrich von Morungen (vgl. Bd. II/1, S. 157 bis 166) erinnert und die auch bei einem anonymen Lied in der Losse-Sammlung (vgl. S. 147) zu fassen war. C h r i s t a n v o n L u p p i n, ein Ministeriale der thüringischen Grafen von Beichlingen, war auf der Rothenburg bei Kelbra am Kyffhäuser ansässig, belegt zwischen 1292 und 1312, seit 1311 Marschalk des Markgrafen Heinrich von Brandenburg als neuen Dienstherren. Auch Christan kennt die Stereotypie des Neifenschen *munt roeter danne rôt*, er ergänzt sie noch um *hende weich*, bei denen sich die Frage aufdrängt: *sint dâ bein inne?*, aber Wendungen wie *wirt sie mir nicht hie, secht, sô wirt sie mir dâ* (d.h. in *himilrîch*) erinnern unweigerlich an Morungen. Noch mehr gilt dies für H e i n r i c h H e t z b o l d von Weißensee, 1319–1345 als Kastellan von Weißensee bei Erfurt bezeugt: Bei ihm reicht die Morungen-Nachfolge bis in die Formgebung, Bildsprache und Wortwahl: *Sêt an ir munt, in ir ougen und brüevet ir kinne unde merket ir kele [...] gnâd, ein keiserinne, ich muoz dîn eigen sîn* (vgl. MF 141,1). Aber wenn er die repräsentative Frauenrolle in Lied II mit einem Decknamen (*der Schoene Glanz*) belegt, stößt Heinrich an die Grenzen des Minnesangs, und er durchbricht sie, wenn er in Lied I explizit seinen Namen nennt: *ûf rîchen solt dir singet Hetzebolt*.

Nicht minder aufhorchen läßt, wenn Morungens Expressivität bei Heinrich Hetzbold in Formulierungen umschlägt wie *ich tummer affe* (Lied I), *hopfgarten nant ich grübelîn* (Lied II), *mîn zertel* (Lied III), *mündel vreche* (neben *rôtem munde*), das sich formt, *als ez viunviu spreche* oder *mîn zuckerkrûtken* und *trût herzen trûtken* (Lied VII). Damit wird eine Tonlage angeschlagen, die auf das Liebeslied vorausweist. Der Ansatz dazu bleibt jedoch zu isoliert und vor allem zu sehr in ein vorherrschendes Traditionsgefüge eingebettet, um eine neue Tradition zu begründen.

Gegenüber diesen Einzelstimmen zeichnet sich im Osten Deutschlands um 1300 ein kleiner Literaturzirkel fürstlicher Minnesänger ab, die auch verwandtschaftlich verbunden waren und die mit Graf Heinrich I. von Anhalt (1212–1245) wie mit dem Markgrafen Heinrich III. von Meißen (1230–1288) ebenfalls zwei Minnesänger als ältere Verwandte hatten (vgl. Bd. II/2, S. 87f.): König Wenzel II. von Böhmen (1278–1305), Herzog Heinrich (IV.?, 1270–1290) von Breslau und Otto IV. mit dem Pfeil, Markgraf von Brandenburg (1266–1308); ihre Lieder bilden – angeführt von König Wenzel – in C ein geschlossenes Teilkorpus. Dazu stellen sich aus literarhistorischen und stilistischen Gründen Frauenlob (vgl. S. 182) und Wizlav (vgl. S. 173) als Berufsdichter. In diesem literarischen Kreis reichte das poetologische Spektrum von der reinen Nachahmung der Tradition bis zu forcierten Erneuerungsversuchen, denen ein durchschlagender Erfolg freilich gleichfalls versagt blieb.

Ganz konventionell sind die 7 Lieder Ottos IV. mit dem Pfeil gebaut, die Morungens Visualität (*si liuhtet sam diu sonne*) und Neifens Topik (*ir mündelîn sô rôt*) vereinen. Heinrich von Breslau greift in seinem schlichten Lied I einen Ton auf, den bereits sein Verwandter Heinrich III. von Meißen verwendet hatte (Lied III), während er sein Lied II formal und gedanklich anspruchsvoller mit Anklängen an Frauenlob inszeniert. Und tatsächlich ist es Frauenlob, von dem in diesem literarischen Umfeld Impulse zur Erneuerung des Minnesangs ausgehen, freilich nur in der Diktion, nicht im Minnekonzept. König Wenzel II., den Frauenlob rühmt (vgl. S. 182), arbeitet im ersten seiner 3 Lieder so intensiv mit Frauenlob-Entlehnungen, daß dieses Lied der ‚Weimarer Liederhandschrift' sogar als ein Lied Frauenlobs gilt. Vielleicht ist dies sogar der Grund dafür, daß Wizlav in Lied V daraus schöpft und ein Magister Albertus Munsterbergen den Ton für eine lateinische Cantio verwendet. Konzeptionell ist König Wenzel der Minnesangtradition verpflichtet, der er

Lied

jedoch durch artistischen Anspruch und durch die Konkretion einzelner Minnesituationen – Beilager ohne Vereinigung der Liebenden als vorbildliches Verhalten (Lied I), Widerruf dieser Vorstellung (Lied II), Tagelied (Lied III) – eine eigene Attraktivität zu verleihen versucht. Bei Wizlav hingegen entspricht der Kunstanspruch in der Formgebung wohl eher seinem Schaffen als Sangspruchdichter. Dieser Zusammenhang erklärte auch die Selbstnennung in zwei Minneliedern (XI und XIII), die eine Entsprechung im Sangspruch hat.

Bei F r a u e n l o b liegen seine 7 heute als echt angesehenen Lieder – verglichen mit seiner Leich- und Sangspruchdichtung (vgl. S. 182ff.; 192f.) – sicher nicht im Zentrum seines Schaffens, dennoch wäre es falsch, sie als Randerscheinungen seines Œuvres wie des Minnesangs abzutun. Frauenlobs grundlegendes Verständnis der Liebe als einer kosmologisch verorteten Macht, in der die Kreatürlichkeit der Liebenden wie die religiöse Überhöhung der Liebe zugleich präsent sind, bestimmt auch seinen Minnesang und eröffnet der Minnesangtradition neue Sprechweisen, die allerdings nicht (mehr) aufgegriffen wurden. Bereits die schmale Überlieferung – neben zwei Teilüberlieferungen enthält allein die ‚Weimarer Liederhandschrift' alle sieben Lieder – deutet an, daß Frauenlob mit seiner Ausprägung des Minnesangs, bei der er bis an die Grenzen der Gattung vorgestoßen ist, den Erwartungshorizont des Publikums überschritten hat.

Frauenlob kennt die Topoi des Minnesangs, aber er transformiert sie in völlig neue Zusammenhänge. So dienen die Versatzstücke der Natur nicht dazu, um daraus eine Vergleichsfolie für die Stimmung des Rollen-Ich zu formen, vielmehr wird – besonders deutlich in Lied 4 – die Sommerfreude der Natur unmittelbar mit der Frau (als *wîp* und *frouwe*) identifiziert: Die schönste Blüte der Natur ist die Frau, die Frau der unüberbietbare Inbegriff der Natur. Die Frau ist in Lied 3 *der lüste garten*, der – mit Rückgriff auf eine konventionelle Formel – zum Brechen *der blumen zarten* einlädt, aber diese Blume bedeutet nicht wie im tradierten Bildverständnis die Frau, sondern *stetez leit mit sender swere – nicht han ich dem garten leides me getan*. Zugleich wird dieser *lüste garten* nicht als Abstraktum, sondern in erotischer Konkretheit imaginiert (Str. 3):

> *Ich sach obe dem garten glesten*
> *mir zwo sunnen durch min herze,*
> *sam sie mit mir wolden lachen immer me.*
> *Liljen, rosen obe den vesten*
> *bluten uz so zartem erze,*
> *do wart mir gegeben daz kummer tragende we.*
> *Daz geschach mir durch ein schouwen:*
> *süze grüze sach ich touwen*
> *in den wunnebernden ouwen,*
> *ach, müste ich den garten schouwen aber als e.*

Diese *lustgezierte heide* ist zugleich eine *heilflut der senften güte* (Lied 6): Lust und Heil, Spiritualität und Erotik, Immanenz und Transzendenz bilden eine unauflösbare Einheit und lassen an den *dolce stil nuovo* denken. In einem solchen Konzept hat das Dienen um Lohn, der gesellschaftliche Bezug des Minnedienstes keinen Platz mehr. In immer neuen Anläufen wird vielmehr versucht, die Wirkung der Liebe als natürlicher Heilsmacht auf das betroffene Ich auszuloten. In den Augen der Frau entdeckt es *min sterben und min uferstan von todes hage* (Lied 1), *min sterben, min genesen treit die gute – der schöne freuwe ich mich, die freude treit den tot – als des aren kint der sunnen brehen durch weichen blic tut sterben – minniglichez töten –* ein Wort aus ihrem süßen Mund *tete mich von todes banden komen wider* (Lied 4) – *mein heil, hilf tragen die girde, min freude und al min wunne ganz, lust mines herzen* (Lied 5) – *ir sterben tete mich erslagen* (Lied 7). In Dialogen mit sich (Lied 1) und mit der Minne (Lieder 5 und 7) versucht das Ich diskursiv, in den anderen Liedern reflexiv die unentrinnbare Macht der Liebe zu ergründen, der es sich nicht entziehen kann, obwohl das Ich erkennt, daß es sich dabei selbst verliert: *du bist ganzlich ir und bist nicht din* (Lied 7) und am eindrucksvollsten (Lied 6):

> *Ich suchte mich,*
> *da vant ich min da heime nicht.*
> *ich wante, ein ding daz wolte*
> *mich töten gar mit lüste.*
> *lip, wa was ich do?*

Dieser Ich-Verlust und diese Ich-Suche verweisen unübersehbar in den religiösen Bereich: „Man müßte wohl schon bis zu den Mystikern gehen, um in der mittelalterlichen Literatur vergleichbare Formulierungen zu finden. Und auch das erinnert an Gedanken der religiösen Mystik der Zeit: nur in der Selbstaufgabe ist Rettung zu erhoffen" (Wachinger). Obschon Frauenlobs Lieder die *unio mystica* der Liebenden nicht kennen, überschreiten sie als Minnelieder die Grenzen des Minnesangs, bei dem die Betroffenheit und die Ich-Versicherung der Männerrolle zwar spätestens seit der Übernahme des romanischen *fin'amor*-Konzepts im Zentrum stand, der aber als literarisches Modell für eine solch extreme Fokussierung auf den Ich-Verlust wie in Frauenlobs Liedern offenkundig überfordert war. Jedenfalls ging die Liebeslyrik nach Frauenlob mit der Ausformung des Liebesliedes ab der zweiten Hälfte des 14. Jahrhunderts andere Wege, als sie die von Frauenlob nochmals innovativ aufgegriffene Minnesangtradition über 200 Jahre hinweg gelegt hatte. Deren isolierter Nachklang in Niederdeutschland zu Beginn des 15. Jahrhunderts bei Eberhard von Cersne (vgl. Bd. III/2) kann diesen Befund nur bestätigen.

Lied

Erheblich biederer, aber bis ins 15. Jahrhundert bedeutend erfolgreicher als Frauenlobs extreme Subjektivierung des Minnesangs war das Fortführen und Ausfalten einer schon im 13. Jahrhundert erfolgten Erweiterung der Minnesangtradition um eine ‚biographische' Facette. Die literarische Inszenierung der Sängerrolle mit vorgeblich biographischen Zügen, die Episierung des Werbungsrituals, die gleichsam geschichtliche Verortung des im Lied vorgestellten Geschehens – teilweise mit historischen Realitätspartikel angereichert – hatte Neidhart mit durchschlagendem Erfolg im Minnesang etabliert (vgl. Bd. II/2, S. 9–13; 89f.). Die Nachahmung dieser Liedform läuft ungebrochen im 14. und 15. Jahrhundert weiter, sie verliert aber, nachdem der Minnesang mehr und mehr als Bezugsebene wegfällt, ihren parodistischen Zuschnitt. Damit treten die biographisch-historischen und epischen Momente ins Zentrum, die Parodie wandelt sich in Komik. Neidhart wird zu einem Bauernfeind und zu einer Art Hofnarren beim österreichischen Herzog Otto dem Fröhlichen (1301–1339; vgl. S. 44f.) in Wien. Zu den echten und unechten Neidhart-Liedern treten – als Frühform des Schwankliedes (vgl. Bd. III/2) – Lieder mit Neithart-Schwänken, und schließlich wird diese Liedtradition in dem biographisch orientierten Schwankroman ‚Neithart Fuchs' Ende des 15. Jahrhunderts (Erstdruck: Augsburg 1491/97) zum Druck gebracht (vgl. Bd. III/2). Dabei erfolgte die Historisierung der ehemaligen Sängerrolle so nachhaltig, daß bis heute umstritten ist, ob es sich dabei um eine reine Fiktion handelt oder ob hinter dem Neithart Fuchs eine historische Person am Hofe des österreichischen Herzogs Ottos des Fröhlichen steht. Auch läßt sich schwer abschätzen, wieviele der anonym überlieferten N e i d h a r t i a n a noch dem 14. Jahrhundert angehören. Ein angebliches Neidhart-Grab am Stephansdom in Wien, Neidhart-Fresken in Wien, in Diessenhofen (um 1330) und Winterthur (um 1370) belegen jedoch, daß die Neidhart-Tradition im 14. Jahrhundert lebendig war. Dazu stellen sich Neidhartspiele (vgl. S. 377f.), die zugleich demonstrieren, wie die neue Ausrichtung des ursprünglichen Liedmodells einen Wechsel in einen anderen Gattungsbereich ermöglichte. Hinter der Beliebtheit des Neidhartschen Genres scheint – wie schon bei Neidharts Liedern – ein gesellschaftspolitisches Moment zu stehen: Die Bauernfigur und der Bauernhasser Neithart boten dem Adel wie den Stadtbürgern leistungsstarke Abgrenzungsmuster gegenüber den jeweils als inferior angesehenen Ständen.

Die biographisierende und historisierende Liedform sicherte nicht nur dem Neidhart-Lied seine durchgehende Attraktivität im Spätmittelalter, sie ist auch außerhalb der Neidhart-Tradition eine im 14. Jahrhundert mehrfach genutzte Möglichkeit, dem Minnelied neue Kraft zuzuführen. Dabei kommt es zu neuen Situierungen des Minnesangs und zur Ausformung neuer Liedtypen. Im ‚autobiographischen' Liedœuvre Oswalds von Wolkenstein (vgl. Bd. III/2) findet dieser Prozeß der Neuorientierung seinen Höhe-, aber auch seinen Schlußpunkt. Für das 13. Jahrhundert ist Ulrichs von Lichtenstein autobiographisch inszenierter ‚Frauendienst' zu nennen, in den die Minnelieder inkorporiert werden (vgl. Bd. II/2, S. 16–18).

Trotz der deutlichen Tendenz zur Biographisierung des Minnelieds kam es – anders als bei der Neidhart-Tradition mit ihrer Fixierung auf die Bauernfigur und den Bauernhasser mit ihren vielfachen Verwendungsmöglichkeiten – zu keiner festen Typenbildung. Ihr stand die Biographisierung insbesondere der Sängerrolle entgegen, die eine allgemeine Verwendung der Lieder in der Regel nicht zuließ; damit war deren Wirkung auf einen Kreis von Bekannten eingeengt. Entsprechend breit ist die Palette der Gestaltungsformen: Während Eberhard von Cersne (vgl. Bd. III/2) zu Beginn des 15. Jahrhunderts noch in seinen 20 Liedern eine Reihe exemplarischer Situationen des Liebenden darstellt, aus deren Abfolge ein biographisierender Zyklus entsteht, schreibt Hugo von Montfort (vgl. S. 159) kurz zuvor bereits sein autobiographisches Ich in einige seiner Minnelieder ein.

Das Nebeneinander von Tradition und neuen Konventionen läßt sich um 1300 an den Minneliedddichtern im Umkreis jenes Züricher Literaturzirkels gut erkennen, über den Hadlaub in drei seiner Lieder ungewöhnlich genau informiert (vgl. S. 155f.) und aus dem auch die ‚Große Heidelberger Liederhandschrift' hervorgegangen ist.

Schlicht in den konventionellen Bahnen des Minnesangs bis hin zu Neifens *roeselechten munt* bewegt sich H e i n r i c h d e r R o s t, Kirchherr zu Sarnen, wo er aber wohl nur eine stattliche Pfründe bezog, denn zwischen 1313 und seinem Todesjahr 1330 ist er unentwegt in Urkunden der Züricher Fürstäbtissin Elisabeth von Matzingen, seit 1321 auch als Chorherr des Frauenmünsterstifts, genannt. Mehr als seine 9 anspruchslosen Minnelieder hat die Autorminiatur in der ‚Großen Heidelberger Liederhandschrift' Aufmerksamkeit erzielt: Sie zeigt den Kirchherren, wie er der Dame keck unters Kleid greift. Diese Vertauschung des Repräsentativen zugunsten des Anekdotischen findet in Rosts Liedern noch keinen Niederschlag, sie deutet aber eine Perspektive an, wie Minnesang nunmehr (auch) gesehen werden konnte. Bei Meister H e i n r i c h T e s c h l e r hingegen – auch er zwischen 1286 und 1301 mehrfach in Zürich mit seinem akademischen Grad *magister* belegt – fügen sich seine 13 Lieder zu einem Zyklus zusammen, in dessen Mitte (Lied 7) ein Tagelied steht. Beschrieben wird in den Liedern 1–6 ein Minneverhältnis, das wegen Nichterhörung durch die Dame zu einem Bruch führt, in den Liedern 8–13 hingegen ein neuer Minnedienst, der zum Erfolg führt: sie hat ihm *gar gewert* (Lied 13). Wegen der Liebesgewährung und des darauf gründenden, auf Gegenseitigkeit zielenden Treueversprechens glaubte man zeitweilig, in Teschlers Ehefrau Adelheid die Adressatin des Liedes und damit die Umworbene des zweiten Teilzyklus sehen zu dürfen: ein Fehlschluß, der aber die Wirkmächtigkeit eines biographisierenden Modells zeigt, bei

Lied

dem traditionelle Minnelieder zyklisch gereiht und mit einem Danklied für die gewährte Liebe abgeschlossen werden. (Übrigens ist auch die Autorenminiatur für Teschler konkret situiert: Er kniet als Werbender vor einer im Bett ruhenden Dame, deren Oberkörper entblößt ist.) Am deutlichsten läßt sich – wenn auch in unterschiedlicher Art – das Spiel mit biographisierenden Realitätsmomenten im Minnesang bei den beiden Züricher Minnelieddichtern Johannes Hadlaub und Wernher von Hohenberg beobachten.

Durch J o h a n n e s H a d l a u b lernen wir in einzigartiger Weise den Kreis kennen, der in Zürich und Umgebung um 1300 am Minnesang interessiert war, von Hadlaub selbst, mit 51 Liedern und 3 Leichs der produktivste Schweizer Minnesänger, wissen wir dagegen praktisch nichts: Man identifiziert ihn mit dem Züricher Stadtbürger *Johannes Hadeloube*, der am 4. Januar 1302 ein Haus erwarb und vor 1340 an einem 16. März gestorben ist. Die Bezeichnung *meister* in der ‚Großen Heidelberger Liederhandschrift' (C) deutet auf Bildungsanspruch, vielleicht sogar auf die Tätigkeit eines Berufsschreibers. Inwieweit Hadlaub an der Entstehung von C – vielleicht sogar als deren Grundstockschreiber – beteiligt war, muß offenbleiben.

Die Mitarbeit Hadlaubs an C stützt sich auf eine Vielzahl von Indizien, die sich zu dieser ansprechenden Vermutung zusammenfügen lassen, ohne jedoch völlige Sicherheit gewinnen zu können: Das Hadlaub-Korpus ist mit der größten Initiale und mit der einzigen zweiteiligen Autorminiatur in C (Abb. 5) ausgestattet; auch fällt die lückenlose und nachtragsfreie Aufzeichnung der 240 Strophen von einer einzigen Hand auf. Hadlaubs Preislied auf den Züricher Patrizier Rüdiger II. Manesse (gest. 1304) und seinen Sohn Johannes, Kustos des Chorherrenstifts (gest. 1297), als Sammler von *liederbuoch* (Lied 8) angesichts des dahinschwindenden Minnesangs (*den wolten sí nit lân zergân*) zeigt Kenntnis jener Sammeltätigkeit, aus der schließlich die Handschrift C hervorging. (Die frühere Bezeichnung ‚Manessische Handschrift' stammt von Johann Jacob Bodmer und Johann Jacob Breitinger, welche die in Lied 8 genannte Liederbuchsammlung direkt auf C bezogen.) Daneben kannte Hadlaub jenen Literaturzirkel in Zürich, der sich der Pflege der Minnesangtradition widmete (Lieder 2 und 5): Heinrich II. von Klingenberg, Bischof von Konstanz (1293–1306), der sich auf *wîse und wort* verstehe; die Züricher Fürstäbtissin Elisabeth von Wetzikon (1270–1298) oder ihre Nachfolgerin Elisabeth von Spiegelberg (gest. 1308); der Fürstabt von Kloster Einsiedeln, wohl Heinrich II. von Güttingen (gest. 1299); Graf Friedrich III. von Toggenburg (gest. 1303/05), vielleicht der Vater des Minnesängers Kraft von Toggenburg; ein Regensberger, vermutlich Leutolt VII. (gest. 1320), Sproß eines Züricher Freiherrengeschlechts; Diethelm von Kastel, Abt des Klosters Petershausen (gest. 1319); Rudolf von Landenberg (gest. 1315 in der Schlacht von Morgarten; vgl. S. 19), wohl St. Galler Ministeriale (*guot ritter*); Albrecht von Twiel (gest. vor 1308), Bruder Heinrichs II. von Klingenberg und Konstanzer Reichsvogt (Lied 2); weiterhin ein Freiherr von Eschenbach, das könnte Berthold III. sein, der für Habsburg gegen Adolf von Nassau kämpfend 1298 in der Schlacht von Göllheim (vgl.

S. 253f.) sein Leben ließ, oder der bis 1306 bezeugte Walther von Eschenbach; *der von Trôsberc, der von Tellinkon*, wohl Rudolf I. von Trostberg (1274–1317) und Liutolt von Tellikon (1287–1311), Ministeriale der Regensberger (Lied 5).

Sieht man von diesem Namensnetz ab, so geben sich Hadlaubs Lieder – zu den drei Leichs vgl. S. 191 – bis auf wenige, aber charakteristische Ausnahmen konventionell, thematisch wie formal der Minnesangtradition verpflichtet, die Hadlaub bestens gekannt haben muß (Minneklage, Preis-, Tage-, Herbst- und Dörperlieder, pastourellenhafte ‚Blumenbett'-Lieder). Umso mehr fallen einige neue Liedtypen auf, die mit den Merkmalen Situierung, Episierung und Personalisierung auf die neue Gestaltungsmöglichkeit des Biographisierenden und Historisierenden in einer bislang nicht bekannten Konkretheit verweisen.

Das Neuartige zeigt sich bereits im Vergleich der Hadlaubschen Erntelieder (Nr. 22, 24, 43), bei denen die Neidhart-Tradition im Hintergrund steht, mit seinen Herbstliedern (Nr. 18, 20, 44), die von Steinmars Motivik beeinflußt sind. Während in den Herbstliedern (anders als bei Steinmar) die Jahreszeiten funktional zum Vergleich mit der Minnethematik des Liedes herangezogen werden, situieren die Erntelieder den freien Liebesgenuß zeitlich (Ernte) wie räumlich (Dorf) und entwerfen fern der Dörperwelt Neidharts eine – verglichen mit der Fruchtlosigkeit der Werbung um die Dame – bessere Gegenwelt, in der die Ernte gesichert ist.

Auch das ‚Haussorgelied' (Nr. 7) zeigt detaillierte Situierung, wenn es die beklagenswerte Lage eines Ehemanns schildert, der seine Familie nicht ernähren kann und dieses Leid mit der schimpfenden Ehefrau und den heulenden Kindern konkretisiert (um dann freilich die Hartherzigkeit der umworbenen Dame als ein noch viel schlimmeres Leid zu beklagen). Eine deutliche Episierung zeigt das Nachtlied (Nr. 51), das wie die provencalische *serena* ein Gegenstück zum Tagelied (*alba*) darstellt. Nicht der Abschiedsschmerz der Liebenden am Morgen nach gemeinsam verbrachter Liebesnacht ist das Thema, sondern die Vorfreude eines Liebhabers *ûf die edlen nacht*, der heimlich und vorsichtig ans Tor der Geliebten anklopft. Sie läßt ihn ein, führt ihn zu ihrem Bett und entkleidet sich rasch: *Dâ wirt brust an brust so wol gedruket* [...] *dâvon dâ daz liebste lieb geschicht*.

In den Erzählliedern (Nr. 1, 2, 4–6) schließlich verdichten sich Situierung und Episierung nicht nur zur Narration, sie erhalten durch Personalisierungen einen biographisierenden und historisierenden Zuschnitt, der jedoch trotz der genannten Personen aus der Realgeschichte nicht als autobiographisch mißverstanden werden darf; vielmehr liegt dabei angesichts der schwindenden Bedeutung des Minnelieds als rezenter Kunstübung – was ja zur Sammeltätigkeit der Manesse führte (Lied 8) – der Versuch vor, dem Minnelied in Form einer personalisierenden ‚Romanze' eine neue Attraktivität zu sichern. Eine zusätzliche biographisierende Dimension erhalten diese Lieder durch ihr Zusammenfügen zu einem lyrischen Liebesroman *en miniatur*.

Lied 157

In Lied 1 (7 Strophen) heftet der Werbende, zur Tarnung als Pilger verkleidet, der Dame bei der Rückkehr einen Brief, der *tiefe rede von der minne* enthielt, ans Gewand (was auch die untere Hälfte der Autorminiatur darstellt): Der Bote ist dabei kein Lied mehr (wie im Botenlied), sondern eine *rede*, die Botschaft nicht mehr zu hören, sondern zu lesen. Diese Wendung zur Schriftlichkeit innerhalb der Vortragsform Lied läßt blitzartig das künftige Schicksal des Minnelieds aufleuchten: seine Konservierung in der Schriftform, die schließlich nicht mehr in einen Liedvortrag rückübersetzt werden kann. In Lied 2 (13 Strophen) verhilft ein illustrer Kreis (vgl. S. 155f.), der im realen Leben ganz unterschiedlichen Fraktionen angehörte, einträchtig dem bislang erfolglos Werbenden zu einem Rendezvous mit der abweisenden Dame. Vor Glückseligkeit nahezu ohnmächtig vor ihr hinsinkend, muß der Schmachtende freilich erleben, wie die Widerstrebende ihn in die Hand beißt, die auf ihrem Schoß ruht (in der oberen Hälfte der Autorminiatur beißt – wohl aus ikonographischen Gründen – das Schoßhündchen der Dame) und wie sie die Nadelbüchse nach ihm wirft, das die *edil frowen, hôhe pfaffen, ritter guot* als Minnezeichen von ihr für ihn erbitten. Lied 3 (5 Strophen) bringt eine herkömmliche Minneklage mit Verfluchung der *merker* und der *huote*. In Lied 4 (4 Strophen) möchte der glücklos Werbende an der Stelle eines Kindes sein, das die Dame umarmt und auf die Wangen küßt; da ihm dies nicht möglich ist, umarmt er stellvertretend das Kind und küßt es an den Stellen, die ihr Mund zuvor geküßt hatte. In Lied 5 (5 Strophen) bemühen sich erneut Honoratioren um ein Entgegenkommen der abweisenden Dame, die sich aber – an einem solchermaßen vermittelten Zusammentreffen nicht interessiert – *in ein stuben* einschließt. Schließlich sieht der Werbende die Dame in Lied 6 (6 Strophen) bei einem Spaziergang vor der Stadt – eine für die Minnerede typische Eröffnungssituation – im Kreis schöner Frauen; doch sie entfernt sich, als sie ihn bemerkt.

Auch Hadlaubs neuartige Inszenierung seiner „Liebesdichtung als Dichterliebe" (Mertens) bleibt dem Modell des ungelohnten Dienstes verpflichtet, das um 1300 bereits zu einem Auslaufmodell geworden war, dem es aber durch Mittel des Biographisierens gelang, sich noch durch das gesamte 14. Jahrhundert ein Nischendasein zu sichern. Zu den biographisierenden Mitteln gehört auch eine Individualisierung des Minnegeschehens, die historische Realität durchscheinen läßt. In einigen der 6 Minnelieder, die den streitbaren Kriegshelden W e r n h e r II. v o n H o h e n b e r g zum Autor haben, wird dies sichtbar. Zugleich zeigt sich im formalen Bereich, daß für Wernher die tradierte Grenzziehung zwischen Lied und Sangspruch keinesfalls mehr unverrückbar feststand.

Mit seinem bewegten Leben sticht Wernher unter den adligen Dilettanten unverkennbar hervor. 1283 geboren, fiel ihm 1303 als Erbe die Herrschaft um den oberen Zürichsee zu. 1304/05 finden wir ihn unter den Deutschordensrittern in Preußen, wo er seine Kampfestüchtigkeit in einer ‚Kreuzfahrt' gegen Litauen unter Beweis stellte. 1310 unterstützte er König Heinrich VII. bei dessen Italienzug (vgl. S. 4f.) in zahlreichen Kämpfen gegen die Guelfen. Wegen seines Waffenruhms ließ ihn der König in der Lombardei als Hauptmann, der ghibellinischen Liga zurück, wo er sich zahlreicher Aufstände erwehren mußte. Berühmt wurde seine Erstürmung der Stadt Soncino (März 1312), die wohl in der Autorminiatur dargestellt ist. Wernhers Streitlust machte selbst vor dem Reichsvikar Philipp von Savoyen nicht halt. Nach Heinrichs Tod (1313) blieb Wernher zunächst in Diensten Mailands, ab Oktober 1314 befindet er sich im Gefolge Königs Friedrich des Schönen, mit dem er 1316 gegen Ludwig den Bayern (vgl. S. 5) zog und in Gefangenschaft geriet. 1319 hilft er den Ghibellinen bei der (erfolglosen) Belagerung Genuas, über der Wernher am 21. März 1320 starb. Von italienischen und deutschen Chronisten (u.a. Nikolaus von Jeroschin und Matthias von Neuenburg) wird Wernher als Kriegsmann gerühmt. Der Mann des Krieges wurde aber zugleich als Mann des Minnedienstes literarisch in zwei Reimpaarreden nach seinem Tod gewürdigt: das ‚Lob der ritterlichen Minne' rühmt ihn als Minneritter, *der manic hundert tûsent sper durch minne hât zerstochen*, in der allegorischen ‚Totenklage auf Graf Wernher' preisen die Damen Ehre, Minne und Mannheit den Verstorbenen. Für eine Minnerede (‚Die sechs Farben' I) gilt Wernher gar als Autorität der Farbensymbolik – all dies ein literarisches Umfeld, das man bei einem solchen Haudegen nicht vermuten würde. Dies wird ergänzt durch Wernhers Tönegebrauch in seinen Liedern.

Drei der acht Minnelieder Wernhers stehen in fremden Tönen (Süßkind von Trimberg, Der Wilde Alexander, Der Zwinger): Dies verrät nicht nur literarische Kennerschaft, sondern zeugt von der Übernahme des Tönegebrauchs bei den Sangspruchdichtern (vgl. S. 177f.) für den Minnesang. In die gleiche Richtung weist, daß die Hälfte seiner Lieder einstrophig ist, eine Größenordnung, die für den Sangspruch bis ins 14. Jahrhundert die Regel war. Andererseits verwendet später der Mönch von Salzburg in seinem ‚Goldenen Ave Maria' einen Ton Wernhers. Mit dieser literarischen Kompetenz und bei seiner Mentalität lag Wernher das Dichten von Minneliedern in Neifens Tonlage fern (die er in den Liedern 4 und 7 freilich auch kennt). Jedes seiner Lieder bezeugt Kenntnis der literarischen Tradition, und doch klingen in ihnen zugleich Momente von Wernhers Lebensweltlichkeit an. Er greift Hausens Typ der Lieder aus der Ferne auf (Nr. 1–3), aber unter dem Eindruck von Wernhers Preußen- und Italienfahrt umgibt sie die Aura historischer Wirklichkeit, und sie scheint sich in der Formulierung *füer ich von den kristan zu den heiden* (Lied 3) zu konkretisieren. Zugleich fällt bei diesen Liedern aus der Ferne auf, daß sie in fremden Tönen gedichtet sind – so als würde in der real erlebten Fremde über den vertrauten Ton heimatliche Nähe imaginiert. Auch Formulierungen wie *ez tuot mir den tôt* (Lied 7) angesichts des erfolglosen Minnedienstes (Lied 5) sind natürlich völlig konventionell, doch aus dem Munde eines Kriegshelden, der den Tod im Waffengang nicht fürchtet, aber im Minnedienst befürchtet, erhalten diese tradierten Formeln unversehens einen individuellen, die Lebenswelt Wernhers einschließenden Klang. Gleiches gilt schließlich, wenn der im Kampf

Furchtlose in Lied 8 sich davor fürchtet, die Dame anzusprechen. Auch meint man einen Widerhall von Wernhers cholerischem Temperament zu vernehmen, wenn er in Lied 6 den Ehemann seiner Geliebten, *der ir munt von roete bran sam ein fiurîn zunder*, als einen *tiuvel* verflucht: Er sei nicht wert, *daz er laeg ûf reinem strou*. Die im Minnesang singuläre Figur des Ehemanns, der ohne Dienst genießen kann, während der Werbende ungelohnt bleiben muß, könnte auf den *gilos* der Trobadorlyrik zurückgehen, mit der Wernher in der Lombardei als literarisch Interessierter sicher in Berührung kam (Schiendorfer).

Bei Hugo von Montfort, dessen datierten Gedichte zwischen 1396 und 1414 entstanden (vgl. Bd. III/2) und dessen Werk „in der Personalisierung thematischer Konventionen die neuen Möglichkeiten der Zeit erkennen läßt" (Wachinger), geht die Biographisierung schließlich soweit, daß aus der *frouwe* Hugos Ehefrau wird, für die der Alternde ein Tagelied dichtet. Die vorgestellten Fälle sollten jedoch nicht als Teile einer konsequent verfolgten Entwicklungslinie gesehen werden, sondern als unterschiedliche Gestaltungsmöglichkeiten im Rahmen einer biographisierenden Tendenz, mit der dem konventionellen Minnelied ein gewisser Aktualitätswert gesichert werden konnte. Der Untergang des Minnelieds war auf diese Weise zwar nicht zu verhindern, aber die Erkenntnis, daß sich vorgegebene Liedtypen durch Personalisierung gleichsam privatisieren lassen, gewinnt für die neue Form des Liebesliedes eine zentrale Bedeutung: Jedes Liederbuchlied konnte auf diesem Wege durch je aktuelle Identifizierung der Männer- und Frauenrolle zu einem persönlichen Liebeslied werden – ein Vorgang, der bis heute präsent ist. Unstreitig darf die Personalisierungstendenz im Minnesang des 14. Jahrhunderts aber auch als Teil des Individualitätsdiskurses gesehen werden, der zum neuzeitlichen Verständnis von Individualität führt.

Für die meisterliche Liedkunst ist die Liebeslyrik nur eine Randerscheinung, die lediglich demonstrieren soll, daß die Meisterschaft auch den Bereich der Liebeslyrik umfaßt. Als Repertoire dient die Minnesangtradition, bei der jedoch durch den Tönegebrauch und teilweise durch den Gestus eines objektiven Sprechens über die Frau(en) immer wieder eine Annäherung an den Sangspruch erfolgt. Im Vordergrund steht der Frauenpreis, so im ‚Reihen' Mülichs von Prag (1. Hälfte des 14. Jahrhunderts). Ganz auf den hauptsächlich moralisch-didaktischen Frauenpreis hat sich der Lieder- und Redendichter Suchensinn konzentriert. Als fahrender Berufsdichter, der 1386 als *singer* vom Nürnberger Rat das bedeutende Honorar von 10 Gulden erhielt und der 1389 sowie 1392 am Hofe Herzog Albrechts II. von Bayern als einer der *Varendläut* honoriert wurde, stellt er in seinen 23 Liedern immer wieder die *êre der reinen wîp* heraus; ebenso dient seine Reimpaarrede mit einem Streit über den Vorzug von *wib* und *maget* diesem Zweck. In den Liedern nähert sich Suchensinn mit Gestaltungsmitteln wie Spaziergang und Dialog der Minnerede als der Gattung an, die im 14. Jahrhundert zum Haupterben des Minnesangs geworden ist (vgl. S. 321ff.); auch seine Praxis, die Lieder selbstbewußt mit einer Autorsignatur zu versehen, leitet sich von der Reimpaarrede her (vgl. S. 179f.).

Bei Konrad Harders (vgl. S. 172) breit überliefertem ‚Goldenen Reihen' kommt dagegen der Gattungsbereich des geistlichen Lieds in den Blick, wenn die Hyperbolik des Frauenpreises – eingeleitet durch ein Vogelkonzert als Natureingang – an einen Marienpreis denken läßt. Trotz diesem vielleicht bewußten Spiel mit beiden Bedeutungsebenen, bei dem nur die Ich-Rolle des Laudators identisch bleibt, verläßt dieses Lied letztlich ebenso wenig die Bahnen der Minnesangtradition, wie Heinrichs von Mügeln 8 Minnelieder, die Buch XVI seiner Werksammlung bilden (vgl. S. 189f.). Ihre Prägung durch Ich-Rollen und die durchgehende Demonstration mißlingenden Werbens bis hin zum Bruch mit der Dame erlaubt – ähnlich wie bei Eberhard von Cersne (vgl. S. 154) – eine Art von Zyklusbildung.

Alle diese Lieder in der Tradition des Minnesangs bleiben dem romanischen *fin'amor*-Konzept verpflichtet, das die Rolle des Werbenden als einseitig von der Liebe Betroffenen und das spannungs-, ja konflikthafte Verhältnis zur immerzu abweisenden Dame seines Herzens in den Mittelpunkt stellt. Im Minnelied sieht sich der Liebende unentwegt auf sich selbst zurückverwiesen, weil das geliebte Du unerreichbar, unzugänglich und unverfügbar bleibt. Diese fast ausschließliche Fixierung auf den Aspekt der Werbung und einer nicht glückenden Liebe zog seine über 200 Jahrhunderte dauernde Attraktivität aus dem unentwegten Fragen des von der Liebe Getroffenen nach dem Wesen eben dieser Liebe, der er sich nicht entziehen konnte, die ihm aber in der ersehnten Zuneigung der Geliebten im Stich ließ. Trotz dieser Attraktivität eignete dem Minnelied-Modell eine unübersehbare Künstlichkeit, gegen die sich die Gemeinsamkeit der erfüllten Liebesnacht als Voraussetzung des Tagelieds stellte, aber ebenso die – im 13. Jahrhundert nicht immer durch eine *revocatio* dementierte – Absage an die unzugängliche Geliebte. Die Einseitigkeit des Minnesangkonzepts stand auch von Anfang an in Konkurrenz zum höfischen Roman und ab dem 13. Jahrhundert auch zur Minnerede, wo die Konstituenten einer auch in Konflikten beständigen gemeinsamen Liebe thematisiert wurden, deren Gefährdung zunehmend von außen und nicht als Problem zwischen den Liebenden erfahren wurde. Schließlich kreiste auch das außerhöfische Liebeslied vornehmlich um das Thema der gegenseitig erfüllten Liebe. Diese Gegenströmungen mögen – verstärkt um einen lebensweltlichen Wertediskurs in dieser Zeit – in der zweiten Hälfte des 14. Jahrhunderts zur Ausbildung einer völlig neuen Form von Liebeslyrik beigetragen haben: dem Liebeslied, das den Minne-

Lied   161

sang als nurmehr erinnerungswerte Gattung ablöst und die Tradition des Liederbuchliedes im 15. und 16. Jahrhundert begründet.

Das Liebeslied hat die gegenseitige Liebe von Mann und Frau zum Thema, die sich nicht selbst problematisch werden, sondern bestenfalls Gefährdungen von außen ausgesetzt sind: der räumlichen Trennung und den Klatschmäulern (*klaffer*). Gegenüber dem Minnelied hat sich also das Blickfeld von der erfolglosen zur geglückten Werbung verschoben. Damit erhalten zentrale Begriffe des Minnesangs, die vom Liebeslied aufgegriffen werden, eine neue Wertigkeit: *staete* und *triuwe* etwa sind nicht mehr die Voraussetzungen für eine akzeptable Werbung, sondern gesicherte Grundlage einer auf Ausschließlichkeit angelegten Liebesgemeinschaft. Erst in den Liederbuchliedern des 15. Jahrhunderts (vgl. Bd. III/2) tritt mit dem Motiv der Treulosigkeit wieder verstärkt eine Spannung und Problematisierung im Verhältnis der Liebenden auf, aber selbst da wird der reflektorische Gestus des Minneliedes nicht intendiert. An die Stelle der Reflexion tritt im Liebeslied ein thematischer und sprachlicher Schematismus, für den sich teilweise im Minnelied des 13. Jahrhunderts – etwa im konventionalisierten Sprachgestus der Lieder in Neifen-Nachfolge oder in der Standardsituation des Tagelieds – Ansätze finden. Aus dem Liedtypenrepertoire des Minnelieds wird daher insbesondere das Tagelied aufgegriffen, das in vielfältigen Variationen einen neuen Aufschwung erfährt. Dazu treten der Schönheitspreis der Frau, die Sehnsuchtsklage und stärker situativ verankerte Liedtypen wie vor allem die Schelte der Klaffer, das Wunschlied zum Neuen Jahr, das Liebesbrieflied, Pastourelle, Abschiedslied. Dieser Schematisierung des Liebesliedrepertoires parallel läuft eine Entmachtung der Sängerrolle: Die Liedaussage ist nicht mehr an die Autorität der Sängerrolle gebunden, sie bestätigt sich vielmehr in der Erfahrung der gemeinsamen Darbietung. Daher tritt an die Stelle des (Solo-)Vortrags nunmehr zunehmend das gesellige Singen bis hin zur Mehrstimmigkeit und dem Kanon als einer neuen Form der Geselligkeit. In der *concordia* des gemeinsamen Singens erfahren und bestätigen die Sänger die Eintracht der Liebenden. Diese grundlegende Um- und Neustrukturierung des Liedmodells erlaubte eine Art von standardisierter Produktion von Liebesliedern, für die fast durchgängige Anonymität und die stetig zunehmende Verwendung fremder Töne charakteristisch ist, sie erlaubte damit aber zugleich, diese neue Form des Liebesliedes nunmehr auch für die persönliche Liebesbekundung etwa als Ständchen für die Geliebte zu verwenden. Nicht zuletzt unter diesem Aspekt ist die frühere Bezeichnung Gesellschaftslied für diese neue Liedform problematisch; man spricht daher heute besser von Liederbuchliedern, da mit dem Liederbuch als charakteristischer Aufzeichnungsart für diese neue Liedtradition im 15. und 16. Jahrhundert (vgl. Bd. III/2) eine signifikante Unterscheidung zur

Liederhandschrift als erinnerungsorientierten Aufzeichnungsort des Minnelieds ab Ende des 13. Jahrhunderts vorliegt.

Viel unklarer als die Differenzierung zwischen Minne- und Liebeslied läßt sich vorerst die Frage beantworten, auf welche thematische und formal-musikalische Vorgaben bei der Entwicklung der neuen Liedform zurückgegriffen werden konnte. Vermutet werden heimische Traditionen des Liebesliedes außerhalb des Minnesangs, die für uns schwer zu fassen sind, weil sie nur ausnahmsweise den Weg zur schriftlichen Aufzeichnung fanden; zum andern französische Einflüsse, die sich etwas genauer auf der formal-musikalischen Ebene mit *ballade*, *virelai* und *rondeau* als Formmuster und mit der Mehrstimmigkeit benennen lassen.

Die neue Art der Liedkunst wurde Mitte des 14. Jahrhunderts sehr wohl bemerkt. Heinrich der Teichner, der österreichische Dichter eines umfänglichen Œuvres von Reimpaarreden (vgl. S. 310f.), beklagt, daß *der alten lied ist gar vergezzen* und apostrophiert die neue Mode des Singens als *reinisch* im Sinne von dekadent (Nr. 191, V. 63–72; zum Aspekt der Dekadenz vgl. Nr. 192: ‚Von der reinischait'). Konkreter wird der Limburger Notar Tilemann Elhen in seiner die Jahre 1335–1398 umfassenden ‚Limburger Chronik' (vgl. S. 399), in die er zwischen 1347 und 1380 eine Reihe neuer Lieder einrückt. Leider sind sie nie vollständig zitiert, doch läßt sich auch so ein tiefgreifender Wandel ablesen: Der stolligen Minneklage mit Neifen-Anklang im Jahre 1351 steht 1362 ein Refrainlied in Rondeau-Form gegenüber. Für 1360 wird dieser Wandel sogar explizit beschrieben: Statt bloß mehrstrophiger Lieder singe man nunmehr Lieder mit Refrain (*widersang*); auch seien die Ansprüche an die Musiker gestiegen, denn wer vor fünf oder sechs Jahren allerorten ein guter Bläser (*pifer*) gewesen sei, der tauge jetzt *nit eine flige*. Bemerkenswert ist aber ebenso, wie sich bereits vor der Jahrhundertmitte die thematische Verbindlichkeit des traditionellen Minnelieds lockert. Als der Freiherr Reinhart von Westerburg (gest. 1353) der Reisegesellschaft Kaiser Ludwigs des Bayern (gest. 1347) ein Absagelied an die Dame vorträgt, wird er vom Kaiser getadelt und bekommt den Auftrag, das Lied zu bessern. Nach kurzer Zeit trägt Reinhart eine konventionelle Minneklage vor und wird vom Kaiser gelobt: *Westerburg, du hast uns nu wol gebessert.*

Die wichtigsten Vermittlungsorte für die moderne französische Liedkunst waren der päpstliche Hof in Avignon und der Prager Hof, an dem Guillaume de Machaut (um 1300–1377) etwa zwischen 1323 und 1331 als persönlicher Sekretär des Königs Johann von Böhmen lebte. So lassen sich die drei Rondeaux in Rudolf Losses Sammlung (vgl. S. 146f.) mit dessen Aufenthalt in Montpellier (Studium) und Avignon in Verbindung bringen. Auch die zwei um 1348 aufgezeichneten Refrainlieder Heinrichs von Beringen (1323–1354 bezeugt, u.a. 1323 in Bologna und bis 1350 als Kanonikus in Augsburg; vgl. S. 304f.) belegen Kenntnis der *virelai-*

Form. Das schmale Korpus von insgesamt nur drei Liedern Heinrichs von Beringen dokumentiert auf engstem Raum den Wandel vom Minne- zum Liebeslied in der ersten Hälfte des 14. Jahrhunderts und verdiente unter diesem Aspekt größere Beachtung. Bei beiden Autoren fällt der geistliche Stand auf, der für die Etablierung des Liebesliedes in Deutschland eine entscheidende Rolle spielte. Mit größter Deutlichkeit zeigt sich das am sogenannten Mönch von Salzburg.

Mit den 56 weltlichen (neben 49 geistlichen), meist dreistrophigen Liedern des Mönchs von Salzburg tritt das Liebeslied im breiten Umfang auf den Plan und meldet einen Kunstanspruch an, der dem Minnelied ebenbürtig ist. Die Neuartigkeit der weltlichen Mönch-Lieder scheint durch ihre weitgehend unikale Überlieferung bestätigt zu werden. Gleichwohl finden sich auch Anknüpfungspunkte zur Tradition des neuen Liebesliedes: Bereits Anfang des 15. Jahrhunderts sind in der ‚Sterzinger Miszellaneenhandschrift‘, die den Mönch als Autor zweier Liebeslieder nennt, zwei weitere Liebeslieder des Mönchs bereits anonymisiert; sie zeigen mit der Anonymität die Aufzeichnungsform, die für das Liederbuchlied des 15. und 16. Jahrhunderts charakteristisch ist und weitgehend auch die Mönch-Lieder einschließt. Weitere Anonyma und zwei Liebeslieder des Johann von Bopfingen (seit 1373 Domherr von Brixen, also wiederum ein Geistlicher) folgen dem neuen Typ des Liebesliedes. Mitte des 15. Jahrhunderts entstehen – mit Melodieaufzeichnung – in einem Skriptorium vier der acht Korpushandschriften, bei denen freilich eine zunehmende Konzentration auf die geistlichen Lieder feststellbar ist. Töne des Mönchs sind in der meisterlichen Lieddichtung rezipiert worden; Hans Folz (vgl. Bd. III/2) etwa rühmt den Mönch gemeinsam mit Frauenlob und Heinrich von Mügeln.

Völlig unklar ist, wer sich hinter der Bezeichnung *münich* verbirgt. Feststeht der Hof des Salzburger Erzbischofs Pilgrim II. von Puchheim (1365–1396) als Wirkungsstätte: Zwei Mariensequenzen sind Pilgrim (G 2) bzw. dessen *magister curiae* (‚Hofmeister‘; u.a. 1384/85 bezeugt) Reicher von Radstatt (G 3) durch Namenakrosticha gewidmet. Zwei Liebesbriefflieder warten sogar mit Datierungen auf. Zu Fastnacht 1392 entbietet *pilgreim* vom Prager Hofe König Wenzels IV. (1391 hielt sich Pilgrim dort wirklich auf) *dem allerlibsten schönsten weib im Freudensal* (dem Lustschloß Freisaal bei Salzburg), mit Namensinitiale verhüllend *liebstez E* genannt, seinen Gruß und bittet um Antwort *her gen senenstat* (W 7). Auf 1387 ist die Treueversicherung *des hofgesind czu Salczburgk* datiert (W 19), das 15 Angehörige des Bischofshofs ihren Damen vom Hofe Wenzels aus entbieten (gemeint ist der Reichstag zu Nürnberg im Juni 1387, an dem Pilgrim zum Schiedsrichter bestellt wurde, der über die Rechtmäßigkeit der Wahl von Papst Clemens VII. befinden sollte). In der Überlieferung wird der Mönch einmal *maister Johanns prediger ordens*, ein andermal *ein wolgelerter herr her Hermann ein Münich Benedictiner Orden czw Salczburgk* [...] *mitsampt ainem laypriester herrn Martein* genannt, die als Anerkennung für ihre Dichtungen *ein Ritter pfruendt* vom Erzbischof erhalten haben sollen. Mit dem Leutpriester Martin scheint der *Martinus plebanus S. Ciriaci* gemeint zu sein, der 1370 als Pilgrims Küchenmeister bezeugt ist. Allerdings läßt sich sein Anteil am Mönch-Œuvre ebenso wenig klären, wie eine Entscheidung zwischen den beiden genannten Vornamen des Mönchs möglich ist. Insgesamt spricht angesichts der konkurrierenden Ordenszugehörigkeit erheblich mehr für den Benediktiner- als für den Dominikanerorden. Freilich sollte bei allen diesen Angaben in den Handschriften bewußt sein, daß dabei bereits in der ersten Hälfte des 15. Jahrhunderts ein nachträglicher Personifizierungsversuch des schemenhaften *münich* unternommen werden sollte.

Alle diese Angaben bleiben für die Identifizierung des Mönchs unergiebig, sie geben aber den Blick frei auf einen Salzburger Kreis von Freunden der höfischen Liedkunst, die sich nicht konservierend – wie in Zürich – der Pflege des tradierten Minnesangs widmen, sondern in der neuen Liedkunst produktiv sind. Auf die gemeinsame Musizierpraxis weist auch die Überschrift zu W 8: *Ain tenor von hübscher melodey, als sy ez gern gemacht haben, darauf nicht yglicher kund übersingen* (‚frei diskantieren'). Zu diesem Kreis gehörte wohl auch der *plebanus magister* J a k o b v o n M ü h l d o r f (gest. vor 1380), Verfasser der artifiziellen Mariensequenz ‚Ave virginalis forma', der im Dienst des Salzburger Domkantors stand und nach Ausweis einer Handschrift *schuelmaister* war. Die melodiegerechte Übertragung seiner Sequenz aus dem *sweren Latein* ins Deutsche innerhalb des Mönch-Korpus (G 5) scheint eine Ehrung für den Verfasser gewesen zu sein, der im Totenbuch als *optimus rhetor et musicus* gerühmt wird. Auf ein kunstreiches deutsches Marienlied, das ein Peter Sachs dem Mönch zuschickte, anwortet dieser mit dem einzigen lateinischen Lied (G 9: ‚O Maria pia') im überlieferten Œuvre.

Ein solcher Kreis, den ein elitärer Kunstanspruch verband, bedurfte einer herausragenden Künstlerpersönlichkeit, die den gemeinsamen künstlerischen Aktivitäten bei aller Vielfalt den Stempel einer einheitlichen Stiltendenz aufprägte. Im Mönch-Korpus – das zeigen auch die Überlieferungsanalysen – bilden die Lieder dieser Künstlerpersönlichkeit das Zentrum, an das sich offenkundig auch Lieder aus dem Salzburger Liedkunstzirkel angelagert haben. Diese Leitfigur mag tatsächlich ein (Benediktiner-)Mönch gewesen sein, dessen Name wegen der Liebeslieder ungenannt blieb, dessen Ordenszugehörigkeit aber zugleich namengebend für das Liedschaffen des musikalisch-literarischen Zirkels am erzbischöflichen Hof in Salzburg wurde. Vielleicht schwang dabei im Blick auf die Prunkliebe des Erzbischofs Pilgrim sogar ein Anflug von Ironie mit. Man dachte daher auch an einen Übernamen, hinter dem sich der Erzbischof selbst verbarg. Wichtiger als diese Spekulationen ist für die Etablierung des Liebesliedes in seiner neuen Form, daß sich der

Lied

nachmalige Salzburger Erzbischof Pilgrim seit 1362 in Avignon zum Studium des Kirchenrechts aufhielt, das er mit dem Grad eines *baccalaureus in decretis* abschloß. 1363 wurde er sogar zum päpstlichen Kaplan ernannt, und Avignon setzte gegen die Widerstände im Domkapitel 1365 Pilgrims Ernennung zum Salzburger Erzbischof durch. In Avignon könnte Pilgrim – wie Rudolf Losse (vgl. S. 162) – die neuen Formen der Liedkomposition kennengelernt, bei seinen vielfältigen Beziehungen zum Prager Hof als dem anderen bedeutenden Kunstzentrum in dieser Zeit vertieft und an seinem eigenen Hof in Salzburg etabliert haben, um auf diese Weise den Glanz des Hofes noch weiter zu steigern. Der neuen Form des Liebesliedes eignete dabei offenkundig wie früher dem Minnesang – aber nunmehr mit dem Anspruch der Modernität – eine aus- und eingrenzende Funktion für die Elite der Hofgesellschaft. Gegenüber dem Minnelied rückte jedoch nunmehr die Melodie gegenüber dem Text in den Vordergrund und betonte auf diese Weise wie auch durch die vielfache Verwendung von Instrumenten (Horn, Pumhart, Trompete) den artifiziellen Charakter der neuen Liedform.

Mit fünf mehrstimmigen Liebesliedern (W 1–5), zwei Martinsliedern (W 54f.) und einem dreistimmigen Kanon (W 31) im Mönch-Korpus wird die Tradition des mehrstimmigen volkssprachigen Liedes in Deutschland eröffnet. Diese Mehrstimmigkeit (s. Abb. 6) erhält dort besondere Reize, wo sich Frauen- und Männerrolle im Liebeslied die Stimme teilen (W 3; W 5) oder sich im Duett vereinen (W 4); reizvoll auch, wenn der Wächter mit seiner Warnung vor den *klaffern* eine eigene Stimme erhält (W 5). Zwei dieser Töne (W 1: Nachthorn, W 2: Taghorn) haben in die meisterliche Liedkunst Eingang gefunden. Die mehrheitlich einstimmigen Lieder verteilen sich – sieht man von einem unstrophischen Herbstlied (W 47) ab, in dem die Stadien der Trunkenheit den vier Temperamenten gleichgesetzt werden – auf zwei Formtypen, die in einer der Haupthandschriften (D) oft einander abwechseln: Zum einen Formtyp gehören die Lieder mit durchkomponierter, meist unstolliger Strophenform, die durch wahre Reimkaskaden brillieren. Ein Vorbild für diese Lieder ohne musikalische Wiederholung innerhalb der Strophe und ohne Refrain – verschiedentlich werden sie in den Handschriften *tenor* genannt – konnte bislang nicht ermittelt werden; vielleicht liegt hier eine genuine künstlerische Leistung des Mönchs vor. Beim anderen Formtypus handelt es sich um Refrainlieder, die stollig gebaut sind und deren Refrain die Melodie des Abgesangs aufgreift; dahinter steht französische Formtradition (*virelai*, *ballade*). Es dominiert weiterhin die Männerrolle, doch kann das einstimmige Lied ebenfalls bis zur Dialogform vorstoßen, wobei die Unsicherheit in der Rollenverteilung die gegenseitige Treueversicherung der Liebenden sinnfällig unterstreicht (W 30; nachfolgend die Liederöffnung durch die Frauenrolle):

> ‚*Chandstdu mir halden trew und er?*'
> *ia gern, wann ich pin aigen dein.*
>
> ‚*Lieb, sin und hercz nicht von mir ker.*'
> *das sol mit ganczen eren sein.*
>
> ‚*Dein wirdikait mein hercz betwingt,*
> *das nyemand dich von mir verdringt.*'
> *ich beleib dir stät an falschen rat.*
>
> R. ‚*Lass mich aus deinem herczen nicht.*'
> *kain untrew dir von mir geschicht.*
> ‚*das ist ain er mit gueter ler.*'

Im Spiel mit den Rollen zeigt sich hier ein Stück literarischer Hofkunst, in der sprachlichen Diktion allerdings öffnete sich diese neue Form des Liebesliedes für alle Liebhaber der Liedkunst. Das Liederbuchlied stadtbürgerlicher Dilettanten im 15. und 16. Jahrhundert schließt hier an (vgl. Bd. III/2). Für das weltliche Lied bedeutet das Liedschaffen des Mönchs von Salzburg eine wegweisende Zäsur, die kaum überschätzt werden kann: Seit seinen weltlichen Liedern gehört das mittelalterliche Minnelied endgültig der Vergangenheit an.

Mit dem Mönch von Salzburg läßt sich aber auch das volkssprachige geistliche Lied, das mit wenigen Ausnahmen zuvor im Umkreis der Sangspruchdichtung angesiedelt war, erstmals in größerem Umfange fassen. Noch mehr als beim weltlichen Lied wird man hier von Textschichten ausgehen müssen, die sich an das genuine Œuvre des Mönchs angelagert haben. Dazu zählen im Zusammenhang mit kirchlichen Feiern *Joseph, lieber nefe mein* (G 22) als Wechselgesang zum weihnachtlichen Kindelwiegen (Str. 1 und 2) und für die Finstermetten in der Karwoche ein Passionslied (G 24) mit der bekannten Strophe *O du falscher Judas*. Die genannten Strophen vermitteln den Eindruck von Gemeindeliedern, die in der Mönch-Überlieferung zu Teilen umfangreicherer Lieder auf lateinischer Grundlage wurden (G 22: ‚Resonet in laudibus', G 24: ‚Laus tibi Christe'). Weiterhin zeigt sich bei den 27 sangbaren und mit Noten überlieferten Übertragungen lateinischer Hymnen und Sequenzen, die erste umfangreiche und eine der bedeutendsten mittelalterlichen Sammlungen dieser Art, daß ein ursprünglicher Kern (Maria, Passion, Ostern, Fronleichnam) um wichtige Hymnen und Sequenzen des Kirchenjahres so ergänzt wurde, daß man auf den ersten Blick fast das Konzept eines Kirchengesangbuchs zu erkennen glaubt. Wenn überhaupt, dann ist dies eine Folge der Überlieferungsgeschichte, die der Mönch-Komplex bis zu seiner Aufzeichnung in den Korpushandschriften Mitte des 15. Jahrhunderts durchlief. Die dem Mönch zugeschlagenen Übertragungen sind wohl Teil jener geistlichen, an die Laien gerichteten Frömmigkeitsbewegung, die mit gelehrtem Anspruch im österreichisch-bairischen Raum von der sogenannten Wiener Schule ausging (vgl. S. 56). Wir wissen jedoch nicht, bei welcher Gelegenheit (Gottesdienst, Andachten einer Gemeinschaft) und von wem diese Übertragungen gesungen (zum Teil auch lesend gebetet) wurden. Sie passen jedoch zu den Versuchen, nach den wenigen Einzelfällen im 13. Jahrhundert (vgl. Bd. II/2, S. 86) nunmehr die Laien näher an die Gesänge der lateinischen Liturgie heranzuführen (vgl. S. 444). Daran scheint auch der Mönch von Salzburg mit seinen sangbaren Übersetzungen so profiliert beteiligt gewesen zu sein, daß sein Werk zu einem Kristallisationspunkt vergleichbarer Übertragungen geworden ist. Waren hierbei vornehmlich außerhöfische Kreise die Adressaten, so hatte der Mönch wohl eher die Salzburger Hofgesellschaft vor Augen.

Noch deutlicher wird dies bei zwei weiteren Liedtypen, die teilweise der meisterlichen Liedkunst verpflichtet sind. Dies sind zum einen Marienpreislieder, die der Melodie lateinischer Sequenzen folgen, ohne sich thematisch mit ihnen zu berühren (im Gegensatz zu den Hymnen- und Sequenzübertragungen). Sie tragen teilweise den Schmuck von Widmungsakrosticha, gehäuften Reimen und vielfältiger Marienmetaphorik (vgl. G 2–4). Dazu stellt sich (seit 1474 sogar gedruckt) auch das Glanzstück des Mönchs, *Das guldein Abc mit vil subtiliteten* (G 1) in der Tradition des spätmittelalterlichen lateinischen Glossenliedes, das nicht nur wegen seines Umfangs und seinem Kunstanspruch an einen Marienleich (vgl. S. 194) erinnert. Der andere Liedtyp sind strophische Lieder, die in deutscher ormtradition stehen. Die Nähe zur meisterlichen Liedkunst zeigt sich bereits in der mehrfachen Verwendung von Tönen (vgl. S. 177f.), auch sind zwei der fünf Töne im Meistergesang aufgegriffen worden. Damit kann der Mönch allerdings nicht den Meisterlieddichtern zugeschlagen werden, vielmehr demonstriert dieser Liedtyp, wie weitgespannt das Repertoire des Mönchs von Salzburg ist: Es reicht von neuen Formen des Liebesliedes französischer Tradition über Hymnen- und Sequenzübertragungen und Sequenzdichtungen bis zur meisterlichen Liedkunst. Dabei geht er auch eigene Wege, wenn er Töne von Minneliedern (Gottfried von Neifen, Wernher von Hohenberg) für seine geistlichen Lieder verwendet; für das Kalenderlied (Cisioianus) dagegen greift er auf die Titurelstrophe zurück, während sein Tischsegen (G 42) wohl der einfachen Form einer Reimpaarstrophe seine unglaubliche Verbreitung verdankt – eine offenkundig begnadete Künstlerpersönlichkeit, die alle Register der Liedkunst beherrschte. Ohne jeden Zweifel darf der Mönch von Salzburg als der wichtigste Lieddichter außerhalb der meisterlichen Lieddichtung im 14. Jahrhundert gelten. Welchen Einfluß er in seiner Modernität auf künstlerische Nachfahren des 15. Jahrhunderts ausübte, ist – mit Ausnahme Oswalds von Wolkenstein und vielleicht Heinrich Laufenberg (vgl. Bd. III/2) – jedoch kaum mehr feststellbar.

Übertragungen von Hymnen und Sequenzen, aber auch von Antiphonen sind im Bereich des geistlichen Lieds kennzeichnend für das 14. Jahrhundert; die entsprechenden Teile des Mönch-Korpus können also – von ihrem qualitativen Anspruch einmal abgesehen – keinesfalls als ein isoliertes Unternehmen in seiner Zeit gesehen werden. Dahinter stehen die Bemühungen, das geistliche Schrifttum in lateinischer Sprache durch Übersetzung nunmehr auch Nichtklerikern zugänglich zu machen. Dieses auf Intensivierung der Frömmigkeit zielende Bemühen schloß – von den Klöstern ausgehend – offenkundig auch die Erschließung liturgischer Gesänge mit ein. Dabei lassen sich unterschiedliche Formen und Gebrauchszusammenhänge erkennen. Formal reichen die Übertragungen von Prosaübersetzung über rhythmisierte Prosa bis zu gereimten Texten, bei denen es – wie schon im 13. Jahrhundert (vgl. Bd. II/2, S. 86) – oft schwierig ist, zwischen Reimgebeten und Liedern zu unterscheiden.

Aus dem Überlieferungskorpus des 14. Jahrhunderts auszuschließen sind allerdings die ‚Medinger Gebetbücher‘, deren Tradition man wegen eklatanter Fehldatierungen bereits Ende des 13. Jahrhunderts hat beginnen lassen und für die man eine Kontinuität durch das ganze 14. Jahrhundert postulieren wollte (Lipphardt). In Wirklichkeit setzt diese Tradition aber erst im letzten Drittel des 15. Jahrhunderts ein.

Einige dieser Lieder – so das bekannte Weihnachtslied ‚In dulci iubilo‘ (erstmals um 1380 bezeugt) – sind zu Gemeindeliedern geworden, die für die Laien zur Ausschmückung des grundsätzlich lateinischen Gottesdienstes dienten. Erstaunlich ambitioniert ist dabei der Versuch der Augustinerchorherren in Seckau (Steiermark), die Gläubigen im Rahmen des Möglichen an den liturgischen Feiern der Osternacht (*Visitatio sepulchri*), zu Weihnachten (*Liber generationis*), zur Palmprozession, in der Karwoche (*Matutinae tenebrarum*) und bei der Prozession in der Bittwoche vor Christi Himmelfahrt mit dem Singen deutscher Lieder teilnehmen zu lassen; darunter findet sich das ‚Also heilig ist dieser Tag‘. Insgesamt ist die ungewöhnlich hohe Zahl von sechs deutschen geistlichen Liedern im ‚Seckauer Breviarium‘ des Jahres 1345 aufgezeichnet. Ob der Mönch von Salzburg durch diese Praxis zu seinen Hymnen- und Sequenzenübertragungen angeregt wurde, muß offenbleiben. Immerhin gehörte Seckau zur Salzburger Kirchenprovinz und ein Ordinarium des Salzburger Doms liefert das früheste Zeugnis (um 1160) für das Osterlied ‚Christ ist erstanden‘.

Neben dem Gemeindelied finden sich in der Geschichte des deutschen geistlichen Liedes immer wieder Lieder einzelner Gruppen. Für das 14. Jahrhundert sind hierfür die Geißlerbewegung und die Mystik hervorzuheben. Die Geißlerlieder stehen im Zusammenhang mit dem furchtbaren

Peststerben 1348/49, der die Flagellanten mit ihren extremen Bußübungen wehren wollten. Diese aufsehenerregende Bewegung fand in den zeitgenössischen Chroniken ihren Widerhall, fünf von ihnen liefern Liedtexte, das ‚Chronicon' (1347–1350) des Reutlinger Geistlichen Hugo Spechtshart (vgl. S. 317) bringt neben einem Augenzeugenbericht von den Geißlerumzügen des Jahres 1349 zu sechs Geißlerliedern auch Noten. Der Einzug der Geißler erfolgte mit dem Lied (*leis*) *Nu ist diu betfart so here*, das Geißlerritual begleitete der Gesang *Nu tret her zuo der buessen welle*; auch der Aus- und Weiterzug geschah singend. Nichts mit den Geißlerliedern zu tun hat dagegen – wie man zeitweise meinte – das in der ‚Limburger Chronik' des Tilemann Elhen für das Jahr 1356 erwähnte *dagelit von der heiligen passien ‚O starker Got'*, das man früher Peter von Arberg zugeschrieben hat. Er darf nurmehr als Tonautor dieses in 18 Handschriften ungemein verbreiteten Liedes angesehen werden, dessen Ton als ‚Große Tagweise' im Repertoire des Meisterliedes vielfache Verwendung fand.

Am Rande des geistlichen Liedes ist hingegen eine Reihe **mystischer Gedichte** aus dem 14. Jahrhundert anzusiedeln, bei denen es sich vor dem Hintergrund der Mystik Meister Eckharts, Johannes Taulers und Heinrich Seuses (vgl. S. 62ff.) meist um „mystische Spekulationen in Reimversen" (Ruh) handelt, die zum Lesen bestimmt waren. Doch gibt es darunter vereinzelt auch Texte in Liedform (vgl. S. 92). Der bedeutendste ist das ‚Granum sinapis' (*In dem begin hô uber sin*), ein im frühen 14. Jahrhundert im thüringischen Umkreis Meister Eckharts entstandenes Lied in Sequenzform, das wegen seines tiefen theologischen Gehalts bereits um 1320/30 einen lateinischen Kommentar erhielt (vgl. S. 65f.). Von dieser spekulativen Art des mystischen Lieds abzuheben sind jene Lieder, die nur ganz unspezifische Anklänge an die Mystik haben; es handelt sich dabei – wohl auch beim bekannten, einst Tauler zugeschriebenen ‚Es kommt ein Schiff geladen' – meist um Schöpfungen des 15. Jahrhunderts (s. Bd. III/2).

Etwas deutlicher tritt im 14. Jahrhundert das **historisch-politische Ereignislied** (vgl. Bd. II/2, S. 86) auf den Plan, seine große Zeit ist freilich das 15. und 16. Jahrhundert (vgl. Bd. III/2). Anders als beim politischen Sangspruch sind hierbei nicht historisch-politische Geschehnisse und Situationen in ihrer exemplarischen Bedeutung das Thema, sondern die konkrete Schilderung aktueller Ereignisse. Die Darstellung prägte durchaus ein parteilicher Blick. Die Information stand meist im Dienste der Agitation, der Rechtfertigung wie der Erinnerung an ein Ereignis, das nie mehr vergessen werden sollte. Von dieser propagandistischen Form der *memoria* zeugen Bearbeitungen von historisch-politischen Liedern des 14. im 16. und sogar noch im 17. Jahrhundert, in welche die verlorenen alten Fassungen oft ein- und aufgegangen sind.

Die Mündlichkeit unterstützte den propagandistischen Zweck dieser Lieder, denn sie konnten auch von Analphabeten rezipiert und gegebenenfalls selbst gesungen werden. Die Wirkung dieser Lieder auf die Ausbildung eines breitenwirksamen politischen Urteils dürfte nicht zu unterschätzen sein. Im 14. Jahrhundert stand das historisch-politische Ereignislied jedoch noch weitgehend im Schatten der politischen Redetypen, die auf Einzelvortrag und Lektüre hin angelegt waren. Herausragende Beispiele liefern die Lieder von den erinnerungswürdigen Schlachten bei Sempach (1386) und bei Näfels (1388), in denen der erbitterte, verlustreiche, aber zuletzt doch erfolgreiche Kampf der Schweizer Eidgenossen gegen die Habsburger (vgl. S. 19f.) immer wieder neu in Erinnerung gerufen wurde. Die Thematisierung regionaler und lokaler Konflikte als späterer Standardtyp des historisch-politischen Ereignisliedes kommt dagegen mit dem Lied eines gewissen Haspel in den Blick, der die Auseinandersetzungen zwischen dem Konstanzer Bischof Heinrich III. von Brandis (1356–1373) und der Stadt Konstanz aufgreift und personifizierte Bodensee-Orte über die Folgen des Streites klagen läßt.

Ebenfalls erst im 15./16. Jahrhundert (vgl. Bd. III/2) breiter zu fassen ist das Erzähllied (Ballade), zu dem aber bereits das 14. Jahrhundert mit dem ‚Moringer' einen prominenten, bis ins 17. Jahrhundert rezenten Beitrag liefert. Wie später beim ‚Bremberger' und bei der ‚Tannhäuser-Ballade' (vgl. Bd. III/2) werden auch beim ‚Moringer' vorgegebene Sagen- und Erzählstoffe mit einem Minnesänger – im vorliegenden Fall mit Heinrich von Morungen (vgl. Bd. II/1, S. 157–166) – als Hauptfigur des Liedes verknüpft, um durch diese Biographisierung eine Art poetischer Autorvita zu schaffen.

In der Erzählung sind das Motiv vom verschollen geglaubten, unerwartet heimkehrenden Ehemann und das Dreiecksverhältnis zwischen Ehefrau, jungem Liebhaber und Ehemann kombiniert: Der edle Moringer bricht zu einer Pilgerfahrt in das Land des heiligen Thomas (Indien) auf und übergibt seine Frau in den Schutz des jungen Herrn von Neifen mit der Bitte, die Frau möge ihrem Gatten sieben Jahre lang die Treue halten. Gegen Ende der Frist warnt ein Engel den Moringer vor der bevorstehenden Hochzeit zwischen seiner Ehefrau und dem von Neifen, der heilige Thomas versetzt den schlafenden Pilger in seine Heimat zurück. Dieser singt am Abend des Hochzeitstages unerkannt ein *hofelit* und läßt in den Becher Wein, den man ihm zum Dank kredenzt, seinen Ehering hineingleiten, an dem ihn seine Frau erkennt. Der Moringer gibt dem jungen Neifen die Tochter zur Frau, der eigenen Gattin droht er als seiner *alten braut* Schläge an.

Das Lied stellt ein einzigartiges Zeugnis für die Rezeption der Minnesangtradition im 14. Jahrhundert dar: Nicht nur durch Heinrich von Morungen und Gottfried von Neifen als zentralen Figuren, sondern auch durch die Textzitate aus dem *sumerlaten*-Lied (72,31) Walthers von der

Vogelweide (vgl. Bd. II/1, S. 216f.), aus denen das *hofeliet* gefügt ist und auf das mit der abschließenden Drohung *Ich wil ir selben bern ir haut* auch angespielt wird; ja die Strophenform des *sumerlaten*-Liedes selbst wird zur Grundlage der ‚Moringer'-Strophe gemacht. Auch konnte nachgewiesen werden, daß die Textzitate aus der Überlieferung des Walther-Liedes in der ‚Weingartner Liederhandschrift' (vgl. S. 146) stammen. Dieser Sachverhalt legt eine Entstehung des ‚Moringer' in deren literarischem Umfeld (Konstanz) während der ersten Hälfte des 14. Jahrhunderts nahe; er zeigt aber auch – ähnlich wie bei Johannes Hadlaub (vgl. S. 154ff.) – eine Brechung der verfügbaren Minnesangtradition durch das Einbringen eines biographisierenden Moments. Anders als Hadlaubs ‚Romanzen' war dem Erzähllied vom Typ des ‚Moringer' freilich eine Zukunft gesichert, weil es über den Minnesang hinaus auf bekannte und fungible Erzählstoffe zurückgriff.

Sangspruch

Die Tradition des Sangspruchs läuft ungebrochen weiter, und es scheint auf den ersten Blick keine Unterschiede zu seinen Ausprägungen im 13. Jahrhundert zu geben (vgl. Bd. II/2, S. 96–102): Nach wie vor sind Gotteslob und Marienpreis, religiöse und moralische Didaxe, Herrenlehre und Vermittlung gelehrten Wissens, politische Panegyrik und Poetologie die zentralen Themen. Und doch zeichnen sich bei genauerer Betrachtung auf allen Ebenen Verschiebungen in der Tektonik des Gattungsfeldes ab, die zu einer Transformation des Sangspruchs über das meisterliche Lied hin zum Meistergesang des 15. Jahrhunderts führen (zu Frauenlob und Heinrich von Mügeln vgl. S. 182ff.).

Sie deutet sich bereits bei der Autorensoziologie an, auch wenn dabei angesichts der Dürftigkeit halbwegs verläßlicher Zeugnisse besondere Vorsicht geboten ist und mit einer breiten Grauzone gerechnet werden muß. Wie im 13. Jahrhundert begegnet der Sangspruchdichter als Fahrender, der sich oft an seinem sprechenden Übernamen erkennen läßt: Der Unverzagte, Der Goldener, Der Kanzler, Regenbogen (‚rege, bewege den Bogen') oder Der Zwinger, deren Schaffenszeit – außer beim Unverzagten (2. Hälfte des 13. Jahrhunderts) – um 1300 anzusetzen ist. Daneben tritt jedoch zunehmend – wie schon bei Konrad von Würzburg (vgl. Bd. II/2, S. 33–42) – die Stadt als Lebensort und Wirkungsstätte der Dichter ins Blickfeld: Walther von Breisach darf vielleicht mit dem zwischen 1256 und 1300 in Breisach und Freiburg bezeugten Schulmeister namens *Walther* gleichgesetzt werden. Der Ungelehrte ist vermutlich mit dem im Jahr 1300 in Stralsund belegten *Magister Vnghelarde* identisch. Hermann Damen, Sohn einer begüterten Rostocker Familie, kann zwischen 1282 und 1307 über dreißigmal mit Renten und Pachtzinseinnahmen belegt werden. Albrecht Lesch (gest. 1393/94) lebte zwischen 1372 und 1375 in München bei seinem Schwiegervater, dem Bäcker Konrad Harder, vielleicht dem gleichnamigen Lieder- und Redendichter. Konrad Dangkrotzheim (gest. 1444) schließlich wurde 1402 in Hagenau zum Schöffen gewählt.

So lückenhaft und mit Unsicherheiten belastet diese Liste auch ist, die Tendenz zum stadtbürgerlichen Sangspruch- und Meisterlieddichter läßt sich gleichwohl nicht verkennen, die im 15. Jahrhundert dann zur Ausbildung des städtischen Meistergesangs führt. Die Einheirat in eine Bäckerfamilie und 1381 auch die Mitgliedschaft im Großen Rat der Stadt legen es bei Albrecht Lesch sogar nahe, in ihm erstmals den danach signifikanten Typ des Meisterlieddichters zu erkennen, der sein Brot als stadtbürgerlicher Handwerker verdient und seinen dichterischen Ambitionen zur Mehrung des Ansehens in der städtischen Gesellschaft nachgehen kann.

Gegenüber dieser Entwicklung tritt der bislang ohnehin geringe Anteil des Adels entschieden zurück: Lediglich bei Johann von Ringgenberg stellt sich die Frage, ob er mit dem zwischen 1291 und 1350 nachweisbaren Freiherren Johannes I. identisch ist, der seinen Stammsitz im Berner Oberland hatte und Vogt von Brienz war. Allerdings käme mit dieser Gleichsetzung zugleich auch die Stadt in den Blick, weil der Ringgenberger 1308 das Berner Bürgerrecht erwarb und sein Sohn ins dortige Patriziat einheiratete; dies freilich wären Bezüge zur politischen Führungselite, die für die zunehmende städtische Verortung des Sangspruchs und des Meisterliedes im 14. und 15. Jahrhundert keinesfalls tonangebend ist. Eine Sonderstellung nimmt Eberhard von Sax ein, der zwar einem Schweizer Freiherrengeschlecht entstammte, der aber sein ‚Marienlob' und sein ‚Lob Christi' (fragmentarisch) – beide in deutlicher Nachfolge Konrads von Würzburg – um 1300 als Angehöriger des Dominikanerkonvents in Zürich gedichtet hat.

Dieser erste Befund bestätigt sich, wenn man nach den namentlich genannten Adressaten der Sangsprüche fragt (zu Dichterschelte und -lob vgl. S. 180f.). Sie begegnen ausschließlich in zwei literarischen Typen, die seit Walther von der Vogelweide (vgl. Bd. II/1, S. 199–210) die unbestrittene Domäne der fahrenden Sänger waren: im Fürstenpreis und in der Totenklage; Scheltsprüche auf einzelne Persönlichkeiten fehlen hingegen gänzlich. Neben dieser Beschränkung auf das Panegyrisch-Elegische ist – von zwei Ausnahmen abgesehen – die Konzentration auf adlige Adressaten im Norden und Osten Deutschlands und dort wiederum auf zwei Dichter unübersehbar.

Sechsmal hebt H e r m a n n D a m e n zum Herrenlob an, ohne damit – offenkundig finanziell gesichert – eine persönliche *milte*-Forderung als Grundgestus fahrender Sänger zu verbinden: Graf Adolf V. von Segeberg (gest. 1308) nennt er *den herren mîn* und preist ihn als Schutz der Witwen und Waisen; nach Ehre strebt Freiherr Johann II. von Gristow (ansässig bei Greifswald; gest. 1331), dessen Name in einem Spruch verrätselt wird, eine Strophe in einem anderen Ton nennt auch den *vil werden bruoder sîn*; in einer Wettkampfstrophe nach Art des ‚Fürstenlobs' im ‚Wartburgkrieg' (vgl. Bd. II/2, S. 101f.) stellt Damen drei ungenannte Brandenburger Fürsten – vielleicht die Markgrafen Otto V. der Lange (gest. 1298), seinen Bruder Albrecht III. (gest. 1300) und deren Vetter Otto IV. mit dem Pfeil (gest. 1308), der als Minnesänger (vgl. S. 150) bekannt ist – über alle anderen Fürsten; seinen Lobspruch auf den Herzog von Schleswig, wohl Waldemar IV. (gest. 1312), empfiehlt Damen den *gernden*, damit *siez den besten singen schône in den landen*; wohl auf den westfälischen Grafen Otto III. von Ravensberg (gest. 1306) zielt das *lob getzuckert* Damens (*die gerenden wirden ez in strît*), auf das Frauenlob in seiner Rühmung des Ravensbergers Bezug nimmt; vielfältiges Lob wird schließlich Graf Heinrich I. von Holstein (gest. 1304) gezollt, einem Vetter von Graf Adolf V. von Segeberg, der selbst wiederum mit Markgraf Otto IV. mit dem Pfeil verschwägert war.

R e g e n b o g e n pflegt neben dem Herrenlob auch die Totenklage. Die drei Preisstrophen gelten dem – auch von Frauenlob gerühmten – Markgrafen Woldemar von Brandenburg (gest. 1319) und seinem großen Ritterfest vor Rostock (1311). Die drei Totenklagen betrauern den Markgrafen Otto IV. von Brandenburg und dessen Enkel, dem *milten* Herzog Waldemar IV. von Schleswig, deren Lob auch Hermann Damen gesungen hatte. Die dritte Klage gilt – als einzigem geistlichen Herren – dem Straßburger Bischof Konrad III. von Lichtenberg (gest. 1299), der bereits das Lob Konrads von Würzburg auf sich zog (*iuwer lob ich croene*), während der oberdeutsche Sangspruchdichter Boppe (letztes Viertel des 13. Jahrhunderts) meinte, der Bischof werde eher seine Fehden aufgeben als daß die Armut des Sängers ende.

Das anhand der Herrenstrophen Hermann Damens und Regenbogens gewonnene Bild ergänzen fünf Preisstrophen anderer Dichter: Der Goldener rühmt – wie wohl auch Damen – den Markgrafen Otto V. von Brandenburg und den Fürsten Wizlaw III. von Rügen (gest. 1325), dessen Lob laut Frauenlob *von gernder diet breit unde lanc gerecket* wird. Der niederdeutsche Lied- und Sangspruchdichter Wizlav lobt einen Herren von Holstein, wohl Graf Erich von Holstein (gest. 1348, seit 1331 Bischof von Hildesheim), und Der Urenheimer den Grafen Otto I. von Anhalt-Aschersleben (gest. 1304/05). Lediglich Der Junge Meißner preist mit dem Grafen Ludwig V. von Öttingen (gest. 1313) einen süddeutschen Herren: *der êren lûter spiegelglas*, das *diu gernde diet* auf sich zieht.

Keine dieser Preisstrophen und Totenklagen reicht erkennbar über die beiden ersten Jahrzehnte des 14. Jahrhunderts hinaus; mit Ausnahme Hermann Damens sind fahrende Sangspruchdichter deren Autoren, die eindeutig städtisch situierten Spruchdichter halten sich in auffälliger Weise von dieser Form der Kunstübung fern. Die offensichtliche Konzentration auf Adressaten im Norden und Osten Deutschlands und das Ausklammern von Scheltstrophen mit Namensnennungen lassen den

Rückzug der Sangspruch-Panegyrik an Höfe denken, die in ihrer literarischen Orientierung betont traditionsbewußt waren; die verwandtschaftlichen Beziehungen zwischen diesen Adelshöfen mögen eine solche Tendenz noch verstärkt haben. Vor allem aber tritt der Sangspruch beim Herrenlob in Konkurrenz zur Rede mit der Ausbildung eines heraldisch-panegyrischen Typs (vgl. S. 345ff.). Diese Verschiebung, die auch die politisch orientierte Klage und die Zeitkritik erfaßt, deutete sich schon im 13. Jahrhundert an (vgl. Bd. II/2, S. 153–155), nunmehr wird die Rede dafür – wie in anderen Bereichen auch – die moderne und zukunftsträchtige Form, die noch im 15. Jahrhundert ihre Gültigkeit behält.

Eine dritte Verschiebungslinie innerhalb der Sangspruchtradition zwischen dem 13. und dem 14. Jahrhundert läßt sich in der Kodifizierungspraxis erkennen. Sammelten die südwestdeutschen Liederhandschriften A, B und C (vgl. S. 146ff.) und die in sie eingegangenen Teilsammlungen neben dem vorherrschenden Minnesang auch Sangspruchstrophen und Leichs (vgl. S. 191f.), so bildete sich bis zur Mitte des 14. Jahrhunderts der Typus der Sangspruchsammlung aus, für die wir aber leider nur eine spärliche Überlieferung besitzen. Nicht nur zeitlich an erster Stelle zu nennen ist die ‚Jenaer Liederhandschrift' (J), bei deren über 900 Strophen (neben drei Leichs) der Minnesang nurmehr eine bescheidene Randstellung einnimmt. Auch begnügt sich J nicht mit einer bloßen Textaufzeichnung, sondern liefert – erstmals für eine deutschsprachige Liederhandschrift – 91 Melodien in lesbarer Quadratnotation. Dies scheint auf eine rezente Aufführungspraxis zu deuten, die großzügige und gediegene Aufmachung der Handschrift und deren außergewöhnliches Format (ca. 56×41 cm), die wohl das Mäzenatentum eines Fürstenhofes voraussetzen, lassen hingegen an eine repräsentative Dokumentation der Sangspruchtradition denken (s. Abb. 7).

Aufgezeichnet vor Mitte des 14. Jahrhunderts könnte der Auftraggeber wegen der mittel-/niederdeutschen Schreibsprache der Askanier Rudolf I. sein, der als Herzog von Sachsen (1324–1356) in Wittenberg residierte. Vielleicht ist J eines der beiden *libri magni cum notis*, die später ein Inventar (1437) der Wittenberger Schloßbibliothek verzeichnet. Hergestellt wurde die Handschrift allerdings in einer Schreibwerkstatt westlich der Elbe, die auch eine großformatige, heute nurmehr in Fragmenten erhaltene Epenhandschrift angefertigt hatte, die neben Wolframs von Eschenbach ‚Parzival' zumindest den offenkundig nur in Thüringen verbreiteten Artusroman ‚Segremors' (vgl. Bd. II/2, S. 106) umfaßte. Fragmente von drei weiteren mittel-/niederdeutschen Sangspruchhandschriften, die inhaltlich und teilweise auch formal zu J verwandt sind, zeugen von einer Pflege der Gattungstradition im Ostmitteldeutschen – eine Beobachtung, die sich teilweise mit den Befunden zu den Adressaten der Sangsprüche aus dem 14. Jahrhundert überschneidet. Dazu paßt auch, daß J die mittel- und norddeutschen gegenüber den süddeutschen Autoren bevorzugt, obwohl diese – mit Ausnahme Des Marners (vgl. Bd. II/2, S. 97f.) – durchaus vertreten sind. Die Nachricht von drei heute nicht mehr erhaltenen Liederhandschriften mit offenkundig inhaltlich ähnlichem Zuschnitt, die im Wittenberger Bibliotheksverzeichnis gleichfalls genannt sind, unterstreichen das Interesse Ostmitteldeutschlands an der Sangspruchdichtung im 14. Jahrhundert.

Obwohl die Handschrift zu Beginn, im Innern und am Schluß defekt ist und wahrscheinlich nur einen Teil einer zweibändigen Sammlung darstellt, lassen die 133 erhaltenen, zweispaltig beschriebenen Pergamentblätter zumindest in Grundlinien die Art der Traditionspflege erkennen. Ihr scheint „ein Bewußtsein von der Geschichte der Gattung" (Wachinger) zugrundezuliegen: Die Sammlung schlägt einen Bogen von den älteren großen Tonautoren (vermutlich mit Walther von der Vogelweide an der Spitze) zu bedeutenden Tonmeistern aus der zweiten Hälfte des 13. Jahrhunderts (darunter Frauenlob) und schließt mit dem ‚Wartburgkrieg', gleichsam dem Gründungsmythos der spätmittelalterlichen Sangspruchdichter und meisterlichen Singer. Intensive Korrekturen und Nachträge zielen auf Richtigkeit und Vollständigkeit im Erfassen des Überlieferten, doch fällt auch hier auf (vgl. S. 172ff.), daß die Herrenschelte nahezu ausgeklammert bleibt. Traditionsstiftend bis hin zu den Meistersingerhandschriften (etwa der ‚Kolmarer Liederhandschrift' um 1460; vgl. Bd. III/2) erweist sich die Anordnung der 28 erhaltenen Autorenœuvres nach Tönen, zu denen auch tongleiche Sprüche anderer Sangspruchdichter gestellt sind (was zu Problemen bei der Frage nach der Echtheit einzelner Strophen führt). Diesem Formprinzip ist die Anordnung nach Themen nachgeordnet. Es kommt auf diese Weise gelegentlich zu liedhaften Gruppenbildungen, bei denen nicht klar ist, ob sie auf die Autoren selbst zurückgehen oder ein Produkt des Ordnungsprinzips (auch auf den Vorstufen von J) darstellen, da die Abgrenzung von Baren, also mehrstrophiger Komplexe (vgl. S. 177), noch fehlt. Auch werden noch keine Tonnamen genannt. (Der Begriff ‚Ton' umfaßt das metrische Schema, das Reimband und die Melodie.)

Die in J erkennbaren Tendenzen werden durch die zweite bedeutende Sangspruchsammlung des 14. Jahrhunderts, die ‚Heidelberger Liederhandschrift' cpg 350, bestätigt. Zugleich liefert diese Handschrift durch die zeitliche und auch regionale Schichtung der drei in ihr enthaltenen Teile genauere Einblicke in den Umformungsprozeß bei der Kodifikation der Sangspruchüberlieferung im 14. Jahrhundert.

Die ursprünglich separaten Teile wurden erst 1558 unter dem Pfalzgrafen Ottheinrich mit offensichtlichem Bewußtsein für die gattungsmäßige Zusammengehörigkeit zu einem Band (24×15,5 cm, 69 zweispaltig beschriebene Pergamentblätter) zusammengefügt. Teil 1 (Sigle D, mit Nachträgen) entstand um

1300 im Südrheinfränkischen, Teil 2 (Sigle H, mit Nachtrag) im zweiten Viertel des 14. Jahrhunderts im Rheinfränkisch-Hessischen; aus der gleichen Zeit, aber aus dem Nordbairischen stammt der dritte Teil (R). D und H scheinen bereits in der zweiten Hälfte des 14. Jahrhunderts eine Überlieferungsgemeinschaft gebildet zu haben.

Teil D (256 Strophen) ist bereits optisch (Leerzeilen, Initialen) in zehn Abschnitte gegliedert und stellt in den ersten sechs Abschnitten eine 193 Strophen umfassende Sammlung im Frau-Ehren-Ton Reinmars von Zweter (vgl. Bd. II/2, S. 97–99) dar, die – über Vorstufen vermittelt – zum Gutteil auf Reinmar selbst oder seinen unmittelbaren Umkreis zurückgehen dürfte. Neben dem ‚Frauendienst' Ulrichs von Lichtenstein (vgl. Bd. II/2, S. 16–18) fassen wir in D die älteste Autorsammlung im Bereich der mittelhochdeutschen Lyrik, deren thematische Gliederung sich in den Strophen 1–159 noch gut erkennen läßt (Wachinger): Gott (1–13), Maria (14–22), Minne (23–55), Herrenlehre (56–126), Papst und Kirche (127–137), Kaiser, Fürsten, Höfe (138–159). Ergänzt wird diese Reinmar-Sammlung im 7. Abschnitt durch Spruchstrophen vornehmlich zum Thema Minne in der Neuen Ehrenweise. Die Abschnitte 8 und 9 vereinigen in sechs Tönen Strophen in der Deszendenz Reinmars. Es folgen schließlich im 10. Abschnitt 12 Strophen Walthers von der Vogelweide in seinem Wiener Hofton (Wendelweise).

Gegenüber dem breiten, seit Walther etablierten Themenspektrum im Teil D mit seiner Orientierung an Autoren und Tönen nimmt der jüngere Teil H geradezu eine Gegenposition ein. H (116 Strophen) greift das Tönerepertoire der älteren Meister auf, klammert aber die Minnethematik völlig aus und setzt dagegen eine nahezu rein geistliche Sangspruchsammlung, bei der Maria im Zentrum steht, der – ebenso wie ihrem Sohn – das Mitleiden gilt. Dies läßt an eine Entstehung der Sammlung an einem geistlichen Fürstenhof denken. Formal konzentriert sich H auf Töne, die bis ins 15. Jahrhundert beliebt waren, trägt also ansatzweise zur Kanonisierung der Tönetradition bei. Von zentraler Bedeutung für die Entwicklung hin zum Meisterlied ist die Ablösung der Einstrophigkeit, die noch bei den Strophen 1–28 durchscheint, durch Mehrstrophigkeit, die mehrfach durch Strophenanaphern hervorgehoben wird: Hier deutet sich die Tendenz zur später standardisierten Barbildung (vgl. S. 177) unverkennbar an.

Mit Barformen wartet auch R (16 Strophen) auf, doch scheint hier das Prinzip der ursprünglichen Einstrophigkeit in der Sangspruchdichtung noch bewußt zu sein: Jede Strophe nennt in Form einer Überschrift den Namen des Tonautors (Regenbogen, Marner, Frauenlob) und des Tons. Solche Angaben fehlen in D und H; sie weisen auf die Praxis der Meistersanghandschriften voraus, bei denen die Nennungen jedoch nicht beim jeweiligen Strophen-, sondern beim Barbeginn stehen. Wie H hat auch R einen eindeutig geistlichen Zuschnitt: Einer Judenpolemik (1–6) schließt sich mit dem Synagoga-Ecclesia-Bild ein Marienpreis an (7–13), der ein weiteres Lob Marias und Christi (14–16) folgt.

In ihrer Gesamtheit dokumentiert die ‚Heidelberger Liederhandschrift' sowohl die Orientierung an der Sangspruchtradition wie die für das 14. Jahrhundert charakteristische Neuorientierung, die dann im 15. Jahrhundert (Bd. 3/II) zur vollen und die Gattungsentwicklung bestimmenden Entfaltung kommt. Verglichen mit Heinrich von Mügeln (vgl. S. 189f.) sind jedoch die ‚Heidelberger' wie die ‚Jenaer Liederhandschrift' deutlich konservativer ausgerichtet. Es bedurfte offenkundig einer bewußten Versicherung der Tradition, um Neues wagen zu können.

Zu den formal wichtigsten Neuerungen auf dem Gebiet des Sangspruchs im 14. Jahrhundert gehört die bereits angesprochene Barbildung. Zwar kannte man seit Walther von der Vogelweide Strophenketten und -zyklen, die über die Einzelstrophe als Grundform der Sangspruchdichtung hinauswiesen und die sich sogar zu Spruchliedern formieren konnten, doch ab der ersten Hälfte des 14. Jahrhunderts zielen die Autoren auf die Mehrstrophigkeit als Standardform. Dabei gab es aber noch keine Festlegung auf ungerade Strophenzahlen wie seit Beginn des 15. Jahrhunderts (Muskatblut; vgl. Bd. III/2). Diese mehrstrophigen Strophenkomplexe werden mit der Terminologie der Meistersinger als ‚Bar' bezeichnet (vielleicht eine Kurzform des aus der Fechtersprache entlehnten Begriffs ‚Parat', der einen kunstvollen Schirmschlag bedeutet). Für die Entwicklung zum meisterlichen Lied und Meistergesang liegt hier ein grundlegend neues Formprinzip vor, zu dessen Ausbildung wohl zwei Aspekte führten: Zum einen schien die Abgrenzung zum Minnesang, der sich gegenüber der Sangspruchdichtung während des 14. Jahrhunderts zunehmend in einer Rückzugsbewegung befand, offenkundig nicht mehr notwendig; vor allem aber verlangte die Konkurrenz der Reimpaarrede, in der ja die gleichen Themen wie im Sangspruch verhandelt wurden, für die Sangsprüche einen größeren Rahmen zur diskursiven Entfaltung der behandelten Materie (Brunner). Das daraus resultierende Nebeneinander und das oszillierende Überschneiden in der Motivik beider Gattungsbereiche sind um die Jahrhundertmitte bei Lupold Hornburg, in der zweiten Hälfte bei dem Fahrenden Suchensinn wie beim stadtbürgerlichen Dilettanten Konrad Harder recht gut zu beobachten.

Eine weitere traditionsstiftende Neuerung in der Formensprache zeichnet sich seit der Mitte des 14. Jahrhunderts im Tönegebrauch ab. Neben den herkömmlichen Typus des Sangspruchdichters, der seinen Kunstanspruch auch im Erfinden eigener Töne dokumentierte (ein Typus, der mit Michel Beheim und Jörg Schiller bis ins späte 15. Jahrhundert reicht; vgl. Bd. III/2), tritt nun ein neuer Dichtertyp, der seinen Kunstanspruch im bewahrenden Aufgreifen von Tönen früherer, anerkannter Meister erfüllte. Dies führt zu einer Kanonisierung der ‚alten Meister' und ihrer Töne, was nicht als Zeichen poetischen Unvermögens (das es daneben auch gab) verstanden werden darf, sondern das wiederum als Ausprägung eines historischen Bewußtseins zu begreifen ist, das die eigene Kunst legitimieren und nobilitieren will. Den Tönetraditionalismus, der im Verlaufe des 14. Jahrhunderts ausgebaut wurde, greift dann der im 15. Jahrhundert institutionalisierte städtische Meistergesang als Legitimationsgrundlage für das eigene Kunstschaffen auf (Bd. III/2).

Das Dichten in Tönen anderer erfolgt nicht erst seit dem 14. Jahrhundert, sondern findet sich bereits im zweiten Viertel des 13. Jahrhunderts: Nach Lage der Überlieferung scheint Der Hardegger, ein oberdeutscher Sangspruchdichter, der erste Autor gewesen zu sein, der weitgehend in fremden Spruchtönen (u.a. im Wiener Hofton Walthers von der Vogelweide) gedichtet hat. Auch läßt sich die Autoritätenberufung als Legitimation der eigenen *kunst* beim zeitgleichen Marner finden. Das Neue im 14. Jahrhundert aber ist, daß der Tönetraditionalismus zu einem poetischen Prinzip wird, dessen Geltungsbereich sich unentwegt ausweitet und im 15. Jahrhundert die Vorherrschaft gewinnt. Die Nennung des Tonautors und des Tonnamens zu Beginn eines Bars, zu der sich im Teil R der ‚Heidelberger Liederhandschrift' erste Ansätze finden, wird dann zum Standard. Die Benennung des Textautors in der ‚Überschrift' des Bars wird dagegen die Ausnahme. In der ‚Würzburger Liederhandschrift' (Mitte des 14. Jahrhunderts; vgl. S. 146) findet sich erstmals die später untypische dreigliedrige Form zu Lupold Hornburgs dreistrophigen Bar mit dem Lob der alten Meister (vgl. S. 180): *hot Luppolt hornburg von Rotenburg geticht vnd ins Marners lange wise gesungen die her noch gescriben lider.* (Die Markierung der drei Strophen mit Überschriften – *Daz erste, ander* bzw. *dritte liet* zeigt – wie die Auszeichnung der Einzelstrophen in Teil R der Heidelberger Handschrift – den Übergang von der Einzelstrophe zum Bar.) Die Namen der Töne verdanken sich einer formalen Spezifizierung (etwa: Langer Ton in Unterscheidung zum Kurzen Ton eines Autors), sie nehmen Bezug auf eine hervorstechende inhaltliche Besonderheit einer Strophe (etwa: Frau-Ehren-Ton Reinmars von Zweter wegen der Personifikation der Frau Ehre in mehreren Strophen) oder stellen andere Merkmale heraus (etwa: Frauenlobs Würgendrüssel, also ‚Kehlenwürger' wegen der besonderen Anforderung an den Sänger).

Die Fixierung auf den Tonautor führte immer wieder dazu, daß berühmten alten Meistern (etwa Frauenlob) Töne zugeschrieben wurden, die nicht von ihnen stammen. Noch schwerer zu durchschauen ist, ob tatsächlich alle Strophen, die unter dem Namen eines Tonautors stehen, von diesen auch gedichtet worden sind. Bei der Überlieferung im Rahmen eines festen Textkorpus (‚Korpusüberlieferung') spricht viel, aber keinesfalls alles für die Echtheit, bei Streuüberlieferung potenzieren sich die Probleme. Hier können nur genaue philologische Analysen zu mehr oder minder evidenten Resultaten führen.

Besonders gut läßt sich die Problematik an der Regenbogen-Überlieferung verdeutlichen. Von den 14 Regenbogen zugeschriebenen Tönen gelten nur vier als echt und nur die Briefweise (Prüfweise) ist für ihn zweifelsfrei gesichert. Im Langen Ton, der im Meistergesang bis ins 16. Jahrhundert am häufigsten benutzte Ton der Tradition, läßt sich keine einzige Strophe Regenbogen sicher zuschreiben. Ein besonders eklatantes Beispiel für eine vorschnelle, heute revidierte Gleichsetzung von Ton- und Textautor liegt bei Peter von Arberg (vielleicht der 1324–1357 bezeugte Schweizer Graf Peter II. von Aarburg) vor, in dem man auch den Dichter des wirkungsmächtigen Passionslieds *Ach starcker got / all vnser not* (Große Tagweise) sehen wollte.

Das Hervorheben der Tönetradition eröffnete der meisterlichen Kunst über die Fahrenden und die Berufsdichter hinaus nunmehr einen Interessentenkreis von dichtenden Liebhabern („Dilettanten"), der vom städtischen Handwerker bis zum *clericus* mit lateinischer Bildung (etwa dem Mönch von Salzburg; vgl. S. 163ff.) reichte. Sogar für lateinische Cantiones wurden im 14. Jahrhundert Töne der deutschen Sangspruchtradition verwendet. Die bedeutendste Quelle hierfür – gleichzeitig eine unersetzliche Bereicherung für die äußerst schmale Leich-, Lied- und Sangspruchüberlieferung im 14. Jahrhundert – bietet die ‚Augsburger Cantionessammlung', die nach Tönen, nicht nach Tonautoren geordnet ist. Mit der Barbildung und mit der Tönetradition als konstitutiven Merkmalen einer neuen Formensprache entsteht während des 14. Jahrhunderts in Ablösung von der Sangspruchdichtung des 13. Jahrhunderts eine „meisterliche Liedkunst" (Schanze), die während des 15. Jahrhunderts noch von Berufsdichtern, in zunehmendem Maße aber von städtischen Dilettanten getragen wird, um schließlich in den vorwiegend institutionell betriebenen Meistergesang einzumünden.

Im Blick auf das künstlerische Selbstverständnis der meisterlichen Lieddichter lassen sich im 14. Jahrhundert zwei unterschiedliche Autorentypen unterscheiden. Die Tontraditionalisten, die in Tönen der alten Meister dichten, stellen sich in die Aura der großen Tonmeister, mit denen sie in der anonymisierten Überlieferung verschmelzen, so daß sie bis heute zum Teil nicht sicher zu separieren sind. Daneben gibt es weiterhin die Autoren, die selbstbewußt ihre eigenen Töne erfinden, bei denen also – wie im 13. Jahrhundert die Regel – Ton- und Textautor identisch sind. Sie schließen sich also mit dem Anspruch des Schaffens eigener Töne an die Tradition an und distanzieren sich dadurch zugleich von deren autoritativem Anspruch, der für die Tontraditionalisten verpflichtend war. Suchensinn hat dieses Selbstbewußtsein noch dadurch unterstrichen, daß er seine in einem eigenen Ton verfaßten Meisterlieder mit einer in den Text eingearbeiteten Autorsignatur kennzeichnete (etwa in einem Frauenpreis: *ach Suchensyn, nu lob sie gar, die reinen wib gar wolgefar*). Diese bei Suchensinn erstmals feststellbare Praxis scheint von den Reimsprechern übernommen worden zu sein, bei denen sie Mitte des 14. Jahrhunderts gängig wurde (vgl. Heinrich der Teichner; vgl. S. 312). Vielleicht war dies ein Versuch, sich als Lieddichter von der Konkurrenz der Redendichter – Suchensinn hat selbst eine signierte Reimpaarrede verfaßt – abzugrenzen (Brunner), häufiger ist diese Praxis aber erst ab Ende des 14. Jahrhunderts belegt (Konrad Dangkrotzheim, Albrecht Lesch, Fritz Kettner).

Tönetraditionalisten und Tonerfinder des 14. Jahrhunderts treffen sich im ambitionierten Kunstanspruch, der die Sangspruchdichtung des 13. Jahrhunderts prägte. Auch die ‚Neutöner' sehen in den alten Tonmeistern ihre Vorbilder, denen sie sich verpflichtet wissen. Dies zeigt sich im expliziten Lob und im ehrenden Angedenken (zum Marner vgl. Bd. II/2, S. 99).

So intoniert Boppe in seinem Hofton ein Lob des allmächtigen Gottes als Fürbitte für den verstorbenen Konrad von Würzburg: *den irwelten meister wert von wertzeburc conraden.* Bei Hermann Damen ist in seinem dritten Ton eine ganze Strophe dem Lob der Meister gewidmet, zunächst den Verstorbenen (Reinmar von Zweter, Walther von der Vogelweide, Rubin, Neidhart, Friedrich von Sonnenburg, Der Marner, Heinrich von Ofterdingen und Klingsor, die zusammen mit Wolfram von Eschenbach Sänger im ‚Wartburgkrieg' sind), dann Der Meißner und Konrad von Würzburg, die *nu die besten* sind.

Dieser Meisterkatalog wird um 1350 von Lupold Hornburg erstmals zur Zwölfzahl ergänzt, die fortan bis zu den Meistersingern des 17. Jahrhunderts – wenn auch mit variierenden Namensbestand – kanonische Gültigkeit hatte. Das dreistrophige Bar umrahmt die allein Reinmar von Zweter gewidmete Mittelstrophe mit zwei Katalogstrophen, die jeweils die Zwölf alten Meister lobend nennen, um so den Preis Reinmars aufs Höchste zu steigern. Genannt werden Reinmar von Zweter, Neidhart, Wolfram von Eschenbach, Konrad von Würzburg, Boppe, Der Marner, Regenbogen, Frauenlob, Friedrich von Sonnenburg, Ehrenbote und Bruder Wernher, mit denen ein Stück Literaturgeschichte meisterlicher Liedkunst eröffnet wird, die schließlich in Adam Puschmans „Gründlichen Bericht des deutschen Meistergesangs" (1. Auflage 1571) mündet.

Neben der Nennung vorbildgebender Meister, wozu sich auch – unbesehen ihrer Topik – das Bekenntnis Des Kanzlers stellt, zum Lob der Frauen hätten die *meister* schon alles gesagt, machen die Sangspruchdichter und meisterlichen Singer ihren eigenen Kunstanspruch, hiermit die Tradition des 13. Jahrhunderts gleichfalls fortsetzend, explizit zum Thema; dabei schwingt insbesondere bei den Fahrenden der *milte*-Aspekt weiterhin mit. Die Anbindung an die Tradition geht sogar soweit, daß sich – wie auch bei den anderen Themenbereichen, sieht man von der zunehmenden Verschiebung hin zum Geistlichen ab – kaum charakteristische Spezifika für das 14. Jahrhundert beim Herausstellen der eigenen *kunst* finden. Am auffälligsten ist noch der Rückgang der persönlichen Dichterpolemik (zu Frauenlob vgl. S. 184f.), an deren Stelle die meistersingerlichen Liedtypen des Fürwurfs und des Straflieds treten werden (vgl. Bd. III/2). Sogar die Legitimation der eigenen *kunst* als göttlicher Auftrag (vgl. Bd. II/2, S. 98) findet sich nicht mehr: Durch eine feste Tradition, der man sich bewußt ist, erscheint der Gattungsbereich als fest etabliert – und damit zugleich offen für die grundlegenden formalen Änderungen, die sich die Autoren im Verlaufe des 14. Jahrhunderts traditionsstiftend erarbeiten. Freilich ist bei diesen Beobachtungen zu berücksichtigen, daß die vielen anonymen Strophen und Bare sich meist einer sicheren Datierung entziehen, so daß für halbwegs verläßliche Aussagen allein auf die Korpusüberlieferung der einzelnen Autoren zurückgegriffen werden kann.

Im Gestus einer *laudatio temporis acti* (ehedem wurde der *reht meistersanc* von Königen geachtet) verwahrt sich Hermann Damen gegen die Mißachtung *rehter meister kunst* (wozu er sein eigenes *gesingen* und *tichten* zählt), obwohl sie *gotes gunst* besitzt. Für sein Dichten bittet Damen in einem anderen Sangspruch den personifizierten Sinn (*her Sin*), die Worte zu *polieren* und die Gedanken zu bereichern, um mit der Kunst anderer mithalten zu können. Der Kanzler grenzt sich in zwei Sangsprüchen gegen die *künstelôsen* ab, Meffrid dringt auf Unterscheidung zwischen kunstlosen und kunstsinnigen Sängern (*merker*). Den Gesang stellt Der Unverzagte über die Instrumentalmusik, da er belehre und weil man ihn schreiben und lesen könne; *sanc unde gigenmeisterkunst* (so in einem weiteren Sangspruch) seien zu loben und zu honorieren. Andererseits warnt Boppe die Künstler vor Eigenlob und rügt Der Unverzagte die Selbstgefälligkeit junger Sänger. Mit Rückgriff auf die *Septem artes* warnt Konrad Harder allerdings auch, daß vor der Macht des Todes alle Künste, einschließlich meisterlichem *schal*, nutzlos seien (so auch bei Johannes von Tepl in seinem ‚Ackermann aus Böhmen'; vgl. Bd. III/2).

Unter den Sangspruchdichtern und meisterlichen Singern des 14. Jahrhunderts ragen zu dessen Beginn Frauenlob und Regenbogen und in der zweiten Jahrhunderthälfte Heinrich von Mügeln unter allen anderen heraus. Bei R e g e n b o g e n sind wir freilich in der mißlichen Lage, daß wir von seinem Œuvre fast nichts wissen: Lediglich rund ein Dutzend Strophen gelten als authentisch, nur ein Bruchteil (4) der 14 unter seinem Namen laufenden Töne gelten als sein Eigentum. Gleichwohl nennt ihn bereits um die Jahrhundertmitte Lupold Hornburg (vgl. S. 180) noch vor Frauenlob als einen der alten Meister; Regenbogens Töne erfreuten sich in der meisterlichen Liedkunst einer ungemeinen Beliebtheit, kein Tonautor vor der Reformation hat mehr (über 1500) Strophen auf seinen Namen vereinigen können; Regenbogens Langer Ton war einer der vier Gekrönten Töne (zu denen noch die Langen Töne Des Marners, Frauen-

lobs und Heinrichs von Mügeln zählten). Angesichts dieses Ansehens
und der Beliebtheit als Töneautor wüßten wir gerne mehr vom dichterischen Werk dieses fahrenden Sangspruchdichters, um seine poetologische Physiognomie nachzeichnen zu können. Bei Frauenlob und Heinrich von Mügeln hingegen gelingt es, dank einer konsistenten Korpusüberlieferung, zwei unterschiedlich ausgeprägte Autorpersönlichkeiten
zu fassen.

Mit dem Beinamen F r a u e n l o b hat sich Heinrich von Meißen
selbst benannt, und als Frauenlob nahm er seinen unbestrittenen Ruh-
mesplatz unter den alten Meistern ein. Der Künstlername bekundete, daß
für Heinrich der traditionelle Frauenpreis auf besondere Weise im Zentrum seines Werks stand, während mit Meißen die (reimgestützte) Herkunft Frauenlobs aus Mitteldeutschland angegeben wird. Zugleich verweist der Künstlername auf die Existenz eines fahrenden Berufsdichters,
der mit zahlreichen Fürsten- und bedeutenden Herrenhöfen seiner Zeit –
mit Schwerpunkten im Osten und Norden des Reiches – in Verbindung
gebracht werden kann. Das Itinerar, das sich anhand der Nennung seiner
Mäzene in Frauenlobs Strophen zusammenstellen läßt, und das Geldge-
schenk, welches er 1299 im Auftrag Herzog Heinrichs VI. von Kärnten
für den Kauf eines Pferdes erhielt, erinnern in ihrer Typik an Walther
von der Vogelweide (vgl. Bd. II/1, S. 198f.).

Zahlreiche Hinweise gibt Frauenlob in einer fünfstrophigen Sangspruchreihe, in
der er dem Markgrafen Woldemar von Brandenburg (1308–1319) anläßlich des
Rostocker Ritterfestes im Jahr 1311 huldigt. Es übertraf fünf andere Ritterfeste,
die Frauenlob selbst gesehen hat: jenes, das Rudolf von Habsburg – wohl vor
der Schlacht auf dem Marchfeld (1278) – gegeben hatte; die Schwertleite (vermutlich) König Wenzels II. von Böhmen (1292); weiterhin konnte Frauenlob
ritterschaft bewundern beim schlesischen Herzog Heinrich IV. von Breslau (gest.
1290), in Kärnten (vielleicht am Hofe Herzog Meinhards II., gest. 1295) und in
Niederbayern bei Herzog Otto III. (1290–1312). Andere Lobsprüche gelten dem
dänischen König (vermutlich Erik Menved, 1286–1319), dem Bremer Erzbischof Giselbert (gest. 1306), Graf Otto (III.?) von Ravensberg (gest. 1306),
Graf Gerhard von Hoya (gest. 1311), Fürst Wizlaw (III.?) von Rügen (gest.
1325), Herzog Heinrich I. (gest. 1302) oder II. (gest. 1329) von Mecklenburg
und Graf Otto II. von Oldenburg (gest. 1304). Des Todes von König Rudolf von
Habsburg (gest. 1291), von Herzog Heinrich IV. von Breslau und von König
Wenzel II. von Böhmen (gest. 1305; Text nicht erhalten, aber von Ottokar in der
‚Österreichischen Reimchronik' genannt) gedenkt Frauenlob im Genus der
Totenklage.

Zuletzt scheint Frauenlob in Peter von Aspelt, seit 1306 Erzbischof von
Mainz, einen festen Gönner gefunden zu haben. Peter von Aspelt (vgl.
S. 4) war zuvor Leibarzt König Rudolfs, von 1289 bis 1296 zunächst
Protonotar und danach Kanzler König Wenzels II. Aus dieser Zeit mag

die Bekanntschaft Frauenlobs mit Peter von Aspelt zurückgehen. Der Gunst seines bischöflichen Mäzens wie seinem eigenen hohen Ansehen als Dichter wird es zu verdanken sein, daß Frauenlob durch die Beisetzung im östlichen Kreuzgang des Mainzer Doms in außergewöhnlicher Form geehrt wurde. Ein 1774 bei Bauarbeiten zerstörter Grabstein nannte den 29. November 1318 als Todestag Frauenlobs, um dessen Sterben und sein Begräbnis sich später geradezu legendarisch stilisierte Berichte rankten: Zur eucharistischen Eingangsstrophe des Langen Tons teilen zwei Handschriften mit, Frauenlob habe sie auf seinem Sterbebett gedichtet und sie gesprochen, als ihm der Mainzer Erzbischof persönlich die Hostie reichte; dieser und 26 weitere Bischöfe hätten daraufhin das *gebet* mit einem 40tägigen Ablaß versehen. Ein unbekannter Autor dichtet im Grünen Ton ein Sterbegebet, das er Frauenlob in den Mund legt. Mitte des 14. Jahrhunderts berichtet der oberrheinische Chronist Matthias von Neuenburg, Frauenlobs Leichnam sei von Frauen *ab hospicio* zur Begräbnisstätte getragen worden, wo sie eine große Totenklage anstimmten „wegen des unbegrenzten Lobs, das er dem gesamten weiblich Geschlecht in seinen Gedichten gewidmet hatte." Wein sei in solcher Fülle über seinem Grab ausgegossen worden, daß er den Kreuzgang überflutete.

Aber nicht nur Frauenlobs Ende, auch seine Anfänge als Dichter, die mit der Totenklage auf Konrad von Würzburg (gest. 1287) und den übrigen historischen Bezügen wohl auf eine Zeit vor 1290 weisen, sind in ein irisierendes Licht getaucht, bei dem biographische Aussage, Topik und literarische Stilisierung nicht scharf getrennt werden können. Hermann Damen, selbst von Frauenlob mit Anerkennung bedacht, ermahnt diesen, seinem Künstlernamen entsprechend *vrouwen minne prisen unde ir wipheit eren*. Diese Ermahnung findet sich (Str. 2) innerhalb einer vierstrophigen Sangspruchfolge, in der ein als *kint* apostrophierter Dichter freundschaftlich vor Hochmut gewarnt wird. Man möchte darin eine Mahnung an Frauenlob als frühreifes Wunderkind sehen. Dazu paßt ein Sangspruch im Grünen Ton Frauenlobs, in dem ein kaum dreizehnjähriger Dichter ironisch gelobt wird: Er könne bereits *uf meisters stule* sitzen, ihm kämen *in diutischem riche* weder ein *phaffe* noch andere *singer* gleich. Wenn man alle diese *kint*-Strophen auf eine historische Person beziehen möchte, kommt unweigerlich Frauenlob in den Blick, den offenkundig bereits als jungen Dichter – von älteren Konkurrenten neidvoll beachtet – der Nimbus ambitionierter Gelehrsamkeit umgab.

Der Ruhm einer singulären Künstlerpersönlichkeit, der sich in diesen ‚Biographismen' abzeichnet, bezeugt die Überlieferung in kaum überbietbarer Deutlichkeit. Die ‚Große Heidelberger' und die ‚Jenaer Liederhandschrift' nehmen sofort Teilsammlungen von Frauenlobs lyrischem Œuvre auf, die Meisterliedersammlungen des 15. Jahrhunderts schließen sich an und warten mit einer Flut von Strophen in Frauenlob-Tönen auf, bei denen – wie bei der umfangreichen Unikat-Überlieferung – Echtes von Nachahmungen oft nur schwer zu trennen ist; neben 10 als echt geltenden Tönen (darunter der Lange Ton als einer der vier Gekrönten Töne; vgl. S. 181f.), werden 23 weitere Töne Frauenlob zugeschrieben. Im unmittelbaren Zusammenhang dazu steht, daß Frauenlob seit Lupold Hornburg (vgl. S. 180) als einer der Zwölf alten Meister gilt. Auch das lateinisch gebildete Literaturpublikum partizipiert an Frauenlobs *kunst*: Von seinem Marienleich existieren Teile in lateinischer Übersetzung; Johann von Neumarkt, 1353–1374 Kanzler Karls IV. (vgl. S. 429f.), teilt 1364 dem Prager Erzbischof die lateinische Paraphrase eines (nicht erhaltenen) Sangspruchs von Frauenlob über die Gerechtigkeit mit und rühmt dessen Verfasser als *vulgaris eloquencie princeps*.

Frauenlobs Ruhm gründet neben seinen drei großen Leichs (vgl. S. 192f.) insbesondere auf den über 300 heute als echt anerkannten Sangspruchstrophen, von denen aus auch thematische und stilistische Verbindungslinien zu seinen sieben Minneliedern (vgl. S. 150ff.) führen. Dieses Gattungsspektrum ist für einen fahrenden Berufsdichter ebenso konventionell wie das Themenrepertoire seiner Sangsprüche. Dennoch wäre es falsch, in Frauenlob einen – wenn auch besonders glanzvollen – Epigonen zu sehen. Sein Umgang mit der Tradition zielt auf deren bewahrende Erneuerung. Die höfischen Werte bleiben auch für Frauenlob verbindlich, deswegen verschafft er ihnen diskursiv eine neue, für seine Zeit tragfähige Evidenz. Frauenlob betrieb dieses Programm der *renovatio* so selbstbewußt, daß seine Nachfolger die bis Walther von der Vogelweide zurückreichende Traditionen weitgehend durch die ‚Brille' Frauenlobs gesehen haben dürften. Die mehr als 1000 Strophen, die in seinen und ihm zugeschriebenen Tönen überliefert sind, bezeugen den Erfolg von Frauenlobs Erneuerungswerk, das entscheidend dazu beigetragen hat, die meisterliche Liedkunst vor der Gefahr des Erstarrens zu bewahren.

Eine explizite, über eine *laudatio temporis acti* hinausgehende Auseinandersetzung mit der Tradition findet sich auf dem Gebiet der Sangspruchdichtung erstmals beim Marner (XIV,18), der nach einem Katalog verstorbener Sänger selbstbewußt bekennt: *sanges meister lebent noch* und der sein Verhältnis zu den Vorgängern zwischen Eigenleistung und Tradtionsbindung differenziert: *Líhte vinde ich einen vunt   den si vunden hânt, die vor mir sint gewesen: ich muoz ûz ir garten und ir sprüchen bluomen lesen*. Frauenlob stimmt dem zu (XIII, 6f.) und verwahrt sich gegen die Ansicht, die Zeit der *hochsten Meister* sei vorbei: *swem nature gibet,   der schepfet hiure als vil als einer vert* (VI, 12). Daß Frauenlob sich damit selbst im Blick hat, zeigt seine fast maßlose Selbstrühmung (V, 115), in der er seine *kunst* über die Reinmars, Wolframs von Eschenbach und Walthers von der Vogelweide stellt: *ich, Vrouwenlob, vergulde ir sang*. Er schöpfe zwar aus dem selben Kessel, aber nicht wie sie den Schaum an der Oberfläche, sondern als *der künste ein koch* aus der Tiefe: *Uz kezzels grunde gat min kunst.* (Dieser Gestus des Übertrumpfens bleibt auch dann erhalten, wenn man in X, 115 eine Parodie auf Frauenlob erkennen möchte.)

Auf thematischer Ebene läßt sich die Umsetzung dieses elitären Anspruchs zunächst nicht leicht fassen. Nimmt man etwa die Lebenslehren in den 60 einfach gebauten Stollenstrophen des Kurzen Tons (XIII), dann bieten sie auf weiten Strecken Konventionelles. Allerdings erschöpft sich Frauenlobs Belehrung nicht in einer magistralen Didaxe, vielmehr begründet er seine Lebenslehre – teilweise in kühner Offenheit – immer wieder durch Lebenserfahrung.

Der Werbende soll bei aller *zucht* und *bescheidenheit* in Worten und Werken nicht zu schüchtern sein, um bei der Geliebten Erfolg zu haben (XIII, 47f.); Schamhaftigkeit der Liebenden im Bett gefährdet die Liebe: *da enmag nicht rechter triuwe sin bi* (XIII, 45f.). Zeigt eine *vrouwe* in ihrem Gebaren *wilde site*, dann läßt dies trotz *stetes muotes* auf *wandel* schließen, denn *ieslich ding sin zeichen hat* (XIII, 50).

Zuht, bescheidenheit, schame, staeter muot sind zentrale höfische Werte, die auch von Frauenlob eingefordert werden, bei ihm aber eine lebensweltliche Situierung erfahren: Nur so scheint ihm eine Verwirklichung möglich, die traditionelle Idealisierung der höfischen Werte hingegen kann dies offenkundig nicht leisten. Die Adressaten dieser Form von Didaxe sind die Höfe der Herren und Fürsten, an denen die wieder und wieder beschworenen Werte in höfischer Zeremonialität zu erstarren drohten. Vielleicht galt dies für jene ost- und norddeutschen Höfe, an denen Frauenlobs Schaffen vornehmlich lokalisierbar ist, in besonderer Weise, da hier die traditionelle Hofkultur im 14. Jahrhundert zu einer späten Entfaltung kam.

Wie ernst Frauenlob die Neufundierung der tradierten höfischen Werte nimmt, zeigt auch die *milte*-Thematik, bei der nicht mehr der Heischegestus des Fahrenden im Vordergrund steht, sondern das Verhältnis zwischen den Herren und ihren Untergebenen: Der Fürst soll seine Diener nicht habgierig ausbeuten, denn er ist auf sie angewiesen (V, 45); die Fürsten sollen bedenken, daß *ellenthafter mut* ohne Belohnung zu *unmut* wird: *mut ane gut muz wesen unmut* (V, 49). Kalkül löst hier die Proklamation von Idealität ab. Und ein Moment der Konkretion ist es auch, wenn die höfischen Werte im Fürsten- und Herrenlob an realen Persönlichkeiten festgemacht werden.

Thematisch wird man bei alledem an Walther von der Vogelweide erinnert, aber argumentativ kommen immer wieder Aspekte in den Blick, die auf einen Mentalitätswandel weisen. Nach wie vor erfolgt – als Grundzug jeglicher Didaxe – ein Appell zur Verwirklichung der tradierten Werte, nun aber werden sie – grundlegend für das 14. und 15. Jahrhundert – durch ihre lebensweltliche Situierung und durch das Kalkül einer Nutzen-Schaden-Relation in ihrer Notwendigkeit einsichtig gemacht.

Wenn bei Frauenlob im Gegensatz zu Walther von der Vogelweide die politischen Sangsprüche deutlich in den Hintergrund treten, dann markiert dies eine Veränderung in der Geschichte der Gattung: Die literarischen Orte für politische Themen werden zunehmend die Rede (vgl. S. 344ff.) und das historische Zeit- bzw. Ereignislied (vgl. S. 169f.). Entsprechend greift Frauenlob – anders als Walther – selten konkrete Ereignisse auf, nennt er kaum Namen. Thematisch verbindet ihn mit Walther aber das Eintreten für das *imperium* gegen die Übergriffe des *sacerdotium*. Mit Walther sieht Frauenlob in der Konstantinischen Schenkung den Grund für das unheilvolle Verhältnis zwischen Reich und Kirche (VIII, 14 und IX, 11), mit Walther wendet er sich scharf gegen die politischen Machtansprüche, gegen Simonie und gegen die Geldgier der päpstlichen Kurie. Aktuelles findet sich dagegen selten: Ludwig der Bayer wird vor den Geistlichen als seinen Feinden gewarnt, die *des mordes samen* geworfen haben *in der fürsten rat* (IX, 17). Der Erzbischof Giselbert von Bremen gilt Frauenlob als *der phaffen blume* (V, 7), weil er sein geistliches Amt vorbildlich wahrnimmt, während sonst die *pfaffenfürsten* ihre Energie darauf verwenden, ihre geistlichen Territorien zu vergrößern (VIII, 12).

Die entschiedenste Erneuerung der Tradition vollzog Frauenlob freilich durch seine innovative Sprachkunst. Sie erfaßt auch jene Sangsprüche, die thematisch und argumentativ völlig konventionell erscheinen. Komplexe Satzkonstruktionen, ein ausgefallener Wortschatz, ungewöhnliche Bilder sind die Elemente seines geblümten Stils in der Tradition Wolframs von Eschenbach. Mit immer neuen *redebluomen*, mit einer Flut von Metaphern verdunkelt Frauenlob seine Gedankengänge und verleiht ihnen durch den *ornatus difficilis* wie durch seine extravagante Reimkunst eine Attraktivität, die sich nicht im Preziösen erschöpft, sondern zum Entschlüsseln des verrätselten Sinns einlädt. Das bewußte Aufbrechen der sprachlichen Konventionen und die Vielfalt der Anspielungen fordern zur Sinnsuche heraus. Im Durchbrechen der Hermetik wird ein Verstehensprozeß in Gang gesetzt, bei dem die traditionelle Thematik nicht nur in einem neuen Licht erscheint, sondern die darin vermittelten Werte durch eigene und um neue Einsichten bereicherte Erkenntnis persönlich evident werden: Was im Bemühen um Eindeutigkeit argumentativ als richtig erkannt wird, ist und bleibt dem Bewußtsein eingeschrieben. Mit diesem neuen Sprach- und Kunstbewußtsein hat Frauenlob grundlegend zur Erneuerung der Tradition beigetragen, das dabei literarisch inszenierte *experimentum cogitationis* weist weit über seine Zeit hinaus: Dichtung als Sprachkunst dient zur Ermittlung und Vermittlung von Wissen.

Frauenlobs neues Kunstverständnis gründet in der sprachtheoretischen Einsicht, daß den Sprachzeichen lediglich ein Verweischarakter eignet. Wie Frauenlob zu seiner gelehrten Bildung kam, wissen wir nicht.

Sie geht über die herkömmlichen Bibel- und theologischen Grundkenntnisse erheblich hinaus: Trinitarische und kosmologische Spekulationen beweisen dies ebenso wie seine dialektische Schulung. In seiner exzeptionellen Gelehrsamkeit hebt sich Frauenlob von den Berufsdichtern seiner Zeit soweit ab, daß ihm die späteren Meistersinger gelegentlich den akademischen Grad eines Doktors der Theologie zusprachen. Und es ist diese Gelehrsamtkeit mit ihrer Begründung von Kunst als *ars*, die Frauenlob mehr als seine höfische Zentrierung zur Gründerfigur der meisterlichen Liedkunst werden ließ – auch wenn sie sich *in praxi* eher Heinrich von Mügeln und seinem Anspruch auf Vermittlung von Wissen anschloß.

Frauenlobs Verfahrensweise bei der Erneuerung der Tradition läßt sich an seiner literarischen Auseinandersetzung mit Regenbogen (an der sich auch andere beteiligten) anschaulich verdeutlichen, bei der es um die alte Frage (vgl. Bd. II/1, S. 216) geht, ob der Geschlechtsbezeichnung *wîp* oder der Standesbezeichnung *frouwe* der Vorrang zu geben sei. Frauenlob entscheidet sich für den Vorrang des Begriffs *frouwe*, dessen Bedeutung er aber völlig neu faßt: Dazu segmentiert er die Bezeichnung *vrowe* in *vro-we* und sieht darin die unüberbietbare Kombination von Freude (*vro*) sexueller Erfüllung, die zur Mutterschaft führt, und von Schmerz (*we*) der Geburt (V, 103). Weder die *maget* (*virgo*), noch das *wîp* (*deflorata*) erreichen den Rang der *frouwe*, die als Mutter (*parens*) alle drei Stadien des Frauseins umfaßt (vgl. dazu die Strophen V, 102–106 und 111–113).

Mit ungeheurem Anspruch bestimmt Frauenlob die Minne neu, indem er sie als ein kosmologisches, in der Trinität verankertes Prinzip definiert. Dies geschieht in dem Streitgespräch ‚Minne und Welt' (IV, 1–21), in dem diese beiden Mächte als Personifikationen um den Vorrang vor Gott kämpfen. Die Welt wird hier als Natur verstanden, die ihren Ausgang zwar von Gott genommen hat, ihre Grenzen aber in ihrer Endlichkeit findet, was sich auch an der bekannten Doppelgestalt der Frau Welt zeige: schönes Antlitz, aber der Rücken von Würmern zerfressen. Die Minne hingegen sei *ursprinc* und *zil* der Welt. Alles Geschaffene verdanke seine Existenz der Minne, die *ein schaffer und ein bote der ersten sache* sei. Damit löst Frauenlob die Minne aus ihrer bisherigen Fixierung auf die Geschlechterliebe (in der sie sich freilich auch manifestiert) und hypostasiert sie zu einer Weltseele: eine neuplatonische Vorstellung, die von der Kirche bereits auf dem Konzil von Sens (1140) verworfen wurde.

Am kühnsten sind wohl die Spekulationen Frauenlobs in einer Reihe von Sangsprüchen zur Natur als einer Schöpfungsmacht. Anreger dazu war Alanus ab Insulis (‚Liber de planctu Naturae', ‚Anticlaudianus'), den Frauenlob explizit in seinem Minneleich (vgl. S. 193) als Quelle nennt. Die Natur als formgebende Kraft beherrscht den gesamten Kosmos, und alles Geschaffene ist ihr unterworfen. Sie besitzt eine allumfassende Eigengesetzlichkeit, die nur Gott in seiner Allmacht – vom Menschen als

Wunder erfahren – zu durchbrechen vermag, etwa in Menschwerdung Gottes, in der Jungfräulichkeit der Gottesmutter.

Die Kühnheit der philosophischen und theologischen Spekulationen Frauenlobs gründet in ihrer volkssprachigen Vermittlung durch einen Laien für Laien. Diese Eröffnung eines Zugangs zur Kosmologie und Naturphilosophie der Kleriker für Laien ist zukunftsweisend. Dennoch erweist sich Frauenlob insgesamt trotz aller Innovationen und trotz aller Resonanz keineswegs als der Vertreter eines Autorentyps, der für das 14. und 15. Jahrhundert bestimmend war. Gefragt war eine Verbindlichkeit der Aussagen, die nicht spekulativ oder in der Evidenz eines persönlichen Verstehensprozesses begründet, sondern durch ein enzyklopädisches und systematisch strukturiertes Wissen abgesichert war. Diesen ‚moderneren' Autorentyp vertritt für das 14. Jahrhundert H e i n r i c h v o n M ü g e l n.

Bereits ein kurzer Blick auf das literarische Œuvre Heinrichs, der sich selbst nach einem Ort Mügeln (bei Oschatz oder bei Pirna) in der Markgrafschaft Meißen benennt, läßt den Zuschnitt dieses neuen Autorentyps erkennen: Das im Zentrum stehende Sangspruchkorpus wird flankiert von einer allegorischen Rede ‚Der Meide Kranz' als Entwurf eines akademisch fundierten Bildungsmodells (vgl. S. 16), von einer ‚Ungarnchronik', die von der Sintflut bis zum Jahr 1333 reicht und die Heinrich in einer deutschen Prosa- wie in einer kunstvoll die Formen wechselnden lateinischen Fassung vorgelegt hat (vgl. S. 394f.), und schließlich von der verbreiteten ‚Valerius-Maximus-Auslegung' (vgl. S. 304) in deutscher Prosa (Grundlage ist die lateinische Exempelsammlung ‚Facta et dicta memorabilia' des Valerius unter Beiziehung eines gleichfalls lateinischen Kommentars von Dionysios de Burgo, einem 1342 verstorbenen Augustinerer-Eremiten). Mit diesem literarischen Werk ist Heinrich einer der vielseitigsten und bedeutendsten deutschsprachigen Autoren des 14. Jahrhunderts.

Neu und zukunftsweisend an dem von Heinrich vertretenen Autorentyp ist auch, daß er als Berufsdichter (fast) nicht mehr in namentlich adressierten Lobsprüchen um die Gunst der Herren wirbt, sondern sich durch Widmung von Werken *honor* und Honorar zu sichern versucht. Die ‚Valerius-Maximus-Auslegung' widmet Heinrich 1369 dem Hertneid von Pettau (gemeint ist wohl der damalige Landesmarschall der Steiermark Hartnid V.), die Widmung der deutschsprachigen ‚Ungarnchronik' gilt Herzog Rudolf IV. von Österreich (1358–1365), der 1365 die Universität Wien stiftete (vgl. S. 51f.), die lateinische Fassung widmet Heinrich dem König Ludwig I. von Ungarn (1342–1382), zu dem Rudolf IV. 1359 bis 1362 engere politische Beziehungen unterhielt. Nur der Lobpreis Kaiser Karls IV. (Krönung 1355) in ‚Der Meide Kranz', wo ihm, dem Stifter der Universität in Prag (1348), auch die Rolle des Urteilenden zufällt (vgl.

S. 16), und im Bar 18–20 (vgl. auch 21–23, die vielleicht schon an Karls Nachfolger Wenzel gerichtet sind) folgt dem traditionellen Typus des Fürstenpreises. Mit Böhmen (Prag) und Österreich (Wien) wird damit der nachweisbare Schaffensbereich Heinrichs, der urkundlich nicht belegt ist, geographisch abgesteckt. Ihm eignet – vor dem Hintergrund der beiden Universtätsstiftungen – offenkundig ein anderes literarisches Profil als den Höfen im Norden und Osten Deutschlands, an denen die Pflege der tradierten höfischen Kultur im Mittelpunkt stand, in deren Dienst sich auch Frauenlob – in der ihm eigenen Art – gestellt hat.

Heinrich von Mügeln folgt Frauenlob in der rhetorischen Stilisierung durch *redebluomen*, die er noch forciert und die auch bei ihm auf einer explizit reflektierten Theorie der Sprache als Zeichen aufruht. Mit Frauenlob wie mit der Sangspruchtradition verbindet ihn die Thematik der Sangsprüche, bei denen er aber die direkte politische Stellungnahme oder gar Invektive vermeidet. In den zahlreichen an Fürsten und Herren gerichteten Mahnsprüchen fällt allerdings die mehrfache (21–23; 275–277) Warnung vor kirchenfeindlichem Verhalten auf, die jedoch so allgemein gehalten ist, daß sie sich nicht auf konkrete Ereignisse beziehen läßt. Heinrichs didaktisches Register reicht bis zu Verhaltensregeln für die Hausgemeinschaft (260–262; 372–374) und für die Reise *durch aventür in fremde lande* (64).

Doch Heinrich zielt nicht auf eine punktuelle Didaxe, die ihr thematisches Spektrum wie bislang durch Addition gewinnt, und nicht in der ingeniösen Inszenierung von Verstehensprozessen wie bei Frauenlob sucht er ethische Verbindlichkeit, sondern – für das 14. und 15. Jahrhundert bestimmend – in einem umfassenden Durchdringen des Wertekosmos, dessen normativer Anspruch durch ein Wissen evident gemacht werden soll, das enzyklopädisch-systematisch erfaßt und durch Autoritäten (und Exempel) aus dem Alten Testament über die Antike bis hin zu islamischen Philosophen (u.a. Avicenna, Averroes) unentwegt abgestützt wird. Mit diesem Insistieren auf wissensbasierte *wîsheit*, die er als *wârer meister* vermitteln will, ist Heinrich von Mügeln typusmäßig tatsächlich „ein neuer Spruchdichter" (Stackmann) und ein Vorbild für die meisterliche Liedkunst.

Den besten Eindruck davon vermittelt die Autorsammlung in der Göttinger Handschrift (Ms. Philos. 21) mit der Lieddichtung und ‚Der Meide Kranz' als Abschluß, die zwar erst 1463 in Thüringen (Waida?) geschrieben wurde, aber in ihrer Anlage noch teilweise ein Konzept Heinrichs erkennen läßt. Die Sammlung ist in 16 Bücher eingeteilt (XVI: acht Minnelieder Heinrichs), und die 383 Strophen sind nach den vier eigenen Tönen des Autors geordnet. Buch I setzt bei der Schöpfungslehre kosmologisch ein und führt über Inkarnation, Passion und Eucharistie bis zur Eschatologie. Buch II eröffnet mit dem Fürstenpreis auf Karl IV. (vgl. S. 188f.) und ist der irdischen Herrschaft gewidmet. Buch III: Von

Träumen und Edelsteinen. Buch IV: Fabelsammlung. Buch V: Übersicht über die Bücher des Alten Testaments. Buch VI: Marienpreis („Der Tum'). Buch VII: Artes liberales. Buch VIII: Marienpreis. Buch IX-XI: Herren- und Lebenslehren. Buch XII: Darstellung der Astronomie. Buch XIII-XV: Varia.

Heinrichs weitgreifende und in dieser Art einzigartige Gelehrsamkeit beruht auf lateinischer Schulbildung. Man hat in ihm sogar einen Kleriker sehen wollen, obwohl er sich selbst zweimal als *wüster* (111,11) bzw. *künsteloser leie* (117,8) bezeichnet. Zuweilen wird er in der Überlieferung als *magister* (von den Meistersingern dann – wie Frauenlob – gar als Doktor der Theologie) tituliert. Mangels außerliterarischer Zeugnisse ist hierzu keine eindeutige Aussage möglich. Sicher aber ist, daß Heinrich eine Mittlerstelle von der lateinischen zur deutschsprachigen Wissensliteratur einnahm, und dies nicht als Autor von Fachprosa (wie etwa Konrad von Megenberg, vgl. S. 414ff.), sondern als Dichter mit hohem poetischem Anspruch. Die lateinische Version etwa der Übersicht über die freien Künste (Buch VII) in einem Wolfram zugeschriebenen Ton, die lateinische ‚Ungarnchronik' teils in Prosa, teils in rhythmischen gereimten Versen, teils in Strophen eigener und fremder Töne u.a. zeigen, daß Heinrich auch von lateinisch Gebildeten rezipiert werden konnte und dies auch wurde. Seine Hauptleistung ist jedoch – als grundlegendes Merkmal des 14. Jahrhunderts – die Erschließung klerikalen Wissens für die *kunst* der Laien und die programmatische Fundierung meisterlicher Liedkunst auf autoritätsgestütztem Wissen, nicht auf Spekulation. Zurecht führten ihn die Meistersinger, die seinen Langen Ton zu den vier Gekrönten Tönen (vgl. S. 181f.) zählten, unter den Alten Meistern. Wie die Rezeption der Töne zeigt, ging für die Meisterlieddichter die größere Faszination von Frauenlob aus, ihre Praxis jedoch verlief (bis zum Meistergesang des 16. Jahrhunderts) zwischen Magistralen, die Heinrich von Mügeln zur Zeit der Universitätsgründungen in Prag und Wien – vielleicht sogar als laikales Pendant zu diesen – ab Mitte des 14. Jahrhunderts angelegt hatte.

Leich

Das Abbrechen der Leich-Tradition mit Frauenlob (sowie in seiner Nachfolge der anonyme ‚Tougenhort' und der Leich Peters von Reichenbach) scheint den Befund zur Geschichte des Sangspruchs im 14. Jahrhundert zu bestätigen. Bei genauerem Hinsehen zeigt sich jedoch ein komplexerer Sachverhalt als zunächst vermutet: Immerhin bleiben die in Frauenlobs drei Leichs angeschlagenen Themen – Erlösung, Marienpreis, Minne – auch in der anschließenden meisterlichen Liedkunst zentral, auch sollte man denken, daß diese anspruchsvolle lyrische Prunkform (vgl. Bd. II/2, S. 102–105) eine gern aufgegriffene Herausforderung der Meisterlieddichter darstellen würde. Der Hinweis, Frauenlob habe mit

Marien-, Kreuz- und Minneleich einen nicht mehr überbietbaren, krönenden Schlußpunkt in der Geschichte des Leichs gesetzt, erscheint angesichts der *meisterschaft* etwa Heinrichs von Mügeln nicht stichhaltig. Vielmehr scheint der Leich einer Umstrukturierung im lyrischen Gattungsspektrum während des 14. Jahrhunderts zum Opfer gefallen zu sein. Dahinter steht offenkundig eine Ausdifferenzierung im Repertoire der Liedformen, die auch zur Barbildung in der meisterlichen Liedkunst als erneuernder Fortsetzung der Sangspruchtradition (vgl. S. 177) geführt hat. Wie dort machte sich zudem der Aufschwung des Gattungsbereichs ‚Rede' (vgl. S. 269ff.) konkurrierend bemerkbar, doch erscheint es zu kurz gegriffen, wenn man diese Entwicklung vor allem in der zunehmenden Verschriftlichung begründet sehen möchte. Dagegen spricht die Faszination an neuen Liedmodellen, die für das 14. Jahrhundert unübersehbar ist.

Bereits in der zweiten Hälfte des 13. Jahrhunderts erfolgt nach Lage der Überlieferung eine geographische und thematische Eingrenzung bei der Leichdichtung: Sie konzentriert sich – Hermann Damen und Frauenlob ausgenommen (vgl. S. 192f.) – auf Schweizer Dichter (Der Taler, Winli, Johannes Hadlaub, Otto zum Turm, anonymer ‚Züricher Minneleich') und – sieht man von der geistlichen Kontrafaktur auf den ersten Leich Rudolfs von Rotenburg ab (vgl. Bd. II/2, S. 103f.) – allein auf den Minneleich. Dabei deuten sich bereits Verschiebungen gegenüber der Gattungskonvention an, aus der eine veränderte Einstellung zum Leich spricht: Beim Taler steht die außerordentlich kunstvolle Form in auffälliger Spannung zum pastourellenhaften Schluß, dessen Pointe – *ich sach dar offenbar als ein star, ich sprach: ‚genâde, frowe mîn!'* (IX, 8–11) – fragen läßt, ob hier (wie immer wieder vermutet wird) tatsächlich ein Fragment vorliegt. Der Leich Ottos zum Turm mit seiner wenig anspruchsvollen Form gibt sich liednah, was wiederum die Vermutung erledigen könnte, daß der Text fragmentarisch sei. Entgegen dem Usus der ‚Großen Heidelberger Liederhandschrift' (C), an deren Entstehung Johannes Hadlaub vielleicht sogar beteiligt war, eröffnen seine drei Leichs nicht das Liedkorpus, sondern stehen an dessen Ende, gefolgt von zwei nachgetragenen Minneliedern. Diese Schlußstellung der Leichs läßt sich als „krönender Höhepunkt" (Schiendorfer) deuten, aber auch als Inkorporation ins Liedœuvre. Andererseits heben sich die Leichs I und II – im Unterschied zur persönlich inszenierten Minneklage in Leich III – durch ihre objektivierende Distanz ab, die in Richtung Minnedidaxe und -rede weist; Konrad von Würzburg, Der Wilde Alexander und Der von Gliers (vgl. Bd. II/2, S. 104f.) hatten dem in ihren Minneleichs bereits vorgearbeitet. In jedem der genannten Fälle werden jedenfalls Kontaktzonen zu konkurrierenden Gattungsbereichen sichtbar, von denen der Leich im 14. Jahrhundert gleichsam aufgesogen wird. Das zeigt schließlich auch eine Züricher Handschrift mit sechs Minnebriefen wohl aus dem Beginn des 14. Jahrhunderts, deren sprachliche Indizien nach Nordschwaben, in das Nordelsaß bzw. ins Südrheinfränkische deuten: Hier beschließt eine Art Minneleich, dessen Schlußversikel vielleicht als Strophe eines Liedes zu werten ist, die Brieffolge – ein aufschlußreiches Beispiel für die Aufweichung der Gattungsgrenzen beim Minneleich.

Seine letzte große Pflegestatt fand der Leich in Mittel- und mit Hermann Damen auch in Norddeutschland, und hier erfolgte – sieht man von Frauenlobs Minneleich ab – eine Fixierung allein auf die religiöse Thematik. Diese Pflege dokumentiert aufs schönste die ostmitteldeutsche (schlesische?) ‚Wiener Leichhandschrift' aus der Mitte des 14. Jahrhunderts, die – neben einigen Sangspruchstrophen – fünf Leichs enthält: Frauenlobs drei Leichs, der erste Teil des Marienleichs auch in lateinischer Fassung, den Trinitätsleich Reinmars von Zweter und den Minneleich Des Wilden Alexander. Die sorgfältige Notation und die peniblen Korrekturen dieser in ihrer Art einmaligen Sammlung (die um 1310/20 wohl in Konstanz entstandene ‚Weingartner Liederhandschrift' (B) etwa überliefert keinen einzigen Leich) läßt auf eine rezente Leichtradition schließen, die in der Nachfolge Frauenlobs steht. Sie ist auch im ‚Tougenhort' zu erkennen, einer sprachlich vereinfachenden Paraphrase von Frauenlobs Marienleich, und im Leich eines Peter von Reichenbach, der sich inhaltlich am ersten Teil von Frauenlobs Kreuzleich orientiert. Wie bei der Sangspruchdichtung (vgl. S. 183ff.) ist es Frauenlob offensichtlich auch beim Leich gelungen, der Tradition durch Erneuerung einen attraktiven Glanz zu verleihen; er scheint aber nach unserer Kenntnis für den Leich bereits um die Mitte des 14. Jahrhunderts, also mit der Folgegeneration erloschen zu sein.

Ob auch Hermann Damens Marienleich unter dem Eindruck von Frauenlobs vielüberlieferten Marienleich entstand, muß offenbleiben. Die Nennung von Damens Leich in zwei verschollenen Handschriften durch ein Bücherverzeichnis der Schloßkapelle Wittenberg zeugt immerhin von der Rezeption im Mitteldeutschen. Trotz der Spekulation über die Präexistenz Marias als göttlicher *sapientia* erreicht Damen bei weitem nicht Frauenlobs theologischen und sprachlichen Höhenflug, das Erlösungswerk durch den Sohn der Gottesmutter und deren Hilfe für die Sünder stehen ihm in spätmittelalterlicher Frömmigkeitshaltung näher.

Mit ihrer Gedankenfülle, in ihrer Sprachkraft und Bilderwelt sind F r a u e n l o b s Leichdichtungen der unbestrittene und in ihrer Art kaum mehr steigerbare Höhepunkt der Gattung. In besonderer Weise, auch formal, gilt dies für den Marienleich mit seinen kühnen Vergleichen und den vielfachen Anleihen an das ‚Hohe Lied', mit der bis zur Frivolität gesteigerten Erotik in der Liebesbeziehung zwischen der Trinität und Maria (11,8: *ich slief mit drien*), mit der gewagten Identifikation der Gottesmutter: *ich got [...] ich vatermuter, er min mutervater* (12,33f.) und der Gleichsetzung von Maria, *sapientia* und *natura*, die Maria zur kosmischen Gestaltungskraft im göttlichen Schöpfungswerk werden läßt: *ich binz aller formen forme*

(17,13) – ein in der ästhetischen Aufhebung spekulativer Gelehrsamkeit einzigartiges Werk der deutschen Literatur. Einfacher gebaut ist der Kreuzleich mit seinem dogmatisch und biblisch begründeten Preis der göttlichen Erlösungstat, die – in der Ewigkeit beschlossen und durch die Heilsgeschichte auf Erden bezeugt – bei den *cristen* verwirklicht werden soll: *Er sol sins geistes samen,   den ie die guten namen,   lan unsers geistes ramen* (22, 6–8). Der gelehrte Minneleich schließlich gilt, mit Rückgriff u.a. auf die *Natura* des Alanus ab Insulis, der trinitarischen Einheit der Frau, die *meit*, *wîp* und *frouwe* umspannt; hier findet sich auch die berühmte Etymologisierung des Wortes *wîp* als *wunne – irdisch – paradis* (22,1–4). Als höchster irdischer Wert erfährt die Frau in Maria eine religiöse Überhöhung, *durch die man alle vrouwen eret* (33,8).

Bereits diese knappen Hinweise zeigen, daß Frauenlobs grandiose Erneuerung der Leich-Tradition zugleich von dieser weit weg führt und zu einem ganz anderen Gattungsbereich vorstößt: dem der Rede (vgl. S. 269ff.). Natürlich bleiben seine Leichs nicht zuletzt im Blick auf die Form- und Vortragskunst ganz und gar Leichs, aber in der Art ihrer abschließenden Vollendung eröffnet Frauenlob insbesondere der Minnerede neue Dimensionen – auch wenn er dies als Gattungstraditionalist nach Ausweis seines Œuvres nicht im Sinn hatte. Zugleich zeigen sich aber auch vielfache Berührungen und Überschneidungen zwischen Frauenlobs Leich- und Sangspruchdichtungen. Es verwundert daher nicht, wenn die ‚Jenaer Liederhandschrift' wie die ‚Wiener Leichhandschrift' – von wenigen Ausnahmen abgesehen – nur Sangsprüche und Leichs überliefern. Diesem Befund entspricht, daß der außergewöhnliche Kunstanspruch des Leichs in einzelnen Segmenten der meisterlichen Lieddichtung – wenn auch in veränderter Formensprache – weiterlebte.

Die Bezeichnung *leich* scheint in den Meistergesangshandschriften zur Benennung mehrstrophiger nichtnarrativer Lieder geworden zu sein. So betitelt die ‚Kolmarer Liederhandschrift' (um 1460) den ‚Goldenen Schilling' Konrad Harders, ein Weihnachtslied in 13 Stollenstrophen mit Anregungen aus Frauenlobs Marienleich, formal falsch als *leich*; als ‚Ludeleich' firmiert – um acht Strophen erweitert – Tannhäusers dreistrophiges Lied IX. Andererseits scheint der Begriff *leich* durch *hort* abgelöst und auf vielstrophige Meisterlieder übertragen worden zu sein. Der anonyme ‚Tougenhort' wie der ‚Hort' Peters von Reichenbach sind Leichs, aber auch der in der ‚Kolmarer Handschrift' 70strophige Marienpreis ‚Der Tum' Heinrichs von Mügeln wird dort *hort* genannt. Besonders aufschlußreich für den Begriffswandel könnte sein, daß bei Peter von Reichenbach die Bezeichnung *hort* sowohl ein geistliches Tagelied in drei 37versigen Strophen in der Form einer Doppelkanzone und einen geistlichen Leich – beide mit Melodie aufgezeichnet – umfassen. Auf den artifiziellen Anspruch des Leichs, der in den Begriff *hort* eingegangen sein dürfte, weist noch die Praxis der Meistersinger im 16. und 17. Jahrhundert, wenn sie mit *hort* Lieder bezeichnen, deren Strophen in einem je eigenen Ton gedichtet sind. Schließlich wurden in der ‚Kolmarer Liederhandschrift' aus dem ursprünglichen Schlußteil *leich, reyen, barant* an den Anfang gestellt, wobei unter Reihen und Parat Lieder mit kunstvollen Strophenformen gemeint sind, die im Kunstanspruch zunächst offenkundig dem Leich gleichgestellt werden, später aber auch vielstrophige Lieder meinen (Brunner).

Beim Mönch von Salzburg, in dessen Liedœuvre Beziehungen zur meisterlichen Liedkunst offenkundig sind (vgl. S. 163ff.), läßt sich besonders deutlich erkennen, wie die Pflege lyrischer Großformen mit ambitioniertem Kunstanspruch in der zweiten Hälfte des 14. Jahrhunderts mit gewandelten Formmustern weiterbetrieben wird. *Das guldein Abc mit vil subtiliteten* (G1) als die berühmteste Dichtung des Mönchs erinnert im Umfang, in der blümelnden Diktion und in der eigens dafür geschaffenen Melodie an einem Marienleich, und tatsächlich hielt man dieses kunstvolle Werk lange für den endgültigen Abschluß der Leich-Tradition, in Wirklichkeit steht es aber wohl eher in der Tradition der lateinischen Sequenz. Dieses Beispiel belegt, daß sich die Formensprache im Laufe des 14. Jahrhunderts zwar änderte, aber der Anspruch auf artifizielle Formgebung keinesfalls aufgegeben werden mußte.

Großepische Formen

Die Ablösung des Romans als großepischer Leitform durch die Legenden- und Geschichtsepik, die bereits im 13. Jahrhundert sichtbar wird (vgl. Bd. II/2, S. 105f.), ist im 14. Jahrhundert vollzogen. Den wenigen Neuerscheinungen beim Roman, der meist vorlagenlos auf eigenen Kombinationen von Stofftraditionen und Handlungsmustern basiert und den innerlich krisenlosen Helden als Leitbild bevorzugt, steht eine Vielzahl geistlicher Epen gegenüber, aus denen man jetzt Lebensorientierung und Vergewisserung des ewigen Heils gewinnen möchte. Der Roman versagte trotz seiner nunmehr nachhaltig historisierenden Ausrichtung vor dieser Aufgabe nicht zuletzt deswegen, weil ihm in Deutschland der Durchbruch zur Prosa nicht gelang. Für die geistliche Epik war dagegen die konventionelle Form des Reimpaarverses zunächst, offenkundig durch die Gattungstradition gedeckt, kein Problem, aber auch sie ging dann ab der Mitte des 14. Jahrhunderts zur Prosa über. Ihr hatte sich die Chronistik bereits im 13. Jahrhundert zugewandt; daher erscheinen die vergleichsweise wenigen Geschichtsdichtungen des 14. Jahrhunderts als weitgehend rückwärtsgerichtet. Hinter diesen Umschichtungen innerhalb des literarischen Gattungsspektrums steht ganz offensichtlich ein Verlangen nach Orientierung in einer als immer komplexer erfahrenen Welt und damit zusammenhängend eine neue Erfahrung von Subjektivität, für die man in der Literatur einen Bezugsrahmen suchte. Fragen nach dem

Herkommen, nach der Legitimation des Bestehenden und nach den Sicherheiten gegenüber einer unsicheren Zukunft bestimmen in vielfältigen Formen den literarischen Diskurs. Der Umfang der großepischen Werke, die Kompilation und die Bildung von ‚Summen' sind die Versuche, auf diese drängenden Fragen möglichst umfassende und erschöpfende Antworten zu geben, die freilich zu immer neuen Fragen und erneuten Versuchen von Antworten führten. Da von diesem Prozeß die geistliche Epik keinesfalls ausgenommen war, zeugt dies von einer tiefgehenden religiösen Verunsicherung. Nicht von ungefähr steht daher die geistliche Großepik, die auch weite Teile der Geschichtsdichtung umfaßt, im Zentrum des Kapitels. Daneben läuft die Rezeption der höfischen Epik – teilweise schon in Kurzfassungen – zwar weiter, aber ihre Überlieferung zeigt bis hin zur Illustration augenfällig den Charakter höfischer Repräsentation. Die städtische Gesellschaft in ihrer sozialen Bandbreite kommt dagegen kaum in den Blick.

Artusepik

Mit Albrechts ‚Jüngerem Titurel' (vgl. Bd. II/2, S. 110–113) war die Tradition des Artus- und Gralromans um 1280 an ihr Ende gekommen; daran konnte auch die kurzzeitige Reanimation im 15. Jahrhundert durch Ulrich Fuetrer (vgl. Bd. III/2) nichts ändern. Natürlich gab es die Pflege der erinnerungswürdigen Tradition, die bis zur Anlage aufwendig illustrierter Handschriften reichen konnte, aber Kraft zum Neuen ließ sich daraus nicht gewinnen. Der Wertediskurs in einem idealisierenden, der Alltagswelt enthobenen Erzählraum hatte offenkundig seinen Anspruch auf Verbindlichkeit eingebüßt. Die unentwegte Steigerung der ritterlichen Bewährungsproben in Häufigkeit und Gefährlichkeit, auch die Steigerung des Artifiziellen (‚Jüngerer Titurel') und vor allem das tradierte Formmodell der metrisch gebundenen Sprache, von der man sich nicht trennte, verhinderte die Nutzung des Artusromans zu einer komplexen Diskursivität, um sich mit der zunehmend in ihrer Widersprüchlichkeit und Zufälligkeit erfahrenen Lebenswelt narrativ differenzierter auseinandersetzen zu können. Es erscheint bezeichnend, daß vom ‚Tod des Königs Artus' (Teil V des ‚Prosa-Lancelot') zwischen Ende des 13. und Beginn des 14. Jahrhunderts in (Übersetzungs-)Prosa berichtet wird (vgl. Bd. II/2, S. 179–184).

Der einzige uns bekannte Versuch des 14. Jahrhunderts, die Artus-Gral-Tradition zu erneuern, liegt in der Kompilation ‚Der alte und der nuwe Parzefal' vor, den man nach dem Auftraggeber Ulrich von Rappoltstein (Elsaß) den ‚Rappoltsteiner Parzifal' nennt. Bereits der Umfang von annähernd 37 000 Versen, die in den ‚Parzival' (knapp 25 000 Verse) Wolframs von Eschenbach (vgl. Bd. II/1, S. 324–346) eingeschoben sind, läßt auf ein neues Verständnis der Artus-Gral-Geschichte schließen.

Über die Entstehungsgeschichte des Werks sind wir durch den umfangreichen Epilog (558 Verse) detailliert wie bei keinem anderen Roman unterrichtet. Autor des Epilogs wie auch des „Neuen Parzifal' ist der Straßburger Goldschmid Philipp Colin, dem Claus Wisse, ebenfalls Mitglied einer Straßburger Goldschmiedfamilie, zur Seite stand; offenkundig hatte Wisse vor Colin mit der Arbeit begonnen: *der tihtete ein jor vor mir e.* Der Jude Samson Pine lieferte ihnen die Übersetzung der französischen Vorlage, zwei Schreiber fertigten die heute noch erhaltene Handschrift. Philipp Colin unterzog sich 1331–1336 der mühsamen Versifizierungsarbeit als *tihtaere* in der Hoffnung auf ein Honorar, das es ihm erlaubte, *wider ein goltsmit* zu werden. Beim Aufrechnen der Kosten bis zum Abschluß des Buches kam er auf eine Summe von 200 Pfund (also etwa 70 kg Feinsilber); welcher Anteil daran dem Autorhonorar zukommt, bleibt offen. Auftraggeber war wohl der Rappoltsteiner Herr Ulrich V., seit 1310 als Domherr in Straßburg und seit 1343 als Herr zu Hohen Rappoltstein bezeugt. Er verfügte über ein *welsch buoch* als Vorlage für die Versübertragung, die recht genau den Quellen folgt: dem unvollendet gebliebenen „Perceval' Chrestiens de Troyes, den beiden anonymen Fortsetzungen des Werks, der Fortsetzung Manessiers und der sogenannten „Elucidation'.

Die Erweiterung erfolgte hauptsächlich zwischen dem 14. und 15. Buch des Wolframschen „Parzival'. Dieser Vorgang ist merkwürdig, denn er zeugt (wenn dahinter nicht Arbeitserleichterung als Motiv steht) von einer Hochschätzung Wolframs, da eine Übertragung des Chrestienschen „Perceval' – aus dem auch Verse übernommen wurden – unterblieb; andererseits wurde Wolframs abgeschlossene Dichtung als defizient angesehen und anhand der genannten Quellen ergänzt. Dahinter steht das Bedürfnis nach Vollständigkeit des Erzählstoffes, das im 13. Jahrhundert etwa auf Fortsetzung des Wolframschen „Willehalm' und des Gottfriedschen „Tristan' drängte (vgl. Bd. II/1, S. 106 und 120f.). Die Kombination der beiden Texttraditionen ist zwar nicht ganz ohne Widersprüche geglückt (in diesen Fällen wurde das Prinzip der Vollständigkeit offenkundig als höherrangig angesehen), sie offenbart aber einen erstaunlichen Überblick über die Werkteile: So sind die Namen an Wolframs Schreibweise angeglichen, die Ergänzungen zeitlich richtig an die entsprechenden Ereignisse in Wolframs „Parzival' angeknüpft und durch Überschriften übersichtlich gegliedert.

Die konzeptionellen und thematischen Charakteristika, die sich aus diesen bedacht vorgenommenen Eingriffen gegenüber Wolframs „Parzival' ergeben, scheinen kennzeichnend für das 14. Jahrhundert zu sein. Das Interesse ist nicht mehr auf ein durchgängiges und strukturell verankertes Romankonzept gerichtet, sondern auf das Geschick von Einzelpersonen. Der Romantext löst sich dabei in Einzeltexte auf, die allein durch ein Sammelinteresse zusammengehalten werden und die – orientiert an den personenbezogenen Überschriften – eine Einzellektüre erlauben: An die Stelle eines Romankonzepts tritt das Konzept einer Anthologie. Verbunden mit dieser Fokussierung auf einzelne Personen ist eine offenkundige Subjektivierung, die im Rahmen des zur Verfügung stehenden Registers eine Fixierung auf den Minneaspekt zur Folge hat. Philipp Colin bezeichnet den ‚Neuen Parzifal' im Epilog, der selbst mit den Allegorien von Frau Minne und Frau Milte das Muster einer Minne- und Preisrede mit Ulrich von Rappoltstein als Adressaten aufgreift, als ein *minnenbuoch*, zu dem auch die acht eingestreuten Minneliedstrophen (u.a. Reinmar, Walther von der Vogelweide und Gottfried von Neifen) passen: *minner unde minnerin mögent hienoch bilden sich und lernen leben edellich.* Die Einzeltexte der Erweiterung stellen eine Art Anthologie von Minne-Exempeln dar, denen aus der Affektbezogenheit des Themas Liebe und aus der Konkretheit von Einzelfällen eine didaktische Evidenz erwächst, die aus der weiträumigen Konzeption eines Romanes offensichtlich nicht mehr zu gewinnen ist. Aus seiner ehemals strukturellen Organisation von Verständnisprozessen wird eine Addition expliziter didaktischer Muster.

Der Mentalitätswandel, der hinter dieser grundlegenden Änderung steht, bekundet sich ebenfalls in der gegenüber Wolfram veränderten Gral- und Artuskonzeption, die mit gezieltem Rückgriff auf die französische Vorlage erfolgt. An die Stelle von Wolframs religiösem Verständnis des Grals tritt eine weltliche Auffassung vom Gral als etwas Außergewöhnlichem, für das sich eine Aventiurefahrt lohnt und das durch Aventiure auch erreichbar wird. Entsprechend gewinnt Parzifal nicht als Erwählter, sondern als Artusritter. Wolframs religiöse Überhöhung der Gralswelt verdient, wie schon in der ‚Krone' Heinrichs von dem Türlin (vgl. Bd. II/2, S. 107–109), im Bereich des Romans kein Vertrauen mehr, für die Vermittlung religiöser Verbindlichkeit waren im 14. Jahrhundert nunmehr eigene literarische Gattungen außerhalb des Fiktionalen zuständig.

Die veränderte Sichtweise schließt auch die Artuswelt mit ein. Sie wird zu einem Ort der Erinnerungskultur, in der ritterliche Taten erzählend memoriert werden und so für die Nachwelt den Status des vorbildhaft Exemplarischen erlangen: König Artus läßt die Berichte über die Aventiuren Parzifals und anderer Artusritter *an ein buoch von worte zu wort* aufschreiben, um sich lesend daran zu erfreuen; und jeder, der sich dieser erfreulichen Lektüre unterzieht, wird zu einem Verwandten des König Artus. So wie Ulrich von Rappoltstein: *künig Artus mueste din mog sin, wan er ouch sine stunde domitte kürzen begunde, daz er lesendez sich gewag.* Für diese Zeit hatte König Artus zwar nurmehr einen Erinnerungswert, aber er war noch gut genug, um sich ihm kulturell ansippen zu lassen. Dies steigerte zumindest das eigene Selbstwertgefühl; immerhin hat sich Ulrich von Rappoltstein als Mitglied eines zunächst unbedeutenden Geschlechts, das im Laufe des 13. Jahrhunderts während des Territorialisierungsprozesses zu Macht und Ansehen aufstieg, diese dynastische Aura, die noch Maximilian I. zu nutzen wußte (vgl. Bd. III/2), den stolzen Preis von 200 Pfund kosten lassen.

Zur Legitimation dynastisch (also nicht genealogisch) begründeter Macht war der Artusroman als literarisches Medium freilich völlig ungeeignet. Hier mochte ein Held zwar genealogisch ausgezeichnet sein, aber seine gesellschaftliche Bewährung erfolgte über die individuell geleistete Tat. Auch begründete die Zugehörigket des Artusritters zum Artushof keinen dynastischen Anspruch, weil dieser innerhalb des literarischen Modells keine Institution der Macht, sondern ein ideelles Wertezentrum darstellte. Und schließlich machte es die Dispens historischer Zeit- und Raumvorstellungen im Artusroman letztlich unmöglich, in ihm literarische Legitimationsstrategien zur Begründung und Absicherung dynastischer Macht zu entwerfen. Hierzu war das Modell des Liebes- und Abenteuerromans mit seinen realhistorischen Schauplätzen (Mittelmeerraum, Orient) besser geeignet.

Liebes- und Abenteuerromane

Für dieses Romanmodell hatte bereits Rudolf von Ems mit seinem ‚Willehalm von Orlens' (vgl. Bd. II/2, S. 26–29) das Muster geliefert, bei dem die pseudo-historische Verortung und die Minnethematik als Moment der Subjektivierung die grundlegenden Koordinaten sind. Die Historisierungstendenz dieses Romantyps läßt sich bereits an den Werktiteln ablesen, die nicht ‚Tristan' oder ‚Parzival' lauten, sondern ‚Wilhelm von Wenden' (vgl. Bd. II/2, S. 116), ‚Reinfried von Braunschweig', ‚Wilhelm von Österreich' und ‚Friedrich von Schwaben'. Mit der Orientierung an *facta* und an persönlicher Erfahrung wird – so sehr diese auch fingiert sind – ein höherer Verbindlichkeitsanspruch als beim Artusroman angemeldet, dessen Idealitätsanspruch von der Lebenswelt der Rezipienten weit abgehoben war. Die Verdichtung des Erzählten zum Exemplarischen und eine Offenheit, die sogar die Vermittlung von Sachinformationen (etwa über reale Reiserouten) erlaubt, geben dem Liebes- und Abenteuerroman ein didaktisches Gewicht auch jenseits der dynastischen Legitimationsthematik, die bei den Auftraggebern im Vordergrund gestanden haben mag. Seine vielfachen Lektüremöglichkeiten dürften der Grund dafür sein, daß der Liebes- und Abenteuerroman im 14. Jahrhundert – mit Ausnahme des ‚Rappoltsteiner Parzifals' – die einzige produktive Form des höfischen Romans war, die im Falle des ‚Wilhelm von Österreich' sogar Eingang in den Buchdruck fand.

Das bedeutendste Werk unter den Liebes- und Abenteuerromanen des 14. Jahrhunderts, der ‚Reinfried von Braunschweig', ist zugleich das aufschlußreichste Beispiel für romanhaftes Erzählen in dieser Zeit, obschon eine angemessene Deutung aus mehreren Gründen erschwert wird. Nicht nur, daß diese nach dem Fall der letzten Kreuzfahrerfestung Akkon (1291) entstandene Dichtung mit V. 27627 mitten im Satz am Spaltenende der einzigen erhaltenen Handschrift abbricht und der Romanschluß offenkundig verlorenging, es fehlen auch Hinweise auf einen Auftraggeber, und anonym bleibt ebenso der ungemein belesene und stilistisch versierte Autor, nach Ausweis der Dialektmerkmale ein Schweizer aus dem Umfeld des Bodensees. Ob seine mehrfach beklagte Armut eine Stilisierung der Autorrolle darstellt, muß ebenso offenbleiben wie die Vermutung, daß er mit der in einem Anagramm genannten, erfolglos umworbenen *Else* seine Dichtung zu einem Werk des Frauendienstes deklarieren möchte. Am merkwürdigsten aber ist, daß der Schweizer Autor ohne erkennbare Vorlage eine in zwei Teilen ausgesponnene Geschichte mit einem Reinfried als Herzog von Braunschweig, Sachsen und Westfalen aufgreift, jedoch daraus – soweit aus dem Erhaltenen ersichtlich – keine Welfendichtung formte. Gleichwohl liefert das Werk im zweiten Teil neben Michel Wyssenherres Gedicht (vgl. Bd. III/2) das älteste literarische Zeugnis für die Sage von Heinrich dem Löwen.

Im ersten Teil (bis V. 12658) liegt dagegen eine reine Werbungsgeschichte vor: In einem Turnier gewinnt Reinfried die Liebe der dänischen Königstochter Yrkane. Das gemeinsame Stelldichein beobachtet ein Ritter, der mit diesem Wissen Yrkane erpresserisch für sich zu gewinnen sucht, während Reinfried über ein Jahr auf ritterlicher Fahrt umherzieht. Die öffentliche Verleumdung der standhaften Königstochter führt zu einem Gerichtskampf, bei dem der ‚Engelhard' Konrads von Würzburg (vgl. Bd. II/2, S. 117) Pate stand. Im letzten Augenblick trifft (unerkannt) Reinfried ein, besiegt seinen Rivalen, raubt Yrkane und erhält danach die Zustimmung des dänischen Königs zur Heirat.

Bereits in diesem ersten Teil zeigt sich der Autor mit dem Anschluß an einen seit Konrad von Würzburg durch das ‚Turnier von Nantes' (vgl. Bd. II/2, S. 35) und den ‚Engelhard' etablierten Handlungsraum und mit dem beigezogenen Motivinventar als ein versierter Literaturkenner. Daher fallen die Differenzen gegenüber der literarischen Tradition umso stärker ins Gewicht. Der Turniersieg ist zwar der klassische Auslöser für die Minnehandlung, aber die anschließende einjährige Turnierfahrt führt nicht zum Gewinn der Dame, sondern – an Iweins Turnierfahrt erinnernd (vgl. Bd. II/1, S. 269) – fast zu deren Verlust. Nicht aventiurenhafte Bewährung, sondern ein gerichtlicher Zweikampf und die anschließende Entführung der Geliebten als individuelle, auf Liebe gegründete Taten münden in die Ehe der Liebenden ein. An die Stelle des Minne-Aventiure-Schemas tritt eine Macht der Liebe, die in Fortführung Gottfrieds von Straßburg (vgl. Bd. II/1, S. 315) persönlich erfahren wird und zu verantworten ist. Diese Subjektivierung der Liebe und ihre Entkoppelung von einer Dienst-Leistungs-Mechanik eröffnet freilich auch neue Einblicke in die zerstörerische Macht der Liebe. Psychologisch differenziert zeichnet der Autor den verderblichen Weg von Reinfrieds Rivalen nach, dem aus dem beobachteten Rendezvous Neid, dann Begehren erwächst, das seine Persönlichkeit bis zur Erpressung und Verleumdung korrumpiert und zerstört. Das traditionelle Minnemodell scheint hier von einem neuen Liebeskonzept abgelöst zu werden, dessen Tiefen und Untiefen nunmehr mit konventionellen Mitteln der literarischen Darstellung auszuloten sind. In der Trennung- und Heimkehrgeschichte des zweiten Teils hat sich diese Liebe fast bis zur Grenze des Vergessens zu bewähren.

Nachdem das Paar an die 10 Jahre kinderlos geblieben ist, rät Maria in einem Traum Reinfried zu einem Kreuzzug gegen die *vertâne heidenschaft*. In der Nacht vor Reinfrieds Abreise empfängt Yrkane tatsächlich einen Nachkommen. Mit ihrem Löwentraum und den geteilten Ring als Abschiedsgeschenkt knüpft die Geschichte zusammen mit dem Kreuzzugmotiv an die Sage von Heinrich dem Löwen an. Reinfried kann Jerusalem für die Christen zurückgewinnen, aber statt zurückzukehren, unternimmt er – dabei an Alexander erinnernd – mit einem Perserkönig eine Orientreise, auf der er wie der Herzog Ernst (vgl. Bd. I/2, S. 185) eine Wunderwelt erfährt. Erst ein Bote Yrkanes, die inzwischen einen Sohn geboren hat, bewegt Reinfried zur Heimkehr; dabei wird er von seinen Gefährten versehentlich auf einer Insel zurückgelassen. Damit bricht die Überlieferung ab. – Gemäß der Stoffgeschichte wird Reinfried – analog zur ‚Moringer'-Ballade (vgl. S. 170f.) – rechtzeitig und unerkannt vor der Wiederverheiratung Yrkanes zurückgekehrt sein. Die Geschichte von einer Freundschaft Reinfrieds mit einem Löwen (vgl. Hartmanns von Aue ‚Iwein') wird die zwei Löwen im Wappen des Braunschweiger Herzogs erklären.

Den Übergang von der Kreuzfahrt zur Orientfahrt, bei der sich Reinfrieds Liebe zu Yrkane als persönlich geleisteter und nicht mehr gesellschaftlich verankerter Akt immer mehr aus dem Bewußtsein des Helden wie der Rezipienten verflüchtigt, greift wiederum Iweins Turnierfahrt als Strukturzitat auf, wobei an die Stelle Gaweins der Perserkönig tritt. Doch nicht Turnierfieber läßt Reinfried das ursprüngliche Ziel seiner Fahrt aus den Augen verlieren, sondern die Anziehungskraft immer neuer *curiositates*. Auch wenn diese stoffgeschichtlich dem ‚Herzog Ernst' entlehnt sind und ihre Dignität dem ‚Alexanderroman' wie der *Imago mundi*-Literatur verdanken, geht von ihnen eine neue Form von Faszination aus, deren Eindrücke so tief reichen, daß sie sogar der Liebe zur Gefahr werden. Andererseits bedarf es zur Wiedererlangung der Liebe keines Bewährungsschemas wie im Artusroman mehr: Die Nachricht des Boten von der Geburt des Sohnes läßt Reinfried – auch durch den drohenden Verlust der Landesherrschaft motiviert – sofort heimkehren, um Erfahrungen, die nur in der Fremde möglich sind, vielfältig bereichert und mit einem erheblich erweiterten Denkhorizont, der die Krise des arthurischen Helden nicht mehr kennt.

Rationalität (vgl. S. 28f.) bestimmt ab dem Kreuzfahrtteil zunehmend Reinfrieds Handeln. Nicht gnadenloses Marodieren, mit dem auch Reinfried traditionell die Eroberung des Heiligen Landes beginnt, sondern verträgliche Friedenssicherung, die er nach einem wiederum erfolgreichen Zweikampf gegen den persischen König erzielt und die – worauf der Erzähler explizit hinweist – erst wieder Kaiser Friedrich II. (am 18. Februar 1229) gelingen wird, sichert den Zugang der Christen zu den heiligen Stätten. Wenn der Perserkönig als ein Verwandter des Minneritters Arofel vorgestellt wird, knüpft der Autor an den ‚Willehalm' Wolframs von Eschenbach an (vgl. Bd. II/1, S. 352–365), und in einem außergewöhnlichen Verständnis von Wolframs Dichtung achtet Reinfried die Religion seines Gegners, erläßt ihm eine Zwangstaufe und unternimmt mit ihm später die Orientfahrt. Zuvor jedoch besucht Reinfried die Lebensstationen Jesu, deren er sich durch Augenschein persönlich versichern will. Insbesondere bei den Wundererscheinungen der Orientfahrt wird, begleitet von zahlreichen naturkundlichen und ethnographischen Exkursen, die Frage nach der Wahrheit gestellt. Die Existenz etwa der Wundervölker, denen Reinfried auf der Orientreise begegnet, wird ihm zum Problem, da doch alle Menschen von Adam abstammen. Von den drei beigezogenen Erklärungsmöglichkeiten wird die Einwirkung fratzenhafter, durch ein Halluzigonen hervorgerufene Vorstellungen der Schwangeren auf die Ungeborenen als die natürliche und damit als die einleuchtendste angesehen. Dieser Form des Denkens entspricht auch die Konzeption der Orientfahrt als einer geographisch-ethnographischen Erkundungsreise, der in der traditionellen mittelalterlichen Einkleidung Ansätze neuzeitlichen Erforschens eignen.

Im Widerspruch dazu scheinen die häufigen und intensiven Zeit- und Verfallsklagen über die sich auflösende ständische Ordnung zu stehen, die auch Kaiser und Papst mit Kritik nicht verschonen. Die Orientierung an den aufgerufenen höfischen Werten bis hin zur Warnung vor dem *verligen* (vgl. wiederum den ‚Iwein' Hartmanns von Aue) verliert zusehends ihre Verbindlichkeit. Die lebensweltlichen Erfahrungen, die sich in der Subjektivierung des Liebespaares im ersten Teil wie in den ‚realen' Zeit-Raum-Dimensionen des zweiten Teils niederschlagen und die bei der Autorrolle zu einer komplexen Verschränkung von narrativer und autobiographischer Instanz führen, sind offenkundig nurmehr mit dem Prinzip der Rationalität bewältigbar.

Rationalität ist freilich auch das leitende Prinzip bei der Machtausübung in der dynastisch legitimierten Territorialherrschaft. Umso mehr verwundert, daß Reinfried bei seiner exorbitanten Wissensmehrung den Verlust der eigenen Landesherrschaft aufs Spiel setzt. Erst drängende Briefe Yrkanes und der loyalen Landherren bringen Reinfried zur Um- und Heimkehr. Die Orientfahrt erscheint daher unter dem Aspekt der Liebe wie für das Thema Herrschaft als doppeldeutig. Unter dem Eindruck der *curiositates* verblaßt die Liebe zu Yrkane zunehmend und gerät durch die Verfallenheit an die sinnlich verführerische Sirene ebenso in eine ernsthafte Krise wie Reinfrieds Stellung als Landesherr. Andererseits eröffnet die Erfahrung der langen Entfremdung und die bewußte Umkehr die Möglichkeit zu einer neuen, fest gegründeten Liebesgemeinschaft, die keine Entfremdung mehr zuläßt. Aber auch für die Landesherrschaft bringt die Erfahrung der Fremde einen Gewinn, die im eigenen Land so nicht zu erzielen gewesen wäre: eine Erweiterung des Erfahrungs- und Denkhorizonts, die in der rationalen Aneignung des Fremden zur Ausbildung einer für die dynastische Herrschaft unerläßlichen Rationalität führt (vgl. S. 204f.). Trotz seines fragmentarischen Charakters läßt der ‚Reinfried von Braunschweig' eine Liebes- und Herrschaftsauffassung erkennen, die um 1300 bereits von frühneuzeitlicher Mentalität zeugt. Vielleicht war es diese ‚Modernität', die einer breiteren Rezeption des auch in der Forschung noch weitgehend unterschätzten Werks im Wege stand.

Großer Beliebtheit erfreute sich dagegen der ‚Wilhelm von Österreich', den der ansonsten unbekannte Johann von Würzburg im Mai 1314 abgeschlossen hat. In einer Prosaauflösung fand der Roman sogar den Weg zum Druck und auf dieser Grundlage zu einer dramatischen Bearbeitung durch Hans Sachs (1494–1576).

Neben 9 Vollhandschriften und 7 Fragmenten des 14. und 15. Jahrhunderts ist das Werk in einer Kurzfassung (1472/74) und in einer Prosaauflösung (1481) überliefert. Die Prosaauflösung liegt dem Druck von 1481 zugrunde, der auch die Reisebeschreibung des Marco Polo enthielt; der Neudruck von 1491 hingegen kombinierte den Roman mit einer Prosaauflösung des ‚Wilhalm von Orlens', einer stark gekürzten Reimpaarversion des Minneromans Rudolfs von Ems (vgl. Bd. II/2, S. 26–29). Ein weiterer Druck ist vor 1545 bezeugt. Auf dem Prosaroman beruht die *Tragedia* (1556) des Hans Sachs. Auf Schloß Runkelstein (Südtirol) stehen in den Freskentriaden des ausgehenden 14. Jahrhunderts Wilhelm und Agley neben Tristan und Isolt sowie Wilhelm und Amelie (Rudolf von Ems) als exemplarisches Liebespaar. Dazu kommen weitere Rezeptionszeugnisse des 14. bis 16. Jahrhunderts u.a. in literarischen Werken und Bücherverzeichnissen.

So deutlich der Erfolg dieses Romans zutage liegt, so sehr wird die Autor- und Gönnerfrage durch einen Schleier von Widersprüchlichkeiten verdeckt. Dies hängt damit zusammen, daß es von Anfang an zwei Fassungen gab. Die eine zielt auf die Herzöge von Österreich, gemeint sind mit dieser Habsburger Redaktion Friedrich der Schöne (1307–1330) und Leopold I. (1308–1326); die andere richtet den Blick auf die Grafen von Hohenberg-Haigerloch; diese Hohenberg-Redaktion rühmt den auch als Minnesänger bekannten Grafen Albrecht II. von Haigerloch (gest. 1298) als Verstorbenen. Beide Fassungen nennen Johann von Würzburg als Verfasser, aber die Hohenberger Redaktion kennt daneben auch einen Esslinger *burgaer* Dieprecht als einen Literaturliebhaber, der in einer uns heute nicht mehr sicher faßbaren Weise an der Entstehung des Romans beteiligt war. Die Habsburger Redaktion hingegen nennt statt Dieprecht Herzog Leopold I. von Österreich (vgl. S. 43), zu dessen *ingesind* der Autor gehöre. Kurz zuvor stellt er die Vorbildhaftigkeit König Rudolfs I. von Habsburg heraus, in dessen Nachfolge die österreichischen Herzöge stehen. Diesen Passus wiederum ersetzt die Hohenberger Redaktion durch den bereits genannten Preis des Hohenberg-Haigerlocher Grafengeschlechts. Beide Fassungen heben hervor, der Verfasser habe für die Gerühmten (also für die Herzöge bzw. für die Grafen) *sunderdienst* geleistet, wobei die konkrete Bedeutung dieses Begriffs nicht genau zu bestimmen ist. Vollends verwirrend ist der Hinweis am Schluß des Werkes in der Hohenberger Redaktion, der Autor habe sein Werk im Dienst der österreichischen Herzöge Friedrich den Schönen und Leopold I. geschrieben, von denen es aber kurz zuvor heißt, daß sie ihn nicht entlohnt hätten. Mehrfache Kritik der Habsburger und Lob der Schwaben ergänzen dieses widersprüchliche Bild.

Ob dahinter ein Gönnerwechsel oder aber ein Gönnerverlust steht, der angesichts des bedeutenden Werkumfangs (etwa 19 600 Verse) ein schwerer Schlag gewesen wäre, muß dahingestellt bleiben. Denkbar ist auch, daß Johann von Würzburg sowohl am österreichischen Herzogshof wie beim schwäbischen Grafenhaus (dem die erste Gemahlin König Rudolfs I. von Habsburg entstammte) Förderung und ein literarisch interessiertes Publikum suchte. Die Abhängigkeit insbesondere epischer Dichter von förderungswilligen und -fähigen Gönnern wird am Beispiel Johanns von Würzburg trotz oder gerade wegen der Ungereimtheiten in den referierten Aussagen überaus deutlich. Wenn man die kritischen Äußerungen über die Habsburger im Zusammenhang mit der Gönnerfrage liest, dann ergibt sich kein Widerspruch zur Vermutung, Johann von Würzburg habe den Habsburger Friedrich den Schönen bei seinen Ambitionen auf die deutsche Königskrone gegen Ludwig den Bayern literarisch unterstützt, die nicht nur zu kriegerischen Aktionen, sondern 1314 zur Doppelwahl des Habsburgers und des Wittelsbachers führte (vgl. S. 5). Dies erklärte die auffälligen Invektiven Johanns gegen die Bayern, zugleich aber wohl auch die Enttäuschung über die ausgebliebene Entlohnung durch Friedrich den Schönen dessen Politik seine Finanzkraft über Gebühr beanspruchte.

Aus dieser politischen Perspektive gelesen, würde mit dem ‚Wilhelm aus Österreich' der Vorrang der Habsburger gegenüber der Wittelsbacher Dynastie literarisch untermauert: In einer Verschränkung von Geschichte und Fiktion wird das Herkommen des österreichischen Herrscherhauses bis auf die Babenberger zurückgeführt, sein Anspruch auf die Königskrone durch die Vorbildhaftigkeit König Rudolfs I. bestätigt und seine Herrschaftsfähigkeit durch den Sieg untermauert, den Wilhelm – unterstützt von Leopold von Österreich, Friedrich von Schwaben, Philipp von Frankreich und Richard von England als den hervorragendsten christlichen Fürsten – gegen ein übermächtiges Heidenheer erringt. Mit Wilhelms Sohn Friedrich wäre über den Babenberger Traditionsnamen (Friedrich der Streitbare als letzter Babenberger; gest. 1246) eine unmittelbare Anknüpfung an den Habsburger Herzog Friedrich den Schönen möglich. Für dieses literarische Konstrukt war es freilich notwendig, Wilhelm als Klammer zwischen der Babenberger und der Habsburger Dynastie mit einem Namen aus der literarischen Tradition (zu denken ist vor allem an den ‚Wilhelm von Orlens' des Rudolf von Ems) zu versehen, der zu keinem der beiden Herrscherhäuser paßte. (Tatsächlich wurde der ‚Wilhelm von Österreich' in der genealogischen Forschung unter Maximilian I. zunächst so gelesen.)

Wie im ‚Reinfried von Braunschweig' bedroht auch im ‚Wilhelm von Österreich' die Kinderlosigkeit des Herzogpaares das Fortbestehen der Dynastie. Der österreichische Herzog Leopold – er trägt Züge der Babenberger Herzöge Leopold V. und Leopold VI. – pilgert zum Grab des heiligen Johannes in Ephesus, um einen Nachkommen zu erbitten. Wirklich wird Leopold ein Sohn geboren, der den Namen Wilhelm trägt. Herangewachsen gelingt es ihm nach vielen Schwierigkeiten, sich mit der heidnischen Königstochter Aglye zu vermählen. Deren erzürnter Vater bietet ein riesiges Heidenheer gegen Wilhelm auf, der in einer Massenschlacht – hier an den ‚Willehalm' Wolframs von Eschenbach erinnernd – als Führer des Christenheeres den Sieg erringt. Auf einer Jagd ermorden ihn jedoch Gegner – wie Siegfried im ‚Nibelungenlied' – heimtückisch. Sein noch unmündiger Sohn Friedrich wird Herzog von Österreich.

Auf dieser Textebene gelesen, leistet der Roman im fiktionalen Rahmen einen Beitrag zur Legitimation der dynastischen Herrschaft. Im Blick auf die Gegenwart wird dabei Babenberger und Habsburger Herrschaft zu einem gemeinsamen Herkommen verschmolzen, bei dem es – trotz der genealogischen Konstruktion – letztlich nicht um die Abstammung, sondern – vergleichbar mit Ottokars ‚Österreichischer Reimchronik' (vgl. S. 240f.) – um den Nachweis einer ununterbrochenen Landesherrschaft geht. Sie wird zwar von Personen ausgeübt, aber die Kontinuität der Herrschaft ist nicht durch sie, sondern institutionell durch das Amt des Landesherren gesichert. Mit diesen Vorstellungen deutet sich ein neues Verständnis von Herrschaft an (Ridder), das von Rationalität getragen ist.

Gegen dieses Prinzip der Rationalität in der Herrschaftsausübung verstößt Wilhelm eklatant, weil er im Kampf um Aglye und wegen der Bindung an sie die Herrschaft in Österreich überhaupt nicht ausübt. Damit gefährdet er wie Reinfried von Braunschweig die Landesherrschaft, nur geht bei ihm nicht die Gefahr von der *curiositas* aus, sondern von der Liebe, die sein Leben von Kindheit an bestimmt; entsprechend folgen bei ihm Liebes- und Orientteil nicht aufeinander wie im ‚Reinfried von Braunschweig', sondern bilden eine Einheit. An deren Ende steht jedoch nicht eine um Welterfahrung bereicherte und gefestigte Herrschaftssicherung, wie man sie für den Schluß des ‚Reinfried von Braunschweig' vermuten darf, vielmehr beschwört der Tod Wilhelms die Gefahr des Herrschaftsverlusts. Nur durch seinen Sohn Friedrich wird die dynastische Kontinuität gewahrt, für die Wilhelm zeit seines Lebens und Reinfried während der Orientfahrt keine Verantwortung trugen. Diese auffällige thematische Parallele zwischen den beiden Romanen läßt vermuten, daß in sie ein herrschaftstheoretischer Diskurs eingeschrieben ist, bei dem es um das richtige Verhältnis zwischen Amt und Amtsinhaber ging. Offenkundig sah man die Landesherrschaft – mit der Subjektivierung der Figuren und mit der Liebesthematik wie mit der *curiositas*-Verführung wirkungsvoll ins Bild gesetzt – durch Privatinteressen des Landesherren bedroht. Zwar ließen sich auf diese Weise – wie Reinfrieds Friedenssicherung im Heiligen Land und Wilhelms Übernahme der Herrschaft über das Reich seines von ihm besiegten heidnischen Schwiegervaters zeigen – bedeutende Erfolge erzielen, aber ohne dynastische Herrschaftslegitimation hatten diese Erfolge keinen Bestand: Mit Reinfrieds Heimkehr und Wilhelms Tod waren sie hinfällig.

Noch deutlicher als im ‚Reinfried von Braunschweig' sind es im ‚Wilhelm von Österreich' die Landherren, die eine drohende Krise der dynastischen Landesherrschaft abwenden. Die namentlich genannten *dienstherren von Osterreich* aus dem Geschlecht der Kuenringer, Pillichdorfer, Tallesbrunner und Bogener wirken darauf hin, daß der Sohn von Wilhelm und Aglye den österreichischen Dynastennamen Friedrich erhält, und sie sind es, die nach Wilhelms Tod das Kind aus Aglyes Heimat nach Österreich entführen, wo ihm die Landherren den Huldigungseid leisten, um den Bestand der dynastischen Landesherrschaft zu sichern. Offenkundig werden im ‚Wilhelm von Österreich' „Ansätze einer neuen, staatlichen Ordnung reflektiert, die die politischen Auseinandersetzungen zwischen den österreichischen Landherren und dem Herzog in der Vergangenheit wesentlich bestimmt hatten" (Ridder). Diese Reflexion bestimmt jener Rationalismus, den Wilhelm in seiner betont subjektivistischen Zentrierung vermissen läßt und der offensichtlich als Grundlage für eine dynastische Herrschaftsausübung im Konsens mit den Landherren angesehen wird.

Inwieweit eine solche literarische Herrschaftsreflexion eine Öffentlichkeitswirksamkeit entfalten konnte, bleibt selbst beim weitverbreiteten ‚Wilhelm von Österreich' fraglich. Dessen öffentliche Resonanz gründete eher auf zwei völlig anderen Lektüremöglichkeiten: zum einen auf den geographischen Informationen, die beim Erstdruck zu einer gemeinsamen Publikation mit Marco Polos ‚Reisen' führte, zum andern und vor allem auf der Liebesgeschichte der beiden Protagonisten, die sie zu einem der drei hervorragenden Liebespaaren auf dem Runkelsteiner Freskenzyklus (Abb. 8) machte und die im Zweitdruck die Kombination mit dem ‚Wilhalm von Orlens' erklärt. Ohne erkennbare direkte Vorlage schildert der literarisch beschlagene Autor die Geschichte eines Liebespaares von ihrer gemeinsamen Geburt bis zum Liebestod, der dem Tristan-Roman nachempfunden ist.

Am selben Tag wie Wilhelm wird auch Aglye geboren, nachdem ihr Vater Agrant gemeinsam mit Herzog Leopold am Grab des heiligen Johannes um Nachkommenschaft gebetet hatte. Beide Kinder sind in gegenseitiger Liebe verbunden, die Frau Minne in ihre Herzen eingepflanzt hatte; dabei weisen das Motiv der Liebe aus der Ferne auf den ‚Willehalm von Orlens' Rudolfs von Ems, das der Kinderliebe auf den Floris-Roman (vgl. Bd. II/1, S. 377f.) zurück. Wilhelms Sehnsucht nach *sinem bilde*, das er im Herzen trägt, läßt ihn heimlich von Österreich aufbrechen, um seine Geliebte zu suchen, die er dann am Hofe des Heidenkönigs Agrant findet. Nach kurzer Zeit einer glücklichen Kinderliebe trennt Agrant die beiden aus heiratspolitischen Erwägungen. Nur mit gefühlvollen Liebesbriefen – hier wie auch sonst vielfach im Roman wird das Genus der Minnerede (vgl. S. 321ff.) spürbar – können die Liebenden ihre Verbindung aufrechterhalten. Wilhelm muß allegorische Abenteuer bestehen, in die ihn eine vom Hauptmann der Aventiure geschenkte Bracke zieht. Aglye soll zweimal mit heidnischen Königssöhnen verheiratet werden, beide tötet Wilhelm. In seinem Bemühen um Wiedervereinigung mit Aglye verstrickt er sich immer mehr in ausweglose Situationen bis er fast als Verbrecher hingerichtet wird. Schließlich gelingt Wilhelm aber doch eine heimliche Vermählung mit Aglye. Aus Rache bietet Agrant ein riesiges Heer gegen die Christen auf, willigt aber als Unterlegener schließlich in die Ehe seiner Tochter mit Wilhelm ein. Nach kurzer Zeit gemeinsamen Glücks bricht Wilhelm – hier greift das ‚Iwein'-Schema – wieder auf und besucht seine Heimat Österreich, während Aglye sich in Sehnsucht verzehrt. Zu ihr kehrt Wilhelm erst zurück, als sie ihn nach der Geburt des Sohnes durch einen Boten zur Rückkehr mahnt. Als er von einem Einhorn hört, bricht er gegen die Einwände Aglyes erneut auf; bei der Jagd auf das Wundertier wird Wilhelm heimtückisch ermordet. Verzweifelt bricht Aglye über dem Leichnam ihres Mannes zusammen und stirbt.

Diese Geschichte einer unverbrüchlichen Liebe wird durch die Einhorn-Jagd radikal in Frage gestellt. Sie bekundet abschließend, daß Wilhelm auf seinem ganzen Lebensweg letztlich nur sich im Blick hatte. In der Suche nach der unbekannten Geliebten verzichtet er auf *das lant zu Osterrich* und setzt damit als einziger Nachkomme Herzog Leopolds die Dynastie aufs Spiel; auch sein Herrscheramt als Agrants Nachfolger übt Wilhelm nicht aus, weil ihm der Besuch der Mutter und der österreichischen Heimat wichtiger ist. Wilhelm ist ein höfischer Ritter *par excellence*, aber wenn er auf dem Weg seiner Wünsche behindert wird, setzt er sich trotz aller Formvollendung hart und rücksichtslos durch – auch gegenüber der geliebten Aglye, wie die Einhorn-Jagd zeigt. Bei der geradezu modernen Subjektivierung dieser Heldenfigur wird ihre Identität zu einem lebenslangen Problem, weil es ihr nicht gelingt, „die (objektive) Außenwelt mit seiner (subjektiven) Vorstellung von dieser Außenwelt zur Deckung" zu bringen (Vollmann-Profe). Die Subjektzentrierung Willhelms unterminiert letztlich die Liebesfähigkeit dieses scheinbar vorbildhaft Liebenden; daher kann Hans Sachs in seiner *Tragedia* Wilhelm als Beispiel für die zerstörerische Macht der Liebe darstellen. Aus dieser Subjektzentrierung resultiert aber auch Wilhelms Unfähigkeit zum Herrscheramt. Radikaler noch als der ‚Reinfried von Braunschweig' thematisiert also der ‚Wilhelm von Österreich' die Problematik der Subjektivität, die an der Wende vom 13. zum 14. Jahrhundert offenkundig als eine gesellschaftliche und persönliche Bedrohung angesehen wurde.

Mit der Subjektivität wird aber auch die Wahrheit und die Verbindlichkeit des Erzählten zum Problem. In den poetologischen Reflexionen des Pro- und Epilogs, in Publikumsanreden, Appellen an Wahrheitsinstanzen und geradezu exzessiven Wahrheitsbeteuerungen der Erzählerrolle, die in einer bislang unbekannten Differenziertheit und Nachhaltigkeit inszeniert ist, versucht Johann von Würzburg diesem Problem zu steuern. Die Subjektivität erfaßt damit auch die Rolle des Erzählers wie das literarische Publikum, das kraft eigener Entscheidung über die Wahrheit der Erzählung entscheiden muß. Der Roman dokumentiert auf diese Weise ein neues Fiktionalitätsverständnis, das nicht mehr auf eine verbindliche Didaxe zielt, sondern in extremer Fiktionalisierung der Handlung Möglichkeiten für das individuelle Finden von Wahrheit anbieten kann. Der historisierende Rahmen des Romans (Herzog Leopold, sein Enkel Friedrich als Nachfolger in der dynastischen Herrschaft) erweisen sich dann aus diesem Blickwinkel als eine Verpflichtung der Rezipienten auf die Suche nach Wahrheit, die nur sie allein aus ihrem Lebenskontext heraus finden können.

Im Gegensatz zum ‚Reinfried von Braunschweig' und insbesondere dem ‚Wilhelm von Österreich' tritt die Erzählerrolle im ‚F r i e d r i c h   v o n   S c h w a b e n' weitgehend zurück. Nicht Erzählerreflexionen, sondern die Handlung und die Handlungsweise der Figuren fordern zur Wahrheitsfindung heraus. Dabei vermag eine extreme Form der Intertextualität Beurteilungskriterien für ein literaturkundiges Publikum zu liefern, denn im Vergleich zu den beiden anderen Liebes- und Abenteuerromanen verdichten sich die Schema- und Motivzitate im ‚Friedrich von Schwaben' zu wörtlichen Übernahmen aus anderen Werken, denen sich Vergleiche mit Figuren vorausliegender Werke zur Seite stellen. Man hat daher geradezu von einer Werkkompilation gesprochen und dem unbekannten Autor den Vorwurf des Plagiats gemacht. Die Zitate sind jedoch in einen vom Autor verantworteten Handlungsrahmen eingebaut und stellen den entsprechenden Handlungsteil durch die Textentlehnung – etwa aus der *Joie de la curt*-Aventiure des ‚Erec' Hartmanns von Aue (vgl. Bd. II/1, S. 265) – in einen Deutungszusammenhang mit einer Episode, zu der sich in der literarischen Tradition offenkundig ein festes Urteil herausgebildet hatte. Der ‚Friedrich von Schwaben' dokumentiert auf diese Weise eine neue, auf Intertextualität resultierende Literarizität, die freilich zugleich eine grundlegende Problematik des Romans im 14. Jahrhundert aufdeckt und – neben dem ausgebliebenen Schritt zur Prosa – *de facto* zum Verstummen des Romans in der ersten Hälfte des 14. Jahrhunderts geführt hat: das fast ängstliche Festhalten an der literarischen Tradition als einem wahrheitsstiftenden Orientierungsrahmen, aus dem erst der 1509 gedruckte ‚Fortunatus' (vgl. Bd. III/2) entschieden heraustreten wird. Ob die Rezipienten immer mit der intertextuellen Kompetenz des Autors Schritt halten konnten, sei dahingestellt, doch bezeugen die sieben überlieferten, ausschließlich in Schwaben entstandenen Handschriften und die beiden in ihnen erkennbaren Redaktionen ein nicht nur beiläufiges Interesse an dem etwa 8000 Verse umfassenden Roman.

Eine historische Situierung des ‚Friedrich von Schwaben' fällt schwer, da nur eine Entstehung nach 1314 (Erwähnung des ‚Wilhelm von Österreich') gesichert ist, ein genauerer Zeitpunkt sich jedoch nicht eingrenzen läßt. Auch erscheint es als merkwürdig unzeitgemäß, wenn im 14. Jahrhundert mit dem Roman eine fabelhafte Vorgeschichte der staufischen Herzogsdynastie geliefert wird, die mit dem Tod Konradins (1268) faktisch erloschen war. Den schwäbischen Herzogstitel führten die Herren von Teck, und da im Roman ein Vivianz von Teck, dessen Ruhmesnamen aus dem ‚Willehalm' Wolframs von Eschenbach stammt, als Bannerführer der Schwaben genannt wird, wollte man das Herzogshaus von Teck als Auftraggeber sehen. Die Dichtung wäre demnach als ein literarischer Beitrag zur Wiederherstellung des schwäbischen Herzogtums zu lesen, doch steht dem die unbedeutende Machtstellung der Herzöge von Teck entgegen. Viel eher ist an den Kampf um die Herrschaft Teck und deren Herzogstitel zwischen den Habsburgern und den Wirtembergern im 14. Jahrhundert zu denken, bei dem in den 80er Jahren die Grafen von Wirtemberg die Oberhand gewannen. Das rühmende Herausstellen des Vivianz von Teck als Bannerträger der Schwaben erscheint aus diesem Blickwinkel als ein literarisches Umwerben der Herzöge von Teck, die fabulöse Vorgeschichte der schwäbischen Herzogsdynastie unter den Staufern als eine Legitimation der Wirtemberger in der Nachfolge des schwäbischen Herzogtums. Interessant an dieser literarischen Konstruktion ist die ihr zugrunde liegende Vorstellung von einem Land Schwaben, mit der sich im Territorialisierungsprozeß und im Kampf der Grafen von Wirtemberg um den Herzogstitel, den sie schließlich 1495 erwarben, der schwäbische Hoch- und Niederadel identifizieren konnte. In diesen landespolitischen Horizont paßt, daß Margarethe von Savoyen, seit 1453 mit Ulrich V. von Wirtemberg verheiratet, eine illustrierte Handschrift des ‚Friedrich von Schwaben' in Auftrag gab. Insgesamt schließt der landespolitische Kontext eine Entstehung des ‚Friedrich von Schwaben' im 15. Jahrhundert, auf das sich auch die Überlieferung beschränkt, keinesfalls aus. Auch Friedrich von Schwaben, der mit seinen Brüdern Ruprecht und Heinrich als jüngster Sohn Heinrichs von Schwaben in der Stauferstadt Schwäbisch Gmünd residiert, verzichtet auf seinen Herrschaftsanspruch, um sich auf die Suche und Erlösung der verzauberten Königstochter Angelburg zu machen; als Fremde erscheint dabei jedoch nicht der Orient, sondern die Märchenwelt.

Angelburg wurde von ihrer Stiefmutter, der sie ihr ehebrecherisches Treiben vorhält, so verzaubert, daß sie tagsüber eine Hirschgestalt annimmt. Sie kann nur erlöst werden, wenn *ains rechten fürsten kind* nach dem Erzählschema der Martenehe an 30 festgelegten Tagen innerhalb eines Jahres ihr keusch beiliegt und nicht mir ihr spricht. Friedrich will diese Probe auf sich nehmen, versagt jedoch liebeskrank in der 22. Nacht. Angelburg wird daraufhin in eine Taube verwandelt. In einer 20jährigen gefahrvollen und entbehrungsreichen Suche, bei der Friedrich völlig verarmt und sogar eine Scheinehe mit der Zwergenkönigin Jerome eingeht, gelingt ihm schließlich die Erlösung Angelburgs. Als sie nach neun Jahren stirbt, heiratet Friedrich die Zwergenkönigin Jerome. Vielfache Heiraten von Anhängern und Kindern Friedrichs sichern die Herrschaft, die er nach Angelburgs Erlösung und einer Schlacht im Reich ihres Vaters neu errichtet hatte.

Die Errichtung einer machtvollen Herrschaft durch Kampf und Heirat mögen im Kampf um das schwäbische Herzogtum ein willkommenes Identifizierungsangebot für die Grafen von Wirtemberg im Blick auf ihren sagenhaften ‚Vorgänger' gewesen sein, an denen sie sich unter Umgehung der Realhistorie literarisch ansippen konnten. Nicht minder interessant ist jedoch, wie die Subjektivierung des Protagonisten, die im ‚Wilhelm von Österreich' zum Problem wurde, instituionell mit doppelter (!) Heirat und Nachkommenschaft zum Zweck der Herrschaftssicherung gleichsam domestiziert erscheint. Dafür tritt eine neue, in dieser Schärfe bislang noch nicht thematisierte Gefährdung von Herrschaft in den Blick: die Zeit, die in einem vielfältigen Zeitgerüst, das über das Motiv der Zeitnot im ‚Iwein' Hartmanns von Aue (vgl. Bd. II/1, S. 270) weit hinausreicht, dem Roman eingeschrieben ist und mit dem 30jährigen

Handlungsverlauf ein Menschenleben, im Falle Angelburgs auch den Tod umfaßt. Für die Errichtung und Sicherung von Herrschaft müssen die knapp bemessene Lebenszeit, aber auch die Gefahr einer – von Friedrich bitter durchlittenen Verarmung – einberechnet werden, und sie ist daher über die Einzelperson hinaus zum Segen des Landes dynastisch abzusichern. Im ‚Friedrich von Schwaben' zeigen sich wie im ‚Reinfried von Braunschweig' und wie im ‚Wilhelm von Österreich' literarische Reflexe eines zeitgenössischen Herrschaftsdiskurses, in dem jedoch mit Subjektivität, Zeiterfahrung und Verarmung Gefahrenpotentiale zum Vorschein kommen, die nicht nur als eine Bedrohung dynastischer Herrschaft, sondern auch der persönlichen Lebensgestaltung empfunden werden mochten.

Das Schema der gestörten Mahrtenehe, also die Verbindung eines irdischen Partners mit einer übernatürlichen Frau, das mit Konrads von Würzburg ‚Partonopier und Meliur' (vgl. Bd. II/2, S. 39f.) in die deutsche Literatur eingeführt wurde und das seine Faszination bis zur ‚Melusine' Thürings von Ringoltingen (vgl. Bd. III/2) ausübte, dient in der Regel genealogischer und dynastischer Legitimation. Mit dem ‚Peter von Staufenberg' (etwa 1200 Verse) des E g e n o l f v o n S t a u f e n b e r g ergreift sie zu Beginn des 14. Jahrhunderts sogar das Genus der höfischen Verserzählung. Der Autor wird mit einem Angehörigen der Ganerbschaft von Staufenberg in der Ortenau (Baden) identifiziert, der 1285 und 1320 bezeugt, 1324 als Verstorbener genannt wird. Historische Bezüge in der Erzählung deuten auf eine Entstehung um 1310. Unklar bleibt hingegen das erzählerische Ziel des stilistisch deutlich an Konrad von Würzburg geschulten Verfassers.

Laut Prolog soll die Erzählung die *stolzen, werden jungen man* zu *zucht, truw, milt und ere* anleiten. Berichtet wird von einem Vorfahren der Familie, Peter Diemringer von Staufenberg, dem eine überirdische Frau alle Liebe unter der Bedingung gewährt, daß er keine Ehe mit einer anderen Frau eingeht; anderfalls müsse er binnen dreier Tage sterben. Peter hält zunächst das Versprechen, beugt sich aber schließlich dem Drängen der Verwandten und dem Druck der Geistlichen, die seine Geliebte zu einer Botin des Teufels erklären, und heiratet die Kärntner Nichte des Kaisers. Drei Tage nach seiner Hochzeit stirbt Peter.

Die zunächst lokal begrenzte Überlieferung der Erzählung läßt das Werk als ein „literarisches Familiendenkmal" (H. Fischer) für die Staufenberger Jugend erscheinen, das in mehrere Richtungen gedeutet werden kann: Warnung vor einem Treuebruch, Verteufelung einer Liebesbeziehung, die nicht in eine Ehe einmündet oder literarische Heilung eines dunklen Flecks in der Familiengeschichte der Staufenberger.

Noch weiter vom genealogischen Legitimationsmuster abgerückt scheint der Kurzroman ‚D i e K ö n i g i n v o m b r e n n e n d e n S e e' (etwa 3000 Verse) zu sein, der nur in einer einzigen, nach 1470 entstandenen ostschwäbischen Handschrift überliefert ist. Ein heraldischer Hinweis im Text (französisches Lilienwappen) schließt eine Entstehung des Romans vor der zweiten Jahrhunderthälfte aus, er könnte jedoch durchaus erst im 15. Jahrhundert verfaßt worden sein. Offenkundig versteht sich das Werk als ein Liebesroman, der demonstrieren soll, welche Leiden zur Rettung einer wahren Liebe notwendig sind. Dazu wird, um den Bezug zur Lebenswirklichkeit herzustellen, die überirdische Frau verchristlicht und vermenschlicht.

König Hans von Frankreich gerät in ein Feenreich und verheiratet sich dort mit der Auflage, seine Frau nicht zu verletzen. Als er sie nach zehnjähriger Ehe unbeabsichtigt verwundet, wird sie gemeinsam mit den beiden Söhnen in das Reich des brennenden Sees entrückt. Nach einer langen und beschwerlichen Suche, die ihn bis ans Ende der Welt führt, gelingt König Hans schließlich die Wiedervereinigung mit seiner Frau. Sie leben fortan im Feenreich, das sie dann mit dem Reich des brennenden Sees an die beiden Söhne vererben.

Ein anderes literarisches Legitimationsmuster stellt die Vatersuche dar, wie sie im ‚Johann aus dem Baumgarten' *(Johan ûz dem virgiere)* vorliegt, der als Findling am Hofe des Kaisers Sigismund erzogen wird und der auf der Suche nach den richtigen Eltern seine königliche Abstammung erfährt, die ihm die Ebenbürtigkeit zur Heirat der Kaisertochter sichert. Die Datierung bleibt auch hier unsicher, weil der Kurzroman (etwa 3100 Verse) eine südrheinfränkische, Mitte des 15. Jahrhunderts überlieferte Umarbeitung eines flämischen Versromans darstellt, der selbst nurmehr in einer niederländischen Prosaversion (Druck um 1590) greifbar ist. Freilich dürften auch beim ‚Johann aus dem Baumgarten' herrschaftspolitische Konnotationen zugunsten der Leidensgeschichte ausgeblendet sein, die der liebende Königssohn bis zur Verheiratung durchzustehen hat. Immerhin zeigen die Fragmente eines in der Nachfolge des Thomas von Britanje (vgl. Bd. II/1, S. 276f.) stehenden ‚Niederfränkischen Tristan' in einer Überlieferung aus der zweiten Hälfte des 13. Jahrhunderts und eine mittelniederdeutsche Bearbeitung des Floris-Romans (vgl. Bd. II/1, S. 243 u. 377f.) durch einen ungenannten Westfalen aus der ersten Hälfte des 14. Jahrhunderts (‚Flos vnde Blankeflos'; etwa 1500 Verse) ein fortdauerndes Interesse am Liebesroman ohne herrschaftstheoretischen Bezugsrahmen. Daß er gleichwohl weiterhin präsent blieb, belegt zu Beginn des 15. Jahrhunderts ‚Die Königstochter von Frankreich' des Hans von Bühel (vgl. Bd. III/2).

Weder die Herrschafts- noch die Liebesthematik spielen in Heinrichs von Neustadt ‚Apollonius von Tyrland' eine zentrale Rolle, dessen Orientabenteuer in ihrer Phantastik auch weniger auf Wissensvermittlung als auf Unterhaltung zielen. Mit dieser Befreiung von traditionellen programmatischen Vorgaben eignet dem ‚Apollonius'-Roman eine Modernität, die von seiner ästhetischen Anspruchslosigkeit nicht verstellt werden kann. In die Zukunft weist auch das intendierte städtische Publikum, das nicht mehr wie bei Konrad von Würzburg an der überbietenden Adaptation höfischer Literatur- und Kulturtraditionen orientiert ist, sondern in der Konfrontation mit dem literarisch imaginierten Fremden an der Entfaltung eines eigenen Identitätsbewußtseins arbeitet. Auch als Autor vertritt Heinrich von Neustadt einen neuen Typ.

Er selbst nennt sich *Ain artzt von den püchen,* was auf eine akademische Ausbildung als Mediziner hinweist. Da er in einer Urkunde als *meister* bezeichnet wird, denkt man an den Erwerb des Magistertitels – unter Berücksichtigung der italienischen Sprachspuren – an einer Universität in Italien. Aus der Wiener Neustadt stammend, praktizierte er in Wien, wo er vielleicht mit Katharina Melein, Besitzerin eines Hauses in der Strauchgasse, verheiratet war. Der Bischof von Freising belehnt ihn und seine zweite (?) Frau Alheit (‚Adelheid') 1312 mit einem Haus am Graben, wo er wohl schon früher wohnte, weil es sich bei der Urkunde offensichtlich um eine Verlängerung des Mietverhältnisses auf Lebenszeit handelt. Im Haus am Graben, dem heutigen Trattner-Hof, jedenfalls vollendete Heinrich seinen ‚Apollonius'-Roman. 1314 wird er im Dienstbuch des Schottenklosters für die Färberstraße genannt; ob dahinter ein Umzug steht, muß offenbleiben. Niklas, Pfarrer von Stadlau und Kaplan von St. Georg (1297–1318), vermittelte ihm die lateinische Hauptquelle für den Roman. In ihm nennt er auch den Wiener Patrizier Bernhard von Chrannest, Münzmeister und Weingartenbesitzer zu Klosterneuburg (1295–1322), und einen wegen seiner Französischkenntnisse erwähnten Herrn von Nisch (?). *Dobisch von Pehaymen* konnte als Tobias von Bechyně identifiziert werden, der 1307 als Parteigänger Österreichs in Böhmen erschlagen wurde; weil im ‚Apollonius' von ihm als Lebenden gesprochen wird, trägt das Todesdatum zur Datierung des Romans bei. Da Heinrich nach eigener Aussage seine lateinische Hauptquelle erstmals *in deutsche zunge pracht* hat, darf man ihm gute Lateinkenntnisse attestieren. Dies bestätigt auch seine geistliche Dichtung ‚Von Gottes Zukunft' samt der ‚Visio Philiberti' (vgl. S. 228f.).

In der Rahmenhandlung seines Romans folgt Heinrich der ‚Historia Apollonii regis Tyri', einem lateinischen Prosaroman aus spätantiker Zeit (2./3. Jahrhundert), der im Mittelalter weit verbreitet war, aufgrund seiner Beliebtheit mehrfach bearbeitet wurde und der in vielen volkssprachigen Übertragungen und Fassungen ein Publikum bis in die Neuzeit fand. Der ursprünglich hellenistische Roman folgt dem bekannten Typ: Gewinnung einer Frau, Trennung und Wiedervereinigung als Familie. Quantitativ macht diese Vorlage aber nur etwa ein Viertel in Heinrichs über 20 600 Verse umfassenden Werk aus, dessen Hauptteil eine Orientfahrt zwischen Trennung und Wiedervereinigung von 14 Jahren einnimmt, die in der Vorlage nur kurz angedeutet war. Bei deren fabulöser Ausgestaltung und in der Verbindung von Mittelmeer und Orient als Handlungsräume griff Heinrich offenkundig auf die Wissensliteratur seiner Zeit – Enzyklopädien, *Imago mundi*-Literatur (vgl. Bd. II/1, S. 448), Weltchronistik –, aber auch auf deutschsprachige Epik zurück: ‚Herzog Ernst' (vgl. Bd. I/2, S. 183–186), die ‚Alexander'-Romane Rudolfs von Ems (vgl. Bd. II/2, S. 118f.) und Ulrichs von Etzenbach (vgl. Bd. II/2, S. 118–120), ‚Wolfdietrich' (vgl. Bd. II/2, S. 125–127), die Gahmuret-Bücher im ‚Parzival' Wolframs von Eschenbach (vgl. Bd. II/1, S. 332) u.a.m.

Heinrich von Neustadt beweist mit seinen Quellenkenntnissen eine ungemeine Belesenheit, die aber nicht auf die Konzeption der literarischen Werke, sondern auf deren Stoffe gerichtet ist. Als König von Antiochia begründet Apollonius die Tafelrunde, die aber – im Gegensatz zur *table ronde* des König Artus – hierarchisch verfaßt ist: Sie umfaßt vier Könige, drei Herzöge und drei Ritter. Auch die Eroberung Jerusalems durch Apollonius und seine Herrschaft als christlicher Kaiser in Rom, dem schließlich die himmlische Krone zuteil wird, erweist sich zwar als formgerechter Romanschluß, aber eine das Werk bestimmende Thematik läßt sich daraus nicht ableiten. Die bunte Fülle der Abenteuer, die auch in einer knappen Inhaltsskizze Seiten füllen würde, sind – wie etwa der ‚Salman und Morolf' (vgl. Bd. I/2, S. 178–181) – in einfacher Reihentechnik miteinander verknüpft, Bedeutung erhalten die einzelnen Abenteuer durch ihre beeindruckende Außergewöhnlichkeit, durch die Sinnlichkeit der Schilderung, durch die Vermittlung von geo- und ethnographischem, naturkundlichem und medizinischem Wissen. Heinrich scheint damit einen Wissensdurst stillen zu wollen, den bislang kein anderes Werk zu befriedigen vermochte und der in der Überlieferung sogar das Auge erfaßte: Zwei der vier aus dem 15. Jahrhundert stammenden Handschriften sind auch illustriert.

Dennoch dürfte es eine verkürzte Sicht sein, wenn man den Roman auf ein Dokument stadtbürgerlichen Stoffhungers reduziert. Immerhin fordert die historische Verortung des Romans mit Jerusalem und Rom als Endpunkte trotz aller Geschichtsklitterungen eine Verbindlichkeit ein, die sich vom Irgendwann und Irgendwo der Artusepik oder anderer höfischer Romane dezidiert abhebt. Sie wird von Heinrichs Überzeugung vom baldigen Kommen des Antichrist unterstrichen, die nicht nur in seiner geistlichen Dichtung zum Thema wird (vgl. S. 228f.), sondern auch im ‚Apollonius' mit der Nennung der eschatologischen Völker Gog und Magog und den apokalyptischen Vätern Elias und Enoch (vgl. Bd. I/1, S. 318) präsent ist. Vor diesem Horizont sind der schicksalshafte Lebensweg des Protagonisten und die unzähligen Handlungsteile bei der Lektüre unentwegt zu beurteilen. Ein solches Urteil fällt schwer und muß – wie etwa die mehrfachen Liebes- und Ehebeziehungen des Apollonius während der Zeit seiner Trennung von der Ehefrau – situativ gefällt werden. Zwar waltet über dem Helden und seiner Familie die

Providenz, die das Geschehen einem guten Ende zuführt, aber in den konkreten Wechselfällen des Lebens erscheinen sie unausweichlich dem Zufall ausgeliefert. Formal schlägt sich dies in der formlosen Formgebung des Romans nieder, aus der Zweifel an einem geordneten Lebensgang sprechen; denn anders als im Artusroman ist der Zufall der Aventiure nicht mehr sinnvoll in eine ordnungsstiftende Struktur eingebunden, sondern bleibt ohne deutendes Urteil des Rezipienten sinnlos. Ohne eine solche Urteilskraft läuft der Rezipient des Romans im Blick auf seine eigene Lebenswelt Gefahr, am Schluß die himmlische Krone zu verfehlen.

Wie die anderen Liebes- und Abenteuerromane wird der ‚Apollonius von Tyrland‘ entscheidend vom Prinzip der Subjektivität bestimmt, aber wie kein anderer mutet er seinem literarischen Publikum subjektive, durch keine Ordnungsvorgaben gesteuerte Entscheidungen zu. Provoziert wird es dazu durch die unentwegte Fremderfahrung der Orientabenteuer, deren Beurteilung einen eigenen, sicheren Standpunkt erfordern, um nicht im Strudel des Unerhörten unterzugehen. Aus diesem Blickwinkel gesehen läßt der ‚Apollonius von Tyland‘ einen Mentalitätswandel erkennen, der – losgelöst vom dynastischen Herrschaftsdiskurs und von der tradierten Liebesthematik – in dieser Radikalität vielleicht doch die städtische Lebenswelt und die stadtbürgerliche Sicht eines gelehrten Autors als Voraussetzung bedurfte. Um daraus zukunftssichernd Kapital für den Roman schlagen zu können, wäre – jenseits einer Übersetzungsprosa – der Schritt zur genuinen Prosaform notwendig gewesen, die Heinrich von Neustadt mit seinem mühsamen Klammern an der tradierten Form des Versromans nicht gewagt hat. Auch von hier aus wird das Verstummen des Romans im 14. und 15. Jahrhundert einsichtig, bis er keinesfalls zufällig in der Stadt (Augsburg) mit dem ‚Fortunatus‘ (1509) das ihm geeignete literarische Medium fand (vgl. Bd. III/2).

Alexander- und Troja-Epik

Die historisierende Perspektivierung der Liebes- und Abenteuerromane entspricht bei der Alexander- und Troja-Epik, der von Anfang an der Status „verbürgter Historizität" (Bd. II/2, S. 118) eignete, im 14. Jahrhundert ein Wechsel zur Weltchronistik (vgl. S. 237ff.) und zur Übersetzungsprosa (vgl. S. 391ff.) als literarisches Medium zur Vermittlung von ‚Fakten‘. Daneben bezeugt das meisterliche Lied (Frauenlob, Regenbogen, Heinrich von Mügeln) Kenntnisse der antiken Stoffe; und in der geistlichen Literatur – etwa im ‚Großen Seelentrost‘ (vgl. S. 435f.) – war Alexander mit dem traditionellen *superbia*-Motiv präsent.

Die Verbindung mit der Weltchronistik belegt augenfällig der ‚Basler Trojanerkrieg‘, eine episodische Kurzerzählung in 329 Reimpaarversen, die man ursprünglich für das Bruchstück einer umfangreicheren Dichtung hielt. Die wohl um 1300 entstandene Erzählung ist in eine Handschrift der ‚Sächsischen Weltchronik' (vgl. Bd. II/2, S. 171–173) aus dem 15. Jahrhundert eingelagert, die auch Auszüge aus der ‚Weltchronik' Rudolfs von Ems (vgl. Bd. II/2, S. 30f.) und des Wieners Jans (vgl. Bd. II/2, S. 54f.) sowie Lamprechts ‚Alexander' (vgl. Bd. I/2, S. 163–165) enthält. Natürlich auf dem ‚Trojanerkrieg' Konrads von Würzburg (vgl. Bd. II/2, S. 41), aber auch auf dem ‚Göttweiger Trojanerkrieg' (vgl. Bd. II/2, S. 119f.) fußend, konzentriert sich der anonyme Autor auf wenige handlungsbestimmende Ereignisse und rückt – wie im ‚Göttweiger Trojanerkrieg' – mit einer zweiten Entführung Helenas die Sinnlosigkeit des mörderischen Krieges in den Blick. Pessimismus kennzeichnet ebenfalls die ‚Trojanerkrieg'-Fortsetzung, mit der Konrads von Würzburg riesiger Torso (etwa 40 400 Verse) wohl nach 1300 – wie der ‚Basler Trojanerkrieg' im Alemannischen entstanden – durch rund 9400 Reimpaarverse abgeschlossen wurde. Die Schmucklosigkeit der Darstellung tendiert auch hier zur Historiographie; diese Perspektivierung wirkt für die Rezipienten sogar auf Konrads Werk selbst zurück, da alle vollständigen Handschriften seines ‚Trojanerkriegs' die Fortsetzung enthalten. Seine Breitenwirkung entfaltete der literarisierte Trojanerkrieg – teilweise immer noch auf Konrad von Würzburg fußend – durch die Prosaübertragungen, die auch zu Grundlagen der Druckfassungen wurden (vgl. Bd. III/2); zwei dieser Prosaversionen, das ‚Elsässische Trojanerbuch' (‚Buch von Troja I') und Hans Mairs Übersetzung, entstanden noch gegen Ende des 14. Jahrhunderts (vgl. S. 462).

Die Alexander-Epik dagegen fand mit Meister Wichwolt (früher: Babiloth) und vor allem mit Johannes Hartlieb später zu Prosaform (vgl. Bd. III/2), sie wartet aber im 14. Jahrhundert nochmals mit zwei größeren Reimpaarfassungen auf, die in ihrer thematischen Unterschiedlichkeit aufschlußreiche Zeitzeugnisse darstellen. Für den unbekannten alemannischen Autor des ‚Wernigeroder Alexander' (auch ‚Der Große Alexander'), der nur in einer bairischen Handschrift von 1397 überliefert ist, dienen Darius wie insbesonders Alexander zur Demonstration des herkömmlichen *superbia*-Motivs, doch erkennt der Verfasser in Alexander nicht mehr die heilsgeschichtliche *virga furoris Dei* und – mit der Überwindung des persischen Weltreichs – den Begründer des dritten der insgesamt vier Weltreiche im Ablauf der Welt- und Heilsgeschichte. Sie ist für den Autor mit einer Exempelfigur wie Alexander offenkundig nicht mehr deutbar. *Der kayser wirt zu ainem mist* als Resümme nach 6450 Versen verdankt sich sicherlich dem traditionell mit der Alexander-Epik verbundenen *vanitas*-Gedanken, doch als einziges sichere Fazit scheint sich darin eine abgründig illusionslose Sicht auf die *historia* im 14. Jahrhundert zu eröffnen.

Eine politische Perspektivierung zeichnet sich dagegen in der Alexander-Dichtung eines S e i f r i t ab, der sein Werk (etwa 9100 Verse) nach eigenen Angaben in der Martinsnacht (10./11.11.) 1352 vollendet hat. Umso bedauerlicher ist es, daß wir von dem österreichischen, vielleicht aber auch bairischen Autor außer seiner Klage über die materielle Notlage und über die Behinderung bei der Arbeit an der Dichtung durch seine Herrschaft nichts wissen. Anders als der ‚Wernigeroder Alexander' erfreute sich Seifrits Dichtung nach Ausweis der Überlieferung (16 handschriftliche Zeugen) großer Beliebtheit, von der auch die Übernahme punktueller Exzerpte in die ‚Weltchronik' Heinrichs von München (vgl. S. 238) und in Johannes Hartliebs ‚Alexander' zeugen. Zu diesem Erfolg trugen wohl Seifrits schlichter Sprachduktus, aber offenkundig auch seine Politisierung der Alexander-Figur bei. Sie wird wie schon bei Rudolf von Ems (vgl. Bd. II/2, S. 29f.) als ein Beispiel für einen idealen Weltherrscher gezeichnet, den der Vorwurf der *superbia* nicht treffen kann; selbst der Vorstoß Alexanders bis zum Paradies (*Iter ad paradisum*) erscheint als ein Zeugnis für einen Herrschaftsanspruch, der die gesamte Welt umfaßt.

Darüber hinaus aktualisierte Seifrit wie schon Rudolf von Ems im Blick auf die zeitgenössische imperiale Herrschaft und leistete wie dieser einen literarischen Beitrag zum Diskurs über die imperiale Herrschaftslegitimation: Zielte Rudolf auf die Staufer, deren imperiale Herrschaft durch päpstlichen Bann in Frage gestellt wurde, so darf man in Seifrits ‚Alexander' ein literarisches Zeugnis für die Kaiserideologie und die Reichspublizistik in den Anfangsjahren Karls IV. sehen, der als Gegenkönig (1346) zum gebannten Ludwig dem Bayern schließlich 1355 in Rom die Kaiserkrone erlangte (vgl. S. 12f.). Dabei vertritt Seifrit im Rahmen der auch von ihm thematisierten *translatio imperii* im Gegensatz zur kurialen Translationstheorie (dem Papst alleine stand die Verfügungsgewalt über das *imperium* zu) eine imperiale Translationstheorie, die mit Rückgriff auf das alttestamentliche Buch ‚Daniel' den Kaiser von Gott selbst eingesetzt und in die Sukzession der dort entwickelten Lehre von den vier Weltreichen gestellt sah. Alexander spielte dabei eine entscheidende Rolle, weil mit seinem Sieg über Darius das imperiale Herrscheramt von den Persern zu den Griechen überging, von denen es dann in der Antike die römischen Kaiser übernahmen. Wenn sich die deutschen Kaiser in deren Nachfolge stellten, waren sie zugleich Nachfolger des in der Bibel genannten Alexander und konnten entsprechend den päpstlichen Suprematsanspruch über das *imperium* biblisch und historisch begründet zurückweisen. Aus dieser Perspektive wird dann einsichtig, warum Seifrit geradezu peinlich auf eine Unterscheidung zwischen dem Kaiser- und Königstitel achtet, und Alexander erst nach der Niederlage des Darius als Kaiser tituliert und mit den Reichsinsignien versieht (R. Schnell).

Nach Ulrich von Etzenbach (vgl. Bd. II/2, S. 118f.) rückt also mit Seifrit ein zweites Mal eine Alexander-Dichtung ins Umfeld des Prager Hofs und thematisiert die politischen Ambitionen des böhmischen Hauses. Doch distanziert sich Seifrit von Ulrich, den er übrigens – charakteristisch für dessen poetische Verfahrensweise – mit Wolfram von Eschenbach verwechselt, denn anders als dieser wolle er ein *getrewer ausleger* der zugrundeliegenden Quellen sein: Nicht höfische Idealität, sondern historische Verbindlichkeit garantieren für Seifrit als Epiker des 14. Jahrhunderts die Wahrheit seiner programmatischen Alexander-Dichtung, die allerdings in ihrem literarischen Anspruch auf imperiale Herrschaftslegitimation keine Nachfolge gefunden hat. Dies gilt auch für die Karls-Epik innerhalb der Chanson de geste-Tradition, mit der die politische Thematik von Anfang an verbunden war.

Epik der Chanson de geste-Tradition

Im 14. Jahrhundert spielte die Epik der Chanson de geste-Tradition wie auch die Heldenepik – natürlich wie immer abgesehen von der handschriftlichen Überlieferung älterer Werke – faktisch keine Rolle. Offenkundig traute man diesen ehemals historisch konnotierten Gattungsbereichen keine Verbindlichkeit bei der Vermittlung von geschichtlichem Orientierungswissen mehr zu, die bei der Alexander- und Troja-Epik nicht zuletzt durch den lateinischen Tradtionshintergrund garantiert wurde. Das neuerliche Interesse an der Heldenepik wie an Werken der Chanson de geste-Tradition im 15. und 16. Jahrhundert hingegen steht mit einem gewandelten Literaturverständnis im Zusammenhang (vgl. Bd. III/2).

Wie ernst der Anspruch auf Verbindlichkeit genommen wurde, zeigt der um 1300 im mittelbairischen Sprachraum entstandene, leider nur in einem Fragment überlieferte ‚L i n z e r O s w a l d‘ (erhalten etwa 300 Verse) im Vergleich zum ‚Münchner‘ und zum ‚Wiener Oswald‘ (vgl. Bd. I/2, S. 173–175): Anders als in diesen beiden spielmännischen Fassungen konzentriert sich der ‚Linzer Oswald‘ auf eine Schlacht zwischen Christen und Heiden und auf die Rolle Oswalds als *rex christianissimus*. Damit wird aus dem tradierten Stoff ein Legendenepos, das über diese geistliche Erzähllegitimation hinaus noch eine ‚historische‘ Anbindung an bekannte Persönlichkeiten der Geschichte (Landgraf Hermann von Thüringen, ein Graf Wilhelm von Holland) und bei den Heiden an Figuren aus dem Umkreis der Karlsepik vornimmt: Religion und Geschichte sollen auf diese Weise die Verbindlichkeit des Erzählten garantieren.

Eine Ausnahme im Bereich der Chanson de geste-Tradition macht lediglich der rheinisch-niederdeutsche Raum, der sich ab der Mitte des 13. Jahrhunderts als eine eigene Literaturlandschaft zu Wort meldet: mit dem ‚Prosa-Lancelot‘ (vgl. Bd. II/2, S. 179–184), dem ‚Niederfränkischen Tristan‘ und dem mittelniederdeutschen Floris-Roman (vgl. S. 211), dem rheinfränkischen ‚Merlin', dessen Lebensweg verkirchlicht und mit der Legende Lüthilds, einer niederrheinischen Lokalheiligen, verknüpft wird, und mit dem ‚Johann aus dem Baumgarten' (vgl. S. 211). In dieser Literaturlandschaft ist die Chanson de geste-Tradition mit nicht weniger als drei Werken vertreten: mit einer ‚Alischanz'-Dichtung und dem ‚Gerart van Rossiliun' (vgl. Bd. II/2, S. 121) sowie mit dem ripuarischen ‚Karlmeinet'. Während dieser in Reimpaarversen abgefaßt ist, tritt mit dem ‚Prosa-Lancelot', mit ‚Alischanz' und dem ‚Gerart van Rossiliun' bereits ab der Mitte des 13. Jahrhunderts im Rheinland eine Tradition weltlicher Erzählprosa in den Blick, die erst wieder in den Prosaromanen des 15. und 16. Jahrhunderts aufgegriffen wird.

Eher ins 15. Jahrhundert weist die mittelniederdeutsche ‚V a l e n t i n u n d N a m e l o s'-Dichtung (etwa 2650 Verse), die eine flämische Vorlage aus dem 14. Jahrhundert radikal auf die Handlung reduziert. Sie berichtet im Stil einer Enfance, wie sich die Zwillingssöhne Philas, der Schwester König Pippins von Frankreich, wiederfinden, die aufgrund einer Intrige unmittelbar nach der Geburt von einander getrennt ausgesetzt wurden. Über ihre Mutter sind die beiden Brüder mit dem karolingischen Sagenkreis der Chanson de geste verbunden.

Mit dem ‚K a r l m e i n e t' zielt ein unbekannter Autor auf eine poetische Lebensgeschichte Karls des Großen, die wohl dem Karlskult in Aachen verpflichtet ist und damit eine eindeutige politische Festlegung der Karlsfigur vermeidet. In der facettenreichen poetischen Vita sollte die alle überragende Größe dieses Herrschers dokumentiert werden, die damit zum Maßstab für jeden Herrscher wurde, der sich in der Nachfolge Karls des Großen sah. Dieses ehrgeizige Ziel verfehlte jedoch seine Wirkung: Nur in einer einzigen Handschrift des 15. Jahrhunderts überliefert, finden sich keine sicheren Einflüsse auf andere Werke.

Der Verfasser, der seinen Namen in einem bislang unentschlüsselten Kryptogramm versteckt hat, dürfte ein Geistlicher gewesen sein; darauf deutet vor allem das Beiziehen lateinischer Geschichtsquellen in den von ihm selbst verfaßten Partien. Insgesamt handelt es sich nämlich bei dem Werk um eine rund 36 000 Verse umfassende Kompilation ehemals selbständiger Dichtungen, die der Verfasser zwischen etwa 1320 und 1350 in ripuarischer Sprache zusammengefügt und um einen Mittel- und Schlußteil ergänzt hat. Eröffnet wird das Werk durch eine Jugendgeschichte Karls – er trägt hier titelgebend den Namen Meinet –, der nach Pippins Tod fliehen muß, in Spanien die Liebe der Sarazenenprinzessin Galie gewinnt und nach siegreichen Kämpfen die Nachfolge Pippins mit der getauften Galie als seiner Ehefrau antreten kann (etwa 13 500 Verse). Quelle dieses Teils ist eine gleichfalls ripuarische ‚Karl und Galie'-Dichtung, von der Fragmente mehrerer Handschriften existieren, die eine gewisse Beliebtheit des Werks bezeugen (vgl. Bd. II/1, S. 372–374). Der zweite Teil, die Intrigengeschichte ‚Morant und Galie' (etwa 5600 Verse), ist auch außerhalb des ‚Karlmeinet' überliefert. Der vom Kompilator mit Rückgriff u.a. auf das ‚Speculum historiale' des Vinzenz von Beauvais gestaltete Mittelteil (etwa 5400 Verse) berichtet über Karls Eroberungszüge, Kaiserkrönung und Heidenkämpfe und sticht durch die mehrfachen Bezüge auf Aachen (etwa Verleihung der Stadtprivilegien) deutlich heraus. Erneut folgt eine kurze Intrigengeschichte: ‚Karl und Elegast' (etwa 1350 Verse), die im ‚Karlmeinet' auf eine mittelniederländische Quelle zurückgeht, aber im 14. Jahrhundert auch eine eigene Fassung im Westmitteldeutschen erhielt (1830 Verse). Schließlich liefert der Kompilator eine Bearbeitung des ‚Rolandslieds' (etwa 9200 Verse), die zum Teil auf die Dichtung des Pfaffen Konrad zurückgeht (vgl. Bd. I/2, S. 103–106, 168–170) und zusammen mit Strickers ‚Karl' (vgl. Bd. II/2, S. 121f.) ein wichtiges Rezeptionszeugnis für Konrads Werk darstellt. In 550 Versen berichtet der Kompilator von Karls Lebensende und fügt schließlich noch einen Ausblick auf das Weltenende an (etwa 330 Verse), der wegen seiner separaten Überlieferung auch unter dem Titel ‚Darmstädter Gedicht über das Weltenende' läuft.

Der Schlußteil erwähnt ein angebliches Testament Karls des Großen, in dem er den Kaiserthron allein für die Deutschen reserviert habe. Das klingt nach einer politischen Stellungnahme des Verfassers, die sich jedoch für die Entstehungszeit des Werks (zwischen 1320 und 1350) nicht recht konkretisieren läßt. Die Regierungszeit Karls IV. (1346–1378; ab 1355 Kaiser), der die Erneuerung des Aachener Karlskults nach dessen Darniederliegen seit dem Ende der staufischen Herrschaft maßgeblich betrieb, scheint dafür zu spät zu sein. Kaum glaublich erscheint, daß mit der ‚Karlmeinet'-Kompilation der englische König Eduard III. als zeitweiliger Gegenkandidat (1348) Karls IV. aus dem Feld geschlagen oder den Ambitionen des französischen Königshauses auf die Kaiserkrone in der Nachfolge Karls des Großen begegnet werden sollte, die seit Beginn des 14. Jahrhunderts neu erwacht waren (vgl. S. 3ff.). Dafür wäre das Genus der lateinischen Chronistik erheblich effizienter gewesen; auch spricht die ansonsten politisch neutrale Gesamtkonzeption des Werks gegen eine solche Deutung.

Der Kompilator hatte offenkundig eine allgemeinere Zielsetzung vor Augen und entwarf daher nicht eine historisch gegründete, etwa auf die verbreitete ‚Aachener Vita Karls des Großen' aufbauende, sondern eine poetisch ausgeformte Lebensgeschichte des Karolingerkaisers. Dafür erschien ihm die Epik der Chanson de geste-Tradition das geeignete Medium, für die es doch wohl eine weitere Verbreitung und ein größeres Interesse gab, als dies die ansonsten rudimentäre Überlieferung zu erkennen gibt. Immerhin arbeitet auch die etwa zeitgleiche bairische, wohl Regensburger Klostergründungsgeschichte ‚Karl der Große und die schottischen Heiligen' (vgl. S. 246) unübersehbar mit Chanson de geste-Elementen. Doch nicht nur für die spätmittelalterliche Chanson de geste-Tradition kommt dem ‚Karlmeinet' ein erheblicher literarhistorischer Zeugniswert zu, sondern ebenso mit dem Prinzip der literarischen Zyklenbildung und mit der Kompilationstechnik, die für die spätmittelalterliche Epik bis hin zu Ulrich Fuetrer (vgl. Bd. III/2) zu einem Charakteristikum wird: Sie zeigte sich bereits in der Ergänzung des ‚Willehalms' Wolframs von Eschenbach durch Fortsetzung und Vorgeschichte (vgl. Bd. II/2, S. 120f.), sie macht sich im 14. Jahrhundert auch auf dem Gebiet der Heldenepik bemerkbar.

Heldenepik

Die Zurückhaltung gegenüber einer neuen weltlichen Epik im 14. Jahrhundert zeigt sich nirgends so deutlich wie bei der Heldenepik, für die sich im vorliegenden Zeitraum kein einziger Titel benennen läßt. Zwar ist die Entstehung des ‚Wunderer' im 14. Jahrhundert nicht ganz auszuschließen (vgl. Bd. II/2, S. 123), aber seine literarische Wirkung entfaltet er erst im 15., die heldenepische Ballade von ‚Koninc Ermenrîkes Dôt' gar erst im 16. Jahrhundert; beide Werke sind daher innerhalb einer veränderten literarhistorischen Situation zu sehen (vgl. Bd. III/2). Natürlich lief die Rezeption der traditionellen Heldenepik auch im 14. Jahrhundert weiter, und am ‚Darmstädter Aventiurenverzeichnis' (Handschrift m innerhalb der ‚Nibelungenlied'-Überlieferung; Abb. 9) wohl aus der zweiten Jahrhunderthälfte wie an der Handschrift n (geschrieben 1449 oder um 1470/80) läßt sich sogar ablesen, daß es in dieser Zeit eine eigene Fassung des ‚Nibelungenliedes' mit den Jugendtaten Siegfrieds gab, aber all dies kann nicht über die fehlende heldenepische Produktion im 14. Jahrhundert hinwegtäuschen.

Allerdings entstand zu Beginn des Jahrhunderts mit der Vereinigung mehrerer Heldenepen zu einem ‚Heldenbuch' ein Buchtyp, der im letzten Drittel des 15. Jahrhunderts und in Drucken bis zum Ende des 16. Jahrhunderts auf ein offensichtliches Interesse stieß (vgl. Bd. III/2). Aus der ersten Hälfte des 14. Jahrhunderts sind Fragmente einer repräsentativen, großformatigen Pergamenthandschrift (ca. 43×31,5 cm) in rheinfränkischer Sprache erhalten, aus denen bereits ein Grundbestand der späteren Heldenbücher erkennbar wird: ‚Ortnit' und ‚Wolfdietrich' (C) einerseits (vgl. Bd. II/2, S. 125f.) und ‚Virginal' (B) sowie ‚Eckenlied' (A) aus der aventiurenhaften Dietrichepik andererseits (vgl. Bd. II/2, S. 122–124). Das spätmittelalterliche Prinzip der Kompilation verwandter Stoffe bzw. der Zyklenbildung läßt sich anhand der erhaltenen Überlieferungstrümmer nicht bezweifeln, ob aber der Typ des Heldenbuchs erst anderthalb Jahrhunderte später mit dem ‚Dresdner Heldenbuch' des Kaspar von der Rhön (vgl. Bd. III/2) wieder aufgegriffen wurde oder ob uns die Überlieferung über diesen langen Zeitraum hinweg im Stich läßt, muß offenbleiben. Jedenfalls warnt diese Unsicherheit, die rheinfränkischen Heldenbuch-Fragmente voreilig überzubewerten.

Geistliche Epik 221

Insgesamt stehen alle im Kapitel „Großepische Formen" genannten Werke quantitativ deutlich hinter der geistlichen Epik zurück. Dies scheint unbesehen aller Überlieferungsverluste kein Zufall zu sein: In der geistlichen Epik suchte das volkssprachige Literaturpublikum im 14. Jahrhundert verstärkt verbindliche Orientierung für das eigene Heil in Zeit und Ewigkeit.

Geistliche Epik

Der Strom geistlicher Epik, der zusammen mit den verschiedenen Formen der geistlichen Kleinepik (vgl. S. 247ff.), der geistlichen Rede (vgl. S. 269ff.), dem geistlichen Spiel (vgl. S. 356ff.) und der geistlichen (Übersetzungs-)Prosa (vgl. S. 417ff.), aber auch der geistlichen Lyrik (vgl. S. 168ff.) im 14. Jahrhundert zu einer kaum mehr überschaubaren Flut geistlicher Literatur anschwillt, läßt bereits durch die schiere Quantität erahnen, mit welchem Ernst man um eine Vergewisserung des ewigen Heils bemüht war. Dieser Wechsel von einer zuvor in der volkssprachigen Dichtung überwiegenden Heilsgewißheit zu einer geradezu rastlosen Heilsvergewisserung, die neben der Literatur in einer Vielzahl geistlicher Übungen und religiöser Kunstwerke beinahe körperlich präsent ist, deckt einen Mentalitätswandel auf, bei dem religiöse Unsicherheit bis zur Reformation stetig zunehmend um sich greift. Hierin und nicht in der zunehmenden Literarisierung der Laien insbesondere in der Stadt scheint der Grund für die unentwegt steigende Masse geistlicher Literatur zu liegen, die nunmehr das literarische Profil des 14. und 15. Jahrhunderts entscheidend prägt (vgl. Bd. III/2). Für die Darstellung bedeutet dies, daß gegenüber der Charakterisierung von Einzelwerken die Markierung jener Stoffbereiche geistlicher Großepik in den Vordergrund tritt, aus denen man religiöse Orientierung zu gewinnen hoffte.

Formal bewegte man sich weiterhin in den Bahnen des traditionellen Reimpaarverses, obwohl ja gerade aus dem Bereich des geistlichen Schrifttums entscheidende Vorstöße zur Prosa als adäquater literarischer Form erfolgten (vgl. S. 417ff.). Dieser Formtradtionalismus erstaunt, weil sich die Suche nach einer persönlich verbindlichen geistlichen Orientierung in einem Wechselspiel zwischen einer neuen, von den Bettelorden (Franziskaner, Dominikaner) gepflegten, auf unmittelbare Lebenspraxis zielenden Form der Predigt (*sermo*) und aus der Lebenspraxis sich unentwegt neu ergebenden Fragen vollzog (vgl. Bd. II/2, S. 69ff.). Hier hätte literarische Prosa als diskursives Medium nahegelegen, zu der man jedoch im großepischen Bereich nur schrittweise vorstieß, obwohl das höfische Formideal immer mehr verblaßte. Dessen Tradition war im 12. und 13. Jahrhundert mit den adligen und dann auch – wie sich etwa an Konrad von Würzburg deutlich zeigt – mit den stadtbürgerlichen Eliten verbunden, aber sie wirkte in der literarischen Formensprache – wie veräußerlicht sie auch sein mochte – vorerst weiter, obwohl im 14. Jahrhundert gerade über die geistliche Dichtung die städtische Mittelschicht ins Zentrum des literarischen Lebens trat. Sie lieh sich gleichsam von der Formtradition jene Autorität, die nötig war, um sich als neue literarische Kraft überhaupt erst etablieren zu können. Erst dann konnte man den Schritt zur literarischen Prosa wagen, an dem die höfische Bildungsschicht im 14. Jahrhundert charakteristischerweise nicht federführend beteiligt war.

Die Verunsicherung gegenüber der höfischen Formtradition wird auf dem Gebiet der Deutschordensdichtung explizit. Als Ritterorden trat er das Erbe des höfischen Formideals an, aber die Dichter aus seinem Umfeld mußten sich in Theorie und Praxis der Korrektheit des epischen Verses versichern. Dabei tritt an die Stelle der rhythmischen Versstruktur das Prinzip der Silbenzählung, das sich zudem im Verlauf der ersten Jahrhunderthälfte von einer freieren Lizenz zu einer starren Mechanik einengte: Ließen um 1300 Nikolaus von Jeroschin (vgl. S. 243f.) und Heinrich von Hesler (vgl. S. 225f.) noch eine Schwankungsbreite zwischen 6 und 9 bzw. 7 bis 10 Silben zu, die auch den Rahmen des klassischen Epenverses bildete, so legten sich jüngere Dichter wie etwa Tilo von Kulm (vgl. S. 225) oder der ‚Makkabäer'-Dichter (vgl. S. 223f.) auf 8, der Autor des ‚Daniel' (vgl. S. 224f.) auf 7 Silben fest. In einer solchen metrischen Gewalttat kündigt sich das Ende der epischen Reimpaardichtung ebenso an wie in einer metrischen Zügellosigkeit, bei der lediglich mehr der Reim die epische Verssprache andeutet. Vor diesem Hintergrund ist die Umorientierung zur Prosa in den Bibelübersetzungen aus dem Umkreis des Deutschen Ordens seit der Jahrhundertmitte zu sehen (vgl. S. 454ff.).

Die Deutschordensdichtung konzentriert sich neben der epischen Ordensgeschichte (vgl. S. 242ff.) ganz auf die geistliche Dichtung, die offenkundig weitgehend zur Tischlektüre bestimmt war. Entsprechend groß ist die Anzahl der geistlichen Dichtungen aus dem Umfeld des Deutschen Ordens, doch darf dabei nicht vergessen werden, daß bei nicht wenigen dieser Werke der Wirkungsbereich auf den Deutschen Orden beschränkt blieb. Vieles ist nur in einer Prachthandschrift enthalten, in der um 1400 die reiche Ernte der Deutschordensdichtung eingebracht und in der Ballei Bad Mergentheim als Denkmal der bereits verklungenen geistlichen Ordensdichtung deponiert wurde (heute in der Landesbibliothek Stuttgart, Cod. HB XIII poet.germ. 11).

Wenn sich bei der Bibeldichtung des Deutschen Ordens eine ungewöhnliche Konzentration auf ausgewählte Werke des Alten Testaments zeigt, dann hängt dies mit dem Heidenkampf als vornehmlichem Ziel des Ordens zusammen. Man sah in den heroischen Kämpfen der Israeliten um das verheißene Gelobte Land und gegen die bedrohlichen Feinde des Volkes

Israel vorbildgebende Identifikationsmuster bei der Eroberung und Sicherung des Ordenslandes. Von diesem spezifischen Interesse geleitet, ging es also keinesfalls um eine mehr oder minder vollständige Versifikation des Alten Testaments, das außerhalb der Deutschordensdichtung im 14. Jahrhundert seinen funktionalen Platz innerhalb der Weltchronik (vgl. S. 237ff.) hatte.

Zwei kürzere Werke, die ‚Judith' (etwa 2800 Verse) und die ‚Hester' (etwa 2000 Verse) führen nicht nur in die Anfänge der Deutschordensdichtung, sondern stellen auch zwei von Gott auserwählte Frauen beispielhaft in den Mittelpunkt. Ob damit Gegenstücke zum Bild der höfischen Minnedame für die Mitglieder eines geistlichen Ritterordens geschaffen werden sollten, muß offenbleiben. Judith, die wagemutig dem Holofernes den Kopf abschlägt, hatte bereits in der ersten Hälfte des 12. Jahrhunderts zweimal Eingang in die deutsche Literatur gefunden (vgl. Bd. I/2, S. 61–63; 69), und vielleicht ist die ostmitteldeutsche ‚Judith' auch außerhalb des Deutschen Ordens entstanden. Jedenfalls paßt die explizit im Werk genannte Datierung ins Jahr 1254 nicht zur Literaturgeschichte des Deutschen Ordens, die man um 1300 einsetzen läßt. Vielleicht fand die ‚Judith' aber auch erst nachträglich Aufnahme ins Korpus der Deutschordensdichtung, als deren Teil sie durch mehrere Bücherverzeichnisse des Ordens sicher bezeugt ist. Deutlicher erfolgt der Bezug des alttestamentlichen Texts zu den Aufgaben des Deutschen Ordens, wenn in der ‚Hester' dazu aufgefordert wird, Maria als *unse Hester* um Beistand im Kampf gegen die Ungläubigen anzurufen. Will man dies auf die großen Preußenaufstände (1260) beziehen, dann befreite dies die ‚Judith' aus ihrer bisherigen zeitlichen Isolierung; der Beginn der Deutschordensdichtung wäre allerdings an die 50 Jahre früher anzusetzen als bislang angenommen.

Die anderen alttestamentlichen Deutschordensdichtungen scheinen dagegen auf den Einfluß der beiden bedeutenden Hochmeister Luder von Braunschweig (1331–1335) und Dietrich von Altenburg (1335–1341) zurückzugehen. Das literarische Interesse Luders von Braunschweig ist mehrfach bezeugt: Der Ordenschronist Wigand von Marburg nennt ihn als Verfasser deutscher Dichtungen, Nikolaus von Jeroschin, den Luder zu einer Ordenschronik angeregt hat (vgl. S. 243f.), weiß von einer heute verlorenen Barbara-Legende Luders, von dem auch der Anstoß zur ‚Daniel'-Dichtung erfolgte; Tilo von Kulm widmete ihm sein Erlösungsgedicht (vgl. S. 226). Gerne sähe man in Luder auch den Verfasser der ‚Makkabäer', die mehr noch als ‚Esra und Nehemia' (etwa 3200 Verse) von kriegerischem Kampfgeist durchdrungen sind.

Der Deutsche Orden hatte eine besondere Affinität zu den Makkabäern des Alten Testaments, verstand er sich doch als eine Gemeinschaft der „neuen Makkabäer", die Papst Honorius III. in einer Bulle von 1221 als *novi sub tempore gratiae Machabei* titulierte. Im heroischen Kampf der Makkabäer sah der Deutsche Orden sein biblisches Vorbild im Kampf gegen die Heiden, der in den ‚Deutschordensregeln und -statuten' als besondere Aufgabe des Ordens festgelegt ist. Im mühsamen Sprachduktus der ‚Makkabäer' (etwa 14400 Verse) spürt man freilich wenig vom heroischen Geist der biblischen Vorlage, vielmehr überwiegt das historische Interesse, das den Verfasser u.a. auch auf die ‚Historia scholastica' des Petrus Comestor (vgl. S. 461) und auf die Walahfrid Strabo zugeschriebene ‚Glossa ordinaria' zurückgreifen und am Schluß einen knappen Überblick über die Weltreiche von Alexander dem Großen über Rom bis zum imperialen Anspruch der Deutschen anfügen ließ, der zur Zeit der Abfassung durch die Doppelwahl (1314) Ludwigs des Bayern und des österreichischen Herzogs Friedrich des Schönen gefährdet erschien (vgl. S. 5).

Der Wechsel der ‚Makkabäer' ins historiographische Genus ist literaturgeschichtlich deswegen so interessant, weil neben die traditionelle religiöse Deutung des biblischen Geschehens innerhalb der Bibeldichtung ein historischer Deutungsrahmen zur Vermittlung von Orientierungswissen tritt. Dahinter steht natürlich – wie der Rückgriff auf die ‚Historia scholastica' zeigt – gelehrte lateinische Tradition, und natürlich war diese Deutungsperspektive aus der Weltchronistik bestens bekannt, aber als verständnisleitender Horizont fehlte sie bislang in der deutschen Bibeldichtung. Bei der Suche nach verbindlicher Orientierung gewann die Geschichte im 14. Jahrhundert gegenüber den weiterhin vorherrschenden geistlichen Deutungsmustern zunehmend an Bedeutung. Dies läßt sich selbst an der Reduktion von Chronistik auf eine dürre Annalistik ablesen, wie sie die Deutschordensdichtung ‚Historien der alden E' vornimmt, die – wiederum gestützt auf die ‚Historia scholastica' des Petrus Comestor – in 6165 Versen einen Überblick über die biblische Geschichte von Adam bis zu den Makkabäern gibt und sogar noch eine Auflistung der 33 Wunder Christi sowie der Apostelgräber liefert. Welchen Nutzen man aus diesem – nebenbei auch noch vielfach fehlerhaften – ‚Schnelldurchlauf' ziehen sollte, bleibt schleierhaft.

Die geistliche Deutung ist auch der Deutschordensdichtung nicht fremd. Sie findet sich zumindest als Absichtserklärung in der ‚Judith'; im ‚Daniel' und im ‚Hiob' dagegen leitet sie, wenn auch ganz unterschiedlich ausgeprägt, die Darstellung. Der Dichter des ‚Daniel' (etwa 8300 Verse) liefert den Herren *von deme dutsche huse* für die 14 Kapitel des alttestamentlichen Buchs eine Übertragung, an die er kapitelweise einen Kommentar mit allgeorischen Deutungen anfügt, die den Ausgangstext vor allem in den ersten Kapiteln geradezu überwuchern. So wird die bloße Nennung des Feldes Duram (Dan. 3,1) anschaulich mit 15 Blumen, Kräutern und Bäumen ausgeschmückt, um sie dann ausführlich

Geistliche Epik

auf verschiedene Menschengruppen und dann nochmals *moraliter* auf ihre Sünden hin auszulegen. Aus den Kommentaren spricht ein seelsorgerliches Anliegen, das zu Reue, Beichte und Buße anleiten will. Anders geht dagegen der Dichter des ‚H i o b' (etwa 15 500 Verse) vor, der sein Werk 1338 mit einem Preis des Hochmeisters Dietrich von Altenburg abgeschlossen hat: Hier werden Übertragung und Auslegung so ineinander verschränkt, daß die Deutungen des Autors geradezu aus dem Munde des biblischen Dulders Hiob und seiner mit ihm disputierenden Freunde erklingen. Die Technik, wie der Text *lichtlich und sleht* durch Zerlegung in Verse und Halbverse paraphrasierend und erläuternd erschlossen wird, bezeugt eine beachtliche Vermittlungskompetenz, die über den biblischen Text eine begründete Einsicht in das gerechte Wirken Gottes verschaffen will.

Bei der neutestamentlichen Bibelepik, die keinesfalls auf den Deutschen Orden beschränkt bleibt, zeichnet sich ein vergleichbares Bild ab. Auch sie wählt aus dem Neuen Testament aus und stellt statt eines Lebens Jesu die wichtigsten Stationen der Heilsgeschichte dar: Erlösung ist programmatisch das Thema dieser Epik. Um dieses Ziel zu erreichen, tritt zur Auslegung, die sogar traktathafte Formen annehmen kann, nunmehr auch die affektive Darstellung, so daß sich teilweise Querbeziehungen zum geistlichen Spiel (vgl. S. 356ff.) ergeben. Für die bloße Vermittlung der neutestamentlichen Texte dienen dagegen ab dem 14. Jahrhundert zunehmend die Bibelübersetzungen (vgl. S. 449ff.).

Zur besseren Vergleichbarkeit mit den bisherigen Beobachtungen seien die beiden Autoren aus dem Umkreis des Deutschen Ordens vorangestellt: T i l o v o n K u l m und Heinrich von Hesler. Bei beiden ist freilich unklar, ob sie tatsächlich Angehörige des Deutschen Ordens waren.

Tilo von Kulm hat sein Werk ‚Von siben ingesigeln' am 8. Mai 1311 abgeschlossen und dem eben erst (17. Februar 1311) zum Hochmeister gewählten Luder von Braunschweig wie insgesamt dem Deutschen Orden gewidmet. Dies und der Gebrauch der strengen, bis zur Tonbeugung reichenden Silbenzählung stellen sein Werk in die Reihe der Deutschordensdichtung. Der Verfasser, der sich selbst *magister* nennt, könnte mit dem 1352/53 mehrfach bezeugten *Tylo de Culmine*, Kanoniker des Bistums Samland, identisch sein. Ob auch eine Identität mit dem 1324 und 1328 belegten Kanoniker *Tylo von Ermland* vorliegt, muß offenbleiben. – Noch unklarer sind die Verhältnisse bei Heinrich von Hesler, der sich als einen *nothaften ritter* bezeichnet und der gegen die *herren* und *edelen dutschen vorsten* polemisiert, die sich aus Geldgier die Juden als Kammerknechte hielten. Sein *hus* dürfte im thüringischen Burghesler (bei Naumburg a.d. Saale) gelegen haben. Gegen eine Gleichsetzung mit einem gleichnamigen Propst und später (1341/42) bezeugten Komtur der sächsischen Ordenskommende Zschillen spricht Heinrichs Eigennennung als Laie. Andererseits zeigen die Werküberlieferung und das Prinzip der Silbenzählung eine Nähe zur Deutschordensliteratur. Auszüge aus seinem ‚Evangelium Nicodemi' in der ‚Weltchronik' Heinrichs von München (vgl. S. 238) und im ‚Marienleben' Bruder Philipps (vgl. S. 233f.) weisen jedoch auf eine weiterreichende Wirkung hin. Vielleicht liegt sie auch in Heinrichs Nähe zur höfischen Form- und Stilkunst begründet, die neben anderen Kriterien an eine Schaffenszeit vor 1300 denken läßt.

Tilo von Kulm bezieht auf der Grundlage des lateinischen Traktats ‚Libellus septem sigillorum' die sieben Siegel der Johannes-Apokalypse (Kap. 5) auf die sieben göttlichen Heilswerke: Menschwerdung Jesu, seine Taufe, Passion, Auferstehung und Himmelfahrt, Ausgießung des Heiligen Geistes zu Pfingsten, Jüngstes Gericht. Diese sieben Heilstaten werden in der Dichtung ‚Von siben ingesigeln' (etwa 6300 Verse) ‚entsiegelt', also in ihrer erlösungsgeschichtlichen Bedeutung erschlossen; die Notwendigkeit der Erlösung verdeutlicht der *Prologus*, der den Bogen vom Sündenfall der Menschen und vom Streit der Töchter Gottes (Barmherzigkeit, Gerechtigkeit; vgl. S. 273) über das Schicksal des sündhaften Menschen bis zum Erlösungsentschluß des Gottessohnes zieht. Dieses auf Evidenz angelegte Konzept und die allegorische Auslegungspraxis des Autors treten mit intellektuellem Anspruch auf, welcher sich der Erlösungsgewißheit mitdenkend, nicht nacherlebend versichert.

Tilos Erschließung des *sensus spiritualis* hebt sich vorteilhaft von der Kommentierung des Johanniters Johannes von Frankenstein (Schlesien) ab, der etwa zur gleichen Zeit dem *schaffer* des Wiener Ordenshauses namens Seidel ebenfalls auf lateinischer Grundlage in fast 11 500 Versen die Passionsgeschichte unter dem Titel ‚Der Kreuziger' (‚Kreuzträger') erläutert. Dabei geht es in scholastischer Weise um einen Sachkommentar zur Klärung widersprüchlicher Textstellen, fremder Wörter (etwa *pascha*, das eine siebenfache Erklärung erhält) bis hin zur Diskussion der Frage, ob Jesus in seiner Reinheit wirklich auf dem Ölberg Blut schwitzen konnte und ob er auch andere Körperausscheidungen hatte. Das ist eine punktuelle Kommentierungspraxis, die an kaum mehr als dem *sensus litteralis* interessiert ist. Uns mag dies äußerst kurios vorkommen, aber auch darin bekundet sich ein unablässiges Bemühen um gesichertes Wissen, dem man auf dem eigenen Heilsweg sicher vertrauen konnte.

Bei Heinrich von Hesler, der den Gang der Erlösungsgeschichte auf drei verschiedene Werke verteilt, zeigt sich mit dem möglichst umfassenden Erfassen eines Themas ein anderes Prinzip der spätmittelalterlichen Literatur, das auch der Summenbildung, der Stoffkompilation und -akkumulation zugrundeliegt. Mit einer nur sehr fragmentarisch erhaltenen Dichtung, der man den irreführenden Titel ‚Erlösung', gab, lenkt Heinrich den Blick auf die Vorgeschichte des göttlichen Erlösungswerks, das dann in einer breiter rezipierten poetischen Übertragung (etwa 5400 Verse) des apokryphen, im Mittelalter hochgeschätzten ‚Evangelium Nicodemi' (4./5. Jahrhundert) als Ergänzung zur biblischen Passionsgeschichte Jesu zur Darstellung kommt. Dem Abschluß der Heilsgeschichte

Geistliche Epik

ist schließlich die umfängliche ‚Apokalypse' (etwa 23 200 Verse) gewidmet, die im Bearbeitungsprinzip an den ‚Hiob' (vgl. S. 225) denken läßt: Die versweise Übertragung begleitet eine stellenorientierte Exegese, aus der Heinrichs Belesenheit in der theologischen Handbuchliteratur spricht. Wenn bei der wissenschaftlich fundierten Erschließung des schwierigsten neutestamentlichen Buchs für Laien wie auch in den beiden anderen Werken Heinrichs immer wieder der unlösbare Widerspruch zwischen Gottes Vorhersehung und dem freien Willen des Menschen zur Sprache kommt, dann wird in diesem Nachsinnen erkennbar, wie weit die Verunsicherung der Menschen in dieser Zeit ging, zumal Heinrich von Hesler auf dieses fundamentale Glaubensproblem keine befriedigende Antwort zu geben vermag.

Heilsgewißheit ist auch das Ziel eines nicht näher identifizierbaren steirischen Autors Gundacker von Judenburg in seinem gegen Ende des 13. Jahrhunderts entstandenen ‚Christi Hort' (etwa 5300 Verse). Um das Erlösungswerk möglichst einsichtig zu machen, wählt der geistlich gebildete Verfasser aber mit der Kompilation der einschlägigen Stoffe, mit dem Rückgriff auf affektive Darstellungsmittel und mit dem Insistieren auf ‚historisch' verbürgte Wahrheit ganz unterschiedliche Ansätze, die sein Werk rein äußerlich als ein – vielleicht zu verschiedenen Zeiten entstandenes – Konglomorat erscheinen lassen, die aber alle dem Ziel einer evidenten Heilsvermittlung verpflichtet sind. Auch Gundacker beginnt mit der Vorgeschichte des Erlösungsplans, aber er weiß, daß die Kenntnis der göttlichen Heilstaten allein nicht reicht. Daher werden im zweiten Teil wichtige Stationen im Leben Jesu bis zu seiner Gefangennahme geradezu auf seelsorgerliche Weise in 25 Bittgebete gefaßt, die sich mit der aus der Gebetbuchliteratur bekannten Formel *Ich man dich* an den Erlöser wenden, er möge sich der Sünder erbarmen. Dies ist der Stil der Gebetsmeditation, wie sie spätestens seit Mitte des 14. Jahrhunderts etwa in dem Reimgebet ‚Ich man dich vater Jhesum Christ' auch in deutscher Sprache vorliegt: Im nachsinnenden Gebet werden dem Beter die Erlösungstaten zur Gewißheit. Voraussetzung dafür ist jedoch, daß sie historisch verbürgt sind; daher hält sich Gundacker im folgenden, rein berichtenden Teil vom Prozeß Jesu bis zum Pfingstwunder an das apokryphe Evangelium des Nikodemus, der als wahrheitsgemäß berichtender Augenzeuge eingeführt wird. Für die Höllenfahrt Christi freilich fiel Nikodemus als Augenzeuge aus, für ihn treten die beiden vom Tode erweckten Brüder Karicius (Karinus) und Leucius ein, welche die Befreiung der Erlösten aus der Hölle selbst erlebt und dieses Ereignis in *brieven* (‚Urkunden') festgehalten hatten. Für die Auferstehung griff Gundacker andererseits auf eine lateinische Osterfeier (vgl. Bd. II/2, S. 156–158) zurück, in der das Ostergeschehen Jahr für Jahr den Gläubigen als Heilstatsache vor Augen stand. Die Übergabe der *brieve* an Pilatus leitet den

Schlußteil des Werks ein, der mit dem Selbstbildnis von Jesu Antlitz, das dieser in das Schweißtuch der Veronika gedrückt hatte (vgl. Bd. I/2, S. 157), eine ‚Realie' für die Wahrheit der Heilsgeschichte benennt und der diese mit dem Bericht vom Schicksal des Pilutas bis zu seiner Eigentötung (vgl. Bd. I/2, S. 160f.) historisch innerhalb der römischen Kaisergeschichte verankert (so wirr diese auch dargestellt ist). Die Rezeption dieser Schlußpartie u.a. in der ‚Weltchronik' des Heinrich von München (vgl. S. 238) und in der ‚Klosterneuburger Evangelienwerk'-Prosa (vgl. S. 458) belegt, daß die Kenntnis von ‚Christi Hort' weiter verbreitet war als dessen Überlieferung in nur einer Handschrift zunächst vermuten läßt. Gundacker von Judenburg andererseits zeigt mit seinem Schlußgebet aus der Freidank-Sammlung (vgl. Bd. II/2, S. 146f.) und mit seinen gelegentlichen stilistischen Anleihen an den ‚Mai und Beaflor'-Roman (vgl. Bd. II/2, S. 116) gewisse Kenntnisse der volkssprachigen Literatur außerhalb der geistlichen Dichtung.

Den doppelten Zugang zur Heilsgeschichte über das intellektuelle Durchdringen und über das affektive Erfassen verfolgt auch H e i n r i c h v o n N e u s t a d t (vgl. S. 211ff.), freilich mit ambitionierterem Anspruch. In seiner Dichtung ‚V o n G o t t e s Z u k u n f t' (etwa 8100 Verse), die von der Ankunft Gottes in der Menschwerdung, im Herzen der Menschen und zum Jüngsten Gericht handelt, wird im ersten Teil der göttliche Heilsplan mit dem ‚Anticlaudianus' des Alanus ab Insulis in der Prosazusammenfassung des ‚Compendium Anticlaudiani' kosmologisch unterfüttert und allegorisch ausgefaltet. *Natura* als Helferin des Schöpfergottes kann nur im physischen Sinn einen *homo perfectus* schaffen, zu beseelen vermag ihn Gott allein. Erst in der Menschwerdung des Gottessohnes existiert der wahre *homo perfectus*, der bei Heinrich auch Maria einschließt. Die Jungfrauengeburt und 19 damit verbundene Wunderzeichen, die aus der ‚Vita beatae Mariae et salvatoris rhythmica' (vgl. S. 233) geschöpft sind, bestätigen den *status perfectionis*. Die Menschheit hingegen ist durch Adams Sündenfall erlösungsbedürftig, wofür jedoch Gott die Schuld trage, weil er Adams Tat doch vorhergesehen und doch nicht verhindert habe – eine gewagte Lösung eines Problems, für das Heinrich von Hesler keine überzeugende Antwort fand (vgl. S. 227). Diesem heilsgeschichtlichen Kalkül stellt Heinrich im zweiten Werkteil ein Leben Jesu von der Geburt bis zur pfingstlichen Ausgießung des Heiligen Geistes gegenüber, das im Gefolge des fälschlich Bernhard von Clairvaux zugeschriebenen ‚Sermo de vita et passione Domini' ganz im Sinne Bernhards zur *compassio* aufruft, damit die Ankunft des Erlösers im Menschen Wirklichkeit werde. Um zum Mitleiden zu bewegen, greift Heinrich auf die gefühlsstarke Gattung der Marienklage (vgl. S. 287f.) unterm Kreuz und bei der Kreuzabnahme (Pietà) aus. Aus gleichem Grund breit ausgebaut ist – wiederum auf lateinischer Grundlage (‚Homilia de Maria

Magdalena') – die tiefe Trauer Maria Magdalenas vor dem leeren Grab und ihr Gespräch mit dem Auferstandenen. Der dritte Teil mit dem Treiben des Antichrist (nach dem ‚Compendium theologicae veritatis' des Dominikaners Hugo Ripelin von Straßburg; vgl. S. 442f.) und den ‚Fünfzehn Vorzeichen des Jüngsten Gerichts' nach der ‚Legenda aurea' (vgl. Bd. II/2, S. 174; vgl. S. 272) gilt der Wiederkunft Christi zum Jüngsten Gericht, das davor warnt, die Erlösung während der Lebenszeit zu verscherzen: Erstmals in der deutschen Literatur wird vor Augen geführt, daß Christus selbst die Fürbitte seiner Mutter Maria für die Verdammten nicht erhört – Barmherzigkeit am Anfang, Gerechtigkeit am Ende. Die Warnung vor der ewigen Verdammung unterstreicht schließlich noch eine Visionserzählung, die vielleicht ursprünglich als ein eigenes Werk gedacht war und die unter dem Titel ‚Visio Philiberti' (etwa 600 Verse) läuft. Als Bearbeitung eines gleichnamigen lateinischen Gedichts aus dem 13. Jahrhundert bringt es ein Streitgespräch der verdammten Seele mit dem toten Körper, die sich gegenseitig die Schuld an der Verdammung zuweisen. Mit diesem *Memento mori* verdichtet sich das anstehende Gericht zur Konkretheit des eigenen unausweichlichen Todes.

‚Visio Philiberti'-Gedichte in deutscher Sprache setzen anonym zu Beginn des 14. Jahrhunderts ein. In diesen Umkreis gehören auch die ‚Seele und Leib'-Dialoge. Unter ihnen ist das ‚Gespräch zwischen Seele und Leib' (120 Verse) hervorzuheben, das nach 1300 offenkundig in Basler Dominikanerkreisen für die *cura monialium* entstanden ist. Abweichend von der Tradition freut sich hier die Seele auf den Tod, der als Brautfahrt aufgefaßt wird.

Die Momente der Individualisierung und des individuell-affektiven Bezugs zur Heilsgeschichte stehen hinter der Konzeption eines wohl in Basel nach 1298 entstandenen Werks mit dem Titel ‚Der Saelden Hort' (‚Schatz des Heils'), das trotz seiner etwa 11 300 Versen vermutlich unvollendet geblieben ist. Hier dient das Leben Jesu dazu, um im breitesten Umfang die Lebensgeschichten Johannes des Täufers und insbesondere Maria Magdalenas als Vorbilder für ein bußfertiges und tugendhaftes Leben darzustellen. Statt *Wigoleis, Tristanden in megten, witwen handen* sollen die Damen anhand der beiden großen neutestamentlichen Büßerfiguren zu einem religiösen Leben angehalten werden, das der Erlösung würdig ist. Neben erzählerischen, exegetischen und predigthaften Textpassagen fallen die stark emotionalen Szenen auf, in denen nach Art der Andachts- und Meditationsliteratur (vgl. S. 284ff.) mit *du*-Anreden zur Betrachtung der Heilsgeheimnisse aufgefordert wird. Zu dieser meditativen Versenkung lädt zudem eine wohl ursprüngliche Illustration mit weitgehend engem Text-Bild-Bezug ein. (In der Wiener Handschrift sind auf 111 Blättern 103 Bilder ausgeführt, für 13 weitere ist ein Platz vorgesehen;

Abb. 10.) Leider läßt sich nicht klären, für wen der wohl geistlich gebildete Autor seine Dichtung geschaffen hat. Man hat an das seit 1291 von den Dominikanern betreute Maria Magdalena-Kloster an den Steinen in Basel, aber auch an einen Basler Beginen-Zirkel gedacht. Jedenfalls beherrscht die vollzogene *conversio* das Werk, die mit Blick auf das in höfischer Manier gestaltete frühere Weltleben der Geschwister Maria Magdalena und Lazarus – er als Turnier- und Aventiurenritter dargestellt – wirkungsvoll in Szene gesetzt ist. Diesem üppigen Treiben stehen die Aufforderung, sich der sexuellen Begierde zu enthalten, und der Preis der Jungfräulichkeit gegenüber. All dies dominiert den ersten Teil, während der zweite in die einfache Wiedergabe des Evangelienberichts als angemessener Lektüre für Bekehrte einmündet.

Von allen diesen heilsgeschichtlichen Epen hebt sich eine Dichtung vom Anfang des 14. Jahrhunderts ab, die zurecht das bedeutendste mittelhochdeutsche Bibelepos genannt wird. Die optimistische Darstellung der Erlösungsgeschichte als einer Befreiung vom Joch der Sünde und als einen Sieg über die Hölle führt mit vollem Recht den Titel ‚Erlösung'. Wohlproportioniert spannt der theologisch wie literarisch profund gebildete geistliche Verfasser aus dem Rheinfränkischen den Bogen von der Schöpfung bis zum Jüngsten Gericht. Der kunstvolle strophische Prolog, der sich in die Nachfolge des ‚Tristan'-Prologs Gottfrieds von Straßburg stellt (vgl. Bd. II/1, S. 315), feiert die Erlösungsgeschichte mit dem Leitwort *wunder*, das es *ernestlîch* zu beschreiben gilt, *âne allez flôrieren*; denn die *geblumet rede* wäre der Wahrheit des großen Themas nicht angemessen. Dennoch beherrscht dieser Dichter die Komposition, die Diktion, die Verstechnik mit reinem Reim und belebendem Enjambement wie ein höfischer Epiker. Er setzt nicht auf *compassio*, nicht auf eine ‚historische' Verifizierung, nicht auf die Überzeugungskraft gelehrter Kommentierung (auf die er nur maßvoll zurückgreift), sondern auf die Evidenz der Kunst. Der Freude über das *wunder* der vollendeten Schöpfung Gottes vom Lauf der Sterne bis hin zur Rose, die sich zur Sonne öffnet, am Beginn der Dichtung steht die Freude über die vollendete Erlösung am Schluß gegenüber. Der Antichrist, die Vorzeichen vor dem Jüngsten Gericht und die Gerichtsszene werden nicht unterschlagen, aber sie verblassen vor der Erlösungsfreude bei der Höllenfahrt Christi, bei seiner Auferstehung, beim himmlischen Freudenfest der Erlösten, dem keine Verdammungsrede des göttlichen Richters vorausgeht, keine erfolglose Bitte Marias an ihren göttlichen Sohn, kein Höllensturz der Verdammten. Die Erlösung wurde durch die bittere Passion erkauft, aber sie wäre keine wirkliche Erlösung, wenn sie nicht in eine alles überwältigende Freude einmündete. Wer wollte sich – so das Programm dieser beeindruckenden Dichtung – dieser Erlösungsfreude entziehen?

Geistliche Epik

Der Dichter folgt in seiner Darstellung der Bibel und dem ‚Evangelium Nicodemi'. Unübersehbar sind aber auch Zusammenhänge mit dem geistlichen Spiel, wobei die gebende und nehmende Seite nicht immer klar getrennt werden können. Vor allem die textlichen Parallelen in der gleichfalls rheinfränkischen ‚Frankfurter Dirigierrolle' (vgl. S. 364ff.) als Grundlage der Hessischen Passionsspielgruppe (vgl. Bd. III/2) sind beachtlich; sie weisen auf ein Überschneiden der Gattungsgrenze hin, das sich aus der identischen Stoffgrundlage ergibt. Schwieriger einzugrenzen sind dagegen die Einflüsse lateinischer Feiern und Dramen auf die geistliche Epik, etwa der *ordines prophetarum* auf den Prophetenteil in der ‚Erlösung'.

Die Erlösungsgeschichte der Menschheit beschäftigte die Gläubigen des 14. Jahrhunderts so sehr, daß auch einzelne Stationen des Heilswegs zum Thema eigener Dichtungen wurden. Vor allem den Stammeltern Adam und Eva, durch die Sünde und Tod in die Welt gekommen waren, und dem Kreuz als ‚Baum' der Erlösung galt das Interesse der Menschen. Begierig griffen sie jüdische und apokryphe Traditionen zu diesen Themen auf, für welche die Bibel die erwünschten Informationen vorenthielt. Dabei schöpfte die volkssprachige Dichtung natürlich aus lateinischen Quellen, auf die auch die Weltchroniken zur Gestaltung der entsprechenden Passagen zurückgriffen. Für das Leben der Stammeltern war dies die ‚Vita Adae et Evae' aus dem 4. Jahrhundert, auf die sich zwei kleinere Reimpaardichtungen – die oberdeutsche ‚Adam und Eva'-Erzählung und die mitteldeutsche ‚Adams Klage' – vom Ende des 13. und Beginn des 14. Jahrhunderts, aber ebenso die fast 4000 Verse umfassende ‚Adam und Eva'-Dichtung eines wohl alemannischen Verfassers **Lutwin** (Liutwin) stützten. Er will zeigen, daß Gottes Fürsorge für die Menschen auch nach dem Sündenfall nicht erloschen ist; damit trifft sich Lutwin mit den Anliegen der ‚Erlösung'. Daneben machen sich aber auch – bezeichnend für einen Autor des 14. Jahrhunderts – ironische Momente bemerkbar: So wenn Eva nicht wie in der ‚Vita' Adam aus Scham verläßt, sondern weil er das Paradies ihrer Liebe vorziehe; denn sie ermüde nur und stille weder Hunger noch Durst.

Nur zum Teil hat Lutwin die ‚**Kreuzesholzlegende**' erzählt, die in mannigfachen Ausformungen Teil eines größeren Stoffkomplexes ist, die aber auch – wie bei Heinrich von Freiberg (vgl. Bd. II/2, S. 137) – als selbständige Dichtung auftritt. In dieser Legende wird die Erlösungsgeschichte an der Geschichte des Kreuzesholzes verdeutlicht: Es stammt von dem Baum auf Adams Grab, der aus Samenkörnchen (oder einem Zweiglein) vom Baum der Erkenntnis im Paradies entsprossen ist; am Kreuz hat Christus als der neue Adam den vom alten Adam verschuldeten Tod überwunden und den Weg zum himmlischen Paradies gebahnt. Ein thüringischer Dichter **Helwig**, der vielleicht den Beinamen „von Waldirstet" trug, führte die Geschichte weiter bis zur Wiederauffindung des Kreuzes durch Helena und bis zur Wiedergewinnung des geraubten Kreuzes durch den Kaiser Eraclius. Diese Fortführung auf der Grundlage der ‚Legenda aurea' (vgl. S. 236) bindet die heilsgeschichtliche Erzählung an die kirchlichen Feste zur Kreuzfindung und Kreuzerhöhung an. Die Nennung Friedrichs von Baden als Auftraggeber Helwigs läßt sich auf die badischen Markgrafen Friedrich II. (gest. 1333) und Friedrich III. (gest. 1353) beziehen.

Der Erhabenheit der Erlösung als Werk der göttlichen Barmherzigkeit steht die Verzagtheit des sündigen Menschen gegenüber, der mit seinen alltäglichen Verfehlungen befürchten muß, beim Jüngsten Gericht vor der Gerechtigkeit des Weltenrichters nicht bestehen zu können. Auch stellte sich unweigerlich die Frage nach der Wirkung der Erlösung in einer nach wie vor der Sünde verhafteten Welt, in der unübersehbar das Böse über das Gute siegte. Behielt der Satan angesichts des eigenen Versagens und des irdischen Jammertals nicht doch die Oberhand über die Welt und die Menschen? Auf diese drängenden Fragen antwortete die Unzahl von L e g e n d e n in Vers- und zunehmend in Prosaform, von denen ab dem 14. Jahrhundert die geistliche Literatur geradezu überschwemmt wird. Ihr massenhaftes Auftreten macht sie zu Zeugnissen eines ungebrochenen Glaubenswillens wie einer großen religiösen Verunsicherung, der sich auch in vielfältigen Formen die geistliche Rede (vgl. S. 269ff.), das geistliche Spiel (vgl. S. 356ff.), die Predigt (vgl. S. 418ff.), die Erbauungs-, Betrachtungs- und Gebetsliteratur (vgl. S. 283ff.; 444ff.) entgegenstemmt.

In den Legenden demonstriert insbesondere der Typ des Sünderheiligen, daß auch die größten Sünder durch Gottes unermeßliches Erbarmen zu Heiligen werden können. Dem Trost, der von ihnen ausgeht, kann man sich deswegen so gut anvertrauen, weil sie wie die heilsuchenden Gläubigen Kinder dieser Welt waren. Als Namenspatrone ließ sich ihre Heilsgeschichte – auch dies ein Moment der Individualität – als Exempel für den eigenen Lebensweg lesen. In ihrem wechselvollen Leben zeigte sich, daß schließlich doch das Gute über das Böse siegte, in den von ihnen bewirkten Wundern wurde das göttliche Heilswirken in der sündigen Welt präsent, so daß man sie als Helfer in den täglichen Notlagen vertrauensvoll anrufen konnte. Um sich ihres Wirkens in der Welt, aber auch ihres früheren Erdendaseins möglichst nachhaltig zu versichern, erfuhren kurze Legendenerzählungen immer wieder epische, mit Erläuterungen und Belehrungen versehene Ausformungen.

In besonderer Weise galt dies alles für Maria, an der sich das Erlösungswunder von Geburt an vollzogen hatte und die doch unterm Kreuz als Schmerzensmutter die Angst und Not der Welt in einer Weise ertragen mußte, daß darüber fast ihr Herz brach. Als Gottesmutter traute man ihr zu, daß ihre Fürbitte beim Gottessohn auch in aussichtslosen

Geistliche Epik

Lagen Erhörung fand. Sie war die Mutter der Barmherzigkeit, die Mittlerin (*mediatrix*) der göttlichen Gnade, die selbst einen Teufelsbündler wie Theophilus aus den Fängen des Teufels zu erretten vermochte. In zahlreichen Marienmirakeln, unter denen der ‚Theophilus' das verbreitetste ist, das im 15. Jahrhundert auch dramatisiert wurde (vgl. Bd. III/2), beweist Maria ihre Hilfe auch in hoffnungslosen Situationen allen, die sich wenigstens von ihr nicht losgesagt hatten.

Natürlich wollte man von dieser Hoffnung schenkenden *mater misericordia* mehr wissen als man den sparsamen Informationen des Neuen Testaments entnehmen konnte. Diesem Wunsch kamen mit Rückgriff auf das apokryphe Matthäus-Evangelium (5./6. Jahrhundert), auf den ‚Transitus Mariae' (5. Jahrhundert) des Pseudo-Melito von Sardes und vor allem auf die ungemein erfolgreiche, vor 1250 entstandene ‚Vita beatae virginis Mariae et salvatoris rhythmica' (etwa 8000 Verse) die sogenannten M a r i e n l e b e n nach, die in der Regel von den Eltern Marias bis zu ihrer Himmelfahrt reichen. Ausschnitte aus dem Leben Marias brachten bereits Konrad von Fußesbrunnen mit seiner ‚Kindheit Jesu' (vgl. Bd. II/1, S. 424–428) und Konrad von Heimesfurt mit der ‚Himmelfahrt Mariae' (Bd. II/1, S. 425); die bis ins 15. Jahrhundert (vgl. Bd. III/2) reichende Reihe der vollständigen Marienleben eröffnen Priester Wernhers ‚Driu liet von der maget' (vgl. Bd. II/1, S. 421 bis 425), dem im 13. Jahrhundert das ‚Grazer Marienleben' (nach 1280) und das ‚Marienleben' des wohl 1278 in Schaffhausen bezeugten Walther von Rheinau (vgl. Bd. II/2, S. 132) folgt. Das Werk dieses gebürtigen Aargauers kannte sein Landsmann W e r n h e r d e r S c h w e i z e r, der sein ‚Marienleben' (etwa 15 000 Verse) in der ersten Hälfte des 14. Jahrhunderts schrieb. Beide Verfasser mußten jedoch hinter dem ‚Marienleben' (etwa 10 000 Verse) des B r u d e r s P h i l i p p zurückstehen, das zu einem der erfolgreichsten geistlichen Werke des Spätmittelalters wurde und das weder in der Überlieferung noch in seiner Wirkung eine andere deutsche Reimpaardichtung des Mittelalters übertrifft.

Von dem Werk sind bislang über 100 Textzeugen und über 20 Handschriften einer Prosaauflösung bekannt; ab 1476 kam die Prosafassung zum Druck und wirkte als populäres Buch bis ins 19. Jahrhundert. In der Überlieferung finden sich Auszüge, in Weltchroniken – so in der des Heinrich von München (vgl. S. 238) –, aber auch in geistliche Werke wurde die Dichtung interpoliert. Das Fragment einer niederdeutschen Handschrift von 1324 zeugt von einer frühen Verbreitung der Dichtung im Norden. Ihr Verfasser war Kartäuser in der südsteirischen Kartause Seitz (heute Slowenien) und wahrscheinlich Gründungsmitglied des 1316 von Seitz aus besiedelten Klosters Mauerbach bei Wien, wo Bruder Philipp wohl 1345/46 starb. Vielleicht aus dem mittel-/niederdeutschen Grenzgebiet stammend, widmete der Autor seine vor 1316 in Seitz entstandene

Dichtung dem Deutschen Orden, der wie die Kartäuser eine tiefe Marienverehrung pflegte; und insbesondere der Deutsche Orden dürfte zur beispiellosen Verbreitung der Dichtung beigetragen haben.

Bei den großepischen Ausformungen der Heiligenlegende lassen sich in der Regel spezifische Interessen erkennen, die über die konventionellen Formen der Verehrung hinausgehen (vgl. Bd. II/2, S. 130f.). So diente das verbreitete ‚Leben der heiligen Elisabeth' (etwa 10 500 Verse) offenkundig dazu, den Kult der bereits 1235 kanonisierten Heiligen zu fördern. Dazu hatte der Dominikaner Dietrich von Apolda auf der Grundlage schriftlicher und mündlicher Quellen seine lateinische ‚Vita S. Elisabeth' zusammengetragen, die unmittelbar nach ihrem Abschluß (1297) von einem mitteldeutschen Geistlichen zu einer Reimlegende für ein klösterliches und adliges Publikum umgearbeitet wurde. Indizien der Überlieferung lassen vermuten, daß dies dem Interesse der hessischen Landgrafen entgegenkam. Eine vergleichbare Absicht dürfte Hawich den Kellner, Dienstmann des Domstiftes zu Passau geleitet haben, als er gegen Mitte des 14. Jahrhunderts sein ‚Leben des heiligen Stephan' (etwa 5200 Verse) zu Ehren des Stiftspatrons gedichtet hat. Ein ganz anderes Ziel verfolgte dagegen der Deutschordenspriester Hugo von Langenstein, der mit seiner umfänglichen ‚Martina' (etwa 32 600 Verse) eine vorbildgebende Ordensheilige etablieren wollte. Wegen der elf furchtbaren Martern und des grausamen Todes, die diese weniger bekannte Heilige aus römischem Adel standhaft ertragen hatte, sollte sie eine Identifikationsfigur für die Ordensangehörigen in ihrem Kampf gegen die Heiden sein. Doch erhielten die Ordensbrüder neben der erbaulichen Vita der Heiligen anhand weitläufiger gelehrter Exkurse auch theologisches Grundwissen vermittelt. In 292 Abschnitte gegliedert und jeweils in den vier Schlußversen mit gleichem Reim auch akustisch markiert, diente dieses sehr frühe Zeugnis der Deutschordensliteratur nämlich zur Tischlesung.

Hugo von Langenstein trat mit seinen drei Brüdern und seinem Vater Arnold, dem Stifter der Kommende Mainau und früheren Ministerialen des Klosters Reichenau 1271 in den Deutschen Orden ein. 1291 wird Hugo in der Kommende Beuggen, 1298 in der Kommende Freiburg (Breisgau) als Geistlicher bezeugt. Die Anregung zu seiner Dichtung erhielt Hugo von einer Dominikanerin des Klosters Löwental bei Buchheim, mit der seine Schwester Adelheid gemeint sein könnte. Vielleicht kannte der Dichter Konrad von Würzburg, dessen ‚Goldene Schmiede' (vgl. Bd. II/2, S. 37f.) ihm ein stilistisches Vorbild war. 1284 könnte Hugo auch mit Rüdiger Manesse (vgl. S. 155) bei einer Hochzeitsfeier in der Kommende Mainau bekannt geworden sein. Die beigezogenen lateinischen Quellen – neben der Vita selbst das ‚Compendium theologice veritatis' des Hugo Ripelin von Straßburg (vgl. S. 442ff.), der ‚Physiologus' (vgl. Bd.I/2, S. 56f.) und der verbreitete Traktat ‚De miseria conditionis humanae' von Papst Innozenz III. – bezeugen Hugos theologische Bildung, die er in angemessener Form an seine Ordensbrüder weiterzugeben versuchte.

Für die vielen kleineren Reimlegenden muß auf die Handbuchliteratur verwiesen werden, doch sind zwei Aspekte von grundsätzlichem literarhistorischen Interesse: Auch für die Legende zeichnet sich die Mitte des 14. Jahrhunderts als eine Zäsur ab, denn ab diesem Zeitpunkt wird die Reim- durch die zukunftsweisende Prosaform abgelöst, die im 15. Jahrhundert zum unbestrittenen Standard für die Legende wird. Zum anderen setzt eine Akkumulation von Legenden ein, die dann nach dem Vorbild der lateinischen Sammlungen in den großen Legendaren gipfelt. Eine Kleinsammlung mit Reimlegenden liegt im ‚Passienbüchlein von den vier Hauptjungfrauen' – gemeint sind die Heiligen Barbara, Dorothea, Katharina von Alexandrien und Margareta von Antiochien – vor, dessen Überlieferung zwar erst um 1400 einsetzt, für dessen Entstehung man aber an die erste Hälfte des 14. Jahrhunderts denkt. Indizien der Überlieferung bis hin zum Erstdruck (Marienburg ca. 1492) deuten erneut auf den Deutschen Orden, in dem man auch eine Messe ‚De sanctis quattuor virginibus capitalibus' feierte, als Anreger und Verbreiter der Sammlung.

Der Deutsche Orden stand offensichtlich auch hinter dem ‚Väterbuch' (etwa 41 500 Verse) und dem ‚Passional' (etwa 110 000 Verse), die einen Geistlichen zum Autor haben; ob er selbst dem Orden angehörte, läßt sich allerdings nicht sagen. Seine Adressaten waren die Laienbrüder des Deutschen Ordens, dem die beiden voluminösen Werke zur Tischlektüre dienten; entsprechend konzentriert sich die reiche Überlieferung auf die ehemaligen Deutschordensbibliotheken. Anders als das ältere ‚Väterbuch' (letztes Drittel des 13. Jahrhunderts) übte das literarisch anspruchsvollere ‚Passional' (Ende 13. Jahrhundert) eine vielfältige Wirkung bis hin zur Übernahme vieler Textpassagen in die ‚Weltchronik' Heinrichs von München aus (vgl. S. 238), so daß man den ‚Passional'-Dichter als den „letzten schulebildenden Epiker des Mittelalters" (E. Schröder) bezeichnet hat. Beide Werke werden wiederum ab Mitte des 14. Jahrhunderts durch Prosafassungen ersetzt (vgl. S. 446ff. und Bd. III/2). Bedingt durch die lateinischen Vorlagen, bezeugen sie unterschiedliche Weisen der Spiritualität: Während hinter dem ‚Väterbuch' die asketische Tradition des frühchristlichen Mönchstums steht und mit dem elitären Selbstverständnis des Ritterordens verbunden wird, folgt das ‚Passional' stärker einem heilsgeschichtlichen Konzept, das sich in Maria, den Aposteln und den Heiligen konkretisiert.

Der Verfasser gibt dem ‚Väterbuch' zwar auch einen heilsgeschichtlichen Rahmen, wenn er abweichend von seiner Hauptquelle, den lateinischen ‚Vitaspatrum', sein Werk mit dem Weltanfang und dem heilsgeschichtlichen Wirken des dreifaltigen Gottes eröffnet und mit dem Jüngsten Gericht beendet, aber er hebt mit den Viten, Aussprüchen und Exempla der frühchristlichen Eremiten, die ursprünglich auf Griechisch aufgezeichnet (4. Jahrhundert) und danach bis ins 7. Jahrhundert ins Lateinische übertragen wurden, auf eine *conversio* ab, die sich in den Tugenden des Gehorsams, der Keuschheit und Besitzlosigkeit, der Demut und Eintracht verwirklicht. Die aszetische Heroik der frühchristlichen Eremiten erscheint so als ein verpflichtendes Vorbild für den geistlichen Ritterorden, der sich damit von der *werltlichen eitelkeit, valschen lieb* und von *ritters honschaft* ('Übermut') des weltlichen Adels unterscheiden soll. Nicht den strafenden, sondern den barmherzigen Gott, der mit den vorgestellten Heiligen als Lockspeise (*luoder*) die Sünder zur Umkehr bewegen will, verkündet diese Dichtung. Ganz diesem Ziel ist das ‚Passional' als das älteste bekannte Legendar in deutscher Sprache verpflichtet, das die ‚Legenda aurea' (wohl vor 1267) des italienischen Dominikaners Jacobus a Voragine (gest. 1298) als Hauptquelle nutzte. Entgegen dem heute irreführenden Titel ‚Passional' (‚Märtyrerbuch') liefert der Autor in seinem dreigeteilten Werk keine Sammlung von Märtyrerlegenden, sondern zeigt an den Viten und Wundern Marias, der Apostel und der Heiligen als *gute bilde* das wundervolle Wirken Gottes in der sündigen Welt. Das erste Buch ist Maria, der Patronin des Deutschen Ordens, gewidmet und stellt ein Marienleben dar, an das sich 25 preziöse Marienmirakel und ein Marienlob anschließen; auf das zweite Buch mit den Apostellegenden folgen als umfangreichster Teil mit über 66 000 Versen 75 Heiligenlegenden in der Reihenfolge des Kirchenjahres mit dem heiligen Nikolaus (6. Dezember) als Beginn. Das Leben der Heiligen soll die Hörer und Leser auf diese Weise zu einem geheiligten Leben führen, das zu *unsers herren lob* wird, mit dem der Dichter sein Werk beschließt. – Konzeptionell und sprachlich fällt dagegen das ‚Buch der Märtyrer' eines wohl südostdeutschen Geistlichen ab, der auf der Grundlage eines lateinischen Kurzlegendars eine Sammlung von 103 Legenden (etwa 28 500 Verse) in der Reihenfolge des Kirchenjahres auf Anregung einer Gräfin von Rosenberg – wohl Hedwig von Schauenberg (gest. 1315) die mit dem südböhmischen Grafen Wok I. von Rosenberg verheiratet war – eher mühsam versifizierte. Eine bedeutsame Wirkung erzielte das Werk erst, als 62 Legenden in Prosafassung dem wirkungsmächtigsten deutschen Legendar des Mittelalters, ‚Der Heiligen Leben', inkorporiert wurden (vgl. Bd. III/2).

Die lange Reihe der großepischen Werke, der monumentalen Sammlungen und der nur pauschal zu nennenden Einzellegenden ist noch um die Vielzahl kleinepischer Dichtungen zu ergänzen, deren thematische Spannweite von frommen Erzählungen, Teufelsgeschichten, Jenseitsvisionen bis hin zu den eschatologischen Gedichten reicht, für die sich im Kapitel zu den kleinepischen Formen einige Beispiele finden (vgl. S. 247ff.). Nimmt man noch den hohen Anteil an geistlicher Thematik in nahezu allen anderen Gattungsbereichen hinzu, dann erhält man einen überwältigenden Eindruck von der Erlösungssehnsucht, von den Erlösungsängsten, von der Suche nach Heilsgewißheit und verläßlicher geistlicher Orientierung, welche die Menschen des 14. Jahrhunderts in einer offenkundig als heillos erfahrenen Welt umgetrieben hat. Im Dienste dieser unentwegten Orientierungssuche und der Selbstvergewisserung steht auch die Geschichtsdichtung und vor allem Prosachronistik, die in diesem Jahrhundert ebenfalls einen ungeahnten Aufschwung nimmt.

Geschichtsepik

Mit der Hinwendung zur Prosachronistik (vgl. S. 391ff.) ab Beginn des 14. Jahrhunderts vollzieht sich ein grundlegender historiographischer Wandel. Zwar wurden die großen Reimchroniken des 13. Jahrhunderts (vgl. Bd. II/2, S. 132–135) weiterüberliefert, auch bringt das 14. Jahrhundert noch einige wenige Reimchroniken hervor, die aber mit Ausnahme der ‚Weltchronik' Heinrichs von München (vgl. S. 238f.) nurmehr regional und lokal in ihrer Wirkung begrenzt blieben, doch kann dies alles nicht an der Prosa als der nunmehr verpflichtenden Standardform für die Geschichtsschreibung rütteln. Es ging nicht mehr um eine poetisch überhöhte Darstellung von Geschichte, sondern um die Darlegung historischer ‚Fakten' zur Absicherung von Recht, zur Legitimation von Herrschaft, zur Vergewisserung des eigenen Herkommens, zur Orientierung in politischen Turbulenzen wie etwa den städtischen Aufständen und Unruhen. Obwohl das heils- und weltgeschichtliche Konzept auch in der Prosachronistik weiterlebte, verengte sich der Blick zunehmend auf die Realgeschichte, innerhalb derer man seinen eigenen Standpunkt verorten wollte. Wo Aspekte der Legitimation und der Politik im Zentrum der Darstellung standen, zeigen sich – wie teilweise schon im 13. Jahrhundert (vgl. Bd. II/2, S. 171–173) – vielfache Überschneidungen mit Rechtstexten. Zudem stützten sich die historiographischen Werke weiterhin auf der Dignität lateinischer Quellen.

Gegenüber der ‚Modernität' der Prosachronistik erscheinen die wenigen Reimchroniken des 14. Jahrhunderts eher als verspätete Nachkommen einer bereits im 13. Jahrhundert brüchig gewordenen Tradition. Mit besonderer Deutlichkeit demonstriert dies das bedeutendste geschichtsepische Werk des 14. Jahrhunderts, die ‚W e l t c h r o n i k' des urkundlich nicht faßbaren H e i n r i c h v o n M ü n c h e n. Als eine monumentale Kompilation vereint sie nämlich eine Vielzahl epischer Texte von der Mitte des 12. bis in die erste Hälfte des 14. Jahrhunderts, wobei die Übernahmen vom einzelnen Verspaar über größere Textblöcke bis zur Inkorporation einer vollständigen Dichtung reichen kann. Zwar deutet sich in der Überlieferung dieses im Bairisch-Österreichischen nach der Mitte des 14. Jahrhunderts zusammengefügten großepischen Centos eine Darstellung der Geschichte vom Anfang der Welt *pis auf chaiser Ludweigez zeit, Der in Pairn chaiser waz* an, aber tatsächlich endet die Reimchronik in der Karolingerzeit oder wird bestenfalls bis Friedrich II. weitergeführt.

Das ‚offene' Ende des Werks hängt damit zusammen, daß die unvollendet gebliebene ‚Christherre-Chronik' und die gleichfalls unabgeschlossene ‚Weltchronik' Rudolfs von Ems (vgl. Bd. II/2, S. 135) die Basistexte waren; zur Fortführung diente eine bis 1250 fortgesetzte Fassung der ‚Kaiserchronik' (vgl. Bd. I/2, S. 27–31). Konkret konnte Heinrich als Kompilator bereits selbst auf einer Kompilation aufbauen, in der die ‚Christherre-Chronik' um Teile der Weltchroniken Rudolfs von Ems und des Wieners Jans (vgl. Bd. II/2, S. 54f.) sowie um Ausschnitte aus dem ‚Trojanerkrieg' Konrads von Würzburg (vgl. Bd. II/2, S. 41) erweitert worden war. An diese Basiskompilation, ‚Erweiterte Christherre-Chronik' genannt, hat man für die neutestamentliche Zeit noch das ‚Marienleben' Bruder Philipps (vgl. S. 233f.) angefügt. Mit einem unglaublichen Gestaltungswillen wurde dieses Grundgerüst durch Ergänzungen, Kürzungen und Austausch von Textstellen und -blöcken so variiert, daß in den 19 Handschriften (dazu kommen 15 bislang zugeordnete Fragmente) Fassungen zwischen etwa 30 000 und über 100 000 Versen entstanden (vgl. auch Bd. II/2, S. 136). Dazu dienten Versifikationen u.a. der ‚Sächsischen Weltchronik' (vgl. Bd. II/2, S. 171 bis 173), der ‚Historia scholastica' des Petrus Comestor und der ‚Legenda aurea' des Jacobus a Voragine, daneben griff man aber auf eine Vielzahl von Reimpaarepen zurück: für die Geschichte Alexanders des Großen auf den ‚Alexander' Ulrichs von Etzenbach (vgl. Bd. II/2, S. 118–120), ergänzt um die Kurzerzählung ‚Alexander und Anteloye', für das Geschehen um Troja kurz auch auf den ‚Göttweiger Trojanerkrieg' (vgl. Bd. II/2, S. 119f.), für den Umkreis der römischen Geschichte auf Ottes ‚Eraclius' (vgl. Bd. II/1, S. 374–377) und auf das ‚Schachzabelbuch' Heinrichs von Beringen (vgl. S. 304f.). Zur Gestaltung der karolingischen Reichsgeschichte tragen Partien bei aus dem ‚Willehalm' Wolframs von Eschenbach (vgl. Bd. II/1, S. 352–362), aus der ‚Arabel' Ulrichs von dem Türlin, aus dem ‚Rennewart' Ulrichs von Türheim (vgl. Bd. II/2, S. 119–121) und aus Strickers ‚Karl' (vgl. Bd. II/2, S. 121f.). Die geistliche Epik ist vertreten mit dem ‚Passional' (vgl. S. 235f.), Gundackers von Judenburg ‚Christi Hort' (vgl. S. 227f.), mit Heinrichs von Hesler ‚Evangelium Nicodemi' (vgl. S. 226), Konrads von Heimesfurt ‚Urstende' (vgl. Bd. II/2) und Heinrichs von Neustadt ‚Gottes Zukunft' (vgl. S. 228f.). Ausgespart blieb hingegen die Artusepik, der man offenkundig keine historische Dignität zuerkannte; die beiden Passagen aus dem ‚Parzival' Wolframs von Eschenbach betreffen Naturkundliches.

Fester Rahmen für diesen kompilatorischen ‚Fließtext' war die Heilsgeschichte, denn das Werk wollte Bibel und Chronik (*wibel und choronick*) für Laien zugleich sein. Aus diesem Grunde hielt sich diese Universalchronik mit Kommentaren und mit der reflexiven Durchdringung des Dargestellten ganz zurück: die *summa facti* sollte überzeugen (D. Klein). Gleichwohl bestimmt ein Gegenwartsinteresse die verschiedenen Ausformungen der Chronik, denn bei der Arbeit am Text kommt es nicht zu einem möglichst vollständigen Kompilat, vielmehr soll mit jeder Fassung für unterschiedliche Adressaten eine je eigene Evidenz bei der Darstellung des Geschichtsverlaufs geschaffen werden. Darin bekundet sich ein subjektiv-individuelles Verständnis von Geschichte und Geschichtsschreibung, das trotz aller Traditionsbindung bei der Auswahl der beigezogenen Werke ‚moderne' Züge trägt, weil sie über die gattungstypische Variabilität der vorausliegenden Chronistik deutlich hinausgeht. Durch die Aufnahme in die Historienbibeln (vgl. Bd. III/2) entfaltete die ‚Weltchronik' des Heinrich von München auch in der Prosachronistik des 15. Jahrhunderts ihre Wirkung.

Ein universalhistorisch orientiertes Konzept scheint auch bei Ottokar von Steiermark am Beginn seines literarischen Schaffens gestanden zu haben. Jedenfalls berichtet er in der Vorrede zu seiner ‚Österreichischen Reimchronik', er habe zuvor eine Kaiserchronik verfaßt, die von den assyrischen Gewaltherrschern bis zum Tode des Stauferkaisers Friedrich II. (gest. 1250) reichte. Ob es sich dabei um mehr als nur eine katalogartige Auflistung handelte, läßt sich nicht sagen, da dieses Werk als verschollen gelten muß. Jedenfalls erklärt dieser Hintergrund, warum Ottokars ‚Österreichische Reimchronik' mit der Reichsgeschichte ab dem Tod Friedrichs II. einsetzt.

Ottokar ließ sich als *her Otacher ouz der Geul* identifizieren, der zwischen 1287 und 1319 – 1304 als Verheirateter – vielfach urkundlich belegt ist. Seinen Namen trug er nach dem Seckauer Lehen Geul (heute Gaal bei Judenburg); er selbst entstammte der Ministerialenfamilie der Herren von Strettweg (Nordweststeiermark). Neben dem Seckauer Bischof hatte Ottokar die Lichtensteiner zu Dienstherren, von denen er Otto II. von Lichtenstein (gest. 1311), den Sohn Ulrichs von Lichtenstein (vgl. Bd. II/2, S. 16), namentlich als *mîn her* (V. 8120 bis 8128) bezeichnet. Offenkundig war es ein Kreis historisch Interessierter um Otto II., die Ottokar zu seiner historiographischen Arbeit anregten. Wo er seine dichterischen Fähigkeiten und vor allem seine weitreichenden Literaturkenntnisse erwarb, ist unbekannt. Zwar nennt er unter den Fiedlern am sizilianischen Hofe König Manfreds einen *meister* Konrad von Rotenberg, der ihn längere Zeit unterrichtet habe, doch wird diese Unterweisung wohl vornehmlich auf Ottokars musikalische Ausbildung zu beziehen sein. Die auffällig wenigen Bibelstellen und das Fehlen kirchlicher wie weltlicher Autoritäten in seiner Reimchronik sprechen gegen eine gelehrte Schulbildung Ottokars. Andererseits hatte er Zugang zu lateinischen Geschichtsquellen einschließlich Urkunden, der ihm vielleicht auf der Basis von Exzerpten im Umkreis seiner steirischen Gönner eröffnet wurde. Häufiger sind jedoch die Berufungen auf mündliche Mitteilungen von Gewährsleuten, die Ottokar teilweise namentlich nennt, auf die er sich aber öfters formelhaft beruft, ohne daß dabei eine Augenzeugenschaft (etwa beim Bericht über die Hochzeit Herzog Rudolfs III. von Österreich mit Blanca, der Schwester König Philipps des Schönen von Frankreich, 1300 in Paris) prinzipiell in Abrede gestellt werden kann. Historisches Wissen könnte sich Ottokar schließlich auf Reisen erworben haben: Für die Zeit um 1300 werden Fahrten nach Böhmen und Italien angenommen, 1313 nimmt er an einer Gesandtschaft Herzog Friedrichs des Schönen nach Aragon teil, von der Ottokar erst 1317 über die Rheinlande, Flandern und Erfurt heimkehrt.

All dies spricht für einen höfischen Bildungsweg, der sich auch in Ottokars außergewöhnlichen Kenntnissen der höfischen Literatur dokumentiert (vgl. S. 242).

In Ottokars ‚Österreichischer Reimchronik' (etwa 100 000 Verse) verschränken sich Reichs- und Landesgeschichte, bei der freilich der Schwerpunkt liegt. Es lassen sich vier Teile unterscheiden: I. (V. 1–44 578) mit der Reichsgeschichte vom Tod Kaiser Friedrichs II. (1250) bis zum Tod König Rudolfs von Habsburg (1291) und der Landesgeschichte vom Tod des letzten Babenbergerherzogs Friedrich II. (1246) bis zum Friedensschluß von 1291 zwischen Herzog Albrecht I. von Österreich und König Andreas III. von Ungarn. – II. (V. 44 579–53 866) mit dem Fall von Akkon (1291) als dem letzten Stützpunkt der Kreuzfahrer im Heiligen Land. – III. (V. 53 867–69 002) teilweise falsch datiert (1291–1297) die Fehde Österreichs mit Salzburg (1286–1297), Wahl König Adolfs von Nassau (1292), Krieg zwischen Frankreich und Flandern (1302–1305), Aufstände gegen Herzog Albrecht I. (1288 und 1296). – IV. (V. 69 003 bis 98 595) setzt die Fehde zwischen Österreich und Flandern fort (1297), Kampf zwischen Adolf von Nassau und Albrecht von Habsburg um die Königskrone (1298), Reichs- und Landesgeschichte, Unruhen in Ungarn nach dem Aussterben der Arpaden (1301), Geschichte Böhmens (1297–1309), Ermordung König Albrechts I. von Habsburg (1308), europäische Geschichte (Frankreich, Italien: 1306–1309); Abbruch mitten in der niederösterreichischen Adelsrevolte gegen Herzog Friedrich den Schönen (1309; vgl. S. 39).

In dieser Auflistung nimmt sich die Reimchronik planer aus als sie es bei genauerem Hinsehen tatsächlich ist. Nicht nur, daß sie offenkundig in mehreren Arbeitsschritten (größtenteils bis 1318) entstand, sie ist auch in keinem der acht Textzeugen vollständig erhalten: Pergamentbruchstücke des 14. Jahrhunderts ordnen sich Teil I zu; von den sieben Papierhandschriften des 15. Jahrhunderts überliefern drei nur den Fall von Akkon (II) als geschlossene Erzähleinheit, eine enthält nur Teil IV (eine weitere ergänzt um Teile aus I); die umfangreichste Handschrift bietet die Teile I-III, eine andere schließlich die Teile I und III. Man mag diesen Befund einschließlich inhaltlicher Lücken, die nach Zusammenfügen aller Teile bleiben, auf eine auswählende Textrezeption zurückführen, man kann aber auch nicht ausschließen, daß diese Reimchronik – ungeachtet des fehlenden Schlusses – nie zu einer abgeschlossenen Form gefunden hat; immerhin wäre dies bei dem ambitionierten Versuch, aus steirischer Perspektive eine Reichs- und eine österreichische Landesgeschichte zugleich zu schreiben, nur zu verständlich.

Ottokar hat diese Doppelaufgabe allerdings bewußt gewählt, denn es ging ihm um den Nachweis der herrschaftlichen Kontinuität für die Länder Steier und Österreich von den Babenbergern zu den Habsburgern, die nach dem Tode des letzten Babenbergerherzogs Friedrich II. des Streitbaren (gest. 1246) und nach der böhmischen Herrschaft unter Ottokar II. (1251–1276; vgl. Bd. II/2, S. 45f.) gefährdet war, bis Rudolf von

Habsburg mit seinem Sieg auf dem Marchfeld (1278) Österreich, Steier (und Krain) unter die Habsburger Herrschaft stellte und die ehemals babenbergischen Länder wieder ins Reichsgut integrierte (ähnliche Argumentationsbemühungen auch im ‚Wilhelm von Österreich' des Johann von Würzburg; vgl. S. 202ff.). Auf diese Weise verzahnten sich Landes- und Reichsgeschichte trotz je eigener Schwerpunktsetzung. Deswegen erscheint der Titel ‚Österreichische Reimchronik' dem Werk auch angemessener als die Bezeichnung ‚Steirische Reimchronik', die sich vor allem im Blick auf den Adressatenkreis in jüngerer Zeit eingebürgert hat. Der zweite Fixpunkt in Ottokars Konzept war das ausgewogene Verhältnis zwischen den steirischen und österreichischen Landherren, für die er schrieb, und dem Landesherrn, der als Institution unantastbar bleiben mußte, so wie auch die Privilegien der Landherren zu achten waren. Garant dafür ist Ottokar das tradierte Recht, gegen das die Revolten in Stadt (Wien) und Land verstoßen; Unrecht wird von Ottokar daher entsprechend angeprangert.

Besonders deutlich wird dies bei der ausführlichen Darstellung, die Ottokar der Ermordung König Albrechts I. (1308) durch dessen Neffen Johann Parricida widmet (V. 93 750–95 085). Mit offenkundigem Rückgriff auf ein Osterspiel stilisiert Ottokar die Verwerflichkeit des Königsmordes zu einem erneuten Judasverrat, der dazu dient, die Hölle wieder zu füllen, die durch Christi Höllenfahrt geleert wurde (vgl. S. 360). Der Königsmord als Teufelskomplott – schlimmer ließ sich dieses Verbrechen kaum verurteilen. Ein religiöses Wertemuster muß aber auch herhalten, um den Ausgang beim Konflikt zweier Monarchen zu erklären: Rudolf von Habsburg vermochte über Ottokar II. trotz dessen Vortrefflichkeit zu siegen (1278), weil Rudolf im Gegensatz zu seinem der Welt zugewandten Gegner über die weltliche Ehre hinaus stets auch nach der Huld Gottes strebte. Bei Auseinandersetzungen zwischen dem Landesfürsten und den Landherren hingegen reicht der herkömmliche Verweis auf den Einfluß schlechter Ratgeber als Konfliktursache.

Bei der Vielzahl von Einzelereignissen, die Ottokar buchenswert erschienen, und die seiner Reimchronik bei den Historiographen bis ins 19. Jahrhundert Ansehen sicherte, ist ein sicherer Bewertungsmaßstab hingegen kaum zu erkennen. Sie zeigen einen aufmerksamen Zeitgenossen, der – mentalitätsgeschichtlich aufschlußreich – an Vielerlei interessiert ist, der es aber oftmals bei einer annalistischen Notiz beläßt: das große Erdbeben in Sizilien (1260) erhält 7 Verse, die verheerende Feuersbrunst in Wien (1261) nur 4 Verse, der Schrecken verbreitende Vorstoß der Mongolen nach Europa (1260) wird in 41, die Heuschreckenplage in der Südsteiermark dagegen mit 183 Versen gewürdigt.

Ausführlicher gestaltet Ottokar die Schilderung von höfischen Festen, von Turnieren, von Empfangs- und Abschiedsszenen, von Hoftagen und Gesandtschaften, von Reden und handelnden Personen. Dadurch vermittelt die Reimchronik immer wieder den Eindruck der Augenzeugenschaft, die durch Wahrheitsbeteuerungen noch unterstrichen wird. In Wahrheit stehen aber hinter diesen Schilderungen Erzählmuster der höfischen Epik. Der Autor kennt den ‚Parzival' und den ‚Willehalm' Wolframs von Eschenbach (vgl. Bd. II/1, S. 324–365), den ‚Iwein' Hartmanns von Aue (vgl. Bd. II/1, 268–272) und Konrad Flecks ‚Flore und Blanscheflur' (vgl. Bd. II/1, S. 377f.), das ‚Nibelungenlied' (vgl. Bd. II/1, S. 290–305) und die Dietrichepik (vgl. Bd. II/2, S. 122–127), aber auch Strickers ‚Pfaffen Amis' (vgl. Bd. II/2, S. 143f.), Konrad von Würzburg (vgl. Bd. II/2, S. 33–42) und den Wiener Jans (vgl. Bd. II/2, S. 54–56), er nennt Berthold von Regensburg (vgl. Bd. II/2, S. 69–73) und Frauenlob (vgl. S. 182). Ottokars erstaunlich breite literarische Kenntnisse insbesondere im Bereich der höfischen Epik sind für ihn aber nicht nur ein Fundus zur szenischen Gestaltung seiner Schilderungen, er schöpft aus der Literatur auch Wertmaßstäbe: Die Bewaffnung von Bauern im Ungarnkrieg (1288) kritisiert Ottokar mit Verweis auf den ‚Helmbrecht' (vgl. Bd. II/2, S. 57) als Verstoß gegen die ständische Ordnung, beim ausführlichen Bericht über den Fall von Akkon entwirft er – geleitet von Wolframs ‚Willehalm' – das Bild des edlen Heiden, vor allem aber ist für Ottokar die Minnebindung konstitutives Element der Fürstenehe (die in der Realität rein dynastischen Erwägungen folgte); entsprechend verficht er die courtoise Idee des ritterlichen Frauendienstes, der sich im Einzelkampf bewährt. Diese literarisch geprägten Vorstellungen erstaunen umso mehr, als sich Ottokar ansonsten in seiner Reimchronik von einem nüchternen Blick leiten läßt. Die Spannung zwischen Traditionsbindung und Verpflichtung gegenüber der Realgeschichte zeigt, daß Ottokars historiographisches Konzept – auch unabhängig von der Form des Reimpaarverses – keine Zukunft beschieden war; die insgesamt schmale Überlieferung bestätigt dies augenfällig.

Soweit im 14. Jahrhundert noch die Reimchronistik gepflegt wurde, begrenzte sie im Vergleich zu Heinrich von München und Ottokar den Umfang radikal, und sie beschränkte sich auf die Realgeschichte einzelner Territorien meist innerhalb überschaubarer Zeiträume. So zielen die Reimchroniken des Deutschen Ordens ganz konkret auf die Ordensgeschichte. Bereits die erste große Deutschordenschronik, die ‚Livländische Reimchronik' (etwa 12 000 Verse), wohl kurz nach 1290 von einem Ordensritter verfaßt, erinnert einleitend nur kurz an den Missionsauftrag, um dann schnell zur Schwertmission zu kommen, die vom Deutschen Orden und dem ihm 1237 inkorporierten Schwertbrüderorden geleistet wurde. Der Autor schildert, 1279 ins Ordensland gekommen, die militärischen Aktionen, die im Sieg (1290) über die mit den Litauern verbündeten Semgaller gipfeln, offenkundig aus eigener Anschauung. Ihm geht es nicht um eine Geschichte Livlands, sondern um eine Darstellung der unmittelbaren Ordensvergangenheit zur geistigen Erbauung und zur Selbstbestätigung der Ordensritter im Heidenkampf. Dieser Zielsetzung entspricht die zeitliche Gliederung der Chronik nach den Regierungszeiten der Hochmeister, an denen sich der Ausbau der Territorialherrschaft ablesen läßt. Augenzeugenschaft leitete ebenso die ‚Jüngere livländische Reimchronik' für die Jahre 1315–1348, die Bartholomäus Höneke verfaßte, die aber nur in einer Prosafassung des 16. Jahrhunderts erhalten ist. Als Kaplan der Deutschordens-Landmeister von Livland mit Zugang zur landesmeisterlichen Kanzlei zielte Höneke ebenso wie der Verfasser der ‚Livländischen Reimchronik' auf Realgeschichte. Geschichtsdeutung oder ein übergreifendes Geschichtskonzept liegt beiden Autoren fern.

Hierin unterscheidet sich die in den Ordensballeien verbreitete, durch 20 Handschriften und Fragmente bezeugte Deutschordenschronik ‚Kronike von Pruzinlant' (etwa 28000 Verse) des Nikolaus von Jeroschin grundlegend. Das Konzept geht freilich auf die lateinische, 1326 abgeschlossene und dann bis 1330 fortgeführte Ordenschronik des Ordenspriesters Peter von Dusburg zurück, die Nikolaus auf Anregung des Hochmeisters Luder von Braunschweig (1331–1335), Sohn von Herzog Albrecht I., den die ‚Braunschweigische Reimchronik' verherrlichte (vgl. Bd. II/2, S. 133f.), in deutscher Sprache versifiziert hat. Um die preußische Ordensgeschichte historisch zu verorten, stellt Peter von Dusburg im ersten Band seines vierteiligen Werks die Gründung des Ordens und die Zeit bis 1230 dar. Die Eroberung des 1226 vom Herzog Konrad von Masowien dem Deutschen Orden geschenkten Kulmer Landes (Buch 2) und vor allem die Eroberung Preußens bis 1283 wie die nachfolgenden Kämpfe gegen die Litauer bis 1326 (Buch 3) werden durch einen welthistorischen Abriß mit Papst- und Kaisergeschichte seit Gründung des Ordens (1198) beschlossen (Buch 4). Diese historische Perspektivierung verdichtet Nikolaus von Jeroschin, indem er die Papst- und Kaisergeschichte den anderen Büchern inkorporiert und die Ordensgeschichte als Teil der Weltgeschichte darstellt. Damit erscheint der Heidenkampf in Fortsetzung der Kreuzzüge als eine weltgeschichtliche Aufgabe, zu der Nikolaus noch nachhaltiger als Peter mit seiner für die Tischlesung gedachte Ordenschronik anfeuern wollte. In ihrer Unerbittlichkeit gegenüber den Heiden propagiert die Chronik des Nikolaus von Jeroschin eine Kreuzzugsgesinnung, die an das ‚Rolandslied' (vgl. Bd. I/2, S. 168–170) erinnert, wobei für die Eroberung und Bekehrung als Aufgaben der Ordensritter ritterlicher Kampfesmut ebenso wie christliche Tugenden gefordert und aus der Ordensgeschichte historisch begründet werden. Noch gegen Ende des 14. Jahrhunderts scheint Wigand von Marburg in seiner nur fragmentarisch überlieferten Reimchronik dieser Zielsetzung gefolgt zu sein, während die ‚Kurze preußische Reimchronik' aus der Mitte des

14. Jahrhunderts, soweit die Fragmente diesen Schluß zulassen, ganz auf die kriegerischen Aktivitäten des Ordens gesetzt haben dürfte.

Über Nikolaus von Jeroschin informieren nur wenige Selbstaussagen. Aus seinem fragmentarisch überlieferten ‚Leben des heiligen Adalbert', der bei der Missionierung der Preußen den Märtyrertod fand, wissen wir, daß er vom Königsberger Komtur (1326–1329) Gottfried von Heimberg, Förderer des Adalbertkults, in den Orden aufgenommen wurde und daß er Kaplan des Dietrich von Altenburg, 1331–1335 Komtur in Königsberg und 1335–1341 Hochmeister des Ordens, war. Königsberg dürfte demnach am ehesten die literarische Wirkungsstätte von Nikolaus gewesen sein.

Gereimte Landeschroniken sind im 14. Jahrhundert wegen ihrer anachronistischen Form zur Ausnahme geworden. Bei der ‚Mecklenburgischen Reimchronik' (etwa 28 000 Verse), die der hessische Ritter Ernst von Kirchberg, Kanzlist des Herzogs Albrecht II. von Mecklenburg-Schwerin (gest. 1379), 1378/79 im Auftrag des Herzogs verfaßt hat, läßt bereits die bebilderte, auf Kosten des Herzogs gefertigte Prunkhandschrift die Repräsentationsfunktion des Werks erkennen, zu der auch die traditionelle Form der Reimpaardichtung beitrug. Die Chronik sollte der dynastischen Legitimation Albrechts II. dienen, den der König 1348 zum Herzog erhoben hatte, aber auch zur Darstellung seines erfolgreichen politischen Aufstiegs, in dessen Verlauf sein Sohn Albrecht III. zum König von Schweden gewählt wurde, was wiederum die Stellung des Vaters beim Kampf um die Vormachtstellung in der Ostsee stärkte. Die Anregung zur Anfertigung der Prachthandschrift könnte der Herzog am Prager Hof Karls IV. erhalten haben, dem er die Erhebung in den Reichsfürstenstand verdankte.

Sicher unter dem Einfluß der Prager Hofkultur steht ‚Die Kreuzfahrt Landgraf Ludwigs des Frommen' (etwa 8200 Verse), die als *rede* Fürstenpreis mit Historiographie verbindet. Held der 1301 vollendeten Dichtung ist Landgraf Ludwig III. von Thüringen (1172–1190) – Vater des berühmten Literaturmäzens Hermann von Thüringen (vgl. Bd. II/1, S. 30–42) –, der am dritten Kreuzzug (1187–1192) und an der Belagerung von Akkon (ab 1189) teilnahm. Dort stilisiert ihn der unbekannte Dichter zum christlichen Vorkämpfer, dem sich sogar Kaiser Friedrich I. Barbarossa – der niemals nach Akkon gelangte – unterordnet. Diese und weitere Geschichtsklitterungen (u.a. wird Ludwig III. zum Gemahl der heiligen Elisabeth gemacht, die in Wirklichkeit mit seinem Neffen Ludwig IV., Teilnehmer am vierten Kreuzzug, verheiratet war) wollen die Vorbildhaftigkeit des Landgrafenhauses und des thüringischen Adels mit allen Kräften steigern. Dieser Glanz sollte freilich auch den Auftraggeber, den schlesischen Piastenherzog Bolko I. von Schweidnitz-Jauer (gest. 1301) umstrahlen, der über die heilige Hedwig und deren Nichte, der heiligen Elisabeth, mit dem thüringischen Herrscherhaus genealogisch verbunden war. Gleichzeitig sollten über ein ausführliches Fürstenlob der böhmischen Könige Wenzel I., Ottokar II. und Wenzel II. die Beziehungen zum Prager Hof untermauert werden, an dessen Hofdichter Ulrich von Etzenbach (‚Alexander', ‚Wilhelm von Wenden') und sein literarhistorisches Umfeld (vgl. Bd. II/2, S. 119) der Verfasser sich stilistisch anlehnt. An dieser doppelten ‚Ansippung' besticht das Raffinement, mit dem es dem Piastenherzog als Auftraggeber gelingt, sich selbst über das Lob anderer in ein strahlendes Licht setzen zu lassen.

Neben den konventionellen Formen der dynastisch und der panegyrisch orientierten Geschichtsdichtung tritt mit dem ‚Dalimil' ein neuer Aspekt ins Blickfeld, der für die neuzeitliche Historiographie eine zentrale Bedeutung erhalten wird. Mit dem ‚Dalimil' ist die älteste tschechische Reimchronik gemeint, die man fälschlich, aber namengebend dem Bunzlauer Domherren Dalimil von Messeritsch zugeschrieben hat. Wohl in den 20er Jahren des 14. Jahrhunderts entstanden, entwirft das Werk einen Überblick von den sagenhaften Anfängen Böhmens bis zur Übernahme der Herrschaft durch Johann von Luxemburg (1310), später ergänzt bis 1318. Geprägt von einem starken tschechischen Nationalbewußtsein, tritt der Autor für eine politische und wirtschaftliche Stärkung des tschechischen Adels gegen die Übermacht der Deutschen ein und versteigt sich dabei immer wieder zu einem aggressiven Deutschenhaß. Die um 1344/46 entstandene deutsche Reimfassung (etwa 8000 Verse) nimmt diese Ausfälle nicht nur zurück, sie differenziert zwischen den deutschböhmischen Landsleuten und Deutschen außerhalb Böhmens, die dem unbekannten Autor *fremd* sind. Tschechen und Deutschböhmen sollen dagegen in ihrem gemeinsamen Vaterland Böhmen gleichberechtigt sein. Trotz unterschiedlicher Konzepte prägt beide Werke die Vorstellung von Volk und Nation, die ab dem 14. Jahrhundert die Modelle der Universal-, aber auch der Reichsgeschichte als veraltet erscheinen läßt. An ihre Stelle treten historiographische Darstellungen des unmittelbaren Lebensraumes, aus dem ein identitätsstiftendes Selbstbewußtsein erwuchs: das Land, die Stadt, das Kloster, die Familie bis hin zu autobiographischen Aufzeichnungen (vgl. Bd. III/2). Für diesen Prozeß ist der ‚Dalimil' ein wichtiges literarisches Zeugnis, auch wenn die geradezu nationalistischen Töne aus heutiger Sicht verwundern.

Die Form der Reimpaardichtung wählen ansonsten außer der historischen Kleinepik (vgl. S. 253ff.) und Rede (vgl. S. 344ff.) im 14. Jahrhundert nurmehr die Klostergründungsgeschichten zur Darstellung des Herkommens für die *familia* des Klosters; die ‚Gandersheimer Reimchronik' des Priesters Eberhard (vgl. Bd. II/2, S. 133f.) und das wohl Mitte des 13. Jahrhunderts von einem Angehörigen des Johanniterordens im Elsaß verfaßte Gedicht ‚Spital von Jerusalem' (etwa 1400

Verse), das sich vor allem der legendären Vorgeschichte des angeblich schon 350 Jahre vor Christi Geburt gegründeten Spitals widmet, sind dafür frühe Beispiele. Im 14. Jahrhundert liefert das zwischen 1300 und 1350 wohl in Regensburg entstandene Gedicht ‚Karl der Große und die schottischen Heiligen' das umfangreichste Zeugnis für diesen literarischen Typ: Gestützt auf den ‚Libellus de fundacione ecclesie consecrati Petri Ratispone' (Mitte 13. Jahrhundert) bietet das Werk mit über 9900 Versen in einer Mischung von Legende, Chanson de geste und Historiographie die Gründungsgeschichte der drei Schottenklöster Weihsanktpeter und St. Jakob in Regensburg und St. Jakob in Würzburg. Literarhistorisches Interesse darf vor allem die Verknüpfung der Karlssage mit der Gründungsgeschichte von Weihsanktpeter beanspruchen, die auf den Sieg Karls des Großen über die heidnischen Bayern, deren Bekehrung und die Eroberung von Regensburg zurückgeführt wird: Die zur Ehre der dabei gefallenen christlichen Streiter erbaute Kirche weiht der Apostel Petrus auf wunderbare Weise selbst. Um die konkreten Stifterfamilien geht es dagegen einer Gruppe von vier Klostergründungsgeschichten (jeweils um 750 Verse) aus Niederösterreich (Zwettl, St. Bernhard) und Ostbayern (Kastl, Waldsassen), die in geradezu publizistischer Weise die sagenhafte Abstammung der Stifterfamilie hervorkehren, deren Mitglieder im Kloster eine Grablege gefunden haben. Am intensivsten geschieht dies in der Gründungsgeschichte des Zisterzienserklosters Zwettl, das sich auf die mächtigen Kuenringer zurückführen kann. Da eine solche Stifterfamilie für das Zisterzienserkloster Waldsassen fehlt, wird sie erfunden: Ein Ritter Gerweich habe seinen Freund, den Markgrafen Diepold III. von Vohburg, im Turnier verwundet und aus Schmerz über diesen Vorfall das Kloster Waldsassen begründet (etwa 570 Verse); andererseits hebt das kleine Werk nachhaltig auf die 1147 erlangte Reichsunmittelbarkeit ab. Die historische Absicherung solcher Ansprüche darf man nicht zu gering veranschlagen, denn alle vier Gedichte sind in den Sal- und Stiftungsbüchern der Klöster überliefert. Die angemessene literarische Form wäre freilich auch hierbei die Prosa gewesen, auf die man bei der Übersetzung der Gründungsgeschichten von nahezu 40 bayerischen Klöstern (als ‚Fundationes monasteriorum Bavariae' in der zweiten Hälfte des 14. Jahrhunderts zusammengestellt) ganz selbstverständlich im 15. Jahrhundert zurückgriff.

Kleinepische Formen

Neben den vielfältigen Formen der Rede (vgl. S. 269ff.) erlebt die Kleinepik im 14. Jahrhundert einen außergewöhnlichen Aufschwung, hinter dem die Großepik – wohl auch auf der Ebene der Rezeption – deutlich zurücktritt. Dieser Reichtum vergrößert sich noch erheblich, wenn man neben den selbständig überlieferten kleinepischen Formen auch die Erzählungen berücksichtigt, die – etwa bei den Schachzabelbüchern (vgl. S. 304 ff.) – in größere Werke eingelagert sind. Insgesamt wird dabei ein Stoffrepertoire für die deutsche Literatur erschlossen, das von unterliterarischen Traditionen bis zu lateinischen und französichen Provenienzen reicht. Der Blick auf die größeren Werke und Sammlungen – etwa die Legendare (vgl. S. 446 ff.) oder den ‚Großen Seelentrost' (vgl. S. 435 f.) – zeigt aber auch, daß in deren Kontext die kleinepischen Formen im 14. Jahrhundert erstmals auch zur Prosa finden.

Um den breiten Strom der Kleinepik besser übersehen zu können, hat sich eine Unterscheidung zwischen geistlichem und weltlichem Erzählen eingebürgert, der auch diese Literaturgeschichte folgt, doch muß dabei stets bewußt bleiben, daß eine solche Trennungslinie – wie auch die zwischen Kleinepik und Rede – nicht immer scharf zu ziehen ist und mit Blick auf die didaktische Zielsetzung dieser literarischen Formen durchaus zu Problemen führt. Auch erschien es aus thematischen Gründen sinnvoll, die benannten Grenzen gelegentlich nach der einen oder anderen Seite hin zu überschreiten.

Geistliche Erzählungen

Die Suche nach Heils- und Erlösungsgewißheit mitten in einer als sündig erfahrenen Welt steht nicht nur hinter der Vielzahl und Vielfalt der geistlichen Großepik (vgl. S. 221 ff.), sondern auch hinter der Flut von Legenden kirchlicher Heiliger, deren Wundertaten bereits ab Ende des 13. Jahrhunderts in Reimlegendaren zusammengestellt wurden (vgl. S. 235 f.) und die ab dem 15. Jahrhundert über ‚Der Heiligen Leben' in Prosaform eine zuvor unbekannte Breitenwirkung erzielten (vgl. Bd. III/2). Die Demonstration des wunderbaren Wirkens Gottes durch die Heiligen und an ihrer Spitze die Gottesmutter Maria ließ sich noch verdichten, wenn sich die Wunder an Menschen ereigneten, die als Zeitgenossen gedacht werden konnten.

Eine besondere Ausprägung erfuhr die Darstellung göttlichen Wirkens in der Gegenwart durch die Marienmirakel, für die der ‚Passional'-Dichter anschauliche Beispiele lieferte (vgl. S. 235 f.), die aber auch als Einzelerzählungen kursierten. So etwa das Mirakel ‚Der Ritter und Maria' (etwa 300 Verse) eines Autors, dessen Namen Ehrenfreund vielleicht auf einen Fahrenden deutet: Ein Ritter schließt zur Behebung seiner materiellen Notlage einen Pakt mit dem Teufel, aus dem ihn auf Bitten seiner Frau die Gottesmutter befreit. Aus Dankbarkeit beschließt das Ehepaar sein Leben in einem Kloster, das sie zu Ehren Marias stiften. Noch deutlicher stellt ein mitteldeutscher (thüringischer?) Dichter Siegfried der Dörfer im Marienmirakel ‚Der Frauen Trost' (etwa 650 Verse) die Nöte einer Ehefrau ins Zentrum der Erzählung: Sie will sich wegen der schweren Mißhandlungen durch ihren Ehemann, einen *dörperlichen* Ritter, erhängen; Maria hält die fromme Frau von der Judastat zurück. Ein blutendes Bild des Gekreuzigten zuhause an der Wand ermahnt sie, eingedenk des gemarterten Gottessohnes ihr Leid zu ertragen. Durch ihre Geduld kann sie auch ihren Mann zur Umkehr bewegen. Wenn Maria in diesem Mirakel mit einem grauen Mantel bekleidet ist, dann mag dies auf das Armuts- und Demutsideal der heiligen Elisabeth deuten (vgl. Bd. II/2, S. 61). Propagandistischen Zwecken scheint dagegen das früher schon genannte Marienmirakel ‚Vom armen Schüler' (etwa 1350 Verse) zu verfolgen, das Heinrich der Klausner auf Anregung des jungen Königs Wenzel II. von Böhmen (1278–1305) gedichtet hat (vgl. Bd. II/2, S. 138): Ein armer Schüler bestürmt Maria mit hunderten von ‚Ave Maria'-Gebeten um ein paar Schuhe, damit er am Fest Mariae Himmelfahrt im Chor mitsingen darf. Statt dessen trägt ihm Maria auf, ihre leibliche Aufnahme in den Himmel zu verkünden. Dieser durch den Guardian Pilgerim von Görlitz vermittelte Stoff sollte offenkundig von Marias leiblicher Himmelfahrt (erst seit 1950 Dogma) überzeugen. Literarhistorisch interessant ist die Polemik gegen die gelehrten Sangspruchdichter (*meisterlin*), die ihr Lob in den Dienst irdischer Frauen stellen. Dies mag vielleicht auch auf Frauenlob zielen, der Beziehungen zum Prager Hof pflegte (vgl. S. 182ff.). Jedenfalls ist dessen literarisches Leben offensichtlich differenzierter zu sehen als gemeinhin angenommen. Die breit überlieferte Mirakelerzählung ‚Der König im Bad' (etwa 350 Verse), die früher fälschlich Dem Stricker zugeschrieben wurde, knüpft zwar an den ‚Magnificat'-Vers *Deposuit potentes et exaltavit humilis* (Lc 1, 52) an, ist aber kein Marienmirakel: Ein mächtiger König, der diesen Vers in seinem Reich verbietet, muß – vergleichbar mit dem ‚Nackten Kaiser' Herrands von Wildonie (vgl. Bd. II/2, S. 49) – dessen Wahrheit am eigenen Leib erfahren, bis er schließlich zum Narren gedemütigt zur Einsicht kommt.

Die Wiederbelebung der nach 1360 zurückgehenden Wallfahrt zum Grab des Apostels Jakobus in Santiago de Compostella könnte K u n z K i s t e n e r zu seinen ‚Jakobsbrüdern' (etwa 1250 Verse) animiert haben. Man sieht im Autor einen 1355 und 1372 unter den Meistern und Geschworenen des Straßburger Weinhandels genannten Stadtbürger. Dazu wie auch zur legendenhaften Erzählung paßt, daß sich am Straßburger Weinmarkt ehedem eine Jakobskapelle und zwei Pilgerherbergen befanden. Kistener greift die Freundschaftserzählung von ‚Amicus und Amelius' auf, die auch Konrads von Würzburg ‚Engelhard' zur Grundlage diente (vgl. Bd. II/2, S. 116f.), und wandelt sie ins Legendenhafte, um so die Wunderkraft des heiligen Jakobus an einem bayerischen Grafensohn und dem Sohn eines verarmten schwäbischen Ritters aus Haigerloch anhand der Totenerweckung als dem berühmtesten Jakobus-Mirakel zweifach zu demonstrieren: Nicht nur den verstorbenen Grafensohn, auch sein aus Freundesliebe getötetes Kind, dessen Blut den Aussatz des Ritters heilte, erweckt der Heilige wieder zum Leben. Die bei Pamphilus Gengenbach in Basel gedruckte Versbearbeitung (um 1516) zeigt, neben anderen Rezeptionszeugnissen, daß Kisteners Erzählung zumindest literarisch ihre Wirkung nicht verfehlt hat.

Noch deutlicher tritt das historische Umfeld bei der geistlichen Erzählung ‚Der Litauer' (etwa 300 Verse) in den Blick, welche die Bekehrung des 1365 getauften litauischen Großfürsten Butawt auf ein Eucharistiewunder zurückführt. Der historische Bezug wie die Überlieferung der Erzählung in der Basler Handschrift der ‚Martina' Hugos von Langenstein (vgl. S. 234) deuten auf den Deutschen Orden als Interessenten, wenn nicht gar Auftraggeber dieser humorvoll aus der Sicht des heidnischen Fürsten erzählten Geschichte. Der Autor, der sich S c h o n d o c h nennt, aus der Nordostschweiz stammt und in einer Handschrift seines vielgelesenen Mæres ‚Die Königin von Frankreich' (vgl. S. 257) als ein Fahrender bezeichnet wird, könnte bei der Abfassung des ‚Litauer' in Verbindung mit einem oberrheinischen Haus des Deutschen Ordens (Beuggen, Mainau) gestanden haben. Für eine weitere literarische Tätigkeit Schondochs im Südwesten, den österreichischen Vorlanden, mag auch sprechen, daß er in der ‚Königin von Frankreich' dem österreichischen Herzog Leopold eine hervorgehobene Vermittlerrolle zuspricht; gemeint ist damit offenkundig Leopold III., der 1386 im Kampf gegen die Eidgenossen bei Sempach fiel (vgl. S. 20).

Anders als beim ‚Jüdel', einem der ersten Marienmirakel in deutscher Sprache (vgl. Bd. II/2, S. 137), konzentriert sich ‚Der Litauer' ganz auf das eucharistische Wunder, das die Realpräsenz Christi in der konsekrierten Hostie demonstrieren will. Dieses zentrale christliche Heilsgeheimnis wird in der spätmittelalterlichen Literatur aus unterschiedlichen Perspektiven immer wieder thematisiert. So stellt gegen Ende des 14. Jahrhunderts ein ostfränkisch-ostmitteldeutscher Dichter in der Erzählung ‚Die Jüdin und der Priester' (etwa 250 Verse) die kirchliche Lehre heraus, daß die Wandlung der Hostie in den Leib Christi nicht die moralische Qualität des Priesters voraussetzt: Ein jüdisches Mädchen, das von einem Geistlichen verführt wurde, erlebt das eucharistische Wunder in der Messe, obwohl sie zuvor gemeinsam mit dem Priester eine Liebesnacht verbracht hatte; die Bekehrung und Taufe der Jüdin folgt typusgerecht dem Wunder. Trotz dieser wunderbaren Demonstrationen setzt die Erfahrung der Gegenwart Gottes den Glauben voraus. Diesen beweist in der ungebrochenen Gläubigkeit eines Kindes ‚Das zwölfjährige Mönchlein' (300 Verse), das die Geschichte von der Geburt Jesu so sehr bewegt, daß ihm das göttliche Kind leibhaftig am Weihnachtstag in der Zelle erscheint und es dort mit einem mitgebrachten Apfel, dem Symbol für die Weltkugel, zum kindlichen Spiel einlädt.

Dieser vorbehaltlosen Gläubigkeit steht der überhebliche Anspruch gegenüber, Christus aufgrund eigener Tugendleistungen sehen zu dürfen. Dieses Ansinnen weist eine Erzählung talmudischen Ursprungs zurück, die ab dem ‚Väterbuch' (vgl. S. 235f.) über Heinrich Kaufringer (vgl. Bd.

III/2) bis zu Hans Sachs (u.a. in einer *Comedia*) und darüber hinaus immer wieder neu gestaltet wurde. In diese Reihe stellt sich auch ein bairisch-österreichischer Autor aus der ersten Hälfte des 14. Jahrhunderts mit seinem Gedicht ‚Engel und Waldbruder' (etwa 500 Verse), in dem ein Einsiedler nach 50jähriger strenger Askese endlich Christus selbst sehen möchte. Statt dessen schickt Gott einen Engel in der Gestalt eines Räubers, der in den Augen des Eremiten unfaßbare, am Schluß zum Traum abgemilderte Greueltaten begeht. Sie erweisen sich schließlich als Taten der göttlichen Gerechtigkeit, die den Einsiedler zur Demut gegenüber Gottes unbegreiflichem Wirken führen; erst dann darf der Eremit im Tod Gottes Antlitz sehen. Auch im ‚Heller der armen Frau' (etwa 100 Verse) zeigt sich, daß Gott der Heller einer armen Spinnerin, den sie für den Bau einer Kirche gestiftet hat, wertvoller ist als die Anmaßung eines Königs, der sich mit dem Kirchenbau den Sohn Gottes verdienen will. In dieser Gegenüberstellung erinnert die Erzählung aus der zweiten Hälfte des 13. Jahrhunderts, deren anonymer Autor von sich demutsvoll bekennt, daß er nicht so gut wie Gottfried von Neifen (vgl. Bd. II/2, S. 21) *singen* könne, an die Rahmenerzählung des ‚Guten Gerhard' Rudolfs von Ems (vgl. Bd. II/2, S. 114f.).

Neben mangelnder Demut bedroht den Glauben auch der Zweifel, dem Wundererzählungen vom entrückten Mönch zu begegnen versuchen. In zwei ostmitteldeutschen Gedichten aus der zweiten Hälfte des 13. Jahrhunderts geht der Zweifel jeweils von einer Bibelstelle aus. Im ‚Zweifler' (etwa 150 Verse) kann ein Mönch dem Psalmwort nicht glauben, daß vor Gott tausend Jahre wie ein Tag seien (Psalm 89,4); der Zweifler wird vom wundersamen Gesang eines Vogels in den Wald gelockt, aus dem er nach genau tausend Jahren in das völlig veränderte Kloster zurückkehrt. Der wohl thüringische Autor des ‚Mönch Felix' (etwa 400 Verse) entrückt den Mönch für viele Jahre durch den herrlichen Gesang des Vogels, nachdem er an der unaussprechlichen Herrlichkeit Gottes gezweifelt hatte (vgl. 1. Kor. 2,9). In das thematische Umfeld gehört auch die sogenannte Reisefassung von ‚Brandans Meerfahrt', in der Brandan seine Zweifel an den Wundern Gottes durch Augenschein genommen werden (vgl. Bd. I/2, S. 162 und Bd. II/1, S. 418). Da die Reisefassung, erstmals in einer mitteldeutschen Handschrift um 1300 überliefert, erst im 15. Jahrhundert eine enorme Breitenwirkung erfuhr, soll sie in diesem Zusammenhang dargestellt werden (vgl. Bd. III/2).

Hinter dem sündhaften Verhalten des Menschen steht nach christlicher Überzeugung der Teufel, dem nach Ausweis der literarischen Zeugnisse nur die Gottesmutter Maria gewachsen ist; daher erscheint sie in vielen Marienmirakeln als siegreiche Widersacherin des Teufels. Die Teufelserzählungen des Spätmittelalters schildern wie die breit ausgebauten Teufelsszenen der geistlichen Spiele aus dem 15. Jahrhundert (vgl. Bd. III/2) das unheilvolle Walten des Teufels, der freilich – wie in Strickers ‚Der Richter und der Teufel' (vgl. Bd. II/2, S. 16) – auch zum Vollstrecker der Gerechtigkeit (hier gegen einen korrupten Richter) werden kann. Der dabei angeschlagene schwankhafte Ton klingt in den Erzählungen vom Treiben des Teufels nach, so in dem Fragment ‚Der Teufel und der Maler' oder im ‚Bruder Rausch' (vgl. Bd. III/2), aber ansonsten sind die Teufelserzählungen von bitterem Ernst bestimmt: Die rheinfränkische ‚Teufelsbeichte' (etwa 250 Verse) mahnt, die Zeit der Buße zu nutzen, denn der endgültige Verlust der Gnade macht die Beichte ebenso sinnlos wie bei einem beichtenden Teufel, und sie demonstriert am Beipiel des vergeblich beichtenden Teufels anschaulich, daß die Reue die unerläßliche Voraussetzung für die Vergebung der Sünden ist. Die gemeinsame Überlieferung u.a. mit dem eschatologischen Gedicht vom ‚Weltlohn' (vgl. S. 252f.) unterstreicht den Ernst der Mahnung. Der ernsthaft Büßende darf sich freilich der Gnade Gottes ebenso sicher sein wie der ‚Ritter in der Kapelle' (etwa 350 Verse), der dort nach der Beichte zur Buße eine Nacht lang den schlimmen Anfechtungen des Teufels widersteht. Die Zeit der Gnade hat dagegen ein Magdeburger Erzbischof im ‚Udo von Magdeburg' (etwa 800 Verse) verwirkt, der bei seinem unzüchtigen Treiben im Bett einer Äbtissin die dreimalige Warnung einer Stimme mißachtet und die Umkehr auf später verschiebt (*morgen, morgen laz ich davon*): Udo verfällt dem göttlichen Gericht, wird vom Scharfrichter hingerichtet und zur Beute des Teufels, der ihn zu blasphemischen Flüchen zwingt, womit er seine endgültige Verfallenheit an das Höllenreich selbst besiegelt.

Die Geschichte vom schlimmen Ende des Magdeburger Erzbischofs läßt sich als Kritik am Lotterleben der Geistlichkeit bis hinauf zu den Kirchenfürsten lesen, aber grundlegender scheint doch hier wie in den anderen geistlichen Erzählungen der unbedingte Wahrheitsanspruch zu sein, der durch die lebensweltliche Verankerung bis hin zur pseudohistorischen Konkretheit (einen Magdeburger Erzbischof Udo gab es nicht) des Dargestellten zur unausweichlichen Gewißheit wird. Dazu dient auch die Begründung der Jenseitsschilderungen auf Augenzeugenschaft, wie sie in der deutschen Literatur seit dem 12. Jahrhundert immer wieder unternommen wurde (vgl. Bd. I/2, S. 160f., Bd. II/1, S. 418f., Bd. II/2, S. 138) und die insbesondere in der Prosaform im 15. Jahrhundert mit ‚Brandans Meerfahrt' (vgl. S. 250) und dem ‚Tundalus' eine außerordentliche Wirkung erzielte (vgl. Bd. III/2). Dieser Tradition folgt auch die in der Ich-Form gehaltene ‚Visio Lazari' (etwa 800 Verse) eines bairischen Autors vom Ende des 14. Jahrhunderts. Das Gedicht ‚Der Württemberger', nach Lage der erheblich variierenden Fassungen (zwischen 333 und 713 Versen) wohl ebenfalls im bairisch-österreichischen Raum entstanden, sucht die Verbindlichkeit der Schilderungen hingegen wiederum durch eine ‚historische' Einbettung zu sichern; dazu tritt in der Fassung A die Autorität Wolframs von Eschenbach, der hier als Verfasser genannt wird. Auch richtet sich die Erzählung nicht allgemein an ein Publikum, sondern spricht wie die Dichtung vom ‚Weltlohn' gezielt den Adel an.

Ein Ritter (Ulrich bzw. Erenpold), der an einer Jagd des Grafen Hartmann von Württemberg teilnimmt, verirrt sich im Wald und trifft einen Zug von Rittern und Damen. Eine Dame, die allein am Schluß der Schar reitet, erklärt dem Ritter, daß es sich um Tote handle: Jede Dame reite mit ihrem Liebhaber (*zuoman*), mit dem sie einst in unrechter Minne die Ehe gebrochen habe. Sie selbst reite allein, weil ihr Liebhaber, der Herr von Schenkenburg, ein Gevatter des Ritters, noch lebe. Ihn solle der Ritter warnen, damit er durch Beichte und Buße sich noch rechtzeitig vom Schicksal dieser Toten rette. Nachdem er deren ritterliche Scheinwelt als Höllenqual erfahren hat, weist ihm die Dame wieder den Weg ins Diesseits, wo er mit seinem Gevatter zur Buße das Kreuz nimmt.

Das Beklemmende dieser Schilderung für ein adliges Publikum mag noch dadurch gesteigert worden sein, weil das peinigende Feuer hinter den Helmschlitzen der toten Ritter an die teuflischen Gegner im vielgelesenen ‚Wigalois' des Wirnt von Grafenberg (vgl. Bd. II/1, S. 365–372) erinnert. Doch ist das Feuer im ‚Württemberger' als Fegefeuer zu verstehen, in dem noch auf Rettung gehofft werden darf. Die Vorstellung eines solchen Zwischenreiches zwischen Tod und ewiger Verdammnis verstärkt die Furcht vor der ewigen Höllenpein, die unvergleichlich schlimmer ist als die Qual des Fegefeuers. Es läßt aber zugleich die Angst vor der endgültigen Verurteilung erkennen, vor der man sich – mit dem schmerzhaften Durchleiden des Fegefeuers erkauft – noch nach dem Tod zu bewahren versucht. Die Vorstellung des Fegefeuers scheint auch hinter dem elsässisch-südrheinfränkischen Gedicht vom ‚W e l t l o h n' (etwa 650 Verse) aus der zweiten Hälfte des 14. Jahrhunderts zu stehen, das in seinem Gesamtduktus eine geistliche Rede darstellt und in einem Verbund kleinerer geistlicher Gedichte überliefert ist, zu denen auch die ‚Teufelsbeichte' (vgl. S. 251) gehört. Von Konrads von Würzburg ‚Der Welt Lohn' (vgl. Bd. II/2, S. 142) auch stilistisch angeregt, begegnet dem Berichtenden Frau Welt in der seit Walther von der Vogelweide (100, 24) der deutschen Literatur bekannten Personifikation, die ihn zu einem glanzvollen höfischen Fest einlädt. Die Lustbarkeiten nehmen ein jähes Ende, als ein grauer Pilger im Gefolge von zwölf roten Rittern der Frau Welt gebietet, sich ihr prächtiges Kleid vom Leib zu reißen, der in bekannter Weise von Würmern und Kröten zerfressen ist. Die amoene Landschaft verwandelt sich dabei in ein Flammenmeer als Lohn für alle, die sich der Welt zu- und von Christus abgewandt haben. Er ist nämlich der graue Pilger im Kreis seiner zwölf Apostel, die sich in den Dienst der wahren Ritterschaft gestellt haben. Die anschließende Deutung des Geschilderten mündet in eine Warnung vor dem Jüngsten Gericht und in einen Aufruf zu Reue, Beichte und Buße, für die der Verfasser einige exemplarische, in Ich-Form gehaltene Beichten, aber auch Kritik an der unzüchtigen Kleidermode anfügt. Der Adressat dieser Rede mag wohl der Adel gewesen sein, aber die Überlieferung des 15. Jahrhunderts – darunter eine illustrierte Handschrift aus der Werkstatt Diebold Laubers in Hagenau (vgl. Bd. III/2) – deutet auf eine breitere Rezeption.

Die Darstellung des Jüngsten Gerichts ist fester Bestandteil der geistlichen Großepik soweit sie den heilsgeschichtlichen Bogen bis zum Weltenende führt (vgl. S. 226ff.). Die kleineren Dichtungen stellen sich, ebenso wie die Darstellung vom Kommen und Wirken des Antichrist und andere eschatologische Gedichte, hauptsächlich zum Gattungsbereich der geistlichen Rede (vgl. S. 270ff.); für die Predigt und andere Formen der geistlichen Prosa gehört dieser Bereich ebenso wie für das geistliche Spiel (vgl. S. 374) zum festen Themeninventar. Die festen biblischen Vorgaben und der Ernst des Weltenendes erlauben es nicht, dazu mit phantasievoll ausgestalteten Erzählungen aufzuwarten.

Weltliche Erzählungen

Das weltlich orientierte Erzählen außerhalb der großepischen Formen wird wie im 13. Jahrhundert ganz von der fiktionalen Kleinepik bestimmt (vgl. Bd. II/2, S. 138–143); die wenigen geschichtlichen Erzählungen bestätigen dies nur. Dennoch darf dieser Befund nicht zu der Annahme verführen, die fiktionale Kleinepik diene lediglich der Unterhaltung, vielmehr steht auch hinter ihr die Frage nach einer lebensweltlich tragfähigen Orientierung.

Wenn die geschichtlichen Erzählungen in der Form historischer Ereignisberichte gegenüber der weltlichen Kleinepik völlig zurücktreten, so ist dies keine Besonderheit des 14. Jahrhunderts. Historisch-politische Ereignisse gehören seit Walther von der Vogelweide zum festen Inventar der Sangspruchdichtung (vgl. Bd. II/1, S. 201–205, Bd. II/2, Verweise auf S. 97); seine Funktion als Herrenlob und -schelte übernimmt ab dem 14. Jahrhundert zunehmend die politische Rede (vgl. S. 344ff.). Ab dem 15. Jahrhundert ist das historisch-politische Ereignislied (vgl. S. 169f.) der spezifische Ort für die Darstellung konkreter geschichtlicher Begebenheiten, die daneben natürlich auch Aufnahme in die Regional- und Lokalchronistik in Vers und Prosa fanden.

Der für die Rede charakteristische Ton der Panegyrik prägt bereits das Gedicht von der ‚Böhmenschlacht' (vgl. Bd. II/2, S. 47f. und 154), in dessen Überlieferungsverbund auch die fragmentarische ‚Schlacht bei Göllheim' (etwa 300 Verse) steht. Beide berichten von tiefgreifenden Ereignissen der Reichsgeschichte. Die ‚Böhmenschlacht' vom Sieg König

Rudolfs von Habsburg über König Ottokar II. von Böhmen auf dem Marchfeld (1278), die ‚Schlacht bei Göllheim' von der Niederlage König Adolfs von Nassau im Kampf mit Albrecht von Österreich, der seinen Gegner um Leben und Krone bringt. Die Anteilnahme des Dichters, der sich auf Berichte stützt, gilt dem gefallenen König und seinen Gefolgsleuten, unter ihnen viele mittelrheinische Adlige und Herren, die namentlich genannt werden; insbesondere Graf Eberhard I. von Katzenelnbogen (gest. 1312) zollt der Verfasser neben Adolf von Nassau höchstes Lob. Entsprechend bestimmt der verzweifelte Kampf der treuen Mitstreiter die Handlung, nicht – wie in der ‚Böhmenschlacht' – eine zum (historisch nicht belegten) Zweikampf stilisierte Konfrontation der beiden Könige. Die habsburgische Seite bei der Göllheimer Schlacht schildert dagegen ein Fahrender namens Hirzelin als Augenzeuge in einem ebenfalls nur fragmentarisch überlieferten Reimpaargedicht (etwa 300 Verse). Er wartet mit Namen aus dem Bodenseegebiet (darunter der Konstanzer Bischof Heinrich II. von Klingenberg) auf und lenkt die Aufmerksamkeit auf Herzog Heinrich von Kärnten (gest. 1331) und auf den mächtigen Herren Ulrich II. von Wallsee (gest. 1329), deren Freigebigkeit er als Fahrender rühmt. Anspielungen auf den ‚Willehalm' Wolframs von Eschenbach belegen seine literarischen Kenntnisse.

Literarische Kompetenz steht auch hinter dem fragmentarisch überlieferten Bericht ‚**Rudolf von Hürnheim und die bayerisch-augsburgische Fehde von 1296**' (120 Verse), in dem eine Auseinandersetzung zwischen dem Augsburger Bischof Wolfhard von Roth und dem bayerischen Herzog Rudolf I. um die Vogteirechte in Augsburg, aber auch das Zerwürfnis zwischen dem Bischof und der Stadt den historischen Hintergrund lieferten. Angesichts der Bedrohung durch Bayern suchten die Stadtbürger wieder eine Annäherung an den Bischof und baten dafür den Augsburger Domdekan Rudolf von Hürnheim um Vermittlung. Das Fragment bringt die Unterredungen zwischen den Augsburgern und dem Domdekan, anschließend zwischen diesem und dem Bischof und inszeniert dabei Boten- und Beratungsszenen wie aus einem höfischen Roman entnommen: Der anonyme Autor griff also auf literarische Versatzstücke zurück, um dem historischen Sachverhalt den angemessenen zeremoniellen Rahmen zu verleihen; vielleicht war er sogar auf diese literarische Traditionen im Rahmen eines Reimpaargedichts angewiesen, weil es dafür noch keine eigenen Darstellungsformen gab. Ganz in die Sphäre städtischer Auseinandersetzungen führt ‚**Die Weberschlacht**' (etwa 450 Verse), die vom erfolglosen Aufstand (1369–1371) der Kölner Zünfte unter Anführung der Weber gegen alte Geschlechter und ihre Vorherrschaft im Stadtregiment berichtet. Der Verfasser vertritt das patrizische Interesse und wirft den Anführern einen Verstoß gegen die Ständeordnung vor. Die mehrfach angesprochenen Herren (*ir heren*) werden angesichts der bedrohlichen Ereignisse zu Vorsicht und Eintracht gemahnt; 1396 gelingt es freilich den Zünften, die Macht der Patrizier endgültig zu brechen.

Im Zentrum der weltlichen Kleinepik stehen die fiktiven Reimpaarerzählungen, denen Der Stricker zum literarischen Durchbruch verholfen und für die sich trotz aller Problematik nach heftiger Forschungskontroverse der Begriff „Märe" durchgesetzt hat (vgl. Bd. II/2, S. 138 bis 141). Ja, man kann sagen, daß neben den weltlichen Ausprägungen der Rede (vgl. S. 288ff.) und der Lyrik (vgl. S. 145ff.) das M ä r e die nicht primär geistlich orientierte Dichtung des 14. Jahrhunderts bestimmt, nicht die epischen Großformen, die in der ersten Hälfte des 14. Jahrhunderts – mit Ausnahme der Rezeption – zum Erliegen kommen.

Der Grund für dieses auffällige literarhistorische Phänomen mögen Zweifel an der Leistungsfähigkeit großepischer Deutungsangebote bei der Suche nach Lebensorientierung innerhalb einer Komplexität von Welt gewesen sein, vor der die simple Normativität von Gebot und Verbot offenkundig versagte. Man konzentrierte daher das Interesse auf die Darstellung von Einzelfällen, aus denen man für die Bewältigung eigener Lebenssituationen exemplarische Erkenntnisse zu gewinnen hoffte. Dahinter steht die Überzeugung, daß man durch Rationalität – als Pendant zum Glauben auf der religiösen Ebene – die vielfältigen Wechselfälle des Lebens bestehen kann. Zur Demonstration wie zur Einübung des Rationalitätsprinzips wurde im Spätmittelalter eine Vielzahl literarischer Formen zwischen Rede und Erzählung entwickelt, die sich in ihrer jeweiligen Spezifik literaturwissenschaftlich oft nur schwer abgrenzen lassen. Im vorliegenden Bereich gilt dies insbesondere für eine klare Differenzierung zwischen M ä r e u n d B i s p e l (vgl. Bd. II/2, S. 139–141), da es sich bei beiden literarischen Erscheinungen um kleinepische Erzählformen handelt, die Einzelfälle zum beispielhaften Erkenntnisgewinn vorstellen. In beiden Fällen liegt auktoriales Erzählen vor, bei dem das Bispel auf einen allgemeinen, das Märe dagegen auf einen speziellen Fall zielt. Auch ist das Erzählen im Bispel so organisiert, daß keine Identifikation mit den handelnden Figuren erfolgt, da das Bispel die vermittelte Erkenntnis narrativ ‚beweisen' will. Das Märe hingegen liefert über den Protagonisten für die Rezipienten ein Identifikationsangebot, von dem man sich jedoch auch – etwa bei einem negativen Verhalten der Leitfiguren – distanzieren kann. Erkenntnis resultiert hier aus dem rational begründeten Urteil, das über Annahme oder Ablehnung des Identifikationsangebotes entscheidet (Ziegeler).

Die beiden unterschiedlichen Formen des Erzählens lassen sich an den Ausformungen als Bispel und als Märe der aus äsopischer Tradition stammenden ‚B ä r e n j a g d' beispielhaft verdeutlichen. Bispel: Zwei Wanderer begegnen sich und versprechen einander, auf der weiteren Reise sich in allen Notlagen beizustehen. Als sie auf einen Bären treffen, flieht der eine auf einen Baum, der andere legt sich auf die Erde und stellt sich tot. Nachdem der Bär ihn – u. a. auch am Ohr – beschnüffelt hat, verzieht er sich. Auf die Frage des auf den Baum Geflohenen, was ihm der Bär ins Ohr geflüstert habe, antwortet der andere, man solle sich nicht auf jeden Fremden verlassen – eine Erkenntnis, die durch die Erzählung ‚bewiesen‘ ist. Dagegen das Märe: Der Wirt eines Gasthauses verspricht einem Pelzhändler ein gutes Bärenfell, er müsse das Tier nur noch erlegen. Als beide auf den Bären stoßen, flüchtet der Pelzhändler, der nur widerwillig folgte, auf einen Baum, den Wirt richtet der Bär übel zu und beschnüffelt den am Boden wie tot Liegenden. Nach Rückzug des Bären fragt der Pelzhändler den Verwundeten, was ihm der Bär ins Ohr geflüstert habe, und meint spöttisch, sicher habe er ihm geraten, das Fell des Bären nicht zu verkaufen, bevor dieser erlegt sei – eine Erkenntnis, die sich durch Identifikation mit der Ratgeber-Rolle des im Urteil überlegenen Pelzhändlers und im Spott über den voreiligen Wirt einstellt.

Von beiden literarischen Formen des Erkenntnisgewinns ging im Spätmittelalter eine außergewöhnliche Faszination aus, daher verwundert es nicht, daß Bispel wie Märe einen festen Platz in den kleinepischen Sammelhandschriften des Spätmittelalters einnehmen. Anders als beim Märe (H. Fischer) gelang es jedoch noch nicht, den breiten Strom der Bispel-Überlieferung systematisierend zu kanalisieren; daher kann auf diese literarische Erzählform hier nur pauschal hingewiesen werden. Neben der Forschungslage lassen es dagegen die häufigen Verknüpfungen des Märes mit Momenten der Unterhaltung, der Komik, teilweise sogar der Groteske und die Verbindungslinien, die zum spätmittelalterlich-frühneuzeitlichen Schwankroman (vgl. S. 268f.) führen, geraten erscheinen, der Märendichtung als Teil der didaktisch-exemplarischen Dichtung noch etwas Aufmerksamkeit zu widmen und nach den Themenbereichen zu fragen, die offenkundig ein größeres Publikumsinteresse befriedigten.

Zwar findet sich im 14. Jahrhundert kein ‚großer‘ Märenautor wie Der Stricker im 13., wie Heinrich Kaufringer, Hans Rosenplüt und Hans Folz im 15. Jahrhundert (vgl. Bd. III/2), aber mit etwa 25 namentlich bekannten Märenautoren und an die 60 anonymen Mären zeigt sich auf diesem literarischen Gebiet eine auffallend reiche Produktivität zwischen dem letzten Drittel des 13. und dem ausgehenden 14. Jahrhundert, auch wenn man die Unwägbarkeiten der Überlieferung, der Datierung und der Grenzfälle in Betracht zieht. Daneben belegen die Märensammlungen in den beiden bedeutenden Kleinepiksammlungen der Heidelberger Handschrift Cpg. 341 und der ehemals Kálocsaer Handschrift (heute in der Bibliotheca Bodmeriana, Cod. Bodmer 72) aus der Zeit um 1320/30 wie in Fragmenten weiterer repräsentativer Pergamentkodizes um 1350 die Beliebtheit dieser kleinepischen Erzählform bei einem literarisch anspruchsvollen Publikum, das sich die Anfertigung von Handschriften auf hohem Niveau leisten konnte.

Angesichts dieses Befundes fällt andererseits auf, daß keiner der namentlich bekannten Autoren – falls die Ungunst der Überlieferung nicht trügt – mehr als ein Märe verfaßt hat. Dies trifft sich mit der Beobachtung für das 13. wie für das 15. Jahrhundert: Offenkundig gab es – auch bei den großen Märenautoren – keine ausgesprochenen Märenspezialisten, vielmehr war das Märe Teil eines Repertoires kleinerer literarischer Formen, in vielen Fällen scheint es sogar der einzige poetische Versuch von literarischen Liebhabern gewesen zu sein. Für den ersten der beiden Fälle besonders sprechend ist das über 700 geistliche und weltlich-didaktische Kleindichtungen umfassende Œuvre Heinrich des Teichners (vgl. S. 310ff.), das neben drei Grenzfällen nur ein einziges Märe (‚Die Roßhaut') umfaßt. Die beiden weiteren Beispiele des 14. Jahrhunderts sind weniger signifikant, sie treffen sich aber mit Heinrich dem Teichner, weil auch bei ihnen das Märe in der Kombination mit geistlicher und didaktischer Kleindichtung offenkundig zur Lebensorientierung dienen soll: S c h o n d o c h dichtete neben der ‚K ö n i g i n v o n F r a n k r e i c h' – mit 21 Überlieferungszeugen das erfolgreichste Märe des Mittelalters – noch die geistliche Erzählung ‚Der Litauer' (vgl. S. 249), der nicht weiter identifizierbare bairische Autor F r ö s c h e l v o n L e i d n i t z stellt am Ende des 14. Jahrhunderts neben sein höfisch-galantes Märe ‚Die Liebesprobe' eine didaktisch ausgerichtete Minnerede (‚Das belauschte Liebesgespräch') und ein schwankhaft angelegtes Mirakel (‚Der Prozeß im Himmel').

Wenig Genaues läßt sich über den sozialen Stand der Märenautoren und über ihr gesellschaftliches Umfeld sagen, doch deuten sich einzelne Schwerpunkte wenigstens umrißhaft ab. Sie sind freilich mit großer Vorsicht zu betrachten, da den etwa zwei Dutzend Autorennamen mehr als doppelt soviele anonyme Mären gegenüberstehen, über deren Autoren und Publikum sich in der Regel nichts sagen oder bestenfalls etwas anhand der Thematik vermuten läßt.

Der adlige Autor, den im 13. Jahrhundert Herrand von Wildonie vertritt (vgl. Bd. II/2, S. 49), bleibt auch im 14. Jahrhundert die Ausnahme. Allein Egenolf von Staufenberg, ein seit 1268 bezeugter und zwischen 1320 und 1324 verstorbener ortenauischer Ritter, kann hierzu gerechnet werden, der vermutlich als Autor des ‚Peter von Staufenberg' (vgl. S. 210) angesehen werden darf. Beim Ostfranken Volrat (zweite Hälfte 13. Jahrhundert), der in seinem Märe ‚Die alte Mutter' (längste Fassung über 400 Verse) den Aufwand für eine standesgemäße ritterliche Ausstattung thematisiert, ist an adlige Herkunft gedacht worden. Als Truchseß bezeichnet sich der anonyme Dichter des Märes ‚Pfaffe und Ehebrecherin A' (etwa 100 Verse) aus dem 14. Jahrhundert. Bei Heinz dem Kellner, dem alemannischen Dichter des Schwanks ‚Konni' (etwa 200 Verse) aus der zweiten Hälfte des 14. Jahrhunderts, hat man wegen des Beinamens den Wirtschaftsverwalter (*cellarius*) eines Adelshofes vermutet. Adliger Auftraggeber und höfisches Publikum kommen bei Dietrich von der Glesse mit seinem ‚Gürtel' und beim Freudenleeren mit seiner ‚Wiener Meerfahrt' in den Blick (vgl. Bd. II/2, S. 142f.). Dieser Autortyp tritt im 13. Jahrhundert bereits mit Sibote, Autor der ‚Frauenerziehung' (längste Fassung fast 1000 Verse) entgegen, den Ottokar von Steiermark in seiner ‚Österreichischen Reimchronik' (vgl. S. 239f.) vielleicht als *von Ertfurt meister Sîbot* unter den *videlaeren* am Hofe König Manfreds (gest. 1266) nennt. Auf die Lebensführung des Würzburger Patriziats dürfte Ruprecht von Würzburg mit dem Märe ‚Die Treueprobe' (etwa 950 Verse) zielen, das Anfang des 14. Jahrhunderts entstand. Wie Rüdeger der Hinkhofer in Regensburg als Schreiber (vgl. Bd. II/2, S. 143) ließ sich in Ulm als Stadtschreiber (1348–1353 bezeugt) Herrmann Fressant belegen, der Verfasser des ‚Hellerwert Witz' (etwa 800 Verse); für Johannes von Freiberg, ostmitteldeutscher Autor des ‚Rädleins' (etwa 500 Verse) aus der zweiten Hälfte des 13. Jahrhunderts, wurde dies wegen der besonderen Zeichnung der Schreiberfigur als Protagonisten der Erzählung vermutet, doch läßt der einleitende Hinweis auf eine frühere literarische Tätigkeit auch an den (zwischenzeitlichen) Status eines Berufsdichters denken.

Die Lebensform eines Berufsdichters bzw. eines Fahrenden liegt bei einigen Autoren nahe: Schondoch wird in einer Handschrift als *varunder man* bezeichnet; der Namenstypus legt diesen Stand nahe bei: Der Freudenleere und Der arme Konrad, Dichter des Märes ‚Frau Metze' vielleicht aus der zweiten Hälfte des 14. Jahrhunderts (längste Fassung etwa 500 Vese), in dem er genaue Kenntnisse Würzburgs demonstriert; der Autorname Niemand dagegen dürfte ein Deckname sein, der wegen der scharfen Kritik am verderbten Kolmarer Ordensklerus in dem satirischen Schwankmäre ‚Die drei Mönche zu Kolmar' (etwa 400 Verse) aus der Mitte des 14. Jahrhunderts notwendig war. Beim schwäbischen Autor des ‚Hasenbraten' (130 Verse) aus der zweiten Hälfte des 13. Jahrhunderts deutet der Name Der Vriolsheimer auf eine Herkunftsbezeichnung, kaum auf einen Beleg für eine Fahrendenexistenz. Ob die Analogie zu Fahrendennamen wie Ehrenbote oder Ehrenfreund zu einer solchen Identifizierung bei Hans Ehrenbloß, Dichter des ‚Hohlen Baum B' (etwa 150 Verse) aus der Mitte des 14. Jahrhunderts, zureicht, muß offenbleiben; bei Rüdeger von Munre, wohl hessischer Autor des ‚Studentenabenteuers B' (1450 Verse) aus der Wende vom 13. zum 14. Jahrhundert, gibt es keine Hinweise – wie behauptet – auf das Leben eines Fahrenden. Der Autorname Augustijn dürfte sich auf die mittelniederländische Vorlage des ‚Herzogs von Braunschweig' (etwa 2000 Verse) beziehen, die wohl selbst erst im 14. Jahrhundert entstanden ist und auf einen Berufsdichter zurückgehen könnte. Das umfangreiche Werk Heinrich des Teichners war teilweise Auftragsarbeit, aber seine literarische Existenz läßt sich nur schwer fassen (vgl. S. 310f.). In Heinrich Rafold möchte man gerne den ersten Handwerkerliteraten unter den Märendichtern sehen: In seinem nur fragmentarisch erhaltenen Märe ‚Der Nußberger' schreibt der bairische Autor aus der Zeit um 1300 nämlich, daß er *nie buochstap engelêrte* und daß er *ûz stâle* und *ûz îsen sîn nerungen gewinne* – dies könnte der bekannten *ne scire litteras*-Stelle im ‚Parzival' (115, 27) Wolframs von Eschenbach nachgebildet sein, aber auch tatsächlich auf einen illiteraten Schmied hinweisen. Zugleich dürfte der Nußberg auf die gleichnamige

Burg bei St. Veit in Kärnten anspielen, deren Herren damals in der Landespolitik keine unbedeutende Rolle spielten.

Bei den anderen Autoren tappen wir völlig im dunkeln: Merkwürdig ist dies beim nordschweizer Jacob Appet und seinem ‚Ritter unter dem Zuber' (etwa 400 Verse), der im ‚Reinfried von Braunschweig' (vgl. S. 199ff.) genannt wird, was doch eine gewisse Bekanntheit voraussetzt. Beim etwa zeitgleichen Verfasser von ‚Des Mönches Not' (etwa 550 Verse) variiert in der Überlieferung sogar der Autorname zwischen Zwickauer und Der Zwingäuer. Für den Verfasser Der Hufferer einer Fassung des Märes ‚Die halbe Decke' (etwa 350 Verse) wohl aus der zweiten Hälfte des 14. Jahrhunderts fehlen jegliche Identifizierungshinweise; gleiches gilt für Fröschel von Leidnitz (vgl. S. 257). Heinrich von Pforzen, Dichter des ‚Pfaffen in der Reuse' (etwa 400 Verse) aus dem 14. Jahrhundert, dürfte aus sprachlichen Gründen aus Pforzheim stammen; die Identifizierung mit dem gleichnamigen Spitalmeister zu Wimpfen und Markgröningen, dem 1323 das neugestiftete Pforzheimer Spital übergeben wurde, erscheint ansprechend, bleibt aber letztlich offen.

Trotz aller Unwägbarkeiten darf man aus diesen Indizien doch den Schluß ziehen, daß der Lebensraum des Märes im 14. Jahrhundert weiterhin im Umkreis der Adelshöfe zu suchen ist, dazu kommen in der Stadt die politische Führungselite und die stadtbürgerliche Bildungsschicht; eine Erweiterung um die städtischen Mittel- und gehobenen Handwerkerschichten erscheint dagegen erst im 15. Jahrhundert zu erfolgen (vgl. Bd. III/2). Zum Teil läßt sich dieser Befund durch den Figurenapparat der Mären stützen, andererseits darf allein aus der Situierung der Erzählungen in einem städtischen oder gar bäuerlichen Milieu nicht auf das literarische Publikum geschlossen werden. Insgesamt gilt vielmehr, daß die Liebhaber der höfischen Großepik in der Regel mit dem Märenpublikum identisch waren.

Es scheint daher kein Zufall zu sein, daß eine Reihe von Mären thematisch und konzeptionell Nähe zum Roman aufweisen. So war es ohne weiteres möglich, den ‚Peter von Staufenberg' des Egenolf von Staufenberg im Zusammenhang mit dem Roman zu behandeln (vgl. S. 210), und es drängt sich der Verdacht auf, daß nach dessen Verstummen zumindest ein Teil der Märendichtung diese Lücke füllte. So stellt ‚Der Junker und der treue Heinrich' nicht so sehr wegen der Länge der beiden überlieferten Fassungen (etwa 2400 bzw. 2200 Verse) einen Grenzfall zwischen Märe und Roman dar, sondern wegen des Facettenreichtums der Handlung und wegen des Identifikationsangebotes, das sowohl der Junker in seinem unbeirrten Werben um die Königstöchter von Zypern als auch Heinrich als treuer Helfer dem Leser bieten. Dazu tritt noch die Spannung zwischen der scheinbaren Verschwendungssucht des Junkers, die auch in Volrats Märe ‚Die alte Mutter' angesprochen wird, und dem ökonomischen Denken Heinrichs. Tendenzen zum Roman zeigt auch Augustijns biographisch konzipierte Erzählung ‚Der Herzog von

Braunschweig', die nach einer Exposition des jungen Herzogs als vorbildlichen und siegreichen Heerführer gegen die Heiden in Spanien dem Erzählschema „Trennung und Wiedervereinigung von Liebenden" folgt. Dieses Erzählkonzept liegt auch dem Märe ‚Der Bussard' (etwa 1000 Verse) zugrunde, das aber bei der Personengestaltung des englischen Königssohns und der französischen Königstochter stärker zum märenhaften Erzählen tendiert.

Eine andere Gruppe von Mären scheint vor dem Hintergrund des Liebesromans erzählt zu sein, dem sie thematische Aspekte entlehnt. Im Märe ‚Die Nachtigall A' (etwa 250 Verse) überwinden die Kinder zweier begüteter Ritter mit List die strenge *huote* des Mädchens und können so die Eltern von ihrer unverbrüchlichen Liebe überzeugen. Vor allem aber geht es in dieser Gruppe immer wieder um die **Demonstration der treuen Minne**.

So in ‚Pyramus und Thisbe' (etwa 500 Verse), zwei babylonischen Königskindern, die zwar der *huote* ihrer Eltern entfliehen, aber ihre Liebe nur im Tod besiegeln können; in ‚Hero und Leander' (etwa 500 Verse), zwei Fürstenkindern, die ein Meeresarm voneinander trennt, in dem Leander auf dem Weg zu seiner geliebten Hero ertrinkt, woraufauch sie tot niedersinkt – ein Treuepreis, den auch die Liebende in den drei Fassungen A-C des ‚Schülers zu Paris' (etwa 700 Verse) leistet, die ihrem Geliebten nachstirbt, als er vom Liebesglück überwältigt den Tod findet. Überaus irritierend ist hingegen der Liebestod der Heldin in der ‚Frauentreue' (etwa 400 Verse), da diese sich erst dann ihrer Liebe zu einem Ritter bewußt wird, als er im erfolglosen Werben um sie den Tod findet. In die Nachfolge der ‚Crescentia' (vgl. Bd. I/2, S. 161) stellt sich dagegen die unschuldig vom Hofmarschall verleumdete ‚Königin von Frankreich' Schondochs. Inwieweit ‚Der Nußberg' Heinrich Rafolds hierher gehört, muß wegen der fragmentarischen Überlieferung offenbleiben; wir erfahren nur, daß sich die Gattin eines Königs in den gefangenen Heidenkönig verliebt und mit ihm fliehen möchte.

Die Erzählungen sind aber auch zu expliziten **Liebes- und Treueproben** arrangiert, so in der ‚Liebesprobe' Fröschels von Leidnitz, in der sich eine von drei Rittern umworbene Frau für den entscheidet, der sie als angeblich Aussätzige umarmt. Der Kaufmann in Herrmann Fressants ‚Der Hellerwert Witz', der sich neben seiner Frau noch zwei Liebhaberinnen hält, muß erfahren, als er vorgeblich verarmt heimkehrt, daß ihn nur seine Frau in Treue aufnimmt, die beiden Buhlerinnen ihm dagegen die Türe weisen. In der ‚Treueprobe' Ruprechts von Würzburg gewinnt der Ehemann die Wette, die er unter Einsatz seiner ganzen Habe auf die eheliche Treue seiner Frau abgeschlossen hatte. Die ‚Wette' (etwa 100 Verse) demonstriert im bäuerlichen Milieu freilich auch, daß die Probe schiefgehen kann. Dies muß wohl ebenso der Kaiser bei der allgemeinen Tugendprobe erfahren, der er seine Frau im Fragment der

Weltliche Erzählungen

‚Demütigen Frau' unterzieht. Die hier angeschlagene Thematik führt in den breit ausgebauten Bereich der ehelichen Treue- und Kraftproben, der schon mit dem ‚Gürtel' Dietrichs von der Glesse in den Blick kam (vgl. Bd. II/2, S. 143). Dabei wird die Probe in der Regel mit List bestanden, um auf diese Weise die Leistungsfähigkeit der Verstandeskraft unter Beweis zu stellen; denn dies und nicht die erzählerische Bewältigung von Ehekonflikten, die das Erzählte freilich lebensweltlich situieren, ist das narrative Ziel dieser Mären.

Als ein österreichischer Ritter im ‚Bestraften Mißtrauen' (etwa 450 Verse) die Treue seiner tugendhaften Frau als Verführer verkleidet erproben will, erntet er die Schläge, die sie dem Verführer zugedacht hatte. Ähnlich ergeht es dem mißtrauischen Ehemann in ‚Der Herr mit den vier Frauen' (etwa 550 Verse).

Bei der Forcierung der Treue- zu ehelichen Kraftproben rückt die Frage in den Mittelpunkt, wer die Oberhand innerhalb des Konfliktfeldes Ehe gewinnt. In den Mären vom Typ der F r a u e n z u c h t - E r z ä h l u n g e n – Sibotes ‚Frauenerziehung'; ‚Die gezähmte Widerspenstige' (etwa 200 Verse) – geht der Mann mit Brachialgewalt als Sieger hervor, in den beiden Fassungen A und B des ‚Schneekindes' (etwa 100 Verse) und bei der ‚Bösen Adelheid' (etwa 200 Verse) geschieht dies durch ein geistiges Kräftemessen. Häufiger erringt aber die Frau durch eine List den Sieg und demonstriert durch diese V e r k e h r u n g d e r a n g e b l i c h natürlichen O r d n u n g, die sich auch im ‚Frauenturnier' (etwa 400 Verse) andeutet, welche Kraft dem Gebrauch des Verstandes zukommt.

Im ‚Almosen' (etwa 100 Verse) bekehrt eine Bäuerin ihren Mann von seinem Geiz, indem sie einem Bettler in Ermangelung eines Almosens ihre Liebe spendet. Nur als Druck (Straßburg 1495) überliefert ist die *historie* vom Ritter ‚Beringer' (etwa 400 Verse), dessen Prahlereien über angebliche Turniersiege von seiner Frau entlarvt werden: In der Verkleidung eines Ritters sticht sie ihn aus dem Sattel, nötigt ihn, dreimal ihr Hinterteil zu küssen und gibt sich ihm gegenüber als der Harburger Ritter Wienand von Bösland „mit der langen Arskrinne" aus, mit dem sie ihrem Mann erfolgreich droht, als er ihr grob kommt. Im ‚Reiher' (etwa 450 Verse) wie im ‚Hasenbraten' Des Vriolsheimers narren die Ehefrauen ihre Männer, damit ihre Naschhaftigkeit (Verzehr eines Bratens) unentdeckt bleibt. Den ‚Drei listigen Frauen A' (etwa 400 Verse) gelingt es im gegenseitigen Wettstreit sogar, ihre Männer so sehr zu foppen, daß sich der eine für einen Abt, der andere sich für tot hält und der dritte nackt zum ‚Requiem' kommt, das der ‚Abt' für den ‚Toten' liest. Skrupellos angewandte List schlägt allerdings zum Mißerfolg um: Der Liebhaber einer Ehefrau im Märe ‚Der Zahn' (etwa 100 Verse) flieht entsetzt, nachdem sie ihrem Gatten unter dem Vorwand faulen Mundgeruchs einen gesunden Backenzahn gezogen hat, um ihn ihrem Galan als Treuebeweis zu präsentieren.

Immer wieder muß der E h e b r u c h als eine besonders heikle Situation herhalten um zu zeigen, daß sich mit List auch schwierigste Probleme lösen lassen. Ähnlich den ‚Drei listigen Frauen' (vgl. S. 261) läßt sich diese Einsicht durch das Wettstreit-Schema – so in den ‚Drei buhlerischen Frauen' (etwa 450 Verse) und im Märe ‚Der Wirt' (etwa 600 Verse) – oder durch sich steigernde Komplikationen wie in Rüdegers von Munre Fassung (B) des ‚Studentenabenteuers' weiter untermauern. Dabei erweisen sich das listige Arrangement des Ehebruchs und die schlaue Rettung aus drohender Gefahr beim plötzlichen Auftauchen des Ehemanns als zwei Standardsituationen, die zu immer neuen Gestaltungen herausforderten.

Durch einen vorgetäuschten Diebstahl der Ziege lockt der Ritter in der ‚Meierin mit der Geiß' (etwa 150 Verse) einen Bauern aus dem Haus, um sich dann die Nacht über mit dessen Frau zu vergnügen. Ihren ‚Minnedurst' (etwa 250 Verse) löscht eine Bauerstochter in der Hochzeitnacht, indem sie ihren weintrunkenen Mann bittet, am Trog vor dem Haus ihren Durst stillen zu dürfen, wo sie dann ihren Liebhaber trifft. Im ‚Schreiber' (300 Verse) gelingt es dagegen der Ehefrau, den Mann aus dem Haus zu expedieren, um sich dann den Schreiber ins Bett zu holen. Den Genarrten ergeht es allen so wie dem mißtrauischen Ehemann in dem Märe ‚Frauenlist' (etwa 600 Verse), dem seine Frau anhand des Spiegelbildes im Wasser bedeutet, daß er dieses zwar sehen, aber nicht greifen könne.

Größerer geistiger Anstrengung bedarf es in der Regel, um die Entdeckung des Ehebruchs listig zu vereiteln, weil hierbei eine schnelle Reaktion gefordert ist. So rät in ‚Des Weingärtners Frau und der Pfaffe' (etwa 100 Verse) die Frau eines Winzers bei der unerwarteten Rückkehr des Ehemanns ihrem geistlichen Liebhaber, sich schnell vor ihr Bett zu setzen und so zu tun, als nehme er ihr die Beichte ab; der Ehemann dankt dem Pfarrer, daß er sich seiner ‚schwerkranken' Frau angenommen hat. Im ‚Ritter mit den Nüssen' (etwa 200 Verse) provoziert die Frau des überraschend heimgekehrten Ehemanns mit der Bemerkung, sie könne einen Liebhaber unbemerkt aus dem Hause schaffen; sie nimmt ihren neugierig gewordenen Mann unter ihr Gewand, so daß der Galan unbemerkt davonschleichen kann. Den ‚Liebhaber im Bade' (etwa 50 Verse), der mit der Frau eines Ritters im Badezuber sitzt, kann sie vor dem plötzlich auftauchenden Ehemann verbergen, weil sie diesem Wasser in die Augen spritzt. Schnelles Handeln ist auch gefordert, wenn – wie in ‚Schampiflor' (etwa 450 Verse) und in ‚Frau Metze' Des armen Konrad – statt des Liebhabers der eigene Ehemann zum Stelldichein kommt. Zur Bereinigung der prekären Situation sind zuweilen Helfer notwendig: Im ‚Kerbelkraut' (etwa 300 Verse) ist es eine Kupplerin, die dem betrogenen Ehemann vorgaukelt, der Genuß des Kerbels habe ihn das Trugbild eines Liebhabers sehen lassen; die ‚Treue Magd' (etwa 600 Verse) zündet ebenso wie eine verständige Nachbarin in Jacob Appets ‚Der Ritter unter dem Zuber' die Scheune an, um die Aufmerksamkeit des Ehemanns vom Liebhaber seiner Frau abzulenken. Im Fragment ‚Wandelart' wird der heimkehrende Ehemann durch einen Knappen bis zum Verlust seiner Identität getrieben. Nicht immer aber ist der Betrogene der Unterlegene: Mit List überführt der Fischer in Heinrichs von Pforzen ‚Der Pfarrer in der Reuse' den

Burgkaplan als Liebhaber seiner Ehefrau, bestraft ihn drakonisch und gibt ihn dem Gelächter preis.

Die Verspottung des Entdeckten demonstriert publikumswirksam und Sympathie heischend die Verstandeskraft als eine erfolgreiche Fähigkeit bei der Lösung von Konflikten. In einfacher Form geschieht dies im ‚Blinden Hausfreund' (etwa 400 Verse), bei dem die Blindheit des Verführers von den treuen Eheleuten dazu genutzt wird, um ihn zum Narren zu machen. In vergleichbarer Weise stehen der rheinische Bildhauer und seine Frau im fragmentarischen ‚Herrgottschnitzer' zusammen, so daß der buhlerische Pfarrer seine Entmannung durch das Schnitzmesser des Künstlers fürchten muß. Im 15. Jahrhundert wird dieser einfache Typ durch die Revanche des Verspotteten zur Zweiteiligkeit ausgebaut um zu zeigen, daß selbst einer List durch potenzierte Schlauheit begegnet werden kann. Ansätze dazu im 14. Jahrhundert scheinen im Bruchstück ‚Die zwei Maler' vorzuliegen: Um sich der Treue seiner Frau während einer Abwesenheit zu sichern, malt ihr der Mann ein Lamm vor der *schame düre*; der verlorene Schluß läßt sich aus Motivparallelen ergänzen: Nach dem Liebesgenuß frischt der Liebhaber das verwischte Gemälde auf und ersetzt dabei das Lamm durch einen gehörnten Hammel.

Ein beliebtes Demonstrationsfeld für gewitztes Handeln und die Folgen von Einfältigkeit bietet schließlich der Themenkreis „Verführung und erotische Naivität", der den Rezipienten durch die Handlungskonstellation, aber auch durch die Ambivalenz der handelnden Figuren die Möglichkeit zur ironischen Distanzierung aus der Position des Vernünftigeren einräumt: Die Erzählung appelliert nicht, sich mit der Schlauheit einer Figur zu identifizieren, vielmehr versetzt sie die Rezipienten selbst in den Stand der klug Urteilenden. Auch hier simulieren Erotik und Sexualität Lebenswirklichkeit, die aber in der konkreten Darstellung so sehr von der Alltagswelt abgehoben ist, daß die beispielhafte Inszenierung zum Beweis des klugen Urteils bewußt bleibt.

Die Erzählung vom Minnekauf – während des 13. Jahrhunderts bereits in ‚Dulciflorie' und im ‚Sperber' gestaltet – greift ‚Das Häslein' (etwa 500 Verse) auf: Ein Mädchen kauft von einem Ritter ein Häslein um den Preis ihrer Liebe und will sie nach den Vorhaltungen der Mutter wieder zurückkaufen; als die Braut des Ritters gesteht, sie habe es an die hundertmal mit dem Kaplan getrieben, ohne davon der Mutter zu erzählen, heiratet der erschrockene Ritter das kindliche Mädchen. Naivität ist auch die Ausgangslage im ‚Rädlein' des Johannes von Freiberg: Um den Widerstand einer hübschen Magd zu brechen, malt der verliebte Schreiber – wie der Pfarrer im Fragment ‚Das Kreuz' – der Schlafenden ein Kreuz auf den Leib und behauptet, sie habe sich ihm bereits hingegeben; daraufhin soll er ihr zeigen, wie ihm das geglückt sei, und sie kann dann von seiner Kunst nicht genug bekommen. ‚Des Teufels Ächtung' (etwa 300 Verse) bezeichnet ein Mann in der Hochzeitsnacht gegenüber seiner unerfahrenen Braut den Beischlaf, den sie dann für ihr Seelenheil höher schätzt als den Kirchgang und alle Wallfahrten nach Rom oder ins Heilige Land. Bei der fragmentarischen ‚Rache für die Helchensöhne' spielt die verhüllende Benennung an die ‚Rabenschlacht' (vgl. Bd. II/2, S. 52) an, und die unerfahrene Frau hält diese Form des Rächens für so süß, daß sie sogar vorgibt, die Söhne von Etzels Gemahlin Helche selbst erschlagen zu haben. In ‚Ehren und Höhnen' (etwa 100 Verse) zieht das Mädchen das ‚Höhnen' (Beischlaf) dem ‚Ehren' (Küssen) vor. Sexuelle Unerfahrenheit wird aber durchaus auch männlichen Figuren attestiert. So wähnen sich die Tölpel im ‚Schwangeren Müller' (etwa 250 Verse) und in des Zwickauers ‚Des Mönches Not' nach erfolgloser ‚Liebesnacht' für schwanger, ‚Tor Hunor' (etwa 250 Verse) kann in der Hochzeitsnacht das *vühselin* bei einem Bauernmädchen nicht finden und überläßt es jenem Ritter, den das Mädchen zuvor schon liebte. Frauen, die den Beischlaf entbehren, stellen sich in den beiden Fassungen A und B (Hans Ehrenbloß) des ‚Hohlen Baumes' (etwa 150 Verse) krank und geben aus einem hohlen Baum heraus unerkannt den Rat, wie die ‚Krankheit' zu heilen ist. In diesem Umfeld erscheint es nicht als verwunderlich, wenn – wie im ‚Striegel' (etwa 450 Verse) und in ‚Gold und Zers' (ein Grenzfall zwischen Märe und Minnerede) – Genitalien zu einem zentralen Motiv und im Falle von ‚Gold und Zers' sogar (mit verstärkter Tendenz im 15. Jahrhundert) personifiziert werden. Kindliche Naivität erfährt in ‚Berchta' (etwa 100 Verse) allerdings auch eine positive Bewertung, weil sie die Wahrheit ans Licht zu fördern vermag: Als ein Mann die Berchta als ein Ungeheuer schildert, fragt sein Kind, ob es wie der Geistliche aussehe, der über die Mutter hergefallen sei.

Klugheit wird in schwankhafter Weise aber auch so demonstriert, daß die beliebten erotischen Handlungsfelder bestenfalls nurmehr als Beiwerk erscheinen. Dabei richtet sich der Blick immer wieder über W o r t w i t z und Schlagfertigkeit auf die Sprache als Medium der List. Ein Beispiel dafür ist ‚Der betrogene Blinde' (etwa 100 Verse), der in der Hochzeitsnacht bermerkt, daß seine Braut keine Jungfrau mehr ist. Auf seine Vorwürfe antwortet sie dem Enttäuschten schlagfertig, im Gegensatz zu ihm, der sein Augenlicht durch Feinde veloren habe, sei ihr Schaden durch Freunde verursacht worden. Ihre Redegewandtheit beweist ebenso die Frau in der Fassung A von ‚Pfaffe und Ehebrecherin' (etwa 100 Verse), welche den Vorwurf des Ehebruchs durch Wörtlichnehmen der Vorhaltungen gegenüber dem Pfarrer entkräftet. Gelegentlich steigert sich die Auseinandersetzung bis hin zu Schelmenstreichen wie in Volrats ‚Die alte Mutter', die der Sohn – letztlich vergeblich – einem anderen Ritter als Mutter unterschiebt, oder wie im ‚Feldbauer' (etwa 500 Verse), der mit seiner Erzählorganisation an der Grenze zum Märe liegt: Der Erzähler fällt auf die Schwindeleien eines Bergbauspekulanten herein, der ihm das Geld aus der Tasche zieht, bis der Betrug auffliegt.

Nicht selten sind die Mären mit einer expliziten Lehre versehen: Man verspricht nichts, wenn man es nicht besitzt (‚Die Bärenjagd'); wenn sich eine Frau mit einem Pfarrer ins Bett legt, soll sie es vor ihren Kindern verheimlichen (‚Berchta'); wer selbst getadelt werden kann, soll anderen keine Vorhaltungen machen (‚Der betrogene Blinde'); ehrt die Frauen (Dietrich von der Glesse: ‚Der Gürtel'); wer seine Frau befriedigt, wird von ihr verwöhnt (Hans Ehrenbloß: ‚Der hohle Baum B'); ein Mann macht sich zum Narren, wenn er auf den Rat von Frauen hört (‚Drei listige Frauen A'); Frauen sollen getreue Liebhaber belohnen (‚Frauentreue') und nur ehrbare Männer lieben (Fröschel von Leidnitz: ‚Die Liebesprobe'); was geschehen soll, das geschieht auch (‚Das Häslein'); wer eine tugendsame Frau hat, soll sich darüber freuen (‚Der Herr mit den vier Frauen'); welche anfangs den größten Widerstand leistet, läßt sich später am schnellsten besiegen (Johannes von Freiberg: ‚Das Rädlein'); Frauen zu beaufsichtigen ist nutzlos (‚Das Kerbelkraut'; ‚Die Meierin mit der Geiß'); Warnung an die Frauen vor listigen Geistlichen (‚Das Kreuz'); Gott möge alle Betrüger strafen (‚Minnedurst'); Redegewandtheit hilft oft (‚Pfaffe und Ehebrecherin A'); vor listigen Frauen soll man sich vorsehen (‚Der Ritter mit den Nüssen'); Männer sollen sich nicht ihrer Erfolge bei Frauen rühmen (‚Der Schreiber'); man soll sich vor dem ‚Feuer' hüten (‚Der Sperber'); Gelegenheit macht Diebe (‚Studentenabenteuer A'); mancher Mann wird von Frauen zum Toren gemacht (‚Des Weingärtners Frau und der Pfaffe'); ein kluger Mann soll seine Frau niemals auf die Probe stellen (‚Die Wette'); gute Frauen soll man ehren (‚Die gezähmte Widerspenstige'); skrupellose Frauen soll der Teufel holen (‚Der Zahn'). Die Heterogenität dieser Auflistung zeigt Übereinstimmungen, öfters aber auch Widersprüche zum Erzählziel der jeweiligen Mären. Deren Verständnis läßt sich daher nicht einfach von den kurzen, meist am Schluß der Erzählung angehängten Nutzanwendungen her bestimmen, sondern verlangen eine differenzierte Ermittlung der Erzählfunktion. Dabei zeichnet sich gerade bei den schwankhaften Mären die Demonstration von Klugheit und Dummheit an den zentralen Erzählfiguren ab, mit denen sich der kluge Rezipient identifizieren oder von denen er sich distanzieren kann. Es ist offenkundig das Prinzip der Rationalität, von dem man sich Orientierung in einer komplexen Welt versprach.

Diesem Befund entspricht, daß nur vergleichsweise wenige Mären – innerhalb des mittelalterlichen Gesamtbestandes sind es nur etwa 5 Prozent – explizit moralisch-exemplarisch auf die Demonstration menschlicher Tugenden und Laster zielen. Einen Schwerpunkt bildet dabei die Warnung vor dem Verstoß gegen das vierte Gebot durch den Undank der Kinder: ‚Der Schlegel' Rüdegers des Hinkhofer gehört hierher wie vor allem die verschiedenen Fassungen der ‚Halben Decke' (Fassung C von Dem Hufferer): Ein Sohn läßt seinen Vater, der ihm das ganze Erbe hinterlassen hat, frierend dahinvegetieren; als der Enkel für ihn eine halbe (Pferde-)Decke vom Vater erbittet, will der

Vater ihm die ganze geben, doch sein Sohn besteht auf der einen Hälfte, damit er die andere aufsparen kann, wenn sein Vater einmal auch ins Alter komme. An dem Märe ‚Harm der Hund' (etwa 200 Verse) wird Treue exemplifiziert, an der ‚Bärenjagd' die Unsinnigkeit voreiliger Versprechungen demonstriert; ‚Kobold und Eisbär' (etwa 350 Verse), mit seinem märchenhaften Stoff singulär innerhalb der Märendichtung, schafft eine ironische Distanz gegenüber dem Glauben an Spuk.

Andere Mären zeigen dagegen mehr oder minder deutlich einen sozialkritischen Duktus. Recht harmlos ergeht es noch dem ‚Ritter im Hemde' (etwa 50 Verse), der sich modisch zum Tanz kleidet, dann aber von seinem Knappen durch einen Mißgriff beim Ordnen der Kleidung vor den Damen komprimittiert wird. Handfester gibt sich ‚Die Roßhaut' Heinrich des Teichners (Nr. 360), die ein bayerischer Ritter seiner hoffärtigen Frau zum Kirchgang überzieht, als sie ein ebenso kostbares Kleid wie die Herzogin begehrt: Der Wert des geschlachteten Pferdes entspricht den Kosten für die Garderobe der Herzogin. Gegen die Verletzung der höfischen *zuht* durch Frauen wie Männer richtet sich das neuerdings wieder für Konrad von Würzburg reklamierte Märe ‚Die halbe Birne A' (etwa 500 Verse): Ritter Arnold, der sich im Rahmen einer Brautwerbung beim Turnier besonders ausgezeichnet hat, wird von der Prinzessin wegen seiner schlechten Tischmanieren öffentlich verspottet, als Narr verkleidet aber wegen seines starken Minnedorns von ihr hemmungslos begehrt, – freilich ohne Erfolg; denn als sie am nächsten Tag den Ritter beim Turnier abermals verhöhnt, revanchiert er sich mit den Worten, die ihn nächtens anstacheln sollten. Um einen Eklat zu vermeiden, muß sich die Prinzessin mit Ritter Arnold verehelichen. Zur Demaskierung des höfischen Scheins trägt auch Heinz der Kellner mit ‚Konni' bei, der auf dem verbreiteten Schema des Redewettstreits zwischen einer hochgestellten Person und einem siegreichen Tölpel aufbaut (Typ der Turandot-Erzählung) und dabei deutlich ins Grobianische ausgreift: Eine hochmütige Königstochter will nur den zum Mann nehmen, der sie – bei Verlust des Lebens für den Verlierer – bei der Lösung dreier Aufgaben besiegt: Dem grobschlächtigen Bauernburschen Konni gelingt dies, indem er die Königstochter zu unflätigen Antworten provoziert, die er durch noch größere Drastik überbietet, so daß sie ihn und nicht einen der vielen stolzen Bewerber heiraten muß. Die neureiche Wiener Oberschicht (Patriziat) wird in ‚Der Wiener Meerfahrt' Des Freudenleeren mit einer satirisch gezeichneten Sauforgie dem Spott des alten österreichischen und böhmischen Landadels ausgeliefert (vgl. Bd. II/2, S. 143). Einen Sonderfall stellt ‚Die Bauernhochzeit' dar, zu der zwei verschiedene Fassungen vorliegen: ‚Metzen hochzit' (etwa 700 Verse) und ‚Meier Betz' (etwa 400 Verse). Gezeigt wird am Beispiel einer Bauernhochzeit die Differenz zwischen Rechtsnorm und deren Umsetzung in den Alltag, die durch die Verlegung der Handlung in ein bäuerliches Milieu nach Art der Dörperwelt Neidharts (vgl. Bd. II/2, S. 10f.) eine auf Distanzierung zur Rechtspraxis und auf Bestätigung der Rechtsnorm zielende Komik erzeugt. Im ‚Meier Betz' verschärft sich diese Komik zu einem aggressiven Bauernspott, wie er im 15. Jahrhundert auch bei einzelnen Fastnachtspielen aufscheint, während Heinrich Wittenwiler in seinem ‚Ring' mit Rückgriff auf ‚Metzen hochzit' die Bauernwelt zur beklemmenden Demonstration für die völlige Negativität alles Irdischen mitsamt seinen gesellschaftlichen Differenzierungen werden läßt (vgl. Bd. III/2).

Die Kritik an der schamlosen **Unsittlichkeit der Geistlichen**, die in den schwankhaften Mären öfters implizite anklang, spitzt sich in den ‚Drei Mönchen von Kolmar' zu einer Groteske zu, deren Grausamkeit die Welt in ihrer grenzenlosen Bosheit und Zufälligkeit entlarvt, ohne ein Wissen vom erlösenden Wirken Gottes auch nur aufschimmern zu lassen. Angesichts dieser Radikalität scheint es naheliegend, den Autornamen Niemand als einen Decknamen anzusehen, der vielleicht in der mittellateinischen *nemo*-Tradition steht. Die Lokalisierung des grausigen Geschehens in Kolmar, das selbst vor einem Unschuldigen nicht haltmacht, verbietet als Realitätssignal andererseits ein Ausweichen in ein unverbindliches Irgendwo. Das Märe zeigt zwar eine deutliche Nähe zum Fabliau ‚Estormi' des Hugues Piaucele (13. Jahrhundert), es gibt aber in seiner spezifischen Ausformung auch zu erkennen, über welchen reichen Fundus an Erzählelementen man im 14. Jahrhundert zur Erreichung des Erzählziels frei verfügen konnte.

Die schöne Frau eines ehemals reichen, aber wirtschaftlich glücklosen Mannes in Kolmar möchte ihre Osterbeichte ablegen und gerät nacheinander an einen Dominikaner, einen Franziskaner und einen Augustiner, die ihr für eine gemeinsame Nacht jeweils sich steigernde Geldbeträge anbieten (dieses Motiv auch im Mären-Fragment ‚Die Frau des Seekaufmanns'). Der Ehemann, dem die fromme Frau von den unzüchtigen Anträgen erzählt, sieht darin eine willkommene Möglichkeit, um seine Geldverluste auszugleichen. Er trägt seiner Frau auf, die drei Mönche zu unterschiedlichen Nachtstunden zu sich zu laden. Nach der Geldübergabe macht er sich bemerkbar, die Frau rät den buhlerischen Mönchen, sich rasch in einem Zuber zu verstecken; dort kommen sie in siedendem Wasser um. Zur Beseitigung der Leichen bedient sich das Ehepaar eines betrunkenen Studenten, dem sie einen Geldbetrag anbieten, wenn er den Toten, den sie vor das Haus gestellt haben, in den Rhein wirft (der zwar nicht durch Kolmar fließt, aber ebenfalls als ein Realitätssignal zu verstehen ist). Als der Student wiederkommt, um seinen Lohn abzuholen, entdeckt er die zweite Leiche vor dem Haus, glaubt in seinem benebelten Kopf an eine Wiederkehr des Mönchs und schafft auch diesen Toten, schließlich noch den dritten weg. Schließlich verliert sogar ein Mönch auf dem Weg zur Mette, den der Student für eine abermals wiederkehrende Leiche hält, sein Leben durch Ertränken im Rhein.

Die Kaltblütigkeit dieser Geschichte, die auch die eingangs als fromm und tugendsam geschilderte Frau, am Schluß gar einen völlig Unschuldigen auf dem Weg zum Gottesdienst in den Strudel eines zwar in sich stimmigen, aber letztlich sinnlosen Geschehens stürzt, geht weit über eine Kritik gerade an jenen drei Orden, die sich in besonderer Weise der städtischen Seelsorge verschrieben hatten, weit hinaus. Hier eröffnet sich ein Einblick in eine heillose Absurdität der Welt, der sich im 15. Jahrhundert wieder bei Heinrich Kaufringer und Hans Rosenplüt findet (vgl. Bd. III/2).

Schwänke, aber kein Schwankbuch

Angesichts der Vielzahl an schwankhaften Mären im 14. Jahrhundert mag es zunächst überraschen, daß es zu keiner Ausbildung von Schwankreihen nach Art des ‚Pfaffen Amis' (vgl. Bd. II/2, S. 143f.) kam, doch bestätigt dieser Befund nur die Singularität des Strickerschen Konzepts in seiner Zeit, Schwänke durch die Identität einer bestimmten Figur nach den Prinzipien der Addition und der Steigerung miteinander zu verketten. Des Strickers Modell war zwar bis zum ‚Ulenspiegel' (‚Eulenspiegel') präsent, der die ersten vier Episoden aus dem ‚Pfaffen Amis' variiert, aber die Ausformung zum Schwankbuch verdankt sich ganz offensichtlich dem neuen Medium des Buchdrucks. Die ursprüngliche Resistenz des schwankhaften Märes gegenüber einer figurenorientierten Reihenbildung scheint gattungstypisch zu sein, da es im Schwankmäre nicht um die Präsentation eines bestimmten Figurentyps – etwa des schlauen Geistlichen – geht, sondern um eine allgemein gültige Demonstration von Klugheit und Dummheit anhand lebensweltlich verankerter Einzelfälle, aus deren Konstellation der jeweilige Figurenapparat, durchaus auch variierend, abgeleitet wird.

Diesem Befund widerspricht auch der gereimte Schwankroman ‚S a l o m o n u n d M a r k o l f' (etwa 1900 Verse) nicht, der im letzten Viertel des 14. Jahrhunderts entstanden sein mag (und der vom strophischen ‚Salman und Morolf' zu unterscheiden ist; vgl. Bd. I/2, S. 178–181). Es handelt sich nämlich dabei um kein genuin volkssprachiges Werk, sondern um die (älteste) deutsche Bearbeitung des mittellateinischen ‚Dialogus Salomonis et Marcolfi', dessen deutsche Prosaübertragung im 15. Jahrhundert mehrfach auch gedruckt wurde und eine beachtliche literarische Wirkung erzielte. Es erscheint daher sinnvoll, den gesamten Komplex in Bd. III/2 im Zusammenhang darzustellen.

Auch der in der Hofgesellschaft Herzog Ottos des Fröhlichen (1301 bis 1339) und seiner ersten Gemahlin Elisabeths von Bayern (gest. 1330) angesiedelte ‚Neithart Fuchs' ist als Schwankbuch ein Produkt des Buchdrucks (Erstdruck: Augsburg um 1491/97) ohne vorausliegende handschriftliche Überlieferung, sondern aus Neidhart-Liedern des 13. bis 15. Jahrhunderts abgeleitet. Ebenfalls für den Buchdruck geschaffen wurde Philipp Frankfurters ‚Pfarrer von Kahlenberg', der bereits 1473 in Augsburg zum Druck kam und dessen Bauern- und Hofschwänke auch im Umkreis des Wiener Hofs unter Herzog Otto dem Fröhlichen spielen (vgl. S. 44f.). Trotz dieser historischen Anbindung und der literarhistorischen Tradition, auf der diese beiden Schwankbücher aufruhen, sind sie als Druckwerke des 15. Jahrhunderts in Bd. III/2 zu behandeln.

Formen der Rede

Neben der Prosaliteratur gehört die Rede in ihren vielfältigen Ausformungen zum literarisch produktivsten Gattungsbereich während der 14. Jahrhunderts. Die Ausbildung neuer Redetypen hätte es nahegelegt, das Kapitel gegenüber Band II/2 (S. 144–155) weiter zu untergliedern, doch wurde davon abgesehen, um innerhalb des dort vorgegebenen Rasters die zahlreichen Neuerungen im Vergleich besonders deutlich sichtbar zu machen. Lediglich die Minnerede hat einen eigenen Abschnitt erhalten, da ihr im Redenrepertoire des 14. Jahrhunderts eine besonders herausragende Rolle zukommt, die auch andere Redetypen in ihren Bann zu ziehen vermochte.

Geistliche Lehre und Ermahnung

Die Tradition der geistlichen Rede, die sich im 13. Jahrhundert innerhalb eines erheblich erweiterten literarischen Gattungsspektrums einen festen Platz gesichert hatte (vgl. Bd. II/2, S. 145–148), läuft im 14. Jahrhundert ungebrochen weiter. Wie seinerzeit beim Stricker gehört sie jetzt auch zum festen Bestand im Œuvre Heinrich des Teichners (vgl. S. 310ff.), und man pflegt neben der Klein- weiterhin die Großform, die aber nun wieder ganz von geistlichen Autoren beherrscht wird; inwieweit hinter den zahlreichen Anonyma auch weltliche Verfasser stehen, muß letztlich offenbleiben. Trotz ihrer thematischen Vielfalt verläßt die geistliche Rede aufs Ganze gesehen die durch die Tradition vorgegebenen Gleise nicht. Die entscheidende und für das 14. Jahrhundert typische Neuerung erfolgt durch eine nachhaltige Hinwendung der geistlichen Literatur zur Prosaform (vgl. S. 417ff.), die dann im 15. Jahrhundert zum Standard wird (vgl. Bd. III/2). Vor diesem Hintergrund erweist sich die geistliche Rede in Reimpaarversen – im Gegensatz etwa zur Minnerede (vgl. S. 321ff.) – bereits im 14. Jahrhundert als ein deutlich rückwärts gewandter Gattungstyp, auch wenn er während des ganzen 15. Jahrhunderts hindurch bis hin zu Hans Folz präsent bleibt.

Das zentrale Thema der geistlichen Rede, das auch in der geistlichen Groß- und Kleinepik tiefe Spuren hinterließ, war die bedrängende Frage nach dem Weltende und nach dem Jüngsten Gericht, von der sich ein Gutteil der geistlichen Reden zur richtigen Lebensführung der Gläubigen angesichts dieses unausweichlichen Geschehens ableitet. Die Tragweite der Lebensgestaltung für den göttlichen Richterspruch stellt in aller Härte das verbreitete, wohl schon um 1250/70 entstandene Gedicht ‚Von dem jungesten tage' vor Augen, das ein Streitgespräch zwischen Seele und Leib nach Art der ‚Visio Philiberti', wie sie Heinrich von Neustadt gestaltet hat (vgl. S. 229), mit der Gerichtsszene kombiniert.

Die Überlieferung in 10 Handschriften, zu der noch eine Druckfassung kommt, reicht vom 13. bis zum 15. Jahrhundert und teilt sich in eine längere (etwa 750 Verse) und in eine kürzere (330 Verse) Version. Weiterhin lassen Textanklänge im ‚Renner' Hugos von Trimberg (vgl. S. 318ff.), in Heinrichs von Neustadt ‚Von Gottes Zukunft' (vgl. S. 228f.) und im ‚Thüringischen Zehnjungfrauenspiel' (vgl. S. 374f.) etwas von der Wirkmächtigkeit dieser alemannischen Dichtung erahnen, die anderen geistlichen Reden fehlt. Als Autor vermutet man einen Franziskaner, der Christus nicht nur die neuen Bettelorden loben läßt, sondern auch auf das franziskanische Ideal der Hilfe für den notleidenden Nächsten abhebt, in dem Christus gegenwärtig ist. Die liebende Zuwendung gerade zu den Armen und Unterdrückten wird zu einem entscheidenden Kriterium bei der Urteilsfällung.

Poetisch versiert und rhetorisch geschult tritt der Autor als ein Bußprediger auf, der beim Höllensturz eine Ständereihe von den Kardinälen bis zu den einfachen Geistlichen und Mönchen, vom Kaiser bis zu den Freiherren vorführt, der den Lastern vom Wucher über Meineid und Mord bis zur Spiel- und Trunksucht durch deren menschliche Vertreter ein Gesicht gibt, der Unkeuschheit, Kleiderpracht wie die Vergnügungen der oberen Gesellschaftsschicht geißelt und den Bauern Befreiung vom Joch ihrer *herren* durch Christus verspricht; denn nicht die ständische, sondern die himmlische Hierarchie wird ewigen Bestand haben. Die Eindringlichkeit, mit der dies vorgeführt wird, geht über die Topik sozialer Kritik hinaus und zeugt vom religiösen Ethos eines Predigers aus einem der Laienseelsorge verpflichteten Bettelorden.

Ganz auf theologische Belehrung zielt dagegen das Gedicht ‚Von der Zukunft des wahren Gottes' (etwa 1400 V.), das die Gräfin Maria von Playen-Hardegg – Gattin Ulrichs I. von Neuhaus (Südböhmen), die auch in der ‚Kreuzfahrt Landgraf Ludwigs des Frommen' (vgl. S. 244f.) genannt wird – Ende des 13. Jahrhunderts in Auftrag gegeben hat. Der geistliche Autor legt der Rede das Eingangskapitel (‚De adventu domini') zur ‚Legenda aurea' des Jacobus a Voragine (vgl. S. 236) zugrunde und stellt der Menschwerdung Jesu (*erster advent*) das Jüngste Gericht (*ander advent*) gegenüber, das sich durch die ‚Fünfzehn Vorzeichen' und den Antichrist ankündigt. Mit dieser Trias (Vorzeichen, Antichrist, Gericht) sind jene Themenbereiche benannt, die für die eschatologischen Gedichte grundlegend sind, freilich auch einzeln oder mit unterschiedlicher Schwerpunktsetzung behandelt werden können. So stellt um 1300 das ‚Darmstädter Gedicht über das Weltende' (etwa 330 Verse), das den ‚Karlmeinet' (vgl. S. 218ff.) gleichsam als Epilog beschließt, die Vorzeichen – flankiert vom Antichrist und Jüngstem Gericht – auch quantitativ in den Mittelpunkt; in der rheinfränkischen Rede ‚Wie got das jungst gericht besitzen sol' (etwa 380 Verse) aus der zweiten Hälfte des 14. Jahrhunderts hingegen sind die Vorzeichen nur knapp angedeutet, das Augenmerk gilt fast ganz dem Gericht mit dem heiligen Michael als Seelenwäger und Maria samt den Heiligen als Fürbitterin.

Die isolierte Behandlung der A n t i c h r i s t - T h e m a t i k führt in den Grenzbereich zwischen geistlicher Rede und Erzählung, da hierbei eine Art Vita des Gegners Christi in der Endzeit der Welt geliefert wird: seine Geburt in Babylon, sein Einzug in Jerusalem, seine Scheinwunder, mit denen er die Menschen für sich gewinnt, die Tötung des Propheten Elias und Enoch, schließlich seine eigene Tötung durch den Erzengel Michael. Kompositorisch verfahren die Antichrist-Gedichte wie die bairische Dichtung ‚Von dem Anticriste' (etwa 650 Verse) aus der Zeit um 1300 nach dem Prinzip der Antithetik: Babylon als Geburtsort des Antichrist steht Bethlehem für Jesus gegenüber, Jesu Tugenden konterkarieren die Laster des Antichrist, der *diemüete* des Erlösers setzt der Antichrist seine *hôchvart* entgegen, der es sogar durch *zouberlist* versteht, Wunder zu wirken und selbst Tote zum Leben zu erwecken.

Grundlage für die mittelalterlichen Antichrist-Texte war die Schrift ‚De ortu et tempore Antichristi' des Abtes Adso von Montier-en-Der (gest. 992) in der um 1000 entstandenen, erweiterten Fassung des Albuinus Eremita (vgl. Bd. I/1, S. 318). Dies gilt auch für die bairische Versdichtung, die sich ziemlich genau an Albuinus orientiert und damit einen lateinkundigen Autor vermuten läßt. Eine bedeutende Wirkung im Spätmittelalter entfaltete daneben das eschatologische (VII.) Buch des verbreiteten ‚Compendium theologicae veritatis' des Dominikaners Hugo Ripelin von Straßburg (vgl. S. 442ff.), auf das auch Hugo von Langenstein in seiner ‚Martina' (vgl. S. 234f.) und Friedrich von Saarburg zurückgriffen.

Von Friedrich von Saarburg stammt das umfangreichste Antichrist-Gedicht (etwa 1000 Verse) des 14. Jahrhunderts. Er selbst nennt sich *pruder*, war vielleicht ein Franziskaner aus dem lothringischen Saarburg und wollte um die Jahrhundertmitte offenkundig eine Oberschicht ansprechen; darauf deutet die Apostrophe *hübeschait* hin. Friedrich unterstreicht die Verführungskraft, die von den Scheinwundern des Antichrist ausgehen und pointiert die Auseinandersetzung zwischen dem Guten und dem Bösen, die sich über die lebensweltliche Erfahrung des Publikums hinaus in der Endzeit aufs höchste zuspitzt.

Die Unabwendbarkeit des Jüngsten Gerichts und das Unabänderliche des göttlichen Richterspruchs führte zu der bangen Frage, an welchen Zeichen man das Anbrechen der letzten Tage zweifelsfrei erkennen könne. Zwar lieferte das Neue Testament in den Reden Jesu über die Endzeit (Mt 24,1–25,46; Mc 13,1–37 und Lc 21,5–36) sowie in der Johannes-Apokalypse Hinweise darauf, aber die Andeutungen blieben zu vage, um daraus sichere Merkmale ableiten zu können. Daher bemühte man sich bereits während der frühchristlichen Zeit in den Apokryphen um Konkretisierungen. Im Laufe der Jahrhunderte formten die Theologen aus dem gesammelten Wissen ein System von V o r z e i c h e n f ü r d i e l e t z t e n 15 T a g e vor dem Jüngsten Gericht, das bis weit in die Neuzeit tradiert wurde. Dabei entwickelten insbesonders die Fassung des Petrus Comestor in seiner ‚Historia scholastica' (zwischen 1169 und 1173) und die des Jacobus a Voragine (vgl. S. 236) im ersten Kapitel (‚De adventu domini') seiner ‚Legenda aurea' eine besondere Breitenwirkung, die über das Latein hinaus in zahlreichen europäischen Sprachen nachzuweisen ist. Wie bei der Antichrist-Thematik sind auch die Vorzeichen in größere Werke mit eschatologischer Ausrichtung inkorporiert (vgl. S. 229), daneben finden sich zahlreiche Einzelfassungen in Vers und Prosa; für beide Vorkommensweisen ließen sich bislang insgesamt etwa 100 Texte in der deutschen und niederländischen Literatur des Mittelalters benennen.

Der früheste deutsche Einzeltext (Eggers Nr. 30) scheint um 1300 entstanden zu sein. Trotz ihres geringen Umfangs (90 Verse) verdient diese Rede besondere Aufmerksamkeit, weil der Text mit je 6 Versen den Illustrationen zu den letzten 15 Tagen und ihren Zeichen zugeordnet ist (Abb. 11) – eine für diese Redeform völlig untypische Kombination, bei der durch die Visualisierung des Berichts das Dargelegte eine nachhaltige Intensivierung erfuhr (vgl. auch S. 281f.). Verbindlichkeit ließ sich aber auch dadurch erzeugen, daß die Zeichen gleichsam naturwissenschaftlich abgesichert werden. Diesen Weg geht das an *herren* gerichtete ‚Münchner Gedicht von den 15 Zeichen vor dem Jüngsten Gericht' (etwa 300 Verse) in einer ehemals Augsburger Handschrift des Jahres 1348, das die Vorzeichen zu ungeheuerlichen Naturkatastrophen steigert und aus naturkundlicher Sicht kommentiert. Dazu greift der Verfasser beim allgemeinen Sterben der Landtiere und der Vögel (sechster und siebter Tag) auch auf den ‚Physiologus' und dessen allegorische Deutungen (vgl. Bd. I/2, S. 56f.) zurück.

Ein weiterer Versuch der Präzisierung erfolgte durch die – bis in die Gegenwart bekannte – Festlegung eines Termins für den Weltuntergang. Anklänge dazu finden sich in der deutschen Literatur bereits in dem bairischen Gedicht ‚Diu vrône botschaft', das in einer Handschrift aus der ersten Hälfte des 13. Jahrhunderts überliefert ist. Dort wird ein Strafgericht Gottes wegen unterlassener Heiligung des Sonntags auf den 10. September datiert. Die Rede steht in der Tradition der ‚Himmelsbriefe', die vom 6. bis ins 20. Jahrhundert reicht und alle europäischen Volkssprachen umfaßt.

Mit Jahreszahlen warten dagegen die verbreiteten Sibyllenweissagungen auf, die während des 14. Jahrhunderts im Deutschen als Lied und als Reimpaardichtung auftreten (vgl. S. 354f.). An den Schwankungen der Angaben (1321 mit einem angeblichen Sieg Friedrichs des Schönen von Österreich über Ludwig den Bayern, 1361 und 1390 mit Ludwig als tatsächlichem Sieger) läßt sich freilich erkennen, daß der Wunsch nach möglichst genauen Daten für die Endzeit schnell zu einer politischen Instrumentalisierung geführt hat, die sich in den verschiedenen Fassungen der eschatologischen Weissagungen niederschlug.

Dem bedrohlichen Kampf zwischen dem Guten und Bösen in den letzten Tagen vor dem Jüngsten Gericht steht eine Auseinandersetzung zu Beginn des Erlösungswerkes gegenüber, aus dem sich bei aller Bedrohung Hoffnung schöpfen ließ: der allegorische ‚S t r e i t d e r v i e r T ö c h t e r G o t t e s', dem wiederum eine lateinische, bis zu Bernhard von Clairvaux (gest. 1153) zurückreichende Tradition vorausgeht. Ausgelöst wird dieser Streit durch das göttliche Dilemma, ob Adams Schuld aufgrund von Gottes Wahrheit und Gerechtigkeit Strafe oder aber im Blick auf die Barmherzigkeit und den Frieden Gottes Vergebung verdient. Durch die Personifikation der vier Attribute Gottes (*veritas, iustitia, misericordia, pax*), die sie zu Schwestern des Gottessohnes macht, erfährt der Konflikt eine Dramatisierung, die zur Aufnahme der Auseinandersetzung auch ins geistliche Spiel des 15. Jahrhunderts führt (vgl. Bd. III/2). Das Dilemma läßt sich nur durch die Menschwerdung des Gottessohnes lösen, der Adams Schuld auf sich nimmt und als Menschensohn die Barmherzigkeit Gottes erfährt, womit er auch seine Schwestern wieder miteinander versöhnen kann. Neben der Inkorporation in die heilsgeschichtliche Epik (vgl. S. 226) finden sich auch hierzu selbständige Bearbeitungen, unter denen das Gedicht ‚Von gotes barmherzigkeit' (etwa 500 Verse) wohl eines thüringischen Geistlichen aus der zweiten Hälfte der 13. Jahrhunderts nach Lage der Überlieferung das älteste ist. In der mittelfränkischen Dichtung ‚De mynnen rede' (etwa 900 Verse) des späten 14. Jahrhunderts findet der Streit der vier Töchter Gottes zwar nur eine kurze Erwähnung, aber sie konkretisiert die Liebe als treibende Kraft des Erlösungsentschlusses im Rahmen einer kleinen Leben-Jesu-Dichtung an der Liebe Jesu zu seiner Mutter Maria, zu den Kindern, Kranken und Sündern. An die Stelle der Passion treten in dieser Dichtung Tagzeitengedichte (vgl. S. 283ff.) zu Christus und Maria, mit denen die Darstellung der göttlichen Liebe ins Gebet als Antwort des Lesers übergeführt wird.

Den Anteil der Gottesmutter am Erlösungswerk rückt schließlich der Geistliche K ö n e m a n n   v o n   J e r x h e i m in seinem 1304 vollendeten ‚Wurzgarten Mariens' (etwa 6600 Verse) ins Zentrum. Gedacht ist das Werk für *unghelarde*, die in ihm wie in einem *wortegarden* herumspazieren und geistliche Blumen pflücken können. Hinter dieser Absicht steht das Anliegen eines Seelsorgers und Lehrers.

Könemann entstammt dem Ministerialengeschlecht von Jerxheim (Harzvorland), seine geistliche Karriere wurde vom kaiserlichen Stift St. Simon und Judas in Goslar bestimmt. Bereits auf seiner ersten Pfarrstelle in Dingelstedt schrieb er 1270/75 sein Regelbuch für die Kalandsbruderschaft (vgl. S. 279). Danach hält sich Könemann in Goslar auf: 1275–1285 als Pfarrer an St. Thomas, wo er wohl seine Reimbibel verfaßte (vgl. S. 451); 1291 ist er Vizedom, 1292–1300 Dekan, 1300–1302 Domherr und 1306 bis zu seinem Todesjahr 1316 *scholmestere* am Domstift. Seine Tätigkeit als Stiftsdekan führte Könemann auch nach Nürnberg zum Hof König Albrechts I. (1298–1308); erst nach 1300 wird er auf seiner Domherrenpfründe wieder die Muße für seine dichterischen Ambitionen gefunden haben.

Den dreiteiligen ‚W u r z g a r t e n   M a r i e n s' eröffnet in breiter Darstellung der Streit der vier Töchter Gottes, dem im zweiten Teil ein hymnischer Preis Marias als Mutter des Gottessohnes folgt. Auch der abschließende Passionsteil stellt Maria im Gespräch mit dem Autor und mit einer umfänglichen Marienklage heraus und betont die Mitwirkung der Gottesmutter an der Erlösung des Menschengeschlechts. Diese Fokussierung der Heilsgeschichte entspricht der spätmittelalterlichen Marienfrömmigkeit, sie scheint aber auch von der seelsorgerlichen Erfahrung dieser Zeit getragen zu sein, daß sich über die Gestalt Marias ein leichterer Zugang zu den christlichen Heilsgeheimnissen erschließt.

Wegen des Streit- und Gerichtsthemas soll an dieser Stelle erwähnt werden ein frühes, in seiner Zeit isoliertes Zeugnis der ‚Processus Sathanae'-Literatur, in der Satan rechtsförmlich gegen den Erlöser klagt, weil dieser bei seiner Höllenfahrt ihm die Opfer geraubt habe, die ihm als Kläger rechtens zustünden; auch mache ihm der Erlöser durch die Sakramente weitere Menschen abspenstig. Dem deutschen Reimpaargedicht fehlt der Schluß (etwa 200 Verse), auch ist es bislang nicht ediert, weil die einzige Handschrift bis vor kurzem verschollen war. Es trägt den Titel ‚Dye ansprach (‚Anklage') des Teuffels gegen unseren Herren' (etwa 2500 Verse), sein Verfasser ist Otto der Rasp (1358 als tot erwähnt), der einer Salzburger Ministerialenfamilie entstammte; zwischen 1337 und 1353 bezeugt, war Otto Pfarrer von Obervellach (Kärnten), 1342 befindet er sich als Brixener Domherr am Hofe des Patriarchen Bertrand von Aquileja. Seinen durchschlagenden Erfolg erzielt der ‚Processus Sathanae' erst durch den ‚Belial' des Jacobus de Theramo (vgl. Bd. III/2).

Der Kampf zwischen dem Guten und dem Bösen in den eschatologischen Gedichten und der soteriologische Streit der vier Töchter Gottes gründen auf einem antagonistischen Erklärungsmodell, das mit dem Widerstreit zwischen Sünden und Tugenden im Leben der Gläubigen eine lebensweltliche Entsprechung hat. Dabei kann der Streit als Erfahrungs- und Darstellungskonzept durchaus auch zu kuriosen Ausformungen führen wie bei dem strophischen Gedicht ‚Von den zwein Sanct Johansen' (86 Strophen à 6 Verse) des H e i n z e l i n v o n K o n s t a n z, der darin mit Rückgriff auf die Tradition des Streitgedichts zwei Nonnen eine Auseinandersetzung darüber führen läßt, ob Johannes dem Täufer oder Johannes dem Evangelisten der Vorrang gebührt.

Heinzelin von Konstanz wird in einer Handschrift als *kuchin meister* des Grafen Albrecht von Hohenberg genannt; gemeint ist damit wohl Albrecht V. von Hohenberg-Haigerloch (gest. 1359), Domherr in Konstanz und Straßburg, zwischenzeitlich Landvogt im Elsaß, dann Bischof von Freising und Kanzler Ludwigs des Bayern. Bei Albrechts Kandidatur für den Würzburger Bischofsstuhl (1349/50) scheint er den Würzburger Protonotar Michael de Leone (vgl. S. 308) kennengelernt und ihm Heinzelins beide um 1320–1340 entstandenen Streitgedichte vermittelt zu haben, jedenfalls wurden sie in dessen Hausbuch und in sein Manuale aufgenommen. Das Minnestreitgedicht ‚Von dem Ritter und von dem Pfaffen' (fast 400 Verse) behandelt die beliebte Frage, ob ein *miles* oder ein *clericus* der bessere Liebhaber sei. Dahinter steht ebenso wie bei der Johannes-Auseinandersetzung, die aus einer lateinischen Quelle schöpft, die Tradition des mittellateinischen Streitgedichts (*altercatio*).

Durch Personifikation und Allegorie veranschaulicht und poetisch verdichtet, erscheint der Kampf zwischen den Tugenden und Lastern in der geistlichen Rede ‚D e r S ü n d e n W i d e r s t r e i t' (etwa 3500 Verse), die bereits vor 1275 entstanden ist und die erstmals im Deutschen die auf Prudentius (um 400) zurückgehende ‚Psychomachia'-Tradition ausführlich aufgreift und gestaltet. Es geht dabei jedoch nicht um eine Darstellung einzelner Kämpfe zwischen Tugenden und Lastern, wie sie im Gedicht Nr. VII des ‚Seifried Helbling'-Autors (vgl. Bd. II/2, S. 50) personifiziert einander gegenübertreten, sondern um einen Aufzug der beiden feindlichen Heere. Sünde und Liebe sind die Hauptleute, die vor allem auf die sieben Todsünden (Hoffart, Neid, Zorn, Trägheit, Habsucht, Fress- und Trunksucht, Unkeuschheit) bzw. auf die lange Reihe der christlichen Tugenden und Heilsmittel von der Vernunft und Weisheit bis hin zu Reue, Buße, Gebet, Gottesdienst und Almosengeben als ihre Gefolgsleuten zählen können. Der anonyme, wohl thüringische Autor fordert alle dazu auf, dieser neuen Ritterschaft als Gottsritter beizutreten und in diesem unentwegten Kampf, bei dem die besiegten Laster immer wieder zu neuem Leben erwachen, mutig mitzustreiten. Die nachweisliche Rezeption des Werks im Deutschen Orden zeigt, daß sich dessen Mitglieder von diesem Aufruf besonders angesprochen fühlten, obwohl sich der Text an alle Christen richtete.

Im gleichfalls allegorischen Gedicht ‚D e r g e i s t l i c h e S t r e i t‘ (etwa 1000 Verse), das in der ersten Hälfte des 14. Jahrhunderts im Elsaß entstanden ist, werden die sieben Todsünden durch sieben Tugenden besiegt, die ihnen freilich reichlich schematisch gegenübergestellt sind (Mäßigkeit – Gefräßigkeit, Keuschheit – Unkeuschheit, Freigebigkeit – Geiz, Sanftmut – Zorn, Liebe – Feindseligkeit, Wachsamkeit – Trägheit, Demut – Hoffart). Nur der Teufel selbst ist nicht zu töten, daher hat ihm ein unentwegter Kampf zu gelten. Der Schematismus, der über die Konfrontation der Tugenden und Todsünden hinaus auch die Darstellung erfaßt, wirkt im Vergleich zu ‚Der Sünden Widerstreit‘ ermüdend und wenig überzeugend, aber gerade diese Simplifizierung zeigt, wie stark das Modell des Laster-Tugenden-Kampfes die Vorstellung in dieser Zeit beherrscht.

Das traditionelle Konzept der Sitten- und Bußpredigt (vgl. Bd. I/2, S. 48–50) greift dagegen der Autor der geistlichen Rede ‚W a r n u n g v o r S ü n d e n‘ (etwa 400 Verse) auf, der mit seinem Verweis auf das Armutsideal der Heiligen Franz und Klara von Assisi vielleicht im Umfeld der Franziskaner anzusiedeln ist. 1356 im Ostschwäbischen/Nordbairischen entstanden, spitzt das Gedicht seine aggressive Polemik satirisch zu: Der Christ versetzt seinen Besitz beim jüdischen Pfandleiher, um das Geld sogar an Fasttagen im Wirtshaus zu verprassen; die personifizierte Fastnacht wird als *der werlt apgot* gegeißelt, die zum Würfelspiel, zu Hurerei und Unmäßigkeit verführe; auf unrechte Weise erwerbe man Güter, die im Tode unnütz seien; statt bei der Messe andächtig zu sein, gefalle man sich in Geschwätzigkeit und im Mustern der Kleidung. Gegen diese Verwirrungen empfiehlt der Prediger den Gebrauch der Verstandes- und Urteilskraft (*vnderscheit*) – ein Appell, der geradezu an Den Stricker erinnert: Nicht die Androhung von Strafen, sondern die Einsicht in die Verfehlungen, mit denen das ewige Heil aufs Spiel gesetzt wird, sollen zur Umkehr führen. Die Spezifik dieses moraldidaktischen Ansatzes zeigt sich sofort, wenn man ein niederrheinisches ‚Contemptus mundi‘-Gedicht (etwa 700 Verse) aus der zweiten Hälfte des 14. Jahrhunderts vergleichend dagegenhält: Die Mahnung zur Abkehr von der Welt wird hier durch die drastische Darstellung ihrer Nichtigkeit und durch eine eindrückliche Schilderung der drohenden Höllenqualen nachhaltig untermauert. Für die geistliche Rede des 14. Jahrhunderts ist diese aus mönchischer Aszese geschöpfte Abwendung von der Welt jedoch nicht charakteristisch, vielmehr steht die vernunftorientierte Anleitung zu einem gottgefälligen Leben in der Welt im Mittelpunkt. Das kann bis zur Kompilation geistlicher Lehr- und Weisheitssprüchen gehen, wie sie die thüringische ‚Unterweisung zur Vollkommenheit‘ (etwa 350 Verse) aus dem späten 13. Jahrhundert bietet; die sentenzhafte Ausprägung dieser Sprüche eröffnete dabei die Möglichkeit ihrer separaten Überlieferung in der Form jederzeit abrufbarer Lebensregeln.

Der beherrschende Zug zur Intellektualisierung zeigt sich dort besonders deutlich, wo die Glaubensdidaxe allegorisch überformt ist, da die Allegorie stets der Auslegung bedarf. Diesem Verfahren folgen einige geistliche Reden, die mit der Mahnung zu Reue, Beichte und Buße die Anleitung zu einer christlichen Lebensführung konkretisieren. So greift noch im 13. Jahrhundert ein mitteldeutscher Autor im Mittelteil von ‚Der Seele Kranz' die bereits von der ‚Lilie' (vgl. Bd. II/2, S. 145) her bekannte Blumenallegorese auf. Der in stark variierenden Fassungen vielfach überlieferte, 1513 und 1520 sogar gedruckte Text, der bislang nur in einer Teilausgabe (etwa 350 Verse) vorliegt, empfiehlt den Gläubigen, auf dem Weg zum Himmel Tugendblumen zu pflücken und sie für den Tanz mit den Engeln zu einem Kranz zu winden. Während hier die Beicht- und Bußthematik mit der Aufforderung zum häufigen Weinen über die eigenen Sünden und zur täglichen Betrachtung des Leidens Jesu nur den einleitenden Teil umfaßt, stellt H e i n r i c h v o n B u r g e i s das Bußsakrament in den Mittelpunkt seines umfänglichen allegorischen Gedichts ‚D e r S e e l e R a t' (etwa 6500 Verse).

In Heinrich hat man einen Laienseelsorger aus dem Bozener Franziskanerkloster gesehen, der aus Burgeis (Vintschgau/Südtirol) stammt und der sein Werk um 1301/04 schrieb. Neuerdings wird der Autor mit dem ersten Prior Heinrich des 1272/75 gegründeten Dominikanerklosters in Bozen identifiziert, der einer in Trient ansässigen, aber aus Burgeis stammenden Ministerialenfamilie der Edelfreien von Wangen entstammt; diese wiederum waren Lehenspflichtige des Bischofs von Trient. Dieser Heinrich von Burgeis ist 1273–1279 mehrfach bezeugt, auch bei den Friedensverhandlungen nach dem erbitterten Kampf des Grafen Meinhard II. von Tirol (gest. 1295) um das Bistum Trient (Siller). Folgt man dieser neuen Identifizierung, dann dürfte Heinrichs Dichtung eher im letzten Drittel des 13. als zu Beginn des 14. Jahrhunderts entstanden sein. Entsprechend wäre auch die mögliche historische Anspielung im Schlußteil des Werks (vgl. S. 278) auf Graf Meinhard und nicht – wie bislang vermutet – auf seine Söhne zu beziehen.

Das nur in einer (am Anfang defekten) Handschrift überlieferte, aber auch von Jakob III. Püterich von Reichertshausen (vgl. Bd. III/2) in seinem ‚Ehrenbrief' (Str. 116) genannte Gedicht gestaltet ein Gespräch zwischen der Seele und den Frauen Beichte, Buße, Gewissen, Gottesfurcht und Reue als Personifikationen, die im Blick auf Tod und Jenseits zur Umkehr mahnen. Diesem Beicht- und Bußspiegel in poetischer Form, der zur Wahl eines weisen Beichtvaters rät, folgt am Schluß eine Seelenwägung als Gerichtsszene, bei der die Seele gerettet wird, weil Frau Buße alle Sünden aufwiegt, welche die Teufel als Gegengewicht in die Waagschale werfen. (Die Dramatik der Gerichtsszene läßt an Zusammenhänge mit dem geistlichen Spiel, aber auch mit der bildenden Kunst denken, doch fehlen dafür eindeutige Zeugnisse.) Singulär für diese Zeit ist dabei die eindrucksvolle Beschreibung, wie die Bauern durch den ausbeutenden Adel in den wirtschaftlichen Ruin getrieben werden. Man hat darin mit einiger Plausibilität einen kritischen Kommentar zur zeitgenössischen Politik in Tirol gesehen, doch haben sich hierbei mit der neuen Identifizierung des Autors auch die Adressatenkreise verschoben: Meinte man früher in der Stellungnahme einen Protest gegen restaurative Tendenzen des Adels heraushören zu können, der nach dem Tod Meinhards II. dessen Förderung der Städte und Bauern wieder rückgängig machen wollte, so erscheint heute Graf Meinhard selbst als der Kritisierte, der in seiner Auseinandersetzung mit den kirchlichen Hochstiften ein Gutteil der Vogteirechte an sich brachte und die schutzbefohlenen Bauern skrupellos ausbeutete. Freilich besserte sich deren Lage unter Meinhards Söhnen keinesfalls, so daß eine genauere historische Situierung des Textes – auch wenn sie konkreter als sonst bei den geistlichen Reden in den Blick kommt – letztlich offenbleiben muß.

Gleichfalls als B e i c h t s p i e g e l empfiehlt ein wohl alemannischer Autor sein ‚Gnaistli' (etwa 900 Verse), das spätestens in der ersten Hälfte des 14. Jahrhundert entstanden sein dürfte und das wegen der sprachlichen Prägnanz, zu dem der Vers zwinge, nicht in Prosa geschrieben wurde (V. 897–902). Stärker als alle genannten geistlichen Reden zur Unterweisung für eine christliche Lebensführung setzt dieses allegorische Lehrgedicht auf die Verstandeskraft: ‚D a s G n a i s t l i' meint das Fünklein, das zur Vernunft und Tugend führen soll. Aufgegriffen wird damit der theologische, in der Scholastik gebräuchliche Begriff der *scintilla conscientiae*; ihm entspricht die Abstraktion von einer erzählerischen Darstellung. In guter aristotelischer Tradition wird die Tugend als das rechte Maß in allen Dingen aufgefaßt; Unmaß führt dagegen zum Laster. Dieses Axiom exemplifizieren drei Abschnitte, in denen die Tugenden und Sünden personifiziert auftreten und gegeneinander geführt werden.

Zunächst stellen sich die sieben Todsünden und ihre Gegenfiguren vor. Dann kommen die sieben für die Seele heilbringenden Werke zu Wort (Furcht, Leid, Zuversicht, Liebe, Freude, Abkehr vom Bösen, Scham), denen jeweils das entsprechend falsche maßlose Verhalten gegenübertritt; es folgt aus dem Mangel an Unterscheidungsfähigkeit *(beschaidenhait)*. Im dritten Teil schließlich werden die vier *amptman* benannt, die über die Werke der Seele als ihr *ingesinde* befehligen; es sind die vier Kardinaltugenden: Prudentia *(wiszhait)* als Torwärter, Fortitudo *(stercki)* als Vogt, Temperantia *(temperung)* als Koch und Iustitia *(rechtikait)* als *hofritter* (gemeint ist wohl *hofrihter*).

Soweit dieser Text wirklich als Beichtspiegel gedient haben sollte, zielte er nicht auf die Kasuistik einzelner Verfehlungen, sondern richtete sich tiefer auf falsche Verhaltensformen, aus denen dann konkrete Sünden resultierten. Mit seinem moraldidaktisch ‚modernen' Ansatz hatte der Autor sicherlich das ewige Seelenheil im Auge, sein Konzept des rechten Maßes lieferte aber ebenso Verhaltensregeln für eine ethisch angemessene Lebensführung in der Welt.

Die Bedeutung des Beichtsakraments für das ewige Heil und die Lebenszeit als eine Zeit der Barmherzigkeit, in der durch Reue und Buße eine Umkehr noch möglich ist, unterstreicht im 14. Jahrhundert die geistliche Erzählung ‚Teufelsbeichte' (etwa 250 Verse) aus Rheinfranken *e negativo*: Auch wenn der Teufel beichten möchte, ist ihm die Reue nicht mehr möglich, weil er diese Gnade auf ewig verscherzt hat (vgl. S. 251).

Eine adressatenspezifische Belehrung bleibt in der Form der geistlichen Rede im 14. Jahrhundert die Ausnahme, sie hat – wie schon im 13. Jahrhundert (vgl. Bd. II/2, S. 177f.) – ihren literarischen Ort im Prosaschrifttum (vgl. S. 417ff.). Entsprechend heterogen sind die wenigen Beispiele, die hierzu benannt werden können. In der knappen ‚Reimregel für eine geistliche Jungfrau' (etwa 70 Verse) besteht der Hauptteil – unbesehen der gelegentlichen mystischen Diktion – in allgemeinen Regeln der christlichen Lebensführung, bei denen zu einem Ausgleich von Gegensätzen geraten wird (Muster: *Wis in tragheit behende*); nur am Schluß folgen einige standesspezifische Anweisungen. Einen gespaltenen Eindruck vermittelt auch der ‚Kaland' (etwa 1400 Verse), den K ö n e m a n n v o n J e r x h e i m für die Kalandsbruderschaft von Eilenstedt verfaßt hat (vgl. S. 274). Die Kalandsbruderschaften, benannt nach dem ursprünglichen Versammlungstermin am Monatsersten (*calendae*), waren seit dem 13. Jahrhundert in Nord- und Mitteldeutschland verbreitet und dienten als religiöse Freundesvereinigungen von Laien und Geistlichen zu deren gemeinsamer Förderung und Unterstützung bei der christlichen Lebensführung. Diese Bruderschaften sind für das religiöse Leben im Spätmittelalter deswegen interessant, weil hier ohne Anbindung an einen kirchlichen Orden der Beistand einer Gemeinschaft Gleichgesinnter bei der Verwirklichung christlicher Normen in der Welt gesucht wird. Könemanns ‚K a l a n d' ist im ersten Teil ein Regelbuch, das in der Form einer pragmatischen Rede über Ursprung, Zweck und die Formen des gemeinschaftlichen Lebens informiert. Um der Idee der Bruderschaft Nachdruck zu verleihen, entwirft Könemann dann im zweiten Teil in traditioneller Weise einen Ausblick auf das Schicksal der Menschen nach dem Tode (Einzelgericht der Seele, Jüngstes Gericht, Gegenüberstellung von ewiger Verdammnis und der himmlischen Freuden). Diese nach dem *quattuor novissima*-Topos gestaltete geistliche Rede hat zwar innerhalb des ‚Kaland' eine argumentative Funktion, sie könnte jedoch ebenso in jeder eschatologischen Dichtung stehen.

Nur bedingt hierher gehört die ostfränkische Reimpaarrede ‚Von der Würde des Priesters' (etwa 200 Verse) aus der zweiten Hälfte des 14. Jahrhunderts. In dieser rein laudativen Rede wird die Würde des Priesters, die im Tragen des Leibes Christi bis zur Mariengleichheit gesteigert ist, nämlich nicht beschworen, um daraus wie sonst einen Appell für die Geistlichen zu einem standesgemäßen Lebenswandel abzuleiten; damit fehlt dieser geistlichen Rede die Funktion eines Lehrgedichts. Man hat daher erwogen, ob hier nicht eine an Laien gerichtete ‚Werbungsschrift' für den Priesterberuf vorliegt, die notwendig war wegen des eklatanten Priestermangels im Gefolge der seit 1348/49 wütenden Pestpandemien; da diese auch die männliche Bevölkerung als Reservoir für den geistlichen Stand in existenzbedrohender Weise dezimierte, erschien – neben der Absenkung des Weihealters für Priester auf 25 Jahre und der Reduzierung ihrer beruflichen Ausbildung – Werbung für das geistliche Amt dringend notwendig, um die Seelsorge zu sichern.

Unter dem Einfluß des Mystik (vgl. S. 59 ff.) zielen die Anweisungen für ein christliches Leben in Form geistlicher Reden auf eine Aszese, deren Erfolg sich in einer Begegnung oder gar Vereinigung der Seele mit Christus dokumentiert. Bei deren Gestaltung wird – wie schon im 13. Jahrhundert (vgl. Bd. II/2, S. 66 f.) – auf die literarischen Mittel der Personifikation und der Allegorie zurückgegriffen. So am Ende des 13. Jahrhunderts im hessischen Gedicht ‚Der Seele Minnegarten', dessen Anfang verloren gegangen ist (etwa 550 Verse erhalten): Nach der Behandlung einzelner Tugenden öffnet sich der Schlußteil zu einer allegorisch getönten Darstellung eines Gartens, in dem sich Seele und Christus begegnen sollen. Mit seiner Kritik am Beichtrecht der Bettelorden gibt sich der Autor als ein Weltgeistlicher zu erkennen, der nach seinen eigenen Worten Ordensmitglieder wie Laien erreichen wollte.

Eine literarische Möglichkeit zur Darstellung einer unmittelbaren Begegnung zwischen Seele und Gott bieten die Dialoggedichte. Anspruchsvoll, mit mehrfachen Bezügen zum ‚Fließenden Licht der Gottheit' Mechthilds von Magdeburg (vgl. Bd. II/2, S. 78–84) wird diese Begegnung im ostfränkischen (Nürnberger?), aus dem 14. Jahrhundert stammenden Gedicht ‚Der Minne Spiegel' (etwa 1000 Verse) gestaltet, das die Erfahrung der Nähe und Ferne Gottes in vier großen Dialogszenen thematisiert, bei denen Gott wie Seele jeweils 8 Verse im Wechsel sprechen. Die Rede eröffnet der Wunsch der Seele, sich aus der Sündenverstrickung zu lösen, um sich Gott ganz zuwenden zu können; erst nach langem Zögern vergibt ihr Gott. Überschwenglich preisen daraufhin Braut und Gott ihre Liebe. Um die Seele noch enger an sich zu binden, verläßt Gott jedoch die Braut. Nach diesem Durchleben der Gottferne kehrt der Geliebte schließlich zurück, gibt der Seele aber zu verstehen, daß eine endgültige Liebesvereinigung erst im Jenseits möglich ist. Die *unio mystica* bleibt ausgespart, doch lebt die Dichtung von einer mystisch inspirierten Leiderfahrung. Eine schrittweise Annäherung zwischen Seele und Gott bietet die Wechselrede ‚Christus und die minnende Seele' (etwa 200 Verse), die wohl ebenfalls im 14. Jahrhundert entstanden ist. Der (bilderlose) Text scheint auf einen Bilderbogen zurückzugehen, der den Weg von Bußübungen bis zur *unio mystica* in Bild und Wort beschreibt und für Andachtszwecke an die Wand gehängt werden konnte. Dieses Text-Bild-Konzept, das von der *lectio* zur *meditatio* führt, rückt eine Textpragmatik in den Blick, die den geistlichen Reden meist abgeht (vgl. S. 272).

Eindeutig auf einen Text-Bild-Bezug angelegt ist das ‚S p e c u l u m h u m a n a e   s a l v a t i o n i s', das mit über 400 Handschriften vor allem des 14. und 15. Jahrhunderts das verbreitetste Werk dieses Typs im Mittelalter darstellt. Vielleicht im ersten Drittel des 14. Jahrhunderts möglicherweise in Italien entstanden, präsentiert sich die (früher Ludolf von Sachsen zugesprochene) Komposition als ein typologisch strukturiertes Andachts- und katechetisches Lehrbuch, das dem Modell der ‚Biblia pauperum' folgt, dieses aber gezielt weiterentwickelt.

In der ‚Biblia pauperum', offenkundig bereits um die Mitte des 13. Jahrhunderts wohl im österreichisch-süddeutschen Raum entstanden und vor allem im 15. Jahrhundert als Blockbuch und im Typendruck auch über Deutschland hinaus verbreitet (vgl. Bd. III/2), dominiert das Bild gegenüber dem Text. Die ursprüngliche Konzeption umfaßte 34 Bildgruppen, die sich jeweils auf einer Rück(*verso*)- und einer Vorderseite (*recto*) des Buches gegenüberstanden. Jede Bildgruppe umfaßt eine neutestamentliche Darstellung (Antitypus), zwei alttestamentliche Vorbilder (Typus) und die Brustbilder von Propheten des Alten Testaments, die auf Spruchbändern oder Beischriften den Zusammenhang zwischen den alttestamentlichen Vorausweisungen und deren Erfüllung im Neuen Testament herstellen. Kurze Texte erläutern die Typologie der szenischen Darstellungen (seit dem zweiten Viertel des 14. Jahrhunderts auch in deutschen Übersetzungen). Die Vorbildfunktion der ‚Biblia pauperum' für das ‚Speculum humanae salvationis' könnte eine nur in vier Handschriften überlieferte Kurzfassung des ‚Speculum', die gleichfalls 34 Kapitel umfaßt, untermauern.

Das ‚Speculum humanae salvationis' behält das Gliederungsprinzip der ‚Biblia pauperum' bei, ersetzt aber den Prophetenteil der Bildgruppe durch eine dritte alttestamentliche Präfiguration. Unter jeder Darstellung stehen 25 Zeilen Reimprosa (also 100 Zeilen je vierteiliger Bildgruppe), die nicht nur die typologischen Zusammenhänge erläutern, sondern katechetische Unterweisungen und eine spirituelle Vertiefung des Dargestellten liefern; auch werden zu Beginn und am Schluß der Kapitel textliche Verknüpfungen zur vorausgegangenen und zur nachfolgenden Bild-Text-Gruppe hergestellt, so daß ein strukturierter Gesamttext entsteht, der sich laut Prolog an die *literati* wendet, während die Bilder für die *illiterati* gedacht seien. Gegenüber der ‚Biblia pauperum' gleichfalls erweitert ist der heilsgeschichtliche Rahmen, der in 42 Kapiteln von der Schöpfung bis zum Jüngsten Gericht reicht. Wahrscheinlich einen späteren Zusatz bilden die Kapitel 43–45 zu je 208 Reimzeilen mit Gebeten zur Passion Jesu nach den sieben Tagzeiten (vgl. S. 284f.) und zu den sieben Schmerzen und sieben Freuden Marias (vgl. S. 286f.), mit denen – wie auch mit den Schlußgebeten der 42 Hauptkapitel – das in Text und Bild Dargelegte einer persönlichen Frömmigkeitshaltung anverwandelt werden soll. Dieses wohldurchdachte lateinische Werk hat seit der Mitte des 14. Jahrhunderts auch zahlreiche Übertragungen ins Deutsche (und Niederländische) erfahren, deren Schwerpunkt freilich im 15. Jahrhundert liegt (vgl. Bd. III/2). Im 14. Jahrhundert konnte nur eine anonyme Versübertragung (‚Spiegel der menschlichen Seligkeit') aus der Jahrhundertmitte mit annähernd 30 Handschriften vor allem in Mittel- und Niederdeutschland eine größere Verbreitung finden. Eine knappe Reimpaarparaphrase aus Kremsmünster (um 1350) und eine umfangreiche alemannische Bearbeitung (‚S p i e g e l d e s m e n s c h l i c h e n H e i l s'; etwa 4800 Verse), deren Autor Konrad von Helmsdorf, Chorherr in Bischofszell (Kanton St. Gallen), sein könnte, weisen dagegen nur einen Textzeugen auf. Gleichwohl darf dieses Werk mit seinen vielfachen, ineinander verzahnten Rezeptionsmöglichkeiten (Text-Bild, Typologie, Heilsgeschichte, Katechetik, Meditation, Gebet), die Verstand, Herz und Seele einschlossen, als ein bedeutendes literarisches Denkmal des 14. Jahrhunderts angesehen werden.

Auf eine andere Weise kommt der Text-Bild-Bezug bei der geistlichen Rede ‚Warum Gott sein Haupt neigte' (etwa 300 Verse) vom Ende des 13. Jahrhunderts in den Blick. Mit Berufung auf *sante Bernhart* werden dafür fünf Gründe genannt und abschließend die ausgebreiteten Arme des Erlösers am Kreuz als Einladungsgeste für die Gläubigen gedeutet, am himmlischen Hochzeitsfest teilzunehmen. Verbunden mit der Mahnung zur Rede und Beichte, mit einer Weltabsage und der Ermunterung, Gott zu loben, bietet sich dieser Text zur Meditation vor einem Kruzifix als Betrachtungsgegenstand an, der die göttliche Heilstat verbildlicht, der aber – vom Text angeleitet – der Verinnerlichung bedarf, damit das Heilsangebot seine Wirkung im Menschen entfalten kann. Den Weg bis zur *ainung* mit Gott, der über sieben Stufen führt und der sich an der wechselnden Art des Betens ablesen läßt, beschreibt der M ö n c h v o n H e i l s b r o n n in seinem ‚Buch der Sieben Grade' (etwa 2300 Verse), zu dem er sich offenkundig von den ‚Sieben Staffeln des Gebets' (‚Septem gradus orationis') des David von Augsburg (vgl. Bd. II/2, S. 73f.) anregen ließ. Die Identität des Autors, dem wir auch – hierbei wiederum die für das Spätmittelalter charakteristische, dem scholastischen Verfahren folgende numerische Disposition des Themas aufgreifend (vgl. Bd. II/2, S. 71) – das ‚Buch von den sechs Namen des Fronleichnams' (vgl. S. 431) verdanken, konnte bislang nur soweit gelüftet werden, daß er im 14. Jahrhundert Mönch des berühmten Zisterzienserklosters Heilsbronn (zwischen Nürnberg und Ansbach) war. Seine ‚Sieben Grade' widmete der Mönch einem *lieben pruder fridrich*, gerichtet ist sie jedoch – wie die Fronleichnams-Schrift – an alle, die *in geistlichem leben sint*.

Die mystisch inspirierten Dichtungen zeigen in besonderer Deutlichkeit eine Individualisierung des religiösen Lebens, von welcher der Großteil der religiösen Rede im 14. Jahrhundert bestimmt wird. Sie sucht zwar im theologischen Wissen eine objektive Absicherung (deutlich sichtbar bei den Informationen über die letzten Dinge vor dem Jüngsten Gericht), aber das Insistieren auf das Einzelgericht (*iudicium particulare*) über die Seele unmittelbar nach dem Tod, auf Reue, Beichte und Buße, auf eine christliche Aszese in der Welt, auf das meditative Versenken in die Heilsgeheimnisse der Erlösung bis hin zur zeitweisen *unio* der Seele mit Gott bereits im Erdenleben als Vorgeschmack der ewigen Hochzeit im Himmel lassen eine manifeste Individualisierungstentenz im 14. Jahrhundert erkennen, ebenso wie die Intellektualisierung in der literarischen Darstellung (Personifikation, Allegorie) deutlich in die Frühe Neuzeit weist. In diesem Zusammenhang sind auch die teilweise formalisierten Gebetsübungen als Hinführung zur Zwiesprache mit Gott zu sehen.

Gebet, Marienlob, Marienklage

Die Fülle von Gebeten, die uns seit Dem Stricker, der Spruchdichtung (Freidank) und der Sangspruchdichtung gereimt entgegentritt (vgl. Bd. II/2, S. 149), sucht im 14. Jahrhundert – bis hin zum Privatgebetbuch – zunehmend die Form der Prosa (vgl. S. 444ff.). Daneben entstehen mit den Tagzeitengedichten und anderen versifizierten Gebetszyklen neue, ins 15. Jahrhundert fortwirkende Formen, die freilich ebenfalls früh zur Prosa finden (vgl. Bd. III/2). Der Reichtum der Überlieferung, aber auch der mangelnde Erschließungs- und desolate Forschungsstand auf diesem Gebiet erlauben nur eine reichlich vorläufige Darstellung anhand von Beispielen, die zum gegenwärtigen Zeitpunkt für die Traditionsbildung als signifikant erscheinen.

Die T a g z e i t e n g e d i c h t e adaptieren das lateinische Stundengebet, zu dem die Geistlichen und Ordensleute verpflichtet waren, für Laien und religiöse Gemeinschaften ohne institutionelle kirchliche Bindung; sie fanden auch Eingang in die Stundenbücher (vgl. S. 445f.) und in Privatgebetbücher (Orationalien), die der Privatfrömmigkeit dienten, die es aber auch ermöglichten, den lateinischen Gottesdiensten zu folgen und sie mit entsprechenden Texten betend zu begleiten. Die deutschen Tagzeitengedichte und Orationalien sind Ausdruck eines komplexen Prozesses: Zum einen konnte auf diese Weise in den Gottesdiensten die

Spannung zwischen dem Latein der Liturgie und den lateinunkundigen Gläubigen gemindert werden. Zum andern wurde die private Gebetsfrömmigkeit des Einzelnen in Formen des kirchlichen Gottesdienstes zurückgebunden; diese Rückbindung konnte von den Gläubigen aber auch so verstanden werden, daß ihre nach liturgischen Mustern strukturierten Gebetsübungen an der Aura der liturgisch geregelten Gottesdienste teilhatten. Diese Wechselbeziehungen sind ebenfalls Reflexe der sich verstärkenden Individualisierung im 14. Jahrhundert.

Die Tagzeitengedichte folgen der Struktur des kirchlichen Stundengebets, das ursprünglich im Drei-Stunden-Abstand auf acht Horen aufgeteilt war: Matutin (Mitternacht) – Laudes – Prim (6 Uhr) – Terz – Sext (Mittag) – Non – Vesper – Komplet (21 Uhr). Aus praktischen Erwägungen bevorzugte man oft den Kursus von sieben Horen (etwa durch Zusammenfassung von Matutin und Laudes), der meist auch für die deutschen Tagzeitengedichte zum Vorbild wurde, doch kennt der Mönch von Salzburg (vgl. S. 166ff.) in seiner ‚Passio Christi nach den acht Tagzeiten' (G 23) auch die ursprüngliche Einteilung der Horen. Die Überschrift des Mönch-Liedes zeigt zugleich, daß die Tagzeitengedichte oft mit der Passion Jesu verbunden sind, zu der auch Maria als Schmerzensmutter treten kann.

Die Tradition der Tagzeitengedichte reicht mit dem um 1230 aufgezeichneten Stargarder Fragment (mittel-/niederdeutsch) weit ins 13. Jahrhundert zurück. Wenn die weitere Überlieferung des Texttyps erst zu Beginn des 14. Jahrhunderts einsetzt, dann mag das mit der vergleichsweise schnellen manuellen Abnutzung dieser Form von Gebrauchsliteratur zusammenhängen. Das früheste umfangreiche ‚Tagzeitengedicht von den Leiden Christi' (überliefert in zwei Fassungen mit etwa 1550 bzw. 1100 Verse) stammt aus dem ausgehenden 13. Jahrhundert und hat H a r t w i g   v o n   d e m   H a g e zum Verfasser, der seinen Namen in einem Akrostichon zu Beginn des Gedichts nennt. Von ihm stammt auch eine Margarethenlegende (etwa 1700 Verse); da eine Familie *de Hage* im ‚Codex Traditionum' des oberbayerischen Augustiner-Chorherrenstifts Baumburg (mit der heiligen Margareta als Patronin) genannt wird, vermutet man den Autor in diesem Umfeld. Sein Tagzeitengedicht hat er in sieben Abschnitte eingeteilt, die jeweils mit einer Art Zwischentitel eröffnet und mit einem Dreireim beschlossen werden. Die sieben Gebetssequenzen korrespondieren mit sieben zentralen Stationen der Passion Jesu, denen je eine weitere Heilstat aus dem Leben Jesu zugeordnet ist: (1) Geburt/Gefangennahme, (2) Verurteilung/Maria Magdalena, (3) Geißelung/Pfingsten, (4) Verspottung/Kreuzigung, (5) Tod/Himmelfahrt, (6) Kreuzabnahme/Fußwaschung, (7) Ölberg/ Grablegung.

Der Umfang von Hartwigs ‚Tagzeiten' läßt einen täglichen Gebrauch gerade noch als realistisch erscheinen, doch zeigt die verkürzte Fassung (etwa 1100 Verse), daß mit über 1500 Versen dafür offenkundig eine

Obergrenze erreicht war. Es scheinen durchaus Zeitgründe gewesen zu sein, warum ein Großteil der Tagzeitengedichte im Rahmen von etwa 100 Versen blieben. Häufig griff man dazu auf Übertragungen des achtstrophigen Hymnus ‚Patris sapientia, veritas divina' zurück, bei dem nach einer Einleitungsstrophe die sieben Tagzeiten mit je einem Passionsereignis verbunden werden: Matutin: Gefangennahme, Prim: Pilatus-Verhör, Terz: Verspottung und Kreuzweg, Sext: Kreuzigung, Non: Tod, Vesper: Kreuzabnahme, Komplet: Grablegung. Ob die strophischen Übertragungen zum (gemeinschaftlichen) Singen dienten, ist offen. Für das tägliche Beten der Tagzeiten, auf das eine gelegentliche Notiz in Verbindung mit einer Ablaßgewährung deutet, dürften dagegen die ‚Pariser Tagzeiten' (über 4100 Verse, Anfang verloren) kaum geeignet gewesen sein. Diese hessische Dichtung aus der ersten Hälfte des 14. Jahrhunderts greift zwar das Schema der sieben Tagzeiten und die Verknüpfung mit den Passionsgeschehnissen als Organisationsprinzip eines an die 100 Blätter umfassenden Buches auf, erweitert es am Schluß aber um zwei weitere Abschnitte (*Visitatio sepulchri*, Lob der Trinität) und bringt innerhalb des traditionellen Rahmens eine Mischung von Betrachtung, Gebet und Anrufung (Typ: *Ich man dich* ...) ein, die auch ohne Rückbindung an den Tagzeitenrhythmus zum Meditieren und Beten verwendet werden konnte. Immerhin gab es eine vom 13. bis ins 15. Jahrhundert reichende Texttradition von Passionsgedichten unterschiedlicher Länge (‚Passion Christi in Reimversen'), die außerhalb des Tagzeiten-Modells verläuft. Auch die versifizierten ‚Sieben Leiden (Betrübnisse) Unserer Lieben Frau' (seit dem 14. Jahrhundert überliefert), die sich teilweise den Marienklagen (vgl. S. 287f.) annähern, sind in diesem Zusammenhang zu nennen: Thematik und Struktur verbinden sie mit den Tagzeitengedichten, aber eine Zuordnung der sieben Abschnitte zu den Horen des Stundengebets fehlt, obwohl es im Spätmittelalter – gestützt auf die ‚Horae de compassione Mariae' – durchaus auch marianische Tagzeitengedichte gab; die Einteilung in sieben Abschnitte ermöglichte jedoch – wie bei anderen Texten belegt – eine Verteilung auf die sieben Tage der Woche.

In der Fülle der versifizierten und prosaischen Mariengebete, die sich bittend, dankend und preisend an die Gottesmutter als Mittlerin der göttlichen Gnade wenden, zeichnen sich im 14. Jahrhundert wiederum einige traditionsstiftende Formen ab, die in auffälliger Weise einer religiösen Numerik folgen: Wie beim Rosenkranzgebet folgen 50 oder – analog zum Psalter – dreimal 50 Mariengebete aufeinander. Dahinter mögen unterschwellig magische Vorstellungen stehen, so als könne man die Zuwendung Marias durch das Erfüllen eines vorgegebenen Maßes von Gebeten gleichsam erzwingen; und tatsächlich liefern die Marienmirakel (vgl. S. 247f.) dafür eindrucksvolle Beispiele. Vor allem aber dokumentieren diese marianischen Gebetsketten (auch in Liedform bis hin zum Meistergesang) eine religiöse Inbrunst, die sich angesichts der unüberschaubaren Wirrnisse des Alltags vertrauensvoll in täglichen, ritualisierten Frömmigkeitsübungen ergoß. Dazu dienten auch die Glossengebete und -lieder, bei denen ein Gebetsabschnitt oder eine Strophe mit einem Wort (insbesondere) des ‚Ave Maria' eröffnet wurde: auch dies – wie die Marien-Abecedarien – ein Zeichen für ein Denken, sich über die Erfüllung genau festgelegter Textmuster des eigenen Heils in einer unheilvollen Welt zu versichern, an deren Ende unentrinnbar das Jüngste Gericht und nach dem Tod das Einzelgericht über die Seele standen.

Eine hervorstechende literarische Form der marianischen Gebetsfrömmigkeit im 14. Jahrhundert sind die Mariengrüße, die sich vor dem Hintergrund des ‚Ave Maria' in einer Vielzahl von strophenähnlichen, aber in der Regel nicht auf Sangbarkeit zielenden Kurzgebeten preisend, bittend und betrachtend an Maria wenden. Durch Gruß- und Bittformeln (*Ave*, *Gegrüeßt seist du*, *Vreuwe dich*, *Hilf uns*), anaphorisch verknüpft, kann die Zahl der ‚Strophen' bis 50 oder gar dreimal 50 Grüße und Bitten anwachsen. Das literarisch bedeutendste und zugleich umfangreichste (über 800 Verse) Beispiel ist ein mehrfach überlieferter Mariengruß aus dem Jahrhundertbeginn, der Anklänge an das ‚Marienlob' in Albrechts ‚Jüngeren Titurel' (vgl. Bd. II/2, S. 110–113) zeigt.

Am Ende dieses Mariengrußes gibt der Autor deutende Gebetsanweisungen: Die erste 50er-Reihe (Anapher: *Wiz gegrüezet*) mit zahlreichen Präfigurationen und laudativen Metaphern soll mit einem Kniefall (*venje*) bei jeder Anrufung gebetet werden, damit Maria den Betenden nach seinem Tod ebenfalls grüßend empfange. Die zweite 50er-Folge (Anapher: *Vrewe dich*), ebenfalls mit Kniefällen zu beten, hebt auf die Freuden der Gottesmutter im Erlösungswerk ihres Sohnes bis zu ihrer Erhebung als Himmelskönigin ab, damit sie dem Betenden ebenfalls himmlische Freude nach seinem Ableben gewähre. Die letzte 50er-Gruppe (Anapher: *Hilf uns*) nehmen das Heilswerk und die Passion Jesu in den Blick, um die Hilfe Marias zu erflehen; sie sollen mit fünfmal je neun Kniefällen und einer Prostration *enkriuzestal* (sich in Kreuzesform auf den Boden legen) begleitet werden. Wer dafür zu schwach sei, könne diese Vorschriften nach seinen Fähigkeiten erleichtern, aber die Regelmäßigkeit der Andachtsübung sei unbedingt einzuhalten.

Über eine Grußformel (*gaude, letare*) – nach dem Verkündigungswort bei Lukas 1,28 – mit den Mariengrüßen verbunden sind als eine weitere, bis um 1200 zurückreichende marianische Andachtsform die ‚Sieben Freuden Mariens'. Sie bilden ein Gegenstück zu den ‚Sieben Leiden (Betrübnissen) Unserer Lieben Frau' (vgl. S. 286) und zeigen auch Querbeziehungen zu den Tagzeitgebeten. Einen dritten, auf Akkumulation angelegten Gebets- und Andachtstypus greifen wir in den vor allem im 15. Jahrhundert (vgl. Bd. III/2) beliebten Textformen, die unter der Sammelbezeichnung ‚Marienpsalter und Rosenkranz' geführt werden. Hinter den Marienpsaltern steht eine marianische Deutung der 150 Psalmen. Ihre *Ave*-Eröffnung verbindet sie strukturell mit dem Wiederholungsgebet des Rosenkranzes, der 50 oder 150 *Ave*-Klauseln umfaßt.

Die seelische Not, die Angst vor der ewigen Verdammnis und das Ringen um Erlösungszuversicht, das hinter allen diesen Gebets- und Andachtsformen wie Einzelgebeten in Vers und Prosa, aber auch hinter der Marienlyrik und Marienepik bis hin zu den ‚Marienleben' stehen und die hoffnungsvolle Zuwendung der Sünder an Maria als den ersten Menschen, der in der Erlösungsgeschichte Gnade vor Gott gefunden hat, verdichten sich im Texttyp der M a r i e n k l a g e n (vgl. Bd. II/2, S. 150). Sie rufen zur erinnernden *compassio* mit der Gottesmutter auf, die unter dem Kreuz angesichts von Marter und Tod ihres Sohnes selbst als Mensch die bitterste Seelennot erduldet und sie für die gesamte Menschheit ertragen hat. An ihrem Schmerz teilnehmend, verband sich die eigene Bedrängnis mit der Drangsal der Schmerzensmutter, von der man sich vertrauensvoll versprach, nach dem gemeinsamen Leiden auf Erden dann auch in der himmlischen Freude verbunden zu sein.

Hauptquelle der meisten deutschen Marienklagen, die selbständig oder als Teil von Passionsspielen (vgl. S. 362ff.) auftreten, ist der berühmte ‚Planctus ante nescia' des Gottfried von Breteuil (Ende 12. Jahrhundert), dazu kommen das ‚Flete fideles anime' (13. Jahrhundert) und gelegentlich das ‚Stabat mater' (13./14. Jahrhundert). Die Marienklagen begegnen in lyrischen, dramatischen und epischen, in monologischen und dialogischen Ausformungen. Als Aufführungsort der selbständigen, gesungenen Marienklagen wird man vor allem die Anbetung des Kreuzes (*adoratio crucis*) am Karfreitag annehmen dürfen. In den dialogischen Klagen Marias versucht der Apostel Johannes, gelegentlich auch Jesus selbst, die *mater dolorosa* zu trösten. Eine breitere Überlieferung setzt erst im 15. Jahrhundert ein (vgl. Bd. III/2), im 14. Jahrhundert konzentriert sie sich weitgehend auf den schlesischen, böhmischen und nordostbairischen Raum: mit dem frühen Zeugnis der ‚Innsbrucker Marienklage' aus dem ersten Viertel, mit der fragmentarischen ‚Breslauer Marienklage (I)' aus der ersten Hälfte, mit ‚Docens Marienklage' (etwa 150 Verse) aus der zweiten Hälfte des 14. Jahrhunderts. Nicht genauer innerhalb dieses Zeitrahmens zu datieren ist die ‚Böhmische Marienklage' (etwa 300 Verse), doch zeigt die mit Noten überlieferte, über 170 Verse umfassende ‚Füssener Marienklage (I)', daß dieser Texttyp bereits im 14. Jahrhundert auch über diesen Raum hinaus im Schwäbisch-Alemannischen verbreitet war. Für die vielfältigen Gestaltungsweisen der Marienklagen sei wegen der größeren Überlieferungsdichte im 15. Jahrhundert auf Bd. III/2 verwiesen. Anklänge an die Marienklagen zeigen auch ‚St. Anselmi Fragen an Maria' (etwa 1250 Verse), die während der ersten Hälfte des 14. Jahrhunderts im

Mittelniederdeutschen verfaßt und später bis zu Beginn des 16. Jahrhunderts gedruckt wurden. Auf der Grundlage der ‚Interrogatio Sancti Anselmi de passione domini' (13. Jahrhundert) leitet dieses Dialoggedicht, in dem Anselm von Canterbury (gest. 1109) Maria um genauere Auskünfte über die Passion Jesu bittet, wie die Marienklagen nachhaltig zur *compassio* mit Maria an. Als Schmerzensmutter und Himmelskönigin erweist sich Maria für die Gläubigen im Spätmittelalter als die verläßlichste Begleiterin durch das irdische Jammertal zu den ewigen Freuden der himmlischen Heimat.

Sittenlehre

Die weltlich-didaktische Rede als eine literarische Form zur Vermittlung von Verhaltensregeln in der Gesellschaft führt die Tradition des 13. Jahrhunderts (vgl. Bd. II/2, S. 150–153) nicht nur ungebrochen weiter, sie weitet sie vielmehr quantitativ und thematisch in einem bislang unbekannten Umfang aus: Sie zieht Themenbereiche an sich, die zuvor weitgehend dem Sangspruch (vgl. S. 171 ff.) vorbehalten waren; verbunden mit der Umorientierung vom traditionellen Minnelied zur neuen Form des Liebesliedes (vgl. S. 161 ff.) tritt die Minnerede zu einem Gutteil das Erbe des Minnesangs an. In pragmatischen Ausprägungen stößt die weltliche Rede bis zur Fachliteratur vor (vgl. S. 405 ff.), mit Allegorisierungen findet sie zu neuen literarischen Typen wie den Schachbüchern, Parodistisches wird um die Lügendichtung ergänzt. Eine gezielte Sammlertätigkeit dokumentiert das Interesse an der Rede ebenso wie die Resonanz, auf welche die über 700 lehrhaften Reimpaarreden Heinrich des Teichners und die großdidaktische Dichtung Hugos von Trimberg trafen. Insgesamt begegnet uns mit der weltlich-didaktischen Rede im 14. Jahrhundert einer der produktivsten unter den traditionellen Gattungsbereichen.

Dabei gilt weiterhin, daß sich Weltliches und Geistliches in den gesellschaftsbezogenen Reden überschneidet: Sittenlehre wurzelt im Spätmittelalter und in der Frühen Neuzeit letztlich immer im Religiösen. Beispielhaft zeigen dies die 36 zweiversigen Dicta ‚Der Meister, Propheten, Poeten und Könige Sprüche', die wohl vor der Mitte des 14. Jahrhunderts offenkundig als Beischriften zu Bildern der zitierten Autoritäten – etwa in einem Ratssaal – zusammengetragen worden sind und die Ordnung und Recht aus religiöser und weltlicher Sicht thematisieren. Karl der Große steht dabei neben biblischen Königen, Freidank (vgl. Bd. II/2, S. 146 f. und 150) neben antiken *poeten* wie Horaz und Seneca. Formal verwandt sind die Dicta mit den deutschen Übertragungen der ‚Disticha Catonis' (vgl. Bd. II/2, S. 150 f.), die man sich im 14. Jahrhundert vom Österreichischen bis zum Niederdeutschen in unterschiedlichen Fassungen als Richtschnur zur Lebensführung aneignet. Die Beliebtheit, der sich die gnomische Form leicht faßlicher Verhaltensregeln erfreute, reizte zur Forsetzung im ‚Novus Cato' (11. Jahrhundert) und zu vergleichbaren Werken wie den ‚Facetus'-Lehrgedichten (wohl 12. Jahrhundert) und dem ‚Antigameratus' (um 1340) des Frowin von Krakau, die im 14. bzw. 15. Jahrhundert mehrfach deutsche Bearbeitungen erfuhren (vgl. Bd. III/2). Alle Indizien sprechen für den Schulunterricht als den ursprünglichen Ort dieser Art von Lehrdichtung, die dann aber auch Eingang in andere volkssprachige Literaturbereiche fand.

Als Regelwerk leiten diese didaktischen Sprüche zu einem gelassenen und vernunftgeleiteten Umgang mit den Wechselfällen des Lebens an. Diese Unaufgeregtheit, mit der hier der Welt trotz Erkennens ihrer brüchig gewordenen Ordnung begegnet wird, hebt sich vom Großteil der geistlichen Reden mit ihrer ängstlichen Suche nach Heilsvergewisserung ab. Das Vertrauen auf die Kräfte von Verstand und Vernunft zur Beurteilung und Bewältigung lebensweltlicher Probleme, das bereits bei der weltlichen Kleinepik (vgl. S. 255ff.) immer wieder zu erkennen war, bestimmt auch die lehrhafte Rede ‚Die maze' (etwa 200 Verse) aus der Zeit um 1300 (die ehemalige Frühdatierung um 1175 ist zurecht aufgegeben worden): Grundlage aller Tugenden ist – ähnlich wie beim ‚Gnaistli' (vgl. S. 278f.) – das rechte Maß in allem Tun; *mâze* schützt, so werden Männer und Frauen in einem je eigenen Teil belehrt, vor Klatsch ebenso wie vor Gefährdungen beim Umgang der Geschlechter außerhalb und in der Ehe oder vor der Verschwendung des Besitzes. Diese Konkretisierungen bergen natürlich die Gefahr in sich, die *mâze* als Mittelmäßigkeit mißzuverstehen, dennoch verdient der didaktische Ansatz gewürdigt zu werden, der die Lebensführung auf ein ethisches Postulat und nicht auf ein kasuistisches Regelwerk gründet.

Gegen eine kasuistische Verengung von Ratschlägen, zu denen die Lehrgedichte notgedrungen immer greifen müssen, um nicht ins Unverbindliche abzugleiten, hilft eine Intellektualisierung der Didaxe, die zu einem situativ angemessenen Gebrauch der Ratschläge anleitet. Ein literarisches Mittel zur Beförderung der Intellektualität als Form des richtigen Wissens ist von alters her das R ä t s e l, dessen Tradition sich seit der Karolingerzeit (‚Rätsel vom Vogel federlos') über die Sangspruchdichtung – etwa beim ‚Rätselspiel' im ‚Wartburgkrieg' (vgl. Bd. II/2, S. 101) – bis zu den Rätselbüchern ab dem späten 15. Jahrhundert reicht (vgl. Bd. III/2). Mit der Konstellation von fragendem Gastgeber und einem Fahrenden als Antwortenden im ‚Traugemundslied' (etwa 80 Verse) aus dem beginnenden 14. Jahrhundert erfolgt eine für die didaktische Dichtung grundlegende Koppelung von Erfahrung und Wissen. Ebenso trägt die dialogische Form der 12 strophenähnlichen Abschnitte zur Einsicht bei, daß Wissensvermittlung im Gespräch zwischen Fragendem und Wissendem erfolgt und daß die Evidenz der Antwort über deren Richtigkeit entscheidet – im Naturkundlichen wie im Moralischen.

Einen anderen, auf Vermittlung von Lebenserfahrung zielenden Typus stellen die Vater-Sohn-Unterweisungen dar (vgl. Bd. II/2, S. 151), bei denen die Verhaltensnormierung und -konservierung im Mittelpunkt stehen. Hierzu stellen sich aus unserem Zeitraum ‚Die väterlichen Lehren' (etwa 500 Verse) eines Andreas, die um 1300 im nördlichen Ripuarischen entstanden sind und die sich bis hin zur strophischen Formgebung an den ‚Winsbecken' (vgl. Bd. II/1, S. 437f.) anschließen. Wie dieser hebt auch Andreas auf soziale und häusliche Unterweisungen ab, die mit dem *memento mori*-Gedanken eine religiöse Fundierung erhalten. Der Adressatenkreis ist dabei nicht mehr – wie der fehlende Minnedienst zeigt – auf den Adel eingegrenzt, aber es sind seine Wertemuster, die nunmehr in einer sich ausdifferenzierenden Gesellschaft allgemeinverbindlich gemacht werden sollen. Dies gilt auch für die T i s c h z u c h t e n als Verhaltensregeln bei den Mahlzeiten (vgl. Bd. II/2, S. 151), deren deutschsprachige Überlieferung im 14. Jahrhundert einsetzt. Für die Tischzucht-Literatur des 14. und 15. Jahrhunderts von großem Einfluß war die wohl in Österreich zum Jahrhundertbeginn entstandene ‚Rossauer Tischzucht' (etwa 100 Verse), die sich an Kinder *bey siben iaren* wendet. Auf sie greifen ‚Der kindere hovescheit' (etwa 150 Verse) für zwölfjährige Kinder und ‚Der zühte lere' (etwa 550 Verse) zurück. Deren umfangreichere Ausformungen mit Interpolationen aus den ‚Disticha Catonis' (vgl. S. 288f.) erklärt sich aus der Ergänzung der Tischregeln um allgemeine Anstandslehren für Männer und Frauen; in dieser Kombination deutet sich ein Modell an, das bis zur Anstandsliteratur der Neuzeit weiterwirkt.

Mit den Tischzuchten verbunden sind auch hygienische Vorschriften, deren literarischer Ort gewöhnlich in der Fachprosa (vgl. S. 409ff.) angesiedelt ist. Daneben finden sich aber auch – wie noch im 15. Jahrhundert etwa bei Hans Folz (vgl. Bd. III/2) – gereimte Gesundheitsregeln als Teilbereich des pragmatischen Redetyps. Die Verwendung des Reimpaarverses dürfte vor allem mnemotechnisch begründet sein; auch der Umfang dieser Reden, der 500 Verse nicht übersteigt, deutet in diese Richtung. Nur E v e r h a r d v o n W a m p e n macht mit seinem 1325 abgeschlossenen ‚S p i e g e l d e r N a t u r' (etwa 1800 Verse erhalten) eine Ausnahme, die wohl mit der Widmung an den König von Schweden-Norwegen zusammenhängt, der bei Abschluß des Werkes neun Jahre alt war.

Everhard von Wampen entstammte vermutlich einer Greifswalder Ratsherrenfamilie, in der sich um diese Zeit nicht weniger als drei Angehörige mit Magistergrad befanden. Everhard selbst verstand sein literarisches Werk nach eigener Aussage nicht als Brotkunst, vielmehr hätten ihn dabei sein Interesse und die

Notwendigkeit geleitet, seiner Herrin zu helfen. Gemeint ist damit die schwedische Herzogin Ingeborg oder deren Mutter, die Königin Euphemia von Norwegen, eine Schwester des Fürsten Wizlaw III. von Rügen, an den sich wohl ein Lobspruch Frauenlobs richtet (vgl. S. 173). Und auf Frauenlob beruft sich Everhard, wenn er bei der Vermittlung den *syn* über den *rym*, also über den Formanspruch stellt. Ob Everhard auf seiner ausgedehnten Reisetätigkeit – er will zehn Königreiche aufgesucht haben – Frauenlob persönlich kennengelernt hat, muß offenbleiben; auch wohin sich Everhard zurückzog, als er Schweden nach Veränderung der politischen Lage verlassen mußte, bleibt im dunkeln.

Everhard, der auf eine Darstellung der antiken Lehre von den Temperamenten zielt, zeigt sich in der lateinischen Medizinalliteratur seiner Zeit – mit dem verbreiteten ‚Regimen sanitatis (Flos medicinae) Scholae Salerni' als Hauptquelle des Werks – gut bewandert. Er will die Laien nicht zur Eigenbehandlung im Krankheitsfall anleiten, bei dem die Kompetenz eines kundigen Arztes gefordert sei, sondern sie zum Erhalt der eigenen Gesundheit anhalten. Grundlage dafür ist ein Verständnis der vier Temperamente (Sanguiniker, Choleriker, Melancholiker, Phlegmatiker), die im Buch I beschrieben und dann in Analogie zur Natur im allgemeinen (Buch II) sowie zur Pflanzen- und Tierwelt (Buch III) gesetzt werden, um auf dieser Grundlage eine in der Humoralpathologie verankerte Gesundheitslehre von der Diätetik bis zu Aderlaßregeln zu entwerfen (Buch IV). Wie in den Reden zur ethischen Unterweisung (vgl. S. 315) gelten auch hier das Maßhalten und die Mäßigung als die oberste Maxime, denn die Temperamente seien zwar angeboren, könnten jedoch durch die Lebensführung zum Guten oder Schlechten verändert werden.

Ebenfalls zur Belehrung von Fürsten gedacht waren das pseudoaristotelische ‚Secretum secretorum', die Hildegard von Hürnheim bereits Ende des 13. Jahrhunderts (abgeschlossen 1282) in deutsche Prosa übertragen hat (vgl. Bd. II/2, S. 166). Im 14. Jahrhundert fertigt ein mitteldeutscher Autor eine stark kürzende, christlich akzentuierte Reimpaarfassung unter dem Titel ‚Aristotelis Heimlichkeit' (etwa 3100 Verse), die für Fürstensöhne und junge Adlige gedacht ist. Bei anderen Versfassungen, die sich in den Umkreis des ‚Secretum secretorum' stellen, handelt es sich um mehr oder minder freie Teilbearbeitungen: Im Zusammenhang mit Buch I steht die ‚Tugendlehre' (450 Verse) eines bairisch-österreichischen Autors aus der zweiten Hälfte des 14. Jahrhunderts, den die Überlieferung (Michel) Gernpaß nennt. In der ersten Hälfte des 14. Jahrhunderts faßt ein Verfasser aus Thüringen oder Hessen die entsprechenden ‚Secretum secretorum'-Partien zu einer gereimten ‚Physiognomik' (etwa 400 Verse) zusammen und befragt körperliche Merkmale über ihre Aussagefähigkeit für Charaktereigenschaften hinaus auch auf ihre Anlage zur Sündhaftigkeit. Der Gesundheitslehre selbst gelten hingegen die ‚Lehren des Aristoteles' (etwa 370 Verse), die dieser dem jüngen Alexander gegeben haben soll, damit er weder die Zahnpflege noch die Bewegung an der frischen Luft versäumt. Lateinischer Bezugstext dafür ist die ‚Epistola Aristotelis ad Alexandrum', bereits selbst ein Auszug aus dem ‚Secretum secretorum', der durch Aristoteles und Alexander als Autoritäten eine besonders breite Wirkung – auch in Prosa (vgl. S. 414) – entfaltete.

Mit den Hausratgedichten als einem weiteren Bereich der pragmatischen Rede, der sich ab dem 14. Jahrhundert ausbildet, kommt auch die Stadt etwas deutlicher in den Blick. In diesen Gedichten werden die Entbehrungen eines finanziell ungesicherten Hausstandes vor Augen geführt. Die Klage über den Mangel soll keinesfalls von der Ehe abraten, sondern die ökonomische Sicherung des Ehestandes als Voraussetzung eines zufriedenen Ehelebens anmahnen. In eindringlicher Weise führt dies um 1300 ‚Der Hauskummer' (etwa 150 Verse) vor Augen, in dem der arme Ehemann seine Familie nur mit Hilfe von Pfandleihern zu ernähren vermag. Die Alltagssorgen des Ehestandes bieten freilich auch einen wirkungsvollen parodistischen Gegensatz zur Minnedichtung und ihrem spezifischen Modell der Mann-Frau-Beziehung: So tritt im etwas jüngeren Gedicht ‚Vom mangelnden Hausrat' (etwa 150 bzw. 200 Verse) ein enttäuschter Minnesänger auf, dessen Haussorge größer ist als die Not des Minnedienstes. Wenn sich der Ehemann am Schluß gleichwohl von der Liebe zu seiner Frau nicht abbringen läßt, so entspricht dies ebenso dem Konzept des Minnesangs wie der Pflicht des Ehestands. Dieses literarische Spiel nimmt in charakteristischer Weise um 1400 ein Lied ‚Das Hausgeschirr' (11 sechsversige Strophen) zurück, das wohl vom ‚Hauskummer' Anregungen erfuhr. In seiner ernsthaften Ausprägung weist es auf die Hausratgedichte des 15. Jahrhunderts (vgl. Bd. III/2). Mit ihrer spezifischen Sorge um einen gesicherten Hausstand unterscheiden sich alle diese Gedichte von jenen Klagen des Ehemanns über seine durch und durch bösartige Ehefrau, wie sie in misogyner Tradition – so auch ‚Die böse Frau' (vgl. Bd. II/2, S. 152) – die Rede ‚Von dem üblen Weib' (etwa 50 Verse) aus der ersten Hälfte des 14. Jahrhunderts bietet. Teile daraus übernimmt das Gedicht ‚Das böse Weib und die Teufel' (etwa 70 Verse), das in der Form eines Augenzeugenberichts davon unterrichtet, wie eine böse Frau in ihrem Zorn selbst ein ganzes Heer von Teufeln in die Flucht schlägt. Die Wirkungsgeschichte dieser Rede reicht über Einblattdruck und das Fastnachtspiel bis zu einem Bildgedicht des 17. Jahrhunderts.

Pragmatischer orientiert, aber mindestens ebenso publikumswirksam (zuletzt 1629 gedruckt) ist die Reimpaarrede ‚Vom Pfennig' aus der Wende vom 13. zum 14. Jahrhundert. In drei Fassungen überliefert (zwischen etwa 80 und 170 Versen), thematisiert das Gedicht die Macht, den Segen und den Fluch des Geldes. Wie sehr diese Doppelgesichtigkeit die

Menschen in dieser Zeit bewegte, zeigen vergleichbare Wertungen bei Heinrich dem Teichner (Nr. 417, 418 und 431) und Peter Suchenwirt (Nr. XXIX), aber auch die Personifikation des Pfennigs, der nunmehr die Allmacht für sich beansprucht, die früher der Minne zugesprochen wurde. Dahinter steht – wie bei der Rede ‚Vom mangelden Hausrat' (vgl. S. 292) – sicherlich ein Spiel mit literarischen Traditionen, dennoch läßt die Zahl der P f e n n i g g e d i c h t e im 14. und 15. Jahrhundert erkennen, welchen Eindruck die zunehmende Geldwirtschaft und die damit verbundenen ökonomischen Veränderungen mit all ihren Vorteilen, aber auch Risiken auf die Menschen machte. In anderem Zusammenhang lenkte bereits die Erzählung ‚Der Feldbauer' (vgl. S. 264) den Blick auf Gefahren beim unbedachten Umgang mit Kapital.

Ganz der Pragmatik verpflichtet sind die ‚S t a d t r e g i m e n t s l e h r e n', ein seit dem 14. Jahrhundert überlieferter Reimspruch von meist 18 Versen, der wohl niederländischen Ursprungs ist und der sich im Nieder- und Mitteldeutschen als Inschrift in städtischen Amtsgebäuden oder als Aufzeichnung in Rechtsbuchhandschriften bis ins 17. Jahrhundert findet. Ursprünglich wahrscheinlich als ein Katalog von zwölf Geboten konzipiert, sollte der Lehrspruch den Ratsherren und den Ratsversammlungen Grundregeln einer guten, auf die Mehrung des Gemeinwohls bedachten Leitung der Stadt in knapper und eingängiger Form vor Augen halten. In der literarischen Einkleidung eines Vogelparlaments tritt dagegen der ‚R a t d e r V ö g e l' auf, als dessen Autor Ulrich von Lilienfeld, der zeitweilige Abt (1345–1351) der österreichischen Zisterze Lilienfeld, identifiziert werden konnte. Im Lilienfelder Codex 151 (um 1351/58) findet sich im Schlußteil auf zwei gegenüberliegenden Seiten je ein Baum mit Zweigen abgebildet (Abb. 12), die insgesamt 44 Vögel bevölkern. In den Baumkronen sitzt der Zaunkönig, der die namentlich benannten Vögel um Rat bittet, den diese als gereimte Zweizeiler in Spruchbändern geben: Auf der linken Baumseite stehen jeweils die positiven Ratschläge für eine gute Herrschaft und Lebensführung, rechts davon die entsprechenden Widerräte, deren Negativität durch eine parodistische Einfärbung herausgestellt wird. So rät etwa der Geier:

> *Herre, steln unde rauben*
> *mert dein er, daz scholt du glauben.*

Diese Form der Didaxe erfreute sich einer ungemeinen Beliebtheit, die sich bis ins Niederländische und zeitlich bis ins 18. Jahrhundert verfolgen läßt. Dabei eröffnete die Ablösung von der bildlichen Darstellung eine breite Varianz in der Abfolge, in der Textgestalt und im Umfang der Ratschläge, für die man bislang nicht weniger als 15 Fassungen unterscheiden konnte.

P a r o d i e als wirkungsvolles Moment der Didaxe reicht von der Kleinform der ‚Cato'-Sprüche bis zu umfangreicheren Reden wie dem ‚Weinschwelg' oder Des Strickers ‚Unbelehrbarem Zecher' (vgl. Bd. II/2, S. 152). Die Zahl parodistischer und komischer Reden nimmt im 14. Jahrhundert nicht nur deutlich zu, die Parodien stoßen dabei auch in Bereiche vor, die kaum mehr ein didaktisches Anliegen erkennen lassen, sondern eher auf ein Gefallen am Spiel mit literarischen Traditionen deuten. In diesem spielerischen Umgang mit der Literatur bekundet sich literarische Kompetenz ebenso wie eine Intellektualität, die sich vom Verbindlichkeitsanspruch insbesondere der geistlichen Literatur und der Minnedichtung bis hin zur Verschiebung ins Obszöne zu distanzieren vermag – und auf diese Weise das Verständnis für eine intellektuell gegründete Didaxe fördert, indem etwa im Obszönen die Perversion der parodierten Werte und Normen erkannt und im Lachen der Normverstoß demaskiert wird. Diese *e negativo* gestaltete Didaxe erfährt dann im 15. Jahrhundert eine breite Entfaltung (vgl. Bd. III/2), an der sich die zunehmenden Schwierigkeiten ablesen läßt, positive Lehre mit allgemeinem Gültigkeitsanspruch zu formulieren.

Wie schon früher in der lateinischen Literatur erfolgt in den deutschsprachigen geistlichen Parodien des 14. Jahrhunderts eine Transformation religiöser Texte und Textformen ins Sexuelle, um die Hohlheit von Frömmigkeitsformen insbesondere beim Gebet und bei der Predigt kritisch aufzudecken. So tauschen ein Mönch und eine Nonne ihre Liebesgeständnisse in Parodien des ‚Pater noster' (etwa 60 Verse) und des ‚Ave Maria' (etwa 40 Verse) aus, die das unsittliche Treiben in Klöstern bis zur blasphemischen Zuspitzung bloßstellen. Mangelnde Andacht beim Gebet demonstriert ‚Der Spunziererin Gebet' (etwa 40 Verse), in dem die lateinischen ‚Paternoster'-Formeln von den eifersüchtigen Gedanken der verliebten Spunziererin (von *sponsa*: ‚Braut') unterbrochen werden; mit der Verlegung der Gebetsparodie in die Sphäre des Wirtshauses, wie sie ‚Von eime trunken buoben' (etwa 150 Verse) gegen Ende des 14. Jahrhunderts vornimmt, geht dagegen die unmittelbare Kritik an der fehlenden Andacht beim Beten verloren. Den Schöpfungsbericht als Aufhänger verwendet die Predigtparodie ‚Adam und Eva' (etwa 200 Verse) aus der ersten Hälfte des 14. Jahrhunderts, an deren Ende die ‚Beichte' einer Frau steht, die sich der sexuellen Liebe enthalten hat und nach dem ‚Bekenntnis' und dem Versprechen der Besserung die ‚Absolution' (gemeint ist der Beischlaf) vom predigenden *brueder* erhält.

Für neuzeitliche Ohren weniger anstößig klingen die M i n n e - r e d e n - P a r o d i e n, die bereits zu Beginn des 14. Jahrhunderts, also gemeinsam mit dem großen Aufschwung dieser Redegattung (vgl. S. 321ff.) einsetzen. Vielleicht von Steinmars ‚Herbstlied' (vgl. Bd. II/2, S. 91) angeregt ist das Streitgespräch ‚Der Herbst und der Mai' (etwa 250

Verse), in dem der Herbst mit seinen kulinarischen Genüssen den Sieg davonträgt und das *minnerlin* als Knappen des Mai zum Herbst überlaufen läßt. Der Streit um den Vorrang zwischen ‚Minner und Trinker' (etwa 170 Verse) bleibt dagegen offen und überläßt dem Publikum die Entscheidung. Die Parodie des ambitionierten Minnediskurses, die diese Reden bestimmt, wird in dem parodistischen Werbungsgespräch ‚Frau Seltenrain' (etwa 100 Verse) durch die Gegenläufigkeit zweier Sprachebenen erzeugt: Die höfisch vorgetragene Werbung eines Schmiedeknechts beantwortet eine Alte mit dem sprechenden Namen Seltenrein grobianisch, und als er ihr ebenso derb antwortet, wechselt sie in die höfische Sprachkonvention, doch hat sie seine *huld verschissen*. Noch in der zweiten Hälfte des 14. Jahrhunderts scheint eine Zuspitzung der parodistischen Rede zur Obszönrede zu erfolgen; wegen der breiten Entfaltung des Obszönen vom Sexualwitz über die schwankhafte Erzählung bis zum Fastnachtspiel im 15. Jahrhundert sollen die einschlägigen Reden in diesem Zusammenhang behandelt werden (vgl. Bd. III/2).

Bei der nahezu ausnahmslosen Anonymität der parodistischen Rede im 14. Jahrhundert fällt die Zuordnung zu einem bestimmten Autorentyp schwer. Immerhin gerät neben Peter Suchenwirt (vgl. S. 342f.) in zwei Fällen der Status des fahrenden Berufsdichters wenigstens ansatzweise in den Blick. Ein Johann von Nürnberg kontrastiert in seinem Gedicht ‚De vita vagorum' (etwa 300 Verse) wohl während der ersten Jahrhunderthälfte humorvoll seine Nöte mit dem gesicherten Leben eines Bettelmönchs. Freilich versteht sich der autobiographisch stilisierte Bericht als eine Warnung an alle Väter, ihre Söhne vom Fahrendenschicksal abzuhalten; die Existenz des Fahrenden kann also durchaus fingiert sein, um der Mahnung größeren Nachdruck zu verleihen. In einem anderen Gedicht deutet der sprechende Autorname Meister Irregang auf einen Fahrenden (Sprecher) hin, der sich offenkundig in der ersten Jahrhunderthälfte durch das Leben schlug. In einer Art Prahlrede (etwa 150 Verse) rühmt er seine vielfältigen Fähigkeiten, die nicht nur *sagen unde singen*, sondern auch handwerkliche, bäuerliche und sogar ritterliche Tätigkeiten umfassen. Wenn dies freilich alles zu Erläuterungen der einleitenden, den ‚Iwein' (V. 527) Hartmanns von Aue zitierenden Frage *Aventiure, waz ist daz?* dient, dann bekundet sich darin wiederum ein literarisches Spiel, das vielleicht auch die Imagination der Fahrendenrolle einschließt.

Die Prahlrede grenzt an den breiter ausgebauten Bereich der L ü g e n r e d e, deren deutschsprachige Tradition sich bis in die Sangspruchdichtung fahrender Berufsdichter (etwa Reinmar von Zweter, Der Marner; vgl. Bd. II/2, S. 97–99) des 13. Jahrhunderts zurückführen läßt. Auch in dieser Form der Lügendichtung dokumentiert sich nachdrücklich der Anspruch auf Intellektualität, denn es gilt dabei die Konstruktion einer verkehrten Welt durch Zusammenfügung von Unmöglichem (Adynata) als eine Lüge zu durchschauen und damit gleichzeitig die Wahrheit zu erkennen. Neben einigen kleineren Gedichten, die diesem Prinzip folgen, forciert das um 1300 entstandene ‚Wachtelmäre' das Genre zur Unsinnsdichtung, deren Beliebtheit die variierende Mehrfachüberlieferung bezeugt. Ursprünglich in zwölf durch Refrain markierte Abschnitte mit zwölf Reimpaarversen gegliedert, persifliert die Rede insbesondere die literarische Welt der Heldenepik.

Hie vor bi alten gezíten heiratet ein alter Essigkrug ein altes Sattelzeug; ihre Kinder sind der *wunderliche* Alexander, der Kaiser Ermentrich, der Zwerg Alberich, ein dreiköpfiger Riese, ein geschliffener Pelzrock und eine Bratpfanne aus Marderfell. Eine Fortsetzung berichtet von einem ledernen Vogel aus *Troye* und von einem Kampf zwischen einem Regenwurm und einem nackten Igel, daran beteiligen sich u.a. Dietrich von Bern, Hildebrant, Ecke, Kriemhilt, Vasolt, ein Mühlstein und eine Schnecke.

Das Brauchtum des Neujahrwünschens scheinen dagegen ‚Die Wünsche' (etwa 150 Verse) eines Dichters aus der Nordostschweiz zu parodieren. Das Gedicht aus der ersten Hälfte des 14. Jahrhunderts läßt die guten Wünsche als illusorisch, die erwünschte bessere Welt als utopisch erscheinen und eröffnet damit einen illusionslosen Blick auf den Lauf der Welt. Damit zeigt sich eine gewisse Nähe zum Quodlibet, das sich im 15. Jahrhundert großer Beliebtheit erfreute (vgl. Bd. III/2). Das Q u o d l i b e t entfaltet seine desillusionierende Komik allerdings nicht durch eine Reihung von Unmöglichem und Unsinnigem, sondern ganz im Gegenteil durch eine beziehungslose Abfolge von banalen Lebensweisheiten und Platitüden. Das älteste bekannte Beispiel, das Quodlibet ‚Von der stampeney' (etwa 150 Verse), stammt aus der ersten Hälfte des 14. Jahrhunderts. Anspielungen auf zeitgenössische Geschehnisse in der Geschichte Württembergs deuten auf ein höfisches Publikum, die Stilisierung des Sprechers als eines materiell Benachteiligten auf einen Fahrenden. Ähnliches gilt für die ‚Lügenpredigt' (etwa 150 Verse), die einen Grafen Konrad von Freiburg nennt und in zwei Handschriften gemeinsam mit dem Quodlibet überliefert ist. Damit kommt wenigstens ansatzweise der Lebensraum der zuletzt genannten Redetypen während des 14. Jahrhunderts in den Blick.

Das Verhältnis von Lüge und Wahrheit war daneben auch Gegenstand ernsthafter Überlegungen. So geht es in der Reimpaarrede ‚Vier Lügen' (60 Verse), die bereits Ende des 13. Jahrhunderts überliefert wird, ähnlich wie bei Heinrich dem Teichner (Nr. 414) um die Legitimation der Lüge in Notlagen (Schutz fremden Lebens, Höflichkeit, Schutz von *wibes ere*, Abwehr eigenen Schadens gegenüber einem *bosen man*). Entscheidend dabei sind zwei Kriterien: Die Lüge darf nicht von Herzen kommen, und sie darf *nieman schaden* zufügen. Hinter dieser Differenzierung steht eine

Sittenlehre

Reflektiertheit, die sich in bemerkenswerter Weise von einem mechanischen Erfüllen des Wahrheitsgebots unterscheidet.

Alle genannten literarischen Formen zur sittlichen Unterweisung werden von einem nahezu unübersehbaren Strom kleinerer Reimpaargedichte, in dem die Fabel, das Bispel und das Exempel zusammenfließen, geradezu marginalisiert. Dieser Strom läßt sich nicht nur wegen seines Ausmaßes schwer bändigen, nicht minder schwierig sind die Überschneidungen in Formgebung und Funktion von Fabel, Bispel und Exempel in den Griff zu bekommen (vgl. Bd. II/2, S. 140 f.). Bereits der narrative Anteil stellt diese Gedichte in einen Grenzbereich zwischen Erzählung und Rede, dazu kommen vielfache Ausprägungen und Kontextualisierungen, die von Anspielungen und Einlagerungen in literarische Werke der verschiedensten Art über die Predigt bis zur Gnomik und Sangspruchdichtung reichen. Eine feste Werk- und Überlieferungstradition für das Bispel und die Fabel in der Form des kleineren Reimpaargedichts – zum Exempel vgl. Bd. III/2 – setzt mit Dem Stricker ein und faltet sich in unterschiedliche Überlieferungstypen aus, die man unter dem Begriff der Reimbispel-Sammlungen zusammenfaßt. Mit B i s p e l ist dabei das selbständige didaktisch-exemplarische Reimpaargedicht gemeint, das einen narrativen und einen explizierenden Teil enthält; der Begriff umfaßt also auch die Erzähltypen der Fabel und des Exempels.

Bei den Reimbispel-Sammlungen lassen sich mit Blick auf den Bezugsrahmen drei Gruppen unterscheiden: Bispel, Fabel und Exempel können – wie im ‚Welschen Gast‘ des Thomasin von Zerklaere (vgl. Bd. II/1, S. 441–447) – in einem größeren Argumentations- und Erzählzusammenhang eingelagert sein und dann – wie beim ‚Barlaam und Josaphat‘ Rudolfs von Ems (vgl. Bd. II/2, S. 131), beim ‚Renner‘ Hugos von Trimberg (vgl. S. 318ff.) oder dem ‚Schachbuch‘ Heinrichs von Beringen (vgl. S. 304f.) – aus ihren ursprünglichen Zusammenhängen herausgelöst und als eigenes Korpus tradiert werden. Bei Boners ‚Edelstein‘ (vgl. S. 300ff.) oder beim ‚Wolfenbütteler Äsop‘ Gerhards von Minden (vgl. S. 299f.) hingegen sind die Sammlungen von Anfang an durch Pro- bzw. Epilog zu einem festen Korpus zusammengefaßt. Die dritte Gruppe bilden die Bispel-Sammlungen, die in der Überlieferung ohne festen Rahmen auftauchen. Zu nennen ist hier vor allem die Wiener Kleinepikhandschrift cod. 2705 (um 1260/80), die älteste Sammelhandschrift kleinerer Reimpaargedichte des 13. Jahrhunderts und Haupthandschrift für Strickers Kleindichtung; sie enthält das ‚Wiener Fabel- und Bispelkorpus‘ (vgl. S. 299). Weiterhin gehören zu dieser Gruppe die ‚Liedersaal-Handschrift‘ (Karlsruhe, cod. Donaueschingen 104) und die Karlsruher Kleinepikhandschrift cod. 408 mit dem ‚Karlsruher Fabelkorpus‘ (vgl. S. 299) als zwei bedeutende Sammelhandschriften des 15. Jahrhunderts, die um 1430/35 im Alemannischen bzw. Schwäbischen geschrieben worden sind (Ziegeler).

Das Bispel zielt auf Vermittlung von geistlichem und sittlichem Wissen, das aus dem Erzählteil abgeleitet und durch ihn gleichsam bewiesen wird. So dient etwa das Bispel ‚Der Tropfen auf den Stein‘, das im Erzählteil die Beobachtung vom steten Tropfen vermittelt, der den Stein höhlt, dazu, den Erfolg der *stete* gegenüber *einem edelem weibe*, aber auch beim Erflehen der Gnade Gottes einsichtig zu machen. Zum Beleg kann das Bispel auch auf die Fabeltradition zurückgreifen, ohne aber damit selbst zur Fabel zu werden. Diese projiziert nämlich menschliches Verhalten auf Tiere, Pflanzen oder auch leblose Gegenstände, um es in dieser Verfremdung abgelöst von einem menschlichen Einzelfall prinzipiell und gleichsam modellhaft in seinen Folgen erkennen und beurteilen zu können. Pro- oder Epimythien vermögen dabei den Blick auf einen speziellen (etwa politischen oder geistlichen) Anwendungsbereich lenken; sie tragen dazu bei, daß ein und dieselbe Fabel die Stimmigkeit ganz unterschiedlicher Verhaltensweise zu demonstrieren vermag. Funktional treffen sich Bispel und Fabel mit anderen Texttypen (etwa Legende, Mirakel, Exempel) in der Auswahl eines ausgewählten Beispiels zum Zweck der exemplarischen Demonstration. Stammt das Beispiel aus dem Bereich der Geschichte, dann liegt der Erzähltyp des Exempels vor.

Die ständige Zunahme vor allem von Bispeln und Fabeln in der Form kürzerer Reimpaargedichte seit dem 13. Jahrhundert hängt offenkundig mit dem Bemühen der Menschen zusammen, sich selbst durch Verstand und Vernunft eine Orientierung in einer unübersichtlich werdenden Welt zu verschaffen. Mit ihrem Appell, die vermittelten Einsichten für sich selbst evident und verbindlich zu machen, dokumentieren diese Gedichte in einem weiteren Bereich den Prozeß der Intellektualisierung, der in Verbindung mit der unentwegt anwachsenden Schriftlichkeit immer größere Kreise zieht. Der Reichtum an Bispeln und Fabeln und ihre Bedeutung in der Literatur des 14. Jahrhunderts kann im Rahmen dieses Überblicks nur festgestellt, keinesfalls dargestellt werden. Zur Verdeutlichung sei wenigstens auf einige wichtige Sammlungen und Werke hingewiesen, in denen der Erzähltyp der Fabel dominiert.

Die deutschsprachige Fabel des Mittelalters ist weitgehend an die lateinische Äsop-Tradition gebunden. Äsops Wertschätzung zeigt sich, wenn Hugo von Trimberg in seinem ‚Renner' (vgl. S. 318ff.) *Meister Esopus* als Autorität neben die Kirchenväter, Horaz, Vergil und Ovid setzt. Grundlage für die mittelalterliche Äsop-Rezeption war eine wohl im 5. Jahrhundert entstandene Sammlung, die unter dem Namen ‚Romulus' läuft und die vermutlich im 12. Jahrhundert von einem Anonymus Neveleti genannten Autor ihre wirkungsmächtigste Gestaltung erfahren hat. Gemeinsam mit einer Kommentierung war diese Sammlung ein wichtiges Schulbuch für den Lateinunterricht, das stoffvermittelnd auch auf Predigthandbücher einwirkte. Einen zweiten Quellbereich für die deutschsprachige Fabel bot die um 400 entstandene Fabelsammlung des Avian, die gleichfalls im Schulunterricht Verwendung fand. Der Stricker etwa stand mit seinen Reimpaarbispeln und -fabeln in der Nachfolge der Anonymus Neveleti- und der Avian-Rezeption.

Das ‚Wiener Fabel- und Bispelkorpus' in der Wiener Kleinepikhandschrift cod. 2705 (vgl. S. 323f.) wartet als älteste Sammlung mit 60 Fabeln und Tierbispeln auf, die im Umkreis Des Strickers entstanden sind und die eine Beliebtheit dieser Art kleinerer Reimpaardichtungen bereits in der ersten Hälfte des 13. Jahrhunderts bezeugen. Das Fortwirken dieser beim Stricker einsetzenden Tradition läßt sich in der Sammlung ‚Die Welt' verfolgen, die Michael de Leone in seinem Hausbuch (vgl. S. 308) um die Mitte des 14. Jahrhunderts angelegt hat. In diesen Sammlungen kreist die Didaxe vornehmlich um drei Themen: um das richtige Verhalten in der Minne, um das kluge Verhalten im Leben und um die soziale Ordnung, deren hierarchische Struktur als so unveränderbar dargestellt wird, daß sich sagen läßt: „Fabelmoral rechtfertigt Herrenmoral" (Grubmüller). Die Fabeln des 14. Jahrhunderts, wie sie die ‚Liedersaal-Handschrift' (15 Fabeln) und das ‚Karlsruher Fabelkorpus' (27 Fabeln) repräsentieren, greifen in unterschiedlicher Weise auf diese Tradition zurück: die Minnefabeln der ‚Liedersaal'-Sammlung auf die Minnelehre, das ‚Karlsruher Fabelkorpus' auf ein Argumentationsmodell, in dem die Fabel die Richtigkeit eines Erfahrungssatzes oder einer Verhaltensregel untermauern soll. Daneben finden sich aber in dieser Sammlung auch Engführungen auf Sonderfälle (etwa Nutzen speziell des elterlichen, nicht allgemein des guten Rats) und die Absicherung der Lehre durch religiöse Wertvorstellungen und Berufungen auf Autoritäten (Cato, Augustinus, Gregor), womit ebenfalls eine Art von Außenlenkung der Fabel bis hin zur Transformation in ein Tierbispel erfolgt – so als ob man einer auf Verstand und Vernunft gegründeten Didaxe der Fabel in äsopischer Tradition mißtraute.

In ihren verschiedenen Ausformungen war die Fabel in der Lehrdichtung des 14. Jahrhunderts gleichwohl nicht mehr wegzudenken: Sie hatte ihren festen Platz in den kleinepischen Sammelhandschriften auch außerhalb der genannten Sammlungen, und sie war in den klein- und großdidaktischen Œuvres der namentlich bekannten Reimpaardichter selbst dann ganz selbstverständlich vertreten, wenn diese – wie Heinrich der Teichner (vgl. S. 310ff.) mit nur sieben Fabeln unter den etwa 720 Reimpaarreden – dieser Form der Didaxe so reserviert gegenüberstanden, daß man wie bei ihm besser von einem „Umgang mit Fabelmotiven" (Lämmert) spricht. Vor allem bekunden die Fabelsammlungen einzelner Autoren – so im Bereich der Sangspruchdichtung bei Heinrich von Mügeln im Buch IV der Göttinger Handschrift (vgl. S. 190) – die Bedeutung der Fabel auf dem Gebiet der Lehrdichtung. Für die Reimpaarfabel setzt die Bildung solcher Autorkorpora mit G e r h a r d   v o n   M i n d e n bereits im 13. Jahrhundert ein, mit Boners ‚Edelstein' entsteht im 14. Jahrhundert das erste wirkmächtige Fabelwerk in deutscher Sprache.

Gerhard von Minden gilt als Autor des mittelniederdeutschen ‚Wolfenbütteler Äsop', sein Name wird jedoch nur im Prolog des ‚Magdeburger Äsop' (vgl. Bd. III/2) genannt, dem der ‚Wolfenbütteler Äsop' weitgehend zur Vorlage diente. Die weiteren Angaben im Prolog – Gerhard sei Dekan zu Minden gewesen und habe sein Werk 1370 abgeschlossen – lassen sich dagegen nicht in Übereinstimmung bringen, da ein Gerhard nur zwischen 1261 und 1278 (Todesjahr) als Domdekan und zuvor als Domkantor belegt ist. Man nimmt daher bei der Jahresangabe ein Schreibversehen für 1270 an; metrische und stilistische Merkmale stützen die Datierung des Werks ins 13. Jahrhundert.

Den ‚Wolfenbütteler Äsop' leitet eine 14versige Vorrede ein, die mit Verweis auf Äsop die Funktion der Fabel herausstellt. Tatsächlich folgen die 125 Fabeln bis auf zwei Ausnahmen einer bestimmten Fassung des ‚Romulus', die Gerhard fast vollständig, aber insgesamt kürzend und zum Schluß auch etwas freier wiedergibt. Aufschlußreich für Gerhards Fabelverständnis sind dagegen die vierversigen Deutungen, die jede Fabel beschließen, weil sie sich wiederum nicht auf allgemeine Lebensweisheiten beschränken, sondern christliche Moralvorstellungen einbeziehen und zum Einhalten der gottgewollten Standesordnung anleiten. Über den ‚Magdeburger Äsop' hinaus, der ebenfalls isoliert geblieben ist, entfaltete der nur schmal überlieferte ‚Wolfenbütteler Äsop' offenkundig keine breitere Wirkung.

Eine außergewöhnliche Verbreitung fand dagegen B o n e r s ‚E d e l s t e i n', von dem bislang 36 handschriftliche Textzeugen und zwei Inkunabeldrucke bekannt sind. Auch bezeugt die große Zahl von 24 illustrierten Handschriften (Voll- und Teilillustrationen ausgeführt oder vorgesehen) die ungemeine Wertschätzung, die dieses Werk genoß, bis es dann von Heinrich Steinhöwels ‚Esopus' (Erstdruck 1476/77; vgl. Bd. III/2) abgelöst wurde. An der Überlieferung fällt eine Reihe von Eigenheiten auf: die Konzentration auf das 15. Jahrhundert und auf Oberdeutschland; auch sticht der hohe Anteil (mindestens 13 Kodizes) des Adels und des Patriziats unter den Handschriftenbesitzern heraus. Bemerkenswert ist ferner die zunehmende Tendenz zur Verbundüberlieferung des Werks mit kleineren Reimpaardichtungen (Bispel, Mären, Priamel, Spruchgedichte), die über *der welt lauff* belehren wollen. Zu dieser Tendenz paßt, daß die Aufzeichnung oft ohne den Werktitel ‚Edelstein' erfolgt und daß die Schreiber den Autornamen nie nennen, obwohl er Pro- und Epilog des Werks als *Bonerius* zu entnehmen war. Boners Sammlung scheint also schon früh zu einem Kompendium allgemeiner Sittenlehre geworden zu sein, das seine Autorität aus sich selbst und nicht aus Werk- oder Autornennung bezog.

Die Identifizierung des Autors ist mit der Widmung seines Werks an Johann von Ringgenberg verknüpft, dem Mitglied eines Freiherrengeschlechts aus dem

Berner Oberland. Die Benennung bezieht sich wohl auf den zwischen 1291 und 1350 belegten Johannes I. von Ringgenberg, der auch als Autor didaktischer und geistlicher Sangsprüche hervorgetreten ist (vgl. S. 172). Politisch profiliert hat er sich als treuer Parteigänger Kaiser Ludwigs des Bayern und innerhalb der Schweiz mit seinem politischen und wirtschaftlichen Einfluß auf die Geschicke Berns. Dort ist zwischen 1324 und 1350 ein Dominikaner Ulrich Boner mehrfach bezeugt, den man wegen der parallelen Lebensdaten zu Johannes I. von Ringgenberg aus sprachlichen Gründen und wegen der sprachlichen und literarischen Kenntnisse, die für das Abfassen des Werks notwendig waren, als den Autor des ‚Edelsteins‘ ansieht.

Das um 1350 abgeschlossene Werk tritt in drei Fassungen auf (I: 100 Fabeln, II: 90 Fabeln ohne Vorrede, III: 84 Fabeln ohne Vor- und Nachrede), bei denen ungeklärt ist, ob dahinter Überlieferungs- oder Entstehungsvarianz steht. Bereits Lessing (1781) hatte erkannt, daß Boner für die Fabeln 1–62 auf den Anonymus Neveleti, für 63–91 auf Avian zurückgegriffen hat. Dazu treten moralisierte Kurzerzählungen wie man sie in den bekannten Exempelsammlungen etwa von Jakob von Vitry und Petrus Alfonsus findet. Trotz dieser Quellengebundenheit erweist sich der ‚Edelstein‘ viel stärker durchgestaltet als der ‚Wolfenbütteler Äsop‘: Boner bemüht sich um Bildung von (meist) Fabelpaaren mit inhaltlichen Gemeinsamkeiten; zweiteilig angelegt sind auch die Überschriften, in denen auf die Nennung der Akteure ein thematisches Stichwort folgt (etwa Nr. 65: *von einem krebze vnd sînem sune – Von vnrechter bestrâfunge*). Mit Pro- und Epilog gibt Boner seiner Sammlung nicht nur einen festen Rahmen (Fassung I), sondern liefert mit einigen grundsätzlichen Erwägungen Anleitungen für eine verständige Fabellektüre. Ausgangspunkt ist dabei die Begründung der Fabel als geeignetes literarisches Mittel zur sittlichen Unterweisung aus christlicher Sicht: Da Gott die Natur geschaffen habe, könne man aus ihr und speziell aus dem Verhalten der Tiere Regeln für eine richtige und gottgefällige Lebensführung wie in einem *spiegel* ablesen; ihn habe Gott den Menschen mit der Schöpfung gegeben, damit *wir unser leben rihten ûf den hôhen grât der tugenden und der êren pfât*. Weiterhin wird in der Tradition der Predigt- und der Exempelliteratur die Verdichtung des aus der Natur Abgelesenen zur Beispielhaftigkeit der Fabel mit Berufung auf *die meister* legitimiert: In Anlehnung an die Einsicht *plus exempla quam verba movent*, die sich letzlich auf Gregor den Großen zurückführt, vertritt Boner die Auffassung, *mê denne wort ein bîschaft tuot*. Vom Wert der exemplarischen Erzählung und Fabel ist Boner so überzeugt, daß er seiner Sammlung den Titel ‚Edelstein‘ gibt. Damit ist jedoch nicht der Glanz der hier versammelten Stücke gemeint, sondern die Kraft, die den edlen Steinen nach mittelalterlichem Verständnis innewohnt. Sie entfalten ihren *nutz* nur, wenn man nicht an ihrer Oberfläche hängen bleibt, sondern mit *kluogheit* zum Inneren, zum *sin* der Fabel vordringt (V. 69–74):

> *wer niht erkennet wol den stein*
> *und sîne kraft, des nutz ist klein.*
> *wer oben hin die bîschaft sicht*
> *und inwendig erkennet nicht,*
> *vil kleinen nutz er dâ von hât,*
> *als wol hie nâch geschriben stât.*

Zur Demonstration für die Richtigkeit dieser Auffassung und zur Anleitung für eine vernünftige Lektüre der Sammlung setzt Boner an deren Beginn programmatisch vier Fabeln, an ihrer Spitze – wie auch sonst in der Tradition – die vom ‚Hahn und Edelstein': Die *tôren* handeln wie der Hahn, der einen Edelstein findet und verschmäht, weil er dessen wahren Wert aus vordergründiger Nützlichkeitserwägung nicht zu erkennen vermag.

Um den Sinn der Fabeln leichter erschließbar zu machen, erzählt Boner die Handlungen breiter als in der Stricker-Tradition in einem schlichten Berichtsstil aus. Vor allem aber versieht Boner seine Fabeln durch eine Aneinanderreihung von Erfahrungssätzen mit variierenden und alternativen Deutungsangeboten, die zu einer situationsgerechten Auswahl auffordern: *du solt des râtes end an sehen waz von dem râte müg beschehen*. Mit diesen Sentenzenfabeln schuf Boner einen neuen Formtyp, der sich nicht auf die Vermittlung einer verfestigten Lehre beschränkt, sondern zur Beurteilung der vorgelegten Deutungsvarianten anhält. Als Richtschnur für die richtige Entscheidung dient bei Boner die Gleichsetzung des Guten mit dem Nützlichen. Diese Fixierung auf eine Wert-Nutzen-Relation führt allerdings dort an deren Grenze, wo der Nutzen allein um des irdischen Erfolges wegen gesucht wird; hier bleibt Boner nichts anderes übrig als auf die Vergänglichkeit des Irdischen zu verweisen, also geistlich zu argumentieren. Trotz dieser Einschränkung ist Boners intellektuell geprägter Ansatz zur sittlichen Belehrung bemerkenswert, da er auf die *kluogheit* und Urteilskraft der Menschen setzt und dabei sogar eine „relative Moralität" (Grubmüller) in Kauf nimmt.

Das Moment der Freiheit, das in Boners didaktischem Ansatz aufleuchtet, schlägt auch bei der Behandlung der gesellschaftlichen Verhältnisse durch. Zwar plädiert Boner ebenfalls traditionell für das Beibehalten der sozialen Ordnung (*sô sich gelîchen wil der knecht dem hêrren durch sîn tumben muot, der schedget sich*; aber auch: *wer hêr mag sîn, der sî niht knecht*), doch kommt dabei ebenfalls der Nützlichkeitsaspekt zum Zuge: Klug handelt, wer sich den bestehenden Verhältnissen anpaßt. Dies eröffnet für den einzelnen einen Handlungsspielraum, der im politischen Bereich in ein geradezu pathetisches Bekenntnis zur *vrîheit* mündet. Als Berner Stadtbürger hat Boner die städtische Freiheit ebenso im Blick wie das Streben der Schweizer Städte und Talgemeinden nach Unabhängigkeit und die drohende Gefahr der freien Herren, in die Abhängigkeit abzugleiten. Johannes I. von Ringgenberg vermochte sich dagegen als gewieft taktierender Politiker noch erfolgreich zu wehren, aber bereits sein Sohn Philipp mußte ein Reichslehen an einen Berner Stadtbürger verkaufen und 1351, also kurz nach dem Tod des Vaters, sogar die eigene Burg Ringgenberg und die Hälfte der Herrschaft im Zuge der Berner Expansionspolitik verpfänden. Angesichts dieser zeitgeschichtlichen Hintergründe scheint Boners Widmung seines ‚Edelsteins' an den Ringgenberger mehr als eine konventionelle Geste gewesen zu sein. Der Erfolg des Werks zeigt aber auch, daß Boner mit seiner Didaxe, die von der Nützlichkeit des Guten und der Schädlichkeit des Schlechten ausgeht, den Pragmatismus seiner Zeit und der folgenden Generationen als einleuchtende Grundlage für sittliche Entscheidungen richtig erkannt hat.

Mit seinem ‚Edelstein' zielt Boner auf die Form des Buches, das eine Vielfalt sittlicher Fragen bündelt und das zu deren Lösung auf die Leistungsfähigkeit von *kluogheit*, Urteilskraft und Pragmatismus insistiert. Dahinter steht das Bemühen, sittliches Handeln auf wenige leistungsstarke Prinzipien zu gründen, aber auch die Einsicht, daß die Vielzahl der sittlichen Probleme in ihrer Totalität nicht zu erfassen ist, sondern auf eine exemplarische Auswahl reduziert werden muß. Auf dieser Ebene zeigt sich trotz der Buchform eine Offenheit, die man an den drei Fassungen des ‚Edelsteins' – wie auch immer man ihr Zustandekommen interpretieren mag – ebenso ablesen kann wie an einer Art von Fortsetzung durch den Schweizer Anonymus (vgl. Bd. III/2). Dieser Befund lenkt innerhalb der didaktischen Dichtung den Blick auf zwei unterschiedliche Erscheinungsformen jenseits der Einzelrede: einerseits die Autorkorpora ohne strukturierenden Rahmen wie wir sie erstmals beim Stricker fassen und wie sie uns im 14. Jahrhundert beim König vom Odenwald (vgl. S. 308ff.), bei Peter Suchenwirt (vgl. S. 349ff.) und – im extremen Umfang – bei Heinrich dem Teichner (vgl. S. 310ff.), aber auch als Konzept der Sammelhandschriften begegnen; auf der anderen Seite das mehr oder minder durchstrukturierte Buch, wie es Hugo von Trimberg mit seinem ‚Renner' (vgl. S. 318ff.) im Sinn hatte, oder im Bereich der Minnerede deren Großformen, die durch die Allegorisierung des Klosters, der Burg und der Jagd einen kompositionellen Rahmen erhalten (vgl. S. 324ff.). Trotz aller Unterschiede wird an diesen auf Quantität ausgerichteten Erscheinungsformen deutlich, daß man die Vielgestaltigkeit der Welt nicht nur erkennt, sondern ihr durch entsprechende literarische Konzepte gerecht zu werden versucht. Autorkorpora, Sammelhandschriften wie die Großformen der didaktischen Dichtung verdeutlichen aber zugleich auf ihre je eigene Weise, daß großepische Entwürfe unter dem Eindruck einer unüberschaubar werdenden Welt vorerst nicht mehr möglich sind.

Zu ihrer geschlossensten Form findet die großdidaktische Dichtung durch die Allegorie, und hier vor allem durch eine Allegorisierung des

Schachspiels in den sogenannten S c h a c h z a b e l b ü c h e r n (*zabel* = *tabula* ‚Brett'), die sich im 14. Jahrhundert als Reimpaardichtung, im 15. Jahrhundert in Prosa (auch gedruckt) einer besonderen Beliebtheit erfreuten: Auf der Grundlage des ‚Liber de ludo scaccorum' von Jacobus de Cessolis entstanden im 14. Jahrhundert nicht weniger als vier gereimte Schachzabelbücher (eine fünfte Reimpaarfassung von Jakob Mennel erschien 1507 im Druck; vgl. S. 305).

Jacobus de Cessolis ist zwischen 1317 und 1322 als Dominikaner im Konvent von Genua nachgewiesen. Wohl im letzten Viertel des 13. Jahrhunderts aufgezeichnet, ging sein lateinisches Schachbuch auf die Predigttätigkeit des Jacobus zurück, bei der er zu einer ständischen Auslegung der hierarchisch abgestuften Schachfiguren fand. Entsprechend sollte der ‚Liber de ludo scaccorum' zunächst als Predigthandbuch, dann auch zur belehrenden Lektüre dienen. Die vielen Übertragungen in andere Sprachen bezeugen den außergewöhnlichen Erfolg des Werkes, dem ein Bericht über den Ursprung des Spiels vorangestellt ist. Die allegorische Deutung versteht das Schachbrett als ein Abbild der Welt, das Schachspiel als das Leben, in dem die Schachfiguren mit ihren verschiedenen Zugmöglichkeiten, aber auch im Blick auf die Figurenkonstellationen ihre spezifischen Rollen spielen. Die ‚edlen' Figuren sind mit König, Königin, Richter (Läufer), Ritter (Springer) und Landvogt (Turm) hierarchisch geordnet; die ‚gemeinen' Figuren der acht Bauern (*venden*) umfassen mit Ausnahme des ersten *venden* (Nährstand) jeweils eine Reihe von Handwerken und Berufen (u.a. Schmiede, Schreiber, Kaufleute, Ärzte und Apotheker, Wirte), aber auch Spieler, Verschwender, Landstreicher. Für die Beschreibung der Aufgaben und Tugenden zieht Jacobus bei den ‚edlen' Figuren etwa 80, zur Belehrung der ‚gemeinen' Figuren 50 Exempla bei, die meist der antiken Literatur (vor allem Valerius Maximus; zur Prosaübersetzung durch Heinrich von Mügeln vgl. S. 188) entnommen sind. Jacobus wird damit ein wichtiger Vermittler des profanen Exempels, das nunmehr einen angesehenen Platz neben den geistlichen Beispielerzählungen einnimmt. Die Spielregeln des Schachspiels sicherten dem Werk trotz der zahlreichen Inserate eine geschlossene Form, sie erlaubten den volkssprachigen Bearbeitern aber zugleich eine Variabilität, die von den deutschen Autoren in unterschiedlicher Weise genutzt wurde.

Vielleicht das älteste (wohl um 1325–1350) der insgesamt fünf gereimten Schachzabelbücher in deutscher Sprache stammt von einem Autor, der sich am Schluß seines ‚Schachbuchs' (etwa 10 800 Verse) H e i n r i c h v o n B e r i n g e n nennt. Es dürfte sich dabei um jenen Heinrich von Beringen handeln, der von 1323 (Bologna) bis 1354 bezeugt ist (bis 1350 Kanonikus in Augsburg, bis 1354 Domprobst in Brixen) und dem man auch eine kurze Reimpaarrede und vier Lieder (vgl. S. 162f.) zuweist. Bei seinem Aufenthalt in Bologna könnte Heinrich auf das Schachbuch des Jacobus de Cessolis gestoßen sein. Heinrich schreibt explizit für ein höfisches Publikum, für das er eine größere Zahl von Exempla ausläßt oder verknappt, dem er dafür aber Erzählungen mit Minnethematik (u.a. die

Sittenlehre

Lucretia-Erzählung) bietet. Den ‚Herrentugenden' wie Gerechtigkeit, Weisheit oder Freigebigkeit bei den ‚edlen' Figuren stehen bei den ‚gemeinen' Figuren vor allem Mäßigkeit, Zuverlässigkeit und Ehrlichkeit als geforderte Tugenden gegenüber. Die Aufnahme mehrerer Exempla in die ‚Weltchronik' Heinrichs von München (vgl. S. 238) zeigt, daß die Kenntnis des ‚Schachbuchs' Heinrichs von Beringen breiter gewesen sein muß als die schmale Überlieferung (eine Handschrift und ein umfangreiches Exzerpt, beide aus dem 15. Jahrhundert) zu erkennen gibt.

Den größten Erfolg erzielte allerdings das ‚Schachzabelbuch' des K o n r a d v o n A m m e n h a u s e n, der sein Werk nach eigenen Angaben *niht gar alt* 1337 abgeschlossen hat. 27 Textzeugen, mehrere davon illustriert, zwei Drucke des 16. Jahrhunderts (1520 und 1536), Jakob Mennels 1507 gedruckter Auszug (etwa 600 Verse) aus Konrads Schrift und deren Bekanntheit bei anderen Autoren des 15. Jahrhunderts (vgl. Bd. III/2) – etwa bei Meister Ingold in seinem ‚Goldenen Spiel' (1432) und bei Johannes von Morschheim in seinem ‚Spiegel des Regiments' (1497) – bezeugen die außergewöhnliche Verbreitung von Konrads ‚Schachzabelbuch'. Der bemerkenswerte Umfang – mit etwa 19 400 Versen ist es das längste gereimte Schachbuch – und die kunstlose, aber anschauliche Sprache mögen zu diesem Erfolg beigetragen haben: Sprachlich erschloß sich das Werk ohne Schwierigkeiten einem breiten Laienpublikum, der Umfang versprach, ähnlich wie beim ‚Renner' Hugos von Trimberg (vgl. S. 318ff.), eine summenartige und erschöpfende Behandlung des Themas.

Über Konrad, der sich wohl nach seiner Herkunft aus Ammenhausen (Thurgau) benennt, gibt das Akrostichon am Werkende einige Aufschlüsse: Er war Mönch und Leutpriester in Stein am Rhein. Im dortigen Benediktinerkloster St. Georgen lässt er sich zwischen 1324 und 1335 belegen. Weiterhin deutet Konrad im Werk Reisen nach Chur und Konstanz, nach Frankreich und in die Provence an. Zahlreiche zeitgeschichtliche Anspielungen (u.a. zur Doppelwahl Friedrichs von Österreich und Ludwigs des Bayern im Jahre 1314; vgl. S. 5) und berufsspezifische Beobachtungen machen Konrads Werk zu einer auch kulturhistorisch interessanten Quelle.

Mit Blick auf ein ständisch nicht spezifiziertes Publikum legt Konrad sein Werk breiter als Jacobus de Cessolis an: Um eine möglichst große Leserschaft zu erreichen, befleißigt er sich einer gewissen Redseligkeit und Weitschweifigkeit, der er durchaus mit Selbstkritik begegnet. Auch intensiviert, erweitert und differenziert Konrad seine Belehrungen und Ermahnungen, für die er die lange Reihe der Beispielerzählungen seiner Vorlage noch um 18 Exempel ergänzt. Vor allem aber spricht Konrad eine Vielzahl von Einzelberufen an, die bei Jacobus fehlen oder nur pauschal als Berufsgruppe genannt sind. So konkretisiert Konrad die wolle- und hautverarbeitenden Berufe, die Jacobus in der dritten Bauernfigur neben den Schreibern als einen Berufstyp zusammenfaßt, als Weber, Färber, Tuchscherer, Schneider, Bartscherer, Metzger, Gerber, Schuster, Kürschner, Hutmacher und Sattler, deren Schliche beim Kundenbetrug er detailliert benennt, um immer wieder auf Ehrlichkeit und Verläßlichkeit (*triuwe*) als sittliche Grundforderungen für das menschliche Zusammenleben abzuheben. Auch die bei Jacobus fehlende Geistlichkeit, der er Habgier ankreidet, wird bei Konrad einbezogen; der Müller sogar in einem Nachtrag ergänzt. Konrad hat dabei ähnlich wie Boner (vgl. S. 302f.) pragmatisch orientierte Prinzipien für ein ethisch ausgerichtetes Handeln im Blick, aber er spezifiziert sie unentwegt für die einzelnen Stände und vor allem für die vielen Einzelberufe. Kam es Boner auf den exemplarischen Nachweis und die generelle Ausbildung von *kluogheit* und Urteilskraft als leistungsstarken Grundlagen für eine pragmatisch geleitete Ethik an, so versucht Konrad durch die Kritik an standes- und berufsspezifischem Fehlverhalten gleichsam kasuistisch zu belehren. Dieser kasuistische Ansatz gewinnt zum 15. Jahrhundert hin zunehmend an Gewicht in der didaktischen Literatur, er wird ihr aber auch unverkennbar zu einem Problem, da die unübersehbare Zahl von Einzelfällen den Rahmen jeder Darstellung zu sprengen drohte.

Ähnlich schmal überliefert wie das ‚Schachbuch' Heinrichs von Beringen sind zwei weitere Reimfassungen aus dem Nordosten des deutschen Sprachgebiets, die sich gegenüber Ausweitungen der Quelle noch mehr als dieser zurückhalten, ja sogar kürzen. Am engsten folgt der P f a r r e r z u d e m H e c h t e dem Werk des Jacobus de Cessolis; wegen dieser strikten Bindung an seine Quelle wird man den Minderbestand von zwölf Exempeln wohl der unmittelbaren lateinischen Vorlage zurechnen dürfen. Von diesem geistlichen Autor wissen wir nur, daß er sein ‚Schachbuch' (etwa 8000 Verse) 1355 abgeschlossen hat. Der sprachliche Befund weist ins Deutschordensland. Unklar bleibt, ob der Name Hecht als Metapher oder als Herkunftsbezeichnung (bezogen auf ein Dorf Hecht in Westpreußen) zu verstehen ist. Etwas besser unterrichtet sind wir dagegen über S t e p h a n v o n D o r p a t, den Autor des kürzesten gereimten Schachbuchs (etwa 5700 Verse) im 14. Jahrhundert.

Stephan widmete sein ‚Schachbuch' Johann von Vifhusen (gest. 1375), der einem Lübecker Patriziergeschlecht entstammte und der 1357 zum Bischof von Dorpat gewählt wurde. Ihm verdankte Stephan, der seiner Sprache nach gleichfalls ein Lübecker sein könnte, die Stelle des Schulleiters (*scholasticus*) an der Dorpater Domschule. In diesem Amt verfertigte er die umfangreichste Versbearbeitung (etwa 2400 Verse) der ‚Disticha Catonis' (vgl. S. 288f.), die ihm nach eigenen Worten viel Zeit gekostet hat. Während dieser Schultext eine weitere handschriftliche Verbreitung fand, existiert vom anschließend verfaßten ‚Schachbuch' nur ein Lübecker Druck (um 1498/99). Stephans gute theologische Bildung läßt auf einen Geistlichen schließen; sollte dies zutreffen, dann stammten alle deutschen Schachzabelbücher des 14. Jahrhunderts von geistlichen Autoren.

Stephan will nach eigenen Worten belehren und nicht ermüden, daher läßt er fast die Hälfte der Exempel weg; dies hindert ihn jedoch nicht, das Spektrum der städtischen Berufe gegenüber Jacobus de Cessolis zu erweitern. Seine Adressaten sind die *heren* und *eddelen lude*, und seine Absicht ist es, die Herren zu sittlichem Bewußtsein und Handeln gegenüber den ‚gemeinen' Leuten anzuhalten. Mit dieser auf Ausgleich der sozialen Spannungen gerichteten Tendenz und nicht nur wegen der selbstbewußten Kürzungen gewinnt Stephans Bearbeitung ein eigenes Profil unter den gereimten deutschen Schachzabelbüchern.

Sozialethik und -kritik war eine zentrale Thematik in der Predigttätigkeit der neuen Bettelorden (vgl. Bd. II/2, S 72f.). Es wundert daher nicht, daß die Prosa-Praefatio des lateinischen Gedichts ‚Sermones nulli parcentes', das im 13. oder zu Beginn des 14. Jahrhundert entstanden ist und wohl aus dem Dominikanerorden stammt, den neuen, aktuell auf die konkrete Lebenswelt bezogenen Predigtstil herausstellt. Das Gedicht selbst gibt sich als eine Predigtanweisung in der Form einer literarischen Ständekritik, die streng hierarchisch zunächst die geistlichen (vom Papst bis zu den Vaganten) und dann die weltlichen Stände (vom Kaiser bis zu den Bauern) abhandelt; am Ende der beiden Reihen stehen jeweils die Frauen. Auf dieser lateinischen Vorlage fußt die Reimpaarrede eines offenkundig nordbairischen Verfassers, die in der Forschung unter dem Namen ‚B u c h d e r R ü g e n' (etwa 1650 Verse) läuft. In ihm ist die Ständekritik nicht nur weiter verschärft, sie wird auch konkretisiert und aktualisiert. Die Ritter sind keine *schermaere* der Witwen und Waisen mehr, sondern Raubritter (*scheraere*); die Krämer gebärden sich schlimmer als Judas, die Fernhandelskaufleute erscheinen dagegen in milderem Licht. Insgesamt tritt die Stadt als gefahrvoller Ballungsraum genauer vor Augen. Der Vorwurf an die Bauern, sie wollten sich *zuo houeleuten geleichent*, klingt dagegen eher topisch und erinnert an die gleichlautende Kritik in Wernhers ‚Helmbrecht' oder auch im ‚Seifrid Helbling' (s. Bd. II/2, S. 58f.). Historisch konkret wird der Autor bei seiner Mahnung an den Papst Johann, den er mit Rückgriff auf die Zwei-Schwerter-Lehre auffordert, das zweite Schwert dem weltlichen Herrscher zu überlassen und nicht *den gwelph an den gibelîn* – gemeint sind mit den Guelfen die päpstliche, mit den Ghibellinen die kaiserliche Partei in der Reichspolitik – zu hetzen.

Dies scheint auf die Auseinandersetzungen zwischen Papst Johannes XXII. (1316–1334) und Ludwig dem Bayern zu deuten, der 1324 vom Papst gebannt wurde. Dem Autor ist dabei an einem Ausgleich im Streit zwischen *imperium* und *sacerdotium* gelegen, der die Ordnung des Reiches schwer gefährdete (vgl. S. 5ff.).

Ungeachtet dieser politischen Aktualisierung steht im ‚Buch der Rügen' wie auch in den Schachzabelbüchern die Ständekritik im Vordergrund, die in dieser Reimpaarrede freilich eine besondere Schärfe enthält. Dazu trägt auch – in Anlehnung an den Stil der Predigt – ein lebendiger Sprachduktus mit Publikumsapostrophen und Einwürfen in der Form rhetorischer Fragen bei.

Die trotz aller Variabilität feste Struktur der Schachzabelbücher, die sich aus dem zugrundeliegenden Schachspiel ergibt, und der Ständedidaxe im ‚Buch der Rügen', die auf der ständischen Hierarchie gründet, fehlt den Autorkorpora kleinerer Reinpaardichtungen. Auch läßt sich ihre Zuschreibung an einen bestimmten Autor heute nurmehr durch den Überlieferungsbefund und durch philologische Indizien sichern. Welche Schwierigkeiten damit verbunden sind, zeigen recht anschaulich jene sechs Reimpaargedichte eines mittelrheinischen Anonymus vom Ende des 13. Jahrhunderts, die man früher dem Sangspruchdichter Zilies von Sayn zuschreiben wollte und die man heute unter dem Titel eines der Gedichte, nämlich der ‚Schlacht bei Göllheim' zusammenfaßt. In ihnen werden zahlreiche rheinische Adlige als Zeitgenossen genannt, in denen man wohl das Erstpublikum dieser Gedichte sehen darf. Ihr Autor scheint dem Hof des Grafen Wilhelm I. von Katzenelnbogen (gest. 1331) angehört zu haben. Das schmale Œuvre umfaßt mit der ‚Böhmenschlacht' und der ‚Schlacht bei Göllheim' (vgl. S. 253f.) zwei historische Kleindichtungen, mit ‚Turnier' und ‚Ritterpreis' (vgl. S. 345f.) zwei Preisreden und mit ‚Minnehof' und ‚Ritterfahrt' (vgl. S. 324f.) zwei Minnereden. Diesen Typ des anonymen Autorkorpus löst im 14. Jahrhundert offenkundig zunehmend die Œuvrebildung durch namentliche Signierung der einzelnen Gedichte ab. Diesen neuen Typ vertreten Der König vom Odenwald, Heinrich der Teichner (vgl. S. 310ff.) und Peter Suchenwirt (vgl. S. 349ff.).

Über den seltsamen Namen D e r   K ö n i g   v o m   O d e n w a l d lassen sich nur Vermutungen anstellen, ohne dabei in die Spekulationen früherer Zeiten zu verfallen, die in dem Autor den Anführer der Spielleute im Odenwald sehen wollten: Der Namensteil ‚vom Odenwald' mag Herkunftsbezeichnung, ‚König' der Familienname sein, dessen sprechende Form freilich zur Umdeutung einladen konnte. Ob der Autor ein Berufs- oder ein Gelegenheitsdichter war, muß offenbleiben. Gesichert sind die ostfränkische Sprache seiner Gedichte und eine offenkundige Beziehung zu Michael de Leone (gest. 1355), in dessen ‚Hausbuch' die Gedichte I-V zunächst um 1348/49 und VI-XII wohl unmittelbar nach ihrer Entstehung bis 1354 eingetragen wurden, was auf gezieltes Sammeln schließen läßt. Der König vom Odenwald dürfte damit wie Lupold Hornburg (vgl. S. 353f.) zum literarischen Umkreis Michaels de Leone gehört haben. Die Nennung mehrerer fränkischer Geschlechter

Sittenlehre

(Nr. II, III und V) aus dem Herrschaftsbereich des Würzburger Hochstifts unterstreichen die Beziehung des Autors zum Umfeld des Bischofshofes. Sicherlich zu weit geht jedoch die Vermutung, der Dichter sei von Beruf Koch beim Würzburger Bischof Otto von Wolfskehl (gest. 1345) und dann bei Michael de Leone gewesen: Die versierten Kochkenntnisse in einzelnen Gedichten und das erstmals im ‚Hausbuch' überlieferte ‚Buch von guter Speise' (vgl. S. 409) sind dafür eine zu unsichere Grundlage.

Auch das Gedicht ‚Von dem üblen Weibe' (vgl. S. 292) ist Dem König vom Odenwald zu Unrecht zugeschrieben worden. Problematisch bleibt ebenso die Zuweisung ‚Von dem Hausrat', das außerhalb des Überlieferungsverbundes der Reden I-XII steht, an den Dichter. Gleiches gilt ‚Von der Trunkenheit' (etwa 70 Verse), in dem ein Säufer zehn verschiedene Wirkungen des Trinkens katalogartig aufzählt. Insgesamt beschränkt sich die Streuüberlieferung der Gedichte Des Königs vom Odenwald außerhalb von Würzburg auf Augsburg, Nürnberg und Regensburg, und auch da nur auf die Reden I und III. Dieser Überlieferungsbefund stützt ebenfalls die Annahme, daß der vornehmliche Wirkungsort des Dichters Würzburg gewesen ist.

Der König vom Odenwald vereint in seinem literarischen Œuvre Konventionelles mit vorwiegend Neuem. In herkömmlichen Gleisen bewegen sich die beiden Fabeln, die Fürsten vor bedeutungslosen Ratgebern und Schmeichlern (VIII: ‚Der Mäuse Rat') warnen und den Mißbrauch von Macht – auch im geistlichen Bereich – anprangern (X: ‚Tierbeichte'). Konventionell bleiben auch die beiden gesellschaftskritischen Reden, die den Verfall der alten Werteordnung beklagen: Betrug zerreißt die zwischenmenschlichen Beziehungen (XI), *nuwes reht* führt – wie die Entartung des Fehdewesen zeigt – zur Zerrüttung des Rechts und zur Rechtlosigkeit. Nach Lage der Überlieferung ist diese Zeitkritik jüngeren Datums, ihr geht ein besonderer Typ von Lobreden voraus, die für diesen Dichter zu einem unverwechselbaren Kennzeichen geworden sind. Ihnen liegt eine Reihen- und Katalogstruktur zugrunde, sie greifen den Typus der pragmatischen Rede auf und sie widmen ihre Enkomien bevorzugt den Haustieren, deren Nutzen und zahlreiche Verwendungsmöglichkeiten beredt beschrieben werden (bis etwa 250 Verse). So führt das Preisgedicht auf das Huhn und das Ei (II) nicht weniger als 20 verschiedene Eigerichte auf. Ähnliche Nutzanwendungen bringen die Lobreden auf die Kuh (I), die Gans (III), das Stroh (V), später noch auf das Schaf (VI) und das Schwein (IX). Unverkennbar erzeugt dabei die Spannung zwischen laudativem Genus und alltäglicher Pragmatik einen parodistischen Effekt, der noch dadurch gesteigert wird, daß der Autor selbst bekennt, er wolle damit *ein bezzerz brisen* als *frowen* und *vogelsingen*. Das zielt auf den Minnesang als Kontrastfolie, der freilich selbst schon insbesondere mit Steinmar (vgl. Bd. II/2, S. 91) und Hadlaub (vgl. S. 156f.) wie insgesamt mit der Neidhart-Tradition auf ähnliche Effekte setzte. Wie dort wird man auch beim König vom Odenwald kaum mit einer Kritik am Minnesang rechnen dürfen, wohl aber im literarischen Spiel und in parodistischer Einkleidung eine kritische Anfrage an den Verbindlichkeitsanspruch der tradierten höfischen Wertemuster angesichts einer materialistisch orientierten Lebenspraxis. Auf dieser Ebene bestehen also durchaus thematische Zusammenhänge zwischen den Lobreden und den zeitkritischen Reden des Dichters, denen sich auch die beiden Kataloggedichte anschließen, in denen – bis hin zur Flucht vor den Gläubigern – 20 Gründe genannt werden, ein Bad zu nehmen (IV) und zehn Begründungen, warum man sich – eine Modeerscheinung seit etwa 1330 – einen langen Bart wachsen läßt (VII). In allen diesen Literarisierungen von Alltagsrealität bekundet sich ein Blick auf die Welt, der ihre lebensweltliche Faktizität ernstnimmt und zugleich durch ihre literarische Durchformung Möglichkeiten zur Distanzierung eröffnet. Damit gewinnt das schmale Œuvre Des Königs vom Odenwald für seine Zeit beachtliche Züge der Modernität.

Im Vergleich dazu nimmt sich die Didaxe in dem monumentalen, an die 720 Reimpaargedichte mit insgesamt nahezu 70 000 Versen umfassenden Werk **Heinrich des Teichners** durchweg traditionell aus. Und dennoch erzielte er gemeinsam mit dem ‚Renner' Hugos von Trimberg (vgl. S. 318ff.) unter allen Didaktikern des 14. Jahrhunderts die größte Breitenwirkung. Im Gegensatz zu dieser Popularität bleiben der Autor selbst und die Entstehungszusammenhänge seines Werk weitgehend im dunkeln.

An die Stelle einer urkundlichen Bezeugung muß der ehrenvolle, zwischen 1372/73 und 1377 entstandene Nachruf (Nr. XIX) Peter Suchenwirts (vgl. S. 349) treten; einmal gibt der Teichner sein Alter mit *gein sechzigen* (183, 20) an. Der Teichner-Name ist wohl als Bezeichnung für die Herkunft aus den beiden Teichentälern (bei Kallwang in der Steiermark) zu verstehen. Unsicher ist, ob der Teichner als fahrender Berufsdichter lebte, bevor er sich in Wien niederließ. Dort stand er offenkundig nicht im Dienst des Hofes, sondern war wohl ein Auftragsdichter, der laut Suchenwirts Nachruf mit seinem *gut* sogar Kirchen, Spitäler und Arme zu unterstützen vermochte. Für den Status eines professionellen Dichters könnte Teichners Klage (Nr. 632) sprechen, daß er vier Wochen nicht dichten konnte, weil er sich gegen die Klage einer Frau, die ihn nach einem Beinbruch pflegte, wegen eines angeblichen Eheversprechens verteidigen mußte; ob der Teichner über sein Dichten hinaus beruflich abgesichert war, läßt sich seinem Werk nicht entnehmen. Für seine Schaffenszeit gibt es lediglich drei Indizien: Gedicht Nr. 661 ist 10 Jahre nach dem großen Peststerben von 1348 verfaßt; die rheinische Kleidermode, die der Teichner mehrfach anprangert (etwa Nr. 635 und 726), griff um 1350 in Deutschland um sich. Schließlich enthalten die beiden ältesten Sammelhandschriften, die noch zu Lebzeiten des Dichters entstanden sind (A: wohl Wien um 1360/70; E: Augsburg um 1368) bereits den größten Teil (536 Nrr.) der etwa 720 Texte. Die aus diesen Daten erschlossene Begrenzung der Schaffenszeit auf die Jahre zwischen etwa 1350 und 1365 liegt bei einem seßhaften Auftragsdichter im Rahmen des Möglichen, aber sichern läßt sie sich ebenso wenig wie die Vermutung, der Teichner sei vor seinem Seßhaftwerden in Wien als fahrender Sprecher tätig gewesen. Nach dem Zeugnis des Historiographen Ladislaus Sunthaym aus der Zeit um 1500 befand sich Teichners Grab *zu sand Coloman*, einer beim Türkenangriff 1529 zerstörten Kapelle mit Friedhof vor dem Kärntnertor beim Wiener Bürgerspital.

Teichners vielfache Berufungen auf biblische und kirchliche Autoritäten (u.a. Salomon, Petrus und Paulus, Augustinus, Anselm von Canterbury und Bernhard von Clairvaux), auch auf Aristoteles und Seneca, sowie die zahlreichen Verweise auf eigene Lektüre, die umfassende religiöse Belehrung und die Stellungnahmen zu theologischen Fragen lassen auf eine geistliche Bildung schließen, doch gibt es für eine regelrechte schulische Erziehung (etwa in einer Klosterschule) keine Anhaltspunkte in Teichners umfangreichem Werk. Neben einer persönlichen Unterweisung durch Geistliche wird man vor allem an die Predigt als den vornehmlichen Ort der Wissensvermittlung denken müssen. Auch die häufigen Berufungen auf Freidank (vgl. Bd. II/2, S. 146f.) könnten mündlicher Tradition entstammen. Literarisch scheint sich der Teichner an der Stricker-Überlieferung geschult zu haben, da er mehrfach Stricker-Partien in seine Reden übernimmt. Vom Stricker (vgl. Bd. II/2, S. 15f.), den er übrigens nie nennt, könnte der Teichner auch die Kleinform der didaktischen Rede übernommen haben, die er jedoch zum Zweck des Vortrags deutlich komprimiert: Der größte Teil seiner Gedichte liegt zwischen etwa 30 und 120 Versen, von zwei speziellen, auf die Großform zielenden Fällen – ein Mariengedicht (Nr. 464) und das ‚Gespräch mit der Weisheit' (Nr. 564) – abgesehen, erreicht keine einzige Rede den Umfang von 300 Versen. Mit dem Willen zur prägnanten Kürze verbunden ist ein dezidiert schlichter Stil, der sich von literarischen Stilisierungen (etwa Allegorien, Personifikationen) fernhält und der ganz in den Dienst der unmittelbaren und normativen Unterweisung in lebenspraktischen Fragen gestellt wird. Damit unterscheidet sich der Teichner trotz des gemeinsamen Anliegens der Laienunterweisung grundlegend vom didaktischen Konzept Des Strickers, das auf die Erziehung zur *kluogheit* gerichtet ist und das damit eine andere, den Intellekt stimulierende Poetik voraussetzt. Teichners Festlegung auf einen anspruchslosen Stil und die direkte Wortunterweisung führen ihn zu einer strikten Abgrenzung gegenüber der Sangspruchdichtung, deren Kunstanspruch und deren Verknüpfung mit dem Gesang in Teichners Augen eine leicht faßliche Unterweisung der Laien verhindere. Mit seinem Bekenntnis zum Primat des Wortes vor dem Gesang in der Rede ‚Waz di nutzist chunst sey' (Nr. 440) begründet der Teichner seinen Vorrang als Spruchsprecher gegenüber den Spruchsingern. Wie der Sangspruch so scheint ihm auch die Erzählung zur Didaxe wenig geeignet. Daher nimmt der Teichner praktisch keinen Bezug auf die Epik (eine Ausnahme ist lediglich der ‚Parzival' Wolframs von Eschenbach) und hält sich selbst von erzählerischen Ausschmückungen seiner lehrhaften Reden möglichst fern. Dieses poetologische Programm erklärt, warum sich in Teichners Œuvre nur eine Reimpaarerzählung (Nr. 360: ‚Die Roßhaut'; vgl. S. 266) findet.

Die bewußte Festlegung auf die literarische Form der Reimpaarrede führte den Teichner zu einem spezifischen Werkbegriff, der ihn trotz verschiedener Überschneidungen wiederum vom Stricker unterscheidet. Mit der Schlußsignatur *also sprach der Teichnaer* hebt er sich von der Anonymität der Stricker-Gedichte ab. Dieser stereotypen *dixi*- stehen häufig eine *quaeritur*-Formel (Typ: *Ainer vragt mich der maer*) oder ein knappes Exempel als Redeeinführung gegenüber. Über diese Gleichförmigkeit schließen sich die prinzipiell selbständigen Reden zu einem Werkganzen zusammen, das durch den intratextuellen Gebrauch von Versatzstücken (neben Doppelfassungen) noch unterstrichen wird. Der Teichner schafft damit einen literarischen Typus, der wie ein ‚Freidank' oder ‚Neidhart' in der Überlieferung als ein ‚Teichner' läuft und der die Scheidung zwischen Echtem und Nachahmung außerhalb der Korpusüberlieferung schwierig, wenn nicht gar unmöglich macht, zumal der Teichner offenkundig keine feste Autorsammlung angelegt hat. Die formale Einheitlichkeit erlaubte es dem Autor wie den Rezipienten, immer neue Vortrags- wie Leseeinheiten zusammenzustellen, die aber auch bei divergenten Themen durch die Autorität des Redetypus ‚Teichner' die Geschlossenheit eines Werkganzen vermittelten.

Das Publikumsinteresse an Teichner-Gedichten dokumentieren 15 größere handschriftliche Sammlungen und an die 30 weitere Handschriften und Streuüberlieferung (besonders oft Nr. 640: ‚Von der welt lauff') bis in die zweite Hälfte des 15. Jahrhunderts. Die Überlieferung bleibt weitgehend auf Süddeutschland beschränkt; der Buchdruck zeigte sich an den Teichner-Gedichten nicht mehr interessiert. Dies hängt wohl weniger mit der dialektalen Gebundenheit der Teichnerschen Reden zusammen, zumal die Augsburger Handschrift E bereits zu Lebzeiten des Dichters eine Umsetzung ins Schwäbische vornahm, vielmehr scheint Teichners didaktischer Ansatz als antiquiert gegolten zu haben. Dies könnte auch der Grund dafür sein, daß sich ein direkter Einfluß seines Werks neben Peter Suchenwirt (vgl. S. 349) bislang nur bei Heinrich Kaufringer, Lienhard Peuger und Konrad Bollstatter (vgl. Bd. III/2) nachweisen ließ. Drei explizite Rezeptionszeugnisse belegen zwar durchaus die Kenntnis von Teichner im 15. Jahrhundert, aber die damit verbundenen literarischen Urteile sind nicht unproblematisch. So will sich der anonyme Autor der Minnerede (!) ‚Warnung an hartherzige Frauen' nicht mit Muskatblut und Heinrich dem Teichner vergleichen. Dieser Kontext liegt dem Teichner ebenso fern wie das Lob Augustins von Hammerstetten, der ihn gar gemeinsam mit Wolfram von Eschenbach rühmt und Teichners Gedicht ‚Gespräch mit der Weisheit' in metrischer Überarbeitung sowie dessen Mariengedicht (Nr. 464) in einer Widmungshandschrift (1497) für den Kurfürsten Friedrich dem Weisen von Sachsen und dessen Bruder Herzog Johann vor ‚Die goldene Schmiede' Konrads von Würzburg (vgl. Bd. II/2, S. 37f.) gesetzt hat. Nicht weniger kurios wirkt die Verurteilung durch Thomas Ebendorfer in seinem ‚Sermo de auditu' (1439), wenn er den Stab über den Teichner und den ‚Renner' des Hugo von Trimberg (vgl. S. 318ff.) ebenso bricht wie über Neidhart und den ‚Rosengarten' (vgl. Bd. II/2, S. 123), denn *intrat mors per fenestras aurium*.

Falls hinter dem Verdikt des Wiener Theologen und Historiographen Thomas Ebendorfer mehr als nur Oberflächlichkeit steht, dann wohl der Unmut darüber, daß der Teichner als eine Art von Laienprediger eine offenkundig selbst zu Ebendorfers Zeit noch wirksame geistliche Laienunterweisung betrieben hat, was angesichts der hussitischen Bewegung als besonders problematisch erscheinen mochte, obwohl Teichners geistliche Belehrungen völlig kirchenkonform waren. Thematisch schlägt nur das Neidhartianum ‚Vom Wams' (Nr. 586) völlig aus dem Rahmen, in dem das martialische Auftreten in Kleidung und Gehabe zweier Müller mit grotesker Übertreibung dargestellt wird. Aber bereits die Kritik am weiblichen Kleiderprunk und an der damit verbundenen Hoffart im Märe ‚Die Roßhaut' (vgl. S. 266) bewegt sich ebenso wie die beiden Legenden (Nr. 216: ‚Dorothea'; Nr. 565: ‚Crescentia') im Bereich des Üblichen – außer daß es sich dabei um die drei einzigen selbständigen Erzählungen in Teichners umfangreichem Œuvre handelt. Daneben gibt es zwar noch an die anderthalb Dutzend Gedichte mit geistlichen oder weltlichen Erzähleinlagen exemplarischer oder schwankhafter Art, diese dienen aber jeweils nur als Grundlage der Belehrungen, darunter die erste Gestaltung des Narrenschiff-Motivs (vgl. Bd. III/2) in der deutschen Literatur (Nr. 535): Ein Schiff bringt die Sünder nach *Lasterhaim* und ohne *widerkerung hin zu helle*. Am ehesten hätten Teichners ‚Gespräch mit der Weisheit' (Nr. 564) und vor allem sein Mariengedicht (Nr. 464) den Argwohn des Theologen Ebendorfer hervorrufen können, weil hier in Großformen der Rede von einem Laien explizit Theologie betrieben wird.

In seinem Mariengedicht (etwa 2100 Verse) setzt sich der Teichner vehement für die unbefleckte Empfängnis (*conceptio immaculata*) der Gottesmutter ein, obwohl es dazu damals noch keine verbindliche Lehre der Kirche gab. Seine mit Naturvergleichen, Bibelstellen und Berufungen auf kirchliche Autoritäten armierte Verteidigung Marias als des einzigen durch die Gnade Gottes frei von der Erbsünde empfangenen Menschen orientiert sich an der franziskanischen (insbesondere scotistischen) Lehrmeinung (vgl. auch Nr. 215, 465 und 589). Diese exponierte Stellungnahme zu einer zentralen mariologischen Streitfrage des 14. Jahrhunderts scheint nicht nur ein persönliches Anliegen des Dichters, sondern institutionell verankert gewesen zu sein. Zu dieser Vermutung paßt Teichners Begräbnisstätte bei St. Coloman (vgl. S. 311), da diese Kapelle mit der „Bruderschaft der Unbefleckten Empfängnis Mariae" in einer besonderen Verbindung stand. Die These, der Teichner habe Beziehungen zur laienbruderschaftlichen, franziskanisch orientierten Bewegung in Wien gepflegt und vielleicht sogar in deren Auftrag gleichsam als Laienprediger gedichtet (vgl. S. 48), findet durch diesen Zusammenhang eine willkommene Stütze.

Die Verschränkung von geistlicher und lebenspraktischer Thematik als hervorstechendes Kennzeichen für Teichners Gesamtwerk tritt in seiner umfangreichsten Rede, dem ‚Gespräch mit der Weisheit' (etwa 4100 Verse), deutlich zutage. In bunter Folge erfährt hier der Dichter von der personifizierten Weisheit, die man nunmehr wenig achtet, in einem Wechselgespräch vielfältige Belehrung:

Die Mißachtung der Weisheit sei in der Überalterung der Welt begründet – Sündenfall und Vergänglichkeit – Unglück und Tod – Unterschied zwischen Weisheit, Kunst und Umsicht – Armut und Reichtum – irdisches Gut – Gottes Vorherwissen, freier Wille und Gnade – *laus temporis acti* – Geiz im Alter – Himmel und Erde ruhen in Gottes Hand – Folgen der Erbsünde für die Natur – Vorherbestimmung – die *mitter strazz* als verläßlicher Weg bei widersprüchlichen geistlichen Unterweisungen – Lob der Barmherzigkeit – Gottes Allwissenheit – kein irdisches Gut ohne Sünde – Reichtum und Geiz – bestechliche Richter – freiwillige Armut – Distanzierung von der *maisterschafft* – Bitte um Beistand – Gottes Präsenz in der Hostie – Dreifaltigkeit – die Ketzer sind schlimmer als Heiden und Juden – Glaube und Zweifel – die Gestalt des Teufels, Gottes und der Seele – wichtiger als zu disputieren ist zu glauben, *werch und wort* in Übereinstimmung zu bringen.

Die mehrfache Abwehr theologischer Spekulation (*maisterschafft*) bestimmt auch die Flut der kleineren Teichner-Reden. Dabei geht die Vermittlung der grundlegenden Glaubenswahrheiten immer wieder in die Vermittlung lebenspraktischer Belehrungen über. Es ist daher nicht nur schwierig, sondern auch unangemessen, beim Teichner zwischen geistlichen und weltlichen Reden zu unterscheiden. Die geistliche Belehrung wird bei ihm nie zu einem vom Leben abgehobenen Selbstzweck, selbst banale Fragen des alltäglichen Lebens werden auf der Grundlage der christlichen Moral beantwortet. So hebt der Teichner etwa bei den mehrfach herausgestellten Vorzügen des frühen Aufstehens (Nr. 382, 631, 706, 721) neben der vornehmlich religiösen Begründung auch auf lebenspraktische Aspekte ab. Doch verficht er in seinen Ratschlägen nie ein blindes Verfolgen starrer Maximen, sondern empfiehlt immer wieder eine pragmatische Orientierung am Nutzen. So kann es durchaus auch sinnvoll sein, nicht früh aufzustehen (Nr. 708, 43–46):

> *Frü auff stan ist niemant guott*
> *dann der guotte werck tuot.*
> *aber wer nach sünden stecket,*
> *das ist übel, wer den wecket.*

Neben die Ermahnung und Belehrung treten beim Teichner die Kritik am Fehlverhalten und die Warnung vor den Verlockungen der Welt (etwa in der Ablehnung von Modetorheiten u.a. in Nr. 141, 360 oder 726), freilich ohne daß er die Abkehr von der Welt predigte. Richtschnur seiner Lehre ist das Mittelmaß als Vermeidung von Extremen. Daran hält sich der Teichner selbst, wenn er keine Partei für einen bestimmten Stand ergreift, sondern in jedem Stand bis hin zu den Geistlichen und in jedem Beruf Mißstände anprangert, um zur Besserung aufzufordern. Beim Adel wird vorbildliches Verhalten bis hin zur Kindererziehung angemahnt, die Bauern werden vor sozialen Aufstiegsbestrebungen gewarnt, aber gleichzeitig vor wirtschaftlicher Ausbeutung in Schutz genommen, das Lob der Handwerker und Kaufleute begleitet die Kritik an unlauteren Praktiken. Das Verhalten des einzelnen stellt der Teichner immer wieder in zwischenmenschliche und gesellschaftliche Bezüge wie Ehe und Familie. Bei aller Kritik läßt er sich nie zu persönlichen Ausfällen hinreißen, entsprechend fehlen beim Teichner direkte Anspielungen auf konkrete zeitgenössische Ereignisse nahezu vollständig. Seine Reden wollen ein Spiegel sein, in dem sich jeder selbst erkennen soll (Nr. 314). Um von dieser Selbsterkenntnis nicht abzulenken, nimmt der Teichner in seinen Reden, die durch eine nachhaltige Sachlichkeit geprägt sind, auch sich selbst völlig zurück.

Um sein Publikum zu erreichen, das wohl vor allem im Stadtpublikum zu suchen ist (vgl. S. 48), bedient sich der Teichner eines betont einfachen, jeglicher Artistik abholden Stils (s. dazu seine Äußerungen etwa in Nr. 17, 183 oder 440), der an den *sermo vulgaris* der Predigt ebenso erinnert wie die Eröffnung der Reden mit einer *quaeritur*-Formel, einem Zitat oder einem Exempel, aber auch die Disposition der Reden in Anlehnung an die *ars predicandi*. Aus all diesen Beobachtungen gewinnt man den Eindruck eines ambitionierten Laienpredigers, an dem Peter Suchenwirt in seinem Nachruf rühmt: *Was uns dy ewangely sagen das chund er in churtzen tagen der wellde pringen wol ze gut* (XIX, 59–61). Auch die Publikumsklage *er sol sing! wir haben an leichter predig genueg* (Nr. 183, 24f.) ist vor dem Horizont eines Laienpredigers gesprochen, der sich allein der Laienmissionierung verpflichtet weiß. Sie scheint nicht allein persönlichen Ambitionen entsprungen zu sein, sondern in Verbindung mit dem Bruderschaftswesen Wiens gestanden zu haben (was keine Beschränkung der Tätigkeit auf Wien allein bedeutet). Von der Institution der Laienbruderschaft erfuhr der Teichner vermutlich nicht nur Anregungen, sondern – in Ergänzung zur kirchlichen Predigt – auch den Auftrag zu seinen *leichten* Predigten, die eine Vielfalt an Predigtthemen in gebotener Kürze und in bewußter Schlichtheit publikumswirksam abhandeln. Die Kritik an der mißglückten Wallfahrt einer Bruderschaft mit dem abschließenden Bekenntnis *aber pey den pruedern mein mues ich sein an underlass* (Nr. 645, 98f.) und die Bestattung des Dichters bei der Bruderschaftskapelle St. Coloman (vgl. S. 311) sind wichtige Stützen für diese Vermutung. Schließt man sich dieser Deutung an, dann erfolgt bei Heinrich dem Teichner eine bemerkenswerte Aufwertung des Berufs eines laikalen Reimspruchsprechers, der sich nicht minder selbstbewußt neben den Anspruch der Sangspruchdichter stellt, als Laien kompetent theologisches Wissen vermitteln zu können (vgl. S. 171ff.). Auf dem Gebiet der Rede klang dieses Selbstverständnis bereits beim Stricker an, durch den Teichner als Schöpfer eines eigenen Redetypus gewinnt die Laienunterweisung in der literarischen Form der Rede eine bislang unbekannte öffentliche Reputation. Die Laienkunst verfügt zur sittlichen und moralischen Belehrung mit der Rede nunmehr neben der Sangspruchdichtung über einen weiteren etablierten Gattungsbereich, der im Spätmittelalter und in der Frühen Neuzeit vielfach genutzt wurde (vgl. Bd. III/2).

Beruft sich Heinrich der Teichner geradezu in der Manier Wolframs von Eschenbach (,Willehalm' 2, 19–22) auf seine fehlende schulische Bildung – *von natur ich gelert pin und von got, der geit mir sin aver nach den puechstaben pin ich aller chunst beschaben* (Nr. 442, 209–212) –, so tritt uns mit dem zweiten großen didaktischen Dichter des 14. Jahrhunderts, H u g o   v o n   T r i m b e r g, ein wahrhaft schulgebildeter Mann entgegen, der mit seinem 1300 abgeschlossenen ,Renner' (etwa 25 000 Verse) nicht nur das umfangreichste, sondern auch das mit weitem Abstand verbreitetste didaktische Einzelwerk des Mittelalters geschaffen hat. Als *literatus* zielt Hugo mit seinem ,Renner' auf das Buch, nicht wie Heinrich der Teichner auf ein Opus, das sich aus einer Vielzahl von Einzelreden zusammensetzt.

Hugo ist nach eigenen Angaben in Wern/Werna (wohl Oberwerrn bei Schweinfurt) geboren; warum er sich im ,Renner' nach Trimberg (bei Hammelburg, nordwestlich von Schweinfurt) benennt und ob damit eine Beziehung zum dortigen Adelsgeschlecht oder zum Ort angesprochen werden soll, bleibt unklar. Am ,Renner', seinem Alterswerk, hat Hugo als 77jähriger (V. 10 494) gearbeitet und nach dem ersten Werkabschluß im Jahre 1300 noch Ergänzungen vorgenommen, die sich bis zum Jahr 1313 verfolgen lassen. Auf dieser Grundlage setzt man das Geburtsjahr Hugos um 1230/35, sein Todesjahr nach 1313 an.

Etwa seit 1260 war Hugo mindestens 40 Jahre an der Schule des Stiftes St. Gangolf in der Bamberger Vorstadt Theuerstadt tätig. Tatsächlich bezeugen Bamberger Urkunden zwischen 1290 und 1302 einen Hugo als *rector scolarum/puerorum*; gemeint ist damit der weltliche Vertreter des geistlichen *scholasticus*, von dem Hugo auch finanziell abhängig war. Daraus erklären sich Hugos Klagen über seine mangelnde finanzielle Absicherung; offenkundig wollte er mit seinen eigenen Werken und mit dem Kopieren von Handschriften zum späteren Verkauf einer Altersarmut vorbeugen (V. 16 645–16 651):

> *Ich hête bi den tagen mîn*
> *gesament zwei hundert büechelîn*
> *und selber zwelfiu gemacht*
> *und hête mir alsô gedâht,*
> *swenne ich alt würde, daz ich dâ mite*
> *nâch der alten lêrer site*
> *mîn notdurft sölte erwerben.*

Hugos Angaben zu seinen eigenen Werken schwanken geringfügig. Wenn man sich an die Angaben im Prolog (V. 25–27) zu seinem ‚Renner' hält, dann hat er vor diesem sieben deutsche und viereinhalb lateinische *büechelîn* verfaßt. Sein literarisches Schaffen läßt sich bis zum Jahr 1266 zurückverfolgen, in dem Hugo seinen ‚Samener' (‚Sammler') abgeschlossen hat; diese nicht mehr erhaltene Dichtung ist in den ‚Renner' aufgegangen (s. V. 24 588–24 605). Danach widmete sich Hugo für 30 Jahre ganz dem lateinischen Dichten, so daß er die *tiutschen rîm* fast verlernt hat; unterbrochen wurde diese 30jährige Schaffensphase im 50. Lebensjahr durch eine Krankheit. Den Beginn am ‚Renner' setzt man etwa ab 1290 an.

Mit seinen lateinischen Werken vermittelt Hugo, der nach eigenem Bekenntnis (V. 13 950f.) keine Universität in Italien oder Frankreich besucht und seine Schulbildung wohl an einer Stiftsschule in Würzburg erfahren hat, einen Einblick in seine Lehrtätigkeit. Sieht man von einer verlorenen Briefmustersammlung (*Codicellus multarum litterarum*) ab, die er in seinem ‚Registrum' nennt, dann steht die ‚Laurea sanctorum' (etwa 400 Verse), ein Merkgedicht (Cisioianus) mit einer Aufzählung von 200 Kalenderheiligen, zeitlich an der Spitze von Hugos lateinischen Dichtungen. Für die Resonanz dieses Gedichts sprechen nicht nur die 18 erhaltenen Handschriften, sondern auch die Empfehlung des Reutlinger Geistlichen Hugo Spechtshart (1285–1359) als Schultext; dieser erhielt im ‚Namenbuch' (1435) des Konrad Dangkrotzheim ein Gegenstück in deutscher Sprache. Ebenfalls für den Schulunterricht verfaßt hat Hugo sein ‚Registrum multorum auctorum' (um 1280), eine Literaturgeschichte in Vagantenversen, die 80 antike und mittelalterliche Autoren mit etwa 100 Werken – gegliedert nach Ober- und Unterstufe im Schulcurriculum – vorstellt (etwa 850 Verse). Eine

Reihe der hier genannten Autoren erscheinen auch im ‚Renner' als Autoritäten. Enger mit dem ‚Renner' verknüpft ist das ‚Solsequium' (‚Wegwarte', deren Blüten sich der Gerechtigkeit und Wahrheit als Sonne zuwenden), eine Sammlung von 166 Exempla mit Moralisation, die aus schriftlichen und mündlichen Quellen geschöpft sind. Ursprünglich als Hilfe für Prediger gedacht, übernahm Hugo mindestens in 14 Fällen Bearbeitungen dieser Erzählungen in seinen ‚Renner'. Mit diesem häufig gemeinsam überliefert ist die strophische Dichtung ‚Von der Jugend und dem Alter', in dem sich die Personifikationen von Jugend und Alter in lateinischen und mittelhochdeutschen Strophen vorstellen. Der Textverbund mag sich daraus erklären, daß Hugo seinen ‚Renner' im Prolog als sein Alterswerk benennt. Überliefert ist schließlich noch ein kurzer Epilog Hugos in Vagantenversen zur ‚Vita beate virginis Marie et salvatoris rhythmica' (vgl. S. 233).

Seinen literarhistorischen Rang verdankt Hugo von Trimberg allerdings nicht seinen lateinischen Schriften, sondern dem ‚R e n n e r', der sich als einziges seiner deutschen Werke erhalten hat. Als ein umfassendes Kompendium der Moral- und Heilslehre konzipiert, führt dieses beeindruckende Werk eindringlich vor Augen, daß eine solche Summenbildung um 1300 offenkundig nicht mehr möglich ist. Dies hängt sicher damit zusammen, daß der ‚Renner', anders als der höfisch orientierte ‚Welsche Gast' des Thomasin von Zerklaere (vgl. Bd. II/1, 441–447), eine allgemeine Laiendidaxe bieten will, die der Komplexität einer unüberschaubar gewordenen lebensweltlichen Erfahrung gerecht werden soll. Ihr entspricht das Modell der Teichner-Reden, die unentwegt konkrete, offenkundig situativ vorgegebene Fragen aufgreifen, eher als der abschließende Rahmen eines Buches. Andererseits beruht der erstaunliche Erfolg des ‚Renners' offensichtlich darin, daß Hugo trotz aller Schwierigkeiten den Mut zur Buchform aufbrachte und ein wissenschaftlich wie autoritativ abgestütztes Hausbuch schuf, welches in seiner unerschöpflichen Fülle Belehrung zu allen nur denkbaren Fragen versprach.

Zur Sicherung der Buchstruktur beläßt es Hugo nicht bei den herkömmlichen Formen von Prolog (3 Strophen: V. 1–36) und Epilog (V. 24 484– 24 611), sondern verleiht seinem Lehrbuch in Reimpaarversen eine feste Struktur: Einer einleitenden Allegorie (V. 37–268) folgt eine Morallehre (V. 269–18 000) als ein erster und eine Heilslehre (V. 18 001–24 483) als ein zweiter Hauptteil. Die Eingangsallegorie deutet einen Birnbaum als Eva und dessen Früchte als die Menschen, die teils in den Brunnen der Habgier, teils in den Dornbusch der Hochfahrt, in die Pfütze der übrigen Sünden oder ins Gras der Reue fallen. In der nachfolgenden Morallehre werden die sieben Hauptsünden in sechs Distinktionen vorgestellt, in ihren verschiedenen menschlichen Spielarten konkretisiert und durch zahlreiche Exempel, Fabeln, Beispielerzählungen illustriert. Den breitesten Umfang nehmen dabei 1. *hôchfart/superbia* und 2. *gîtikeit/avarita* in den beiden ersten Distinktionen als die zentralen Laster ein. Es folgen 3. *frâz/gula*, 4. *unkiusche/luxuria*, in einer Distinktion zusammengefaßt 5. *zorn/ira* und *nît/invidia*, weiterhin 6. *lâzheit/acedia*. Im zweiten Hauptteil, der Heilslehre, geht Hugo zunächst der Frage nach, wie man aus dieser sündigen Welt zu Gott finden kann. Der Dichter entwirft dazu eine Naturlehre, deren Schöpfungswunder die Hinwendung zu Gott und damit verbunden die Abkehr von der Sünde einsichtig machen sollen. Mit der dazu notwendigen Reue greift Hugo die einleitende Birnenallegorie auf und benennt mit Fasten, Beten, Almosen, mit Reue, Beichte, Buße verläßliche Heilsmittel auf dem Weg zu Gott, der am Jüngsten Gericht sein Urteil sprechen wird.

Innerhalb dieser Werkstruktur, zu der sich ursprünglich im ersten Hauptteil eine Einteilung in neun *capitula* gesellte, läßt Hugo seine Gedanken assoziativ zu immer neuen Aspekten wandern, mit denen ebenso wie durch die Nachträge die Totalität der Welt erfaßt werden soll, ohne diese natürlich je erreichen zu können. Hugo macht zwar für das als *rennen* bezeichnete Hin- und Herschweifen zwischen den Themen auch seine Altersschwäche (V. 9318–9339) verantwortlich, in Wahrheit aber sieht er in seinem Verfahren ein sachgerechtes Darstellungsprinzip, bei dem er sich unter anderem auf die Kirchenlehrer Gregor (V. 23 441–23 454) und Hieronymus (V. 23 487–23 500) beruft; denn so wie die Wurzeln der Sünden ineinander verflochten sind (V. 9415–9425), so fordert die Komplexität der Welterfahrung trotz aller Strukturierungen eine umherschweifende Darstellungsweise, um nicht in lebensferne Verallgemeinerungen zu verfallen. Mit seiner Verpflichtung auf die Lebenspraxis vermittelt Hugo, gestützt auf das Schulwissen seiner Zeit, eine außergewöhnliche Wissensfülle an ein Laienpublikum, die Bibel, Antike und Patristik ebenso umfaßt wie sie auf Theologie, Jurisprudenz und Medizin bis hin zu den *septem artes liberales* – einschließlich von Überlegungen zu den Vokalen und Dialekten (V. 22 237–22 321) – ausgreift. All diese Wissensvermittlung hat jedoch keinen Eigenwert, vielmehr soll es die Laien lebenspraktisch zur Selbst- und Gotteserkenntnis führen. Daher hält sich Hugo wie Heinrich der Teichner von allen Spekulationen fern. Alles steht bei ihm unter einem moralischen Urteil, auch die Dichtung, bei der er den höfischen Roman wegen seiner Lügenhaftigkeit attackiert, die Minne- und die Sangspruchlyrik hingegen preist, weil sie zu *tugent, zuht und êre* anhalte (V. 1184–1244; 21 637–21 700). Dazu darf sie sich jedoch nicht wie bei Konrad von Würzburg (vgl. Bd. II/2, S. 95) mit *worten schoene* begnügen, sondern muß den *leien* Nutzen bringen – womit Hugo sein eigenes, erfolgreich praktiziertes Stilideal benennt (V. 1202 bis 1220).

Der Jahrhunderte überdauernde Erfolg von Hugos ‚Renner' verdankt sich nicht nur der geschickten Popularisierung von Schulwissen und der eingängigen Illustration der Lehre durch eine Fülle von Beispielerzählungen und Fabeln, die dem Zweck der Belehrung rigoros untergeordnet werden, sondern mindestens ebenso seinem durchdachten didaktischen Ansatz, der weder zu speziell noch zu allgemein angelegt ist. Selbstverständlich gründet er – wie etwa auch bei Boner und Heinrich dem Teichner – in einer christlichen Werteordnung, die auch die Ständehierarchie als unverrückbare göttliche Setzung umfaßt. Auch vertritt Hugo als Sittenkritiker keinen *contemptus mundi*, sondern leitet zu einem Leben in der Welt an, das auch vor dem Jüngsten Gericht bestehen kann. Und ebenfalls wie andere Didaktiker vertritt Hugo das Mittelmaß (*mâze*) als Richtschnur sittlichen Handelns, ohne dabei der Mittelmäßigkeit das Wort zu reden. Die Evidenz seiner Sittenkritik gewinnt Hugo jedoch durch den forcierten Vergleich der beklagenswerten Gegenwart mit einer besseren Vergangenheit, der über die *laudatio temporis acti* als gattungstypisches Merkmal didaktischer Dichtung nicht zuletzt deswegen erheblich hinausgeht, weil Hugo diesen Vergleich in seinem Alterwerk durch eigene Lebenserfahrung konkretisiert. Trotz dieser gezielten Historisierung der Sittenkritik enthält sich Hugo aber aller zeitgebundenen Aktualisierungen, so daß man bei ihm ebensowenig wie beim Teichner konkrete historische Hinweise – außer bei der Datierung seines Werks – erhält. Damit schafft Hugo ein zeitloses didaktisches Muster, in dem das eigene Erleben vom Verfall der Sitten durch die lange Lebenserfahrung des Dichters unentwegt bestätigt und durch den vielfachen Verweis auf Autoritäten abgesichert wird. Hugos Leistung ist es also, die Kritik am persönlichen und gesellschaftlichen Fehlverhalten – etwa des Papstes, der römischen Kurie, der Ritterschaft, der Kaufleute oder Bauern, der Kinder, Jugendlichen und Erwachsenen – historisch als so real erscheinen zu lassen, daß man ihr nur zustimmen kann, sie aber gleichzeitig so sehr im Allgemeinen zu belassen, daß sie die jeweiligen Rezipienten für ihre Zeit zu aktualisieren vermögen.

Die hohe Zahl von 65 erhaltenen Textzeugen, ein Druck aus dem Jahre 1549 (Frankfurt a. M.) und die Wertschätzung des Werkes bis hin zu Herder und Lessing (die beide eine Ausgabe planten) belegen den Erfolg von Hugos Konzept, der sich freilich auf das 14. und 15. Jahrhundert sowie auf den hochdeutschen Sprachraum (mit Ausnahme des Alemannischen) konzentriert. Zum Erfolg des Werkes entscheidend beigetragen hat aber sicherlich auch die Variabilität der Textform, die sich bereits in den zwei Autorfassungen (A mit 34 und B mit 31 Handschriften) zeigt und die sich auf Hugos offenes Darstellungsprinzip zurückführt: Es ließ teilweise radikale Kürzungen zu, eröffnete aber zugleich auch die Möglichkeit zu einer – von Hugo nicht vorgesehenen – Illustration des Werks, wie sie eine Handschriftengruppe der B-Version kennt. Zur Wirkmächtigkeit der A-Version dürfte die Redaktion durch Michael de

Leone (vgl. S. 308) beigetragen haben, der den ‚Renner' nicht nur in sein ‚Hausbuch' aufnahm, sondern ihn in 42 Kapitel einteilte und durch ein *Registrum* inhaltlich erschloß. Dies erlaubte einen thematisch zielgerichteten Zugang zu dem umfänglichen Werk, dem damit tatsächlich der Charakter eines vielfältig konsultierbaren Hausbuchs zukam. Von Michael de Leone stammt übrigens – in einer Umdeutung von *rennen* als Darstellungsprinzip zur Wirkabsicht – auch der Titel des *buches Renner genant, / wanne es sol rennen durch die lant.*

In Anlehnung an Hugos ‚Renner' bis hin zur Titelgebung und gelegentlichen zitathaften Anleihen hat ein ostfränkischer Anonymus in der ersten Hälfte des 14. Jahrhunderts den ‚K l e i n e n   R e n n e r' (etwa 450 Verse) geschaffen, der lediglich in einer Bamberger Sammelhandschrift überliefert ist. In seiner Reduktion auf eine Ständekritik aus religiöser Perspektive, die vor allem das Fehlverhalten der Geistlichkeit (Papst, Prälaten, Mönche) geißelt, erinnert das formal ungehobene Werk konzeptionell an das ‚Buch der Rügen' (vgl. S. 307f.). Die allgemeine Verfallenheit an die Sünde deutet der Dichter als ein *vorspil* zur anstehenden Herrschaft des Antichrist, der *sein gelt gestrewet auß auff alle felt* (V. 405f.), so daß nunmehr alles käuflich geworden und der Preis an die Stelle von Werten getreten ist. Habgier wird von der Sittenkritik seit jeher als ein Grundübel gebrandmarkt, aber wenn der Autor das *Iudas gelt* für den *newen lauff* der Welt verantwortlich macht, dann scheint er den unaufhaltsamen Aufstieg der Geldwirtschaft und die damit verbundenen ökonomischen Umwälzungen als eine grundlegende Bedrohung der Menschen empfunden zu haben, der er ein *memento mori* und die Bitte um Gottes Barmherzigkeit entgegensetzt.

Minnelehre

Bereits am Umfang des Abschnitts zur didaktischen Dichtung in Form der Rede läßt sich ablesen, wie nachhaltig der unermüdliche Wille zur Belehrung die Literatur des 14. Jahrhunderts geprägt hat. Dabei sticht die Dominanz der Laiendidaxe hervor, die erfolgreich ehemals von der Kirche besetzte Aufgabenreiche für sich erobert. Aber auch in genuin laikalen Literaturbezirken schlägt sich die Ambition zur Didaxe in einer bislang unbekannten Intensität nieder und führt hier sogar zur Ausbildung neuer Gattungsformen. Neben der Wappen- und Heroldsdichtung (vgl. S. 349ff.) muß hierfür an erster Stelle die M i n n e r e d e genannt werden. Der literarische Ort für diese Neuerungen ist der Hof als der tradionelle Träger laikaler Dichtung, der mit der Minnerede sein Repertoire an literarischen Repräsentationsformen nicht nur erweitert, sondern einen neuen literarischen Faszinationstyp für sich entdeckt. Dafür spricht bereits die hohe Zahl von etwa 550 Minnereden, die zum größten Teil aus dem 14. und 15. Jahrhundert stammen und hinter denen ein Textbestand von über 150 000 Versen steht (Brandis).

Die Vorformen der Minnerede reichen zwar bis ins 12. Jahrhundert zurück, und im 13. Jahrhundert geben Der Stricker mit seiner ‚Frauenehre' wie Ulrich von Lichtenstein mit seinem ‚Frauenbuch' wichtige Anstöße zur Ausformung eines eigenen literarischen Typs (vgl. Bd. II/2, S. 152f.), aber dessen traditionsstiftender Durchbruch erfolgt erst in der ersten Hälfte des 14. Jahrhunderts. Dieser Befund scheint keinesfalls auf Überlieferungslücken zu beruhen, sondern im unmittelbaren Zusammenhang mit der Geschichte des Minnesangs zu stehen. Nachdem dessen innovatorische Kraft erlahmt und an seine Stelle schrittweise das Liebeslied tritt (vgl. S. 161ff.), übernimmt offenkundig die Minnerede die ehemals lyrische Tradition des Minnediskurses. Der Erfolg dieses Gattungswechsels erklärt sich wohl zum einen aus dem Ansehen, das die literarische Rede sowohl im geistlichen (bis zurück in die frühmittelhochdeutsche Zeit; vgl. Bd. I/2) wie im weltlichen Bereich (insbesondere seit Dem Stricker) als Medium der Didaxe genoß. Zum andern eröffnete die formale wie quantitative Offenheit der Rede neue Möglichkeiten zur Gestaltung und Ausdifferenzierung des Minnediskurses, der im Minnesang mit seinen vorgegebenen Liedmodellen und -typen erheblich strenger reglementiert war. Neue Ausformungen der Ich-Rolle, die Einbettung der Reden in Traum und Spaziergang erlaubten neuartige Formen der Inszenierung, Personifikationen und Allegorien forcierten die Intellektualisierung des Minnediskurses. Damit verbunden war eine erneute Typisierung, die uns heute oft als eintönig erscheinen mag, die aber dazu beitrug, die Konsistenz des neuen Redetyps und – damit verbunden – dessen thematische Verläßlichkeit bei der Unterweisung über das richtige Verhalten zwischen Mann und Frau zu sichern. Die Typisierung der Minnerede hatte bereits im 14. Jahrhundert einen so hohen Grad erreicht, daß im 15. Jahrhundert neben der Streuüberlieferung und neben kleineren Korpora in Sammelhandschriften auch ausgesprochene Minneredensammlungen angelegt wurden (vgl. Bd. III/2). Diese typusgerechte Normierung ist umso erstaunlicher, als die Minnerede in ihrem Umfang eine auffällige Spannbreite aufweist, die bei den einfachen Formen mit teilweise unter 50 Versen beginnt und bis zu den Großformen mit über 5000 Versen reicht.

Den Zusammenhang von Minnesang und Minnerede zeigt die mehrfache Überlieferungssymbiose, die bis ins 15. Jahrhundert reicht. Für das 14. Jahrhundert dafür weniger aufschlußreich ist die vereinzelte Aufnahme von Minnereden in das ‚Hausbuch' des Michael de Leone (vgl. S. 308), da hier recht Unterschiedliches aufgezeichnet wurde. Bemerkenswert dagegen ist das Nebeneinander von Minnerede (Nr. 1, 3, 4 und 11), Liebeslyrik (Nr. 5, 6, 8, 9 und 12) und Sangspruchdichtung (Nr. 2, 7 und 10) im ‚Kopialbuch' von Rudolf Losse (vgl. S. 146f.), denn dieser auf den ersten Blick unscheinbare Überlieferungszeuge belegt, daß zumindest an mittelrheinischen Adelshöfen in der ersten Hälfte des 14. Jahrhunderts Minnerede und höfische Lyrik offensichtlich als gleichberechtigte Gattungsformen angesehen wurden. Die ältesten Minnereden in Sammelhandschriften finden sich freilich in der Wiener Kleinepikhandschrift Cod. 2705 (um 1260/80), also der Haupthandschrift (Hs. A) für Strickers kleinere Reimpaardichtung (vgl. Bd. II/2). Sie repräsentiert den vorwiegenden Überlieferungstypus für Minnereden innerhalb spätmittelalterlicher Sammelhandschriften. Steht dabei die didaktische Funktion der Minnerede im Vordergrund, so gründet die Überlieferungsgemeinschaft von Minnerede und Minnesang in der gemeinsamen Minnethematik.

Für das große Interesse an der Minnerede als neuer Gattungsform spricht nicht nur deren stetig wachsende Anzahl, sondern auch die Häufigkeit der Parallelüberlieferung, die bis zu 20 Handschriften reichen kann. Umso erstaunlicher ist die fast ausnahmslose Anonymität der Minnerede im 14. Jahrhundert. Die wenigen Ausnahmen – Heinzelin von Konstanz (vgl. S. 330f.), Egen von Bamberg (vgl. S. 331f.) und Meister Altswert (vgl. S. 343f.) bei den Kleinformen, Johann von Konstanz (vgl. S. 334f.) und Hadamar von Laber (vgl. S. 337ff.) bei den Großformen der Minnerede – bestätigen nur die Anonymität als Regel. Auch sie könnte neben der gelegentlichen Überlieferungssymbiose auf die besondere Nähe von Minnerede und Minnesang (dessen Zuweisung an Namen gewöhnlich erst in den Handschriften erfolgt) hinweisen, den die Minnerede im Verlauf des 14. Jahrhunderts beerbt.

Ein Blick auf die fünf anonymen Minnereden in der Wiener Kleinepikhandschrift Cod. 2705 als dem ältesten Überlieferungszeugen für diese neue Gattungsform zeigt recht anschaulich, wie hier ältere literarische Traditionen aufgegriffen und in eine neue Gattungstradition eingebracht werden. Mit ihrem Umfang, der zwischen 36 Versen (‚Liebe und Reichtum') und 54 Versen (‚Frauenschönheit') schwankt, stellen sich diese frühesten Minnereden quantitativ in die Nähe des herkömmlichen Minnelieds; nur ‚Die beiden ungleichen Liebhaber' (80 V.) deuten bereits die Weiträumigkeit der späteren Minnereden an. Die Eröffnung der Rede ‚Die beiden ungleichen Liebhaber' mit den Versen *Liebin frowe ich will iu uf genade teilen ein spil* klingt, wie eine Minnelied-strophe (MF 216,8) Hartmanns von Aue, an die Dilemmatik des *jeu parti* an, doch fehlt in dieser Rede die dilemmatische Zuspitzung: Die Dame soll sich zwischen einem reichen und einem armen, aber tugendsamen Liebhaber entscheiden. Hinter dieser Polarität wiederum, die sich auch in der Minnerede ‚Liebe und Reichtum' findet, steht die im geistlichen Bereich geführte *dives-pauper*-Diskussion, die im Rahmen des Minnediskurses jedoch zu einer *guot-hôher muot*-Opposition transformiert wird; in dieser Umformung taucht die Gegenüberstellung bei den nachfolgenden Minnereden immer wieder auf. Doch auch ohne die Reich-Arm-

Thematik erfreut sich die antagonistische Struktur des vergleichenden Gegenüberstellens bis hin zum Streitgedicht bei den Minnereden-Autoren großer Beliebtheit. Andererseits kennt die Minnerede von Anfang an auch eine explizite Verschränkung von geistlicher und weltlicher Thematik, so in ‚Frauenminne und Gottesminne' mit der Warnung, über die *herzeliebe* nicht *gotes minne* zu vergessen – ohne die *herzeliebe* zu verurteilen. Die rhetorisch regelgerechte *descriptio pulchritudinis* von den Haaren bis zu den Füßen der vollkommenen Dame in der ‚Frauenschönheit' hat wiederum Parallelen im Minnesang und wird zum beliebten, vielfältig variierten Muster der Minnerede im 14. und 15. Jahrhundert; in der zweiten Hälfte des 14. Jahrhunderts greift ‚Der Minne Klaffer' (etwa 300 Verse) die ‚Frauenschönheit' sogar explizit auf, um daraus eine sexuell eingefärbte Schönheitsbeschreibung zu formen, die am Schluß dann in eine Verführungsszene mündet. Schließlich begegnet in der Rede ‚Der Weiberzauber' (welche um 1320/30 die Schwesterhandschriften H und K der Stricker-Überlieferung in den Schlußversen einem sonst nicht nachweisbaren Walther von Griven zuweisen) das allegorische Verfahren, dessen sich später zahlreiche Minnereden bedienen: Die zehn Kräuter, die den Frauen empfohlen werden, um die Männer an sich zu binden, sind weibliche Tugenden wie Demut, Güte, Freundlichkeit, Sittsamkeit oder Nachsicht. Den Kräuterzauber kennt auch der Minnesang zur Heilung von *senden siechen* (s. Reinmar MF 185, 13), im vorliegenden Fall hat aber der Kräuterzauber aus *Karlingen* in der ‚Klage' Hartmanns von Aue (vgl. Bd. II/1, S. 439) Pate gestanden. Was dort freilich eine Unterweisung des Mannes für den Minnedienst war, gerät im ‚Weiberzauber' zu einer Anweisung für Ehefrauen, um ihre Männer an sich zu binden. Obwohl ‚Der Weiberzauber' damit einer Ehedidaxe näher steht als einer Minnerede, erweist sich dessen allegorische Einkleidung als eine häufig gebrauchte Technik in der nachfolgenden Minneredentradition. Insgesamt gewährt das kleine Korpus in der Wiener Kleinepikhandschrift als dem ältesten Überlieferungszeugen für Minnereden einen differenzierten Einblick in die Konstitution dieses neuen Redetyps, der ab dem 14. Jahrhundert eine erstaunliche Eigendynamik entfaltet.

Gegen Ende des 13. Jahrhunderts erfährt das Gestaltungsrepertoire der Minnerede durch die Inszenierungsmodelle des Minnegerichts und der Erstürmung einer Burg eine entscheidende Erweiterung. Sie begegnen erstmals im ‚M i n n e h o f' (etwa 180 Verse) und in der ‚R i t t e r f a h r t' (etwa 110 Verse), zwei im Zusammenhang mit der ‚Schlacht bei Göllheim' (vgl. S. 253f.) fragmentarisch überlieferte Minnereden, die hier – als ein weiteres Novum – sogar historisch verortet werden. Diese Variante ist ungewöhnlich, aber sie vermittelt – wie auch die anderen Denkmäler dieser Überlieferungsgruppe (vgl. S. 345f.) – offensichtlich

Einblicke in das literarische Leben insbesondere am Hof der Grafen von Katzenelnbogen.

Im ‚Minnehof' tritt Herr Kraft von Greifenstein als Anwalt des Ich-Erzählers vor dem Gerichtshof der Minne auf; die Grafen Gerhard von Jülich und Johann von Sponheim erscheinen dabei als Minne-Experten. Diese drei Personen finden sich ebenfalls in einer Urkunde (14.10.1300), in der die Erbteilung der Brüder Wilhelm I. und Diether VI. von Katzenelnbogen bestätigt wird. Wilhelm I. wiederum nimmt in der ‚Ritterfahrt' an dem Zug teil, den seine Gemahlin, die Gräfin Irmgard von Rheinfels, als „Landvögtin der Minne" anführt; zu den Teilnehmern gehören auch die Gräfin von Sayn – vermutlich Jutta von Homburg, die Gemahlin des Grafen Gottfried von Sayn – und Herr Dietrich von Braubach, ein Lehnsmann der Grafen von Katzenelnbogen und Truchseß Wilhelms I.; die ‚Schlacht bei Göllheim' benennt Dietrich von Braubach als Gewährsmann. Die Dame der Burg, gegen die diese Schar zieht, war die Herrin von Limburg, wohl Gräfin Uda, Gemahlin Johanns I. von Limburg und Tochter des Grafen Otto III. von Ravensberg, den Herman Damen und Frauenlob rühmen (vgl. S. 173). Über Graf Eberhard I. (gest. 1312), den Onkel Wilhelms I., ergeben sich Beziehungen zum Züricher Literaturkreis: Als Landvogt von Oberschwaben, Ratgeber König Adolfs von Nassau und dessen Pfleger in Zürich, tritt er öfters zusammen mit dem Konstanzer Bischof Heinrich von Klingenberg in Urkunden auf, der seinerzeit im literarischen Leben Zürichs eine bedeutende Stelle einnahm. Dieser Zusammenhang könnte erklären, warum sowohl in Hadlaubs ‚Romanzen' (vgl. S. 156f.) wie in den beiden Minnereden ‚Minnehof' und ‚Ritterfahrt' eine Historisierung durch das Einbeziehen zeitgenössischer Personen erfolgte.

Die minnekasuistische Thematik beider Minnereden ist vielleicht der französischen Minnedichtung entlehnt: Im ‚Minnehof' steht eine Dame vor dem Problem, wie sie ihrem Ritter seinen Dienst lohnen soll, ohne ihre Ehre und sein Leben aufs Spiel zu setzen. Das angerufene Minnegericht – eine literarische Institution, der man früher eine gesellschaftliche Realität zubilligen wollte – entscheidet, daß die Dame dem Ritter *ir herze sunder lijf* schenken solle, dies gefährde weder ihre Ehre noch sein Leben. In der ‚Ritterfahrt' wird die Burg der Dame erstürmt, weil sie ihre Gunst keinem Ritter geschenkt hat, sondern einem, der *de passione lesen* kann. Damit scheint die häufig traktierte minnekasuistische Streitfrage thematisiert zu sein, ob einem *miles* oder einem *clericus* der Vorzug als Liebhaber eingeräumt werden soll. Leider ist das Urteil des Minnegerichts, das auch hier am Schluß angerufen wird, nicht erhalten.

Die historische Situierung der Minnerede scheint in der ersten Hälfte des 14. Jahrhunderts eine Besonderheit des mittelrheinischen Literaturraumes gewesen zu sein, denn sie findet sich auch in den ebenfalls hier entstandenen Minnereden ‚Minne und Gesellschaft' (etwa 570 Verse, um 1325 entstanden) und ‚Die Schule der Ehre' (etwa 850 Verse, zwischen 1331 und 1340 entstanden). Allerdings umfassen die

Zwölfergruppen der *besten ritter umb den Ryn* in den beiden Reden – die sich auf diese Weise recht genau datieren lassen – Adlige vom Bodensee bis nach Holland, wobei das Gebiet zwischen Speyer und der Mündung der Ahr besonders dicht vertreten ist; sechs Namen – darunter auch Graf Johann von Sponheim – sind in beiden Reden identisch. In ‚Minne und Gesellschaft' begegnet erstmals die in der Folgezeit so beliebte Einleitung der Minnerede mit einem Spaziergang des Dichters. Er trifft auf eine Frau und ein Mädchen, die in einem Streitgespräch über den Vorzug der Minne (Frau) oder der *geselleschaft* (Mädchen) diskutieren. Da der Dichter den Streit, hinter dem die traditionelle *minne-êre*-Thematik steht, auch nicht zu schlichten weiß, legt er sie König Johann von Böhmen und den zwölf rheinischen Adligen vor, deren Unschlüssigkeit den Dichter schließlich dazu zwingt, die offene Streitfrage, die sich einleitend an der ‚Tristan'-Lektüre entzündet hatte, an das Publikum weiterzureichen.

Das laudative Moment, das mit der Nennung konkreter Personen verbunden ist, tritt in der ‚Schule der Ehre' so in den Vordergrund, daß sie die Grenze zur Preisrede (vgl. S. 345ff.) überschreitet. Andererseits begegnet hier erstmals das beliebte Aufbauschema der Minnerede mit Spaziergang-Begegnung-Gespräch-Lehre. Bei einem Ausritt trifft der Dichter im Wald auf eine schöne alte Frau (eine nicht genau festgelegte Tugendpersonifikation), die während der letzten 30 Jahre zwölf namentlich genannte Adlige – darunter Graf Wilhelm III. von Holland (vgl. S. 348) – zu vorbildlichen Rittern erzogen hat. An ihre Stelle sollen nach gemeinsamer Beratung von Dichter und Frau zwölf jüngere, wiederum namentlich genannte Adlige treten, für die der Dichter ein Tugend-ABC aufschreiben muß. Dieses ABC dokumentiert die Vorstellung, daß Tugenden, ritterliche Gesinnung und schließlich auch die Minne lehr- und lernbar sind und daß es dafür umfassende Systeme (wie etwa das ABC) gibt, die zu katalogartigen Aufstellungen führen. Dieser Gedanke liegt den zehn Kräutern im ‚Weiberzauber' (vgl. S. 324) ebenso zugrunde wie etwa den zehn Minnegeboten, die ein Mann einhalten muß, um die Liebe einer Frau zu gewinnen, in der oberdeutschen Minnerede ‚Der Minne Freigedank' (etwa 600 Verse) vom Anfang des 14. Jahrhunderts. Besonders an ‚Der Minne Freigedank' läßt sich erkennen, wie bei diesen Tugendlehren ursprünglich geistliche Vorgaben ins Höfische gewendet und in den Minnediskurs eingebracht werden; aus geistlicher Tradition (u.a. Dekalog) mag auch die Katalogform stammen.

Auf der Grenze zwischen Minne- und Preisrede steht auch das ‚L o b d e r r i t t e r l i c h e n M i n n e' (etwa 450 Verse), in dem sich Zeitkritik, Minnelehre, Totenklage und Ritterpreis verbinden. Der Dichter trifft auf der Jagd auf einen Einsiedler, der den Verfall von *manheit* und *minne* beklagt, ungehobeltes Betragen der Männer und ihre neue, weibische Kleidermode und Haartracht (seit etwa 1330 nachgewiesen) anprangert, um ihnen neun vorbildliche, namentlich benannte Ritter gegenüber zu stellen, von denen nurmehr Johann von Klingenberg, wohl der Neffe des Konstanzer Bischofs Heinrich von Klingenberg (vgl. S. 155), lebt.

Da Johann von Klingenberg, seit 1341 Oberster Jägermeister der Markgrafschaft Mähren, besonders gerühmt wird, könnte er der Adressat des Gedichts sein (gest. zwischen 1343 und 1345). Andererseits weist die Erwähnung der Burg Ochsenstein (westlich von Straßburg) ins Elsaß; dazu paßt, daß die vorbildgebundenen Ritter hauptsächlich aus dem Elsaß und der Nordostschweiz stammen. Mit Graf Werner von Hohenberg (vgl. S. 157 ff.) wird – neben Herzog Johann I. von Brabant (gest. 1294) – sogar ein Minnesänger aufgeführt, und mit Diepold von Pfirt (Oberelsaß) könnte der Schwiegersohn Walthers von Klingen und Verwandter Des von Gliers (vgl. S. 191) gemeint sein. Übrigens findet sich wiederum Graf Johann von Sponheim unter den Gerühmten. Mit diesen Namensnennungen dürfte das ‚Lob der ritterlichen Minne' am ehesten der rheinischen Literaturgeschichte zuzurechnen sein. Mit zwei anderen oberrheinischen Minnereden – Heinzelins von Konstanz ‚Von dem Ritter und dem Pfaffen' (vgl. S. 275) und ‚Die sechs Farben' (vgl. S. 329) – fand es relativ früh Aufnahme in das ‚Hausbuch' des Michael de Leone (vgl. S. 308).

Eine Querverbindung zum literarischen Leben am Mittelrhein liefern schließlich ‚Die Rittertugenden des Herrn von Kronberg' (etwa 300 Verse) in der Sammlung (Nr. 11) Rudolf Losses (vgl. S. 146 f.). Die Rede bezieht sich wohl auf Wilhelm von Kronberg, der 1298 in der Schlacht bei Göllheim fiel, was vom gleichnamigen Gedicht (vgl. S. 253 f.) auch vermerkt wird. Offenkundig zielt die Rede auf die Übergabe eines Kleinods aus dem Besitz der Königin *Adeldugint* an den Ritter, aber über die Begegnung eines *knappen* mit einer Schar ständisch geordneter Tugendpersonifikationen in einem Wald kommt das offensichtlich umfangreicher konzipierte Gedicht nicht hinaus. Soweit erkennbar, tendiert der überlieferte Text ähnlich wie das ‚Lob der ritterlichen Minne' zur Preisrede – ein Befund, der sich bei der Historisierung der Minnerede immer wieder einstellt. Andererseits griff die Preisrede zur Erweiterung ihrer Gestaltungsmöglichkeiten gerne auf Inszenierungsmöglichkeiten dieses neuen Redetyps zurück.

Gemeinsam mit dem ‚Hausbuch' des Michael de Leone (vgl. S. 308) ist die Losse-Sammlung die älteste bekannte Überlieferung, die erkennbar überregional Minnereden erfaßt. Neben der mittelrheinischen Tugendallegorie ‚Die Rittertugenden des Herrn von Kronberg' finden sich die wohl schwäbisch-alemannische Minnerede ‚Wer kann allen recht tun?' (Nr. 1) und die ‚Minneklage (aus Thüringen)' (Nr. 3), gefolgt von einem gereimten ‚Liebesbrief' (Nr. 4). Bei allen drei Minnereden wird eine Entstehung im 13. Jahrhundert erwogen, zugleich ist ihre Nähe zum Minnesang unverkennbar. Die häufig, bis in die erste Hälfte des

16. Jahrhunderts (12 Handschriften, eine sogar mit Teichner-Signatur) überlieferte Rede ‚Wer kann es allen recht tun?' (etwa 150 Verse) thematisiert wie ein traditionelles Minnelied die Stufen Liebesklage – Liebeshoffnung – Dienstergebenheit gegenüber der abweisenden Dame, die dem Dienenden *wandel* vorwirft. Von einem Minnelied unterscheidet sich die Rede inhaltlich durch einen umfangreichen Fehlerkatalog, in dem der Werbende zeigt, daß die Mißgunst der Welt selbst gute Eigenschaften ins Negative wendet. In der ‚Minneklage aus Thüringen' (etwa 100 Verse) folgen auf die einleitende Klage über die abweisende Haltung der Dame Preis, Bitte, Werbung mit Dienstangebot und Liebesversicherung in direkter Ansprache an die Umworbene (*libis Alkelin*). Klage, Preis und Bitte bestimmen ebenfalls eine zweite thüringische Minneklage, ‚Daz brechen leit' (etwa 370 Verse), die aus der ersten Hälfte des 14. Jahrhunderts stammt. Beiden Minnereden ist außerdem gemeinsam, daß sie beim Schönheitspreis der Dame auf Formeln des Marienpreises zurückgreifen. Der ‚L i e b e s b r i e f' (etwa 50 Verse) der Losse-Sammlung (Nr. 4) schließlich transformiert die Botenrolle des Minnesangs in die Form des Briefes.

Die Form des gereimten Liebesbriefes stellt eine frühe Ausprägung der Minnerede dar. Die älteste erhaltene Liebesbriefsammlung greifen wir Anfang des 14. Jahrhunderts in den ‚Zürcher Liebesbriefen', die neben fünf Briefen (I-IV, VI) eine Minneklage in Form einer Rede (V) und einen Leich (VII; vgl. S. 191f.) umfaßt. Eine pragmatische Verwendung der gereimten Briefe ist ebenso wenig zu vermuten wie bei den etwa 20 ‚Konstanzer Liebesbriefen' aus der Zeit um 1350. Mit einer Schwankungsbreite zwischen 20 und 160 Versen umfaßt die Sammlung eines wohl geistlichen Autors etwa 1700 Verse, die zusammen eher eine Art von Minnerede in Briefform als eine Musterbriefsammlung darstellen dürfte (wie man früher annahm). Alle diese Liebesbriefe verwenden mit Werbung, Bitte, Klage, Preis, Dank, Aufkündigung der Liebe, Dienst, feste Muster des traditionellen Minnesangs. Als ältester deutscher Liebesbrief, der zur Weitergabe an die umworbene Dame gedacht war, gilt – freilich nicht unwidersprochen – der ‚Regensburger Liebesbrief' (etwa 80 Verse), der nach der Jahrhundertmitte auf eine etwa 40 cm langen Pergamentrolle geschrieben wurde (Abb. 13). In ihm wird der Brief einleitend und abschließend als Bote angesprochen, dann schließen sich Liebesgruß, Anrede der Geliebten mit Versicherung der Liebe, Frauenpreis, Bitte um Erhörung und um ein Rendezvous an. Die Verwendung von Schlußformeln aus dem Privatbriefverkehr und die Adressierung an reale Personen (die beiden Ehefrauen) unterscheiden die strophischen Liebesbriefe Hugos von Montfort (vgl. Bd. III/2) von der Tradition der gereimten Liebesbriefe, in der auch der ‚Regensburger Liebesbrief' steht.

Die umfangreichste Sammlung früher Minnereden enthielt die 1870 verbrannte Straßburger Sammelhandschrift A 92, die zwischen 1330 und 1350 im Elsaß entstanden ist und die nicht weniger als sieben Minnereden – darunter auch ‚Wer kann allen recht tun?' (vgl. S. 330) – umfaßte. Im weiteren thematischen Umkreis gehören noch zwei weitere Gedichte dieser Handschrift dazu: ‚Neun Männer, neun Frauen' vereinen Tugend- und Minnepreis in 18 Kanzonenstrophen (zu 10 Versen), in denen neun höfische Ehepaare jeweils die Vorzüge des eigenen Ehepartners hervorheben. Erinnert hier die strophische Form an den Minnesang, so geschieht dies bei dem Streitgedicht ‚Der Herbst und der Mai' (etwa 250 Verse) durch den traditionellen Jahreszeitenstreit, wobei der kulinarische Sieg des Herbstes über die Minnefreuden der Maienzeit durch Steinmars ‚Herbstlied' (vgl. Bd. II/2, S. 91) beeinflußt sein mag. Den Typ des Streitgedichts greift mit vergleichbarer Thematik die Rede ‚Minner und Trinker' (170 Verse) auf, in der die Entscheidung dem Publikum überantwortet wird. Deutlicher als Minnerede strukturiert ist das Streitgedicht zwischen den Personifikationen ‚Liebe und Schönheit' (etwa 120 Verse), bei dem die Liebe den Sieg über die Schönheit davonträgt: *schöne ane liebe ist uppigleich*. Diese Thematik erscheint bereits bei Walther von der Vogelweide (50, 21) und im späteren 13. Jahrhundert bei Reinmar von Brennenberg (IV, 10–12), sie wird in der Minnerede jedoch gattungsspezifisch ins Didaktisch-Allegorische transponiert. Nicht dem Streitgespräch verpflichtet, sondern in dialogischer Form gestaltet sind drei weitere Minnereden, darunter ‚Der Traum von der Liebe' (etwa 460 Verse). Dieser Text schmückt sich nicht nur rhetorisch mit Hyperbel, Antithese, Parallelismus, Amplificatio und ausgefallenen Bildern, sondern zeigt auch eine deutliche Tendenz zum geblümten Stil, eine Stilrichtung, die spätere Minnereden gerne aufgreifen. Im Zentrum der Minnerede steht ein Scheltgespräch des Dichters mit der Minne, die sein Verlangen nach einem im Traum geschauten Mädchens zur Hingabe an einen tugendhaften Minnedienst wandelt; entsprechend erwacht der Erzähler aus diesem Traum, als ihm erlaubt wird, das Mädchen zu küssen. Eine Unterredung mit der personifizierten Minne bestimmt zwar auch die Minnerede ‚Frau Minne warnt vor Lügen' (etwa 170 Verse), aber das Bemerkenswerte dabei ist, daß dabei keine Minnedidaxe erfolgt, sondern ein Appell an den ergrauten Dichter, durch übertriebenes Lob die Diener der Frau Minne nicht zu verderben, etwa wenn er jemanden über Parzival und Wigalois stelle – eine ‚Literaturkritik', die in der Frühzeit der Minnerede aufhorchen läßt. Ein zentrales Motiv bringt die weitverbreitete Minnerede ‚Die sechs Farben' (etwa 220 Verse) mit ihrer symbolischen Ausdeutung der gewählten Kleiderfarbe auf das Liebesverhältnis zu einer Frau (von Grün als Zeichen für die Liebesbereitschaft bis zu Gold als öffentliche Bestätigung für die Hingabe der Geliebten).

Als Gewährsmann für diese Farbensymbolik nennt der anonyme Dichter den Grafen Wernher von Honberg, womit der Minnesänger Wernher von Hohenberg gemeint sein dürfte, der im ‚Lob der ritterlichen Minne' (vgl. S. 326f.) und in einer Totenklage (vgl. S. 347) gerühmt wird. Damit ist die Herkunft der Minnefarben jedoch nicht geklärt. Man wird dabei vor allem an die Heraldik, an die Turnierfarben (die im Blick auf die umworbene Frau gewählt wurden), aber auch an die liturgische Farbwahl denken müssen.

Neben ‚Wer kann es allen recht tun?' (vgl. S. 328) vertritt in der Straßburger Sammlung nur ‚Die Sekte der Minner' (etwa 250 Verse) den Typ der monologischen Minnerede. Der anonyme Dichter versteht die Gemeinschaft der Liebenden als Mitglieder eines Ordens, die – im ‚Kloster der Minne' (vgl. S. 335ff.) und im ‚Weltlichen Klösterlein' (vgl. Bd. III/2) erheblich ausführlicher beschrieben – nach strengen Klosterregeln zu leben haben. Allerdings erweisen sich diese Regeln als Parodie einer religiösen Klosterordnung, denn das klösterliche Zusammenleben zielt allein auf sexuelle Erfüllung: Die Frauen sollen stets zur körperlichen Vereinigung bereit sein; ihnen wird gestattet, ihren Liebhaber durch einen *geileren* zu ersetzen; das klösterliche Leben erfüllt sich in kulinarischen Genüssen, in Liebesspielen und in der Bettgemeinschaft der Liebespaare. Erstaunlich früh meldet sich damit – offenkundig vor dem Hintergrund der mittellateinischen Vagantendichtung – die Parodie, wie sie bereits bei den Minnereden ‚Herbst und Mai' (vgl. S. 294f.) und ‚Minner und Trinker' (vgl. S. 295) anklang, innerhalb der Minneredentradition zu Wort. Die bemerkenswerte Vielfalt, mit der die Minnerede in der Straßburger Sammlung bereits auftritt, erfährt dadurch eine nachhaltige Bestätigung.

Im Vergleich zum Straßburger Minneredenkorpus zeigt die kleine Sammlung in der um 1348 wohl in Augsburg entstandenen Handschrift Cgm 717 einen erheblich konservativeren Zuschnitt. Am Beginn stehen zwei Klagen über einen Treuebruch, der im ‚Scheidsamen' (160 Verse) aus der Perspektive des Mannes, in der ‚Klage vor Frau Minne' (etwa 50 Verse) aus der Sicht der Frau thematisiert wird. Das knappe Gedicht ‚Frauendienst und Minnedienst' (14 Verse) mit der Feststellung, man diene der Minne wegen den Frauen, weist darauf hin, daß die Minnerede in ihrer Kleinstform zum Spruch tendiert. Beschlossen wird das Korpus durch die Minnelehre ‚Der Minne Freigedank' (vgl. S. 326).

Am ‚Hausbuch' des Michael de Leone (vgl. S. 308) fällt auf, daß es trotz eines offenkundig auch lokal und regional orientierten Sammelinteresses – wie es etwa beim König vom Odenwald zu beobachten war (vgl. S. 308ff.) – die ostfränkische Minnerede mit ihrer spezifischen Ausprägung nicht aufgenommen hat. Auch sind die drei hier aufgezeichneten Minnereden über die Sammelhandschrift hinweg verteilt: ‚Die sechs Farben' (vgl. S. 329), das ‚Lob der ritterlichen Minne' (vgl. S. 326f.) und das Streitgedicht ‚Von dem Ritter und dem Pfaffen' des Heinzelin von Konstanz (vgl. S. 275), bei dem zwei Frauen in der winterlichen Stube die herkömmliche Streitfrage traktieren, ob ein *miles* oder ein *clericus* als der bessere

Liebhaber vorzuziehen sei. Diese Zurückhaltung könnte in den literarischen Ambitionen der ostfränkischen Minneredenautoren begründet sein, die in der ‚Minneburg' (vgl. S. 332f.) ihren Höhepunkt erreichten. Einen ersten Eindruck von diesem literarischen Anspruch vermag die Minnerede ‚D e r   r o t e   M u n d' (die beiden Fassungen schwanken zwischen etwa 250 und 360 Versen) zu geben, deren Autor Wolfram von Eschenbach als unübertroffenes Vorbild der Frauenschilderung rühmt, um nach diesem Bescheidenheitstopos selbst zum Schönheitspreis der eigenen Dame anzusetzen: Ihr gegenüber erweisen sich die traditionellen Formeln bis hin zum Vergleich mit der Rose als hohl und abgedroschen. Gleichwohl greift der Dichter die Stereotypie des roten Mundes auf, übersteigert sie aber mit der Behauptung, daß die gepriesene Dame mit dem Rot ihrer Lippen in der Kirche alles – sogar die schwarzen Noten im Psalter – zu einem flammenden Rot entzünde. Der Manierismus dieses ausgefallenen Schönheitspreises ist unübersehbar, aber ebenso bemerkenswert ist das Bewußtsein von der leeren Rhetorik der Tradition – der freilich gleichfalls mit Rhetorik begegnet wird.

Diese zum Manierismus tendierende Rhetorisierung forciert entschieden E g e n   v o n   B a m b e r g in seinen beiden um 1320 bis 1340 entstandenen Minnereden ‚Die Klage der Minne' (etwa 220 Verse) und ‚Das Herz' (etwa 140 Verse), bei denen wir erstmals für diesen Redentyp voll ausgeprägt auf den geblümten Stil (vgl. Bd. II/2, S. 100) stoßen. Der Autor, der seine Minnereden im Schlußvers mit *meister Egen* signiert, läßt sich sicherlich mit jenem *meister Egen von Babenberc* identifizieren, den der Dichter der ‚Minneburg' (vgl. S. 332) viermal als sein unerreichbares Vorbild rühmt und dem er große Gelehrsamkeit insbesondere in der Arznei- und in der Redekunst zubilligt; dies und der *meister*-Titel lassen auf eine geistliche Ausbildung schließen; eine solche schlägt sich auch in seinen Minnereden nieder. So eröffnet Egen seine ‚Klage der Minne' völlig unerwartet mit einem Preis der Trinität und liefert damit eine christliche Begründung der höfischen Minne: Gott als Ursprung der göttlichen wie irdischen Liebe stiftete auch den *minnen orden*. Und mit Rückgriff auf die ‚Physiologus'-Tradition (vgl. Bd. I/2, S. 56f.), auf die Elementenlehre und auf die Lehre von den Edelsteinen verortet Egen die Minne gleichsam ‚naturwissenschaftlich'. Und mit seiner anspruchsvollen Stilkunst – Hyperbolik und Antithese, ausgesuchte Bilder und Vergleiche, seltene Wörter und Reime, Genetivumschreibungen des geblümten Stils – verleiht der Dichter seiner Rede den Glanz des Preziösen, der im ‚Herz' sogar noch gesteigert erscheint. In dieser zweiten Minnerede thematisiert Egen das leidvolle Entstehen und die leidbringende Wirkung der Liebe auf mehrfachen Ebenen der Herzmetaphorik: das Herz als Gesprächspartner im Feuer der Minne, als verwundet durch einen Stich wie Anfortas, als verdorrtes Land, das auf *trostes towe* harrt; und auf die

Frage *Wer ist sie* antwortet das Herz selbst mit einem metaphernreichen Schönheitspreis, dessen Entschlüsselung Intellekt und Imagination zugleich verlangt.

Die literarischen Vorgaben Egens von Bamberg griff um 1325 bis 1350 ein anonymer Dichter auf, der vermutlich im Würzburger Raum mit der ‚M i n n e b u r g' die umfangreichste Großform einer Minnerede schuf. Im Bereich der Großformen ging ihm Johann von Konstanz voraus (vgl. S. 334f.), und etwa zeitgleich entstanden das ‚Kloster der Minne' (vgl. S. 335f.), vor allem aber Hadamars von Laber ‚Jagd' (vgl. S. 337ff.), doch keines dieser Gedichte erreicht die Komplexität und die Systematik dieser Minneallegorie, die ein ‚wissenschaftliches' Kompendium der Minne darstellt.

Von dem mehrfach überlieferten Werk existieren drei Fassungen: Die älteste, am Schluß unvollständige Version (A, etwa 5500 Verse) erfuhr eine einschneidende Bearbeitung (B), die um etwa 1800 Verse kürzte, vor allem aber mit einem neuen Schlußteil das geistliche Moment der Minne stärker betonte. Einzigartig in der Geschichte der Minnerede ist die Umwandlung in Prosa (C), die gegenüber B nochmals kürzte. Beachtung verdienen auch die Reminiszenzen in ‚Der neuen Liebe Buch' (Druck, Ulm 1487/88), das in einem schwäbischen Humanistenkreis entstand (vgl. Bd. III/2).

Der Anspruch einer systematischen Summenbildung läßt sich bereits in der Einteilung der ‚Minneburg' in fünf Buchkapitel erkennen, die sich keinesfalls durch Addition ergeben, sondern argumentativ miteinander verklammert sind. Innerhalb dieser Kapitelkomposition verdeutlicht das 3. Kapitel mit seiner ausführlichen Minnekatechese als Mittelachse des Werks, daß hier ein Lehrwerk in Sachen Liebe vorliegt. Es ist zugleich das umfangreichste Kapitel und erinnert mit seiner Frage-Antwort-Struktur an die scholastische Lehrmethode. Mit der Unterweisung in der objektiven Lehre verknüpft ist zugleich die Demonstration, wie die vorgestellten Normen subjektiv verpflichtend umgesetzt werden. Entsprechend findet sich neben der Kapiteleinteilung ein zweites Gliederungsprinzip nach *materge* und *underbint*: Die Darstellung der Minnelehre (*materge*) unterbrechen exkursartige Reflexionen des Dichters (*underbint*), in denen er die vorgestellten Normen im Blick auf das Minneverhältnis zu seiner Dame nach Art von Minnereden bedenkt. Im Verlauf der Dichtung nehmen diese *underbinde*, die etwa die Hälfte des Werks umfassen, stetig zu, um die subjektive Verpflichtung der Lehre nachhaltig zu unterstreichen. Bei dieser überlegten didaktischen Komposition bildet das abschließende Minnegericht, das anhand objektiver Normen über subjektive Minnefälle urteilt, einen folgerichtigen Werkschluß. Zur Verinnerlichung dieser Normen bei den Rezipienten trägt wesentlich bei, daß die Unterweisung vielfach in Allegorien erfolgt, deren intellektuelle Entschlüsselung auf das Bewußtsein jedes Lesenden individuell formend einwirkt.

Die Dichtung eröffnen drei kunstvoll gebaute Kanzonenstrophen, die wie Egen von Bamberg (vgl. S. 331) den göttlichen Urprung der Liebe und die Verpflichtung des Menschen zur Liebe (Str. 1), die Notwendigkeit der Liebe für das irdische Heil (Str. 2) und schließlich in einer ersten Wendung zum Subjektiven die Hoffnung des Dichters thematisieren, von seiner Minnedame aus dem eigenen Leid befreit zu werden. Im nachfolgenden 1. Kapitel schildert der Erzähler, wie er – die typische Spaziergangeinleitung modifizierend – nach einer wilden Floßfahrt durch unwirtliches Gebirge zu einer wunderbaren Minneburg gelangt und dort in einer Säule beobachtet, wie eine stählerne Frauenfigur das Kind *minne* gebiert, das sie von einer gläsernen Männerfigur empfangen hat. Dieses Minnekind – nach Art von Amor/Cupido überaus schön, stark, aller Sprachen mächtig, doch nahezu blind – wird der Obhut des Dichters anvertraut. Diese Vorgänge deutet der weise Meister Neptanaus im 2. Kapitel dem Dichter und dem Minnekind als das Wesen und die Entstehung der Liebe, bei der Vernunft und freier Wille, verkörpert durch die Männer- und Frauenfigur, beteiligt sind. Im 3. Kapitel wandelt sich dieses Erklären zu einer Minnekatechese des Kindes, das im 4. Kapitel die Burg Freudenberg zu erstürmen versucht. Der erste Eroberungsversuch, der von *Begirde* geleitet wird, scheitert; erst mit einem Tugendheer gelingt die Eroberung, nachdem in der Burg die Weisheit zum Öffnen der Tore geraten hat. Dem Minnekind wird dort die Gegenminne (*Widerminne*) geboren; für beide ist die Burg ein glücklicher Ort einer erwiderten, vollkommenen Liebe, die das Minnekind im 5. Kapitel gegen die Schnüffler und Schwätzer – unterstützt von der Weisheit – verteidigt. Am Schluß verhandelt Frau Minne (als Metamorphose des Minnekindes) mit Weisheit, Gerechtigkeit und Treue als Beisitzerin drei Minnefälle, wobei im letzten Fall offenkundig der Dichter selbst mit *fraw Truwe* als Anwältin Klage erhebt. Das Werk bricht ohne Urteil ab.

Um dieses außergewöhnliche Werk verstehen zu können, werden den Rezipienten vielfache Anstrengungen abverlangt. Bereits der geblümte Stil nach dem Vorbild Egens von Bamberg (vgl. S. 331) fordert bei der Lektüre große Konzentration. Gleiches gilt für die Aufschwünge in eine gelehrte Begrifflichkeit, etwa wenn das Minnekind und damit die Minne (*amor*) als Frucht von Vernunft (*intellectus*) und freiem Willen (*voluntas*) mit *ein vernunfticlich wirklich wirkunge dez willen* (V. 630f.) bestimmt wird. Die größten Herausforderungen stellen sich jedoch bei der Entschlüsselung der Allegorien, auch wenn der Dichter dazu didaktisch geschickt hinführt. Wird die allegorische Verrätselung des Eingangskapitels im Folgekapitel ausführlich gedeutet, so sind die Allegorien im 4. und 5. Kapitel solchermaßen angelegt, daß sie die Leser nunmehr selbst entschlüsseln können. Mit der erworbenen Kompetenz läßt sich dann rückblickend fragen, ob jene allegorischen Aspekte des 1. Kapitels, die ungedeutet blieben, bedeutungslos sind oder ob ihnen nunmehr ein eigener Sinn zugesprochen werden kann. Vor allem aber wird den Rezipienten die Fähigkeit abverlangt, Allegorien ganz unterschiedlich zu deuten. So verkörpert etwa die Burg das Wesen der Minne, aber auch die umworbene Frau und den Ort der vollkommenen Liebe; das Minnekind ist anfangs als die entstehende und lernende, später als die werbende und die sich verteidigende Liebe und schließlich als Frau Minne in richterlicher Funktion zu verstehen. Im intellektuellen Durchdringen dieses komplexen Gefüges konstituiert sich eine Minnedidaxe, die von den Rezipienten selbst entdeckt wird und die sich auf diese Weise tiefer ins Bewußtsein der Leser einprägen dürfte als die explizit-affirmative Belehrung der Kapitel 2 und 3, der freilich im Rahmen einer umfassenden Minnelehre ebenfalls eine wichtige Rolle zukommt. Konzept und Komposition – nicht der Umfang – machen diese exzeptionelle Dichtung zu einem *compendium amoris*, dem unter allen Großformen der Minnerede zweifellos der erste Rang zukommt.

Den ambitionierten Anspruch der ‚Minneburg' verdeutlicht ein Vergleich mit den drei anderen Großformen der Minnerede, die allesamt in der ersten Hälfte des 14. Jahrhunderts entstanden sind. Ihr ältester Vertreter, die um 1300 verfaßte ‚Minnelehre' (2550 Verse) des J o h a n n v o n K o n s t a n z, belegt im Blick auf Autor und Überlieferung erneut den Zusammenhang von Minnerede und Minnesang.

Der Dichter darf wohl mit jenem Johann von Konstanz gleichgesetzt werden, der zwischen 1281 und 1312 in Züricher Urkunden auftritt und dessen Bruder Heinrich 1281–1308 Propst des Augustinerchorherrenstifts auf dem Zürichberg war. In den Urkunden begegnet Johannes zusammen mit Mitgliedern der Familie Manesse, mit der Züricher Fürstäbtissin Elisabeth von Wetzikon und mit Konrad, dem Bruder des Konstanzer Bischofs Heinrich von Klingenberg – also Angehörigen jenes Zürich-Konstanzer Literaturzirkels, der bereits bei Johannes Hadlaub (vgl. S. 155f.) in den Blick gekommen war. Die älteste Aufzeichnung der ‚Minnelehre' in der ‚Weingartner Liederhandschrift' (B) belegt, daß dieser auf das Sammeln von Minneliedern spezialisierte Kreis offenkundig auch an dem neuen literarischen Typ der Minnerede interessiert war; übrigens auch in der Kurzform, denn in der ‚Weingartner Liederhandschrift' folgt unmittelbar die ‚Minneklage' I (etwa 60 Verse), in der sich der Dichter mit einem Baum vergleicht, der bei richtigem – von der Dame vorgenommenen – Schnitt neu ausschlägt.

Johann kleidet seine *ars amandi* in eine exemplarische Werbungsgeschichte, die demonstrieren will, *wie man nauch liebe werben sol* (V. 11). Zu diesem Zweck verbindet die Dichtung den narrativen Rahmen der Werbung mit einem umfangreichen theoretischen Mittelteil (V. 157–1046), der den Werbenden in das Wesen und in die Wirkung der Minne einführt. Der Erfolg der daran anschließenden Werbehandlung belegt die Richtigkeit dieser Belehrung. Auch hier kommt es also auf die praktische Umsetzung der Minnedidaxe an, aber die unentwegte subjektive Rückversicherung des Erzählers, wie sie die *underbinde* der ‚Minneburg' leisten, fehlt in dieser einfach strukturierten Dichtung.

Obwohl er der Liebe abgeschworen hat, verliebt sich der Erzähler in ein Mädchen, dessen Anblick ihn überwältigt. Beim Nachdenken über das Wesen der Liebe schläft er ein. Im Traum erscheint ihm Cupido mit allen seinen Attributen, die er dem Träumenden als Minnelehre erläutert. Danach tritt Frau Venus/Minne auf, verwundet das Herz des Liebenden mit einem Pfeilschuß und belehrt ihn, daß er mit Liebesbriefen und Beharrlichkeit zu seinem Ziel kommen werde. Nach dem Erwachen setzt der Erzähler diese Unterweisungen in die Tat um: Mit dem Briefwechsel gewinnt er die Zuneigung des Mädchens, das ihm ein Rendezvous zunächst im Garten, dann in ihrer Kammer gewährt, wo es schließlich zur Vereinigung der Liebenden kommt.

Bei der Gestaltung seines Werkes hat sich der Dichter vielfach vom höfischen Roman, insbesondere vom ‚Wilhelm von Orlens' Rudolfs von Ems (vgl. Bd. II/2, S. 27f.) anregen lassen, aber sein Minnekonzept ist mehr ovidisch als höfisch geprägt. Nicht nur die zahlreichen lateinischen (ins Deutsche übertragenen) Zitate und das mythographische Wissen im Traumteil belegen den klerikalen Bildungshintergrund des Autors, vor allem die Liebesauffassung, die sein Werk zu einem „gefälligen Handbuch der Verführungskunst" (Glier) werden läßt, bewegt sich in Bahnen der ‚Ars amatoria' und der ‚Remedia amoris' Ovids wie sie durch den ‚Facetus moribus et vita' vermittelt wurden. Vor diesem Hintergrund scheint die große Bedeutung, die der verschriftlichten Werbung in Form der Liebesbriefe zukommt, der dann zu einem eigenen Typ der Minnerede wurde (vgl. S. 328), kein Zufall zu sein, sondern sich gleichfalls lateinischer Bildung zu verdanken. Mit diesem spezifischen Zuschnitt nimmt die ‚Minnelehre' Johanns von Konstanz eine Sonderstellung ein, die sie trotz der Minneallegorie im Traumteil von den anderen Großformen der Minnerede deutlich abrückt.

Ganz der höfischen Idealität verpflichtet ist dagegen das ‚K l o s t e r d e r M i n n e' (etwa 1900 Verse), das in der Problemlosigkeit der Minneauffassung dennoch viel näher bei der ‚Minnelehre' Johanns von Konstanz als bei der ‚Minneburg' steht. Ungeachtet der höfischen Überhöhung und der auch sonst bekannten – in der ‚Sekte der Minner' (vgl. S. 330) freilich parodistisch dargestellten – Auffassung der Liebenden als Angehörigen einer Klostergemeinschaft, suchte man nach Parallelen mit der Gründung des Klosters Ettal (1330) durch Ludwig den Bayern, in dem neben Benediktinermönchen auch ritterliche Ehepaare leben sollten; dieses Ritterstift wurde allerdings bald nach Ludwigs Tod (1346) aufgelöst. Auch glaubte man, Affinitäten zwischen der Anlage des realen und des literarischen Klosters erkennen zu können. Zwingend sind diese Argumente allerdings nicht, doch erscheint es nicht ausgeschlossen, daß Berichte über die aufsehenerregende Gründung eines Doppelklosters in Ettal einen Anstoß dazu gab, das metaphorische Sprechen von der *minne orden* in der Allegorie eines Minneklosters zu konkretisieren. Gegen die umgekehrte Vermutung – die Dichtung als Anstoß für die Gründung des Ritterstiftes – steht die Datierung des Werks.

Bereits der alemannisch-bairische Sprachbefund spricht gegen einen zu engen Konnex zwischen Dichtung und Stifung des Doppelklosters. Die Entstehung des Werks fällt wohl nach 1331, dem Todesjahr der Herzogin Beatrix von Tirol, der dritten Gattin Herzog Heinrichs VI. von Kärnten und Grafen von Tirol (gest. 1335). Diesem Ereignis gilt die in der Tradition der Minnerede stehende ‚Klage um eine edle Herzogin' (etwa 650 Verse), die wohl ebenfalls vom Verfasser des ‚Klosters der Minne' stammt. Jedenfalls ist die Turnierschilderung der Totenklage in der Klosterallegorie breiter ausgebaut, was für deren spätere Entstehung spricht. Wenig Anklang hat dagegen eine Spätdatierung des Gedichts nach 1379 gefunden, die auf Parallelitäten zwischen den Turnierpreisen und dem Emblemen der 1379 am Oberrhein gegründeten Löwengesellschaft (goldener Löwe für Ritter, silberner Löwe für Knappen) gründet: Der gesamte Duktus des allegorischen Gedichts spricht wohl gegen eine Datierung nach 1350.

Im Minnekonzept des ‚Klosters der Minne' bleibt die Leiderfahrung ausgespart, nur die Schwätzer (*claffer*), Spötter und Treulosen haben harte Strafen zu ertragen. Die ungetrübte Hochstimmung der Liebenden trifft sich zudem mit der Gleichsetzung von Gottes- und Frauendienst, die durch die Klosteranlage und das klösterliche Leben der Liebenden wirkungsvoll ins Bild gesetzt wird. Als Sitz der personifizierten Minne steht das Kloster allen Liebenden der höfischen Welt vom König bis zu den Knappen offen, wenn sie bereit sind, am höfischen Klosterleben mit Spiel, Tanz und am Turnier der Minneritter teilzunehmen. All das macht das Minnekloster zu einem irdischen Paradies, und so scheint es auch keinesfalls zufällig, daß die Klosteranlage Ähnlichkeiten mit der Schilderung in der biblischen Apokalypse (Kapitel 21) und zum ‚Himmlischen Jerusalem' (vgl. Bd. I/2, S. 21f.) aufweist. Die riesige Rundanlage, die man in einem Jahr nicht umreiten kann, hat zwölf Tore, die jeweils den Blick auf das jahreszeitliche Ambiente eines Monats eröffnen. Kenntnisse von diesem Bauwerk erhält man jedoch nicht durch Beschreibungen, und auch die Allegorie der Anlage wird nicht einfach lehrhaft ausgedeutet, vielmehr entfaltet sich das Wissen in angeregten Gesprächen zwischen einer Insassin des Klosters, die mit dem Dichter erläuternd und kommentierend die Anlage erwandert. Aus diesen unentwegten Gesprächen – und nicht aus einem Briefwechsel wie in der ‚Minnelehre' Johanns von Konstanz (vgl. S. 334f.) – entwickelt sich eine Liebesbindung zwischen den beiden, die den Dichter am Ende ins Kloster eintreten läßt. Auch diese Minnerede zielt also auf Verwirklichung, sie wird aber nicht durch bloße Deskription oder deutende Unterweisung erzielt, sondern schrittweise und parlierend im verständigen Erwandern der Klosterallegorie vollzogen. Entsprechend verweist das Mädchen den Dichter, als er im Innern des Klosters die Personifikation der Minne sehen möchte, auf das

Treiben der Liebenden, in denen sich die Liebe verwirklicht, so daß die Personifikation als obligatorischer Teil jeder Minneallegorie hinfällig wird. In diesem Durchbrechen der Publikumserwartung zeigt sich mehr als ein Spiel des literarisch versierten Autors: Durch seine geschickte Inszenierung gelingt es ihm vielmehr, den Lesenden durch eigenes Erkennen und Verstehen, nicht durch autoritative Didaxe, ein Verständnis von einem Leben in Liebe zu vermitteln.

Der ungetrübten Freude im ‚Kloster der Minne' steht das Vorherrschen von Leid, Klage und Erfolglosigkeit des werbenden Liebhabers in der ‚Jagd' H a d a m a r s v o n L a b e r gegenüber, dessen Minnekonzept große Ähnlichkeit mit dem der Hohen Minne im Minnesang aufweist. Wie kaum eine andere Minnerede verdeutlicht Hadamars ‚Jagd' den Wechsel des traditionellen Minnediskurses vom Minnelied zur Minnerede in der ersten Hälfte des 14. Jahrhunderts. Auch zeigt sich an der historischen Verortung des Autors und seines Werks, daß der Adel die ursprüngliche literarische Trägerschicht für den Minnesang wie für die Minnerede darstellt; dies bestätigt den vergleichbaren Befund bei Johann von Konstanz und seinem Umkreis (vgl. S. 334).

Der Name Hadamar ist über mehrere Generationen hinweg ein Leitname im oberpfälzischen Geschlecht derer von Laber, die ihren Sitz an der Schwarzen Laber hatten; dies erschwert eine sichere Identifizierung des Autors. Am ehesten wird man in ihm Hadamar III. sehen dürfen, der um 1300 geboren wurde und der zwischen 1317 und 1354 vielfach urkundet. Mit seinem Bruder Ulrich hält Hadamar zu Ludwig dem Bayern, dessen ältester Sohn, Markgraf Ludwig von Brandenburg (gest. 1361), Hadamar zum Rat des Landes ernennt. Auffällig ist – als einzige historische Anspielung in der ‚Jagd' – der spöttische Ausfall gegen *Herzog Ludwig den grîsen von Decke* als *abnemender minn bildaere*, der glaubt, er *müge als er ê mochte* (Str. 293). Gemeint ist damit wohl Herzog Ludwig IV. von Teck (gest. um 1352), der Hofmeister und Hofrichter Ludwigs des Bayern war. Die Daten sprechen für eine Entstehung des Werks wohl im zweiten Viertel des 14. Jahrhunderts.

Zum Erfolg der ‚J a g d' hat erheblich die Abfassung in der Titurelstrophe nach der Art von Albrechts ‚Jüngeren Titurel' (vgl. Bd. II/2, S. 110–113) beigetragen; mit ihr hat Hadamar eine eigene Formtradition innerhalb der Minnerede begründet (vgl. S. 339f.). Die Titurelstrophe firmiert danach sogar als *Labrers don*, und selbst der literaturkundige Jakob Püterich von Reichertshausen (vgl. Bd. III/2) dichtet seinen ‚Ehrenbrief' *In des von Laber gemainen Thonn*. Doch nicht nur die Strophenform, auch die Anregung zu seiner Jagdallegorie könnte Hadamar vom ‚Jüngeren Titurel' mit der auf Wolframs von Eschenbach ‚Titurel'-Fragmenten (vgl. Bd. II/1, S. 346–352) zurückgehenden Jagd Schionatulanders nach dem Brackenseil erhalten haben, obwohl in der ‚Jagd' weder auf Wolfram noch auf Albrecht Bezug genommen wird.

Mit der Jagd auf ein edles Wild ist die Werbung des Liebenden um eine Dame gemeint. Die Hundemeute des Jägers mit *Herze* als Leithund bezeichnet die Eigenschaften, die unterschiedlichen Verhaltensweisen und Zustände des Werbenden: *Gelücke, Lust, Lieb* und *Leit, Genâde* werden auf die Warten verteilt, *Fröude, Wille, Wunne, Trôste, Staete, Triuwe* und der alte *Harre* nehmen die Verfolgung des Wildes auf, bei der es situativ zu immer neuen Canifizierungen kommt. Kurz nach Jagdbeginn unterweist ein Forstmeister den Jäger im weidmännischen Verhalten. Als es schließlich gelingt, das Wild zu umstellen, reißt sich *Herze* draufgängerisch vom Seil und wird vom Wild, das danach die Umzingelung (*bîl*) der Hunde durchbricht, schwer verwundet. Obwohl die Hunde auch noch von Wölfen (gemeint sind damit die *merker*, also die Aufpasser wie im Minnesang) angefallen und zerstreut werden, nimmt der Jäger nach einem weiterem Gespräch mit einem alten Jagdmann, der ihn nicht nur berät, sondern mit Verweis auf sich selbst und auf das traurige Exempel des *grîsen* Herzog Ludwig von Teck vor der Sinnlosigkeit der Jagd als Vergeudung der Lebenszeit warnt, erneut die Jagd auf. Bei einem zweiten *bîl* zögert der Jäger neben *Smutz* und *Schrenke* (Kuß und Umarmung) auch den Hund *Ende* auf das Wild zu hetzen. Daraufhin entkommt das Wild endgültig, dem Jäger verbleibt nurmehr der alte *Harre*.

Der narrative Rahmen der Jagd wird nicht nur durch zahlreiche Reflexionen und Anweisungen an die Hunde sowie durch die beiden Lehrreden unterbrochen, sondern so stark überformt, daß sich die Handlung immer mehr auflöst: Allein nach dem zweiten *bîl* folgen an die 200 Strophen Reflexionen des selbstverschuldet erfolglosen Jägers, der nach dem Modell des Minnesangs im aussichtslosen Leid an der Minne festhält und sie damit als Ideal pathetisch bestätigt. Werbung um die Geliebte wird zu einem unendlichen Prozeß, in dem durch *Harre* das Streben nach irdischer und geistlicher Liebe zu einer Einheit verschmelzen (Str. 565):

> *Ein ende dieser strangen* [,Strophe']
> *mit frâge nieman vindet.*
> *siu sol dahin gelangen*
> *aldâ der tôd mîn leben underwindet.*
> *alhie der lîb, diu sêle dort sol jagen*
> *mit Harren êwiclîchen*
> *dâ von dem ende nieman kann gesagen.*

Für die Leser stellt die ‚Jagd' eine unbegrenzte Sinnsuche dar, da er die Allegorie mit nur wenigen Deutungshilfen entschlüsseln muß und dabei – nicht nur wegen der Dunkelheit des geblümten Stils – immer wieder auf mehrfache Deutungsmöglichkeiten stößt. Allein das Ausdeuten der über 50 Hundenamen, das Verstehen ihrer wechselnden Funktionen und Kombinationen in der Meute stellen eine Herausforderung für sich dar. Es wundert daher nicht, daß auch Jakob Püterich von Reichertshausen bei der Rühmung Hadamars von Laber im ‚Ehrenbrief' (Str. 50) sich eine *gloß seins edeln dichtes* vom Dichter wünschte. Doch diese *gloß* müssen sich die Lesenden selbst erarbeiten, denn durch den eigenen Deutungsprozeß sollten sie zu ihrem je eigenen Verständnis des Phänomens Minne kommen. So gerät die allegorische Jagd nach dem edlen Wild, das dem Jäger durch zahlreiche Hakenschläge zu entkommen trachtet, zu einer unaufhörlichen Jagd nach Sinn, aus der man wegen der Geschlossenheit des allegorischen Modells nicht ausbrechen kann – es sei denn unter Preisgabe der Sinnsuche. Dies ist eine meisterhafte, freilich lange verkannte Leistung Hadamars. Darin liegt wohl der Grund dafür, daß seine Dichtung zur verbreitetsten und einflußreichsten Minneallegorie in deutscher Sprache wurde, die ihrerseits ebenfalls Anleihen bei bekannten Minneallegorien (etwa Allegorese der Minnefarben, Minneturnier und -gericht) machte. Konkretisiert hat sich die Sinnsuche in der hohen Variabilität der überlieferten Fassungen, die in den 13 erhaltenen Handschriften (daneben vier Fragmente) aus dem 14. und 15. Jahrhundert im Blick auf den Umfang (zwischen 317 und 601 Strophen), auf die Strophenumstellungen und Textvarianten aufschlußreich und eindrucksvoll die semantische Offenheit dieser Dichtung dokumentieren, für die bis heute allerdings eine angemessene Edition fehlt. Die Wirkung Hadamars von Laber geht allerdings über die lebendige Rezeption seiner ‚Jagd' weit hinaus. Man beruft sich auf ihn als eine Autorität in Minnefragen, man greift seine Jagdallegorie auf, und vor allem sind die Minnereden in Titurelstrophen der Hadamar-Tradition verpflichtet.

In ‚Des Labers Rat' (etwa 120 Verse) aus der zweiten Hälfte des 14. Jahrhunderts wird Hadamar im Zusammenhang mit der Liebe-Leid-Thematik zitiert; ‚Des Labers Lehren' (zwischen 230 und 360 Versen) wohl aus der ersten Hälfte des 15. Jahrhunderts verbinden mit Hadamar die Rolle des minnekundigen Ratgebers; und im Minnestreitgespräch ‚Die Beständige und die Wankelmütige' (zwischen etwa 350 und 410 Versen) aus gleicher Zeit berufen sich beide Frauen mit Zitaten zur Treue-Thematik auf Hadamar. – Die Verbindung von Jagd und Minne ist als Motiv zwar seit Burkhard von Hohenfels (vgl. Bd. II/2, S. 92) bekannt, aber eine Reihe von Jagdallegorien stehen erkennbar unter dem Einfluß Hadamars: In der zweiten Hälfte des 14. Jahrhunderts sind dies ‚Die Jagd der Minne' (etwa 480 Verse) und die ‚Jagdallegorie' (etwa 320 Verse); beide arbeiten gleichfalls mit Canifizierungen für die Eigenschaften des Jägers. Auch Peter Suchenwirts ‚Die Jagd' (Nr. XXVI) ist hier zu nennen (vgl. S. 341), obschon dort nur mit einem Hund (*Lieb*) gejagt wird. Eine allegorische Jagd kennt zwar schon der ‚Seifried Helbling'-Autor (vgl. Bd. II/2, S. 50), aber dort dienen die sprechenden Hundenamen zur Kritik an einer politischen Verschwörung (Nr. IV, 401–460). Formal (Titurelstrophe) und in der Verwendung des allegorischen Modells Hadamar am nächsten steht die wohl bairische Minnerede ‚Die Jagd' (etwa 280 Strophen) aus dem 15. Jahrhundert. Dagegen könnte ‚Die Brackenjagd' (etwa 50 Verse), eine mittelfränkische Kurzform der Minnerede aus der Mitte des 15. Jahrhunderts, vielleicht schon parodistisch zu lesen sein. – Die

Formtradition der Titurelstrophe in der Nachfolge Hadamars reicht bei der Minnerede bis ins 15. Jahrhundert. Aus der Tradition des 14. Jahrhunderts ist neben ‚Der Minne Falkner' (185 Strophen), dessen Autor sich auf den *von der Laber* beruft, vor allem auf ‚Der Minnenden Zwist und Versöhnung' (30 Strophen), in dem die Dame geradezu wie im frühen Minnesang das Fernbleiben des Geliebten beklagt und als Untreue auslegt, und auf ‚Des Minners Klage' (76 Strophen) zu verweisen, die beide in einem unmittelbaren Überlieferungszusammenhang mit Hadamars ‚Jagd' stehen. Vor allem ‚Des Minners Klage' vergleicht sich stilistisch und in der Minneauffassung so sehr Hadamars Gedicht, daß man an eine Verfasseridentität denken möchte.

Die Großform der Minnerede als Charakteristikum des neuen Redetyps in der ersten Hälfte des 14. Jahrhunderts fehlt in der zweiten Jahrhunderthälfte; sie findet jedoch im 15. Jahrhundert zu einer neuen Beliebtheit (vgl. Bd. III/2). Bis dahin dominiert (abgesehen von der Überlieferung der Großformen) die Kleinform der Minnerede – ein Phänomen, das sich mit ähnlichen Entwicklungen in der erzählenden Dichtung vergleicht. Wenn sich die Konturen der Minnerede in der zweiten Hälfte des 14. Jahrhunderts weniger scharf als in der ersten Jahrhunderthälfte zeichnen lassen, so liegt dies freilich nicht am Fehlen von Minnereden in der Großform als markanten Orientierungspunkten, als vielmehr in der bislang offenen Frage, wie viele der Minnereden in Sammelhandschriften des 15. Jahrhunderts verläßlich für die zweite Jahrhunderthälfte gesichert werden können. Neben den bekannten Erscheinungsformen – Einzelrede, Minneredensammlung, Autorkorpus – zeichnet sich jedoch eine Neuerung ab: Seit der zweiten Hälfte des 14. Jahrhunderts taucht die Minnerede erstmals innerhalb von gemischten Dichter-Œuvres auf und dokumentiert auf diese Weise ihre Etablierung im Gattungsspektrum.

Neben dem Aufgreifen traditioneller Vorgaben zeichnet sich die Minnerede in der zweiten Hälfte des 14. Jahrhunderts weiterhin durch eine ungebrochene Freude an neuen allegorischen Bildbereichen und an der Verschränkung mit anderen Redetypen aus. So greift die rheinfränkische ‚Schule der Minne' (etwa 580 Verse) die Allegorese der sechs Minnefarben auf (vgl. S. 329), verknüpft sie aber mit einer Wegallegorie, welche die sechs Stationen einer exemplarischen Werbung darstellt. Die typische Katalogbildung kennt auch die mittelniederdeutsche Minnerede ‚Des Kranichhalses neun Grade' (zwischen etwa 180 und 320 Versen), in der die neun Wirbel des Kranichhalses auf die höfischen Tugenden hin ausgelegt werden. In den ‚Zehn Schwestern' (etwa 680 Verse) aus dem Westmitteldeutschen dient die Personifikation der ritterlichen Tugenden zu einer Zeitklage über den Zustand der Ritterschaft in der Tradition der Minnerede. Und in der parodistischen Werbungsszene ‚Frau Seltenrain' (vgl. S. 295), die wohl in Tirol entstanden ist, tendiert die Minnerede deutlich zum schwankhaften Märe; mit ‚Gold und Zers' (vgl. S. 264) erfolgt sogar ein Vorstoß in den Obszönbereich. Andererseits wird auch weiterhin der Anschluß an höfische Traditionen gesucht: So etwa mit ‚Tristan'-Reminiszenzen in ‚Der Minne Porten' (etwa 480

Verse), bei der sich allerdings der Preis der Minnepforte von der Anatomie leiten läßt; oder in dem erfolgreichen Werbungsgespräch ‚Der Minne Klaffer' (etwa 750 Verse) eines sonst nicht belegten niederalemannischen Autors Ruschart, der mit der Minnesprache der höfischen Literatur bestens vertraut war. Ein eigenes Formenrepertoire zeigt die kleine Minneredensammlung, die gemeinsam mit der ‚Totenklage auf Graf Wilhelm III. von Holland' (vgl. S. 348) in der ripuarischen ‚Tristan'-Handschrift N (Berlin, Mgq 284; zweite Hälfte 14. Jahrhundert) überliefert ist und die in etwa aus der Jahrhundertmitte stammt: Der bekannte Streit um den Vorrang zwischen ‚Minne und Pfennig' ist hier in neun Schweifreimstrophen (aabccb) gegossen. ‚Die Brackenjagd' (vgl. S. 339) zielt auf die Kleinstform der Minnerede (bei den 38 Versen des nachfolgenden Minneredeneingangs ‚Wappen und Minne' handelt es sich um ein Fragment). Der Gnomik verpflichtet ist die Minnelehre ‚Wahre Freundschaft und Liebe' (etwa 120 Verse). In Kreuzreimen schließlich tritt die Gebäudeallegorie ‚Bergfried der Minne' (etwa 280 Verse) auf. Hinter diesem vielfältigen Formenspektrum scheint der Einfluß niederländischer Minnereden zu stehen.

Auch in der zweiten Jahrhunderthälfte bleibt die Minnerede weitestgehend anonym: Mit Peter Suchenwirt und Meister Altswert sind lediglich zwei Autoren namentlich bekannt. Heinrich der Teichner (vgl. S. 310ff.) greift zwar in seinem umfangreichen Œuvre immer wieder das Thema *minne* auf, doch trotz der teils höfisch-ritterlichen Einkleidung hat dieser Didaktiker ganz pragmatisch das richtige Verhalten von Mann und Frau im gemeinsamen Umgang und insbesondere die Ehe im Auge, die für den Teichner als der richtige Ort zur Verwirklichung der gemeinsamen Liebe angesehen wird und für die der Autor praktische Lebensregeln formuliert.

Im vielgestaltigen Redenopus Peter Suchenwirts (vgl. S. 349ff.), eines jüngeren Zeitgenossen Heinrich des Teichners, tritt dagegen die Minnerede erstmals in einem gemischten Dichter-Œuvre auf: Unter den 52 Reden finden sich nicht weniger als sieben Minnereden. Dabei erinnert das Nebeneinander von Ehren- und Minnereden sowie historisch-politischer Kleindichtung an den Überlieferungsverbund der ‚Schlacht bei Göllheim' (vgl. S. 253f.), allerdings führen diese Kontexte bei Suchenwirt immer wieder zu einer Verbindung von Minnerede und Zeitklage, die durch den Rahmen der Personifikationsdichtung einen besonderen Nachdruck erhält; nur die kurze, in Hadamar-Nachfolge (vgl. S. 339) stehende Minnerede ‚Die Jagd' (XXVI; etwa 70 Verse) arbeitet ohne Personifikationen. Auch ist der Bezug zur Gegenwart über die geläufige Ich-Rolle hinaus – außer in XXIII und XVI – durch die Nennung des Autornamens im Text (XXIV, XXV, XXVIII und XXX) stärker markiert als durch eine bloße Autorsignatur nach Art des Teichners (vgl. S. 312), die Suchenwirt in der Minnerede ebenfalls kennt (XLVI). Daß es sich dabei um keine Nebensächlichkeit handelt, belegt die ‚Rede von der Minne' (XXIII; etwa 120 Verse), in der Frau Minne mit *Staete* und Gerechtigkeit den Niedergang der Minne in der Gesellschaft beklagt und den Dichter am Schluß auffordert, dies *den edeln* öffentlich zu verkünden. Und in ‚Der Minne Schlaf' (XXX; etwa 270 Verse) wird Frau Minne von Frau Ehre geraten, Suchenwirt als ihren Herold zu nehmen, damit er zu einem vorbildgebundenen Turnier der Frau Minne einlade (V. 177–180):

> *Vraw, so nemt den Suechenwirt,*
> *der red mit worten schon florirt,*
> *den vindet man in Österreich*
> *pey den fürsten tugentleich.*

Natürlich steht dahinter auch Eigenwerbung des Berufsdichters, aber er macht sich dadurch zum Sprachrohr auch der Kritik an der neuen Männermode, die Frau Minne entsetzt erblickt, als sie nach zehn Jahren aus dem Schlaf erwacht. In ‚Die Minne vor Gericht' (XXIV; etwa 340 Verse) bittet Frau Minne, die vor dem Gericht unversehens von einer Anklägerin zu einer Klägerin wird, den namentlich angesprochenen Dichter sogar, sie gegen die Anwürfe zu verteidigen. Seine pointierte Autorinszenierung nutzt Suchenwirt zu einer nicht minder pointierten Verteidigung der tradierten höfischen Werte, wozu auch die Anlehnung an literarische Traditionen und an den geblümten Stil dienen, dessen stilistischer Anspruch den thematischen unterstreicht.

Ein Bewußtsein seines Stilanspruchs zeigt Suchenwirt in der Minnerede ‚Die schöne Abenteuer' (XXV; etwa 370 Verse), die er am Schluß als eine *red geplümter chunst* bezeichnet. Zugleich bekennt sich der Dichter zur Tradition, wenn er mit der Personifikation der *aventiure* den darniederliegenden Ritter- und Frauendienst beklagt und die Verwirklichung von Ehre und Minne als höfische Tugenden einfordert. Auch das Streitgespräch ‚Liebe und Schönheit' (XLVI; etwa 160 Verse) greift eine höfische, bis Walther von der Vogelweide (49, 25) zurückreichende Debatte auf, die Suchenwirt durch Frau Minne zugunsten der Liebe entscheiden und den Dichter selbst an Walther anklingend bekennen läßt: *Lieb ist das liebste vingerlein, damit alle trüwe vermähelt wyrt: also spricht der Suchenwirt* (V. 158–160).

Suchenwirt versteht es aber auch, Ironie und Parodie zur Vermittlung und Bestätigung seiner Wertewelt in der Minnerede einzusetzen. Dieses literarische Spiel verhalf der Rede ‚Der Widerteil' (XXVIII; zwischen etwa 120 und 440 Versen) offensichtlich zu ihrer Beliebtheit, die sich in 12 Handschriften dokumentiert. Dem Preis ihres Freundes durch die blau gewandete *Staete* setzt die Gesprächspartnerin in vielfarbenem Kleid beredt das Zerrbild ihres Freundes als eines Versagers entgegen. Erst am Schluß wird klar, daß sich *Vraw Venus* unter der bunten Verkleidung versteckt hat, um die *Staete* mit ihrer Gegenrede zu erproben. Die Lehre wird hier also direkt und zugleich durch die ironische Brechung bestätigt – auch dies ein Zeugnis für die literarische Kompetenz Peter Suchenwirts.

Die durchgehende Festlegung auf die Personifikationsdichtung, das Beschwören der traditionellen Werte und die damit verbundene Zeitkritik verbinden die vier Minnereden des M e i s t e r s   A l t s w e r t mit Peter Suchenwirt. Andererseits inszeniert sich Meister Altswert in herkömmlicher Weise als ein Liebender, der auch seine Dame in die Minnereden inkorporiert, während sich Suchenwirt eher als Beobachtender, als ein objektiv Agierender sowie als ein Vermittler zwischen der Wertewelt der Minnereden und dem Publikum versteht. Die Apostrophen der gepriesenen Dame als *min G* in zwei Minnereden (,Der Kittel'; ,Der Tugenden Schatz') – was mit der Erläuterung *Ein G ist ir mittel teil von buochstaben* vielleicht als Margret entschlüsselt werden darf – erinnert an ähnliche Nennungen in der neuen Form des Liebesliedes (vgl. S. 163).

Schwer fällt die Identifizierung des Autors. Die sprachlichen Merkmale der Minnereden, ihre Überlieferung und regionale Anspielungen (,Der Kittel'; ,Der Tugenden Schatz') weisen auf das Elsaß, Kritik an der gegenwärtigen Kleidermode – die sich auch bei Heinrich dem Teichner (vgl. S. 310) und Peter Suchenwirt findet – deuten auf eine Datierung in die zweite Jahrhunderthälfte. Der Autorname erscheint nur als Schlußsignatur der ersten Minnerede ,Das alte Schwert' und lehnt sich wohl als Pseudonym an den Titel dieser Rede an (*Dieß ist daz alte swert*). Für diese Vermutung spricht auch die Eigennennung *Nieman* in ,Der Tugenden Schatz'; eine Gleichsetzung mit dem Verfasser Niemand der Schwankerzählung ,Die drei Mönche von Kolmar' (vgl. S. 267) erscheint problematisch, weil beide Namensnennungen in der *Nemo*-Tradition stehen könnten. Stilistische Kriterien und die identische Reihenfolge der vier Minnereden – ,Das alte Schwert'; ,Der Kittel'; ,Der Tugenden Schatz', ,Der Spiegel' – in den drei nordelsässischen Handschriften sprechen dafür, daß diese von einem gemeinsamen Autor stammen.

Anders als Suchenwirt läßt Meister Altswert neben der Kleinform der Minnerede – ,Das alte Schwert' (etwa 280 Verse), ,Der Spiegel' (etwa 370 Verse) – mit ,Der Kittel' (etwa 1900 Verse) und ,Der Tugenden Schatz' (etwa 1470 Verse) auch eine Tendenz zur Großform erkennen, doch steht dahinter deutlich das Moment der Aufschwellung und keine eigene Konzeption, obschon in den umfangreicheren Minnereden das Grundschema mit Spaziergang – Begegnung des Dichters mit Personifikationen – Rückkehr in die Welt deutlicher ausgebildet ist. Insgesamt werden die Reden vom Prinzip der Variation bestimmt, die Themen bleiben konventionell, auch wenn die Liebe fast durchgehend als Frau Venus, nur gelegentlich als Frau Minne personifiziert erscheint. In ,Das alte Schwert' legt der Dichter – ohne jegliche Einleitung – Frau Venus die Frage vor, ob er wegen seines Alters als Liebhaber abgewiesen werden dürfe, was sie verneint; tröstend verweist sie ihn auf die Mängel unabgerichteter

Hunde und Jagdvögel sowie auf unerprobte neue Schwerter. Im ‚Kittel' führt ein Traum auf abenteuerlichem Weg ins Reich der Frau Venus, wobei der Dichter von einem schönen, mit einem Kittel bekleideten Mädchen, das der geliebten *G* völlig gleicht, begleitet wird; und in ‚Der Tugenden Schatz' verdichtet sich das Venus-Reich erstmals in der Geschichte der Minnerede zum Venusberg, in den ein Zwerg den Dichter führt. Tugendpersonifikationen begegnen ihm in beiden Reden auf dem Weg zu Frau Ehre und Frau Venus, deren Reich preziös übersteigernd mit Farb- und Edelsteinallegoresen als eine Art von irdischem Paradies geschildert wird, in dem sich auch Artus, Gahmuret, Wigalois, Parzival, Wilhelm von Orlens und Lanzelot aufhalten (‚Der Kittel'). Die Minnelehre erfolgt weitgehend durch das deutende Beschreiben des Geschauten, so etwa in ‚Der Tugend Schatz' anhand der kostbaren, von den Personifikationen gearbeiteten Krone, die Frau Venus dem Dichter bei seiner Rückkehr für die Geliebte mitgibt. Im ‚Spiegel' erfolgt diese Lehre, gepaart mit einem Frauenpreis anhand eines Stahlspiegels, der nur das Bild tugendsamer Menschen klar wiedergibt, was für die Geliebte zutrifft. Diese durchgehende Wendung in eine persönliche Liebesbindung begleitet – auch sprachlich – ein Schematismus in den Beschreibungen. Eine solche Kombination mindert den Verbindlichkeitsanspruch, den Peter Suchenwirt mit seiner geschickten Inszenierung der Ich-Rolle und der Einbettung der Minnerede in den Verständnisrahmen einer Ritterlehre zu vermitteln vermochte. Es wundert daher nicht, daß die vier Minnereden des Meister Altswert über eine regionale Verbreitung nicht hinauskamen.

Zeitkritik und Herrenlob

Vergleichbar mit der Minnerede, die den Minnediskurs vom Minnesang übernahm, weiterführte und zunehmend an die Stelle des Minnelieds trat, dringt die Rede in Bereiche ein, die bis gegen Ende des 13. Jahrhunderts weitgehend der Sangspruchdichtung vorbehalten geblieben waren. Dies gilt für die vielfältigen Formen der geistlichen Rede (vgl. S. 269ff.) und der Sittenlehre (vgl. S. 288ff.) ebenso wie für die Zeitkritik und für das Herrenlob, zu denen sich nunmehr eigene Redetypen ausbilden (vgl. Bd. II/2, S. 154f.). Mit ihrer Fokussierung auf Zeitkritik und Herrenlob unterscheiden sich die neuen Redetypen von den anderen Redeformen, bei denen diese Themen nur Aspekte einer weitergespannten Thematik darstellen.

Zu den neuen Redetypen gehört die historisch-politische Rede, die in der Regel ein aktuelles Geschehen zum Ausgangspunkt einer grundsätzlicheren Bewertung in der Form einer Zeitkritik nimmt, die also nicht wie der Ereignisbericht (vgl. S. 253ff.) den Bericht über dieses Geschehen in den Mittelpunkt stellt; freilich zeigt ein Gedicht wie etwa die ‚Schlacht bei Göllheim' (vgl. S. 253f.), daß dabei die Grenzen nicht immer klar zu ziehen sind. Durch ihren Bezug auf ein konkretes Ereignis unterscheidet sich die historisch-politische Rede andererseits von einer allgemein gehaltenen Kritik an gesellschaftlichen Zuständen, wie sie im Bereich der didaktischen Rede etwa das ‚Buch der Rügen' (vgl. S. 307f.) vorbringt. Völlig diffus ist in der Forschungsliteratur hingegen die Terminologie beim Herrenlob als persönlich akzentuierter Panegyrik: Hier laufen Preisrede, Totenklage, Wappendichtung und Heroldsdichtung teilweise völlig wahllos und konkurrierend nebeneinander her. Nachfolgend wird zwischen Preisrede als Lobrede auf Lebende und Totenklage als Lobrede auf Verstorbene unterschieden. Wenn man die Bezeichnung Ehrenrede verwenden will, dann empfiehlt sie sich am ehesten als Oberbegriff, der Preisrede und Totenklage umfaßt. Beide Redetypen können mit und ohne Wappenschilderung (Blasonierung) auftreten. Heroldsdichtung spricht einen Vortragsbezug an, der für jeden Text zu konkretisieren wäre.

Angesichts der Variabilität der Redetypen, die offenkundig zur Attraktivität dieses Gattungsbereichs auch bei den Berufsdichtern beitrug, kommt es immer wieder zu Berührungen, Überschneidungen und Anleihen unter den Redeformen. Unter den neuen Redetypen sind die Affinitäten zwischen der Minnerede, der Preisrede und der Totenklage besonders auffällig. Dies zeigte sich bereits bei den mittelrheinischen Minnereden (vgl. S. 325), deren historische Situierung geradezu als ein regionales Charakteristikum angesehen werden kann. So verwundert es denn auch nicht, daß sich unter den Denkmälern im Umkreis der ‚Schlacht bei Göllheim' neben zwei Minnereden (vgl. S. 324f.) auch zwei Preisreden finden, die mittelrheinische Adlige rühmen: das ‚Turnier' (etwa 60 Verse) und der ‚Ritterpreis' (etwa 590 Verse), die beide leider nur fragmentarisch überliefert sind. Im erhaltenen Teil des ‚Turniers' wird der Preis des hervorragenden Turnierteilnehmers Adolf von Windhövel dadurch besonders hervorgehoben, daß man seine Identität vor der Namensnennung bereits anhand der genauen Wappenbeschreibung erkennen kann – was bei einem Nobody nicht möglich wäre. Auf ähnliche Weise gilt dies auch für die Herren Rüdiger von dem Werde und Heinrich von Montabaur im zweiten und dritten Teil des ‚Ritterpreises', die von einer Frau (einer Tugendpersonifikation?) jenen Kranz bzw. Ring überreicht bekommen, den Penthesilea einem Ritter vor Troja gesandt hatte. Zuvor erhielten im ersten Teil des Gedichts zwölf namentlich genannte rheinische Ritter am Neujahrstag je ein Schwert mit Namen, die teilweise aus der Heldenepik bekannt sind. Eine offenkundige Nähe zur Minnerede schaffen die Stilisierung der Erzählerrolle als eines Berichtenden und als Beratenden der Frau, deren Zuschnitt als mögliche Personifikation, die Überreichung eines wertvollen Geschenks – vgl. dazu ‚Die Rittertugenden des Herrn von Kronberg' (vgl. S. 327) – und auch die Zwölfzahl – vgl. die ‚Schule der Ehre' (vgl. S. 325f.).

Mit der Ausformung der Erzählerrolle und den Personifikationen nimmt auch die ebenfalls nur fragmentarische überlieferte, zwischen 1328 und 1347 in Schwaben entstandene Preisrede (etwa 1000 Verse) ‚L u d w i g   d e r   B a y e r' augenfällige Anleihen bei der Minnerede, doch scheint hier die Übergabe eines kostbaren Schwertes an den gepriesenen Kaiser mehr als die bloße Schenkung eines Kleinods zu sein: Im Rahmen der politischen Zwei-Schwerter-Theorie soll das neue Schwert wohl den unseligen Streit zwischen den päpstlichen und kaiserlichen Machtansprüchen zu Gunsten des Kaisers beenden (vgl. S. 5ff.).

Der Dichter wird durch Frau Venus an Frau Ehre vermittelt, der er die Bitte um ein Schwert für Ludwig vorträgt, um der Zerrissenheit des Reiches abzuhelfen. Nachdem der Dichter sein überschwengliches Lob des Kaisers und seiner Gemahlin Margarete vor Frau Ehre und ihrem Hofstaat, den personifizierten Tugenden *Mâsse, Scham, Kiusche, Truw, Milte, Recht, Bescheidenheit*, vorgetragen und Frau Ehre den Kaiser als *Er min trut, ich sin amije* gerühmt hat, erhält der Bittende ein Schwert, das von den Personifikationen selbst angefertigt wurde. Frau Ehre versieht den Dichter auch mit Mahnungen, sich vor falschen Ratgebern vorzusehen, auf gerechtes Richten und auf die Angemessenheit der Abgaben zu achten. Im weiteren Fortgang des Gedichtes sollten wohl die Streitigkeiten mit Friedrich dem Schönen thematisiert werden.

Im Gegensatz zu dieser Panegyrik holt das im Bodenseeraum entstandene ‚Spottgedicht auf Kaiser Ludwig den Bayern' (etwa 140 Verse) den Gepriesenen wieder auf den harten Boden der Tagespolitik zurück: Bei dem mißglückten Versuch Ludwigs, im Winter 1345/46 die Stadt Feldkirch einzunehmen, demaskiert sich der Kaiser als ein Scharlatan: *den will ich pringen innen, daz ich zobri ain maister bin.* Und wenn die ausziehenden Helden mit Dietrich von Bern und Siegfried verglichen werden, verkehrt sich dieser Preis in sein Gegenteil, weil die ganze Angelegenheit kurz danach als ein Kaufhandel erscheint.

Wie die Preisrede so tritt auch die T o t e n k l a g e in Konkurrenz zur Sangspruchdichtung, für die als Beispiel nur die zweistrophige ‚Cantilena de rege Bohemiae' auf den bei der Marchfeld-Schlacht gefallenen König Ottokar II. (gest. 26.8.1278) genannt sei (vgl. Bd. II/2, S. 47f.). Und auch zwischen den Redetypen zeigen sich Überschneidungen: etwa wenn im dritten Teil des ‚Ritterpreises' (vgl. S. 345f.) zwei verstorbene Ritter beklagt werden, oder wenn etwa die ‚Klage um eine edle Herzogin' (vgl. S. 336) in besonders auffälliger Weise mit Elementen der Minnerede gestaltet ist. Solche Zusammenhänge finden sich bereits beim ältesten bekannten Zeugnis dieses neuen Redentyps, der ‚Totenklage auf Herzog

Johann I. von Limburg und Brabant' (etwa 400 Verse), die von einem Angehörigen des herzoglichen Ingesindes verfaßt wurde.

Die Anleihen bei der Minnerede haben im vorliegenden Fall allerdings einen biographischen Hintergrund: Herzog Johann, der auch im ‚Lob der ritterlichen Minne' (vgl. S. 326f.) gerühmt wird, zog sich seine Verletzungen, an denen er 1294 starb, anläßlich eines Turniers zu, bei dem er die Gräfin von Bar erobern wollte. Für diesen Tod machen die Damen *ere, triwe, säld* und *milt* Frau Minne verantwortlich. Der Dichter bestätigt den Tugendpreis und ergänzt ihn durch eine Wappenschilderung.

Die Klage von Tugendpersonifikationen findet sich ebenso in der alemannischen ‚Totenklage auf Graf Wernher von Hohenberg' (etwa 200 Verse), den gleichfalls im ‚Lob der ritterlichen Minne' (vgl. S. 326f.) gerühmten, 1320 verstorbenen Minnesänger und Kriegshelden (vgl. S. 157f.), bei dem insbesondere seine *manheit* herausgestellt wird. Der Bezug der Wappenbeschreibung auf das Begräbnis und die Aufforderung an die Hinterbliebenen zur Fürbitte für den Verstorbenen vor Gott und Maria könnte die Vortragssituation andeuten. Die Schlußwendung ins Religiöse, die in der ‚Totenklage auf Herzog Johann I. von Limburg und Brabant' nur knapp angedeutet erscheint, erfährt im weiteren Verlauf nicht nur einen breiteren Ausbau, sondern in zwei Totenklagen eine spezifische Ausformung. Darin zeigt sich – wie auch in anderen Gattungsbereichen – das nachhaltige Bemühen um eine Vergewisserung des ewigen Heils, die man den höfischen Werten und Tugenden allein augenscheinlich nicht zutraute. Erstmals deutlich ausgeprägt findet sich dieser Aspekt in der ‚Totenklage auf Heinrich Preisinger von Wolnzach' (etwa 700 Verse).

Gewidmet ist diese Totenklage dem erstmals 1300 bezeugten Heinrich II. von Wolnzach (in der Hollertau bei Pfaffenhofen). Aufgrund seiner guten Beziehungen zu Ludwig dem Bayern erhielt der angesehene Ritter 1325 vom Kaiser das Amt des Küchenmeisters; bald nach 1326 starb Heinrich.

Mit der Veränderung der traditionellen Spaziergangeinleitung in eine Aventiurefahrt des Dichters erscheint die Totenklage von Anfang an in einer ritterlichen Einkleidung. Nach einigen Tagen trifft der Dichter in einem Wald auf einen Einsiedler, in dessen Klause er nach Ablegen der Beichte auf einer Tafel an der Wand einen Einblick in das himmlische Reich erhält. Der Ritterheilige Georg bittet Maria um Fürbitte für einen verstorbenen Ritter, *der rank nach bris in minem orden*. Seiner Bitte, die durch den Preis des Verstorbenen verstärkt wird, schließen sich in ähnlicher Weise die ritterlichen Heiligen Wilhelm (*sant Wilhalm*) und Eusebius sowie der heilige Erhard an. Schließlich erlaubt Maria dem Petrus, die Tür zum Himmel zu öffnen. Von Engeln geleitet tritt der gewappnete Verstorbene ein und erhält von Petrus das Kleid des Himmels. Am Wappen, das der Dichter beschreibt, erkennt dieser den Verstorbenen, den er auch beim Namen nennt. Vom Einsiedler dazu aufgefordert, reitet der Dichter zurück und verkündet den Hinterbliebenen zum Trost das Gesehene: das ewige Heil des Verstorbenen ist durch Augenzeugenschaft bestätigt. Dieser Zielsetzung der Rede entspricht, daß der Preis des Verstorbenen nicht als ein Moment der *memoria* dargeboten, sondern vom wohl theologisch gebildeten Autor funktional in die Fürbitten der Heiligen eingebettet wird.

Auf die Bestätigung des ewigen Heils für den Verstorbenen zielt auch die ‚Totenklage auf Graf Wilhelm III. von Holland' (etwa 480 Verse), nur daß der Nachweis hier gleichsam naturwissenschaftlich erfolgt. An die Stelle des Einsiedlers tritt ein syrischer Astronom (*astronomius*), der an der Konstellation der Sterne erkennt, daß Wilhelms Seele bei Gott ist. Diese Auskunft erhält dadurch zusätzliches Gewicht, daß sie ein heidnischer Sterndeuter gibt, an den die trauernden Tugendpersonifikationen den Dichter verwiesen haben: Wenn selbst ein Heide das ewige Heil des Verstorbenen erkennt, dann muß es sich dabei um eine zweifelsfreie Tatsache handeln, zumal der Dichter eingangs bekennt, daß Gott selbst ihm diese *aventiure* hat widerfahren lassen. Der singuläre Einfall, einen heidnischen Astronomen als Zeugen anzuführen, mag letztlich auf Wolfram von Eschenbach zurückführen, auf den sich der Dichter im Prolog als sein unerreichtes Vorbild in Form eines Bescheidenheitstopos beruft.

Graf Wilhelm, den auch die ‚Schule der Ehre' rühmt (vgl. S. 325f.), regierte von 1304 bis 1337. Ludwig der Bayer, der ihm die Unterstützung bei der Kaiserwahl mit der Belehnung auch des Hennegaus, von Seeland und Friesland dankte, war mit Wilhelms Tochter Margarete verheiratet; ihr widmete Peter Suchenwirt (vgl. S. 349) eine Totenklage (II). Wilhelms Vermittlungsbemühungen in den Auseinandersetzungen zwischen dem Kaiser und dem Papst blieben erfolglos. Wilhelms politisches Gewicht läßt sich daran erkennen, daß er 1327 die englische Königin Isabella bei der Absetzung ihres Mannes, Eduard II., unterstützte, woraufhin 1328 Isabellas Sohn Eduard III. die Tochter Philippa des Grafen Wilhelm heiratete.

Ganz auf Fürbitte, Tugendpreis und Klage ausgerichtet ist dagen die ‚Totenklage auf Engelhart von Hirschhorn' (etwa 80 Verse). Ihre religiöse Perspektivierung zeigt sich im Verzicht auf Personifikationen und allegorische Einkleidung, vor allem aber an der Verlagerung der breit ausgebauten Fürbitte vom Schluß an den Anfang der Rede, die dem 1361 verstorbenen Engelhart I. von Hirschhorn (am Neckar, östlich von Heidelberg) gewidmet ist. Obwohl der Gepriesene aus einem wenig bedeutenden Geschlecht stammte, brachte es Engelhart I. durch seine Geschäftstüchtigkeit zu einem ansehnlichen Besitz, zu Geschäftsbeziehungen zu Kaiser Karl IV. und zum Vorsitz (Vitztum) der pfälzischen Hofgerichte; im Vergleich dazu fällt die kurze Totenklage eher bescheiden aus.

Gegenüber diesen anonymen und vereinzelten Texten nehmen Totenklagen im Œuvre Peter Suchenwirts einen solch breiten Umfang ein, daß er neben dem flämischen Herold und Wappendichter Gelre (tätig zwischen 1334 und 1374) zum Hauptvertreter des neuen Redentyps im 14. Jahrhundert avancierte. Hinter dem umfangreichen Werk Heinrich des Teichners (vgl. S. 310ff.) bleiben die 52 Reden Suchenwirts (mit Ausnahme des ‚Marienpreises' zwischen etwa 60 und 570 Versen) zahlenmäßig gewiß weit zurück, aber mit der Schwerpunktsetzung bei den neuen Redentyen – Minnerede (vgl. S. 341ff.), Preisrede, Totenklage, historisch-politische Rede – zeichnet sich sein Œuvre literarhistorisch durch eine größere Aktualität aus. Andererseits war der Teichner ein Vorbild für Suchenwirt, der ihn mit einer Totenklage (XIX) auch für seinen Rat und *weise ler* rühmt.

Den datierbaren Reden Suchenwirts ist zu entnehmen, daß er zwischen 1347/49 und 1395 gedichtet hat. Er selbst bezeichnet sich als einen fahrenden Berufsdichter (*ein gernder man*), *der gut durich got, durich ere nympt* (XXIX). Ob vor diesem Hintergrund Suchenwirt als ein sprechender Name eines Fahrenden (‚Suche den Gastgeber') zu deuten ist, muß allerdings offenbleiben, auch wenn Satznamen für Fahrende typisch sind (vgl. etwa Rumelant oder Regenbogen). Nach Suchenwirts eigener Aussage fand er insgesamt ein passables Auskommen. Die Wanderzeit scheint bis etwa 1377 gedauert zu haben, denn seit dieser Zeit ist Suchenwirt als Hausbesitzer in Wien mehrfach urkundlich belegt, u.a. als Verheirateter mit Kindern und Enkeln. Die Lage des Hauses in der heutigen Seitzergasse (bei der Karmeliterkirche) deutet darauf hin, daß Suchenwirt zur herzoglichen Dienerschaft gehörte (vgl. S. 57). Das Seßhaftwerden schlägt sich auch im Namen nieder: Während der Dichter zuvor von sich als *(dem) Suchenwirt* spricht, firmiert er danach durchgehend in seinen Reden mit *Peter Suchenwirt*. Vor allem aber fällt auf, daß Suchenwirt nach 1377 mit zwei Ausnahmen – die Totenklagen auf Hans von Traun (gest. 1378/79) und den österreichischen Herzog Albrecht III. (gest. 1395) – keine Panegyrika mehr schreibt, sondern sich ganz der geistlichen und der politischen Rede zuwendet. Nach eigenen Angaben verfügte Suchenwirt über keine Lateinkenntnisse, die Bibel sei ihm durch *vil maniges priester munt* vermittelt worden, doch habe er lesen können: Konrad von Würzburg nennt er als sein unerreichbares Vorbild. 1407 bezeichnet eine Urkunde Suchenwirt als verstorben.

Mit drei Preisreden und 19 Totenklagen, die mit Ausnahme des Nachrufs auf Heinrich den Teichner alle Adligen gelten, nimmt die panegyrische Rede in Suchenwirts Œuvre einen herausragenden Platz ein. Mit wenigen Ausnahmen stehen diese Reden in einem Zusammenhang mit dem Hause Habsburg.

Zu diesen Ausnahmen zählen die Totenklage (II) auf die Witwe Ludwigs des Bayern, Kaiserin Margarete (gest. 1356); eine Preisrede (I) v.J. 1356 auf König Ludwig I. von Ungarn (gest. 1365), den Suchenwirt auch in mehreren anderen

Reden rühmt, was auf eine zeitweise engere Verbindung des Dichters zu diesem König deuten könnte; eine Totenklage (VII) auf den Burggrafen Albrecht I. von Nürnberg (gest. 1361), einen Zollern. Die Totenklage (XVIII) auf den schwäbischen Ritter Friedrich von Lochen (gest. 1365), der im Dienst des Markgrafen Ludwig von Brandenburg stand, und Ludwigs Geschenk eines Pferdes an Suchenwirt lassen an einen zeitweiligen Aufenthalt des Dichters in der Mark Brandenburg denken. Bei diesen Reden fällt ihre Entstehung in der Zeit des österreichischen Herzogs Rudolf IV. (gest. 1365) auf, in dem Suchenwirt offenkundig ebenso wenig einen Gönner fand wie in Herzog Leopold III. von Österreich (gest. 1386). Die restlichen Panegyrika entstanden mit zwei Ausnahmen (XIII, XIV) unter Albrecht II. (gest. 1358) und dessen Sohn Albrecht III. (gest. 1395). Der Hauptanteil (acht Reden) entfiel auf die Regierungszeit Albrechts II., den Suchenwirt zudem mit einer Preisrede (Friess III) und einer Totenklage (III) ehrte; gleichsam die Gegenstücke dazu sind der Bericht (IV) über die Preußenfahrt Albrechts III. im Jahr 1377, an der Suchenwirt teilnahm, und die Totenklage (V) auf Albrecht III. (gest. 1395), in dessen Zeit vier weitere panegyrische Reden fallen.

Die Preisreden und Totenklagen folgen bei aller Variabilität einem festen Schema: Nach einer Einleitung, in der Regel mit einer Demutsformel oder einer Klage, folgen im Hauptteil ein Lob der Taten (*argumentum a gestis*) und der Tugenden (*argumentum a virtutibus*), an die sich eine Wappenschilderung und die Namensnennung des Gepriesenen (bei den Totenklagen teilweise verbunden mit einer Fürbitte) anschließen. Diese Schematik erlaubt es Suchenwirt, die heraldische Totenklage in der Rede ‚Gumolf Lapp von Ernwicht' (Friess V) auf einen Vielfraß, der eine Leberwurst im Wappen führt, sogar zu parodieren. Die kunstgerechte Blasonierung der Wappen rühmte bereits Hugo von Montfort: *Er ist der best den ich ie ghort   von got und von den wappen*. Auch wenn sich Suchenwirt in ‚Der Minne Schlaf' (vgl. S. 342) als ein *chnappe, dem underschaid der wappen waer mit namen wol bechant* (XXX) präsentiert, sollte man von ihm nicht von einem Herold sprechen, da es für ihn – im Gegensatz zu Gelre – dafür kein Zeugnis gibt.

Doch nicht nur der Aufbau der Reden, auch die Tatenschilderungen wie der Tugendpreis sind von einer gewissen Schematik, Stereotypie und Topik geprägt. Darin darf man jedoch nicht eine künstlerische Beschränktheit sehen, sondern einen Anspruch Suchenwirts an die Panegyrik, die über die herkömmlichen Funktionen der *memoria* und der Fürbitte vor Gott für den Gepriesenen und Beklagten hinausgehen. Durch ihre Typisierung nähern sich die einzelnen Ritterviten der Legende an und präsentieren sich gleichsam als säkularisierte Heiligenviten (Brinker), deren Glaubwürdigkeit die Nennung zahlreicher Personen, Städte- und Ländernamen sowie konkreter kriegerischer Ereignisse nachhaltig untermauern. Vorbildlichkeit wird damit nicht in Form der *laudatio temporis acti* wie sonst üblich in eine längst vergangene Zeit verlegt, sondern an die eigene Gegenwart angebunden. Suchenwirt leitet dabei ein politisches Ziel: Die Gepriesenen haben in vorbildlicher Weise den österreichischen Herzögen gedient und fordern exemplarisch den Adel zur Nachfolge auf. In der Auseinandersetzung zwischen dem herzoglichen Landesherrn und den Landherren in Österreich geht es Suchenwirt um deren feste Anbindung an das Haus Habsburg, in dessen Dienst sich der Dichter pointiert stellt. Besonders deutlich läßt sich dies an der Totenklage (VI) auf den bereits 1335 verstorbenen Herzog Heinrich VI. von Kärnten ablesen, in der Suchenwirt programmatisch dessen Spannungen mit den Habsburgern ausklammert und allein das loyale Verhältnis Heinrichs zum österreichischen Herzogshaus anspricht. Damit sollte offenkundig im aktuellen Streit zwischen den Luxemburgern, den Wittelsbachern und den Habsburgern um Tirol, der 1364 mit der Belehnung der Habsburger mit Tirol durch Karl IV. endete (vgl. S. 51), das vorbildliche Verhalten Heinrichs als Herzog von Kärnten und Tirol gegenüber dem österreichischen Herrscherhaus in der Form einer Totenklage herausgestellt werden, die ohne diesen politischen Hintergrund in ihrer zeitlichen Verspätung merklich deplaziert hätte erscheinen müssen. Zusammen mit den Minnereden (vgl. S. 341 ff.) und den Panegyrica läßt sich die Haupthandschrift A (Wien 1304) aus der Wende vom 14. zum 15. Jahrhundert als eine Art Ritterspiegel lesen, dem jedoch durch die historische Verortung eine politische Perspektive eignet. Noch deutlicher war diese politische Zielsetzung offenkundig in einer verlorenen Handschrift von 1402 ausgeprägt, die im ersten Viertel des 17.(!) Jahrhunderts als Vorlage von B und C diente: In ihr bildeten die panegyrischen Reden Suchenwirts augenscheinlich eine geschlossene Einheit zum Ruhm *Oesterreichischer Helden Ritter Thaten* (C, ähnlich auch B). Der darüber hinausgehende Versuch, Suchenwirts Totenklagen mit der von Otto dem Fröhlichen gegründeten *Societas Templois* in Wien (vgl. S. 45) in Verbindung zu bringen, in der eine Reihe der Gerühmten (auch Burggraf Albrecht I. von Nürnberg) Mitglieder waren, erscheint als weitere Konkretisierung von Suchenwirts dichterischer Tätigkeit reizvoll – eine solche Verbindung läßt sich jedoch nicht belegen; dagegen spricht auch, daß Suchenwirt nach seinem Seßhaftwerden in Wien nurmehr zwei Totenklagen geschrieben hat, für deren Entstehen die Mitgliedschaft der beiden Geehrten (sie war bei Herzog Albrecht III. gegeben, nicht aber bei Hans von Traun) zudem keine Rolle spielte. Wie insbesondere die Preisrede (IV) von der Preußenfahrt Albrechts III. (1377) zeigt, orientierte Suchenwirt das ritterliche Selbstverständnis allgemein am Leitbild des *miles christianus*.

Ebenso wie der Bericht über die Preußenfahrt greift eine Reihe historisch-politischer Reden aktuelle Ereignisse auf, aus denen dann Mahnungen und Warnungen an die Habsburger oder sonst an die Herrschenden abgeleitet werden. Diese historisch-politischen Reden heben sich mit der

Totenklage (V) auf Herzog Albrecht III. formal durch Kreuzreim oder Dreireim (XXVII) von den anderen Reden ab, die in Reimpaarversen gedichtet sind. Thematisch steht – wie in den Panegyrica – die österreichische Landesgeschichte im Mittelpunkt, doch kommt auch die Reichsgeschichte in den Blick. Der Bogen spannt sich dabei vom Rat, in Österreich eine Getränkesteuer zurückzunehmen, bis zu den Zwistigkeiten zwischen der leopoldinischen und albertinischen Linie des Hauses Habsburg, vom großen Schisma (1378) bis zum Städtekrieg in Deutschland (1387).

Aufschlußreich für Suchenwirts historische Argumentation ist sein Rat (XXVII) an die jungen Herzöge Albrecht III. und Leopold III., die von ihrem Bruder Rudolf IV. (gest. 1365) 1359 eingeführte Weinsteuer wieder abzuschaffen: Die Berufung auf das alte Recht (*daz recht, daz ewer vater lie*) erfolgt mit dem Bild des Stammbaumes auf genealogischer Grundlage mit Herzog Albrecht II. (gest. 1358) als Stamm und seinen vier Söhnen als Ästen, von denen Friedrich III. (gest. 1362) und Rudolf IV. bereits gestorben sind. Die beiden noch lebenden ‚Äste' werden gemahnt, das gute Recht des väterlichen Stammes fortzuführen. In XXXIV warnt Suchenwirt um 1365 die beiden Söhne mit dem bekannten Beispiel vom Holzstück, das ungespalten sich nicht zerbrechen läßt, vor der Teilung der Herrschaft (1379 vollzogen), aus der – wie die seit 1372 zerstrittenen Brüder zeigen – Zwietracht erfolgt, gegen die sich Suchenwirt mit seinem *trewen rat* (XXXIII) – freilich erfolglos – wendet. Mit der Thematisierung des Schismas (seit 1378 mit Urban VI. und Clemens VII. als Gegenpäpsten; vgl. S. 19) kommen in Suchenwirts politischen Reden auch die Reichspolitik und die unweigerlich dem Schisma folgenden Wirren – zwei Päpste, aber kein Kaiser – in den Blick (XXXV). Geradezu folgerichtig behandeln die drei weiteren politischen Reden solche Wirrnisse: 1386 als Schicksalsjahr für fünf Fürsten (XX), 1387 der Städtekrieg in Deutschland und 1387/88 kriegerische Auseinandersetzungen in Oberitalien (XXXVI). Vor diesem gesamten Hintergrund ist auch die Fürstenlehre *Aristotiles ret* (XXXVIII), eine Bearbeitung des beliebten ‚Secretum secretorum' als Brief des Philosophen an Alexander (vgl. S. 291f.), die von Suchenwirt auf 1394 datiert wird, zu sehen.

Selbst in den wenigen didaktischen Reden Suchenwirts ohne konkreten historischen Bezug zeigt sich in der Verbindung von Zeitklage und Adelslehre (XXI, XXII, XXXI) der Hof als Publikum. Am interessantesten ist die ‚Rede von dem Pfennig' (XXIX), in der dem *gernden* Dichter der personifizierte Pfennig als alter Mann begegnet, der ihn in einem umfangreichen Fürsten-, Länder- und Städtekatalog über den richtigen und falschen Umgang mit dem Geld belehrt; mit der Datierung um 1370 dürfte die Rede aus der Fahrendenzeit des Dichters stammen, in der er auf die *milte* angewiesen war und sie zum traditionellen Kriterium für Lob und Schelte machte. Die ‚Rede vom Geiz' (XXXII) hingegen zielt am Schluß auf geistliche Didaxe. Und ganz in konventionellen Bahnen bewegen sich auch die geistlichen Reden über die zehn Gebote (XXXIX), über die sieben Todsünden (XL) und über das Jüngste Gericht (XLII); zu allen gibt es Gegenstücke in der Tradition der geistlichen Rede. Dies gilt auch für Suchenwirts umfangreichstes Gedicht (1540 Verse), die ‚Sieben Freuden Mariens' (XLI), in dem er sich einleitend auf die ‚Goldene Schmiede' Konrads von Würzburg (vgl. Bd. II/2, 37f.) als unerreichtes Vorbild beruft.

Daß sich Suchenwirt auch auf Reimspielereien verstand, demonstrieren seine Rede (XLIII) mit spiegelbildlichen Reimwörtern (etwa *rot:tor*) in Kreuzreimstellung und die Rede XLIV mit durchgehend rührenden Reimen (*equivocum*). Singulär im Œuvre steht Suchenwirts Lügengedicht (XLV).

Vor Peter Suchenwirt ist die historisch-politische Rede nur im ‚Hausbuch' des Michael de Leone (vgl. S. 308) etwas breiter vertreten; sie tendiert dort aber deutlich zur didaktischen Rede, die sich zeitkritisch mit den bestehenden Verhältnissen auseinandersetzt. Das zeigt sich bereits an der Rede vom ‚Ungelimpf' (XII) des Königs vom Odenwald (vgl. S. 308ff.), in der er anhand des regellos gewordenen Fehdewesens das *nuwe reht* als Rechtlosigkeit demaskiert. Näher bei Suchenwirt steht dagegen L u p o l d H o r n b u r g, der neben seinem Lied über die zwölf Meister (vgl. S. 180) auch vier Reden gedichtet hat, die 1347 (IV) und 1348 (I-III) entstanden sind. Darunter befindet sich eine Totenklage (IV) auf den Reichsfreiherrn Konrad III. von Schlüsselberg, der auf der Seite der Städte Würzburg, Rothenburg (wohl Hornburgs Heimatstadt) und Bamberg im Kampf gegen die Bischöfe von Würzburg und Bamberg stand und 1347 bei der Belagerung seiner Burg Neideck den Tod fand, wofür der Dichter Kaiser Ludwig den Bayern verantwortlich macht. Auffällig an der Totenklage (70 Verse), die sich in den herkömmlichen Gleisen bewegt, ist die Begründung für das Weglassen der Wappenbeschreibung: Dem Dichter fehlten dazu die nötigen Fähigkeiten, was ein bezeichnendes Licht auf das Können etwa Peter Suchenwirts wirft.

In seinen drei historisch-politischen Reden setzt sich Hornburg für eine starke und moralisch vorbildliche Herrschaft im Reich ein, das unter der Hab- und Machtgier der geistlichen wie weltlichen Herrscher leide. Den historischen Hintergrund dazu bilden die politischen Auseinandersetzungen nach der Wahl (1346) des späteren Karl IV. (seit 1355) zum Gegenkönig durch den Kurverein in Rhens (vgl. S. 9). So polemisiert Hornburg in ‚Der Zunge Streit' (III; etwa 140 Verse) gegen die Unterstützung des ‚falschen Woldemar' durch König Karl und einige andere Fürsten (vgl. S. 10), denen er Verlogenheit vorwirft und denen er König David und Karl den Großen als Beispiele für vorbildliche Herrscher entgegensetzt.

Der ‚falsche Woldemar' behauptete im August 1348, der Markgraf Woldemar von Brandenburg zu sein (der bereits 1319 verstorben war) und von einer Pilgerfahrt heimzukehren. Mit Unterstützung u.a. Rudolfs I., Herzog von Sachsen und König Karls wandte er sich gegen den regierenden Markgrafen Ludwig, den Sohn Kaiser Ludwigs des Bayern.

Allgemein gehalten ist die Zeitkritik in der ‚Landpredigt' (I; etwa 270 Verse), die im Stile einer Reimpredigt die Naturkatastrophen der letzten Jahre (darunter die in Südfrankreich bereits aufgetretene Pest) mit Verweis auf die ‚Sibyllenweissagungen' (vgl. S. 355) als Strafen Gottes für den Lug und Trug im Zwist unter den Herrschenden (König Karl und den 1347 verstorbenen Kaiser Ludwig den Bayern), aber auch für die maßlose Habgier der Kirchenfürsten erkennt. Auch hier steht am Schluß die Hoffnung auf einen besseren Herrscher. Am ausgeprägtesten mahnt Hornburg in ‚Des Reiches Klage' (II; 590 Verse) Gerechtigkeit und Einigkeit als Grundfesten des Reiches an. Die Rede ist allerdings nur zum kleineren Teil Lupold Hornburgs Eigentum, vielmehr geht sie letztlich auf das 1340 gedichtete ‚Rhithmaticum' des zeitweiligen Würzburger Domherren Lupold von Bebenburg zurück, das dieser selbst 1341 vom Pfarrer Otto Baldemann aus Ostheim (bei Aschaffenburg) in deutsche Verse übertragen ließ. Diese Rede ‚Von dem Romschen Riche eyn clage' (etwa 490 Verse) aktualisierte Hornburg mit dem Vorsatz, sie am Fürstentag zu Passau (27. Juli 1348) vorzutragen und von Karl IV. dafür eine Belohnung zu erbitten.

Mit Traum und Spaziergang als Einleitung schließt sich das Gedicht dem Modell der Minnerede an. Der Dichter trifft dabei auf die Personifikation des Reichs, die ihr Ansehen bei den früheren Kaisern rühmt und ihre Nichtachtung in der Gegenwart beklagt, wobei sie auf die zahlreichen Mißstände hinweist. Ihren Auftrag zur Besserung will der Dichter deshalb am Passauer Fürstentag vorbringen, damit sich das Römische Reich nicht von Deutschland abwende, dem es einst durch Translation anvertraut worden war. Zu den aktualisierenden Zusätzen Hornburgs gehört das Lob des österreichischen Herzogs Albrecht II., der auf dem Fürstentag zwischen Markgraf Ludwig von Brandenburg und Karl IV. eine Vermittlerrolle einnehmen soll.

Die von Lupold Hornburg (vgl. S. 353f.) in seiner ‚Landpredigt' angeführten ‚S i b y l l e n w e i s s a g u n g e n' gehen auf eine bis ins zweite Jahrhundert reichende hellenistisch-jüdische Tradition zurück. Ursprünglich – wie die ‚Fünfzehn Vorzeichen des Jüngsten Gerichts' (vgl. S. 272) – auf Weltuntergang und Weltgericht zielend, wird daraus in der ‚Tiburtinischen Sibyllendichtung' aus Ostrom (4. Jahrhundert) eine Menschheitsgeschichte mit dem Erlösungswerk Jesu, dem Auftreten des Antichrist und dem Jüngsten Gericht. Konkretisiert erscheint die Menschheitsgeschichte durch die Nennung historisch bezeugter Herrscher, die im Verlaufe der Textgeschichte stets aktualisiert wurden und damit ein Feld der politischen Propaganda eröffneten. Zwischen der oströmischen

‚Tiburtina' und den deutschsprachigen Sibyllendichtungen steht eine als ‚Prophetica Sibille' bezeichnete lateinische Version, die den Quellbereich für das strophische ‚Sibyllen Lied' und über dieses auch für das ‚Sibyllen Buch' in Reimpaarversen liefert. Die Quellen- wie die Textgeschichte der deutschsprachigen Gedichte bedürfen freilich noch vielfacher Klärung.

Das ältere der beiden Gedichte liegt im ‚Sibyllen Lied' vor, das im Hofton Des Marners (vgl. Bd. II/2, S. 97f.) abgefaßt ist und sich damit in die Tradition der Sangspruchdichtung stellt. Das Lied wird in vier Fassungen überliefert, die sich insgesamt auf sechs Textzeugen (a, c-g) stützen. Ausgangpunkt scheint die fünfstrophige Fassung a zu sein, die das Weltende auf 1321 datiert. Vorausgehen werde eine siebenjährige Auseinandersetzung zwischen zwei Fürsten, die mit F und L verschlüsselt angegeben sind, und die mit dem Sieg des F ende. Gemeint ist damit der (in Wirklichkeit achtjährige) Kampf zwischen Friedrich dem Schönen und Ludwig dem Bayern, der am 28. September 1322 in der Schlacht bei Mühldorf mit dem Sieg Ludwigs und der Gefangennahme Friedrichs endete. Offensichtlich steht ein Anhänger Friedrichs des Schönen als Auftraggeber hinter dieser Version. Falsch liegt auch die zwölfstrophige Fassung (e und f), die zwar auch an 1321 als Weltende festhält, aber ebenfalls den Sieg Friedrichs prophezeit. Eine nochmals um fünf (d) bzw. sechs (c) Strophen erweiterte Fassung bezeichnet hingegen Ludwig als Sieger, rückt aber den Weltuntergang auf 1360 hinaus, die mit 19 Strophen umfangreichste Version gar auf 1390. Welche politische Propaganda hinter diesen späteren Fassungen steht, harrt noch der Aufhellung.

Ähnlich ungeklärt ist die Entstehung- und Überlieferungsgeschichte beim ‚Sibyllen Buch' in Reimpaarversen, bei dem sich anhand der divergierenden Textlängen (zwischen etwa 670 und 1020 Versen) vorerst fünf Redaktionen feststellen lassen. Für die Bedeutung, die man dem Werk zumaß, sprechen die mehrfache Überlieferung als selbständiges Büchlein und die Übernahme in den Buchdruck. Im Gegensatz zum ‚Sibyllen Lied' umfaßt das ‚Sibyllen Buch' eine Menschheitsgeschichte von der Weltschöpfung bis zum Weltende mit den Prophezeihungen der Sibylle als zentralem Thema. Die in mehrere Textblöcke gegliederte Dichtung läßt sich aus historischer wie aus geistlicher Perspektive lesen, in jedem Fall aber mahnt sie immer wieder im Blick auf das göttliche Erlösungswerk und am Schluß auf das Jüngste Gericht zur Umkehr, Reue und Buße. Damit schlägt das im Rheinfränkischen während der Regierungszeit Karls IV. enstandene Werk einen Bogen hin zur geistlichen Rede, von der unser Überblick über die Formen der Rede im 14. Jahrhundert seinen Ausgang nahm.

Formen des Spiels

Es scheint keinesfalls die Zufälligkeit der Überlieferung, sondern die Folge einer regeren Spieltätigkeit zu sein, daß die Zahl der Textzeugnisse im 14. gegenüber dem 13. Jahrhundert (vgl. Bd. II/2, S. 155–165) erheblich zunimmt, ohne freilich die Überlieferungsdichte des 15. und 16. Jahrhunderts (vgl. Bd. II/2) zu erreichen. Offenkundig erkannte man von kirchlicher Seite zunehmend, welche bedeutende pastorale Wirkung neben der Predigt (vgl. S. 418ff.) vom geistlichen Spiel auch auf analphabete Schichten ausging. Daneben dürften die Städte das geistliche Spiel immer mehr als eine spezifisch eigene literarisch-kulturelle Repräsentationsform entdeckt haben, auch wenn die Spielträgerschaft vorerst weiterhin in kirchlichen Händen lag: Insbesondere eine mehrtägige Aufführung, wie sie erstmals für das deutsche Sprachgebiet in der ersten Hälfte des 14. Jahrhunderts durch die ‚Frankfurter Dirigierrolle' (vgl. S. 365ff.) bezeugt ist, hat ihre Attraktivität in und außerhalb der Stadt sicherlich nicht verfehlt. Jedenfalls zeichnen sich anhand der Textüberlieferung nunmehr Spiellandschaften ab, deren Traditionen über das 14. Jahrhundert hinausreichen: Ostmitteldeutschland (Thüringen), Westmitteldeutschland und Oberdeutschland (bairisch-österreichisches und alemannisch-schwäbisches Sprachgebiet). Eine weitere Novität stellen schließlich auch die ersten Textzeugnisse für ein weltliches Spiel dar, dessen großer Aufschwung in der Form des Fastnachtspiels freilich ebenfalls erst im 15. und 16. Jahrhundert erfolgen wird (vgl. Bd. III/2).

Das geistliche Spiel

Neben dem weiterhin breiten Strom lateinischer Osterfeiern und -spiele, deren Ort die Kirche und deren fester Rahmen die österliche Liturgie ist, begegnen nun mehrfach volkssprachige Osterspiele, deren Textgestalt und -umfang sich nicht mehr in den Verlauf des kirchlichen Gottesdienstes integrieren ließ und daher zur Aufführung auf den Platz vor der Kirche oder auf den Marktplatz drängte. Da einem Gutteil dieser Spiele mischsprachige Texte zugrunde liegen, bei denen die lateinischen Passagen stets auch auf Deutsch wiedergegeben werden, glaubt man bei diesem Spieltyp eine Zwischenstufe zwischen den rein lateinischen und den durchweg deutschen Osterspielen erkennen zu können. Diese Vorstellung ist jedoch falsch, weil es bis weit in die Neuzeit ein Nebeneinander von mischsprachigen und deutschen Osterspielen gab. In der Mischsprachigkeit zeigt sich vielmehr ein Spannungsverhältnis zwischen dem kirchlichen Osterspiel im Gotteshaus und dem geistlichen Spiel außerhalb der Kirche und außerhalb des liturgischen Rahmens. Der hier gewonnene Freiraum zur dramatischen Entfaltung ließ sich durch die

Rückbindung an die gleichsam kanonischen Texte der gottesdienstlichen Osterfeiern und -spiele im Latein als Liturgiesprache begrenzen, andererseits war diese Rückbindung eine wirksame Legitimation für eine geistliche Spieltätigkeit außerhalb des Gotteshauses, bei der die gottesdienstliche Feierlichkeit entschieden durch dramatische Affekte in der Mimik, Gestik, Bewegungsregie und Kleidung der Akteure ergänzt wurde.

Doch nicht nur visuell, auch akustisch unterschieden sich die mischsprachigen Markt- von den lateinischen Kirchenspielen. Damit ist nicht nur der Wechsel zwischen Liturgie- und Volkssprache gemeint, sondern mehr noch der Wechsel in der Vortragsart: Dem melodiösen Gesang (*canere/cantare*) der lateinischen Texte stand der Sprechgesang (*dicere*) der deutschen Textpartien gegenüber. Diese wechselnden Vortragsformen gelten zwar für alle geistlichen Spiele, aber wegen des großen Anteils der lateinischen Texte bei den mischsprachigen Spielen wird das Hin- und Herpendeln zwischen ritualisierter Feierlichkeit und lebensweltlicher Dramatik, das Innehalten und das Fortschreiten auf der Handlungsebene für ein lateinunkundiges Publikum zu einem einprägsamen Erlebnis. Es erhält seine pastorale Sinngebung dadurch, daß die lateinischen Texte meistens von einer Gruppe (den Engeln, Marien, Aposteln), die deutschen Gegenstücke dagegen von einer Spielerfigur aus diesem Ensemble vorgetragen werden: Durch sie kann sich jeder einzelne Zuschauer im Akt des Verstehens in das heilsgeschichtliche Geschehen integrieren, dessen Gültigkeit der Gruppengesang bei den liturgiesprachlichen Textpassagen versinnbildlicht. Diese intensive Verschränkung von objektiviertem Kult und subjektiv aufgeladener Dramatik verleihen den mischsprachigen Spielen ihre charakteristische Eigenart.

Soweit eindeutig ins 14. Jahrhundert datierbar, haben sich aus dieser Zeit mit einer Ausnahme die mischsprachigen O s t e r s p i e l e nur als Fragmente erhalten. Daher muß zuweilen offenbleiben, ob es sich hierbei nicht um die österlichen Teile eines Passionsspiels handelt: Dies gilt für die ostoberdeutsche ‚Münchner Hortulanus-Szene' aus der ersten Jahrhunderthälfte ebenso wie für das fragmentarisch erhaltene mittelniederdeutsche ‚Wienhäuser Osterspiel' vom Ende des 14. Jahrhunderts. Zu dieser Vorsicht mahnt das rheinfränkische ‚Frankfurter Osterspielfragment' das sich eindeutig zur ‚Frankfurter Dirigierrolle' (vgl. S. 365ff.) eines Passionsspiels aus der ersten Hälfte des 14. Jahrhunderts stellt. Fraglich ist der selbständige Charakter bei dem Fragment des ostmitteldeutschen (schlesischen) ‚Breslauer Osterspiels' aus dem späten 14. Jahrhundert, dem eine Marienklage vorausgeht: Ihr Abschluß mit *Explicit planctus* kann als Text-, aber auch als Szenenende interpretiert werden, zumal der Beginn des nachfolgenden Osterspiels keine eigene Überschrift trägt. Das einzige vollständige mischsprachige Osterspiel liegt im ostschwäbischen ‚Füssener Osterspiel' vor, das zwar erst im frühen 15. Jahrhundert mit Noten aufgezeichnet wurde, aber wohl noch aus dem 14. Jahrhundert stammt. Von den insgesamt 177 Versen sind lediglich 64 deutsch; bereits dieses Verhältnis verdeutlicht den ausgeprägt kultischen Charakter des ‚Füssener Osterspiels‘, zumal von den 64 deutschen Versen noch 10 auf den Prolog entfallen. Das Geschehen reicht vom Besuch der Marien am Grab Jesu (*visitatio sepulchri*) über die Erscheinung des Auferstandenen vor Maria Magdalena (Hortulanus-Szene) und die Verkündigung der Auferstehung durch die Marien an die Jünger bis zum Lauf des Petrus und Johannes zum Grab. Grundlage für diese Abfolge ist eine lateinische Versfeier vom Typ III, auf dem die Kernszenen der deutschen Osterspiele beruhen. Trotz dieser Tradition zeigt sich das ‚Füssener Osterspiel‘ in den deutschen Textpassagen, unter denen besonders die Magdalenenklage und die Hortulanus-Szene hervorstechen, wie in der reichen musikalischen Ausgestaltung als ein erstaunlich selbständiges Spiel, das uns wenigstens punktuell einen nachhaltigen Eindruck vom mischsprachigen Osterspiel im 14. Jahrhundert zu vermitteln vermag.

Der tiefgreifende Unterschied zwischen dem mischsprachigen und dem deutschen Osterspiel, die völlig unterschiedlichen Zielsetzungen und Wirkungen auf das Publikum lassen sich im Vergleich zwischen dem ‚Füssener Osterspiel‘ und dem ‚Innsbrucker Osterspiel‘ (etwa 1190 Verse), dem ersten vollständig erhaltenen deutschen Osterspiel, erkennen. Dieser Spieltyp ist uns wie das frühe Zeugnis des ‚Osterspiels von Muri‘ (vgl. Bd. II/2, S. 161–163) bis zum Ende des 14. Jahrhunderts mit den Bruchstücken des ‚Berliner Osterspiels‘ und des ‚Brandenburger Osterspiels‘ sonst nur fragmentarisch überliefert. Die verschiedenen Aufzeichnungsformen dieser Texte deuten auf unterschiedliche Funktionen der Textkodumentationen, die auch im 15. Jahrhundert ihre Gültigkeit behalten (vgl. Bd. III/2).

Die vier Pergamentblätter des ‚Brandenburger Osterspiels‘ gehörten im Blick auf die zweispaltige Aufzeichnung ohne Noten offenkundig zu einer Lesehandschrift. Diese scheint wegen des untypischen Kleinformats (13,3 × 10,4 cm) auch beim erhaltenen Doppelblatt des einspaltig geschriebenen ‚Berliner Osterspiel-Fragments‘ vorzuliegen, doch spricht die Neumierung der lateinischen Gesänge für die Nähe zu einer Spielaufführung. Dies gilt wegen der Notenaufzeichnungen sicherlich auch für das ‚Füssener Osterspiel‘, obwohl es – wie die gleichfalls notierte ‚Füssener Marienklage‘ – in einer lateinisch-deutschen Sammelhandschrift aufgezeichnet ist. Es handelt sich dabei um verschiedene Arten der Spieltextarchivierung, auf die man zum Zweck einer Aufführung jederzeit zurückgreifen konnte. Im Gegensatz dazu repräsentieren das ‚Osterspiel von Muri‘ und das ‚Innsbrucker Osterspiel‘ zwei unterschiedliche Formen von Aufführungshandschriften. Wie die ‚Frankfurter Dirigierrolle‘ (vgl. S. 365ff.) diente auch die ehemalige Rollenform des ‚Osterspiels von Muri‘ (vgl. Bd. II/2, Abb. 8) dem Spielleiter dazu, die Spieler auf der Bühne zu dirigieren (Markierung des Redebeginns, Bewegungsregie). Wohl aus Gründen der Praktikabilität hat sich jedoch schnell das Regiebuch im schmalen Hochformat durchgesetzt, das man in einer Hand halten konnte, während die andere Hand zum Zeichengeben freiblieb. Inhaltlich können diese Aufführungshandschriften entweder den ganzen Spieltext umfassen oder sie können sich auf die Wiedergabe der Spielanweisungen und der Redeneinsätze (Schlagverse) beschränken. Zur Differenzierung dieser Erscheinungsformen bedient sich die Spielforschung einer teilweise verwirrenden Terminologie: Trotz der ursprünglichen Rollenform spricht man etwa beim ‚Osterspiel von Muri' von einem Regiebuch, weil in ihm (neben der Sprecherbezeichnungen) die vollständigen Rollentexte aufgezeichnet sind, bei Handschriften mit Spielanweisungen und Schlagversen hingegen auch dann von einer Dirigierrolle, wenn sie in Buchform auftreten (etwa die ‚Alsfelder Dirigierrolle'; vgl. Bd. III/2). Um Mißverständnissen vorzubeugen, sollte man künftig von Dirigierbuch (‚Alsfelder Dirigierbuch') und Dirigierrolle (‚Frankfurter Dirigierrolle'), von Regierolle (‚Osterspiel von Muri') und Regiebuch (‚Innsbrucker Osterspiel') sprechen.

Trotz dieser begrifflichen Klärung bleiben bei dem Versuch, die Funktion der ‚Innsbrucker Osterspiel'-Aufzeichnung genauer zu bestimmen, Unsicherheiten bestehen, die für den Großteil der mittelalterlichen Spielhandschriften gelten: Das schmale Hochformat (28×11 cm), die durch Farbe und Schrift hervorgehobenen Regieanweisungen und die Wiedergabe der vollständigen Rollentexte (ohne Noten) sind zwar eindeutige Merkmale für ein Regiebuch (Abb. 14), aber es fehlen jegliche Hinweise für eine Aufführung des Spiels auf der Grundlage dieses Regiebuchs. Von einer Aufführungshandschrift kann man also nur insofern sprechen, als ihr das Regiebuch einer früheren Aufführung zugrunde liegt und der Text die Grundlage für eine künftige Inszenierung des Spiels bilden konnte. Es handelt sich also um eine Spieltextarchivierung in Form eines Regiebuchs. Dafür spricht auch, daß dem Osterspiel das ‚Innsbrucker Spiel von Mariae Himmelfahrt' (vgl. S. 371f.) vorausgeht und dem Osterspiel das ‚Innsbrucker Fronleichnamspiel' (vgl. S. 369f.) folgt. Damit liegt in der 1391 geschriebenen Handschrift das älteste Beispiel einer deutschen Spieltextsammlung vor, die offenkundig kurz nach ihrer Entstehung ins Augustiner-Chorherrenstift Neustift bei Brixen (Südtirol) gelangte. Die dort erfolgten Randzusätze zum Osterspiel deuten auf die Vorarbeit zu einer geplanten Aufführung und belegen, daß eine solche Textarchivierung ohne größeren Aufwand für eine Neuinszenierung aktiviert werden konnte.

Sprachliche Indizien sprechen dafür, daß die drei Spiele der Innsbrucker Handschrift während der ersten Hälfte des 14. Jahrhunderts in Thüringen entstanden sind. Damit kommt zusammen mit den Fragmenten des ‚Berliner' und des ‚Brandenburger Osterspiels' Thüringen als erste bedeutende Spiellandschaft in den Blick, auf die bereits 1227 eine Spielnachricht vom Thüringer Landgrafenhof aufmerksam machte (vgl. Bd. II/2, S. 155). Das auf das Eichsfeld lokalisierbare ‚Berliner Osterspiel-Fragment' (160 Verse) mit Salbenkrämerszene und Salbenkauf scheint sogar mit dem ‚Innsbrucker Osterspiel' auf eine gemeinsame Vorlage zurückzugehen. Und auch das umfangreichere Bruchstück des ‚Brandenburger Osterpiels' (etwa 630 Verse), das beim Wächterspiel einsetzt und bis zur Erscheinung des Auferstandenen vor Thomas reicht, läßt hinter der ostniederdeutschen Sprache eine Entstehung im Ostmitteldeutschen erkennen.

Richtet man beim ‚Innsbrucker Osterpiel' den Blick zunächst auf den Schluß, so vermittelt dieser mit der *visitatio sepulchri*, mit der Hortulanus- und mit der Thomas-Szene, mit der Verkündigung der Auferstehung durch Maria, dem Lauf von Petrus und Johannes zum leeren Grab, wo sie die Grabtücher vorweisen, aber auch mit dem Wechsel von lateinischen Gesängen und deutschen Texten den Eindruck eines mischsprachigen Osterspiels. Diesem nicht einmal 200 Verse umfassenden Schluß gehen jedoch an die 950 Verse voraus, die mit Bestellung der Grabwache, Auferstehung, Höllenfahrt Christi, Seelenfang, Gang der Marien zum Grab, Salbenkrämerspiel den Hauptteil des Spiels (etwa 1190 Verse mit Pro- und Epilog) einnehmen. Auch hier sind lateinische Gesänge eingelagert (etwa bei der Höllenfahrt und beim Gang der Marien zum Grab), aber insgesamt dominieren die deutschen Texte, die mit dem Grabwächterspiel, der Seelenfangszene und vor allem mit dem Salbenkrämerspiel ein eigenes Gewicht bekommen. Daran und an der Konfrontation dieser Spielteile mit dem feierlichen Spielschluß wird die didaktische und pastorale Zielsetzung des Spiels deutlich, die sich klar von der vornehmlich kultisch orientierten Intention der gemischtsprachigen Osterspiele unterscheidet.

Die Grabwächter-Szenen belegen die Machtlosigkeit menschlicher Herrschaft gegenüber der göttlichen Allmacht, die den Gekreuzigten vom Tode erstehen läßt: Vor ihr werden die vom Pilatus bestellten Wächter schlicht zu Tölpeln. Gleichzeitig gerät aber die Darstellung der bramarbasierenden Ritter, die als Auslese unter den Besten des Landes vorgestellt werden, zu einem kräftigen Hieb gegen ein verkommenes Rittertum. Dahinter steht ganz offensichtlich stadtbürgerliches Selbstbewußtsein und ein Gefühl der Überlegenheit. Es ist also nicht nur die Stadt als Aufführungsort, welche die spätmittelalterlichen Oster- und Passionsspiele zu einer spezifisch städtischen Literaturgattung macht.

Die städtische Sichtweise gibt sich auch in der Seelenfangszene zu erkennen, die wie in den didaktischen Reden als Ständekritik angelegt ist (vgl. S. 304ff.), die aber vor allem bei den speziell städtischen Berufen konkret wird. Nachdem Christus in der Höllenfahrt die Altväter, vertreten durch Adam und Eva, aus der Hölle befreit hat, fordert Luzifer den Satan auf, sie wieder mit Sündern zu füllen: mit dem Papst in Avignon, den Kardinälen, Patriarchen und Legaten, mit Kaiser, König, Fürsten, Grafen, Ritter und Kriegsknechten, mit Vogt, *raczman* (‚Ratsherren') und

Schöffen, Geistlichen und Mönchen, mit Vertretern aller Berufe (von denen 24 namentlich genannt werden) und auch mit Wucherern, Säufern, Spielern sowie den Spielleuten. Zählt sie das ‚Brandenburger Osterspiel' als bereits Gefangene auf, so werden sie im ‚Innsbrucker Osterspiel' vom Satan auf die Bühne geführt, wo sie sich selbst anklagen müssen: Die Vorführung beschränkt sich hier allerdings auf den Bäcker, Schuster, Bierschenken, Fleischer und Schneider und ihre betrügerischen Machenschaften, sowie Kaplan und Buhler und ihre Ausschweifungen. Bei diesen konkretisierten Verführungen handelt es sich moraltheologisch um die Todsünden Habgier (*avaritia*) und Wollust (*luxuria*), aber deren explizite Demonstration an städtischen Berufen wie an Kaplan und Buhler greift gravierende Störungen der städtischen Ordnung auf, deren Einhaltung mit dem Schrecken der ewigen Verdammnis öffentlichkeitswirksam ganz im Sinne der städtischen Obrigkeit eingefordert wird. Die erstmals in einem Osterspiel vorgeführte verdammte Seele (*anima infelix*), die sich erfolglos dem Zug der von Christus Befreiten anschließen möchte, zeigt die Ernsthaftigkeit der Mahnung, mit den religiösen auch die städtischen Gebote zu beachten.

Das anschließende Salbenkrämerspiel steigert die Kritik an sündhaftem und gesellschaftsschädigendem Fehlverhalten zu einem vernichtenden Grundsatzurteil über die Nichtigkeit der Welt. Ihr steht die Welt des Heils gegenüber, die durch das göttliche Erlösungswerk als einziger Ort der Errettung sichtbar geworden ist. Die Auferstehung des gekreuzigten Gottessohnes besiegelt den Sieg über die Welt in ihrer Verfallenheit an die Sünde und über die Hölle als Lohn für die Sündhaftigkeit, aber es liegt an den Menschen, ob sie dem teuflichen Blendwerk der Welt verfallen und – wie in der Seelenfangszene – eine Beute Satans werden, oder ob sie sich – wie bei der Höllenfahrt Christi – in die Schar der Geretteten einreihen können.

Mit erstaunlichem Geschick stellt das Salbenkrämerspiel, das etwa die Hälfte des Spieltextes einnimmt, die Zuschauer selbst in diese Entscheidung, die durch die – auf den ersten Blick frivole – Verschränkung von feierlichen Weg- und Salbenkaufgesängen der drei Marien und dem derben Treiben am Krämerstand dem Publikum geradezu aufgedrängt wird. Ihm führen die abstoßenden Arzneien des Quacksalbers, zu dem die herkömmliche Krämerfigur der feierlichen Salbenkaufszene hier wie auch im ‚Berliner' und im ‚Brandenburger Osterpiel' verwandelt wurde, die Nichtigkeit der Welt vor, die sich mit ihren eigenen *remedia* nicht zu heilen vermag: Mückenschmalz, Glockenklang, Kuckucksruf, Esels- und Mönchsfürze, aber auch das Blut von einem Schlegel und das Hirn von einem Dreschflegel sind die nutzlosen Ingredienzien der weltlichen Medizin, die Rubin, der Knecht des Kurpfuschers, in einem Mörser zubereitet. Die Heillosigkeit der Welt ergänzt das ‚Berliner Osterspiel-Fragment' noch durch Anleihen an die Lügendichtung (schwimmende Mühlsteine, auf den Bäumen tanzende Böcke, fliegende Backöfen) und demaskiert die Welt so als ein Lügengebäude. Zum dritten wird diese Unwelt durch eine hemmungslose, bis ins Obszöne vorangetriebene Geschlechtslust bestimmt, die im ‚Innsbrucker Osterpiel' am Schluß Rubin mit der Frau seines Prinzipals durchbrennen läßt. Das Raffinement des Krämerspiels besteht darin, daß die Zuschauer zu einem Teil dieser Welt werden: Nicht nur, daß sie von Anfang an durch Publikumsapostrophen in das dubiose Spiel einbezogen werden, durch das verstehende Lachen über die Possen und Witze geben sich die Zuschauer als Komplizen an dem verwerflichen Welttreiben öffentlich zu erkennen. Die Gesänge der drei Frauen, die unberührt von diesem lästerlichen Treiben beim *mercator* Salböl für den Gottessohn erstehen, der sein Leben zur Errettung der Menschheit hingegeben hat, räumt aber den Zuschauern die Chance zur Selbstbesinnung und zur Umwertung seines Lachens in ein distanzierendes Verlachen der heillosen Welt ein, das sich im nachfolgenden Spielschluß zur Auferstehungsfreude mit dem abschließenden Freudengesang ‚Christ ist erstanden' wandelt. Dieses heilsdidaktische Konzept setzt also nicht zuvörderst auf die Evidenz von Argumenten, sondern auf die Emotionalität als bewegende Kraft zur Umkehr. In den Passionsspielen und Marienklagen wird dieses Konzept zur *compassio* gesteigert, die der im Spiel präsenten Heilsbotschaft einen Weg in die Herzen der Zuschauer bahnt.

Verwirklicht wurde das ‚Innsbrucker Osterspiel' von etwa 40 Darstellern (ohne Statisten), die am Schluß als *pristere und schulere* bezeichnet sind; den *armen schulern* sollen die Zuschauer mit Braten, Schinken und Fladen danken. Das ist mehr als eine Gabenbitte, denn in der Verköstigung der Armen können die Zuschauer, denen dafür himmlischer Lohn angekündigt wird, ihren Sinneswandel praktisch unter Beweis stellen. Der vom Spiel intendierte Wandel läßt sich auch im Vergleich von Prolog und Epilog ablesen: Mußte zu Spielbeginn der *expositor ludi* die Zuschauer bei der Ankündigung des Spielthemas mehrfach zur Ruhe auffordern, so beschließt der Apostel Johannes mit der Bitte um Mildtätigkeit und der damit verbundenen Verheißung des ewigen Heils das in seiner Konzeption beeindruckende Spiel.

Die vornehmlich heilsdidaktische Zielsetzung der Osterspiele erfährt in den P a s s i o n s s p i e l e n eine heilsgeschichtliche Vertiefung. Mit der Konzentration auf die Passion Jesu als die entscheidende Erlösungstat rückt das Thema von Sünde und Erlösung ins Zentrum des Spiels, dessen heilsgeschichtliche Linie über das Erdenleben des Erlösers hinweg bis zurück zur Erschaffung der Welt und zum Sündenfall, zur Bestätigung der Heilsgewißheit aber auch über die Kreuzigung hinaus bis zur Auferstehung und dem Pfingstgeschehen ausgezogen werden kann.

Diese weitgespannte Thematik verbindet das Passions- mit dem Fronleichnamspiel, das sich jedoch – zumindest im 14. Jahrhundert – durch die Aufführungsart eines Prozessionsspiels vom Passionsspiel unterscheidet (vgl. S. 368f.). Aufführungsnachrichten und Textüberlieferung belegen das höhere Alter der volkssprachigen Passions- gegenüber den deutschen Osterspielen: Im mischsprachigen ‚Großen Benediktbeurer Passionsspiel' (vgl. Bd. II/2, S. 155–160) liegt uns sogar das älteste Textzeugnis für ein deutsches geistliches Spiel vor.

Die Entstehung des Passionsspiels, das mit dem lateinischen ‚Kleinen Benediktbeurer Passionsspiel' spätestens aus der zweiten Hälfte des 13. Jahrhunderts erstmals in Deutschland als Text und durch Aufführungsnachrichten vielleicht schon Ende des 12. Jahrhunderts belegt ist, liegt völlig im dunkeln. Gegen die Annahme, das Passionsspiel habe sich durch die Ergänzung biblischer Szenen aus dem Osterspiel entwickelt, spricht eindeutig der Überlieferungsbefund aus dem 13. und 14. Jahrhundert, der völlig unterschiedliche Ausformungen dieses Spieltyps erkennen läßt. Sie treffen sich nur im verbindenden Thema von Sündenfall und Erlösung, das sich konzeptionell von dem der Osterspiele unterscheidet. Und anders als beim Osterspiel ist die Mischsprachigkeit der Passionsspiele tatsächlich als eine Zwischenstufe zum volkssprachigen Passionsspiel zu verstehen, das mit den Bruchstücken des ‚Himmelgartner Passionsspiels' (vgl. Bd. II/2, S. 160) aus der Mitte des 13. Jahrhunderts freilich schon früh bezeugt ist.

Mit dem ‚Großen Benedikbeurer Passionsspiel' tritt das mischsprachige Passionsspiel zwar erstmals im bairischen Sprachgebiet als Textüberlieferung auf die Bildfläche, aber die tonangebende Spiellandschaft für diesen Spieltyp liegt während des 14. Jahrhunderts nach Lage der Überlieferung im Rheinfränkischen. Besonders deutlich wird dies am ‚Wiener Passionsspiel' I als dem frühesten uns bekannten Vertreter (um 1310/20) dieses Spieltyps im 14. Jahrhundert: Trotz der Transformation ins Bairische lassen sprachliche Indizien noch die rheinfränkische Vorlage erkennen. Eindeutig rheinfränkische Sprachgestalt zeigen dagegen die ‚Frankfurter Dirigierrolle' und das ‚St. Galler Passionsspiel', die beide ebenfalls aus der ersten Hälfte des 14. Jahrhunderts stammen.

Mit besonderer Deutlichkeit hebt das leider nur fragmentarisch überlieferte ‚Wiener Passionsspiel' I (etwa 530 erhaltene Verse) auf die Thematik von Sündenfall und Erlösung ab, indem es sich auf vier durch einleitende *Silete*-Gesänge separierte Handlungsblöcke konzentriert: Das Spiel eröffnet die Erhebung Luzifers und sein Höllensturz. Diesem Eindringen des Bösen in die göttliche Ordnung parallelisiert ist der Sündenfall von Adam und Eva und deren Höllenfahrt, der sich eine Sündenrevue nach Art einer Ständesatire mit Wucherer, Räuber, sittenlosem Geistlichen und Zauberin anschließt, um die unheilvolle Auswirkung des

Sündenfalls auf die Menschheit insbesondere durch soziale Verfehlungen nachdrücklich vor Augen zu führen. Mit dem Weltleben der Maria Magdalena wird im umfangreichen dritten Handlungsblock (dessen lateinische Partien mit dem ‚Großen Benedikbeurer Passionsspiel' übereinstimmen und die auf ein lateinisches Magdalenenspiel schließen lassen) diese Sündenthematik zwar aufgegriffen, aber die Umkehr der reuigen Sünderin und die Vergebung ihrer Sünden durch den Erlöser zeigt an einem prominenten biblischen Beispiel, daß die Menschen in all ihrer Sündhaftigkeit nicht verloren sind, wenn sie das Erlösungsangebot aufgreifen und den Weg der Sünde verlassen. Die heilsgeschichtliche Realität der Erlösung bestätigen im vierten Handlungsblock die Passion und die Auferstehung des Heilands, von der allerdings nur die Abendmahlszene bis zur Ankündigung des Judas-Verrats erhalten ist (doch belegt die Überschrift, daß Passion und Auferstehung den letzten Spielteil umfaßten). Zur Vermittlung dieses eindrucksvollen heilsgeschichtlichen Konzepts trägt der hohe Anteil der deutschen Partien (fast dreiviertel des Gesamttextes) bei, die Würde des Dargestellten unterstreichen die Gesänge, die insgesamt über ein Drittel des Gesamttextes einnehmen.

Die pastorale Zielsetzung dieser Spiele verdeutlich das ‚St. Galler Passionsspiel' (etwa 1350 Verse) dadurch, daß es die herkömmliche Figur des *Praecursors* durch den Kirchlehrer Augustinus ersetzt. Er durchbricht immer wieder die Spielrealität, um die dargestellten Szenen den Zuschauern deutend zu erschließen. Damit stellt sich das ‚St. Galler Passionsspiel', das in der ersten Hälfte des 14. Jahrhunderts im Gebiet zwischen Mainz und Worms aufgezeichnet wurde, in den Umkreis der Frankfurter Spieltradition, die im 14. Jahrhundert durch die ‚Frankfurter Dirigierrolle' (vgl. S. 365ff.) einschließlich dem ‚Frankfurter Osterspielfragment' (vgl. S. 365) vertreten wird. Diese Zusammengehörigkeit stützen eindeutige Textparallelen zum ‚Frankfurter Passionsspiel' (vgl. Bd. III/2), die aber auf eine ältere Textstufe zurückgehen, weiter ab. Weiterhin inszeniert das ‚St. Galler Passionsspiel' erstmals ausführlich die Gegnerschaft zwischen den Juden und Jesus, wobei die Individualisierung der Judenschaft in ihrem Wortführer Rufus mehr noch als die vom Machtkalkül geleiteten Hohenpriester dieser Gegnerschaft eine besondere Anschaulichkeit verleiht; die exzessive Judenfeindlichkeit späterer Spiele wird jedoch vom ‚St. Galler Passionsspiel' ferngehalten. Auch hält sich das Spiel weitgehend an die Berichte der Evangelien und verzichtet weitgehend auf legendarische und anderweitige Ausschmückungen; bei den lateinischen Gesängen, die anschließend meist in deutscher Paraphrase wiedergegeben werden, greift das Spiel auf liturgische Quellen zurück. Die enge Anbindung an die biblischen Vorgaben, die betont schlichte Sprache und die deutenden Kommentare des Augustinus sichern dem Spiel eine leichte Verständlichkeit des Dargestellten, das von der Taufe Jesu bis zu seiner Auferstehung reicht. Wenn entgegen dem Johannes-Evangelium das Weinwunder auf der Hochzeit zu Kana der Taufe vorausgeht, so mag dies programmatischen Charakter haben: Wie das Wasser in Wein, so soll sich das im irdischen Gewand Dargestellte durch das Wirken Christi im Herzen der gläubigen Zuschauer zur Heilsgewißheit wandeln. Der Abschluß des Spiels mit der Verkündigung der Auferstehungsbotschaft durch die drei Marien an die Jünger erscheint etwas abrupt und läßt fragen, ob die Abschrift – aus welchen Gründen auch immer – vielleicht nur einen notdürftigen Spielabschluß überliefert.

War die Aufzeichnung des ‚St. Galler Passionsspiels' wegen des Ineinandergreifens von Regieanweisungen und Spieltexten nicht unmittelbar zu Aufführungszwecken zu gebrauchen, so fassen wir mit der ‚Frankfurter Dirigierrolle' aus der ersten Hälfte des 14. Jahrhunderts ein eindeutiges Regie-Exemplar, zu dem ursprünglich ein Textbuch gehörte, von dem uns im ‚Frankfurter Osterspielfragment' nurmehr ein kümmerliches Überbleibsel erhalten ist. Die fast viereinhalb Meter lange Rolle bietet neben den Regieanweisungen die Anfänge (Incipits) von etwa 460 Reden und Gesängen, die – als ältestes Denkmal für ein mehrtägiges Spiel – auf zwei Tage verteilt waren; für deren Aufführung bedurfte man am ersten Tag an die 90, für den zweiten Tag an die 50 Darsteller. Als Kern der Hessischen Passionsspielgruppe (vgl. Bd. III/2) kommt der ‚Frankfurter Dirigierrolle' eine hervorgehobene Bedeutung zu, sie ist aber auch für sich genommen ein herausragendes dramengeschichtliches Dokument, dessen getilgte und überschriebene Textstellen auf redaktionelle Überarbeitungen im Verlaufe mehrerer Aufführungen deuten (Abb. 15). Die Spielträgerschaft lag mit hoher Wahrscheinlichkeit beim Reichsstift St. Bartholomäus, das im 14. Jahrhundert in Frankfurt über das Pfarrmonopol verfügte; entsprechend muß das Passionsspiel der ‚Frankfurter Dirigierrolle' – anders als um 1500 das laikal-pastoral ausgerichtete ‚Frankfurter Passionsspiel' (vgl. Bd. III/2) – als ein öffentlichkeitswirksames Instrument einer klerikal ausgerichteten Seelsorge gesehen und verstanden werden.

Das heilsdidaktische Konzept, das dem Spiel der ‚Frankfurter Dirigierrolle' zugrundeliegt, ist die Opposition zwischen ungläubigem Judentum und dem in der Heilstat Jesu verankerten Glauben der Christen. Diesem Konzept entsprechend wird das Passionsspiel durch ein Prophetenspiel eröffnet und durch ein Streitgespräch zwischen *Synagoga* und *Ecclesia* beendet. Innerhalb dieses Rahmens geht es im Spiel um Erlösung und Verdammnis, um Himmel und Hölle, um Leben und Tod in der Ewigkeit, über die hier auf Erden durch die göttliche Erlösungstat grundsätzlich entschieden wurde und für jeden Einzelnen durch deren Annahme oder Verweigerung weiterhin entschieden wird. Das Konzept des Spiels manifestierte sich sogar im Spielort, wenn man dafür den Platz vor der Südseite des Doms annimmt, dem in Frankfurt die Synagoge gegenüber lag; auf einer Querachse dazu wären Himmel und Hölle angeordnet. Innerhalb dieses kreuzförmigen Grundrisses erhielten dann die Positionierungen der einzelnen Bühnenorte (*loca*) und die Bewegungen zwischen ihnen eine symbolische Bedeutung: Das Spiel erinnert damit nicht nur im darstellenden Nachvollzug an die Erlösungsgeschichte, vielmehr ist das weltgeschichtlich entscheidende Heilswirken Jesu während des Spiels im Stadtbild präsent. Frankfurt wird zum biblischen Israel und Jerusalem, die Zuschauer werden auf diese Weise selbst zu Akteuren in einem Geschehen, das nicht irgendwann und irgendwo spielte, sondern hier und jetzt von Bedeutung ist und zur Entscheidung auffordert.

Das Spiel beginnt im Zeichen des Unglaubens: Den Vorhersagungen der von Augustinus aufgerufenen Propheten zur Passion Jesu glauben die Juden nicht. Um die Richtigkeit der Prophezeiungen zu beweisen, läßt Augustinus das Passionsspiel folgen, das am ersten Spieltag von der Taufe Jesu bis zur Grablegung, am zweiten Spieltag von der Höllenfahrt bis zur Himmelfahrt Christi reicht. Am Schluß steht die Disputation zwischen *Synagoga* und *Ecclesia*, deren Sieg auf der Erlösungstat Christi beruht; ihn bestätigen die Vorhersagen des Prophetenspiels endgültig. Diese Disputation steht in der Tradition des ‚Dialogus de altercatione Ecclesiae et Synagogae‘, der im Mittelalter Augustinus zugeschrieben wurde und der gemeinsam mit dem ‚Sermo contra Judaeos, Paganos et Arianos‘, in dem Augustinus als Verteidiger des christlichen Glaubens auftritt, die vornehmliche Grundlage für die Ausbildung der Augustinus-Figur im Passionsspiel – so auch im ‚St. Galler Passionsspiel‘ (vgl. S. 364f.) – lieferte. Den Sieg der *Ecclesia* setzen die *Synagoga* mit dem Verlust der Herrschaftsinsignien (Mantel und Krone), vor allem aber die Taufe von Juden, die sich von der christlichen Heilswahrheit überzeugen ließen, am Spielschluß effektvoll in Szene: Dem Unglauben zu Beginn steht der – von allen mit dem Lied ‚Christ ist erstanden‘ kraftvoll bezeugte – Glaube am Ende des eindrucksvollen Spiels gegenüber.

Die Auseinandersetzung zwischen Judentum und Christenheit als Spielrahmen und die friedliche Judentaufe leiten sich aus der theologisch begründeten Konzeption des Spiels ab und wären falsch verstanden, wenn man sie mit der gehässigen Agitation gegen die Juden in den späteren Spielen, aber auch mit dem Frankfurter Judenpogrom von 1349 unmittelbar in Verbindung brächte. Das Spiel der ‚Frankfurter Dirigierrolle‘ ist nicht nur nach Lage der Indizien vor dem Pogrom in Frankfurt entstanden, es zielt auf der Grundlage der Bibel, der Liturgie und der ‚Erlösung‘ (vgl. S. 230f.) auf die Bestätigung der Erlösung, in der durch den Gottessohn Krankheit, Tod und Sünde überwunden sind und die jedem – Christen wie Juden – gilt, wenn er sich wie Maria Magdalena von den Sünden ab- und gläubig dem Erlöser zuwendet: hier und jetzt in Frankfurt. Dies ist die heilsdidaktische Zielsetzung des Spiels, hinter dem wohl, wie schon erwähnt, das Bartholomäusstift mit Autorschaft und Spielträgerschaft und mit seinem pastoralen Anspruch als städtische Pfarrei in der ersten Hälfte des 14. Jahrhunderts stand.

Die überragende Bedeutung, die dem Spiel der ‚Frankfurter Dirigierrolle' dramen- und theatergeschichtlich (etwa in der Gestaltung der *loca*, in der Dekoration, in den Requisiten, dem Gebrauch von Schminke zur Kennzeichnung der Wundmale Jesu, in der ausgeklügelten Bewegungsregie) zukommt, verdankt sich sicherlich den ausführlichen Spielanweisungen und der Möglichkeit, das Spiel in Frankfurt historisch zu verorten. Dies alles kann aber nicht die glänzende Leistung des anonymen Spielautors in den Schatten stellen, der mit seiner durchdachten Konzeption ohne erkennbare Vorlagen in einem meisterhaften Wurf nicht nur das bedeutendste uns bekannte geistliche Spiel des 14. Jahrhunderts schuf, sondern auch die Hessische Spielgruppe begründete (vgl. Bd. III/2).

Bei den volkssprachigen Passionsspielen des 14. Jahrhunderts stellt sich die Überlieferung fast noch trümmerhafter als bei den mischsprachigen dar: Es liegen uns davon nur mehr oder minder umfangreiche Fragmente vor. Entsprechend diffus wirken die Hinweise auf Spiellandschaften, die in ihrer Gesamtheit auf eine weitere Verbreitung des volkssprachigen Passionsspiels hindeuten: Mitte des 14. Jahrhunderts kommen mit dem ‚Kremsmünsterer Passionsspiel-Fragment' das südliche Böhmen oder Mähren und mit den Fragmenten des ‚Kreuzensteiner Passionsspiel' der Aachener Raum in den Blick, in dem auch das – innerhalb des 14. Jahrhunderts nicht genauer datierbare – ‚Maastrichter Passionsspiel' anzusiedeln ist. Ende des 14. Jahrhunderts meldet sich schließlich mit den Bruchstücken des ‚Osnabrücker Passionsspiels' auch Westfalen zu Wort. Mit Ausnahme der Kremsmünsterer Fragmente zeigen sich in allen anderen Textzeugen mittelniederländische Sprachspuren, die vielleicht auf eine niederländische Spieltradition deuten. Wegen der bruchstückhaften Überlieferung lassen sich insgesamt auch nur ansatzweise Angaben zur Konzeption und zur Inszenierung dieser Spiele machen.

Am dürftigsten sind die Informationen zu den Kremsmünsterer und zu den Osnabrücker Bruchstücken, doch fällt beim ‚Kremsmünsterer Passionsspiel' (erhalten etwa 40 Verse) auf, daß es mit dem Einzug in Jerusalem unmittelbar bei der Passionsgeschichte einsetzt. Die beiden Bruchstücke des ‚Osnabrücker Passionsspiels' (erhalten etwa 230 Verse) – sie reichen von der Frage der Juden nach der Vollmacht Jesu bis zum Abendmahl und von der Grablegung bis zur Höllenfahrt – überliefern weder Spielbeginn noch -schluß, so daß sich zum Umfang des gesamten Spiels kaum Verläßliches sagen läßt: Die Frage nach Jesu Vollmacht deutet zumindest auf einen Ausschnitt aus Jesu Wunderwirken hin, an die Höllenfahrt könnten sich noch einige Osterszenen – eventuell sogar bis zur Himmelfahrt Christi – angeschlossen haben.

Erkennbar weiträumiger angelegt waren das ‚Kreuzensteiner Passionsspiel' und vor allem das mit ihm verwandte ‚Maastrichter Passionsspiel'. Die Kreuzensteiner Fragmente (etwa 360 Verse) enthalten mit der Darstellung Jesu im Tempel, dem Tod des Herodes und der Flucht nach Ägypten (mit Palmbaumwunder) einige Szenen aus der Kindheit Jesu, die auf ein Weihnachtsspiel zur Spieleröffnung deuten. Ansonsten umfassen die Bruchstücke Teile des öffentlichen Wirkens Jesu von seiner Versuchung bis zur Bekehrung Maria Magdalenas; alles andere einschließlich der Passionsgeschichte ist verloren. Nur aus dem ‚M a a s t r i c h t e r P a s s i o n s s p i e l' (erhalten 1500 Verse) läßt sich, obwohl ebenfalls bruchstückhaft, die Thematik von Sündenfall und Erlösung erkennen: Das Spiel wird mit der Erschaffung der Welt und der Engel, dem Sturz Luzifers und der Vertreibung aus dem Paradies eröffnet. Der Sündenfall Adams und Evas, der ebenso wie deren Erschaffung durch Blattverlust der Handschrift fehlt, machen das Erlösungswerk des Gottessohnes notwendig. Daher folgen die Beratung Gottes mit den Personifikationen der Barmherzigkeit und der Gerechtigkeit, die aus dem ‚Streit der Töchter Gottes' (vgl. S. 273) bekannt ist, und der Entschluß Jesu zur Erlösung, der von Balaam, Isaias und Vergil als Propheten verkündet wird. Das anschließende Erdenleben Jesu reicht in der Geburts- und Kindheitsgeschichte von der Verkündigung Mariae bis zum Auftreten des zwölfjährigen Jesus im Tempel, das öffentliche Wirken Jesu von seiner Taufe bis zur Gefangennahme auf dem Ölberg (wobei die Abendmahl-Szene wiederum durch Blattverlust fehlt), der Rest ist verloren; der Entschluß Jesu zur Erlösung läßt jedoch eine Fortsetzung des Spiels mindestens bis zur Auferstehung als sicher erscheinen. Trotz der Exposition des Spiels mit der Thematik von Sündenfall und Erlösung reicht das ‚Maastrichter Passionsspiel' konzeptionell weder an das ‚Wiener Passionsspiel' I noch an das Spiel der ‚Frankfurter Dirigierrolle' heran. – Nur einen kurzen Ausschnitt vom Beginn der Heilsgeschichte bietet dagegen das erstmals 1393 überlieferte Gedicht ‚Von Luzifers und Adams Fall', das trotz seiner späteren Überlieferung in einer Kleinepikhandschrift zur geistlichen Spieltradition (Passions- oder Osterspiel) gehört (zwischen etwa 260 und 570 Verse).

Das persönliche Erfaßtwerden von der Präsenz der Erlösungsgeschichte im Hier und Jetzt als pastorales Ziel der Passionsspiele verdichtete sich noch im F r o n l e i c h n a m s p i e l, das vor heilgeschichtlichem Hintergrund die Gegenwart des Erlösers in der Eucharistie herausstellte. Zwar kennt die Einsetzung des Altarsakraments in der Gestalt von Wein und Brot während des Abendmahls Jesu mit seinen Jüngern vor dem Leidensweg in den Tod am Kreuz als Vermächtnis des Gottessohnes – besonders feierlich im Spiel der ‚Frankfurter Dirigierrolle' gestaltet – auch das Passionsspiel als eine herausgehobene Szene, sie ist

Das geistliche Spiel

aber in diesem Spieltyp nur Teil eines Handlungsganges, der über den Kreuzestod zur Auferstehung als Bestätigung der Erlösung führt. Im Fronleichnamspiel dagegen ist die Eucharistie Zentrum und thematisches Ziel der Darstellung, es zielt auf die gottesdienstliche Verehrung des Altarsakraments, das als geweihte Hostie in Händen des Priesters während des Spiels auch präsent sein konnte. Da Fronleichnam ein neues Kirchenfest war, vermochte das Fronleichnamspiel auf keine lateinische Spieltradition zurückzugreifen. Als neuer, von Anfang an volkssprachiger Spieltyp suchte es daher immer wieder die Nähe zum Passionsspiel, so daß im 15. und 16. Jahrhundert als der Blütezeit des Fronleichnamspiels die Unterscheidung zum Passionsspiel teilweise unscharf wird, zumal sich der ursprünglich prozessionale Charakter des Fronleichnamspiels zunehmend mit stationären Spielteilen vermengt (vgl. Bd. III/2).

Das Fronleichnamfest, das ab 1246 in Lüttich gefeiert wurde, hat Papst Urban IV. 1264 als Kirchenfest eingeführt. Allgemeine Verbreitung in der Kirche fand es in Verbindung mit einer Prozession aber erst unter dem Pontifikat von Papst Johannes XXII. (1316–1334). Zur verehrenden Erinnerung an die Einsetzung des Altarsakraments geschaffen, wird das Fest nach Abschluß der 50tägigen Osterzeit am Donnerstag nach dem Dreifaltigkeitssonntag gefeiert.

Das erste und das einzig erhaltene deutsche Fronleichnamspiel des 14. Jahrhunderts stammt aus Thüringen und ist in der Innsbrucker Spieltexthandschrift von 1391 (vgl. S. 359) überliefert. Als reines Prozessionsspiel beschränkt sich das ‚Innsbrucker Fronleichnamspiel' (etwa 750 Verse) auf Monologe, die von den Spielern ohne dramatische Interaktion vor dem Priester mit der Hostie gesprochen werden, an dem die Spielprozession vorbeizieht. Auf die Gegenwart Christi in der Eucharistie nehmen die Spieler immer wieder Bezug, so etwa Adam gleich zu Beginn des Spiels (V. 32–34):

> *Ich sehe en dort mit mynen augen,*
> *wir schullen balde czu em gan,*
> *und en inneglichen enphan.*

Und am Schluß des Spiels fordert die Figur des Papstes die Gläubigen auf, niederzuknien, die Hände zu erheben und um das ewige Leben zu bitten (V. 753–756).

> *daz uns sin heylger lychnam werde gegeben*
> *czu eynem geleyte in daz ewige leben,*
> *daz uns daz allen muße geschen,*
> *darum so sprecht: amen.*

Am Ende des Spiels steht also offenkundig die Kommunion der Anwesenden, das Prozessionsspiel wird damit mehr als bei allen anderen Spieltypen zu einer gottesdienstlichen Kulthandlung. Das ‚Innsbrucker Fronleichnamspiel' soll die Gläubigen auf einen verständigen und würdigen Empfang der Eucharistie vorbereiten. Am Anfang des Spiels treten daher Adam und Eva als Zeugen für die sündige Menschheit auf; an ihnen wird sichtbar, daß sie durch den Opfertod des im Altarsakrament gegenwärtigen Erlösers wirklich aus der Hölle befreit wurden. (Dabei deutet der Gesang ‚Advenisti desiderabilis' darauf hin, daß dieser Spielteil einer Höllenfahrtszene entnommen sein könnte.) Danach geben zwölf Propheten Vorausdeutungen auf Jesu Wirken, die jeweils von einem Apostel durch ausführliche Ausdeutung eines der zwölf Glaubensartikel bestätigt werden. Es folgen Johannes der Täufer und die Heiligen Drei Könige als gleichfalls biblisch legitimierte Zeugen, welche die Sehnsucht des Menschen nach Gott und die Anbetung Gottes durch die Menschen verkörpern. Ihnen sollen sich die Gläubigen angesichts der göttlichen Gegenwart im Altarsakrament anschließen. Am Schluß hält die Figur des Papstes eine Art exegetischer Predigt; er bestätigt dabei auch die steten Hinweise der Apostel auf die ewige Verdammnis beim Jüngsten Gericht für diejenigen, denen es am Glauben und an der Bußfertigkeit trotz des göttlichen Erlösungswerkes und der Gegenwart Gottes mangelt. In der Intensität der expliziten pastoralen Unterweisung wird das ‚Innsbrucker Fronleichnamspiel' von keinem anderen geistlichen Spiel des 14. Jahrhunderts übertroffen.

Das Prophetenspiel, auf das wir vor dem ‚Innsbrucker Fronleichnamspiel' bereits beim Spiel der ‚Frankfurter Dirigierrolle' stießen (vgl. S. 365), hat seinen dramengeschichtlich genuinen Ort beim W e i h n a c h t s p i e l. Dieser ursprüngliche Zusammenhang ergibt sich aus den beiden pseudoaugustinischen Texten, die nicht nur für die Disputation zwischen *Synagoga* und *Ecclesia* im Spiel der ‚Frankfurter Dirigierrolle' (vgl. S. 366), sondern auch für das Prophetenspiel die Grundlage bildeten. Da es bei beiden kontroverstheologischen lateinischen Texten vor allem um die Jungfrauengeburt Jesu ging, ergab sich gleichsam selbstverständlich ein Zusammenhang mit dem Weihnachtspiel. Er deutet sich beim lateinischen Spiel im Fragment des ‚Einsiedler Prophetenspiels' (11./12. Jahrhundert) an und zeigt sich erstmals voll ausgeführt im ‚Benediktbeurer Weihnachtspiel', das in der Handschrift der ‚Carmina Burana' aus der ersten Hälfte des 13. Jahrhunderts überliefert ist.

Die Zeugnisse für ein deutschsprachiges Weihnachtspiel sind (nicht nur) für das 14. Jahrhundert spärlich. Das kurze Fragment des rheinfränkischen ‚Marburger Prophetenspiels' (etwa 60 Verse) als Einleitung zu einem Weihnachtspiel muß als verschollen gelten. Sprachlich, zeitlich (vielleicht noch erste Jahrhunderthälfte) und in der Benutzung der

Das geistliche Spiel

,Erlösung' als Quelle stellt es sich in auffälliger Nähe zum Spiel der ,Frankfurter Dirigierrolle' (vgl. S. 366) und unterstreicht damit die Bedeutung der hessischen Spiellandschaft bereits im 14. Jahrhundert. Einen mehr oder minder vollständigen Text bietet das ,St. Galler Weihnachtspiel' (etwa 1080 Verse), das zu Lesezwecken in einer Sammelhandschrift geistlicher Texte um die Mitte des 15. Jahrhunderts von einem wohl schwäbischen Schreiber aufgezeichnet wurde. Die Vorlage dürfte – mit sprachlicher und stilistischer Nähe zum ,Osterspiel von Muri' (vgl. Bd. II/2, S. 161–163) – aus dem letzten Drittel des 13. Jahrhunderts stammen. In der Überlieferung wird das Spiel mit der Überschrift angekündigt: *Hie vint man die propheten und die propheten sprüch von der geburd Ihesu Christi.* Das Prophetenspiel, das fast ein Viertel des Textes einnimmt, beschränkt sich allerdings nicht auf die Ankündigung der Geburt Jesu, sondern greift auf die Passion, auf die Zerstörung des jüdischen Reichs und das Jüngste Gericht aus. Im nachfolgenden Weihnachtspiel, das von der Vermählung Marias mit Joseph bis zur Flucht nach Ägypten und der Rückrufung der Geflohenen reicht, scheinen einige Szenen (etwa Geburt Jesu, Tod des Herodes) pantomimisch dargestellt worden zu sein, die Herbergsuche und das später so beliebte Kindelwiegen fehlen (freilich ist dabei die Lückenhaftigkeit der Abschrift zu berücksichtigen). Dagegen stechen einige Erweiterungen gegenüber dem biblisch vorgegebenen Handlungsablauf hervor, so etwa die Anbetung Marias durch die Töchter Zions, der Botenbericht über den Sturz der Götzenbilder als die Heilige Familie in Ägypten eintrifft (diese Szene auch im ,Benedikbeurer Weihnachtspiel'), und vor allem der Trost, den Rahel nach ihrer Klage über den bethlehemitischen Kindermord darin findet, daß die Mörder ewige Verdammnis, die Opfer hingegen ewige Seligkeit erwartet. In seiner Faktur einschließlich der rein deutschen Spielanweisungen steht das ,St. Galler Weihnachtspiel' singulär da, die späteren Weihnachtspiele gehen andere Wege (vgl. Bd. II/2). Die Geburtsgeschichte Jesu wird mit dem einleitenden Prophetenspiel zwar in eine heilsgeschichtliche Perspektive bis hin zum Jüngsten Gericht gestellt, aber mit Ausnahme der getrösteten Rahel bleibt das Spiel, zu dessen Aufführung mindestens 35 Darsteller nötig waren, von dieser Perspektivierung unberührt, es sei denn, man denkt sie sich als Zuschauer – angeregt vom Prophetenspiel – selbst hinzu.

Das Leben Marias, das im Weihnacht- und Passionsspiel in den jeweiligen Geschehensabläufen zur Darstellung kam, fand in den beiden überlieferten Spielen von Mariae Himmelfahrt seine Krönung. Ein erstes Beispiel für diesen Spieltyp liefert bereits am Ende des 13. Jahrhunderts das fragmentarisch überlieferte ,Amorbacher Spiel von Mariae Himmelfahrt' (vgl. Bd. II/2, S. 163f.); das thüringische Spiel von ,Mariae Himmelfahrt' (etwa 3200 Verse), das die Innsbrucker Spieltexthandschrift von 1391 überliefert (vgl. S. 359), faltet das Thema zu einem zweitägigen Spiel aus; in seiner Dimensionierung läßt es sich mit dem Spiel der ‚Frankfurter Dirigierrolle' (vgl. S. 365ff.) vergleichen. Im Zentrum einer Simultanbühne stand das Sterbelager Marias, umgeben von mehreren *loca* und wohl überhöht vom Bühnenstand des Himmels mit dem Doppelthron für Christus und Maria. Die mindestens 60 Darsteller verteilen sich auf fünf Gruppen (Christus mit 12 Engeln; Maria und 3 Jungfrauen; die 12 Apostel; Juden; Heiden), die von einem *praecursor* ihren Bühnenstand (*burg*) zugewiesen erhalten. Auch die Handlung des überlegt komponierten Spiels gliedert sich in fünf Handlungsblöcke, die jeweils von einem anderen Engel mit einem Ausblick auf das folgende Geschehen eingeleitet werden. Ausgeschmückt mit zahlreichen Antiphonen und Responsorien aus verschiedenen Marienoffizien, orientiert sich das Spiel stofflich an der apokryphen Überlieferung, die auch den Marienleben (vgl. S. 233ff.) zugrunde liegt: ‚Transitus Mariae', ‚Pseudo-Melito' in der Fassung B, ‚Vita beatae virginis Mariae et salvatoris rhythmica' (vgl. S. 233); auffällig sind die Annäherungen an die ‚Legenda aurea' des Jacobus a Voragine (vgl. S. 236).

Das Spiel eröffnet mit dem (1) Auftrag Christi an die Apostel zur Verbreitung des christlichen Glaubens (Missionsauftrag), der bei den Heiden glückt, bei den Juden jedoch erfolglos bleibt. Erst nach dem (2) Tod Marias und ihrer (3) Grablegung bekehren sich zahlreiche Juden: Gegenüber den Aposteln ist also Maria der Bekehrungsauftrag zumindest bei einem Teil des Volkes geglückt, das ihren Sohn zum Tod am Kreuz gebracht hat. Am zweiten Spieltag erfolgen (4) die leibliche Aufnahme Marias in den Himmel, ihre Krönung und Einsetzung als Fürsprecherin und Königin der Barmherzigkeit nach einem Tanz mit den Engeln *in dez hymmels grale* (V. 2430); danach erhalten die Apostel einen neuerlichen Auftrag zur Missionierung, die (5) zur Bekehrung des *paganissimus rex* (gemeint ist der römische Kaiser Titus, 79–81) führt. Mit seinen getauften *milites* zieht er gegen das Jerusalem der verstockten Juden, um es zu zerstören, doch bricht die Textaufzeichnung zuvor mit einem *et cetera* ab. Die *milites* erhalten vor der Belagerung von ihrem König den Ritterschlag, auch werden sie – in dieser Weise einzigartig im geistlichen Spiel – als *militia christiana* gegen das zeitgenössische Rittertum gestellt, dessen Verkommenheit der anonyme Autor in aller Schärfe geißelt. Diese Aktualisierung und die Verbindung von Marienverehrung und Heidenmission lassen unmittelbar an die Tätigkeit des Deutschen Ordens denken, doch finden sich keine direkten Anhaltspunkte für eine solche literarhistorische Situierung.

Die Konfrontation zwischen heidnischer Staatsgewalt und bis in den Märtyrertod standhaft verteidigtem Bekenntnis zum christlichen Glauben ist das Thema zweier Heiligenspiele, die um die Jahrhun-

Das geistliche Spiel

dertmitte gleichfalls aus Ostmitteldeutschland überliefert sind. Das Fragment des ‚Kremsmünsterer Dorotheenspiels' (erhalten 270 Verse) aus Mittelschlesien läßt eine lateinische Passio als Quelle erkennen: Dorothea schlägt die Werbung des heidnischen Statthalters Fabricius zugunsten ihres Seelenbräutigams Christus aus und erleidet für ihn Martyrium und Tod. Der Text selbst umfaßt das Martyrium der Heiligen bis zum Sturz des Götzenbildes *(ydolum)*, der zur Bekehrung der anwesenden *pagani* führt. Das Spiel richtet sich an die heilige Dorothea in ihrer Funktion als bevorzugter Nothelferin in der Todesstunde: Im Prolog wird nämlich den Zuschauern empfohlen, Gott, den Heiligen Geist, zu dessen Ehren alle den *leys* ‚Nun bitten wir den Heiligen Geist' singen, und Dorothea anzurufen, *daz daz ende werde gut.*

Um die Fürbitte der glaubensstarken Märtyrerin Katharina von Alexandrien, die neben Dorothea, Barbara und Margareta als eine der vier Hauptjungfrauen galt (vgl. S. 235), geht es auch im thüringischen ‚M ü h l - h ä u s e r   K a t h a r i n e n s p i e l' (etwa 700 Verse), das zusammen mit dem ‚Thüringischen Zehnjungfrauenspiel' (vgl. S. 374f.) in einer Sammelhandschrift überliefert ist; dessen Entstehungsort war wohl – wie die Ortsangaben in den Schlußversen zeigen – Erfurt. Für die stofflichen Grundlagen des Spiels griff der – wie üblich – anonyme Autor auf die ‚Legenda aurea' (vgl. S. 236), das ‚Passional' (vgl. S. 235f.) und auf das ‚Buch der Märtyrer' (vgl. S. 236), für die reichliche musikalische Ausstattung mit 20 lateinischen Gesängen vornehmlich auf Festoffizien zurück. Thematisch beschränkt sich das Spiel auf das Martyrium der Glaubenszeugin und ihrer nach und nach gewonnenen Anhänger. Dabei gelingt dem Autor auf der Grundlage seiner Quellen eine bemerkenswerte Komposition: Steht Katharina zu Beginn dem Kaiser Maxentius und seiner Gefolgschaft allein gegenüber, so haben sich am Spielende die Gewichte völlig verkehrt. Zunächst lassen sich in einer Disputation die vom Kaiser aufgebotenen heidnischen Gelehrten von Katharina bekehren, erleiden den Feuertod und werden in den Himmel aufgenommen. Ebenso ergeht es mit der Ehefrau des Kaisers, mit seinem besten Freund Porphirius und einem Teil der Ritterschaft. Dazwischen eingeflochten sind die Martyrien der Katharina, die am Schluß durch Enthauptung stirbt, nachdem zuvor das Rad, auf das sie gespannt werden sollte, durch göttliche Einwirkung zerbricht. Während sie wie die Bekehrten in die ewige Seligkeit eingeht, werden der Kaiser mit seinem verbliebenen Anhang vom Teufel als seine Knechte in die Hölle heimgeholt. Im ‚Mühlhäuser Katharinenspiel' mag wie im gleichfalls thüringischen ‚Innsbrucker Spiel von Mariae Himmelfahrt' der Missionsgedanke mitschwingen (vgl. S. 372), mehr jedoch erweist sich das Katharinenspiel als ein kraftvoller Appell an die Zuschauer, wie Katharina und mit deren Hilfe das Leben im christlichen Glauben so zu gestalten, daß als Lohn ebenfalls die himmlische Seligkeit gesichert ist.

Das in der selben Handschrift unmittelbar folgende ‚T h ü r i n g i s c h e
Z e h n j u n g f r a u e n s p i e l' in der Fassung A unterstreicht diesen
Aspekt mit allem Nachdruck.

Das Zehnjungfrauenspiel gehört mit dem ‚Ludus de Antichristo' (vgl.
Bd. II/2, S. 157f.) und den Weltgerichtsspielen (vgl. Bd. III/2) zum Typus
der eschatologischen Spiele. Mit dem Zehnjungfrauenspiel tritt wiederum
Thüringen als Spiellandschaft in den Blick; hierher gehört nicht nur die
Fassung A in der Mühlhäuser Handschrift, sondern auch die Vorlage der
rheinfränkischen Fassung B, die zusammen mit einem ‚Leben der Heiligen Elisabeth' überliefert ist. Beide Redaktionen gehen auf eine gemeinsame Quelle zurück, von der die beiden divergenten Fassungen jeweils
für sich Ursprüngliches bewahrt haben. Das Gerüst der lateinischen Gesänge in der Fassung A (etwa 580 Verse) läßt vermuten, daß am Ausgangspunkt der verlorenen Vorlage für beide Redaktionen ein lateinisches
Spiel stand. Mit dem Gleichnis der fünf klugen (*prudentes*) und der fünf
törichten (*fatuae*) Jungfrauen liefert das Spiel eine der wenigen dramatischen Bearbeitungen einer neutestamentlichen Parabel (Mt 25, 1–13).
Der Autor konnte dabei die bei Matthäus vorgegebenen Dialoge übernehmen, die er um weitere Texte aus der Bibel, der Liturgie und aus dem
lateinischen Osterspiel ergänzte. Im Blick auf die Thematik, die auch in
den Dialogen kommentierend herausgearbeitet wird, erweiterte er das
Spiel um die Figuren von Maria, Engel und Teufel und vor allem um den
Schluß, in dem der richtende Christus die *fatue* trotz der Fürbitten Marias
ohne Erbarmen den Teufeln ausliefert, während er die *prudentes* gnädig in
die ewige Seligkeit aufnimmt. Sie hatten sich nämlich während des Erdenlebens mit guten Werken und einem gottgefälligen Lebenswandel (das Öl
in den Lampen der klugen Jungfrauen im biblischen Gleichnis) für die
himmlische Hochzeit vorbereitet. Die Törichten hingegen frönten in
verwerflichem Vertrauen (*praesumptio*) auf die Fürbitte der Gottesmutter
und die Gnade Gottes mit leiblichen Genüssen und weltlichen Vergnügungen wie Tanz, Ball- und Brettspiel rückhaltlos der Sünde, so daß im
symbolischen Verständnis ihre Lampen ohne Öl blieben. Die heilbringende *conversio* vom sündhaften Weltleben wie bei Maria Magdalena in
den Passionsspielen (vgl. S. 364) kommt bei den *fatuae* nicht in den Blick,
dies stürzt sie ins Verderben. In der Fassung B (etwa 700 Verse), die als
rein volkssprachiges Spiel die lateinischen Gesänge wegläßt, ist dieser
Antagonismus zwischen den Törichten und den Klugen durch Verdeutlichungen und Konkretisierungen noch verschärft. Dazu mag auch die
einleitende Figur des Augustinus gedient haben, die offenkundig der rheinfränkischen Spieltradition (vgl. S. 364) entnommen, aber in der Überlieferung nurmehr als epische Vorbemerkung erhalten ist.

Der chronikalische Bericht von einer Aufführung eines Zehnjungfrauenspiels am 4. Mai 1321 in Eisenach, bei welcher der Landgraf von

Thüringen, Friedrich der Freidige mit der gebissenen Wange (gest. 1323) vom Verdammungsurteil über die törichten Jungfrauen trotz der Fürbitte Marias so erschüttert worden sein soll, daß er nach einigen Tagen einen Schlaganfall erlitt, an dem er zwei Jahre später starb, läßt sich nicht sicher auf die Fassung A oder deren Vorlage beziehen. Auch mag man bezweifeln, ob der gesundheitlich ohnehin angeschlagene Landgraf wirklich durch die Aufführung des Spiels bis zum geistigen und körperlichen Zusammenbruch getrieben wurde, aber die Schilderung im Rahmen der chronikalischen Überlieferung zeigt doch, daß die Leser eine solche immense Wirkung eines geistlichen Spiels auf die Zuschauer für bare Münze nehmen konnten. Da uns trotz zahlreicher Spielnachrichten vergleichbare Zeugnisse fehlen, bleibt der Bericht von der Eisenacher Aufführung trotz aller Unwägbarkeiten für die Wirkungsgeschichte des geistlichen Spiels im Mittelalter ebenso wie für die Ängste der Menschen in dieser Zeit vor dem endgültigen Schicksal der eigenen Seele nach dem Tod von unersetzlichem Wert.

Alle genannten Spiele sind – unbesehen der stellenweisen Rückgriffe auf das Alte Testament – stofflich dem Neuen Testament und der christlichen Legende entnommen. Immerhin lassen Bruchstücke zweier alttestamentlicher Spiele aus dem Mittelniederdeutschen vermuten, daß dieser Spieltyp (im Lateinischen bereits vom Ende des 12. Jahrhunderts belegt) auch in der Volkssprache bekannt war. Wegen des fragmentarischen Charakters kann jedoch nicht ausgeschlossen werden, daß sie Teile etwa von Passionsspielen waren. Dies gilt ebenso von den mittelniederdeutschen Bruchstücken des ‚Kasseler Paradiesspiels' aus der zweiten Hälfte des 14. Jahrhunderts, die von der Erschaffung Evas bis zur Vertreibung aus dem Paradies reichen und die durchaus Teil eines umfassenderen Spiels sein können, wie von dem kurzen lateinisch-mittelniederdeutschen Fragment des ‚Göttinger Spiels von Jakob und Esau' vom Jahrhundertende, das vom Betrug Jakobs an seinem Bruder Esau (Gen 27, 30–36) handelt; aus einem lateinischen Spiel wissen wir, daß Esau die *Synagoga*, Jakob das Christentum bezeichnen.

Das weltliche Spiel

Ab der Mitte des 14. Jahrhunderets begegnen erste Textzeugnisse weltlicher Spiele. Über die Anfänge des weltlichen Spiels, das von Beginn an volkssprachig ist, gibt es nur völlig unsichere Vermutungen. Im Blick auf die wenigen vorliegenden Texte scheinen am ehesten folgende Überlegungen weiterzuführen: Der spärliche und stofflich völlig divergente Bestand von drei überlieferten Spielen deutet für das 14. Jahrhundert noch auf keine feste Spieltradition. Auffällig dabei ist jedoch, daß ein Spiel (‚Des Entkrist Vasnacht') im Stoff auf die geistliche Literatur zurückgreift und vielleicht ursprünglich ein geistliches Spiel war, bevor es im 15. Jahrhundert zu einem Fastnachtspiel umgearbeitet und damit der dann reichen Tradition dieses Spieltyps (vgl. Bd. II/2) integriert wurde. Dagegen stellen sich die beiden anderen Texte zu den Spieltypen des Jahreszeitenspiels (‚Vom Streit zwischen Herbst und Mai') und des Neidhartspiels (‚St. Pauler Neidhartspiel'), und sie greifen beide motivlich auf die Tradition des späten Minnesangs zurück, der damit in der Diskussion zur Entstehung der frühen weltlichen Spiele eine stärkere Beachtung verdient. Da die Aufführungsnachrichten für Neidhartspiele vom Ende des 14. bis in die Mitte des 16. Jahrhunderts die Fastnacht als Aufführungszeit benennen, wird man das ‚St. Pauler Neidhartspiel', aber vielleicht auch das Spiel ‚Vom Streit zwischen Herbst und Mai', das sich thematisch nicht den brauchtümlichen Jahreszeitenspielen mit ihrem Kampf zwischen Sommer und Winter anschließt, als Frühformen des Fastnachtspiels ansehen dürfen. Dagegen sollte man davon ‚Des Entkrist Vasnacht' im 14. Jahrhundert fernhalten, weil sich für diese Zeit die Ausformung zu einem Fastnachtspiel nicht sichern läßt.

Trotz der späten Überlieferung in einer wohl Nürnberger Fastnachtspielhandschrift aus der Mitte des 15. Jahrhunderts ist ‚Des Entkrist Vasnacht' (etwa 520 Verse) etwa 100 Jahre früher im Alemannischen, wohl in Zürich entstanden. Auf diese frühe Entstehung deutet das Auftreten des Antichrist in der Regierungszeit Karls IV. (1346–1378). Damit wird das in der geistlichen Literatur häufig thematisierte Erscheinen des Antichrist (vgl. S. 271 ff.) historisch konkretisiert und in einen politischen Rahmen gestellt. Nur die Propheten Enoch und Elias widersetzen sich dem Antichrist, der sie töten und der sich von den Juden als der erwartete Messias verehren läßt. Danach gewinnt er Kaiser Karl IV. zum Anhänger, nachdem ihm der Antichrist ein Gespräch mit seinem toten Vater ermöglicht und Unmengen an Gold und Silber herbeigeschafft hat. Gleichfalls mit Reichtum und dem Versprechen auf Übernahme des Bistums Luzern gelingt es dem Antichrist, auch den Bischof Gugelweyt (wohl Dietrich von Kugelweit, ‚Finanzminister' Karls IV.) für sich zu gewinnen, dem er zudem die Erlaubnis erteilt, das Gelübde der Ehelosigkeit bei den Geistlichen aufzuheben; den Abt Gödlein Waltschlauch schließlich zieht er mit dem Versprechen reichlichen Essens und Trinkens auf seine Seite. Der Antichrist heilt Lahme und Blinde. Nur ein einfacher Pilger stellt sich am Schluß noch dem Antichrist entgegen, doch nachdem dieser ihn zunächst töten läßt und dann wieder zum Leben erweckt, glaubt auch dieser an den Antichrist: Er allein ist nunmehr der unumstrittene Herrscher dieser Welt. Mit diesem beklemmenden Schluß (die Figuren des *Froß* und des Ausschreiers sind spätere Zutaten) endet dieses Stück, das zur Besinnung und Umkehr aufrütteln wollte. Damit, aber auch mit seiner satirisch zugespitzten Zeitkritik ergaben sich Anknüpfungspunkte zum Fastnachtspiel, das ja nicht nur zur Unterhaltung im ausgelassenen Treiben der Fastnacht diente, sondern vor der Fastenzeit, der Passionswoche und Ostern als dem Fest der wahren Freude auch eine sündhafte Gegenwelt inszenierte, die zu Buße und Umkehr bewegen sollte (vgl. Bd. III/2).

Eine Gegenweltlichkeit entwerfen durch eine Verkehrung der Werte auch die beiden anderen Spiele. Das alemannische Spiel ‚Vom Streit zwischen Herbst und Mai' (etwa 180 Verse) steht – wie etwa die Streitgedichte ‚Der Herbst und der Mai' und ‚Minner und Trinker' (vgl. S. 294f.) – in der Tradition der zeitgenössischen Schlemmer- und Zecherliteratur, bei der die materiellen Freuden des Herbstes über die ideellen Werte von Frühling und Sommer siegen. Hinter dem Text scheinen nicht nur Kenntnis von Steinmars ‚Herbstlied' (vgl. Bd. II/2, S. 91), sondern auch parodistischer Umgang mit der höfischen Literatur des Spätmittelalters zu stehen; dies spricht trotz der späten Überlieferung in der zweiten Hälfte des 15. Jahrhunderts für die Entstehung noch im 14. Jahrhundert. Auffällig ist zudem die strophenartige Gliederung des Textes in zumeist Vier- und Achtversgruppen. Zu Spielbeginn entführt der schlemmende Herbst Gotelint, die schöne Tochter des Mai, mit ihrer Zustimmung, da sie von ihrem Vater nur grüne Kräuter zu essen bekommt. Um sie zurückzugewinnen, bietet der Mai zwölf Ritter mit sprechenden Namen wie Blütenzweig, Veilchenduft oder Rosenblatt auf, die aber den zwölf Rittern des Herbstes – auch sie mit sprechenden Namen wie Füllwein, Hühnerschlund oder *Slintezgöu* (so auch im ‚Helmbrecht'; vgl. Bd. II/2, S. 57) – in einem offenkundig pantomimisch vorgeführten Kampf nicht Paroli bieten können. Gotelint (so auch der Name von Helmbrechts Schwester) bleibt beim Herbst, wo sie sich statt an Kräutern an Bratwürsten und Wein laben kann.

An die Tradition der Schwanklieder in Neidhart-Tradition (vgl. S. 153), speziell an den Veilchenschwank, knüpfen die Neidhartspiele (vgl. Bd. III/2) an, deren Überlieferung mit dem 1360/70 im Schwäbischen (Augsburg?) aufgezeichneten, wohl um die Jahrhundertmitte entstandenen ‚St. Pauler Neidhartspiel' (etwa 70 Verse) einsetzt; Herkunft aus dem Bairisch-Österreichischen und eine Verbindung mit der dort nachgewiesenen Pflege der Neidhart-Tradition im 14. Jahrhundert (vgl. S. 44f.) scheint nicht ausgeschlossen.

Der Veilchenschwank ist Teil der Auseinandersetzung zwischen Neidhart und den ihm mißgünstigen Bauern. Neidhart begibt sich auf die Suche nach dem ersten Frühlingsveilchen, weil die Herzogin dem Finder ihre Gunst in Aussicht gestellt hat. Neidhart wird fündig, stülpt – um seinen Anspruch zu wahren – seinen Hut darüber und eilt zum Hof, um die Herzogin zur Fundstelle zu führen. In der Zwischenzeit pflückt ein Bauer, der Neidhart beobachtet hatte, das Veilchen und pflanzt seinen Darminhalt an dessen Stelle. Als die herbeigeleitete

Herzogin dieses ‚Veilchen' unter dem Hut findet, fällt Neidhart in Ungnade. Wütend droht er den Bauern Rache an.

Das ‚St. Pauler Neidhartspiel' konzentriert sich im Gegensatz zu den späteren Spielen ganz auf diesen Schwank und benötigt neben dem *Proclamator* nur *Nithardus* und die *ducissima* (die Regieanweisungen sind noch lateinisch) als Sprechrollen; die Figuren der *edeln junkfrawen* als Gefolge der Herzogin und die der Bauern als Kumpane des Übeltäters dagegen sind Statisten, die dem anrüchigen Geschehen die ehrverletzende Öffentlichkeit geben. Der Text endet mit dem Racheschwur Neidharts; ob die Rache im ursprünglichen Spiel tatsächlich (wie in den späteren Neidhartspielen) vollzogen wurde und in der Abschrift wegblieb, muß offenbleiben. Aber auch so tritt die provokant inszenierte Gegenwelt zur höfischen Idealität deutlich genug in den Blick. Der Sieg des Häßlichen über das Schöne erfolgt zwar nur im Spiel, aber er ist im Spiel präsent und verlangt von den Zuschauern eine Antwort, für die ihm der Text anders als in den geistlichen Spielen keine Vorgaben liefert. Hierin liegt das eigentlich Neue in den uns faßbaren Anfängen des weltlichen Spiels.

Formen der Prosa

War bei der Prosaliteratur im 13. Jahrhundert noch von einem ‚Durchruch der Prosa' (vgl. Bd. II/2, S. 165) zu sprechen, so nahm die Produktivität auf dem Gebiet des Prosaschrifttums im 14. Jahrhundert einen Umfang an, der alle anderen literarischen Bereiche – mit Ausnahme der Rede in ihren vielfältigen Ausformungen (vgl. S. 269ff.) – deutlich in den Schatten stellte. Mehr noch als bei der literarischen Rede zeigt sich im Prosaschrifttum jene ab dem Spätmittelalter grundlegende Vorstellung, daß die Erfassung, Deutung und Aneignung der Welt, daß die Orientierung, Reglementierung und Normierung des gesellschaftlichen und geistlichen Lebens durch die Verschriftlichung verläßlich zu leisten und zu garantieren ist und daß die dafür angemessene Form die Prosa darstellt. Dahinter steht als großes Vorbild die lateinische Literatur, deren wissenschaftlicher Anspruch nunmehr über die sprachliche Übersetzung hinaus zunehmend auch auf genuin volkssprachige Werke übertragen wird, hinter denen freilich noch oft die Adaptation von Texttypen der lateinischen Literatur steht. Daneben griff man insbesondere in der Rechtsprosa auf eine volkssprachige Verschriftlichungstradition des 13. Jahrhunderts zurück.

Prosa des Rechts

Der ‚Sachsenspiegel' und der ‚Schwabenspiegel' als die zwei wichtigsten volkssprachigen Rechtskodifikationen des 13. Jahrhunderts (vgl. Bd. II/2, S. 5–8 und S. 76f.) bilden auch im 14. Jahrhundert weitgehend die Grundlage für die verschiedenen Ausformungen des Rechtsschrifttums. Dabei führte die zunehmende Bedeutung der beiden Spiegelrechte rasch zur Frage nach ihrem Verhältnis zum römischen und kanonischen (kirchlichen) Recht, hinter dem nicht heimische Tradition, sondern die institutionelle Autorität der Universität und der Kirche stand. Das Bemühen, gelehrtes und heimisches Recht zu vereinen, stellt in der ersten Hälfte des 14. Jahrhunderts einen rechtsgeschichtlich weitreichenden Schritt dar und darf als eine der bedeutendsten juristischen Unternehmungen im 14. Jahrhundert gelten. Da die Grundlage dafür der ‚Sachsenspiegel' war, sicherte ihm dieser Versuch nachfolgend einen größeren Geltungsbereich als dem ‚Schwabenspiegel'. Ansätze zu einer Verbindung der unterschiedlichen Rechtssysteme finden sich bereits in der zweiten Hälfte des 13. Jahrhunderts, so beim Hamburger Stadtnotar Magister Jordan von Boizenburg (gest. um 1275), der das hamburgische Stadtrecht im ‚Ordeelbuch' (1270 von Rat und Bürgerschaft Hamburgs anerkannt) nach den Vorgaben des gelehrten Rechts in 12 Stücke – vom Personen- bis zum Seerecht – gliederte, bei der inhaltlichen Füllung aber vielfach auf den ‚Sachsenspiegel' zurückgriff. Der entscheidende Schritt gelang aber erst Johannes von Buch.

Johannes von Buch, der einer ritterbürtigen Familie der Altmark (Buch bei Tangermünde) entstammte, erhielt seine juristische Ausbildung offenkundig an der Universität Bologna, wo er sich 1305 immatrikulierte; von 1321 bis 1356 ist er in brandenburgischen Urkunden vielfach belegt: zunächst in der Umgebung Herzog Ottos des Milden von Braunschweig, dann seit 1333 in Diensten des wittelsbachischen Markgrafen Ludwig von Brandenburg, der seine Regierung mit einer Verwaltungsreform begann. In diesem Zusammenhang darf man die Ernennung zum Hofrichter (1335) sehen; ab 1335 ist Johannes von Buch außerdem Hauptmann (*capitaneus generalis*) der Mark Brandenburg. 1340 verliert er beide Ämter, taucht dann nochmals 1351–1355 am Hof des neuen Markgrafen Ludwigs VI. des Römers auf, wo er sich um die Sicherung seiner finanziellen Forderungen an den Markgrafen sorgt; wohl 1356 wird er gestorben sein. Johannes von Buch gehört zu jenem Typ von Hofleuten, die ihren Aufstieg weniger dem Herkommen als ihrer juristischen Ausbildung an einer Universität und ihrem juristischen Schaffen verdanken.

Auf Anregung Herzog Ottos des Milden, seit 1323 Mitregent der Mark Brandenburg, verfaßte Johannes von Buch um 1325 seine ‚Glosse zum Sachsenspiegel', in der er das Landrecht des ‚Sachsenspiegels' mit dem Kaiser- und Kirchenrecht in Übereinstimmung bringen will, so daß mit dem Spiegelrecht selbst vor geistlichen Gerichten operiert werden kann. In der artikelweisen Glossierung – bereits dies eine bewährte Praxis des gelehrten Rechts – werden Stichworte aus dem Text aufgegriffen, an die sich Wort- und Sacherklärungen, Bezüge zur Rechtspraxis und Hinweise auf die Entwicklung des Rechts anschließen. Im Mittelpunkt jedoch stehen die Nachweise von Parallelen aus dem römischen und kanonischen Recht, deren Übereinstimmungen mit dem Spiegelrecht dargelegt und deren Widersprüche mit mehr oder minder großem Aufwand harmonisiert werden. Dabei kann sich die Glossierung zu eigenen kleinen Abhandlungen ausweiten, in denen besonders deutlich die geradezu epochale Leistung des Johannes von Buch zutage tritt: die Übertragung der lateinischen Rechtsterminologie und der juristischen Argumentationsweisen in die deutsche Rechtssprache. Diese Leistung, die auf eine Verbesserung der juristischen Praxis in Gerichtsverfahren zielte, trug mit etwa 140 noch erhaltenen Handschriften sowohl zur Durchsetzung des ‚Sachsenspiegels' als anerkanntes Recht wie zur Rezeption des römischen Rechts auch in den Rechtsbereichen bei, die noch nicht vom gelehrten Recht geprägt waren. Wenn im 15. Jahrhundert etwa die Hälfte der ‚Sachsenspiegel'-Handschriften und nahezu alle frühen Drucke (8 Primärdrucke zwischen 1474 und 1614) die ‚Glosse' übernehmen, so zeugt dies von der eminenten Wirkung, die von der Glossierungsarbeit des Johannes von Buch ausging. Sein Verfahren regte andere gelehrte Juristen an, die Buchsche ‚Glosse' im 15. Jahrhundert weiterzuentwickeln; zuvor finden sich aber bereits im 14. Jahrhundert zu weiteren Rechtsbüchern Glossierungen, die offenkundig unter dem Eindruck der ‚Glosse' entstanden. Genannt sei nur die ‚Sachsenspiegelglosse' zum Lehnrecht des ‚Sachsenspiegels', die man vereinzelt ebenfalls Johannes von Buch zuschreiben möchte, von der aber nur sicher ist, daß sie vor der ältesten Handschrift (1386) entstanden sein muß.

Auch mit seinem zweiten Werk, dem nach 1333 entstandenen ‚Richtsteig Landrechts', erzielte Johannes von Buch einen bedeutenden Erfolg (100 Handschriften und 11 Drucke zwischen 1474 und 1528), der sich wiederum der unmittelbaren Ausrichtung auf die Gerichtspraxis verdankt. Es handelt sich dabei um ein Prozeßhandbuch, das in 50 Artikeln das im ‚Sachsenspiegel' verstreute Prozeßrecht in eine systematische, methodisch am gelehrten Recht orientierte Ordnung bringt und einen geregelten Rechtsgang nach sächsischem Recht vor einem Landgericht ermöglichen soll. Johannes von Buch hatte ein entsprechendes Werk auch für das Lehnrecht angekündigt, aber der wohl erst aus der zweiten Hälfte des 14. Jahrhunderts stammende ‚Richtsteig Lehnrechts' hat nicht ihn zum Verfasser. Die Gliederung analog zum ‚Richtsteig Landrechts' zeigt jedoch erneut, welche Wirkung auch von dieser Arbeit des Johannes von Buch ausging. Seine weit über das 14. Jahrhundert hinausreichende Bedeutung auf dem Gebiet der Rechtsgeschichte ist kaum zu überschätzen. Mit der Verknüpfung von heimischem und gelehrtem Recht leistete Johannes von Buch einen bedeutenden rechts- und gesellschaftspolitischen Beitrag zur Sicherung der öffentlichen Ordnung, die angesichts der rasch zunehmenden wirtschaftlichen Mobilität im Spätmittelalter auf die Schaffung möglichst großflächiger Räume mit homogenem Recht angewiesen war.

Insbesondere Magdeburg sah sich verpflichtet, dem im ‚Sachsenspiegel' kondifizierten sächsischem Recht Geltung zu verschaffen. Davon zeugen zwei Vorgänge aus der zweiten Hälfte des 14. Jahrhunderts. Als Herzog Rudolf I. von Sachsen die Stadt beim kaiserlichen Hofgericht verklagte, pochte sie auf das kaiserliche, bis auf Karl den Großen zurückgeführte Privileg des ‚Sachsenspiegels' und wollte ein Verfahren nach sächsischem Recht durchsetzen. Dazu schickte sie 1358 Hermann von Oesfeld als juristisch kompetenten Vertreter zu Karl IV. nach Mainz, dem Hermann schon früher mit seinen Rechtskenntnissen ausgeholfen hatte. Ausgewiesen war Hermann von Oesfeld durch sein (verlorenes) Register zum Landrecht des ‚Sachsenspiegels' und durch zwei kleinere Werke zum ‚Richtsteig Landrechts', die sich um die Ausbildung einer deutschen Gerichtsrhetorik bemühen: In den ‚Cautela' geht es um die sprachlich angemessenen Vortragsformen vor Gericht, die ‚Premis' gibt Hilfestellungen, um unklare und mehrdeutige Äußerungen des gegnerischen Fürsprechs, seine *equivoken krusen worte*, zu ‚bremsen' (dies meint der Titel, der sich auf das niederdeutsche Wort *premesse* für ‚Bremse' zurückführt) und dafür Eindeutigkeit einzufordern.

Der andere Vorgang bezieht sich auf Magister Johannes Klenkok, der nach seinen kanonistischen und theologischen Studien in Bologna, Oxford und vielleicht in Prag als Augustinermönch die Generalstudien der sächsisch-thüringischen Ordensprovinz in Erfurt und Magdeburg leitete und von 1363 bis 1368 auch Ordensprovinzial war. In verschiedenen lateinischen Schriften wehrte sich Klenkok ab 1369 gegen das Eindringen des ‚Sachsenspiegels' bei den Gerichten. Gegenüber Papst Gregor XI. untermauerte er 1372/73 seine Angriffe sogar mit der Ansicht, die Rechtsauffassung des ‚Sachsenspiegels' habe die deutschen Fürsten dazu verleitet, Kaiser Ludwig den Bayern in seinem Kampf gegen das Papsttum (vgl. S. 5ff.) zu unterstützen. Der Rat der Stadt Magdeburg griff Klenkok wegen seiner Interventionen gegen den ‚Sachsenspiegel' so scharf an, daß er 1370 aus Magdeburg und Sachsen flüchten mußte. 1372/73 wandte sich Klenkok mit seinen ‚Reprobationes' sogar in niederdeutscher Sprache gegen die Angriffe des Magdeburger Rats, von dem er behauptete, er habe *vierhundert steden eder mer und den vorsten und den heren* geschrieben und dabei unterstellt, Klenkok wolle mit seinen Beanstandungen einzelner Artikel des ‚Sachsenspiegels' (u.a. Urteilsfindungen durch Feuerprobe und Zweikampf) diesen selbst außer Kraft setzen. Gregor XI. verurteilte zwar 1374 schließlich 14 der insgesamt 21 beanstandeten Sätze, aber die Geltung des ‚Sachsenspiegels' als Rechtswerk blieb unbeanstandet und wurde durch die Verurteilung lediglich von Einzelsätzen indirekt sogar bestätig – ein deutliches Zeichen dafür, welches Ansehen der ‚Sachsenspiegel' inzwischen genoß. Die Einwirkungen des sächsischen Rechts auf das ‚Breslauer Landrecht' (1356), das ein Ausschuß erarbeitete, den König Johann von Böhmen 1346 eingesetzt hatte, und das vielleicht im Bistum Hildesheim entstandene ‚Systematische sächsische Landrecht' (älteste Handschrift von 1359) mit seiner Einteilung in Sachrubriken zeugen dafür ebenso wie die zahlreichen städtischen Rechtsbücher (vgl. S. 384ff.).

Im Gegensatz zum ‚Sachsenspiegel', hinter dem als institutionelle Autorität die Schöffen des Magdeburger Rechtskreises rezeptionsfördernd standen, fehlte dem ‚S c h w a b e n s p i e g e l' ein solches Rechtszentrum. Aus diesem Grunde kam es bei ihm trotz der weiten Verbreitung (etwa 350 erhaltene Handschriften) und trotz seiner im Auftrag der Gräfin Agnes von Helfenstein durch den Benediktiner Oswald von Anhausen 1356 erfolgten Übersetzung ins Lateinische nur vereinzelt zu einer Weiterarbeit an diesem in Süddeutschland dominanten, aber durchaus auch in Nord- und Ostdeutschland bekannten Gesetzeswerk. Bei dieser Weiterarbeit bleibt der ‚Schwabenspiegel' im Hintergrund zwar erkennbar, aber anders als beim ‚Sachsenspiegel' entstehen dabei jeweils selbständige Rechtsbücher.

Deren prominentester Vertreter liegt im ‚K l e i n e n K a i s e r r e c h t' vor, das sich im Prolog als Friedensordnung des Kaisers ausgibt. Tatsächlich beruft sich das Werk bei den Rechtssätzen immer wieder auf den Kaiser (z.B. *der keiser hat geboten*), woraus sich die bereits mittelalterliche Bezeichnung als *keiserrecht* ableitet; wegen des – im Vergleich mit den beiden großen Spiegelrechten – geringeren Umfangs hat sich (ebenfalls teilweise schon im Mittelalter) die Bezeichnung ‚Kleines Kaiserrecht' eingebürgert. Im Gegensatz auf die ständige Quellenberufung finden sich jedoch in diesem Werk keine direkten Übernahmen aus dem römischen Recht und den mittelalterlichen Reichsgesetzen. Der vierteilige Aufbau läßt in den beiden ersten Büchern (I: Prozeßordnung und Gerichtsverfahren; II: Privat- und Strafrecht) keine auffälligen Besonderheiten erkennen, wohl aber in den Büchern III (dienstmannschaftliches Lehnrecht) und IV (Verfassungsrecht der Reichsstädte). Vor allem das Buch IV unterscheidet das ‚Kleine Kaiserrecht' von den Spiegelrechten, das der (Reichs-)Stadt als eigenem Rechtsraum nunmehr die ihr zustehende Bedeutung zumißt. Es ist daher kein Zufall, daß es vor allem in den Reichsstädten (etwa im thüringischen Mühlhausen, in Goslar, Ulm oder Augsburg) auf Resonanz stieß. Da das Buch IV auf das

Frankfurter Stadtrecht und ein Privileg König Rudolfs I. von 1291 für diese Stadt zurückgreift und Buch III die Stellung der Reichsdienstmannschaft, wie sie in der Wetterau als Königsgut präsent war, hervorhebt, wird man den Autor im Adel der Wetterau vermuten dürfen. Obwohl das Rechtsbuch wahrscheinlich in der Regierungszeit Kaiser Ludwigs des Bayern entstand (die Forschung schwankt zwischen 1328–1338 und 1334–1350) und gut zu seinen Bemühungen um eine Stärkung der kaiserlichen Gesetzgebungsgewalt paßt, scheint die kaiserliche Kanzlei an der Kodifikation nicht beteiligt gewesen zu sein. Vielleicht gingen jedoch von den legislatorischen Akten des Kaisers in Frankfurt am Main anregende Impulse zur Abfassung des ‚Kleinen Kaiserrechts' aus.

Insgesamt bleibt unklar, inwieweit die Beschäftigung mit deutschen Rechtstexten und deren Abfassung im Umkreis Ludwigs des Bayern von diesem selbst angeregt wurden. Dies gilt auch für das ‚Freisinger Rechtsbuch', das 1328 Ruprecht von Freising in Anlehnung an den ‚Schwabenspiegel' abgefaßt hat. Ruprecht (seit 1319 mehrfach urkundlich belegt) konnte dabei – wie sich dem gereimten Nachwort entnehmen läßt – auf die Erfahrung einer 36jährigen Tätigkeit als Fürsprech bei Gerichten *auf land und auch in steten* zurückgreifen. Neben dem ‚Schwabenspiegel' benutzte der Autor auch den ‚Bayerischen Landfrieden' von 1300 und das ‚Augsburger Stadtbuch' (1276/81), aber angesichts des ‚Oberbayerischen Landrechts' und des Stadtrechtsbuchs von München (1342), die der Bischof Albrecht II. von Hohenberg für das Fürstbistum Freising vor 1359 übernahm, blieb Ruprechts kodifikatorisches Werk auf der Grundlage des ‚Schwabenspiegels' ohne große Wirkung (10 erhaltene Handschriften), auch wenn im 15. Jahrhundert das Werk gelegentlich mit dem ‚Schwabenspiegel' selbst vereinigt wurde.

So fraglich die Rolle Ludwigs des Bayern bei der Abfassung des ‚Kleinen Kaiserrechts' (vgl. S. 382f.) und auch beim ‚Freisinger Rechtsbuch' ist, so deutlich tritt er als Landesfürst mit dem 1346 erlassenen ‚O b e r - b a y e r i s c h e n L a n d r e c h t' in der landesfürstlichen Rechtskodifikation hervor, für die es nach dem vorangegangenen ‚Österreichischen Landrecht', das 1278 König Rudolf I. in einer Einigung mit den Landherren (vgl. Bd. II/2, S. 56) und unter Beiziehung des ‚Schwabenspiegels' schuf, einen Wendepunkt darstellt. Den Text von 1346, dem eine ältere, heute verschollene Fassung vorausging, erließ nicht der Kaiser selbst, vielmehr erfolgte die Publikation im Namen seiner Söhne. Offenkundig sollte auf diese Weise in Bayern das Herzogtum als Rechtsbezirk vom Kaisertum Ludwigs des Bayern abgegrenzt werden. Die Kodifikation eines eigenen Landrechts verfolgte den Zweck, durch ein einheitliches Recht die Einheit des Landes zu sichern. Dazu ließ Ludwig *(nach des Keysers geheizzen) auz allen gerichten, steten und maergten* das überlieferte Recht sammeln: Nicht eine Neuschöpfung war das Ziel der Kodifikation, sondern die Vereinheitlichung des Überlieferten und Praktizierten, um das Land unter dem Eindruck des insgesamt Gewohnten auf ein einheitliches Recht verpflichten zu können, das durch das Rechtsbuch verbürgt wurde. Seine Autorität unterstrich die neue Art der Urteilsfindung, die nun nicht mehr durch Schöffen (vgl. S. 387ff.), sondern durch den Urteilsspruch des Richters nach Maßgabe des Rechtsbuches erfolgte. Innerhalb des Prozeßrechtes war dies eine geradezu revolutionäre Neuerung, die entscheidend zur Rechtseinheit im Land beitrug.

Für die kaiserliche Gesetzgebung nimmt im 14. Jahrhundert die in Urkundenform auf den Reichstagen in Nürnberg (10.1.1356) und Metz (25.12.1356) in zwei Teilen von Kaiser Karl IV. publizierte ‚G o l d e n e B u l l e‘ (benannt nach der Art des Siegels) eine besondere Stellung ein (vgl. S. 13). Das ursprünglich lateinische Gesetzeswerk, das Karl IV. selbst ein *keiserlich rechtbuch* nannte und das später zu einer Art Grundgesetz des Reiches emporstieg, erfuhr bereits im 14. Jahrhundert Übersetzungen ins Deutsche und wurde 1474 erstmals auch auf Latein und Deutsch gedruckt. Die ‚Goldene Bulle‘ legt den Modus der Königswahl, die Rechte des Kurfürstenkollegiums und das Reichszeremoniell fest; außerdem liefert sie Vorschriften für das Fehderecht und für die Stadt als Rechtswesen.

Hinter allen Rechtskodifikationen in deutscher Sprache wie sie uns seit dem 13. Jahrhundert vorliegen stand die Einsicht, daß man sich der Maxime der Jurisprudenz nicht mehr entziehen konnte, im Grundsatz nurmehr das als Recht gelten zu lassen, was schriftlich festgelegt ist: *Lex est constitutio scripta*, so formulierte griffig Gratian, der Begründer der Kanonistik, in seiner ‚Concordia discordantium canonum‘ (um 1142), später als ‚Decretum Gratiani‘ bezeichnet, die zur Grundlage des ‚Corpus iuris canonici‘ wurde. Diese Festlegung auf das geschriebene als das gültige Recht drängte nicht nur schrittweise des mündliche Gebrauchsrecht (*consuetudo*) zurück, sie ermöglichte zugleich den Städten als neuen Rechtsräumen, sich durch ein verschriftlichtes S t a d t r e c h t den Status eines Rechtskörpers zu geben, dem die Stadtbürger durch den Bürgereid zugehörten. Die Konstitution als eigener Rechtskörper setzte zwar das Privileg des Stadtherrn voraus, der auch an der Rechtssetzung beteiligt war, aber die spezifische Ausformung des je eigenen Stadtrechts, das für alle Stadtbürger bindend war, erhielt durch den Grundsatz des gelehrten Rechts die weitere Absicherung, daß geschriebenes Recht als Recht zu gelten habe (Gratian: *quae in scriptis redacta, constitutio sive ius vocatur*). Es verwundert daher nicht, daß mit dem Aufblühen des Städtewesens, beginnend mit dem ‚Braunschweiger Stadtrecht‘ (1227), zugleich eine volkssprachige Kodifikation von Stadtrechten einsetzt, die nachfolgend nur an einigen Beispielen für das 14. Jahrhundert verdeutlicht werden kann.

Bei den Kodifikationen von Stadtrechten griff man auf die Spiegelrechte, auf andere Stadtrechte und auf das eigene Gebrauchsrecht zurück. So stellt das zu Beginn des 14. Jahrhunderts überlieferte ‚Görlitzer Rechtsbuch' die älteste bekannte Adaptation des ‚Sachsenspiegels' zu einem Stadtrecht dar, hinter dem vielleicht sogar die lateinische Urfassung des ‚Sachsenspiegels' steht; sollte dies zutreffen, dann dokumentierte sich darin – wie schon beim ‚Sachsenspiegel' selbst – die Ablösung der deutschen von der lateinischen Sprache auch in der städtischen Rechtskodifikation. Eine deutsche Fassung des sächsischen Spiegelrechts verwendete dagegen – wie auch das etwa gleichaltrige schlesische ‚Löwenberger Rechtsbuch' – das schlesische ‚Neumarkter Rechtsbuch' aus der ersten Hälfte des 14. Jahrhunderts, das in einem heute verlorenen Teil auch das einflußreiche Recht von Magdeburg enthielt. Diese Kombination von sächsischem und magdeburgischem Recht entfaltete eine breite, bis ins 16. Jahrhundert reichende Tradition (vgl. Bd. III/2), in der auch das ‚M e i ß n e r   R e c h t s b u c h' als das umfassendste und weitest verbreitete Stadtrechtsbuch des 14. Jahrhunderts steht. In etwa 100 Handschriften vor allem in Nord- und Mitteldeutschland, von Schlesien, Böhmen und Mähren bis Preußen überliefert, entstand die Kompilation zwischen 1357/58 und 1387 in der Mark Meißen, wahrscheinlich in Zwickau. Gezogen ist sie *usz keyserlichen buchern, usz deme lantrechte spigels der sachsen, wichbilde buchern, unde usz geystlichen buchern, unde usz lantrechtes buchern.* Dabei wurde das *keyserrecht* aus dem Goslarer Stadtrecht (*keyserweichbilde*), das Weichbildrecht (= Ortsrecht) aus dem ‚Zwickauer Rechtsbuch' (1348) und aus dem Magdeburger Weichbildrecht geschöpft und so in Übereinstimmung gebracht, daß *yderman wol doruf buwen magk*. Mit seiner kritisch-normierenden Arbeit hatte der anonyme Autor einen Geltungsbereich des ‚Meißner Rechtsbuches' vor Augen, der über die Markgrafschaft Meißen hinaus auch das Osterland, das Pleißner Land, das Vogtland, Polen, Böhmen, die Markgrafschaft Brandenburg, Sachsen, Westfalen und Thüringen umfassen sollte, was augenfällig das Bemühen um großflächig homogene Rechtsräume dokumentiert; die reiche Überlieferung zeigt, daß diese Bemühungen durchaus auf ein großes Echo stießen. Vor Ort freilich erfolgten dann recht unterschiedliche Ausformungen: Das preußische ‚Elbinger Rechtsbuch' (um 1400) etwa verband das ‚Meißner Rechtsbuch' mit Magdeburger Schöffensprüchen und – wie der ‚Alte Kulm' (etwa 1394) im Deutschordensland – mit dem ‚Schwabenspiegel'. Das ‚Silleiner Stadtrechtsbuch' (1378) aus der Slowakei hingegen schloß sich mit der Rezeption des ‚Sachsenspiegels' und des Magdeburger Rechts enger an den Magdeburger Rechtskreis an; es zeigt aber auch Spuren, die vielleicht ebenfalls in den Umkreis des ‚Meißner Rechtsbuchs' zurückführen. Das ‚Herforder Stadtrechtsbuch' (um 1370), das vielfach den ‚Sachsenspiegel' rezipiert, ragt unter den Stadtrechtsbüchern durch die künstlerische Ausstattung mit Karl dem Großen als *rex iustus* der Tradition und mit dem Stadtgericht als stets gegenwärtigem Wahrer des Rechts hervor.

Im Ostseeraum war das ‚Lübische Recht' (vgl. S. 398 zu Albrecht von Bardewik) von besonderer Bedeutung, das im ‚Revaler Rechtsbuch' eine der ältesten Aufzeichnungen erfahren hat. Bereits 1248 verlieh Erik IV. Plogpenning Reval das lübische Recht, was der Dänenkönig Christoph I. 1257 bestätigte. War die Fassung von 1257 noch auf Latein, so erfolgte bereits 1282 eine Aufzeichnung auf Mittelniederdeutsch. Wie groß auch hier das Bemühen um Ausbildung großer Rechtsräume war, zeigt auf Gotland das ‚Visbysche Stadtrecht', das in der jüngeren mittelniederdeutschen Redaktion (1341-1344) – eine ältere gleichfalls mittelniederdeutsche, aber nur in Fragmenten erhaltene Fassung geht auf die Zeit um 1270 zurück – neben Hamburger und Lübecker zudem schwedisches Stadtrecht berücksichtigt. Die Aufzeichnung mit ihren auch kulturhistorisch interessanten Ausführungen (u.a. zum Leben am Hafen) erfolgte auf Befehl König Magnus Erikssons, König von Schweden, Norwegen und Schonen. Beim lübischen Recht selbst fällt auf, daß bei ihm – trotz seiner Bedeutung für den Bereich der Ostseeküste – ab der Mitte des 14. Jahrhunderts private Aufzeichnungen die amtliche Kodifizierung ablösen.

Auf einen Angehörigen des Deutschen Ordens gehen wohl zwei in mitteldeutscher Sprache aufgezeichnete Sammlungen zurück, die in der ältesten Handschrift (Anfang des 15. Jahrhunderts) zusammen mit dem ‚Lübischen Recht' überliefert sind: das ‚Polnische Recht' (wohl vom Beginn des 14. Jahrhunderts) als älteste Quelle des polnischen Privatrechts und das ‚Preußische Recht' (1340). In beiden Fällen kommt der Hochmeister des Deutschen Ordens als Gerichtsherr und dessen deutschsprachiges Umfeld als Nutznießer der Aufzeichnungen in den Blick.

Aus dem vornehmlichen Geltungsbereich des ‚Schwabenspiegels' im Süden und Südosten sei auf das ‚Wiener Stadtrechtsbuch' hingewiesen, in dem zwischen 1278/81 und 1296 ein gerichtlicher Vorsprecher das Wiener Gebrauchsrecht, die städtischen Satzungen und Rechtsprivilegien zusammengestellt hat. Mit 35 bekannten Handschriften (in mindestens sieben Redaktionen), von denen mehr als die Hälfte auch den ‚Schwabenspiegel' überliefern, scheint hier mehr als eine nur private Aufzeichnung vorzuliegen. Auffällige Überlieferungsgemeinschaft mit dem ‚Schwabenspiegel' zeigt ebenfalls das erstmals aus der Wende vom 14. zum 15. Jahrhundert überlieferte ‚Wiener-Neustädter Stadtrecht', in dem für den städtischen Rat 35 Rechtstexte aus der Zeit zwischen 1239 und 1396 verzeichnet sind; da ein systematischer Aufbau fehlt, wird man nur in einem erweiterten Sinn von einem Stadtrechtsbuch sprechen können.

Hingewiesen sei auch auf den ‚Zürcher Richtebrief', in dem bei der zweiten Redaktion (1304) zum Statutenbuch der Stadtschreiber Nikolaus Mangolt die bisherigen Satzungen der Stadt Zürich in fünf Bücher gliederte (an deren Schluß er jeweils einige Seiten für künftige Satzungen frei ließ). Nikolaus Mangolt ist zugleich der Schreiber jenes Teils der ‚Großen Heidelberger Liederhandschrift' C, der das Œuvre des Johannes Hadlaub enthält. Da Rüdiger Manesse (vgl. S. 155) 1278–1304 eine führende Rolle im Zürcher Rat spielte, dürfte er von den Vorarbeiten zum ‚Zürcher Richtebrief' zumindest gewußt haben.

Eine wichtige Ergänzung zu den vorliegenden Rechtsbüchern stellen im städtischen Rechtswesen die S c h ö f f e n s p r ü c h e dar, die nicht unerheblich zur Ausbildung des Rechts anhand konkreter Fälle beitrugen. Ihrer Herkunft nach bilden sie eine Schnittstelle zwischen mündlichem und schriftlichem Recht: Als Sprüche der Schöffenkollegen wurzeln sie im Bereich der mündlichen Rechtsfindung, die sich freilich auf schriftliche Rechtsquellen stützte; als Rechtsmitteilungen, die in Schöffenspruchsammlungen zusammengestellt werden konnten, bilden sie dann aber selbst schriftliche Rechtsquellen, die man zusätzlich zu den Rechtsbüchern beizog.

Die Institution der Schöffen stammt aus der karolingischen Gerichtsverfassung. In Dörfern und Städten lag das Gerichtswesen bei Schöffenkollegien, die meist zwölf Mitglieder umfaßten und die im Rahmen des Rechts im jeweiligen Gerichtsbezirk urteilten. Die Schöffen hatten im Normalfall keine Ausbildung im gelehrten Recht, sie waren aber in ein überörtliches Rechtssystem eingebunden. In den Urkunden zur Stadtgründung und zur Verleihung des Stadtrechts finden sich ab dem 12. Jahrhundert – wie zuvor schon in den Markturkunden des 10. und 11. Jahrhunderts – Verweise auf das Recht anderer Orte. Im weiteren Verlauf gewannen einzelne Schöffenstühle ein solches Gewicht in Rechtsangelegenheiten, daß sie die Funktion von Oberhöfen einnahmen (so vor allem Dortmund, Aachen, Ingelheim, Freiburg im Breisgau und Iglau). Bei diesen konnte man bei komplizierten und unsicheren Rechtsfragen als Stadt- oder als Privatperson Rechtsauskünfte einholen; teilweise galten die Oberhöfe als Appellationsinstanz. Insgesamt wurde die Rechtsverbindlichkeit der Schöffensprüche, die von den Oberhöfen ergingen, unterschiedlich gehandhabt. Bereits 1386 schaffte Ludwig der Bayer im ‚Oberbayerischen Landrecht' die Schöffengerichtsbarkeit ab (vgl. S. 384), und als 1451 das königliche Kammergericht das Hofgericht mit seinem Schöffenwesen ablöste, ging die Bedeutung der Schöffengerichte schrittweise zurück. Wie wichtig die Arbeit der Schöffenkollegien in der Gerichtspraxis war, zeigt der große Umfang der Schöffensprüche vor allem seit dem 14. Jahrhundert, die als schriftliche Rechtsmitteilungen nach den Urkunden die dichteste Überlieferung innerhalb der volkssprachigen Rechtstexte aus der Sphäre des rechtlichen Alltags aufweisen.

Innerhalb des skizzierten Systems nimmt der Magdeburger Schöffenstuhl den ersten Rang ein. Nicht von ungefähr zeigte sich daher bei den Rechtsbüchern (vgl. S. 385) immer wieder ein Bezug zum Magdeburger

Recht. Diese herausragende Stellung gründet im Vorbildcharakter des Magdeburger Stadtrechts, das sich nach dem Privileg des Erzbischofs Wichmann (1188) ausbildete, für alle Stadtrechtsverleihungen im Zuge der deutschen Ostsiedlungen einschließlich dem Deutschordensland, Schlesien und Böhmen, mit Ausstrahlungen bis in die Slowakei, nach Polen, Rußland und in die Ukraine. Man wandte sich mit der Bitte um Rechtsmitteilung an Magdeburg (erstmals 1261 für Breslau belegt), *darombe es alle weichbilde beschirmet*. Die Schöffensprüche folgen in der Regel einem vierteiligen Aufbau: 1. Einleitungsformel und Nennung des Schöffenstuhls, 2. Darstellung des Falls, 3. Entscheidung des Schöffenstuhls, 4. Schlußformel, meist mit der Bestätigung: *Von rechtes wegen*.

In der ersten Hälfte des 14. Jahrhunderts beginnt die Zusammenstellung von Schöffensprüchen in Schöffenspruchsammlungen, die teilweise zur Grundlage neuer Rechtsbücher wurden. Die älteste erhaltene Sammlung dieser Art ist das ‚Stendaler Urteilsbuch‘, in dem der Stadtschreiber Johannes ab 1334 insgesamt 31 Magdeburger Schöffensprüche für Stendal zusammentrug, die zwischen 1329 und 1340 ergangen waren. Ab Mitte des 14. Jahrhunderts (nach 1352) ließ der Breslauer Rat Magdeburger Schöffensprüche, Rechtsmitteilungen und Sätze des Magdeburg-Breslauer Rechts im sogenannten ‚Unsystematischen Schöffenrecht‘ zusammenfassen. Diese Sammlung wurde zur Grundlage des ‚S y s t e m a t i s c h e n   S c h ö f f e n r e c h t s‘, das die vorhandene Rechtsüberlieferung Breslaus zwischen etwa 1359 und 1389 in 400 Kapiteln und gegliedert in 5 Bücher systematisch darstellte. In dieser Fassung erfuhr das Breslauer Rechtsbuch in der zweiten Hälfte des 14. Jahrhunderts eine erste Rezeption im ‚Alten Kulm‘, der wegen der Stellung Kulms als Oberhof im Deutschordensland eine weite Verbreitung fand. Ebenso basiert das ‚Glogauer Rechtsbuch‘ (1386), das u.a. auch auf das ‚Breslauer Landrecht‘ (vgl. S. 382) zurückgreift, auf dem ‚Systematischen Schöffenrecht‘ (und für das Lehnrecht auf dem ‚Sachsenspiegel‘).

Bemerkenswert ist das Unternehmen des Brünner Stadtschreibers Johannes (1343–1357), die Schöffensprüche seiner Stadt *secundum alphabetum* in 730 Artikeln zu ordnen und sie an das gelehrte Recht anzugleichen. Dieses lateinische Werk steht wohl im Zusammenhang mit der Anweisung (1350) des Markgrafen Johann von Mähren, daß für die mährischen Städte Brünn als Oberhof zu gelten habe. Die eingeführte Bezeichnung ‚Brünner Schöffenbuch‘ trifft vor diesem Hintergrund nur teilweise zu; im Grunde handelt es sich um ein „praktisches Handbuch des römischen Rechts für Stadtgerichte", das man eher als ‚Brünner Rechtsbuch‘ bezeichnen sollte. Wichtiger als diese terminologische Frage ist der Befund, daß im Zuge der Territorialisierung durch die Brünner Kodifikation das städtische Gerichtswesen mit seinem volkssprachigen Recht den Prinzipien des gelehrten Rechts unterworfen wird.

Die Anlage von Schöffenspruchsammlungen blieb im wesentlichen auf den sächsisch-magdeburgischen Rechtskreis beschränkt; weder im lübischen Recht, noch im Westen und Süden des deutschen Sprachgebiets findet sich eine vergleichbare Tradition. Im lübischen Rechtsbereich übernahmen die Lübecker Ratsurteile die Funktion einer Appellationsinstanz; ansonsten konnte sich nirgends ein Zentrum der Rechtspflege nach Art und vom Rang Magdeburgs herausbilden.

Einem besonderen Rechtsbereich gelten die B e r g o r d n u n g e n, in denen das Montanrecht, die Gewohnheiten und die Organisationsformen des Bergwerkbetriebs zusammengefaßt sind. An der Spitze der Überlieferung stehen die ‚Trienter Bergwerksurkunden' von 1208, deren spätere Rezeption von Böhmen und Sachsen bis in die Toskana reichte. Für die Bergwerke der Steiermark galt hingegen die 1339 bestätigte ‚Zeiringer Bergordnung', von der einige Artikel in die ‚Salzburger Bergordnung' von 1342 eingingen. In ihr legte Erzbischof Heinrich von Pirnbrunn als Landesherr von Salzburg (wie 1344 sein Nachfolger Ortolf von Weißeneck) die landesfürstliche Satzung für den Goldbergbau in Gastein fest. Die Spezifik des Rechtsbereichs erforderte einerseits eine differenzierte Ausformung des Bergrechts nach den Erfordernissen der Montanbetriebe, andererseits eine Abstimmung mit dem Landrecht, um die Kompetenzverteilung zwischen Berg- und Landrichter zur Vermeidung von Konflikten genau zu beschreiben.

Im Gegensatz zu allen genannten Formen volkssprachiger Rechtsliteratur handelt es sich bei den deutschsprachigen O r d e n s r e g e l n und -konstitutionen um Übersetzungen der rechtlich allein verbindlichen lateinischen Fassung. Im Gegensatz jedoch zur ‚Althochdeutschen Benediktinerregel', die als Interlinearversion zum Verständnis des lateinischen Textes hinführen sollte (vgl. Bd. I/1, S. 198), handelt es sich jedoch bei den seit Ende des 13. Jahrhunderts auftretenden Übertragungen um Texte, die aus sich heraus verständlich sind. Sie waren offenkundig für Ordensmitglieder, speziell für Konversen, Schwestern und auch für Angehörige des Laienzweigs einzelner Orden (sogenannte Dritte Orden) gedacht, die des Lateins nicht (hinlänglich) mächtig waren. So fertigte etwa der Benediktinermönch Gerhard von Düren, seit 1365 Prior der Abtei Brauweiler, für seine jungen Ordensbrüder eine Übersetzung der ‚Benediktinerregel'. Auf ihre Weise sind die Übersetzungen zu einem Gutteil Ausdruck jener neuen Frömmigkeit, die im 13. Jahrhundert aufbricht (vgl. Bd. II/2, S. 60–84). Vor diesem Hintergrund ergibt es durchaus einen Sinn, daß die Übersetzungen der Ordensregeln fast durchweg gegen Ende des 13. Jahrhunderts einsetzen.

Einen halbwegs verläßlichen Überblick auf diesem Gebiet verbietet die Forschungslage: Wahrscheinlich ist nur der geringere Teil der Übertragungen, die wohl in Archiven lagern, überhaupt bekannt, und vom

Bekannten blieb das meiste unediert; Repertorien fehlen. Nach den gegenwärtigen Kenntnissen nimmt unter den Regelübersetzungen die ‚Benediktinerregel' quantitativ die Spitzenstellung ein. Von den 14 edierten Fassungen stammen 7 aus der Zeit zwischen der ersten Hälfte des 13. und dem Ende des 14. Jahrhunderts; diesen Angaben steht jedoch eine Vielzahl unedierter und noch nicht textgeschichtlich untersuchter Textzeugen gegenüber. Trotz dieser Überlieferungsbreite scheint es keine Verbindungen zwischen der ‚Benediktinerregel' und der geistlich-didaktischen deutschen Literatur gegeben zu haben. Lediglich das Gedicht ‚Ain gemaine lere' (14. Jahrhundert), das in mehreren Fassungen überliefert ist (zwischen 100 und 20 Versen) und das Regeln für ein christliches Leben formuliert (*Mensch, wilt du leben cristenlich so hör wol und merck mich*), könnte auf das vierte Kapitel der ‚Benediktinerregel' zurückgehen: Auch dort werden in einer langen Liste die ‚Werkzeuge' für die guten Werke (*Quae sunt instrumenta bonorum operum*) aufgezählt. Unter den Zisterzienser-Konstitutionen, die auf der ‚Benediktinerregel' aufruhen, verdient als frühester deutscher Regeltext des Zisterzienserordens eine um 1300 niedergeschriebene Konversenregel aus dem Stift Zwettl (Niederösterreich) Beachtung. Die deutsche Fassung der ‚Johanniterregel und -statuten' aus der Mitte des 14. Jahrhunderts ist dagegen deswegen bemerkenswert, weil sie möglicherweise nicht auf eine lateinische, sondern auf eine französische Textvorlage zurückgeht.

Ein bedeutender Stellenwert unter den Ordensregeln kam der ‚Augustinerregel' zu, weil sie in vielfacher Abwandlung zahlreichen männlichen und weiblichen Ordensgemeinschaften und Kongregationen zum Vorbild diente. Im Grunde handelt es sich dabei um zwei Regeln (‚Ordo Monasterii' und ‚Praeceptum'), die nach heutiger Kenntnis erstmals im bairischen Prämonstratenserkloster Schäftlarn während der zweiten Hälfte des 14. Jahrhunderts übersetzt wurden. Älter dagegen (13. Jahrhundert) ist die alemannische Übersetzung der Regelauslegung ‚Expositio in regulam beati Augustini', die wohl von Hugo von St. Viktor (gest. 1141) stammt. ‚Dominikanerinnen-Konstitutionen', die ebenfalls die ‚Augustinerregel' für die Zwecke des Ordens ergänzen, sind erstmals in deutscher Sprache aus der Mitte des 13. Jahrhunderts fragmentarisch für das Dominikanerinnenkloster St. Markus in Straßburg überliefert; die allgemein verbindlichen Konstitutionen des Humbertus de Romanis von 1259 erfahren um 1300 eine Übersetzung. Für den Deutschen Orden vermutet man, daß es in den Ordenshäusern schon vor Mitte des 13. Jahrhunderts eine deutsche Fassung der ‚Deutschordensregeln und -statuten' gab; die Überlieferung selbst setzt erst zu Beginn des 14. Jahrhunderts ein. Ausdrücklich für die Brüder und Schwestern des Hospitalkonvents, die *niht latin kunnen*, aufgezeichnet ist dagegen bereits um 1250 die ‚Eichstätter Konventsregel' des Heilig-Geist-Spitals. – Auf die ‚Augsburger Drittordensregel' aus dem Franziskanerinnenkloster Maria Stern in Augsburg und auf die ‚Augsburger Klarissenregel', beide vom Ende des 13. Jahrhunderts, aber bis zum ausgehenden 15. und beginnenden 16. Jahrhundert überliefert, wurde bereits in Bd. II/2 (S. 178) hingewiesen.

Die Ordensregeln und -statuten hatten für die Verfassung der Klöster und Konvente Rechtsverbindlichkeit. Daneben gaben sie aber auch Anleitungen für das alltägliche geistliche Leben und näherten sich darin der geistlich-didaktischen Literatur an. Neben ihrem Status der Schriftlichkeit, die eine Lektüre zur Verinnerlichung der Texte erlaubte, darf der Vortrag im Rahmen der Tischlesung nicht übersehen werden. Damit wird auch hier die Mündlichkeit als ein Aspekt des Rechtsschrifttums sichtbar.

Prosa der Geschichtsschreibung

In der Verbindung von Recht und Geschichte (vgl. Bd. II/2, S. 170–173) und im Nebeneinander von Reim und Prosa (vgl. Bd. II/2, S. 132–137) zeigen sich offenkundige Gemeinsamkeiten bei der Chronistik des 13. und 14. Jahrhunderts. Aber ebenso offensichtlich sind die formalen und thematischen Verschiebungen: Gegenüber der Geschichtsepik (vgl. S. 237ff.) gewinnt die Prosachronistik deutlich an Gewicht, und ins Zentrum der Geschichtsprosa tritt die Stadtchronik. Zwar wird der Typus der Weltchronik weiterhin gepflegt, knüpft die städtische Geschichtsschreibung bei der Frage nach der Verankerung der eigenen Stadt in der Universalgeschichte an der Weltchronistik an, aber das Interesse richtet sich nunmehr auffällig auf das konkrete Herkommen der Stadt, auf ihre reale Geschichte, das zeitgenössische Geschehen. Die Geschichte des Gemeinwesens, in dem man lebt, wird als Orientierungs- und Deutungsrahmen für das als selbst Erlebte aufgerufen, Augenzeugenschaft erhält in der volkssprachigen Prosachronistik einen bevorzugten Stellenwert, Veränderungen während der eigenen Lebenszeit werden registriert und kommentiert. Diese Konzentration auf den real erfahrbaren Lebensraum hat eine Fixierung auf die Stadt und auch auf die Klosterchronik in deutscher Sprache während des 14. Jahrhunderts zur Folge. Die Landeschronistik wird dagegen kaum von der Prosa erfaßt, an ihre Stelle tritt – wiederum vom Postulat der Konkretion geleitet – die Darstellung einzelner Kriege und Schlachten. Einer anderen Orientierungsfunktion folgen dagegen die Erfahrung des Fremden in den Reisebeschreibungen und Pilgerberichten; sie werden daher als Teil des Fachschrifttums (vgl. S. 412ff.) behandelt.

Zur deutschsprachigen Welt- und Universalchronistik in Prosaform steuerte das 14. Jahrhundert – sieht man von der produktiven Rezeption des Tradierten und von dem leider nur trümmerhaft überlieferten Vorhaben des Deutschen Ordens ab, das einflußreiche ‚Speculum historiale' des Dominikaners Vinzenz von Beauvais (gest. 1264) zu übersetzen – lediglich drei nennenswerte Vertreter bei, die zudem nur im Fall der ‚Mittelniederdeutschen Weltchronik' (3 Handschriften) eine Überlieferung aufweist, die über 1 Textzeugen hinausgeht. Wohl um die Mitte des 14. Jahrhunderts entstanden, beschränkt sich die ‚Mittelniederdeutsche Weltchronik' auf die Geschichte des vierten Weltreichs, beginnend mit der Gründung Roms und endend bei Kaiser Friedrich II. Dem Autor, der dafür aus der ‚Sächsischen Weltchronik' und aus dem ‚Chronicon pontificum et imperatorum' des Martin von Troppau (vgl. Bd. II/2, S. 171), aber auch aus der ‚Legenda aurea' (vgl. S. 236) schöpfte, ging es offenkundig um die Geschichte des römisch-deutschen Reiches, erst danach sollte – in Umkehrung des Konzepts Martins von Troppau – die Papstgeschichte folgen, zu der eine der drei Handschriften wenigstens einen Katalog der Päpste bis Clemens VI. (1342–1352) liefert.

Gleichfalls der ‚Sächsischen Weltchronik' als Quelle neben lateinischen Weltchroniken (u.a. wiederum Martin von Troppau) und ebenfalls der Geschichte der römisch-deutschen Kaiser und Könige verpflichtet ist die wohl in der zweiten Hälfte des 14. Jahrhunderts entstandene ‚Kölner Prosa-Kaiserchronik'. Der anonyme Autor schlägt zwar den zeitlichen Bogen bis zurück zu den jüdischen Königen (wegen Verlust von Blättern zu Beginn – wie auch am Ende – der Handschrift setzt der Text erst nach Salomo ein), vor allem aber bemüht er sich, die Darstellung bis in die Gegenwart zu führen: Die defekte Handschrift endet mit der Wahl Albrechts I. von Österreich zum König, seiner Krönung durch den Kölner Erzbischof (1298) und der Erwähnung des Rostocker Ritterfestes von 1311 (vgl. S. 182). Aber nicht nur bei Albrecht, auch sonst wird die Bedeutung Kölns und seiner Erzbischöfe für die Reichsgeschichte besonders hervorgehoben. Dies entspricht zwar der lokalen historiographischen Tradition, die städtische Akzentuierung innerhalb der Reichsgeschichte paßt aber zugleich zum neuen Interesse an der Stadtgeschichtsschreibung im 14. Jahrhundert. Darin unterscheidet sich die kurze Prosa-Weltchronik ‚Von den fünf Zeiten vor Christi Geburt', die vielleicht noch in der zweiten Jahrhunderthälfte einen Abriß der fünf Weltalter von der Weltschöpfung bis zur Geburt Jesu gibt und in der Gliederung der *aetates* der augustinischen Tradition folgt. Der Gegenwartsbezug ergibt sich allein aus der didaktischen Zielsetzung des Werkes: die *fursten* sollen die *wandlung* als Prinzip der Weltgeschichte erkennen, wobei die *wandlung* sowohl durch Schuld bedingt ist als auch ein Zeichen der Strafe darstellt.

Den Gegenwartsbezug sucht auch die ‚Oberrheinische Chronik' eines alemannischen Anonymus, die zunächst bis 1337 reichte und die dann durch drei Fortsetzungen bis 1349 ergänzt wurde. Andererseits zeigt sich an dieser knappen Kompilation, wie in den Fortsetzungen das ursprüngliche Konzept einer Universalgeschichte zunehmend verlorengeht. Dem Abriß über die sechs Weltalter von der Schöpfung bis einschließlich der Geburt Jesu schließen sich in bekannter Weise die Papst- und Kaiserkataloge an; dabei hat der offenkundig belesene Autor auch Reminiszenzen aus dem ‚Rolandslied‘, dem ‚Willehalm‘, aus der Braunschweiger Löwensage und der Schwanrittersage in die Kaisergeschichte eingearbeitet, die erst ab Rudolf von Habsburg etwas detaillierter gestaltet ist. Der Grundstock der Chronik schließt mit einem Überblick über die deutschen Bischöfe, die Papst Johannes XXII. (1316–1334) eingesetzt hatte. Die Fortsetzungen, die ein besonderes Interesse an der Geschichte des Deutschen Ordens zeigen, richten den Blick nahezu sprunghaft auf Preußen, Polen, die Schweiz, auf den Hundertjährigen Krieg zwischen England und Frankreich, auf das große Erdbeben von 1348 und schließlich auf die Auseinerandersetzungen zwischen Günther von Schwarzburg und Karl IV. im Kampf um die deutsche Krone (1349; vgl. S. 10) sowie auf das Elend der Pestzeit und die Geißlerbewegung (vgl. S. 168f.). Dem festen Schema der Universalgeschichte zu Beginn steht am Schluß eine Ansammlung individueller Wahrnehmungen ohne erkennbaren Bezugsrahmen gegenüber. Dieser kam innerhalb der volkssprachigen Prosachronistik des 14. Jahrhunderts fast nur in den überschaubaren Lebensräumen der Stadt und des Klosters oder in der Kriegsgeschichte in den Blick. Für andere Typen der Geschichtsschreibung mußten erst neue, evidente Deutungsmuster erarbeitet werden (vgl. Bd. III/2). Dies belegt noch am Ende des 14. Jahrhunderts der universalhistorische Abriß der ‚Konstanzer Weltchronik‘, die durch die Geschichte der Konstanzer Bischöfe bis 1384 und durch zeitgenössische Berichte (Judenverfolgung, Geißlerumzüge, Erdbeben von 1356 am Oberrhein) ihren aktuellen Bezug erhielt.

Die Ablösung von der Universalchronik zugunsten der L a n d e s - h i s t o r i o g r a p h i e läßt sich in der ‚Österreichischen Chronik von den 95 Herrschaften‘ gut beobachten, die L e o p o l d v o n W i e n zugeschrieben wird. In diesem Wiener Augustiner-Eremiten, der bereits an der 1384 gegründeten theologischen Fakultät der Universität Wien studiert und gelehrt hatte, fassen wir die zentrale Figur eines Übersetzerkreises um Herzog Albrecht III. von Österreich (1365–1395), dessen Hofkaplan Leopold war (vgl. S. 56). Seine Übersetzertätigkeit wie sein historiographisches Interesse dokumentieren sich in der Übertragung von Cassiodors verbreiteter kirchengeschichtlichen Kompilation ‚Historia ecclesiastica tripartita‘ (um 560), die Leopold mit einer gereimten *lobred* auf Herzog Albrecht eröffnet. Eine solche Widmung fehlt der österreichischen Prosachronik zwar (die übrigens auch keinen Autor nennt), dennoch ist sie ohne Zweifel im Blick auf den Herzogshof verfaßt und im Hauptteil 1394, also noch in der Regierungszeit Albrechts III.

abgeschlossen worden (Fortsetzung bis 1398). Für den Wiener Hof als Adressaten spricht auch die Konzeption des Werks, das – orientiert an der franziskanischen Weltchronikkompilation ‚Flores temporum' (13./14. Jahrhundert) – wiederum die Kaiser- und Papstgeschichte zur Grundlage nimmt. Sie dient aber hier zur Verortung der Geschichte Österreichs; dem entspricht der spätmittelalterliche Titel ‚Chronica patrie'. Im Zentrum steht daher auch die Abfolge der 95 Herrschaften Österreichs von den Anfängen bis Albrecht III. und Leopold III. Wenn dabei dem Beginn der Babenberger-Herrschaft 81 fabulöse Herrschaften vorangestellt werden, dann steht dahinter der Wunsch, das Haus Habsburg nicht nur mit der babenbergischen Dynastie zu verklammern, sondern ihm zugleich eine unvergleichlich ehrwürdige Ur- und Frühgeschichte zu verleihen. Dieses Konzept entspricht dem ehrgeizigen Streben Rudolfs IV. nach Rangerhöhung, nachdem die ‚Goldene Bulle' (1356) seines Schwiegervaters Karl IV. den Habsburgern keinen Platz im erlauchten Gremium der Kurfürsten eingeräumt hatte (vgl. S. 49). Ob Rudolf dieses fabulöse Konstrukt auch angeregt hat, läßt sich nicht sichern, doch zeigt die Überlieferung in mehr als 50 Handschriften mit einer Konzentration auf die Fabelfürstenreihe und der weitgehenden Ausblendung der Kaiser- und vor allem der Papstgeschichte, daß das Interesse auf den ur- und frühgeschichtlichen Teil gerichtet war. Der Fälschungsnachweis durch Aeneas Silvius Piccolomini in seiner ‚Historia Australis' (1453–1458) konnte die Rezeption des Elaborats bis ins 18. Jahrhundert nicht verhindern. Ab den Babenbergern stützt sich die Chronik allerdings auf seriöse Quellen: auf das ‚Fürstenbuch' des Wieners Jans (vgl. Bd. II/2, S. 54–56), auf die ‚Österreichische Reimchronik' Ottokars von Steiermark (vgl. S. 240ff.) und auf die ‚Königsfeldener Chronik' (vgl. S. 401), dazu treten offenkundig aus eigener Erfahrung des Autors geschöpfte Nachrichten über das herzogliche Brüderpaar Albrecht III. und Leopold III. Hierin wie im ambitionierten Konzept zur historiographischen Überhöhung der habsburgischen Dynastie beruht der Wert dieser – nicht nur für Österreich – umfangreichsten Landeschronik in Prosa aus der zweiten Hälfte des 14. Jahrhunderts.

Einem landesgeschichtlichen Konzept verdankt sich gleichfalls der weite Rückgriff bis zum Alten Testament (Sintflut) in der ‚Ungarnchronik', die Heinrich von Mügeln (vgl. S. 188f.) Herzog Rudolf IV. von Österreich (1358–1365) gewidmet hat. Diese Verankerung der bis 1333 reichenden Landeschronik in mythischen Vorzeiten dient dazu, die Abstammung der Ungarn auf die Söhne Nimrods zurückzuführen und von diesem ersten Weltherrscher aus in 73 Kapiteln die Geschichte Ungarns immer wieder auf bedeutende Herrscher wie Attila oder König Stephan I. den Heiligen, aber auch auf die blutigen Auseinandersetzungen um die ungarische Königskrone zu zentrieren. Heinrich von Mügeln ließ sich für sein beachtliches Unternehmen (9 Handschriften) nicht nur von einer lateinischen Vorlage leiten, sondern wollte sich mit seiner deutschen Prosachronik selbstbewußt in die Autoritätenreihe lateinischer Historiographie (Josephus, Orosius, Valerius Maximus) stellen. Diesen Anspruch steigert Heinrich noch in seiner lateinischen, König Ludwig I. von Ungarn (1342–1382) gewidmeten ‚Ungarnchronik' auf artifizieller Ebene: In dem kunstvoll komponierten vierteiligen Werk wechseln nach einem bestimmten Schema Prosa, rhythmische Reimverse und Strophen in 12 Tönen deutscher Sangspruchdichter ab, darunter drei Töne, die von Heinrich selbst stammen (*nota mensurata auctoris*). Da dieses Schema im vierten Teil nicht voll ausgeführt ist, muß das bis 1072 reichende, auf Heinrichs Prosachronik aufbauende Prunkwerk als Fragment gelten (nur in einer Handschrift überliefert). In seiner kunstsinnigen Durchformung steht es innerhalb der deutschen Chronistik völlig singulär da, auch die in einem Sangspruchton abgefaßten Chroniken Michel Beheims (vgl. Bd. III/2) reichen nicht annähernd an den Kunstanspruch Heinrichs von Mügeln heran; auf der Suche der spätmittelalterlichen Historiographen nach überzeugenden Deutungsmustern vermochte Heinrichs meisterlicher Wurf freilich nicht wegweisend zu sein.

Eine frühe Motivation und Legitimation für das Verfassen von Prosachroniken war die Einsicht in den Zusammenhang von Recht und Geschichte (vgl. Bd. II/2, S. 171). Für den Bereich der Stadt zeigt sich dies in besonderer Deutlichkeit bereits im 13. Jahrhundert an den Magdeburger Rechtsbüchern, die Geschichtsschreibung und Rechtsaufzeichnungen miteinander verbinden (vgl. Bd. II/2, S. 172f.). In dieser Tradition steht auch die ‚M a g d e b u r g e r   S c h ö p p e n c h r o n i k': Sie ist für die Magdeburger Schöffen geschrieben (*minen leven heren den schepen to leve*), sie nimmt auf das wohl 1631 vernichtete ‚Magdeburger Schöffenbuch' Bezug (*steit in miner heren der schepen bok, dar umme schrive ik dar hir nicht van*), und der Autor war zeitweilig Schöffen- und Stadtschreiber zugleich.

Als Verfasser der ‚Magdeburger Schöppenchronik' darf mit hoher Wahrscheinlichkeit der Priester H e i n r i c h   v o n   L a m m e s s p r i n g e angesehen werden. Nach einer offenkundig theologisch-kanonistischen Ausbildung erhielt er im Pestjahr 1350, in dem sein Amtsvorgänger hinweggerafft wurde, die Stelle des Schöffenschreibers, die er bis 1373 versah. Aufgrund seiner Kenntnisse über die Politik des Magdeburger Rats und seiner juristischen Fähigkeiten wirkte er bei der Lösung innerstädtischer Konflikte mit, er vertrat aber auch nach außen die Rechte der Stadt vor Kaiser Karl IV. und war mit weiteren diplomatischen Aufträgen betraut. Daneben verfaßte er Rechtsgutachten in Fällen von Rechtskollisionen (Land- gegen Reichsrecht, Stadt- gegen Landrecht). Zwischen 1360 und 1372 schrieb er an der ‚Magdeburger Schöppenchronik', die von anderen Chronisten 1373–1428 und 1450–1468 fortgesetzt und 1565/66 sogar ins Hochdeutsche übersetzt wurde.

Die Text- und Überlieferungsgeschichte der Chronik und ihre offiziöse Geltung bis ins 17. Jahrhundert dokumentieren den Rang dieser Stadtchronik.

Der Autor schrieb die ‚Magdeburger Schöppenchronik' *to vromen der stad* und nach dem Prinzip des *historia docet*: Die Darstellung der Stadtgeschichte sollte dazu dienen, *leit und ungemak* von der Stadt abzuwenden. Aus der Geschichte der Stadt ließ sich nach Auffassung des Verfassers die Begründung des geltenden Rechts ablesen, ließen sich aber auch politische Entscheidungshilfen für die Gegenwart finden. Dieser Zielsetzung entsprechend eröffnet Heinrich seine in drei Bücher gegliederte Darstellung nicht mit einem universalgeschichtlichen Abriß nach Art der Weltchronistik, sondern verankert die Geschichte der Stadt, deren Gründung er Julius Caesar zuschreibt, in der sächsischen Stammesgeschichte (erster Teil) und in der Geschichte des Magdeburger Erzbistums (zweiter Teil). Dabei stützt er sich auf die ihm zugängliche lateinische und deutsche Chronistik, der er auch das annalistische Prinzip seines Werks entnahm; dazu zählten offensichtlich – wie der Bericht über das Gral-Spiel des Brun von Schönebeck zeigt (vgl. Bd. II/2, S. 148) – auch lokale Quellen. Im dritten, von 1350 bis 1372 reichenden Teil hingegen berichtet er *van den dingen, de ik sulven gehort und geseen hebbe*. Dieses Insistieren auf Augenzeugenschaft, das gleich zu Beginn mit dem persönlichen Erleben der Pestpandemie im Jahre 1350 – nur zwei von zehn Personen in Heinrichs Hausgemeinschaft blieben am Leben – zum Zuge kommt, bildet sich im 14. Jahrhundert zu einem festen Prinzip der Prosachronistik aus. Dahinter steht das erwachende Bewußtsein von der Erinnerungswürdigkeit des selbst Erlebten, das in der Aufzeichnung Geschichte wird und das sich im Rahmen der aufgeschriebenen Geschichte zugleich historisch deuten und einordnen läßt. Neben der geistlichen wird so die historische Selbstvergewisserung zu einem neuen, zukunftsweisenden Orientierungsmuster und zu einer eigenen Legitimation für die lokal orientierte Geschichtsschreibung.

Der Weg zu dieser historiographischen Neuorientierung verlief keinesfalls geradlinig. Dies zeigt die Straßburger Chronik des F r i t s c h e K l o s e n e r, die in der Nachfolge Martins von Troppau mit einem Papstkatalog und einer Kaisergeschichte von Caesar bis Karl IV. (1355) reicht. Da sich die Vorrede allein auf diesen universalhistorischen Teil bezieht, mögen die nachfolgende Bistumsgeschichte und die zeitgeschichtlichen Notizen zu Straßburger Ereignissen erst auf eine spätere Planung zurückgehen.

Ob Fritsche Klosener mit der gleichnamigen Straßburger Patrizierfamilie verwandt war, läßt sich nicht belegen. Als Kleriker machte Klosener seine Karriere am Straßburger Münster: Zunächst *custos* am Marienaltar und niedrig dotierter Präbendar (Pfleger) der Münsterfabrik (Stiftungsvermögen für den Münsterbau), die auch die Baumeister und Steinmetzen verköstigte und vergütete, erhielt er spätestens 1358 die erste, gut ausgestattete Pfründe am neuen Katharinenaltar und später als *summissarius* eine der lukrativsten Pfründen des Münsters; vor 1396 ist er gestorben. Klosener verfaßte außer der Straßburger Chronik ein ‚Directorium chori', eine 1364 vom Domkapitel genehmigte Gottesdienstordnung für das Straßburger Münster, und ein lateinisch-deutsches Vokabular (vgl. S. 406). Außerdem übersetzte Klosener im Auftrag des Ratsmitglieds Johann Twinger das ‚Bellum Waltherianum', in dem die Auseinandersetzungen des Bischofs Walther von Geroldseck mit der Stadt zwischen 1260 und 1263 dargestellt sind (vgl. Bd. II/2, S. 36).

Das ‚Bellum Waltherianum' bildet den Grundstock für die Straßburger Bistumsgeschichte, die den umfangreichsten Teil von Kloseners 1362 abgeschlossener Chronik darstellt. Ergänzend konnte er sich für die Bistumsgeschichte bis 1299 auf die lateinischen Aufzeichnungen des Straßburger Ellenhard-Kodex (‚Chronicon Ellenhardi') stützen. Ab 1302 dagegen tritt selbst in Erfahrung Gebrachtes und bis 1358 selbst Erlebtes auf den Plan. Noch deutlicher wirkt dieses Prinzip der Augenzeugenschaft im nachfolgenden Teil mit zeitgenössischen, eher sachlich als chronologisch geordneten Notizen zur Stadtgeschichte (Kriegszüge, Zunftkämpfe, Auseinandersetzungen im Domkapitel, Judenverfolgungen, Bautätigkeiten, Brände, Wetter, Ernten, Preise und Naturkatastrophen). Ausführlich unterrichtet Klosener über das Auftreten der Geißler und notiert dabei ihre Lieder (vgl. S. 168f.). Diese Schilderungen sind eindrucksvoll und aufschlußreich, sie zeugen – etwa in Abwehr der Unterstellung, die Pest gehe auf eine Vergiftung der Brunnen durch die Juden zurück – von einem kritischen Blick des Historiographen, aber eine konzeptionell durchdachte Stadtgeschichte formt sich daraus nicht. Der nochmalige Rückgriff auf die Reichsgeschichte von Philipp von Schwaben bis zur Wahl Rudolfs von Habsburg (1273) am Werkende verstärkt den Eindruck einer Materialsammlung. Nur in einer Handschrift überliefert, blieb Kloseners Chronik, die übrigens im Verwaltungsgebäude der Münsterfabrik aufbewahrt wurde, eine Breitenwirkung versagt; durch den Straßburger Stadtgeschichtsschreiber Jakob Twinger von Königshofen allerdings, der sie kräftig für seine verbreiteten ‚Chroniken' benutzte (vgl. Bd. III/2), wirkte Kloseners Straßburger Chronik indirekt weiter.

Die Zentrierung auf die Gegenwartsgeschichte leistet J o h a n n v o n G u b e n (gest. um 1387) in seiner Stadtchronik von Zittau, die ohne universalhistorischen Vorspann gleich mit der Gründung der Stadt durch Ottokar von Böhmen beginnt und die Zeit von 1255 bis 1375 umfaßt. Als Stadtschreiber (seit 1363) und Mitglied des Rates (seit 1381) lenkt Johann von Guben – gestützt durch amtliches Schrifttum – das Hauptaugenmerk auf die Auseinandersetzungen in der Stadt und auf die Ausbeutung der Stadt durch Karl IV. Als Vertreter der städtischen Politik weist der Autor auf den Schaden hin, den die Stadt durch die Zunftkämpfe und durch die Abgabenpolitik des Kaisers erlitten hat. Dabei geht die Augenzeugenschaft als Darstellungsprinzip so weit, daß dem Prager Hof in penibler Buchführung die bedrückenden Abgaben vorgerechnet und bei den innerstädtischen Auseinandersetzungen die Verhandlungen geradezu protokollartig zu Gesprächsszenen verdichtet werden. Die Darstellung erhält auf diese Weise nicht nur unmittelbare Anschaulichkeit, sondern vermittelt zugleich den Eindruck der unbedingten Glaubwürdigkeit und Überprüfbarkeit.

Der Gegenwartsbezug konnte sich bis zu punktuellen Kurzberichten verknappen. So ließ Albrecht von Bardewik, seit 1291 Mitglied des Lübecker Rats (1308 Bürgermeister) und 1294 an der Redaktion des lübischen Rechts (vgl. S. 386) sowie an die der Kodifikation des lübischen Seerechts (1299) beteiligt, zum Jahr 1298 einige Lübeck betreffende Nachrichten aufzeichnen: Der feierliche Empfang Herzog Heinrichs I. von Mecklenburg (1264–1302) nach seiner Heimkehr von einer langen Pilgerfahrt, die ihn 1271–1279 auch in sarazenische Gefangenschaft führte, die Beteiligung Lübecks an der Eroberung einer Raubritterburg durch niederdeutsche Fürsten und die Vermittlungsversuche Lübecker Gesandter (unter ihnen der Ratsschreiber Luder von Ramesloh) in den schweren Auseinandersetzungen zwischen der Stadt Riga und dem Deutschen Orden, von denen Luder von Ramesloh als Augenzeuge berichtete. Eingeflochten in diese Berichte sind aber auch Nachrichten zum Kampf um die Königskrone zwischen Adolf von Nassau und Albrecht I. (vgl. S. 3).

Im Rahmen der aktuellen Stadtgeschichte konnte sich das historiographische Interesse auf die Thematik einer Familienchronik und auf autobiographische Aufzeichnungen verengen. Das erste volkssprachige Zeugnis dieser Art ist das ‚Püchel von meim geslecht und von abentewr‘, in dem der Nürnberger Patrizier Ulman Stromer ab 1360 bis zu seinem Tod (1407) aufzeichnete, was er gehört und selbst erlebt hatte. Da dieser chronikalische Typus bereits ins 15. Jahrhundert weist, soll er in Bd. III/2 im Zusammenhang dargestellt werden.

Eine kulturgeschichtlich orientierte, auf den Wandel der Zeit gerichtete Darstellung lieferte Tilemann Elhen von Wolfhagen mit seiner ‚Limburger Chronik‘, die keine Stadtchronik im strengen Sinne ist, sondern nach dem Prinzip des Bermerkenswerten (*notabile*) in Form der Episodentechnik eine chronologisch geordnete Reihung von Ereignissen aufzeichnet, die sich zwischen 1335 und 1398 (gedacht war offenkundig an eine Fortführung bis 1402) in Limburg und im Lahntal zugetragen haben. Auch wenn der Autor zu Beginn wohl auf lokale Quellen zurückgegriffen hat, ging es auch ihm um ein Verzeichnen dessen, was er *selbe gesehen und gehort* hat. Dabei kam es ihm immer wieder darauf an, das Berichtete sentenzhaft – etwa anhand des ‚Cato‘ (vgl. S. 288f.) – zu kommentieren.

Prosa des Geschichtsschreibung

Tilemann Elhen stammt wohl aus Wolfhagen bei Kassel. 1347/48 geboren, erhielt er eine Ausbildung als Notar. Seit 1370 ist er in Limburg bezeugt, wirkte dort als *notarius publicus* und zeitweise auch als Stadtschreiber. Um 1390 konnte er in die städtische Führungsschicht mit verwandtschaftlichen Beziehungen zum Adel im Umland einheiraten. Gestorben ist Elhen nach 1411. Seine Chronik überliefern – mit Ausnahme eines Fragments des 15. Jahrhunderts – nur Handschriften und Drucke des 16. bis 18. Jahrhunderts.

Neben den politischen Vorkommnissen (insbesondere Fehden) im Umfeld von Limburg interessiert sich Elhen vor allem für außergewöhnliche Ereignisse (Naturkatastrophen, Pest, Geißlerzüge, für die er einen der ausführlichsten Berichte liefert; vgl. S. 168f.). Erstaunlich aber sind seine außergewöhnlichen Realbezüge: die Physiognomik in den Personenbeschreibungen, der Wandel in der Kleidermode, die sich auch an den Statuen in den Kirchen feststellen lasse, die Nennung von Liedautoren, von Liedzitaten und der Hinweis auf formale Veränderungen beim Liebeslied (vgl. S. 162), der Wandel in den Kampfrüstungen. Alle diese Hinweise sind kulturgeschichtlich ungemein wertvoll, vor allem aber dokumentieren sie eine gewandelte historiographische Sichtweise, die deutlich in die Neuzeit vorausweist.

Die Beobachtungen zur städtischen Historiographie finden zu einem Gutteil in der volkssprachigen K l o s t e r c h r o n i s t i k des 14. Jahrhunderts, in der gleichfalls ein überschaubarer Lebensraum in den Blick genommen wird, ihre Stütze. Dabei ist im literarischen Typus der Klostergründungsgeschichten in Reimversen (vgl. S. 245f.) und Prosa der Aspekt des Herkommens und der historischen Selbstvergewisserung eher noch stärker als in den Stadtchroniken ausgeprägt.

So verankert die niederdeutsche, von König Konrad I. (911–918) bis 1294 reichende ‚Chronik des Stiftes SS. Simon und Judas in Goslar' unter Benutzung der ‚Sächsischen Weltchronik' (vgl. Bd. II/2, S. 171f.) die Gründung und die Geschichte des Goslarer Stifts selbstbewußt in der Reichsgeschichte, so daß man in Teilen sogar von einer Art Kaiserchronik sprechen kann. Daneben spielt der Erwerb von Reliquien eine große Rolle. Verbunden mit einem einleitenden Reliquienverzeichnis und einer Predigt zur Reliquienweisung des Stifts scheint die Anlage der Chronik, die auf eine lateinische Vorlage zurückgeht, mit der Einführung eben dieser Reliquienweisung im Jahre 1294 zusammenzuhängen. Mit diesem aktuellen Anlaß wäre zugleich ein unmittelbarer Gegenwartsbezug gegeben.

Stärker auf die Stifter konzentriert sich dagegen die wohl noch im 13. Jahrhundert entstandene Klostergründungsgeschichte des Schaffhauser Allerheiligenklosters ‚Eberhard und Itha von Nellenburg', die wohl gleichfalls auf lateinische Quellen zurückgreift. Entsprechend steht das heiligmäßige Leben des Stifterpaares, des Grafen Eberhard III. von Nellenburg (gest. 1078/79) und seiner Gattin Itha, am Anfang der mit einem

Versprolog eingeleiteten Prosachronik. Der nachfolgende Bericht von der Stiftung (1050), dem Bau und der Weihe des Klosters sowie die Erzählung von den Wundern, die Eberhard vor und nach seinem Tod gewirkt hat, sollte nicht nur die Heiligkeit des Stifters belegen, sondern dem Kloster einen heiligen und verehrungswürdigen Gründer sichern. Mit dem Schlußteil stellte man sich schließlich in einen weiteren Traditionszusammenhang (u.a. Anschluß an die Hirsauer Reform) und versicherte sich mit der Nennung von Wohltätigkeiten des Stiftersohnes Burkhard des weiteren Wohlwollens der Stifterfamilie.

Der Bericht vom heiligmäßigen Leben des Stifterpaares steht in der Tradition der Vita als früher Form der religiösen Geschichtsschreibung, die dann auch auf weltliche Fürstinnen und Herrscher übertragen wurde. Eine Art Zwischenstellung nimmt Ende des 13. Jahrhunderts die lateinische ‚Vita S. Elisabeth' des Erfurter Dominikaners Dietrich von Apolda ein, die um 1300 nicht nur eine deutsche Versbearbeitung erfuhr (vgl. S. 234), sondern ab Mitte des 14. Jahrhunderts auch mehrere deutsche Prosafassungen. Die außergewöhnliche Verehrung der heiligen Elisabeth (vgl. Bd. II/2, S. 60–62) schloß auch ihren Gemahl, den Landgrafen Ludwig IV. von Thüringen, mit ein, dem man nach seinem Tod auf dem Kreuzzug (1227) den Beinamen ‚der Heilige' zusprach. Bereits kurz nach Ludwigs Tod und Begräbnis legte sein Hofkaplan Bertholdus die lateinischen ‚Gesta Ludovici' an, die als erste Fürstenbiographie – sieht man von lateinischen Kaiser- und Königsviten ab – in Deutschland gelten darf. Aus ihr formte nach 1308 ein Reinhardsbrunner Mönch u.a. mit Rückgriff auf die ‚Vita S. Elisabeth' Dietrichs von Apolda die ‚Vita Ludovici', die ein Friedrich Köditz zwischen etwa 1314 und 1323 ins Deutsche übersetzte. Dieses in sechs Büchern eingeteilte ‚Leben des Heiligen Ludwig' bringt nach einer genealogischen Übersicht auch einen ausführlichen (bereits in der Vorlage vorhandenen) Bericht darüber, wie Klingsor von Ungarn im ‚Rätselspiel' des ‚Wartburgkrieges' die Geburt der heiligen Elisabeth (vgl. Bd. II/2, S. 101) und ihre Verlobung mit dem Landgrafen Ludwig vorhersagt. Das Werk schließt im sechsten Buch mit 153 Wunderberichten, die sich am Grabe Ludwigs ereignet haben. Damit sollte die Heiligkeit Ludwigs nachgewiesen werden, zugleich versuchte man aber offenkundig mit der Übersetzung auch, für Reinhardsbrunn als Begräbnisort des wundertätigen Landgrafen und Gemahls der heiligen Elisabeth auf literarischem Weg zu werben.

Von Dietrich von Apolda stammt auch eine ‚Vita S. Dominici', die von der Geburt des Ordensgründers bis zu seiner Heiligsprechung reicht; sie fand in der zweiten Hälfte des 14. Jahrhunderts gleichfalls eine Prosaübersetzung. Zuvor schon sind für die Franziskus-Vita, die bereits um 1250 Lamprecht von Regensburg in eine deutsche Reimpaarfassung brachte (vgl. Bd. II/2, S. 66–68), deutsche Prosaversionen überliefert.

Weniger das Stifterpaar als deren Töchter stehen im Mittelpunkt der ‚Chronik des St. Clarenklosters zu Weißenfels', die von der Klostergründung (1285) bis 1347 reicht. Die Gründung des Klosters durch Markgraf Dietrich von Landsberg (1242–1285) und seiner Gattin Helena (gest.

1304) setzte deren Tochter Sophia gegen den heftigen Widerstand des Vaters durch. Sie trat mit ihrer Schwester Gertrud in dieses Kloster ein und führte ebenso wie Elisabeth von Orlamünde, die mit König Adolf von Nassau (1292–1298) verwandt war, und Margaretha (gest. 1347), einer Tochter Heinrichs I. von Brandenburg, ein vorbildgebendes Nonnenleben. Die Viten dieser Ordensfrauen und die inserierten Wundererzählungen beschreiben eine Haustradition, die wohl zur Nachfolge anregen und verpflichten sollte. In der Anlage der Weißenfelser Prosachronik zeigen sich Ähnlichkeiten mit den Schwesternbüchern und Nonnenviten aus dem Umkreis der Mystik (vgl. S. 106ff.).

Fürstengeschichte, Klosterchronik und Königinnen-Vita verknüpft schließlich die um 1388 von einem Franziskaner verfaßte ‚K ö n i g s - f e l d e n e r C h r o n i k‘, die lediglich in einer 1442 von Clevi Fryger geschriebenen Fassung vorliegt. Als Chronik des habsburgischen Grabklosters Königsfelden im Aargau lieferte der erste Teil eine Geschichte des Hauses Habsburg von Rudolf I. (1273–1291) an und berichtet dabei auch von der Klostergründung. Der zweite Teil widmete sich der Vita einer berühmten Leiterin des Klosters: Ausführlich geschildert wird das Leben der Königin Agnes (1280–1362), einer Tochter König Albrechts I. (1298–1308), die sich nach dem Tod ihres Gatten, des Königs Andreas III. von Ungarn (gest. 1302), und ihrer Mutter (gest. 1313) als Witwe beim Königsfeldener Kloster ansiedelte (vgl. S. 46). Mit der habsburgischen Hausgeschichte und der Königinnenvita schuf sich das Kloster eine fürstliche, mit der Reichsgeschichte verbundene Aura, die über den Quellenwert der Chronik für die österreichische Geschichtsschreibung noch im 15. Jahrhundert nachwirkte (vgl. Bd. III/2).

Alle diese Werke der Klosterhistoriographie stellt der St. Galler Geschichtsschreiber C h r i s t i a n K u c h i m a i s t e r mit seiner Prosachronik ‚Nüwe Casus Monasterii Sancti Galli‘ auch sprachlich-stilistisch weit in den Schatten. Er setzt die lange, bis Ratpert, dem Dichter auch des althochdeutschen ‚Gallusliedes‘ (vgl. Bd. I/1, S. 332–335), und Ekkehart IV. mit seinen berühmten ‚Casus Sancti Galli‘ (vgl. Bd. I/1, S. 169f.) zurückreichende und bis Konrad von Fabaria für die Zeit von 1203 bis 1232 weitergeführte Klosterchronik St. Gallens fort, wendet sie aber mit seinem Werk erstmals in Deutsche. Seine historisch zuverlässige Darstellung setzt einen Zugang zu den archivalischen Quellen des Klosters voraus, doch bleibt unklar, in welchem Verhältnis der St. Galler Autor zur dortigen Abtei stand. Kuchimaisters 1335 begonnene, von 1228 bis 1329 reichende Chronik liegt die Regierungszeit der neun Äbte, die während des beschriebenen Jahrhunderts amtierten, als Gliederungsprinzip zugrunde. Dieser rote Faden verhindert eine bloße Aneinanderreihung von Anekdotischem; lediglich der Anfangsteil, der sich mit Konrads von Fabaria Chronik überlappt, ist von diesem reihenden Darstellungsprinzip geprägt. Ansonsten erzählt Kuchimaister im Blick auf die gegenwärtig desolate Lage des Klosters von dessen ehemaliger Macht und großem Reichtum und seinem tiefen Fall, um den Zeitgenossen die historischen Hintergründe für diese verhängnisvolle Entwicklung vor Augen zu stellen. Diese bemerkenswerte Chronik beschwört nicht funktionslos den Glanz einer großen Vergangenheit, sondern bemüht sich um die Erhellung der geschichtlichen Zusammenhänge, die zum trostlosen Zustand in der Gegenwart führten. In diesem Bemühen sucht Kuchimaisters Schilderung vom Aufstieg und Fall der berühmten Abtei als Folge von Machtstreben und menschlicher Gebrechlichkeit im 14. Jahrhundert ihresgleichen.

In den Glanzzeiten des Klosters war dessen Geschichte ganz selbstverständlich mit der Reichsgeschichte verbunden. Der mächtige Fürstabt Bertholt von Falkenstein (1244–1272), unter dessen Abatiat das Kloster die größte weltliche Macht entfaltete, unterstützte Papst Alexander IV. (1254–1261) in seinem Kampf gegen Kaiser Friedrich II. Erfolgreich verteidigt Bertholt ein Klosterlehen, das Rudolf von Habsburg für sich beansprucht; er erwirbt weiteren Besitz für das Kloster und sichert ihn mit Burgen, er beteiligt sich an zahlreichen Kriegszügen und versammelt zu Pfingsten 1270 über 900 Ritter zu einem glanzvollen Ritterfest in der Stadt St. Gallen – bereits zwei Jahre später stirbt er jedoch krank und verlassen. Eine Zeit des Niedergangs bricht an: Mönche und Dienstleute sind zerstritten, Gegenäbte werden gewählt; um ihre Anhänger bei der Stange zu halten, verschleudern Abt und Gegenabt das Klostergut. Schließlich kann man sich darauf einigen, die Abtei dem Grafen Wilhelm von Montfort zu übergeben, der sich als Abt (1281–1301) redlich bemüht, den aufgehäuften Schuldenberg abzutragen, die Rechte des Klosters wiederherzustellen und zu sichern. Er tritt den Besitzansprüchen Rudolfs von Habsburg entgegen und zettelt dazu immer neue Fehden an, bis Rudolf beim Papst die Absetzung des Abtes durchsetzen kann. Als er nach Rudolfs Tod (1291) endlich zurückkehren darf, verleiht Abt Wilhelm der Stadt St. Gallen, die immer treu zu ihm gehalten hat, neue Rechte und verteidigt den weiterhin bedrohten Klosterbesitz. In der Schlacht bei Göllheim (vgl. S. 253f.) steht er auf der Seite König Adolfs von Nassau und führt einen Teil des königlichen Heeres gegen Albrecht I. Nach dessen Sieg gelingt dem Konstanzer Bischof Heinrich von Klingenberg (vgl. S. 155) und dem Grafen Heinrich von Montfort, Probst in Chur, eine Versöhnung zwischen Albrecht und dem Abt – doch dieser stirbt, ohne die Beichte ablegen zu können. Das glanzlose Ende der beiden glanzvollsten Äbte liest sich wie ein eindrückliches *memento mori*. Unter den beiden nachfolgenden Äbten, die Kuchimaister selbst erlebt hat, herrschen nurmehr Geldsorgen: Abt Heinrich von Ramstein belegt seine Leute mit harten Steuern, Abt Hiltbolt von Werstain dagegen ist zwar ein *liechtsenffter man*, aber unter seiner Amtsführung ging es mit dem Kloster so rapide bergab, daß er unter Vormundschaft gestellt werden mußte. Die Wahl eines Nachfolgers bleibt zunächst erfolglos, Kuchimaister bricht – vielleicht entnervt – ab.

Kuchimaisters faktenreiche Chronik hat für die Geschichte des Bodenseeraumes im 13. und 14. Jahrhundert einen hohen Quellenwert, den auch der Humanist Joachim von Watt (Vadian; 1484–1551) in seinem Werk ‚Die äbt des closters zu St. Gallen' schätzte. Darüberhinaus aber besticht Kuchimaisters sprachlich prägnante und stilistisch durchgeformte Darstellung als ein literarisches Prosadenkmal auch heute noch.

Der ausgeprägte Gegenwartsbezug in der Prosachronistik des 14. Jahrhunderts zeigt sich besonders deutlich in dem Bereich, den man mehr oder minder unter den Begriff der K r i e g s g e s c h i c h t e stellen kann. So verzeichnen die Braunschweiger ‚Gedenkbücher' im Buch 1 und 2 für die Zeit von 1377 bis 1388 insbesondere Kurznotizen zu Fehden und Überfällen, unter denen die Braunschweiger Stadtbürger zu leiden hatten. (Die Exzerpte dieser Nachrichten aus den ‚Gedenkbüchern' sind erst von der Stadtgeschichtsforschung des 19. Jahrhunderts unter dem Titel ‚Fehdebuch' zusammengestellt worden.) Auf die Jahre 1369 bis 1374 des erbittert geführten Lüneburger Erbfolgekriegs konzentriert sich dagegen der Lüneburger Ratsnotar (seit 1355) Nikolaus Floreke (gest. 1378/80) in fünf Darstellungen, die er ins älteste Lüneburger Stadtbuch (‚Donatus burgensium antiquus') jeweils am Ende der jeweiligen Aufzeichnungen für die Jahre 1369–1374 (außer 1372) einfügte. Floreke, von dem wahrscheinlich auch der Entwurf zu einer Lüneburger Hochzeitsordnung (um 1370) stammt, beginnt mit dem Tod (1369) Wilhelms, des letzten Herzogs des Lüneburger Teils innerhalb des 1267/69 geteilten Herzogtums Braunschweig-Lüneburg, und schildert, wie Herzog Magnus II. von Braunschweig 1371 nicht einmal einen nächtlichen Überfall auf Lüneburg scheute, um die Stadt zu unterwerfen. Dank der heftigen Gegenwehr der Stadt mußte sich der welfische Herzog geschlagen geben. Wenn Floreke mit der Aussöhnung der verfeindeten Parteien (1373/74) endet, obwohl die Zwistigkeiten weitergingen, dann dokumentiert sich darin wohl auch der Stolz auf den Sieg, den die Stadt über den welfischen Stadtherren, öffentlich sichtbar an der Schleifung der Lüneburg auf dem Kalkberg durch die Stadtbürger, errungen hatte. Die Ereignisse haben in der Lüneburger Chronistik, die praktisch mit Florekes Berichten einsetzt, entsprechend nachhaltig weitergewirkt.

Mit dem Bericht ‚D e r S t r e i t z u M ü h l d o r f' erreicht die volkssprachige Prosachronistik im 14. Jahrhundert auch den Bereich der Reichsgeschichte. Die anschaulich erzählte und historisch verläßliche Darstellung schildert die entscheidende Schlacht bei Mühldorf am Inn (1322) zwischen Ludwig dem Bayern und Friedrich dem Schönen (vgl. S. 5), die nach der Doppelwahl von 1314 jahrelang im Streit um die Königsherrschaft gelegen waren, aus habsburgischer Sicht (vgl. S. 43f.); die Erzählung sollte daher – mit einem gewichtigen Teil der Überlieferung – besser den Titel ‚Der Streit König Friedrichs' tragen. In zwei Fassungen mit insgesamt 8 Handschriften überliefert, reicht die kürzere über den Sieg Ludwigs hinaus bis zur Freilassung Friedrichs aus der Gefangenschaft nach dem Vertrag von Trausnitz (1325), die längere berichtet darüberhinaus von der Vereinbarung, daß Friedrich wenigstens den Königstitel behalten darf, vom ehrenvollen Empfang des Heimkehrenden in Österreich und von Friedrichs Unterstützung bei Ludwigs Plänen, nach Rom zu ziehen (1327/28). Bemerkenswert an beiden Fassungen sind die Bemühungen des anonymen Autors, die Gründe für Friedrichs Mißerfolg aufzudecken, die im politisch unüberlegten, von Gefühlen getragenen Handeln gesehen werden: Er habe auf die Unterstützung der österreichischen Landherren verzichtet und die Hilfe der Ungarn samt ihren heidnischen Mitstreitern vorgezogen; trotz der Übermacht Ludwigs sei er in die Schlacht getreten, bei der er sich im ritterlichen Kampf ausgezeichnet, aber zu sehr auf die ritterliche Gesinnung auch seiner Leute und des Gegners gesetzt habe. Vor dieser Folie des traditionellen höfischen Wertemusters treten die politischen und strategischen Fehler Friedrichs, das Vorherrschen der Emotion statt der geforderten Klugheit besonders deutlich in den Blick. Offenkundig löst sich hier die Geschichtsschreibung mit der Nennung ‚moderner' Bewertungskriterien von der Konstruktion ‚höfischer' Geschichte, wie sie in der Reimchronistik dieser Zeit zu einem Gutteil noch weiterlebte (vgl. S. 237ff.).

Kriegs- und Kampfhandlungen nehmen in der Geschichtsschreibung des Deutschen Ordens (vgl. S. 242ff.) seit jeher einen breiten Raum ein; dies gilt auch für die ‚Chronik des Preußenlandes', die der Geistliche J o h a n n v o n P o s i l g e (gest. wohl 1405) an der Wende vom 14. zum 15. Jahrhundert verfaßte und die dann bis 1419 – einschließlich der Schilderung von der Niederlage des Deutschen Ordens in der Schlacht bei Tannenberg (1410) – fortgesetzt wurde. Mit Johann von Posilge wechselt die Ordenschronistik vom Vers zur Prosa und schreibt erstmals ein Ordenschronist, der dem Deutschen Orden nicht angehörte; auch richtet sich sein Interesse nunmehr allein auf die jüngste Ordensgeschichte (ab 1360). Ihm sind bedeutende Ereignisse außerhalb des Ordenslandes – etwa die Niederlage der Habsburger in der Schlacht bei Sempach (1386), die Herzog Leopold III. von Österreich das Leben kostete (vgl. S. 20) – durchaus wichtig, aber mit der Zentrierung der Darstellung auf Preußen als Ordensland öffnet sich sein Werk hin zur Landeschronik in Prosaform, die sonst im 14. Jahrhundert nur durch die ‚Ungarnchronik' Heinrichs von Mügeln (vgl. S. 394f.) vertreten ist und die erst ab dem 15. Jahrhundert zu eigenen Ausformungen findet (vgl. Bd. III/2).

Prosa der Sachliteratur

Die schriftliche Tradition volkssprachiger Sachprosa reicht – wie etwa die ‚Basler Rezepte' (vgl. Bd. I/1, S. 349) zeigen – bis in die Karolingerzeit zurück. Trotz diesem frühen Beginn bleibt die handschriftliche Überlieferung bis ins 13. Jahrhundert (vgl. Bd. II/2, S. 165f.) auffällig schmal. Dafür lassen sich vor allem zwei Gründe benennen: Zum einen wurde Sachwissen in seiner bis heute unübersehbaren Fülle fast ausschließlich auf Latein schriftlich weitergegeben; zum andern erfolgte die Tradierung ungelehrten Praxiswissens auf mündlichem Wege, der bei Gebenden wie Nehmenden Vertrauen voraussetzte. Erst im 14. Jahrhundert nimmt die Übertragung lateinischer Texte in die Volkssprache und die Verschriftlichung mündlich tradierten Privatwissens im Prosaschrifttum einen solchen Umfang an, daß dafür nunmehr ein eigener Abschnitt sachgemäßt erscheint; noch bedeutender ist dieser literarische Bereich freilich im 15. Jahrhundert (vgl. Bd. III/2). Auch in Absehung von der keinesfalls befriedigenden Forschungslage in diesem Bereich kann es im vorliegenden Rahmen keinesfalls um einen ausdifferenzierten Überblick gehen, sondern lediglich um eine Markierung der Interessenschwerpunkte bei der volkssprachigen Verschriftlichung von Sachliteratur im 14. Jahrhundert. Dabei zeigt sich sehr deutlich, daß die einzelnen Sachgebiete ganz unterschiedlich von der Verschriftlichungswelle erfaßt werden oder sich ihr entziehen.

Wie sehr das gelehrte Wissen dem Latein verpflichtet blieb, läßt sich vor allem an den *Artes liberales* mit ihrem gestuften Lehrprogramm (Trivium: Grammatik, Rhetorik, Dialektik als sprachliche Fächer; Quadrivium: Arithmetik, Geometrie, Musik und Astronomie als mathematische Disziplinen) ablesen. Während sich die Jurisprudenz (vgl. S. 379ff.), die Medizin (vgl. S. 409ff.) und die Theologie (vgl. S. 417ff.) wenigstens ansatzweise zum volkssprachigen Schrifttum hin öffneten, blieb die A r t e s l i t e r a t u r auch im 14. Jahrhundert fast ausnahmslos lateinisch. Im Bereich des Triviums sind es – wie bereits in der Karolingerzeit (vgl. Bd. I/1, S. 185 bis 195) – weiterhin die Glossare und Vokabularien, in denen die deutsche Sprache naturgemäß eine Rolle spielt.

Wohl im Umfeld des Erfurter Franziskanerstudiums entstand um 1300 ein lateinisch-mittelhochdeutsches Wörterbuch mit über 400 Begriffen als Verständnishilfe für Anfänger bei der Lektüre philosophischer und theologischer Werke. Nach dem ersten Lemma (Eintrag) ‚Abstractum-Glossar' genannt, gehört dieses Wörterbuch zu den ältesten lateinisch-mittelhochdeutschen Fachglossaren. Zu den Rezipienten dieses verbreiteten Werks (etwa 100 bekannte Handschriften) gehörte auch der schlesische Zisterzienser Konrad von Heinrichau, der um 1340 eine Reihe von Glossaren schrieb, bei denen nicht immer klar ist, ob Konrad nur als Kompilator oder aber als Verfasser tätig war. Darunter findet sich auch ein nicht alphabetisch geordnetes zweisprachiges Wörterverzeichnis mit Begriffen aus dem Geld-, Verwaltungs- und Kriegswesen. Das bedeutendste lateinisch-deutsche Sachglossar des 14. Jahrhunderts, das später sogar gedruckt wurde, schuf um 1328 der Luzerner Johann Kotman (gest. 1350) mit seinem ‚Vocabularius optimus', der in 55 Kapiteln den Menschen und sein materielles Umfeld erläutert. Aufschlußreich ist die Begründung, die Kotman im Prolog für die Anlage seines Werkes gibt, das er als Anhänger dem Habsburger Herzog Friedrich dem Schönen von Österreich (er hatte 1325 zu Gunsten Ludwigs des Bayern auf die Königskrone verzichtet) widmete: Der zunehmende Gebrauch der deutschen Sprache im Urkundenwesen habe ihn zu dem Unternehmen veranlaßt. Zur Bewältigung seines Vorhabens war Kotman durch eine juristische Ausbildung (Studium wohl 1301 in Bologna) und durch seine amtlichen Tätigkeiten bestens gerüstet (1315–1328 Scholaster der Hofschule, 1318 bis etwa 1321 zugleich auch Stadtschreiber und öffentlicher Notar in Luzern, nach 1328 *Doctor puerorum* in Konstanz und *Iudex ecclesie* des Bistums Chur). Kenntnis des ‚Vocabularius optimus' hatte auch Fritsche Klosener (vgl. S. 396f.), der mit seinem lateinisch-deutschen Vokabular offenkundig die Grundlage für die Entwicklung allgemeiner alphabetischer Vokabulare im Spätmittelalter legte. Auf ihn baute Jakob Twinger von Königshofen auf, dessen Vokabular aber ab etwa 1400 vom weitverbreiteten ‚Vocabularius Ex quo' schnell übertroffen wurde (vgl. Bd. III/2).

Auf dem Gebiet des Quadriviums legte 1373 ein Verfasser namens Wurmprecht einen bebilderten Kalender als ein bedeutendes Zeugnis der Computistik auf astronomisch-wissenschaftlicher Grundlage vor. Dabei werden in 11 Spalten u.a. die Dauer der Tage, die notwendigen Angaben zur Datumsbestimmung (Goldene Zahl, Wochentagsbuchstaben), Heiligennamen und Neumond angegeben. Dem Kalender gehen eine Reise-Prognostik (entsprechend dem Stand des Mondes in den Tierkreiszeichen), eine Anleitung zum Gebrauch des Kalenders (Bestimmung von Tagesbeginn und -länge sowie des Neumondes) und die Nennung von drei verbotenen Laßtagen voraus, an denen man sich nicht zur Ader lassen oder wichtige Unternehmungen beginnen soll. Im Anschluß an den Kalender erklärt Wurmprecht das Entstehen der Sonnen- wie Mondfinsternis und gibt für fünf Sonnen- (1376–1386) und 15 Mondfinsternisse (1373–1383) den Beginn und die Dauer an; nach weiteren kalendarischen Angaben schließt das Werk mit einem Mondwahrsagetext – ein Zeugnis dafür, daß sich wissenschaftlich gegründete Astronomie und Astrologie auch im 14. Jahrhundert keinesfalls ausschließen. Astrologisch-iatromathematische Kalender spielten in der ärztlichen Praxis eine wichtige Rolle und finden sich daher auch im medizinischen Schrifttum wie etwa im ‚Bremer Arzneibuch' (vgl. S. 409f.).

Gegen laienhafte astronomische Vorstellungen, aber auch gegen das Interesse an Riesen- und Heldengeschichten richtete der literarisch außergewöhnlich produktive K o n r a d   v o n   M e g e n b e r g (vgl.

S. 415ff.) ‚Die deutsche Sphaera', eine Übertragung der ‚Sphaera mundi' des Johannes von Sacrobosco, Inhaber des Lehrstuhls für Mathematik und Astronomie in Paris (nach 1220). Konrad beließ es bei keiner bloßen Übersetzung dieses astronomischen Grundlagenwerks, mit dem er sich Mitte des 14. Jahrhunderts in zwei lateinischen Schriften kommentierend auseinandergesetzt hatte, sondern bemühte sich, das gelehrte Wissen in einer für Laien verständlichen Sprache zu vermitteln; deswegen ergänzte er die lateinische Vorlage durch erklärende Zusätze, bei denen er aus seinen beiden kommentierenden Schriften schöpfte.

Nach einer gereimten Vorrede gliedert Konrad wie Johannes von Sacrobosco das Werk in vier Kapitel (*haubtstuk*). Kapitel 1 bietet eine Darstellung des sphärischen Kosmos auf der Grundlage des aristotelisch-ptolemäischen Weltbildes mit der Erde als unbeweglichem Mittelpunkt, die von einer Reihe konzentrischer Sphären umgeben ist. Weiterhin erfährt man, daß alles Geschaffene aus einer Mischung der vier Elemente (Erde, Wasser, Luft, Feuer) hervorgeht, daß sich die oberste Himmelssphäre von Osten nach Westen, die unteren (Planeten-)Sphären dagegen von Westen nach Osten bewegen, wie es sich mit der Wölbung von Himmel, Erde und Wasserflächen verhält, wie groß die Erde und ihr Durchmesser sind. Kapitel 2 handelt über die verschiedenen Kreise (Äquator, Tierkreis, Koluren, Meridian, Horizont, Polar- und Wendekreis). Kapitel 3 unterrichtet über Aufgang und Niedergang der Gestirne, über die Dauer von Tag und Nacht während der einzelnen Jahreszeiten, über die sieben bewohnbaren Erdteile und ihr Klima. Kapitel 4 schließlich beschäftigt sich mit den Planetenbewegungen und mit den Ursachen von Sonnen- und Mondfinsternissen. Die Bedeutung des gelehrten Werks läßt sich daran ermessen, daß Konrads Übertragung in der ersten Hälfte des 16. Jahrhunderts in überarbeiteter Fassung noch viermal zum Druck kam.

Im Gegensatz zur vereinzelten Vermittlung von Schulwissen in deutscher Sprache bleibt das handwerkliche P r a x i s w i s s e n offenbar vorerst weitgehend in der Sphäre der mündlichen Weitergabe. Die spätestens 1330 wohl in Tirol angelegte Sammlung von Färbevorschriften im ‚Bairischen Färbebüchlein' bildet nach Lage der Überlieferung im 14. Jahrhundert eher eine Ausnahme. Noch deutlicher schlägt der Aspekt der Geheimhaltung auf dem Gebiet der Alchemie zu Buche, für die es erst im 15. Jahrhundert Texte in deutscher Sprache und auch da in verdeckter Rede gibt (vgl. Bd. III/2). Ähnlich reserviert scheint man gegenüber Aufzeichnungen von Verfahren zur Schießpulverherstellung gewesen zu sein, für die sich seit der ersten Hälfte des 14. Jahrhunderts nur wenige Zeugnisse finden. Für die Büchsenmeisterkunst selbst stellt die ‚Anleitung, Schießpulver zu bereiten, Büchsen zu beladen und zu beschießen' die älteste Beschreibung dar, in der sich die neue Technik des Geschützwesens dokumentiert. Als bebilderte Handschrift aus der zweiten Jahrhunderthälfte steht sie am Anfang der im 15. und 16. Jahrhundert häufig überlieferten und dann auch gedruckten Feuerwerksbücher (vgl. Bd. III/2). Auch die Unterweisung in der Kunst des Fechtens mit dem zweihändig geführten Schwert durch Johannes Liechtenauer (älteste Handschrift 1389) erfährt erst im 15. und 16. Jahrhundert eine breite und verzweigte Rezeption (vgl. Bd. III/2). Singulär blieb im 14. Jahrhundert die Anleitung zur Pflege und Abrichtung des Habichts zur Beize (Jagd) in der ‚Älteren deutschen Habichtslehre', deren Entstehung man kurz nach 1300 ansetzt. Dieses erste Beispiel einer deutschsprachigen Jagdschrift erfuhr gegen Ende des 14. Jahrhunderts eine Neufassung (‚Jüngere deutsche Habichtslehre'), die zur Grundlage des ersten gedruckten Jagdbuches wurde (‚Beizbüchlein', gedruckt um 1480 von Anton Sorg in Augsburg). In den Bereich des Betrugs führt hingegen die ‚Roßaventüre', die zweimal als Anhang zu Albrants ‚Roßarzneibuch' (vgl. Bd. II/2, S. 165f.) überliefert ist. Obwohl erst um 1400 erstmals aufgezeichnet, enthält die Sammlung eine Reihe alter Tricks, um das Aussehen von Pferden durch Umfärben und ihre Leistungsfähigkeit bis hin zum Doping zu verbessern oder zu verschlechtern.

Großer Beliebtheit erfreute sich das in etwa 80 Handschriften überlieferte ‚Pelzbuch' Gottfrieds von Franken, ein landwirtschaftliches Grundlagenwerk, das im ersten Teil (‚Baumbuch') Anweisungen zur Veredelung von Obstbäumen (*pelzen* = ‚pfropfen') und zu deren Pflege, im zweiten Teil (‚Weinbuch') Unterweisungen von der Weinlese bis zur Weinpflege gibt. Als ausgewiesenen Kenner der Wein- und Obstkultur in Mainfranken wird man Gottfried im Umkreis von Würzburg ansiedeln dürfen. Sein praxisorientiertes Fachwissen, das er seinem Lehrer Nikolaus, dem Gespräch mit vielen Fachleuten, der eigenen, auf weiten Reisen bis ans Mittelmeer (mit Hausbesitz in Bologna) erworbenen Erfahrung und der Lektüre lateinischer Agrarschriften verdankt, stellte er vor 1350 in einem lateinischen Lehrbuch zusammen, das bereits ab der zweiten Hälfte des 14. Jahrhunderts ins Deutsche übertragen wurde. In zwei Hauptfassungen (mitteldeutsch und bairisch) überliefert, finden sich allenthalben aus der Praxis gewonnene Ergänzungen, vor allem aber erfolgt je nach Gebrauchssituation eine Aufteilung des Lehrbuchs, die entweder das Obst- oder das Weinbuch berücksichtigt. Die Nachwirkungen des Gottfriedschen Textes reichen teilweise bis ins 19. Jahrhundert und gründen auf den soliden Fachkenntnissen des Autors. Trotz seines Erfolges, der auch zu mehreren tschechischen Fassungen und zu ungarischen und slowakischen Teilübersetzungen führte, gelangte das deutsche Werk nicht zum Druck; lediglich eine Kurzfassung des lateinischen Weinbuchs wurde in Italien fünfmal gedruckt (um 1480–1495). Darin unterscheidet sich Gottfrieds Abhandlung von dem landwirtschaftlichen Handbuch ‚Ruralium commodorum libri XII' des Bologneser Juristen Petrus de Crescentiis, das es nach einer älteren deutschen Übersetzung

Prosa der Sachliteratur

aus dem ausgehenden 14. Jahrhundert von 1493 bis 1531 zu fünf Druckauflagen brachte.

Im ‚Hausbuch' des Michael de Leone (vgl. S. 308) um 1350 überliefert ist ‚Das Buch von guter Speise', das älteste erhaltene Kochbuch in deutscher Sprache. Es liefert in zwei Teilen an die 100 Rezepte, die nur in einem luxuriösen Haushalt zur Anwendung kommen konnten. Die frühere Zuweisung an Den König vom Odenwald (vgl. S. 309) wird heute skeptisch beurteilt.

Dem punktuellen Auftreten von deutschsprachigem Schrifttum in den genannten Sachbereichen steht eine breitere Verschriftlichungstradition auf dem Gebiet des A r z n e i w e s e n s und der ärztlichen Praxis gegenüber. Mit den ‚Basler Rezepten' reichen dafür die Anfänge letztlich bis in die Karolingerzeit zurück (Vgl. Bd. I/1, S. 349). Eine Hauptquelle für das pharmakologische Wissen lieferte der ‚Macer floridus', eine vielleicht um 1070 entstandene Abhandlung in lateinischen Hexametern über die wichtigsten Heilkräuter. Neben mehreren anderen Nationalsprachen wurde das ungemein wirkmächtige Werk offenkundig schon um 1200 wahrscheinlich in Thüringen ins Deutsche übertragen (‚Älterer deutscher Macer'); eine weitere Prosabearbeitung (‚Jüngerer deutscher Macer') erfolgte wohl im 14. Jahrhundert gleichfalls im mitteldeutschen Raum. Vielleicht aus der gleichen Zeit stammt eine hochdeutsche Reimfassung, die in den bekannten Handschriften abschnittweise dem lateinischen Hexametertext eingefügt ist. Eine mehrfache Übertragung – darunter ebenfalls eine Reimpaarfassung – erfuhr ab der Jahrhundertmitte auch der pharmakologische ‚Kranewittbeer-Traktat' (Kranewitt = Wacholder), der auf eine lateinische, in Skandinavien entstandene Vorlage zurückgeht.

Die Sammlung ärztlicher Erfahrung und medizinischen Wissens führt zum Typ der A r z n e i b ü c h e r, wie er um 1300 im deutschsprachigen ‚Korpus der Klostermedizin' faßbar wird. Dieses aus der Klostermedizin hervorgegangene Werk befaßt sich nicht nur mit der Prognostik und Therapie, sondern legt neben der Prognostik besonderen Wert auf die Diätetik. Während dieses Korpus vor allem auf volkssprachiges Fachwissen zurückgreift, übersetzt und kompiliert das ‚Deutsche salernitanische Arzneibuch' ab dem beginnenden 13. Jahrhundert lateinische Texte, bei denen jenes Fachschrifttum eine besondere Rolle spielt, das unter dem Einfluß der berühmten Medizinschule von Salerno stand. Um die volkssprachige Vermittlung akademischer Medizin bemüht sich auch das ‚Breslauer Arzneibuch', das freilich mehr eine Textsammlung (ab Beginn des 14. Jahrhunderts) als ein strukturiertes Arzneibuch darstellt. Das ‚Bremer Arzneibuch' von 1382, das sich Arnold Doneldey (gest. 1387/88), Vormund vom Bremer St. Jürgenspital, zusammenstellen ließ, kompiliert und systematisiert hingegen mehrere Rezeptare und bietet am Schluß einen astrologisch-mathematischen Kalenderteil zu heilkundlichen Zwecken (vgl. S. 406). Die besondere Beachtung der Diätetik in der mittelalterlichen Heilkunst belegt der ‚Ipocras' (= Hippokrates), der aus der ersten Hälfte des 14. Jahrhunderts erstmals überliefert und zwischen 1472 und 1523 auch mehrfach im Druck erschienen ist. Das Werk legt als Monatsdiätetik das Augenmerk vor allem darauf, über die in jedem Monat zuträgliche Ernährung zu belehren.

Mit dem Bereich der Diätetik berührt sich die Temperamentenlehre, die auf einem Zusammenhang der vier Grundelemente (Feuer, Wasser, Luft, Erde) und ihrer Primärqualitäten (trocken, feucht; heiß, kalt) und den damit korrespondierenden Säften Blut (*sanguis*), Schleim (*phlegma*), gelbe (*cholera*) und schwarze Galle (*melancholia*) aufbaut. Daraus erklären sich nicht nur die vier menschlichen Grundtypen, sondern die Krankheiten als Störungen der richtigen Säftemischung. Sie zu sichern, war Aufgabe der Diätetik; sie wieder ins Gleichgewicht zu bringen, Aufgabe der Therapie. Diese Temperamenten- oder Komplexionslehre war nicht nur Teil strukturierter Arzneibücher (etwa des ‚Bremer Arzneibuchs'), sondern findet sich auch in der Form separater Verstexte, so bei Everhard van Wampen (vgl. S. 290f.), im ‚Hausbuch' des Michael de Leone (vgl. S. 308) und in einem fünfstrophigen Lied (Nr. 329–333) Heinrichs von Mügeln (vgl. S. 188ff.).

Neben der anonymen medizinischen Literatur sind für das 14. Jahrhundert auch zwei namentlich bekannte Ärzte und ihre Schriften zu erwähnen. Der eine ist Konrad von Eichstätt, der es aufgrund seiner ärztlichen Künste zu bemerkenswertem Wohlstand brachte; u.a. sicherte Bischof Gebhard von Eichstätt 1327 dem Magister der Medizin durch Zehnteinnahmen ein laufendes Einkommen. Konrad, Betreiber auch einer Badstube, schrieb eine Reihe erfolgreicher diätetischer Schriften auf Latein, aus denen auch zwei deutsche Werke hervorgegangen sind: das ‚Regimen vite', das in der Überlieferung unter dem Namen des berühmten Ortolf von Baierland (vgl. Bd. II/2, S. 165) läuft, und die ‚Regel der Gesundheit'; beide sind wohl in der zweiten Hälfte des 14. Jahrhunderts aus Konrads lateinischem ‚Urregimen' hervorgegangen. In Bearbeitungen und durch Streuüberlieferung erzielten die zwei Schriften eine Breitenwirkung. So enthält etwa das ‚Fränkische Arzneibuch' (14. Jahrhundert) in den beiden Hauptteilen Ortolfs ‚Arzneibuch' und das ‚Regimen vite'.

Mit Gallus von Prag stoßen wir auf den böhmischen Leibarzt Karls IV., für den Gallus auf Latein eine allgemeine Diätetik verfaßte; Rezepturen sind auch für König Wenzel (1378–1400, gest. 1419) überliefert. Neben einigen kleineren Schriften engagierte sich Gallus in der Bekämpfung von Seuchen. Daraus ging u.a. im Pestjahr 1371 der Prager ‚Sendbrief' hervor, der gleichfalls an Karl IV. adressiert ist und lateinisch und deutsch vielfach überliefert wurde. Den in Briefform abgefaßten Regeln zur Bekämpfung der Pest waren zwei ältere Prager Pestschriften vorausgegangen, die gleichfalls weite Verbreitung fanden: der ‚Brief an die Frau von Plauen' und der ‚Sinn der höchsten Meister von Paris' (um 1350), in dem das berühmte ‚Pariser Pestgutachten' (1348 von König Philipp VI. bei der Medizinischen Fakultät zu Paris in Auftrag gegeben) für die Praxis umgesetzt wurde. Der ‚Sendbrief' des Gallus besticht durch seine klaren und knappen Instruktionen, die den erfahrenen Praktiker erkennen lassen.

Insbesondere auf dem Gebiet der Prognostik zeigen sich Berührungen und Überschneidungen zwischen dem medizinischen und dem mantischen Schrifttum. Ein Beispiel dafür liefern die Lunare, die für jeden Tag eines Mondmonats (von Neumond bis Neumond) Auskünfte über bevorstehende Angelegenheiten geben (etwa zum besten Termin fürs Aderlassen; Schicksal von Neugeborenen). Die ursprünglich lateinische Tradition dieser Kurztexte wird ab etwa 1200 (‚Tegernseer Prognostiken') auch in der Form von Sammellunaren zu mehreren prognostischen Themen greifbar; in der Spezialisierung zu Krankheitslunaren setzt die Überlieferung um 1400 ein, doch muß auf diesem Gebiet mit großen Überlieferungsverlusten gerechnet werden. Welche Bedeutung die Prognostik trotz heftigen Widerstands der Kirche (mit Ausnahme der heilkundlichen Prognosen) im Mittelalter hatte, läßt sich an einer vielfachen Ausdifferenzierung von Text- und Literaturtypen ermessen, auf die im vorliegenden Rahmen nur einige Hinweise gegeben werden können. So unterscheiden sich im Blick auf die 30-Tage-Struktur die Sammellunare von den Mondwahrsagebüchern, in denen der Mondstand unter anderen Aspekten zur Prognostik dient. Die Traumerfüllung als ein Teilthema der Sammellunare erfährt eine Spezialisierung in laienastrologischen Traumbüchern als ein Teil der umfangreichen Traumdeutungsliteratur, die unter dem Begriff der Traumbücher zusammengefaßt wird. Ihre Thematik reicht von der Verdeutschung der ‚Somnialia Danielis' über Traumdeutungen durch das Los (‚Somnialia Joseph') bis zu den physiologisch-medizinischen Traumdeutungen, die auf der Lehre von den menschlichen Säften (vgl. S. 410) beruhen und auf den persischen Gelehrten und Arzt Rhazes/Rasis (gest. 925) zurückgehen. Das Ansehen dieser humoralpathologischen Traumdeutung läßt sich daran ermessen, daß Konrad von Megenberg eine Übersetzung der lateinischen Vorlage in sein ‚Buch von den natürlichen Dingen' (vgl. S. 416f.) aufgenommen hat, auf die wohl die Versbearbeitung durch Heinrich von Mügeln (Nr. 50–52) zurückgeht. Wie die Frage der Traumerfüllung ein Aspekt der Sammellunare war, so bildete die Traumdeutung ein Thema innerhalb der Losbücher, die mit dem gereimten ‚Losbuch' und dem ‚Ortenburger Losbuch' (etwa 3500 Verse) im 14. Jahrhundert einsetzen, die aber im Blick auf die Tradition im 15. Jahrhundert – bis hin zum gesellig-scherzhaften Spiel – im Bd. III/2 im Zusammenhang behandelt werden sollen.

Einen dritten umfangreicheren Bereich bei der Verschriftlichung von Sachwissen greifen wir in der Reiseliteratur mit den Pilger- und Reiseberichten. Bei den Pilgerberichten ist im Blick auf das Reiseziel vor allem zwischen den Fahrten nach Rom und nach Palästina, ihrer Funktion nach zwischen Pilgerführern (verbunden mit Ablaßverzeichnissen) und Berichten von Pilgern als Dokumenten der Fremderfahrung zu unterscheiden, wobei die funktionale Differenzierung nicht immer trennscharf vorgenommen werden kann. Auch für die deutschsprachigen Pilgerberichte setzt die Überlieferung breit erst ab dem 15. Jahrhundert ein (vgl. Bd. III/2; dort auch zum ‚Pilgerführer' für Rom auf der Grundlage der ‚Mirabilia Romae'). An der Grenze unseres Berichtszeitraums sind drei Pilgerschriften des Augustiner-Eremiten und herzoglichen Hofkaplans Leopold von Wien (vgl. S. 393f.) angesiedelt. Im Traktat ‚Von der Stat ze Rom' (1377) griff Leopold auf historiographische Quellen (u.a. Martin von Troppau; vgl. Bd. II/2, S. 171) zurück, fügte ein Ablaßverzeichnis für die römischen Kirchen hinzu und ergänzte die Darstellung durch persönliche Angaben (etwa Besuch der Peterskirche und der Katakomben bei San Sebastiano). Adressat war vielleicht der Wiener Hofmeister Hans von Liechtenstein, für den Leopold eine lateinische ‚Descriptio terrae sanctae' unter dem Titel ‚Von der Stat ze Jerusalem' kürzend übersetzte. Und in die Übertragung ‚Von der rais des pergs Synai' scheinen Reiseerlebnisse des Hertel von Liechtenstein (Bruder des Hofmeisters) eingeflossen zu sein. Dieser eindeutig höfischen Zuordnung der drei Pilgerschriften steht im 15. Jahrhundert ein erheblich breiteres gesellschaftliches Spektrum bei den Autoren wie beim Publikum gegenüber (vgl. Bd. III/2).

Bedeutender als die volkssprachige Pilgerreiseliteratur erweist sich im 14. Jahrhundert die breiter einsetzende Tradition der Reiseberichte in deutscher Sprache. Eine Vorform dieses literarischen Typs lieferte freilich schon der ursprünglich lateinische ‚Presbyterbrief', ein fingierter Brief des Priesterkönigs Johannes von Indien, adressiert an den Kaiser Manuel I. Komnenos (1143–1180) in Konstantinopel, der darin über das indische Reich des Johannes ausführlich berichtet. Die ungemein intensive Rezeption dieses Textes, der in der Germanistik unter dem Titel ‚Priesterkönig Johannes' geführt wird, setzt im Deutschen bereits im ‚Parzival' Wolframs von Eschenbach (vgl. Bd. II/1, S. 332) und vor allem in der Bearbeitung ein, die der Brief in Albrechts ‚Jüngerem Titurel' (vgl. Bd. II/2, S. 110–113) gefunden hat. Eine Reimpaarfassung (etwa 1400 Verse) des zweiten Briefteils verfertigte im 13. oder 14. Jahrhundert ein Oswald der Schreiber im ungarischen Königsberg, aber erst im 15. Jahrhundert kommt es auch zu einer Prosafassung: Offenkundig stand der

‚Priesterkönig Johannes' unter einer anderen Gattungsgesetzlichkeit als die Reiseliteratur im strengeren Sinn.

Der erste deutschsprachige Bericht über den Nahen Osten, der auch auf eigenen Erfahrungen und Beobachtungen baut, ist um die Mitte des 14. Jahrhunderts von einem niederrheinischen Autor verfaßt worden. Sein ‚Niederrheinischer Orientbericht' entstand nach der Rückkehr von einer Reise, die den Verfasser u.a. nach Ägypten (1338/41), Damaskus (1341) und nach Armenien (vor 1348) geführt hatte. Er greift in seiner Darstellung auf literarische Quellen zurück (u.a. auf den ‚Priesterkönig Johannes'), aber ein Gutteil beruht auf eigenen Beobachtungen, die ein unverkennbares Interesse an der Wirtschaft und am Handel, an der Lebensweise der Leute, an Tieren, Pflanzen und Bäumen samt ihren Früchten erkennen lassen, während der militärische Bereich ausgespart bleibt. Man vermutet daher, daß der Anonymus aus dem Umkreis von Fernhandelskaufleuten entstammt und für sie schrieb (erhalten sind noch zwei Kölner Handschriften aus dem 15. Jahrhundert). Gegliedert ist die Darstellung nicht in der Form eines Itinerars, sondern nach drei sachlichen Gesichtspunkten, wobei Jerusalem angesichts spezieller Palästinaliteratur keine hervorgehobene Rolle spielt. Abgehandelt werden zunächst der christliche Orient und dessen Verehrung der Heiligen Drei Könige (was auf Köln als Lebensumfeld des Autors deutet); Johannes von Hildesheim fand hier für seine beliebte ‚Historia trium regum' (1389 erstmals verdeutscht; vgl. Bd. III/2) eine ergiebige Quelle. Der Hauptteil der Schrift ist den nichtchristlichen Reichen zwischen Ägypten und der Mongolei gewidmet. Die abschließenden Angaben zur Fauna und Flora zeugen von einem guten Beobachtungsvermögen, das sich auf das Erkennen des Fremden in seiner Fremdheit einläßt.

Außerordentliche Resonanz fand der erste europäische Bericht vom Fernen Osten, der die Reise des venezianischen Kaufmannsohns Marco Polo nach China und Indonesien zwischen 1271 und 1295 auf dem Land- und Seeweg (Rückreise) zur Grundlage hatte. Das Werk erlebte zwar schon im 14. Jahrhundert eine erste Übersetzung, auch folgte eine Neuübersetzung für zwei Inkunabeldrucke (1477 und 1481), damit bleibt jedoch die deutsche Texttradition eines Werks, von dem Kolumbus ein Exemplar besaß und das für die Entdeckungsreisen des 15. Jahrhunderts eine wichtige Informationsquelle war, auffällig schmal. Ähnlich erging es der Übersetzung des Reiseberichts, den der friaulische Franziskanermissionar Odorico da Pordenone von seiner Chinareise (ab etwa 1314/18) 1330 verfaßte. Er fand lediglich in Konrad Steckel aus Tegernsee und Leutpriester in Wien 1359 einen Übersetzer mit begrenzter Wirkung: Die Überlieferung beschränkt sich auf vier österreichisch-bairische Handschriften des 15. Jahrhunderts. Der Grund für diese augenfällige Zurückhaltung gegenüber den deutschsprachigen Übertragungen dieser beiden

Reiseberichte, die im Lateinischen eine dichte Überlieferung aufweisen, könnte in ihrer Sachlichkeit gelegen haben, die sich der *curiositas*-Erwartung des Publikums versagte. Der fulminante Erfolg, den Jean de Mandeville mit seinen ‚Reisen' ab Ende des 14. Jahrhunderts auch in deutschen Versionen erzielte (vgl. Bd. III/2), scheint diese Vermutung zu bestätigen; hier wird dem Phantastischen im Blick auf den Publikumsgeschmack breiter Raum zugestanden.

Im Zusammenhang mit dem Fern- und Großhandel stehen die Handelsbücher, die ab dem 14. Jahrhundert zunehmend auf Deutsch abgefaßt werden. Der Sprachwechsel läßt sich am Handelsbuch der mächtigen Lübecker Fernhandelskaufleute Hermann und Johann Wittenborg ablesen, die auf der Ost-West-Route im Handel zwischen Rußland, Flandern und England tätig waren. Der Hauptteil des Buches (1346–1360) führt Johann Wittenborg ab 1350 nahezu ausschließlich deutsch. Doch zeigt das Handelsbuch (1367–1392) des Hamburger Tuchhändlers Vicko von Geldersen, daß daneben lateinisch-deutsche Zwei- und Mischsprachigkeit immer noch üblich ist. – Für ihre Fernhandelsreisen legten sich die Händler auch Vokabulare an; ein besonders apartes Beispiel dafür ist das ‚Komanisch-deutsche Glossar', das zwischen 1310 und 1350 an der unteren Wolga für Missionare ergänzt wurde.

Neben dem Schrifttum zu einzelnen Sachgebieten besteht auch im 14. Jahrhundert das Interesse an umfassenden Werken weiter, das im 12. und 13. Jahrhundert zum ‚Lucidarius' (vgl. Bd. II/1, S. 447–450) und zur ‚Secretum secretorum'-Übersetzung durch Hildegard von Hürnheim (vgl. Bd. II/2, S. 166) geführt hatte. ‚Secretum secretorum'-Übertragungen finden sich während des gesamten 14. und 15. Jahrhunderts, auch von (teilweise gereimten) Textteilen und nicht zuletzt zusammen – wie im ‚Korpus der Klostermedizin' (vgl. S. 409) – im Zusammenhang mit eigenen medizinischen Kompendien und Kompilationen. Beachtung verdient der raffende Auszug in der ‚Mainauer Naturlehre' (um 1300), weil er den Schwerpunkt auf die Zeit und Zeitbestimmung legt und daher besser als ‚Buoch von der zît' benannt werden sollte. Eingeleitet durch die Komplexionslehre (vgl. S. 410), verfolgen die Himmelslehre und die astronomisch grundgelegte Komputistik (vgl. S. 406) einschließlich der damit verbundenen Naturlehre jedoch keinen Eigenzweck, sondern dienen als Fundamente für eine gesunde Lebensführung im Wandel des Jahres und des Lebensalter, gepaart mit diätetischen Anweisungen. Eine weitere Verbreitung blieb der ‚Mainauer Naturlehre' (nur eine Handschrift aus dem 14. Jahrhundert) offenkundig versagt; für eine Naturlehre im Sinne der Imago mundi-Literatur war die Schrift nicht nur zu knapp angelegt, sondern auch zu sehr auf chronologische Fragen ausgerichtet, für die medizinische Komputistik gab es spezifischeres Schrifttum.

Größte Nachfrage mit etwa 140 noch erhaltenen Handschriften, 8 Drucken und einer Nachwirkung bis ins 16. Jahrhundert fand hingegen

insbesondere bei den Laien das ‚Buch von den natürlichen Dingen', das
Konrad von Megenberg Mitte des 14. Jahrhunderts schrieb
und das in einer Neufassung eine Widmung an Herzog Rudolf IV. von
Österreich trägt. Ursprünglich hatte Konrad das Werk allerdings für
seine *gar guot freund* (485, 33f.) verfaßt, die man wohl zunächst im Umkreis
der Stephansschule in Wien sehen darf. Mit gut zwei Dutzend Schriften
zur Theologie, Moralphilosophie, zum Kirchenrecht, zur Kirchenpolitik
und zur Staatstheorie, zur Hagiographie und zur Naturkunde ist Konrad
einer der vielfältigsten und produktivsten Autoren des 14. Jahrhunderts.

Um 1309 im heutigen Mäbenberg (südlich von Schwabach bei Nürnberg) geboren, besuchte Konrad ab 1316 in Erfurt die Schule und begann vor 1334 ein
Artesstudium an der Pariser Universität, wo er den Grad eines *magister artium*
erwarb. Seinen Unterhalt verdiente er sich als Lektor am Pariser Zisterzienser-Kolleg St. Bernhard; von 1334 bis 1342 lehrte Konrad an der Sorbonne, wo er
sich wahrscheinlich als Gegner Wilhelms von Ockham in eine erbitterte Auseinandersetzung mit einem Magister Christian einließ; auf Grund dieses Streites
handelte sich Konrad zwischenzeitlich ein Lehr- und Prüfungsverbot ein. Wohl
nicht zuletzt deswegen wechselte er 1342 nach Wien an die Stephansschule
über, aus der 1365 als Stiftung Rudolfs IV. die Wiener Universität hervorging.
Als Rektor der Schule (1342–1348) trug er die Verantwortung für das gesamte
Schulwesen in Wien. Von einer Lähmung befallen, wird ihm im Traum die Heilung durch die Fürbitte des heiligen Erhard von Regensburg zugesagt. Konrad
siedelte daraufhin 1348 nach Regensburg um; dort ist er 1350 als Schulleiter
(*scholasticus*) und 1359–1363 als Pfarrer der Dompfarrei St. Ulrich bezeugt. Im
Auftrag der Stadt (1357) und des Kaisers Karl IV. (1361) reiste er zur päpstlichen Kurie nach Avignon, wo er sich zuvor schon von Paris aus zeimal (1337
und 1341) aufgehalten hatte. Nach seinem Tod (1374) erhielt er eine Grabstätte
im Regensburger Niedermünster.

Konrad schrieb weitgehend auf Latein. Dem heiligen Erhard widmet er eine
Vita, seine glühende Marienverehrung findet im ‚Commentarius de laudibus
Beatae Virginis Mariae' ihren Niederschlag. Im ‚Planctus ecclesiae in Germaniam' (1337/38) mit seinem Versuch eines Ausgleichs zwischen päpstlicher und
kaiserlicher Gewalt (vgl. S. 7f.) zeigt er Sympathie für Kaiser Ludwig den Bayern, im ‚Tractatus de translatione imperii' und in der Widmungsschrift ‚Tractatus contra Wilhelmum Occam' (beide 1354) für Kaiser Karl IV. Anläßlich seines
Weggangs von Wien (1348) widmet Konrad dem neunjährigen Rudolf IV. das
‚Speculum felicitatis humanae' das offenkundig einen dreiteiligen Fürstenspiegel
(vgl. S. 417) eröffnen sollte. Zur Ausführung kam davon jedoch nur noch die
‚Yconomica' (zwischen 1348 und 1352), eine Lehre vom Hauswesen, die hierarchisch vom städtischen Haus (*domus vulgaris*) über den Fürsten- und Kaiserhof
bis zur kirchlichen Kurie reicht. An deutschen Schriften liegen nur ein Erdbebentraktat, der einen Zusammenhang zwischen einem Erdbeben und der
Pestpandemie von 1349 postuliert, ‚Die deutsche Sphaera' (vgl. S. 407) und das
‚Buch von den natürlichen Dingen' vor (in dem 109, 11–35 ebenfalls das große
Erdbeben von 1348 als Ursache für das Auftreten der Pest angesehen wird [vgl.

S. 41], nicht jedoch – wie allgemein unterstellt – die Vergiftung der Brunnen durch die Juden; vgl. 112, 16–29).

Gegenüber der astronomisch ausgerichteten ‚Sphaera' bietet das ‚B u c h v o n   d e n   n a t ü r l i c h e n   D i n g e n' auf der Grundlage der großen Naturenzyklopädie ‚Liber de natura rerum' des brabantischen Dominikaners Thomas von Cantimpré (gest. um 1270) eine umfassende Naturlehre für Laien. Das systematisch gegliederte Kompendium folgt in acht *stück* einer seinshierarchischen Ordnung, die beim Menschen als den Mikrokosmos (1) ihren Ausgang nimmt und über den (Makro-)Kosmos (2), die Tierwelt von den Vierfüßern bis zu den Insekten (3), die Bäume und Sträucher (4), Kräuter (5), Edelsteine (6) und Metalle (7) bis zu den wunderwirkenden Gewässern und Monstren (8) reicht. Dem Werk ist ein kurzer Reimprolog vorangestellt, in dem Konrad sich gegen den Vorwurf verteidigt, *die kunst von lateinischer sprâch in däutscheu wort* zu übertragen: Auch Hieronimus und Boethius hätten aus dem Hebräischen und Griechischen ins Lateinische übersetzt – warum sollte ihm eine Übertragung von der lateinischen in die deutsche Sprache verwehrt sein? Eine Überarbeitung des Werks ersetzt diesen Versprolog durch eine Widmung an Rudolf IV. und gibt der Naturlehre mit der Übersetzung des Glaubensbekenntnisses (Gotteslehre), einem Passus über die Engel und einem Kurztraktat *Von der sel* einen geistlichen Vorspann, dem man neuerdings einem Redaktor zuschreiben möchte; gestützt wird diese Ansicht durch die Beobachtung, daß in der Neufassung Hinweise auf Konrads Verfasserschaft getilgt wurden.

Konrads enzyklopädische Beschreibung der Natur vermittelt – über den ‚Liber de natura rerum' hinaus, den er wie andere auch für ein Werk des Albertus Magnus hielt – gelehrtes Buchwissen, das durch eigene Beobachtungen ergänzt wird. Dabei geht es Konrad jedoch nicht nur um eine Sachbeschreibung, vielmehr werden die Erkenntnisse im Blick auf den Nutzen für den Menschen befragt. In diesem Zusammenhang kommt es immer wieder zu allegorischen Deutungen, etwa wenn der *witz* des unscheinbaren Stieglitz auf menschliche Verhältnisse bezogen wird (184, 11–14): *Alsô geschiht dike, daz von diemüetigen armen läuten ain gar vernünftig witzig kint geporn wirt und von grôzen fürsten ain narr und esel kümt. got, des sei dir gedanket, daz dû armuot nie versmaehet hâst.*

Konrad zielt bei seinen Deutungen aber auch auf Mißstände etwa bei den Geistlichen – bei denen er sich selbstkritsch miteinbezieht (vgl. 121, 1–5) – und bei den Ordensleuten, gelegentlich greift er sogar politische und zeitgenössische Themen auf. So wird die Unterscheidung unter den Pelikanen zwischen Wasser- und Landtieren einerseits auf *die löbleich priester* und auf *diu werltleich ritterschaft*, zugleich aber auf *diu zwai swert der hailigen christenhait, daz götleich und daz werltleich* gedeutet (211, 19–36). Der Pirol gibt Anlaß, gegen die *ketzer* und insbesondere gegen die Geißlerbewegung von 1349 (vgl. S. 168f.) zu wettern (216, 22–219, 14). Doch nicht diese Deutungen, sondern die umfassende Vermittlung von naturkundlichem Wissen begründete das ungemeine Ansehen, das Konrads Werk bis hin zum medizinischen Schrifttum (der Kräuterbuch-Teil in der Pharmazie) über viele Generationen hinweg in Laienkreisen genoß. Nicht weniger bedeutsam aber ist, daß durch Konrads ‚Sphaera' und insbesondere durch sein verbreitetes ‚Buch von den natürlichen Dingen' ein entschiedener Schritt hin zu einer deutschen Fachprosa als Grundlage für eine schrift-literarische deutsche Wissenschaftssprache erfolgte.

Bei seinem Plan eines dreiteiligen Fürstenspiegels orientierte sich Konrad von Megenburg an dem dafür grundlegenden Werk ‚De regimine principum' des Aegidius Romanus (gest. 1316), der als der hervorragendste Schüler des berühmten Thomas von Aquin gilt. Aegidius schrieb sein viel gelesenes Lehrwerk zwischen 1277 und 1279 auf Bitten des französischen Königs Philipp III. für dessen Sohn Philipp den Schönen. Die drei Bücher umfassen eine (I) Fürsten-, (II) ein Haus- und (III) eine Staatslehre. Bereits im 14. Jahrhundert lieferte der Augustiner-Eremit Johannes von Brakel (gest. 1385) als Lesemeister im Kloster Osnabrück eine erste Übersetzung, die aber offenkundig wirkungslos blieb; dies gilt auch für die Auszüge des Augustiner-Eremiten Johannes von Vippach in seiner deutschen Abhandlung ‚Katherina divina', die er für Katherina, Markgräfin von Meißen (gest. 1397) verfaßte. Lediglich die Fassung, die im Wiener Übersetzerkreis um Herzog Albrecht III. von Österreich (1365–1395) unter dem Titel ‚Puech von der ordnung der fürsten' angefertigt wurde (vgl. S. 56), erlebte eine etwas größere Verbreitung. Ihren Aufschwung fand die deutschsprachige Fürstenspiegel-Literatur erst im 15. Jahrhundert (vgl. Bd. III/2), die Norm blieb freilich weiterhin die lateinische Textgestalt.

Geistliche Prosa

Kein literarischer Bereich, selbst nicht die literarische Rede (vgl. S. 269ff.), hat im 14. Jahrhundert mit Blick auf die Quantität, die Formenvielfalt und die Wirkkraft eine solche mächtige Expansion erfahren wie die geistliche Prosa, die sich mit dem Mystiker-Dreigestirn Eckhart, Tauler und Seuse (vgl. S. 62ff.) zugleich auch qualitativ eine unangefochtene Spitzenposition sicherte. Der überbordende Reichtum des geistlichen Prosaschrifttums zeigt in Verbindung mit der geistlichen Epik (vgl. S. 221ff.) und den Formen der geistlichen Rede (vgl. S. 269ff.), daß die Sicherung des ewigen Heils, dem die Bemühungen um das gesellschaftliche und das körperliche Heil nachgeordnet blieben, weiterhin im Zentrum stand. Andererseits ist angesichts dieser eindeutigen Prioritätensetzung der Aufschwung bei der Prosa des Rechts (vgl. S. 379ff.), der Geschichtsschreibung (vgl. S. 391 ff.) und bei der Sachliteratur (vgl. S. 405 ff.) in seiner Bedeutung erst richtig zu ermessen: Er stand zwar nicht im Gegensatz zur geistlichen Literatur, zu der sich ja – etwa in der ‚Rechtssumme' des Bruder Berthold (vgl. S. 440 f.) – immer wieder Verbindungen ergeben, aber die dezidierte Fokussierung auf weltliche Bereiche setzte doch den Mut voraus, im Meer der geistlichen Literatur mit ihrer Fixierung auf einen Glaubenshorizont einen eigenen, rational bestimmten Standpunkt einzunehmen.

Das Ernstnehmen beider Sichtweisen fördert eine Spezifik der deutschsprachigen Literatur im 14. Jahrhundert an den Tag: die explizite Verknüpfung von Glaube (*fides*) und Vernunft (*intelligentia*), die freilich im weiteren Verlauf der Geschichte keinen Bestand hatte und in der Neuzeit zumindest im westlichen Kulturkreis zu einer Vorherrschaft der Verstandeskraft (*ratio*) abgehoben vom Glauben führte. Hinter der programmatischen Verknüpfung von Glaube und Vernunft steht die Theologie des Dominikanerordens mit Albertus Magnus (gest. 1280) und Thomas von Aquin (gest. 1274) als ihren geistigen Häuptern. Gegenüber der franziskanischen Theologie im 13. Jahrhundert (vgl. Bd. II/2, S. 64–77) übernahm im 14. Jahrhundert bei der volkssprachigen Literatur die dominikanisch geprägte Sichtweise die Meinungsführerschaft, die sich auch bei Autoren und Werken niederschlägt, welche sich nicht explizit in diese neue Tradition stellen. Deren bemerkenswerteste Hervorbringung innerhalb der deutschsprachigen Literatur ist sicherlich die dominikanische Mystik gemeinsam mit ihren Derivationen (vgl. S. 59 ff.). Die Frage nach der Verbindung von Glaube und Vernunft führt aber auch außerhalb dieses Bereichs zu einer ungeheuren Verschriftlichungswelle, an der – aus jeweils eigenem Blickwinkel – auch Angehörige anderer Orden, Weltkleriker und Laien teilnehmen. Dabei geht es auf vielen Ebenen um eine geistliche Orientierung, die individuell evident und zugleich gemeinschaftlich verpflichtend sein sollte und die gerade wegen dieser doppelten Zielsetzung der allgemein überprüfbaren und Verläßlichkeit garantierenden Schriftlichkeit bedurfte. Die Notwendigkeit zur Verschriftlichung ergab sich aus der Einsicht, daß die Verknüpfung von Glaube und Vernunft letztlich individuell zu leisten ist und daß dazu das Individuum eine verbindliche Anleitung benötigte, um es vor Eskapismus zu bewahren und es bei aller Persönlichkeitszentrierung in die Gemeinschaft zurückzubinden.

Predigtliteratur

Hierfür ein erprobtes literarisches Mittel war – wie schon im 13. Jahrhundert (vgl. Bd. II/2, S. 173–176) – die Predigt (zu ihrem Stellenwert in der Mystik vgl. S. 73), die nunmehr durch die häufige Nennung von Verfassernamen der Einzelpredigt wie der Predigtsammlung Autorität zuspricht. Diese Autorisierung markiert die Gebrauchssituationen, die sich zwischen den Polen der Mündlichkeit und der Schriftlichkeit immer wieder überschneiden: Die Texte können die literarisierte Form eines vorausgegangenen Predigtvortrags sein, in den sie durch erneuten Vortrag wieder rückübertragen werden können; sie dienen in diesem Fall als Musterpredigten, die durch ihre Verschriftlichung der Lektüre und der Meditation offenstehen. Predigten können aber auch von vorneherein als Musterpredigten für den Vortrag konzipiert sein, was wiederum die Möglichkeit der Leserezeption nicht ausschließt, so wie umgekehrt die Lesepredigt, die nicht für den Predigtvortrag, sondern für die private Lektüre konzipiert ist, etwa als klösterliche Tischlesung den Weg zur (gesteuerten) Mündlichkeit finden kann. Diese Multifunktionalität der verschriftlichten Predigt erschwert in der Regel die eindeutige Zuweisung an eine bestimmte Gebrauchssphäre, sie läßt aber auch die Attraktivität dieses literarischen Bereichs erkennen, die sich in vielfachen Textredaktionen ebenso wie in der Überlieferungsdichte und -dauer niederzuschlagen vermag.

Ein besonders aufschlußreiches Beispiel für die Orientierung an Predigernamen zur Absicherung der Textautorität liefert die Zitatensammlung der Berliner Handschrift mgq 191. Die katechetisch ausgerichtete Sammlung enthält Predigtexzerpte von 35 namentlich genannten Predigern (darunter ein Laienbruder), von sieben weiteren werden wenigstens die Ordenszugehörigkeit oder deren geistliche Funktion genannt. Wohl während der ersten Hälfte des 14. Jahrhunderts in Straßburg entstanden, hat die Kompilation ihren Schwerpunkt bei Predigern aus dem Dominikanerorden, doch finden sich auch Franziskaner, Augustiner-Eremiten, Karmeliten, Wilhelmiter, Zisterzienser und Weltgeistliche. Diese Spannweite verbietet eine Zuordnung der Sammlung an einen bestimmten Orden, sie läßt aber das nachhaltige Interesse an Predigtliteratur in dieser Zeit erahnen.

In die Frühzeit dominikanischer Predigtsammlungen führt dagegen der ‚Paradisus anime intelligentis‘ (so am Schluß des Predigtwerks genannt). Der originale Titel *Dit buchelin heizit ein paradis der fornunftigen sele* stellt die Sammlung unter ein Thema, das für die dominikanische Lehre programmatisch ist: Nicht der Wille (*voluntas*) und die von ihm geleitete Gottesliebe (*caritas*) – so die franziskanische Doktrin –, sondern die Vernunft (*intellectus*) schaffen die Möglichkeit und Voraussetzung zur Teilhabe am Göttlichen. Die Konzentration auf diese Thematik geht sogar so weit, daß als Kontrast die Predigt eines (anonymen) franziskanischen Lesemeisters eingeschoben wird, der die Gegenposition zur dominikanischen Lehre vertritt. Sie verteidigt entschieden der Dominikaner Giselher von Slatheim, Lesemeister (Lektor) im Erfurter Konvent. Der autoritative Anspruch auf die Richtigkeit der in dieser Sammlung versammelten Lehre unterstreicht das Register, das nicht nur die

Ordenszugehörigkeit der Prediger verzeichnet (neun Dominikaner, ein Karmelit und ein Franziskaner), sondern auch ihren Stand: zwei sind *magister* (Meister Eckhart und Hane der Karmelit), alle anderen Lesemeister, die mit Ausnahme des anonymen Franziskaners im Umkreis des illustren Erfurter Ordensstudiums wirkten oder mit ihm in Verbindung standen (Meister Eckhart, Eckhart Rube, Giselher von Slatheim, Johannes Franke, Hermann von Loveia, Florentius von Utrecht, Albrecht von Treffurt, Helwic von Germar und Bruder Erbe). Die Sammlung bietet also eine theologische Elite des Ordens auf, um den Vorrang des *intellectus* gegenüber der *voluntas* bei der Gotteserkenntnis und bei der Vereinigung der Seele mit Gott zu bestätigen.

An der Spitze der Sammlung, die mit ihrer thematischen Konzeption einmalig ist, steht Meister Eckhart (vgl. S. 62ff.), dem 31 der insgesamt 64 Predigten namentlich zugewiesen werden. Freilich handelt es sich dabei nicht um ursprüngliche Textfassungen, sondern um Überarbeitungen, die ein Redaktor um 1340 vornahm und die uns allein überliefert sind. In dieser redigierten Form liegt uns nicht nur eine bemerkenswerte Anthologie volkssprachiger Predigten Eckharts vor, sondern auch ein Zeugnis, das aufschlußreich zeigt, wie Eckharts Predigten im Sinne der dominikanischen Doktrin bearbeitend rezipiert wurden. Diese historische Perspektivierung läßt nach dem Anlaß dieser exzeptionellen Sammlung fragen. Dabei stehen sich in der Forschung zwei Positionen gegenüber: Ruh sieht in der ursprünglichen Fassung, die er für das erste Jahrzehnt des 14. Jahrhunderts ansetzt, ein „Erinnerungsbuch", das die Predigttätigkeit der Erfurter Lesemeister „in der Glanzzeit des Hauses in Erfurt" dokumentiert. Hier hatte Meister Eckhart als Provinzial (1303–1311) der 1303 gegründeten Ordensprovinz Saxonia seinen Sitz, und hier habe man auch um 1340 eine kürzende Bearbeitung der Sammlung vorgenommen. Steer hingegen meint, das thematisch bewußt zusammengestellte Predigtwerk sei eine Reaktion auf die Bulle ‚In agro dominico' von 1329, in der von Papst Johannes XXII. insgesamt 28 Sätze Meister Eckharts verurteilt wurden. Kurz darauf habe ein Kompilator in Köln, wo der Provinzial der Ordensprovinz Teutonia seinen Sitz hatte und wo Eckhart zuletzt wirkte, als Zeichen der Solidarität mit dem Verurteilten die Sammlung zusammengestellt. Zugleich wende er sich damit gegen den Erlaß des Ordenskapitels in Toulouse (1328), vor einfachen Leuten keine *subtilia* zu predigen. Der ‚Paradisus anime intelligentis' sei daher bewußt auch keine Sammlung lateinischer, sondern deutscher Predigten, die demonstrierten, daß man sehr wohl *subtilia* in der Volkssprache vermitteln könne.

Ungeachtet dieser unterschiedlichen Situierung der Sammlung wird man angesichts des theologischen Anspruchs, der insbesondere den Eckhart-Predigten eignet, kaum an ihre unmittelbare Umsetzung auf der Kanzel denken dürfen. Vielmehr sollten sich die Prediger studierend in die Texte versenken, um daraus Predigtthemen zu ziehen, die auch einfachen Leuten zugänglich sind; dies schloß eine Predigttätigkeit vor Ordensfrauen ein, doch findet sich in der Sammlung keinerlei Hinweis, daß sie für die *cura monialium* (seelsorgerliche Betreuung der Ordensfrauen) gedacht sein könnte.

Die *cura monialium* war 1267 von Papst Clemens IV. den Dominikanern auferlegt worden, nachdem die Zahl der Frauenkonvente rasch anstieg (um 1300 gab es allein in der Ordensprovinz Teutonia 67 Frauenkonvente). Die seelsorgerliche Betreuung der Ordensfrauen, aber auch der Beginen (Angehörige einer religiösen Frauenbewegung, die nicht in Ordenshäusern lebten) umfaßte die Predigt, die Beichte und die geistliche Beratung. Um die Schwestern in ihren spirituellen Bedürfnissen zu fördern, sollte die *cura monialium* in den Händen gelehrter Brüder liegen; so folgte etwa auch Meister Eckhart der Verpflichtung zur Frauenseelsorge, zu deren Zwecken Lesepredigten verfaßt wurden, in die sich die Ordensfrauen – in Ergänzung zur Vortragspredigt – meditierend vertiefen konnten und sollten. In diesem Bereich liegt also eine Hauptquelle für den literarischen Typ der Lesepredigt.

Den Zusammenhang zwischen der *cura monialium* zeigt im ersten Drittel des 14. Jahrhunderts deutlich ausgeprägt das Werk des dominikanischen Lesemeisters N i k o l a u s   v o n   S t r a ß b u r g. Nach einem Studium in Paris (1321–1323) übernahm er 1323 die Leitung des Kölner Generalstudiums, für die er sich nicht zuletzt durch eine ‚Summa philosophiae' (vor 1323) qualifiziert hatte; mit ihr trat er in der Nachfolge des Albertus Magnus für eine klare Trennung zwischen Philosophie und Theologie ein. Er schrieb unter Beiziehung von zwei Traktaten eines anderen Autors eine dreiteilige Abhandlung ‚De adventu Christi et Antichristi et fine mundi' (1323), eine mariologische Schrift zur klösterlichen Meditation über die Vorbildhaftigkeit der Gottesmutter und einen Traktat über den Evangelisten Johannes. Daneben aber widmete sich Nikolaus in einer Reihe von Predigten intensiv der *cura monialium*. Sie liegen in redigierten Lesefassungen vor, in denen sich thomistische Gelehrsamkeit mit Anschaulichkeit paart: Exempel, Bilder, Vergleiche und dialogische Partien dienen dazu als bewährte homiletische Mittel. Immer wieder betont Nikolaus, daß alle Sünden durch die unendlichen Verdienste Christi getilgt werden. Mehrfach bringt er dafür das Exempel vom Goldenen Berg des Königs von Frankreich, dessen Reichtum alle Schulden aufwiegt; in der verbreiteten ‚Predigt vom Goldenen Berg', die Nikolaus 1324 beim Provinzialkapitel in Löwen gehalten hat, rückt dieses Exempel ganz in den Mittelpunkt. Diese an der *cura monialium* ausgerichtete Predigtweise unterscheidet sich grundlegend von den *subtilia* des ‚Paradisus anime intelligentis' (vgl. S. 419f.), in dem als einem programmatischen Werk der Saxonia Nikolaus daher trotz seiner hervorgehobenen Rolle in der Teutonia keine Berücksichtigung fand.

Papst Johannes XXII. bestellte Nikolaus 1325 zum Visitator der Teutonia (wohl bis 1327), um dort Kritiker zu disziplinieren, denen die Parteinahme der Ordensprovinz für den Papst und gegen Ludwig den Bayern ein Dorn im Auge war. Um von sich abzulenken, bezichtigten sie Meister Eckhart – zu diesem Zeitpunkt Lesemeister am Kölner Generalstudium, das Nikolaus leitete – der häretischen Lehre. In einer sofort durchgeführten ordensinternen Überprüfung erledigte Nikolaus den Vorwurf umgehend. Daraufhin wandten sich seine Gegner an den Kölner Erzbischof Heinrich II. von Virneburg und erreichten eine Anklage, die zur Verurteilung führte, obwohl Nikolaus hilfesuchend 1327 zum päpstlichen Hof in Avignon gereist war. 1331 bittet der Papst den Erzbischof um Überprüfung des Urteils. Ob dies geschah, ist ebenso wenig bekannt wie weitere Nachrichten über Nikolaus von Straßburg fehlen.

Die Verbindung von lateinischer Gelehrsamkeit und deutscher Predigt zeigt sich im ersten Drittel des 14. Jahrhunderts ebenso bei dem Kölner Brüderpaar Johannes und Gerhard von Sterngassen, beide Lesemeister des Dominikanerordens (Johannes mit dieser Funktion 1316 und 1320 im Straßburger Konvent), und sie steht auch im Hintergrund der ‚K ö l n e r K l o s t e r p r e d i g t e n'. Dieses wohl um die Mitte des 14. Jahrhundert entstandene, dominikanisch geprägte Korpus führt alle 12 Prediger (bis auf den eines Franziskaners) mit Namen an und gleicht darin dem ‚Paradisus anime intelligentis' (vgl. S. 420); es fehlen jedoch dessen *subtilia* ebenso wie Eckhart-Predigten. Man gewinnt insgesamt den Eindruck, daß hier – geleitet von der *memoria* – bemerkenswerte Predigten zusammengestellt sind, die Mitglieder des Kölner Konvents im Dienst der *cura monialium* gehalten haben. Dies macht die ‚Kölner Klosterpredigten' trotz ihrer singulären Überlieferung im Rahmen der frühen dominikanischen Predigtsammlungen so bedeutsam. Daneben dominiert die Überlieferung von Einzelpredigten und Predigtexzerpten. Als Beispiel dafür sei nur auf die vier Predigten hingewiesen, die der Dominikaner Heinrich von Ekkewint (zwischen 1317 und 1326 als Prior in Würzburg und Regensburg belegt) wohl gleichfalls für Klosterfrauen gehalten hat.

Im Zusammenhang mit der dominikanischen *cura monialium*, welche die Schwestern zur schauenden Gottesbegnung führen sollte, steht die Verehrung des Evangelisten Johannes insbesondere im südwestdeutschen Raum ab dem Beginn des 14. Jahrhunderts. Ausfluß dieser Verehrung sind die Jesus-Johannes-Plastiken, die sich aus dieser Zeit vor allem in Dominikanerinnenkonventen finden (Abb. 16): Sie zeigen den Lieblingsjünger Jesu, der beim Letzten Abendmahl an der Brust Jesu ruhen durfte (Joh 13, 23–25) und der sich damit für die Ordensfrauen bestens als Vorbild für ihr spirituelles Leben eignete; was sie leiblich schauten, sollte sie zur geistlichen Schau anregen. Damit in Verbindung zu bringen ist die auffällige Häufung von Johannes Evangelista-Predigten im Südwesten (Konstanz, Zürich, Basel), die mit Einschluß des Johannes Baptista spätestens im 15. Jahrhundert zu ‚Johannes-Libelli' zusammengestellt wurden. Hier finden sich

Johannes-Predigten der Dominikaner Hugo von Konstanz (1279–1288 Lesemeister in Konstanz, 1288–1295 Prior in Zürich, 1300 Provinzial der Teutonia), Heinrich von Schaffhausen (Lesemeister in Zürich), Rudolf von Klingenberg, offenkundig ein Vetter des Konstanzer Bischofs Heinrich II. von Klingenberg (vgl. S. 155) und Konrad von Liebenberg (Lesemeister in Konstanz), dessen Jakobus-Predigt ebenfalls auf den Evangelisten Johannes zielt. Zu ergänzen sind die Johannes-Predigten etwa von Klaus dem Schirmer in einer Basler Handschrift (*lesmeister von Paris*), von Johannes von Offringen (1346 Lesemeister in Basel) und vom Lesemeister Johannes von Nördlingen, der in Basel predigte. Schließlich dürften auch die Prosaviten ‚Johannes Baptista' und ‚Johannes Evangelista' zu diesem Umkreis gehören. Im Kloster Katharinental bei Dießenhofen, das von den Konstanzer Dominikanern betreut wurde, geht die konkurrierende Verehrung der beiden Heiligen so weit, daß sich der Frauenkonvent sogar in „Evangelistinnen" und „Baptistinnen" teilte. Ein Reflex davon könnte – trotz anderer Stofftraditionen – das Streitgespräch ‚Von den zwein Sanct Johansen' des Heinzelin von Konstanz (vgl. S. 275) sein (Schiewer).

Die adressatenspezifische Ausrichtung von Predigten und Predigtsammlungen außerhalb der *cura monialium* ist bis zur Jahrhundertmitte schwieriger eindeutig zu fassen. Am deutlichsten tritt sie mit der wiederholten Anrede *liebe brüeder* noch bei den ‚Hermetschwiler Predigten' zutage (genannt nach dem Aufbewahrungsort Hermetschwil im Kanton Aargau). Im Duktus erinnern sie an den St. Georgener Prediger (vgl. Bd. II/2, S. 174), mit dem sie die laufende Zitierung Bernhards von Clairvaux verbindet; die hochalemannische Sammlung scheint daher noch im 13. Jahrhundert für Zisterzienser angelegt worden zu sein. Die ‚Leipziger Predigten' richten sich dagegen – soweit erkennbar – an ein gemischtes Publikum (Konversen, Laien). Wohl von einem Benediktiner in Ostmitteldeutschland in der ersten Hälfte des 14. Jahrhunderts aufgezeichnet, geht die wenig systematisierte, aus mehreren Quellen schöpfende Kompilation bis ins 12. und frühe 13. Jahrhundert zurück. Eindeutig Laien haben die ‚Elsässischen Predigten' im Blick, die wohl aus der Jahrhundertmitte stammen. Die 88 Predigten, die sich durch Kürze, schlichten Stil und eine Vorliebe für Predigtmärlein auszeichnen, umspannen als Zyklus von Sonn- und Feiertagspredigten das gesamte Kirchenjahr. Gegen unwürdige und unfähige Weltgeistliche richten sich die fünf ‚Klosterneuburger Ständepredigten', die gegen Ende des 14. Jahrhunderts überliefert sind und die wohl aus franziskanischem Umfeld stammen; auch bei ihnen denkt man an ein Laienpublikum.

In der ersten Hälfte des 14. Jahrhunderts bildet sich aber auch ein neuer Typ unter den Predigtsammlungen aus, der durch die Kompilation aus den hochgeistigen Predigten nach Art des ‚Paradisus anime intelligentis' (vgl. S. 419f.) und den Predigten gekennzeichnet ist, die der *cura monialium* dienten (vgl. S. 421). Diese kompilativen Predigtsammlungen schöpfen außerdem neben den lateinischen nunmehr zunehmend aus deutschen

Quellen und zeigen auf diese Weise die ungemeine Aufwertung, die den deutschsprachigen Predigtwerken ab dem 14. Jahrhundert zuteil wird. Diese neue Form der P r e d i g t k o m p i l a t i o n bestimmt fortan die spätmittelalterliche Predigtliteratur.

Zeitlich an der Spitze dieser deutschen Predigtkompilationen steht der Zisterzienser N i k o l a u s v o n L a n d a u aus der Zisterze Otterberg (nördlich von Kaiserslautern). Von dem vierteiligen Kompendium, dessen erster Band 1341 vollendet wurde, sind nur zwei Bände mit 170 Predigten erhalten, die beiden anderen Bände sollten laut Inhaltsangabe im zweiten Band noch weitere 86 Predigten bringen. Der lateinische Prolog informiert darüber, daß diese Predigten aus verschiedenen Predigtbüchern zusammengesucht wurden und daß sie der Sache nach nicht neu seien. Wenn Nikolaus dennoch von *sermones novi* spricht, so liegt dies daran, daß er ihnen durch eine neue Darstellungsart eine neue Wirkung verleihen wollte. Diese neue Darstellungsart (*modus*) besteht in einer geradezu radikalen Organisation der Predigten nach der scholastischen Predigttheorie. Die Disposition erfolgt anhand vorgegebener *modi*, die Begriffserläuterungen und *exempla* ebenso umfassen wie die Sinnerschließung der Eigenschaften (*proprietates*) der in der Predigt angesprochenen Dinge. Die einzelnen Aspekte stützen eine Fülle von Zitaten und Sentenzen ab. Auf diese Weise schafft Nikolaus ein Kompendium von Musterpredigten, das vor allem für jüngere Prediger (*iuvenes*) bestimmt ist; aus den genauen Bauplänen der Predigten bis hin zur Numerierung der Gliederungspunkte läßt sich diese didaktische Absicht unmittelbar ablesen. Für seine Themenpredigten entnimmt Nikolaus geradezu nach dem Zettelkastenverfahren aus den ausgewerteten Vorlagen Textblöcke, die er funktional in das Gerüst seiner Musterpredigten einfügt. Bislang nachgewiesen werden konnte dieses Verfahren bei den Übernahmen aus dem ‚Paradisus anime intelligentis' (vgl. S. 419f.). Dabei erweist sich Nikolaus als ein früher Zeuge für das Fortwirken Meister Eckharts auch bei anderen Orden, unter denen die Zisterzienser besonders hervorzuheben sind.

Aus Nikolaus von Landau, aber auch aus den ‚Leipziger Predigten' (vgl. S. 423), aus Nikolaus von Straßburg (vgl. S. 421) und dem ‚Paradisus anime intelligentis' u.a. schöpfte H a r t w i g v o n E r f u r t bei der Zusammenstellung von 174 Predigten in seiner ‚Postille', die eine breitere Wirkung bis ins ausgehende 15. Jahrhundert entfaltete. Da sie auch Hermann von Fritzlar in seinem ‚Heiligenleben' benutzte (vgl. S. 447f.), liegt die Entstehung der ‚Postille' vor 1343. Der Sammler (vielleicht ein Dominikaner des Erfurter Konvents) ordnete sein Kompendium nach bestimmten Fasttagen und nach den Sonntagen des Kirchenjahres, an denen die Texte jedoch nicht für die Vortragspredigt, sondern für die Tischlesung und für die Lektüre zur geistlichen Erbauung von Laien dienen sollten. Zur Tischlesung für Benediktinerinnen angelegt ist um die Jahrhundertmitte hingegen eine Sammlung eines Anonymus, der unter dem Namen Engelberger Prediger läuft. Als Priester und Seelsorger der Engelberger Benediktinerinnen wird er wohl Angehöriger des Benediktinerstifts in Engelberg (Schweiz) gewesen sein. Der Grundstock von etwa 50 Predigten dürfte um 1350 entstanden sein. In einfacher Sprache gehalten, verbinden diese Predigten die spekulative Tradition mit Themen aus dem klösterlichen Leben der Nonnen (Gelübde, Gebet, Selbsterkenntnis, Bemühen um Vollkommenheit und um die Vereinigung mit Gott). Nicht die Forderung nach harter Kasteiung, sondern die Zuversicht auf Gottes Gnade bestimmen die Predigttexte in ihrer mystagogischen Ausrichtung. Die Vielfalt der deutschen Predigttraditionen gelangt bei dem Franziskaner Marquard von Lindau (gest. 1392) zu einem Höhepunkt, der die dominikanische Mystik, die *cura monialium* und die scholastische Predigtweise auf beeindruckende Weise in sich vereint; zusammen mit seinen Traktaten prägen diese Predigten das spirituelle Leben des 15. Jahrhunderts entscheidend; das literarische Werk dieses bedeutenden Autors soll daher in Bd. III/2 vorgestellt werden.

Ein gewaltiges, vier zyklische Sammlungen in lateinischer Sprache umfassendes Predigtwerk schuf der gelehrte Augustiner-Eremit Jordan von Quedlinburg (gest. wohl 1380). Sein ‚Opus postillarum' mit 460 Sonntagspredigten, in denen auch mystisches Gedankengut Meister Eckharts aufgenommen ist, fand auch in mittelniederdeutschen und -niederländischen Übersetzungen (über 25 bekannte Handschriften) eine größere Verbreitung.

Traktate

Insbesondere die Lesepredigt läßt sich trotz der rhetorischen Publikumsanreden und trotz ihrer Disposition nach den Vorgaben der Predigttheorie (*ars predicandi*) in ihren thematischen Erörterungen nicht immer genau vom traktathaften Schrifttum unterscheiden, und auch zwischen dem Traktat und der Erbauungsliteratur sind die Grenzen durchaus fließend. Dieser Befund mag im Blick auf die Texttypologie unbefriedigend sein, er gibt aber zugleich in aller Deutlichkeit zu erkennen, daß es gerade das Zusammenspiel dieser und anderer literarischer Formen war, welche das spirituelle Leben prägten: im mystisch-asketischen Bereich (vgl. S. 61 ff.) ebenso wie im allgemeinen Streben nach geistlicher Vervollkommnung. Mit der überströmenden Fülle der Traktat- und Erbauungsliteratur im 15. Jahrhundert kann der erste große Aufschwung auf diesem Gebiet im 14. Jahrhundert trotz der Vielzahl der überlieferten Texte zwar nicht konkurrieren, aber ohne die breite Verschriftlichungswelle, die das geistliche Prosaschrifttum nunmehr zu einem unabdingbaren und integralen Teil des geistlichen Lebens werden ließ, ist weder der Überlieferungsreichtum noch dessen Ausdifferenzierung zu festen Formtraditionen im 15. Jahrhundert verständlich (vgl. Bd. III/2). Das auslösende Moment im 14. Jahrhundert war dafür – analog zum vorausgegangenen Jahrhundert (vgl. Bd. II/2, S. 60–84) – eine neue Frömmigkeitsbewegung, bei der nicht mehr die Franziskaner, sondern die Dominikaner die führende Rolle übernahmen. Die dominikanisch geprägte Mystik und die ungeheure Faszination, die – weit über die Grenzen des Ordens hinweg – von ihr ausging (vgl. S. 59ff.), belegen dies überdeutlich. Der nachfolgende Überblick stellt eine Reihe von Texten in den Mittelpunkt, die nicht im unmittelbaren Zusammenhang mit der einleitend dargestellten Mystik der Dominikaner stehen, um die Intensität des geistlichen Prosaschrifttums auch außerhalb der explizit mystischen Bewegung zu veranschaulichen. So problematisch diese Scheidung im einzelnen auch ist, so deutlich tritt auf diese Weise das Fortführen älterer Traditionen und die Entwicklung neuer Prosaformen in den Blick. In der religiösen Praxis des 14. Jahrhunderts müssen das Schrifttum im Umkreis der dominikanischen Mystik (vgl. S. 62ff.), Teile der geistlichen Rede (vgl. S. 269ff.), aber auch der religiösen Groß- und Kleinepik (vgl. S. 221ff. und S. 247ff.) und die nachfolgend genannten Texte als eine gewaltige Einheit gesehen werden, aus der ein unstillbares Verlangen nach geistlicher Orientierung spricht, das in der Schriftform Verläßlichkeit sucht.

Den Zusammenhang von geistlicher Betreuung und schriftlicher Anleitung zeigt die Titelgebung von ‚Der Seele Spiegel': *So soll billiche haizen diz buchelin der sele spiegil, da sich diu raine sele ine ersiht.* Im Stil des St. Georgener Predigers (vgl. Bd. II/2, S. 174) vermittelt der Verfasser (wohl ein Beichtvater) gegen Ende des 13. Jahrhunderts den Adressatinnen (wohl Ordensfrauen), daß der kürzeste, gewisseste und verständlichste Weg zur Gotteserkenntnis die Selbsterkenntnis sei. Die Gottesliebe zwinge ihn dazu, diesen Weg *ze scribenne und ze wisenne*. Der literarische Typ dieses wegweisenden Schreibens ist der Sendbrief, wie er sich im Dienst der *cura monialium* und in mystisch geprägten Kreisen (etwa bei Seuse, Margareta Ebner und den Gottesfreunden) während des gesamten Spätmittelalters findet.

Die thematische Spannweite dieser geistlichen Kurztraktate ist groß: Die ‚Zehn Staffeln der Demut' (wohl erste Hälfte des 14. Jahrhunderts) bieten für Laienbrüder und Ordensfrauen in der beliebten numerischen Struktur eine Demutslehre, hinter der eine lateinische Vorlage steht, die wiederum mit dem Demutskapitel im ‚Stimulus amoris' (vgl. S. 427ff.) verwandt ist. In dem kurzen Prosatext ‚Von der welt valscheit' (älteste Handschrift von 1393) wird mit Rückgriff auf die Allegorisierung der Frau Welt, wie sie ‚Der Welt Lohn' Konrads von Würzburg poetisch gestaltet hatte (vgl. Bd. II/2, S. 142), der vergängliche Lohn der Welt mit der unendlichen *milte* Gottes konfrontiert; für die Begegnung des Herrn von *Gravenberg* (gemeint ist wie bei Konrad der Dichter Wirnt von Grafenberg; vgl. Bd. II/1, S. 366) beruft sich der anonyme Verfasser auf eine schriftliche Quelle, die trotz verschiedener Abweichungen wohl mit Konrads Erzählung gleichgesetzt werden darf. Eine ungeheure, bis ins 16. Jahrhundert reichende Wirkungsgeschichte entfalteten die P a l m - b a u m t r a k t a t e, in denen ein Palmbaum mit sieben Ästen zu mystischen, moralischen und aszetischen Zwecken in der Form von Predigten, Traktaten und Tischlesungstexten eine Allegorisierung erfährt. Der Ausgangspunkt dafür liegt in Frankreich; die altfranzösische Fassung fand über die Vermittlung des Lateinischen in mehrfachen Redaktionen eine Verbreitung im Mittelniederländischen, -niederdeutschen und -hochdeutschen.

Die Textgeschichte der Palmbaumtraktate, die zu weiteren Baumallegorien anregten, ist bei weitem noch nicht aufgearbeitet. Eine wohl alemannische Redaktion (G) steht als Predigtfassung im Überlieferungsverbund mit dem St. Georgener Prediger (vgl. Bd. II/2, S. 174). Die ältere E-Redaktion führt aus dem ehemals klösterlichen Bereich heraus und wird im Laufe der Zeit durch vielerlei Veränderungen ein erfolgreiches Erbauungsbuch. Von der Texttradition der E- und G-Fassung zu unterscheiden ist eine kurze Palmbaum-Allegorisierung allein der sieben Zweige, die während der zweiten Hälfte des 14. Jahrhunderts entstanden ist und die im mittelniederdeutschen Sprachraum offenkundig in Lübeck ihr Verbreitungszentrum für den Gebrauch der Schwestern und Brüder vom gemeinsamen Leben hatte. In der Überlieferung der Palmbaumtraktate kommt es im 15. Jahrhundert teilweise zu Vermischungen mit dem ‚Arbor amoris' (‚Der Minnebaum'), einem Bonaventura zugeschriebenen allegorischen Traktat, der nach Lage der Überlieferung erst spät den Weg ins Deutsche fand (vgl. Bd. III/2).

Der E- und G-Redaktion gemeinsam ist die siebenstufige Aufstiegsstruktur: Die Seele des Menschen soll Schritt für Schritt die sieben Zweige des Palmbaums erklimmen, um schließlich Christus als die Frucht des Baumes zu erreichen. Auf jedem Ast befindet sich ein Vogel (vom Pfau auf dem ersten und dem Phönix als Sinnbild der Liebe Christi auf dem siebten Zweig) und eine Blume, die den erreichten Seelenzustand veranschaulichen. Die Herkunft dieses Aufstiegsschemas zu Gott liegt im Bereich der mystisch orientierten Theologie, wie sie im Deutschen schon bei David von Augsburg (vgl. Bd. II/2, S. 73–75) etwa in seinen ‚Sieben Staffeln des Gebets' begegnet, es war aber – wie die Textgeschichte zeigt – darüber hinaus zu allgemeineren moralischen und aszetischen Betrachtungen für die geistliche Vervollkommnung des Menschen geeignet.

Einen noch größeren Erfolg als die Palmbaumtraktate erzielte der ‚S t i m u l u s a m o r i s', ein aszetisch-mystischer Traktat, der in seinen lateinischen Fassungen in über 470 Handschriften überliefert ist und der praktisch in alle europäischen Sprachen übersetzt wurde. Als Ausgangspunkt für diesen gewaltigen, auch auf die Werke anderer Autoren einwirkenden Erfolg darf eine Kurzfassung in 23 Kapiteln gelten („Stimulus amoris minor'), der wohl den Franziskaner Jakob von Mailand (1305 als Lesemeister in Domodossola belegt) zum Verfasser hat. Seine assoziativ strukturierte Schrift will Anleitungen zum richtigen geistlichen Leben, zum Gebet und zur Meditation geben. Auf dieser Grundlage entstehen bis zur Jahrhundertmitte zwei Langfassungen („Stimulus amoris maior'), die den Textbestand nicht nur erweitern, sondern die um eine sachliche Ordnung bemüht sind. Am nachhaltigsten geschieht dies in der Redaktion I mit der Gliederung in drei Bücher; Redaktion II hingegen gibt die Bucheinteilung wieder auf und ordnet die Kapitel vollständig um. Wegen der Aufnahme von Bonaventura-Texten und der offenkundigen Nähe der Passionsbetrachtungen zu Bernhard von Clairvaux laufen die Langfassungen oft unter deren Namen.

Die drei Teile der Redaktion I werden mit 15 Kapiteln Passionsbetrachtungen eröffnet, die im Spätmittelalter die größte Wirkung entfalteten. Im zweiten Teil (18 Kapitel) folgen aszetische und erbauliche Texte, der dritte Teil bietet zunächst eine Meditationslehre (9 Kapitel); bei den anschließenden Varia (10 Kapitel) könnte es sich um Nachträge handeln.

In der Art der Predigt sprechen die Passionsbetrachtungen die Leser unmittelbar und emotional aufgeladen an: „Eilt herbei, ihr Völker, von überall und seid betroffen über die euch erwiesene Liebe Gottes und über eure Blindheit und Bosheit, die ihr ihm gegenüber bekundet. Wenn sich Gottes Sohn unzertrennlich mit der menschlichen Natur vereinigen wollte, um wieviel mehr sollte nicht eure Seele sich ihm unzertrennlich verbinden?" (I,1). Die intendierte Vereinigung der Seele mit Gott wird hier jedoch nicht wie in der spekulativ orientierten Dominikanermystik über den *intellectus* gesucht (vgl. S. 418), sondern im erinnernden Nachvollzug der *passio*, die der Gottessohn für die Menschen erlitten hat. Vorbild dafür ist die *mater dolorosa*, die durch ihr Mitleiden unter dem Kreuz gleichsam mitgekreuzigt wurde und daher auch Miterlöserin wird. Die Welle der Passionsfrömmigkeit und die damit verbundene Marienverehrung im Spätmittelalter (vgl. auch Bd. III/2), die sich ebenfalls in der kirchlichen Kunst niedergeschlagen hat, kommt hier beredt zum Ausdruck. In sechs Stufen soll die memorative Passionsmeditation zur Vollkommenheit führen: durch die Nachfolge (*imitatio*) im Leiden, im Mitleiden (*compassio*), in der Bewunderung dafür, daß der Gottessohn Leid und Schmach für die Menschen auf sich genommen hat, in der Freude über das göttliche Erbarmen, das zur Erlösung des Menschen führte, in der Umwandlung (*transformatio*), bei der sich auf mystischem Wege das menschliche Herz in Christus auflöst, und schließlich nach der *transformatio* das Ruhen in Christus.

Etwa seit 1370 setzen – beginnend in Böhmen (Augustiner-Eremitenkloster Brünn) – die deutschen Übertragungen ein, die in fünf Fassungen bis zum Anfang des 16. Jahrhunderts reichen. Ihre Hauptinteressenten waren nach Lage der Überlieferung Ordensfrauen, Angehörige der Devotio moderna (vgl. Bd. III/2), aber auch Laien. Die verbreitetste Übersetzung des 14. Jahrhunderts entstand auf der Grundlage des ‚Stimulus amoris maior' um 1380 ebenfalls in Böhmen; ob dieser anonym überlieferte ‚Stachel der Liebe' wirklich von Johann von Neumarkt stammt, ist allerdings unsicher. Die Zuweisung des ‚Stachels der Liebe' an ihn erfolgte nicht zuletzt im Blick darauf, daß er der bedeutendste Übersetzer und eine herausragende Gestalt im Umkreis Karls IV. war, dem er als Hofkanzler diente. Auf dessen Anregung hin hat Johann zwischen etwa 1357 und 1363 die pseudo-augustinischen ‚Soliloquia animae ad deum' (13. Jahrhundert) als ‚Buch der Liebkosung' übersetzt und dem Kaiser gewidmet.

Um 1315/20 in Neumarkt bei Breslau als Sohn einer Patrizierfamilie geboren, erhielt Johann eine exzellente Ausbildung, für die jedoch Einzelinformationen fehlen. Danach arbeitete er als Landschreiber des Herzogs Nikolaus von Münsterberg und als Schreiber in der Breslauer Kanzlei König Johanns von Böhmen (gest. 1346). Seit 1347 ist Johann von Neumarkt im Dienst Karls IV. bezeugt: zunächst als Notar, Secretarius und Hofkaplan, 1351 auch als Kanzler der Königin, ab 1352 als Protonotar und schließlich von 1353 bis 1374 als Kanzler des Prager Hofs. Nicht minder zielstrebig verfolgte Johann seine kirchliche Laufbahn: Nach der Sammlung von Pfründen in Neumarkt, Breslau, Glogau und Prag wurde er 1353 zum Bischof von Naumburg ernannt, übernahm aber stattdessen im selben Jahr die Leitung des von Karl IV. gestifteten Bistums Leitomischl. 1364 erfolgte ein Wechsel auf den Bischofsstuhl von Olmütz; 1380 zum Bischof von Breslau gewählt, verhinderte der Tod am 24.12.1380 den Amtsantritt. Bestattet wurde Johann im Kloster der Augustiner-Eremiten in Leitomischl, das er 1356 gegründet hatte.

Als Kirchenmann förderte Johann die Buchmalerei; davon zeugt der kostbare Buchschmuck (Initialen, Miniaturen) im berühmten Bischofsbrevier ‚Liber viaticus' (nach 1355), in einem Missale (nach 1364) und in einem ‚Liber pontificalis' (verschollen). In seiner umfangreichen Privatbibliothek befanden sich eine Handschrift von Vergils ‚Bucolica', die ihm Petrarca besorgt hatte, und ein Exemplar von Dantes ‚Comedia'. Johann von Neumarkt pflegte persönliche Kontakte zu italienischen Humanistenkreisen, die im Umkreis Karls IV. eine gewisse Aufmerksamkeit fanden (früher als „Prager Frühhumanismus" bezeichnet): 1350 begab sich Cola di Rienzo nach Prag, um Karl IV. für seine politischen Ideen zu gewinnen; nach Colas Inhaftierung auf Burg Raudnitz erbat dieser von Johann eine Trostepistel. Ab 1350/51 korrespondierte Petrarca mit Karl und Mitgliedern des Prager Hofs. Auf Karls Italienreise zur Kaiserkrönung in Rom (1355) traf Johann 1354 Petrarca persönlich in Mantua, 1356 kam es zu einem weiteren Treffen, als Petrarca in diplomatischer Mission in Prag weilte; eine weitere Begegnung in Udine ist für 1368 während Karls zweiter Italienreise belegt. Im gemeinsamen Briefwechsel versuchten sich Johann und Petrarca im rhetorischen Lob wechselseitig zu überbieten. Johanns Reform des lateinischen Stils in der Kanzlei Karls IV. fand den Beifall Petrarcas; diese Reform schlug sich in einer Mustersammlung („Summa Cancellariae') von Briefen und Urkunden nieder, die auch in andere Formelbücher aufgenommen wurde und die über die kaiserliche Kanzlei stilbildend wirkte. Weiterhin sind neben den lateinischen auch einige deutsche Briefe Johanns erhalten, darunter für den Prager Erzbischof die lateinische Übertragung eines Sangspruchs von Frauenlob (vgl. S. 184). Bei Johanns deutschen Werken handelt es sich durchweg um Übersetzungen: Dies gilt für ein Korpus von teilweise weitverbreiteten Gebeten (Zuschreibung teilweise fraglich) ebenso wie für seine Übertragung der ‚Hieronymus-Briefe' (vgl. S. 449), aus der Martin von Amberg geschöpft hat (vgl. S. 437). Ob Johann Beziehungen zur 1348 gegründeten Prager Universität pflegte, bedarf der Klärung; weiterhin klärungsbedürftig sind die Verbindungen zu Heinrich von Mügeln (vgl. S. 188ff.) und zu Heinrich von St. Gallen (vgl. Bd. III/2), die beide zu Lebzeiten Johanns in Prag wirkten.

Das Ringen der Seele um das Gnadengeschenk der Gotteserkenntnis und -erfahrung gestalten die ‚Soliloquia' geradezu artistisch in einer rhetorisch durchformten Sprache, die für jeden Übersetzer eine Herausforderung darstellte. Johann von Neumarkt, der sich in zwei Briefen an Karl IV. zu diesen Schwierigkeiten äußerte, erschloß den Text im ‚B u c h d e r L i e b k o s u n g' durch eine elaborierte deutsche Kunstprosa, die dem Anspruch auf Verständlichkeit und auf Sprachkunst gleichermaßen gerecht wurde. Der rhetorische Schmuck, die mehrgliedrigen Phrasen und die rhythmische Satzgliederung mit den kunstvoll gestalteten Satzschlüssen (*clausulae*) deuten auf den ‚Ackermann aus Böhmen' des Johannes von Tepl voraus, der bei den Reden des Todes und beim Schlußgebet aus dem ‚Buch der Liebkosung' geschöpft hat (vgl. Bd. III/2).

Während das Primärpublikum für die Übersetzungen des Johann von Neumarkt vor allem im Umkreis des Prager Hofs zu suchen ist, wendet sich der Franziskaner O t t o v o n P a s s a u mit seinem Erbauungsbuch ‚Die vierundzwanzig Alten oder der goldene Thron der minnenden Seele' an *alle gotz frunde, geistlich und weltlich, edel und unedel, frowen und man*. Otto ist 1362 als Lesemeister der Basler Franziskaner und als Beichtvater des Hüglin von Schönegg (gest. 1386), Heerführer in päpstlichen Diensten, bezeugt; 1363 fungiert Otto als Kustos der Minoriten in Basel, 1384 wirkt er als Visitator des Klarissenklosters Königsfelden, 1385 taucht er urkundlich nochmals als Konventuale in Basel auf. Den Abschluß seines Werks datiert Otto auf den 2.2.1386; dies steht allerdings im Widerspruch zu einer Handschrift, die bereits 1383 entstanden ist.

Mit seinen ‚Vierundzwanzig Alten' gelang Otto von Passau ein Bestseller, welcher der Adressierung an ein breites Publikum völlig entsprach. Über 120, oft illustrierte Handschriften, mehrere Drucke und

Rezeptionszeugnisse belegen ein Interesse an diesem populär-mystischen Erbauungsbuch, für das 1836 sogar ein Wiederbelebungsversuch unternommen wurde. Das Werk gliedert sich nach den 24 Ältesten, die nach Auskunft der Apokalypse (Apk 4, 4) Gott besonders nahe stehen und deren Reden dadurch besondere Verbindlichkeit zukommt, in 24 Kapitel, in denen diese Alten je ein Lehrgespräch mit der *minnenden sêle* halten. Diesen Lehrenden wächst noch weitere Autorität durch das unentwegte Zitieren aus der Bibel, den Kirchenvätern, von scholastischen Theologen und antiken Autoren zu; die Dominikaner Meister Eckhart, Tauler und Seuse spart der franziskanische Verfasser allerdings geflissentlich aus. Umrahmt von einem Vor- und einem Nachwort und mit einem Marienleben als Mittelachse (12. Alter), bietet das Werk eine umfassende Lebenslehre, die durch ein Register erschlossen wird. Die Komposition aus Sentenzen von über 100 Autoren und Ottos verbindenden Texten reicht von grundsätzlichen Erwägungen über das Wesen Gottes und des Menschen bis zum Sterben und den letzten Dingen. Innerhalb dieses weiten Bogens wird über Reue, Verzicht, Gewissen, äußere Lebensführung, Denken, Liebe, Gnade, Glaube, Eucharistie, Maria, über Weisheit, Bibel, *vita activa* und *contemplativa*, Gebet, Gottesfreundschaft, geistliches Leben, Tugend und Verdienst gehandelt, um die gottsuchenden Menschen zu jener Gottesnähe – dem „Goldenen Thron der minnenden Seele" – zu führen, deren die 24 Alten bereits teilhaftig sind.

Gründete Otto die Verbindlichkeit seiner christlichen Lebenslehre auf die biblisch beglaubigten 24 Alten und auf die Vielzahl von Autoritätssentenzen, so greift der Mönch von Heilsbronn – ein Anonymus wohl aus der ersten Hälfte des 14. Jahrhunderts im berühmten Zisterzienserkloster Heilsbronn (zwischen Nürnberg und Ansbach) – in herkömmlicher Weise auf Einzelwerke zurück, deren Dignität über alle Zweifel erhaben ist. In der geistlichen Rede ‚Buch der Sieben Grade' (vgl. S. 282) waren dies die ‚Sieben Staffeln des Gebets' Davids von Augsburg (vgl. Bd. II/2, S. 73f.), in seinem populären ‚Buch von den sechs Namen des Fronleichnams' (über 55 Handschriften) ist es der Eucharistietraktat ‚De corpore Domini' des Albertus Magnus. Dazu kommt aber die bewußte Wahl der Prosa für die Eucharistieschrift, die er in einem gereimten (!) Prolog – wie später auch die ‚Wenzelsbibel' (vgl. Bd. III/2) – mit Blick auf den Wahrheitsanspruch begründet (5, 67–70):

> *wann swelch geticht man reimet,*
> *wort czu worten leimet,*
> *da irret oft der worte glanz,*
> *daz der sin nicht gar ist gancz.*

In der Art der scholastischen Theologie handelt der Mönch sein Thema zudem in der von Albertus Magnus bezogenen Reihenfolge streng gegliedert nach den sechs Bezeichnungen des Altarssakraments ab: *Eucharistia* (*gutew genâd*), *Donum* (*gab*), *Cibus* (*speis*), *Communio* (*gemainsam*), *Sacrificium* (*opfer*), *Sacramentum* (*heilicheit*). Die Ausführungen über die vier Arten des Kontemplierens, die im Abschnitt über das *Sacramentum* eingefügt sind, zeigen, daß es dem Autor keinesfalls um eine Vermittlung von gelehrtem Wissen um seiner selbst willen geht, sondern um die Hinführung zu einer eucharistisch orientierten Frömmigkeit. Ob darauf das ‚Buch von der Minne' aufbauen sollte, das der Mönch in seinem Eucharistietraktat ankündigt, wissen wir nicht: Die Schrift ist entweder nicht zur Ausführung gekommen oder aber verschollen.

Die Vielzahl an geistlichen Unterweisungen und Lebenslehren führte offenkundig zur Frage nach der Verbindlichkeit der konkurrierenden Angebote, die ja alle durch ihre Schriftform Glaubwürdigkeit für sich beanspruchten. Überblickt man die bislang vorgestellten Traktate, so zeichnen sich eine Reihe unterschiedlicher Beglaubigungsmuster ab: ‚Der Seele Spiegel' (vgl. S. 426) setzt nicht nur auf Schriftlichkeit, sondern auf die literarische Form des Sendschreibens, hinter dem die Autorität eines sachkompetenten Absenders steht. Die ‚Zehn Staffeln der Demut' (vgl. S. 426) greifen die bekannte numerische Struktur auf, die Vollständigkeit suggeriert. Die Palmbaumtraktate (vgl. S. 427) kombinieren die Numerik mit der eingeführten Form der Allegorie. Das Ungenügen einer assoziativen Darstellungsweise bekundet sich in der Umordnung nach sachlichen Gesichtspunkten bis hin zur Bucheinteilung beim ‚Stimulus amoris' (vgl. S. 427ff.), dem durch seine weite Verbreitung auf Latein offensichtlich eine solche Autorität zukam, daß die Übersetzung die einzig adäquate Vermittlungsform darstellte, die beim ‚Buch der Liebkosung' sogar zur Entwicklung einer deutschen Kunstprosa durch Johann von Neumarkt als Pendant zur rhetorisch stilisierten Sprache der Vorlage führte. Auch der Mönch von Heilsbronn griff in seinem Fronleichnamstraktat unter dem Aspekt des Wahrheitsanspruchs bewußt zur Prosa (vgl. S. 431), zugleich aber zur etablierten Methode der scholastischen Theologie, um die Verbindlichkeit seiner Darstellung zu sichern; dazu kommt die Dignität von Alberts Eucharistietraktat, den er aber – sprachlich und methodisch abgesichert – nicht einfach übersetzt, sondern nurmehr als Grundgerüst benützt. Otto von Passau hingegen verleiht seinem Erbauungsbuch durch die biblisch beglaubigten 24 Alten und – seit jeher bewährt – durch unentwegtes Zitieren von Autoritäten (vgl. S. 80) den Anspruch auf Verbindlichkeit, der auch hinter der Berliner Zitatensammlung (vgl. S. 419) steht. Eine nicht namentlich, sondern institutionell begründete Absicherung erfolgt schließlich in einer neuen literarischen Form, die Lehren anonymen (Lese-)Meistern zuweist.

So behandeln die verbreiteten ‚S p r ü c h e d e r f ü n f L e s e m e i s t e r‘ (Ende 13. Jahrhundert) in der Form eines Kurztraktats den Wert des *lidens durch got* für das Heil der Seele. Eine andere Sammlung geistlicher Lehrsprüche des 14. Jahrhunderts mit dem Titel ‚Von fünf Meistern‘, zu der auch eine gereimte Fassung existiert, wurde auch zu sechs und sieben Meistern, zusammen mit den ‚Sprüchen der fünf Lesemeistern‘ sogar zu den ‚Zehn Meistern‘ ausgebaut. Eine Querverbindung besteht auch zwischen den ‚Sprüchen der zwölf Meister von Paris‘ (14. Jahrhundert), die Hartwig von Erfurt in seiner ‚Postille‘ (vgl. S. 424f.) benützte. Auffällig an diesen Sprüchen zu einer geistlichen Lebenslehre ist nicht nur die höhere institutionelle Ebene (Meister zu Paris statt einfachen Lesemeistern), sondern die Zuweisung einzelner Sprüche an namentlich genannte Autoritäten, die eine Entstehung der Sammlung im Dominikanerorden nahelegen; als Meister treten u.a. auf Albertus Magnus, Meister Eckhart und Johannes von Freiburg. Die dominikanische Herkunft mag die gelegentlichen mystischen Einschläge erklären, doch handelt es sich insgesamt um kein Mystikerlehrgespräch, wie es in den ‚Sprüchen der zwölf Meister‘ (vgl. S. 73) vorliegt. Naturgemäß sind jedoch die Grenzen bei diesem literarischen Genre offen: Die mystisch orientierte Spruchsammlung Engelharts von Ebrach griff auf die ‚Sprüche der fünf Lesemeister‘ und auf die Sprüche ‚Von den fünf Meistern‘ zurück. Auf die Autorität von Meistern sogar zweier Universitäten bauen die ‚Sprüche der Meister zu Paris und Prag‘ (erst seit der Mitte des 15. Jahrhunderts überliefert), in denen die *bewert ler und spruch maniger hochgelerten mayster der hohen schulen ze pariß und zu prag* zur Häufigkeit des Kommunionempfangs – ein in vorhussitischer Zeit virulentes Thema – vorgetragen werden. Die fünf Kapitel des Traktats zitieren zwar mehrfach Autoritäten für die vorgebrachte Lehrmeinung, sie sind aber nicht – wie in den zuvor genannten Spruchsammlungen – einzelnen Meistern zugeordnet.

In diesem Zusammenhang sei als frühes Beispiel für Text- und Stileklektizismus auf ‚Selbharts Regel‘ hingewiesen, eine teils satirische Klosterschrift, die nach der Art des Meister-Schüler-Dialog strukturiert ist und in deren Mittelpunkt das Kloster „Eigenwille" steht, das nach der Regel des *hern Selphart* mit Bruder Bösewicht als Abt lebt. Das kurze Werk ist einerseits David von Augsburg (vgl. Bd. II/2, S. 73–75) stark verpflichtet, andererseits übernimmt der ‚Baumgarten geistlicher Herzen‘ (vgl. Bd. II/2, S. 75) Teile aus ‚Selbharts Regel‘, bei der sich wiederum ein auffälliger Überlieferungsverbund mit den ‚St. Georgener Predigten‘ (vgl. Bd. II/2, S. 174–177) zeigt. Schließlich erscheint das satirische Kernstück auch am Schluß der ansonsten lateinischen ‚Sermones ad religiosos‘ Bertholds von Regensburg (vgl. Bd. II/2, S. 70), in dem man sogar den Autor von ‚Selbharts Regel‘ sehen wollte.

Ein zentraler Aspekt im mystischen Schrifttum (vgl. S. 87ff.) wie in der Erbauungsliteratur des Spätmittelalters war die Passionsfrömmigkeit, für welche die Passionsbetrachtungen im ‚Stimulus amoris' (vgl. S. 427ff.) ein eindrucksvolles Zeugnis ablegen. Großen Zuspruch fanden die ‚Meditationes de passione Christi' des Jordan von Quedlinburg (vgl. S. 425), die im gesamten deutschen Sprachraum übersetzt wurden, als Grundlage für Passionspredigten dienten und in die Gebetbücher eingingen; der Schwerpunkt der Überlieferung liegt hierfür wie für die Übersetzungen des wirkungsmächtigen franziskanischen Erbauungsbuches ‚Meditationes vitae Christi' (um 1300) freilich im 15. Jahrhundert, das insgesamt vom Passionstraktat ‚Extendit manum' des Heinrich von St. Gallen dominiert wird (vgl. Bd. III/2). Mit ihm kann sich in keiner Weise die nüchterne Passionshistorie *Do unser herre die rede alle volbracht* des Franziskaners Johannes von Zazenhausen (nach 1362 Weihbischof von Trier; gest. 1380) vergleichen. Das dem Mainzer Erzbischof Gerlach von Nassau (1346–1371) gewidmete Werk hält sich an die Evangelien und umspannt die Zeit von Jesu Leidensankündigung (Dienstag der Karwoche) bis zur Aussendung des Heiligen Geistes (Pfingsten). Die Rolle Marias im Heilsgeschehen geht nicht über den Bericht der Evangelien hinaus, das sonst zentrale Moment der *compassio* bleibt im Hintergrund. An dessen Stelle treten glossierende Erläuterungen (etwa warum Jesus beim Verhör geschwiegen hat). Es hat fast den Anschein, als wolle dieser Franziskaner – auch gegen die Tradition seines Ordens – den Anleitungen zur emotional bestimmten *compassio*-Frömmigkeit bewußt die Sachlichkeit der *historia passionis* entgegensetzen, um den Blick auf die heilsgeschichtliche Bedeutung der Erlösung zu lenken, die allein durch das Leiden, den Tod und die Auferstehung des Gottessohnes bewirkt wurde.

Auf Sachlichkeit hin angelegt war auch die katechetische Literatur, die der Unterweisung in den grundlegenden Glaubenswahrheiten diente. Für die Vaterunserauslegungen in deutscher Sprache reicht die Tradition mit dem ‚Freisinger Paternoster' und dem ‚Weißenburger Katechismus' bis in die Karolingerzeit zurück (vgl. Bd. I/1, S. 238f.). Bei den spätmittelalterlichen Auslegungen ab dem 13. Jahrhundert lassen sich drei Grundtypen unterscheiden: der katechetische Typ, der auf eine sachliche Erklärung des Gebetes zielt, der spekulative Typ, der auf eine scholastische und mystische Ausdeutung angelegt ist, und der traktathaft-erbauliche Typ, der zur Meditation anregen soll. Vielfältig angelegt sind auch die deutschen Auslegungen zu den Glaubensbekenntnissen (von der Forschung noch ungenügend aufgearbeitet) und vor allem zu den ‚Zehn Geboten', die wegen der Überlieferungsdichte im 15. Jahrhundert in Bd. III/2 besprochen werden sollen. Neben den selbständigen Texten spielen die ‚Zehn Gebote' natürlich auch in der Beichtliteratur (vgl. S. 436f.) und im katechetischen Erbauungsschrifttum, vor allem im ‚Seelentrost' (vgl. S. 435f.), eine wichtige Rolle. Bereits die große Zahl aller dieser Texte vermittelt einen Eindruck davon, wie intensiv die Schriftform im Spätmittelalter dazu genutzt wurde, die christlichen Glaubenswahrheiten und die sie stützende Theologie an die Gläubigen in der Muttersprache zu vermitteln; vor allem aber scheint die auch mentalitätsgeschichtlich entscheidende Bildung des Gewissens – trotz der Oralität von Predigt und Ohrenbeichte – in literaten Kreisen ohne die Schriftlichkeit etwa der ‚Zehn Gebote'-Texte nicht mehr denkbar zu sein. Als auslösendes Moment für die Vielzahl von Dekalogerklärungen im Spätmittelalter sieht man die Vorschrift des 4. Laterankonzils (1215), das von jedem Gläubigen eine jährliche Beichte forderte. Dieses von kirchlichen Synoden stetig wiederholte Gebot scheint aber nach Lage der Überlieferung erst dann eine Welle von Dekalogerklärungen ausgelöst zu haben, als es gegen Ende des 14. Jahrhunderts von Reformtheologen aufgegriffen wurde, die sich programmatisch um eine allgemeine Laienkatechese in Form der Selbstpastoration bemühten (vgl. Bd. III/2).

Neben den ‚Zehn Geboten'-Texten dienen ‚Die zwölf Räte Jesu Christi' ab dem 14. Jahrhundert der Vervollkommnung des religiösen Lebens auch der Laien. Ausgangspunkt für die deutschen Texte könnte das ‚Compendium theologicae veritatis' (um 1260) des Hugo Ripelin von Straßburg (vgl. S. 442ff.) sein, der nach der Auslegung der Zehn Gebote auch die Ratschläge behandelt, die Jesus in den Evangelien für eine vollkommene Lebensführung gegeben hat. Im Gegensatz zu den Zehn Geboten zielen diese *raete* auf Freiwilligkeit; nur Armut, Gehorsam und Ehelosigkeit sind für den Klerus verbindlich. Der Breite der bislang bekannten Überlieferung nach zu schließen, sah man in diesen Ratschlägen eine willkommene Ergänzung zum Dekalog.

Die katechetische Seelsorge führte bereits in der zweiten Hälfte des 14. Jahrhunderts zur Ausbildung von Summen. Von einem wohl westfälischen Anonymus (vielleicht einem Dominikaner) stammt das ehrgeizige Programm, in seinem ‚S e e l e n t r o s t' die 10 Gebote, die 7 Sakramente, die 8 Seligkeiten, die 7 Werke der Barmherzigkeit, die 7 Freuden Marias, die 7 Tagzeiten, die 7 Gaben des Heiligen Geistes, die 7 Todsünden und die 7 Tugenden zu erläutern. Davon ist jedoch nur ein Teil verwirklicht: ‚Der große Seelentrost', aus dessen Prolog diese Ankündigung stammt, umfaßt den Dekalog, der ‚Kleine Seelentrost' die 7 Sakramente, wobei nicht ganz sicher ist, ob beide etwa zeitgleich entstandenen Werke vom selben Autor geschrieben sind. Beide Schriften verbinden die Disposition als Lehrgespräch zwischen Beichtvater und Beichtkind und die Ausfüllung des katechetischen Rahmens durch eine Vielzahl von Exempla zur Illustrierung der Lehren. Dieser reichhaltige und vielfältige Lesestoff trug entscheidend zur Popularität der beiden Werke, insbesondere des ‚Großen Seelentrostes', bei: Sein Verbreitungsgebiet erstreckte sich vom Nieder- und Mitteldeutschen über das Niederländische bis nach Skandinavien (Dänemark, Schweden); die Drucküberlieferung erstreckt sich mit über 40 Ausgaben von 1474 bis 1800. Diese Publikumsresonanz entsprach ganz den Vorstellungen des Autors, der mit seinem vielgestaltigen Leseangebot nicht nur zur Lektüre der von Natur aus trockenen Katechese anreizen, sondern auch von der Beschäftigung mit weltlicher Literatur abhalten wollte; explizit genannt sind die *boke van Persevalen unde van Tristram unde van hern Didericke van den Berne unde van den olden hunnen*. Ihnen setzt der belesene Autor didaktisch geschickt ein Heer von über 200 Exempla entgegen, die von biblischen Geschichten und Legenden über historische und novellistische Stoffe bis zu Mirakeln und Visionen reichen. Für die biblischen Exempla und für die Erzählung von Alexander dem Großen läßt sich eine Historienbibel (vgl. S. 461) als Quelle erschließen, die Legenden sind hauptsächlich aus der ‚Legenda aurea' (vgl. S. 236) geschöpft, die ‚Disciplina clericalis' des Petrus Alfonsi (vgl. S. 301) und der ‚Dialogus miraculorum' des Caesarius von Heisterbach (vgl. Bd. II/2, S. 177) lieferten novellistische Stoffe und Predigtexempel. In die Erläuterungen der Zehn Gebote sind aber auch Teile der Prologankündigung eingearbeitet: beim dritten Gebot ein Tagzeitengedicht (vgl. S. 283 ff.) und das Reimgebet ‚Die sieben Freuden Marias' (vgl. S. 286); daneben finden sich als meditative Texte zwei Stücke aus einer Versübersetzung des ‚Speculum humanae salvationis' (vgl. S. 281 f.). Trotz dieser exzessiven Kompilation aus unterschiedlichsten Quellen ist es dem Autor gelungen, ein einheitliches Werk zu schaffen, das eine Spitzenstellung innerhalb des mittelniederdeutschen Prosaschrifttums einnimmt. Alle, die *dijt bok lesen*, sollten *der selen trost* finden, der Alexander und Appolonius, aber auch den Artusrittern versagt blieb: *Vele vorsten unde herren, ryddere unde knappen sochten over vere lant konningk Artus hoff unde vorloren al ere arbeyt, wente se en vunden dar nicht der selen trost* (Prolog).

Weniger Erfolg war dem ‚K l e i n e n S e e l e n t r o s t' beschieden, obschon auch er zwischen 1474 und 1489 mehrfach zum Druck kam. Trotz seines Titels ist das Werk mit über 250 Exempla umfachreicher als der ‚Große Seelentrost', diese sind aber weitgehend auf den Typ des Predigtexempels beschränkt, auch konzentrieren sich die Erläuterungen auf die ausführliche Diskussion von Einzelfällen. Diese Reduktion im erzählerischen Duktus mag rezeptionshemmend gewesen sein und bestätigt damit das Erfolgskonzept des ‚Großen Seelentrostes', narrativ und nicht vornehmlich diskursiv zu unterweisen. Dennoch sind einzelne Teile des ‚Kleinen Seelentrostes' auch separat überliefert: Eine ‚Meßerklärung', die vielleicht ein ehemals selbständiger Traktat war und die als einziger Teiltext ganz auf Exempla verzichtet; weiterhin ein ‚Klosterspiegel' mit über 150 Exempla vor allem aus der ‚Vitaspatrum'-Tradition (vgl. S. 235 f.), der sich an Ordensfrauen und -männer richtet, um ihnen vor Augen zu führen, *wie geistlich lüde sollen leben*; und schließlich ein verbreiteter ‚Beichtspiegel', auch er gedruckt (1480 und 1495) und sogar ins Lateinische übersetzt. Zur Illustration der Lehre dienen an die 50 Exempla, doch ist im ‚Beichtspiegel' die Strukturierung als Dialog zwischen Beichtvater und -kind aufgegeben; der Text sollte offenkundig nicht an die Stelle des Beichtgesprächs in der Ohrenbeichte treten.

Ein separater Beichttraktat aus dem 14. Jahrhundert liegt auch in dem südrheinfränkischen ‚Bihtebuoch' vor, dessen anonymer Verfasser für seine Lehre explizit auf *rime und gezierde* verzichtet, obwohl ihm bewußt sei, daß die Prosaform *ze lesende virdroszenlich und swere* falle. Hingewiesen sei auch auf das ‚Elbinger Beichtbüchlein des Deutschen Ordens', wohl aus dem beginnenden 15. Jahrhundert, das sich an Angehörige des Deutschen Ordens richtet.

Im Blick auf die Überlieferung und die Wirkungsgeschichte (vgl. Bd. III/2) als ein oberdeutsches Pendant zur geistlichen Unterweisung des ‚Seelentrostes' darf trotz anderem Konzept der ‚Gewissensspiegel' M a r t i n s v o n A m b e r g angesehen werden, der für Laien und Lateinunkundige eine kleine Summe der christlichen Sittenlehre geschaffen hat. Sie behandelt auf der Grundlage des ‚Compendium theologicae veritatis' des Hugo Ripelin von Straßburg (vgl. S. 442ff.) die Artikel des Glaubensbekenntnisses, die Zehn Gebote, die 7 Hauptsünden, die 7 Sakramente, die 7 Gaben des Heiligen Geistes, die 9 fremden Sünden, die 7 Werke der Barmherzigkeit, die 5 Sinne und die kirchlichen Feiertage; den Abschluß bildet eine *lere dez tugentleichen lebens*. Gewidmet hat Martin sein katechetisches Werk Hans von Scharfeneck, oberster Rat König Ludwigs I. von Ungarn (gest. 1382), die Schrift wird demnach in den 70er Jahren entstanden sein. Den Verfasser darf man wohl in jenem *Martinus presbyter de Bohemia* vermuten, der als Inquisitor in Straßburg (1374), Regensburg (80er Jahre), Würzburg und Erfurt (1391), Prag (1396), Nürnberg und Bamberg (1399), zwischen 1400 und 1401 auch in der Slowakei, in der Steiermark und Ödenburg tätig war; in Prag hatte Martin offenkundig eine feste Stelle als *presbyter et altarista*. Man verweist daher auf die Forderung der Prager Provinzialsynode von 1355, den Laien die Grundlagen des christlichen Glaubens zu vermitteln, und sieht in ihr eine Anregung für die Abfassung des ‚Gewissenspiegels'. Da er als Inquisitor viel unterwegs war, könnten auch die Bestimmungen anderer Synoden auf Martin eingewirkt haben, doch paßt zum Prager Umfeld, daß der Autor sprachlich-stilistisch von Johann von Neumarkt (vgl. S. 429f.) beeinflußt ist und daß er in seiner Schlußwidmung Anleihen bei Johanns Übersetzung der ‚Hieronymusbriefe' (vgl. S. 449) genommen hat. In der Rezeption wird dieser Zusammenhang evident: Immerhin überliefern 5 der 34 bekannten Handschriften den ‚Gewissensspiegel' gemeinsam mit Gebeten Johanns von Neumarkt und mit seinen ‚Hieronymus-Briefen'; in mehrfacher Hinsicht bezeugt damit Martins Schrift die literarische Wirkung des Prager Hofkanzlers.

Deutsche Scholastik

Die genannten katechetischen Werke waren unmittelbar für die Hand von Laien und für Ordensleute ohne zureichende Lateinkenntnisse zu deren Selbstpastoration bestimmt. Davon unterscheidet sich eine Gruppe von Texten, in denen der ehrgeizige Versuch unternommen wurde, Schultheologie ins Deutsche zu übertragen, um sie vor allem den Geistlichen zur Vertiefung ihrer eigenen Bildung und als Grundlage für ihre seelsorgerliche Tätigkeit in Klöstern und Städten zur Verfügung zu stellen. Dieses ambitionierte Unternehmen bildet zusammen mit der scholastisch geprägten Predigt (vgl. S. 418ff.) den Kernbereich dessen, was man in der Forschung als „deutsche Scholastik" (Ruh/Steer) zu bezeichnen pflegt. Der Anstoß hierzu ging um 1300 wiederum von den Dominikanern aus, die gleichfalls die Hauptvertreter dieser auch für die Entwicklung einer deutschen Fachsprache auf dem Gebiet der Theologie bedeutenden Bewegung stellten. Den Büchern der deutschen Scholastik ist gemeinsam, daß sie auf den theologischen Standardwerken des Mittelalters beruhen und die dort geläufige Summenbildung ins Deutsche transferieren; von hier gingen wichtige Anstöße zur Abfassung eigener volkssprachiger Summen aus.

Ein über Jahrhunderte hinweg gültiges Grundlagenwerk bildete die dreiteilige ‚Summa theologiae' (1267–1273) des dominikanischen Kirchenlehrers T h o m a s   v o n   A q u i n (1224/25–1274), der darin als *doctor communis* eine umfassende Gotteslehre (I), eine Menschenlehre (II-I) einschließlich einer Ethik (II-II) und eine Erlösungslehre (III) zu einem gewaltigen dogmatischen Gebäude mit einem streng systematischen Aufbau zusammengefügt hatte: Jeder Teil ist in Fragen (*quaestiones*) unterteilt, die wiederum in *articuli* aufgegliedert sind. Diese insgesamt 1650 Artikel haben ein identisches Aufbauschema: Es werden zu jeder Artikel-Frage gegensätzliche Meinungen (*obiectiones – sed contra*) vorgetragen, zu denen Thomas in Lehrsätzen (*responsiones*) Stellung nimmt, um von ihnen aus die *obiectiones* Punkt für Punkt zu entkräften. Zu diesem Gesamtwerk gab es in der Überlieferung je nach Interesse auch eine Textauswahl, wobei der diskursive Aufbau der Artikel immer wieder auf die Lehrsätze verkürzt wurde (*abbreviationes*).

Einen solchen Abbreviationstyp stellt eine zu Beginn des 14. Jahrhunderts entstandene Teilübersetzung der ‚Summa theologiae' dar. Die Auswahl beschränkt sich auf Auszüge aus der Gottes- und Gnadenlehre sowie der Christologie; die Tugend- und Lasterlehre blieb ebenso wie die Sakramentenlehre ausgespart. Auf den ersten Blick vermittelt die Übersetzungsleistung einen zwiespältigen Eindruck: Die Wort-für-Wort-Übersetzung ähnelt einer Interlinearübersetzung, die ohne lateinische Vorlage schwer verständlich bleibt, andererseits ist es dem Übersetzer auf der

Ebene der Lexik gelungen, die anspruchsvolle lateinische Terminologie geradezu kongenial auf Deutsch wiederzugeben. Man wird die Übertragung daher wohl am besten im Studienbetrieb als Brücke zum lateinischen Text ansehen dürfen, für die man als Benutzer vielleicht deswegen besonders dankbar war, weil die Textauswahl vornehmlich auf spekulativ-theologische Partien der ‚Summa' zielte.

Gegenüber dieser nur einmal überlieferten Übertragung war einer freien Bearbeitung, die nach 1300 vielleicht ein Straßburger Dominikaner vorlegte, ein etwas größerer Erfolg beschieden. Gestützt vor allem auf Teil II-II der ‚Summa theologiae', behandelt ‚Der Tugenden Buch' (oder inzwischen nach dem Titel in der Überlieferung: ‚D a s   B u c h   d e r   T u g e n d e n') in zwei Teilen und 98 Hauptkapiteln die drei göttlichen Tugenden Glaube, Hoffnung, Liebe (I) und danach die vier Kardinaltugenden Klugheit, Gerechtigkeit, Stärke und Mäßigung (II), wobei das Hauptaugenmerk auf den Sünden als Widersachern der Tugenden liegt. Auch war dem Verfasser – anders als Thomas – nicht an einer theologischen Tugenden- und Lasterlehre gelegen, vielmehr ging es ihm um das moralisch richtige Handeln in konkreten Fällen (etwa Kauf, Verkauf oder Wucher); zu dieser Konkretisierung zieht der Autor auch die Summen und Kommentare anderer Dominikaner aus dem 13. Jahrhundert heran. Gerade die Behandlung weltlicher Rechtsfragen verschaffte einzelnen Werkteilen Eingang in das ‚Rechtsabecedar der 2200 Artikel' (vgl. Bd. III/2), obwohl die etwas steife Sprache einer größeren Verbreitung offenkundig entgegenstand (13 Textzeugen, daneben Exzerpte und weitere Zeugnisse).

Unabhängig von diesen Übertragungen war Thomas von Aquin in der deutschen Predigt- und Traktatliteratur während des 14. Jahrhunderts zunächst als spekulativer Theologe und ab der Jahrhundertmitte vor allem als moraltheologische Lehrinstanz durch Autoritätsberufungen, Zitate und thematische Anleihen präsent; in eingeschränkterem Umfang gilt dies für seine Kommentierung der Evangelien in der ‚Catena aurea' (vgl. S. 455f.). In noch viel größerem Maße auf eine mittelbare Wirkung (etwa in Predigtexzerpten) eingegrenzt blieben die Schriften des Albertus Magnus (vgl. S. 61), bei dem Thomas von Aquin in Paris und Köln studiert hatte. Insbesondere Alberts eucharistischer Doppeltraktat mit seiner Meßerklärung ‚De sacrificio missae' und der Eucharistieerklärung ‚De corpore Domini', auf die sich etwa der Mönch von Heilsbronn stützte (vgl. S. 432), wurde im Deutschen breiter rezipiert, doch kam es nach unseren Kenntnissen nur einmal – vielleicht durch einen Mönch der Kartause Marienbühl bei Straßburg – um 1380 zu einer u.a. durch Thomas-Zitate angereicherten Übertragung. Wie sehr Albertus Magnus jedoch im Spätmittelalter geschätzt wurde, zeigt die Zuschreibung des beliebten Tugendtraktats ‚P a r a d i s u s   a n i m a e' (über 160 Handschriften) an ihn ab dem 15. Jahrhundert. Das lateinische Werk gibt in 42 Kapiteln eine Tugendlehre, die nicht nur die einzelnen Tugenden erläutert, sondern auch jene Eigenschaften entlarvt, die sich fälschlich als Tugenden (*valsae virtutes*) ausgeben. Der anonyme Autor des um 1300 entstandenen Traktats baut jedoch nicht in scholastischer Manier auf die Überzeugungskraft der systematisch-theologischen Darlegung, sondern auf Beispiele biblischer Figuren. Dieses Verfahren und die flüssige Sprache der nahezu zeitgleichen Übersetzung wohl im Mitteldeutschen sicherten dem Werk auch in der Volkssprache mit über 30 erhaltenen Handschriften und mit Teilübertragungen im Rahmen der ‚Elsässischen Legenda aurea' (vgl. S. 236) einen festen Platz; dazu kommen drei weitere Übersetzungen des 15. Jahrhunderts und ein Frühdruck (1518). Die bemerkenswert frühe Übersetzung des Tugendtraktats zeigt, daß es neben den Werken der deutschen Scholastik durchaus eigene, erfolgreiche Traditionen des (moral-)theologischen Schrifttums gab.

Keines dieser Werke konnte sich allerdings mit dem überwältigenden Erfolg der in scholastischer Tradition stehenden ‚Rechtssumme' des Dominikaners B r u d e r B e r t h o l d messen, die in etwa 130 Handschriften und 12 Drucken (1472–1518) überliefert ist. Auch dieses Kompendium leitet sich auf eine lateinische Vorlage zurück, die mit etwa 200 Handschriften und mehreren Drucken eines der einflußreichsten theologisch-kanonistischen Handbücher des Spätmittelalters darstellt: die Beichtsumme ‚Summa confessorum' (vollendet 1298) des Lesemeisters und Priors im Freiburger Dominikanerkonvent (ab 1280) Johannes von Freiburg (gest. 1314). Ob Bruder Berthold ebenfalls in Freiburg tätig war, ließ sich bislang ebenso wenig sichern wie die Entstehung der ‚Rechtssumme' noch in der ersten Jahrhunderthälte. Nach eigenen Aussagen war ein Ritter Hans von Auer sein Auftraggeber, und für Laien war das Werk auch gedacht. Entsprechend führt die Überlieferung nur vereinzelt in Klöster und zu Weltgeistlichen; Adlige und Stadtbürger sind die vornehmlichen Handschriftenbesitzer. Für dieses Zielpublikum bemüht sich Bruder Berthold um eine verständliche, nicht vom Latein geführte Sprache, in der sich seine reiche Erfahrung als Prediger widerspiegelt. Er beläßt es auch nicht bei der bloßen Übersetzung abstrakter Begriffe, sondern konkretisiert sie explikativ: Aus dem lateinischen *thesaurus* etwa werden *gelt, silber, gold, edelgestain*. Vor allem aber organisiert Berthold seine Vorlage vollkommen um. Er reduziert den argumentativen Aufbau der scholastischen *quaestio* (vgl. S. 438) auf die Wiedergabe allein der Lehrsätze, vor allem aber löst Berthold die kanonistisch orientierte Einteilung der Vorlage in vier Bücher auf, wie sie Johannes von Freiburg vorgenommen hatte. Aus den vier Teilen – (I) Vergehen gegen Gott, (II) Vergehen gegen die Mitmenschen, (III) Klerikerrecht einschließlich der Beichte und (IV) kirchliches Eherecht – formt Berthold mit Kürzungen insbesondere beim Klerikerrecht ein alphabetisch geordnetes Kompendium, das in etwa 700 Einzelartikeln von Ablaß bis Zwietracht reicht. Obwohl das Werk in der Überlieferung meist als ‚Summa Johannis' bezeichnet wird, hat Bruder Berthold aus der ‚Summa confessorum' des Johannes von Freiburg, die für die Hand der Priester bestimmt war, ein Handbuch für den Laien geschaffen, in dem dieser sich moraltheologisch wie kirchenrechtlich informieren konnte. Dabei dürfte die Funktion des Rechtsbuches gegenüber jener des Sittenbuches im Vordergrund gestanden haben. Jedenfalls arbeiten die ‚Rechtsabecedarien' (vgl. Bd. III/2) die ‚Rechtssumme' Bertholds ein und tragen damit erheblich zur Integration des kanonischen Rechts in die deutschen Rechtsbücher (vgl. S. 379) bei. Der bewußte Blick auf den Laien hat der ‚Rechtssumme' als einzigem Werk aus dem Kernbereich der deutschen Scholastik im 14. Jahrhundert zu einem einzigartigen Erfolg verholfen, und es werden wiederum vor allem die Laien sein, die im 15. Jahrhundert dem Schrifttum der Frömmigkeitstheologie zu einem großen Aufschwung verhelfen (vgl. Bd. III/2). In diesem Zusammenhang soll auch die verbreitete, Herzog Albrecht III. von Österreich (1365–1397) gewidmete Beichtsumme ‚Erkenntnis der Sünde' behandelt werden, die man früher Heinrich von Langenstein zuschrieb, bei der man heute aber eher an Marquard von Randeck oder an einen Anonymus als Verfasser denkt.

Der Überlieferungsbefund bei den weiteren Werken der deutschen Scholastik im 14. Jahrhundert, die als Übersetzungen für den Unterricht und die Seelsorge bestimmt sind, bestätigen den skizzierten Befund augenfällig: Die Übertragungen bleiben gegenüber den lateinischen Vorlagen durchwegs eine Randerscheinung. Das zeigt sich bei den beiden einflußreichsten theologischen Kompendien des Mittelalters neben der ‚Summa theologiae' des Thomas von Aquin (vgl. S. 438f.), den ‚Sententiarum libri quattuor' (um 1155/58) des Petrus Lombardus und selbst beim ‚Compendium theologicae veritatis' des Hugo Ripelin von Straßburg (vgl. S. 442ff.). Europaweit waren die ‚S e n t e n z e n' des Lombarden während des Mittelalters das führende theologische Grundlagenwerk im akademischen Unterricht; erst im Verlauf des 15. Jahrhunderts verdrängte sie die ‚Summa theologiae' des Aquinaten von dieser Spitzenposition. Dem entspricht die unüberschaubare Überlieferungs- und Wirkungsgeschichte der ‚Sentenzen', die nicht nur unentwegt abgeschrieben, sondern auch exzerpiert und kommentiert wurden: Ohne Bibel und ‚Sentenzen' gab es im Mittelalter kein Studium der Theologie.

Die ‚Sentenzen' faßten die gesamte christliche Glaubenslehre systematisch in vier Büchern zusammen. An der Spitze steht (I) die trinitarische Gotteslehre; es folgen (II) die Schöpfungs- und Sündenlehre, (III) die Inkarnations- und Tugendlehre und schließlich (IV) die Lehre von den Sakramenten und die Eschatologie. Im 13. Jahrhundert erfolgte eine Untergliederung des Werkes in *distinctiones*, um die Fülle des Stoffs überschaubar zu machen. Petrus Lombardus war bemüht, zu den einzelnen Themenbereichen alle bekannten Autoritätenzitate zu sammeln, um sein Lehrbuch biblisch und theologisch unanfechtbar abzusichern; konträre Meinungen wurden dabei im Blick auf die traditionelle Lehre der Kirche harmonisiert.

Die deutschsprachige Rezeption der ‚Sentenzen' erfolgte nicht auf der Grundlage des Volltextes, sondern anhand eines Auszugs, den der Franziskaner Johannes de Fonte um 1300 als Lesemeister in Montpellier verfertigte. Diese verbreiteten ‚Conclusiones in IV libros sententiarum' übergehen alle argumentativen Teile und beschränken sich auf die Resultate der Distinktionen, um ein Handbuch nicht zuletzt für Prediger zu schaffen. Ziel der Verdeutschungen, die abgesehen von Glossierungen erst im 14. Jahrhundert einsetzen, ist die Hinführung zum lateinischen Text; die Übertragungen haben also – wie die Teilübersetzung der ‚Summa theologiae' (vgl. S. 438f.) – lediglich eine Brückenfunktion ohne Anspruch auf einen lesbaren deutschen Text. Dies gilt auch für die einzige vollständige Übertragung der ‚Conclusiones', die in der zweiten Hälfte des 14. Jahrhunderts wohl im Leipziger oder im Erfurter Dominikanerkonvent entstanden ist; die erwogene Zuschreibung an den Dominikaner Johannes Salvelt, Lesemeister in Leipzig (1379) und Erfurt (1397), muß offenbleiben. Die Autorität des lateinischen Textes schlägt sprachlich selbst da durch, wo die ‚Sentenzen' für einen selbständigen volkssprachigen Traktat ausgeschöpft werden. Das ist bei dem umfangreicheren Traktat ‚Von der Gottesliebe' der Fall, den ein alemannischer Anonymus, vielleicht ein Augustiner, im 14. Jahrhundert in der Art eines Sendschreibens für eine Ordensfrau verfaßt hat. Sein anspruchsvolles Thema, die umstrittene, vom Aquinaten abgelehnte These des Lombarden, die *caritas* sei mit dem Heiligen Geist identisch, behandelt der gelehrte Theologe mit Rückgriff auf umfangreichere Textteile aus den Büchern I-III der ‚Sentenzen', wobei sein Bemühen auf eine verständliche Umsetzung der lateinischen Terminologie gerichtet ist. Hier übertrifft er bis hin zur Bildung neuer Wörter (etwa *anmenschung* für *incarnatio*) durchaus andere Autoren der deutschen Scholastik, aber syntaktisch bleibt er der lateinischen Vorlage so stark verpflichtet, daß die Lektüre mühsam bleibt.

Ein etwas anderes Bild bietet das ‚Compendium theologicae veritatis' des Hugo Ripelin von Straßburg (gest. 1268), das auch im Traktat ‚Von der Gottesliebe' ausgiebig benutzt wurde. Beim ‚Compendium' gilt ebenfalls, daß es zunächst die ‚Summa theologiae' des Thomas von Aquin an Einfluß bei weitem übertraf. Von dem lateinischen Werk, das auch in mehrere europäische Volkssprachen bis hin zum Isländischen und Armenischen übertragen wurde, finden sich noch heute etwa 750 Handschriften aus dem deutschen Raum; hier entfaltete es seine

Wirkung freilich auch dadurch, daß man oft Thomas von Aquin als Verfasser ansah. Theologisch steht Hugo dem Aquinaten allerdings fern. Hugo ist ein Vertreter der frühen, von Albertus Magnus (vgl. S. 61) und der Rezeption des Aristoteles noch nicht geprägten Dominikanertheologie vor etwa 1260. Inhaltlich umspannt das ‚Compendium' wie die ‚Sentenzen' des Lombarden (vgl. S. 441f.) den Bogen von der Gotteslehre bis zur Eschatologie, aber es gliedert sich wie das verbreitete ‚Soliloquium' des berühmten Franziskanertheologen Bonaventura (1221–1274), das Hugo auch als Quelle benutzte, in sieben Bücher. Vor allem aber hat Hugo nicht die Universitätstheologen als Adressaten im Auge, sondern die Seelsorger und Prediger, denen er einen verläßlichen Grundriß der christlichen Theologie an die Hand geben möchte. Hugo will, wie es in der Übersetzung heißt, den *wisen weg und ursach geben vil zu erfarende*. Wegen dieser Hinwendung an die *sapientes* spricht man bei dieser Form von Theologie von „Sapientialtheologie" (Steer), die bei der Pastoral in monastischen und laikalen Kreisen erheblich mehr Wirkung entfaltete als die scholastische Universitätstheologie mit ihren elitär-intellektuellen Ansprüchen. Wie bei Bernhard von Clairvaux führt bei diesem Ansatz nicht der *intellectus* der Philosophen und Theologen zur Gotteserkenntnis, sondern die Weisheit (*sapientia*), welche die Guten (*boni*) allein durch die Liebe (*per amorem*) Gott erfassen läßt. Es liegt auf der Hand, daß für die Laien die sapientiale Theologie leichter zugänglich war als die scholastische Theologie. Als Vermittlung der Schultheologie an Seelsorger und Laien dürfen die Übertragungen von Hugos ‚Compendium', das durch sein schlichtes Latein auch im Original leicht zugänglich war, gleichwohl als Werk der deutschen Scholastik angesprochen werden.

Hugo, der dem Straßburger Patriziergeschlecht Ripelin entstammte, dürfte in jungen Jahren kurz nach Gründung des Straßburger Dominikanerkonvents (1224) in den Orden eingetreten sein. 1332 ist er erstmals als Prior des Konvents von Zürich belegt, der 1329 von Straßburg aus gegründet wurde. Nach etwa 30jähriger Tätigkeit kehrte Hugo 1260 wieder nach Straßburg zurück, wo er ebenfalls das Amt des Priors versah. Nach seinem Tod (1268) wird er als guter Sänger, lobenswerter Prediger, Autor, Schreiber und Maler gerühmt: ein *vir in omnibus graciosus*. 1259 schlichtete er sogar einen Streit zwischen Rudolf von Habsburg und einem Propst.

Hugos ‚Compendium' wurde im 14. und im 15. Jahrhundert je viermal übersetzt; daneben gibt es exzerpierende Teilübertragungen und Glossierungen. Sie alle belegen die Bedeutung dieses Werkes, sie bezeugen aber auch, daß es im Mittelalter keine Vulgata-Fassung dieses Handbuchs in deutscher Sprache gab, das man offenkundig vornehmlich als lateinischen Text rezipierte. In seinem Dienst stehen mit wenigen Ausnahmen alle Übertragungen, die mit einer ostfränkischen, teils mischsprachigen Version bereits um 1300 einsetzen. Die erste vollständige Übersetzung (vor 1375) entstand im Südrheinfränkischen (Fassung A); sie fand unter allen Versionen – vor allem im bairisch-österreichischen Raum – die weiteste Verbreitung. Etwa gleichzeitig erfolgte im Bairischen eine zweite Übersetzung (B), die jedoch in allen Handschriften nur fragmentarisch erhalten ist. Eine westalemannische Version (AB) vor der Wende zum 15. Jahrhundert schließlich kombiniert die Fassungen A und B. Insgesamt sind diese Übertragungen weniger literatur- als sprachgeschichtlich interessant, weil sie zur Ausbildung einer theologischen Terminologie im Deutschen beitrugen. Die Wirkungsgeschichte des ‚Compendiums' in der deutschen Literatur hingegen, erstmals in der 1293 abgeschlossenen ‚Martina' Hugos von Langenstein (vgl. S. 234f.) nachweisbar, ging fast ausnahmslos vom lateinischen Text aus. Erst die Übersetzungsprosa der „Wiener Schule" wird, obwohl auch sie teilweise mit erheblichen sprachlichen Schwierigkeiten zu kämpfen hat, bei der Vermittlung von Universitätstheologie an Laienkreise mit einem veränderten pastoralen Ansatz einen entscheidenden Durchbruch erzielen (vgl. Bd. III/2).

Gebetsliteratur und Legenden

Latein war nicht nur die Sprache der Theologie (und aller Wissenschaften) im Mittelalter, Latein war vor allem die geheiligte Sprache der Liturgie im Einflußbereich der römischen Kirche. In streng liturgischen Akten – etwa bei der Messe oder beim kirchlichen Stundengebet – konnte das Latein nicht durch die Volkssprache ersetzt werden. Umso wichtiger war es, die liturgischen Gesänge und Gebete durch Übersetzungs- und Verständnishilfen inhaltlich zu erschließen. Darin bestand – seit der Karolingerzeit im Deutschen faßbar (vgl. Bd. I/1, S. 195–211) – eine zentrale Aufgabe der Schulen in der klerikalen Ausbildung. Im Verlaufe des Spätmittelalters verschafften sich aber auch die Laien zunehmend einen Zugang zu den liturgischen Texten durch Übersetzungen, die sich nicht auf die Hinführung zum Latein beschränkten, sondern auf eine selbständige Textqualität zielten: Die Texte sollten aus sich heraus und ohne Rekurs auf das Latein verständlich sein. Der Anspruch ging schließlich so weit, daß in Anlehnung an das kirchliche Stundengebet volkssprachige Stundenbücher und zu Andachtszwecken auch Privatgebetbücher entstanden. Insbesondere im Lebensbereich der Ordensfrauen überschnitten sich das klerikale Bemühen um Hinführung zu den verbindlichen liturgischen Texten und der laikale Anspruch auf eine eigene Gebetsliteratur.

Als Verständnishilfen dienten die deutschen ‚Gebetsanweisungen in lateinischen Psalterhandschriften', die seit dem 12. Jahrhundert belegt sind und die bis zum 15. Jahrhundert zu regelrechten Zyklen zusammengefügt werden. Die Gebetsanweisungen geben als Beischriften am Rand

Hinweise auf den Inhalt der betreffenden Psalmen und biblischen Cantica, sie nennen aber auch deren Ort innerhalb der Liturgie und die *nutzperkait der psalm*. Offenkundig war diese Marginalkommentierung in Süddeutschland besonders beliebt. Seit dem 14. Jahrhundert finden sich auch (Teil-)Übersetzungen des Breviers, die zunächst gleichfalls der Sinnerschließung dienen, dann aber den Weg in die Gebet- und Stundenbücher der Laien finden. Aufschlußreich für den klösterlichen Bereich sind hierzu die ‚Breviertexte aus Westfalen' in einer Wolfenbütteler Handschrift (um 1325), die im ersten Teil jene ‚Westfälischen Psalmen' enthält, deren Herkunft bis auf die ‚Altniederfränkischen Psalmenfragmente' zurückführt (vgl. Bd. I/1, S. 207). Ab der Mitte des 14. Jahrhunderts sind dann auch Vollübersetzungen des ‚Missale' (Meßbuch) überliefert, deren Existenz bei der gewollt numinosen Aura der Meßfeier – anders als die Aufnahme der biblischen Lesungen während der Messe in die ‚Plenarien' (vgl. S. 452) – erstaunlich ist. Zusammen mit den Bibelübersetzungen sind die Missale-Verdeutschungen ein beredtes Zeichen dafür, daß sich die Laien den volkssprachigen Zugang zu den sakralen Texten nicht mehr verwehren ließen.

Wie sehr auch Nonnen auf die Erklärung und Deutung der Liturgie angewiesen waren, zeigt das ‚Karwochenbüchlein' (2. Hälfte 14. Jahrhundert), das den Benediktinerinnen des Klosters St. Andreas in Engelberg (Schweiz) die Zeremonien der Karwoche erläutert. Ein weiterer Teil gilt den Osterfeiern, der Schluß ist den Weihnachtsmessen gewidmet. Für die private Andacht dient dagegen das in etwa gleichzeitige ‚Engelberger Gebetbuch' mit einer Vielzahl deutscher Prosagebete nichtliturgischen Ursprungs. Diesem geläufigen Typ folgen als dessen ältester Vertreter (um 1300) das ‚Münchner Gebetbuch des cgm 73' wohl für ein bairisches Frauenkloster, weiterhin eine kleine Gebetsammlung (,Zürcher Gebete'), die in der zweiten Jahrhunderthälfte im Dominikanerinnenkloster Adelhausen (bei Freiburg/Breisgau) angelegt wurde, und vom Ende des 14. Jahrhunderts das ‚Hildesheimer Nonnengebetbuch'. Daneben existierte ein gemischtsprachiger Gebetbuchtyp, der lateinische und deutsche Texte umfaßte; ihn vertritt das ‚Gebetbuch moselfränkischer Zisterzienserinnen' aus der Zeit um 1300, in dem die deutschsprachigen Gebete noch in der Minderzahl sind. Als Gebrauchshandschriften unterlagen die Privatgebetbücher einem hohen Verschleiß, dennoch scheint es kein Zufall der Überlieferung, sondern ein Wandel in der Frömmigkeit zu sein, daß die Tradition erst gegen Ende des Jahrhunderts Kontinuität zeigt, die im 15. Jahrhundert zu einer Flut von Privatgebetbüchern – dann auch für Laien – führt. Ähnlich steht es mit den Stundenbüchern, die man als eine Art von Laienbrevier ansehen darf. Bereits im 11. Jahrhundert in lateinischer Form entstanden, setzen die Übertragungen verstärkt erst im 15. Jahrhundert ein und finden dann auch Eingang in den Buchdruck, an deren Stelle ab Beginn des 16. Jahrhunderts der Gebetbuchtyp des gedruckten ‚Hortulus animae' tritt (vgl. Bd. III/2). Das 14. Jahrhundert hat die Grundlage für das volkssprachige Privatgebetbuch gelegt, zum Laiengebetbuch wird es nach Lage der Überlieferung im Zusammenhang mit einer aufgewerteten Laienfrömmigkeit aber erst ab dem 15. Jahrhundert.

Aus einem solchen Privatgebetbuch könnten die fragmentarisch überlieferten ‚Melker Gebete an die Dreifaltigkeit' (erhalten sind 125 Verse) stammen. Dafür spricht das Duodezformat der beiden heute verschollenen Pergamentblätter, die aus dem 14. Jahrhundert sammen sollen.

Ein bemerkenswerter Bewußtseinswandel zeigt sich bei der forcierten Hinwendung zur Prosa in den Gattungsbereichen der Legenden- und Bibelepik, deren traditionelle literarische Form bis ins 14. Jahrhundert der Reimpaarvers war. Hinter diesem Wechsel der Sprechebenen steht bei Werken mit lateinischer Vorlage sicherlich die Forderung nach möglichst großer Nähe zur Authentizität der Prosaquelle. Zugleich aber scheint im Gebrauch der Prosa als einer lebensweltlichen Sprechform auch ein neuer Wahrheits- und Verbindlichkeitsanspruch sichtbar zu werden, auf den etwa der Mönch von Heilsbronn hinweist (vgl. S. 431). Für die Legende und für Werke mit biblischer Thematik kam hinzu, daß in beiden Bereichen der Gebrauch der Prosa von Anfang an in der Predigt selbstverständlich war und daher bei der literarischen Gestaltung der gleichen Themen außerhalb der Predigt ohne Schwierigkeiten aufgegriffen werden konnte.

Das Bemühen um möglichst genaue Übereinstimmung mit den Vorlagen zeigt eine alemannische Sammlung von 26 Legenden, in der wir vielleicht nach Lage der Überlieferung das erste deutsche Prosalegendar zu fassen bekommen. Für Dominikanerinnen bestimmt, überprüfte dieses ‚Solothurner Legendar' nach Ausweis der Schlußschrift der Dominikaner Marquard Biberli, 1320 als Lesemeister und 1325 als Prior in Zürich bezeugt, vor der überlieferten Aufzeichnung auf die Richtigkeit der Übersetzung: *ze tutsch braht ab einem vil alten buoche, vnd vberlas es da bi vil alles ein wiser lesmeister brediger ordens bruoder Marchwart Biberli, dem gar kunt ist vmb der heiligen legende. der sprach, daz es ganz vnd gerecht also wer.* Im alemannischen Sprachgebiet fanden auch die ‚Vitaspatrum' und die ‚Legenda aurea' des Jacobus a Voragine, die gegen Ende des 13. Jahrhunderts im Umfeld des Deutschen Ordens als ‚Väterbuch' und als Hauptquelle des ‚Passional' (vgl. S. 235f.) noch zu mächtigen Reimpaardichtungen aufgeformt wurden, um die Mitte des 14. Jahrhunderts zur zukunftweisenden Prosa. Ein besonderer Erfolg war dabei den ‚Alemannischen Vitaspatrum' beschieden, die als Teil- und Gesamtsammlungen an die 90 Handschriften und in 14 Drucken (vor

1480–1517) überliefert sind. Das Werk umfaßt zwei getrennt entstandene und zunächst auch separat überlieferte Teile: zum einen die Vitenübersetzung (erstes Drittel des 14. Jahrhunderts) mit ursprünglich sieben umfangreichen Einzelviten einschließlich einer ‚Historia monachorum' und zum anderen die Übersetzung der ‚Verba seniorum' (erste Hälfte des 14. Jahrhunderts), eine Sammlung von zunächst 365 Beispielerzählungen und Sprüchen der Wüstenväter (in der Überlieferung ergänzt um weitere 148 Texte). Hinter beiden Teilen stehen versierte Übersetzerpersönlichkeiten, die sich aber im Übersetzungsstil erkennbar unterscheiden. Der Vitenteil zeichnet sich sprachlich souverän durch eine sinngemäße Übertragung der lateinischen Vorlage aus, die aber dort verschiedentlich glossierend erweitert wird, wo unbekannte Sachverhalte für ein sinnvolles Verstehen zu erläutern waren; der ‚Verba seniorum'-Übersetzer hingegen bemüht sich bei der freieren Wiedergabe der Quelle um auffällige Knappheit. In der Verbundüberlieferung der ‚Verba seniorum' während des 14. Jahrhunderts vor allem mit Texten der dominikanischen Mystik deutet sich der ursprüngliche Interessentenkreis der Übersetzung an; zusammen mit der straffenden Neuorganisation des Werkes (einschließlich Register) um 1430 im Umfeld des Nürnberger Katharinenklosters (vgl. Bd. III/2), hinter der die Reform der Dominikanerinnen steht, erweisen sich die ‚Alemannischen Vitaspatrum' für die Ausbildung der klösterlichen Spiritualität als ein bedeutsames Quellenwerk. Ein souveräner Übersetzer steht auch hinter der um 1350 in Straßburg entstandenen, im Grundbestand 190 Texte umfassenden ‚Elsässischen Legenda aurea', deren älteste Handschrift (Straßburg 1362) als ein Prachtexemplar mit 178 ausgezeichneten Miniaturen ausgestattet ist und vielleicht für Agnes, der Schwester Herzog Albrechts II. von Österreich, gedacht war (vgl. S. 45). Mit 34 Textzeugen (bis um 1475) und ohne Drucklegung steht dieses in der Schweiz und am Oberrhein verbreitete Werk deutlich hinter der Wirkmächtigkeit der ‚Alemannischen Vitaspatrum' zurück, obwohl sich der Besitz der Legendensammlung über das Kloster hinaus auch bei Laien nachweisen läßt. Der Grund hierfür ist der überwältigende Erfolg von ‚Der Heiligen Leben', das ab etwa 1400 allen anderen deutschsprachigen Legendaren den Rang abläuft (vgl. Bd. III/2). Diese siegreiche Konkurrenz kann jedoch keinesfalls die außergewöhnliche sprachliche Qualität verdecken, welche die ‚Elsässische Legenda aurea' auszeichnet.

Lagen den bislang genannten Prosalegendaren feste lateinische Quellen zugrunde, so erweist sich das ‚Heiligenleben', das Hermann von Fritzlar zwischen 1343 und 1349 aufzeichnen ließ, als eine Kompilation *uzze vilen anderen buchern und uzze vile predigaten und uzze vil lereren*, bei denen die mystischen Interessen dieses begüterten Laien (vgl. S. 424) nicht zu übersehen sind. Nur in einer Handschrift überliefert, ist dieses frühe deutsche Prosalegendar nach den Herren- und Heiligenfesten des Kirchenjahres geordnet, doch wechseln dabei knappe Heiligenviten, teilweise ergänzt um mystische Erörterungen, mit mystisch orientierten Predigten. Die Kompilation folgt hierin dem Typ des Predigtlegendars, der im 13. Jahrhundert bereits mit den ‚Schwarzwälder Predigten' in den Blick kam (vgl. Bd. II/2, S. 174f.), sie schließt sich aber der neuen Form der dominikanischen Predigtsammlungen an (vgl. S. 418ff.). Dies läßt bereits die Berufung auf den *nûwen meister* Hermann von Schildesche (vgl. S. 85), auf Gerhard von Sterngassen (vgl. S. 422) und Eckhart Rube (vgl. S. 420) erkennen, vor allem aber bezeugt der enge Anschluß an die ‚Postille' Hartwigs von Erfurt (vgl. S. 424f.) die geistige Heimat Hermanns von Fritzlar. Mit einer Blütenlese aus einer Vielzahl geistlicher Texte scheint er weniger an einem Legendar im herkömmlichen Sinne interessiert gewesen zu sein, sondern an einem Betrachtungs- und Erbauungsbuch zur Lektüre an den ausgewiesenen Festtagen des Kirchenjahres. Dazu sollten zwar auch die anderen Legendare bei der privaten Lektüre anregen, aber durch die mystische Situierung und den spezifischen Zuschnitt tritt die intendierte Gebrauchssphäre in Hermanns ‚Heiligenleben' deutlicher in den Blick als sonst bei den Legendensammlungen das 14. Jahrhunderts.

Für Einzellegenden in Prosa gibt es im 14. Jahrhundert nur erste Ansätze, ihre große Zeit bricht erst im 15. Jahrhundert an (vgl. Bd. III/2); daher lassen die wenigen Texte, die nicht aus den großen Legendaren abgeleitet sind, keine feste Tradition erkennen. So zeigt das vor 1356 vom *armen priester* Berthold von Bombach (Breisgau) verfaßte ‚Leben der seligen Luitgart von Wittichen' eine gewisse Nähe zu den Schwesternbüchern (vgl. S. 106ff.): Als legendäre, mit zahlreichen Mirakeln ausgeschmückte Vita angelegt, berichtet das Werk (Handschrift um 1400) von dem erstaunlichen Wunder der Klostergründung in Wittichen (Schwarzwald) durch die mittellose Bauerntochter Luitgart (1291–1348). Für das Nürnberger Klarissenkloster hingegen war das vor 1380 zusammengestellte, vielfach handschriftlich überlieferte ‚St. Klara-Buch' bestimmt. Es umfaßt im Grundbestand die Klara-Vita des Thomas von Celano (gest. um 1260) und die Kanonisationsbulle (1255) Klaras von Assisi jeweils in Übersetzungen, weiterhin Lebensdaten der Heiligen und Reimgebete. Dieses Korpus wird dann durch weitere Texte ergänzt, u.a. durch Übersetzungen von vier Briefen Klaras an Agnes von Böhmen (Tochter König Ottokars I. von Böhmen, die 1223 das Prager Klarissenkloster gestiftet hatte, in das sie 1234 auch selbst eintrat) sowie einer Vita der Agnes von Assisi, der jüngeren Schwester Klaras und gleichfalls Klarissin. Dazu treten in einigen Handschriften Klara-Predigten und Übersetzungen lateinischer Lobgesänge auf die Heilige. In dieser Konzentration diente die Sammlung in süddeutschen Klarissenklöstern zur Verehrung der Ordensmutter wie zur Erbauung der Ordensschwestern, die den weiblichen Zweig des Franziskanerordens bildeten.

Eine breitere Rezeption fanden nur die ‚H i e r o n y m u s - B r i e f e' in der Übersetzung durch Johann von Neumarkt (vgl. S. 429f.). Die Schrift, ein Hieronymus-Leben in Briefform, hatte Johann von seinem Italienaufenthalt 1368/69 mitgebracht und nach einer stilistischen Überarbeitung 1370/71 Kaiser Karl IV. gewidmet, um in Böhmen die Verehrung des Heiligen und Patrons der Humanisten anzuregen.

Bei den in annähernd 400 Handschriften überlieferten ‚Hieronymus-Briefen' handelt es sich um eine geschickte Fälschung wohl des 12./13. Jahrhunderts: Sie werden mit Eusebius, Augustinus und Cyrillus als angeblichen Verfassern drei bekannten Freunden und Zeitgenossen des Heiligen zugelegt. Der Eusebius-Brief berichtet vom Tod, der Augustinus-Brief in einer Jenseitsvision vom hohen Rang des Hieronymus im Himmel (wo er Johannes Baptista und den Propheten gleichgestellt ist), der Cyrillus-Brief bestätigt dies durch die Schilderung der Wunder, die der Heilige gewirkt hat.

Der Markgräfin Elisabeth von Mähren (wahrscheinlich die vierte Gattin des Markgrafen Johann Heinrich, Bruder Karls IV.) und den Damen des Prager Hofes zugedacht, war die Übersetzung der ‚Hieronymus-Briefe', die Johann von Neumarkt in den siebziger Jahren des 14. Jahrhunderts fertigte. Ihre große Verbreitung in etwa 50 Handschriften – darunter ein illuminierter Kodex für Herzog Albrecht III. von Österreich (vgl. S. 55) – bis hin zum Druck (1484) konzentriert sich vor allem auf Frauenklöster; dieses Interesse mag sich insbesondere auf die Reflexionen über das Wesen Gottes wie über den Tod und seine Heilsnotwendigkeit im Eusebius-Brief, aber auch auf dessen affektive Frömmigkeitshaltung zurückführen.

Bibelübersetzungen

Das anspruchsvollste Unternehmen innerhalb des deutschen Prosaschrifttums während des 14. Jahrhunderts war ohne Zweifel die Bibelübersetzung, die auch den lateinunkundigen Laien einen unmittelbaren Zugang zu den heiligen Schriften ermöglichen sollte. Nicht von ungefähr spricht man vom „Jahrhundert der Laienbibel", in dem Laien nicht nur auf eine volkssprachige Bibel pochen, sondern sich diese auf vielfachen Wegen auch erobern. Selbstbewußt formuliert dies als Laie in der ersten Hälfte des 14. Jahrhunderts der Österreichische Bibelübersetzer (vgl. S. xxx) in einer Vorrede zum ‚Schlierbacher Alten Testament', wo es heißt, daß er *ettleich tail der heiligen schrifft durch pessrung ainuoltiger christen zu dewtschcz pracht* hat, damit man *die heilig schrifft auf purgen vnd in stuben vnd in heusern vnd in dewtscher sprach list vnd hort.*

Den Neuansatz im 14. Jahrhundert kann man bereits daran ermessen, wenn man die Vielzahl an Zeugnissen mit den spärlichen Spuren von

Bibelübersetzungen aus klerikaler Feder vergleicht, wie sie in der Karolingerzeit mit dem Übersetzungsfragment des Matthäus-Evangeliums (vgl. Bd. I/1, S. 253) oder im 11. Jahrhundert mit den ‚Wien-Münchener Evangelien-Fragmenten' sichtbar werden. Nur die Tradition der Psalmenübersetzungen, wiederum bis in die Karolingerzeit zurückreichend, ist breiter ausgebildet; wenn sich aber noch im ganzen 13. Jahrhundert die Bibelübersetzung fast ausschließlich auf die Psalmen beschränkt, dann unterstreicht auch dies, welche tiefgreifende Zäsur das 14. Jahrhundert für die deutschsprachige Bibelübersetzung darstellt. Denn nunmehr richtete sich der Blick erstmals auf eine deutsche Gesamtbibel, die das Alte wie das Neue Testament umfaßte. Dieser Anspruch war bis ins 14. Jahrhundert nicht einmal für die Evangelien eingelöst; der Typ der deutschsprachigen Evangelienharmonien – erstmals im althochdeutschen ‚Tatian' (vgl. Bd. I/1, S. 212–215) greifbar und im 13. Jahrhundert vor allem mit dem ‚Leben Jesu' (vgl. Bd. II/2, S. 179) vertreten – konnte dafür kein Ersatz sein. Im Vergleich zu den mannigfachen Formen der Bibelepik blieben diese Evangelienharmonien in deutscher Prosa jedoch eher eine Begleiterscheinung; angefangen bei Otfried von Weißenburg (vgl. Bd. I/1, S. 292–312) und dem ‚Heliand' (vgl. Bd. I/1, S. 272–292), das zeigen alle vorausgehenden Bände dieser Literaturgeschichte, ist die Bibeldichtung bis hin zu den gereimten Weltchroniken (vgl. S. 237ff.) und zur Sangspruchdichtung nahezu ausnahmslos die einzige schriftliterarische Form, in der die biblischen Texte zur deutschen Sprache fanden. Der hauptsächliche Ort zur Vermittlung biblischen Wissens aber war von Anfang an die Predigt, mit der die Zuhörer adressatenspezifisch angesprochen und mit der man – wie mit den geistlichen Spielen (vgl. S. 356ff.) – auch die leseunkundigen *illiterati* erreichen konnte, die ja nicht nur während des gesamten Mittelalters den Großteil der Bevölkerung bildeten. Die Predigt wie die Bibeldichtung einschließlich des geistlichen Spiels vermittelten das biblische Wort Gottes immer in einem deutenden Kontext, auf den die Kirche zur Wahrung der Orthodoxie mit allem Nachdruck insistierte. Auch in der klerikalen Aus- und Weiterbildung stand nicht die unmittelbare Bibellektüre im Mittelpunkt, vielmehr war der Weg zur Bibel in eine reichhaltige und vielgestaltige Kommentierung (von der Glossierung einzelner Stellen bis zum fortlaufenden Kommentar) eingebettet. In diesem Zusammenhang muß die ablehnende Haltung der Kirche zu den Versuchen gesehen werden, den Laien durch Übersetzungen einen direkten Zugang zur Bibel zu schaffen. Es dürfte daher kaum zufällig sein, daß sich die Bibelübersetzer des 14. Jahrhunderts, ob Ordens- und Weltgeistliche oder die nunmehr erstmals auftretenden Laien, fast durchwegs hinter der Anonymität verbergen. Daraus darf jedoch nicht abgeleitet werden, daß die Bibelübersetzungen Ausflüsse häretischer Bewegungen seien; diese seit dem 19. Jahrhundert immer wieder geäußerte Vermutung findet zumindest im Wortlaut der übersetzten Texte, selbst bei theologisch problembehafteten Stellen, im 14. Jahrhundert keinerlei Stütze. Soweit zu erkennen, entstanden die Übersetzungen im Umfeld oder gar im Auftrag von Orden, daneben waren Hochadlige und begüterte Stadtbürger die Auftraggeber.

Die gereimten Übertragungen einzelner Bibelteile, die sich bis zum Ende des 14. Jahrhunderts finden, belegen aufschlußreich, wie wenig selbstverständlich der Schritt zur Prosaübersetzung war. So überträgt der Autor des ‚St. Pauler Evangelienreimwerks', in dem man einen die Laienfrömmigkeit fördernden Minoriten (neuerdings aber auch einen Deutschordens-Kontext) vermutet, die vier Evangelien möglichst textgetreu in 14 755 erhaltene Reimpaarverse (in der heute defekten, aus der ersten Jahrhunderthälfte stammenden Handschrift dürfte das Werk etwa 17 500 Verse umfaßt haben). Der rheinfränkische Versifikator knüpft mit seiner mühseligen Arbeit damit bruchlos an die Formensprache der Bibelepik an, obwohl durch sein Unternehmen den lateinunkundigen Laien mit der Hilfe Christi, Marias und der Evangelisten ein unverstellter Weg zu den Evangelien gebahnt werden soll. Den Schritt zur Prosa, wie ihn im textlich verwandten ‚Evangelienbuch des Matthias von Beheim' (vgl. S. 453) tat, erschien ihm offenkundig noch ein zu großes Wagnis. Noch mehr gilt dies für Könemann von Jerxheim (vgl. S. 274), der im letzten Viertel des 13. Jahrhunderts eine ‚Reimbibel' verfaßte, von der allerdings nur kümmerliche Reste (350 Verse) aus dem alttestamentlichen Teil erhalten sind. Bezeichnenderweise ist dabei nicht die Bibel selbst, sondern die wirkmächtige ‚Historia scholastica' des Petrus Comestor (vgl. S. 461) zugrundegelegt. Andererseits erstaunt Könemanns Hinweis, daß sein Werk ebenfalls das Neue Testament umfassen sollte; er wäre damit nach unserer Kenntnis der erste, der – wenn auch in Reimform und nicht unbedingt quellentreu – eine deutschsprachige Gesamtbibel im Blick hatte. Noch deutlicher als bei Könemann zeigt sich – bedingt durch den größeren Umfang des erhaltenen Fragments mit Teilen aus dem Alten Testament – der Anschluß an die ‚Historia scholastica' in der ‚Meininger Reimbibel' aus Thüringen (vielleicht aus der ersten Jahrhunderthälfte), die damit konzeptionell in die Nähe der ‚Historienbibeln' (vgl. S. 461) rückt.

Gleichfalls nur fragmentarisch erhalten hat sich die ‚St. Pauler Reimbibel' mit Bruchstücken zu alttestamentlichen Büchern. Gewisse Anleihen bei der ‚Weltchronik' Rudolfs von Ems (vgl. Bd. II/2, S. 30f.) stellen das ursprünglich in einem großformatigen Pergamentkodex des ausgehenden 14. Jahrhunderts aufgezeichnete Werk jedoch nicht zur Weltchronistik; offenkundig gab es neben dieser Textsymbiose auch eine selbständige alttestamentliche Bibelepik, für welche die ‚St. Pauler Reimbibel' ein wichtiges Zeugnis darstellt.

Eine gezielte, gottesdienstlich gelenkte Auswahl aus den biblischen Texten erfolgte durch die Wiedergabe der P e r i k o p e n (Lesungen aus der Bibel in der Messe), von denen sich wiederum Querbeziehungen zur Predigt ergeben. Auch hier dominiert zunächst die Reimform. So in den ‚Evangelien-Perikopen' aus dem 13. Jahrhundert, die den Sonntagsevangelien folgen, die aber neben der Textwiedergabe zuweilen predigthaft glossieren. Auf die Leidensgeschichte Jesu beschränken sich dagegen die gleichfalls gereimten ‚Evangelien-Perikopen der Passion' aus der ersten Hälfte des Jahrhunderts, die als Interpolationen in das ‚Marienleben' Bruder Philipps (vgl. S. 233f.) eingearbeitet und mehrfach überliefert sind. An der Schnittstelle zwischen Reim und Prosa steht dagegen die gereimte Leidensgeschichte (etwa 550 Verse), die in das thüringisch-obersächsische ‚Berliner Evangelistar' (1340), einem Perikopenbuch in Prosa, eingelagert wurden. Wenn die Prosaform bei den deutschen Perikopen andererseits – wie die ‚Holzmindener Bibel-Fragmente' aus Thüringen und die ‚Trierer Perikopen' zeigen – bis ins 13. Jahrhundert zurückreicht, dann unterstreicht der Gesamtbefund die Beharrungskraft der Reimform bei der Wiedergabe biblischer Texte in der Volkssprache.

Mit den Perikopenübersetzungen kommt der im 15. Jahrhundert bis hin zu Druckausgaben (vgl. Bd. III/2) ungemein erfolgreiche Buchtyp der P l e n a r i e n in den Blick, der sich mit dem ‚Wolfenbütteler Evangelistar' und den etwas jüngeren ‚Olmützer Perikopen' seit Ende des 13. Jahrhunderts sicher und auch für das 14. Jahrhundert (darunter das ‚Berliner Evangelistar') mehrfach belegen läßt.

Im vollen Umfang (daher die Bezeichnung *Plenarium*) enthalten die Plenarien alle Lesungen der Evangelien (Evangelistar) und der neutestamentlichen Briefe (Epistolar) zu den Sonn- und Festtagen (*Temporale*), zu den Wochen- (*Commune*) und Heiligentagen (*Sanctorale*) in der Abfolge des Kirchenjahres und gegliedert in einen Winter- und in einen Sommerteil. Die Überlieferung kennt nicht nur Teilausgaben (etwa Evangelistar oder Temporale), sondern auch die Verbindung der Lesungstexte mit glossierenden Erläuterungen (Homilien, Exempel, Mirakel, Legenden, aber auch Fabeln und Schwänke) insbesondere aus dem Bereich der Predigt. Diese Glossen verdeutlichen erneut, wie sehr man die sprachliche Erschließung der biblischen Texte durch verständnislenkende Erläuterungen in den richtigen kirchlichen Rahmen – im Gottesdienst vertreten durch den Prediger – zu stellen versuchte.

Der Zusammenhang zwischen den Übersetzungen biblischer Texte und den Meßperikopen erweist sich unter zwei Gesichtspunkten als aufschlußreich. Er könnte zusammen mit der an Perikopen orientierten Predigt die auffällige Hinwendung zum Neuen Testament erklären, die sich im 14. Jahrhundert in Ergänzung zu den Übersetzungen des Alten Testaments abzeichnet. Zum anderen aber scheint der Zusammenhang mit den Lesungen der Messe (und der Predigt) eine Legitimation für das

Übersetzen biblischer Texte geliefert zu haben, auf die offenkundig auch der Österreichische Bibelübersetzer (vgl. S. 456ff.) baut. Durch ihre Übertragung in die Volkssprache sollten diese zentralen Teile des Wortgottesdienstes (einschließlich der Predigt, die sich in den kommentierenden Erläuterungen niederschlägt) den Gläubigen zur Vertiefung ihrer Frömmigkeit – zuhause gelesen oder vorgelesen – in Ergänzung zum Gehörten vermittelt werden; dagegen ließ sich aus pastoralen Erwägungen seitens der Kirche schwerlich etwas einwenden.

Es wäre allerdings falsch, die deutschen Bibelübersetzungen lediglich in Verbindung mit den Perikopen zu sehen. Die ostschwäbische ‚A u g s - b u r g e r B i b e l h a n d s c h r i f t‘ (um 1350) etwa enthält zwar auch ein Perikopenbuch, sie bietet aber unabhängig davon und ihm vorausgehend eine Übersetzung der vier Evangelien, der Apokalypse, der sogenannten ‚Katholischen Briefe‘ und der ‚Apostelgeschichte‘ (von zwei anderen Händen: die ‚Paulinischen Briefe‘ als Epistolar und das ‚Evangelium Nicodemi‘). Dabei mag das Perikopenbuch eine gewisse Legitimation für das Übersetzungswerk geboten haben, dennoch erstaunt das kontextlose Übertragen der Evangelien und weiterer neutestamentlicher Schriften außerhalb des Epistolars. Ob die ‚Augsburger Bibelhandschrift‘, deren Rezeption in elf oberdeutschen Handschriften (darunter Perikopenbücher) bis in die Mitte des 15. Jahrhunderts verfolgt werden kann, damit in ihrer Zeit eine Sonderstellung einnimmt, läßt sich angesichts der Überlieferungslage wie des Forschungsstandes schwer sagen: So könnte hinter den wohl etwas jüngeren ‚Kasseler Evangelien-Bruchstücken‘ eine vollständige Übersetzung des Neuen Testaments stehen; mit ergänzenden Neufunden zum Alten Testament kommt in der nunmehr als ‚Marburg-Kasseler Bibel-Fragmente‘ bezeichneten Überlieferung sogar die Möglichkeit einer Vollbibel in den Blick. Bei einem genaueren Klärungsversuch wäre auch zu berücksichtigen, daß es sogar zu den komplexen ‚Paulinischen Briefen‘ Übersetzungen in separater Überlieferung gibt. Für diese auffällig isoliert stehenden Übertragungen deutet sich wenigstens beim ‚Evangelienbuch des Matthias von Beheim‘ ein Verwendungszusammenhang an: Matthias läßt sich die Übersetzung der vier Evangelien 1343 als *clusenere zu halle* offenkundig zur Bibellektüre in seiner Einsiedelei anfertigen. Daneben ging dieses Evangelienbuch aber auch in ein Plenar mit Predigten Hartwigs von Erfurt (vgl. S. 424f.) ein.

Das Werk, dem eine ältere Übertragung zugrundeliegt, zeigt textliche Berührungen mit dem ‚St. Pauler Evangelienreimwerk‘ (vgl. S. 451) und Spuren einer Überarbeitung nach einer Evangelienharmonie. Auch dieser Befund verdeutlicht, daß der direkte Weg zur Bibelübersetzung keine Selbstverständlichkeit war. Durch Konzeption und lenkende Auswahl unterscheiden sich die Evangelienharmonien von den kanonischen Texten; daher scheinen sie eher und leichter einer Prosaübertragung zugänglich gewesen zu sein. Dies läßt sich neben dem ‚Leben Jesu' (vgl. Bd. II/2, S. 179) etwa an der fragmentarisch überlieferten niederdeutschen ‚Himmelgartner Evangelienharmonie' (Mitte 13. Jahrhundert) oder an der ‚Südwestdeutschen Evangelienharmonie' (Handschrift des frühen 14. Jahrhunderts) belegen.

Neben der Anbindung an die Meßperikopen (und den damit verbundenen Predigten) steht hinter den deutschen Bibelübersetzungen des 14. Jahrhunderts eine institutionelle, keine persönliche Legitimation; eine Verknüpfung gar mit einer hochstehenden Persönlichkeit wie bei der ‚Wenzelsbibel' (vor 1402), bei der König Wenzel I. der Auftraggeber war (vgl. Bd. II/2), findet sich dagegen nicht. Zwar wollte man für eine alemannische Bibelübersetzung des ausgehenden 14. Jahrhunderts, nach den Bibliotheksorten der beiden illustrierten Handschriften ‚W i e n-Z ü r c h e r B i b e l' genannt, den Dominikaner Marquard Biberli (vgl. S. 446) als Schöpfer der ersten deutschen Vollbibel inaugurieren, aber diese Zuweisung hielt der neueren Kritik nicht stand. Statt dessen erscheint es erwägenswert, den Dominikanerorden als institutionellen Hintergrund für dieses Übersetzungswerk zu sehen. Es zeigt nämlich eine deutliche Nähe zur älteren ‚Psalmenübersetzung aus Predigerkreisen' und zur ‚Alemannischen Evangelien-Übertragung', die beide auf einen Übersetzer vielleicht noch des 13. Jahrhunderts zurückgehen. Die Übersetzungsqualität der ‚Wien-Zürcher Bibel' mit der Annäherung an die Interlinearität mag aus stilistischen Gründen nicht hoch sein, sie zeugt aber von Ehrfurcht gegenüber der heiligen Sprache des Latein, in der die Heilige Schrift als authentischer Ausgangstext vorlag. Neben diesem Prinzip der Textnähe spricht vor allem das ehrgeizige Unternehmen, die gesamte Bibel ohne erläuterndes Beiwerk von der Genesis bis zur Apokalypse – nach unserer Kenntnis erstmals – ins Deutsche zu übertragen, für eine institutionelle Verankerung des Übersetzungswerkes, die man wegen der textgeschichtlichen Zusammenhänge wohl am ehesten im Dominikanerorden vermuten darf.

Deutlicher tritt der institutionelle Hintergrund bei den Bibelübersetzungen im Umkreis des D e u t s c h e n O r d e n s in den Blick, der zuvor ganz auf die alttestamentliche Bibelepik gesetzt hatte (vgl. S. 222ff.). Hier übersetzte der Thorner Kustos der Minoriten K l a u s K r a n c im Auftrag Siegfrieds von Dahenfeld, Oberster Marschall des Deutschen Ordens und Komtur in Königsberg (1347–1359), die alttestamentlichen Propheten auf hohem sprachlichen Niveau und ohne Stütze einer älteren Vorgabe. In der Wahl eines alttestamentlichen Bibelteils und in einer kunstvollen Reimvorrede deuten sich noch Zusammenhänge mit der Tradition der Bibelepik im Deutschen Orden an, die auch bei der Überlieferung in einem Königsberger, aus drei Teilen im 14. Jahrhundert zusammengebundenen Prachtkodex sichtbar werden: Er enthält neben

Krancs Propheten-Übersetzung (mit 36 Miniaturen) einerseits die gereimte Hiob-Paraphrase (vgl. S. 455), zum andern aber auch eine Übersetzung der Apostelgeschichte. Sie unterstreicht nicht nur die bei Klaus Kranc namentlich faßbare Hinwendung zur neuen Form der Prosa, sondern ebenso die Umorientierung zum Neuen Testament, dem alle anderen Übersetzungsarbeiten im Umfeld des Deutschen Ordens gelten.

Neben der Übersetzung der Apostelgeschichte, ‚Der apostele tat' (Mitte des 14. Jahrhunderts), die man früher ebenfalls Klaus Kranc zuschreiben wollte, dokumentiert sich diese Umorientierung in der ‚Königsberger Apokalypse', die in der Handschrift der gereimten ‚Apokalypse' Heinrichs von Hesler (vgl. S. 227) vorangeht. Beide Werke hat der Schreiber durch Querverweise am Rand aufeinander bezogen, so daß der Leser der Übersetzung erläuternde Verständnishilfen für den schwierigen Text in Heinrichs Version, deren Leser andererseits in der Prosaübersetzung den unkommentierten Wortlaut finden konnte.

Es wird mit der eschatologischen Ausrichtung des 14. Jahrhunderts (vgl. S. 270ff.) zusammenhängen, daß die Apokalypse in dieser Zeit ungeachtet der Verständnisschwierigkeiten mindestens noch zweimal eine Prosaübertragung erfuhr. Die Texterschließung durch ein Verweisverfahren wie es die ‚Königsberger Apokalypse' und Heinrichs von Hesler Reimpaarfassung bieten, scheint jedoch singulär zu sein.

Das Erstaunliche an der Übersetzungsleistung im Deutschen Orden ist, daß sie ganz ohne erklärende Zusätze auftritt, auf die Klaus Kranc mit der Übersetzung der Vorreden nach Hieronymus und Nikolaus von Lyra sowie mit dem Beiziehen von dessen ‚Postilla' (etwa bei der *uzlegunge* des Tempelbaus bei Ezechiel) noch zurückgreift. Diese Konzentration allein auf den biblischen Text gipfelt in einer Übersetzung der vier Evangelien, die nach dem heutigen Bibliotheksort ‚Melker Evangelien' genannt wird, die aber überzeugend für den Deutschen Orden gesichert werden konnte (Löser). Wie bei Klaus Kranc liegt in dieser nunmehr reinen Evangelienübersetzung, zu der sich in der Melker Überlieferung auch noch Übertragungen einzelner Apostelbriefe (Jakobus, Johannes, Römerbrief des Paulus) gesellen, eine sprachlich ausgezeichnete Übersetzungsleistung vor, die nicht mehr dem Wort-für-Wort-Prinzip verpflichtet ist. In ihrer genuin deutschen Sprachgestalt lassen sich die ‚Melker Evangelien' leicht lesen. Es verwundert daher nicht, daß sie beigezogen wurden, als die ‚C a t e n a   a u r e a' des Thomas von Aquin (vgl. S. 438f.) zur Tischlesung aufbereitet wurde.

Die ‚Catena aurea' diente dem Bibelstudium und der Predigtvorbereitung. Im Auftrag von Papst Urban IV. (gest. 1264) kommentierte Thomas von Aquin darin abschnittsweise die vier Evangelien.

Die Übersetzung der ‚Catena aurea' aus dem dritten Viertel des 14. Jahrhunderts, in der Bibelabschnitte und der Thomas-Kommentar aufeinander folgen, ist im Deutschen Orden entstanden und im Zusammenhang mit dessen offenkundig zielgerichteter Übertragung des Neuen Testaments zum Lesen und Vorlesen zu sehen, wobei sich die Verbindung mit einer Kommentierung allein in der ‚Catena aurea'-Übersetzung aus deren Funktion für Lesungen erklärt. Ob hinter dem eindrucksvollen Übersetzungswerk eine Übersetzerschule, vielleicht sogar mit Klaus Kranc als Mittelpunkt steht, bedarf der Klärung. In jedem Fall nimmt der Deutsche Orden eine herausgehobene Stellung in der Geschichte der deutschen Bibelübersetzung während des 14. Jahrhunderts ein.

Einer völlig anderen, auch das Alte Testament einschließenden Konzeption folgte in der Diözese Passau (Enns oder Krems) ein Anonymus, der neuerdings unter der Bezeichnung Österreichischer Bibelübersetzer läuft. Zwar findet sich in zwei Handschriften mit der Erstfassung der Evangelienübersetzung am Ende eines Reimgebets der Name Wolfhart, doch ist vorerst unklar, ob es sich bei dem Reimgebet nicht um eine Schreiberinterpolation handelt. Ohne jeden Zweifel war der Anonymus ein Laie, der seine Bibelübersetzung und -auslegung selbstbewußt gegen klerikale Widersacher verteidigt und rechtfertigt. Aus zwei mehrfach auch selbständig überlieferten Vorreden zu seiner Übertragung von Teilen des Alten Testaments und aus der Einleitung seiner Übertragung der Evangelien erfahren wir, daß er zu den *vngelert layn* gehört, und daß er *in hochen schuelen nicht gestanden* sei. Aus der *hochen schuelen* seien viele *in der ainuolt herwider komen*, während *ettleich ainuoltig layn sind, die die heiligen ewangely, vnd halt ander heilig schrifft, vollichleicher vnd aigenleicher an allen orten verstent*. Er selbst sei zwar weder geweiht noch ordiniert worden, das Wort Gottes zu predigen, doch habe ihn Gott hinlänglich begabt, *zu dewtsch [zu] bringen der heiligen schrifft mit den genaden des heiligen geistes mir vnd andern seligen krissten zu pessrung*. Diese Berufung auf den Heiligen Geist mag zunächst topisch klingen, aber das mehrfache Insistieren darauf, daß die Übersetzung *mit den genaden vnd mit hilf des heiligen gaistes [...] cze deutsch pracht* sei, läßt den selbstbewußten Anspruch des Laien auf die göttliche Inspiration erkennen, die keiner Schulgelehrsamkeit bedarf. Andererseits konnte sich der Anonymus *wol gelertter lewt hilff vnd rat* sichern. Welche Leute die Bibelübersetzung zur Förderung der Laienfrömmigkeit konkret unterstützten, bleibt vorerst unklar, doch zeigen sich bemerkenswerte Parallelen zur laienmissionarischen Tätigkeit Heinrich des Teichners, bei dem sich Verbindungen zu den Franziskanern abzuzeichnen scheinen (vgl. S. 314). Darüber hinaus genoß der Anonymus aber offenkundig den Schutz einflußreicher Personen: Den Gegnern seiner Evangelienübertragung entgegnet er, sie sei von *hochgelert phaffen* gelobt worden, den Einlassungen seiner Widersacher *vor herrn* sei kein Erfolg beschieden gewesen.

Auch hier wüßte man gerne, wer die *herrn* waren, deren Protektion der Anonymus genoß. Der Erfolg seiner Übersetzungstätigkeit, den beim Neuen Testament auch die Überlieferung bestätigt, läßt die klerikalen Gegner über das Konkurrenzunternehmen klagen: *Was sull wir nu predigen, seint man die heilig schrifft auf purgen vnd in stuben vnd in heusern vnd in dewtscher sprach list vnd hort?* Damit scheint auch das Arbeitskonzept des Anonymus angesprochen zu sein, denn sein Werk zielt nicht wie im Umkreis des Deutschen Ordens oder bei der ‚Wien-Zürcher Bibel' mit ihrem vermuteten dominikanischen Umfeld auf eine reine Wortübersetzung, sondern auf die *bedewtnuzz* der Heiligen Schrift, die er seinen Lesern durch erläuternde Glossen aufschließen möchte. Dieses bekannte, auch in der Schultheologie praktizierte Verfahren, dem ebenfalls die Perikopenübersetzungen und die Plenarien folgten (vgl. S. 452), ist sicherlich im laienmissionarischen Anspruch des Anonymus begründet, es war aber wohl auch nötig, weil seine Tätigkeit außerhalb einer institutionellen Legitimation stand. Eine ansprechende Vermutung ist es, hinter der *bibel, die was ze deutsche gemachet*, die sich im Besitz der Königswitwe Agnes befand (vgl. S. 45), das Werk des Österreichischen Bibelübersetzers zu sehen. Immerhin fällt auf, daß Agnes (gest. 1364) im Anschluß an ihre Übersiedlung nach Königsfelden im Aargau (1316) das von ihrer Mutter gestiftete Doppelkloster der Minoriten und Klarissen leitete (vgl. S. 401) und daß aus diesem geographischen Umfeld eine heute in Schaffhausen aufbewahrte bairisch-niederösterreichische Handschrift (um 1335) des ‚K l o s t e r n e u b u r g e r E v a n g e l i e n w e r k s' überliefert ist, der mit ihren vielen Federzeichnungen ein hohes Ausstattungsniveau eignet.

Die text- und überlieferungsgeschichtlichen Konturen des unedierten Werks zeichnen sich vorerst nur umrißhaft, in den letzten Jahren aber immer deutlicher ab. Im Zentrum steht mit bislang 23 bekannten Textzeugen das ‚Klosterneuburger Evangelienwerk' (benannt nach dem Bibliotheksort der beiden vollständigen Handschriften), dessen Erstfassung auf spätestens 1330 datiert werden kann. Sie begleiten zwei *Adversus Iudeos*-Traktate (vgl. S. 459), und in ihr nimmt die Passion mit etwa einem Achtel nicht nur quantitativ eine hervorgehobene Stellung ein, denn nur bei der Leidensgeschichte wird der Evangelientext nicht auf Perikopen aufgeteilt, sondern als eine Einheit geboten, der sich dann die vollständige *glosa* anschließt. Nach einer Bearbeitung präsentiert sich das ‚Klosterneuburger Evangelienwerk' – es enthält neben den vier Evangelien auch die Kapitel 1–5 der ‚Apostelgeschichte' und das ‚Evangelium Nicodemi' (vgl. S. 460f.) – in einer durchgängigen Perikopengliederung mit einem aus den Evangelien harmonisierten Bibelabschnitt und einer nachfolgenden Glosse. Die Anordnung der Perikopen folgt dem Leben Jesu (und seiner Mutter) und reicht unter Verwendung von Apokryphen bis zur Zerstörung Jerusalems; auf Apokryphen und Legenden greifen auch die

Glossen zurück, bei denen die Ausfälle gegen Juden, Ketzer und gegen die *philospheier, die mit irm synn die heiligen schrifft anuechtent*, hervorstechen. Die Abweichung von der Perikopenordnung und die auswählende Harmonisierung der Evangelien unterscheidet das Werk, in dem der Anonymus seine sprachliche Kompetenz im Deutschen wie im Lateinischen und seine theologischen Kenntnisse glänzend unter Beweis stellt, von den Plenarien. Wegen der Erweiterung durch Apokryphen und Legenden – u.a. ‚Legenda aurea‘, ‚Kindheit Jesu‘ Konrads von Fußesbrunn (vgl. Bd. II/1, S. 424–428) und ‚Christi Hort‘ Gundackers von Judenburg (vgl. S. 227f.) – kann aber auch nicht von einer glossierten Evangelienharmonie gesprochen werden; der Rückgriff auf apokryphe Texte deutet eine Nähe zu den ‚Historienbibeln‘ an, aber anders als diese hält der Anonymus die Glossen stets von den Evangelienabschnitten getrennt. Um diese Spezifik herauszustellen, hat man in der Forschung die Bezeichnung ‚Evangelienwerk‘ gewählt, mit der zugleich eine Unterscheidung zur reinen Übersetzung der Evangelien markiert wird.

Laut Auskunft der Vorreden hat sich der Österreichische Bibelübersetzer nach einer längeren Unterbrechung Mitte des 14. Jahrhunderts auch dem Alten Testament zugewandt. Das ‚Schlierbacher Alte Testament‘ (wiederum nach dem Bibliotheksort einer der beiden Vollhandschriften bezeichnet) umfaßt allerdings nur die Bücher Genesis, Exodus, Tobias, Daniel und Hiob, auch scheint es eine geringere Wirkung entfaltet zu haben als das ‚Klosterneuburger Evangelienwerk‘; allerdings fand das Buch Hiob Eingang in eine Gruppe der ‚Historienbibeln‘ (vgl. S. 461). Dem ‚Schlierbacher Alten Testament‘ liegt ein anderes Konzept zugrunde als dem ‚Klosterneuburger Evangelienwerk‘: Es hält sich nicht nur an die Textfolge der Vulgata, sondern zielt in Vorreden zu den Büchern (außer zur Genesis) und in den (selteneren) Glossen auf eine typologische Auslegung der alttestamentlichen Texte (Passahlamm = Christus, Dornbusch = Maria, Beschneidung = Taufe). Wiederum fallen in den Glossen die polemischen Angriffe gegen Juden, Ketzer und falsche Propheten auf. Das Einfließen lebenspraktischer Hinweise (Kindererziehung, *rechte huete* der Frauen, Zurückweisung des Aberglaubens) zeigt Parallelen zu Heinrich dem Teichner (Löser). Bei der Glossierungsarbeit wird man – wie wohl auch beim ‚Klosterneuburger Evangelienwerk‘ – Quellenkompendien oder den Zugang zu einer gut bestückten Bibliothek voraussetzen dürfen. Wenn das ‚Schlierbacher Alte Testament‘ im Vergleich zum ‚Evangelienwerk‘ weniger häufig überliefert ist, dann liegt dies nicht am Übersetzungsstil, dessen hohe Qualität dem Österreichischen Bibelübersetzer eine Spitzenstellung in der Bibelverdeutschung vor Luther sichert, sondern sicherlich an der allerorten im 14. Jahrhundert erkennbaren Hinwendung zum Neuen Testament, die im oberdeutschen Bereich freilich schon in der Bibelepik sichtbar wurde (vgl. S. 227ff.).

Mit etwa 50 Handschriften und zwei Drucken davon ausgenommen ist die Übersetzung des Psalterkommentars aus der berühmten ‚Postilla litteralis super biblia' des Franziskaners Nikolaus von Lyra (gest. 1349), den man früher Heinrich von Mügeln (vgl. S. 188ff.) zuschreiben wollte, der inzwischen aber eindeutig für den Österreichischen Bibelübersetzer zu sichern ist. Dafür spricht die häufige Zitation aus der Übersetzung des ‚P s a l m e n k o m m e n t a r s' im ‚Klosterneuburger Evangelienwerk'. Damit scheint der ‚Psalmenkommentar' (einschließlich der Psalmtexte) beim Österreichischen Bibelübersetzer am Beginn seiner biblischen Übersetzungstätigkeit zu stehen; und von Nikolaus könnte er auch die Glossierung der biblischen Texte gelernt haben, die das Werk des Anonymus so bezeichnend charakterisiert. Auffällig ist in diesem Zusammenhang die frühe Übernahme des 1326 abgeschlossenen lateinischen Psalterkommentars, die zwar nicht nur für den Österreichischen Bibelübersetzer gilt (zu Klaus Kranc vgl. S. 455), die aber bei ihm Aufschluß über sein geistiges Umfeld – das Wiener Minoritenkloster, in dem die Gemahlinnen Rudolfs von Habsburg und Friedrichs des Schönen bestattet wurden oder die Minoriten am Hofe Ludwigs des Bayern (1314 bis 1347)? – geben könnte. Wenn die ‚Psalmenkommentar'-Übersetzung in einer Handschrift von 1372 einmal Heinrich von Mügeln zugeschrieben wird, dann charakterisiert dies die hohe Einschätzung, die dieser Übersetzung entgegengebracht wurde.

Da die heuristischen Forschungen zum Österreichischen Bibelübersetzer noch keinesfalls abgeschlossen sind, darf vermutet werden, daß sein Werk umfangreicher war als bisher bekannt. Zu seinem Œuvre gehören neben dem glossierten Kapitel der Apokalypse und gleichfalls glossierten Auszügen aus den Salomonischen Weisheitsbüchern und aus Jesus Sirach auch noch sechs eschatologische und häresiologische Traktate (u.a. ‚Vom Antichrist', ‚Vom Jüngsten Tag und Gottes Gericht', ‚Vom Irrtum der Juden', ‚Von falschen Christen', ‚Von Ketzerei'). Sie gehen teilweise auf das lateinische Sammelwerk des sogenannten Passauer Anonymus (1260/66) zurück, bei den Schriften gegen die Ketzer finden sich aber auch eigene Texte, die wohl im Zusammenhang mit Ketzerverfolgungen in Österreich (Krems) zu sehen sind. Zusammen mit den mehrfachen Polemiken gegen Juden, Ketzer und falsche Philosophen in den glossierenden Übertragungen des Neuen und des Alten Testaments könnte hier die laienmissionarische Leitlinie vorgezeichnet sein, welcher der Österreichische Bibelübersetzer mit seinem imposanten und in seiner Art singulären Werk folgte.

Einer der beiden *Adversus Iudeos*-Traktate, die der Erstfassung des ‚Klosterneuburger Evangelienwerks' vorausgehen, hat die ‚Disputatio Iudaeorum contra Anastasiam' (zweite Hälfte des 12. Jahrhunderts) des Paschalis von Rom zur Grundlage, die im 14. Jahrhundert noch zwei weitere Übertragungen erfuhr. Sie alle stehen hinter der ‚Epistel des Rabbi Samuel an Rabbi Isaac' mit einer Überlieferung von mehr als 50 Handschriften und einem Druck (Augsburg 1475) zurück. Es handelt sich dabei um eine Übersetzung des Augsburgers Irmhart Öser (seit 1340 Pfarrer bei Graz, an unbekanntem Ort Professor des Kirchenrechts seit 1358 und danach bis mindestens 1380 Archidiakon der Untersteiermark), in der nach lateinischer Vorlage publikumswirksam – durch einen Meister-Rabbi und durch alttestamentliche Textzitate begründet – das Christentum als der Neue Bund Gottes bestätigt wird. Hintergrund für die Übersetzung könnten die Zwangstaufen der Juden in der Steiermark während der 60er und 70er Jahre des 14. Jahrhunderts gewesen sein.

Durch ihre herausgehobene Stellung im Stundengebet und in der Liturgie, im Schulunterricht und im geistlichen Leben auch der Laien belegen die Psalmen unter allen Büchern des Alten Testaments den ersten Rang. Entsprechend nehmen die Psalmenübersetzungen im 14. und 15. Jahrhundert, teilweise auf ältere Traditionen aufbauend (so bei den ‚Altniederfränkischen Psalmenfragmenten; vgl. Bd. I/1, S. 208), erheblich zu, bis sie schließlich Eingang in den Buchdruck finden. Aus der Vielzahl sei neben den bereits in früheren Zusammenhängen genannten Zeugnissen noch auf den mitteldeutschen ‚Mahrenberger Psalter' aus dem 14. Jahrhundert hingewiesen, weil er die Form der Reimprosa dazu nutzt, um durch reimende Satzkola die Binnenstruktur der lateinischen Psalmverse nachzuahmen. Die Prosaeinleitungen zu den Psalmen (weniger die gleichfalls gereimten Erläuterungen zu den Bibelversen) lassen allerdings fragen, ob der ‚Mahrenberger Psalter' tatsächlich zum Vortrag bestimmt war.

Wie die Mitüberlieferung im ‚Klosterneuburger Evangelienwerk' (vgl. S. 457) und in der ‚Augsburger Bibelhandschrift' (vgl. S. 453), aber auch in der neutestamentlichen Bibel- wie in der Legendenepik (vgl. S. 231) und vor allem der Prozeß Jesu und die Darstellung der Höllenfahrt Christi (‚Descensus ad inferos') in den Passions- und Osterspielen (vgl. S. 356ff.) zeigen, gehört das apokryphe ‚Evangelium Nicodemi' während des Spätmittelalters ganz selbstverständlich zur biblischen Stofftradition. Die Bedeutung des Werks, das vielfach im 15. Jahrhundert überliefert ist, bis es im 16. Jahrhundert auch den Buchdruck erreicht, läßt sich zudem daran ermessen, daß bis zum Ende des 14. Jahrhunderts mindestens vier selbständige Prosaübersetzungen (insgesamt 6 Handschriften) entstanden, von denen nur eine ohne weitere Verbreitung blieb.

Die apokryphe Schrift soll auf den biblisch beglaubigten Augenzeugen Nicodemus und dessen hebräisch verfaßten Protokolle vom Prozeß Jesu zurückgehen. Entsprechend enthielt das ‚Evangelium Nicodemi' (erst mittelalterlicher Titel) ursprünglich die ‚Gesta/Acta Pilati' mit Ergänzungen zum Neuen Testament über den Prozeß vor Pilatus, die Kreuzigung und das Begräbnis Jesu, die Verhandlung im Synedrion (wohl im 4./5. Jahrhundert entstanden). Diesem ersten Teil schloß sich ein Bericht der beiden von den Toten erweckten Zeugen Leukios und

Charinos über die Höllenfahrt Christi an. Zu Beginn des Mittelalters kamen weitere Ergänzungen hinzu: u.a. Briefwechsel zwischen Pilatus und Tiberius bzw. Herodes, die Erzählung vom Tod des Pilatus (,Mors Pilati'), die Pilatus-Veronika-Legende, der Bericht von der Zerstörung Jerusalems als Rache für den Tod des unschuldig Gekreuzigten.

Die Tendenz der lateinischen Textsammlung war es, die Schuldlosigkeit Jesu zu erweisen, und die Schuld ganz den Juden zuzuschieben; aus diesem Grunde wird Pilatus nach Möglichkeit entlastet. In der deutschen Rezeption dagegen, die bereits vor Heinrichs von Hesler Versfassung (vgl. S. 226) und den ersten Prosaübersetzungen zu fassen ist, diente das ,Evangelium Nicodemi' vor allem dazu, im Anschluß an die Evangelien Verläßliches über die heilsgeschichtlich wichtigen Stationen zwischen Jesu Prozeß vor Pilatus und Christi Befreiung der Altväter aus der Hölle zu erfahren. Dazu gehörte auch die Bestätigung der tatsächlich erfolgten Auferstehung Christi als Ergebnis der Auseinandersetzungen im Hohen Rat der Juden.

Nur bedingt können die ,Historienbibeln' in ihrer charakteristischen Zwischenstellung zwischen Bibeladaptation und Weltchronistik dem Bereich der Bibelübersetzung zugerechnet werden. Sie zielen zwar auf eine möglichst vollständige Wiedergabe des biblischen Erzählstoffs in freier Prosabearbeitung, füllen diesen jedoch durch apokryphe und profangeschichtliche Ergänzungen auf; die sinnerschließende und erbauliche Zielsetzung wird dagegen zurückgedrängt. Die Übernahme etwa des ,Hiob' aus dem ,Schlierbacher Alten Testament' (vgl. S. 458) in eine Gruppe der ,Historienbibeln' macht diese jedoch für die Geschichte der Bibelübersetzungen, aber auch der spätmittelalterlichen Bibelepik interessant, die teilweise mit Prosaversionen in die ,Historienbibeln' eingegangen ist. Die Hauptquellen waren zwar die Vulgata und die weitverbreitete ,Historia scholastica' des Pariser Gelehrten Petrus Comestor (gest. um 1179), die mit ihrer Darstellung der biblischen Geschichte vom Alten zum Neuen Testament und deren Ergänzung durch außerbiblische Quellen einen konzeptionellen Vorläufer der ,Historienbibeln' darstellte, dazu treten aber eine Reihe volkssprachlicher Quellen: etwa eine Prosaauflösung von Bruder Philipps ,Marienleben' (vgl. S. 233f.) oder Weltchroniken wie die des Rudolf von Ems (vgl. Bd. II/2, S. 30f.), des Wieners Jans (vgl. Bd. II/2, S. 54f.), des Heinrich von München (vgl. S. 237ff.) und der ,Christherre-Chronik' (vgl. Bd. II/2, S. 135), aus welcher übrigens auch der alttestamentliche Abriß ,Die kurze Bibel' schöpfte, der während des 14. Jahrhunderts in Nürnberg entstanden sein könnte. Die Anfänge der ,Historienbibeln' reichen bis ins 14. Jahrhundert zurück (Handschriftenfragment aus dem letzten Drittel des 14. Jahrhunderts), aber mit über 100 Handschriften wird diese Kompilation erst im 15. Jahrhundert zu einem Bucherfolg mit neun Überlieferungsgruppen (vgl. Bd. III/2).

Kein Prosaroman

Gegenüber der Fülle an geistlichem und weltlichem Prosaschrifttum zeichnet sich das Fehlen eines deutschen Prosaromans im 14. Jahrhundert besonders deutlich ab. Das mutige Ausgreifen zur Übersetzungsprosa des ‚Lancelot' (vgl. Bd. II/2, S. 179–184) geriet ins Stocken und wird erst mit den Übersetzungsprosen des 15. Jahrhunderts wieder aufgegriffen (vgl. Bd. III/2). Offenkundig blieb die Prosa auf die geistlichen, die historischen, die juristischen und pragmatischen Bereiche mit ihren je eigenen Verbindlichkeitsansprüchen beschränkt, die einem Einbeziehen auch der Fiktionalität entgegenstanden. Die gattungstypologische Verortung der wenigen Ansätze zum romanhaften Erzählen innerhalb eines geschichtlichen Rahmens unterstützt diese Einschätzung; der Abschluß der monumentalen Übersetzungsarbeit am Prosa-'Lancelot' am Ende des 13. oder zu Beginn des 14. Jahrhunderts bleibt die Ausnahme.

Bereits das Aufgreifen der Chanson de geste-Tradition in den bearbeitenden Übertragungen der ‚Alischanz' (hinter der vielleicht eine rheinische Prosa-Vorlage steht) und vor allem des mittelniederdeutschen ‚Gerart von Rossiliun'-Fragments (vielleicht Mitte des 14. Jahrhunderts entstanden) lassen die Anbindung der Prosaerzählung an einen historisch verorteten Gattungstyp erkennen (vgl. Bd. II/2, S. 121). Noch deutlicher zeigt sich die historische Bindung im ‚Elsässischen Trojabuch' (‚Buch von Troja I') als dem einzigen Beitrag zur romanhaften Erzählprosa im hier behandelten Zeitraum. Der Verfasser dieses vor 1386 entstandenen Werks stützt sich zunächst auf den ‚Trojanerkrieg' Konrads von Würzburg (vgl. Bd. II/2, S. 41), den er in Prosa umsetzt, wobei er aber alle Darstellungen von Minne und Rittertum kürzt oder streicht. Entsprechend verfährt der südwestdeutsche Anonymus bei der zweiten Hauptquelle, der ‚Historia destructionis Troiae' des Guido de Columnis, mit der radikalen Straffung der Kampfhandlungen und mit der Tilgung moralisierender und deskriptiver Exkurse. Das Augenmerk liegt statt dessen auf einer genauen Abstimmung der Quellen bis hin zur Quellenkritik. Dieser nachhaltig historische Zuschnitt rückt das ‚Elsässische Trojabuch' im Darstellungsstil geradezu in die Nähe der Stadtchroniken. Es verwundert daher nicht, daß der Straßburger Chronist Jakob Twinger von Königshofen (vgl. Bd. III/2) das Werk für seine ‚Deutsche Chronik' beizieht. In 13 vollständigen Handschriften vor allem aus dem alemannischen Raum überliefert, entfaltet das ‚Elsässische Trojabuch' als Kompilat innerhalb der Druckfassungen von Hans Mairs Übersetzung (1390/92) der ‚Historia' Guidos des Columnis (vgl. Bd. III/2) eine gewisse Breitenwirkung. Ein romanhaftes Erzählen war aber weder vom Anonymus noch von Hans Mair intendiert. Für die Form des Prosaromans, der an der Wende zum 15. Jahrhundert in auffälliger Parallele zum Versroman des 12. Jahrhunderts gleichfalls mit antiken Stoffen als Erzähllegitimation beginnt, schuf das 14. Jahrhundert keinen literarischen Freiraum. Der Vielfalt literarhistorisch bedeutsamer Neuansätze im 14. Jahrhundert tut dies freilich keinen Abbruch.

Literaturhinweise

Die Literaturhinweise erheben nicht den Anspruch einer repräsentativen Bibliographie. Sie verfolgen lediglich das Ziel, dem Benutzer einen ersten Zugang zur Forschung zu eröffnen. Deshalb wurden bevorzugt neuere Titel aufgenommen, die das jeweilige Gebiet bibliographisch aufschließen. Wegen der Fülle der berücksichtigten Autoren und Werke mußten sich dabei die Angaben jedoch öfters als in den vorausgegangenen Bänden auf die Nennung neuerer Handbuchartikel mit weiterführender Literatur beschränken. Eine erste Abteilung nennt einige Arbeiten zur allgemeinen Geschichte und zur Literaturgeschichte, die von grundlegender Bedeutung für die gesamte Darstellung sind; eine zweite Abteilung stellt Arbeiten zu einzelnen Abschnitten der Darstellung zusammen, nicht jedoch Spezialliteratur zu den dort behandelten Autoren und Werken; sie ist, da viele von ihnen in mehr als nur einem Abschnitt vorkommen, einer eigenen dritten Abteilung vorbehalten. Die Angaben in dieser Abteilung orientieren sich, soweit möglich und angebracht, jeweils an dem Schema: Edition(en) – Artikel der 2. Auflage des ‚Verfasserlexikons‘ (bis Bd. XI/4 einschließlich) und (soweit vorhanden) des ‚Literaturlexikons‘ – übergreifende Untersuchungen – Untersuchungen zu einzelnen Werken. Kursivsatz kennzeichnet Editionen.

Folgende Abkürzungen werden gebraucht:

de Boor/Janota	H. de Boor, Die deutsche Literatur im späten Mittelalter I, ^{5}1997.
Bumke	J. Bumke, Geschichte der deutschen Literatur im hohen Mittelalter, 1990.
Bürkle, Literatur	S. Bürkle, Literatur im Kloster. Historische Funktion und rhetorische Legitimation frauenmystischer Texte des 14. Jahrhunderts, 1999.
Chron. dt. Städte	Die Chroniken der deutschen Städte.
Cramer	Th. Cramer, Geschichte der deutschen Literatur im späten Mittelalter, 1990.
Cramer, Liederdichter	Th. Cramer, Die kleineren Liederdichter des 14. und 15. Jahrhunderts. 4 Bde., 1977–1985.
DVjs	Deutsche Vierteljahrsschrift für Literaturwissenschaft und Geistesgeschichte.
FB	H. Fischer, Studien zur deutschen Märendichtung, ^{2}1983, S. 280–437: Systematische Forschungsbibliographie zur Märendichtung.
Forschungen	Forschungen zur deutschen Literatur des Spätmittelalters, 2003.

GA	F. H. v. d. Hagen, Gesammtabenteuer. 3 Bde., 1850, Neudruck 1961.
Glier	I. Glier, Die deutsche Literatur im späten Mittelalter II, 1987.
Grubmüller, Novellistik	K. Grubmüller, Novellistik des Mittelalters, 1996
Interessenbildung	Literarische Interessenbildung im Mittelalter, 1993.
Keller, Erzählungen	A. v. Keller, Erzählungen aus altdeutschen Handschriften, 1855.
KLD	C. v. Kraus, Deutsche Liederdichter des 13. Jahrhunderts. 2 Bde., ²1978.
LL	W. Killy, Literatur Lexikon. 15 Bde., 1988–1993.
LS	J. v. Laßberg, Lieder Saal. Das ist: Sammelung altteutscher Gedichte. 3 Bde., 1820–1825, 1846, Neudruck 1968.
LWL	H. Brunner/R. Moritz, Literaturwissenschaftliches Lexikon, 1997.
NGA	H. Niewöhner, Neues Gesamtabenteuer I, ²1967.
Nolte, Lauda	Th. Nolte, Lauda post mortem. Die deutschen und niederländischen Ehrenreden des Mittelalters, 1983.
PBB	Beiträge zur Geschichte der deutschen Sprache und Literatur.
Pfeiffer, Dt. Mystiker	F. Pfeiffer, Deutsche Mystiker des 14. Jahrhunderts II, 1857, Neudruck 1962.
RLW	Reallexikon der deutschen Literaturwissenschaft. 3 Bde., 1997–2003.
Rosenhagen, Erzählungen	G. Rosenhagen, Kleinere mittelhochdeutsche Erzählungen, Fabeln und Lehrgedichte III, 1909, Neudruck 1970.
RSM	H. Brunner/B. Wachinger, Repertorium der Sangsprüche und Meisterlieder des 12. bis 18. Jahrhunderts. 16 Bde., 1986ff.
Ruh, Geschichte	K. Ruh, Geschichte der abendländischen Mystik II: Frauenmystik und Franziskanische Mystik der Frühzeit, 1993; III: Die Mystik des deutschen Predigerordens und ihre Grundlegung durch die Hochscholastik, 1996.
SMS	M. Schiendorfer, Die Schweizer Minnesänger I, 1990.
Spamer, Texte	A. Spamer, Texte aus der deutschen Mystik des 14. und 15. Jahrhunderts, 1912.
VL	Die deutsche Literatur des Mittelalters. Verfasserlexikon. 11 Bde., ²1978ff.
ZfdA	Zeitschrift für deutsches Altertum und deutsche Literatur.
ZfdPh	Zeitschrift für deutsche Philologie.
Ziegeler	H.-J. Ziegeler, Erzählen im Mittelalter. Mären im Kontext von Minnereden, Bispeln und Romanen, 1985.

Allgemeines

Datenüberblicke: J. Heinzle, Das Mittelalter in Daten. Literatur, Kunst, Geschichte. 750–1520, 2002. – A. van Dülmen, Deutsche Geschichte in Daten I: Von den Anfängen bis 1770, 1979.

Darstellungen zur allgemeinen Geschichte: U. Dirlmeier (u.a.), Europa im Spätmittelalter. 1215–1378, 2003. – E. Schubert, Einführung in die Grundprobleme der deutschen Geschichte im Spätmittelalter, 1992. – H. Thomas, Deutsche Geschichte des Spätmittelalters 1250–1500, 1983. – H. Boockmann, Stauferzeit und spätes Mittelalter. Deutschland 1125–1517, 1987. – H. Grundmann, Wahlkönigtum, Territorialpolitik und Ostbewegung im 13. und 14. Jahrhundert, 1973. – K. Bosl, Staat, Gesellschaft, Wirtschaft im deutschen Mittelalter, 1973. – H.-F. Rosenfeld/H. Rosenfeld, Deutsche Kultur im Spätmittelalter 1250–1500, 1978.

Darstellungen und Untersuchungen zur Literaturgeschichte: de Boor/Janota. – Glier. – Bumke. – Cramer. – F. P. Knapp, Die Literatur des Spätmittelalters in den Ländern Österreich, Steiermark, Kärnten, Salzburg und Tirol von 1273–1439. I: Die Literatur in der Zeit der frühen Habsburger bis zum Tod Albrechts II. 1358, 1999. – Literatur im Umkreis des Prager Hofs der Luxemburger, 1994. – H. Becker, Mittelniederdeutsche Literatur – Versuch einer Bestandsaufnahme, Niederdeutsches Wort 17 (1977) 1–58 / 18 (1978) 1–47 / 19 (1979) 1–28. – Neues Handbuch der Literaturwissenschaft VIII: Europäisches Spätmittelalter, 1978. – Propyläen. Geschichte der Literatur II: Die mittelalterliche Welt. 600–1400, 1982. – Zur deutschen Literatur und Sprache des 14. Jahrhunderts, 1983. – LL XIV (Mittelalter, spätes; K. Grubmüller). – LWL (Spätmittelalterliche Literatur; D. Klein). – RLW III (Spätmittelalter; J. Janota). – J. Janota, Grundriß zu einer Geschichte der deutschen Literatur im Spätmittelalter 1220/30 – 1500/20, PBB 123 (2001) 397–427. – H. Kuhn, Versuch einer Literaturtypologie des deutschen 14. Jahrhunderts, in: H. Kuhn, Entwürfe einer Literatursystematik des Spätmittelalters, 1980, S. 57–75 (zuerst 1969).

Zu einzelnen Abschnitten

Das historische Umfeld: s. Darstellungen zur allgemeinen Geschichte. – K.-F. Krieger, Die Habsburger im Mittelalter, 1994. – H. Thomas, Ludwig der Bayer (1282–1347), 1993. – J. K. Hoensch, Die Luxemburger, 2000. – F. Seibt, Karl IV. Ein Kaiser in Europa. 1346–1378, ²1985. – A. Legner, Die Parler und der Schöne Stil. 4 Bde., 1978/80. – Ph. Dollinger, Die Hanse, ⁴1989. – H. Boockmann, Der deutsche Orden, ⁴1994. – H. Nabholz (u.a.), Geschichte der Schweiz I, 1932. – A. Angenendt, Geschichte der Religiosität im Mittelalter, 1997. – K. Flasch, Einführung in die Philosophie des Mittelalters, 1987. – G. Scherer, Philosophie des Mittelalters, 1993. – LL XIII (Kloster; W. Williams-Krapp). – J. Bühler, Klosterleben im Mittelalter, 1923, Neudruck 1989. – LL XIII (Hof; J.-D. Müller). – LL XIV (Schule, Universität; J. Schiewe). – E. Isenmann, Die deutsche Stadt im Spätmittelalter 1250–1500, 1988. – E. Schubert, Fahrendes Volk im Mittelalter, 1995.

Der geistige Horizont: K. Schneider, Paläographie und Handschriftenkunde für Germanisten, 1999. – RLW III (Urkunde; U. Schulze). – Text und Kultur, 2001. – Literatur in der Gesellschaft des Spätmittelalters, 1980. – R. Sprandel, Gesellschaft und Literatur im Mittelalter, 1982. – Literatur und Laienbildung im Spätmittelalter und in der Reformation, 1984. – Über Bürger, Stadt und städtische Literatur, 1980. – U. Peters, Literatur in der Stadt. Studien zu den sozialen Voraussetzungen und kulturellen Organisationsformen städtischer Literatur im 13. und 14. Jahrhundert, 1983. – Autorentypen, 1991. – Elizabeth Andersen (u.a.), Autor und Autorschaft im Mittelalter, 1998. – W. G. McDonald, German Medieval Literary Patronage from Charlemagne to Maximilian I., 1973. – J. Bumke, Mäzene im Mittelalter, 1979.

Deutsche Literatur in einer fürstlichen Residenzstadt: Wien: A. Lhotsky, Geschichte Österreichs seit der Mitte des 13. Jahrhunderts (1281–1358), 1967. – A. Niederstätter, Die Herrschaft Österreich. Fürst und Land im Spätmittelalter, 2001. – Geschichte der Stadt Wien. Bd. 1–3/II, 1897–1907. – P. Csendes/F. Opll, Wien. Geschichte einer Stadt I: Von den Anfängen bis zur Ersten Wiener Türkenbelagerung (1529), 2001 (Literatur). – F. Oppl, Nachrichten aus dem mittelalterlichen Wien, 1995. – E. K. Winter, Rudolf IV. von Österreich. 2 Bde., 1934/36. – H. Rupprich, Das Wiener Schrifttum des ausgehenden Mittelalters, 1954.

Erkennen und Erfahren Gottes als Lebenssinn: Die deutsche Mystik: Ruh, Geschichte. – A. M. Haas, Deutsche Mystik, in: Glier, S. 234–305. – A. M. Haas, Was ist Mystik?, in: Abendländische Mystik (s.u.), S. 319–341. – LL XIV (Mystik; P. Dinzelbacher). – LWL (Mystik; F. Löser). – RLW II (Mystik; O. Langer). – W. Haug, Zur Grundlegung einer Theorie des mystischen Sprechens (zuerst 1986) und: Überlegungen zur Revision meiner „Grundlegung einer Theorie des mystischen Sprechens", in: W. Haug, Brechungen auf dem Weg zur Individualität, 1995, S. 531–544 und 545–549. – Abendländische Mystik im Mittelalter, 1986. – Deutsche Mystik im abendländischen Zusammenhang, 2000. – N. Largier, „intellectus in deum ascensus". Intellekttheoretische Auseinandersetzungen in Texten der deutschen Mystik, DVjs 69 (1995) 423–471. – S. Ringler, Viten- und Offenbarungsliteratur in Frauenklöstern des Mittelalters, 1980. – RLW III (Vita; K. Kunze). – U. Peters, Religiöse Erfahrung als literarisches Faktum. Zur Vorgeschichte und Genese frauenmystischer Texte des 13. und 14. Jahrhunderts, 1988. – Bürkle, Literatur. – J. Thali, Beten – Schreiben – Lesen. Literarisches Leben und Marienspiritualität im Kloster Engelthal, 2003.

Formen der Lyrik: de Boor/Janota. – Bumke. – Cramer. – LL XIV (Lyrik des Mittelalters; U. Müller). – LWL (Lied; H. Brunner). – RLW III (Rondeau; W. Helmich). – LL XIV (Liederhandschrift; G. Schweikle). – Entstehung und Typen mittelalterlicher Lyrikhandschriften, 2001. – G. Kornrumpf, Deutsche Lieddichtung im 14. Jahrhundert. Ein Aspekt der Überlieferung, in: Zur deutschen Literatur und Sprache des 14. Jahrhunderts, 1983, S. 292–304. – H. Brunner, Tradition und Innovation im Bereich der Liedtypen um 1400, in: Textsorten und literarische Gattungen, 1983, S. 392–413. – B. Wachinger, Liebeslieder vom späten 12. bis zum frühen 16. Jahrhundert, in: Mittelalter und frühe Neuzeit, 1999, S. 1–29. – H. Brunner, Das deutsche Liebeslied um 1400, in: Gesammelte Vorträge der 600-Jahrfeier Oswalds von Wolkenstein, 1978, S. 105–146. – G. Hübner, Lobblumen, 2000. – RLW III (Tagelied; S. Ranawake). – RLW I (Geistliches Lied; I. Scheitler). – J. Janota, Studien zu Funktion und Typus des deutschen geistlichen Liedes im Mittelalter, 1968. – B. Wachinger, Gattungsprobleme beim geistlichen Lied des 14. und 15. Jahrhunderts, in: Forschungen, S. 93–107. – K. Ruh, Mystische Spekulation in Reimversen des 14. Jahrhunderts, in: Beiträge zur weltlichen und geistlichen Lyrik des 13. bis 15. Jahrhunderts, 1973, S. 205–230, wieder in: K. R., Kleine Schriften II, 1984, S. 184–211. – U. Müller, Untersuchungen zur politischen Lyrik des deutschen Mittelalters, 1974. – S. Kerth, *Der landsfrid ist zerbrochen*. Das Bild des Krieges in den politischen Ereignisdichtungen des 13. bis 16. Jahrhunderts, 1997. – LWL (Sangspruch/Reimspruch; H. Brunner). – RLW III (Sangspruch; U. Schulze). – RLW III (Ton, H. Brunner). – RLW I (Bar; F. Schanze). – H. Brunner, Die alten Meister, 1975. – F. Schanze, Meisterliche Liedkunst zwischen Heinrich von Mügeln und Hans Sachs, 2 Bde., 1983/84. – J. Rettelbach, Variation – Derivation – Imitation, 1993. – B. Wachinger, Sängerkrieg, 1973. – RLW II (Leich; J. Haustein). – H. Apfelböck, Tradition und Gattungsbewußtsein im deutschen Leich, 1991.

Großepische Formen: de Boor/Janota. – Bumke. – Cramer. – P. J. Becker, Handschriften und Frühdrucke mittelhochdeutscher Epen, 1977. – H.-J. Schiewer, *Ein ris ich dar vmbe abe brach/Von sinem wunder bovme*. Beobachtungen zur Überlieferung des nachklassischen Artusromans im 13. und 14. Jahrhundert, in: Deutsche Handschriften 1100 bis 1400, 1988, S. 222–278. – Th. Cramer, Aspekte des höfischen Romans im 14. Jahrhundert, in: Zur deutschen Literatur und Sprache des 14. Jahrhunderts, 1983, S. 208–220. – Positionen des Romans im späten Mittelalter, 1991. – V. Mertens/U. Müller, Epische Stoffe des Mittelalters, 1984. – N. Henkel, Kurzfassungen höfischer Erzähldichtung im 13./14. Jahrhundert. Überlegungen zum Verhältnis von Textgeschichte und literarischer Interessenbildung, in: Interessenbildung, S. 39–59. – P. Strohschneider, Höfische Romane in Kurzfassungen, ZfdA 120 (1991) 419–431. – M. G. Scholz, Zum Verhältnis von Mäzen, Autor und Publikum im 14. und 15. Jahrhundert, 1987. – K. Ridder, Mittelhochdeutsche Minne- und Aventiureromane. Fiktion, Geschichte und literarische Tradition im späthöfischen Roman, 1998. – W. Haug, Literaturtheorie im deutschen Mittelalter, ²1992. – E. Lienert, Deutsche Antikenromane des Mittelalters, 2001. – Die deutsche Trojaliteratur des Mittelalters und der Frühen Neuzeit. Materialien und Untersuchungen, 1990. – A. Masser, Bibel- und Legendenepik des deutschen Mittelalters, 1976. – K. Helm/W. Ziesemer, Die Literatur des Deutschen Ritterordens, 1951. – F. Löser, Überlegungen zum Begriff der Deutschordensliteratur und zur Bibelübersetzung, in: Studien zu Forschungsproblemen der deutschen Literatur in Mittel- und Ostdeutschland, 1998, S. 7–37. – Die Rolle der Ritterorden in der mittelalterlichen Kultur, 1985. – LL XIII (Bibeldichtung, Bibelepik; D. Kartschoke). – RLW I (Bibelepik; D. Kartschoke). – RLW II (Legende; K. Kunze). – W. Williams-Krapp, Die deutschen und niederländischen Legendare des Mittelalters, 1986. – LL XIV (Mariendichtung; P. Kesting). – RLW II (Mariendichtung; K. Gärtner). – Geschichtsschreibung und Geschichtsbewußtsein im späten Mittelalter, 1987. – Geschichtsbewußtsein in der deutschen Literatur des Mittelalters, 1985. – RLW I (Geschichtsepik; H.-J. Behr). – H. Wenzel, Höfische Geschichte, 1980. – M. Fischer, *Di himels rote*. The idea of Christian chivalry in the chronicles of the Teutonic Order, 1991.

Kleinepische Formen: RLW II (Mirakel; W. Haubrichs). – VL VI (Marienmirakelsammlungen; H. Hilg). – Fischer. – Ziegeler. – de Boor/Janota. – Bumke. – Cramer. – Grubmüller, Novellistik. – LL XIV (Maere; K. Grubmüller). – RLW II (Maere; H.-J. Ziegeler). – RLW III (Schwank; H.-J. Ziegeler). – Kleinere Erzählformen des 15. und 16. Jahrhunderts, 1993.

Formen der Rede: I. Glier, Kleine Reimpaargedichte und verwandte Großformen, in: Glier, S. 18–141. – Bumke. – Cramer. – LL XIV (Reimpaarrede; K. Grubmüller). – RLW III (Rede; H.-J. Ziegeler). – RLW I (Gebet; A. Kraß). – U. Mehler, Marienklagen im spätmittelalterlichen und frühneuzeitlichen Deutschland. 2 Bde., 1997. – LL XIII (Exempel; D. Peil). – RLW I (Exempel; G. Dicke). – G. Dicke/K. Grubmüller, Die Fabeln des Mittelalters und der frühen Neuzeit. Ein Katalog der deutschen Versionen und ihrer lateinischen Entsprechungen, 1987. – K. Grubmüller, Meister Esopus. Untersuchungen zu Geschichte und Funktion der Fabel im Mittelalter, 1977. – U. Müller, Untersuchungen zur politischen Lyrik des deutschen Mittelalters, 1974. – RLW II (Minnerede; L. Lieb). – T. Brandis, Mittelhochdeutsche, mittelniederdeutsche und mittelniederländische Minnereden. Verzeichnis der Handschriften und Drucke, 1968. – I. Glier, Artes amandi. Untersuchung zu Geschichte, Überlieferung und Typologie der deutschen Minnereden, 1971. – M. Rheinheimer, Rheinische Minnereden, 1975. – W. Blank, Die deutsche Minneallegorie. Gestaltung und Funktion einer spätmittelalterlichen Dichtungsform, 1970. – RLW I (Allegorie; W. Blank). – J. Schulz-Grobert, Deutsche Liebesbriefe in spätmittelalterlichen Handschriften. Untersuchungen zur Überlieferung einer anonymen Kleinform der Reimpaardichtung, 1993. – Ch. Wand-Wittkowski, Briefe im Mittelalter. Der deutschsprachige Brief als weltliche und religiöse Literatur, 2000. – I. Kasten, Studien zu Thematik und Form des mittelhochdeutschen Streitgedichts, Diss. Hamburg 1973. – RLW III (Streitgespräch; Ch. Kiening). – RLW I (Farbensymbolik; K. Grubmüller). – LL VI (Jagdallegorien; S. Schmolinsky). – Nolte, Lauda. – RLW III (Wappendichtung; L. Lieb). – RLW III (Totenklage; Ch. Kiening).

Formen des Spiels: R. Bergmann, Katalog der deutschsprachigen geistlichen Spiele und Marienklagen des Mittelalters, 1986. – B. Neumann, Geistliches Schauspiel im Zeugnis der Zeit. 2 Bde., 1987. – H. Linke, Versuch über deutsche Handschriften mittelalterlicher Spiele, in: Deutsche Handschriften 1100–1400, 1988, S. 527–589. – H. Linke, Drama und Theater, in: Glier, S. 153–233. – Bumke. – Cramer. – RLW I (Geistliches Spiel; U. Schulze). – LL XIII (Geistliches Spiel; U. Mehler). – RLW II (Osterspiel; J.-D. Müller). – RLW I (Dirigierrolle; H. Lomnitzer). – RLW III (Weltliches Spiel; E. Simon). – E. Simon, Zu den Anfängen des weltlichen Schauspiels, in: Jahrbuch der Oswald von Wolkenstein Gesellschaft 4 (1986/87) 139–150. – RLW II (Neidhartiana; I. Bennewitz).

Formen der Prosa: Bumke. – Cramer. – P. Johanek, Rechtsschrifttum, in: Glier, S. 396–431. – U.-D. Oppitz, Deutsche Rechtsbücher des Mittelalters, 2 Bde., 1990. – I. Glier, Geschichtsschreibung, in: Glier, S. 432–454. – LL XIII (Geschichtsschreibung; P. Johanek). – LWL (Geschichtsschreibung, -dichtung; D. Klein). – F.-J. Schmale, Funktion und Formen mittelalterlicher Geschichtsschreibung, 1985. – B. Wachinger, Wissen und Wissenschaft als Faszinosum für Laien im Mittelalter, in: Ars und Scientia im Mittelalter und in der Frühen Neuzeit, 2002, S. 13–29. – P. Assion, Fachliteratur, in: Glier, S. 371–395. – W. Crossgrove, Die deutsche Sachliteratur des Mittelalters, 1994. – LL XIII (Artesliteratur; Ch. Baufeld). – RLW I (Artesliteratur; Ch. Baufeld). – RLW I (Fachprosa; U. Friedrich). – Wissensliteratur in Mittelalter und Früher Neuzeit, 1993. – LL XIII (Enzyklopädie; H. Meyer). – G. Steer, Geistliche Prosa, in: Glier, S. 306–370. – LL XIII (Geistliche Prosa; G. Steer). – K. Morvay/D. Grube, Bibliographie der deutschen Predigt des Mittelalters, 1974. – LWL (Predigt; F. Löser). – RLW III (Predigt; B. Hasebrink/H.-J. Schiewer). – RLW II (Homilie; N. Largier). – Die deutsche Predigt im Mittelalter, 1992. – RLW III (Traktat; U. Störmer-Caysa). – E. Weidenhiller, Untersuchungen zur deutschsprachigen katechetischen Literatur des späten Mittelalters, 1965. – P. Ochsenbein, Deutschsprachige Privatgebetbücher vor 1400, in: Deutsche Handschriften 1100–1400, 1988, S. 379–398. – LL XIII (Legende; W. Williams-Krapp). – VL V (Legendare; G. Philippart). – Deutsche Bibelübersetzungen des Mittelalters, 1991. – F. Löser, Deutsche Bibelübersetzungen im 14. Jahrhundert, in: Jahrbuch der Oswald von Wolkenstein Gesellschaft 12 (2000) 311–323. – LWL (Bibelauslegung, -übersetzung, -dichtung; F. Löser). – F. Löser, Auf dem Weg zur deutschen Bibel. Prosaübersetzungen des Neuen Testaments aus dem Deutschen Orden, in: Kirchengeschichtliche Probleme des Preußenlandes aus Mittelalter und früher Neuzeit, 2001, S. 163–197. – D. Schmidtke, Repräsentative deutsche Prosahandschriften aus dem Deutschordensgebiet, in: Deutsche Handschriften 1100–1400, 1988, S. 352–378.

Zu einzelnen Autoren und Werken

‚Aachener Vita Karls des Großen': VL I (K.-E. Geith).

‚Von abegescheidenheit': *Meister Eckhart, DW V, S. 400–437. – N. Largier, Meister Eckhart II, S. 434–459 (Text mit Übersetzung), S. 802–815 (Kommentar).* – Ruh, Geschichte III, S. 355–358.

‚Abstractum-Glossar': VL I (K. Illing).

‚Adam und Eva': VL I (B. Murdoch) und XI (Nachtrag).

‚Adam und Eva': (‚Adams Klage'): VL I (B. Murdoch) mit Nachweis von *Ausgaben* und XI (Korrektur).

‚Adam und Eva' (Predigtparodie): *Keller, Erzählungen, S. 26–31.* – VL I (B. Murdoch).

‚Von dem adel der sêle': *Pfeiffer, Dt. Mystiker II, S. 416–418.* – VL XI (K. Ruh).

‚Adelhausener Schwesternbuch': s. Anna von Munzingen.

Adelheit von Freiburg: s. ‚Vita der Adelheit von Freiburg'.

Aegidius Romanus: VL II (unter: ‚Fürstenspiegel nach Aegidius Romanus'; G. Brinkhus) und XI (Nachtrag).

Albertus Magnus: VL I (A. Fries/K. Illing). – LL I (Ch. Kiening). – Ruh, Geschichte III, S. 107–129.

Albrecht, Marschall von Rapperswil: *SMS.* – VL I (V. Mertens).

Albrecht von Bardewik: *Chron. dt. Städte 26, 1899, S. 285–316.* – VL I (G. Keil) mit Nachweis weiterer *Ausgaben*.

Albrecht von Treffurt: *‚Paradisus' Nr. 38, 53.* – VL I (L. Seppänen). – Ruh, Geschichte III, S. 406f.

Albuinus Eremita: VL I (F. J. Worstbrock).

‚Alemannische Evangelien-Übertragung': s. ‚Evangelien-Übertragungen'.

‚Alemannische Vitaspatrum': *U. Williams, Die Alemannische Vitaspatrum, 1996.* – s. ‚Vitaspatrum'

‚Alexander und Anteloye': VL I (D. J. A. Ross).

‚Das Almosen': *NGA I, Nr. 8.* – VL I (H. Heger). – FB Nr. 3. – Ziegeler.

‚Alter Kulm': *C. K. Leman, Das alte kulmische Recht, 1838, Neudruck 1969.* – VL I (P. Johanek).

‚Ältere deutsche Habichtslehre': *K. Lindner, Die deutsche Habichtslehre, ²1964, S. 97 bis 135.* – VL I (G. Keil).

‚Älterer deutscher Macer': s. ‚Macer floridus'.

Meister Altswert: *W. Holland/A. Keller, Meister Altswert, 1850.* – VL I (I. Glier). – LL I (Ch. Kiening).

Andreas: *H.-F. Rosenfeld, Die väterlichen Lehren des Andreas, ZfdA 93 (1964) 133–139.* – VL I (H.-F. Rosenfeld) und XI (Korrektur).

‚Von dem anefluzze des vaters': *Pfeiffer, Dt. Mystiker II, S. 521–527.* – VL XI (K. Ruh).

‚Anleitung, Schießpulver zu bereiten, Büchsen zu laden und zu beschießen': VL I (V. Schmidtchen).

Anna von Munzingen: *J. König, Die Chronik der Anna von Munzingen, Freiburger Diöcesan-Archiv 13 (1880) 129–236.* – VL I (W. Blank) und XI (Korrektur).

Anonymus Neveleti: s. Äsop. – LL I (A. Syndikus).

‚St. Anselmi Fragen an Maria': *D. Cepkova, Mitteldeutsche Reimfassung der Interrogatio Sancti Anshelmi, 1982.* – VL I (H. Eggers) und XI (Korrektur/Nachtrag).

‚Vom Antichrist': *P.-G. Völker, Vom Antichrist, 1970.* – VL I (A. Wang) und XI (Nachtrag).

‚Von dem Anticriste': *M. Haupt, Von dem Anticriste, ZfdA 6 (1848) 369–386.* – VL I (A. Wang) und XI (Korrektur).

‚Apokalypse': VL I (K. Ruh) und XI (Korrektur).

‚Der apostele tat': *W. Ziesemer, Eine ostdeutsche Apostelgeschichte des 14. Jahrhunderts, 1927.* – VL I (L. Denecke) und XI (Korrektur).

Appet, Jacob: *NGA I, Nr. 24.* – *Grubmüller, Novellistik, S. 544–564.* – VL I (H.-F. Rosenfeld). – FB Nr. 5. – Ziegeler.

‚Aristotelis Heimlichkeit': s. ‚Secretum secretorum' mit Nachweis der *Ausgabe.*

Der arme Konrad: *NGA Nr. 11.* – VL I (W. Williams-Krapp). – FB Nr. 72. – Ziegeler.

‚Von armuot des geistes': *Pfeiffer, Dt. Mystiker II, S. 493–495.* – VL XI (K. Ruh).

Arnold der Rote: *F. Pfeiffer, Predigten und Sprüche deutscher Mystiker I, ZfdA 8 (1851) 209–211.* – VL I (K. Ruh). – Ruh, Geschichte III, S. 407f.

Äsop: VL XI (G. Dicke).

‚Augsburger Bibelhandschrift': *E. Donalies, Die Augsburger Bibelhandschrift und ihre Überlieferung. Untersuchung und Text der vier Evangelien, 1992.* – VL I (K. Ruh) und XI (Korrektur/Nachtrag).

‚Augsburger Cantionessammlung': VL XI (G. Hägele).

‚Augsburger Stadtbuch': *Ch. Meyer, Das Stadtbuch von Augsburg, 1872.* – VL XI (P. Johanek).

Augustijn: VL I (R. Leclercq) mit Nachweis einer *Teilausgabe* und XI (Nachtrag/Korrektur). – FB Nr. 8. – Ziegeler.

‚Augustierregeln': VL I (G. de Smet) und XI (Korrektur) mit Nachweis von *Ausgaben*.

‚Ave Maria-Parodie': s. ‚Paternoster-Parodie'.

Avian: VL XI (M. Baldzuhn).

‚Bairisches Färbebüchlein': VL I (G. Keil) mit Nachweis einer *Ausgabe*.

Baldemann, Otto: *E. Valli, Otto Baldemann. Von dem romschen riche eyn clage, 1957.* – VL I (D. Huschenbett). – LL I (C. Händl).

‚Die Bärenjagd': VL I (U. Williams) mit Nachweis von *Ausgaben*. – FB Nr. 9. – Ziegeler.

Bartholomäus (von Bolsenheim): VL I (W. Stammler).

‚Basler Trojanerkrieg': *A. Bernoulli, Bruchstücke eines Trojanergedichts, Germania 28 (1883) 34–38.* – VL IX (unter: ‚Trojanerkrieg'; E. Lienert).

‚Die Bauernhochzeit': *E. Wießner, Der Bauernhochzeitsschwank. Meier Betz und Metzen hochzit, 1956.* – VL I (B. Boesch) und XI (Nachtrag). – LL I (U. Williams). – FB Nr. 10. – Ziegeler.

‚Die beiden ungleichen Liebhaber': VL I (A. Mihm).

‚Bellum Waltherianum': *W. Wiegand, Bellum Waltherianum, 1878.* – s. Ellenhard und Klosener, Fritsche.

‚Benediktbeurer Spiele': VL XI (H. Linke). – LL I (B. Neumann).

‚Benediktbeurer Weihnachtspiel': VL I (H. Linke).

‚Benediktinerregel': VL I (St. Sonderegger/N. R. Wolf) und XI (Korrektur/Nachtrag). – F. Simmler, Zur deutschssprachigen handschriftlichen Überlieferung der Regula Benedicti, Regulae Benedicti Studia 16 (1989) 137–204.

‚Berchta': *GA III, Nr. 54.* – VL I (H. Heger). – FB Nr. 14. – Ziegeler.

‚Bergfried der Minne': VL I (I. Glier).

‚Beringer': *Grubmüller, Novellistik, S. 220–242.* – VL I und LL I (W. Williams-Krapp). – FB Nr. 15. – Ziegeler.

‚Berliner Osterspiel-Fragment': VL I (H. Linke) mit Nachweis der *Ausgabe* und XI (Korrektur).

Bruder Berthold: *G. Steer (u.a.), Die Rechtssumme Bruder Bertholds, 5 Bde., 1987.* – VL I (P. Johanek).

Berthold von Bombach: *I. Just, Die Vita Luitgarts von Wittichen, 2000.* – VL I (K. Ruh).

Berthold von Moosburg: VL I (W. P. Eckert) und XI (Korrektur). – Bürkle, Literatur, S. 119–131.

Bertholdus Capellanus: VL I (H. Lomnitzer).

‚Die Beständige und die Wankelmütige': VL I (I. Glier) und XI (Korrektur).

‚Bestraftes Mißtrauen': *NGA I, Nr. 28.* – VL I (K.-H. Schirmer). – FB Nr. 85. – Ziegeler.

‚Der betrogene Blinde': *NGA I, Nr. 7.* – VL I (H. Heger). – FB Nr. 16. – Ziegeler.

Biberli, Marquard: VL I (K. Kunze) und XI (Nachtrag). – s. ‚Wien-Zürcher Bibel'.

‚Biblia pauperum': VL I (K.-A. Wirth).

‚Bihtebuoch': VL XI (K. Schneider).

Birgitta von Schweden: VL I (U. Montag) und XI (Nachtrag). – LL I (W. Williams-Krapp).

Blannbekin, Agnes: *P. Dinzelbacher/R. Vogeler, Leben und Offenbarungen der Wiener Begine Agnes Blannbekin (†1315), 1994.* – VL I (K. Ruh) und X (unter: ‚Vita et revelationes ven. Agnetis Blannbekin'). – Ruh, Geschichte II, S. 132–136.

‚Der blinde Hausfreund': *NGA I, Nr. 32.* – VL I (U. Williams). – FB Nr. 51. – Ziegeler.

‚Die Blume der Schauung': *K. Ruh, Die Blume der Schauung, 1991.* – VL XI (K. Ruh). – Ruh, Geschichte III, S. 366–370.

‚Böhmische Marienklage': VL I (H. Eggers) und XI (Nachtrag).

Bonaventura: VL I (K. Ruh) und XI (Nachtrag/Korrektur). – LL II (Ch. Kiening).

Boner: *F. Pfeiffer, Der Edelstein des Ulrich Boner, 1844.* – VL I (K. Grubmüller). – LL II (N. H. Ott). – U. Bodemann/G. Dicke, Grundzüge einer Überlieferungs- und textgeschichte von Boners ‚Edelstein', in: Deutsche Handschriften 1100–1400, 1988, S. 424 bis 468.

Boppe: *H. Alex, Der Spruchdichter Boppe, 1998.* – VL I (G. Kornrumpf). – LL II (C. Händl). – RSM III.

‚Die böse Adelheid': *NGA I, Nr. 4.* – *Grubmüller, Novellistik, S. 208–218.* – VL I (H.-J. Ziegeler). – FB Nr. 1. – Ziegeler.

‚Das böse Weib und die Teufel': *H. Niewöhner, Das böse Weib und die Teufel, ZfdA 83 (1951/52) 143–156.* – s. ‚Von dem üblen Weib'.

‚Die Brackenjagd': VL I (W. Blank).

‚Brandenburger Osterspiel': *R. Schipke/F. Pensel, Das Brandenburger Osterspiel, 1986.* – VL XI (F. Pensel).

‚Braunschweiger Fehdebuch': *Chron. dt. Städte 6, 1868, Neudruck 1962, S. 9–120.* – VL XI (K. Nass).

‚Braunschweiger Stadtrecht': *L. Hänselmann, Die ältesten Stadtrechte Braunschweigs, Hansische Geschichtsblätter (1892) 43–57.* – VL XI (P. Johanek).

‚Daz brechen leit': *K. Bartsch, Mitteldeutsche Gedichte, 1860, S. 73–83.* – VL II (V. Mertens).

‚Bremer Arzneibuch': *E. Windler, Das Bremer mittelniederdeutsche Arzneibuch des Arnoldus Doneldey, 1932.* – VL I (G. Keil).

‚Breslauer Arzneibuch': *C. Külz/E. Külz-Trosse, Das Breslauer Arzneibuch, 1908.* – VL I (G. Keil).

‚Breslauer Landrecht': VL I (P. Johanek).

‚Breslauer Marienklage (I)': VL I (H. Eggers).

‚Breslauer Osterspiel': VL I (U. Hennig) mit Nachweis von *Ausgaben*.

Brevier: VL XI (A. Häussling).

‚Breviertexte aus Westfalen': *E. Rooth, Niederdeutsche Breviertexte des 14. Jahrhunderts aus Westfalen, 1969.* – VL I (K. E. Schöndorf).

‚Brief an die Frau von Plauen': VL I (G. Keil).

‚Der Bruder mit den sieben Säckchen': *Pfeiffer, Dt. Mystiker II, S. 623f.* – VL I (K. Ruh).

‚Brünner Schöffenbuch': s. Johannes (Stadtschreiber von Brünn).

Brunwart von Augheim: *KLD.* – VL I (F. J. Worstbrock).

‚Das Buch von geistiger Armut': *H. S. Denifle, Das Buch von geistlicher Armuth, 1877.* – VL I (J. Auer). – LL II (E. Wunderle). – Ruh, Geschichte III, S. 517–525.

‚Das Buch von guter Speise': *H. Hajek, Daz buch von guter spise, 1958.* – VL I (G. Hayer).

‚Buch der Märtyrer': *E. Gierach, Das Märterbuch, 1928.* – VL I (K. Kunze) und XI (Korrektur). – LL II (W. Williams-Krapp). – V. Bok, Die Auftraggeberin des ‚märterbuches', in: Forschungen, S. 159–166.

‚Buch der Rügen': *Th. v. Karajan, Buch der Rügen, ZfdA 2 (1842) 6–92.* – VL I (K. Schneider) und XI (Nachtrag). – LL II (E. Wunderle).

‚Buch von Troja I': s. ‚Elsässisches Trojabuch'.

‚Buch der Tugenden': s. ‚Der Tugenden Buch'.

‚Büchlein von der genaden uberlast': s. ‚Engelthaler Schwesternbuch'.

‚Büchlein vom schauenden und vom wirkenden Leben': VL I (K. Ruh).

‚Der Bussard': *GA I, Nr. 16.* – VL I (H.-F. Rosenfeld). – LL II (N. H. Ott). – FB Nr. 18. – Ziegeler.

‚Catena aurea'-Übersetzung: s. Thomas von Aquin.

‚Christ ist erstanden': VL I (W. Lipphardt) und XI (Korrektur).

Christan von Luppin: *KLD.* – VL I (F. J. Worstbrock).

‚Christi Leiden in einer Vision geschaut': VL I (F. P. Pickering) mit Nachweis von *Ausgaben*.

Christina von Stommeln: s. Petrus von Dacien.

‚Christus und die minnende Seele': *K. Bartsch, Die Erlösung mit einer Auswahl geistlicher Dichtungen, 1858, Neudruck 1966, S. 216–224.* – VL I (H. Rosenfeld) und XI (Korrektur/Nachtrag). – LL II (W. Williams-Krapp).

‚Chronik des St. Clarenklosters zu Weißenfels': VL I (G. Friedrich) mit Nachweis einer *Ausgabe*.

‚Chronik des Stiftes SS. Simon und Judas in Goslar': *L. Weiland, Deutsche Chroniken und andere Geschichtsbücher des Mittelalters II, 1877, Neudruck 1980, S. 591–599.* – VL I (I. Buchholz-Johanek).

‚Compendium Anticlaudiani': VL II (P. Ochsenbein).

‚Contemptus mundi': *E. Schröder, Ein rheinischer Contemptus mundi, Göttinger Gelehrte Nachrichten. Phil.-hist. Klasse (1910) 357–374.* – VL II (R. Rudolf) und XI (Nachtrag).

‚Corpus Dionysiacum': s. (Pseudo-)Dionysius Areopagita.

‚Dalimil': *V. Hanka, Dalimils Chronik von Böhmen, 1859.* – VL II (R. Rudolf) und XI (Nachtrag).

Damen, Hermann: *U. Wabnitz, Sanc ist der kvnst eyn gespiegelt trymz, 1992.* – VL II (E. Kiepe-Willms). – LL II (Ch. Huber). – RSM III. – R. Bleck, Der Rostocker Liederdichter Hermann Damen (ca. 1255–1307/9), 1998.

‚Daniel': *A. Hübner, Die poetische Bearbeitung des Buches Daniel aus der Stuttgarter Handschrift, 1911.* – VL II (G. Jungbluth) und XI (Nachtrag). – LL II (E. Wunderle).

‚Darmstädter Aventiurenverzeichnis': H. de Boor, Die Bearbeitung m des Nibelungenliedes, in: H. de Boor, Kleine Schriften II, 1966, S. 212–228, *Textabdruck: S. 212 bis 214.*

‚Darmstädter Gedicht über das Weltende': *E. Rooth, Zum Darmstädter Gedicht über das Weltende, 1977.* – VL II (E. Rooth).

‚Die demütige Frau': *NGA I, Nr. 36.* – VL II (H.-J. Ziegeler). – FB Nr. 32. – Ziegeler.

‚Deutsches salernitanisches Arzneibuch': VL II (G. Keil) mit Nachweis von *Teilausgaben* und XI (Korrektur).

‚Deutschordensregeln und -statuten': VL II (U. Arnold) mit Nachweis von *Ausgaben*.

‚Dießenhofener Schwesternbuch': s. ‚Katharinentaler Schwesternbuch'.

Dietrich von Apolda: VL II (H. Lomnitzer) mit Nachweis von *Ausgaben* und XI (Nachtrag/Korrektur). – LL III (W. Williams-Krapp).

Dietrich von Freiberg: VL II (L. Sturlese). – LL III (Ch. Kiening). – Ruh, Geschichte III, S. 184–212 (*Ausgaben*).

Dietrich von der Glesse: *O. R. Meyer, Der Borte des Dietrich von der Glezze, 1915, Neudruck 1973.* – VL II (H.-F. Rosenfeld). – FB Nr. 24. – Ziegeler.

(Pseudo-)Dionysius Areopagita: VL II (R. Riedlinger/V. Honemann) und XI (Korrektur/Nachtrag).

‚Disticha Catonis': VL I (unter: ‚Cato'; P. Kesting) und XI (Nachtrag/Korrektur). – LL III (Ch. Huber).

‚Docens Marienklage': *K. Schneider, Docens Marienklage, ZfdA 106 (1977) 138–145.* – VL II (K. Schneider).

‚Dominikanerinnen-Konstitutionen': VL II (V. Honemann).

Dorothea von Montau: s. Marienwerder, Johannes.

‚Drei listige Frauen A': *NGA I, Nr. 18.* – VL II (K.-H. Schirmer). – FB Nr. 36. – Ziegeler.

‚Von dreierlei geistlichem Sterben': *Ph. Strauch, Zur Gottesfreund-Frage, ZfdPh 34 (1902) 288–311.* – VL XI (K. Ruh).

‚Von den drîn fragen': *H. S. Denifle, Taulers Bekehrung, 1879, S. 137–143.* – VL II (K. Ruh) und XI (Korrektur).

Der Düring: *KLD.* – VL II (F. J. Worstbrock).

‚Eberhard und Itha von Nellenburg': *H. Gallmann, Das Stifterbuch des Klosters Allerheiligen zu Schaffhausen, 1994.* – VL II (V. Honemann).

Eberhard von Sax: *SMS.* – VL II (G. Hahn). – RSM III.

Ebner, Christine: *G. W. K. Lochner, Leben und Gesichte der Christine Ebnerin, Klosterfrau zu Engelthal, 1872.* – VL II (S. Ringler) und XI (Korrektur/Nachtrag). – LL III (W. Williams-Krapp). – Bürkle, Literatur, S. 246–316. – S. Bürkle, Die ‚Gnadenvita' Christine Ebners. Episodenstruktur – Text-Ich und Autorschaft, in: Deutsche Mystik im abendländischen Zusammenhang, 2000, S. 483–513.

Ebner, Margareta: *Ph. Strauch, Margaretha Ebner und Heinrich von Nördlingen, 1882, Neudruck 1966.* – VL II (M. Weitlauff). – LL III (W. Williams-Krapp).

Eckhart von Gründig: s. ‚Traktat von der Seligkeit'.

Eckhart von Hochheim; Meister Eckhart: *Meister Eckhart. Die deutschen und lateinischen Werke. Abt. I: Die deutschen Werke; Abt. II: Die lateinischen Werke, 1936ff.* – *N. Largier, Meister Eckhart. Werke I, II. Texte und Übersetzungen, 1993* [mit umfangreicher Bibliographie]. – VL II (K. Ruh). – LL III (G. Steer). – Ruh, Geschichte III, S. 216–353. – N. Largier, Meister Eckhart. Perspektiven der Forschung 1980–1993, ZdfPh 114 (1995) 29–98. – G. Steer, Die Schriften Meister Eckharts in den Handschriften des Mittelalters, in: Die Präsenz des Mittelalters in seinen Handschriften, 2002, S. 209–302.

‚Eckhart-Legenden': *Pfeiffer, Dt. Mystiker II, S. 623–627.* – VL II (K. Ruh) und XI (Korrektur).

Eckhart der Junge: VL II (G. Steer).

Egen von Bamberg: *O. Mordhorst, Egen von Bamberg und die geblümte Rede, 1911.* – VL II (I. Glier).

Egenolf von Staufenberg: *E. Grunewald, Der Ritter von Staufenberg, 1979.* – VL II (K.-H. Schirmer). – LL III (N. H. Ott).

‚Ehren und Höhnen': VL II (W. Williams-Krapp) mit Nachweis von *Ausgaben* und XI (Korrektur). – FB Nr. 28. – Ziegeler.

Ehrenbloß, Hans: *Th. Cramer, Maeren-Dichtung II, 1979, S. 185–188.* – VL II (H. Rosenfeld). – FB Nr. 29. – Ziegeler.

Ehrenfreund: *LS III, Nr. 181.* – VL II (J. Janota).

‚Eichstätter Konventsregel': VL XI (B. Schnell) mit Nachweis einer *Ausgabe*.

‚Elbinger Beichtbüchlein des Deutschen Ordens': VL XI (V. Honemann) mit Nachweis einer *Ausgabe*.

‚Elbinger Rechtsbuch': VL II (U. Arnold).

Elhen von Wolfhagen, Tilemann: *A. Wyss, Die Limburger Chronik des Tilemann Elhen von Wolfhagen, 1883, Neudruck 1973.* – VL II (P. Johanek). – LL III (N. H. Ott).

Elisabeth von Kirchberg: VL II (S. Ringler) mit Nachweis von *Ausgaben* und XI (Korrektur).

Ellenhard: VL II (D. Mertens) und XI (Korrektur). – LL III (N. H. Ott).

‚Elsässische Legenda aurea': *U. Williams/W. Williams-Krapp/K. Kunze, Die Elsässische Legenda aurea. 3 Bde., 1980–1990.* – s. Jacobus a Voragine.

‚Elsässische Predigten': VL II (W. Williams-Krapp).

‚Elsässisches Trojabuch': *Ch. Witzel, Das Elsässische Trojabuch, 1995.* – VL I (unter: ‚Buch von Troja I'; K. Schneider) und XI (Nachtrag).

Elsbeth von Oye: *Ausgabe* durch W. Schneider-Lastin in Vorbereitung. – VL II (H. Neumann) und XI (Nachtrag). – M. Gsell, Das fließende Blut der ‚Offenbarungen' Elsbeths von Oye, in: Deutsche Mystik im abendländischen Zusammenhang, 2000, S. 455–482.

‚Engel und Waldbruder': *A. E. Schönbach, Die Legende vom Engel und Waldbruder, 1901.* – VL II (E. Wimmer) und XI (Nachtrag). – LL III (U. Williams).

‚Engelberger Gebetbuch': VL II (P. Ochsenbein).

Engelberger Prediger: VL II (S. Beck) und XI (Korrektur).

Engelhart von Ebrach: VL II (V. Honemann).

‚Engelthaler Schwesternbuch': *K. Schröder, Der Nonne von Engelthal Büchlein von der genaden uberlast, 1871.* – Bürkle, Literatur, S. 246–258. – s. Ebner, Christine.

‚Des Entkrist Vasnacht': *F. Christ-Kutter, Frühe Schweizerspiele, 1963, S. 41–61.* – VL II (F. Christ-Kutter) und XI (Nachtrag). – LL III (E. Wunderle).

Epistel des Rabbi Samuel an Rabbi Isaac': s. Öser, Irmhart.

Bruder Erbe: ‚*Paradisus*' Nr. 11. – VL II (L. Seppänen).

‚Erlösung': *F. Maurer, Die Erlösung, 1934, Neudruck 1964.* – VL II (U. Hennig) und XI (Korrektur/Nachtrag). – LL III (C. Händl).

Ernst von Kirchberg: VL II (J. Petersohn) mit Nachweis einer *Ausgabe* (1745) und XI (Nachtrag).

‚Erweiterte Christherre-Chronik': VL XI (J. Rettelbach).

‚Es kommt ein Schiff geladen': VL II (B. Wachinger) mit Nachweis von *Ausgaben* und XI (Nachtrag).

‚Evangelienbuch des Matthias von Beheim': *R. Bechstein, Des Matthias von Beheim Evangelienbuch in mitteldeutscher Sprache, 1867.* – s. ‚Evangelien-Übertragungen.

‚Evangelienharmonien': VL II (H. Jeske/H. Beckers/K. Ruh) mit Nachweis von *Ausgaben* und XI (Nachtrag).

‚Evangelien-Perikopen': VL II (H. Jeske).

‚Evangelien-Perikopen der Passion': VL II (H. Jeske) mit Nachweis von *Ausgaben* und XI (Korrektur/Nachtrag).

‚Evangelien-Übertragungen': VL II (M. A. Holmberg/K. Ruh) mit Nachweis von *Ausgaben* und XI (Nachtrag).

‚Evangelium Nicodemi': *A. Masser/M. Siller, Das Evangelium Nicodemi in spätmittelalterlicher Prosa, 1987.* – VL II (A. Schelb) und XI (Nachtrag). – LL III (N. H. Ott).

Everhard von Wampen: *E. Björkmann, Everhards von Wampen Spiegel der Natur, 1902.* – VL II (H. Wiswe).

‚Facetus': VL II (R. Schnell) und XI (Korrektur).

‚Facetus moribus et vita': VL II (R. Schnell) und XI (Korrektur).

‚Der Feldbauer': *Rosenhagen, Erzählungen, Nr. 56.* - VL II (H. Wolf).

Floreke, Nikolaus: *W. Reinecke, Chron. dt. St. 36, 1931, Neudruck 1968, S. 3-20.* - VL II (U. Reinhardt). - H.-J. Ziegeler, Der Löwe hinter Gittern. Literatur in Lüneburg um 1400, in: Interessenbildung, S. 280-300.

Florentius von Utrecht: *‚Paradisus' Nr. 2, 31, 63.* - VL II (P. Schmitt). - Ruh, Geschichte III, S. 400-402.

‚Flores temporum': VL II (P. Johanek) und XI (Korrektur/Nachtrag).

‚Flos vnde Blankeflos': VL II (H. Becker) mit Nachweis von *Ausgaben*.

Franke, Johannes: *‚Paradisus' Nr. 5, 7, 18, 29, 35.* - VL III (V. Honemann). - Ruh, Geschichte III, S. 394-398.

‚Frankfurter Dirigierrolle': *J. Janota, Frankfurter Dirigierrolle. Frankfurter Passionsspiel, 1996.* - VL II (H. Linke). - LL III (B. Neumann). - K. Wolf, Kommentar zur ‚Frankfurter Dirigierrolle' und zum ‚Frankfurter Osterspiel', 2002.

‚Frankfurter Osterspielfragment': s. ‚Frankfurter Dirigierrolle' (*Ausgabe* und Kommentar). - VL XI (Ch. Stöllinger-Löser).

‚Fränkisches Arzneibuch': VL XI (G. Keil).

‚Frau Minne warnt vor Lügen': VL II (I. Glier) mit Nachweis der *Ausgabe* (1785) und XI (Korrektur).

‚Frau Seltenrain': VL II (J. Janota) mit Nachweis von *Ausgaben* und XI (Korrektur).

‚Das Frauchen von 22 (21) Jahren': VL II (K. Ruh) mit Nachweis von *Ausgaben*.

‚Frauendienst und Minnedienst': VL II (T. Brandis) und XI (Korrektur).

‚Frauenlist': *NGA I, Nr. 13.* - VL II (K.-H. Schirmer). - LL III (U. Williams). - FB Nr. 37. - Ziegeler.

Frauenlob (Heinrich von Meißen): *K. Stackmann/K. Bertau, Frauenlob (Heinrich von Meißen). Leichs, Sangsprüche, Lieder. 2 Bde., 1981.* - *J. Haustein/K. Stackmann, Sangsprüche in Tönen Frauenlobs, 2 Bde., 2000.* - K. Stackmann, Wörterbuch zur Göttinger Frauenlob-Ausgabe, 1990. - VL II (K. Stackmann) und XI (Nachtrag). - LL III (Ch. Huber). - Ch. Huber, Wort sint der dinge zeichen, 1977. - R.-H. Steinmetz, Liebe als universales Prinzip bei Frauenlob, 1994. - S. Köbele, Frauenlobs Lieder, 2003. - RSM III.

‚Frauenminne und Gottesminne': VL II (T. Brandis).

‚Frauenschönheit': VL II (T. Brandis).

‚Frauentreue': *GA I, Nr. 13. – Grubmüller, Novellistik, S. 470–490.* – VL II (K. Ruh). – LL III (C. Händl). – FB Nr. 38. – Ziegeler.

‚Das Frauenturnier': *GA I, Nr. 17.* – VL II (H.-F. Rosenfeld). – FB Nr. 39. – Ziegeler.

Fressant, Hermann: *GA II, Nr. 35. – H.-F. Rosenfeld, Mittelhochdeutsche Novellenstudien, 1927, Neudruck 1967, S. 44–70.* – VL II (H.-F. Rosenfeld) und XI (Korrektur). – FB Nr. 40. – Ziegeler.

Friedrich, Konrad: *Ausgabe* s. ‚Vita der Schwester Gerdrut von Engelthal'. – VL II (S. Ringler).

Friedrich von Saarburg: *W. Röll, Die Antichrist-'rede' Friedrichs von Saarburg, ZfdA 96 (1972) 278–320.* – VL II (W. Röll).

‚Friedrich von Schwaben': *M. H. Jellinek, Friedrich von Schwaben, 1904.* – VL II (D. Welz). – LL IV (Ch. Kiening).

‚Die fromme (selige) Müllerin': VL II (K. Ruh) mit Nachweis von *Ausgaben* und XI (Korrektur). – LL IV (U. Williams).

Fröschel von Leidnitz: *W. Brauns/G. Thiele, Mittelhochdeutsche Minnereden II, 1938, Neudruck 1967, Nr. 3 und 3a* (‚Das belauschte Liebesgespräch'). – *Keller, Erzählungen, S. 150–160* (‚Die Liebesprobe') *und S. 32–37* (‚Der Prozeß im Himmel'). – VL II (W. Blank). – FB Nr. 42. – Ziegeler.

Frowin von Krakau: VL II (H. Heger) und XI (Korrektur).

‚Von fünf Meistern': VL XI (H. Bierschwale) mit Nachweis von *Ausgaben*.

‚Von den fünf Zeiten vor Christi Geburt': VL II (H. A. Hilgers) und XI (Nachtrag).

‚Fünfzehn Vorzeichen des Jüngsten Gerichts': VL II (H. Eggers) und XI (Korrektur/Nachtrag) mit Nachweis von *Ausgaben*.

‚Füssener Marienklage I': s. ‚Füssener Osterspiel' (*Ausgabe*). – VL II (W. Lipphardt).

‚Füssener Osterspiel': *D. Schmidtke/U. Hennig, Das Füssener Osterspiel und die Füssener Marienklage, 1986.* – VL II (W. Lipphardt). – LL IV (B. Neumann).

Futerer, Johannes: VL II (H. Neumann).

‚Gabriel und die Seele': VL II (P. Kesting) und XI (Korrektur/Nachtrag).

‚St. Galler Passionsspiel': *R. Schützeichel, Das Mittelrheinische Passionsspiel der St. Galler Handschrift 919, 1978.* – VL II (R. Bergmann) und XI (Korrektur). – LL IV (B. Neumann).

‚St. Galler Weihnachtsspiel': *E. Bätschmann, Das St. Galler Weihnachtsspiel, 1977.* – VL I (H. Linke). – LL IV (B. Neumann).

Gallus von Prag: *G. Werthmann-Haas, Altdeutsche Übersetzungen des Prager Sendbriefs, 1983.* – VL II (G. Keil) und XI (Korrektur).

‚Garten der Tugenden': VL II (D. Schmidtke).

‚Gebetbuch moselfränkischer Zisterzienserinnen': VL II (W. Jungandreas).

‚Gebetsanweisungen in lateinischen Psalterhandschriften': VL II (H. Engelhart) und XI (Korrektur/Nachtrag).

‚Geißlerlieder': *P. Runge, Die Lieder und Melodien der Geißler des Jahres 1349 nach der Aufzeichnung Hugo's von Reutlingen, 1900, Neudruck 1969.* – *A. Hübner, Die deutschen Geißlerlieder, 1931.* – VL II (G. Steer). – LL IV (C. Händl). – J. Janota, Geißlerlieder, in: Musik in Geschichte und Gegenwart III, ²1995, Sp. 1139–1148.

‚Die geistliche Jagd': VL II (K. Ruh) mit Nachweis einer *Ausgabe* und XI (Korrektur).

‚Der geistliche Streit': *Ch. Naser, Der geistliche Streit, 1995.* – VL II (H. Eggers).

‚Ain gemeine lere': s. ‚Benediktinerregel' (*Ausgaben*).

Gerhard von Düren: VL XI (Ch. Stöllinger-Löser).

Gerhard von Minden: *A. Leitzmann, Die Fabeln Gerhards von Minden, 1898.* – VL II (L. Wolf). – LL IV (C. Händl).

Gerhard von Sterngassen: *Pfeiffer, Dt. Mystiker I, S. 60–63.* – VL II (V. Honemann).

Gernpaß, (Michel): VL II (V. Zimmermann) mit Nachweis der *Ausgabe* und XI (Korrektur). – s. ‚Secretum secretorum'.

‚Gertrud von Ortenberg': *H. Derkits, Die Lebensbeschreibung der Gertrud von Ortenberg, Diss. (masch.) Wien 1999, S. 1–215.* – VL XI (S. Ringler).

‚Gespräch zwischen Seele und Leib': *M. Rieger, Zwei Gespräche zwischen Seele und Leib, Germania 3 (1858) 405–407.* – C. Virchow, Der ‚Basler Dialog zwischen Seele und Leib', Medium Aevum 71 (2002) 269–285. – s. ‚Seele und Leib'.

‚Die gezähmte Widerspenstige': *NGA I, Nr. 2.* – VL III (U. Williams). – FB Nr. 141. – Ziegeler.

Giselher von Slatheim: *‚Paradisus' Nr. 12, 14, 25, 39, 41.* – VL III (L. Seppänen). – Ruh, Geschichte III, S. 393f.

Glaubensbekenntnisse: VL XI (G. Steer).

Der von Gliers: *SMS.* – VL III (I. Glier).

‚Glogauer Rechtsbuch': VL III (P. Johanek) mit Nachweis von *Ausgaben*.

‚Diu glôse über das êwangelium S. Johannis': VL III (P. Schmitt) und XI (Korrektur).

‚Das Gnaistli': *LS III, S. 23–49.* – VL III (Ch. Stöllinger).

‚Gold und Zers': VL III (W. Williams-Krapp) mit Nachweis von *Ausgaben* und XI (Korrektur). – Ziegeler.

‚Goldene Bulle': VL III (P. Johanek) mit Nachweis von *Ausgaben* und XI (Korrektur).

‚Goldene Muskate': *L. Berger, Die Goldene Muskate, Diss. Marburg 1969.* – VL III (L. Berger) und XI (Korrektur).

Der Goldener: *Cramer, Liederdichter I.* – VL III (H. Tervooren). – LL IV (Ch. Kiening). – RSM IV.

‚Goldenes ABC': VL III (P. Kesting) und XI (Korrektur/Nachtrag).

‚Goldenes Ave Maria': VL III (B. Wachinger).

‚Görlitzer Rechtsbuch': VL III (R. Schmidt-Wiegand) mit Nachweis von *Ausgaben*.

‚Von gotes barmherzikeit': *K. Bartsch, Die Erlösung mit einer Auswahl geistlicher Dichtungen, 1858, Neudruck 1966, S. IX-XX.* – s. ‚Streit der vier Töchter Gottes'.

Gottesfreund vom Oberland: s. Merswin, Rulman.

‚Von der Gottesliebe': VL VII, 513 (K. Schneider).

Gottfried von Franken: *G. Eis, Gottfrieds Pelzbuch, 1944, Neudruck 1966.* – VL III (G. Keil) und XI (Korrektur).

‚Göttinger Spielfragment von Jakob und Esau': VL III (B. Neumann) mit Nachweis der *Ausgabe*.

‚Granum sinapis': *K. Ruh, Textkritik zum Mystikerlied ‚Granum sinapis', in: Festschrift J. Quint, 1964, S. 183–185.* – VL III (K. Ruh). – LL IV (E. Wunderle). – Ruh, Geschichte III, S. 282–289. – W. Haug, Meister Eckhart und das ‚Granum sinapis', in: Forschungen, S. 73–92.

‚Der Große Alexander': s. ‚Wernigeroder Alexander'.

‚Großer Seelentrost': s. ‚Seelentrost'.

‚Großes Benediktbeurer Passionsspiel': s. ‚Benediktbeurer Spiele'.

‚Vom Grunde aller Bosheit': *F. Pfeiffer, Predigten und Traktate deutscher Mystiker II, ZfdA 8 (1851) 452–464.* – VL III (K. Ruh) und XI (Korrektur/Nachtrag).

Gundacker von Judenburg: *J. Jaschke, Gundackers von Judenburg Christi Hort aus der Wiener Handschrift, 1910.* – VL III (W. Fechter) und XI (Nachtrag). – LL IV (Ch. Huber).

Hadamar von Laber: *K. Stejskal, Hadamars von Laber Jagd, 1880.* – VL III (I. Glier). – LL IV (Ch. Huber). – U. Steckelberg, Hadamars von Laber ‚Jagd'. Untersuchungen zu Überlieferung, Textstruktur und allegorischen Sinnbildungsverfahren, 1998.

Hadlaub, Johannes: SMS. – *R. Leppin, Johannes Hadlaub. Lieder und Leichs, 1995.* – VL III (G. Schweikle) und XI (Nachtrag). – LL IV (C. Händl). – U. Fischer, Meister Johans

Hadloub, 1995. – V. Mertens, Liebesdichtung und Dichterliebe. Ulrich von Liechtenstein und Johannes Hadloub, in: Autor und Autorschaft im Mittelalter, 1998, S. 200–210. – V. Mertens, ‚Biographisierung' in der spätmittelalterlichen Lyrik. Dante–Hadloub–Oswald von Wolkenstein, in: Kultureller Austausch und Literaturgeschichte im Mittelalter, 1998. S. 330–344.

‚Die halbe Birne A': *GA I, Nr. 10. – LS III, Nr. 191. – Grubmüller, Novellistik, S. 178 bis 206.* – VL III (N. R. Wolf). – LL IV (U. Williams). – FB Nr. 74. – Ziegeler.

‚Die halbe Decke' A-BC: *GA II, Nr. 48 (A). – L. Pfannmüller, Kleinere Beiträge zur Kenntnis der mhd. Novellendichtung II, ZfdA 54 (1913) 244–247 (B). – H.-F. Rosenfeld, Zum Kotzenmaere, PBB 54 (1930) 378–390 (BC).* – VL III und LL IV (U. Williams). – FB Nr. 20 (A), 21 (B), 22 (BC). – Ziegeler. – Zur ‚Halben Decke' C: s. Der Hufferer.

Hane der Karmelit: *‚Paradisus' Nr. 3, 30, 54.* – VL III (L. Seppänen).

Der Hardegger: VL III (G. Kornrumpf). – LL V (Ch. Huber). – RSM IV mit Nachweis der *Ausgaben*.

Harder, Konrad: VL III (F. Schanze) mit Nachweis von *Ausgaben* und XI (Nachtrag). – LL V (C. Händl). – RSM IV.

‚Harm der Hund': *LS II, Nr. 137.* – VL III (W. Williams-Krapp). – FB Nr. 49. – Ziegeler.

Hartwig von Erfurt: VL III (V. Mertens) und XI (Korrektur).

Hartwig von dem Hage: *W. Schmitz, Die Dichtungen des Hartwig von dem Hage, 1976.* – VL III (W. Schmitz). – LL V (W. Williams-Krapp).

‚Das Häslein': *GA II, Nr. 21. – Grubmüller, Novellistik, S. 590–616.* – VL III (J. Janota). – LL IV (E. Wunderle). – FB Nr. 50. – Ziegeler.

‚Das Hausgeschirr': s. ‚Hausratgedichte'.

‚Der Hauskummer': *Rosenhagen, Erzählungen, Nr. 40.* – VL III (P. Assion). – s. ‚Hausratgedichte'.

‚Von dem Hausrat': s. Der König vom Odenwald.

‚Hausratgedichte': VL III (P. Assion).

Hawich der Kellner: *R. J. McLean, Havich der Kellner. Sankt Stephans Leben, 1930.* – VL III (K.-E. Geith).

‚Heidelberger Liederhandschrift, Große': VL III (unter: ‚Heidelberger Liederhandschrift C'; G. Kornrumpf) mit Nachweis von *Ausgaben* und XI (Nachtrag/Korrektur). – LL V (G. Kornrumpf). – RSM I.

‚Heidelberger Liederhandschrift cpg 350': VL III (B. Wachinger). – RSM I.

‚Heiligenleben': s. Hermann von Fritzlar (*Ausgabe*).

Heinrich von Beringen: *P. Zimmermann, Das Schachgedicht Heinrichs von Beringen, 1883.* – *Cramer, Liederdichter I.* – VL III (G. F. Schmidt/B. Wachinger) und XI (Nachtrag). – LL V (S. Schmolinsky).

Heinrich von Breslau: *KLD.* – VL III (F. J. Worstbrock) und XI (Nachtrag).

Heinrich von Burgeis: *H.-F. Rosenfeld, Heinrich von Burgeis. Der Seele Rat, 1932.* – VL III (H. Kesting). – LL V (J. Margetts). – M. Siller, Der Tiroler Dichter Heinrich von Burgeis und die Politik seiner Zeit (13. Jahrhundert), in: Der Vinschgau und seine Nachbarräume, Bozen 1993, S. 165–179.

Heinrich von Ekkewint: *F. Pfeiffer, Predigten und Sprüche deutscher Mystiker I, ZfdA 8 (1851) 223–234.* – VL III (K. Ruh). – Ruh, Geschichte III, S. 408–410. – Bürkle, Literatur, S. 105–118.

Heinrich von Engelthal: *Ausgabe* s. ‚Vita der Schwester Gerdrut von Engelthal'. – VL III (S. Ringler).

Heinrich von Frauenberg: *SMS.* – VL III (G. Schweikle).

Heinrich von Hesler: *K. Helm, Das Evangelium Nicodemi von Heinrich von Hesler, 1902, Neudruck 1976.* – *K. Helm, Die Apokalypse Heinrichs von Hesler aus der Danziger Handschrift, 1907.* – *O. v. Heinemann, Aus zerschnittenen Wolfenbüttler Handschriften, ZfdA 32 (1888) 111 bis 117, 446–449* (Fragmente der ‚Erlösung'). – VL III (A. Masser) und XI (Nachtrag). – LL V (S. Schmolinsky).

Heinrich von Lammesspringe: s. ‚Magdeburger Schöppenchronik'.

Heinrich von Löwen: VL III (P. Kesting).

Heinrich von Meißen: s. Frauenlob.

Heinrich von Mügeln: *K. Stackmann, Die kleineren Dichtungen Heinrichs von Mügeln I: Die Spruchsammlung des Göttinger Cod. Philos. 21. 3 Bde., 1959; II, 2003.* – *Emericus Szentpétery, Scriptores Rerum Hungaricum II, 1938, S. 87–272 (Ungarnchroniken).* – VL III (K. Stackmann) und XI (Nachtrag). – LL VIII (unter: Mügeln; Ch. Huber). – M. Stolz, ‚Tum'-Studien. Zur dichterischen Gestaltung im Marienpreis Heinrichs von Mügeln, 1996. – A. Volfing, Heinrich von Mügeln. ‚Der meide kranz', 1997. – F. P. Knapp, Römischer Götterkult in vor- und frühhumanistischer Sicht, in: Deutsche Literatur des Mittelalters in Böhmen und über Böhmen, 2001, S. 205–224 (zur ‚Valerius Maximus-Auslegung'). – RSM IV. – H. Brunner, Die Spruchtöne Heinrichs von Mügeln, in: Forschungen, S. 109–123. – s. Österreichischer Bibelübersetzer (zum ‚Psalmenkommentar').

Heinrich von München: VL III (N. H. Ott) mit Nachweis von *Teilausgaben* und XI (Korrektur/Nachtrag). – LL V (N. H. Ott). – H. Brunner/J. Rettelbach/D. Klein, Studien zur ‚Weltchronik' Heinrichs von München, 1–3/2, 1998 (mit *Teilausgaben*).

Heinrich von Neustadt: *S. Singer, Heinrichs von Neustadt „Appolonius von Tyrland', ‚Gottes Zukunft' und ‚Visio Philiberti', 1906, Neudruck 1967.* – VL III (P. Ochsenbein) und XI (Nachtrag/Korrektur). – LL V (Ch. Huber). – Leben und Abenteuer des großen Königs Appolonius von Tyrus zu Land und zur See. Übertragen [...] mit Anmerkungen und einem Nachwort von H. Birkhan, 2001.

Heinrich von Nördlingen: *Briefausgabe* s. Ebner, Margareta. – VL III (M. Weitlauff).
– LL V (G. Vollmann-Profe).

Heinrich von Pforzen: *NGA I, Nr. 31*. – VL III (J. Janota). – FB Nr. 56. – Ziegeler.

Heinrich der Rost: s. Rost.

Heinrich von Schaffhausen: *H.-J. Schiewer, Der Pommersfeldener Johannes-Libellus* (angekündigt). – VL XI (H.-J. Schiewer).

Heinrich von Talheim: VL III (K. Ruh).

Heinrich der Teichner: *H. Niewöhner, Die Gedichte Heinrichs des Teichners, 3 Bde., 1953 bis 1956*. – VL III (I. Glier). – LL V (E. Wunderle). – E. Lämmert, Reimsprecherkunst im Spätmittelalter. Eine Untersuchung der Teichnerreden, 1970.

Heinz der Kellner: *GA III, Nr. 63*. – VL III (H.-F. Rosenfeld). – FB Nr. 58. – Ziegeler.

Heinzelin von Konstanz: *Cramer, Liederdichter I*. – VL III (I. Glier). – LL V (W. Williams-Krapp).

‚Heldenbücher': VL III (J. Heinzle) und XI (Korrektur/Nachtrag). – LL V (J. Heinzle).

‚Der Heller der armen Frau': *Rosenhagen, Erzählungen, Nr. 34*. – VL III (U. Williams) und XI (Korrektur).

Helwic von Germar: *‚Paradisus' Nr. 43, 52*. – VL III (L. Seppänen). – Ruh, Geschichte III, S. 403–405.

Helwig (von Waldirstet): *P. Heymann, Helwigs Märe vom heiligen Kreuz, 1908*. – VL III (E. Wimmer).

‚Der Herbst und der Mai': *Keller, Erzählungen, S. 588–595*. – VL III (R. M. Kully). – LL V (C. Händl).

‚Herforder Stadtrechtsbuch': *J. Normann, Rechtsbuch der Stadt Herford aus dem 14. Jahrhundert, 1905*. – Th. Helmert-Corvey, Rechtsbuch der Stadt Herford. Vollständige Faksimile-Ausgabe, 1989. – VL XI (P. Johanek).

Hermann von Fritzlar: *F. Pfeiffer, Hermann von Fritzlar, Nikolaus von Straßburg, David von Augsburg, 1845, Neudruck 1962, S. 1–258*. – VL III (W. Werner/K. Ruh) und XI (Nachtrag). – LL V (W. Williams-Krapp). – s. ‚Blume der Schauung'.

Hermann von Loveia: *‚Paradisus' Nr. 13, 17, 40*. – VL III (L. Seppänen). – Ruh, Geschichte III, S. 398–400.

Hermann von Oesfeld: s. Johannes von Buch (*Ausgabe*). – VL III (H. Ulmschneider).

Hermann von Schildesche: VL III (A. Zumkeller).

‚Hermetschwiler Predigten': *F. Pfeiffer, Drei Predigten aus dem XIII. Jahrhundert, Germania 7 (1862) 330–350*. – VL III (K. Ruh).

‚Hero und Leander': *GA I, Nr. 15.* – VL III (W. Fechter) und XI (Nachtrag). – LL V (A. Syndikus). – FB Nr. 59. – Ziegeler.

‚Der Herr mit den vier Frauen': *NGA I, Nr. 29.* – VL III (W. Williams-Krapp). – LL V (U. Williams). – FB Nr. 60. – Ziegeler.

‚Der Herrgottschnitzer': *NGA I, Nr. 33.* – VL III (K.-H. Schirmer). – FB Nr. 62. – Ziegeler.

‚Hester': *M. Caliebe, Hester, 1985.* – VL III (G. Jungbluth) und XI (Korrektur). – LL V (N. H. Ott).

Hetzbold von Weißensee, Heinrich: *KLD.* – VL III (V. Mertens).

Hieronymus: VL III (K. Ruh) und XI (Korrektur).

‚Hieronymus-Briefe': VL III (E. Bauer) und XI (Korrektur). – E. Bauer, Zur Geschichte der ‚Hieronymus-Briefe', in: Festschrift Walter Haug und Burghart Wachinger I, 1992, S. 305–321. – s. Johann von Neumarkt.

‚Hildesheimer Nonnengebetbuch': *E. Löfstedt, Ein mittelostfälisches Gebetbuch, 1935.* – VL IV (P. Ochsenbein) und XI (Nachtrag).

Hiltalingen von Basel, Johannes: VL XI (K. H. Witte). – K. H. Witte, Der ‚Traktat von der Minne', der Meister des Lehrgesprächs und Johannes Hiltalingen von Basel. Ein Beitrag zur Geschichte der Meister Eckhart-Rezeption in der Augustinerschule des 14. Jahrhunderts, ZfdA 131 (2002) 454–487. – s. Meister des Lehrgesprächs.

‚Himmelgartner Evangelienharmonie': s. ‚Evangelienharmonien'.

‚Himmelsbrief': VL IV (B. Schnell) und XI (Korrektur).

‚Hiob': *T. E. Karsten, Die mitteldeutsche poetische Paraphrase des Buches Hiob aus der Handschrift des Königlichen Staatsarchivs zu Königsberg, 1910.* – VL IV (A. Masser) und XI (Korrektur). – LL V (N. H. Ott).

Hirzelin: *R. v. Liliencron, Die historischen Volkslieder der Deutschen vom 13. – 16. Jahrhundert I, 1865, Neudruck 1966, S. 12–21.* – VL IV (E. Kleinschmidt).

‚Historien der alden E': *W. Gerhard, Historien der alden E, 1927.* – VL IV (P. Heesen). – LL V (S. Schmolinsky).

‚Historienbibeln': VL IV (Ch. Gerhardt) und XI (Nachtrag/Korrektur).

‚Der hohle Baum A': *GA II, Nr. 29.* – VL IV (H. Rosenfeld). – FB Nr. 11. – Ziegeler.

Höneke, Bartholomäus: *K. Höhlbaum, Die jüngere livländische Reimchronik des Bartholomäus Höneke 1315–1348, 1872.* – VL IV (U. Arnold).

Hornburg, Lupold: *Cramer, Liederdichter II.* – VL IV (F. Schanze). – LL V (S. Schmolinsky). – RSM IV.

Der Hufferer: *GA III, S. 729–736.* – VL III (U. Williams). – FB Nr. 63. – Ziegeler.

Hugo von Konstanz: *A. Holder, Zwei Predigten des Lesemeisters Hugo von Constanz, ZfdPh 9 (1978) 29–43.* – VL IV (D. Ladisch-Grube/K. Ruh) und XI (Korrektur).

Hugo von Langenstein: *A. v. Keller, Martina von Hugo von Langenstein, 1856, Neudruck 1978.* – VL IV (G. Steer). – LL V (W. Williams-Krapp).

Hugo Ripelin von Straßburg: s. Ripelin von Straßburg, Hugo.

Hugo von Trimberg: *K. Langosch, Das Registrum multorum auctorum, 1942, Neudruck 1969 (mit allen lateinischen Werken H.s v.T.).* – *A. Strauß, Das Solsequium des Hugo von Trimberg, 2002.* – *G. Ehrismann, Der Renner von Hugo von Trimberg, 4 Bde., 1908–1911, Neudruck mit einem Nachwort und Ergänzungen von G. Schweikle, 1970/71.* – VL IV (G. Schweikle) und XI (Nachtrag). – LL V (Ch. Huber). – R. K. Weigand, Der ‚Renner' des Hugo von Trimberg. Überlieferung, Quellenabhängigkeit und Struktur einer spätmittelalterlichen Lehrdichtung, 2000.

Humbertus de Romanis: VL IV (K. Grubmüller) und XI (Korrektur).

‚Ich muoz die creaturen fliehen': s. ‚Tauler-Cantilenen'.

‚Ich wil vch sagen mere': *C. Höfler, Gedicht auf Meister Eckhart, Germania 15 (1870) 97–99.* – VL II (K. Ruh). – Ruh, Geschichte III, S. 195f.

‚In dulci iubilo': VL IV (B. Wachinger) mit Nachweis von *Ausgaben* und XI (Korrektur). – G. Kornrumpf, In dulci iubilo. Neue Aspekte der Überlieferungsgeschichte beider Fassungen des Weihnachtsliedes, in: Edition und Interpretation, S. 159–190.

‚Innsbrucker Fronleichnamspiel': *F. J. Mone, Altteutsche Schauspiele, 1841, S. 145 bis 164.* – VL IV und LL VI (B. Neumann).

‚Innsbrucker Marienklage': VL XI (G. Kornrumpf).

‚Innsbrucker Osterspiel': *E. Hartl, Das Drama des Mittelalters II, 1937, Neudruck 1964, S. 120–189.* – VL IV und LL VI (B. Neumann).

‚Innsbrucker Spiel von Mariae Himmelfahrt': *F. J. Mone, Altteutsche Schauspiele, 1841, S. 19–106.* – VL IV und LL VI (B. Neumann).

‚Der înslac': *Pfeiffer, Dt. Mystiker II, S. 382–394.* – VL IV (P. Schmitt).

‚Ipocras': VL IV (W. Hirth) und XI (Nachtrag) mit Nachweis von *Ausgaben*.

Meister Irregang: *GA III, Nr. 56.* – VL IV (H.-F. Rosenfeld) und XI (F. Schanze).

Jacobus de Cessolis: s. ‚Schachzabelbücher'.

Jacobus a Voragine: VL IV (K. Kunze) und XI (Korrektur/Nachtrag). – LL VI (W. Williams-Krapp).

‚Die Jagd': VL IV (I. Glier).

‚Die Jagd der Minne': *LS II, Nr. 126.* – VL IV (I. Glier).

‚Jagdallegorie': VL IV (W. Blank) und XI (Korrektur).

Jakob von Mailand: s. ‚Stimulus amoris'.

Jakob von Mühldorf: VL IV (F. J. Worstbrock) mit Nachweis der *Ausgaben*.

Jakob von Warte: *SMS*. – VL IV (G. Schweikle). – LL VI (C. Händl).

‚Jenaer Liederhandschrift': VL IV (B. Wachinger) mit Nachweis von *Ausgaben* und XI (Korrektur). – LL VI (G. Kornrumpf). – RSM I.

‚Jesu Gespräch mit der treuen Seele': VL IV (H. Beckers) mit Nachweis einer *Ausgabe* und XI (Nachtrag).

Johannes (Stadtschreiber von Brünn): VL IV (P. Johanek) und XI (Nachtrag) mit Nachweis von *Ausgaben*.

‚Johannes Baptista': VL IV (W. Williams-Krapp) und XI (Nachtrag/Korrektur).

‚Johann aus dem Baumgarten': *R. Priebsch, Johan ûz dem virgiere, 1931*. – VL IV (unter: ‚Johann aus dem Virgiere'; H. Beckers) und XI (Korrektur). – LL VI (M. G. Scholz).

Johann von Bopfingen: *Cramer, Liederdichter II*. – VL IV (F. V. Spechtler).

Johannes von Brakel: *A. Mante, De regimine Principum. Eine mittelniederdeutsche Version, 1929*. – VL IV (G. Brinkhus) und XI (Korrektur).

Johannes von Buch: *K. A. Eckhart, Sassenspegel mit velen nyen Addicien san dem Leenrechte unde Richtstige. Neudruck der Ausgabe von H. Rynmann von Öhringen (1516), 1978*. – *C. G. Homeyer, Der Richtsteig Landrechts nebst Cautela und Premis, 1857*. – VL IV (I. Buchholz-Johanek). – LL VI (B. Janz).

Johannes von Dambach: VL IV (F. J. Worstbrock). – LL VI (S. Schmolinsky).

‚Johannes Evangelista': VL IV (W. Williams-Krapp).

Johannes de Fonte: VL IV (V. Honemann).

Johannes von Frankenstein: *F. Khull, Der Kreuziger des Johannes von Frankenstein, 1882*. – VL IV (H. Heger). – LL VI (P. Wiesinger).

Johannes von Freiberg: *GA III, Nr. 58*. – *Grubmüller, Novellistik, S. 618–646*. – VL IV (R. M. Kully). – FB Nr. 64. – Ziegeler.

Johannes von Freiburg: VL IV (M. Hamm) und XI (Korrektur). – LL VI (S. Schmolinsky).

Johann von Guben: VL IV (H. Herkommer) mit Nachweis einer *Ausgabe*.

Johann von Konstanz: *D. Huschenbett, Die Minnelehre des Johann von Konstanz, 2002*. – VL IV (I. Glier). – LL VI (C. Händl).

Johann von Neumarkt: *J. Klapper, Schriften Johanns von Neumarkt I: Buch der Liebkosung, 1930. II: Hieronymus-Briefe, 1932. III: Stachel der Liebe, 1939. IV: Gebete, 1935*. – VL IV (W. Höver) und XI (Korrektur/Nachtrag). – LL VI (Ch. Huber).

Johannes von Nördlingen: VL IV (Ch. Stöllinger) und XI (Korrektur).

Johann von Nürnberg: *W. Grimm, Von einem fahrenden Schüler, Altdeutsche Wälder 2 (1815) 49–59.* – VL IV (B. Schnell).

Johannes von Offringen: VL IV (D. Ladisch-Grube).

Johann von Posilge: *E. Strehlke, Scriptores rerum Prussicarum III, 1866, Neudruck 1965, S. 79–388.* – VL IV (U. Arnold).

Johann von Ringgenberg: *Cramer, Liederdichter II.* – VL IV (K. Grubmüller). – RSM IV.

Johannes de Sacrobosco: VL IV (F. B. Brévart/M. Folkerts).

Johannes von Schaftholzheim: VL IV (D. Ladisch-Grube).

Johannes von Sterngassen: VL IV (V. Honemann) mit Nachweis der *Teilausgaben.* – Ruh, Geschichte III, S. 410–414.

Johannes von Vippach: *M. Menzel, Die Katherina Divina des Johannes von Vippach, 1989.* – VL IV (G. Brinkhus) und XI (Korrektur/Nachtrag).

Johann von Würzburg: *E. Regel, Johanns von Würzburg Wilhelm von Österreich, 1906, Neudruck 1970.* – VL IV (I. Glier) und XI (Korrektur). – LL VI (G. Vollmann-Profe). – C. Dietl, Minnerede, Roman und *historia*, 1999.

Johannes von Zazenhausen: VL IV (K. Ruh) und XI (Korrektur).

‚Johannes-Libelli': s. Heinrich von Schaffhausen.

Johanniterregel und -statuten: VL XI (G. Glauche) mit Nachweis von *Ausgaben.*

Jordan von Boizenburg: VL IV (H.-F. Rosenfeld) mit Nachweis einer *Ausgabe* und XI (Korrektur).

Jordan von Quedlinburg: VL IV (A. Zumkeller). – LL VI (U. Williams).

‚Die Jüdin und der Priester': *Keller, Erzählungen, S. 57–64.* – VL IV (R. M. Kully). – LL VI (W. Williams-Krapp).

‚Judith': *H.-G. Richert, Judith. Aus der Stuttgarter Handschrift HB XIII 11, ²1969.* – VL IV (H.-G. Richert). – LL VI (Ch. Kiening).

Der Junge Meißner: *G. Peperkorn, Der junge Meißner. Sangsprüche, Minnelieder, Meisterlieder, 1982.* – VL IV (G. Objartel). – LL VIII (C. Händl). – RSM IV.

‚Jüngere deutsche Habichtslehre': *K. Lindner, Die deutsche Habichtslehre, ²1964.* – VL IV (K. Lindner).

‚Jüngerer deutscher Macer': s. ‚Macer floridus'.

‚Von dem jungesten tage': *Rosenhagen, Erzählungen, Nr. 6.* – VL IV (A. Wang).

‚Der Junker und der treue Heinrich': *W. Schröder, Variable Verschriftlichung eines Märe, 1996.* – VL IV (W. J. Schröder) und XI (Nachtrag). – LL VI (E. Wunderle). – Ziegeler.

‚Der Kanzler: *KLD*. – VL IV und LL VI (G. Kornrumpf). – RSM IV.

Karl IV.: VL IV (E. Hillenbrand).

‚Karl und Elegast': s. ‚Karlmeinet'. – VL IV (H. Beckers). – LL VI (E. Feistner).

‚Karl der Große und die schottischen Heiligen': *F. Shaw, Karl der Große und die schottischen Heiligen, 1981*. – VL IV (F. Shaw). – LL VI (E. Feistner).

‚Karlmeinet': *A. v. Keller, Karl Meinet, 1858*. – VL IV (H. Beckers) und XI (Korrektur). – LL VI (E. Feistner).

‚Karlsruher Fabelcorpus': VL IV (K. Grubmüller).

‚Karwochenbüchlein': VL IV (S. Beck) mit Nachweis einer *Teilausgabe*.

‚Kasseler Evangelien-Bruchstücke': s. ‚Marburg-Kasseler-Bibel-Fragmente'.

‚Kasseler Paradiesspiel-Fragmente': VL XI (H. Linke) mit Nachweis einer *Ausgabe*.

Katharina von Gebersweiler: VL IV (P. Dinzelbacher) mit Nachweis von *Ausgaben*.

‚Katharinentaler Schwesternbuch': *R. Meyer, Das St. Katharinentaler Schwesternbuch. Untersuchung, Edition, Kommentar, 1995*. – Unter dem Titel ‚Dießenhofener Schwesternbuch': VL II (K. Grubmüller).

‚Das Kerbelkraut': *NGA I, Nr. 14*. – VL IV (P. Sappler). – FB Nr. 68. – Ziegeler.

‚Der kindere hovescheit': s. Tischzuchten.

‚Kirchberger Schwesternbuch': s. Elisabeth von Kirchberg.

Kistener, Kunz: *K. Euling, Kunz Kistener. Die Jakobsbrüder, 1899, Neudruck 1977*. – VL IV (I. Reiffenstein) und XI (Korrektur/Nachtrag). – LL VI (S. Schmolinsky).

‚Klage vor Frau Minne': VL IV (I. Glier).

‚St. Klara-Buch': VL IV (K. Ruh).

Klaus der Schirmer: VL IV (K. Ruh) und XI (Korrektur).

‚Der kleine Renner': *W. Bührer, Der kleine Renner. Studien zur mittelalterlichen Ständesatire, 1969*. – VL IV (G. Schweikle).

‚Kleiner Seelentrost': s. ‚Seelentrost'.

‚Kleines Benediktbeurer Passionsspiel': s. ‚Benediktbeurer Spiele'.

‚Kleines Kaiserrecht': *H. E. Endemann, Das Keyserrecht nach der Handschrift von 1372, 1846*. – VL IV (P. Johanek).

Klenkok, Johannes: *G. Homeyer, Johannes Klenkok wider den Sachsenspiegel, 1855, S. 416 bis 423 (‚Reprobationes')*. – VL IV (A. Zumkeller) mit Nachweis von *Ausgaben*.

Klosener, Fritsche: *K. Kirchert/D. Klein, Die Vokabulare von Fritsche Closener und Jakob Twinger von Königshofen. 3 Bde., 1995. – Chron. dt. Städte 8, 1870, Neudruck 1961, S. 1–151.* – VL IV (G. Friedrich/K. Kirchert) und XI (Korrektur). – LL II (unter: Closener; N. H. Ott).

‚Kloster der Minne': *M. Schierling, Das Kloster der Minne, 1980.* – VL IV und LL VI (I. Glier).

‚Klostergründungsgeschichten': VL IV (V. Honemann) mit Nachweis von *Ausgaben* zu den einzelnen Klöstern.

‚Klosterneuburger Evangelienwerk': VL IV (K. Gärtner). – s. Österreichischer Bibelübersetzer.

‚Klosterneuburger Ständepredigten': VL XI (V. Mertens) mit Hinweis auf *Teilausgaben*.

‚Kobold und Eisbär': *GA III, Nr. 65.* – *Grubmüller, Novellistik, S. 698–716.* – VL IV (U. Williams). – FB Nr. 70. – Ziegeler.

Köditz, Friedrich: *H. Rückert, Das Leben des heiligen Ludwig, 1851.* – VL V (H. Lomnitzer).

‚Kölner Klosterpredigten': VL V (V. Honemann/D. Ladisch-Grube) mit Nachweis von *Teilausgaben*.

‚Kölner Prosa-Kaiserchronik': VL V (H. Beckers).

‚Komanisch-deutsches Glossar': *J. Riecke, Der deutsche Wortschatz des Codex Cumanicus, Sprachwissenschaft 19 (1994) 67–85.* – VL XI (J. Riecke).

Könemann von Jerxheim: *L. Wolff, Die Dichtungen Könemanns, 1953.* – VL V (H. Beckers). – LL VI (S. Schmolinsky).

‚Der König im Bad': *H.-J. Müller, Überlieferungs- und Wirkungsgeschichte der Pseudo-Strickerschen Erzählung ‚Der König im Bad', 1983, S. 182–238.* – VL V (M. Curschmann). – LL VI (U. Williams).

Der König vom Odenwald: *E. Schröder, Die Gedichte des Königs vom Odenwalde, 1900.* – VL V (G. Kornrumpf) mit Nachweis von *Ausgaben*.

‚Die Königin vom brennenden See': *P. Sappler, Die Königin vom Brennenden See, Wolfram-Studien 4 (1977) 184–270.* – VL V (P. Sappler).

‚Königsberger Apokalypse': s. ‚Apokalypse' (Nr. 1).

‚Königsfeldener Chronik': VL V (E. Kleinschmidt) mit Nachweis einer *Ausgabe* und XI (Korrektur).

Konrad (Spitzer): *U. Schülke, Konrads Büchlein von der geistlichen Gemahelschaft, 1970.* – VL V (U. Schülke).

Konrad von Altstetten: SMS. – VL V (V. Mertens).

Konrad von Ammenhausen: *F. Vetter, Das Schachzabelbuch Kunrats von Ammenhausen, 1892.* – VL V (G. F. Schmidt) und XI (Korrektur). – LL VI (S. Schmolinsky).

Konrad von Eichstätt: *Ch. Hagenmeyer, Das Regimen Sanitatis Konrads von Eichstätt, 1995.* – VL V (M. F. Koch/G. Keil) und XI (Korrektur/Nachtrag).

Konrad von Füssen: s. Ebner, Christine.

Konrad von Heinrichau: VL V (V. Honemann).

Konrad von Helmsdorf: *A. Lundqvist, Konrad von Helmsdorf. Der Spiegel des menschlichen Heils, 1924.* – s. ‚Speculum humanae salvationis'.

Schenk Konrad von Landeck: *SMS.* – VL V (G. Schweikle). – LL VI (C. Händl). – M. Meyer, Objektivierung als Subjektivierung. Zum Sänger im späten Minnesang, in: Autor und Autorschaft im Mittelalter, 1998, S. 185–199.

Konrad von Liebenberg: VL V (V. Honemann) und XI (Korrektur).

Konrad von Megenberg: *F. B. Brévart, Die deutsche Sphaera, 1980.* – *R. Luff/G. Steer, Konrad von Megenberg. Das Buch der Natur, 2003.* – VL V (G. Steer). – LL VI (W. Buckl). – M. Weber, Konrad von Megenberg – Leben und Werk, in: Beiträge zur Geschichte des Bistums Regensburg 20 (1986) 213–324. – G. Hayer, Konrad von Megenberg, ‚Das Buch der Natur'. Untersuchungen zu seiner Text- und Überlieferungsgeschichte, 1998.

‚**Konstanzer Liebesbriefe':** *LS I, Nr. 1–23.* – VL V (W. Blank).

‚**Konstanzer Weltchronik':** VL XI (B. Studt) mit Nachweis von *Teilausgaben.*

‚**Korpus der Klostermedizin':** VL V (W. Hirth) mit Nachweis von *Teilausgaben.*

Kotmann, Johann: *E. Bremer, Vocabularius optimus. 2 Bde., 1990.* – VL V (E. Bremer).

Kranc, Klaus: *W. Ziesemer, Die Prophetenübersetzung des Claus Cranc, 1930.* – VL V (I. Meiners) und XI (Korrektur). – LL VII (S. Schmolinsky).

‚**Kranewittbeer-Traktat':** *S. Kurschat-Fellinger, Kranewitt, 1983.* – VL V (S. Kurschat-Fellinger/G. Keil).

‚**Des Kranichhalses neun Grade':** VL V (I. Kasten) mit Nachweis von *Ausgaben.*

‚**Kremsmünsterer Dorotheenspiel':** *E. Ukena, Die deutschen Mirakelspiele des Spätmittelalters, 1975, S. 313–357.* – VL V (H. Biermann).

‚**Kremsmünsterer Passionsspiel-Fragment':** *O. Pausch, Das Kremsmünsterer Osterspiel, ZfdA 108 (1975) 51–57.* – VL V (unter: ‚Kremsmünsterer Osterspiel'; O. Pausch).

‚**Das Kreuz':** *L. Müller, Bruchstücke einer mhd. Erzählungshandschrift, ZfdA 24 (1880) 61 bis 64.* – VL V (W. Williams-Krapp) und XI (Korrektur). – FB Nr. 75. – Ziegeler.

‚**Kreuzensteiner Passionsspiel':** VL V (R. Bergmann) mit Nachweis von *Ausgaben.*

‚**Kreuzesholzlegende':** VL V (W. Williams-Krapp) und XI (Nachtrag).

‚Die Kreuzfahrt Landgraf Ludwigs des Frommen': *H. Naumann, Die Kreuzfahrt des Landgrafen Ludwigs des Frommen von Thüringen, 1923, Neudruck 1973.* – VL V (D. Huschenbett). – LL VII (S. Schmolinsky).

Kuchimeister, Christian: *E. Nyffenegger, Christân der Kuchimaister. Nüwe Casus Monasterii Sancti Galli, 1974.* – VL V (E. Nyffenegger).

‚Die kurze Bibel': VL XI (G. Kornrumpf).

‚Des Labers Lehren': VL V (I. Glier) und XI (Korrektur).

‚Des Labers Rat': VL V (I. Glier) und XI (Korrektur/Nachtrag).

Langmann, Adelheid: *Ph. Strauch, Die Offenbarungen der Adelheid Langmann, Klosterfrau zu Engelthal, 1878.* – VL V (S. Ringler). – U. Peters, Religiöse Erfahrung als literarisches Faktum, 1988, S. 176–188.

‚Leben der heiligen Elisabeth': *M. Rieger, Das Leben der heiligen Elisabeth, 1868.* – VL V (L. Wolff/H. Lomnitzer). – LL VII (U. Williams).

Legendare: VL V (G. Philippart) und XI (Korrektur). – LL VII (W. Williams-Krapp).

‚Lehre von einem göttlichen und geistlichen Leben': VL V (D. Schmidtke).

‚Lehren des Aristoteles': s. ‚Secretum secretorum'.

‚Lehrsystem der deutschen Mystik': VL V (V. Honemann) mit Nachweis einer *Ausgabe*.

‚Vom Leiden': *Spamer, Texte, S. 108–112.* – VL V (K. Ruh).

‚Leipziger Predigten': *A. E. Schönbach, Altdeutsche Predigten I, 1886.* – VL V (V. Mertens) mit Nachweis von *Ausgaben* und XI (Korrektur). – V. Mertens, Studien zu den Leipziger Predigten, PBB 107 (1985) 240–266.

Leopold III., Herzog von Österreich: VL V (F. Schanze) und XI (Nachtrag).

Leopold von Wien: *Ch. Boot, Cassiodorus' Historia ecclesiastica tripartita in Leopold Stainreuters German translation, 2 Bde., 1977.* – *J. Seemüller, Österreichische Chronik von den 95 Herrschaften, 1909, Neudruck 1980.* – VL V (P. Uiblein) mit Nachweis weiterer *Ausgaben* und XI (Nachtrag/Korrektur). – LL VII (S. Schmolinsky).

‚Liebe und Reichtum': VL V (B. Schnell).

‚Liebe und Schönheit' *Keller, Erzählungen, S. 624–627.* – VL V (B. Schnell) und XI (Korrektur).

‚Liebesbrief': s. Losse, Rudolf (*Ausgabe*).

‚Der Liebhaber im Bade': *NGA I, Nr. 25.* – VL V (W. Williams-Krapp). – FB Nr. 79. – Ziegeler.

‚Liedersaal-Handschrift': VL V (K. Grubmüller).

‚Linzer Oswald': *M. Curschmann, „Sant Oswald von Norwegen', ZfdA 102 (1973) 101–114.* – VL V (M. Curschmann). – LL IX (unter: Oswald; C. Händl).

Schenk von Lißberg: *E. E. Stengel/F. Vogt, Zwölf mittelhochdeutsche Minnelieder und Reimreden, 1956, S. 29f.* – VL V (B. Wachinger).

‚Livländische Reimchronik': *L. Meyer, Livländische Reimchronik, 1876, Neudruck 1963.* – VL V (U. Arnold). – LL VII (N. H. Ott).

‚Lob der ritterlichen Minne': VL V (G. Kornrumpf) mit Nachweis von *Ausgaben*.

‚Losbuch': *W. Abraham, Losbuch in deutschen Reimpaaren, 1973.* – VL V (F. B. Brévart); vgl. VL XI (K. Schneider).

Losse, Rudolf: *E. E. Stengel/F. Vogt, Zwölf mittelhochdeutsche Minnelieder und Reimreden, 1956.* – VL V (A. Holtorf).

‚Löwenberger Rechtsbuch': VL V (P. Johanek).

‚Lübisches Recht': *J. F. Hach, Das alte Lübische Recht, 1839, Neudruck 1969, S. 185 bis 216; 246–376.* – VL XI (A. Lampen).

Luder von Braunschweig: VL V (U. Arnold).

Luder von Ramesloh: *Chron. dt. Städte 26, 1899, S. 307–316.* – VL V (H. Parigger).

‚Ludwig der Bayer': VL V (I. Glier) mit Nachweis von *Ausgaben*.

‚Lügenpredigt': *LS II, Nr. 135.* – s. Lügenreden.

Lügenreden: VL V (A. Holtorf) und XI (Korrektur/Nachtrag).

Lunare: VL V (Ch. Weisser) mit Nachweis von *Ausgaben* und XI (Nachtrag).

Lupold von Bebenburg: VL V (K. Colberg).

Lutwin: *K. Hofmann/W. Meyer, Lutwins Adam und Eva, 1881.* – *M. B. Halford, Lutwin's Eva und Adam, 1984.* – VL V (B. Murdoch). – LL VII (Ch. Huber).

‚Von Luzifers und Adams Fall': *Keller, Erzählungen, S. 10–25.* – VL V (K. Illing) und XI (Nachtrag/Korrektur).

‚Maastrichter Passionsspiel': *J. Zacher, Mittelniederländisches Osterspiel, ZfdA 2 (1842) 303–350.* – VL V (R. Bergmann).

‚Macer floridus': *B. Schnell, Der deutscher ‚Macer' (Vulgatfassung). Mit einem Abdruck des lateinischen Macer floridus ‚De viribus herbarum', 2003.* – VL V (W. C. Crossgrove) mit Nachweis der deutschen Bearbeitungen.

‚Magdeburger Rechtsbücher': VL XI (P. Johanek) mit Nachweis von *Ausgaben*.

‚Magdeburger Schöppenchronik': *Chron. dt. Städte 7, 1869, Neudruck 1962 und 27, 1899, Neudruck 1967, S. 1–140 (Nachträge).* – VL V (G. Keil). – LL VII (H. Weddige).

‚Mahrenberger Psalter': VL V (N. F. Palmer).

‚Mainauer Naturlehre': VL V (G. Keil) mit Nachweis von *Ausgaben* und XI (Nachtrag). – M. Mosimann, Die ‚Mainauer Naturlehre' im Kontext der Wissenschaftsgeschichte, 1994.

Mair, Hans: VL V (H.-H. Steinhoff). – LL VII (N. H. Ott).

‚Makkabäer': *K. Helm, Das Buch der Maccabäer in mitteldeutscher Bearbeitung, 1904.* – VL V (unter: Luder von Braunschweig; U. Arnold). – LL VII (E. Wunderle).

‚Vom mangelnden Hausrat': VL V (unter: ‚Der König vom Odenwald'; G. Kornrumpf) mit Nachweis von *Ausgaben*.

‚Marburg-Kasseler Bibel-Fragmente': VL XI (K. Klein).

‚Marburger Prophetenspiel': VL V (H. Linke) mit Nachweis von *Ausgaben*.

Margareta zum Goldenen Ring: s. Ebner, Margareta.

‚Marien Kranz': VL V (B. Wachinger) und XI (Nachtrag).

‚Marien Rosenkranz': VL V (U. Williams) und XI (Korrektur).

‚Marien-ABC': VL V (I. Kasten) und XI (Korrektur).

‚Mariengrüße': VL VI (B. Wachinger) und XI (Nachtrag/Korrektur).

‚Marienleben': VL VI (Verweise und Einzelartikel).

Marienmirakelsammlungen: *H.-G. Richert, Marienlegenden aus dem Alten Passional, 1965.* – VL VI (H. Hilg) und XI (Nachtrag/Korrektur).

‚Marienpsalter und Rosenkranz': VL VI (K. J. Klinkhammer) und XI (Nachtrag/Korrektur).

Marienwerder, Johannes: VL VI (A. Triller) mit Nachweis von *Ausgaben* und XI (Nachtrag). – P. Hörner, Dorothea von Montau, 1993.

Martin von Amberg: *S. N. Werbow, Martin von Amberg. Der Gewissensspiegel, 1958.* – VL VI (S. N. Werbow) und XI (Korrektur).

Martin von Troppau: VL VI (A.-D. v. d. Brincken) und XI (Nachtrag). – LL VII (N. H. Ott).

‚Die maze': *Rosenhagen, Erzählungen, Nr. 129.* – VL VI (W. Blank).

‚Meditationes vitae Christi': VL VI (K. Ruh).

Meffrid: *Cramer, Liederdichter II.* – VL VI (E. Kiepe-Willms). – RSM IV.

‚Meier Betz': s. ‚Die Bauernhochzeit'.

‚Die Meierin mit der Geiß': *NGA I, Nr. 23.* – VL VI (U. Williams). – FB Nr. 82. – Ziegeler.

‚Meininger Reimbibel': VL VI (K. Ruh) mit Nachweis einer *Teilausgabe* und XI (Nachtrag).

‚Meißner Rechtsbuch': *F. Ortloff, Das Rechtsbuch nach Distinktionen, 1836, Neudruck 1967.* – VL VI (H. Ulmschneider).

Meister des Lehrgesprächs: *K. H. Witte, Der Meister des Lehrgesprächs und sein ‚In principio-Dialog', 1989.* – VL VI und LL VIII (K. H. Witte) mit Nachweis von *Teilausgaben*. – Ruh, Geschichte III, S. 370–388. – s. Hiltalingen von Basel, Johannes.

‚Der Meister, Propheten, Poeten und Könige Sprüche': *U. Seelbach, Der Meister, Propheten, Poeten und Könige Sprüche, ZfdPh 104 (1985) 368–380.* – VL VI (U. Seelbach).

‚Melker Evangelien': VL II (K. Ruh). – F. Löser, Das Neue Testament aus dem Deutschen Orden und die Melker Reform, ZfdPh 118 (1999) 1–26.

‚Melker Gebete an die Dreifaltigkeit': *J. Diemer, Bruchstücke deutscher Gebete an die Heilige Dreifaltigkeit, Germania 3 (1858) 355–359.* – VL XI (Ch. Glassner).

‚Merlin': *H. Beckers, Der Rheinische Merlin. Text, Übersetzung, Untersuchungen der ‚Merlin'- und ‚Lüthild'-Fragmente, 1991.* – VL VI (H. Beckers) und XI (Korrektur).

Merswin, Rulman: VL VI (G. Steer) mit Nachweis von *Ausgaben* und XI (Korrektur). – LL VIII (U. Williams).

‚Metzen hochzit': s. ‚Die Bauernhochzeit'.

Meyer, Johannes: VL VI (W. Fechter) und XI (Nachtrag; W. Schneider-Lastin).

Michael de Leone: VL VI (G. Kornrumpf). – H. Brunner, Würzburg, der Große Löwenhof und die deutsche Literatur des Spätmittelalters, 2004.

‚Von der Minne' I: VL VI (K. Ruh).

‚Von der Minne' II: *K. Ruh, Traktat von der Minne, in: Philologie als Kulturwissenschaft, 1987, S. 211–220.* – VL VI (K. Ruh). – Ruh, Geschichte III, S. 362–366. – s. Hiltalingen von Basel, Johannes.

‚Der Minne Falkner': VL VI (W. Blank).

‚Der Minne Freigedank': VL VI (I. Glier) mit Nachweis der *Ausgabe*.

‚Minne und Gesellschaft': *K. Matthaei, Mittelhochdeutsche Minnereden I, 1913, Neudruck 1967, Nr. 6.* – VL VI (I. Kasten).

‚Der Minne Klaffer': *Keller, Erzählungen, S. 123–131.* – VL VI (I. Glier).

‚Minne und Pfennig': VL VI (M. Rheinheimer).

‚Der Minne Porten': VL VI (W. Blank).

‚Der Minne Spiegel': *K. Bartsch, Die Erlösung mit einer Auswahl geistlicher Dichtungen, 1858, Neudruck 1966, S. 216–277.* – VL VI (H. Neumann). – LL VIII (I. Glier).

'Minnebüchlein': s. Seuse, Heinrich.

'Die Minneburg': *H. Pyritz, Die Minneburg, 1950.* – VL VI (W. Blank). – LL VIII (I. Glier). – A. Sommer, Die Minneburg, 1997.

'Minnedurst': *NGA I, Nr. 21.* – VL VI (K.-H. Schirmer). – FB Nr. 84. – Ziegeler.

'Minnehof': s. 'Schlacht bei Göllheim'.

'Minneklage' I: VL VI (W. Blank) mit Nachweis von *Ausgaben*.

'Minneklage (aus Thüringen)': s. Losse, Rudolf (*Ausgabe*). – VL VI (W. Blank).

'Der Minnenden Zwist und Versöhnung': VL VI (I. Glier).

'Minner und Trinker': *LS II, Nr. 129.* – VL VI (I. Kasten).

'Des Minners Klage': VL VI (I. Glier).

'Missale': VL VI (A. A. Häussling) und XI (Nachtrag/Korrektur).

'Mittelniederdeutsche Weltchronik': VL VI (H. Herkommer).

'Mönch Felix': *E. Mai, Das mittelhochdeutsche Gedicht vom Mönch Felix, 1912.* – VL VI (N. F. Palmer). – LL VIII (W. Williams-Krapp).

Mönch von Heilsbronn: *J. F. L. Th. Merzdorf, Der Mönch von Heilsbronn, 1870.* – VL VI (G. Steer) und XI (Korrektur/Nachtrag). – LL VIII (S. Schmolinsky).

Mönch von Salzburg: *F. V. Spechtler, Die geistlichen Lieder des Mönchs von Salzburg, 1972. – Ch. März, Die weltlichen Melodien des Mönchs von Salzburg. Texte und Melodien, 1999.* – VL VI (B. Wachinger) und XI (Nachtrag). – LL VIII (G. Kornrumpf). – RSM IV.

Mondwahrsagetexte: VL VI (F. B. Brévart) mit Nachweis von *Ausgaben*.

'Morant und Galie': s. 'Karlmeinet'. – LL VIII (E. Feistner).

'Moringer': VL VI (F. Schanze) mit Nachweis von *Ausgaben*. – LL VIII (S. Schmolinsky).

'Mühlhäuser Katharinenspiel': *O. Beckers, Das Spiel von den zehn Jungfrauen und das Katharinenspiel, 1905, S. 128–157.* – VL VI (H. Biermann). – LL VIII (B. Neumann).

Mülich von Prag: *Cramer, Liederdichter II.* – VL VI (G. Kornrumpf). – RSM IV.

'Münchner Gebetbuch des cgm 73': VL VI (P. Ochsenbein) mit Nachweis von *Teilausgaben*).

'Münchner Gedicht von den 15 Zeichen vor dem Jüngsten Gericht': *Ch. Gerhardt/N. F. Palmer, Das Münchner Gedicht von den 15 Zeichen vor dem Jüngsten Gericht, 2002.* – s. 'Fünfzehn Vorzeichen des Jüngsten Gerichts'.

'Münchner Hortulanus-Szene': VL VI (H. Linke) mit Nachweis der *Ausgabe*.

'De mynnen rede': *R. Heinzel, Vier geistliche Gedichte, ZfdA 17 (1874) 12–39.* – VL VI (H. Beckers) und XI (Korrektur).

‚Nachfolgung des armen Lebens Christi': s. ‚Buch von geistlicher Armut'.

‚Die Nachtigall A': *GA II, Nr. 25.* - VL VI (H.-J. Ziegeler). - FB Nr. 90. - Ziegeler.

‚Neidhartspiele': VL VI (E. Simon). - LL VIII (H. Brunner).

‚Neumarkter Rechtsbuch': VL VI (U.-D. Oppitz) mit Nachweis einer *Ausgabe*.

‚Neun Männer, neun Frauen': VL VI (M. Rheinheimer) mit Nachweis von *Ausgaben*.

‚Niederrheinischer Orientbericht': *R. Röhricht/H. Meisner, Ein niederrheinischer Bericht über den Orient, ZfdPh 19 (1887) 1–86.* - VL VI (A.-D. v. d. Brincken).

Niemand: *NGA I, Nr. 30.* - Grubmüller, *Novellistik, S. 874–896.* - VL VI (H.-F. Rosenfeld). - LL VIII (U. Williams). - FB Nr. 92. - Ziegeler.

Nikolaus von Jeroschin: *E. Strehlke, Scriptores rerum Prussicarum I, 1861, Neudruck 1965, S. 303–624* (‚Kronike von Pruzinlant') *und II, 1863, S. 425–428* (‚Leben des hl. Adalbert'). - VL VI (U. Arnold) und XI (Korrektur). - LL VIII (N. H. Ott). - G. Vollmann-Profe, Ein Glücksfall in der Geschichte der preußischen Ordenschronistik: Nikolaus von Jeroschin übersetzt Peter von Dusburg, in: Forschungen, S. 125–140.

Nikolaus von Landau: VL VI (K. Ruh) mit Nachweis von *Teilausgaben* und XI (Korrektur).

Nikolaus von Lyra: VL VI (K. Ruh) und XI (Korrektur/Nachtrag). - LL VIII (W. Williams-Krapp).

Nikolaus von Straßburg: *Pfeiffer, Dt. Mystiker I, S. 261–305.* - VL VI (E. Hillenbrand/K. Ruh) und XI (Korrektur). - LL VIII (S. Schmolinsky).

‚Novus Cato': VL VI (F. J. Worstbrock) und XI (Nachtrag).

‚Oberbayerisches Landrecht': *Ingo Schwab, Das Landrecht von 1346 für Oberbayern und seine Gerichte Kitzbühel, Kufstein und Rattenberg, 2002.* - VL XI (I. Schwab).

‚Oberrheinische Chronik': *H. Maschek, Deutsche Chroniken, 1936, Neudruck 1964, S. 41–66.* - VL VII (E. Kleinschmidt).

‚Olmützer Perikopen': s. Plenarien (Nr. 104).

‚Ortenburger Losbuch': VL VII (G. Keil/B. Schnell) und XI (Nachtrag).

Öser, Irmhart: *M. Marsmann, Die Epistel des Rabbi Samuel an Rabbi Isaak, 1971.* - VL VII (K.-H. Keller).

‚Osnabrücker Passionsspiel': *L. Wolf, Das Osnabrücker Passionsspiel, Niederdeutsches Jahrbuch 82 (1959) 87–98.* - VL VII (R. Bergmann).

Osterfeiern: VL VII (H. Linke/U. Mehler).

Österreichischer Bibelübersetzer: VL XI und LL VIII (G. Kornrumpf). - K. Gärtner, Die erste deutsche Bibel?, in: Wissensliteratur im Mittelalter und in der

Frühen Neuzeit, 1993, S. 273–295 (zum ‚Psalmenkommentar'). – s. ‚Vom Antichrist'; ‚Klosterneuburger Evangelienwerk'; ‚Schlierbacher Altes Testament'; Wolfhart.

Oswald von Anhausen: VL VII (W. Setz) und XI (Nachtrag).

Oswald der Schreiber: *F. Zarncke, Der Priester Johannes, 1879, S. 1004–1028.* – VL VII (D. Huschenbett).

‚Ötenbacher Schwesternbuch': *H. Zeller-Werdmüller/J. Bächtold, Die Stiftung des Klosters Oetenbach und das Leben der seligen Schwestern daselbst, Zürcher Taschenbuch NF 12 (1889) 213–276.* – VL VII (P. Dinzelbacher) und XI (W. Schneider-Lastin). – s. ‚Vita der Adelheit von Freiburg'.

Otto IV., Markgraf von Brandenburg: *KLD.* – VL VII (I. Glier). – LL VII (G. Kornrumpf).

Otto der Fröhliche, Herzog von Österreich: VL VII (H. Brunner).

Otto von Passau: VL VII (A. Schnyder) mit Nachweis von *Teilausgaben* und XI (Korrektur/Nachtrag). – LL IX (N. H. Ott).

Otto der Rasp: VL VII (W. Baum) und XI (Nachtrag/Korrektur).

Otto zum Turm: *SMS.* – VL VII (M. Schiendorfer).

Ottokar von Steiermark: *J. Seemüller, Ottokars österreichische Reimchronik, 1890/93, Neudruck 1974.* – VL VII (H. Weinacht) und XI (Nachtrag). – LL IX (U. Liebertz-Grün).

‚Palmbaumtraktate': VL VII (W. Fleischer) mit Nachweis von *Ausgaben* und XI (Korrektur).

‚Paradisus animae': VL VII (B. Söller) und XI (Korrektur).

‚Paradisus anime intelligentis': *Ph. Strauch, Paradisus anime intelligentis (Paradis der fornuftigen sele), 1919, ²1998.* – VL VII (K. Ruh) und XI (Nachtrag). – LL IX (W. Williams-Krapp).

‚Pariser Pestgutachten': VL VII (G. Keil).

‚Pariser Tagzeiten': *St. Waetzold, Die Pariser Tagzeiten, 1880.* – s. ‚Tagzeitengedichte'.

Paschalis von Rom: VL VII (K. H. Keller) und XI (Nachtrag).

Passauer Anonymus: VL VII (A. Patschovsky) und XI (Korrektur/Nachtrag).

‚Passienbüchlein von den vier Hauptjungfrauen': VL VII (S. Jefferis/K. Kunze) mit Nachweis von *Ausgaben* und XI (Korrektur).

‚Passion Christi in Reimversen': VL VII (K. Ruh) mit Nachweis von *Ausgaben* und XI (Korrektur).

‚Passional': *K. A. Hahn, Das alte Passional, 1857.* – *F. K. Köpke, Das Passional, 1852, Neudruck 1966.* – *H.-G. Richert, Marienlegenden aus dem Alten Passional, 1965.* – VL VII (H.-G. Richert) und XI (Korrektur). – LL IX (W. Williams-Krapp).

‚Paternoster-Parodie': *I. V. Zingerle, Zwei Travestieen, Germania 14 (1869) 405–408.* – VL VII (E. Lienert).

‚St. Pauler Evangelienreimwerk': *J. Fournier, Das St. Pauler Evangelienreimwerk. Text, 1998.* – VL VII (H. Reinitzer) und XI (Korrektur/Nachtrag). – J. Fournier, Das St. Pauler Evangelienreimwerk. Untersuchungen, 1998.

‚St. Pauler Neidhartspiel': *J. Margetts, Neidhartspiele, 1982, S. 11–13.* – s. ‚Neidhartspiele'.

‚St. Pauler Reimbibel': VL XI (G. Kornrumpf) mit Nachweis von *Ausgaben*.

Peter von Arberg: *Cramer, Liederdichter II.* – VL VII (V. Mertens). – LL IX (G. Kornrumpf). – RSM IV.

Peter von Dusburg: VL XI (J. Wenta).

Peter von Reichenbach: *Cramer, Liederdichter II.* – VL VII (H. Brunner). – LL XI (C. Händl). – RSM IV.

Petrus Comestor: VL XI (D. Klein).

Petrus Lombardus: VL VII (K. Schneider).

Petrus de Crescentiis: VL VII (W. C. Crossgrove).

Petrus von Dacien: VL XI. – Ruh, Geschichte II, S. 116–120. – Ch. Ruhrberg, Der literarische Körper der Heiligen. Leben und Viten der Christina von Stommeln (1242 bis 1312), 1995.

‚Pfaffe und Ehebrecherin' A: *NGA I, Nr. 5.* – VL VII (K.-H. Schirmer). – FB Nr. 94. – Ziegeler.

Pfarrer zu dem Hechte: *E. Sievers, Mitteldeutsches Schachbuch, ZfdA 17 (1874) 161–389.* – VL VII (G. F. Schmidt).

‚Vom Pfennig': VL VII (I. Glier) mit Nachweis von *Ausgaben*.

Philipp von Rathsamhausen: VL VII (F. J. Schweitzer).

Bruder Philipp: *H. Rückert, Bruder Philipp des Carthäusers Marienleben, 1853, Neudruck 1966.* – VL VII, XI (Korrektur/Nachtrag) und LL IX (K. Gärtner).

‚Physiognomik': VL XI (Ch. Heck/B. Schnell). – s. ‚Secretum secretorum'.

Plenarien: VL VII (H. Reinitzer/O. Schwencke) und XI (Korrektur/Nachtrag).

‚Polnisches Recht': VL XI (R. G. Päsler) mit Nachweis von *Ausgaben*.

Polo, Marco: VL VII (E. Bremer).

‚Presbyterbrief': s. ‚Priesterkönig Johannes'.

‚Preußisches Recht': VL XI (R. G. Päsler) mit Nachweis von *Ausgaben*.

‚Priesterkönig Johannes': *B. Wagner, Die ‚Epistola presbiteri Johannis' lateinisch und deutsch, 2000.* – VL VII (D. Huschenbett).

Privatgebetbücher: VL VII (P. Ochsenbein) und XI (Verweise).

‚Psalmenkommentar': s. Österreichischer Bibelübersetzer und Heinrich von Mügeln.

Psalmenübersetzungen: VL VII (K. E. Schöndorf).

‚Psalmenübersetzung aus Predigerkreisen': *M. Wallach-Faller, Ein alemannischer Psalter aus dem 14. Jahrhundert, 1981.* – s. Psalmenübersetzungen (Nr. XIV).

‚Puech von der ordnung der fürsten': s. Aegidius Romanus.

‚Pyramus und Thisbe': *Grubmüller, Novellistik, S. 336–362.* – VL VII (K.-H. Schirmer/F. J. Worstbrock). – LL IX (A. Syndikus). – FB Nr. 98. – Ziegeler.

Quodlibet ‚Von der stampeney': *LS III, Nr. 248.* – VL VII (A. Holtorf).

‚Rache für die Helchensöhne': *H. Thomas, Bruchstücke einer Novellenhandschrift, ZfdA 74 (1937) 73–80.* – VL VII (H.-J. Ziegeler). – FB Nr. 99. – Ziegeler.

Rafold, Heinrich: *GA I, Nr. 19.* – VL VII (H.-J. Ziegeler). – FB Nr. 100. – Ziegeler.

‚Rappoltsteiner Parzifal': *K. Schorbach, Parzifal von Claus Wisse und Philipp Colin, 1888, Neudruck 1974.* – VL VII (D. Wittmann-Klemm). – LL IX (F. Fürbeth).

‚Rat der Vögel': VL VII (N. Henkel) mit Nachweis von *Ausgaben.* – P. Busch, Die Vogelparlamente und Vogelsprachen in der deutschen Literatur des späten Mittelalters und der frühen Neuzeit, 2001. – s. Ulrich von Lilienfeld.

Regenbogen: VL VII (F. Schanze). – LL IX (G. Kornrumpf). – RSM V.

‚Regensburger Liebesbrief': VL VII (W. Blank) mit Nachweis von *Ausgaben.*

‚Regimen sanitatis Salernitanum': VL VII (G. Keil).

‚Der Reiher': *NGA I, Nr. 15.* – VL VII (K.-H. Schirmer). – FB Nr. 101. – Ziegeler.

Reimbispel-Sammlungen: VL VII (H.-J. Ziegeler).

‚Reimregel für eine geistliche Jungfrau': VL VII (K. Ruh).

‚Reimverse eines Begarden': VL VII (K. Ruh) mit Nachweis einer *Ausgabe.*

‚Reinfried von Braunschweig': *K. Bartsch, Reinfried von Braunschweig, 1871.* – VL VII (A. Ebenbauer). – LL IX (A. Syndikus).

Reinhart von Westerburg: *Cramer, Liederdichter III.* – VL VII (B. Wachinger).

‚Diu reissunge und die bewisunge zuo dem beschouwende lebende': *W. Preger, Kritische Studien zu Meister Eckhart, Zeitschrift für die historische Theologie NF 36 (1866) 488–501.* – VL VII (K. Ruh).

‚Resonet in laudibus': VL VII (B. Wachinger) mit Nachweis von *Ausgaben.*

‚Revaler Rechtsbuch': *G. Korlén, Norddeutsche Stadtrechte II, 1951.* – VL VIII (U.-D. Oppitz).

‚Richtsteig Lehnrechts': *C. G. Homeyer, Des Sachsenspiegels zweiter Theil, 1842, S. 409 bis 450.* – VL VIII (I. Buchholz-Johanek).

Ripelin von Straßburg, Hugo: VL IV (unter: Hugo Ripelin von Straßburg.) und LL IX (G. Steer).

‚Der Ritter im Hemde': *Keller, Erzählungen, S. 674f.* – VL VIII (K.-H. Schirmer). – FB Nr. 103. – Ziegeler.

‚Der Ritter in der Kapelle': *Keller, Erzählungen, S. 70–79.* – VL VIII (J. Schulz-Grobert).

‚Der Ritter mit den Nüssen': *NGA I, Nr. 26.* – VL VIII (K.-H. Schirmer). – FB Nr. 104. – Ziegeler.

‚Die Ritterfahrt': s. ‚Schlacht bei Göllheim'.

‚Ritterpreis': s. ‚Schlacht bei Göllheim *(Ausgabe).*

‚Die Rittertugenden des Herrn von Kronberg': s. Losse, Rudolf *(Ausgabe).* – VL VIII (Th. Nolte).

‚Romulus': s. Äsop.

‚Rossauer Tischzucht': s. Tischzuchten.

‚Roßaventüre': VL VIII (G. Keil) mit Nachweis von *Ausgaben.*

Rost, Kirchherr zu Sarnen: *SMS.* – VL VIII (M. Schiendorfer).

‚Der rote Mund': VL VIII (I. Glier) mit Nachweis von *Ausgaben.*

Rube, Eckhart: *‚Paradisus' Nr. 9, 23, 32, 44, 45, 64.* – VL VIII (F. Löser).

Rüdeger der Hinkhofer: *L. Pfannmüller, Mittelhochdeutsche Novellen II. Rittertreue. Schlegel, 1912, S. 27–63.* – *Grubmüller, Novellistik, S. 112–176.* – VL VIII und LL X (U. Williams). – FB Nr. 106. – Ziegeler.

Rüdeger von Munre: *GA III, Nr. 55.* – VL VIII (R. M. Kully). – FB Nr. 107. – Ziegeler.

Rudolf von Biberach: *M. Schmidt, Rudolf von Biberach. Die siben strassen zu got, 1969.* – VL VIII (M. Schmidt) mit Nachweis weiterer *Ausgaben.* – LL X (Ch. Kiening).

‚Rudolf von Hürnheim und die bayerisch-augsburgische Fehde von 1296': *G. Leidinger, Bruchstück eines deutschen Gedichtes über die Fehde des Herzogs Rudolf I. von Bayern mit Bischof Wolfhard von Augsburg 1296, Forschungen zur Geschichte Bayerns 9 (1901)*

159–164. – VL VIII (B. Studt). – J. Janota, Literatur und Geschichte. Zu ‚Rudolf von Hürnheim und die bayerisch-augsburgische Fehde von 1296', in: Esprit civique und Engagement, 2003, S. 249–261.

Rudolf von Klingenberg: VL VIII (H.-J. Schiewer).

Ruprecht von Freising: *H. K. Claussen, Freisinger Rechtsbuch, 1941.* – VL VIII (U.-D. Oppitz).

Ruprecht von Würzburg: *NGA I, Nr. 37.* – VL VIII (H.-J. Ziegeler). – LL X (U. Williams). – FB Nr. 108. – Ziegeler.

Ruschart: *LS I, Nr. 28.* – VL VIII (I. Glier).

Ruusbroec, Jan van: VL VIII (A. Ampe).

‚Sachsenspiegelglosse': VL VIII (I. Buchholz-Johanek) mit Nachweis von *Ausgaben*.

‚Der Saelden Hort': *H. Adrian, Der Saelden Hort, 1927.* – VL VIII (P. Ochsenbein). – LL X (W. Williams-Krapp).

‚Salomon und Markolf': *W. Hartmann, Salomon und Markolf. Das Spruchgedicht, 1934.* – VL VIII (M. Curschmann). – LL X (A. Karnein). – S. Griese, Salomon und Markolf, 1999.

Salvelt, Johannes: VL VIII (V. Honemann).

‚Salzburger Bergordnung': *H. Sigl/C. Tomaschek, Die Salzburger Taidinge, 1871.* – VL VIII (F. Gruber).

‚Sant Johannes sprichet': *Pfeiffer, Dt. Mystiker II, S. 527–533; 533–542.* – VL VIII (K. Ruh/P. Schmitt).

Schachzabelbücher: VL VIII (A. Schwob).

‚Schampiflor': *NG I, Nr. 10.* – VL VIII (H.-J. Ziegeler). – FB Nr. 109. – Ziegeler.

‚Scheidsamen': *LS II, Nr. 118.* – VL VIII (H.-J. Ziegeler).

Schenk von Lißberg: s. Lißberg.

Scheppach, Elsbeth: s. Ebner, Margareta.

‚Schlacht bei Göllheim' und verwandte Denkmäler: *A. Bach, Die Werke des Verfassers der Schlacht bei Göllheim, 1930.* – VL VIII (I. Glier). – LL XII (unter: Zilies von Sayn; F. Schanze).

‚Schlacht bei Näfels': VL VIII (F. Schanze) mit Nachweis von *Ausgaben*.

‚Schlacht bei Sempach': VL VIII (F. Schanze) mit Nachweis von *Ausgaben*.

‚Schlierbacher Altes Testament': *F. Löser/Ch. Stöllinger-Löser, Verteidigung der Laienbibel. Zwei programmatische Vorreden des österreichischen Bibelübersetzers der ersten Hälfte* des 14. Jahrhunderts, in: Überlieferungsgeschichtliche Editionen und Studien zur deutschen Literatur des Mittelalters, 1989, S. 245–313. – VL VIII (F. Löser). – s. ‚Österreichischer Bibelübersetzer'.

‚Das Schneekind' A und B: *Grubmüller, Novellistik, S. 82–92 (A und B).* – VL VIII (V. Schupp). – FB Nr. 113 (A), 114 (B). – Ziegeler.

Schöffenspruchsammlungen: VL VIII (P. Johanek).

Schoffthor: s. ‚Warnung an hartherzige Frauen'.

Schondoch: *U. Arnold, Scriptores rerum Prussicarum VI, 1968, S. 50–60* (‚Der Litauer'). – *J. Strippel, Schondochs ‚Königin von Frankreich', 1978.* – VL VIII (U. Arnold). – LL X (N. H. Ott). – FB Nr. 116. – Ziegeler. – E. Feistner, Selbstbild, Feindbild, Metabild. Spiegelungen von Identität in präskriptiven und narrativen Deutschordenstexten des Mittelalters, in: Forschungen, S. 141–158.

‚Der Schreiber': *NGA I, Nr. 27.* – VL VIII (J. Janota). – FB Nr. 117. – Ziegeler.

‚Die Schule der Ehre': *W. Brauns/G. Thiele, Mittelhochdeutsche Minnereden II, 1938, Neudruck 1967, Nr. 31.* – VL VIII (Th. Nolte).

‚Schule des Geistes': VL VIII (Ch. Stöllinger-Löser).

‚Schule der Minne': *LS III, Nr. 251.* – VL VIII (M. Rheinheimer).

‚Der Schüler zu Paris' A-C: *H.-F. Rosenfeld, Mittelhochdeutsche Novellenstudien, 1927, Neudruck 1967, S. 207–230 (C), 270–293 (B), 394–449 (A).* – *Grubmüller, Novellistik, S. 296–334 (B).* – VL VIII (R. M. Kully). – LL X (A. Syndikus). – FB Nr. 118 (A), 119 (B), 120 (C). – Ziegeler.

‚Schürebrand': *Ph. Strauch, Schürebrand, in: Studien zur deutschen Philologie, 1903, S. 1–82.* – VL VIII (K. Ruh).

‚Der schwangere Müller': *Keller, Erzählungen, S. 463–470.* – VL VIII (U. Williams). – FB Nr. 88. – Ziegeler.

‚Schwester Katrei': *F. J. Schweitzer, Der Freiheitsbegriff der deutschen Mystik, 1981, S. 304 bis 455.* – VL VIII (F. J. Schweitzer).

‚Die sechs Farben' I: VL VIII (H. Beckers) mit Nachweis von *Ausgaben*.

‚Secretum secretorum': VL VIII (G. Keil).

‚Der Seele Kranz': *G. Milchsack, Der sêle cranz, PBB 5 (1878) 548–569.* – VL VIII (W. Fechter). – LL X (W. Williams-Krapp).

‚Seele und Leib': VL VIII (N. F. Palmer). – s. ‚Gespräch zwischen Seele und Leib'.

‚Der Seele Minnegarten': VL VIII (D. Schmidtke).

‚Der Seele Spiegel': VL VIII (K. Ruh).

‚Seelentrost': *M. Schmitt, Der große Seelentrost, 1959.* – VL VIII (N. F. Palmer). – LL X (W. Williams-Krapp).

Seifrit: *P. Gereke, Seifrits Alexander, 1932.* – R. Schnell, Seifrits ‚Alexander' und die Reichspublizistik des späteren Mittelalters, DVjs 48 (1974) 448–477, wieder in: Die Reichsidee in der deutschen Dichtung des Mittelalters, 1983, S. 277–314 (mit Nachtrag). – VL VIII (R. Pawis). – LL X (G. Kornrumpf).

‚Die Sekte der Minner': VL VIII (W. Blank) mit Nachweis der *Ausgabe* (1785).

‚Selbharts Regel': VL VIII (R. G. Warnock) mit Nachweis von *Ausgaben.*

‚Sermones nulli parcentes': s. ‚Buch der Rügen'.

Seuse, Heinrich: *K. Bihlmeyer, Heinrich Seuse. Deutsche Schriften, 1907, Neudruck 1961.* – VL VIII (A. M. Haas/K. Ruh). – LL XI (L. Sturlese). – Ruh, Geschichte III, S. 415 bis 475. – St. Altrock/H.-J. Ziegeler, Vom *diener der ewigen wisheit* zum Autor Heinrich Seuse. Autorschaft und Medienwandel in den illustrierten Handschriften und Drucken von Heinrich Seuses ‚Exemplar', in: Text und Kultur, 2001, S. 150–181.

Sibote: *GA I, Nr. 3.* – VL VIII (H.-J. Ziegeler). – LL XI (U. Williams). – FB Nr. 121. – Ziegeler.

‚Sibyllenweissagungen': VL VIII (B. Schnell/N. F. Palmer).

‚Sieben Freuden Mariens': VL VIII (H. Hilg).

‚Sieben Leiden (Betrübnisse) Unserer Lieben Frau': VL VIII (Ch. Treutwein) mit Nachweis von *Ausgaben.*

Siegfried der Dörfer: *F. Pfeiffer, Frauentrost von Siegfried dem Dorfer, ZfdA 7 (1849) 109 bis 128.* – VL VIII (K. Kunze). – LL XI (H.-J. Ziegeler).

‚Silleiner Stadtrechtsbuch': I. *T. Piirainen, Das Stadtrechtsbuch von Sillein, 1972, S. 35 bis 170.* – VL VIII (U.-D. Oppitz).

‚Sinn der höchsten Meister von Paris': VL VIII (G. Keil) mit Nachweis von *Ausgaben.*

‚Solothurner Legendar': s. Biberli, Marquard.

‚Spamers Mosaiktraktate': VL IX (H.-J. Schiewer) mit Nachweis von *Teilausgaben.*

Spechtshart von Reutlingen, Hugo: *K. Gillert, Die Chronik des Hugo von Reutlingen, in: Forschungen zur Deutschen Geschichte 21 (1881) 21–65.* – VL IX (U. Bodemann).

‚Speculum humanae salvationis': *M. Niesner, Das Speculum humanae salvationis der Stiftsbibliothek Kremsmünster. Edition der mittelhochdeutschen Versübersetzung und Studien zum Verhältnis von Bild und Text, 1995.* – *A. Lundquist, Konrad von Helmsdorf. Der Spiegel des menschlichen Heils, 1924.* – VL IX (H.-W. Stork/B. Wachinger). – LL XI (D. Gottschall).

‚Der Sperber': *H. Niewöhner, Der Sperber und verwandte mhd. Novellen, 1913, Neudruck 1970, S. 15–44.* – *Grubmüller, Novellistik, S. 568–588.* – VL IX (R. M. Kully). – LL XI (E. Wunderle). – FB Nr. 125. – Ziegeler.

‚Spiegel des menschlichen Heils': s. ‚Speculum humanae salvationis'.

‚Spiegel der menschlichen Seligkeit: s. ‚Speculum humanae salvationis'.

‚Spiegel der Seele': VL IX (K. Ruh).

‚Spital von Jerusalem': *A. Küster, Von dem Spitale von Jerusalem, Diss. Straßburg, 1897.* – VL IX (G. Glauche).

Spitzer, Konrad: s. Konrad (Spitzer).

‚Spottgedicht auf Ludwig den Bayern': *LS III, Nr. 187.* – VL IX (F. Schanze).

‚Sprüche der fünf Lesemeister': VL IX (B. C. Bushey) mit Nachweis von *Ausgaben*.

‚Sprüche der Meister zu Paris und Prag': VL IX (K. Illing).

‚Sprüche der zwölf Meister': *A. Spamer, Zur Überlieferung der Pfeiffer'schen Eckeharttexte, PBB 34 (1909) 349–351.* – VL IX (L. Sturlese).

‚Sprüche der zwölf Meister zu Paris': VL IX (V. Honemann) mit Nachweis von *Ausgaben*.

‚Der Spunziererin Gebet': VL IX (E. Lienert) mit Nachweis von *Ausgaben*.

‚Stachel der Liebe': s. ‚Stimulus amoris'.

‚Stadtregimentslehren': *W. Seelmann, Brüsseler Lehren vom Stadtregiment und ihr Nachwuchs, NdJb 47(1927) 25–30.* – VL IX (K. Gärtner).

Stagel, Elsbeth: VL IX (A. M. Haas). – LL XI (K. Grubmüller). – Bürkle, Literatur im Kloster, S. 237–246. – s. ‚Tösser Schwesternbuch'.

‚Von der stampeney': s. Quodlibet.

Steckel, Konrad: *G. Strasmann, Konrad Steckels deutsche Übertragung der Reise nach China des Odorico de Pordenone, 1968.* – VL IX (A. Schnyder).

‚Stendaler Urteilsbuch': s. Schöffenspruchsammlungen (*Ausgabe*).

Stephan von Dorpat: *W. Schlüter, Ein mittelniederdeutsches Gedicht, 1889.* – VL IX (H. Beckers). – LL XI (S. Schmolinsky).

‚Sterzinger Miszellaneenhandschrift': *M. Zimmermann, Die Sterzinger Miszellaneen-Handschrift, 1980.* – VL IX (M. Zimmermann).

‚Stimulus amoris': *J. Klapper, Schriften Johanns von Neumarkt III: Der Stachel der Liebe, 1939.* – VL IX (F. Eisermann). – LL XI (Ch. Kiening). – F. Eisermann, ‚Stimulus amoris'. Inhalt, lateinische Überlieferung, deutsche Übersetzungen, Rezeption, 2001.

Straßburger Augustiner-Eremit: *D. Schmidtke, Die Feigenbaumpredigt eines Straßburger Augustinereremiten, ZfdA 108 (1979) 137–157.* – VL IX (D. Schmidtke).

‚Vom Streit zwischen Herbst und Mai': *F. Christ-Kutter, Frühe Schweizerspiele, 1963, S. 5–19.* – VL IX (F. Christ-Kutter).

‚Der Streit zu Mühldorf': VL IX (W. Stelzer) mit Nachweis von *Ausgaben*.

‚Streit der vier Töchter Gottes': VL IX (W. Timmermann).

‚Der Striegel': *Keller, Erzählungen, S. 412–425*. – VL IX (H.-J. Ziegeler). – FB Nr. 128. – Ziegeler.

‚Studentenabenteuer A': *W. Stehmann, Die mittelhochdeutsche Novelle vom Studentenabenteuer, 1909, Neudruck 1967, S. 198–216*. – VL IX (R. M. Kully). – LL XI (U. Williams). – FB Nr. 129. – Ziegeler.

Stundenbücher: VL IX (P. Ochsenbein).

Stundengebet: s. Brevier.

Suchensinn: *Cramer, Liederdichter III*. – VL IX und LL XI (F. Schanze). – RSM V.

Suchenwirt, Peter: *A. Primisser, Suchenwirts Werke aus dem 14. Jahrhunderte, 1827, Neudruck 1961*. – *G. E. Friess, Fünf unedirte Ehrenreden Peter Suchenwirts, Sitzungsberichte der kaiserlichen Akademie der Wissenschaften. Philosophisch-historische Classe 88 (Wien 1878) 99–126*. – VL IX (C. Brinker-v.d. Heyde). – LL XI (F. Fürbeth).

‚Südwestdeutsche Evangelienharmonie': s. ‚Evangelienharmonien'.

‚Summa theologiae': *Qu. Morgan/F. Strothmann, Middle High German Translation of the Summa Theologica by Thomas Aquinas, Stanford/London 1950*. – s. Thomas von Aquin.

‚Der Sünden Widerstreit': *V. Zeidler, Der Sünden Widerstreit. Eine geistliche Dichtung des 13. Jahrhunderts, 1892*. – VL IX (D. Schmidtke). – LL XI (S. Schmolinsky). – P. Hörner, ‚Der Sünden Widerstreit'. Belege gegen eine Ordenszuweisung, ZfdPh 121 (2002) 408–423.

Sunder, Friedrich: *S. Ringler, Viten- und Offenbarungsliteratur in Frauenklöstern des Mittelalters, 1980, S. 391–444*. – VL IX (S. Ringler). – Bürkle, Literatur, S. 131–157.

‚Systematisches sächsisches Landrecht': VL IX (U.-D. Oppitz).

‚Systematisches Schöffenrecht': VL IX (U.-D. Oppitz) mit Nachweis von *Ausgaben*.

‚Tagzeitengedichte': VL IX (N. F. Palmer).

Der Taler: *SMS*. – VL IX (C. Händl). – LL XI (C. Händl).

Tauler, Johannes: *F. Vetter, Die Predigten Taulers, 1910, Neudruck 1968*. – VL IX (L. Gnädinger/J. G. Mayer). – LL XI (L. Sturlese). – Ruh, Geschichte III, S. 476–515. – J. G. Mayer, Die ‚Vulgata'-Fassung der Predigten Johannes Taulers. Von der handschriftlichen Überlieferung bis zu den ersten Drucken, 1999.

‚Tauler-Cantilenen': VL IX (K. Ruh) mit Nachweis von *Ausgaben*.

Teschler, Heinrich: *SMS*. – VL IX (M. Schiendorfer).

‚Des Teufels Ächtung': *GA II, Nr. 28*. – VL IX (H.-J. Ziegeler). – FB Nr. 130. – Ziegeler.

‚Teufelsbeichte': *A. Closs, Weltlohn, Teufelsbeichte, Waldbruder, 1934, S. 97–106.* – VL IX (A. Schnyder).

‚Theophilus': VL IX (K. Kunze/H. Linke). – LL XI (W. Williams-Krapp).

Thomas von Aquin: VL IX (K. Ruh/D. Schmidtke). – LL XI (G. Steer).

Thomas von Cantimpré: VL IX (Ch. Hünemörder/K. Ruh). – LL XI (W. Buckl).

Thomas von Straßburg: VL IX (K.-H. Witte).

‚Thüringisches Zehnjungfrauenspiel': *K. Schneider, Das Eisenacher Zehnjungfrauenspiel, 1964.* – VL IX (H. Linke). – LL XI (B. Neumann).

Tilo von Kulm: *K. Kochendörffer, Tilos von Kulm Gedicht Von siben Ingesigeln aus der Königsberger Handschrift, 1907.* – VL IX (A. Masser). – LL XI (S. Schmolinsky).

Tischzuchten: *A. Winkler, Selbständige deutsche Tischzuchten des Mittelalters, Diss. Marburg 1982.* – VL IX (D. Harmening).

‚Tor Hunor': *W. Schröder, ‚Daz maere von dem toren', in: Probleme mittelhochdeutscher Erzählformen, 1972, S. 239–289.* – VL IX (W. Schröder). – FB Nr. 131. – Ziegeler.

‚Tösser Schwesternbuch': *F. Vetter, Das Leben der Schwestern zu Töß, 1906.* – s. Stagel, Elsbeth.

‚Totenklage auf Engelhart von Hirschorn': *Nolte, Lauda, S. 188–191.* – VL IX (Th. Nolte).

‚Totenklage auf Graf Wernher von Hohenberg': *LS II, Nr. 128.* – VL IX (Th. Nolte).

‚Totenklage auf Graf Wilhelm III. von Holland': VL IX (Th. Nolte) mit Nachweis der *Ausgabe*.

‚Totenklage auf Heinrich Preisinger von Wolnzach': *Nolte, Lauda, S. 215–241.* – VL IX (Th. Nolte).

‚Totenklage auf Herzog Johann I. von Limburg und Brabant': *Nolte, Lauda, S. 201–214.* – VL IX (Th. Nolte).

‚Tougenhort': VL IX (H. Brunner) mit Nachweis von *Ausgaben*.

‚Traktat von der Minne': s. ‚Von der Minne' II.

‚Traktat von der Seligkeit': *W. Preger, Der altdeutsche Tractat von der wirkenden und möglichen Vernunft, Sitzungsberichte der Bayerischen Akademie der Wissenschaften, Philosophisch-historische Klasse, 1871, 2. Heft, S. 159–189.* – VL IX (L. Sturlese). – Ruh, Geschichte III, S. 199–204.

‚Traugemundslied': VL IX (T. Tomasek) mit Nachweis von *Ausgaben*. – LL XI (E. Hellgardt).

‚Traum eines Gottesfreundes': *Spamer, Texte, S. 120–124.* – VL IX (F. Eisermann).

‚Der Traum von der Liebe': VL IX (Ch. Bauer) mit Nachweis von *Ausgaben*.

Traumbücher: VL IX (K. Speckenbach) mit Nachweis von *Ausgaben*.

‚Die treue Magd': *GA II, Nr. 42.* – VL IX (H. Beckers). – LL XI (U. Williams). – FB Nr. 80. – Ziegeler.

‚Trienter Bergwerksurkunden': VL IX (K.-H. Ludwig) mit Nachweis von *Ausgaben*.

‚Trojanerkrieg': s. ‚Basler Trojanerkrieg'.

‚Trojanerkrieg'-Fortsetzung: VL IX (E. Lienert).

Der von Trostberg: *SMS*. – VL IX (M. Schiendorfer).

‚Von eime trunken buoben': VL IX (K. Kunze) mit Nachweis von *Ausgaben*.

‚Von der Trunkenheit': s. Der König vom Odenwald.

‚Der Tugenden Buch': *K. Berg/M. Kasper, Das buch der Tugenden, 1984.* – VL IX (M. Kasper-Schlottner).

‚Das Turnier': s. ‚Schlacht bei Göllheim' (*Ausgabe*).

‚Von dem überschalle': *Pfeiffer, Dt. Mystiker II, S. 516–525.* – VL IX (P. Schmitt).

‚Von der übervart der gotheit': *Pfeiffer, Dt. Mystiker II, S. 495–516.* – VL IX (P. Schmitt).

‚Von dem üblen Weib': *K. von Bahder, Der König vom Odenwalde, Germania 23 (1878) 305f.* – VL IX (F. Schanze).

‚Udo von Magdeburg': *K. Helm, Die Legende vom Erzbischof Udo von Magdeburg, Neue Heidelberger Jahrbücher 7 (1897) 95–120.* – VL IX (N. F. Palmer). – LL XI (W. Williams-Krapp).

‚Ulmer Schwesternbuch': VL IX (S. Ringler) mit Nachweis der *Ausgabe*.

Ulrich III. Niblung: s. Ebner, Margareta.

Ulrich von Baumburg: *SMS*. – VL IX (M. Schiendorfer).

Ulrich von Lilienfeld: VL X (R. Suntrup). – s. ‚Rat der Vögel'.

‚Der Ungelehrte: *Cramer, Liederdichter IV.* – VL X (B. Wachinger). – RSM V.

‚Unsystematisches Schöffenrecht': VL X (C. A. Lückerath) mit Nachweis von *Ausgaben*.

‚Unterweisung zur Vollkommenheit': *F. Bech, Unterweisung zur Vollkommenheit, Germania 22 (1877) 167–181.* – VL X (V. Honemann).

‚Der Unverzagte: VL X (F. Schanze) mit Nachweis von *Ausgaben*. – LL XI (F. Schanze). – RSM V.

‚Der Urenheimer: *Cramer, Liederdichter III.* – VL X (F. Schanze). – RSM V.

‚Valentin und Namelos': *W. Seelmann, Valentin und Namelos, 1884.* – *E. Langbroek/ A. Roeleveld, Valentin und Namelos, 1997.* – VL X (H. Beckers). – LL XI (S. Schmolinsky).

‚Väterbuch': *K. Reissenberger, Das Väterbuch aus der Leipziger, Hildesheimer und Straßburger Handschrift, 1914, Neudruck 1967.* – VL X (D. Borchardt/K. Kunze). – LL XII (U. Williams).

‚Ein verstantlich beschouwunge': Spamer, Texte, S. 125–140. – *VL X (K. Ruh).*

Vicko von Geldersen: *H. Nirrnheim, Das Handelsbuch Vickos von Geldersen, 1895.* – VL X (H. Ulmschneider).

‚Vier Lügen': VL X (F. Fürbeth) mit Nachweis von *Ausgaben*.

Vinzenz von Beauvais: *R. Weigand, Vinzenz von Beauvais. Scholastische Universalchronistik als Quelle volkssprachiger Geschichtsschreibung, 1991.* – VL X und LL XII (R. K. Weigand).

‚Visbysches Stadtrecht': VL X (U.-D. Oppitz) mit Nachweis von *Ausgaben*.

‚Visio Lazari': *H. Heger, Spätmittelalter, Humanismus, Reformation I, 1975, S. 32–52.* – VL X (N. F. Palmer).

‚Visio Philiberti': VL X (N. F. Palmer) mit Nachweis von *Ausgaben*. – LL XII (E. Hellgardt).

‚Vita Adae et Evae': VL X (Verweise und Korrektur).

‚Vita der Adelheit von Freiburg': W. Schneider-Lastin, Von der Begine zur Chorfrau. Die Vita der Adelheit von Freiburg aus dem ‚Ötenbacher Schwesternbuch', in: Deutsche Mystik im abendländischen Zusammenhang, 2000, S. 515–561 (*Ausgabe*: S. 528–558).

‚Vita beatae virginis Mariae et salvatoris rhytmica': VL X und LL XII (K. Gärtner).

‚Vita et revelationes ven. Agnetis Blannbekin': s. Blannbekin, Agnes.

‚Vita der Schwester Gerdrut von Engelthal': *S. Ringler, Viten- und Offenbarungsliteratur in Frauenklöstern des Mittelalters, 1980, S. 445–447.* – s. Friedrich, Konrad und Heinrich von Engelthal.

‚Vitaspatrum': VL X (U. Williams/W. J. Hoffmann). – LL XII (U. Williams).

‚Von Vollkommenheit': VL X (K. Ruh).

‚Vollkommenheit in der Stille': VL X (K. Ruh) mit Nachweis einer *Ausgabe*.

Volrat: *GA I, Nr. 5.* – VL X (H. Ragotzky). – LL XII (S. Schmolinsky). – FB Nr. 133. – Ziegeler.

‚Vorsmak des êwigen lebennes': VL X (K. H. Witte) mit Nachweis von *Teilausgaben*. – Ruh, Geschichte III, S. 358–362.

‚Der Vriolsheimer: *NGA I, Nr. 16.* – VL X (H. Ragotzky). – FB Nr. 135. – Ziegeler.

‚Diu vrône botschaft': *R. Priebsch, Diu vrône botschaft ze der christenheit, 1895, Neudruck 1976.* – VL X (K. Kunze).

‚Wachtelmäre': VL X (H. Brunner) mit Nachweis von *Ausgaben.*

‚Wahre Freundschaft und Liebe': VL X (E. Brüggen).

Walther von Breisach: *KLD.* – VL X (E. C. Lutz). – RSM V.

Walther von Griven: VL X (F.-J. Holznagel) mit Nachweis von *Ausgaben.*

‚Wandelart': VL X (H.-J. Ziegeler) mit Nachweis der *Ausgabe.* – FB Nr. 136. – Ziegeler.

‚Wappen und Minne': VL X (Th. Nolte).

‚Warnung an hartherzige Frauen': *A. Karnein, Des Armen Schoffthors Warnung an hartherzige Frauen, 1979.* – VL X (F. Fürbeth). – LL X (unter: Schoffthor; E. Wunderle).

‚Warnung vor Sünden': VL X (F.-J. Holznagel) mit Nachweis von *Ausgaben.*

‚Warum Gott sein Haupt neigte': *Rosenhagen, Erzählungen, Nr. 41.* – VL XI (Ch. Stöllinger-Löser).

‚Die Weberschlacht': *E. v. Groote, Des Meisters Godefrit Hagen [...] Reimchronik, 1834, Neudruck 1972, S. 214–232.* – VL X (V. Honemann).

‚Der Weiberzauber': s. Walther von Griven.

‚Weiler Schwesternbuch': VL X (P. Dinzelbacher) mit Nachweis der *Ausgabe.*

‚Des Weingärtners Frau und der Pfaffe': *NGA I, Nr. 12.* – VL X (V. Millet). – FB Nr. 138. – Ziegeler.

‚Die Welt': s. Reimbispel-Sammlungen.

‚Von der welt valscheit': *H. Rölleke, Konrad von Würzburg, 1968, Neudruck 1993, S. 105f.* – VL X (Ch. Stöllinger-Löser).

‚Weltlohn': *A. Closs, Weltlohn, Teufelsbeichte, Waldbruder, 1934, S. 64–91.* – VL X (J. Geiß).

Wenzel II., König von Böhmen: *KLD.* – VL X (B. Wachinger).

‚Wer kann allen recht tun?': s. Losse, Rudolf (*Ausgabe*). – VL X (A. Holtorf).

Wernher II. von Hohenberg: *SMS.* – VL X (M. Schiendorfer). – RSM V.

Wernher der Schweizer: *M. Päpke/A. Hübner, Das Marienleben des Schweizers Wernher, 1920, Neudruck 1967.* – VL X und LL XII (K. Gärtner).

‚Wernigeroder Alexander': *G. Guth, Der Große Alexander, 1908.* – VL III (unter: ‚Der Große Alexander'; D. Welz) und XI (Korrektur). – LL I (unter: Alexander; C. Händl).

Zu einzelnen Autoren und Werken

‚Westfälische Psalmen': s. Psalmenübersetzungen.

‚Die Wette': VL X (H.-J. Ziegeler) mit Nachweis von *Ausgaben.* – FB Nr. 140. – Ziegeler.

Wichmann von Arnstein: VL X (K. Ruh).

‚Wie got das jungst gericht besitzen sol': *L. A. Willoughby, Two Unpublished Middle High German Poems, Modern Language Review 5 (1910) 315–317.*

‚Wiener Fabel- und Bispelkorpus': s. ‚Wiener Kleinepikhandschrift' cod. 2705.

‚Wiener Kleinepikhandschrift' cod. 2705: VL X (F.-J. Holznagel).

‚Wiener Leichhandschrift': VL X (Ch. März). – RSM I.

‚Wiener Passionsspiel' I: *R. Froning, Das Drama des Mittelalters, 1891, Neudruck 1964, S. 305–324.* – VL X (H. Linke). – LL XII (B. Neumann).

‚Wiener Stadtrechtsbuch': *H. M. Schuster, Das Wiener Stadtrechts- oder Weichbildbuch, 1873, S. 45–134.* – VL X (U.-D. Oppitz).

‚Wiener-Neustädter Stadtrecht': VL X (P. Csendes).

‚Wienhäuser Osterspiel': VL X (H. Linke) mit Nachweis der *Ausgabe.*

‚Wien-Zürcher Bibel': VL X (H. Reinitzer).

‚Wilhelm von Österreich' (Prosaroman): VL X (C. Dietl).

Winli: *SMS.* – VL X (M. Schiendorfer).

‚Von der wirkenden und möglichen Vernunft': s. ‚Traktat von der Seligkeit'.

‚Von der Wirkung der Seele': *Spamer, Texte, S. 100–107.* – VL X (N. Largier).

‚Der Wirt': *NGA I, Nr. 19.* – VL X (G. Dicke). – FB Nr. 144. – Ziegeler.

Wittenborg, Hermann und Johann: *C. Mollwo, Das Handlungsbuch von Hermann und Johann Wittenborg, 1901.* – VL X (H. Ulmschneider).

Wizlav: *W. Thomas/B.G. Seagrave, The Songs of the Minnesinger Prince Wizlaw of Rügen, 1967.* – VL X (B. Wachinger). – LL XII (C. Händl). – RSM V. – W. Bleck, Untersuchungen zur sogenannten Spruchdichtung und zur Sprache des Fürsten Wizlav III. von Rügen, 2000.

‚Wolfenbütteler Evangelistar': s. Plenarien (Nr. 139).

Wolfhart: VL X (G. Kornrumpf). – s. Österreichischer Bibelübersetzer.

‚Die Wünsche': *LS III, Nr. 235.* – VL X (G. Dicke).

‚Von der Würde des Priesters': VL X (U. Seelbach) mit Nachweis von *Ausgaben.*

Wurmprecht: VL X (Ch. Weisser/M. Halbleib).

‚Der Württemberger': *F. Heinzle, Der Württemberger, 1974.* – VL X (O. Pausch). – LL XII (Ch. Kiening).

‚Würzburger Liederhandschrift': s. Michael de Leone. – LL XII (G. Kornrumpf). – RSM I.

‚Der Zahn': *NGA I, Nr. 20.* – VL X (J. Janota). – FB Nr. 145. – Ziegeler.

‚Zehn Gebote': VL X (R. Suntrup/B. Wachinger/N. Zotz).

‚Die zehn Schwestern': VL X (S. Griese).

‚Zehn Staffeln der Demut': *G. Eis, Der Gesang von den Zehn Staffeln der Demut, Neophilologus 52 (1968) 286–291.* – VL X (F. Eisermann).

‚Diu zeichen eines wârhaften grundes': *Pfeiffer, Dt. Mystiker II, S. 475–478.* – VL X (P. Schmitt).

‚Zeiringer Bergordnung': VL X (P. W. Roth) mit Nachweis von *Ausgaben*.

Zilies von Sayn: s. ‚Schlacht bei Göllheim'. – VL X (B. Wachinger). – LL XII (F. Schanze).

Zisterzienser-Konstitutionen: VL X (V. Honemann).

Zitatensammlung der Berliner Handschrift mgq 191: VL X (H.-J. Schiewer) mit Nachweis von *Ausgaben*.

‚Von dem zorne der sêle': *Pfeiffer, Dt. Mystiker II, S. 542f.* – VL X (P. Schmitt).

‚Der zühte lere': s. Tischzuchten.

‚Von der Zukunft des wahren Gottes': *U. Schwab, Zum Thema des Jüngsten Gerichtes in der mhd. Literatur I, AION. Annali, Sezione Germanica 2 (1959) 1–49.* – VL X (K. Kunze).

‚Zürcher Gebete': VL X (P. Ochsenbein) mit Nachweis einer *Ausgabe*.

‚Zürcher Liebesbriefe': *M. Schiendorfer, mine sinne di sint minne, 1988.* – VL X (W. Blank).

‚Zürcher Minneleich': s. ‚Zürcher Liebesbriefe'.

‚Zürcher Richtebrief': VL X (U.-D. Oppitz) mit Nachweis von *Ausgaben*.

‚Die zwei Maler': *Keller, Erzählungen, S. 251–259.* – VL X (H.-J. Ziegeler). – FB Nr. 81. – Ziegeler.

‚Der Zweifler': *C. von Hardenberg, Geistliches Gedicht des XIII. Jahrhunderts, Germania 25 (1880) 339–344.* – VL X (N. F. Palmer).

‚Zwettler Konversenregel': s. Zisterzienser-Konstitutionen.

Zwickauer: *GA II, Nr. 24. – Grubmüller, Novellistik, S. 666–694.* – VL X (A. Schnyder).
– FB Nr. 149. – Ziegeler.

‚Zwickauer Rechtsbuch': *G. Ullrich, Zwickauer Rechtsbuch, 1941.* – VL XI.

Der Zwingäuer: s. Zwickauer.

Der Zwinger: *Cramer, Liederdichter III und IV.* – VL X (J. Rettelbach). – RSM V.

‚Von den zwölf nutzen unsers herren lîchames': *Pfeiffer, Dt. Mystiker II, S. 372 bis 382.* – VL X (P. Schmitt).

‚Die zwölf Räte Jesu Christi': VL X (G. Hayer).

‚Das zwölfjährige Mönchlein': VL X (K. Ruh) mit Nachweis von *Ausgaben*.

Register
(Autoren, sonstige historische Personen, Werke)

‚Aachener Vita Karls des Großen' 219
‚Von abegescheidenheit' 73f.
‚Abstractum-Glossar' 405
‚Adam und Eva' 231
‚Adam und Eva' (‚Adams Klage') 231
‚Adam und Eva' (Predigtparodie) 294
‚Von dem adel der sêle' 74
‚Adelhauser Schwesternbuch' s. Anna von Munzingen
Adelheit von Freiburg s. ‚Vita der Adelheit von Freiburg'
Adelheit von Hiltegartshausen 116
Adelheid von Langenstein 234
Adolf von Nassau, König 3, 4, 37, 38, 39, 155, 240, 254, 325, 398, 401, 402
Adolf V., Graf von Segeberg 172f.
Adolf von Windhövel 345
Adso von Montier-en-Der 271
   ‚De ortu et tempore Antichristi' 271
‚Advenisti desiderabilis' 370
Aegidius Romanus 53, 56, 417
   ‚De regimine principum' 53, 56, 417
Agnes, Gemahlin König Rudolfs I. 459
Agnes, Gemahlin des Königs Andreas III. von Ungarn 36, 37, 38, 45f., 67, 125, 401, 447, 457
Agnes, Gemahlin des Landgrafen Friedrich des Freidigen von Thüringen 37
Agnes, Tochter König Heinrichs IV. 50
Agnes, Tochter König Ottokars I. von Böhmen 448
Agnes, Gräfin von Helfenstein 382
Agnes von Assisi 448
Alanus ab Insulis 187, 193, 228
   ‚Anticlaudianus' 187, 228
   ‚Liber de planctu Naturae' 187
Albertus Magnus 61, 63, 64, 416, 418, 421, 431, 432, 433, 439, 443
   ‚De corpore Domini' 431, 432, 439
   ‚De sacrificio missae' 439
Albrant 408
   ‚Roßarzneibuch' 408
Albrecht I., König, Herzog von Österreich 3f., 32, 35–39, 42, 46, 56, 67, 148, 240, 241, 254, 274, 392, 398, 401, 402

Albecht II. von Hohenberg, Bischof von Freising 383
Albrecht II., Herzog von Bayern 159
Albrecht I., Herzog von Braunschweig 243
Albrecht II., Herzog von Mecklenburg-Schwerin 244
Albrecht III., Herzog von Mecklenburg, König von Schweden 244
Albrecht II., Herzog von Österreich 38, 39, 40–47, 49, 51, 52, 55, 58, 350, 352, 354, 447
Albrecht III., Herzog von Österreich 46, 50, 52, 53–58, 349, 350, 351, 352, 393, 394, 417, 441, 449
Albrecht IV., Herzog von Österreich 57
Albrecht V., Herzog von Österreich (als König: Albrecht II.) 41
Albrecht III., Markgraf von Brandenburg 173
Albrecht I. von Zollern, Burggraf von Nürnberg 350, 351
Albrecht II., Graf von Haigerloch 203
Albrecht V., Graf von Hohenberg-Haigerloch 275
Albrecht 195, 286, 337, 412
   ‚Jüngerer Titurel' 195, 286, 337, 412
Albrecht, Marschall von Rapperswil 148
Albrecht von Bardewik 38, 386, 398
Albrecht von Rauhenstein 47
Albrecht von Treffurt 420
Albrecht von Twiel 155
Albuinus Eremita 271
‚Alemannische Evangelien-Übertragung' 454
‚Alemannische Vitaspatrum' 446f.
Alexander der Große 291f., 296, 436
Alexander IV., Papst 402
‚Alexander und Anteloye' 238
Alfons von Kastilien, König 2
‚Alischanz' 218, 462
‚Das Almosen' 261
‚Alsfelder Dirigierrolle' 359
‚Also heilig ist dieser Tag' 168
‚Alter Kulm' 385, 388
‚Ältere deutsche Habichtslehre' 408

‚Älterer deutscher Macer' 409
‚Althochdeutsche Benediktinerregel' 389
‚Altniederfränkische Psalmenfragmente'
    445, 460
Meister Altswert 323, 341, 343f.
    Minnereden 323, 341, 343f.
‚Amicus und Amelius' 248
‚Amorbacher Spiel von Mariae Himmelfahrt' 371
Andreas III., König von Ungarn 36, 37, 38, 46, 67, 240, 401
Andreas 290
    ‚Die väterlichen Lehren' 290
‚Von dem anefluzze des vaters' 74, 78
‚Anleitung, Schießpulver zu bereiten, Büchsen zu laden und zu beschießen' 407f.
Anna, Gemahlin Kaiser Karls IV. 10
Anna, Gemahlin Herzog Ottos des Fröhlichen von Österreich 42
Anna, Tochter König Friedrichs des Schönen 42
Anna von Munzingen 114f.
    ‚Chronik' 114f.
Anne von Ramschwag 113
Anonymus Neveleti 298, 301
Anselm von Canterbury 81, 83, 288, 311
    ‚Cur Deus homo' 81, 83
‚St. Anselmi Fragen an Maria' 287f.
‚Vom Antichrist' s. Österreichischer Bibelübersetzer
‚Von dem Anticriste' 271
‚Der apostele tat' 455
Appet, Jacob 259, 262
    ‚Der Ritter unter dem Zuber' 259, 262
‚Arbor amoris' 427
Aristoteles 292, 311, 443
‚Aristotelis Heimlichkeit' 291
Der arme Konrad 258, 262
    ‚Frau Metze' 258, 262
‚Von armuot des geistes' 78f.
Arnold von Langenstein 234
Äsop 298, 300
Attila 394
‚Augsburger Bibelhandschrift' 453, 460
‚Augsburger Cantionessammlung' 179
‚Augsburger Drittordensregel' 390f.
‚Augsburger Klarissenregel' 391
‚Augsburger Stadtbuch' 383
Augustijn 258, 259
    ‚Der Herzog von Braunschweig' 258, 259f.
Augustin von Hammerstetten 313

‚Augustinerregeln' 390
Augustinus 83, 100, 299, 311, 366, 449
    ‚Confessiones' 100
Augustus 13
‚Ave Maria' 248, 286
‚Ave Maria-Parodie' 294
Averroes 189
Avian 298, 301
Avicenna 189

Meister Babiloth s. Wichwolt
‚Bairisches Färbebüchlein' 407
Baldemann, Otto 354
    ‚Von dem Romschen Riche eyn clage' 354
Baldewin von Luxemburg, Erzbischof von Trier 4, 8, 147
Bar, Gräfin von 347
‚Die Bärenjagd' 255f., 264, 266
Bartholomäus (von Bolsenheim) 98
‚Basler Rezepte' 405, 409
‚Basler Trojanerkrieg' 214f.
‚Die Bauernhochzeit' 266
‚Baumgarten geistlicher Herzen' 433
‚Bayerischer Landfrieden' 383
Beatrix, Gemahlin Herzog Heinrichs VI. von Kärnten, König von Böhmen 54, 336
Beatrix von Zollern, Gemahlin Herzog Albrechts III. von Österreich 54
Beheim, Michel 177, 395
‚Beichtspiegel' 436f.
‚Die beiden ungleichen Liebhaber' 323
‚Beizbüchlein' 408
‚Bellum Waltherianum' 397
Benedikt XII., Papst 7
‚Großes Benediktbeurer Passionsspiel' 363, 364
‚Kleines Benediktbeurer Passionsspiel' 363
‚Benediktbeurer Weihnachtspiel' 370, 371
‚Benediktinerregel' 389, 390
‚Berchta' 264, 265
‚Bergfried der Minne' 341
‚Beringer' 261
‚Berliner Evangelistar' 452
‚Berliner Osterspiel-Fragment' 358, 359f., 361f.
Bernhard von Chrannest 39, 212
Bernhard von Clairvaux 74, 228, 273, 282, 311, 423, 428, 443
    ‚Sermo de vita et passione Domini' 228
Bertholt von Falkenstein, Fürstabt von St. Gallen 402

Berthold III. von Eschenbach 155
Bruder Berthold 418, 440f.
   ‚Rechtssumme‘ 418, 440f.
Berthold von Bombach 448
   ‚Leben der seligen Luitgart von Wittichen‘ 448
Berthold von Moosburg 91, 117, 124
Berthold von Regensburg 242, 433
   ‚Sermones ad religiosos‘ 433
Bertholdus Capellanus 400
   ‚Gesta Ludovici‘ 400
Bertrand von Aquileja, Patriarch 274
‚Die Beständige und die Wankelmütige‘ 339
‚Bestraftes Mißtrauen‘ 261
‚Der betrogene Blinde‘ 264, 265
Biberli, Marquard 446, 454
‚Biblia pauperum‘ 281
‚Bihtebuoch‘ 437
Birgitta von Schweden 18, 80, 140
   ‚Revelationes‘ 140
Blanche/Blanca, Gemahlin Herzog Rudolfs III. von Österreich 37, 239
Blankhart von Löwen, Heinrich 134
Blannbekin, Agnes 46, 106
   ‚Vita et Revelationes‘ 46
‚Der blinde Hausfreund‘ 263
‚Die Blume der Schauung‘ 78
Bodmer, Johann Jacob 155
Boethius 416
Bogen, Herren von 205
‚Die Böhmenschlacht‘ 253f., 308
‚Böhmische Marienklage‘ 287
Bolko I., Herzog von Schweidnitz-Jauer 244
Bollstatter, Konrad 312
Bonaventura 102, 141, 427, 428, 443
   ‚Itinerarium mentis in deum‘ 102
   ‚Soliloquium‘ 443
Boner 30, 297, 299, 300–303, 320
   ‚Der Edelstein‘ 297, 299, 300–303
Bonifaz VIII., Papst 4
Boppe 173, 180, 181
‚Die böse Adelheid‘ 261
‚Die böse Frau‘ 292
‚Das böse Weib und die Teufel‘ 292
‚Die Brackenjagd‘ 339, 341
‚Brandans Meerfahrt‘ 250, 251
‚Brandenburger Osterspiel‘ 358, 359, 360, 361
‚Braunschweiger Fehdebuch‘ 403
‚Braunschweiger Stadtrecht‘ 384

‚Braunschweigische Reimchronik‘ 243
‚Daz brechen leit‘ 328
Breitinger, Johann Jacob 155
‚Bremberger‘ 170
‚Bremer Arzneibuch‘ 406, 409f.
‚Breslauer Arzneibuch‘ 409
‚Breslauer Landrecht‘ 382, 388
‚Breslauer Marienklage (I)‘ 287
‚Breslauer Marienklage (II)‘ 357
‚Breslauer Osterspiel‘ 357
Brevier 445
‚Breviertexte aus Westfalen‘ 445
‚Brief an die Frau von Plauen‘ 411
‚Bruder Rausch‘ 251
‚Der Bruder mit den sieben Säckchen‘ 86
Brun von Schönebeck 396
‚Brünner Schöffenbuch‘ 388
Brunwart von Augheim 148
‚Das Buch von geistiger Armut‘ 95
‚Das Buch von guter Speise‘ 309, 409
‚Buch der Märtyrer‘ 236, 373
‚Buch der Rügen‘ 307f., 321, 345
‚Buch von Troja I‘ s. ‚Elsässisches Trojabuch‘
‚Buch der Tugenden‘ s. ‚Der Tugenden Buch‘
‚Büchlein von der genaden uberlast‘ s. ‚Engelthaler Schwesternbuch‘
‚Büchlein von der geistlichen Gemahelschaft‘ s. Konrad (Spitzer)
‚Büchlein von schauenden und vom wirkenden Leben‘ 79
Burkhard von Ellerbach d. Ä. 47, 58
Burkhard von Ellerbach d. J. 47, 58
Burkhard von Hohenfels 339
Burkhard von Nellenburg 400
‚Der Bussard‘ 260

Caesar, Julius 13, 396
Caesarius von Heisterbach 436
   ‚Dialogus miraculorum‘ 436
‚Cantilena de rege Bohemiae‘ 346
Cassiodor 56, 393
   ‚Historia ecclesiastica tripartita‘ 393
   ‚Historia ecclesiastica‘-Übersetzung 56
‚Catena aurea‘-Übersetzung 455f.
Cato 299
Chrestien de Troyes 196
   ‚Perceval‘ 196
‚Christ ist erstanden‘ 168, 362, 366
Christan von Luppin 149
‚Christherre-Chronik‘ 238, 461

‚Christi Leiden in einer Vision geschaut' 93
Christina von Stommeln 140
Christoph I., König von Dänemark 386
‚Christus und die minnende Seele' 106, 281
‚Chronicon Ellenhardi' 397
‚Chronik des St. Clarenklosters zu Weißenfels' 400f.
‚Chronik des Inselklosters St. Michael in Bern' 109
‚Chronik des Stiftes SS. Simon und Judas in Goslar' 399
Clemens IV., Papst 421
Clemens V., Papst 4, 5
Clemens VI., Papst 7, 8, 9, 392
Clemens VII., Papst 19, 163, 352
Colin, Philipp 196, 197
‚Compendium Anticlaudiani' 228
‚Contemptus mundi' 276
‚Corpus Dionysiacum' s. (Pseudo-)Dionysius Areopagita
‚Corpus iuris canonici' 384
‚Crescentia' 260
Cyrillus 449

‚Dalimil' 245
Dalimil von Messeritsch 245
Damen, Hermann 171, 172f., 180, 181, 183, 191, 325
    Leich 191
Dangkrotzheim, Konrad 172, 180, 317
‚Daniel' 222, 223, 224f.
Dante, Aligheri 429
    ‚Comedia' 429
‚Darmstädter Aventiurenverzeichnis' 220
‚Darmstädter Gedicht über das Weltende' 219, 271
David von Augsburg 60, 141, 282, 427, 431, 433
    ‚Sieben Staffeln des Gebets' 282, 427, 431
‚De novem rupibus' 133
‚Decretum Gratiani' s. Gratian
‚Die demütige Frau' 260f.
‚Descriptio terrae sanctae' 412
‚Deutsches salernitanisches Arzneibuch' 409
‚Deutschordensregeln und -statuten' 224, 390
‚Dialogus de altercatione Ecclesiae et Synagogae' 366
‚Dialogus Salomonis et Marcolfi' 268

Diemringer von Staufenberg, Peter 210
Diepold III., Markgraf von Vohburg 246
Diepold von Pfirt 327
Dieprecht 203
‚Dießenhofener Schwesternbuch' s. ‚Katharinentaler Schwesternbuch'
Diethelm von Kastel, Abt von Petershausen 155
Diether VI., Graf von Katzenelnbogen 325
Dietrich von Altenburg 223, 225, 244
Dietrich von Apolda 114, 234, 400
    ‚Vita S. Dominici' 114, 400
    ‚Vita S. Elisabeth' 234, 400
Dietrich von Braubach 325
Dietrich von Freiberg 61f., 63, 64, 73, 76, 77, 80
Dietrich von der Glesse 258, 261, 265
    ‚Der Gürtel' 258, 261, 265
Dietrich von Kugelweit 376
Dietrich von Landsberg 400
(Pseudo-)Dionysius Areopagita 61, 65f., 90, 141
    ‚Corpus Dionysiacum' 61, 65
    ‚Mystica Theologia' 61
Dionysios de Burgo 188
‚Disticha Catonis' 288f., 290, 294, 306, 398
‚Docens Marienklage' 287
‚Dominikanerinnen-Konstitutionen' 390
Dominikus 117, 400
‚Donatus burgensium antiquus' 403
Doneldey, Arnold 409
Dorothea von Montau 106, 140
‚Drei buhlerische Frauen' 262
‚Drei listige Frauen A' 261, 262, 265
‚Von dreierlei geistlichem Sterben' 134
‚Von den drîn fragen' 94, 137, 138
‚Dulciflorie' 263
Durandus, Wilhelm 56
    ‚Rationale divinorum officiorum' 56
Der Düring 149

Ebendorfer, Thomas 313
    ‚Sermo de auditu' 313
Eberhard I., Graf von Katzenelnbogen 254, 325
Eberhard III., Graf von Nellenburg 399
Eberhard II., Graf von Württemberg 18
Eberhard, Augustinermönch 37
Priester Eberhard 245
    ‚Gandersheimer Reimchronik' 245
Eberhard von Cersne 152, 154, 160

Eberhard von Sax 172
‚Eberhard und Itha von Nellenburg' 399f.
Ebner, Christine 117, 119–123, 125, 126
  ‚Gnadenvita' 117, 119–122, 123, 124
  ‚Offenbarungen' 119, 120, 122f.
  ‚Vitenfragment' 120, 122
Ebner, Margareta 87, 98, 119, 124–128, 426
  ‚Offenbarungen' 119, 124, 125, 126, 127f.
  ‚Paternoster'-Paraphrase 127
Ebner, Seyfried 119
‚Eckenlied' 220
Eckhart von Gründig 77
Eckhart von Hochheim, Meister Eckhart 59, 62–87, 88, 89, 90, 91, 92, 93, 94, 95, 96, 97, 101, 104, 105, 106, 107, 110, 113, 116, 130, 138, 142, 143, 169, 417, 420, 421, 422, 424, 425, 431, 433
  ‚Das Buch der göttlichen Tröstung' 46, 67f.
  Deutsche Predigten 65, 66, 68–73
  ‚Von dem edeln Menschen' 67
  Lateinische Werke 64
  ‚Liber benedictus' 46, 66, 67
  ‚Opus tripartitum' 64
  ‚Quaestiones' 64, 65
  ‚Die Reden der Unterweisung' 64f.
‚Eckhart-Legenden' 85
Eckhart der Junge 77, 94
Eduard II., König von England 348
Eduard III., König von England 7, 8, 9, 10, 15, 219, 348
Egen von Bamberg 323, 331f., 333
  ‚Das Herz' 331f.
  ‚Die Klage der Minne' 331
Egenolf von Staufenberg 210, 257, 259
  ‚Peter von Staufenberg' 210, 257, 259
‚Ehren und Höhnen' 264
Ehrenbloß, Hans 258, 264, 265
  ‚Der hohle Baum B' 258, 264, 265
Ehrenbote 180, 258
Ehrenfreund 247, 258
  ‚Der Ritter und Maria' 247
‚Eichstätter Konventsregel' 39
‚Einsiedler Prophetenspiel' 370
‚Eisenbuch' 40
Ekkehart IV. von St. Gallen 401
  ‚Casus Sancti Galli' 401
‚Elbinger Beichtbüchlein des Deutschen Ordens' 437
‚Elbinger Rechtsbuch' 385

Elhen von Wolfhagen, Tilemann 162, 169, 398f.
  ‚Limburger Chronik' 162, 169, 398f.
Elisabeth von Görz-Tirol, Gemahlin König Albrechts I. 37, 46, 457
Elisabeth (Isabella) von Aragon, Gemahlin König Friedrichs des Schönen 40
Elisabeth, Gemahlin König Wenzels II. von Böhmen 46
Elisabeth von Virneburg, Gemahlin Herzog Heinrichs des Freundlichen von Österreich 42
Elisabeth, Gemahlin Herzog Ottos des Fröhlichen von Österreich 44, 268
Elisabeth, Tochter des König Andreas III. von Ungarn 37
Elisabeth, Markgräfin von Mähren 449
Elisabeth von Thüringen 234, 244, 245, 248, 400
Elisabeth von Matzingen, Fürstäbtissin in Zürich 154
Elisabeth von Spiegelberg, Fürstäbtissin in Zürich 155
Elisabeth von Wetzikon, Fürstäbtissin in Zürich 155, 334
Elisabeth von Orlamünde 401
Elisabeth von Kirchberg 115
  ‚Irmgard-Vita' 115
Ellenhard 397
‚Elsässische Legenda aurea' 45, 46, 440, 447
‚Elsässische Predigten' 423
‚Elsässisches Trojabuch' 215, 462
Elsbeth von Beggenhofen 110
Elsbeth von Cellikon 113
Elsbeth von Klingenberg 120
Elsbeth von Oye 110, 111f.
  ‚Offenbarungen' 111f.
  ‚Leben und Offenbarungen' 111
‚Elucidation' 196
‚Engel und Waldbruder' 250
‚Engelberger Gebetbuch' 445
Engelberger Prediger 92, 425
Engelhart von Ebrach 79, 433
Engelhart I. von Hirschhorn 348
‚Engelthaler Schwesternbuch' 118, 120, 123, 124
‚Des Entkrist Vasnacht' 375–377
‚Epistel des Rabbi Samuel an Rabbi Isaac' s. Öser, Irmhart
‚Epistola Aristotelis ad Alexandrum' 292, 352

Bruder Erbe 420
Erich, Graf von Holstein 173
Erik Menved, König von Dänemark 182
Erik IV. Plogpenning, König von Dänemark 386
‚Erkenntnis der Sünde' 441
‚Erlösung' 230f., 366, 371
Ernst von Kirchberg 244
  ‚Mecklenburgischer Reimchronik' 244
‚Erweiterte Christherre-Chronik' 238
‚Es kommt ein Schiff geladen' 92, 169
‚Esra und Nehemia' 223
Euphemia, Königin von Norwegen 291
Eusebius 449
‚Evangelienbuch des Matthias von Beheim' 451, 453
‚Evangelienharmonien' 450, 453f.
‚Evangelien-Perikopen' 452
‚Evangelien-Perikopen der Passion' 452
‚Evangelium Nicodemi' (dt.) 453, 457, 460f.
‚Evangelium Nicodemi' (lat.) 231, 460f.
Everhard von Wampen 290f., 410
  ‚Spiegel der Natur' 290f.

‚Facetus' 289
‚Facetus moribus et vita' 335
‚Der Feldbauer' 264, 293
Fleck, Konrad 242
  ‚Flore und Blanscheflur' 242
‚Flete fideles anime' 287
Floreke, Nikolaus 403
Florentius von Utrecht 420
‚Flores temporum' 394
Floris-Roman 206, 211, 217
‚Flos vnde Blankeflos' 211, 217
Folz, Hans 45, 55, 163, 256, 269, 290
‚Fortunatus' 208, 214
Franke, Johannes 420
‚Der Frankfurter' 143
Frankfurter, Philipp 269
  ‚Der Pfarrer von Kahlenberg' 44, 269
‚Frankfurter Dirigierrolle' 231, 356, 357, 358, 359, 363, 364–367, 368, 370, 371, 372
‚Frankfurter Osterspielfragment' 357, 364, 365
‚Frankfurter Passionsspiel' 364, 365
‚Fränkisches Arzneibuch' 410
Franz von Assisi 276, 400
‚Frau Minne warnt vor Lügen' 329
‚Die Frau des Seekaufmanns' 267

‚Frau Seltenrain' 295, 340
‚Das Frauchen von 22 (21) Jahren' 85
‚Frauendienst und Minnedienst' 330
‚Frauenlist' 262
Frauenlob (Heinrich von Meißen) 30, 147, 150, 163, 171, 173, 175, 176, 178, 180, 181, 182–188, 189, 190, 191, 192, 214, 242, 248, 291, 325, 430
  Lieder 150–152, 153
  Leichs 191, 192f.
  Sangsprüche 171, 178, 183–188, 430
‚Frauenminne und Gottesminne' 324
‚Frauenschönheit' 323, 324
‚Frauentreue' 260, 265
‚Das Frauenturnier' 261
Freidank 283, 288, 311, 312
‚Freisinger Paternoster' 434
Fressant, Hermann 258, 260
  ‚Der Hellerwert Witz' 258, 260
Der Freudenleere 258, 266
  ‚Der Wiener Meerfahrt' 34, 258, 266
Friedrich I. Barbarossa, Kaiser 49, 244
Friedrich II., Kaiser 2, 14, 18, 20, 22, 34, 35, 201, 237, 239, 240, 392, 402
Friedrich der Schöne, König, Herzog von Österreich 5, 6, 19, 37, 38, 39–40, 43f., 158, 203, 204, 224, 239, 240, 273, 305, 355, 403, 404, 406, 459
Friedrich II. der Streitbare, Herzog von Österreich (Babenberger) 33, 34, 44, 204, 240
Friedrich III. von Österreich, Sohn Herzog Albrechts II. 50, 352
Friedrich I., Herzog von Schwaben 50
Friedrich III. der Weise, Kurfürst von Sachsen 313
Friedrich II., Markgraf von Baden 232
Friedrich III., Markgraf von Baden 232
Friedrich der Freidige, Landgraf von Thüringen, Markgraf von Meißen 4, 37, 374f.
Friedrich V. von Zollern, Burggraf von Nürnberg 54, 119, 122
Friedrich III., Graf von Toggenburg 155
Friedrich von Hausen 158
Friedrich von Lochen 350
Friedrich von Saarburg 271
  Antichrist-Gedicht 271f.
Friedrich von Sonnenburg 180
Friedrich, Konrad, Kaplan in Engelthal 117, 118

‚Friedrich von Schwaben' 198, 207–210
‚Die fromme (selige) Müllerin' 85
Fröschel von Leidnitz 257, 259, 260, 265
   ‚Das belauschte Liebesgespräch' 257
   ‚Die Liebesprobe' 257, 260, 265
   ‚Der Prozeß im Himmel' 257
Frowin von Krakau 289
   ‚Antigameratus' 289
Fryger, Clevi 401
Fuetrer, Ulrich 195, 220
‚Fundationes monasteriorum Bavariae' 246
‚Von fünf Meistern' 80, 433
‚Von den fünf Zeiten vor Christi Geburt' 392
‚Fünfzehn Vorzeichen des Jüngsten Gerichts' 229, 272, 354
‚Füssener Marienklage I' 287, 358
‚Füssener Osterspiel' 357f.
Futerer, Johannes 98, 101, 105

‚Gabriel und die Seele' 106
‚St. Galler Passionsspiel' 363, 364f., 366
‚St. Galler Weihnachtspiel' 371
Gallus von Prag 410f.
   ‚Sendbrief' 410f.
‚Garten der Tugenden' 84, 85
‚Gebetbuch moselfränkischer Zisterzienserinnen' 445
‚Gebetsanweisungen in lateinischen Psalterhandschriften' 444f.
Gebhard, Bischof von Eichstätt 410
‚Geißlerlieder' 168f.
‚Die geistliche Jagd' 137
‚Der geistliche Streit' 276
Gelre 349, 350
‚Ain gemeine lere' 390
Gengenbach, Pamphilus 248
St. Georgener Prediger 423, 426, 427, 433
Gerardus de Fracheto 113f.
   ‚Vitae fratrum' 113f.
‚Gerart van Rossiliun' 218, 462
Gerhard, Graf von Hoya 182
Gerhard, Graf von Jülich 325
Gerhard von Düren 389
   ‚Benediktinerregel-Übersetzung' 389
Gerhard von Minden 297, 299f.
   ‚Wolfenbütteler Äsop' 297, 299f., 301
Gerhard von Sterngassen 422, 448
Gerlach von Nassau, Erzbischof von Mainz 434

Gernpaß, Michel 291
   ‚Tugendlehre' 291
Gertrud, Tochter Dietrichs von Landsberg 401
Gertrud von Bietenheim 129
Gerdrut von Entenberg (Engelthal) 117, 118
Gertrud von Helfta 123
Gertrud-Anna, Gemahlin König Rudolfs von Habsburg 35
Gertrud von Ortenberg 107
‚Gertrud von Ortenberg' 107
‚Gespräch zwischen Seele und Leib' 229
‚Die gezähmte Widerspenstige' 265
Giselbert, Erzbischof von Bremen 182, 186
Giselher von Slatheim 77, 419, 420
‚Glaubensbekenntnis' 434, 435
Der von Gliers 191, 327
‚Glogauer Rechtsbuch' 388
‚Diu glôse über das êwangelium S. Johannis' 74
‚Das Gnaistli' 278f., 289
‚Gold und Zers' 264, 340
‚Goldbulle von Rimini' 20
‚Goldene Bulle' 13, 17, 49, 384, 394
‚Goldene Muskate' 93
Der Goldener 171, 173
‚Goldenes ABC' 138
‚Görlitzer Rechtsbuch' 385
Gossembrot, Sigismund 130
‚Von gotes barmherzikeit' 273
Gottesfreund vom Oberland s. Merswin, Rulman
Gottesfreundtexte 92, 94, 100, 106, 130–140, 426; s. Merswin, Rulman
   ‚Von den beiden Klausnerinnen Ursula und Adelheid' 135f.
   ‚Briefbuch' 131, 134, 138
   ‚Buch von eigenwilligen Weltweisen' 136, 139
   ‚Buch vom Fünklein in der Seele' 136
   ‚Buch vom gefangen Ritter' 135
   ‚Buch von der geistlichen Leiter' 136, 139
   ‚Buch von der göttlichen Stiege' 136
   ‚Buch von den zwei fünfzehnjährigen Knaben' 135
   ‚Buch von zwei heiligen Klosterfrauen in Bayern' 136
   ‚Dialog eines Klosterbruders mit einem jungen Priester namens Walther' 138
   ‚Erstes lateinisches Memorial' 131
   ‚Erweitertes Pflegermemorial' 131

,Geschichte eines jungen Weltkindes' 136
,Großes deutsches Memorial' 131, 134–139
,Großes lateinisches Memorial' 131
,Kleines deutsches Memorial' 131
,Eine letze (lectio) an einen jungen Ordensbruder' 136
,Meisterbuch' 88, 137, 138, 139
,Meistermemorial' 131
,Nützliche Lehre an eine Jungfrau' 138
,Pflegermemorial' 131
,Schürebrand' 138f.
,Sendschreiben an die Christenheit' (,Buch von einer Offenbarung') 136
Stiftungsberichte 134f.
,Die Tafel' 136
,Urkundenbücher' 131
,Zweimannenbuch' 137, 139
,Von der Gottesliebe' 442
Gottfried, Graf von Sayn 325
Gottfried von Breteuil 287
  ,Planctus ante nescia' 287
Gottfried von Franken 408
  ,Pelzbuch' 408
Gottfried von Heimberg 244
Gottfried von Neifen 148, 149, 150, 154, 158, 161, 162, 167, 170, 197, 250
Gottfried von Straßburg 196, 200, 230, 341
  ,Tristan' 196, 198, 200, 202, 229, 230, 326, 340, 341
,Göttinger Spielfragment von Jakob und Esau' 375
,Göttweiger Trojanerkrieg' 215, 238
,Granum sinapis' 65f., 169
Gratian 384
  ,Concordia discordantium canonum' 384
,Grazer Marienleben' 233
Gregor I. der Große, Papst 299, 301, 319
Gregor XI., Papst 18, 381, 382
,Der Große Alexander' s. ,Wernigeroder Alexander'
,Großer Seelentrost' 214, 247, 434, 435f., 437
,Vom Grunde aller Bosheit' 85
Guido de Columnis 462
  ,Historia destructionis Troiae' 462
Gundacker von Judenburg 227f., 238, 458
  ,Christi Hort' 227f., 238, 458
Günther von Schwarzburg, Gegenkönig 10, 393

Guta, Gemahlin König Wenzels II. von Böhmen 37

Hadamar III. von Laber 337
Hadamar von Laber 323, 332, 337–339, 340, 341
  ,Die Jagd' 323, 332, 337–339, 340
Hadlaub, Johannes 154–157, 171, 191, 309, 325, 334, 387
  Lieder 154–157, 171, 309, 325
  Leichs 155, 191
,Die halbe Birne A' 266
,Die halbe Decke' A-BC 265f.
,Die halbe Decke' C s. Der Hufferer
Hane der Karmelit 420
Hans von Auer 440
Hans von Bühel 211
Hans von Liechtenstein 56, 412
Hans von Scharfeneck 437
Hans von Traun 58, 349, 351
Der Hardegger 178
Harder, Konrad 160, 172, 177, 181, 193
,Harm der Hund' 266
Hartlieb, Johannes 215, 216
  ,Alexander' 215, 216
Härtlinus, Narr am Hofe Herzog Ottos des Fröhlichen von Österreich 44
Hartmann von Aue 199, 200, 201, 208, 209, 242, 295, 323, 324
  ,Erec' 208
  ,Iwein' 199, 200, 201, 206, 209, 242, 295
  ,Die Klage' 324
Hartnid V. von Pettau 188
Hartwig von Erfurt 62, 73, 424f., 433, 448, 453
  ,Postille' 62, 73, 424f., 433, 448
Hartwig von dem Hage 284
  ,Tagzeitengedicht von den Leiden Christi' 284
  ,Margarethenlegende' 284
,Das Häslein' 263, 265
Haspel 170
,Das Hausgeschirr' 292
,Der Hauskummer' 292
,Von dem Hausrat' 309
,Hausratgedichte' 292
Hawich der Kellner 234
  ,Leben des heiligen Stephan' 234
Hedwig, Tochter König Rudolfs von Habsburg 35
Hedwig von Schlesien 244

Hedwig von Schauenberg, Gräfin von
    Rosenberg 236
‚Große Heidelberger Liederhandschrift'
    146, 147f., 149, 154, 155, 174, 183, 191,
    387
‚Kleine Heidelberger Liederhandschrift' 145,
    174
‚Heidelberger Liederhandschrift' cpg 350
    175–177, 178
‚Der Heiligen Leben' 236, 247, 447
Heilke von Staufenberg 107
Heinrich IV., König 50
Heinrich VII., Kaiser 4f., 13, 39, 157f.
Heinrich Raspe, König 2
Heinrich II. von Virneburg, Erzbischof
    von Köln 63, 67, 422
Heinrich II. von Klingenberg, Bischof von
    Konstanz 155, 254, 325, 327, 334,
    402, 423
Heinrich III. von Brandis, Bischof von
    Konstanz 170
Heinrich von Pirnbrunn, Erzbischof von
    Salzburg 389
Heinrich II. von Güttingen, Fürstabt von
    Einsiedeln 155
Heinrich von Ramstein, Fürstabt von
    St. Gallen 402
Heinrich VI., Herzog von Kärnten, König
    von Böhmen 4, 5, 9, 40, 58, 182,
    254, 336, 351
Heinrich I., Herzog von Mecklenburg 182,
    398
Heinrich II., Herzog von Mecklenburg
    182
Heinrich II., Herzog von Niederbayern 8
Heinrich II. Jasomirgott, Herzog von
    Österreich 33
Heinrich der Freundliche, Herzog von
    Österreich 39, 42
Heinrich der Löwe, Herzog von Sachsen
    199, 200
Heinrich von Breslau, Herzog von Schlesien 150, 182
Heinrich I., Markgraf von Brandenburg
    149, 401
Heinrich III., Markgraf von Meißen 150
Heinrich I., Graf von Anhalt 150
Heinrich I., Graf von Holstein 173
Heinrich, Graf von Montfort 402
Heinrich von Berg 96, 97
Heinrich von Montabaur 345
Heinrich von Rickeldey/Rückeldegen 107

Heinrich von Talheim 107
Heinrich von Wolfach 131
Heinrich II. von Wolnzach 347
Heinrich von Beringen 162, 297, 304f.,
    306
    Lieder 162f.
    ‚Schachbuch' 297, 304f., 306
Heinrich von Burgeis 277f.
    ‚Der Seele Rat' 277f.
Heinrich von Ekkewint 94, 117, 422
Heinrich von Frauenberg 148
Heinrich von Freiberg 231
Heinrich von St. Gallen 430, 434
    ‚Extendit manum' 434
Heinrich von Halle 59
Heinrich von Hesler 222, 225–227, 238,
    455, 461
    ‚Apokalypse' 227, 455
    ‚Erlösung' 226
    ‚Evangelium Nicodemi' 226, 238, 461
Heinrich der Klausner 248
    ‚Vom armen Schüler' 248
Heinrich von Lammesspringe s. ‚Magdeburger Schöppenchronik'
Heinrich von Langenstein 441
Heinrich von Löwen 105
Heinrich von Meißen s. Frauenlob
Heinrich von Morungen 147, 149f., 170
Heinrich von Mügeln 13, 16, 30, 53, 160,
    163, 171, 177, 181, 182, 187, 188 bis
    190, 191, 214, 299, 304, 394f., 404,
    410, 411, 430, 459
    Lieder 160, 189, 410
    ‚Der Meide Kranz' 16, 188, 189
    Sangsprüche 53, 171, 181, 182, 188 bis
        190, 299
    ‚Der Tum' 190, 193
    ‚Ungarnchronik' 53, 188, 190, 394f.,
        404
    ‚Valerius-Maximus-Auslegung' 188, 304
    s. Österreichischer Bibelübersetzer
        (‚Psalmenkommentar')
Heinrich von München 216, 226, 233, 235,
    237–239, 242, 305, 461
    ‚Weltchronik' 216, 226, 233, 235, 237 bis
        239, 305, 461
Heinrich von Neustadt 39, 58, 211–214,
    228f., 238, 270
    ‚Apollonius von Tyrland' 39, 211–214
    ‚Von Gottes Zukunft' 39, 212, 228f.,
        238, 270
    ‚Visio Philiberti' 39, 212, 229, 270

Heinrich von Nördlingen 46, 67, 87, 88, 98, 119, 122, 123, 124–126, 127, 128, 129, 130, 131, 142
  Briefe 124, 125f.
Heinrich von Ofterdingen 180
Heinrich von Pforzen 259, 262
  ‚Der Pfaffe in der Reuse' 259, 262f.
Heinrich der Rost s. Rost
Heinrich von Schaffhausen 423
Heinrich der Teichner 29, 30, 39, 44, 47f., 52, 58, 142, 162, 180, 257, 258, 266, 269, 288, 293, 296, 299, 303, 308, 310–316, 318, 319, 320, 328, 341, 343, 349, 456, 458
  ‚Gespräch mit der Weisheit' 311, 313, 314
  ‚Mariengedicht' 311, 313f.
  ‚Reimpaargedichte' 162, 257, 258, 288, 293, 296, 299, 310–316, 318
  ‚Die Roßhaut' 266, 312, 313
Heinrich von dem Türlin 197
  ‚Krone' 197
Heinrich, Kaplan in Engelthal 117, 118
Heinz der Kellner 257f., 266
  ‚Konni' 257, 266
Heinzelin von Konstanz 275, 323, 327, 330, 423
  ‚Von den zwein Sanct Johansen' 275, 423
  ‚Von dem Ritter und von dem Pfaffen' 275, 327, 330f.
‚Heldenbücher' 220
Helena, Gemahlin Dietrichs von Landsberg 400f.
‚Heliand' 450
‚Der Heller der armen Frau' 250
Helwic von Germar 420
Helwig (von Waldirstet) 231
  ‚Märe vom heiligen Kreuz' 231
‚Der Herbst und der Mai' 294f., 329, 330, 377
Herdegen von Pettau 47
Herder, Johann Gottfried 320
‚Herforder Stadtrechtsbuch' 385f.
Hermann I., Landgraf von Thüringen 217, 244
Hermann von Fritzlar 78, 424, 447f.
  ‚Heiligenleben' 424, 447f.
  s. ‚Blume der Schauung'
Hermann von Loveia 420
Hermann von Minden 73
Hermann von Oesfeld 381

‚Cautela' 381
‚Premis' 381
Hermann von Schildesche 85, 448
‚Hermetschwiler Predigten' 423
‚Hero und Leander' 260
‚Der Herr mit den vier Frauen' 261, 265
Herrand von Wildonie 248, 257
  ‚Der nackte Kaiser' 248
  ‚Der Herrgottschnitzer' 263
Hertel von Liechtenstein 56, 412
Hertneid von Pettau 188
‚Herzog Ernst' 200, 213
‚Hester' 223
Hetzbold von Weißensee, Heinrich 149f.
Hieronymus 319, 416, 455
‚Hieronymus-Briefe' 449; s. Johann von Neumarkt
Hildegard von Hürnheim 291, 414
  ‚Secretum secretorum' 291, 414
‚Hildesheimer Nonnengebetbuch' 445
Hiltalingen von Basel, Johannes (Meister des Lehrgesprächs) 75, 80–84, 93
  ‚Audi filia' 81, 82f.
  ‚Gratia Dei' 81f., 83
  ‚In principio' 81, 83f.
Hiltbolt von Werstain, Fürstabt von St. Gallen 402
‚Himmelgartner Evangelienharmonie' 454
‚Himmelgartner Passionsspiel' 363
‚Himmelsbrief' 273
‚Himmlisches Jerusalem' 336
‚Hiob' 224, 225, 227
Hippokrates 410
Hirzelin 38, 254
‚Historia Apollonii regis Tyri' 212
‚Historia monachorum' 447
‚Historien der alden E' 224
‚Historienbibel' 239, 436, 451, 458, 461
‚Der hohle Baum A' 264
‚Holzmindener Bibel-Fragmente' 452
‚Homilia de Maria Magdalena' 228f.
Höneke, Bartholomäus 243
  ‚Jüngere livländische Reimchronik' 243
Honorius III., Papst 223f.
‚Horae de compassione Mariae' 285
Horaz 288, 298
Hornburg, Lupold 44, 177, 178, 180, 181, 184, 308, 353f.
  Reden 177, 353f.
‚Hortulus animae' 446
Der Hufferer 259, 265f.
  ‚Die halbe Decke' C 259, 265f.

Hüglin von Schönegg 430
Hugo IV., König von Zypern 55
Hugo von Konstanz 423
Hugo von Langenstein 234f., 249, 271, 444
  ‚Martina‘ 234, 249, 271, 444
Hugo von Montfort 146, 154, 159, 328, 350
Hugo Ripelin von Straßburg s. Ripelin von Straßburg, Hugo
Hugo von Trimberg 22, 29, 30, 270, 288, 297, 298, 303, 305, 310, 313, 316–321
  ‚Von der Jugend und dem Alter‘ 318
  ‚Laurea sanctorum‘ 317
  ‚Registrum multorum auctorum‘ 317f.
  ‚Der Renner‘ 22, 29, 270, 288, 297, 298, 303, 305, 310, 313, 316, 317, 318–321
  ‚Der Samener‘ 317
  ‚Solsequium‘ 318
Hugo von St. Viktor 390
  ‚Expositio in regulam beati Augustini‘ 390
Humbertus de Romanis 114, 390

‚Ich man dich vater Jhesum Christ‘ 227
‚Ich muoz die creaturen fliehen‘ 92
‚Ich wil vch sagen mere‘ 62
‚In dulci iubilo‘ 168
Ingeborg, Herzogin von Schweden 291
Meister Ingold 305
  ‚Goldenes Spiel‘ 305
Innozenz III., Papst 234f.
  ‚De miseria conditionis humanae‘ 234
Innozenz IV., Papst 2
Innozenz VI., Papst 13, 18
‚Innsbrucker Fronleichnamspiel‘ 359, 369f.
‚Innsbrucker Marienklage‘ 287
‚Innsbrucker Osterspiel‘ 358, 359, 360 bis 362
‚Innsbrucker Spiel von Mariae Himmelfahrt‘ 359, 371f., 373
‚Der înslac‘ 78
‚Interrogatio Sancti Anselmi de passione domini‘ 288
‚Ipocras‘ 410
Irmgard von Rheinfels 325
Meister Irregang 295
Isabella, Gemahlin König Friedrichs des Schönen 459
Isabella, Gemahlin König Eduards II. von England 348
Itha von Nellenburg 399

Jacobus de Cessolis 304, 305, 306, 307
  ‚Liber de ludo scaccorum‘ 304, 305, 306, 307
Jacobus de Theramo 274
  ‚Belial‘ 274
Jacobus a Voragine 236, 238, 270, 272, 372, 446
  ‚Legenda aurea‘ 229, 232, 236, 238, 270, 272, 372, 373, 392, 436, 446, 458
‚Die Jagd‘ 339
‚Die Jagd der Minne‘ 339
‚Jagdallegorie‘ 339
Jakob von Mailand 428
  ‚Stimulus amoris minor‘ 428
Jakob von Mühldorf 164
Jakob von Vitry 301
Jakob von Warte 148
Jans 215, 238, 242, 394, 461
  ‚Fürstenbuch‘ 394
  ‚Weltchronik‘ 215, 238, 461
‚Jenaer Liederhandschrift‘ 145, 174f., 177, 183, 193
‚Jesu Gespräch mit der treuen Seele‘ 93
Joachim von Watt 403
  ‚Die äbt des closters zu St. Gallen‘ 403
Johannes XXII., Papst 5–7, 13, 63, 87, 97, 125, 307, 369, 393, 420, 421
Johann von Luxemburg, König von Böhmen 5, 6, 8, 9, 10, 15, 42, 162, 245, 326, 382, 429
Johann II., König von Frankreich 15
Johann von Vifhusen, Bischof von Dorpat 306
Johann I. von Zürich, Bischof von Straßburg 67
Johann I., Herzog von Limburg und Brabant 327, 347
Johann, Herzog von Sachsen 313
Johann von Habsburg (Parricida) 4, 39, 241
Johann Heinrich von Böhmen, Markgraf von Mähren 9, 43, 388, 449
Johann Heinrich, Graf von Görz 42
Johann I., Graf von Limburg 325
Johann, Graf von Sponheim 325, 326, 327
Johannes, Stadtschreiber von Brünn 388
Johannes, Stadtschreiber von Stendal 388
‚Johannes Baptista‘ 423
‚Johann aus dem Baumgarten‘ 211, 218
Johann von Bopfingen 163
Johannes von Brakel 417
Johannes von Buch 379–381

‚Glosse zum Sachsenspiegel' 379f.
‚Richtsteig Landrechts' 380f.
Johannes von Dambach 88
  ‚Consolatio theologiae' 88
‚Johannes Evangelista' 423
Johannes de Fonte 442
  ‚Conclusiones in IV libros sententi-
    arum' 442
Johannes von Frankenstein 48f., 226
  ‚Der Kreuziger' 48f., 226
Johannes von Freiberg 258, 263, 265
  ‚Das Rädlein' 258, 263, 265
Johannes von Freiburg 433, 440, 441
  ‚Summa confessorum' 440, 441
Johann II. von Gristow 173
Johann von Guben 397f.
  ‚Stadtchronik von Zittau' 397f.
Johannes von Hildesheim 413
  ‚Historia trium regum' 413
Johann von Kapellen 47
Johann von Klingenberg 327
Johann von Konstanz 323, 332, 334f., 336, 337
  ‚Minnelehre' 323, 332, 334f., 336, 337
Johannes von Morschheim 305
  ‚Spiegel des Regiments' 305
Johann von Neumarkt 14, 55, 184, 429f., 432, 437, 449
  ‚Buch der Liebkosung' 430, 432
  Gebete 430, 437
  ‚Hieronymus-Briefe' 55, 430, 437, 449
  ‚Summa Cancellariae' 430
Johannes von Nördlingen 423
Johann von Nürnberg 295
  ‚De vita vagorum' 295
Johannes von Offringen 423
Johann von Posilge 404
  ‚Chronik des Preußenlandes' 404
Johann von Ringgenberg 172, 300f.
Johannes I. von Ringgenberg 172, 300, 303
Johannes de Sacrobosco 407
  ‚Sphaera mundi' 407
Johannes von Schaftholzheim 134
Johannes von Sterngassen 87, 110, 422
Johannes von Tepl 181, 430
  ‚Ackermann aus Böhmen' 181, 430
Johannes von Vippach 417
  ‚Katherina divina' 417
Johann von Würzburg 38, 43, 202–207, 208, 241
  ‚Wilhelm von Österreich' 38, 43, 198, 202–207, 208, 209, 210, 241

Johannes von Zazenhausen 434
‚Johannes-Libelli' 422f.
Johanniterregel und -statuten 390
Jordan von Boizenburg 379
  ‚Ordeelbuch' 379
Jordan von Quedlinburg 85, 425, 434
  ‚Meditationes de passione Christi' 434
  ‚Opus postillarum' 425
Josephus 395
‚Das Jüdel' 249
‚Die Jüdin und der Priester' 249
‚Judith' 223, 224
Der Junge Meißner 147, 148, 173
‚Jüngere deutsche Habichtslehre' 408
‚Jüngerer deutscher Macer' 409
‚Von dem jungesten tage' 270
‚Der Junker und der treue Heinrich' 259
Jutta von Homburg 325

‚Kaiserchronik' 238
Der Kanzler 147, 148, 171, 180, 181
Karl der Große, Kaiser 218, 246, 288, 353, 381, 385
Karl IV., Kaiser 8, 9–19, 21, 31, 42, 43, 49, 51, 52, 53, 119, 120, 122, 147, 184, 188f., 216, 219, 244, 348, 351, 353, 354, 355, 376, 381, 384, 393, 394, 395, 396, 397f., 410, 415, 429, 430, 449
  'Moralitates' 16
  'Vita Caroli Quarti' 16
  'Wenzelslegende' 15
Karl Robert, König von Ungarn 40
Karl von Valois 4
‚Karl und Elegast' 219
‚Karl und Galie' 218
‚Karl der Große und die schottischen Heiligen' 219, 246
‚Karlmeinet' 218–220, 271
‚Karlsruher Fabelkorpus' 297, 299
‚Karwochenbüchlein' 445
Kaspar von der Rhön 220
‚Kasseler Evangelien-Bruchstücke'
  s. ‚Marburg-Kasseler Bibel-
  Fragmente
‚Kasseler Paradiesspiel-Fragmente' 375
Katharina, Gemahlin Herzog Rudolfs IV. von Österreich 43, 49
Katharina, Markgräfin von Meißen 417
Katharina von Gebersweiler 114
  ‚Vitae sororum' 114
Katharina von Siena 18
‚Katharinentaler Schwesternbuch' 109, 113

Register 529

Katzenelnbogen, Grafen von 325
Kaufringer, Heinrich 85, 249, 256, 268, 312
‚Das Kerbelkraut' 262, 265
Kettner, Fritz 180
‚Der kindere hovescheit' 290
‚Kirchberger Schwesternbuch' 115, 116, 117
Kistener, Kunz 248
   ‚Die Jakobsbrüder' 248
‚Klage um eine edle Herzogin' 336, 346
‚Klage vor Frau Minne' 330
Klara von Assisi 276, 448f.
‚St. Klara-Buch' 448
Klaus der Schirmer 423
‚Der kleine Renner' 321
‚Kleiner Seelentrost' 435, 436f.
‚Kleines Kaiserrecht' 382f.
Klenkok, Johannes 381f.
   ‚Reprobationes' 381f.
Klingsor 180, 400
Klosener, Fritsche 396f., 406
   ‚Bellum Waltherianum' 397
   ‚Directorium chori' 397
   ‚Straßburger Chronik' 396, 397
   ‚Vokabular' 397, 406
‚Kloster der Minne' 330, 332, 335–337
‚Klostergründungsgeschichten' 245f., 399
‚Klosterneuburger Evangelienwerk'
   s. Österreichischer Bibelübersetzer
‚Klosterneuburger Ständepredigten' 423
‚Klosterspiegel' 436
‚Kobold und Eisbär' 266
Köditz, Friedrich 400
   ‚Leben des Heiligen Ludwig' 400
‚Kolmarer Liederhandschrift' 175, 193, 194
‚Kölner Klosterpredigten' 73, 422
‚Kölner Prosa-Kaiserchronik' 38, 392
Koloman (Heiliger) 50
‚Komanisch-deutsches Glossar' 414
Könemann von Jerxheim 274, 451
   ‚Der Kaland' 274, 279
   ‚Reimbibel' 274, 451
   ‚Der Wurzgarten Mariens' 274
‚Der König im Bad' 248
Der König vom Odenwald 303, 308–310, 330, 353, 409
‚Die Königin vom brennenden See' 210f.
‚Königsberger Apokalypse' 455
‚Königsfeldener Chronik' 46, 56, 394, 401
‚Koninc Ermenrîkes Dôt' 220

Konrad I., König 399
Konrad IV., König 2
Konrad, Sohn König Wenzels II. von Böhmen 37
Konrad III. von Lichtenberg, Bischof von Straßburg 173
Konrad, Herzog von Masowien 20, 243
Konrad III., Reichsfreiherr von Schlüsselberg 353
Pfaffe Konrad 219
   ‚Rolandslied' 219, 243, 393
Konrad (Spitzer) 55, 142f.
   ‚Buch der Kunst' 142
   ‚Büchlein von der geistlichen Gemahelschaft' 55, 142f.
Konrad von Altstetten 148
Konrad von Ammenhausen 305f.
   ‚Schachzabelbuch' 305f.
Konrad von Braunsberg 131
Konrad von Eichstätt 410
   ‚Urregimen' 410
Konrad von Fabaria 401
Konrad von Füssen 116, 117, 119f.
Konrad von Fußesbrunnen 233, 458
   ‚Kindheit Jesu' 233, 458
Konrad von Heimesfurt 233, 238
   ‚Himmelfahrt Mariae' 233
   ‚Urstende' 238
Konrad von Heinrichau 405f.
Konrad von Helmsdorf 282; s. ‚Spiegel des menschlichen Heils'
Konrad von Klingenberg 334
Schenk Konrad von Landeck 148f.
Konrad von Liebenberg 423
Konrad von Megenberg 7, 47, 52f., 190, 406f., 411, 414–417
   ‚Buch von den natürlichen Dingen' 47, 52, 411, 414, 415, 416f.
   ‚Commentarius de laudibus Beatae Virginis Mariae' 415
   ‚Die deutsche Sphaera' 52, 407, 415, 416, 417
   ‚Planctus ecclesiae in Germaniam' 7, 415
   ‚Speculum felicitatis humanae' 47, 53, 415
   ‚Tractatus contra Wilhelmum Occam' 415
   ‚Tractatus de translatione imperii' 415
   ‚Vita S. Erhardi' 415
   ‚Yconomica' 415
Konrad von Rotenberg 239

Konrad von Schlüsselberg 127
Konrad von Würzburg 148, 149, 171, 172, 173, 180, 183, 191, 199, 210, 212, 215, 221, 234, 238, 242, 248, 252, 266, 313, 319, 349, 353, 426, 427, 462
 ‚Engelhard' 199, 248
 ‚Die Goldene Schmiede' 234, 313
 Leichs 191
 Lieder 148
 ‚Partonopier und Meliur' 210
 Sprüche 171
 ‚Trojanerkrieg' 215, 238, 462
 ‚Turnier von Nantes' 199
 ‚Der Welt Lohn' 252, 426
Konradin, Herzog von Schwaben 208
‚Konstanzer Liebesbriefe' 328
‚Konstanzer Weltchronik' 393
‚Korpus der Klostermedizin' 409, 414
Kotman, Johann 406
 ‚Vocabularius optimus' 406
Kraft von Greifenstein 325
Kraft von Toggenburg 155
Kranc, Klaus 454f., 459
 Apostelgeschichte 455
 Hiob-Paraphrase 455
 Propheten-Übersetzung 45
‚Kranewittbeer-Traktat' 409
‚Des Kranichhalses neun Grade' 340
‚Kremsmünsterer Dorotheenspiel' 373
‚Kremsmünsterer Passionsspiel-Fragment' 367
‚Das Kreuz' 263, 265
‚Kreuzensteiner Passionsspiel' 367, 368
‚Kreuzesholzlegende' 231
‚Die Kreuzfahrt Landgraf Ludwigs des Frommen' 244f., 270
Kuchimaister ‚Christian 38, 401–403
 ‚Nüwe Casus Monasterii Sancti Galli' 38, 401–403
Kudorf, Elisabeth 119
Kuenring, Herren von 205, 246
‚Die kurze Bibel' 461
‚Kurze preußische Reimchronik' 243

‚Des Labers Lehren' 339
‚Des Labers Rat' 339
Pfaffe Lamprecht 215
 ‚Alexander' 215
Lamprecht von Regensburg 60, 400
 ‚Sanct Francisken Leben' 400
 ‚Tochter Sion' 60

‚Lancelot' (Prosaroman) 195, 217, 218, 462
Langmann, Adelheid 123f.
 ‚Offenbarungen' 123f.
Lauber, Diebold 253
Laufenberg, Heinrich 130, 167
‚Laus tibi Christe' 166
‚Leben der Heiligen Elisabeth' 234, 374, 400
‚Leben Jesu' 450, 454
‚Legenda aurea' s. Jacobus a Voragine
Legendare 235, 236, 247
‚Lehre von einem göttlichen und geistlichen Leben' 85
‚Lehren des Aristoteles' 291f.
‚Lehrsystem der deutschen Mystik' 79
‚Vom Leiden' 106
‚Leipziger Predigten' 423, 424
Leopold III., Markgraf von Österreich 50
Leopold V., Herzog von Österreich (Babenberger) 33, 204
Leopold VI., Herzog von Österreich (Babenberger) 33, 204
Leopold I., Herzog von Österreich 6, 19, 37, 39, 43, 44, 112, 141, 203
Leopold III., Herzog von Österreich 20, 44, 50, 52, 53f., 55, 58, 249, 350, 352, 394, 404
Leopold von Wien 45, 56, 393f., 412
 ‚Historia ecclesiastica'-Übersetzung 56
 ‚Österreichische Chronik von den 95 Herrschaften' 45, 56, 393f.
 ‚Von der rais des pergs Synai' 56, 412
 ‚Von der Stat ze Jerusalem' 56, 412
 ‚Von der Stat ze Rom' 56, 412
Lesch, Albrecht 172, 180
Lessing, Gotthold Ephraim 301, 320
Leuthold von Stadeck 58
Leutolt VII. von Regensberg 155
‚Libellus de fundacione ecclesie consecrati Petri Ratispone' 246
‚Libellus septem sigillorum' 226
‚Liber pontificalis' 429
‚Liber viaticus' 429
‚Liebe und Reichtum' 323
‚Liebe und Schönheit' 329
‚Liebesbrief' 327, 328
‚Der Liebhaber im Bade' 262
Liechtenauer, Johannes 408
‚Liedersaal-Handschrift' 297, 299
‚Die Lilie' 277
‚Linzer Oswald' 217

Schenk von Lißberg 147
Liutolt von Tellikon 156
‚Livländische Reimchronik' 242f.
‚Lob der ritterlichen Minne' 158, 326f., 330, 347
‚Losbuch' 411
Losse, Rudolf 146f., 149, 162, 163, 165, 322, 327f.
   ‚Carmen Smunzil' 8
   ‚Kopialbücher' 146, 322f.
   Liedsammlung 8, 147, 149, 162
‚Löwenberger Rechtsbuch' 385
‚Lübisches Recht' 386, 398
‚Lucidarius' 414
Luder von Braunschweig 223, 225, 243
Luder von Ramesloh 398
Ludolf von Sachsen 281
‚Ludus de Antichristo' 374
Ludwig der Bayer, Kaiser 5–9, 10, 13, 15, 29, 32, 40, 42, 43, 44, 87, 97, 107, 120, 125, 127, 158, 162, 186, 203, 216, 224, 237, 273, 275, 301, 305, 307, 335, 337, 346, 347, 348, 353, 354, 355, 381, 383, 387, 403, 404, 406, 415, 422, 459
Ludwig I., König von Ungarn 42f., 53, 188, 349f., 395, 437
Ludwig IV., Herzog von Teck 337, 338
Ludwig V., Markgraf von Brandenburg, Herzog von Oberbayern 6, 9, 10, 43, 337, 350, 354, 379
Ludwig VI. der Römer, Markgraf von Brandenburg 379
Ludwig III., Landgraf von Thüringen 244
Ludwig IV. der Heilige, Landgraf von Thüringen 244, 400
Ludwig V., Graf von Öttingen 173
‚Ludwig der Bayer' 346
‚Lügenpredigt' 296
Lügenreden 295
Luitgart von Löwen 134
Lunare 411f.
Lupold von Bebenburg 354
   ‚Rhithmaticum' 354
Luther, Martin 82, 87, 143, 458
Lutwin 231
   ‚Adam und Eva' 231
   ‚Von Luzifers und Adams Fall' 368

‚Maastrichter Passionsspiel' 367, 368
‚Macer floridus' 409
Machaut, Guillaume de 162

Magdalena von Freiburg 131
‚Magedeburger Äsop' 300
‚Magdeburger Rechtsbücher' 385, 387f., 395
‚Magdeburger Schöppenchronik' 395f.
Magnus Eriksson, König von Schweden, Norwegen und Schonen 386
Magnus II., Herzog von Braunschweig 403
‚Mahrenberger Psalter' 460
‚Mai und Beaflor' 228
‚Mainauer Naturlehre' 414
Mair, Hans 215, 462
‚Makkabäer' 222, 223f.
Mandeville, Jean de 414
Manesse, Johannes 155, 156, 334
Manesse, Rüdiger II. 155, 156, 234, 334, 387
Manessier 196
Manfred, König von Sizilien 239, 258
‚Vom mangelnden Hausrat' 292, 293
Mangolt, Nikolaus 387
Manuel I. Komnenos 412
‚Marburg-Kasseler Bibel-Fragmente' 453
‚Marburger Prophetenspiel' 370f.
Margarete, Gemahlin Kaiser Ludwigs des Bayern 9, 346, 348, 349
Margarete Maultasch, Gräfin von Tirol 9
Margarethe von Savoyen 209
Margaretha, Tochter Markgraf Heinrichs I. von Brandenburg 401
Margareta zum Goldenen Ring 126f., 142
Margareta von Kentzingen 131
Maria von Playen-Hardegg 270
‚Marien-ABC' 286
‚Mariengrüße' 286
‚Marienklagen' 285, 287f.
‚Marienleben' 233
Marienmirakel 236, 247f.
‚Marienpsalter und Rosenkranz' 286f.
Marienwerder, Johannes 140
   ‚Leben der zeligen vrouwen Dorothea' 140
Der Marner 175, 176, 178, 180, 181, 184, 295
   Hofton 39, 43, 355
Marquard von Lindau 95, 141, 425
Marquard von Randeck 441
Marsilius von Padua 6, 7
   ‚Defensor pacis' 6
Martin, Leutpriester 163f.
Martin von Amberg 430, 437
   ‚Gewissensspiegel' 437

Martin von Troppau 392, 396, 412
 ‚Chronicon pontificum et imperatorum'
  392, 396
Matthias von Beheim 451, 453
Matthias von Neuenburg 158, 183
Maxentius, römischer Kaiser 373
Maximilian I., Kaiser 198, 204
‚Die maze' 289
Mechthild von Hackeborn 88
 ‚Liber specialis gratiae' 88
Mechthild von Magdeburg 59, 90, 118,
  123, 125, 127, 128, 142, 280
 ‚Das fließende Licht der Gottheit' 59,
  118, 123, 125, 127, 128, 142, 280
Mechthild von Rottenburg, Pfalzgräfin 55
‚Medinger Gebetbücher' 168
‚Meditationes vitae Christi' 434
Meffrid 181
‚Meier Betz' 266f.
‚Die Meierin mit der Geiß' 262, 265
Meinhard II., Graf von Tirol-Görz, Herzog von Kärnten 182, 277, 278
‚Meininger Reimbibel' 451
Der Meißner 180
‚Meißner Rechtsbuch' 385
Meister des Lehrgesprächs s. Hiltalingen
  von Basel, Johannes
‚Der Meister, Propheten, Poeten und
  Könige Sprüche' 288
Melein, Katharina 212
(Pseudo)-Melito von Sardes 233, 372
 ‚Transitus Mariae' 233, 372
‚Melker Evangelien' 455
‚Melker Gebete an die Dreifaltigkeit' 446
Mennel, Jakob 304, 305
‚Merlin' 218
Merswin, Rulman 88, 92, 94, 99, 125, 129
  bis 139
 ‚Bannerbüchlein' 136f.
 ‚Buch von den drei Durchbrüchen' 137,
  138
 ‚Buch von den furkomenen gnoden'
  137, 139
 ‚Büchlein von den vier Jahren seines
  anfangenden Lebens' 132f.
 ‚Fünfmannenbuch' 132, 133, 139
 ‚Leben Jesu' ('Von der geistlichen
  Spur') 137, 139
 ‚Neunfelsenbuch' 132, 133f., 136, 137,
  139
 ‚Sieben Werke der Barmherzigkeit' 137,
  139

‚Meßerklärung' 436
‚Metzen hochzit' 266f.
Meyer, Johannes 109f., 112, 113, 114
Michael de Leone 31, 145, 275, 299, 308,
  309, 320f., 322, 327, 330, 353, 409,
  410
 ‚Hausbuch' 31, 275, 299, 308, 309, 320,
  322, 327, 330, 353, 409, 410
 s.'Würzburger Liederhandschrift'
‚Von der Minne' I 76
‚Von der Minne' II 75f., 80, 81
‚Der Minne Falkner' 340
‚Der Minne Freigedank' 326, 330
‚Minne und Gesellschaft' 325f.
‚Der Minne Klaffer' 324
‚Minne und Pfennig' 341
‚Der Minne Porten' 340f.
‚Der Minne Spiegel' 280f.
‚Minnebüchlein' 106
‚Die Minneburg' 331, 332–334, 335
‚Minnedurst' 262, 265
‚Minnehof' 308, 324f.
‚Minneklage' I 334
‚Minneklage (aus Thüringen)' 327, 328
‚Der Minnenden Zwist und Versöhnung'
  340
‚Minner und Trinker' 295, 329, 330, 377
‚Des Minners Klage' 340
‚Mirabilia Romae' 412
‚Missale' 445
‚Mittelniederdeutsche Weltchronik' 392
‚Mönch Felix' 250
Mönch von Heilsbronn 282f., 431f., 439,
  446
 ‚Buch von der Minne' 432
 ‚Buch von den sechs Namen des Fronleichnams' 282, 283, 431, 432, 439
 ‚Buch der Sieben Grade' 282, 283, 431
Mönch von Salzburg 146, 158, 163–167,
  168, 179, 194, 284
 ‚Goldenes Ave Maria' 158, 167, 194
 Lieder 163, 164–167, 168, 284
Mondwahrsagetexte 411
‚Morant und Galie' 218f.
‚Moringer' 170f., 200
Moritz von Haunfeld 47
‚Mühlhäuser Katharinenspiel' 373f.
Mülich von Prag 159
‚Münchner Gebetbuch des cgm 73' 445
‚Münchner Gedicht von den 15 Zeichen
  vor dem Jüngsten Gericht' 272
‚Münchner Hortulanus-Szene' 357

'Münchner Oswald' 217
'Münchner Stadtrechtsbuch' 383
Munsterbergen, Albertus 150
Muskatblut 146, 177, 312
'De mynnen rede' 273

'Nachfolgung des armen Lebens Christi'
   s. 'Buch von geistiger Armut'
'Die Nachtigall A' 260
Neidhart 44f., 153f., 156, 180, 267, 269,
   310, 312, 313, 377
'Neidhartspiele' 153, 377f.
'Neithart Fuchs' 44f., 153, 268f.
Neithart-Schwänke 44f., 153
Nepomuk, Johannes 19
'Der neuen Liebe Buch' 332
'Neumarkter Rechtsbuch' 385
'Neun Männer, neun Frauen' 329
'Nibelungenlied' 204, 220, 242
'Niederfränkischer Tristan' 211, 217
'Niederrheinischer Orientbericht' 413
Niemand 258, 267, 343
   'Die drei Mönche zu Kolmar' 258,
      267f., 343
Niklas von Wyle 55
Niklas, Pfarrer von Stadlau 212
Nikolaus V., Gegenpapst 7
Nikolaus von Münsterberg, Herzog von
   Schlesien 429
Nikolaus von Basel 131
Nikolaus von Blaufelden 139
Nikolaus von Jeroschin 158, 222, 223,
   243f.
   'Kronike von Pruzinlant' 243f.
   'Leben des heiligen Adalbert' 244
Nikolaus von Landau 77, 424
   Predigtsammlung 424
Nikolaus von Löwen 130, 131, 132, 134
Nikolaus von Lyra 455, 459
   'Postilla litteralis super biblia' 455, 459
Nikolaus von Straßburg 421f., 424
   'De adventu Christi et Antichristi et
      fine mundi' 421
   Predigten 421
   'Predigt vom Goldenen Berg' 421
   'Summa philosophiae' 421
Nisch, Herr von 212
'De novem rupibus' 133
'Novus Cato' 289
'Nun bitten wir den Heiligen Geist' 373
Nußberg, Herren von 258f.

'Oberbayerisches Landrecht' 383f., 387
'Oberrheinische Chronik' 392f.
Odorico da Pordenone 413f.
'Olmützer Perikopen' 452
Orosius 395
'Ortenburger Losbuch' 411
'Ortnit' 220
Ortolf von Weißeneck, Erzbischof von
   Salzburg 389
Ortolf von Baierland 410
   'Arzneibuch' 410
Öser, Irmhart 460
   'Epistel des Rabbi Samuel an Rabbi
      Isaac' 460
'Osnabrücker Passionsspiel' 367
Osterfeiern 227, 356, 357, 358
Österreichischer Bibelübersetzer 45, 46,
   47, 449, 453, 456–460
   'Klosterneuburger Evangelienwerk' 45,
      46, 456, 457f., 460
   'Psalmenkommentar' 459
   'Schlierbacher Altes Testament' 449,
      456, 458, 461
   Traktate 457, 459
'Österreichisches Landrecht' 35, 383
'Osterspiel von Muri' 358, 359, 371
Oswald von Anhausen 382
Oswald der Schreiber 412f.
   'Priesterkönig Johannes' 412f.
Oswald von Wolkenstein 146, 153, 167
'Ötenbacher Schwesternbuch' 109–111
Otfried von Weißenburg 450
Otte 238
   'Eraclius' 238
Ottheinrich, Pfalzgraf bei Rhein 175
Otto von Wolfskehl, Bischof von
   Würzburg 309
Otto der Milde, Herzog von Braunschweig
   379
Otto III., Herzog von Niederbayern 39f., 182
Otto der Fröhliche, Herzog von Öster-
   reich 39, 41, 42, 44f., 153, 268f., 351
Otto IV. mit dem Pfeil, Markgraf von
   Brandenburg 35, 150, 173
Otto V. der Lange, Markgraf von Bran-
   denburg 173
Otto, Pfalzgraf von Hochburgund 149
Otto I., Graf von Anhalt-Aschersleben 173
Otto II., Graf von Oldenburg 182
Otto III., Graf von Ravensberg 173, 182,
   325
Otto II. von Lichtenstein 239

Otto II. von Liechtenstein 38
Otto von Passau 430f., 432
,Die vierundzwanzig Alten' 430f., 432
Otto der Rasp 274
,Dye ansprach des Teuffels gegen
unseren Herren' 274
Otto zum Turm 148, 191
Leich 191
Lieder 148
Ottokar II., König von Böhmen 2, 34, 35,
40, 240, 241, 245, 254, 346, 397
Ottokar von Steiermark 22, 38, 43, 182,
204, 239–242, 258, 394
,Österreichische Reimchronik' 22, 38,
43, 182, 204, 239, 240–242, 258, 394
Ovid 298, 335
,Ars amatoria' 335
,Remedia amoris' 335

,Palmbaumtraktate' 427, 432
,Paradisus animae' 439f.
,Paradisus anime intelligentis' 65, 73, 77,
419–421, 422, 423, 424
,Pariser Pestgutachten' 411
,Pariser Tagzeiten' 285
Parler, Peter 15
Paschalis von Rom 459
,Disputatio Iudaeorum contra Anastasiam' 459f.
Passauer Anonymus 459
,Passienbüchlein von den vier Hauptjungfrauen' 235
,Passion Christi in Reimversen' 285
,Passional' 235f., 238, 247, 373, 446
,Passionscollatie' 137
,Pater noster' 294, 434
,Paternoster-Parodie' 294
,Patris sapientia, veritas divina' 285
,St. Pauler Evangelienreimwerk' 451, 453
,St. Pauler Neidhartspiel' 376, 377f.
,St. Pauler Reimbibel' 451
Perikopen 452, 453, 457
Peter von Aspelt, Erzbischof von Mainz 4,
147, 182f.
Peter II., Graf von Aarburg 179
Peter von Arberg 169, 179
,Große Tagweise' 169, 179
Peter von Dusburg 243
Peter von Reichenbach 190, 192, 193
Peter von Sachs 147
Barantton 147
Petrarca, Francesco 13, 429f.

Petrus Alfonsus 301, 436
,Disciplina clericalis' 301, 436
Petrus Comestor 224, 238, 272, 451, 461
,Historia scholastica' 224, 238, 272,
451, 461
Petrus Lombardus 63, 80, 84, 441f., 443
,Sententiarum libri quattuor' 63, 80, 84,
441f., 443
Petrus de Crescentiis 408f.
,Ruralium commodorum libri XII' 408f.
Petrus von Dacien 140
Petrus von Freiberg 32
Peuger, Lienhard 312
,Pfaffe und Ehebrecherin' A 257, 264, 265
Pfarrer zu dem Hechte 306
,Schachbuch' 306
,Vom Pfennig' 292
Pfenniggedichte 20, 293
Philipp von Schwaben, König 397
Philipp III., König von Frankreich 417
Philipp IV. der Schöne, König von Frankreich 3, 4, 5, 6, 37, 239, 417
Philipp VI., König von Frankreich 8, 10,
411
Philipp von Rathsamhausen, Bischof von
Eichstätt 46
,Vita S. Walburgis' 46
Philipp von Savoyen, Reichsvikar 158
Philipp von Ringgenberg 303
Bruder Philipp 226, 233f., 238, 452, 461
,Marienleben' 226, 233f., 238, 452, 461
Philippa, Gemahlin König Eduards III.
von England 348
,Physiognomik' 291
,Physiologus' 234, 272, 331
Piaucele, Hugues 267
,Estormi' 267
Piccolomini, Aeneas Silvius 394
,Historia Austrialis' 394
Pilgrim II. von Puchheim, Erzbischof von
Salzburg 163, 164, 165
Pilgerim von Görlitz 248
Pillichdorf, Herren von 205
Pine, Samson 196
Plenarien 445, 452, 457
,Polnisches Recht' 386
Polo, Marco 202, 206, 413
,Presbyterbrief' 412
,Preußisches Recht' 386
,Priesterkönig Johannes' 412, 413
Privatgebetbücher 444, 445
,Privilegium maius' 49

‚Privilegium minus' 49
‚Processus Sathanae' 274
Proklos 91
‚Prophetica Sibille' 355
Prudentius 275
   ‚Psychomachia' 275
Psalmenübersetzungen 450, 461
‚Psalmenübersetzung aus Predigerkreisen' 454
‚Puech von der ordnung der fürsten' 56, 417
Puschman, Adam 180
Püterich von Reichertshausen, Jakob III. 277, 337, 338f.
   ‚Ehrenbrief' 277, 337, 338f.
‚Pyramus und Thisbe' 260

Quodlibet ‚Von der stampeney' 296

‚Rabenschlacht' 264
‚Rache für die Helchensöhne' 264
Rafold, Heinrich 258f., 260
   ‚Der Nußberger' 258f., 260
‚Rappoltsteiner Parzifal' 195–198
‚Rat der Vögel' s. Ulrich von Lilienfeld
Ratpert von St. Gallen 401
   ‚Galluslied' 401
‚Rätsel vom Vogel federlos' 289
‚Rechtsabecedar der 2200 Artikel' 439
‚Rechtsabecedarien' 441
‚Regel der Gesundheit' 410
Regenbogen 171, 173, 176, 179, 180, 181f., 187, 214, 349
‚Regensburger Liebesbrief' 328
‚Regimen sanitatis Salernitanum' 291
‚Regimen vite' 410
Reicher von Radstatt 163
‚Der Reiher' 261
Reimbispel-Sammlungen 297
‚Reimregel für eine geistliche Jungfrau' 279
‚Reimverse eines Begarden' 73
‚Reinfried von Braunschweig' 198, 199 bis 202, 204, 205, 207, 210, 259
Reinhart von Westerburg 162
Reinmar der Alte 145, 146, 197, 324
Reinmar von Brennenberg 329
Reinmar von Zweter 146, 176, 178, 180, 192, 295
‚Diu reissunge und die bewisunge zuo dem beschouwende lebende' 74
‚Resonet in laudibus' 166
‚Revaler Rechtsbuch' 386
Rhazes/Rasis 411

Richard von Cornwall, König 2
Richard Löwenherz, König von England 33, 204
‚Richtsteig Lehnrechts' 380
Riedegger Neidhart-Handschrift 145, 146
Rienzo, Cola di 13, 429
Ripelin von Straßburg, Hugo 229, 234, 271, 435, 437, 441, 442–444
   ‚Compendium theologicae veritatis' 229, 234, 271, 435, 437, 441, 442–444
‚Der Ritter im Hemde' 266
‚Der Ritter in der Kapelle' 251
‚Der Ritter mit den Nüssen' 262, 265
‚Die Ritterfahrt' 308, 324f.
‚Ritterpreis' 308, 345f.
‚Die Rittertugenden des Herrn von Kronberg' 327, 346
Robert, König von Neapel 5
‚Romulus' 298, 300
‚Rosengarten' 313
‚Rosenkranz' 285f., 287
Rosenplüt, Hans 256, 268
‚Rossauer Tischzucht' 290
‚Roßaventüre' 408
Rost, Kirchherr zu Sarnen 154
‚Der rote Mund' 331
Rube, Eckhart 420, 448
Rubin 180
Rüdeger der Hinkhofer 258, 265
   ‚Der Schlegel' 265
Rüdeger von Munre 258, 262
   ‚Das Studentenabenteuer B' 258, 262
Rüdiger von dem Werde 345
Rudolf I. von Habsburg, König 2, 3, 19, 32, 33–35, 36, 37, 38, 39, 148, 149, 182, 203, 204, 240f., 254, 383, 393, 397, 401, 402, 443, 459
Rudolf I., Herzog von Bayern 254
Rudolf II., Herzog von Österreich 32, 35
Rudolf III., Herzog von Österreich, König von Böhmen 37, 41, 239
Rudolf IV., Herzog von Österreich 16, 17, 41, 42, 43, 47, 49–53, 56, 57, 58, 188, 350, 352, 394, 415, 416
Rudolf I., Herzog von Sachsen 174, 354, 381
Rudolf von Biberach 107, 141f.
   ‚De septem itineribus aeternitatis' 141
   ‚Die siben strasse di in got wisent' 141f.
Rudolf von Ems 198, 202, 204, 206, 213, 215, 216, 238, 250, 297, 335, 451, 461
   ‚Alexander' 213, 216

‚Barlaam und Josaphat' 297
‚Der gute Gerhard' 250
‚Weltchronik' 215, 238, 451, 461
‚Willehalm von Orlens' 198, 202, 204, 206, 335, 344
Rudolf von Hürnheim 254
‚Rudolf von Hürnheim und die bayerisch-augsburgische Fehde von 1296' 254
Rudolf von Klingenberg 423
Rudolf von Landenberg 155
Rudolf von Rotenburg 191
Rudolf I. von Trostberg 155
Rudolf von Warte 148
Rumelant 349
Ruprecht von der Pfalz, König 19
Ruprecht von Freising 383
 ‚Freisinger Rechtsbuch' 383
Ruprecht von Würzburg 258, 260
 ‚Die Treueprobe' 258, 260
Ruschart 341
 ‚Der Minne Klaffer' 341
Ruusbroec, Jan van 88, 130, 137, 140
 ‚Gheestelijcke Brulocht' 88, 130, 137, 140

Sachs, Hans 202, 207, 250
Sachs, Peter 164
‚Sachsenspiegel' 379, 380, 381, 382, 385, 388
‚Sachsenspiegelglosse' 380
‚Sächsische Weltchronik' 215, 238, 392, 399
‚Der Saelden Hort' 229f.
‚Salman und Morolf' 213
‚Salomon und Markolf' 268
Salvelt, Johannes 442
‚Salzburger Bergordnung' 389
‚Sant Johannes sprichet' 78
Schachzabelbücher 274, 304–307, 308
‚Schampiflor' 262
Schedel, Hartmann 122
 ‚De gestis Felicis Christinae Ebnerin' 122
‚Scheidsamen' 330
Schenk von Lißberg s. Lißberg
Scheppach, Elsbeth, Priorin von Maria Medingen 127
Schiller, Jörg 177
‚Schlacht bei Göllheim' 3, 38, 253f., 308, 324, 327, 341, 345
‚Schlacht bei Näfels' 170
‚Schlacht bei Sempach' 170
‚Schlierbacher Altes Testament' s. Österreichischer Bibelübersetzer

‚Das Schneekind' A und B 261
Schöffenspruchsammlungen 387–389
Schoffthor s. ‚Warnung an hartherzige Frauen'
Schondoch 55, 249, 257, 258, 260
 ‚Die Königin von Frankreich' 55, 249, 257, 260
 ‚Der Litauer' 249, 257
 ‚Der Schreiber' 262, 265
 ‚Die Schule der Ehre' 325f., 346, 348
‚Schule des Geistes' 74
‚Schule der Minne' 340
‚Der Schüler zu Paris' A-C 260
‚Schürebrand' s. Gottesfreundtexte
‚Schwabenspiegel' 379, 382, 383, 385, 386
‚Der schwangere Müller' 264
‚Schwarzwälder Predigten' 448
Schweizer Anonymus 303
‚Schwester Katrei' 73
‚Die sechs Farben' I 158, 327, 329, 330, 340
‚Seckauer Breviarium' 168
‚Secretum secretorum' 291f., 352, 414
‚Der Seele Kranz' 277
‚Seele und Leib' 229
‚Seele und Leib'-Dialoge 229
‚Der Seele Minnegarten' 280
‚Der Seele Spiegel' 426, 432
‚Seelentrost' s. ‚Großer Seelentrost' und ‚Kleiner Seelentrost'
‚Segremors' 174
‚Seifried Helbling'-Autor 38, 275, 307, 339
Seifrit 216f.
 ‚Alexander' 216, 217
‚Die Sekte der Minner' 330, 335
‚Selbharts Regel' 433
Seneca 288, 311
‚Sermo contra Judaeos, Paganos et Arianos' 366
‚Sermones nulli parcentes' 307
Seuse, Heinrich 59, 66, 86f., 88, 90, 96 bis 106, 109, 110, 112, 113, 114, 115, 125, 126, 129, 130, 134, 169, 417, 426, 431
 ‚Großes Briefbuch' 99, 105
 ‚Briefbüchlein' 98, 99, 105, 112
 ‚Büchlein der ewigen Weisheit' 98, 99, 103f., 106, 112
 ‚Büchlein der Wahrheit' 97, 98, 99, 104f.
 ‚Exemplar' 98f., 100, 104, 105, 106, 130, 134

‚Horologium sapientiae' 97, 99, 104
Predigten 99, 105
‚Vita' 96, 98, 99, 100–103, 105, 107, 109, 110, 112
Sibote 258, 261
  ‚Frauenerziehung' 258, 261
‚Sibyllen Buch' 355
‚Sibyllen Lied' 355
‚Sibyllenweissagungen' 39, 43, 354f.
‚Sieben Freuden Mariens' 286, 436
‚Sieben Leiden (Betrübnisse) Unserer Lieben Frau' 285, 286
Siegfried von Dahenfeld 454
Siegfried der Dörfer 247f.
  ‚Der Frauen Trost' 247f.
‚Silleiner Stadtrechtsbuch' 385
‚Sinn der höchsten Meister von Paris' 411
‚Soliloquia animae ad deum' 429
‚Solothurner Legendar' 446
‚Somnialia Danielis' 411
‚Somnialia Joseph' 411
Sophia, Tochter Dietrichs von Landsberg 401
‚Spamers Mosaiktraktate' 79
Spechtshart von Reutlingen, Hugo 169, 317
  ‚Chronicon' 169
‚Speculum humanae salvationis' 281f., 436
‚Der Sperber' 263, 265
‚Spiegel des menschlichen Heils' 282
‚Spiegel der menschlichen Seligkeit' 282
‚Spiegel der Seele' 79
‚Spital von Jerusalem' 245f.
Spitzer, Konrad s. Konrad (Spitzer)
‚Spottgedicht auf Ludwig den Bayern' 346
‚Sprüche der fünf Lesemeister' 80, 433
‚Sprüche der Meister zu Paris und Prag' 433
‚Sprüche der zwölf Meister' 62, 73, 80, 433
‚Sprüche der zwölf Meister zu Paris' 80, 433
‚Der Spunziererin Gebet' 294
‚Stabat mater' 287
‚Stachel der Liebe' 429
‚Stadtregimentslehren' 293
Stagel, Elsbeth 97, 100, 101, 102, 106f., 112f., 115
Stagel, Rudolf 112
‚Von der stampeney' s. Quodlibet
Steckel, Konrad 53, 413f.
  Odorico da Pordenone-Übersetzung 53, 413f.
Steinhöwel, Heinrich 300
  ‚Esopus' 300

Steinmar 148, 156, 294, 309, 329, 377
  ‚Herbstlied' 156, 294, 329, 377
‚Stendaler Urteilsbuch' 388
Stephan I. der Heilige, König von Ungarn 394
Stephan von Dorpat 306f.
  ‚Disticha Catonis' 306
  ‚Schachbuch' 306f.
‚Sterzinger Miszellaneenhandschrift' 163
Stetter, Johannes 55
Steuss, David 54
‚Stimulus amoris' 426, 427–429, 432, 434
‚Stimulus amoris maior' 428, 429
Straßburger Augustiner-Eremit 84
  ‚Feigenbaumpredigt' 84
  ‚Lere, wie got eines luteren herczen eigen wil syn' 84
‚Vom Streit zwischen Herbst und Mai' 376, 377
‚Der Streit zu Mühldorf' 43f., 403f.
‚Streit der vier Töchter Gottes' 273, 368
Strettweg, Herren von 239
Der Stricker 29, 48, 219, 238, 242, 248, 251, 255, 256, 268, 269, 283, 294, 297, 298, 299, 302, 303, 311, 312, 316, 322, 323, 324
  ‚Frauenehre' 322
  ‚Karl' 219, 238
  ‚Pfaffe Amis' 242, 268
  ‚Der Richter und der Teufel' 251
  ‚Der unbelehrbare Zecher' 294
‚Der Striegel' 264
Stromer, Ulman 24, 398
  ‚Püchel von meim geslecht und von abentewr' 398
‚Studentenabenteuer A' 265
Stülinger, Margarethe 110
Stundenbücher 283, 444, 445f.
Stundengebet 283, 284, 285, 444
Suchensinn 159f., 177, 179, 180
Suchenwirt, Peter 39, 46f., 50, 52, 53, 56 bis 58, 142, 293, 303, 308, 310, 312, 339, 341–343, 344, 348, 349–353
  Historisch-politische Reden 57, 349, 351f.
  Minnereden 53, 339, 341–343, 349, 350, 351
  Preisreden 52, 349–351
  Totenklagen 57f., 310, 313, 348, 349 bis 351
Sudermann, Daniel 92, 95
‚Südwestdeutsche Evangelienharmonie' 454

‚Summa Johannis' 441
‚Summa theologiae' 438f.
‚Summa theologiae'-Übersetzung 438f.
‚Der Sünden Widerstreit' 275f.
Sunder, Friedrich, Kaplan in Engelthal 116, 117f., 119, 120
  ‚Gnaden-Leben' 117f.
Sunthaym, Ladislaus 311
Süßkind von Trimberg 158
‚Systematisches sächsisches Landrecht' 382
‚Systematisches Schöffenrecht' 388

‚**T**agzeitengedichte' 273, 283–285, 286
Der Taler 191
  Leich 191
Tallesbrunn, Herren von 205
Tannhäuser 193
‚Tannhäuser-Ballade' 170
‚Tatian' 450
Tauler, Johannes 16, 59, 66, 80, 86, 87–96, 97, 98, 99, 100, 101, 106, 114, 123, 124, 125, 126, 127, 128, 129, 130, 132, 136, 138, 139, 140, 143, 169, 417, 431
  Predigten 88–92
‚Tauler-Cantilenen' 92
Teck, Herzöge von 208
‚Tegernseer Prognostiken' 411
Teschler, Adelheid 154
Teschler, Heinrich 154f.
‚Der Teufel und der Maler' 251
‚Des Teufels Ächtung' 263f.
‚Teufelsbeichte' 251, 252, 279
‚Theophilus' 233
Thomas von Aquin 61, 62, 63, 73, 75, 77, 91, 126, 417, 418, 438f., 441, 442, 443, 455, 456
  ‚Catena aurea' 439, 455f.
  ‚Summa contra gentiles' 126
  ‚Summa theologiae' 126, 438f., 441, 442
Thomas von Britanje 211
Thomas von Cantimpré 416
  ‚Liber de natura rerum' 416
Thomas von Celano 448
Thomas von Straßburg 84f.
Thomasin von Zerklaere 297, 318
  ‚Der Welsche Gast' 297, 318
Thüring von Ringoltingen 210
  ‚Melusine' 210
‚Thüringisches Zehnjungfrauenspiel' 270, 373, 374f.
‚Tiburtina' 354f.

Tilo von Kulm 222, 223, 225f.
  ‚Von siben ingesigeln' 223, 225, 226
Tischzuchten 290
Titus, römischer Kaiser 372
Tobias von Bechyně 212
‚Tochter Syon' 123
‚Tor Hunor' 264
‚Tösser Schwesternbuch' 109, 112f.
‚Totenklage auf Engelhart von Hirschorn' 348
‚Totenklage auf Graf Wernher von Hohenberg' 158, 330, 347
‚Totenklage auf Graf Wilhelm III. von Holland' 341, 348
‚Totenklage auf Heinrich Preisinger von Wolnzach' 347f.
‚Totenklage auf Herzog Johann I. von Limburg und Brabant' 346f.
‚Tougenhort' 190, 192, 193
‚Traktat von der Minne' s. ‚Von der Minne' II
‚Traktat von der Seligkeit' 62, 77f.
‚Traugemundslied' 289f.
‚Traum eines Gottesfreundes' 86, 93
‚Der Traum von der Liebe' 329
Traumbücher 411
‚Die treue Magd' 262
‚Trienter Bergwerksurkunden' 389
‚Trierer Perikopen' 452
‚Trojanerkrieg'-Fortsetzung 215
‚Der Tropfen auf den Stein' 297f.
Der von Trostberg 148
‚St. Trudperter Hohelied' 60
‚Von eime trunken buoben' 294
‚Von der Trunkenheit' 309
‚Der Tugenden Buch' 439
‚Tundalus' 251
‚Das Turnier' 308, 345
Twinger von Königshofen, Jakob 397, 406, 462
  ‚Chroniken' 397, 462
Twinger, Johann 397

‚Von dem überschalle' 103
‚Von der übervart der gotheit' 74, 78
‚Von dem üblen Weib' 292, 309
Uda, Gemahlin des Grafen Johann I. von Limburg 325
‚Udo von Magdeburg' 251
‚Ulenspiegel' 268
‚Ulmer Schwesternbuch' 116
Ulrich II. Zoller, Abt von Kaisheim 125

Ulrich III. Niblung, Prior von Kaisheim 124, 127
Ulrich II., Graf von Cilli 58
Ulrich, Graf von Pfannberg 47
Ulrich V., Graf von Wirtemberg 209
Ulrich von Laber 337
Ulrich I. von Neuhaus 270
Ulrich V. von Rappoltstein 195, 196, 197, 198
Ulrich I. von Wallsee 39
Ulrich II. von Wallsee 47, 254
Ulrich von Baumburg 147, 148
Ulrich von Etzenbach 213, 217, 238, 245
 ‚Alexander' 213, 217, 238, 245
 ‚Wilhelm von Wenden' 198, 245
Ulrich von Lichtenstein 100, 154, 176, 239, 322
 ‚Frauenbuch' 322
 ‚Frauendienst' 100, 154, 176
Ulrich von Lilienfeld 293
 ‚Rat der Vögel' 293
Ulrich von Türheim 238
 ‚Rennewart' 238
Ulrich von dem Türlin 238
 ‚Arabel' 238
Ulrich von Winterstetten 147, 149
Der Ungelehrte 171
‚Unsystematisches Schöffenrecht' 388
‚Unterweisung zur Vollkommenheit' 276f.
Der Unverzagte 171, 181
Urban IV., Papst 369, 455
Urban V., Papst 18, 51
Urban VI., Papst 19, 54, 56, 352
Der Urenheimer 173

‚Valentin und Namelos' 218
Valerius Maximus 188, 304, 395
‚Väterbuch' 235f., 349, 446
‚Verba seniorum' 447
Vergil 298, 368, 429
 ‚Bucolica' 429
‚Ein verstantlich beschouwunge' 93
Vicko von Geldersen 414
‚Vier Lügen' 296f.
Vinzenz von Beauvais 219, 392
 ‚Speculum historiale' 219, 392
‚Virginal' 220
‚Visbysches Stadtrecht' 386
Visconti, Viridis, Gemahlin Herzog Leopolds III. von Österreich 55
‚Visio Lazari' 251

‚Visio Philiberti' 229, 270
‚Visio Philiberti'-Gedichte 229
‚Vita Adae et Evae' 231
‚Vita der Adelheit von Freiburg' 110
‚Vita beatae virginis Mariae et salvatoris rhythmica' 228, 233, 318, 372
‚Vita et revelationes ven. Agnetis Blannbekin' s. Blannbekin, Agnes
‚Vita der Schwester Gerdrut von Engelthal' 117, 118
‚Vita Ludovici' 400
‚Vitaspatrum' 100, 104, 235f., 436, 446
‚Vocabularius Ex quo' 406
‚Von Vollkommenheit' 74
‚Vollkommenheit in der Stille' 95
Volrat 257, 258, 264
 ‚Die alte Mutter' 257, 258, 264
‚Vorsmak des êwigen lebennes' 76f., 84
Der Vriolsheimer 258, 261
 ‚Der Hasenbraten' 258, 261
‚Diu vrône botschaft' 273

‚Wachtelmäre' 296
‚Wahre Freundschaft und Liebe' 341
Walahfrid Strabo 224
 ‚Glossa ordinaria' 224
Waldemar IV. Atterdag, König von Dänemark 21
Walther von Geroldseck, Bischof von Straßburg 397
Waldemar IV., Herzog von Schleswig 173
Walther, Kaplan in Kirchberg 115, 117
Walther von Breisach 171
Walther von Eschenbach 155
Walther von Griven 324
Walther von Klingen 327
Walther von Rheinau 233
 ‚Marienleben' 233
Walther von der Vogelweide 22, 33, 145, 146, 170f., 172, 175, 176, 177, 178, 180, 182, 184, 185, 186, 197, 252, 253, 329, 342
‚Wandelart' 262
‚Wappen und Minne' 341
‚Warnung an hartherzige Frauen' 312
‚Warnung vor Sünden' 276
‚Wartburgkrieg' 173, 175, 180, 289, 400
‚Warum Gott sein Haupt neigte' 282
Wazzerburger, Hermann 141
‚Die Weberschlacht' 254f.
‚Der Weiberzauber' 324, 326
‚Weiler Schwesternbuch' 116

‚Weimarer Liederhandschrift' 150, 151, 174, 192
‚Weingartner Liederhandschrift' 146, 171, 174, 334
‚Des Weingärtners Frau und der Pfaffe' 262, 265
‚Der Weinschwelg' 294
‚Weißenburger Katechismus' 434
‚Von der welt valscheit' 426f.
‚Weltliches Klösterlein' 330
‚Weltlohn' 251, 252f.
Wenzel I., König von Böhmen 34, 245, 454
Wenzel II., König von Böhmen 4, 5, 37, 182, 245, 248
   Lieder 150f.
Wenzel IV., König, König von Böhmen 18, 19, 163, 189, 410
Wenzel I. der Heilige, Herzog von Böhmen 15
‚Wenzelsbibel' 431, 454
‚Wer kann allen recht tun?' 327, 328, 330
Werner von Hüneburg 134
Bruder Wernher 180
Priester Wernher 233
   ‚Driu liet von der maget' 233
Wernher der Gartenaere 38, 242, 307
   ‚Helmbrecht' 38, 242, 307, 377
Wernher II. von Hohenberg 155, 157–159, 167, 327, 329f., 347
Wernher der Schweizer 233
   ‚Marienleben' 233
‚Wernigeroder Alexander' 215, 216
‚Westfälische Psalmen' 445
‚Die Wette' 260, 265
Wichmann, Erzbischof von Magdeburg 388
Wichmann von Arnstein 90
Meister Wichwolt 215
‚Wie got das jungst gericht besitzen sol' 271
‚Wiener Fabel- und Bispelkorpus' 297, 299
‚Wiener Kleinepikhandschrift' cod. 2705 297, 299, 323f.
‚Wiener Leichhandschrift' 192, 193
‚Wiener Oswald' 217
‚Wiener Passionsspiel' I 363f., 368
‚Wiener Stadtrechtsbuch' 386
‚Wiener-Neustädter Stadtrecht' 386
‚Wienhäuser Osterspiel' 357
‚Wien-Münchner Evangelien-Fragmente' 450
‚Wien-Zürcher Bibel' 454, 457

Wigand von Marburg 223, 243
Der Wilde Alexander 158, 191, 192
‚Wilhalm von Orlens' 202, 206
Wilhelm von Holland, König 2
Wilhelm von Montfort, Fürstabt von St. Gallen 38, 402
Wilhelm, Herzog von Braunschweig-Lüneburg 403
Wilhelm III., Graf von Holland 326, 341, 348
Wilhelm IV., Graf von Holland-Hennegau 9
Wilhelm I., Graf von Katzenelnbogen 308, 325
Wilhelm von Kronberg 327
Wilhelm von Ockham 7, 29, 415
Williram von Ebersberg 60
   ‚Hoheliedkommentar' 60
Winli 191
   Leich 191
‚Winsbecke' 290
‚Von der wirkenden und möglichen Vernunft' s. ‚Traktat von der Seligkeit'
‚Von der Wirkung der Seele' 79
Wirnt von Grafenberg 252, 427
   ‚Wigalois' 229, 252, 329, 344
‚Der Wirt' 262
Wirtemberg, Grafen von 208f.
Wisse, Claus 196
Wittenborg, Hermann und Johann 414
Wittenwiler, Heinrich 267
   ‚Der Ring' 267
Wizlav 147, 150, 151, 173
Wizlaw III. von Rügen 173, 182, 291
Wok I., Graf von Rosenberg 236
Woldemar, Markgraf von Brandenburg 10, 173, 182, 353
Woldemar, der falsche 10, 353f.
‚Wolfdietrich' 213, 220
‚Wolfenbütteler Evangelistar' 452
Wolfhard von Roth, Bischof von Augsburg 254
Wolfhart 456
Wolfram von Eschenbach 45, 148, 174, 180, 184, 186, 190, 195, 196, 197, 201, 204, 208, 213, 217, 220, 238, 242, 252, 254, 258, 312, 316, 331, 337, 344, 348, 393, 412
   ‚Parzival' 45, 174, 195, 196, 197, 198, 213, 238, 242, 258, 312, 329, 344, 412, 436
   ‚Titurel'-Fragmente 337

‚Willehalm' 196, 201, 204, 208, 220, 238, 242, 254, 316, 392
‚Der Wunderer' 220
‚Die Wünsche' 296
‚Von der Würde des Priesters' 280
Wurmprecht 406
　‚Kalender' 406
‚Der Württemberger' 251f.
‚Würzburger Liederhandschrift' 145, 146, 178
Wyssenherre, Michel 199

‚Der Zahn' 261, 265
‚Zehn Gebote' 434, 435
‚Die zehn Schwestern' 340
‚Zehn Staffeln der Demut' 426, 432
‚Diu zeichen eines wârhaften grundes' 138
‚Zeiringer Bergordnung' 389
Zilies von Sayn 308
Zisterzienser-Konstitutionen 390
Zitatensammlung der Berliner Handschrift mgq 191 419, 432

‚Von dem zorne der sêle' 74, 78
‚Der zühte lere' 290
‚Von der Zukunft des wahren Gottes' 270f.
‚Zürcher Gebete' 445
‚Zürcher Liebesbriefe' 191f., 328
‚Zürcher Minneleich' 191f.
‚Zürcher Richtebrief' 387
‚Die zwei Maler' 263
‚Der Zweifler' 250
‚Zwettler Konversenregel' 390
‚Zwickauer Rechtsbuch' 385
Zwickauer 259, 264
　‚Des Mönches Not' 259, 264
Der Zwingäuer s. Zwickauer
Der Zwinger 158, 171
‚Von den zwölf nutzen unsers herren lichames' 94
‚Die zwölf Räte Jesu Christi' 435
‚Das zwölfjährige Mönchlein' 249

www.ingramcontent.com/pod-product-compliance
Lightning Source LLC
Chambersburg PA
CBHW031719230426
43669CB00007B/184